A ENCICLOPÉDIA DE
SERIAL KILLERS

Um estudo de um deprimente fenômeno criminoso,
de "Anjos da Morte" ao Matador do "Zodíaco"

Michael Newton

A ENCICLOPÉDIA DE
SERIAL KILLERS

Um estudo de um deprimente fenômeno criminoso, de "Anjos da Morte" ao Matador do "Zodíaco"

Tradução:
Ana Lúcia Mantovani Ferreira

MADRAS®

Publicado originalmente em inglês sob o título *The Encyclopedia of Serial Killers*, por Checkmark Books.
© 2000, Michael Newton.
Direitos de edição e tradução para todos os países de língua portuguesa.
© 2014, Madras Editora Ltda.

Editor:
Wagner Veneziani Costa

Produção e Capa:
Equipe Técnica Madras

Tradução:
Ana Lúcia Mantovani Ferreira

Revisão:
Augusto do Nascimento
Alessandra J. Gelman Ruiz
Maria Cristina Scomparini
Daniela de Castro Assunção
Sandra Ceraldi Carrasco

CIP-BRASIL. CATALOGAÇÃO-NA-FONTE
SINDICATO NACIONAL DOS EDITORES DE LIVROS, RJ.

N469e
Newton, Michael, 1959-
A enciclopédia de serial killers: um estudo de um deprimente fenômeno criminoso, de "anjos da morte" ao matador do "zodíaco"/Michael Newton. — São Paulo: Madras, 2014
Tradução de: Ana Lúcia Mantovani Ferreira
Apêndice
Inclui bibliografia
ISBN 978-85-370-0295-7
1. Homicídios em série — Dicionários. 2. Homicídios em série — Aspectos psicológicos. I. Título.

05-0200.		CDD 364.1523
		CDU 343.911
21.01.05	26.01.05	008849

Proibida a reprodução total ou parcial desta obra, de qualquer forma ou por qualquer meio eletrônico, mecânico, inclusive por meio de processos xerográficos, incluindo ainda o uso da internet, sem a permissão expressa da MADRAS Editora, na pessoa de seu editor (Lei nº 9.610, de 19.2.98).

Todos os direitos desta edição, em língua portuguesa, reservados pela

MADRAS EDITORA LTDA.
Rua Paulo Gonçalves, 88 — Santana
CEP: 02403-020 — São Paulo/SP
Caixa Postal: 12299 — CEP: 02013-970/SP
Tel.: (11) 6959-1127 — Fax: (11) 6959-3090
www.madras.com.br

Para Judy

Eu fiz tudo isso por mim. Puramente egoísta. Adorei a arte e o ato da morte repetidamente. Simples assim. Depois foi tudo confusão sexual, simbolismo, exaltação ao "caído". Eu estava exaltando a mim mesmo. Odiei a decadência e a dissecação. Não houve prazer sádico em matar. Eu os assassinei como eu mesmo gostaria de ser morto, aproveitando a extremidade do próprio ato da morte. Se eu fizesse isso comigo, experimentaria apenas uma vez. Se eu fizesse isso com outros, provaria do ato da morte várias vezes.

Dennis Nilsen

Índice

Prefácio 11

Verbetes de A — Z 13

Apêndice A: Assassinos Isolados 392

Apêndice B: Assassinos em Equipe 547

Apêndice C: Casos não Resolvidos 568

Índice Remissivo 602

Bibliografia 613

Prefácio

Tornou-se rotina nos últimos anos — na verdade, quase obrigatório — aos autores de estudos sobre assassinatos em série descreverem o fenômeno como "incompreensível", "misterioso" ou até mesmo "confuso". O porquê disso não é totalmente claro, exceto talvez que as mentes "normais" se recusam a entender aqueles que matam repetidamente fora da lei, tanto por dinheiro quanto pelo simples prazer atávico do ato.

Este volume tem a finalidade de desmistificar, tanto quanto é possível, esses predadores com forma humana, que estão conosco desde o início da história, com seu número multiplicando-se exponencialmente nas últimas quatro décadas. Entender o problema e desenvolver soluções possíveis de serem aplicadas é importante nos Estados Unidos (que, com menos de 5% da população mundial, produziu 84% de todos os *serial killers* conhecidos desde 1980) e em nações como Austrália, África do Sul e Rússia, onde uma nova onda de assassinatos em série está começando a atingir uma proporção de crise neste milênio.

Os verbetes, nesta obra, são colocados em ordem alfabética e incluem tanto casos de *serial killers* individuais quanto, ensaios sobre tópicos gerais (por exemplo: motivos para assassinatos em série, etc.). Os itens de referência cruzada poderão estar relacionados ao final de um verbete específico ou significativo pelo uso de LETRAS MAIÚSCULAS MENORES no corpo do texto. O grande número de *serial killers* registrados — acima de 1.500 neste livro — faz com que a abordagem de todos os casos seja inviável em um volume único. Assim, as histórias dos casos apresentados no texto principal foram selecionadas como exemplos de tipos de *serial killer* específicos bem como seus motivos, nacionalidades, etc. Os demais casos são apresentados em apêndices detalhados, subdivididos em seções sobre assassinos isolados, aqueles que matam com cúmplices e casos atualmente não resolvidos.

Muitas pessoas auxiliaram na preparação desta obra, particularmente, no detalhamento dos casos menos conhecidos. São elas: David Frasier, bibliotecário da Universidade de Indiana em Bloomington; A. M. Barmer, da Biblioteca Pública de Jacksonville (Flórida); Becky Clark, da Biblioteca Pública de Lincoln (Nebraska); M. Collin, da Biblioteca Pública de Santa Bárbara (Califórnia); Virgil Dean, da Sociedade Histórica de Kansas; Nijole Etzwiler, da Biblioteca Pública de Baraboo (Wisconsin); Elizabeth Fitzgerald, da Biblioteca Pública de Providence (Rhode Island); Márcia Friddle, da Biblioteca Pública de Chicago; Sally Fry, do Sistema de Bibliotecas do Distrito de Orange (Flórida); Merle Groce, dos Arquivos da Cidade de Morgan (Lousiania); Sandra Hancock, da Biblioteca Regional de West Florida em Pensacola; C. Jones, bibliotecário da Biblioteca Pública de Nashville (Tenessee); Donald Langlois, bibliotecário do Departamento de Bibliotecas, Arquivos e Registros Públicos do Arizona; Catherine Larsen, da Biblioteca Pública de Kalamazoo (Missouri); David Meeks, da Biblioteca

Pública de Palatka (Flórida); Antonio Mendoza, dos Arquivos de Crimes de Internet, e da Biblioteca Pública de Oakland, Sala da História de Oakland; Mary Lou Rothman, da Biblioteca Principal do Distrito de Indian River (Flórida); Mark Schreiber; Steve Stangle, com o Sistema da Biblioteca Pública do Distrito de St. Johns (Flórida); Warren Taylor, da Biblioteca Pública dos Distritos de Topeka e Shawnee (Kansas); Elizabeth Thacker, da Biblioteca Pública de São Francisco; Vivian Turner, da Biblioteca Pública de Sacramento (Califórnia); Katherine Turton, com o Sistema da Biblioteca Regional de Chattahoochee Valley (Geórgia.); Sharon Van Dorn, da Biblioteca Pública de Dallas e Carolyn Waters, da Biblioteca Pública de St. Petersburg (Flórida).

Todo o esforço foi necessário para assegurar a cronologia e a exatidão da presente obra. Inevitavelmente, no momento em que for para impressão, haverá mais casos na mídia e depoimentos mais recentes que alguns dos aqui relatados. Os leitores que possuam informações adicionais sobre qualquer aspecto do fenômeno assassino serial sejam encorajados a escrever ao autor, aos cuidados de "Facts On File".

ALLEN, Howard Arthur

Serial killer afro-americano com preferência por vítimas idosas, Howard Allen nunca se desviou de sua cidade natal, Indianápolis, à procura de uma vítima. Em agosto de 1974, aos 24 anos, invadiu a casa de Opal Cooper, uma senhora de 85 anos, surrando-a até a morte, no curso de um roubo insignificante. Sentenciado em uma acusação reduzida de homicídio culposo, Allen recebeu pena de dois a 21 anos na prisão estadual. Colocado em liberdade condicional em janeiro de 1985, retornou a Indianápolis e encontrou trabalho em lavagem de carros, cumprindo sua pena antes de retomar a caçada.

Em 18 de maio de 1987, uma mulher de Indianápolis de 73 anos escapou por pouco da morte quando um vagabundo a estrangulou e a surrou em sua casa. Dois dias depois, Laverne Hale, de 87 anos, foi atacada de forma similar, morrendo em consequência de seus ferimentos em 29 de maio.

Os ataques continuaram em 2 de junho, quando um arrombador saqueou a casa de um homem idoso, a cinco quadras da cena do assassinato de Hale. Desta vez, o morador estava ausente. O arrombador desabafou sua raiva colocando fogo na casa.

Em 14 de julho, Ernestine Griffin, com 73 anos, foi assassinada em sua casa em Indianápolis, sendo golpeada por oito vezes com uma faca de açougueiro de 25,5 centímetros e com uma torradeira, batendo repetidamente contra sua cabeça. Parentes angustiados estimaram que o assassino escapou com 15 dólares e uma câmera da vítima.

Esse caso foi divulgado em 4 de agosto de 1987, com a prisão de Howard Allen sob múltiplas acusações. As testemunhas ligaram-no ao ataque de 18 de maio, levando à denúncia de Allen nas acusações de roubo, lesão corporal e confinamento ilegal. Foi também acusado de incêndio criminoso e roubo (no incidente de 2 de junho) e do assassinato de Ernestine Griffin.

A polícia não tinha, entretanto, posto fim a suas suspeitas. Laverne Hale era vizinho de Allen, vivendo logo atrás de sua casa, e foi tido como um suspeito de seu assassinato, por causa do *modus operandi* do assassino. No início de agosto, os detetives anunciaram que Allen era o suspeito principal em 11 outros casos, cada um envolvendo roubo ou assalto das vítimas idosas em suas casas ao redor de Indianápolis.

Na primavera de 1988, Allen foi sentenciado por roubo e lesão corporal qualificada no assalto de 18 de maio, além da acusação adicional de comportamento criminoso habitual. Foi sentenciado a 88 anos naquelas acusações, mas o pior ainda estava por vir. Em 11 de junho de 1988, foi sentenciado por assassinato e roubo na morte de Ernestine Griffin, com o júri recomendando PENA CAPITAL. No momento em que este livro foi escrito, Allen esperava a execução no corredor de morte de Indiana.

"ANJOS da morte"

Construído em 1839, o Hospital Geral de Lainz é a quarta maior instalação médica de Viena, Áustria, com cerca de duas mil pessoas no seu quadro de funcionários. O Pavilhão 5 em Lainz é tipicamente reservado para casos problemáticos — pacientes com 70 ou mais anos de idade, muitos deles doentes terminais. Nesse cenário, a morte não é surpresa. Se acontece, ela vem algumas vezes como um alívio... mas existem limites, mesmo assim. Iniciando na primavera de 1983 e com duração até as primeiras semanas de 1989, a Morte recebeu uma ajuda em Lainz. Oficialmente, a contagem de corpos permanece em 42, mas uma suposição baseada em informações coloca a contagem final próxima a 300 vítimas para os diligentes "Anjos da Morte" do hospital.

Waltraud Wagner, auxiliar de enfermagem do turno da noite do Pavilhão 5, tinha 23 anos quando fez sua primeira vítima, em 1983. Conforme foi posteriormente reconstituído pelas autoridades, ela teve a ideia de eliminar os pacientes quando uma mulher de 77 anos pediu a Wagner para "acabar com seu sofrimento". Waltraud favoreceu a senhora com uma overdose de morfina, descobrindo, assim, que ela apreciava ser Deus e manter o poder de vida e de morte em suas mãos. Aquilo era muito divertido abandonado e muito bom deixar de compartilhar com seus amigos especiais.

Durante esse período, Wagner recrutou três cúmplices, todos trabalhando no turno da noite no Pavilhão 5. Maria Gruber, nascida em 1964, abandonou a escola de Enfermagem e era mãe solteira. Irene Leidolf, dois anos mais velha que Gruber, tinha marido em casa, mas preferia passar o tempo com as mulheres. Stephania Mayer, uma avó divorciada, vinte anos mais velha que Waltraud, emigrou da Iugoslávia em 1987 e acabou em Lainz, logo associando-se a Wagner e às suas colegas homicidas.

Conforme descrito pelos promotores no julgamento, Wagner era o Svengali sádico do grupo, instruindo suas discípulas nas técnicas adequadas de injeção letal, ensinando-as como usar a "água curadora" — em que o nariz do paciente era comprimido, a língua puxada e a água colocada na garganta. A morte das vítimas, embora lenta e agonizante, parecia "natural" em uma enfermaria em que pacientes idosos frequentemente falecem com líquido nos pulmões. Na visão policial, "Wagner despertou seus instintos sádicos. Logo elas estavam dirigindo um campo de concentração e não uma enfermaria hospitalar. Ao menor sinal de contrariedade ou reclamação de um paciente, elas planejavam seu assassinato para a noite seguinte."

"Contrariedades", no entendimento de Waltraud, incluía roncar, sujar os lençóis, recusar medicação ou tocar a campainha da sala de enfermagem pedindo auxílio em momentos inconvenientes. Nesses casos, Wagner proclamava: "Este conseguiu uma passagem para Deus", executando ela mesma o assassinato ou com a ajuda de uma de suas cúmplices.

Mesmo com quatro assassinas trabalhando na enfermaria, demorou algum tempo para o jogo mortal acelerar-se. Muitos dos homicídios ligados a Wagner e companhia ocorreram após o início de 1987, quando Mayer preencheu a equipe, mas Waltraud permaneceu como líder e chefe executora para o que foi logo apelidado de "pavilhão da morte". Rumores de um assassino à solta no Pavilhão 5 foram amplamente divulgados em 1988, e o dr. Xavier Pesendorfer, encarregado da enfermaria, foi suspenso em abril de 1989, por falha em iniciar uma investigação oportuna.

A negligência final entre as homicidas levou à sua queda. Wagner e seu grupo gostavam de tomar alguns drinques após o trabalho, revivendo casos especiais que as divertiam, rindo da expressão de morte de uma vítima ou das convulsões de outra. Em fevereiro de 1989, estavam rindo do falecimento da idosa Julia Drapal — tratada com a "água curadora" por recusar a medicação e por chamar Wagner de "mulher ordinária" — quando um médico que estava sentado próximo ouviu fragmentos de sua conversa. Horrorizado, foi à polícia, e uma investigação de seis semanas levou à prisão das quatro suspeitas em 7 de abril.

Sob custódia, os "anjos da morte" confessaram 49 homicídios específicos e Wagner supostamente reivindicou 39 como seus. "Aqueles que me deixaram nervosa", ela explicou, "foram despachados diretamente para uma cama grátis com o bom Deus". Não foi tão simples, ela disse: "Naturalmente, os pacientes resistiram, mas nós éramos fortes. Poderíamos decidir se esse velho fóssil viveria ou morreria. Sua passagem para Deus estava, de qualquer forma, há muito vencida".

Houve especulação imediata em uma contagem de corpos muito superior, e as cúmplices de Wagner apontaram para sua mentora na tentativa de se salvarem. Alois Stacher, chefe do Departamento de Saúde de Viena, mencionou que Irene Leidolf estava "convencida de que cem pacientes foram assassinados por Wagner em cada um dos últimos dois anos". Stephania Mayer admitiu ajudar Wagner em diversos homicídios que Waltraud fez questão de esquecer.

Na verdade, à medida que o caso progredia no julgamento, Wagner tornou-se, cada vez mais, relutante em discutir seu papel nos homicídios. No fim de 1990, ela retrocedeu seu alarde original de 39 vítimas, reivindicando um máximo de 10 pacientes assassinados "para melhorar sua dor". O chanceler Franz Vranitzky não ficou impressionado com a reviravolta, chamando os assassinos em Lainz de "o crime mais brutal e repulsivo da história da Áustria".

O juiz e o júri não foram indulgentes quando as quatro rés foram a julgamento, em março de 1991. Os promotores falharam em colocar o caso na marca de 42 homicídios, mas provaram de forma suficiente seu trabalho. Waltraud Wagner foi sentenciada por 15 homicídios, 17 tentativas de homicídio e duas acusações de assalto agravado, recebendo a condenação de prisão perpétua. Irene Leidolf também obteve prisão perpétua, em uma sentença por cinco homicídios e também duas tentativas grosseiras. Stephania Mayer recebeu 15 anos por uma sentença de homicídio culposo e sete acusações de tentativa de homicídio, enquanto Maria Gruber recebeu sentença idêntica por duas tentativas de homicídio.

Veja também: HOMICÍDIOS MÉDICOS

ARCHER-GILLIGAN, Amy

Pouco se conhece sobre a vida pregressa da mulher que posteriormente cometeria, nas palavras do promotor: "o crime mais chocante da Nova Inglaterra". Nascida em 1873 e casada com James Archer aos vinte e poucos anos, Amy Archer teve sua única filha, Mary, em 1898. Três anos depois, anunciando-se como enfermeira, sem qualificações aparentes, abriu uma casa de repouso para idosos em Newington, Connecticut. Apesar da relativa falta de experiência da "Irmã Amy", não houve nenhuma reclamação de seus clientes, e Newington entristeceu-se ao vê-la partir em 1907, quando se mudou para Windsor, 160 quilômetros ao norte, e abriu a Casa Archer para Idosos e Enfermos.

Nos primeiros três anos, foi um negócio normal em Windsor. Doze dos clientes de Amy falecerem entre 1907 e 1910, taxa de mortalidade previsível que não trouxe um lucro incomum. O surpreendente falecimento em 1910, de James Archer, foi atribuído a causas naturais. Amy esperou três anos antes de se casar novamente com Michael Gilligan, seu segundo marido, o que durou apenas um ano. O médico da família, dr. Howard King, não viu razão para alarme, nem ficou preocupado pelo falecimento de 48 clientes da casa de repouso de Amy, entre 1911 e 1916. O número poderia parecer excessivo para uma casa com apenas 14 leitos, mas o dr. King aceitou os diagnósticos da Irmã Amy quanto aos falecimentos, e a negligência e a senilidade dele logo levantaram suspeitas.

De fato, Amy delineou o que parecia ser um perfeito esquema para se tornar rica, induzindo novos clientes a pagar mil dólares antecipadamente por "cuidados vitalícios", e então diminuindo seus dias com veneno ou os sufocando com um travesseiro, responsabilizando cada falecimento sucessivo à idade avançada ou doença. Com as certidões de óbito do dr. King em mãos, as autoridades ficaram relutantes em caluniar, mas rumores desagradáveis começaram a circular em Windsor em 1914. Dois anos depois, parentes da idosa Maude Lynch levaram suas suspeitas à polícia e um funcionário disfarçado foi colocado na casa de repouso, coletando evidências que levaram à prisão da Irmã Amy em maio de 1916. As autópsias encontraram traços de veneno em Michael Gilligan e em cinco pacientes falecidos, sendo Amy indiciada em seis acusações de homicídio e suspeita em diversos outros. (Os médicos calcularam que oito pacientes seria uma taxa de falecimento "normal" de residentes para o período de 1911 a 1916, comparada com os 48 de Amy).

Dr. King declarou-se propenso, com sua reputação estremecida, a descrever a Irmã Amy como vítima de uma perseguição injusta. Ele declarou que o veneno foi colocado em diversos corpos por "demônios para incriminar a sra. Gilligan". O promotor Hugh Alcorn respondeu chamando o caso de "a pior trama venenosa que este país já conheceu". As objeções do advogado de Amy selecionaram as acusações para uma acusação de homicídio — o falecimento em maio de 1914 do paciente Frank Andrews — e ela foi sentenciada em julho de 1917. A sentença de prisão perpétua foi apelada com sucesso em bases técnicas, mas um segundo júri retornou com o mesmo veredicto, deixando-a na Prisão de Weathersfield. Em 1923, uma crise de "ataque nervoso" resultou em um diagnóstico de insanidade, e Amy foi transferida para um asilo estadual, onde faleceu em 1962, com 89 anos.

ARCHERD, William Dale

Nascido em 1912, William Archerd nutriu fascinação durante toda sua vida pela Medicina. Não possuindo dinheiro e a autodisciplina requerida para a faculdade, procurou trabalhar como atendente hospitalar, aprendendo o que podia sobre drogas e seus efeitos por meio de experiência prática. Durante 1940 e 1941, Archerd trabalhou no Hospital Estadual de Camarillo, na Califórnia, servindo em departamentos que utilizavam terapia de choque de insulina para tratar doenças mentais. Em 1950, ele admitiu ser culpado de posse ilegal de morfina em São Francisco, recebendo *sursis* de cinco anos. Uma segunda violação revogou essa *sursis* e Archerd foi confinado a uma prisão de segurança mínima em Chino. Escapando em 1951, foi rapidamente recapturado e transferido para San Quentin. Em outubro de 1953, estava em liberdade condicional.

A "má sorte" de Archerd estendeu-se também a outros aspectos de sua vida. Casado por sete vezes em 15 anos, perdeu três esposas de doenças misteriosas entre 1958 e 1966. Como se isso não bastasse, seus amigos e parentes também estavam morrendo em circunstâncias incomuns.

William Dale Archerd conversa com jornalista no tribunal

Em 27 de julho de 1967, Archerd foi preso em Los Angeles e indiciado em três acusações de homicídio em primeiro grau. Dentre as vítimas estavam sua quarta esposa, Zella, que teve um colapso dois meses após seu casamento, em 25 de julho de 1956; um sobrinho adolescente, Burney Archerd, falecido em Long Beach em 2 de setembro de 1961 e a sétima esposa, a autora Mary Brinker Arden, falecida em 3 de novembro de 1966. Como acusado na denúncia, Archerd era suspeito de injetar em cada vítima uma overdose de insulina, produzindo, portanto, ataques letais de hipoglicemia.

Suspeitou-se de pelo menos três outras vítimas nas séries homicidas. A primeira vítima conhecida de Archerd, de acordo com a polícia, foi um amigo chamado William Jones, que faleceu em Fontana, Califórnia, em 12 de outubro de 1947. A quinta esposa de Archerd, Juanita, também mostrou os sintomas clássicos de hipoglicemia em sua morte em um hospital de Las Vegas, em 13 de março de 1958. Outro amigo de Archerd, Frank Stewart, faleceu no mesmo hospital dois anos depois, em 17 de março de 1960.

Em 6 de março de 1968, William Archerd foi sentenciado em três acusações de homicídio; o primeiro réu americano sentenciado por usar insulina como arma de homicídio. Sua sentença de morte foi confirmada pelo Supremo Tribunal do Estado da Califórnia em dezembro de 1979, depois de dois anos e reduzida, à prisão perpétua, quando o Supremo Tribunal dos Estados Unidos descreveu os regulamentos de pena de morte existentes como "punição cruel e incomum".

ARMAS preferidas por *serial killers*

No que se refere à escolha de armas, os *serial killers* americanos desafiam todas as normas nacionais. Em 1996, de acordo com o Relatório de Crimes Uniformes do FBI, 68% dos assassinatos americanos foram cometidos com armas de fogo, 26% foram o resultado de violência manual — apunhalar, bater, estrangular — e outros 6% foram cometidos por outros meios, incluindo INCÊNDIOS CRIMINOSOS, BOMBAS e veneno. Os assassinos seriais, em contraste, preferem o toque pessoal: 51% matam com as mãos, enquanto 22% confiam exclusivamente em armas e 10% utilizam "outros" meios; outros 14% alternam entre tiros e ataques manuais e 3% — incluindo assassinos como HENRY LUCAS E OTTIS TOOLE — usam qualquer coisa e tudo o que estiver disponível como ferramentas homicidas. (Lucas certa vez vangloriou-se de assassinar usando "tudo, exceto veneno", incluindo as vítimas que foram crucificadas, atropeladas e queimadas vivas.)

Ao classificar os assassinos motivados sexualmente como ORGANIZADOS E DESORGANIZADOS, os analistas do FBI determinaram que o primeiro grupo normalmente planeja seus crimes em detalhes, procurando todas as armas necessárias com bastante antecedência; o segundo tipo mata mais frequentemente por impulso, chegando assim despreparado, e encontra suas armas à sua espera na cena do crime. Os infratores "desorganizados" também possuem tendência a deixar suas ferramentas para trás, frequentemente com impressões digitais úteis, enquanto seus concorrentes "organizados" mantêm (ou descartam) suas armas em um esforço para evitar a detecção.

Uma lacuna significativa na "norma" de assassinato serial é notada quando as drogas e venenos são utilizados. Com a execução dos ASSASSINOS MÉDICOS os quais, tanto homens como mulheres, mostram inclinação por injeções letais, a maioria dos envenenadores são mulheres, tipicamente "VIÚVAS NEGRAS" que temperam a comida caseira com ingredientes não ortodoxos, variando de arsênico a anticongelante. Essa tendência das assassinas, para evitar o uso de armas, machados e fio de piano, motivou alguns autores a nomeá-las "assassinas gentis", mas esta designação deixa de reconhecer o sofrimento passado por muitas vítimas de sucessivas doses mortais, que resultam em cegueira, convulsões, hemorragias e uma morte prolongada e agonizante.

Veja também: MODUS OPERANDI; MOTIVOS

"ASSASSINATOS de Autoestrada"

Entre dezembro de 1972 e junho de 1980, as autoridades de sete distritos ao sul da Califórnia registraram as mortes violentas de pelo menos 44 homens jovens e garotos, atribuindo seus assassinatos a um "Assassino de Autoestrada" desconhecido. Das 11 vítimas assassinadas antes de 1976, muitas eram conhecidas ou suspeitas de serem homossexuais, com suas mortes dando crédito à noção de que o assassino também era gay. Enquanto o estrangulamento foi a forma favorita de morte, algumas vítimas foram apunhaladas com facas e pegadores de gelo, e seus corpos tinham traços de tortura sádica. Os investigadores de homicídios observaram diferentes mãos no trabalho de diversos homicídios, mas finalmente concordaram que 21 estavam quase com certeza relacionados. (Dezesseis outros seriam resolvidos em 1983 com a prisão do "Assassino do Cartão" RANDY KRAFT).

A primeira vítima "definida" foi Thomas Lundgren, 14 anos, raptado em Reseda, em 28 de maio de 1979 e descartado no mesmo dia próximo a Malibu. Mark Shelton, 17 anos, foi a vítima seguinte e seu desaparecimento de Westminster foi informado em 4 de agosto, com seu corpo recuperado uma semana depois em Cajon Pass. No dia seguinte ao desaparecimento de Shelton, Marcus Grabs, 17 anos, foi raptado em Newport Beach e seu corpo violentado foi descoberto em Agoura em 6 de agosto. Donald Hyden, 15 anos, foi encontrado em Agoura, em 27 de agosto — no mesmo dia em que desapareceu de Hollywood. Em 7 de setembro, David Murillo, 17 anos, desapareceu de Lousiania Mirada e seu corpo foi encontrado em Ventura cinco dias depois. Os restos de Robert Wirotsek foram encontrados na Interestadual 10, entre Banning e Palm Springs, em 27 de setembro, mas 11 meses se passariam antes de ser identificado. Outro "John Doe" foi descoberto no Distrito de Kern em 30 de novembro, com Frank Fox, 18 anos, assassinado em Long Beach dois dias depois. A última vítima do assassino em 1979 também era do sexo masculino, mas não foi identificado. Tinha entre 15 a 20 anos, e o corpo violentado foi encontrado em 13 de dezembro.

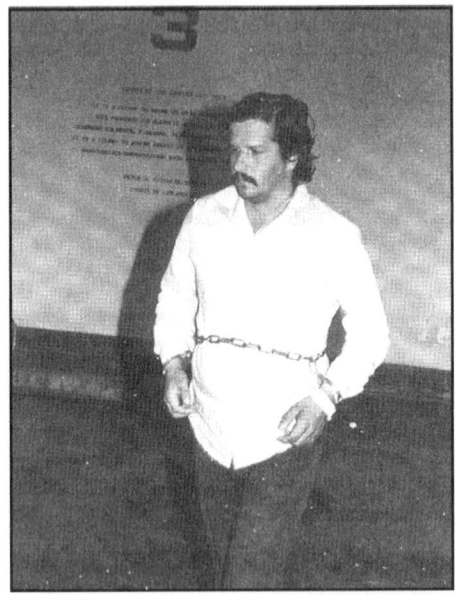

"Assassino de Autoestrada" William Bonin algemado

O ano novo começou de forma ruim no sul da Califórnia, com Michael McDonald, 16 anos, raptado em Ontário, em 1º de janeiro de 1980 e encontrado morto dois dias depois no Distrito de San Bernardino. Charles Miranda, 14 anos, desapareceu de Los Angeles em 3 de fevereiro e seu corpo foi deixado em Hollywood mais tarde no mesmo dia. Em 5 de fevereiro, James

McCabe, 12 anos, foi raptado em Huntington Beach e seu corpo foi recuperado três dias depois em Garden Grove. Ronald Gatlin, 18 anos, desapareceu em Van Nuys em 14 de março e foi encontrado morto no dia seguinte, em Duarte. Russel Pugh, 15 anos, teve seu desaparecimento de Huntington Beach informado em 21 de março e seu corpo foi encontrado no dia seguinte em Lower San Juan Campground, juntamente com o corpo da vítima Glen Barker, 14 anos. Três dias depois, a polícia encontrou Harry Turner, 15 anos, assassinado na própria Los Angeles.

O assassino assumiu duas vítimas em 10 de abril de 1980, raptando Steven Wood, de 16 anos, de Bellflower, ricocheteando para raptar Lawrence Sharp, de 18 anos, de Long Beach horas depois. O corpo de Wood foi encontrado em 11 de abril em Long Beach, mas Sharp permaneceu desaparecido até 18 de maio, quando seus restos foram descobertos em Westminster. Enquanto isso, em 29 de abril, Daren Kendrick, de 19 anos, teve seu desaparecimento informado em Stanton, e seu corpo foi recuperado em Carson em 10 de maio, com traços de hidrato de cloro ("gotas para derrubar") em seu organismo. Em 19 de maio, Sean King, 14 anos, desapareceu, sem vestígios, de South Gate e permaneceu entre os desaparecidos. Stephen Wells, de 18 anos, o último a morrer, foi raptado em Los Angeles em 2 de junho e seu corpo foi recuperado no dia seguinte, em Huntington Beach.

A polícia só teve descanso em 10 de junho quando William Ray Pugh, 18 anos (nenhuma relação com Russel Pugh), confessou conhecimentos "internos" da série de homicídios. Pugh identificou como assassino William George Bonin, veterano do Vietnã de 32 anos e motorista de caminhão residente em Downey. Um exame no registro revelou a condenação de Bonin, em 1969, em Torrance, sob a acusação de crime qualificado de rapto, sodomia, molestamento infantil e copulação oral violenta. As acusações se apoiavam em quatro ataques separados, em novembro de 1968 e janeiro de 1969, sendo Bonin diagnosticado como delinquente sexual mentalmente desequilibrado, entregue ao Hospital Estadual de Atascadero. Foi liberado em maio de 1974 por recomendação dos psiquiatras que não mais o consideravam "perigoso"; dois anos depois, estava de volta à prisão, condenado por rapto e atentado violento ao pudor de um garoto de 14 anos. Bonin recebeu a condicional em outubro de 1978, sete meses antes do falecimento de Thomas Lundgren.

Os oficiais estabeleceram uma vigilância de 24 horas em Bonin, com uma descoberta útil após esse tempo. Na noite de 11 de junho de 1980, o suspeito foi preso por sodomia em um jovem em seu furgão e foi registrada a suspeita de homicídio e diversas acusações de atos sexuais. Detido por não pagar uma fiança de 250 mil dólares, Bonin ainda estava preso quando a polícia pegou Vernon Butts, 21 anos, em 25 de julho, acusando-o de participante de seis dos assassinatos de "autoestrada". Entre 26 e 29 de julho, Bonin foi formalmente indiciado em 14 acusações de homicídio, 11 acusações de roubo, mais uma acusação de sodomia e outra de mutilação intencional. Butts, enfrentando seis acusações de homicídio e três acusações de roubo, logo começou a "cantar" para a polícia, nomeando mais supostos cúmplices na associação de homicídios. James Michael Munro, 19 anos, foi preso em Michigan em 31 de julho e enviado à Califórnia para julgamento das acusações do assassinato de Stephen Wells. Três semanas depois, em 22 de agosto, Gregory M. Miley, 19 anos, foi preso no Texas, com extradição liberada nas acusações de homicídio de Charles Miranda e James McCabe, mais duas acusações de roubo e uma acusação de sodomia.

O Distrito de Orange aumentou o valor da aposta em 29 de outubro de 1980, acusando Vernon Butts dos homicídios de Mark Shelton, Robert Wirotsek e Daren Kendrick, e mais 17 outras acusações qualificadas, incluindo conspiração, rapto, roubo, sodomia, copulação oral e perversão sexual. Greg Miley foi também acusado de outro homicídio em Orange, e de mais sete acusações relacionadas de crime qualificado. Em 8 de dezembro, o suspeito Eric Marten Wijnaendts — imigrante holandês de 20 anos — foi acrescido à lista, acusado de cumplicidade no homicídio de Harry Turner.

Sob as leis da Califórnia, um homicídio cometido em "circunstâncias especiais" — acompanhado por tortura, estupro ou roubo — pode ser punido com pena de morte. Em dezembro, os companheiros de Bonin começaram a rachar e admitir a culpa em diversas acusações de crime qualificado e receberam a prisão perpétua pela promessa de testemunhar contra Bonin. Eles relataram detalhes de tortura sofrida por diversas vítimas de "autoestrada" e a alegria com a qual Bonin infligia a dor. Conforme um deles observou, "Bill disse que amava aqueles sons de gritos". Em 11 de janeiro, após contar à polícia do controle "hipnótico" de Bonin, Vernon Butts enforcou-se em sua cela, após a quinta tentativa de suicídio desde a sua prisão. Com o novo testemunho em mãos, o Distrito de Orange indiciou Bonin em mais oito acusações de homicídio com 25 acusações relatadas de roubo e agressão sexual.

O julgamento de William Bonin nas 12 acusações de homicídio começou em 4 de novembro de 1981, em Los Angeles. Greg Miley e James Munro testemunharam para o Estado, descrevendo como Bonin — após sua prisão — instigou-os a "começar a ir pegar qualquer um na rua e matá-lo", em um lance para convencer as autoridades de que o "Assassino da Autoestrada" ainda estava à solta. Um repórter da televisão divulgou o conteúdo de uma entrevista na prisão na qual Bonin admitiu sua participação em 21 homicídios. "Não podia parar de matar", o caminhoneiro disse. "Tornava-se mais fácil a cada um que fazia."

Em 5 de janeiro de 1982, após oito horas de deliberação, os jurados condenaram Bonin em dez acusações de homicídio e dez de roubo (mas ele foi absolvido nas mortes de Thomas Lundgren e San King). Duas semanas depois, ele foi formalmente sentenciado à morte, mas esperou outros 14 anos para ver a sentença ser cumprida. Em 23 de fevereiro de 1996, Bonin foi finalmente executado na câmara de gás, na prisão de San Quentin. Observou-se que seu falecimento fez com que ficasse faltando um parceiro de baralho para bridge Randy Kraft, LAWRENCE BITTAKER e DOUGLAS CLARK nos próximos jogos de cartas no corredor da morte.

ASSASSINOS da Reserva de Yakima

As autoridades estão divididas em sua opinião quanto a um *serial killer* ser responsável pelos assassinatos de pelo menos 13 mulheres, cometidos desde 1980 na reserva indígena de Yakima de 1,3 milhão de acres no Estado de Washington. Onze das 13 vítimas eram americanas nativas, algumas delas nascidas e criadas na reserva e outras com histórias de abuso de álcool. Muitas das vítimas tinham 20 anos de idade e pelo menos oito deixaram filhos. Algumas foram apunhaladas mortalmente, enquanto outras foram espancadas, atingidas por tiros ou estranguladas; duas aparentemente foram afogadas e uma foi atropelada por um carro. Os corpos foram tipicamente jogados em áreas remotas e arborizadas, onde a decomposição e a exposição às intempéries e a predadores apagam as evidências, deixando a causa da morte desconhecida em diversos casos. Pelo menos duas outras mulheres indígenas — Karen Luise Johnly e Daisey May Tallman, ambas com 20 anos — tiveram seus desaparecimentos informados entre 1987 e 1992, mas seus nomes não foram acrescentados à lista "oficial" de vítimas de Yakima.

Um delegado que acredita que um *serial killer* é responsável pelos assassinatos, Melford Hall, aposentou-se em 1989, após 22 anos como investigador criminal do Conselho de Assuntos Indígenas, citando os homicídios como parte de suas razões para deixar o emprego. Conforme Hall disse aos repórteres, em janeiro de 1993, "Eles provavelmente dizem, 'ele não sabe o que está dizendo'. Mas então vocês olhem todos esses nomes". Hall liga os assassinatos ao alcoolismo excessivo, tão proeminente em Yakima e em outras reservas. "Minha opinião", ele explica, "é esta: a pessoa senta-se em qualquer taverna, aguarda por uma mulher embriagada e a agarra".

O Departamento de Polícia Tribal de Yakima, enquanto isso, recusa todas as solicitações de entrevista quanto aos homicídios, mas os agentes do escritório de campo de Seattle do FBI* completaram a predição de Hall, considerando "extremamente improvável" que um assassino seja o responsável por todos os 13 assassinatos de Yakima. O porta-voz do FBI, William Gore, referiu-se à "evidência significativa" e a "suspeitos lógicos" em três dos casos, embora nenhuma acusação tenha sido registrada. Em 27 de janeiro de 1993, o FBI declarou que 12 dos assassinatos de Yakima "estão encerrados, embora possam ser reabertos se surgirem novas informações".

Mas, a questão permanece: alguém está investigando? Melford Hall foi amargo quanto ao FBI: "Muitas vezes nós os chamávamos", ele disse aos repórteres, "e eles diziam: 'apenas envie um relatório'. Eles gastaram milhões de dólares ali (nos assassinatos do RIO VERDE) e não gastariam qualquer coisa aqui". É também um ponto de amarga ironia, Hall observou, que o FBI tenha responsabilidade direta quanto a todos os homicídios cometidos nas reservas indígenas, mas nenhuma em homicídios locais, como o famoso caso do "Rio Verde" de Seattle.

Outro delegado que comparou os dois casos não resolvidos foi o xerife substituto do Distrito de Yakima, Dave Johnson, o qual reclamou que as investigações de assassinato foram obstruídas pela tendência de alguns membros da tribo deixarem a reserva sem informar os amigos ou a família. "É como as vítimas do Rio Verde, muitas das quais eram prostitutas", Johnson disse, "há pessoas sem endereço fixo". Um dos que se ressentiu da comparação foi Johnnie Wyman, cuja irmã — JoAnne Betty Wyman, 44 anos — foi encontrada morta na reserva em 1991, três anos após seu desaparecimento. "As autoridades tomam a atitude com base em que se apenas trata um bando de índias bêbadas", Wyman disse à imprensa. "É apenas outro tapa na face. Não posso adoçar isso para ninguém. Ela era minha irmã e significava tudo para mim."

O assassinato mais recente — e que finalmente trouxe a publicidade nacional aos assassinatos — foi o de Shari Dee Sampson Ewell, encontrada estrangulada e sexualmente mutilada em 30 de dezembro de 1992, na área da reserva fechada a não índios. Atenção suficiente da mídia foi gerada, pela morte de Ewell, quando a Nação Indígena de Yakima ofereceu uma recompensa de 1.000 dólares pela informação que levasse à prisão do assassino, prêmio este aumentado em 5.000 dólares pelo FBI, em 14 de maio de 1993. Até hoje o dinheiro não ajudou. Os assassinatos na reserva de Yakima permanecem sem solução.

N.T.: FBI = *Federal Bureau of Investigation*. (Policia Federal Americana)

"ASSASSINATO em Massa": Definido

Antes da introdução do termo ASSASSINATO EM SÉRIE em meados da década de 1960, muitos assassinos de múltiplas vítimas foram indiscriminadamente referidos como assassinos em massa. Hoje, graças principalmente ao FBI, assassino em massa é definido como qualquer assassinato de quatro ou mais vítimas de uma vez e em um mesmo local. *O Manual de Classificação de Crimes do FBI* classifica também o assassinato em massa em casos "clássicos" e "familiar": o caso clássico "envolve uma pessoa que opera em um local por um período de tempo"; o cenário familiar envolve o assassinato de quatro parentes ou mais e pode ser denominado "assassinato/suicídio em massa" se o perpetrador também se matar.

Infelizmente, existem diversos problemas com a definição do FBI, primeiro e inicialmente o que parece ser a exclusão de qualquer assassinato múltiplo cometido por dois ou mais assassinos. Tomados pelo valor principal, a definição do FBI parece falhar em incluir esses eventos como o massacre do dia de São Valentin de 1919 (com sete mortes) e o massacre de Chinatown em Seattle, em fevereiro de 1983 (13 mortes) com base no envolvimento de atiradores múltiplos. Contrariamente, os agentes do FBI ROBERT RESSLER e JOHN DOUGLAS, em seu livro *Sexual Homicide* (1988), referem-se ao caso de "assassinato em massa" no qual apenas três vítimas foram assassinadas. Problemas adicionais surgem com a introdução de ATIVIDADE DE ASSASSINATO que — dependendo das circunstâncias do caso — pode não ser distinguida tanto do assassinato em "série" como do em "massa". As referências publicadas de "assassinato em massa e em série" também desnecessariamente confundem uma questão já complicada.

ASSASSINATOS Médicos

Um número perturbador de *serial killers* é encontrado na profissão médica, fazendo vítima cada paciente que confia sua vida a curadores distorcidos. As razões para sua escolha de uma carreira em Medicina (e assassinato) são reconhecidamente complexas, mas uma das vantagens é o pronto suprimento de vítimas — com frequência fracas e indefesas, algumas vezes em coma — que são apresentadas diariamente ao profissional médico. Aqueles que selecionam suas vítimas dentre os pacientes de um hospital principal ou casa de repouso estão protegidos da suspeita por seu juramento de Hipócrates e pelo fato de a morte — particularmente de idosos e graves doentes — ser tida mais ou menos como aceita. Somente quando um assassino se torna muito arrogante ou sem cuidado, deixando indícios atrás de si, ou matando muito vorazmente dentro de um pequeno período de tempo, ele (ou ela) fica exposto(a).

Os assassinos médicos estão entre médicos e dentistas licenciados, de enfermeiras registradas e de empregados de classe inferior, tais como assistentes hospitalares ou auxiliares de enfermagem. São tanto homens como mulheres, pretos ou brancos (embora os caucasianos dominem este grupo). Como em sua formação, raça e sexo, eles divergem em MOTIVOS, embora determinados temas principais se repitam periodicamente.

Um motivo comum em assassinato médico é o chamado assassinato por misericórdia, no qual o assassino supostamente procura terminar com o sofrimento de pacientes selecionados, acabando com suas vidas. O *Manual de Classificação de Crimes do FBI* (1992) apresenta o auxiliar de enfermagem DONALD HARVEY como exemplo de um "assassino misericordioso" em ação, embora suas técnicas tenham marcas de sadismo (e sua seleção de vítimas, pelo menos em alguns casos, foi feita por meio de rituais satânicos).

Um segundo tipo de assassino médico é o suposto "herói", precipitando as emergências de vida ou morte com a intenção de apresentar-se para salvar um paciente em seu penúltimo momento e, assim, ganhando os créditos de seus pares ou membros da família da vítima. Estes operadores — teoricamente, pelo menos — não podem pretender matar, mas podem, em vez disso, falhar em suas tentativas de "recuperar" pacientes que eles levaram à beira da morte. O FBI apresenta a assassina de bebês GENENE JONES como um exemplo do tipo "herói"; motivos idênticos foram atribuídos ao enfermeiro Richard Angelo de Nova York e a diversos outros em todo o mundo.

Alguns assassinos médicos, naturalmente, matam pelo dinheiro. Na década de 1930, o dr. Morris BOLBER organizou uma liga de assassinos-por-seguros na Filadélfia, que requereu cerca de 50 vidas. Muitos médicos operam em uma escala mais modesta, mas alguns — como AMY ARCHER-GILLIGAN, de Connecticut — abrem suas próprias clínicas ou casas de repouso com o assassinato em mente. Outro assassino motivado por lucro, o dentista Glennon Engelman, do Missouri, não fez uso de qualquer habilidade médica quando começou a assassinar, preferindo dinamite e armas de fogo como suas ferramentas.

Finalmente, como alguns "curadores" que abusam sexualmente de seus pacientes, não podemos definir motivos sexuais ou sádicos em alguns assassinos médicos. As amantes lésbicas GWENDOLYN GRAHAM E CATHERINE WOOD fizeram um "jogo" brutal de assassinatos na casa de repouso de Michigan, tão excitadas com os acessos de morte de suas vítimas que frequentemente encontravam uma sala vazia para uma rodada apressada de sexo quando acabavam de sufocar um paciente em sua cama. Da mesma forma, é sem dúvida significativo que todos os três pacientes assassinados pelo dr. Tony Protopappas em sua cadeira dentária com *overdose* de anestesia fossem mulheres atraentes com idade inferior a 35 anos.

O aspecto mais alarmante do assassino médico é a aparente facilidade com a qual alguns médicos afastam a investigação, algumas vezes para sempre, enquanto operam prodigiosa contagem de corpos. Uma revisão de casos modernos não resolvidos revela que sete hospitais — cinco nos Estados Unidos, um no Canadá e outro na França — em que assassinos desconhecidos somam 320 vítimas e estão em total impunidade. Em um caso no qual foi feito registro de um assassino na enfermaria, um administrador do hospital também admitiu a culpa por destruir a evidência ilegalmente em um esforço mal conduzido para proteger o "bom nome" do hospital.

Veja também: MODUS OPERANDI; ARMAS

ASSASSINATOS não Resolvidos

A apreensão de *serial killers* não é algo conclusivo, sob qualquer aspecto. Neste século, 18% de todos os assassinos em série reconhecidos enganaram detetives, incluindo pelo menos quatro — BELLE GUNNES, BELA KISS, Carl Menarik e Randolph Dial — que escaparam da polícia após serem publicadas suas identidades e crimes. Mais populares, de longe, são os assassinos JACK, O ESTRIPADOR de Londres e os americanos ZODÍACO e ASSASSINO DO LUAR, cujos crimes excitam a consciência pública, e nunca foram identificados.

Diversas razões tipicamente avançadas para se encerrar a investigação sobre um assassino serial não incluem a especulação a respeito da morte do assassino, sua prisão sob acusações não relacionadas ao caso ou a internação em uma instituição para doentes mentais. Na ausência de um nome, entretanto (e evidências conclusivas conectando qualquer determinado suspeito aos crimes em questão), tais teorias são nada mais que jogos mentais inúteis. Uma noção mais problemática — de que determinados *serial killers* "aposentaram-se" voluntariamente da caça — é menos bem-vinda à polícia e também aos civis, porque significa que o assassino pode reassumir seus atos homicidas a qualquer momento, conforme ele ou ela considere adequado.

Pede-se, frequentemente, aos porta-vozes do FBI para especularem sobre o número de *serial killers* não identificados à solta na América. A estimativa varia, tipicamente, entre 35 e 50, algumas vezes podendo chegar a cem, enquanto os críticos reclamam que os números assim evocados são muito conservadores. A verdade crua é que ninguém sabe quantos caçadores homicidas estão à solta em um determinado dia. A polícia pode somente tabular os casos que eles reconhecem — aqueles nos quais os assassinos em série foram relacionados por evidências circunstanciais. Outra classe de assassinos, aqueles que escondem suas vítimas bem e não deixam nenhum traço para trás, é automaticamente omitida dessas estimativas, já que a execução legal não possui pista de sua existência.

JOHN GACY é um desses casos, junto com DEAN CORLL, JUAN CORONA e JEFFREY DAHMER, de Milwaukee. Esses quatro homens coletivamente reclamam mais de cem vítimas sem levantar a suspeita da polícia e são traídos no final por algum descuido ou uma circunstância casual. Menos prolífico, mas com mais sorte no final, Eugene Butler passou os últimos sete anos de sua vida na instituição mental de Dakota do Norte. Ele morreu dois anos antes de os operários da construção demolirem sua casa e encontrarem seis corpos enterrados em um espaço apertado.

O autor Carl Sifakis, em sua *Encyclopedia of American Crime* (1982), especula que a real taxa de assassinatos americanos pode ser o dobro do número registrado a cada ano, se considerarmos as PESSOAS DESAPARECIDAS, além dos homicídios disfarçados como mortes acidentais ou suicídios. Os ASSASSINATOS MÉDICOS são também algumas vezes difíceis de se reconhecer, sendo declarados como mortes "naturais" por médicos inexperientes... ou pelo próprio assassino, se acontecer de ser o médico em atendimento. As estatísticas de homicídio, distorcidas também pelo fato de as vítimas serem descobertas anos depois de sua morte — como as 29 descobertas na propriedade de Gacy, em 1978 —, são colocadas no ano da descoberta, em vez de no ano em que foram assassinadas.

Veja também: PERFIL BIOGRÁFICO

"Assassinatos TYLENOL"

Os "assassinatos Tylenol" são únicos dentre os assassinatos seriais pois o assassino, na verdade, nunca viu suas vítimas e não tem ideia de sua identidade ou número, até ele (ou ela) ser avisado das mortes pelas reportagens na mídia. Talvez, previsivelmente, por sua própria natureza, o caso teve também grande impacto na sociedade americana — e além — que qualquer outro caso de assassinato serial na história.

O terror começou em 29 de setembro de 1982, quando Mary Kellerman, de 12 anos, uma moradora do subúrbio de Elks Grove Village, próximo a Chicago, reclamou aos seus pais de um resfriado garganta arranhando. Tratada com cápsulas de Tylenol extraforte, Mary ficou inconsciente no chão do banheiro na manhã seguinte, às 7 horas e morreu três horas depois em um hospital local. Os resultados da necropsia determinaram que as cápsulas que Mary Kellerman ingeriu estavam contaminadas com uma mistura letal de Tylenol normal e ciamureto mortal.

Aqueles resultados ainda não haviam sido relatados na tarde de 29 de setembro, quando três membros da família Janus, em outro subúrbio de Chicago, tomaram as cápsulas de Tylenol extraforte e rapidamente entraram em colapso. Nenhum dos três foi salvo, apesar dos melhores esforços dos médicos que trabalhavam contra o relógio.

Mantendo-se, no momento, a contagem de corpos em quatro, um bombeiro local, tenente Phillip Capptelli, começou a somar dois mais dois em sua cabeça. Ele estava ciente da morte de Mary Kellerman a partir de conversas que teve com parentes; então, com os relatórios do envenenamento triplo dos Janus em sua pasta da polícia, ele conversou com outros colegas de trabalho, e logo fez a ligação entre o Tylenol extraforte e as quatro vítimas até então. Os avisos foram divulgados em toda a grande Chicago, em 30 de setembro, mas outras três vítimas já haviam sido envenenadas nesse meio-tempo, nenhuma delas sobrevivendo.

Em 1º de outubro de 1982, os fabricantes do Tylenol extraforte fizeram o reconhecimento de cerca de 264 mil frascos de seu produto nos armazéns de Chicago e arredores, enquanto a *FDA* (*Food and Drug Administration*) transmitiu avisos aos consumidores para evitarem a droga até que uma investigação fosse completada. Quatro dias depois, o recolhimento foi feito em todo o país após a polícia de Oroville, Califórnia, detectar Tylenol ligado à estricnina pela convulsão quase fatal sofrida pela vítima Greg Blagg. Em 6 de outubro, as autoridades do Canadá, Grã-Bretanha, Noruega, Itália, Filipinas e Coreia do Sul também estavam tomando medidas para retirar os frascos suspeitos de suas prateleiras. No dia seguinte, as autoridades na Filadélfia retrataram-se de sua versão de suicídio na morte, em 3 de abril, do estudante William Pascual, declarando que o incidente "poderia estar ligado" às cápsulas envenenadas de Tylenol. Um novo exame das cápsulas do Tylenol extraforte encontradas no apartamento de Pascual detectou contaminação por cianureto.

De volta a Chicago, enquanto isso, os investigadores rastrearam as cápsulas mortais nas lojas onde foram compradas. Em 4 de outubro, foi anunciado que um outro frasco envenenado do Tylenol extraforte foi encontrada em cada uma das cinco lojas examinadas. Por causa do pequeno número encontrado na área da cidade, a polícia concluiu que o Tylenol foi comprado ou roubado, perfurado com veneno por um assassino à espreita, e então sub-repticiamente retornado às prateleiras da loja. Aquele julgamento foi apoiado em 5 de outubro após os examinadores médicos verificarem a fábrica de Tylenol em Fort Washington, Pensilvânia. Cianureto foi usado na fábrica, mas as medidas de segurança eram impermeáveis e as possibilidades de contaminação interna eram restritas a "uma em um milhão".

O resultado imediato do caso foi a atenção para novas características e para as mais seguras embalagens de medicamentos patenteados. Em Illinois, o conselho de supervisores do Distrito de Cook aprovou um regulamento em 4 de outubro de 1982, requerendo que todos os frascos vendidos dentro do Distrito deveriam ter lacres à "prova de adulteração". No dia seguinte, uma força-tarefa federal foi convocada para endereçar o âmbito em base nacional. Em 6 de outubro, o Secretário de Saúde e Serviços Humanos, Richard Schweiker, emitiu ordens executivas requerendo os lacres resistentes à falsificação em todos os medicamentos patenteados e itens similares designados para consumo humano. Outra medida para segurança contra envenenamento aleatório seguiu-se a invenção do *caplet* — um tablete em formato de cápsula (mas sólido) que não pode ser aberto e contaminado.

Ainda assim, a prevenção foi mais fácil que a punição nesse caso problemático, em que o assassino (ou assassinos) à espreita não deixa nenhum indício. É um testamento para a natureza humana, mas, com o medo de Tylenol no mais alto grau, determinados criminosos tentaram aproveitar-se, requerendo dinheiro para evitar futuros envenenamentos. Entretanto, mesmo indo para a prisão sob a acusação de extorsão, nenhum jamais foi ligado aos reais assassinatos. Existiu também uma breve corrida de crimes "similares", em que as vítimas foram feridas no Colorado e na Flórida, respectivamente, por um colírio ou colutório bucal contaminados com ácido. Na análise final, os investigadores de homicídios de Illinois, Califórnia e Pensilvânia nunca puderam se seus casos de envenenamento estavam ligados. Oficialmente, o desconhecido "assassino Tylenol" enfrenta sete acusações de assassinato pelos crimes ao redor de Chicago, isso se quando a polícia for capaz de identificar um suspeito. Mas, em dezessete anos, e contando-se desde a ocorrência dos crimes, parece improvável que o caso seja resolvido.

ASSASSINATOS "Zebra"

Por um período de 179 dias, entre outubro de 1973 e abril de 1974, os moradores brancos de São Francisco foram aterrorizados por uma série de ataques aleatórios por motivos raciais, que levaram 15 vidas, deixando outras oito vítimas feridas ou estupradas. Em janeiro de 1974, as autoridades souberam, quase com certeza, que os assassinos eram membros dos Mulçumanos Negros, um grupo dissidente dos "Anjos da Morte", que assumia o assassinato de "demônios de olhos azuis" como uma forma de iniciação. Por sua própria natureza — e pela forma da resposta da polícia —, os assassinatos "Zebra" (nomeados de acordo com o nome de código da polícia para o caso) elevaram a tensão racial na baía e deixaram um legado de dúvida que não foi dissipado com o passar do tempo.

As primeiras vítimas conhecidas de "Zebra" foram Richard e Quita Hague, raptados pelos negros em um furgão enquanto caminhavam pela rua, em 19 de outubro de 1973. Richard Hague foi atingido na cabeça e no rosto com um facão e deixado sem sentidos para morrer antes de os agressores estuprarem sua esposa e acabarem com ela usando o mesmo facão, deixando-a quase decapitada. Mas, por algum milagre, Richard sobreviveu à provação.

Três dias depois, o atirador Jessie Lee Cooks raptou uma mulher branca, mantendo-a cativa por duas horas, enquanto a estuprava repetidamente e a forçava a fazer sexo oral. Preso nesta e em outras acusações antes da conclusão do caso "Zebra", Cooks — um psicopata ex-condenado — admitiu a culpa em uma acusação de assassinato em troca da dispensa das outras acusações. Na época em que o caso "Zebra" surgiu, em 1974, ele já estava cumprindo sua sentença.

Em 29 de outubro, Frances Rose, 28 anos, foi atingida por tiros disparados por um homem negro que tentou invadir seu carro em movimento em uma rua em São Francisco. Um mês depois, em 25 de novembro, Saleem Erakat, 53 anos, foi amarrada e executada em sua pequena doceria. Paul Dancik morreu em 11 de dezembro, atingido por três tiros no peito enquanto caminhava em direção a um telefone público em uma esquina. Dois dias depois, Arthur Agnos, 35 anos, foi ferido, e Marietta Di Girolano assassinada, em incidentes distintos de tiroteio. O uso de arma similar (ou idêntica) em cada um dos crimes sugeriu um atirador ou um grupo de assassinos compartilhando o instrumento letal.

As coisas foram de mal a pior perto do Natal. Em 20 de dezembro, Ilario Bertuccio, 81 anos, foi assassinado enquanto caminhava do trabalho para casa, e Ângela Roselli foi ferida quando deixava uma festa natalina. Neal, Moynihan, 19 anos, e Mildred Hosler, 50 anos, morreram com a diferença de seis minutos, em 22 de dezembro, derrubadas em ataques aleatórios. Em 23 de dezembro, uma reunião dos "Anjos da Morte" torturou e desmembrou um transeunte desconhecido no sótão deles em São Francisco, jogando seus restos mutilados em uma praia, onde foram encontrados na manhã seguinte. Nunca identificado, a vítima foi registrada nos arquivos de homicídios como "John Doe número 169", em 1973.

Os assassinos celebraram o Ano Novo com uma violência independente em 28 de janeiro, matando quatro pessoas e ferindo a quinta em um intervalo de duas horas. A morte incluiu Tana Smith, 32 anos, atingida a caminho de uma loja de tecidos; Vincent Wollin, assassinado em seu 69º aniversário; John Bambic, 54 anos, atingido repetidamente a curta distância; e Jane Holly, 45 anos, ferida mortalmente pelo atirador que a abordou na rua. A sobrevivente Roxanne Miller, 23 anos, lembra se de seu agressor sorrindo e dizendo "oi" antes de abrir fogo.

Em 1º de abril, Thomas Rainwater, 19 anos, e Linda Story, 21 anos, foram atingidos enquanto caminhavam para uma loja na vizinhança. Rainwater morto imediatamente, enquanto Story sobreviveu com danos permanentes aos nervos. Duas semanas depois, no domingo de Páscoa, Ward Anderson e Terry White foram feridos por um atirador negro no ponto de ônibus em São Francisco. A última vítima, Nelson Shields, foi atingida três vezes nas costas e assassinado em 16 de abril de 1974.

A resposta da polícia aos assassinatos "Zebra" foi quase tão controversa quanto os próprios crimes. A política de parar os negros de forma aleatória nas ruas e revistá-los à procura de armas produziu clamores de racismo e violações dos direitos civis, ao mesmo tempo não apresentava nenhum suspeito viável. O caso mudou de direção, quando o atirador Anthony Cornelius Harris entregou-se voluntariamente e fez uma confissão completa para as autoridades. Revertendo a evidência do Estado, ele nomeou oito assassinos entre "Anjos da Morte" além de si próprio, e sete dos suspeitos foram pegos em incursões em 1º de maio (Jessie Cooks já estava na prisão).

Quatro dos suspeitos foram finalmente liberados por falta de evidências sólidas, e permanecem à solta. Foram indiciados pelos crimes "Zebra": Jessie Cooks, J. C. Simon, Larry Craig Green e Manuel Leonard Moore. Harris, Moore e Cooks se conheceram enquanto cumpriam pena em San Quentin por diversas acusações de crime qualificado e uniram-se ao movimento dos "Mulçumanos Negros" ainda atrás das grades.

O julgamento dos "Zebra" estabeleceu um novo recorde nos procedimentos criminais da Califórnia, durando de 3 de março de 1975 a 9 de março de 1979. Três dos quatro advogados de defesa foram fornecidos e pagos pela Nação do Islã, em uma demonstração de solidariedade para com os assassinos acusados. No final da maratona de julgamentos, os jurados levaram meras 18 horas para condenar todos os réus em todas as acusações, e os quatro atiradores foram sentenciados à prisão perpétua.

Quanto aos "Anjos da Morte", sua existência nunca foi publicamente reconhecida pela execução da lei americana, e os resultados das investigações confidenciais do culto permanecem classificados. De acordo como o autor Clark Howard, existiram 15 "Anjos da Morte" "credenciados" — que já receberam suas "credenciais" matando um número determinado de brancos — à solta na Califórnia durante 1973. Nenhum deles foi preso na diligência policial "Zebra", que capturou somente membros em perspectiva, ainda longe de seu objetivo para a qualificação final. Eles e seus confrades de culto estão ainda, presumivelmente, à solta e possivelmente ainda caçando.

"ASSASSINO da Avenida Independência"

Apelidado com o nome da rua na cidade do Kansas, Missouri, onde suas vítimas do sexo feminino exerciam seu negócio como prostitutas, esse assassino em série não identificado é acusado de dez homicídios e do desaparecimento de três outras mulheres, desde outubro de 1996. As vítimas encontradas até aqui foram todas atiradas no rio Missouri, abaixo da cidade de Kansas, sugerindo para a polícia que seus corpos poderiam ter sido jogados de diversas pontes da cidade. Até aqui, além de se supor que o assassino pode ser do sexo masculino, nada é sabido que identifique um suspeito para o caso.

A primeira vítima conhecida do assassino da Avenida Independência foi Christy Fugate, 21 anos; vista pela última vez com vida em 3 de outubro de 1996, seu corpo foi retirado do rio no distrito vizinho de Lafayette, a leste da cidade de Kansas, 12 dias depois. Um mês após essa terrível descoberta, em 19 de novembro, Connie Wallace-Byas, 20 anos, foi vista pela última vez enquanto caminhava pela Avenida Independência. Única vítima negra, ela estava desaparecida cinco meses antes de seu corpo surgir no distrito de Boone, a 144 quilômetros a leste, em abril de 1997. Enquanto isso, o assassino tinha feito outras três vítimas: Sherri Livingston, 26 anos, desaparecida em 14 de fevereiro, retirada das águas do Distrito de Lafayette em 29 de março; Linda Custer, 41 anos, desaparecida desde 27 de fevereiro, encontrada próximo a Dover no distrito de Lafayette em 23 de abril e Chandra Helsel, 30 anos, vista pela última vez com vida em 5 de abril, retirada do rio em 8 de maio, próximo a Booneville, no Distrito de Cooper, 118 quilômetros a leste. Tammy Smith estava a quatro meses de seu aniversário quando desapareceu da Avenida Independência em 30 de dezembro de 1997. Seu corpo foi encontrado no rio próximo a Silby, Missouri, em 2 de abril de 1998.

Quando este livro foi escrito, a polícia da cidade de Kansas informou que outros quatro corpos de mulheres foram encontrados ao longo do rio, todas consideradas vítimas prováveis do Assassino da Avenida Independência. As mortas eram todas supostas prostitutas ou condenadas como tal, similares em altura e peso, todas caucasianas, exceto uma. A decomposição avançada e a submersão na profundidade, a correnteza rápida do rio eliminaram qualquer indício útil que pudesse auxiliar na identificação do assassino, e a polícia mantém segredo sobre a causa das mortes.

Além das dez mortes reconhecidas, os investigadores temem que três mulheres desaparecidas possam também ter sido presas do assassino local. A suposta prostituta Connie Williams, 32 anos, foi vista pela última vez na casa de sua mãe, na cidade de Kansas, mas a polícia diz que ela era conhecida por dar golpes na Avenida Independência. Se ela foi assassinada como as autoridades presumem, seu desaparecimento dois dias antes do de Christy Fugate faria dela a primeira vítima conhecida do assassino. Jamie Pankey, 40 anos, desapareceu em 1º de novembro de 1996, e a vítima mais nova, Cheresa Lordi, 19 anos, foi vista pela última vez com vida em, 24 de fevereiro de 1997. O caso teve seu PERFIL BIOGRÁFICO no *America's Most Wanted* na primavera de 1998, mas permanece sem solução. Os detetives estão com pistas e esperam que sua presa cometa um erro crítico e seja identificada antes de tirar mais vidas.

ASSASSINOS "Barba Azul": os *serial killers* do tipo masculino

Um termo genérico para qualquer homem que assassine uma série de esposas ou noivas, esse subgrupo de assassinos em série ironicamente deriva do apelido popular do assassino de crianças do século XV. O nobre francês GILES DE RAIS foi o original "Barba Azul", assim chamado por causa da cor preto-azulada de sua barba, mas qualquer ligação entre esse tipo de assassino e a pedofilia sádica perdeu-se há muito tempo. Anos após Gilles ser executado, uma narração popular colocou o apelido no fictício

Chevalier Raoul, cuja sétima esposa encontrou os corpos de suas seis predecessoras assassinadas em uma sala na qual o seu marido a proibia de entrar.

Muitos "Barbas Azuis" da vida real, nos moldes de JOHANN HOCH e HENRI LANDRU, cortejam e assassinam suas vítimas femininas em busca de alguma recompensa material, tais como herança ou seguro de vida. Frequentemente, praticam bigamia e fraude, além de outros crimes mercenários antes de finalmente encontrarem a energia para matar. Seria, entretanto, apressado descartar qualquer motivo sexual ou psicológico em tais casos. O prolífico Barba Azul Harry Powers disse às autoridades da Virginia do Oeste que observar as vítimas morrerem em sua câmara de gás feita em casa "supera qualquer bordel que eu estive". Outro Barba Azul americano que assassinou pelo menos sete esposas, James Watson, foi descoberto na prisão como sendo hermafrodita (possuindo tanto a genitália feminina como a masculina). Nós apenas podemos imaginar qual o impacto que a deformidade teve em suas numerosas noites de casado, mas certamente distorceu sua visão das mulheres e do sexo.

Veja também "VIÚVAS NEGRAS"; MOTIVOS

"ASSASSINO da Costa de Orange"

O fim da década de 1970 foi testemunha de uma súbita erupção de violência homicida e aleatória na América, alertando os criminologistas sobre um perturbador aumento na incidência de assassinatos seriais. Algumas regiões do país — Texas, Flórida, Nova York — pareceram inclinadas a publicar as manchetes a respeito de seus maníacos locais, mas nenhum poderia segurar a tocha dos campos de morte do sul da Califórnia, onde o "Estrangulador de Hillside", o "Assassino da Estrada", "o Assassino do Entardecer", o "Golpeador de *Skid Row*" e uma horda de outros exerceram seu negócio.

Um desses — o "Assassino da Costa de Orange" — realizou melhor sua contraparte demoníaca escorregando das notícias impressas para a legenda como aquele que desapareceu.

Em retrospecto, os detetives concordavam que o terror datava de 2 de agosto de 1977, quando Jane Bennington foi assassinada em Corona Delaware Mar. Atacada em sua casa, aos 29 anos, ela foi estuprada e então espancada mortalmente com um instrumento de corte. Seu assassino não deixou quaisquer indícios para a polícia, e em um intervalo de 18 meses antes de seu aparecimento seguinte outros homicídios tiveram a precedência, requerendo atenção dos investigadores.

O assassino retornou com uma vingança do dia da mentira em abril de 1979,

Gilles de Rais o "Barba Azul"

estuprando Kimberly Rawlines em sua casa em Costa Mesa antes de espancá-la até a morte. Em 14 de maio, Savannah Anderson, 22 anos, foi agredida e espancada em Irvine. Dez dias depois, Kim Whitecotton, 20 anos, sobreviveu a um ataque em seu apartamento em Santa Ana Heights, espalhando pânico entre seus vizinhos com sua descrição gráfica do incidente.

Do dia para a noite existiu uma corrida por armas e cães de guarda na vizinhança que pareceu marcar a escolha do campo de caça do assassino. A impresa alertou as mulheres do perigo de uma porta ou janela destrancadas, enquanto retratos falados do suspeito — caracterizando um bigode preto e maçãs do rosto marcadas por pústulas — informavam as mulheres a quem procurar. Ainda assim, pareceu que o assassino estava invisível a todos, exceto às suas vítimas, livres para ir e vir à vontade.

Jane Pettengill, 24 anos, foi escolhida em 19 de julho, agredida em sua casa em Costa Mesa. Ela sobreviveu, diferentemente de sua vizinha, Marolyn Carleton, 30 anos, que foi estuprada e espancada em 14 de setembro. O assassino mudou-se para Tustin, em 30 de setembro, espancando Diana Green quase fatalmente. Uma semana depois, ele assassinou Debra Jean Kennedy, 24 anos, em Tustin. Em 21 de dezembro, o assassino fez sua única vítima adolescente, espancando Debra Lynn Senior em Costa Mesa, e depois estuprando seu corpo.

Uma força-tarefa especial espalhou-se silenciosamente por entre um labirinto de indícios e "dicas" inúteis de membros amedrontados do público, tudo em vão. Conforme o verão se desvanecia no outono, lentamente dando lugar ao inverno, tornou-se aparente que o homem tinha partido. Dessa vez, o desaparecimento não foi artimanha ou férias. O Assassino da Costa de Orange, por qualquer razão, aposentou-se. De acordo com o que os detetives sabem, ele ainda está à solta.

"ASSASSINO de Crianças" de Atlanta

Uma sequência curiosa e controversa de mortes que causou um reino de terror durante dois anos em Atlanta, Geórgia, foi chamada de "assassino de criança", embora um suspeito — finalmente acusado por 23 dos 30 homicídios "oficiais" — fosse finalmente acusado apenas nas mortes de dois adultos ex-criminosos. Atualmente, cerca de duas décadas após a prisão do suspeito, o caso permanece, em muitas mentes, um mistério não resolvido.

A investigação do caso começou, oficialmente, em 28 de julho de 1979. Naquela tarde, uma mulher que procurava latas e garrafas vazias em Atlanta tropeçou em dois corpos, descuidadosamente escondidos na vegetação rasteira da lateral da rodovia. Uma vítima, atingida com uma arma de calibre 22, foi identificada como Edward Smith, 14 anos, com seu desaparecimento informado em 21 de julho. O outro era Alfred Evans, 13 anos, visto pela última vez com vida em 25 de julho. O médico-legista atribuiu sua morte à "provável" asfixia. Ambos os garotos mortos eram afro-americanos, como todos os outros seguintes.

Em 4 de setembro, Milton Harvey, de 14 anos, desapareceu durante um passeio de bicicleta na vizinhança. Seu corpo foi recuperado três semanas mais tarde, mas a causa da morte permanece oficialmente "desconhecida". Yusef Bell, 9 anos, foi visto vivo pela última vez quando sua mãe pediu que ele fosse ao mercado em 21 de outubro. Encontrado morto em uma escola abandonada em 8 de novembro, foi estrangulado manualmente por um assaltante forte.

Angel Lenair, 12 anos, foi a primeira vítima reconhecida de 1980. Seu desaparecimento foi informado em 4 de março e ela foi encontrada seis dias depois, amarrada a uma árvore com as mãos para trás. Sendo a primeira vítima feminina, sofreu abuso sexual e foi estrangulada; uma calcinha de outra pessoa foi extraída de sua garganta.

Em 11 de março, Jeffrey Mathis desapareceu durante uma caminhada até uma loja. Onze meses se passariam antes da recuperação dos restos mortais, em decomposição avançada, o que ocultou a declaração da causa da morte. Em 18 de maio, Eric Middlebrooks, 14 anos, deixou sua casa após receber um telefonema de pessoas desconhecidas. Encontrado no dia seguinte, sua morte foi causada por ferimentos na cabeça, infligidos com um instrumento de corte.

O terror aumentou naquele verão. Em 9 de junho, Christopher Richardson, 12 anos, desapareceu no caminho para uma piscina na vizinhança. Latonya Wilson foi raptada de sua casa, em 22 de junho, na noite anterior ao seu sétimo aniversário, trazendo os agentes federais para o caso. No dia seguinte, Aaron Wyche, de 10 anos, teve seu desaparecimento informado pela família. Os investigadores encontraram seu corpo em 24 de junho, deitado sob um suporte da estrada de ferro, com o pescoço quebrado. Originalmente considerada um acidente, a morte de Aaron foi mais tarde adicionada à crescente lista de negros mortos e desaparecidos.

Anthony Carter, 9 anos, desapareceu enquanto brincava próximo a sua casa, em 6 de julho de 1980; encontrado no dia seguinte, ele estava morto por ferimentos de múltiplas facadas. Earl Terrel entrou para a lista em 30 de julho, quando desapareceu de uma piscina pública. Os restos mortais, descobertos em 9 de janeiro de 1981, não deixaram nenhuma pista sobre a causa da morte.

O próximo da lista foi Clifford Jones, 12 anos, agarrado na rua e estrangulado em 20 de agosto. Com a recuperação de seu corpo em outubro, os detetives de homicídios entrevistaram cinco testemunhas que descreveram seu assassino como um homem branco, posteriormente preso em 1981, sob a acusação de tentativa de estupro e sodomia. As testemunhas forneceram detalhes con-

Wayne Williams

sistentes do crime com a colocação e condição do corpo da vítima, mas os detetives preferiram ignorar suas declarações sob juramento, colocando Jones na lista de outras vítimas de um assassino "desconhecido".

Darren Glass, 11 anos, desapareceu perto de sua casa em 14 de setembro de 1980. Jamais encontrado, ele entrou para a lista principalmente pelo fato de as autoridades não saberem o que fazer com seu caso. A vítima de outubro foi Charles Stephens, com seu desaparecimento informado dia 19 e encontrado no dia seguinte. Ele foi morto por asfixia. Completando o mês, as autoridades descobriram os restos mortais de Latonya Wilson em 18 de outubro, mas não puderam determinar como ela morreu.

Em 1º de novembro, o desaparecimento de Aaron Jackson, 9 anos, foi informado à polícia que estavam desesperados. O garoto foi encontrado em 2 de novembro, outra vítima de asfixia. Patrick Rogers, 15 anos, foi o seguinte, em 10 de novembro. Seus restos deploráveis, a cabeça esmagada por golpes pesados, não foram desenterrados até fevereiro de 1981.

Dois dias após o ano novo, um assassino ardiloso pegou Lubie Geter, 14 anos, estrangulando-o e descartando seu corpo onde não seria encontrado até 5 de fevereiro. Terry Pue, 15 anos, foi dado como desaparecido em 22 de janeiro e encontrado no dia seguinte, estrangulado com um cordão ou um pedaço de corda. Desta vez, os detetives disseram que produtos químicos especiais os capacitaram para ter as impressões digitais do suspeito do corpo de Terry. Infelizmente, não estavam registradas em nenhuma agência policial nos Estados Unidos.

Patrick Baltazar, 12 anos, desapareceu em 6 de fevereiro. Seu corpo foi encontrado uma semana mais tarde, marcado pela atadura de estrangulamento, e em local próximo foram encontrados os restos do corpo de Jeffrey Mathis. Curtis Walker, 13 anos, foi estrangulado em 19 de fevereiro e encontrado no mesmo dia. Joseph Bell, 16 anos, foi asfixiado em 2 de março. Timothy Hill, em 11 de março, foi registrado como uma vítima de afogamento.

Em 30 de março, a polícia de Atlanta acrescentou sua primeira vítima adulta à lista de crianças assassinadas. Era Larry Rogers, 20 anos, ligado às vítimas mais jovens pelo fato de ter sido asfixiado. Nenhuma causa de morte foi determinada para a segunda vítima adulta, de 21 anos, Eddie Duncan, mas de qualquer forma ele entrou na lista quando seu corpo foi encontrado em 31 de março. Em 1º de abril, o ex-condenado Michael McIntosh, 23 anos, foi acrescido à lista pelo fato de ele também ter sido asfixiado.

Em abril de 1981, aparentemente, o caso do "assassino de crianças" estava fugindo do controle. Os críticos da comunidade denunciaram a lista de vítimas oficiais como incompleta e arbitrária e os casos da cidade, tais como o homicídio de janeiro de 1981 de Faye Yearby, provaram seus pontos. Como a vítima "oficial" Angel Lenair, Yearby foi amarrada a uma árvore pelo seu assassino, com as mãos nas costas e apunhalada até a morte, como as outras quatro vítimas reconhecidas da lista. Apesar dessas similaridades, a polícia rejeitou o caso de Yearby baseado em: (a) ela era mulher — como eram Wilson e Lenair — e (b) era "muito velha", com 22 anos, embora a última vítima reconhecida tivesse 23. O autor Dave Dettlinger, examinando a conduta ilegal da polícia no caso, sugere que 63 vítimas com "padrões" potenciais foram caprichosamente omitidas da lista "oficial", sendo 25 delas após a prisão de um suspeito, supostamente encerrando os homicídios.

Em abril de 1981, o porta-voz do FBI declarou que diversos crimes foram "substancialmente resolvidos", indignando os negros com sugestões de que alguns dos mortos foram assassinados por seus próprios pais. Em meio a essa tempestade, Roz Innes, líder do Congresso para Igualdade Racial, veio a público com a história de que uma testemunha feminina descreveu os assassinatos como ações de um culto que envolvia drogas, pornografia e satanismo. Innes levou os investigadores a um aparente local de ritual, cheio de grandes cruzes invertidas, e sua testemunha passou por dois exames poligráficos, mas nesse momento a polícia concentrou sua atenção em outro suspeito, estreitando sua investigação escrutínio com a exclusão de todas as demais possibilidades.

Em 21 de abril, Jimmy Payne, um ex-condenado de 21 anos, teve seu desaparecimento informado em Atlanta. Seis dias depois, quando seu corpo foi recuperado, a morte foi publicamente atribuída a asfixia, e seu nome foi acrescentado à lista de "crianças" assassinadas. William Barret, 17 anos, desapareceu em 11 de maio; foi encontrada, no dia seguinte, outra vítima de asfixia.

Diversos corpos foram, até agora, retirados de rios locais, com a polícia vigiando as águas à noite. Na madrugada de 22 de maio, um recruta estacionado sob uma ponte no rio Chattahoochee relatou ouvir uma "pancada" na água em local próximo. Acima dele, um carro roncou e os oficiais que vigiavam a ponte ficaram em alerta. A polícia e os agentes do FBI pararam um veículo dirigido por Wayne Bertram Williams, um homem negro, e demorou duas horas interrogando-o e examinando seu carro, antes de deixá-lo ir. Em 24 de maio, o corpo de Nathaniel Cater, um delinquente condenado de 27 anos, foi retirado do local mais abaixo do rio. As autoridades ligaram uma coisa à outra e concentraram sua atenção em Wayne Williams.

Desde o início, ele se mostrou o suspeito mais improvável. Único filho de dois professores da uma escola de Atlanta, Williams ainda vivia com seus pais aos 23 anos. Ao abandonar a faculdade, ele nutria ambições de ganhar fama e fortuna como um promotor musical. Quando mais jovem, havia construído uma estação de rádio operacional no porão da casa da família.

Em 21 de junho, Williams foi preso e acusado do assassinato de Nathaniel Cater, apesar do depoimento de quatro testemunhas que relataram terem visto Cater vivo em 22 e 23 de maio, após a infame "batida" na água. Em 17 de julho, Williams foi denunciado por matar dois adultos — Cater e Payne — enquanto os jornais anunciavam captura do "matador de crianças" de Atlanta.

Em seu julgamento, no início de dezembro de 1981, o promotor descreveu Williams como um homossexual violento e fanático, tão aborrecido com sua própria raça que esperava eliminar futuras gerações matando crianças negras antes que pudessem procriar. Uma das testemunhas depôs que viu William de mãos dadas com Nathaniel Cater em 21 de maio, poucas horas antes da "pancada" na água. Outra, de 15 anos, disse ao tribunal que Williams pagou-lhe dois dólares pelo privilégio de acariciar seus genitais. Ao longo do processo, as autoridades anunciaram a inclusão de uma vítima final, John Porter, 28 anos, à lista de vítimas.

Os advogados de defesa tentaram equilibrar as escalas com o testemunho de uma mulher que admitiu ter "sexo normal" com Williams, mas o promotor ganhou um ponto crucial quando o juiz presidente considerou o testemunho em outras dez mortes da lista do "assassino de crianças", designado para provar o padrão nos assassinatos. Um deles admitiu ser o caso de Terry Pue, mas nenhum lado teve algo a dizer sobre as impressões digitais recuperadas de seu corpo em janeiro de 1981.

A evidência mais impressionante de culpa foi oferecida pela equipe de cientistas especialistas, investigando cabelos e fibras variadas encontradas em determinadas vítimas. O testemunho indicou que algumas fibras de uma determinada marca de carpete encontrada dentro da casa de Williams (e também em muitas outras casas) foram identificadas em diversos corpos. Além disso, as vítimas Middlebrooks, Wyche, Cater, Terrel, Jones e Stephens tinham supostamente fibras de um revestimento de porta-malas de um carro Ford de 1979, pertencente à família de Williams. As roupas da vítima Stephens também supostamente revelaram fibras de um segundo carro — um Chevrolet 1970 — pertencente aos pais de Wayne. Curiosamente, os jurados não foram informados de múltiplos depoimentos de testemunhas nomeando um suspeito diferente no caso de Jones, nem foram informados de uma falha crítica na evidência de fibras por parte do promotor.

Especificamente, Wayne Williams não teve acesso aos veículos em questão no momento em que três das seis vítimas com a "fibra" foram mortas. O pai de Wayne levou o Ford para o conserto, às 9 horas, em 30 de julho de 1980, cerca de cinco horas antes de Earl Terrel desaparecer naquela manhã. Terrel estava morto havia muito tempo quando Williams recebeu o carro de volta, em 7 de agosto, o qual foi devolvido à oficina na manhã seguinte (8 de agosto), ainda recusando-se a dar partida. A nova estimativa dos custos do conserto era tão alta que o pai de Wayne se recusou a pagar e a família nunca mais teve acesso ao carro. Enquanto isso, Clifford Jones foi raptado em 20 de agosto e Charles Stephens, em 9 de outubro de 1980. A família do réu não comprou o Chevrolet 1970 em questão até 21 de outubro, doze dias após a morte de Stephens.

Em 27 de fevereiro de 1982, Wayne Williams foi condenado em duas acusações de homicídio e sentenciado à pena dupla de prisão perpétua. Dois dias depois, a equipe de trabalho do "assassino de crianças" de Atlanta oficialmente dispersou-se, anunciando que 23 dos 30 casos da "lista" foram considerados resolvidos com esta condenação, embora nenhuma acusação tenha sido registrada. Os outros sete casos, ainda abertos, reverteram para detalhes de homicídio normal e permanecem sem solução até hoje.

Em novembro de 1985, uma nova equipe de advogados descobriu documentos, que eram confidenciais, de uma investigação da Ku Klux Klan, conduzida entre 1980 e 1981 pelo FBI de Investigação da Geórgia. Um espião de dentro da Klan informou aos agentes do FBI que os homens da Klan estavam "matando as crianças" em Atlanta, esperando provocar uma guerra racial. Um homem da Klan em particular, Charles Sanders, supostamente vangloriou-se de matar a vítima da "lista", Lubie Geter, seguindo-se a uma altercação pessoal. Geter notadamente bateu no carro de Sanders com um andador, e o homem da Klan disse imediatamente ao seu amigo: "Vou matá-lo. Vou estrangular o homem negro até a morte" (Geter foi de fato estrangulado cerca de três meses após o incidente em questão). No início de 1981, o mesmo informante disse aos agentes do FBI que "após a morte de 20 crianças negras, eles, a Klan, começariam a matar mulheres negras". Talvez coincidentemente, os registros da polícia anotaram assassinatos não resolvidos de diversas mulheres negras em Atlanta de 1980-82, sendo muitas das vítimas estranguladas. Em 10 de julho de 1998, o juiz Hal Craig do Tribunal Superior do Distrito de Butts rejeitou a última apelação para um novo julgamento no caso de Williams, baseada na supressão de evidência crítica 15 anos antes.

ASSASSINOS "Desorganizados"

Extremo oposto dos assim chamados ASSASSINOS ORGANIZADOS no esquema do FBI de PERFIL BIOGRÁFICO psicológico, estes criminosos parecem ter três investidas contra eles antes de começarem. Fazem tudo errado, desde o primeiro ato impulsivo, até sua deserção de uma cena criminal caótica e dominada por indícios... e alguns deles ainda continuam a matar e matar novamente por anos até o fim, quando, por acaso, são pegos.

O assassino "normal" desorganizado possui inteligência média, se tanto, algumas vezes mentalmente retardado, quase sempre socialmente imaturo. O criminoso espelha-se no registro de trabalho instável de seu pai, deixando ou perdendo um emprego após o outro, raramente sendo qualificado para uma ocupação especializada. Sua vida social é igualmente estéril: o criminoso vive tipicamente sozinho e é sexualmente incompetente, algumas vezes virgem (o estrangulador Harvey Glatman, por exemplo, experimentou o sexo pela primeira vez aos 29 anos, quando estuprou sua primeira vítima e a matou). O assassino desorganizado raramente bebe para aumentar sua coragem, e seus crimes são impulsivos e geralmente sem planejamento. Nenhum estresse grave de precipitação é visto; em vez disso, o assassino age ao acaso, quase por impulso, sem pensar durante suas ações. Ele, frequentemente, vive e/ou trabalha próximo à cena do crime, talvez atacando um vizinho e mostrando pouco interesse na cobertura da mídia do caso. Muito distraído ou lerdo para reconhecer o perigo, ele raramente faz qualquer mudança dramática no estilo de vida para evitar a detenção.

Uma cena de crime desorganizado cheira a espontaneidade. A vítima é frequentemente conhecida de seu agressor, e talvez por essa razão o assassino comumente despersonaliza sua face (desfigurando ou cobrindo seu rosto). A morte em si é sempre um ataque "relâmpago", com pouca ou nenhuma conversa, muito distante das técnicas do assassino "organizado", de sedução preparada. Por serem normalmente mortas ou incapacitadas em segundos, as vítimas raramente são atadas ou torturadas; qualquer agressão sexual é relatada tendo sido realizada no corpo. Por pensar tão pouco na captura, o assassino desorganizado raramente transporta ou esconde seus homicídios, deixando os corpos onde caíram e são facilmente encontrados. Pouco ou nenhum esforço é feito para limpar a cena do crime, esconder as armas, ou erradicar evidências tais como sêmen ou impressões digitais.

Pareceria, a partir desse critério, que cada assassino desorganizado seria pego após o primeiro ou segundo assassinato, mas este não é sempre o caso. Alguns, como o vampiro de Sacramento, Richard Trenton Chase, embarcam em tal feroz atividade homicida que escapam dos investigadores durante um momento de desvio e torturam ampla gama de corpos no processo. Outros, como EDWARD GEIN, do Wisconsin, são abençoados pelas circunstâncias — locais remotos ou vizinhos particularmente desatentos — e assim eles podem matar por anos, mesmo décadas, sem serem expostos.

Veja também: *MODUS OPERANDI*; MOTIVOS; VICAP.

"ASSASSINO de *Valley*"

O vale cênico do rio Connecticut forma um limite natural entre os estados de New Hampshire e Vermont — um lugar em geral calmo e pacífico para se viver. E ainda assim, desde 1978, a região foi aterrorizada por dois *serial killers* cruéis. Um foi capturado e encarcerado por seus crimes em 1983 e o outro — e o mais letal dos dois — permanece à solta ainda hoje.

A primeira vítima confirmada do caçador sem rosto conhecido pelas pessoas locais como o "Assassino de Valley" foi Cathy Millican, 26 anos, uma observadora de pássaros entusiasta, vista pela última vez com vida em 24 de setembro de 1978, quando se dirigia para a reserva de terras alagadas de New London, New Hampshire, para praticar seu *hobby*. Ela não retornou para casa naquela noite e foi encontrada no dia seguinte, com seu corpo estirado próximo ao caminho das terras alagadas, suas roupas desarrumadas, seus pertences espalhados ao longo do caminho, como se ela tivesse sido arrastada por alguma distância. Millican foi assassinada por golpes de

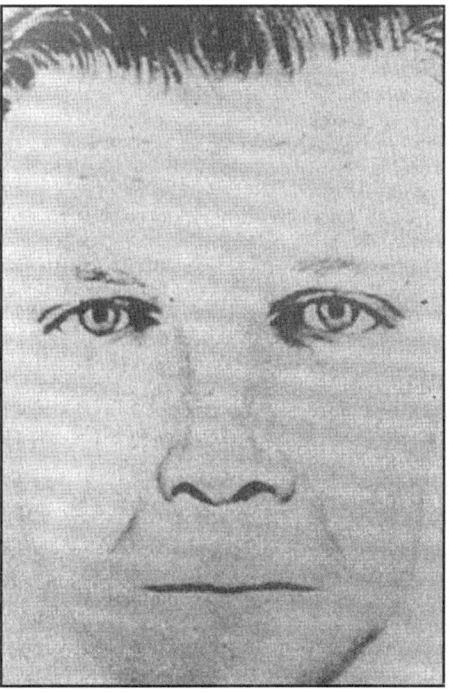

Retrato falado "Assassino de Valley"

punhal na garganta e depois seu assassino levou a faca repetidamente à parte inferior de seu corpo, claramente um ataque sexual sádico.

A polícia ainda estava intrigada sobre aquele caso um ano depois, quando Sherry Nastasia, 13 anos, teve seu desaparecimento informado em Springfield, Vermont. Os restos mortais, encontrados em 13 de dezembro, incluíam uma perna quebrada e costelas fraturadas, mas a causa da morte foi fixada em tentativa de estrangulamento. Theresa Fenton, 12 anos, raptada enquanto andava de bicicleta em Springfield, em 29 de agosto de 1981, foi encontrada viva no dia seguinte. Irremediavelmente ferida por um espancamento selvagem, ela morreu em 31 de agosto. A próxima vítima, Caty Richards, 11 anos, foi raptada em 9 de abril de 1983 e encontrada morta no dia seguinte, vítima de um espancamento. Mas dessa vez uma testemunha foi capaz de descrever o assassino e seu carro. O suspeito, Gary Schefer, foi rapidamente preso e depois confessou os assassinatos de Fenton e Richards, além do rapto de uma caronista que conseguiu escapar de suas garras em novembro de 1982. Em dezembro de 1983, ele não pleiteou qualquer contestação para uma acusação de assassinato (Richards) e uma acusação de rapto (a sobrevivente). Schaefer nunca admitiu o envolvimento na morte de Sherry Nastasia, mas muitos investigadores acreditam que ele seja responsável também por aquele crime.

O outro "Assassino de Valley", enquanto isso, pareceu dar um intervalo enquanto Schaefer estava brincando de gato e rato com a polícia ao redor de Springfield. Sua próxima vítima presumida foi Bernice Courtemanche, 17 anos, vista pela última vez com vida em 30 de maio de 1984, quando deixou seu emprego como auxiliar de enfermagem na Casa de Saúde do Distrito de Sullivan, em Beauregard Village, New Hampshire. Uma companheira de trabalho levou Bernice próximo a Clarement, onde ela disse que pediria uma carona até Newport para visitar seu namorado. Bernice nunca chegou. As autoridades temem que ela possa ter se afogado na inundação próximo ao rio. As esperanças de uma solução "natural" para o mistério foram destruídas em 19 de abril de 1986, quando os restos mortais de Berenice foram encontrados por dois pescadores perto de a Kellyville, New Hampshire. Bernice foi identificada pelos registros dentários, três dias depois, com marcas de faca em sua coluna cervical, o que indicava que ela fora apunhalada até a morte.

Nos dois anos entre o desaparecimento de Bernice e a descoberta de seus restos, o "Assassino de Valley" já havia feito mais três vítimas. Ellen Fried, uma enfermeira de 26 anos, foi vista pela última vez na noite de 10 de julho de 1984, e o desaparecimento foi informado após ela ter faltado dois dias ao trabalho no Hospital Regional de Valley em Claremont. Seu carro foi encontrado logo depois, estacionado em uma via da floresta próxima, mas em 19 de setembro de 1985 seu corpo foi encontrado em Newport, New Hampshire. Fried foi identificada em 1º de outubro e, enquanto a primeira necropsia deixou de observar uma causa da morte, ao exame subsequente encontrou ferimentos de faca aparentes, registrando sua morte como um homicídio por agressão.

Eva Morse, mãe solteira com uma filha de 10 anos, chegou ao seu emprego em Charlestown, New Hampshire, às 7 horas em 10 de julho de 1985, mas não marcou o cartão. Em vez disso, fez um telefonema e então disse ao seu supervisor que estava indo para casa por doença. Uma companheira de trabalho que falou com Morse antes que saísse diria mais tarde à polícia que Eva estava indo para Claremont, pedindo carona para visitar uma amante, da época, lésbica. À medida que se espalhou a notícia de seu desaparecimento, um motorista informou ter dado Morse uma carona para a linha Charlestown-Claremont, e ali ela desapareceu — até os madeireiros encontrarem seu esqueleto em 25 de abril de 1986, com a cabeça quase cortada por ferimentos de punhal.

Lynda Moore foi a próxima a morrer, encontrada por seu marido apunhalada até a morte na cozinha de sua casa em Saxtons River, Vermont — ao sul de Springfield —, em 15 de abril de 1986. O examinador médico contou mais de duas dúzias de ferimentos por punhal em sua garganta e abdômen, além de cortes defensivos nas mãos e braços. O marido de Moore foi inicialmente o suspeito, pela polícia, como todo cônjuge o é em tais casos, mas a investigação rapidamente liberou-o do envolvimento no crime.

O aparente fetiche médico do Assassino de Valley ressurgiu em janeiro de 1987, quando ele escolheu outra enfermeira como sua próxima vítima. Bárbara Agnew, 36 anos, vivia em Norwich, Vermont, e trabalhava durante meio período no Mary Hitchcock Memorial Hospital do outro lado do rio em Hanover, New Hampshire. Ela foi vista pela última vez com vida em 10 de janeiro, após um dia esquiando com um amigo, próximo a Winhall, Vermont. Três dias depois, sua carteira e uma roupa feminina manchada de sangue foram encontradas em uma caçamba, em um posto de gasolina, ao sul da junção do rio White, Vermont, e um telefonema para o local de trabalho de Agnew confirmou que ela estava desaparecida. Seu carro foi encontrado abandonado em 14 de janeiro, no acostamento da estrada em Hartford, Vermont. A polícia observou que estavam faltando seus esquis, embora seus bastões e botas tenham sido deixados. O corpo de Agnew, preservado intacto pelo tempo frio, foi encontrado por um transeunte próximo a Hartland, Vermont, em 28 de março. Uma necropsia revelou ferimentos múltiplos de punhal no pescoço, aparentemente infligidos por trás, além de feridas profundas no baixo abdômen, que se tornaram a assinatura do Assassino de Valley.

Naquela época, os investigadores de homicídios tinham seus olhos em mais dois assassinatos da área, um datando de 11 de junho de 1968, quando Jo Anne Dunham, 15 anos, desapareceu de Claremont, New Hampshire. Encontrada estrangulada no dia seguinte, sua morte não tinha nenhuma semelhança com os crimes do assassino desconhecido, mas a polícia observou que seu corpo foi encontrado a 1 quilômetro do ponto onde Eva Morse foi vista pela última vez com vida.

Outra vítima, Elizabeth Critchley, 25 anos, desapareceu em 25 de julho de 1981, enquanto pedia carona de Massachusetts para sua casa em Vermont. Encontrada duas semanas depois em Unity, New Hampshire, ela não foi apunhalada, porém o legista não pôde determinar qualquer outra causa de morte. Seu corpo foi encontrado a 4,5 quilômetros da casa de Gary Schaefer, e, embora as autoridades o interrogassem sobre o caso, ele nunca foi ligado à morte de Critchley. De fato, a polícia então viu que seu corpo foi jogado a cerca de três quilômetros do ponto onde Eva Morse e Jo Anne Dunham foram assassinadas.

Até agora, as autoridades não conseguem concordar se as vítimas Dunham e Critchley pertencem à lista de agressões do "Assassino de Valley". Eles estão mais confiantes com relação a Jane Boroski, uma mulher grávida de 22 anos, que foi atacada na loja do Distrito, na Estrada 9, ao sul de Keene, New Hampshire, na noite de 6 de agosto de 1988. Um homem desconhecido abordou Boroski no estacionamento, arrastando-a para fora do carro, e puxando uma faca quando ela tentou reagir. Em um momento de sua luta, quando ela perguntou por que ele a escolheu, o homem replicou: "Você bateu em minha namorada". Boroski negou, e o homem pareceu confuso. "Este não é um carro de Massachusetts?", ele perguntou. Boroski apontou para a placa de New Hampshire e o estranho hesitou, começou a virar-se e a atacou com a faca novamente. Boroski foi apunhalada antes que faróis se aproximassem, fazendo o agressor fugir. Ela sobreviveu aos ferimentos e teve uma filha saudável dois meses depois.

Boroski também descreveu o agressor para a polícia, ajudando na preparação de um retrato falado que foi amplamente publicado em todo o vale do rio Connecticut. Em 1991, o crime foi restabelecido — e o retrato falado mostrado para a audiência nacional — no programa de TV *Unsolved Mysteries* apresentado por Robert Stack. O programa tinha função de esclarecer crimes sem solução, mas não houve indícios gerados no caso Boroski. O "Assassino de Valley", embora aparentemente "aposentado" desde agosto de 1988, não foi identificado e continua à solta.

"ASSASSINO I-45"

Entre 1982 e 1997, 42 meninas adolescentes e jovens mulheres foram raptadas em pequenas cidades e subúrbios ao longo da Rodovia Interestadual 45 que liga Houston a Galveston, Texas. Muitas delas foram depois encontradas mortas, descritas pelas autoridades locais e pelos agentes do FBI como vítimas de um ou mais *serial killers* que perambulavam por cerca de 80 quilômetros de área aberta da rodovia. Apesar do foco de quatro anos da atenção da polícia em um único suspeito, nenhuma evidência foi encontrada para apoiar um indiciamento, e no início de 1998 pareceu que as autoridades estavam equivocadas em sua escolha de objetivos.

A vítima mais recente da série de homicídios foi Jéssica Cain, 17 anos, vista pela última vez com vida enquanto representava com um grupo de teatro local, em uma noite em agosto de 1997. Após o show, ela foi para casa, dirigindo sozinha na I-45, mas nunca chegou ao seu destino. O pai de Jéssica encontrou sua caminhonete abandonada no acostamento da rodovia, e seu nome foi acrescido à lista sempre crescente de vítimas.

Naquela época, a polícia acreditava que conhecia o homem responsável. Seu suspeito, Robert William Abel, era um ex-engenheiro da NASA e administrador de um haras próximo à cidade de League, no Distrito de Brazoria. Abel foi apontado pela primeira vez como suspeito em 1993, quando os corpos de quatro meninas desaparecidas foram encontrados em um deserto próximo à sua propriedade. Os agentes do FBI gastaram duas horas na polícia da cidade de League, compondo um PERFIL BIOGRÁFICO psicológico do assassino baseado em peculiaridades como "nível de inteligência" e proximidade presumida da cena do crime. A ex-mulher de Abel cooperou com descrições de suposto abuso doméstico por "raiva externada", no linguajar do FBI, e alegações de que Abel algumas vezes espancava seus cavalos (uma acusação que ele nega firmemente). A conclusão do perfil pelos federais foi direta e no alvo — "criminoso sexual em série: Robert William Abel".

Esse esboço de perfil apenas foi considerado suficiente para apoiar um mandado de busca e a polícia moveu-se, procurando — entre outras coisas — o esconderijo de fotos de nus descritas pela esposa de Abel. De fato, eles encontraram fotografias, cerca de seis mil no total, das quais precisamente duas retratavam mulheres nuas, nenhuma das vítimas do caso de homicídio. Nenhuma evidência foi encontrada no rancho de Abel que o ligasse a qualquer tipo de atividade criminosa.

Frustrada em sua pesquisa por indícios, a polícia da cidade de League tomou a medida incomum de nomear Abel publicamente como um suspeito no caso de homicídio da I-45. Ele era "inocente até prova em contrário", naturalmente, mas, na ausência de suspeitos alternativos, sua vida tornou-se um inferno na Terra, com as ameaças de morte vindas a ele de seus vizinhos e dos parentes de diversas vítimas. Um desses,

Tim Miller, tendo perdido sua filha Lauta morta pelo assassino da I-45, lançou uma cruzada pessoal de "lembretes" diários para Abel, incluindo visitas armadas a sua casa e ameaças de assassinato registradas na secretária eletrônica de Abel. A refinada League, ainda convencida de que Abel era seu homem, não tomou medidas para impedir o aborrecimento e protelou quando Abel se ofereceu voluntariamente para fazer o exame do polígrafo. De fato, o chefe assistente de polícia da cidade de League publicamente considerou "bem-vinda" a cooperação de Abel no caso, o que provou as questões, uma vez que esse comportamento é comum entre *serial killers*.

Era o início de 1998 quando Robert Abel foi fazer seu tão aguardado teste de polígrafo, cortesia do programa de televisão *"20/20"*. De fato, dois testes foram administrados por um agente aposentado do FBI, e Abel negou qualquer conhecimento das quatro vítimas encontradas perto do rancho, em 1993. Ele hesitou ao responder a uma pergunta não esperada, tratando dos rumores de uma jovem vítima usuária de droga, e foi classificado como "inverídico" com respeito a essa resposta, mas um segundo teste, administrado sem perguntas ardilosas, o considerou verdadeiro em todos os resultados. Os agentes do FBI, em Houston, classificaram o teste da 20/20 como "extremamente significativo", admitindo que o perfil de quatro anos antes, de Abel, era um trabalho "de qualidade inferior" por parte de seus colegas. De fato, disseram ao mundo que Robert Abel foi eliminado como suspeito aos seus olhos, e mesmo Tim Miller parece ter se arrependido de aborrecer Abel, e fez um pedido de desculpas pela televisão.

Mas o mesmo não aconteceu aos delegados na cidade de League. Abel pode na verdade ser inocente, eles disseram, mas como não se possui uma evidência sólida para liberá-lo pelos seus próprios padrões de exatidão, Abel "ainda está nadando na piscina dos suspeitos". Alguém foi tentado a perguntar *qual* piscina, pois vagas referências locais a "outros suspeitos" foram sempre interrompidas antes de nomear candidatos alternativos. Os tribunais do Texas impediram Abel de mover uma ação para limpar seu nome, dizendo que a polícia da cidade de League estava dentro de seus direitos de publicar seu nome como um suspeito, mesmo quando o FBI se retratou sobre o perfil biográfico original. O verdadeiro "Assassino da I-45", enquanto isso, permanece não identificado e presumivelmente à solta.

"ASSASSINO do Lado Sul"

Não identificado até o momento, a "Assassino do Lado Sul" de Los Angeles são atribuídos pelo menos 14 homicídios entre setembro de 1983 e maio de 1987. Pelo menos três outras vítimas são consideradas adições possíveis à lista, e três mais conseguiram sobreviver aos encontros com o caçador, oferecendo à polícia as descrições de um homem negro com trinta e poucos anos, usando bigode e boné de *baseball*. As vítimas escolhidas do assassino eram mulheres, geralmente negras e principalmente, prostitutas, torturadas com cortes superficiais antes de serem estranguladas ou apunhaladas até a morte, em um "padrão de destruição" terrível. Seus corpos, jogados em ruas residenciais, em becos ou em pátios de escola.

Loletha Prevot foi supostamente a primeira vítima do assassino, encontrada morta em Los Angeles em 4 de setembro de 1983. Quatro meses se passaram antes de o assassino agir novamente, no dia de Ano Novo, jogando o corpo de Patrícia Coleman em Inglewood. Outros dez meses se passaram antes da descoberta de uma terceira vítima, Sheila Burton — ou Burris — em 18 de novembro de 1984.

O ardiloso assassino adotou um programa regular em 1985, começando com o assassinato de Frankie Bell em 1º de janeiro. Patrícia Dennis foi a próxima a cair, e seu corpo mutilado foi recuperado em 11 de fevereiro. A primeira vítima de março foi Sheily Wilson, assassinada em Inglewood no dia 20. Três dias depois, o golpeador matou Lillian Stoval em Los Angeles. A oitava foi Patsy Webb, assassinada em 15 de abril, com Cathy Gustavson entrando para a lista em 28 de julho.

Até aqui o assassino falhou somente uma vez, deixando sua vítima em coma após espancamento selvagem. Em 6 de agosto, seu alvo conseguiu escapar ao pular de seu carro em movimento. Ela ofereceu aos detetives de homicídios uma descrição e ajudou na preparação de um retrato falado amplamente publicado, mas os oficiais não pareceram mais próximos de seu suspeito do que estavam em 1983.

Recuperando-se de sua falha recente com outro assassinato, o assassino se desfez do corpo de Gail Ficklin em Los Angeles, em 15 de agosto. Uma calmaria de 12 semanas foi quebrada em 6 de novembro com o assassinato de Gayle Rouselle em Gardena, e o assassino retornou no dia seguinte para matar Myrtle Collier em L.A. Nesia McElrath, 23 anos, foi encontrada assassinada em 19 de dezembro, e o corpo mutilado de Elizabeth Landcraft foi achado em 22 de dezembro de 1985. No dia seguinte ao Natal, o corpo de Gidget Castro foi descartado na cidade de Commerce.

Tinham se passado cinco dias do ano novo quando Tammy Scretchings encontrou seu assassino em Los Angeles, tornando-se 14ª na parada de espancamentos do "Assassino do Lado Sul". Em 10 de janeiro, uma prostituta de 27 anos foi espancada e um conhecido dela, apunhalado quando tentou impedir o violento cliente. A descrição física do suspeito correspondeu aos relatórios da sobrevivente que escapou em agosto de 1985.

O assassino marcou a número 16, Lorna Reed, em 11 de fevereiro de 1986, deixando seu corpo em San Dimas, cerca de 40 quilômetros a leste de seu campo de caça habitual. A prostituta Verna Williams foi encontrada em 26 de maio, seu corpo caído no poço da escada de uma escola de primeiro grau, e Trina Charney entrou para a lista em 3 de novembro, em Watts. Em janeiro de 1988, a polícia anunciou que Carolyn Barney — assassinada em 29 de maio de 1987 — foi acrescentada à lista do Lado Sul.

As outras três vítimas foram conectadas de forma não oficial ao "Assassino do Lado Sul", embora os detetives hesitem em fazer uma identificação positiva. Loretta Jones, 22 anos, estudante em instituição coeducacional, sem registro criminal, foi assassinada e jogada em um beco em Los Angeles em 15 de abril de 1986. "Jane Doe", branca, com idade entre 25 e 30 anos, foi descoberta estrangulada em um depósito de lixo três semanas depois. Finalmente, Canoscha Griffin, 22, foi apunhalada até a morte na área de uma escola secundária local, e seu corpo foi descoberto em 24 de julho.

No início de 1988, a polícia estava desistindo de sua contagem de corpos inicial, observando que o réu Charles Mosley foi condenado em um dos assassinatos de 1986, enquanto mais cinco casos — envolvendo as vítimas Barney, Burris, Castro, Ficklin e McElrath — foram considerados "encerrados" com a prisão de dois outros assassinos seriais, Louis Craine e Daniel Siebert. A polícia de Los Angeles foi menos afortunada com a prisão apressada de um oficial do xerife do Distrito de L.A. afro-americano, Rickley Ross, como suspeito no caso do Lado Sul, quando os testes de balística na pistola do oficial liberaram-no de envolvimento nos crimes. O caso permanece não resolvido até hoje.

"ASSASSINO do LUAR"

A América ainda estava recuperando-se do trauma da II Guerra Mundial e da euforia do *V-J Day* quando as manchetes concentraram a atenção nacional na cidade de Texarkana, localizada na fronteira Texas-Arkansas. Ali, entre 23 de março e 4 de maio de 1946, um assassino desconhecido fez pelo menos cinco vítimas, surgindo em um intervalo de três semanas para assassinar, sempre quando a lua estava cheia. Sua violência trouxe histeria a Texarkana e arredores, fazendo os cidadãos aumentarem a segurança de suas casas e fugir todos da cidade, espalhando incidentes de violência quando um mensageiro ou vendedor era tomado por um andarilho letal à noite. Apesar de cinco décadas de investigação e a produção de um filme sobre o caso, este hoje permanece oficialmente sem solução, e o assim chamado atirador fantasma não foi identificado.

O primeiro ataque do assassino, não reconhecido por diversas semanas, aconteceu em 23 de fevereiro. Jimmy Hollis, 24 anos, estava no carro estacionado com sua namorada de 19 anos, Mary Larey, em uma rua deserta próximo a Texarkana, quando um homem alto e mascarado abordou seu carro com uma arma na mão. Ele ordenou que Hollis saísse do carro e o golpeou no chão. Então voltando-se para Larey e estuprando-a com o cano da arma, atormentando-a até ela pedir que ele a matasse. Em vez disso, ele a surrou e voltou-se para Hollis, permitindo que a jovem escapasse a pé. Ambas as vítimas conseguiram sobreviver de sua provação, mas o atirador não seria tão indulgente uma segunda vez.

Em 23 de março de 1946, Richard Griffin, 29 anos, e Polly Ann Moore, 17 anos, foram assassinados em uma deserta rua dos amantes de Texarkana. As duas vítimas receberam tiros na parte de trás da cabeça. Griffin foi encontrado ajoelhado sob o painel, e sua namorada estava esparramada no assento traseiro, mas uma porção de terra molhada com sangue cerca de 600 metros de distância sugeriu que foram mortos fora do carro. Os dois corpos estavam totalmente vestidos, e os relatórios recentes negam qualquer evidência de agressão sexual, mas rumores daquela época dizem que Polly Moore sofreu mostraram menção de estupro, tortura e mutilação infligida a Polly Moore.

Precisamente três semanas depois, em 13 de abril, Paul Martin, 17 anos, e Betty Jo Booker, 15 anos, foram emboscados em Spring Lake Park, depois de terem ficado até tarde em um baile em um salão local de VFW. O corpo de Martin, atingido por quatro tiros, foi encontrado ao lado da estrada rural, na manhã de 14 de abril. O corpo de Booker foi descoberto seis horas depois, a 1,5 quilômetro de distância, atingida no rosto e coração. Novamente, as narrações de tortura perversa espalharam-se por Texarkana, embora alguns jornalistas que pesquisaram o caso rejeitem, descrevendo-as como inverídicas.

A fanfarra da publicidade, completada com os *Rangers* do Texas em patrulha e os detetives de homicídios espreitando disfarçados de amantes adolescentes, fez o assassino adotar uma nova técnica, no que foi dito ser seu último ataque. Em 4 de maio de 1946, Virgil Starks, 36 anos, foi atingido por um tiro pela janela de sua casa na fazenda, a cerca de 16 quilômetros de Texarkana, quando lia seu jornal após o jantar. Saindo do quarto ao ouvir os vidros quebrando, sua esposa foi ferida duas vezes antes de conseguir escapar e pedir a ajuda de vizinhos. Em sua ausência, o intruso vagueou de quarto a quarto, deixando impressões ensanguentadas dos pés à medida que fugia, desfazendo-se da lanterna nos arbustos do lado de fora para não ser seguido. Cães de farejadores foram instigados na cena, mas perderam seu homem no ponto em que entrou no carro e fugiu.

Dois dias depois do ataque de Stark, com Texarkana vivendo um estado de cerco, o corpo dilacerado de um homem foi encontrado no trilho da estrada de ferro ao norte da cidade. Enquanto alguns repórteres sugeriam que pode ter sido o assassino cobrindo sua atividade de assassinatos com o suicídio, o relatório do legista de 7 de maio de 1946 revela que a vítima, Earl McSpadden, foi apunhalada até a morte antes de seu corpo ser jogado no trilho, sofrendo posterior mutilação quando um trem passou às 5h30. Hoje, parece mais provável que McSpadden foi outra vítima do "Assassino do Luar", despachado na tentativa de terminar a caçada humana com um suicídio simulado.

O legislador do Arkansas, Max Tackett, alegou ter capturado o assassino no verão de 1946, baseando seu caso em observações incoerentes de um ladrão de carros condenado e uma declaração inadmissível da esposa do suspeito. Pelo menos um agente do FBI também apontou o ladrão, depois sentenciado com prisão perpétua em acusações não relacionadas, como o suspeito principal dos homicídios, mas ele nunca foi acusado. Se ele era o assassino, esse fato de alguma forma conseguiu enganar o capitão M. T. Gonzaullas, responsável pelas investigações dos *Rangers* do Texas em Texarkana. Posteriormente em 1973, Gonzaullas relacionou os assassinatos do "Luar" como seu caso mais desconcertante, e disse que nunca pararia de caçar o assassino enquanto vivesse. Hoje, o capitão dos *Rangers* não está mais conosco, e o caso permanece oficialmente não resolvido.

ASSASSINOS em Equipe: Assassinatos em Série por Grupos

Contrariamente à crença popular, os *serial killers* não são sempre solitários, meditando em reclusão entre seus violentos ataques. De fato, cerca de 13% dos casos americanos envolvem assassinos múltiplos. Desses, 56% são com dois assassinos trabalhando juntos, enquanto os restantes 44% incluem grupos variando em quantidade de três assassinos a uma dúzia ou mais.

Demograficamente, os pares masculinos (como os primos assassinos KENNETH BIANCHI e ANGELO BUONO) são as equipes de assassinos mais comuns, representando 30% do total americano. Os casais masculino-feminino, tipificados por GERALD e CHARLENE GALLEGO, contam outros 25%, presumindo-se ser dominante o sócio masculino geralmente (algumas vezes sem exatidão). Os "pacotes de lobo" todos masculinos, variando em número de três a meia dúzia de membros, representam 10% dos assassinos em equipe americanos identificados. Em grandes grupos, particularmente de cultos do tipo da "FAMÍLIA" MANSON, algumas vezes encontram assassinos masculinos e femininos cooperando em direção a um objetivo comum, entretanto bizarro. O grupo mais raro de assassinos é encontrado em uma equipe toda feminina, variando em tamanho de casais ocasionais (por exemplo, GWENDOLYN GRAHAM e CATHERINE WOOD) a grandes grupos como o austríaco "ANJOS DA MORTE" ou o húngaro "FAZEDORES DE ANJOS DE NAGYREV".

O Manual de Classificação de Crime do FBI (1992) reconhece três tipos de "grupos de causa homicida", incluindo culto extremista e assassinatos de excitação de grupo. Os assassinos de CULTO algumas vezes caçam estranhos, como no caso dos "ESTRIPADORES DE CHICAGO", mas podem também voltar-se para seus próprios, como visto em diversos assassinatos da família Manson. Os homicidas extremistas, de acordo com o FBI, classificam-se nos mesmos MOTIVOS gerais como aqueles de assassinatos individuais — isto é, político, religioso e socioeconômico (o FBI adicionalmente subdivide os assassinatos extremistas por grupo em paramilitar e assassinato de refém). Nenhuma distinção aparente é feita no manual do FBI entre os assassinos de culto e aqueles cometidos por grupos religiosos extremistas, que também adequam-se na definição básica de "culto". Os assim chamados ASSASSINATOS ZEBRA, por exemplo, eram cometidos por membros de um grupo dissidente de mulçumanos negros que tinha o objetivo de exterminar "demônios brancos", assim tornando os crimes com motivos tanto religiosos como raciais. Finalmente, os assassinatos de excitamento de grupo — vagamente definido pelo FBI como um caso envolvendo "duas ou mais pessoas que causam a morte de um indivíduo" — aparentemente resultam de algum confronto emocional e caótico. Um caso, nesse sentido, é o assassinato de um membro dos Hebreus Israelitas (um culto negro que não está conectado de nenhuma forma a Israel ou ao Judaísmo) na Flórida, espancado mortalmente por companheiros de culto após a acusação de "heresia".

Uma omissão patente da lista do FBI dos motivos de grupos homicidas é qualquer referência a assassinos de empresa criminosa. Apesar da inclusão no manual de assassinos individuais motivados por gangue, assassinatos contratados e assassinos espalhados por competição criminosa, o FBI estranhamente não considera motivos financeiros em homicídios causados por grupo. Esse descuido é tanto mais surpreendente porque os assassinos contratados, por definição, envolvem pelo menos duas partes, enquanto a vasta maioria de assassinatos relativos a gangue e a droga envolve grupos organizados. Existe também uma evidência bem estabelecida de envolvimento de grupos em assassinatos relacionados a seguro/herança (por exemplo, A LIGA DE ASSASSINOS DE A BOLBER-PETRILLO-FAVATTO) e a crimes sexuais ou sádicos (por exemplo, o caso Gallego e outros). Em resumo, qualquer motivo capaz de levar uma pessoa a matar pode também ser compartilhado por um grupo.

ASSASSINOS Míticos Relatados em Fontes de "Não Ficção"

Os *serial killers* à solta são tão amedrontadores e fascinantes — tão *"sexy"* no linguajar da mídia — que alguns autores de "não ficção" parecem não conseguir resistir em inventar seus próprios casos. Algumas vezes, são quantias inventadas por simples exagero de contagem de corpos conhecidos por assassinos bem estabelecidos, enquanto em outros casos os repórteres saem totalmente da contagem, aparentemente fabricando assassinos e vítimas a partir de nada em nome de uma "boa história". Infelizmente, as narrações são proferidas como fato e podem levar a desencaminhar estudiosos sérios. Eles estão incluídos aqui para estabelecer o registro correto.

Um dos casos mais recentes e frequentemente exagerado envolve "JACK, O ESTRIPADOR", de Londres, em 1888. As autoridades envolvidas na caçada humana em geral concordaram que Jack matou cinco mulheres — e somente cinco — entre agosto e novembro daquele fatídico ano. Ainda assim, a especulação de vítimas adicionais, estendendo-se em número de sete a 20 ou até mais, continua em diversos casos publicados até os dias atuais. Algumas das vítimas "extras" realmente foram assassinadas em Londres durante o apogeu do Estripador, mas em circunstâncias radicalmente divergentes do padrão de Red Jack; outras — geralmente citadas somente como estatísticas anônimas — são aparentemente invenção da imaginação individual de um autor.

O "HOMEM DO MACHADO DE NEW ORLEANS" teve um tratamento similar dos jornais locais após fazer suas primeiras duas vítimas em 1918. Da noite para o dia, os jornalistas da cidade de Crescent "lembraram-se" de uma série similar de assassinatos em 1911 — incluindo sobrenomes de três vítimas — apesar de que nenhum desses crimes foi listado na polícia ou nos relatórios do legista do ano em questão. Trabalhando principalmente a partir da primeira página dos jornais, diversas autoridades aceitaram os assassinatos de 1911 como fato durante as sete décadas seguintes, até a pesquisa conduzida na preparação deste livro revelá-las como ficção, de acordo com as autoridades locais.

Outros exemplos de declaração falsa nesse campo incluem: *Salvatore Agron;* descrito em um texto como assassino serial, "vestia-se como Drácula" e bebia sangue de "diversas" vítimas, esse residente de 16 anos da cidade de Nova York era de fato um membro de gangue de rua, condenado (com outros) na rotina do assassinato de 1959 de dois gangsters rivais.

FONTE: J. Gordon Melton, *The Vampire Book* (1994).

Arizona ("Ma") Barker: a notória mãe de ladrões de banco da época da Depressão em um estranho caso de como uma lésbica sádica que raptou, torturou e assassinou incontáveis mulheres jovens, depois ordenando a seus filhos fora da lei jogar os corpos em diversos lagos de Minnesota. Nenhum desses corpos jamais foi encontrado, e nenhuma evidência existe para apoiar a história.

FONTE: Jay Roberts Nasch, *Look for the Woman* (1981).

"Estripador" Australiano: uma suposta série de mutilações-assassinatos produziu pelo menos sete vítimas entre 1976 e 1979. Enquanto certamente plausível, nenhum desses crimes foi descoberto por meio de investigações repetidas da polícia australiana e jornalistas.

FONTE: Jay Robert Nasch, *Crime Chronology* (1984).

Estripador de Chicago: apresentado como um assassino mutilador não identificado de 20 mulheres, com a última assassinada em janeiro de 1906 (uma segunda versão adulterada afirmava que todos os 20 assassinatos ocorreram em 1906). Os jornais de Chicago revelam que a vítima em questão foi atingida por tiros, sem nenhum relatório de mutilação, e que sua morte foi especulativamente ligada a um outro assassinato. Nenhum traço do Estripador ardiloso ou suas 20 vítimas é encontrado em relatórios atuais.

FONTES: Nash, *Crime Chronology*; Eric Hickley, *Serial Murderers and Their Victims* (1997).

"Caso das Dunas": Relato de Provincentown, Massachusetts, na década de 1980, em que nos foi dito que a "polícia está investigando o *serial killer* que deixou os corpos de 12 mulheres jovens em dunas de areia". De fato, as autoridades confirmam a ocorrência de somente um desses assassinatos, envolvendo uma mulher encontrada com suas mãos e pés cortados.

FONTE: Joel Norris, *Serial killers* (1998).

"O Executor": descrito como um caçador que "assassinou pelo menos nove passageiros" ao redor de Los Angeles em 1986, com método de assassinato não declarado, este caso "não resolvido" espelha os crimes do *Skid Row Slayer* Michael Player, que atirou em nove homens (oito deles sem-teto) antes de se matar em outubro de 1986. O caso foi encerrado em fevereiro de 1987 após os testes de balística relacionarem as armas de Player aos assassinatos.

FONTE: Hickey, *Serial Murderers and Their Victims*.

Assassinatos de Joliet: erroneamente apresentado como não resolvidos os assassinatos de 1983 envolvendo "15 vítimas" em Joliet, Illinois, esta série na verdade inclui 17 mortes em dois Distritos. As autoridades consideram pelo menos 12 dos assassinatos resolvidos com a prisão, em 1984, do *serial killer* MILTON JOHNSON.

FONTE: Hickey, *Serial Murderers and* Their Victims.

"O golpeador de Los Angeles": vagamente descrito como o esfaqueador de oito vítimas não identificadas em 1974, este UNSUB* não existente foi aparentemente espalhado por uma leitura apressada de relatório, inexatos no caso do " Esfaqueador Skid Row" (veja adiante).
 FONTE: Hickey, *Serial Murderers and Their Victims.*

"Esfaqueador do centro da cidades": uma série breve, mas notória de punhaladas em Manhattan, resolvido em julho de 1981 com a prisão de Charles Sears, mas ainda algumas vezes erroneamente citado como um caso não resolvido.
 FONTE: Norris, *Serial killers.*

Decapitações de Moscou: uma suposta série de decapitações fez "diversas" vítimas do sexo feminino durante 1979. Nenhuma evidência de apoio para este caso foi encontrada nos quinze anos após sua publicação original.
 FONTE: Nash, *Crime Chronology*

Joseph Mumfre: designado definitivamente em vários casos como o "Homem do Machado de New Orleans", embora nunca acusado dos crimes. Um desses relatórios declara que "entre 1916 e 1920, Mumfre sistematicamente assassinou, de acordo com os relatórios, 12 membros da família Pepitone, usando um machado para esmagar a cabeça de cada vítima". Nenhuma fonte é fornecida para os referidos "relatórios", mas eles estão claramente errados, pois: (a) os assassinatos do "Homem do machado" começaram em 1918; (b) Mumfre estava na prisão o 1911 até de início de 1818; (c) o matador confirmou um total de seis vidas; e (d) somente uma das seis — a última vítima — chamava-se Pepitone.
 FONTE: Jay Robert Nash, *Bloodletters and Badmen* (1973)

---
* N.T.: Suspeito desconhecido

Edward Paisnal: pedófilo britânico sádico que abusou de diversas crianças, mas nunca matou qualquer uma, descrito erroneamente em um texto como um *serial killer* que queimava as vítimas em sua casa.
 FONTE: Norris, *Serial killers*

"Miguel Rivera": pseudônimo aplicado a um suspeito de assassinato serial em Nova York, ERNO SOTO, em *On the Track of Murder,* da autora Bárbara Gelb (1975). Enquanto Gelb informa a seus leitores que um codinome foi empregado, "Rivera" ainda surge como um assassino da natureza humana em outras obras de não ficção.
 FONTE: Brian Lane e Wilfred Gregg, *The Encyclopedia of Serial killers* (1992)

"Ralph Searl" e *"Tommy Searl":* pseudônimos aplicados aos irmãos na vida real DANNY e LARRY RANES pelo autor Conrad Hilberry em seu livro *Luke Karamazov* (1987). Uma vez mais, o livro original reconhece o uso de pseudônimos, mas obras derivadas descuidadas referem-se aos irmãos Searl e listam suas diversas vítimas pelos nomes fictícios.
 FONTE: Lane e Gregg, *The Encyclopedia of Serial killers*

"Esfaqueador": descrito como um caso não resolvido, algumas vezes com datas incorretas e um cálculo incorreto de vítimas, em obras publicadas muito depois da prisão e condenação do perpetrador VAUGHN GREENWOOD.
 FONTES: Jay Robert Nasch, *Open Files* (1984) Norris, *Serial killers.*

"Mary Eleanor Smith" c *"Earl Smith":* um esforço aparente para relatar o caso da equipe assassina mãe-filho, Anne French e William Mayer, tão falsificado na transcrição que se tornou reconhecível somente pela menção do apelido francês (*Shoebox Annie*).
 FONTES: Eric Hickey, *Serial Murderers and Their Victims* (1991); Ronald

Holmes e Stephen Holmes, *Serial Murder* (1998).

"Esfaqueador Soda Pop": o suposto assassino-mutilador de 13 vítimas dos arredores da cidade de Nova York, ainda à solta, mas "controlado" pela vigilância de seu psiquiatra, que conta a história. Admitido o uso de pseudônimos e as datas alteradas tornando o caso "notório" difícil de se rastrear. É importante dizer que nenhum caso, mesmo vagamente similar, foi sequer relatado no *New York Times*, enquanto diversos incidentes e personagens do livro espelham os elementos desses suspenses cinematográficos como *Final Analysis* e *Color of Night*.

FONTE: Martin Obler e Thomas Clavin, *Fatal Analysis* (1997).

"Esfaqueador da Manhã de Domingo": uma série de ataques a mulheres jovens em Ann Arbor, Michigan, entre abril e julho de 1980, resolvido com a confissão de CORAL WATTS em 1982. Anos depois, um caso descreveu os crimes "não resolvidos" ocorridos em Houston, Texas, durante 1981.

FONTE: Norris, *Serial killers*

"Suspeito Desconhecido": uma série de assassinatos não resolvidos de 1983, supostamente envolvendo quatro mulheres em White Plains, Nova York. Os inquéritos da polícia e jornalistas em White Plains nunca descobriram nenhum desses crimes.

FONTE: Norris, *Serial killer*.

"Suspeito Desconhecido": relatório de supostos assassinatos em série em uma casa de convalescentes em Galveston, Texas, com a polícia "investigando a morte de 28 pacientes idosos" em 1983. Este caso, aparentemente, possui alguma base na realidade, mas não foi um exemplo de assassinato em série. Em vez disso, os jornalistas de Galveston relatam que as autoridades investigaram a "casa" em questão quanto à negligência crônica de seus internos, resultando em diversas mortes.

FONTE: Norris, *Serial killers*.

"Estrangulador do Texas": relatado como uma série de 12 assassinatos não resolvidos cometidos no fim da década de 1960 e início da década de 1970, embora diversos dos assassinatos listados tenham sido resolvidos em 1972, com a condenação do réu Johnny Meadows.

FONTE: Nash, *Open Files*/ Hickez, *Serial Murderers and Their Victims*.

"3X": o atirador de Nova York não identificado que assassinou dois homens e estuprou uma mulher em junho de 1930 inexplicavelmente aparece em alguns cálculos recentes como o "Colocador de Bombas Louco", que "aterrorizou a cidade no início da década de 1930".

FONTES: Nash, *Open Files e Bloodletters and Badmen*(1996).

"Assassino da Trilha Lateral": o caso de oito caronistas assassinados nas cercanias de Point Reyes, Califórnia, entre agosto de 1979 e março de 1981, resolvido com a condenação, em 1984, de David Carpenter, erroneamente descrito anos depois como se envolvesse um "assassino ritual de sete caronistas" em 1980, com o assassino "ainda à solta".

FONTE: Norris, *Serial killers*.

"Ameaças de Tulsa": os assassinatos de quatro mulheres ruivas entre 1942 e 1948, resolvidos com a prisão de Charles Floyd em 1949, são ainda apresentados como não resolvidos em alguns relatos.

FONTE: Jay Roberts Nash, *Encyclopedia of World Crime (1992)*.

"Zodíaco": o legendário que fugiu da Califórnia citado na imprensa como um assassino que "matou e agrediu sexualmente diversas crianças em São Francisco durante 1974", e que "recebeu este nome pela polícia porque inscreveu o signo do zodíaco (sic) nos corpos das vítimas". De fato, "Zodíaco" estava ativo de 1966 a 1969, assassi-

nando apenas dois adultos, e cunhando seu próprio apelido em cartas para a imprensa.
FONTE: Norris, *Serial killers*.

"ASSASSINO de Green River"

São creditados 40 homicídios a um assassino não identificado, o mais prolífico da América, na região de Seattle e Tacoma, Washington, em um período de dois anos; outras oito vítimas suspeitas são oficialmente descritas como desaparecidas, uma vez que os corpos não foram encontrados. Vagamente descrito como um homem branco entre 20 e 30 anos (na época dos homicídios), o assassino ardiloso teve seu apelido popular tirado do fato de diversas vítimas terem sido descartadas dentro ou próximo ao Green River em Washington. Todas as suas vítimas foram mulheres, e muitas eram prostitutas que trabalhavam na famosa "Sea-Tac Strip". No momento em que este livro foi escrito, a polícia informou que o assassino não confirmou nenhuma nova vítima em Washington desde o outono de 1984, mas eles não têm ideia da razão por que parou ou para onde pode ter se dirigido.

A primeira vítima conhecida do assassino, Leann Wilcox, 16 anos, de Tacoma, foi encontrada estrangulada em um campo próximo a Federal Way, cerca de 13 quilômetros ao sul de Seattle, em 21 de janeiro de 1982. A ausência de um padrão no caso impediu os detetives de homicídios de estabelecerem a conexão com uma série de mortes posteriores, e quase dois anos decorreriam antes de Leann ser finalmente reconhecida como uma vítima "Green River", em novembro de 1983. Da mesma forma, a segunda vítima, Amina Agisheff, 36 anos, era apenas mais uma pessoa desaparecida quando o fato ocorreu em 7 de julho de 1982. Seu corpo não foi recuperado nem identificado até abril de 1984.

A primeira vítima "oficial", Wendy Coffield, de 16 anos, teve o seu desaparecimento cujo lar de adoção em que vivia comunicou-o em 8 de julho de 1982, e seu corpo foi retirado das águas do Green River sete dias depois. Em 12 de agosto, Deborah Bonner, 23 anos, foi retirada da água, 1,5 quilômetro acima do local em que Coffield foi encontrada. Três dias depois, o Green River revelou mais três vítimas, incluindo Marcia Capman, 31 anos; Cynthia Hinds, 17 anos e Opal Mills, 16 anos.

Os detetives perceberam que tinham um problema em suas mãos, que estava crescendo a cada dia. Karen Lee e Terri Milligan, ambos de 17 anos, desapareceram no fim de agosto (os restos de Milligan foram identificados em 1º de abril de 1984). Debra Estes, 15 anos, entrou para a lista de desaparecidos em 14 de setembro, seguida um dia depois por Mary Meehan, 19 anos (seus corpos foram encontrados em maio de 1988 e em novembro de 1983, respectivamente). Gisele Lovvorn, de 17 anos, tornou-se a sexta vítima "oficial" quando foi encontrada em 25 de setembro, dois meses depois de ter fugido de casa.

De acordo com a polícia, seis das vítimas conhecidas eram prostitutas em atividade, mas o assassino também mostrou um gosto por fugitivas e caronistas. Shawndra Summer, 17 anos, desapareceu em 7 de outubro de 1982, e seu corpo foi identificado pelas autoridades em meados de agosto de 1983. Becky Marrero, 20 anos, uma amiga de Debra Estes, foi vista pela última vez com vida em 2 de dezembro de 1982. Alma Smith, 19 anos, fez sua última "travessura" em Seattle, em 3 de março de 1983; seus restos mortais foram encontrados junto aos de Terri Milligan em 2 de abril de 1984. Duas semanas depois, Carrie Róis, de 16 anos, desapareceu de Seattle; seu corpo foi descoberto quase dois anos depois, em 10 de março de 1985. Kimi Pitsor, 16 anos, uniu-se à lista de desaparecidas em 28 de abril.

Em todos os casos, os assassinatos mantiveram uma certa qualidade ritualística. Como TED BUNDY antes dele, o assassino do Green River pareceu preferir certos locais para jogar suas vítimas. Foram usados pelo menos quatro desses locais, com o assassino alternando esporadicamente entre eles, apesar da vigilância da polícia. Muitas de suas vítimas foram cobertas com arbustos e ramos soltos e outras foram estiradas ao lado de troncos caídos. Os patologistas encontraram pequenas pedras, de forma piramidal, inseridas nas vaginas das vítimas do Green River, mas seu significado é desconhecido até o momento. Pelo menos um corpo foi deixado pelo assassino com um peixe morto colocado em sua coxa.

Ele cometeu dois assassinatos em 8 de maio de 1983, pegando Carol Christenson, 21 anos, em Seattle e jogando seu corpo próximo a Maple Valley, e então recuperando-se para sequestrar Joanne Hovland, 16 anos, logo após sua liberação de uma detenção juvenil na cidade de Everett. Em 5 de maio, ele assassinou Martina Authorlee, 18 anos, escondendo tão bem o seu corpo, encontrado em novembro de 1984. Yvonne Antosh, 19 anos, de Vancouver, British Columbia, desapareceu em Seattle em 20 de maio; seus restos decompostos foram identificados em 18 de outubro de 1983. Em 8 de junho, Constance Naon, uma prostituta de 20 anos, teve o seu desaparecimento informado; seus ossos foram recuperados em outubro. Quatro dias depois, em 12 de junho, o assassino atacou Kimberley Reames, de 27 anos, em Sea-Tac Strip; seu corpo foi descoberto na manhã seguinte. April Buttram, 17 anos, deixou sua casa pela última vez em 4 de agosto de 1983 e permaneceu dentre as desaparecidas.

Debbie Abernathy, 26 anos, foi a primeira vítima de setembro, assassinada no dia 5; seus restos mortais foram descobertos em 31 de março de 1984. Tracy Wilson, 19 anos, teve seu desaparecimento informado uma semana depois, em 12 de setembro, e Maureen Feeney, também de 19 anos, desapareceu em 29 de setembro (seu corpo foi encontrado em 3 de maio de 1986). As vítimas de outubro incluíram Kelly Ware, uma prostituta de 24 anos, e Mary Bello, 25 anos, de Enumclaw, Washington. (Os restos mortais de Bello foram descobertos um ano e um dia após seu desaparecimento, em 12 de outubro de 1984.)

O assassino fez outra pausa naquele outono, retornando aos "negócios" como fazia usualmente em 6 de fevereiro de 1984, com o assassinado de Mary West, de 16 anos, raptada a caminho de um mercado na vizinhança; seu crânio foi identificado em setembro de 1985. Patricia Osborn, prostituta de 19 anos, teve o seu desaparecimento informado por sua família em 24 de janeiro; seu nome entrou para a lista das vítimas de Green River em 11 de fevereiro.

E a lista continuou crescendo, à medida que os investigadores pesquisavam seus arquivos de mulheres desaparecidas. As vítimas acrescidas em razão da percepção tardia incluíram: Colleen Brockman, de 15 anos; Alma Smith, 18; Sandra Gabert, 17; Cherryl Wyms, 18; Denise Bush, 24; Shirley Sherril, 19; Marie Malvar, 18; Tammy Liels, 16; e Kelly McGuimess, 18. Em abril de 1984 as autoridades relacionaram ao caso 24 mortes conhecidas e 13 desaparecimentos, com 12 novos restos mortais desenterrados desde o dia do ano novo. Em janeiro de 1986, a lista de mortes cresceu para 34 e depois para 40, na primavera de 1988, com novas descobertas. Além disso, e ainda existiam oito mulheres não consideradas.

Existia também, ao que tudo indica, uma sobrevivente, considerada morta de forma equivocada pelo assassino. Ainda não identificada para sua própria proteção, a afortunada mulher ajudou a polícia a preparar um retrato falado do assassino de Green River, que foi transmitido em rede nacional de TV, em 1989, mas nenhuma das pistas recebidas levou os detetives a um objeto viável. De volta a Seattle, diversos "suspeitos principais" incluíam um taxista e um estudante de direito de meio período, cada um deles declarado como "estranho" aos olhos da polícia, e descartados à medida que o caso continuava... e continuava ...

A polícia tinha pelo menos o consolo no fato de seu assassino aparentemente ter se "aposentado", sem nenhuma outra vítima em Seattle ou Tacoma desde 1984. Na mesma época, a especulação foi excessiva no sentido do assassino de Green River poder ter mudado seu "show" para outro local, e as autoridades do Distrito da vizinha Snohomish, em Washington, até San Diego, na Califórnia, e Kansas City sugeriram um possível envolvimento do "Green River" em suas próprias séries repulsivas de assassinatos de prostitutas. Qualquer que seja a verdade nesses casos, um fato inquestionável permanece: o assassino de Green River ainda está para ser identificado e punido por seus crimes.

"ASSASSINO Serial": Definição

Ao longo da maior parte da história da humanidade, o assassinato serial foi simplesmente considerado e denominado como uma forma de "ASSASSINATO EM MASSA". Somente a partir do final da década de 1950, os criminologistas fizeram um esforço concentrado para distinguir entre os diferentes tipos de assassinatos múltiplos, reconhecendo (embora tardiamente) existirem métodos de loucura, bem como loucura no método. A maneira que um assassino escolhe, caça e mata suas vítimas pode, de fato, auxiliar-nos a determinar por que ele mata. Nesse sentido, e por nenhuma outra razão, as definições concisas são críticas. Infelizmente, elas são também difíceis de aparecer em um campo em que os egos frequentemente contam mais que o entendimento e o debate desnecessário sobre trivialidades e servem para compor, em vez de eliminar, a confusão.

O criminologista James Reinhardt deu o primeiro grande passo em direção ao desembaraço do assassinato serial de outros tipos de homicídios múltiplos em 1957, quando cunhou a frase "assassinos em cadeia" em seu livro *Sex Perversions and Sex Crimes*. Simplesmente definidos, os assassinos em cadeia de Reinhardt foram aqueles que deixaram uma "cadeia" de vítimas atrás de si, matando durante um período, e ele continuou a fornecer mais exemplos cinco anos depois em *The Psychology of Strange Killers* (1962).

O autor britânico John Brophy foi aparentemente o primeiro a usar o termo assassinato serial quatro anos depois em seu livro *The Meaning of Murder* (1966). Outra década se passou antes de o psiquiatra forense Donald Lunde mencionar assassino serial em *Murder and Madness* (1976). Entre essas publicações, o agente do FBI ROBERT RESSLER supostamente pensou no termo *assassinato serial* — coincidentemente enquanto visitava a Inglaterra em 1974, oito anos após a publicação do trabalho de Brophy —, mas esperou quase duas décadas para reclamar o crédito pelo *"ideia"* em *Whoever Fights Monsters* (1992).

Exceto pelo clamor por créditos, os "especialistas" de estilo próprio em assassinato serial gastam muito de seu tempo debatendo as definições adequadas e não progridem mais em direção ao entendimento desse fenômeno terrível. *O Manual de Classificação de Crimes do* FBI (1992) define o assassinato serial como "três ou mais eventos separados em três ou mais locais separados com um período de resfriamento emocional entre os homicídios". À primeira vista, a definição do FBI parece clara e concisa. Um segundo olhar, entretanto, revela três falhas embutidas que a destroem desde o início.

Primeiro, temos o requisito de "três ou mais" assassinatos para compor uma série *bona fide*. Infelizmente, as outras categorias "oficiais" do FBI de assassinato

— único, duplo, triplo, massa, e ATIVIDADE DE ASSASSINATO — não fazem nehuma referência ao fato de o assassinato de apenas *duas* vítimas no requisitado período de "resfriamento" entre os crimes e que é então preso antes de atingir o número três. O assassinato *duplo*, no linguajar do FBI, descreve duas vítimas assassinadas no mesmo tempo e lugar; *atividade de assassinato*, enquanto isso, pode ter apenas duas vítimas, mas é definido como "um evento único com... nenhum período de resfriamento emocional entre os assassinatos". Assim, o assassino que aguarda meses ou mesmo anos entre seu primeiro e segundo assassinato e encontra-se na prisão não se encaixa no esquema do FBI.

O segundo problema é o requisito do FBI de que os assassinatos seriais ocorram em "três ou mais locais distintos". Por esse padrão, alguns dos mais prolíficos assassinos dos tempos modernos — incluindo DEAN CORLL, JOHN GACY, DONALD HARVEY e o britânico DENNIS NILSEN — não se qualificam como assassinos seriais, pois assassinaram muitas ou mesmo a totalidade de suas vítimas em um único local.

Finalmente, podemos entrar de cabeça em um ardiloso e indefinido período de "resfriamento". Nenhum porta-voz do FBI foi capaz de apontar o período de tempo. Na verdade, o *Manual de Classificação de Crimes* diz que "o período de resfriamento pode durar dias, semanas ou meses" — e, presume-se, mesmo anos. Diversos autores tentaram resolver o problema sugerindo arbitrariamente os limites de tempo: um sugere duas semanas, outro "mais de 30 dias", mas nenhuma de suas tentativas de domar assassinos desconhecidos com um mandato padrão se mantém com um exame mais rigoroso.

Em termos tanto de utilidade como de versatilidade, a melhor definição de assassinato serial registrado — e a que é aplicada em todo este livro — foi publicada pelo Instituto Nacional de Justiça (NIJ) em 1988. O NIJ define o assassinato serial como: "uma série de dois ou mais assassinatos, cometidos como eventos separados, normalmente, mas nem sempre, por um infrator atuando isolado. Os crimes podem ocorrer durante um período de tempo que varia desde horas até anos. Quase sempre o motivo é psicológico, e o comportamento do infrator e a evidência física observada nas cenas dos crimes refletirão nuanças sádicas e sexuais".

Ao evitar o critério rígido do FBI e outras definições publicadas, o NIJ sem dúvida inflamou alguns puristas — e autores com livros para vender —, mas sua ampla definição fecha de uma vez todas as voltas do FBI ao fornecer uma cobertura para os casos de outra forma negados por qualquer outra denominação. Em novembro de 1997, falando aos repórteres em Milwaukee sobre um caso em andamento, o agente Especial do FBI Richard Eggleston definiu assassinato serial como "dois ou mais assassinatos cometidos como eventos separados normalmente por um infrator isolado".

Veja também: MODUS OPERANDI/MOTIVOS

ASSASSINOS "Organizados"

No linguajar do FBI, para fins de PERFIL BIOGRÁFICO, os assassinos motivados sexualmente são divididos em "organizados", "DESORGANIZADOS" e categorias "mistas", baseados em características pessoais e evidências encontradas nas cenas dos crimes. Em tese, essas determinações auxiliam a polícia a rastrear suas presas; na prática, entretanto, não existe evidência persuasiva de perfil biográfico recente levando à prisão do assassino.

Conforme delineado pelos "caçadores de mentes" do FBI, um assassino organizado típico possui boa inteligência e é socialmente competente, inclinando-se para ocupações qualificadas. Uma revisão da infância do sujeito, se e quando ele foi preso, normalmente revela alta posição da ordem de nascimento (o mais velho ou filho único), um pai com emprego estável e uma vida caseira marcada por disciplina inconsistente, alternativamente severa e indulgente. Na idade adulta, o assassino organizado frequentemente vive com uma parceira, uma esposa legal, e é sexualmente competente. A violência é precipitada pelo estresse, incluindo a discórdia conjugal ou a perda do emprego, e é frequentemente abastecida pelo álcool. O assassino se desloca facilmente, mantendo um ou mais veículos em boas condições. Seu humor é controlado na caçada, e ele normalmente segue o progresso das investigações da polícia por meio da mídia. Se pressionado, o assassino organizado pode encontrar um novo trabalho ou deixar a cidade para evitar a detenção.

As características da cena do crime de um infrator organizado tipicamente traem um assassinato planejado com antecedência, refletindo o controle total de seu meio ambiente pelo assassino. A vítima é normalmente um estranho (exceto nos casos de predadores estacionários, que matam em suas casas ou no local de trabalho). O caçador habitualmente prefere vítimas submissas, empregando restrições para anular a resistência durante a agressão sexual ou tortura. O assassino vem preparado com quaisquer ferramentas ou armas necessárias e remove-as da cena quando acaba. Pode personalizar a vítima por meio de conversa controlada (mesmo manuscrita), assim alimentando as fantasias ritualísticas que dominam sua vida. Quando acaba com sua presa, o assassino organizado geralmente transporta o corpo para outro local e esconde-o com cuidado, esforçando-se para não deixar nenhuma evidência útil para trás. Alguns predadores são, na verdade, tão habilidosos, desde "JACK, O ESTRIPADOR" de Londres até nossos dias, que nunca são pegos. Aqueles capturados pela polícia mais frequentemente vêm a sofrer por algum descuido ou má sorte — um bilhete de estacionamento entregou DAVID BERKOWITZ — e não pelo trabalho brilhante dos detetives.

Veja também: MODUS OPERANDI; MOTIVOS; VICAP.

"ATIVIDADE de Assassinato": Definição

Um exemplo básico da taxonomia refinada do FBI até o ponto de caos inadvertido, o termo *atividade de assassinato* desnecessariamente complica uma classificação de homicídios múltiplos. De acordo com o *Manual de Classificação de Crimes do FBI* (1992), existem seis tipos de assassinato: único, duplo, triplo, em massa, atividade e serial. Os primeiros três são autoexplicativos, baseados no número de vítimas assassinadas de uma vez e no mesmo local, enquanto "ASSASSINATO EM MASSA" envolve a morte de quatro vítimas ou mais. "ASSASSINATO SERIAL" logicamente envolve o assassinato de vítimas sucessivas durante um período — isto é, em série —, mas os agentes de divulgação do FBI não puderam resistir a acrescentar uma sexta categoria, que permanece o tópico de um debate sem fim.

Conforme definido pelo FBI, a atividade de assassinato envolve "um único evento em dois ou mais locais e nenhum período de resfriamento emocional entre os assassinatos". O exemplo citado é aquele de Howard Unruh, que, em 1949, matou 13 pessoas em um espaço de 20 minutos, andando a passos lentos em sua vizinhança em Camden, Nova Jersey, atirando nos transeuntes aleatoriamente. Muitos criminologistas consideram Unruh um assassino em massa, baseados no curto espaço de tempo e o número de vítimas, mas o FBI discorda — de forma ilógica, parece —, baseado apenas no fato de sua mobilidade.

Infelizmente, o FBI não definiu o requisito distância entre as cenas de assassinato que faz com que um banho de sangue em massa seja considerado atividade de assassinato. É suficiente o assassino correr para a porta ao lado ou deve ir pela quadra? Da mesma forma, o período ardiloso de resfriamento permanece indefinido e totalmente subjetivo. Quanto tempo deve um assassino resfriar entre assassinatos para se graduar de uma atividade para assassinato serial? Um autor propõe o mínimo de trinta dias entre os assassinatos, sem considerar o estado mental individual do assassino, mas esse limite arbitrário é claramente absurdo.

Nossa dificuldade é posteriormente aumentada quando os agentes do FBI ROBERT RESLLER E JOHN DOUGLAS declaram em seu livro *Sexual Homicide* (1988) que um *serial killer bona fide* muda para atividade de assassinato — e, presume-se, de volta novamente — dependendo de seu humor. Eles citam o caso de CHRISTOPHER WILDER, reconhecido pelo FBI como um *serial killer* da Flórida antes de ser publicamente identificado em 1984, em cujo ponto ele " entrou em uma atividade de assassinato de longo prazo em todo o país", finalmente morrendo em um tiroteio com a polícia. Os autores dizem que "a classificação de Wilder mudou de serial para atividade em razão dos assassinatos múltiplos e da falta de período de resfriamento em seu evento prolongado de assassinato, que durou cerca de sete semanas". Quatro anos depois, em *Whoever Fights Monsters* (1992), Ressler confunde mais uma vez o assunto ao descrever o massacre de oito estudantes de enfermagem, por Richard Speck, em sua residência compartilhada, como uma atividade de assassinato (corrigido na edição dos documentos para se ler "assassinato em massa").

Finalmente, esse refinamento de um termo para grau, sem definir o espaço de tempo crítico envolvido ou fazendo concessões para os casos individuais, não parece servir a nenhuma finalidade útil. Por essa razão, como explicado em outro local, este livro segue a definição de "assassinato serial" publicado pelo Instituto Nacional de Justiça em 1988, e desconsidera a classificação de "atividade de assassinato" como supérflua.

Veja também: HISTÓRIA DE ASSASSINATO SERIAL

B

BAI Baoshan

Descrito nos despachos oficiais como o *serial killer* mais prolífico da China até hoje, com 15 vítimas conhecidas (comparado a 13 de LI WENXIAN), Bai Baoshan aparentemente cometeu seu primeiro homicídio no início da década de 1980, durante um assalto a mão armada insuficientemente planejado. Condenado por homicídio e roubo naquele caso, permaneceu por 13 anos na prisão e saiu com um desejo sorumbático de vingança contra a sociedade em geral.

A violenta vingança de Bai começou em março de 1996, quando atacou um sentinela policial em Pequim e roubou uma arma semiautomática, posteriormente usada para matar uma pessoa e ferir outras seis (incluindo quatro patrulheiros). As autoridades acreditam que ele também tenha roubado e matou um vendedor de cigarros em Pequim antes de deixar a cidade e viajar para o norte, para a província chinesa de Hebei. Ali, Bei matou outro policial e roubou seu rifle automático, dirigindo-se para Urümqi, capital da província de Xinjiang. Em Urümqi, as autoridades dizem que Bai e dois cúmplices mataram dez pessoas — incluindo oficiais da polícia, guardas, seguranças e civis — enquanto roubavam 1,5 milhão de yuan (cerca de 180 mil dólares). Com a perspectiva de dividir o roubo, Bai matou seu grupo e manteve todo o dinheiro para si . Na época, Bai ganhou a duvidosa honra de ser chamado o "Inimigo Público Número Um" da China.

Voltando a Pequim em 1997, o atirador de 39 anos foi rastreado pela polícia e preso em 16 de outubro, acusado de 14 homicídios e diversos crimes qualificados. Um jornal local noticiou sua confissão e ele foi encaminhado para a província de Xinjiang para julgamento, onde muitas de suas vítimas foram assassinadas. Condenado em todas as acusações e sentenciado à morte, Bai Baoshan foi executado em 6 de maio de 1998.

BALL, Joe

Nascido em 1892, Joe Ball foi em uma época contrabandista e proprietário de taverna em Elmendorf, Texas, perto de San Antonio. Na década de 1930, dirigiu o "Sociable Inn", distinguido por suas amáveis garçonetes e por um viveiro de crocodilos na parte de trás, no qual Ball diariamente entretinha seus fregueses com o ritual de alimentação. Parecia ter um problema para manter garçonetes — e esposas —, mas a variedade era o que tornava o estabelecimento de Joe tão popular.

Ball, entretanto, possuía um lado sombrio e, de acordo com relatórios de outros residentes de Elmendorf, ele parecia qualquer coisa, menos sociável. Um vizinho, o policial Elton Crude, foi ameaçado com uma pistola após reclamar sobre o mau cheiro exalado pelo tanque dos crocodilos. (o cheiro, Ball normalmente explicava, era por causa de carne apodrecida que usava como alimento dos crocodilos.) Outra pessoa local estava tão aterrorizada com Ball, que certa noite reuniu sua família e saiu do Estado, sem uma palavra de explicação.

Em setembro de 1937, parentes preocupados informaram o desaparecimento de Minnie Gotthardt às autoridades em Elmendorf. A desaparecida, de 22 anos, foi empregada de Ball antes de sumir de vista, mas sob interrogatório o proprietário da taverna disse que a deixou mudar para outro emprego. A polícia deu-se por satisfeita até outra garçonete — Julia Turner — ter seu desaparecimento informado por sua família. A resposta de Ball foi a mesma, mas dessa vez existiram problemas com sua história, pois a garota havia deixado suas roupas para trás. Joe salvou-se ao lembrar-se subitamente de uma discussão com a companheira de quarto de Julia; "Turner estava ansiosa por sair", ele disse, e Ball deu-lhe 500 dólares para a viagem.

Dentro de poucos meses, duas outras mulheres entraram para a lista de desaparecidas; uma delas, Hazel Brown, abriu uma conta bancária dois dias antes de desaparecer, e então "partiu" sem levar nenhum dinheiro. Os *Rangers* do Texas entraram no caso, compilando uma lista dos empregados conhecidos de Ball durante os últimos anos. Muitos foram encontrados vivos, mas pelo menos uma dúzia estava permanentemente desaparecida, assim como a segunda e terceira esposas de Joe. Ball portou-se bem durante o interrogatório, mas um idoso funcionário faz-tudo contou, ter ajudado Ball a dispor de diversos corpos femininos, agindo sob a ameaça de morte, e que ele alimentou com seus restos desmembrados os crocodilos. Da segurança de sua nova localização, o ex-vizinho de Joe associou-se à litania e descreveu uma noite em 1936 quando viu Ball picar um corpo de mulher e jogar os pedaços a seus famintos animais de estimação.

Os Rangers tinham o suficiente para denunciar Ball, mas precisavam de evidências sólidas para a condenação. Em 24 de setembro de 1938, chegaram ao Sociable Inn para examinar o barril de carne de Joe, e Ball percebeu que o jogo havia terminado. Caminhando para trás do bar, encerrou a caixa registradora, sacou uma pistola da gaveta e matou-se com um tiro na cabeça. Seu faz-tudo foi preso por dois anos como partícipe do fato, enquanto os crocodilos de Joe foram doados ao zoológico de San Antonio.

Erzsebet Báthory

BÁTHORY, Erzsebet

Nascida em 1560, Erzsebet (ou Elizabeth) Báthory era filha de um soldado aristocrata e irmã do rei governante da Polônia. Sua família, de fato, vinha de uma das mais antigas casas nobres da Hungria, e seu elmo tinha o símbolo draconiano incorporado pelo rei Sigismundo na Ordem do Dragão. O clã Báthory teve cavaleiros e juízes, bispos, cardeais e reis, mas entrou em decadência em meados do século XVI, com a linha de sangue real desfigurada por incesto e epilepsia, e a última classe da família possuía alcoólatras, assassinos e sadistas, homossexuais (naquela época, considerados criminalmente como desvio) e satânicos.

Embora fisicamente bonita, Erzsebet foi claramente o produto da genética poluída e de uma formação distorcida. Em toda sua vida, ela esteve sujeita a dores de cabeça cegantes e ataques de desmaio — provavelmente epilética por natureza — que os membros supersticiosos da família diagnosticaram como possessão demoníaca. Cria-

Um dos vários castelos de Báthory, onde centenas de jovens foram torturadas e mortas

da na propriedade Báthory aos pés das sorumbáticas Montanhas Cárpatos, Erzsebet foi introduzida ao culto demoníaco na adolescência, por um de seus tios satanistas. Sua tia favorita, uma das mais notórias lésbicas húngaras, ensinou a Erzsebet os prazeres da flagelação e outras perversões, mas a jovem Erzsebet sempre acreditou que, no que se referia a dor, era melhor dar que receber.

Quando Erzsebet tinha apenas 11 anos, seus pais contrataram seu futuro casamento com o conde Ferencz Nadasdy, um guerreiro aristocrata. Seu casamento foi adiado até Erzsebet completar 15 anos, finalmente celebrado em 5 de maio de 1575. A noiva manteve seu nome de solteira como sinal de que sua família possuía posição superior à do clã de Nadasdy.

Os recém-casados estabeleceram-se no castelo de Csejthe, no noroeste da Hungria, mas o conde Nadasdy também mantinha outras residências suntuosas em todo o país, cada uma possuindo masmorra e câmara de tortura especialmente projetadas para atender às necessidades de Erzsebet. Nadasdy estava frequentemente ausente, por semanas ou meses, a cada vez, deixando sua esposa sozinha e entediada, para encontrar sua própria diversão. Erzsebet praticava superficialmente a alquimia, favorecia suas idiossincrasias sexuais com homens e com mulheres, mudava de roupas e joias cinco ou seis vezes por dia, e admirava-se em espelhos de tamanho natural por horas. Acima de tudo, quando estava com raiva, tensa ou simplesmente entediada, a condessa torturava as serventes por esporte.

Uma das maiores fontes de irritação, nos primeiros anos de casamento, foi a sogra de Erzsebet. Ansiosa por netos, a mãe de Nadasdy importunava incessantemente Erzsebet por sua falha em conceber. Erzsebet teria finalmente filhos após dez anos de casamento, mas não sentiu o impulso maternal no final da adolescência e início dos 20 anos. As jovens criadas da casa logo começaram a temer as visitas da mãe de Nadasdy, sabendo que outra rodada de ataques brutais se seguiriam, inevitavelmente, à partida da velha senhora.

No que se referia à tortura, a condessa bissexual possuía uma imaginação feroz. Alguns de seus truques foram aprendidos na infância e outros foram retirados da experiência de Nadasdy na batalha com os turcos, mas ela também inventava suas próprias técnicas. Pinos e agulhas eram as práticas favoritas, perfurando os lábios e mamilos de suas vítimas, algumas vezes cravando agulhas sob suas unhas. "A pequena sórdida!" ela zombaria, enquanto sua cativa contorcia-se de dor. "Se dói, ela só tem de retirá-los". Erzsebet também divertia-se em morder suas vítimas nas bochechas, peito e em qualquer outro lugar, retirando sangue com seus dentes. Outros cativos foram despidos, lambuzados com mel e expostos a ataques de formigas e abelhas.

Foi relatado que o conde Nadasdy acompanhava Erzsebet em algumas das sessões de tortura, mas com o tempo ele passou a temer sua esposa, passando cada vez mais tempo na estrada e nos braços de suas amantes. Quando ele finalmente morreu em 1600 ou 1604 (os dados variam), Erzsebet perdeu toda moderação, devotando-se em tempo integral a atormentar e a degradar sexualmente jovens mulheres. Em curto espaço de tempo, ela ampliou seu escopo do pessoal da família para incluir estranhos em idade de casar. Empregados de confiança percorreram o campo em busca de presas frescas, seduzindo meninas camponesas com ofertas de emprego, recorrendo a drogas ou à força bruta à medida que a difusão dos rumores estreitava as fileiras de recrutas voluntárias. Nenhuma que entrasse para o serviço de Erzsebet escapava viva, mas os camponeses tinham poucos direitos legais naqueles dias, e uma mulher nobre não era culpada perante seus pares se a "disciplina" em sua casa fugisse de controle.

Por volta dos 40 anos, Erzsebet Báthory planejou e presidiu um holocausto em miniatura. Estimulada por sua enfermeira Ilona Joo e a alcoviteira Doratta Szentes — conhecida como "Dorka" —, Erzsebet devastou o campo, reivindicando vítimas camponesas de acordo com sua vontade. Ela carregava pinças de prata especiais, projetadas para arrancar a carne, mas também ficava confortável com pinos e agulhas, ferrete e atiçador incandescente, chicote e tesoura... quase tudo. Os cúmplices da casa desnudavam suas vítimas, mantendo-as abaixadas enquanto Erzsebet rasgava seus peitos em tiras e queimava suas vaginas com a chama de vela, algumas vezes mordendo grandes pedaços de carne de seus rostos e corpos. Uma vítima foi forçada a cozinhar e comer uma tira de sua própria carne, enquanto outras foram mergulhadas em água fria e deixadas para congelar na neve. Algumas vezes, Erzsebet forçava a abertura da boca da vítima com tal força que os maxilares separavam-se. Em outras ocasiões, os serventes faziam o trabalho sujo enquanto Erzsebet andava ao lado, gritando: "Mais! Mais ainda! Mais forte ainda!" até que, dominada pelo excitamento, ela desfalecia inconsciente no chão.

Um "brinquedo" especial de Erzsebet era uma jaula cilíndrica construída com longas pontas na parte interna. Uma garota nua era colocada à força na jaula e então elevada a diversos metros do chão por meio de uma polia. Erzsebet ou um de seus serventes girava a gaiola com um atiçador incandescente, golpeando a garota e forçando-a contra as pontas afiadas à medida que ela tentava escapar. No papel de observadora ou de participante ativa, Erzsebet era sempre boa para incessantes comentários de sugestões e "piadas" doentias, passando para cruas obscenidades e incoerente murmúrio à medida que a noite avançava.

Na Idade Média, era uma questão relativamente simples descartar as vítimas sem vida. Algumas foram queimadas, outras foram deixadas para se decompor nos arredores do castelo, enquanto algumas foram deixadas do lado externo para alimentar lobos e outros predadores locais. Se um corpo desmembrado fosse periodicamente encontrado, a condessa não temia nenhuma ação penal. Naquele lugar e época, o sangue real era a proteção final. Era também de alguma ajuda um dos primos de Erzsebet ser o Primeiro-Ministro húngaro e outro servir como Governador da província em que ela vivia.

Erzsebet, finalmente, excedeu-se em 1609, mudando de infelizes camponesas para as filhas de nobres menores, abrindo o castelo Csejthe para oferecer "instruções nas graças sociais" a 25 inocentes, escolhidas a dedo; dessa vez, quando nenhuma das vítimas sobreviveu, as reclamações atingiram os ouvidos do rei Matias, cujo pai compareceu ao casamento de Erzsebet. O rei, por sua vez, designou o mais próximo vizinho de Erzsebet, conde Gyorgy Thurzo, a investigar o caso. Em 26 de dezembro de 1610, Thurzo fez uma incursão tarde da noite no castelo de Csejthe e surpreendeu a condessa com as mãos vermelhas devido a uma sessão de tortura orgíaca em andamento.

Meia dúzia dos cúmplices de Erzsebet foram detidos para investigação; a condessa foi mantida em prisão domiciliar enquanto o Parlamento acionou um regulamento especial para retirar sua imunidade para uma ação penal. O julgamento desse caso se iniciou em janeiro de 1611 e durou até o fim de fevereiro, com o Chefe de Justiça Theodosius Syrmiensis presidindo uma equipe de 20 juristas menores. Oito acusações de homicídio foram alegadas no tribunal, embora muitas acusações históricas coloquem a contagem final de corpos entre 300 e 650 vítimas. A própria Erzsebet foi dispensada de participar do julgamento, mantida em seu apartamento sob pesada guarda, mas a condenação em todas as acusações teve um resultado previsto. O tempo da "sanguinária condessa" esgotou-se.

Os cúmplices serventes de Erzsebet foram executados, também Dorka e Ilona Joo após tortura pública, e a condessa foi poupada e sentenciada à prisão perpétua em um pequeno apartamento no castelo Csejthe. As portas e janelas de seu apartamento foram muradas, deixando apenas fendas para ventilação e uma passagem para a bandeja de comida. Ela ali viveu isolada por três anos e meio, até ser encontrada morta em 21 de agosto de 1614. A data exata da morte de Erzsebet é desconhecida, porque diversas refeições permaneceram intocadas antes de seu corpo ser encontrado.

O bizarro é que a lenda Báthory cresceu ao ser contada, e muitas das narrativas recentes incorporaram narrações de vampirismo e banhos ritualísticos de sangue supostamente auxiliando Erzsebet a "permanecer jovem". O fetiche sanguinário de Erzsebet normalmente ligado ao derramamento do sangue de alguma garota camponesa não designada, a condessa borrifada acidentalmente, posteriormente, impressionada por sua pele parecer mais pálida e translúcida que o normal — traços considerados bonitos naqueles dias, antes da descoberta do "bronzeado da Califórnia". De fato, o extenso testemunho no julgamento de Erzsebet não fez menção literal aos banhos de sangue. Algumas vítimas foram drenadas do sangue por ferimentos brutais ou intencionalmente, mas a retirada do sangue deliberada foi ligada à prática de alquimia e magia negra de Erzsebet, em vez de qualquer motivo para um banho quente. De qualquer forma, a atividade homicida de Erzsebet começou quando ela estava na adolescência ou aos 20 anos, muito antes que a ameaça de envelhecimento sequer cruzasse seus pensamentos.

BERKOWITZ, David Richard

Os nova-iorquinos estão acostumados aos relatos de todo tipo de morte violenta, desde o mundano até o bizarro. Eles o fazem sem dificuldade, aceitando a mortandade cívica como um preço para se viver na maior e mais rica cidade da América. Mas os moradores não estavam preparados para o início do reinado de terror total, em julho de 1976. Por 13 meses, Nova York seria uma cidade sob cerco, suas cidadãs com medo de sair à noite enquanto um aparente maníaco homicida estava aguardando, procurando uma presa.

David Berkowitz

O terror surgiu com a escuridão em 29 de julho de 1976. Duas mulheres jovens, Donna Lauria e Jody Valenti estacionaram seu carro na avenida Buhre Queens, permanecendo no veículo durante algum tempo, conversando. Se elas viram o pedestre do sexo masculino, não o notaram. De qualquer forma, elas nunca viram a pistola que ele levantou para disparar cinco tiros através do para-brisa. Donna Lauria foi morta imediatamente; sua companheira sobreviveu e escapou "facilmente" com uma bala em sua coxa.

O tiro foi um trágico incidente, mas em si foi incomum para a cidade de Nova York. Houve comiserações esparsas, mas nenhum alarme entre os moradores da zona de combate urbana de Nova York... até o ataque seguinte.

Em 23 de outubro, Carl Denaro e Rosemary Keenan estacionaram próximo a um bar em Flushing, Queens. Novamente, o atirador chegou sem ser notado e abaixou-se para disparar uma única bala através da janela traseira do carro. Ferido, Carl Denaro sobreviveu. Uma bala calibre 44 foi encontrada no chão do carro e os detetives compararam-na à bala do homicídio de Laura.

Apenas um mês mais tarde, em 26 de novembro, Donna DeMasi e Joanne Lomino estavam sentadas na varanda de uma casa em Floral Park, uma seção de Queens. Um homem aproximou-se delas pela calçada, perguntando por endereços, mas antes que ele pudesse completar a pergunta, sacou uma pistola, atirando nas assustadas mulheres. Ambas foram feridas, e Donna ficou paralisada para sempre, com uma bala na espinha.

Novamente, as balas foram prontamente identificadas e então os detetives sabiam ter um assassino ocasional em suas mãos. O atirador parecia ter preferência por garotas com cabelos longos e escuros, e houve especulações quanto ao ataque de Denaro, em outubro, ter sido um "acidente". O cabelo do homem jovem estava à altura dos ombros; um atirador aproximando-se dele por trás pode ter se enganado no escuro, tomando Carl Denaro por uma mulher.

A época do Natal passou sem outro ataque, mas o atirador não desistiu de sua caçada. Em 30 de janeiro de 1977, John Diel e Christine Freund estavam estacionados e abraçados em Ridgewood, parte de Nova York, quando as balas bateram em seu para-brisa. Freund foi morta no impacto, enquanto seu companheiro saiu fisicamente ileso.

Virginia Voskerichiam, estudante armênia de intercâmbio, estava caminhando para sua casa, em Forest Hills, em 8 de março, quando um homem se aproximou e atirou no seu rosto, matando-a instantaneamente. Os detetives observaram que ela foi assassinada a cerca de 18 metros da cena do homicídio de janeiro.

Em 17 de abril, Alexander Esau e sua namorada Valentina Suriane estavam estacionados no Bronx, a algumas quadras do local do ataque de Lauria-Valenti. Envolvidos um com o outro, eles não viram o atirador chegando; certamente não tiveram tempo para esquivar-se da rajada de balas que matou os dois imediatamente.

Os detetives encontraram uma carta grosseiramente impressa no meio da rua, próxima ao carro de Esau. Endereçada ao capitão encarregado da caçada mais árdua de Nova York, a nota continha uma mensagem deprimente.

Estou profundamente ferido por me chamarem de "aquele que odeia mulheres". Não sou. Mas sou um monstro. Sou o filho de Sam... Adoro caçar. Rondando as ruas procurando por um jogo satisfatório — carne saborosa. As mulheres do Queens são as mais belas de todas...

A nota descreveu "Sam" como um bêbado bruto que batia em toda sua família e que enviou seu filho para caçar carnes saborosas, compelindo-o a matar. Havia outras cartas do atirador, algumas endereçadas ao jornalista Jimmy Breslin, aludindo a crimes a ocorrer e abastecendo a histeria que já dominava Nova York. O autor das obras era aparentemente irracional, mas não menos perigoso por isso, e os investigadores de homicídios não tinham pistas de sua identidade.

Em 26 de junho, Salvatore Lupo e sua namorada Judy Placido estavam estacionados em Bayside, Queens, quando quatro tiros perfuraram o para-brisa de seu carro. Ambos ficaram feridos, mas sobreviveram.

Em 31 de julho, Robert Violante e Stacy Moskowitz estacionaram próximo à praia, no Brooklin. O assassino encontrou-os ali e desferiu quatro tiros em suas silhuetas confusas, atingindo os dois jovens na cabeça. Stacy morreu imediatamente; seu namorado sobreviveu, mas os danos dos ferimentos deixaram Violante cego pelo resto de sua vida.

Este foi o último ataque, mas os detetives de homicídios ainda não sabiam. Uma mulher caminhando perto da cena final do homicídio lembrou-se de dois policiais de trânsito multando um carro estacionado próximo a um hidrante; momentos depois, ela viu um homem aproximar-se do carro, entrar e sair com um som estridente de pneus. Uma verificação nos registros de multas de estacionamento encontrou um antigo Ford Galaxy pertencente a um tal David Berkowitz, de Pine Street, Yonkers. Demarcando o endereço, os policiais descobriram que o carro estava estacionado do lado de fora; um rifle semiautomático estava à vista no assento, juntamente com uma nota escrita no estilo desajeitado e característico do "Filho de Sam". Quando saiu de seu apartamento, Berkowitz foi imediatamente preso e confessou seu papel no reino de terror de Nova York.

A história contada por Berkowitz pareceu feita exatamente para uma DEFESA DE INSANIDADE no tribunal. O "Sam" referido em suas cartas era um vizinho, Sam Carr, cujo labrador retriever estava supostamente possuído por antigos demônios, transmitindo ordens a Berkowitz para matar e matar novamente. Em certa ocasião, ele tentou matar o cachorro, mas foi inútil; os demônios frustraram seu intento e, quando o cachorro se recuperou dos ferimentos, o tormento noturno redobrou de intensidade. Diversos psiquiatras descreveram o suspeito como um paranoico esquizofrênico, sofrendo de ilusões e, portanto, incompetente para estar em julgamento. A única exceção foi o dr. David Abrahamson, que considerou Berkowitz apto e capaz de entender suas ações criminosas. O tribunal concordou com Abrahamson e ordenou que Berkowitz fosse a julgamento. O atirador logo se confessou culpado e foi sentenciado à prisão por 365 anos.

Ironicamente, Berkowitz parecia agradecido ao dr. Abrahamson por sua determinação de sanidade e posteriormente concordou com uma série de entrevistas que Abrahamson publicou em seu livro *Confessions of Son of Sam* (1985). As entrevistas revelaram que Berkowitz tentou matar duas mulheres em 1975, atacando-as com uma faca, mas ficou com medo quando elas gritaram e tentaram lutar com ele ("não queria machucá-las", explicou confuso, "queria somente matá-las"). Virgem no momento de sua prisão, Berkowitz estava inclinado a fabricar mentiras elaboradas sobre sua proeza na cama, para pretender vingar-se das mulheres que habitualmente o rejeitavam. Quando não estava empenhado em aproximar-se silenciosamente das vítimas do sexo feminino, Berkowitz, segundo informações, era um incendiário contumaz: um jornal secreto noticiou os detalhes de 300 incêndios pelos quais ele supostamente era responsável, ao redor de Nova York. Em sua conclusão, o dr. Abrahamson descreveu o sujeito como um exibicionista homicida que pretendia que seus crimes fossem um espetáculo público e guardava fantasias de "morrer por uma causa".

Existe um outro lado de David Berkowitz, entretanto, e esse apareceu logo após sua prisão, com as suposições de sua associação a um culto satânico. Em cartas enviadas da prisão, Berkowitz descreveu a participação em um culto em Nova York afiliado ao letal "*Four P Movement*", baseado na Califórnia. Revelou conhecimentos internos persuasivos de um homicídio na Califórnia, não resolvido desde 1974, e escreveu: "Existem outros Sams lá — Deus ajude o mundo".

De acordo com a história contada por Berkowitz na prisão, dois dos vizinhos dos filhos de Sam Carr também eram membros do culto homicida que se especializou em esfolar os cachorros vivos e atirar em vítimas em ruas escuras. Diz-se que um suspeito, John Charles Carr, é o mesmo "John Wheaties" mencionado na carta redigida por Berkowitz, contendo outros indícios que apontam para o envolvimento do culto em homicídios ocasionais. Chamando a si mesmos de "As Crianças", os seguidores operaram a partir de uma base em Untermeyer Park, onde cachorros mutilados foram periodicamente encontrados. Os membros do culto representavam os "Vinte e dois Discípulos do Inferno" mencionados em outra carta do "Filho de Sam". O suspeito John Carr deixou Nova York em fevereiro de 1979 e "suicidou-se" em circunstâncias misteriosas em Minot, Dakota do Norte, dois dias depois. O irmão, Michael Carr, morreu em um acidente de um único carro em outubro de 1979, e as autoridades de Nova York reabriram o caso de "Sam" após sua morte.

O jornalista Maury Terry, após seis anos no caso, acredita que houve pelo menos cinco atiradores diferentes nos ataques do "Filho de Sam", incluindo Berkowitz, John Carr e diversos suspeitos — um deles uma mulher — que ainda devem ser indiciados. Terry também observa que seis dos sete ataques aconteceram nas proximidades de feriados de ocultismo reconhecidos; o ataque de Voskerichian de 8 de março emerge como a única exceção ao padrão. Na opinião do jornalista, Berkowitz foi escolhido como um bode expiatório pelos outros seguidores, que então desfiguraram seu apartamento com grafites estranhos, reunindo um "livro de registro de incêndio" falsificado — que inclui entradas peculiares, sem ordem — para apoiar um pedido de inocência por causa da insanidade.

O próprio Berkowitz confirmou a conexão com o oculto em conversações com companheiros de quarto e cartas enviadas da prisão. Uma dessas, de outubro de 1979, diz:

Não sei realmente como começar esta carta, mas uma vez fui um membro de um grupo oculto. Tendo jurado segredo ou enfrentaria a morte, não posso revelar o nome do grupo, nem desejo fazê-lo. Este grupo continua uma mistura de práticas satânicas que incluíam os ensinamentos de Aleister Crowley e Eliphaz (sic) Levi. Tinha (ainda tem) orientação sanguinária e estou certo de que vocês sabem o que quero dizer. A doutrina Coven é uma mistura dos druidas, ensinamentos da "Secret Order of the Golden Dawn", magia negra e uma série de outras práticas ilegais e detestáveis.

Como disse, não tenho qualquer interesse em revelar o coven, especialmente porque quase tive uma morte súbita em diversas ocasiões (uma vez por muito pouco) e diversos outros já morreram sob circunstâncias misteriosas. Essas pessoas não pararão por nada, incluindo homicídio. Não temem quaisquer leis feitas pelo homem, nem ou os Dez Mandamentos.

A última experiência de quase morte de Berkowitz foi em 10 de julho, um ataque na prisão que deixou sua garganta estripada, sendo necessários 56 pontos para fechar a ferida. Menos falante após seu escape por um triz, Berkowitz ainda concordou com uma reunião com o advogado Harry Lipsig. Nessa conversa, ele referiu-se, ao culto assassino assim:

P: *Você teve alguma conexão com a Igreja cientologista, não?*
R: *Não era exatamente isso. Mas não posso continuar. Realmente não posso.*
P: *Você estava ligado de qualquer forma ou aderiu ou converteu-se à Igreja cientologista?*
R: *Não, não dessa forma. Era uma ramificação, um tipo marginal.*
P: *John e Michael Carr estavam com a Igreja cientologia?*
R: *Bem, não exatamente essa igreja. Mas algo nessa linha. Um grupo muito demoníaco.*
P: *Este grupo demoníaco tem um nome?*
R: *Não posso revelar.*
P: *Quantos membros, mais ou menos, você disse que a associação tem?*
R: *Vinte.*
P: *São todos residentes da região metropolitana de Nova York?*
R: *Não.*
P: *Estão espalhados pelo país?*
R: *Sim.*
P: *Encontram-se ocasionalmente?*
R: *Sim, mas não posso realmente dizer mais nada sem aconselhamento.*

Conforme Maury Terry observou, tanto a satânica Igreja do Processo de Julgamento Final como sua subsidiária sucessora, o culto "Quatro P", eram movimentos de ramificação da cientologia. Ambos os grupos estavam também ligados à FAMÍLIA CHARLES MANSON na Califórnia — como era o assassino sentenciado William Mentzer, designado por Berkowitz em entrevistas na prisão como o atirador que em janeiro de 1977 alvejou John Diel e Christine Freund. A investigação do suposto culto continua, patrocinada pelo testemunho do assassino canibal sentenciado Stanley Dean Baker, mas nenhuma acusação a mais foi arquivada até agora.

Veja também: CULTOS

BIANCHI, Keneth Alessio e BUONO, Angelo Jr.

Nascido em maio de 1951, de uma mãe prostituta, em Rochester, Nova York, Ken Bianchi foi dado para a adoção ainda bebê. Aos 11 anos de idade tinha furiosos acessos de raiva na escola e em casa, pois na lição de casa estava ficando atrasado em seu trabalho escolar. Casou-se brevemente aos 18 anos. Dois anos depois, escreveu a uma namorada dizendo que havia matado um homem do local. Ela riu, desconsiderou a informação como parte da postura machista incessante de Ken, mas o homicídio estava claramente consumindo a mente de Bianchi. Em 1973, estava certo de que a polícia suspeitava de seu envolvimento em brutais "homicídios por ordem alfabética" em Rochester, embora, na verdade, demorou mais seis anos antes de os detetives perceberem que seu carro lembrava um "outro" noticiado próximo à cena de um assassinato do "alfabeto".

Kenneth Bianchi

Enquanto isso, em janeiro de 1976, Bianchi mudou-se para Los Angeles, ali se juntando ao seu primo adotivo Angelo Buono, um praticante amador de escravidão branca. Nascido em Rochester em outubro de 1934, Buono era filho de pais divorciados, transportado pelo país por sua mãe aos 5 anos. Aos 14, ele estava roubando carros e demonstrando uma obsessão precoce por sodomia. Sentenciado por um roubo de automóvel em 1950, ele escapou das Autoridades Juvenis da Califórnia e foi recapturado em dezembro de 1951. Quando jovem, Buono transformou em ídolo o condenado por ofensa sexual Caryl Chessman, e nos anos seguintes emularia o assim chamado método do estuprador de luz vermelha de procurar vítimas. Enquanto isso, entretanto, ele teve diversos filhos, abusando de forma viciosa de várias esposas e namoradas no processo. De alguma forma, em oposição ao seu temperamento violento e à quase simiesca aparência, ele atraía muitas mulheres, deslumbrando o primo Kenneth com seu "harém" e seu método de recrutar prostitutas por meio de estupro e tortura.

Duas das prostitutas favoritas de Buono conseguiram escapar de suas garras em 1977, e Bianchi depois estabeleceu a fuga delas como o ponto inicial para o reino de terror de L.A. nas mãos dele e do primo Buono. Em precisamente dois meses, os chamados Estranguladores de Hillside raptaram e assassinaram dez mulheres, frequentemente abandonando o corpo nu de suas vítimas de forma repugnante, como para insultar as autoridades.

Rejeitado para o emprego pelos departamentos de polícia de Glendale e Los Angeles e desejando uma chance para jogar sua influência e mostrar alguma "autoridade real", Bianchi concordou com a sugestão de Buono de que poderiam personificar policiais, parando motoristas do sexo feminino ou prendendo prostitutas de acordo com seu capricho. Durante esse período, poderiam submeter suas cativas a uma provação de tortura, violência sexual e brutalidade, terminando inevitavelmente com um estrangulamento.

Yolanda Washington, uma prostituta de 19 anos, foi a primeira a morrer, assassinada em 17 de outubro, e seu corpo nu foi encontrado no dia seguinte, próximo à Universal City. Duas semanas depois, no Halloween, a polícia recuperou o corpo de Judith Miller, 15 anos, de um canteiro de flores em Lousiania Crescenta. Elissa Kastin, garçonete de Hollywood de 21 anos, foi raptada e assassinada em 5 de novembro, e seu corpo foi descoberto na manhã seguinte em uma barragem da rodovia em Glendale. Em 8 de novembro, Jane King, uma aspirante a atriz e modelo, foi raptada, estuprada e sufocada; seu corpo, enterrado em uma rampa de saída da rodovia estadual Golden, não foi descoberto até 22 de novembro.

Nessa época, as residentes do sexo feminino de Los Angeles estavam vivendo um pesadelo. Não menos que três vítimas foram descobertas em 20 de novembro, incluindo uma estudante honrada de 20 anos, Kristina Wechler, enterrada em Highland Park, e duas colegas de classe do primeiro grau, Sonja Johnson e Dolores Cepeda, descobertas no Elysian Park uma semana após seu desaparecimento de um ponto de ônibus. A recuperação do corpo de Jane King aumentou a ansiedade, e a semana de Ação de Graças teve o seu clímax com a morte de Lauren Wagner, estudante de 18 anos, encontrada nas montanhas de Glendale em 29 de novembro.

Na época, a polícia procurava por dois suspeitos, com base no depoimento de testemunhas, inclusive uma vítima em perspectiva — a filha do astro de cinema Peter Lorre — que tinha conseguido evitar as garras dos estranguladores. Em 9 de dezembro, a prostituta Kimberley Martin respondeu a sua última chamada em Glendale, acabando nua e morta nas montanhas de

Echo Park na manhã seguinte. A última a morrer, pelo menos na Califórnia, foi Cindy Hudspeth, encontrada no porta-malas de seu carro após este ser empurrado para um despenhadeiro na Floresta Nacional de Angeles.

Bianchi sentiu ser o momento de mudar de cenário. Mudando-se para Bellingham, Washington, encontrou trabalho como guarda de segurança, flertando uma vez mais com o trabalho de policial que tanto almejava. Em 11 de janeiro de 1979, Diane Wilder e Karen Mandic foram estupradas e assassinadas em Bellingham, vistas com vida pela última vez quando saíam de um trabalho fixo em potencial em uma casa. Bianchi foi seu contato e declarações inconsistentes levaram a polícia a detê-lo para investigações adicionais. Uma busca em sua casa mostrou itens roubados de outros locais que ele era pago para guardar, e uma evidência adicional finalmente o ligou aos assassinatos de Bellingham. A colaboração com as autoridades de L.A. levaram à denúncia de Bianchi em cinco dos assassinatos de Hillside em junho de 1979.

Em custódia, Bianchi primeiro negou tudo, então dissimulou submissão à hipnose, inventando múltiplas personalidades em sua tentativa de receber uma defesa por insanidade. Os psiquiatras perceberam o artifício e, após seu pronunciamento em Los Angeles, Ken concordou em testemunhar contra seu primo. Sua confissão de culpa em cinco novas acusações de homicídio foi seguida pela prisão de Buono em outubro de 1979, e Angelo foi indiciado em dez acusações de homicídio culposo. Uma audiência preliminar de dez meses teve o seu clímax em março de 1981, com Angelo sendo sentenciado a ser julgado em todas as acusações.

Bianchi, enquanto isso, estava procurando desesperadamente alguma forma de salvar-se. Em junho de 1980, recebeu uma carta de Veronica Lynn Compton, poetisa,

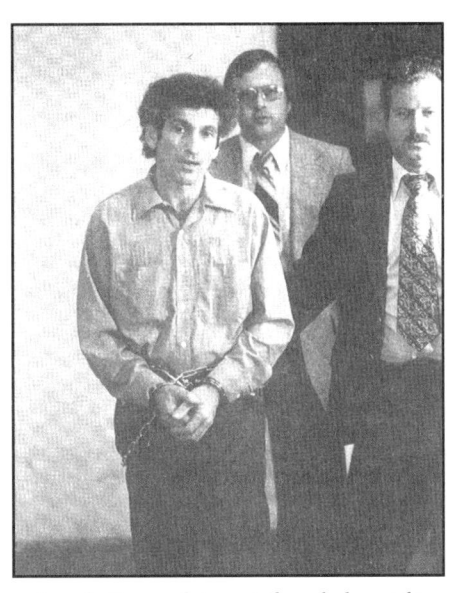

Angelo Buono deixa o tribunal algemado

dramaturga e aspirante a atriz de 23 anos, que pedia a opinião de Ken em sua nova peça (que se tratava de *serial killer* de mulheres). A correspondência e conversas revelaram a obsessão de Veronica com assassinato, mutilação e necrofilia, encorajando Bianchi a sugerir uma estratégia bizarra de defesa. Sem pensar duas vezes, Veronica concordou em visitar Bellingham, estrangular ali uma mulher e depositar espécimes do esperma de Bianchi na cena, assim levando a polícia a acreditar que o "verdadeiro assassino" ainda estava à solta.

Em 16 de setembro de 1980, Compton visitou Bianchi na prisão, recebendo um livro com parte de uma luva de borracha contendo o sêmen em seu interior. Voando rumo ao norte para Bellinghan, ela pegou uma vítima do sexo feminino de forma aleatória, mas a tentativa de assassinato foi frustrada. Presa na Califórnia em 3 de outubro, Compton foi acusada em Washington durante 1981 e sentenciada à prisão, sem nenhuma esperança de liberdade condicional antes de 1994.

Como a data do julgamento de Buono aproximava-se, Bianchi emitiu uma série de declarações contraditórias, levando os promotores a fazer a retirada de todas as acusações em julho de 1981. Um corajoso juiz, Ronald George, recusou-se a adiar o julgamento, o que finalmente aconteceu de novembro de 1981 a novembro de 1983. Condenado em nove acusações de assassinato — curiosamente excluindo Yolanda Washington —, Buono foi sentenciado a nove períodos de prisão perpétua sem condicional. Seu primo foi devolvido para o Estado de Washington para término de dois períodos correspondentes de prisão perpétua no caso Bellingham.

Lawrence ("Pliers") Bittaker depõe em seu julgamento de assassinato

BITTAKER, Lawrence Sigmund e NORRIS, Roy Lewis

Lawrence Bittaker estava cumprindo sentença por assalto a mão armada em 1978 quando encontrou Roy Norris na Colônia masculina da Califórnia em San Luis Obispo. Estuprador sentenciado, Norris reconheceu uma alma gêmea em Bittaker, e eles logo tornaram-se inseparáveis. Enquanto ainda estavam confinados, delinearam um projeto horrível de rapto, estupro e assassinato de meninas adolescentes "por divertimento", assim que estivessem livres. Se tudo corresse bem, planejavam matar pelo menos uma garota de cada idade "adolescente" — 13 a 19 anos — enquanto registrariam os eventos em fita.

Com condicional em 15 de novembro de 1978, Bittaker começou a fazer os preparativos para a atividade criminosa, obtendo um furgão que ele denominou *Murder Mack* (Mack Assassino). Norris foi liberado em 15 de junho de 1979, após um período de observação no Hospital Estadual de Atascadero, juntou-se a Bittaker, ansioso por implementar seu plano.

Nove dias depois, em 24 de junho, Linda Schaeffer, de 16 anos, desapareceu após um serviço na igreja, nunca mais sendo vista. Joy Hall, de 18 anos, desapareceu sem deixar vestígio em Redondo Beach em 8 de julho; dois meses depois, em 2 de setembro, Jacqueline Lamp, de 13 anos, e Jackie Gilliam, de 15 anos, perderam-se enquanto pediam carona em Redond Beach. Shirley Ledford, 16 anos, de Sunland, foi a única vítima recuperada pelas autoridades, raptada em 31 de outubro e encontrada na manhã seguinte na vizinhança residencial de Tijunga. Estrangulada com um arame revestido, foi primeiro submetida a "abuso sádico e bárbaro", seus peitos e face mutilados, braços açoitados e seu corpo coberto de contusões.

Os detetives tiveram uma pausa em 20 de novembro, quando Bittaker e Norris foram presos sob a acusação originada por assalto, em 30 de setembro, em Hermosa Beach. De acordo com os relatórios, suas vítimas foram borrifadas com *'mace'**, raptadas em um furgão prateado e estupradas antes de conseguir escapar. No final das contas a mulher falhou em fazer uma identificação positiva de Bittaker e Norris, mas os policiais, ao realizarem a prisão, descobriram drogas em seu poder, mantendo-os na prisão por violação da condicional.

Roy Norris começou a mostrar sinais de tensão sob custódia. Em uma audiência preliminar em Hermosa Beach, ele pediu desculpas "por minha insanidade", e estava em

---

*N.T. mistura química contendo gás lacrimogêneo.

breve presenteando os policiais com narrações dos assassinatos. De acordo com suas declarações, as garotas foram abordadas de forma aleatória, fotografadas por Bittaker, que lhes oferecia carona, maconha grátis e empregos como modelo. Muitas recusaram as ofertas, mas outras foram raptadas à força, e o rádio do furgão abafava seus gritos à medida que se dirigiam para uma estrada deserta nas montanhas para sessões de estupro e tortura. Os registros em fita dos momentos finais de Jacqueline Lamp foram recuperados do furgão de Bittaker, e os detetives contaram 500 fotos de jovens mulheres sorridentes entre as propriedades dos suspeitos.

Em 9 de fevereiro de 1980, Norris levou os delegados às covas rasas no cânion de San Dimas e montanhas de San Gabriel, onde restos mortais de Lamp e Jackie Gillian foram recuperados. Um pegador de gelo ainda estava protuberante no crânio de Gillian e os restos mortais tinham ainda outras marcas de crueldade. Indiciando os prisioneiros em cinco acusações de assassinato, o xerife do Distrito de Los Angeles, Peter Pirchess, anunciou que Bittaker e Norris poderiam estar ligados ao desaparecimento de mais 30 ou 40 vítimas. Em 20 de fevereiro, uma pilha de fotografias confiscadas revelou 19 garotas desaparecidas, mas nenhuma foi sequer rastreada, e Norris, aparentemente, exauriu seu desejo de falar.

Em 18 de março, Norris declarou-se culpado em cinco acusações de assassinato, virando a evidência estadual contra seu aliado. Em troca, pela sua cooperação recebeu uma sentença de 45 anos com possível condicional no ano de 2010.

Bittaker, enquanto isso — apelidado "Alicate", como seu instrumento favorito de tortura — negou tudo. Em seu julgamento, em 5 de fevereiro de 1981, testemunhou que Roy Norris antes o informou dos assassinatos após a prisão deles em 1979. O júri decidiu não acreditar nele, voltando ao veredicto de culpado em 17 de fevereiro. Em 24 de março, de acordo com a recomendação do júri, Bittaker foi sentenciado à morte. O juiz também impôs uma sentença alternativa de 199 anos e quatro meses na prisão, para entrar em vigor caso a sentença de morte de Bittaker fosse mudada em uma apelação.

BOLBER-PETRILLO-FAVATO, A Liga de Assassinato

A equipe de assassinatos por lucro mais prolífica da América esteve ativa na Filadélfia, Pensilvânia, durante os anos de 1930, reclamando uma estimativa de 30 a 50 vítimas, antes de diversos membros da liga serem detidos. Os estudantes do caso, em retrospecto, estão inclinados a citar as atividades da gangue como evidência de que as estatísticas de homicídios modernos podem estar infelizmente inexatas. Se 20 mil assassinatos são relatados em um determinado ano, dizem, é totalmente possível que mais de 20 mil não sejam relatados, mas negligenciados pelas autoridades.

O método de assassinato básico foi concebido em 1932 pelo dr. Morris Bolber e seu amigo Paul Petrillo. Após uma das pacientes de Bolber fazer reclamações sobre a infidelidade de seu marido, o doutor e Petrillo planejaram que Paul cortejaria a solitária dama, ganhando sua cooperação em um plano para matar seu cônjuge e dividir 10 mil dólares dos benefícios do seguro. A vítima, Anthony Giscobbe, era um grande bebedor, o que fez com que fosse fácil para sua esposa desnudá-lo enquanto estava inconsciente, deixando-o ao lado da janela aberta, no inverno, enquanto ele morria de frio. A viúva "angustiada" dividiu seu dinheiro com Bolber e Petrillo, enquanto seu amante imediatamente foi em busca de outras viúvas desassossegadas e gananciosas.

Logo tornou-se aparente que os maridos italianos, pegos no meio da Grande

Depressão, tinham pouco seguro de vida para eles. Petrillo chamou seu primo Herman, um ator local talentoso, para personificar as vítimas em potencial e requerer altas apólices. Uma vez que diversos pagamentos fossem feitos, o marido era rápida e eficientemente eliminado por "acidentes" ou "mortes naturais". O método favorito do dr. Bolber incluía veneno e golpes na cabeça com um saco de areia, produzindo hemorragia cerebral, mas os métodos eram variados para se adequarem às circunstâncias. Uma das vítimas, um empreiteiro de telhados chamado Lorenzo, foi arremessada para a morte de um edifício de oito andares, e os primos de Petrillo primeiro deram a ele alguns cartões postais franceses para explicar sua distração.

Após cerca de 12 assassinatos, a gangue recrutou uma curadora de crença local, Carino Favato, conhecida como feiticeira na sua vizinhança. Favato tinha despachado três de seus maridos antes de entrar em tempo integral para o negócio, como uma "conselheira matrimonial", envenenando maridos indesejados por uma taxa. Impressionada pela explicação do dr. Bolber do esquema do seguro de vida, Favato reuniu-se com eles e trouxe para a gangue uma lista de suas clientes em perspectiva. No fim de 1937, a associação de Bolber tinha terminado com uma estimativa de 50 vítimas, pelo menos 30 das quais foram razoavelmente bem documentadas pela investigação subsequente.

A casa caiu quando um ex-sentenciado abordou Herman Petrillo, mostrando um novo esquema para se tornar rico. Sem impressionar-se, Petrillo fez uma proposta contrária aos seus entendimentos para garantir assassinatos de vítimas em potencial, e o companheiro apavorou-se e correu para a polícia. À medida que os membros da gangue eram capturados, delataram uns aos outros, na esperança de encontrar clemência — os clamores de seus clientes espalharam-se como ondas por toda uma atordoada comunidade. Enquanto diversas esposas eram enviadas para a prisão, muitas escaparam por testemunhar para o Estado. Os dois Petrillos foram condenados e sentenciados à morte, enquanto o dr. Bolber e Carino Favato tiveram sentenças de prisão perpétua.

BOMBAS e Assassinato em Série

Uma das ferramentas favoritas de terroristas desde meados do século XIX, as bombas são construídas e detonadas pelas mesmas razões que as pessoas colocam fogo. Em uma base individual, a bomba em série é menos comum que o INCÊNDIO em série, mas diversos casos infligidos foram registrados em tempos modernos. "O Lou-

"Unabomber" Theodore Kaczynski sendo escoltado para o tribunal

co Colocador de Bombas" George Metesky operava em Nova York no fim da década de 1940 e início dos anos de 1950, alimentando um rancor explosivo contra a empresa (e uma vez empregadora) que ele acusava de infectá-lo com tuberculose. Mais recentemente, o *Unabomber* Theodore Kaczynski — apelidado de o "criminoso mais assustador da América" pela revista *Playboy* — detonou 16 bombas em oito Estados entre maio de 1978 e abril de 1995, matando três pessoas e ferindo pelo menos outras 20.

Quanto a qualquer outro crime em série, os MOTIVOS da repetição para a colocação de bombas podem variar durante um período, de um incidente para o seguinte. A primeira bomba enviada pelo correio por Walter Moody, em 1972, foi endereçada ao negociante de carros que tomou de volta seu veículo; 19 anos depois, ele foi sentenciado à prisão perpétua, sem condicional, em prisão federal, por enviar pelo correio bombas a juízes e advogados apoiando os direitos civis dos negros, incluindo duas vítimas que faleceram. Diagnosticado como esquizofrênico em 1968, Moody viu nos altos explosivos a cura para todas as raivas que mantinha contra as pessoas e a sociedade em geral.

Os extremistas tanto da esquerda quanto da direita deixaram suas marcas com bombas nos tempos recentes. Durante a década de 1960, uma facção dissidente da Ku Klux Klan denominada Nacirema — *American** escrito de forma inversa — treinou seus membros na arte de demolição e foi considerada responsável (embora nunca indiciada) por mais de cem bombas racistas nos Estados do sul. Um grupo exclusivo similar — embora menos viajado era o assim chamado Grupo do Dólar de Prata, que tinha como associados os homens da Klan do sudoeste da Louisiania e alguns próximos aos condados do Mississipi. Cada membro do grupo levava um Dólar de prata cunhado com o ano de seu nascimento e eles se especializaram em colocar bombas em carros, mutilando um líder da NAACP em 1965 e matando outro em 1967.

Enquanto as bombas são usadas com mais frequência em crimes por motivos extremistas ou casos de empreendimento criminal (incluindo ataques pelo crime organizado), pode também haver motivos sexuais nas bombas. O caso Meteski apresenta a primeira aplicação bem conhecida de um PERFIL BIOGRÁFICO psicológico, no qual o dr. James Brussel advinhou a ansiedade sexual do ofensor pelo formato fálico de suas bombas em formato de tubos. Ao mesmo tempo, o sexo não era o único motivo para as bombas de Metesky, pois ele claramente nutriu uma fome de vingança contra seus empregadores anteriores. Pode também haver uma ânsia por atenção em tais casos, demonstrada pela correspondência de Metesky (e Kaczynski) com a mídia.

Veja também: PARAFILIA; ARMAS

BONIN, William George: Veja "Assassinos Livres"

BRUDOS, Jerome Henry

Nascido em Dakota do Sul em janeiro de 1939, Brudos mudou-se para a Califórnia com sua família quando criança. Cresceu com uma raiva profunda e permanente contra sua dominadora mãe e um estranho e precoce fetiche por sapatos de mulheres. Descobrindo um par de sapatos de saltos altos em um aterro local, ele os trouxe para casa, onde foram confiscados e queimados por sua mãe. Quando entrou para a escola, Brudos roubava sapatos de sua irmã; aos 16 anos, então vivendo no Oregon, ele diversificou com arrombamento, retirando sapatos de casas vizinhas, algumas vezes pegando roupas íntimas femininas dos varais.

Em 1956, aos 17 anos, Brudos bateu em uma garota que resistiu a seus grosseiros

---
*N.T.: americano

avanços em um encontro, acabando em um tribunal juvenil. Ordenado a visitar o hospital estadual em Salem como um paciente externo, enquanto continuava sua educação de segundo grau, Brudos aparentemente nada ganhou da terapia. Entrando para o Exército em março de 1959, foi incomodado por sonhos de uma mulher rastejando para sua cama à noite. Uma conversa com o psiquiatra do Exército o levou à dispensa em 15 de outubro de 1959, indo para casa viver com seus pais em Salem, mudando-se para o depósito de ferramentas.

Sem o conhecimento de sua família, Brudos tinha começado a importunar as mulheres locais, espreitando-as até ter uma chance de bater nelas e sufocá-las levando-as a inconsciência, saindo com seus sapatos. Ainda virgem em 1961, encontrou sua futura esposa e rapidamente engravidou-a, indo para o altar por um senso de obrigação. Em 1967, estabelecido no subúrbio de Aloha, Portland, Brudos começou a reclamar de enxaqueca e "de perder a consciência", aliviando seus sintomas com incursões noturnas à espreita para roubar sapatos e roupas íntimas rendadas. Em uma ocasião, uma mulher acordou e deparou-se com ele mexendo em seu armário. Brudos deixou-a inconsciente, estuprando-a antes de sair.

Em 26 de janeiro de 1968, Linda Slawson, 19 anos, estava vendendo enciclopédias de porta em porta quando bateu à porta de Jerry Brudos. Surrada com cacetete e estrangulada até a morte em seu porão, ela tornou-se a primeira das cinco vítimas conhecidas assassinadas por Brudos no Oregon. A segunda, Stephanie Vikko, de 16 anos, desapareceu de Portland em julho. Uma terceira, a estudante Jan Whitney, 23 anos, desapareceu em 26 de novembro no trecho a duas horas de distância, entre Eugene e McMinnville, e seu carro foi abandonado ao norte de Albany, Oregon.

Assim, as autoridades estavam trabalhando em uma linha de desaparecimentos, sem nenhuma prova concreta de homicídio. Isso mudou em 18 de março de 1969, com a descoberta do corpos de Stephanie Vikko em uma área de floresta ao norte de Forest Grove. Nove dias depois, Karen Sprinker, 19 anos, desapareceu de um estacionamento em Salem, deixando seu carro. Duas testemunhas relataram ter visto no mesmo dia um homem grande, vestido com roupa de mulher, andando no estacionamento.

Enquanto a polícia esteve procurando pelo suspeito, Brudos enfrentou uma crise menor em sua própria casa pois, ao limpá-la, sua esposa descobriu fotografias de Jerry vestido como *drag* e encontrou também um peito de "plástico", descrito por Brudos como um peso de papéis (de fato, era um troféu de caça, tratado com conservantes). Ela não viu as outras fotografias que mostravam representando Brudos com suas vítimas, posando com seus corpos, vestindo-as com roupas íntimas com babados, como bonecas em tamanho natural, mas a suspeita obscura começou a envenenar seu espírito de qualquer forma.

Em 23 de abril de 1969, Brudos fez sua vítima final, capturando Linda Salee, 22 anos, em um Shopping de Portland. Seu corpo, afundado preso a um autotransmissor, foi retirado do rio Long Tom em 10 de maio. Dois dias depois, 15 metros rio abaixo, uma equipe de mergulhadores descobriu a vítima Karen Sprinker, presa a um bloco de motor como peso. O segundo corpo vestia um sutiã muitos números maior, cheio de papel-toalha para esconder que seus seios haviam sido amputados.

Entrevistas com colegas de escola revelaram diversas histórias de um autodescrito "Veterano do Vietnã" idoso que frequentemente abordava garotas no *campus*, pedindo encontros. A polícia demarcou a cena de um desses *rendez-vous* em Corvallis, em 25 de maio, inquirindo Jerry Brudos intensamente antes de deixá-lo ir. Preso sob acusação de armas escondidas cinco dias depois, Brudos sucumbiu e confessou os assassinatos em detalhes, orientando as autoridades para a evidência que comprovaria o seu caso. Em 27 de junho de 1969, Brudos admitiu a culpa em três acusações de assassinado em primeiro grau e foi sentenciado à prisão perpétua. Sua popularidade com os companheiros de quarto é registrada em um lista de "acidentes" na prisão, incluindo um que o deixou com o pescoço fraturado em 1971.

BUNDY, Carol: Veja Clark, Douglas

BUNDY, Theodore Robert

Ted Bundy é um contraste surpreendente com a imagem geral de um "maníaco homicida": atraente, autoconfiante, politicamente ambicioso e bem-sucedido com uma ampla variedade de mulheres. Mas seus demônios particulares levaram-no a extremos de violência, que faz o mais ensanguentado dos filmes de "açoites" parecer quase insignificante. Com sua habilidade de camaleão para se misturar, seu talento para pertencer ao local, Bundy colocava-se como um perigo sempre presente para as mulheres bonitas e com cabelos escuros, que selecionava como suas vítimas.

Theodore Robert Cowel (Ted) nasceu em novembro de 1946 em uma residência para mães solteiras em Vermont, e nunca conheceu seu pai, descrito vagamente por Louise Cowell (mãe de Ted) como um segurança com quem saiu diversas vezes. A pobreza forçou Louise e seu filho recém-nascido a viverem com seus rigorosos pais metodistas na Filadélfia, onde Ted passou os primeiros quatro anos de sua vida fingindo que Louise era sua irmã. Posteriormente, ele pintaria um quadro ensolarado daqueles anos, declarando amor por seu avô Sam Cowell, mas outros membros da família descreveram Sam como um racista amargo e espancador de mulheres, que também se divertia chutando cachorros e girando ga-

Theodore Bundy sendo levado de volta à prisão, algemado

tos no ar, segurando em suas caudas.

Qualquer que seja a verdade, está claro que algo incomodava Ted naqueles dias. Uma manhã, bem cedo, quando tinha apenas 3 anos, a tia de Ted, 15 anos, acordou e encontrou-o levantando seus cobertores, enfiando facas de açougueiro na cama ao seu lado. "Ele apenas parou ali e sorriu", ela se lembrou. "Mandei-o sair do quarto, levei os objetos de volta para a cozinha e contei à minha mãe sobre isso. Lembro-me de pensar naquela época que fui a única que achou isso estranho. Ninguém fez nada".

Em 1950, Louise e Ted mudaram-se para Tacoma, Washington, onde ela conheceu e casou-se com John Bundy em maio de 1951. Apesar das boas notas na escola, a ficha de Ted estava cheia de observações de seus professores aludindo ao seu temperamento explosivo e imprevisível. Quando terminou a escola secundária, Ted era um masturbador compulsivo e um *voyeur* espreitando à noite, preso duas vezes pelas autoridades juvenis sob a suspeita de arrombamento e roubo de carro. Em 1970, pareceu mudar de marcha, ganhando uma comenda do Departamento de Polícia de Seattle por perseguir um ladrão de bolsas. Um ano depois, Ted estava inscrito na Universidade de Washington, trabalhando meio período em uma linha direta para suicidas. Atrás da nova face de aparência cívica, entretanto, as fantasias mórbidas de Ted foram crescendo em direção a um ponto de ignição letal.

Linda Healy foi a primeira vítima. Em 31 de janeiro de 1974, ela desapareceu de sua residência no porão em Seattle, deixando lençóis ensanguentados e uma camisola manchada de sangue pendurada em seu armário. A várias quadras de distância, a jovem Susan Clarke foi assaltada, agredida com cacetete em sua cama algumas semanas antes, mas sobreviveu aos ferimentos e se recuperou. Quanto a Lynda Healy, 21 anos, desapareceu sem deixar vestígios.

A polícia ainda não tinha nenhuma evidência persuasiva de qualquer padrão, mas este não demoraria a surgir. Em 12 de março, Donna Gail Manson, 19 anos, desapareceu a caminho de um concerto em Olympia, Washington. Em 17 de abril, Susan Rancourt, de 18 anos, desapareceu em seu caminho para assistir a um filme alemão em Ellensburg. Em 6 de maio, Roberta Parks, 22 anos, não voltou de um passeio tarde da noite na vizinhança de Corvallis. Em 1º de junho, Brenda Ball, 22 anos, deixou a Taverna Flame de Seattle com um homem desconhecido e desapareceu como se fosse no ar. Dez dias depois, Georgeann Hawkins, 18 anos, entrou para a lista de mulheres desaparecidas, perdida em algum lugar entre o apartamento de seu namorado e sua casa na irmandade em Seattle.

Agora os detetives tinham seu padrão. Todas as mulheres desaparecidas eram jovens, atraentes, com cabelos escuros na altura dos ombros e repartidos no meio. Em suas fotos, colocadas lado a lado, elas poderiam ser consideradas irmãs, algumas gêmeas. Os investigadores de homicídios ainda não tinham um corpo, mas recusavam-se a alimentar falsas ilusões de um final feliz para o caso. Havia tantas vítimas, e o pior ainda estava por vir.

Em 14 de julho, uma multidão reuniu-se nas areias do lago Sammamish para aproveitar o sol e esportes aquáticos de verão. Quando o dia terminou, dois nomes mais seriam anexados à crescente lista de mulheres desaparecidas: Janice Ott, de 23 anos, e Denise Naslund, de 19 anos, cada uma desaparecendo da vista de seu grupo de amigos mas dessa vez a polícia possuía um tênue indício. Pessoas que passavam pelo local lembraram-se de ver Ott conversando com um homem que usava tipoia em um dos braços e escutaram-no apresentar-se como Ted. Com este relatório em mãos, os detetives descobriram outras testemunhas femininas que foram abordadas por Ted no Lago Sammanish. Em cada caso, ele tinha pedido ajuda para prender um barco a vela ao seu carro. As mulheres, com sorte, tinham recusado, mas uma tinha seguido Ted até o local em que seu pequeno Beetle da Volkswagen estava estacionado. Não havia sinal de barco a vela, e sua explicação — que o barco teria de ser retirado de uma casa "no alto da montanha" — levantou suspeitas, induzindo-as a deixar o estranho.

A polícia agora tinha uma boa descrição de sua presa e de seu carro. Eles publicaram referências a Ted inspirados em uma grande quantidade de chamadas relatando suspeitos, um deles referindo-se a um estudante de faculdade Ted Bundy. As autoridades verificaram cada indício à medida que o tempo permitia, mas Bundy era considerado "muito limpo", um estudante de Direito e um jovem republicano ativo em políticas de lei e ordem, completo com as comendas do DP de Seattle. Tantos telefonemas relatando suspeitos foram feitos por rancor ou simplesmente excesso de zelo, e o nome de Bundy foi deixado de fora com o de muitos outros, momentaneamente esquecidos.

Polícia e cachorros treinados em odores procuram por vítimas de Bundy

Em 7 de setembro, caçadores encontraram um túmulo provisório em uma montanha arborizada, a muitos quilômetros do Lago Sammanish. Foram solicitados registros dentários para finalmente identificar os restos de Janice Ott e Denise Naslund; o esqueleto de uma terceira mulher, encontrado com os outros, não pôde ser identificado. Cinco semanas depois, em 12 de outubro, outro caçador encontrou os ossos de mais duas mulheres no Distrito de Clark. Uma vítima foi identificada como Carol Valenzuela, 20 anos, desaparecida havia dois meses de Vancouver, Washington, na fronteira com Oregon; novamente, a segunda vítima permaneceria desconhecida, registrada nos arquivos como "Jane Doe"*. A polícia estava otimista, esperançosa de que a descoberta das vítimas levaria, no devido tempo, ao assassino, mas não tinha meios de saber que seu homem já havia escapado, movendo-se à procura de um terreno de caça mais seguro e de outras presas.

O terror chegou a Utah em 2 de outubro de 1974, quando Nancy Wilcox, 16 anos, desapareceu na cidade de Salt Lake. Em 18 de outubro, Melissa Smith, 17 anos, desapareceu em Midvale; seu corpo, estuprado e espancado, seria desenterrado nas montanhas Wasatch nove dias depois. Laura Aimeed, 17 anos, entrou para a lista de desaparecidos em Orem, em 31 de outubro, enquanto caminhava para casa, fantasiada para uma festa de Halloween. Um mês se passaria antes que seu corpo desfigurado e violado fosse descoberto em uma área arborizada fora da cidade. Um homem tentou raptar a atraente Carol Da Ronch em um Shopping da cidade de Salt Lake, em 8 de

---

*N.T. Nome dado a pessoa do sexo feminino não identificada.

novembro, mas ela conseguiu escapar antes que ele pudesse colocar um par de algemas em seus pulsos. Naquela noite, Debbie Kent, 17 anos, foi raptada de um auditório na escola secundária de Viewpoint, na cidade de Salt Lake.

As autoridades de Utah mantiveram comunicações abertas com a polícia de outros Estados, inclusive de Washington. Eles puderam observar que um suspeito de Seattle, Ted Bundy, frequentava a faculdade em Utah, quando os desaparecimentos locais ocorreram, mas estavam procurando por um homem louco e não um estudante de Direito sóbrio e bem-vestido que parecia ter conexões políticas em Seattle. Bundy estava sob suspeita, mas foi novamente esquecido.

Com o ano novo, o Colorado entrou para a lista de campos de caça para um assassino ardiloso que aparentemente selecionava as vítimas por seu estilo de cabelo. Caryn Campbell, 23 anos, foi a primeira a desaparecer de um alojamento de esqui em Snowmass, em 12 de janeiro; seu corpo estuprado e quebrado seria encontrado em 17 de fevereiro. Em 15 de março, Julie Cunningham, 26 anos, desapareceu a caminho de uma taverna em Vail. Um mês depois desse dia, Melanie Cooley, de 18 anos, foi dada como desaparecida enquanto andava de bicicleta em Nederland; ela foi descoberta oito dias depois, morta, com a cabeça amassada, seus *jeans* puxados para seus tornozelos. Em 1º de julho, Shelly Robertson, 24 anos, foi acrescentada à lista de desaparecidas em Golden; seu corpo foi encontrado em 23 de agosto, descartado em um poço de mina próximo a Berthoud Pass.

Uma semana antes da descoberta repugnante final, Ted Bundy foi preso na cidade de Salt Lake por suspeita de arrombamento. Dirigindo a esmo, atraiu a atenção da polícia, e um exame em seu carro revelou itens peculiares, tais como algemas e um par de meias de náilon com buracos para os olhos cortados para formar uma máscara. O porta-luvas revelou recibos de gasolina e mapas que ligaram o suspeito a uma lista de "resorts" de esqui no Colorado, incluindo Vail e Snowmass. Carol Da Ronch identificou Ted Bundy como o homem que a atacou em novembro, e seu testemunho foi suficiente para indiciá-lo em uma acusação de tentativa de rapto. Outros Estados estavam, então, aguardando por uma tentativa de Bundy, e em janeiro de 1977 ele foi extraditado para o Colorado para julgamento no homicídio de Caryn Campbell em Snowmass.

Ante outro período de prisão, Bundy não teve paciência com a ideia de outro julgamento. Ele fugiu da custódia em junho e foi recapturado após oito dias na estrada. Em 30 de dezembro, ele tentou novamente, dessa vez com mais sucesso, escapando para Tallahassee, Flórida, onde encontrou alojamento perto da Universidade Estadual da Flórida. Suspeito em uma série de mortes, Bundy assegurou-se de um novo campo de caça.

Nas primeiras horas de 15 de janeiro de 1978, invadiu a casa da irmandade Chi Omega, vestido de preto e armado com uma pesada clava de madeira. Antes de sair, duas mulheres foram estupradas e mortas e uma terceira, gravemente ferida pelas pancadas desferidas na cabeça. Em uma hora, ele tinha invadido outra casa, a algumas quadras de distância, surrando outra vítima em sua cama. Ela também sobreviveu. Os detetives, na casa Chi Omega, descobriram marcas de mordida nos corpos de Lisa Levy, 20 anos, e Margaret Bowman, 21 anos, uma evidência apavorante do fervor de Bundy no momento de matar.

Em 6 de fevereiro, Ted roubou um furgão e dirigiu para Jacksonville, onde foi percebido quando tentava raptar uma estudante. Três dias depois, Kimberly Leach, 12 anos, desapareceu na vizinhança da área da escola; ela foi encontrada na primeira semana de abril, com seu corpo descoberto próximo a Suwanee State Park.

A polícia de Penscola identificou a placa de carro roubado em 15 de fevereiro e foi forçada a persegui-lo, pois ele tentava escapar a pé. Após Bundy ser identificado, as impressões de seus dentes foram tiradas para comparar com as marcas de mordidas nas vítimas da Chi Omega, e seu destino estava selado. Indiciado em duas acusações de assassinato em julho de 1979, ele foi sentenciado à morte na cadeira elétrica da Flórida. Um terceiro indiciamento e nova sentença de morte foi subsequentemente obtida no caso de Kimberly Leach.

Demorou quase uma década para que a justiça fosse feita. Ted protelou sua execução com repetidas apelações frívolas que foram até a Suprema Corte dos Estados Unidos em Washington. Entre manobras legais, ele passava o tempo em entrevistas para a mídia, pequenas conversas na prisão com o colega sadista GERARD SCHAEFFER e breves consultas com as autoridades de Washington no caso ainda não resolvido do "ASSASSINO de Green River". A sorte e a vida de Ted acabaram em 24 de janeiro de 1989, quando foi executado no Estado da Flórida. Antes de sua execução, Bundy confessou 20 ou 30 assassinatos (os relatórios publicados variam). O mais recente assassinato admitido por Bundy foi o de uma pessoa que pedia carona perto de Olympia, Washington, em maio de 1973. Dois anos depois, Bundy disse que matou Lynette Culver, 12 anos, raptada de uma escola de nível médio em Pocatello, Idaho.

Além desses citados, as autoridades acreditam ser ele o responsável por pelo menos sete outros assassinatos, cometidos entre 1973 e 1975. As vítimas daqueles casos incluem: Rita Jolly, 17 anos, do Distrito de Clackamas, Oregon; Vicki Hollar, 24 anos, de Eugene; Katherine Devine, 14 anos, de Seattle; Brenda Baker, outra de Seattle com 14 anos; Nancy Baird, 21 anos, de Farmington, Utah; Sandra Weaver, 17 anos, assassinada em Utah; e ainda outra vítima de Utah, Sue Curtis, 17 anos. Alguns investigadores acreditam que Bundy pode ter assassinado cem vítimas ou mais na totalidade, iniciando talvez quando era um adolescente, mas a evidência é esparsa ou não existente naqueles casos. Bundy levou o segredo para seu túmulo.

BUONO, Angelo: *veja* Bianchi, Kenneth

C

CANIBALISMO e Assassinato em Série

Durante toda a história, muitas culturas sancionaram e fizeram rituais do consumo de carne humana, mas o canibalismo em geral foi banido dos dias atuais, considerando que sua prática requer o homicídio ou a profanação de corpos (uma ofensa criminal em muitas jurisdições americanas). Ainda assim, tão bizarro como possa parecer na sociedade moderna, o canibalismo não é particularmente raro entre os *serial killers*, particularmente aqueles orientados por MOTIVOS sexuais ou sádicos.

Na verdade, sempre foi assim. No antigo México, onde se estima que os astecas sacrificavam e canibalizavam 15 mil vítimas por ano, diz-se que o imperador Montezuma preferia jantar os mesmos jovens garotos que escolhia para compartilhar sua cama. O assassino canibal ALBERT FISH também preferia a carne de crianças, enquanto EDMUND KEMPER, da Califórnia, devorou partes de pelo menos duas vítimas do sexo feminino, o ato depois denominado como um meio de "possuí-las" para sempre. Os "ESTRIPADORES DE CHICAGO", quatro jovens satanistas, habitualmente feriam e devoravam os seios de mulheres que raptavam, estupravam e matavam.

O canibalismo nem sempre é um ato sexual. Para alguns, pode ser uma técnica de sobrevivência. Milhões passaram fome até a morte, na Rússia, durante a década de 1930, enquanto Josef Stálin transformava em comunidade o sistema agrícola da nação, e a tragédia foi repetida 20 anos depois sob Mao Zedong na República Popular da China. Em ambos os países, muitos casos de canibalismo foram relatados (incluindo pais que devoravam seus próprios filhos), mas as autoridades responderam de forma muito diferente. Os oficiais soviéticos executaram um número desconhecido de canibais, enquanto sentenciavam cerca de outros 350 à prisão perpétua; os líderes chineses, por outro lado, aplaudiam os atos de homicídio e canibalismo, especialmente se as vítimas fossem membros da antiga guarda "reacionária". Na Rússia, pelo menos um caso de assassinato em série e canibalismo foi também relatado em Leningrado durante o longo cerco dos nazistas, porém os detalhes são ilusórios graças à censura soviética. (Talvez, significativamente, o assassino russo ANDREI CHIKATILO, atribui sua incursão no canibalismo pelas suas histórias de infância com relação ao seu irmão mais velho foi, supostamente assassinado e comido durante a fome da década de 1930.)

Existe pelo menos um caso registrado de assassinato serial e canibalismo cometido como ato de vingança. Amargurado pelo assassinato de sua esposa pelos membros da tribo indiana Crow, o caçador John Johnston promoveu uma vingança implacável nas Montanhas Rochosas do Colorado, matando diversos homens da tribo e devorando seus fígados ainda quentes, crus, como um gesto de desprezo. Hollywood mostrou essa história um século mais tarde, com o belo Robert Redford fazendo o papel de Jeremiah Johnson, um herói romântico, sem qualquer traço do "Johnson devorador de fígado" sendo visto na tela.

Veja também: JEFFREY DAHMER; JOACHIM KROLL; PARAFILIA; VAMPIRISMO

CARIGNAN, Harvey Louis

Por todos os direitos, Harvey Carignan jamais teria se tornado um *serial killer*.

Sentenciado no Alaska para ser enforcado por matar uma mulher em 1949, o assassino desajeitado poderia ter sido eliminado mais cedo, não tivesse o sistema judicial interferido. Um xerife muito zeloso extraiu confissões do suspeito com a garantia de que Carignan não seria executado, uma condição que as cortes de apelação consideraram incômoda. A sentença de morte de Carignan foi derrubada em 1951, e após cumprir mais nove anos por tentativa de estupro, ele recebeu a condicional em 1960. Haveria mais prisões por arrombamento, assalto e outros crimes; em 1965, Carignan foi sentenciado a uma pena de 15 anos em Washington, mas com tempo livre por bom comportamento, ele estava novamente nas ruas em 1969, consumido por uma contínua raiva contra a sociedade em geral e as mulheres em particular.

Harvey casou-se em Seattle com uma viúva, logo após sua condicional, mas seu relacionamento estava condenado desde o princípio. Taciturno e não comunicativo, Carignan frequentemente se levantava à noite e dirigia por longas distâncias "para ficar sozinho e pensar". Quando se recusou a compartilhar seus pensamentos ou designar seus destinos em seus longos passeios noturnos, seu casamento acabou. Casando novamente com outra viúva em 1972, Carignan não mostrou melhoras. Sua lasciva atenção para uma enteada adolescente finalmente forçou a garota a sair de casa, e ele enfrentou ainda outro casamento, interrompido na primavera de 1973.

Naquele mês de maio, a jovem Kathy Miller respondeu ao anúncio de emprego de Harvey na estação de serviço que ele locava. A garota ficou desaparecida por um mês antes de dois garotos descobrirem seus restos mortais quando caminhavam em uma reserva indígena ao norte de Everett, Washington. Nua e embrulhada em uma folha de plástico, Kathy foi atingida com um martelo, que fez buracos do tamanho de uma moeda em sua cabeça.

Os detetives em Seattle estavam cientes dos antecedentes de Harvey e perseguiram-no com tal intensidade que ele partiu da cidade logo após o corpo de Kathy Miller ser descoberto. Posteriormente, uma multa por excesso de velocidade no Distrito de Solano, Califórnia, em 20 de junho, colocou Carignan nas proximidades do local em que meia dúzia de mulheres foram assassinadas nos dois anos anteriores; mas não existia nada de concreto para ligá-lo aos crimes e ele continuou seu caminho pelo país, procurando abrigo no antigo retiro familiar em Minneapolis.

Em 28 de junho, Marlys Townsend foi surpreendida em um ponto de ônibus na cidade, atingida por trás até a inconsicência. Acordou no carro de Harvey, ainda atordoada com a batida, mas enquanto ele tentava fazê-la masturbá-lo, ela encontrou forças suficientes para salvar-se ao saltar do veículo em movimento. A polícia não fez qualquer conexão com o tempo da bomba humana fazendo tique-taque em seu meio.

Jewry Billings, 13 anos, estava pedindo uma carona para a casa de seu namorado em Seattle, em 9 de setembro, quando Carignan parou e ofereceu-lhe carona. Dentro do carro, ameaçou Jewry com um martelo e forçou-a a realizar atos sexuais com ele, enquanto a atacava com o cabo do martelo. Quando acabou com ela, Carignan liberou sua cativa espancada, mas o incidente foi tão humilhante que a garota manteve-o como um segredo bem guardado durante muitos meses.

Um ano se passaria antes que os detetives testemunhassem o trabalho de Harvey novamente. Em 8 de setembro de 1974, ele pegou Lisa King e June Lynch, ambas com 16 anos, que pediam carona em Minneapolis. Ele ofereceu dinheiro se as garotas o ajudassem a buscar outro carro que ficara encalhado em uma área rural. Uma vez fora da cidade, entretanto, Harvey parou o carro e começou a bater em June na cabeça e no rosto. Quando Lisa correu para ajudar, ele acelerou e a deixou sangrando ao lado da rodovia.

Um mês antes, em 10 de agosto, outro romance terminou para Harvey, acabando não menos tragicamente do que pretendia. Eileen Hunley era uma mulher religiosa que procurava a bondade em outros. Ela procurava por seu Deus em Harvey Carignan, quando eles começaram a sair, mas não havia nada a ser encontrado. Ela comentava com os amigos de sua intenção de terminar o relacionamento amargo, mas desapareceu em 10 de agosto. Seu corpo foi encontrado no Distrito de Shelbourne cinco semanas depois, com seu crânio "implodido" pela força das pancadas selvagens de um martelo.

Uma falha no motor em 14 de setembro quase custou a Gwen Burton sua vida. Quando Harvey Carignan apareceu para oferecer uma carona, ela nem suspeitava que a viagem seria um pesadelo. Uma vez sozinhos, ele rasgou suas roupas com seu martelo, finalmente atingindo-a na cabeça antes de descartá-la em um campo para morrer. Miraculosamente, ela sobreviveu e se arrastou para uma rodovia próxima, onde um motorista que passava chegou a tempo de salvar sua vida.

Em 18 de setembro — o mesmo dia em que o corpo de Eileen Hunley foi recuperado —, Harvey pegou Sally Versoi e Diane Flynn. Ele usou o velho artifício de buscar outro carro, então começou a fazer propostas indecentes, agredindo as duas garotas quando deixaram de responder à sua ordem. Elas escaparam quando ele ficou sem combustível e foi forçado a parar em um posto de gasolina rural.

Dois dias depois, Kathy Schultz, 18 anos, não retornou de seu programa com sua colega de classe e um boletim de pessoa desaparecida foi emitido pela polícia. Seu corpo foi encontrado no dia seguinte, por caçadores, em um campo de milho, a cerca de 64 quilômetros de Minneapolis. Como em outros casos, a cabeça de Kathy foi destruída por golpes de martelo.

A Polícia de Minneapolis estava falando com suas contrapartes em Washington, naquele momento e em alguns dias as sobreviventes reconheceram Harvey na formação em linha como o homem que as havia raptado e agredido. Uma pesquisa em seus pertences revelou mapas com 181 círculos vermelhos riscados em áreas isoladas dos Estados Unidos e Canadá. Alguns dos círculos resultaram em nada, outros indicaram pontos em que Harvey tinha requerido trabalho ou comprado veículos, mas outros pareciam ligá-lo à linha de homicídios não resolvidos e outros crimes envolvendo mulheres. Um desses círculos criptografados marcou o ponto onde Laura Brock desapareceu, próximo a Coupeville, Washington. Outro, em Medora, Dakota do Norte, coincidiu com a descoberta de uma garota assassinada em abril de 1973. Ainda outro foi riscado ao redor da mesma intersecção em Vancouver, onde uma mulher, aguardando um ônibus da cidade, foi agredida por trás e espancada com um martelo.

Uma DEFESA POR INSANIDADE que concebia doença envolvendo mensagens de Deus não impressionou o júri no julgamento de Carignan por tentativa de assassinato (de Gwen Burton) em março de 1975. Ele foi sentenciado e recebeu a pena máxima de 40 anos na prisão. Como nenhum criminoso em Minnesota pode ser sentenciado a uma pena que exceda 40 anos, outros julgamentos e sentenças foram meramente aparentes: 30 anos por agressão a Jewry Billings, 40 anos pelo assassinato de Eileen Hunley; e 40 anos por matar Kathy Schultz. No total 150 anos, dos quais o assassino pode ser obrigado a cumprir não mais de 40, com a possibilidade usual de soltura por "bom comportamento".

"CARNICEIRO Louco de Kingsbury Run"

O pequeno vale conhecido como Kingsbury Run corre como uma cicatriz por entre a face do centro de Cleveland, Ohio. Em alguns lugares com 183 metros de profundidade, o antigo córrego está coberto com mais de 30 pares de estradas servindo a fábricas locais e cidades distantes, recebendo a carga para Pittsburgh, Chicago ou Youngstown ou transportando rapidamente trabalhadores para as comunidades-dormitório alinhadas como Shaker Heights. Durante a Grande Depressão, Kingsbury Run também foi o local de acampamento favorito de vagabundos e *playground* para crianças com tempo livre. No fim da década de 1930, tornou-se um ponto focal do mistério do assassinato mais fascinante da América — um quebra-cabeças que permanece até hoje — embora, de fato, o caso tenha sua origem em outro local, às margens do Lago Erie.

Em 5 de setembro de 1934, uma pessoa que buscava madeira flutuante encontrou a parte inferior do corpo de uma mulher enterrada na areia em Euclid Beach, 13 quilômetros a leste do centro da cidade de Cleveland. As pernas da vítima foram cortadas na altura dos joelhos e sua pele, descolorida pela aplicação de conservante químico. Um legista estimou a altura e idade da tocante evidência disponível, mas a vítima número 1 não se parecia com qualquer mulher desaparecida conhecida de Cleveland. Ela nunca foi identificada, e a polícia mexeu na ferida com sua teimosa recusa em contá-la como uma vítima "oficial" ao se tornar aparente o padrão do crime.

Um ano depois, em 23 de setembro de 1935, meninos que brincavam em Kingsbury Run encontraram dois corpos masculinos sem cabeça, nus, exceto pelas meias usadas pela vítima mais nova. Ambos foram castrados e suas cabeças cortadas foram encontradas em local próximo. A vítima mais velha, não identificada, morreu pelo menos cinco dias antes do mais novo, e sua pele possuía um tom avermelhado de tratamento com conservante químico. O homem mais jovem, identificado como Edward Andrassy, de 29 anos, era um ex-condenado bissexual, com um vasto registro de pequenas prisões em Cleveland. A retração dos músculos do pescoço em ambos os corpos apontavam para a decapitação como a causa provável da morte.

Em 26 de janeiro de 1936, um açougueiro de Cleveland foi alertado da presença de "alguma carne em um cesto" atrás de sua loja. Investigando, ele ficou atordoado ao encontrar duas coxas humanas, um braço e a metade inferior de um torso feminino. A parte superior do torso, parte inferior das pernas e o outro braço desaparecido foram encontrados atrás de uma casa vazia em 7 de fevereiro, a diversos quarteirões de distância, e as impressões digitais identificaram a vítima como Florence Polillo, uma prostituta de 41 anos. Sua cabeça nunca foi encontrada.

Quatro meses depois, em 5 de junho, dois meninos encontraram a cabeça de um homem em Kingsbury Run, a 1,5 quilômetro do local onde Andrassy e seu companheiro sem nome foram encontrados em setembro de 1935. Os trabalhadores da rede ferroviária encontraram o corpo respectivo em 6 de junho, mas a quinta vítima permaneceu anônima, apesar de ter sido publicado que ele tinha diversas tatuagens distintas. Suas impressões digitais não estavam nos registros de Cleveland, e seu desaparecimento não foi informado.

Em 22 de julho de 1936, o corpo nu e sem cabeça de um homem desconhecido foi encontrado ao lado de Big Creek no subúrbio de Brooklyn, do outro lado da cidade a partir de Kingsbury Run. A única vítima assassinada no lado sul de Cleveland, este novo "John Doe"* também seria a única vítima assassinada onde foi encontrada. A de-

---

* N.T.: nome dado a pessoa não identificada do sexo masculino

composição frustrou todos os esforços para identificar o corpo.

Um andarilho encontrou a sétima vítima — ou parte dele — em Kingsbury Run

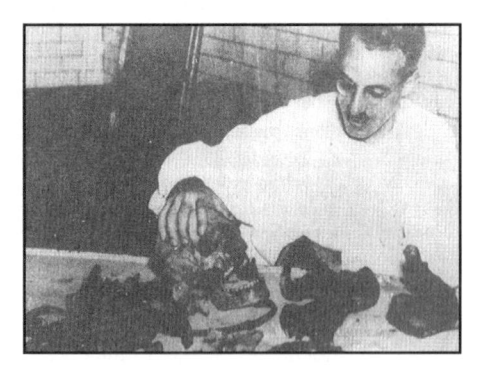

O legista Samuel Gerber com uma vítima do "Carniceiro Louco" de Cleveland

em 10 de setembro de 1936. Os restos desmembrados estavam flutuando em uma lagoa estagnada e os mergulhadores da polícia foram chamados para recuperar duas metades do torso, mais as partes inferiores das pernas e coxas. A cabeça cortada, os braços e genitais nunca foram encontrados. A decapitação não foi a causa da morte, mas os examinadores médicos não puderam identificar outra causa.

Logo após a descoberta da vítima número sete, os detetives Peter Merylo e Martin Zalewski foram designados em tempo integral para o caso do "torso". Durante os dois anos seguintes, eles investigaram dezenas de indícios, liberaram a situação de suspeitos inocentes, prenderam dezenas de pervertidos e fugitivos — tudo sem capturar o seu homem. A imprensa, enquanto isso, exibiu manchetes em destaque da procura fútil pelo "Carniceiro Louco" de Cleveland, especulando incessantemente sobre os motivos, a identidade das vítimas e a suposta habilidade cirúrgica do assassino.

Em 23 de fevereiro de 1937, a metade superior de um torso de mulher foi encontrada em Euclid Beach, quase precisamente onde a primeira vítima (ainda não reconhecida) havia sido descoberta em setembro de 1934. A parte inferior do tronco foi encontrada no Lago Erie, distante da rua East 30th, em 5 de maio, enquanto cabeça, braços e pernas permaneceram desaparecidos para sempre.

Em 6 de junho, o esqueleto de uma mulher negra — faltando uma costela e também os ossos dos braços e pernas — foi encontrado sob a ponte Lorain-Carnegie. A vítima foi decapitada, e o legista Samuel Gerber calculou sua morte em algum momento no início de junho de 1936. Em abril de 1938, o filho de Rose Wallace "identificou" o corpo de sua mãe com base em um trabalho dental, mas os problemas permaneceram: Wallace tinha desaparecido em agosto de 1936, dois meses após a data estimada da morte da vítima, e seu dentista em Cincinnati tinha falecido, seus arquivos destruídos, tornando impossível a identificação exata. O detetive Merylo aceitou a débil identificação, mas isso não o deixou mais próximo da prisão do suspeito.

Exatamente um mês após a nona vítima nove ser encontrada, o torso inferior de um homem foi visto no rio Cuyahoga, sob a ponte da Third Street. A polícia recuperou naquela tarde a parte superior do tronco e as coxas cortadas, mas outros pedaços vieram à superfície nos dias seguintes. Em 14 de julho, as autoridades tinham tudo, exceto a cabeça da vítima sem nome, que nunca foi encontrada.

Em 8 de abril de 1938, a parte inferior da perna esquerda de uma mulher foi fisgada do rio Cuyahoga, além de Public Square. O pé esquerdo, ambas as coxas, e duas metades do torso foram arrastadas para a margem, embrulhados em aniagem, em 2 de maio, mas a cabeça da vítima, a perna e os braços permaneceram desaparecidos.

As últimas vítimas "oficiais" — masculina e feminina, assassinadas em épocas diferentes — foram encontradas em 16 de agosto de 1938, por trabalhadores no depósito de lixo ao lado do lago. O novo "John Doe" nada mais era que um esqueleto, decapitado no estilo já conhecido, faltando duas costelas, além das mãos e dos pés. Assassinado, no máximo, em fevereiro de 1938, ele pode ter morrido em dezembro do mesmo ano. A vítima feminina foi cortada em nove pedaços, mas estava tudo ali. Ela foi assassinada em algum momento entre fevereiro e abril de 1938, e sua identidade encoberta para sempre por causa da decomposição avançada.

Em janeiro de 1939, a imprensa de Cleveland reimprimiu a carta a seguir, enviada de Los Angeles:

Chefe de Polícia Matowitz:

Você pode descansar agora, pois vim para a ensolarada Califórnia para passar o inverno. Senti-me mal operando essas pessoas, mas a ciência precisa avançar. Surpreenderei a profissão médica, um homem com apenas D.C.*

O que significam suas vidas em comparação a centenas de doentes e corpos torcidos por doença? Apenas cobaias de laboratório encontradas em qualquer rua pública. Ninguém sentiu falta deles quando falhei. Meu último caso foi bem-sucedido, conheço agora o sentimento de Pasteur, Thoreau e outros pioneiros.

Agora mesmo tenho um voluntário que provará totalmente minha teoria. Eles me chamam de louco e carniceiro, mas a verdade surgirá.

Falhei apenas uma vez aqui. O corpo não foi encontrado e nunca será, mas a cabeça, menos as feições, está enterrada no Century Boulevard, entre Western e Creshaw. Sinto ser meu dever dispor dos corpos como o faço. É a vontade de Deus não deixá-los sofrer.

"X".

Nenhuma cabeça enterrada foi encontrada em Los Angeles, e a caça ao homem

---

*N.T. doutor em quiropraxia

retornou a Cleveland. Em 5 de julho de 1939, os substitutos do xerife prenderam um imigrante eslavo, Frank Dolezal, 52 anos, e lançaram uma maratona de interrogatórios sobre seu suspeito. Dolezal supostamente confessou o assassinato de Andrassy e Polillo, equivocando-se quanto a muitos detalhes que foram "corrigidos" em confissões posteriores. Ele depois retratou-se de todas as declarações, acusando os detetives de táticas de terceiro grau, e manchas suspeitas encontradas em seu apartamento foram identificadas como sangue de animal. Em 24 de agosto, Dolezal "cometeu suicídio" em sua cela. Encontrado pendurado em um gancho na parede em altura inferior à sua, uma necropsia revelou quatro costelas quebradas por espancamento na prisão. Hoje, ninguém o considera suspeito no caso do "torso".

Em 3 de maio de 1940, três corpos masculinos foram descobertos em um vagão fechado abandonado em McKees Rocks, Pensilvânia, fora de Pittsburgh. Todos foram decapitados e as cabeças estavam desaparecidas; um estava intacto, enquanto dois foram dissecados nos quadris e ombros. Assassinados nos carros em que se encontravam deitados, os homens estavam mortos de três a seis meses, e todos os três corpos foram ressecados no fogo. A vítima mais "completa" foi identificada como James Nicholson, de 30 anos, um ex-sentenciado homossexual de Wisconsin. O assassino tinha encravado a palavra "NAZI" no peito de Nicholson, invertendo o "Z" por acidente ou plano. As autoridades de maneira inânime atribuíram os crimes ao Carniceiro de Cleveland, rastreando os movimentos dos vagões para detectar os assassinatos em Youngstown, Ohio, durante dezembro de 1939.

O jornalista Oscar Fraley, em seu livro *Against the Mob*, sustenta que Eliot Ness — então diretor de segurança pública de Cleveland — não apenas identificou o Carniceiro

Louco em 1938, como também o trouxe para uma aparência de justiça. Apelidado com o pseudônimo de "Gaylord Sundheim", o suspeito foi descrito como um estudante de escola preparatória para a Medicina, homossexual, e membro de uma família proeminente de Cleveland. Interrogado por Ness no outono de 1938, "Sundheim" supostamente escapou da promotoria por se submeter a um hospital mental, onde faleceu em 1940 ou 1941. Nesse meio tempo, ele atormentou Ness com uma artilharia de notas obscenas, ameaçadoras, que chegaram ao com sua morte.

A narrativa merece consideração, uma vez que Ness preservou os "Cartões de Saudações" — todos cuidadosamente anônimos — e eles podem ser vistos nos arquivos de Cleveland. Mas alguma nota insultosa fornece uma solução viável para os assassinatos do torso? Por que os peritos no caso insistem que o Carniceiro confirmou três vítimas em dezembro de 1939, quando "Sundheim" estava fora de circulação por um ano ou mais? Se Ness estava certo das andanças do assassino, por que permitiu que o "suspeito" Frank Dolezal fosse abusado (e possivelmente assassinado) pelos oficiais do xerife em 1939? Se o caso foi resolvido em 1938, por que o detetive Merylo perseguiu o Carniceiro na aposentadoria, responsabilizando sua ardilosa presa por 50 assassinatos até 1947? Torturante como isso é, a história de Fraley desfaz-se em um exame mais próximo, falhando em cada teste de bom senso.

Existe um pós-escrito terrível na história do Carniceiro. Em 23 de julho de 1950, um corpo sem cabeça de um homem, castrado e desmembrado, foi encontrado no depósito de madeira de Cleveland, a poucos quilômetros de Kingsbury Run. A cabeça desaparecida apareceu quatro dias depois, e a vítima foi identificada como Robert Robertson. O legista Samuel Gerber, responsável pelo manuseio de muitas das vítimas oficiais do Carniceiro, relatou que "o trabalho parece exatamente aquele do assassino dos torsos".

Em retrospecto, fica claro que o Carniceiro Louco assassinou pelo menos 16 vítimas entre 1934 e 1939. Ele pode ter assassinado inclusive a vítima de 1950, e as especulações ligam o mesmo suspeito ardiloso à série de "assassinatos sem cabeça" ao redor de New Castle, Pensilvânia, entre 1925 e 1939. Nenhuma conexão firme ficou estabelecida naquele caso, e o número de vítimas de New Castle foi amplamente inflado por jornalistas sensacionalistas, mas os crimes foram cometidos em vizinhança próxima a linhas de trem que servem Cleveland e Youngstown. Nenhuma das vítimas de New Castle foi sequer identificada, e a identidade de seu assassino — de o paradeiro do troféu composto das oito cabeças do Carniceiro Louco — permanece um mistério.

CATOE, Jarvis R.

Às 6 horas de 4 de agosto de 1941, Evelyn Anderson 26 anos, deixou sua casa no Bronx, caminhando para seu emprego como garçonete em um restaurante próximo. Ela não chegou a marcar o cartão naquele dia e já eram 21 horas quando seu corpo sem vida foi descoberto em um beco da Jerome Avenue. Ela foi estrangulada por um agressor poderoso, com marcas de unhas enterradas em sua garganta, mas não foi abusada sexualmente.

Alguns dias depois, o relógio da vítima foi recuperado em uma casa de penhores, deixado por um Charles Woolfolk. Sob interrogatório, Woolfolk jurou que recebeu o relógio de uma amiga, Hazel Johnson, que por sua vez apontou o dedo acusador ao suspeito Mandy Reid. Levado a interrogatório, Reid disse que obteve a bolsa de Anderson — contendo o relógio — de seu amigo Jarvis Catoe, um residente de Washington, D.C. Uma verificação no passado

Jarvis Roosevelt Catoe confessou o estrangulamento de dez mulheres com "estas mãos"

de Catoe revelou duas prisões por ato obsceno indecente em 1935, após o que ele trabalhou meio período como motorista de táxi, complementando sua renda como informante da polícia.

Catoe, um homem negro de 36 anos, foi preso pelas autoridades em Washington. Em 29 de agosto, ele confessou os assassinatos de sete mulheres em Washington e o de uma na cidade de Nova York; quatro outras foram estupradas, mas deixadas com vida, e ele informou ter falhado nos esforços em raptar outras duas. Outro assassinato no Distrito de Columbia foi acrescentado à lista em 1º de setembro. Corroborando sua confissão, Catoe disse à polícia onde poderiam encontrar uma sombrinha perdida da vítima e sabia que 20 dólares haviam sido roubados em outro caso — um fato conhecido apenas pelos detetives, membros da família da vítima e seu assassino.

Catoe citou Evelyn Anderson como sua vítima de Nova York, mas a violência começou anos antes em Washington. Florence Darcy foi a primeira a morrer, estuprada e estrangulada em 1935, mas o caso foi "encerrado" um ano depois com a condenação de um homem inocente. Josephine Robinson foi a seguinte, assassinada em 1º de dezembro de 1939. Lucy Kidwell e Mattie Steward foram assassinadas com uma diferença de dois meses, em setembro e novembro de 1940. Ada Puller foi a primeira vítima de 1941, assassinada em 2 de janeiro.

Até então todas as vítimas de Catoe tinham sido negras, mas as coisas esquentaram para a polícia de Washington quando o estrangulador mudou para presas caucasianas. Rose Abramovitz, noiva havia um mês, contratou Catoe para encerar um pisos, em 8 de março, e foi assassinada por seu infortúnio e deixada esparramada em sua cama enquanto Catoe pegava 20 dólares e escapava.

Chovia em Washington em 15 de junho e Jesse Strieff, uma bela secretária do Departamento de Guerra, ficou aliviada quando Catoe parou para oferecer uma carona. Tomando seu carro por um táxi, ela subiu e foi levada a uma garagem próxima onde Catoe a estuprou e estrangulou, escondendo seu guarda-chuva e colocando sua roupa em uma cesta de lixo. O corpo nu de Strieff foi descartado em outra garagem, distante dez quadras, e sua morte provocou investigações do congresso e uma agitação pessoal no Departamento de Polícia de Washington. Ainda assim, o caso permaneceu sem solução até Catoe tornar-se descuidado em Nova York.

Em certa ocasião, a polícia de diversas jurisdições do leste procurou interrogar Catoe sobre uma linha de assassinatos não resolvidos. Os oficiais de Lynn, Massachussetts, suspeitavam de uma conexão com o registro de homicídio de julho de 1941, e os detetives da Cidade de Garden, Long Island, estavam curiosos sobre a morte de um patrulheiro em 1940. As autoridades de Hamilton Township, Nova Jersey, interrogaram Catoe sobre diversos assassinatos com arma de fogo, entre 1938 e 1940, depois esclarecidos com a prisão de Clarence Hill. O porta-voz da NYPD* requereu que Catoe

---

N.T.: New York Police Department, ou seja, Departamento de Polícia de Nova York

fosse interrogado sobre a morte por estrangulamento em fevereiro de 1940, de Helen Foster. Por toda a atmosfera circense até onde se sabe o cálculo final é de nove.

Trazido a julgamento no fim de outubro de 1941, por assassinar Rose Abramovitz, Catoe procurou retratar-se de sua confissão, reclamando que a polícia o havia torturado enquanto estava "doente e fraco". O júri não aceitou sua alegação, deliberando por apenas 18 minutos antes de retornar com um veredicto de culpado, com recomendação de morte. Catoe foi executado na cadeira elétrica da capital em 15 de janeiro de 1943.

"CEGUEIRA de Ligação": Problema de Execução da Lei

Uma frase citada pelo dr. Steven Egger em 1984, "cegueira de ligação" descreve a frequente incapacidade (ou recusa deliberada) de alguns Departamentos da Polícia de reconhecer as ligações entre diversos crimes cometidos por um *serial killer* à solta. O problema é exacerbado por assassinos nômades que cruzam linhas jurisdicionais e pela quase sempre amarga rivalidade entre as agências de execução da lei (em Los Angeles, por exemplo, as relações entre a polícia da cidade e o escritório do xerife do Distrito são tão tensas que o escritório de campo do FBI local mantém equipes duplas para investigar roubos a bancos, uma para cada coordenação com o LAPD* e o Departamento do xerife). Essa rivalidade intensifica-se nas jurisdições em que a polícia estadual ou local estiveram em vantagem sobre o FBI em conflitos anteriores, e alguns Departamentos retêm a cooperação de programas federais como o VICAP**. Infelizmente, o resultado líquido

* N.T.: LAPD é a sigla para Los Angeles Police Department, a polícia de Los Angeles.
** N.T.: VICAP é a sigla para Violent Criminal Apprehension Program, o Programa de Prisões de Criminosos violentos.

de tais disputas é visto nos produto do trabalho de criminosos que poderiam ser apreendidos mais cedo se todos os interessados em rastreá-los cooperassem.

CHIKATILO, Andrei Romanovich

Nativo da Ucrânia, nascido em 16 de outubro de 1936, Andrei Chikatilo foi um *serial killer* de manifestação tardia, que rastreou seus crimes no início da infância. De acordo com Chikatelo, sua família sofreu muito durante a coletivização forçada por Joseph Stálin na década de 1930, disse Chikatilo. Além de conhecer pobreza e fome, ele perdeu um irmão mais velho supostamente assassinado e canibalizado pelos vizinhos durante uma época de fome que dizimou milhares de vidas russas. Sendo ou não verdadeira a narração, a mãe do jovem Andrei semeou isso nele com frequentes repetições e seus feitos posteriores replicariam o ato.

Enquanto muitos dos assassinos em série matam pela primeira vez em sua adolescência ou início dos 20 anos, Chikatilo teve um início lento. Com grau universitário, uma esposa e dois filhos, ele apresentava aparência de um homem de família calma, mas desejos sombrios estavam se formando sob essa pacífica fachada. Empregado como supervisor do dormitório escolar, Chikatilo foi despedido sob a alegação de ter molestado os estudantes do sexo masculino. Um novo emprego, como auxiliar de suprimentos em uma fábrica em Rostovon-Don, requeria viagens frequentes de ônibus ou trem, e Chikatilo reverteu a circunstância para favorecê-lo, buscando as vítimas em terminais de ônibus e estações de trem.

O autodescrito "besta louca" e "erro da natureza" cometeu seu primeiro assassinato em 22 de dezembro de 1978, na cidade de Shakhty. O corpo de sua vítima, uma menina de nove anos, que Chikatilo estrangulou, estuprou e apunhalou repetidamen-

Andrei Chikatilo em julgamento

te, foi retirada do rio Grushevka dias depois. Chikatilo foi um dos muitos suspeitos interrogados no caso, mas a polícia logo se concentrou em Alexandre Kravchenko, 25 anos, um ex-sentenciado que tinha cumprido pena por assassinato e estupro. Em custódia, a polícia bateu em Kravchenko até ele confessar, no que foi sentenciado à morte e morto por esquadrão de fuzilamento. A "solução" parecia boa no papel, mas naturalmente falhou em impedir o real assassino de atacar novamente.

O terror começou de fato três anos depois, em setembro de 1981. Durante os nove anos seguintes, dúzias de corpos seriam encontradas em áreas arborizadas adjacentes a depósitos de trens e ônibus, grosseiramente mutilados por um fantasma que foi rapidamente apelidado "Estripador de Rostov". As vítimas incluíam mulheres jovens e crianças de ambos os sexos, estupradas e apunhaladas repetidamente em um padrão de terrível destruição. Algumas vítimas tiveram suas línguas cortadas com os dentes; outras foram estripadas, algumas vezes faltando órgãos, sugerindo que o assassino poderia estar cedendo ao CANIBALISMO (Chikatilo depois confessou que ocasionalmente mordiscava órgãos internos, mas recusou-se a consumir carne humana). Ferimentos de punhaladas repetidas no rosto eram a marca registrada específica do assassino, mas as mutilações que ele infligiu pareciam contrariamente não seguir qualquer padrão.

Chikatilo pode ter vindo tarde para o jogo do homicídio, mas estava compensando o tempo perdido. No auge de seu frenesi homicida, em 1984, somente no mês de agosto foram encontradas oito vítimas. Chikatilo foi detido para interrogatório novamente naquele ano e liberado por falta de evidências após os oficiais comunistas intervirem a seu favor, lamentando a "perseguição" de um membro leal do partido.

Demorariam outros seis anos, com cerca de 25 mil suspeitos interrogados, antes de a polícia voltar a Chikatilo uma terceira vez e finalmente prender seu assassino. Parte do problema foi a mitologia comunista, sustentando que esses "crimes do Ocidente decadente", como homicídio em série, nunca ocorreriam na "república de pessoas". A censura estadual proibiu a polícia de transmitir as descrições de seu suspeito — ou mesmo admitir seus crimes já ocorridos — e os investigadores de homicídios estavam assim reduzidos à mesma rotina de espionagem que havia retardado investigações de casos anteriores e similares. Propagandas à parte, entretanto, parecia haver muita confusão em Rostov-on-Don: antes de terminar, a investigação do Estripador revelaria mais 95 homicídios e 245 estupros cometidos por outros predadores humanos no Distrito.

Chikatilo ficou sem sorte finalmente em novembro de 1990, quando foi visto na estação de trem de Rostov, exibindo manchas de sangue em sua face e mãos. Embora não tivesse sido preso desta vez, seu nome foi anotado e a descoberta de outra vítima perto do depósito duas semanas depois motivou sua prisão em 20 de novembro. Após oito dias de interrogatório, Chikatilo confessou um total de 55 homicídios, levando a polícia a diversos corpos que não haviam ainda sido descobertos. Sua descrição de atrocidades — ilustradas por demonstração em manequins — incluiu mutilação sádica de diversas vítimas enquanto ainda estavam vivas.

Indiciado em 53 acusações de assassinato, Chikatilo foi a julgamento em junho de 1992. Quatro meses depois, em 15 de outubro, foi sentenciado em todas, exceto em uma acusação, e condenado à morte. A apelação por indulgência, nos últimos minutos, foi rejeitada pelo Presidente Boris Yeltsin em 15 de fevereiro de 1994, e Chikatilo foi executado no mesmo dia, com um tiro de pistola na nuca. Alexander Kravchenko, enquanto isso, foi perdoado postumamente pelo assassinato da primeira vítima de Chikatilo.

CHRISTIE, John Reginal Halliday

Nascido em Yorkshire em abril de 1898, John Christie suportou uma infância austera, com pouca ou nenhuma afeição visível de seus pais. Desenvolvendo hipocondria crônica em uma tentativa de atenção, também meteu-se em dificuldades com a polícia quando jovem, resultando em surras em casa. Christie deixou a escola aos 15 anos para se tornar um escriturário da polícia, mas foi demitido por um pequeno roubo. Depois, trabalhou na fábrica de tapetes de seu pai, mas foi pego roubando novamente e expulso de casa.

Ferido e intoxicado na I Guerra Mundial, Christie ficou cego por cinco meses e sofreu de perda histérica de sua voz durante três anos e meio. O casamento, em 1920, pareceu manter sua má sorte em xeque por um período, mas em 1934 Christie foi atingido por um automóvel, sofrendo sérios ferimentos na cabeça além de outros menores. Empregado no correio por um curto período, passou sete meses na prisão por roubar ordens de pagamento. Em 1938, Christie e sua esposa mudaram-se para um apartamento na 10 Rillington Place, em Londres. Um ano mais tarde, ele se associou à Polícia de Reserva de Guerra, ganhando uma reputação de brigão por oprimir e punir vizinhos pelos menores insultos.

Os diversos homicídios de Christie foram todos cometidos no apartamento da Rillington Place, sendo que os crimes iniciais ocorreram durante a guerra. Sua primeira vítima foi Ruth Fuerst, uma imigrante austríaca que esteve com Christie enquanto sua esposa estava visitando parentes. Ele a estrangulou enquanto tinham relações sexuais e queimou-a naquela noite em seu jardim. A número dois foi Muriel Eddy, uma das companheiras de trabalho de Christie na fábrica de rádio de Londres. Em seu apartamento, quando a esposa de Christie estava fora, Muriel reclamou por sentir-se doente. Seu anfitrião prescreveu uma "cura" que consistia em inalar gás letal, e Eddy juntou-se a Ruth Fuerst no jardim já ocupado de Christie.

No fim de novembro de 1949, um vizinho, motorista de caminhão analfabeto, Timothy Evans, abordou a polícia e disse, "Gostaria de me entregar. Descartei o corpo de minha esposa". Seguindo suas orientações, a polícia procurou nos esgotos abaixo de Rillington Place, em vão. Uma segunda visita encontrou o corpo de Beryl Evans em um depósito atrás da casa, juntamente com sua filha pequena estrangulada, Geraldine (durante a procura, Christie ficou conversando com dois detetives em seu jardim, enquanto um cachorro esquadrinhava seus pés desenterrava uma cabeça. Christie deu um pontapé no animal e pisou na cabeça de volta ao lugar, sem que seus visitantes oficiais se dessem conta do fato.)

Na recuperação dos corpos, Evans primeiro confessou ter assassinado tanto sua esposa como filha, depois alterou sua declaração para acusar Christie. Em seu segundo depoimento, o caminhoneiro disse que sua esposa morreu durante um aborto realizado por Christie, após o qual Christie ofereceu-se para arranjar uma "adoção não oficial" para o bebê Geraldine. Os detetives e o júri preferiram acreditar em Christie, descrito pelos promotores no tribunal como "este homem perfeitamente inocente". Condenado por estrangular sua filha apenas, Evans foi sentenciado à morte e enforcado.

Naquela época, a vida de casado estava terminando para Christie. Na noite de 14 de dezembro de 1952, ele estrangulou sua esposa com uma meia e enfiou o corpo sob as tábuas do chão, dizendo depois que ela sofria de convulsões espontâneas e ele "não pôde aguentar vê-la sofrer".

Sem o aborrecimento de uma esposa viva, a planilha de homicídios de Christie aumentou. Em 2 de janeiro de 1953, ele trouxe para casa Rita Nelson, uma prostituta de Londres, ocupando-a com bebidas antes de induzi-la a sentar em uma espreguiçadeira, coberta com um dossel, em que ele havia colocado um tubo de gás aberto. Quando Nelson ficou inconsciente, Christie estrangulou-a e estuprou seu corpo antes de escondê-lo em um armário. O método funcionou tão bem que ele o repetiu com a prostituta Kathleen Maloney em 12 de janeiro e com Hectorina McLennan em 3 de março.

Christie deixou Rillington Place em 20 de março de 1953, e os novos inquilinos começaram as reformas quatro dias depois. Eles encontraram seu armário escondido em uma camada de papel de parede com os três corpos femininos dentro. A polícia, respondendo ao chamado, logo encontrou a esposa de Christie sob o chão e desenterrou as primeiras duas vítimas dele no jardim. Os investigadores encontraram um fêmur humano escorando a cerca de trás e no apartamento foi encontrada uma lata contendo pelos públicos removidos de quatro mulheres diferentes. (Curiosamente os pelos não combinavam com nenhuma das vítimas conhecidas de Christie.)

Preso em 31 de março, Christie logo confessou a série de assassinatos, sustentando que Beryl Evans trocou sexo por sua ajuda em cometer suicídio. Em seu julgamento, em junho, o júri rejeitou a DEFESA POR INSANIDADE de Christie e ele foi sentenciado à morte. Subiu ao patíbulo em 15 de julho de 1953.

CLARK, Douglas Daniel e BUNDY, Carol Mary

Nascido em 1948, o filho de um almirante naval aposentado tornou-se um engenheiro naval. Douglas Clark viveu em 37 países antes de se estabelecer no sul da Califórnia. Gostava de chamar a si próprio de "o rei do encontro de uma noite", complementando seu salário de maquinista por meio de casos com matronas desleixadas, reservando seu tempo disponível para relações não convencionais com meninas menores e jovens mulheres. Em seus momentos em particular, ele acalentava fantasias sombrias de estupro e assassinato, mutilação e necrofilia, ansiando pelo momento em que seus sonhos pudessem ser promovidos para horríveis realidades.

Com 37 anos, Carol Bundy era uma típica conquista de Clark. Uma enfermeira profissional diabética, mãe obesa de dois filhos, tinha deixado seu marido grosseiro em janeiro de 1979, rapidamente apaixonando-se pelo gerente de seu novo edifício de apartamentos. Nativo da Austrália, com 45 anos, John Murray cantava por meio período em um bar local estilo *country-nest*, Little Nashville, mas nunca estava muito ocupado para ajudar um inquilino necessitado. Notando que Bundy sofria de catarata grave, Murray levou-a ao escritório da Previdência Social e a declarou legalmente cega, trazendo assim 620 dólares por mês para Carol e seus filhos. Em seguida, ele a levou a um optometrista e tornou-a apta a usar óculos e a descartar sua bengala branca. Encantada, Carol começou deliberadamente a obstruir os vasos sanitários e ralos em seu apartamento, qualquer coisa que trouxesse o gerente. Assim, eles tornaram-se amantes, mas Murray era casado e recusava-se a desistir de sua família. Em outubro de 1979, Carol abordou sua esposa, oferecendo 1.500 dólares para que ela desaparecesse, mas o tiro saiu pela culatra. Murray repreendeu-a, friamente, sugerindo que encontrasse outra residência.

Três meses depois, em janeiro de 1980, Carol estava consumindo-se de desgosto em Little Nashville, quando encontrou Doug Clark e ele imediatamente tirou-lhe o fôlego. Clark mudou-se para sua casa na mesma noite, trabalhando durante o dia na sala de caldeira em uma fábrica de sabão de Burbank, devotando suas noites para exercitar a depravação que fez de Carol sua escrava virtual. Ela engoliu seu orgulho quando ele trouxe mulheres jovens para casa para ter relações sexuais, sob suas ordens tirando fotografias de forma obediente. Uma de suas conquistas tinha 11 anos e foi pega enquanto patinava em um parque próximo, mas Carol não reclamou quando o sexo não convencional deu lugar à pedofilia, de forma crescente, temperada com discussões de morte e mutilação.

Em 11 de junho de 1980, as meia-irmãs Gina Narano, 15 anos e Cynthia Chandler, 16 anos, desapareceram de Huntington Beach, a caminho de uma reunião com amigos. Foram encontradas na manhã seguinte ao lado da rodovia Ventura, próximo ao Park Griffith em Los Angeles; cada uma tinha sido atingida com tiro na cabeça por uma pistola de pequeno calibre. Em casa, Clark alegremente confessou os assassinatos para Bundy, regalando-a sobre como tinha forçado as garotas a terem relações sexuais com ele, atirando em cada uma na cabeça quando tinham concluído.

Nas primeiras horas da manhã de 24 de junho, Karen Jones, uma prostituta de 24 anos, foi encontrada atrás de uma casa de carnes de Burbank, assassinada com um tiro na cabeça; mais tarde naquela manhã, a polícia foi convocada para Studio City, onde outra vítima do sexo feminino — esta sem cabeça — foi encontrada por pedestres horrorizados. Apesar da cabeça desaparecida, foi identificada como Exxie Wilson, 20 anos, outra trabalhadora veterana das ruas.

Naquela tarde, enquanto os filhos de Carol Bundy estavam visitando parentes, Clark surpreendeu-a ao retirar a cabeça de uma mulher do refrigerador e colocá-la no balcão da cozinha. Ele ordenou que Carol maquiasse a face distorcida com cosméticos, e ela depois se lembrou: "Divertimo-nos muito com ela. Eu estava fazendo-a como uma Barbie com maquiagem". Cansado do jogo, Clark levou seu troféu ao banheiro, para o chuveiro e para uma sessão de necrofilia.

As manchetes dos jornais já estavam notíciando o crime de um novo "Assassino do Sunset" em 27 de junho, quando a cabeça de Exxie Wilson foi encontrada em um beco de Hollywood, colocada dentro de uma caixa de madeira ornamentada. As autoridades observaram que foi completamente lavada antes de ser descartada pelo assassino. Três dias depois, um grupo de caçadores de cobras, perto de Sylmar, no vale de São Fernando, encontrou um corpo de mulher mumificado, identificado como uma fugitiva de Sacramento, Marnette Comer. Vista com vida pela última vez em 1º de junho, a prostituta de 17 anos já estava morta havia pelo menos três semanas quando foi encontrada. Como as outras vítimas da série, ela era conhecida por trabalhar em Sunset Strip.

E os assassinatos continuaram. Em 25 de julho, a jovem "Jane Doe" foi encontrada em Sunset Boulevard, assassinada com um tiro na cabeça. Duas semanas depois, pedestres da área de Fernwood, perto de Malibu, encontraram outro corpo não identificado, desmembrado por animais carniceiros, com um buraco de bala de pequeno calibre visível em sua cabeça.

Apesar de seu quente romance com Clark, Carol Bundy continuou a visitar John Murray em Little Nashville, onde ele tocava à noite. Ela não tolerava bem bebidas e após deixar escapar diversas alusões sobre as atividades criminais de seu novo amante, ela ficou amedrontada com o comentário de Murray, de que ele informaria sobre Doug Clark para a polícia. Em 5 de agosto, ela manteve um *rendez-vous* no meio da noite com Murray em seu furgão, estacionado a duas quadras do bar, e o matou ali. Encontrado dias depois, o cantor foi apunhalado nove vezes e recortado pelas nádegas e sua cabeça foi cortada e retirada da cena do assassinato.

Isto foi demais para Carol Bundy. Dois dias depois do corpo de Murray ser descoberto, ela sucumbiu no trabalho, soluçando para uma companheira, também enfermeira: "Não aguento mais. Espera-se que eu salve vidas, não que as tome". Sua amiga informou a polícia, e eles convocaram Bundy em casa, confiscando três pares de meias removidas das vítimas como troféu, juntamente com fotografias de Clark e sua companheira de 11 anos. Preso no trabalho em Burbank, Clark ainda estava na cadeia quatro dias depois quando a polícia recuperou a pistola da sala da caldeira. Os testes de balística ligariam a arma às balas recuperadas de cinco das vítimas desconhecidas de "Sunset".

Em seu julgamento, atuando brevemente como seu próprio advogado, Clark acusou Carol Bundy e John Murray por assassinato, argumentando que eles tinham padronizado seus crimes de acordo com o caso de THEODORE BUNDY. Os jurados não se deixaram levar pelo débil artifício e em 28 de janeiro de 1983, sentenciaram Clark do outro lado da mesa, incluindo seis acusações de assassinato em primeiro grau em "circunstâncias especiais", mais uma acusação de cada uma das tentativas de assassinato, mutilação intencional e restos humanos mutilados. Empertigando-se perante o júri durante a fase de penalidade de seu julgamento, Clark declarou: "Temos de votar pela pena de morte neste caso. A evidência clama por isso". O grupo concordou com sua lógica, e ele foi sentenciado à morte em 15 de fevereiro. No corredor da morte em San Quentin, ele se encontrou em boa companhia, divertindo-se no jogo de bridge diário com os assassinos em série WILLIAM BONI, RANDY KRAFT e LAWRENCE BITTAKER.

Em seu julgamento por assassinar John Murray e uma das mulheres não identificadas, Carol Bundy primeiro alegou insanidade e então reverteu e admitiu os assassinatos. De acordo com sua declaração, Murray foi atingido na cabeça e depois foi decapitado para remover a evidência de bala. Ela também deu a Clark a arma com a qual ele atirou na prostituta não identificada, encontrada morta junto à Sunset Strip, em julho de 1980. Com base em sua confissão, Bundy recebeu a condenação de prisão de 27 anos à perpétua, em uma condenação, mais 25 anos à prisão perpétua em outra.

COLE, Carroll Edward

Mesmo em custódia, o desejo de morte não é incomum entre os assassinos compulsivos. Carroll Edward Cole admitiu o homicídio de 13 pessoas, e estava cumprindo de forma segura uma condenação de prisão perpétua no Texas, com possibilidade de condicional em sete anos, quando escolheu voluntariamente enfrentar novas acusações de homicídio em Nevada, totalmente consciente do fato de que seria levado à morte na condenação. Após essa sentença ser aprovada, facilitada por sua confissão de culpa, Cole firmemente defendeu-se com apelações e esforços de variados grupos liberais para interferirem em seu nome. Sua execução, em dezembro de 1985, imediatamente abriu caminho para outras nos Estados do oeste, mas a significância de Cole está em outro lugar — no homem propriamente dito e na falha do sistema em impedir seus crimes.

Quando Cole tinha cinco anos, sua mãe forçou-o a acompanhá-la em excursões extraconjugais na ausência de seu pai, usando tortura para extrair uma promessa de silêncio, fazendo-o um cúmplice machucado por seu próprio adultério. À medida que se tornava mais velho, Cole era forçado a vestir-se com saias embabadadas e anáguas para divertimento das amigas de sua mãe, servindo chá e café em "festas" sádicas em que as mulheres se reuniam para fazer zombarias da "menininha da mamãe". Inscrito na escola primária com dois anos de atraso em relação aos seus colegas, Cole cresceu temendo sua masculinidade, intensamente sensível a brincadeiras sobre seu nome "afeminado". Aos 9 anos, ele afogou um colega que fazia brincadeiras sobre ele, evitando a punição quando policiais descuidados descartaram o homicídio como acidente. Ele começou a brigar habitualmente na escola e uma vez tramou desfigurar um vencedor na disputa de ioiô na qual Cole ganhou o segundo lugar: enquanto brincava com um trator, ele acionou as marchas e amassou a mão de seu rival dentro de um rolamento maciço.

Na adolescência, Cole acumulou diversas prisões por bebedeira e roubos insignificantes. Entrou para a Marinha após deixar o ensino médio, mas foi dispensado por roubo de pistolas, que ele usava para atirar em carros nas rodovias de San Diego. Voltando para casa em Richmond, Califórnia, durante a década de 1960, atacou dois casais com um martelo ao estacionarem junto a uma faixa escura dos amantes. Cada vez mais, ele acalentava fantasias de estrangulamento de meninas e mulheres que lhe lembravam sua mãe adúltera.

Carrol Edward Cole

Finalmente, alarmado pelas fantasias violentas que não o deixavam descansar, Cole sinalizou para um carro patrulha em Richmond e confessou seus temores para a polícia. Aconselhado por um tenente, Cole rendeu-se voluntariamente e esteve nos três anos seguintes em instituições, nas quais foi considerado como uma "personalidade antissocial" que não significava nenhuma ameaça para outros. Finalmente dispensado em 1963, ele se mudou para Dallas, Texas, e as questões foram exacerbadas pelo casamento imediato com uma prostituta alcoólatra.

O terrível relacionamento estava destinado a falhar, cheio de discussões, surras e recorrendo ocasionalmente a armas. Finalmente, em 1965, convencido de que sua esposa estava servindo aos inquilinos de um motel onde viviam, Cole colocou fogo no local e foi preso sob acusação de incendiário. Em sua liberação, ele rumou para o norte pelo Missouri e foi preso novamente pela tentativa do homicídio de Virginia Rowden, 11 anos. Cole escolheu-a de forma aleatória, arrastou-a para seu quarto enquanto ela dormia e tentou estrangulá-la em sua cama. Seus gritos afastaram-no e ele foi prontamente identificado pelas testemunhas como seu agressor quando a polícia chegou.

O Missouri ofereceu a Cole mais tratamento psiquiátrico por meio de diversos programas de internação, mas ele não os aceitou. Em 1970, uma vez mais, ele se entregou às autoridades — desta vez em Reno, Nevada —, confessando seu desejo de estuprar e estrangular mulheres. Médicos eruditos rejeitaram-no por se fazer de doente e colocaram-no em liberdade sob a condição de deixar o Estado. O arquivo de Cole contém esta evidência da falha dos psiquiatras: "Diagnóstico: fraca. Condição na liberação: a mesma da admissão. Tratamento: passagem no ônibus expresso para San Diego, Califórnia".

O problema foi exportado, mas não iria embora. Seis meses após seu retorno a San Diego, Cole mataria pelo menos três mulheres (no dia de sua execução em Nevada, ele sugeriu que poderia haver outras duas nesse período, mas os detalhes estavam obscurecidos pela grande quantidade de álcool). Suas vítimas, então e posteriormente, compartilhavam o traço comum de infidelidade aos maridos, noivos ou namorados; cada uma foi abordada por Cole em um bar, acompanharam-no em relações sexuais em rodovias isoladas e riram sobre a habilidade de "ludibriarem" seu companheiro regular.

Movendo-se para o leste, Cole pegou outra vítima em Casper, Wyoming, em agosto de 1975. Sentenças de prisão variadas frequentemente interferiam com a caça, mas ele surgiu em Las Vegas durante 1977, ficando tempo suficiente para matar uma prostituta e fazer-se prender sob a acusação de roubo de carro, da qual foi dispensado. Algumas semanas depois, após dias de bebedeira, Cole acordou na cidade de Oklahoma para descobrir os restos mortais de outra mulher em sua banheira; pedaços ensanguentados de suas nádegas estavam em uma frigideira no fogão.

Retornando uma vez mais a San Diego, Cole casou-se novamente — com outra "prostituta bêbada" — e procurou a ajuda de conselheiros locais para se controlar com a bebida. Dadas as condições de sua vida em casa, isso era impossível e o impulso de matar o estava consumindo, abastecido inevitavelmente pelo álcool, uma obsessão voraz. Em agosto de 1979, ele estrangulou Bonnie Stewart nas instalações de seu empregador, descartando o corpo nu na passagem estreita adjacente a uma loja. Por semanas ele ameaçou matar sua esposa — as ameaças relatadas a um policial responsável pela supervisão de sua condicional —, mas quando ele finalmente o fez, em setembro, as autoridades recusaram-se a considerar sua morte como um homicídio. Apesar da descoberta de seu corpo, envolto em um cobertor e depositado no armário da casa de Cole, apesar da própria prisão de Cole enquanto tentava, bêbado, preparar uma cova sob a casa de um vizinho, os detetives viram a morte de Diana Cole como "natural", relacionada com seu próprio abuso de bebidas.

Sem esperar, Cole pegou a estrada. Ele fez outra vítima em Las Vegas, voltando para Dallas onde, durante onze dias em 1980, ele estrangularia mais três vítimas. Embora descoberto na cena final de assassinato, com a vítima esparramada aos seus pés, ele foi novamente considerado um mero "suspeito casual" pelos detetives. Finalmente, cansado do jogo, Cole surpreendeu-os com sua confissão de uma sequência de homicídios não resolvidos; no julgamento, em 1981. A sua confissão de culpa assegurou uma prisão perpétua com possível condicional, e ele estava contando os dias para a liberdade quando os relatórios de uma extradição em potencial para Nevada fizeram-no mudar de ideia.

O caso de Carrol Edward Cole merece um lugar entre os clássicos como uma amostra da abjeta falha do "sistema". Quando criança, os educadores falharam com o jovem Eddie Cole ao ignorar sua entrada tardia na escola, deixaram de reconhecer os sinais de abuso infantil crônico e trataram a violência do adolescente como um problema a ser passado por referência a outras agências. Como um assassino em potencial, ele procurou ajuda de instituições mentais; os psicólogos e os psicanalistas falharam em metade de cerca de 12 estados, repetidamente dispensado por "se fazer de doente", uma fraude sem perigo, "sem qualquer perigo para a sociedade". Em duas ocasiões, os policiais de San Diego literalmente pegaram Cole no ato de uma tentativa de homicídio, e em cada ocasião aceitaram sua afirmação ridícula de uma discussão de amantes, oferecendo transporte, a quem seria o assassino, para sua casa. Quando as fantasias violentas se tornaram realidade, os investigadores no mesmo Departamento obstinadamente ignoraram evidências persuasivas, rejeitando até a confissão de Cole, considerando dois homicídios como acidentes por bebida e dispensando outros como a obra de cafetões furiosos. No Texas, Cole poderia muito bem ter escapado novamente da rede se não tivesse escolhido confessar aqueles casos em que os detetives estavam inclinados a ver seus homicídios como "mortes acidentais". Nesse caso, o sistema falhou não apenas com Carrol Edward Cole, mas com todos nós.

CONSTANZO, Adolfo de Jesus

Nascido em Miami, em 1º de novembro de 1962, Adolfo Constanzo era filho de uma imigrante cubana adolescente. Ainda era uma criança quando sua mãe viúva mudou-se para Porto Rico e casou-se com seu segundo marido. Ali, Adolfo foi batizado como católico e trabalhou na igreja como coroinha, parecendo aceitar a doutrina padrão da fé romana. Ele tinha 10 anos quando a família se mudou para Miami. Seu padrasto morreu um ano depois, deixando Adolfo e sua mãe em condições financeiramente satisfatórias.

Nessa época, os vizinhos em Little Havana começaram a notar algo estranho sobre Aurora Constanzo e seu filho. Alguns diziam que a mulher era uma feiticeira e aqueles que a enfureciam provavelmente encontrariam bodes sem cabeça ou galinhas em suas portas pela manhã. A mãe de Adolfo o introduziu na religião Santería quando ele tinha de 9 anos, com viagens secundárias ao Haiti para instruções em Vodu, mas ainda havia mais segredos a serem aprendidos, e em 1976 ele era um aprendiz e um praticante de *palo mayombe*. Seu "padrinho" oculto já era rico por trabalhar com traficantes locais, e ele forneceu a filosofia que seguiria Adolfo até a morte: "Deixe os descrentes matarem-se com drogas. Teremos o lucro de sua insensatez".

A mãe de Constanzo lembra-se de seu filho começar a mostrar poderes psíquicos na mesma época, escaneando o futuro para predizer tais eventos como o atentado de 1981 contra o presidente Ronald Reagan. Que seja. Adolfo teve problemas em predizer seu próprio futuro, incluindo duas prisões por roubo de mercadorias de lojas — uma envolvendo o roubo de uma serra de cadeia. Por outro lado, ele começou a mostrar inclinações bissexuais, com uma forte preferência por amantes do sexo masculino.

Uma nomeação como modelo levou o belo jovem feiticeiro para a cidade do México em 1983, e ele usou seu tempo livre fazendo previsões com as cartas do tarô na famosa Zona Rosa da cidade. Antes de retornar a Miami, Adolfo reuniu seus primeiros discípulos mexicanos, incluindo Martín Quintana, o homossexual "psíquico" Jorge Montes e Omar Orea, que ficou obcecado com o oculto a partir dos 15 anos. Em pouco tempo, Constanzo seduziu tanto Quintana como Orea, reivindicando um como seu "homem" e outro como sua "mulher" dependendo da fantasia romântica de Adolfo.

Em meados de 1984, Constanzo mudou-se finalmente para a Cidade do México, procurando o que sua mãe chamou de "novos horizontes". Ele compartilhou as acomodações com Quintana e Orea, em um estranho *ménage à trois*, reunindo outros seguidores à medida que sua reputação de "mago" se espalhava por toda a cidade. Foi dito que Constanzo podia ler o futuro e ele também ofereceu *limpias* — ritual de "limpeza" — para aqueles que achavam que tinham sido amaldiçoados pelos inimigos. Naturalmente, isso custava algum dinheiro, e os escritos de Constanzo — recuperados após sua morte — documentam 31 clientes regulares, alguns pagando até 4.500 dólares por uma única cerimônia. Adolfo estabeleceu um *menu* para animais de sacrifício, com galos custando 6 dólares a cabeça, bode por 30 dólares, jiboia por 450 dólares, zebras adultas por 1.100 dólares e filhotes de leão africano listados em 3.100 dólares cada um.

Fiel aos ensinamentos de seu mentor da Flórida, Constanzo encantou traficantes de drogas ricos, ajudando-os a programar embarques e reuniões com base em suas previsões. Por um preço, ele também oferecia magia que tornaria os traficantes e seus homens de frente invisíveis para a polícia e à prova das balas de seus inimigos. Tudo era sem sentido, naturalmente, mas contrabandistas vindos de famílias de camponeses mexicanos, com uma história de *brujería* (bruxaria), estavam fortemente inclinados a acreditar. De acordo com os livros de Constanzo, um traficante na Cidade do México pagou 40 mil dólares por serviços de magia prestados durante três anos.

Por tais tarifas, os clientes requeriam um show, e Constanzo reconheceu a insensatez dos homens desapontados que carregavam submetralhadoras Uzi em suas limusines blindadas. Medicamentos fortes requeriam ingredientes de primeira linha e Adolfo estava bem estabelecido em meados de 1985, quando ele e três de seus discípulos invadiram um cemitério da Cidade do México à procura de ossos humanos para iniciar em seus próprios *nganga* — o tradicional caldeirão de sangue empregado por praticantes de *palo mayombe*. Os rituais e ares de mistério que cercavam Constanzo eram suficientemente poderosos para atrair um grupo representativo da sociedade mexicana, com seu conjunto de seguidores que incluía um médico, um especulador de imóveis, modelos de moda e diversos travestis de clubes noturnos.

A primeira vista, muito dos aspectos peculiares da nova carreira de Constanzo era a atração que parecia ter por oficiais categorizados de execução da lei. Pelo menos quatro membros da Polícia Judiciária Federal associaram-se ao culto de Constanzo na Cidade do México; um deles, Salvador Garcia, era o comandante responsável pelas investigações de narcóticos; outro, Florentino Ventura, aposentado dos *federales* para liderar uma filial mexicana da Interpol. Em um país onde a mordida (suborno) permeia todos os níveis da execução da lei e os oficiais federais algumas vezes servem como atiradores para contrabandistas de drogas, a corrupção não é incomum, mas a devoção dos discípulos de Constanzo foi mais profunda que o dinheiro em questão. Tanto uniformizados quanto sem uniforme, eles cultuavam Adolfo como um deus menor, seu condutor vivo para o mundo dos espíritos.

Em 1986, Ventura apresentou Constanzo para a família do traficante Calzada, um dos cartéis de narcóticos dominantes no México. Constanzo ganhou o sagaz traficante com seu charme e asneiras, lucrando imensamente de seus contatos com a gangue. No início de 1987, foi capaz de pagar 60 mil dólares em dinheiro por uma unidade no condomínio na Cidade do México e comprar uma frota de carros de luxo que incluía um Mercedes Benz de 80 mil dólares. Quando não estava fazendo magia para Calzadas ou para outros clientes, Adolfo usava seus próprios esquemas, uma vez passando-se por uma agente de DEA* para explorar um traficante de coca em Guadalajara e vender os sacos por meio de seus contatos na polícia por meros cem mil dólares.

Em algum momento em sua odisseia de psicótico juvenil a mago da alta sociedade, Constanzo começou a alimentar seu *nganga* com ofertas de sacrifício humano. Nenhum registro de suas vítimas está disponível, mas 23 assassinatos rituais estão bem documentados, e as autoridades mexicanas apontam para uma erupção de assassinatos não resolvidos com mutilação, ao redor da Cidade do México e em outros lugares durante o período, sugerindo que as vítimas conhecidas de Constanzo podem ser apenas um pedaço do pernicioso *iceberg*. De qualquer forma, seu desejo de tortura e assassínio de estranhos — ou mesmo amigos próximos — realmente impressionou o traficante de drogas implacável que permaneceu como seu último cliente.

No curso da associação anual, Constanzo acreditava que somente seus poderes mágicos eram responsáveis pela família Calzada continuar a ter sucesso e sobreviver. Em abril de 1987, ele solicitou uma participação total no sindicato e foi rudemente rejeitado. Aparentemente, Constanzo parecia aceitar a rejeição sem dificuldades, mas sua mente demoníaca estava planejando a vingança.

Em 30 de abril, Guillermo Calzada e seis membros de seu seguro desapareceram sob circunstâncias misteriosas. Seu desaparecimento foi informado em 1º de maio e a polícia observou velas derretidas e outras evidências de uma estranha cerimônia religiosa no escritório de Calzada. Outros seis dias se passaram antes que os oficiais começassem a pescar corpos mutilados do rio Zumpango. Sete corpos foram recuperados no curso de uma semana, todos trazendo sinais de tortura sádica — dedos das mãos e pés e orelhas removidos e corações e órgãos sexuais extirpados; parte da espinha estripada de um corpo, e sem os cérebros outros dois corpos.

As partes desaparecidas, como foi revelado, foram alimentar o caldeirão de sangue de Constanzo, aumentando sua força para conquistas maiores ainda acontecerem.

Em julho de 1987, Salvador Garcia apresentou Constanzo a outra família que trabalhava com drogas, dirigida pelos irmãos Elio e Ovídio Hernandez. No fim do mês, em Matamoros, Constanzo também encontrou Sara Aldrete, de 22 anos, uma nativa mexicana com posição de residente estrangeira nos Estados Unidos, onde frequentava a faculdade em Brownsville, Texas. Adolfo encantou Sara com sua tagarelice, observando maliciosamente que seu aniversário — 6 de setembro — era o mesmo de sua mãe. Sara estava namorando o traficante de drogas de Brownsville, Gilberto Sosa, na época, mas logo acabou na cama de Constanzo. Adolfo abandonou acabou com o antigo relacionamento de Sara um telefonema anônimo para Sosa, revelando a infidelidade da moça. Sem qualquer outro lugar para procurar, Sara mergulhou em tempo integral no mundo de Constanzo, emergindo como uma *madrina* — madrinha ou "feiticeira chefe" — de seu culto, acrescentando suas próprias idiossincrasias para a tortura de vítimas de sacrifícios.

Os rituais de Constanzo tornaram-se mais elaborados e sádicos após mudar sua sede para um lote no deserto chamado Rancho Santa Elena, a 30 quilômetros de Matamoros. Ali, em 28 de maio de 1988, o traficante de drogas Hector de Lousiania Fuente e o fazendeiro Moises Castillo foram executados com arma de fogo, mas o sacrifício foi um desapontamento para Constanzo. De volta à Cidade do México, orien-

---

*N.T: DEA (Drug Enforcement Administration) agência americana que atua no combate ao tráfico de drogas

tou seus parasitas a desmembrarem um travesti, Ramon Esquivel, e descartar seus terríveis restos em uma esquina pública. Sua sorte se mantinha e Constanzo escapou por pouco quando a polícia de Houston entrou em uma casa de drogas em junho de 1988, apreendendo diversos itens da parafernália de ocultismo e o maior embarque de todos os tempos de cocaína.

Em 12 de agosto, Ovídio Hernandez e seu filho de 2 anos foram raptados por traficantes de narcóticos rivais e a família voltou-se para Constanzo pedindo ajuda. Naquela noite, outro sacrifício humano foi realizado no Rancho Santa Elena, e os reféns foram liberados ilesos em 13 de agosto, com Adolfo reivindicando o crédito total por seu retorno em segurança. Sua estrela estava elevando-se e Constanzo mal notou quando o discípulo Florentino Ventura cometeu suicídio na Cidade do México em 17 de setembro, levando sua esposa e um amigo com ele na mesma rajada de armas de fogo.

Em novembro de 1988, Constanzo sacrificou o discípulo Jorge Gómez, acusado de cheirar cocaína em violação direta à proibição do *padrino* quanto ao uso de drogas. Um mês depois, os vínculos de Adolfo com a família Hernandes foram cimentados com a iniciação de Ovídio Hernandez como um seguidor maduro, completo com o ritual de carnificina e preces à *nganga*.

O sacrifício humano também pode ter seu lado prático, como quando o contrabandista rival Ezequiel Luna foi torturado até a morte no Rancho Santa Elena em 14 de fevereiro de 1989; dois outros traficantes, Ruben Garza e Ernesto Diaz, entraram na cerimônia sem serem convidados, então, foram imediatamente acrescidos ao sacrifício. De forma inversa, Adolfo algumas vezes requeria um sacrifício descabido. Quando pediu carne fresca em 25 de fevereiro, Ovídio Hernandez com prazer uniu-se à festa de caça, pegando seu próprio primo de 14 anos, Jose Garcia, no calor do momento.

Em 13 de março de 1989, Constanzo sacrificou ainda outra vítima no Rancho, mas ele ficou gravemente desapontado quando sua presa não gritou ou pediu misericórdia no estilo aprovado. Desapontado, ele exigiu um inglês para o próximo ritual e seus subordinados foram à caça, raptando Mark Kilroy, 21 anos, fora do salão de Matamoros. O sacrifício foi bom o suficiente, seguido duas semanas depois pela carnificina do antigo namorado de Sara Aldrete, Gilberto Sosa. Entretanto, o desaparecimento de Kilroy marcou o início do fim do culto homicida de Constanzo.

O popular estudante do curso preparatório para fazer Medicina popular do Texas Mark Kilroy não era um camponês, travesti ou traficante nas horas vagas que poderia desaparecer sem um vestígio ou investigação de seu destino. Com os membros da família e políticos do Texas aumentando a pressão, a procura por Kilroy rapidamente assumiu a posição de um incidente internacional, mas no fim os próprios discípulos de Constanzo destruiriam-no.

Em março de 1989, as autoridades mexicanas estavam ocupadas com uma de suas campanhas antidrogas periódicas, erigindo barreiras em rodovias por capricho e perscrutando os Distritos da fronteira por contrabandistas imprudentes. Em 1º de abril, Victor Sauceda, um ex-policial transformado em gângster, foi sacrificado no Rancho e a "mensagem do espírito" que Constanzo recebeu foi suficientemente otimista para que suas tropas mandassem meia tonelada de maconha pela fronteira sete noites depois.

Então a mágica começou a desemaranhar-se.

Em 9 de abril, voltando de uma reunião em Brownswille com Constanzo, o seguidor Serafin Hernandez dirigia atravessando um bloqueio de rodovia sem parar, ignorando os carros que saíram em furiosa perseguição. Hernandez acreditava na linha de *el padrino* sobre invisibilidade, e pareceu surpreso quando os oficiais o seguiram até seu destino em Matamoros. Mesmo assim, o contrabandista foi arrogante, convidando a polícia a atirar nele, já que acreditava que as balas seriam meramente expulsas de seu corpo.

Eles o prenderam em vez disso, juntamente com o membro do culto David Martinez, e levaram os dois de volta ao Rancho Santa Elena, onde uma investigação preliminar revelou maconha e armas de fogo. Os discípulos Elio Hernandes e Sergio Martinez tropeçaram na rede enquanto a polícia estava perto e os quatro foram interrogados durante a noite, revelando suas narrações de magia negra, tortura e sacrifício humano com um tipo perverso de orgulho.

Na manhã seguinte, a polícia voltou ao Rancho em grande número, descobrindo o depósito malcheiroso onde Constanzo mantinha seu *nganga* cheio de sangue, aranhas, escorpiões, um gato preto morto, um casco de tartaruga, ossos, armação de veado e um cérebro humano. Os membros do culto, que foram, presos orientaram os investigadores para o cemitério particular de Constanzo, e a escavação começou, revelando em 16 de abril, 15 corpos mutilados. Além de Mark Kilroy e outras vítimas já identificadas, a contagem de corpos incluiu dois oficiais federais renegados de narcóticos — Joaquim Manzo e Miguel Garcia — além de três homens que nunca foram identificados.

A caça por Constanzo estava em andamento e a polícia entrou em sua luxuosa casa em Atizapan, fora da Cidade do México, em 17 de abril, descobrindo pilhas de pornografia gay e uma câmara ritual escondida. As descobertas no Rancho Santa Elena chegaram às manchetes internacionais, e as descobertas de Constanzo foram noticiadas tão longe quanto Chicago, mas de fato, ele já havia retornado à Cidade do México e se escondido em um pequeno apartamento com Sara Aldrete e três outros cúmplices. Em 2 de maio, pensando em salvar-se, Sara arremessou um bilhete para fora da janela. Ela dizia:

Por favor, chame a polícia judicial e diga a eles que neste edifício estão aqueles que estão procurando. Diga a eles que uma mulher está sendo mantida refém. Peço isso, pois o que mais desejo é falar — ou eles matarão a garota.

Um transeunte encontrou, leu-o manteve-o para si, acreditando que era uma brincadeira de alguém. Em 6 de maio, os vizinhos chamaram a polícia para reclamar de uma discussão em voz alta e vulgar no apartamento de Constanzo — alguns disseram, acompanhada por tiros. Quando os patrulheiros chegaram na cena, Constanzo mirou e abriu fogo com uma Uzi, desencadeando uma batalha de 45 minutos na qual, milagrosamente, apenas um policial foi ferido.

Quando Constanzo percebeu ser impossível escapar, deu sua arma para o seguidor Álvaro de Leon Valdez — um atirador profissional apelidado "El Duby" — com novas ordens bizarras. Como El Duby lembrou-se da cena, "Ele me pediu para matá-lo e a Martin [Quintana]. Eu disse que não poderia, mas ele bateu em meu rosto e ameaçou que tudo desse errado para mim no inferno. Então ele abraçou Martin e eu fiquei na frente deles e atirei com uma metralhadora".

Constanzo e Quintana estavam mortos quando a polícia invadiu o apartamento, prendendo El Duby e Sarah Aldrete. Como consequência da incursão, 14 seguidores foram indiciados em diversas acusações, incluindo assassinato múltiplo, violação em armas e narcóticos, conspiração e obstrução da justiça. Em agosto de 1990, El Duby foi condenado pela morte de Constanzo e Quintana, recebendo uma sentença de 30 anos de prisão. Os seguidores Juan Fragosa e Jorge Montes foram ambos indiciados no assassinato de Esquivel e sentenciados a 35 anos cada um; Omar Orea, indiciado no mesmo caso, faleceu de Aids antes que pudesse ser sentenciado em 1990, mas foi sentenciado a seis anos sob a acusação de associação criminal. A *madrina* de Constanzo insistiu que nunca praticou qualquer religião, apenas "Santería Crista"; os relatórios transmitidos pela televisão dos assassinatos no Rancho Santa Elena, ela disse, pegaram-na totalmente de surpresa. Os jurados não concordaram, em 1994, quando Sara e quatro cúmplices masculinos foram indiciados por assassinatos múltiplos no Rancho; Aldrete foi sentenciada a 62 anos, enquanto seus cúmplices — incluindo Elio e Serafim Hernandez — tiveram a condenação de prisão por 67 anos.

CORLL, Dean Arnold

Nascido em Indiana na véspera do Natal de 1939, Dean Corll cresceu em uma casa problemática, com seus pais constantemente discutindo. Eles se divorciaram enquanto Corll ainda era uma criança, então casaram-se novamente após a II Guerra Mundial; mas o pai de Dean não forneceu nenhuma influência estabilizadora com relação a seus filhos, com o desagrado fracamente velado e recorrendo à severa punição pelas menores infrações. Quando o casal se separou uma segunda vez, Corll e seus irmãos mais novos foram deixados com empregadas e sua mãe trabalhando para sustentar sua família. A febre reumática deixou Dean com uma doença de coração, que resultou em frequente ausência da escola, e ele pareceu acolher bem a mudança quando sua mãe se casou novamente, mudando com a família para o Texas. O negócio de meio período fazendo balas logo se expandiu para se tornar seu sustento, e Corll foi generoso distribuindo amostras para procurar ganhar novos amigos.

Em 1964, apesar do problema do coração, Corll foi chamado para o serviço militar, e lá mostrou os primeiros sinais de homossexualidade. Ao completar 30 anos, em dezembro de 1969, pareceu passar por uma mudança brusca na personalidade, tornando-se supersensível e taciturno. Começou a passar seu tempo com garotos adolescentes, como David Owen Brooks e Elmer Wayne Henley, dando balas de graça para todos, sendo o anfitrião de festas de inalação de cola e tinta em seu apartamento em Pasadena, um subúrbio de Houston.

Elmer Henley (centro) sob custódia

Ao mesmo tempo, mostrou um traço sádico, inclinando-se em direção à escravidão em seu relacionamento sexual com homens jovens e garotos. Em uma ocasião, em 1970, Brooks entrou no apartamento e encontrou Corll nu, com dois garotos nus presos a uma estrutura de tortura feita em casa. Embaraçado, Corll liberou seus companheiros e ofereceu a Brooks um carro em troca de sua promessa de silêncio. Posteriormente, à medida que sua paixão mudava para desejo por carnificina, Corll usaria Brooks e Henley como provedores, oferecendo 200 dólares por cabeça de vítimas frescas.

A data do primeiro assassinato de Corll é incerta. Brooks colocou-a em meados de 1970, com a vítima identificada como o estudante universitário Jeffrey Konen, pego enquanto pedia carona. Muitas das vítimas de Corll foram retiradas de uma vizinhança desleixada de Houston, conhecida como Heights, e os desaparecimentos foram displicentemente ignorados pela polícia acostumada a tratar com fugitivos. Dois eram amigos e vizinhos de Henley, entregues por ordem de Corll e algumas vezes o homem da bala matava duas vítimas de uma vez. Em dezembro de 1970, assassinou James Glass, 14 anos, e David Yates, 15 anos, em uma sessão. No mês seguinte, os irmãos Donald e Jerry Waldrop uniram-se à lista de desaparecidos, com Wally Simineaux e Richard Embry massacrados em outubro de 1972. Outros dois irmãos — Billy e Mike Baulch — foram mortos em épocas diferentes, em maio de 1972 e julho de 1973, respectivamente. A vítima mais jovem conhecida de Corll foi um vizinho de 9 anos, que morava do outro lado da rua do prédio de Dean.

Em 8 de agosto de 1973, um telefonema choroso de Elmer Henley convocou a polícia de Pasadena ao apartamento de Corll. Eles encontraram o homem da bala morto, com seis tiros em seu ombro e costas, e Henley dizendo que havia matado seu "amigo" em autodefesa. A violência que eclodiu, após Henley trazer uma garota para uma das orgias de inalação de tinta de Corll, levou o assassino homossexual à violência. Corll ameaçou Elmer com uma arma, e então insultou sua jovem amiga quando Henley tentou desarmá-lo. Temendo por sua vida, Henley insistiu que atirou em Corll apenas para salvá-lo. Mas havia mais.

Naquela tarde, ele levou os detetives para um depósito de barcos arrendado no sul de Houston, deixando as autoridades içarem 17 corpos de suas covas rasas no chão de terra. Uma ida a Lake Sam Rayburn revelou mais quatro covas, enquanto outras seis foram encontradas na praia em High Island, em um total de 27 mortos. Henley insistiu que havia pelo menos dois corpos mais no depósito de barcos e outros dois em High Island, mas a polícia suspendeu a procura, feliz em saber que havia quebrado o recorde da Califórnia no caso JUAN CORONA (o autor Jack Olsen, em *The Man with a Candy*, sugere que outras vítimas podem ter sido enterradas ao redor da loja de balas de Corll, mas as autoridades não mostraram interesse em levar o caso adiante).

Em custódia, Brooks e Henley confessaram seu papel no fornecimento de vítimas para Corll, e durante anos Brooks apontou Henley como o atirador em pelo menos um assassinato. "Muitos dos assassinatos que ocorreram após Wayne juntar-se ao grupo envolveram todos os três", ele disse à polícia. "Wayne parecia gostar de causar dor". Sentenciado por homicídio múltiplo em agosto de 1974, Henley foi condenado à prisão perpétua e Brooks recebeu uma sentença idêntica em março de 1975. Um ano depois, as autoridades de Houston anunciaram que investigações da época de pornografia infantil haviam ligado outros pedófilos locais à associação de homicídios de Corll, mas nenhuma ação penal estaria vindo. A condenação de Elmer Henley foi derrubada na apelação de dezembro de 1978, na questão de publicidade pré-julgamento, mas ele foi condenado e sentenciado à prisão uma segunda vez, em junho de 1979. Ambos os cúmplices de Corll são elegíveis para condicional desde 1983, mas suas propostas periódicas por liberdade são rotineiramente rejeitadas. Henley, enquanto isso, destacou-se como um artista habilidoso, e suas pinturas foram expostas em duas galerias de Houston em março de 1998. Um de seus assuntos favoritos: cenas na praia.

Veja também: ILUSTRAÇÃO E LEMBRANÇAS

CORONA, Juan Vallejo

Nativo do México, nascido em 1934, Corona revelou-se na cidade de Yuba, Califórnia, como trabalhador migrante no início da década de 1950. Diferentemente de muitos de seu tipo, ele ficou após a colheita, criando raízes e estabelecendo uma família, graduando-se do papel de colhedor nos campos para tornar-se um contratante de mão de obra bem-sucedido. Aos trinta e poucos anos, era conhecido dos rancheiros em todo o Distrito, fornecendo pessoal por solicitação. Houve algum problema durante 1970, quando um jovem mexicano foi ferido — sua cabeça foi aberta por uma faca de cortar cana — em um café administrado pelo irmão homossexual de Corona, Natividad. Após a recuperação, a vítima registrou uma ação contra Natividad Corona, pedindo 250 mil dólares por danos e o agressor voou de volta para o México, deixando o caso sem solução. Ninguém ligou Juan ao crime, a violência disso mal parecia tocar sua vida.

E ainda assim...

Em 19 de maio de 1971, um fazendeiro japonês estava andando por seu pomar quando notou um buraco recente, aproximadamente do tamanho de uma cova, escavado entre duas arvores frutíferas. Uma das equipes de migrantes de Corona estava trabalhando por perto e o fazendeiro mostrou-se indiferente até aquela noite, quando retornou e encontrou o buraco cheio. Desconfiado, ele convocou os policiais para o local na manhã seguinte, e um pouco de trabalho preparatório revelou um corpo recente de um transeunte, Kenneth Whitacre. A vítima foi apunhalada, sua face e cabeça abertas pelas pancadas de algo como um cutelo ou faca para cortar cana. Os detetives colocaram o caso como um crime sexual, após encontrar pedaços de literatura gay no bolso de Whitacre.

Quatro dias depois, os trabalhadores locais relataram a descoberta de uma segunda cova. Esta revelou os restos do andarilho Charles Fleming, mas a polícia ainda estava trabalhando em sua identificação quando encontraram mais um local de sepultamento e mais outro. Ao todo, precisaram de nove dias para exumar os corpos do pomar, contando 25 antes que a busca fosse terminada em 4 de junho. Na cova de Melford Sample, os policiais encontraram dois recibos de carne datados de 21 de maio, assinados com o nome de "Juan V. Corona". Em 4

Juan Corona

de junho, os corpos de Joseph Maczak foi descoberto com dois recibos bancários, tendo a mesma assinatura. Alguns dos corpos eram recentes, enquanto outros — como o de Donald Smith — estiveram claramente sepultados por meses (os examinadores médicos estimaram que os primeiros assassinatos ocorreram em fevereiro de 1971). Muitas das vítimas foram apunhaladas ou golpeadas até a morte, algumas com sinais de agressão homossexual. Quatro dos mortos foram finalmente identificados; os demais eram trabalhadores migrantes, andarilhos sem raízes, e alguns alcoólatras de bairros pobres. Não foi relatado o desaparecimento de nenhum deles pelos parentes. Os recibos do banco e da carne colocaram Juan Corona na cena dos homicídios e ele foi detido para julgamento. Os advogados de defesa tentaram colocar os homicídios em Natividad, um homossexual conhecido dado a momentos de violência, mas ninguém poderia documentar sua presença na Califórnia durante o período de assassinato, e os jurados deliberaram durante 45 horas antes de condenar Corona em todas as acusações, em janeiro de 1973. Um mês depois, ele foi sentenciado a 25 períodos consecutivos de prisão perpétua.

O caso — que coloca o registro americano para condenações por homicídio individual, no momento — não estava completo ainda. Os relatórios emitidos em dezembro de 1973 ligaram Corona à morte da 26ª vítima, mas nenhuma nova acusação foi arquivada. Em maio de 1978, um tribunal de apelação ordenou um novo julgamento para Corona, achando seus defensores legais anteriores incompetentes. O novo julgamento foi atrasado por períodos de observação psiquiátrica e punhaladas na prisão em 1980, que custou um olho a Corona. Condenado novamente na primavera de 1982, Corona foi devolvido à prisão com uma nova sentença de 25 penas de prisão perpétua.

"CRECHE de Bebês": Infanticídio por Lucro

Cada era histórica gera seu tipo peculiar de crime, desde a pirataria e o comércio de escravos até a era moderna de "selvageria" e *hackers* de computador. A ocupação conhecida como "creche de bebês" foi um produto da era vitoriana, quando o sexo era equivalente a ofensa e nascimento ilegítimo significava uma vergonha vitalícia tanto para a mãe como para a criança. Nessa atmosfera repressiva, uma "dona da creche de bebês" — normalmente uma mulher — estava preparada para ajudar a mãe não casada em seu momento de provação; mas somente por um preço.

Em muitos casos, a "dona da creche" fornecia o quarto e alimentos durante o confinamento da mãe, permitindo que as famílias envergonhadas dissessem aos vizinhos que sua filha tinha ido "estudar no exterior" ou "estava com parentes". As instalações classificavam-se desde cabanas humildes, na parte interior, a similares a espaçosas Casas de Maternidades Ideais de LILÁ YOUNG, onde centenas de crianças nasceram entre 1925 e 1947. Mães solteiras voltavam para casa com sua reputação e consciências intactas, seguras ao saber que seus bebês seriam colocados em boas casas por meio de adoções no mercado negro.

Isso era uma proposição sem perda para a "dona da creche de bebês", paga por aqueles que deixavam a criança e uma vez mais por aqueles que vinham buscá-la. Se algumas leis eram quebradas no processo, era uma boa razão para aumentar as taxas de adoção. Muitas mães solteiras e pais adotivos sem dúvida viam a ocupação de "dona da creche de bebês" como um serviço público valioso, sem se preocupar com a legislação predominante.

Não era, entretanto, incomum, as "donas da creche de bebês" repetidamente usarem de negligência criminal ou decidir assassinar, como um atalho para o lucro no jogo da maternidade. Com o passar do tempo, existiram diversos casos em manchete, e nem mesmo os Estados Unidos ficaram isentos de "creches de bebês" letais, ilustradas pelo caso da cidade de Nova York de 14 crianças assassinadas, relatado em 1915. O caso permanece não resolvido, mas outros médicos foram autuados por seus crimes na Inglaterra e no Canadá, com um caso revelado mais recentemente no fim dos anos de 1940.

CRIMES Sexuais em Série e Assassinato

Setenta por cento de todos os assassinatos em série são motivados sexualmente. Desponta sem nenhuma surpresa, entretanto, que muitos assassinos de repetição cometam diversos outros crimes sexuais durante os anos antes de "graduarem-se" para o homicídio. Um pedófilo ou estuprador serial pode agredir dezenas — mesmo centenas — de vítimas antes de começar a matar. Para alguns, o assassinato é o pináculo da "realização"; um final em si mesmo e o único meio de liberação sexual. Outros, como ROBERT JOE LONG da Flórida, acrescentam o assassinato para embelezar seus crimes em andamento, matando algumas vítimas e poupando outras. Em alguns casos, o assassinato simplesmente é um recurso, um meio de eliminar testemunhas — particularmente se o infrator individual possui um registro de condenações por crimes sexuais e teme retornar à prisão.

Nos assassinatos motivados sexualmente, a fixação pessoal do assassino determina sua escolha de vítimas. Os pedófilos caçam crianças (algumas vezes sem consideração pelo sexo, mais comumente com preferência por um ou por outro); os assassinos gays tipicamente (mas nem sempre) selecionam as vítimas do mesmo sexo, indiscriminadamente. Outros assassinos movidos por sexo fixam-se nos idosos, em vítimas pertencentes a um grupo em particular ou classe (prostitutas, enfermeiras, etc.) ou aqueles que possuem traços físicos específicos (cabelo vermelho, seios grandes, tatuagens).

Os crimes sexuais não podem ser óbvios ao primeiro olhar. Na verdade, podem não existir sinais de uma agressão sexual "normal". BRUCE LEE, da Inglaterra (nascido Peter Dinsdale), um incendiário serial prolífico, atingia o orgasmo somente quando colocava fogo e observava, uma atividade que ceifou 26 vidas entre 1973 e 1980. Quarenta anos antes, na Hungria, Sylvestre Matushke teve um problema similar: em seu caso, o mecanismo para acionar o orgasmo eram os acidentes de trem, motivando-o a dinamitar os trilhos de ferrovias na passagem de trens de passageiros em velocidade.

O crime sexual mais comum — estupro — é dividido pelo *Manual de Classificação de Crimes do FBI* (1992) em quatro categorias amplas com numerosas subdivisões, como no caso de homicídios. Geralmente, o FBI reconhece "estupro de empreendimento criminoso", "agressão sexual de causa pessoal", "agressão sexual causada por grupo" e "agressão sexual não classificada em outro lugar" (adequadamente definido, sem exemplos, como "aquelas agressões que não podem ser classificadas em outro lugar").

O estupro de empreendimento criminoso é raro entre os *serial killers*, mas não pode ser descartado no caso daqueles que cometem assassinatos de empreendimento criminoso. Subdividido em "estupro qualificado primário" (em que outro crime tal como arrombamento é pretendido e a vítima é estuprada coincidentemente) e "estupro qualificado secundário" (em que a agressão sexual é o objetivo primário, com o roubo ou algum outro crime cometido como segundo pensamento), a classificação do FBI estranhamente exclui o uso deliberado de estupro como uma arma de empreendimento criminoso. Existem, por exemplo, muitos casos registrados de meninas e mulheres sendo estupradas como uma "lição" ou aviso a outras — normalmente um marido, amante ou membro da família. Esses incidentes são mais comuns entre gangues e elementos violentos do crime organizado.

As *agressões de causa pessoal*, a maior categoria no manual do FBI, incluem casos tão diversos como estupro *doméstico* (vitimando a esposa, parente ou membro da casa), estupro *de direito* (com vítimas incluindo conhecidos, empregados ou subordinados, pacientes, médicos, etc.), estupro *raivoso* (uma expressão sexual de raiva objetivando as vítimas por idade, sexo, raça ou algum outro critério específico), estupro *sádico* (pretendendo especialmente causar dor e temor), estupro *por rapto* (qualquer caso em que a vítima é transportada para outra cena de crime), além de diversos tipos de crimes sexuais contra crianças.

Apesar dos muitos tipos de estupro identificados pelos analistas, o FBI argumenta que existem apenas quatro tipos básicos de estupradores. (Neste contexto, "estupro" inclui qualquer forma de investida sexual agressiva sem as limitações de legalidade restritiva.) Eles incluem o *estuprador de poder de tranquilização*, cujos crimes são "principalmente uma expressão de suas fantasias de estupro", comumente incluindo o delírio de que suas vítimas desfrutam a experiência e ficarão apaixonadas por seu atacante; o *estuprador explorador*, para quem um "comportamento sexual é expresso como um ato predatório impulsivo", tipicamente destituído de qualquer fantasia intricada ou de longa duração; o *estuprador raivoso*, para quem a "sexualidade está a serviço de um objetivo agressivo primário", frequentemente incluindo as noções erroneamente colocadas de vingança contra uma classe odiada de pessoas (mulheres, uma raça em particular, alguma figura de autoridade); e o *estuprador sádico*, cujos crimes são uma vez mais a expressão de fantasia, desta vez abastecidos pelo sofrimento da vítima em vez do delírio com o romance.

Ouvimos frequentemente que "o estupro não é um crime sexual; é um crime de violência", um *slogan* inicialmente adotado pelas feministas em uma tentativa louvável para aliviar a vítima de estupro da culpa e embaraço inapropriados. E, enquanto a declaração é verdadeira *em um ponto*, seu próprio absolutismo assegura que isso é sempre errado. Não existe, de fato, uma divisão entre "crimes sexuais" e "crimes violentos"; na verdade, uma agressão sexual é violenta por definição — por causa do termo *agressão*. Por vários séculos, o estupro foi empregado para muitas finalidades diferentes, incluindo o uso como uma arma de genocídio (em campanhas de limpeza étnica), como uma forma de punição por gangues ou indivíduos, mesmo como uma ferramenta de interrogatório da polícia (em um dos países da América Latina, durante a metade da década de 1970, os cães da polícia eram especialmente treinados para estuprar as prisioneiras; os antigos romanos ensinavam uma ampla variedade de criaturas,

variando de bodes a girafas, a realizar atos similares no Coliseu).

Em contraposição, é tanto ingênuo quanto perigoso reclamar que enquanto uma ampla variedade de crimes — incluindo INCÊNDIO CRIMINOSO, arrombamento e assassinato — pode ser sexualmente motivada, estupro nunca pode ser. A noção é ingênua, pois isso atinge a face da Psicologia forense de forma imperturbável, ignorando os motivos criminosos; é perigoso porque, se aplicado literalmente, impediria as autoridades de examinarem prováveis suspeitos.

Veja também: HOMOSSEXUALIDADE; MOTIVOS; PARAFILIA

CULTOS e Assassinatos em Série

Não existe definição padrão universalmente aceita do que constitui um "culto". J. Gordon Melton, em sua *Encyclopedic Handbook of Cults in America* (1986), define o termo como "denominação pejorativa usada para descrever determinados grupos religiosos fora da corrente principal da religião Ocidental". Seis anos depois, o *Manual de Classificação de Crime do FBI* adicionalmente complicou a questão descrevendo culto como "um corpo de partidários com devoção excessiva ou dedicação às ideias, objetos ou pessoas considerados como não ortodoxos ou espúrios e cujos objetivos básicos de sexo, poder e/ou dinheiro são desconhecidos para a maioria dos associados". A definição do FBI deixa as questões críticas não respondidas: quem decide quando a devoção é "excessiva" e quais ideias ou pessoas são "não ortodoxas ou espúrias"? Se todos os membros de um grupo religioso — como os "Anjos da Morte" de estilo próprio responsáveis pelos HOMICÍDIOS ZEBRA da Califórnia — estão cientes do objetivo ilegal do grupo, então esse deixa de ser um culto? E se assim o é, o que é isso?

A história moderna é abundante em exemplos de homicídios relacionados a culto, não sendo de nenhuma forma limitados a praticantes estereotipados de satanismo ou magia negra. A poligâmica " Church of the Lamb of God" (Igreja dos Cordeiros de Deus) de Ervil LeBaron cometeu diversos homicídios durante três décadas nos Estados Unidos e México, perseguindo o conceito mórmon do século XIX da "reparação por sangue" do pecado. Os matadores "Zebra" mencionados pertenceram ao grupo dissidente dos Mulçumanos Negros, enquanto os discípulos de ADOLFO CONSTANZO misturavam a Santería Cristã com os ensinamentos agrocaribenhos de *palo mayombe*. Os devotos do credo antissemítico "Identidade Cristã" roubaram bancos e assassinaram vítimas selecionadas como parte de sua guerra contra o "Governo Ocupacional Sionista" em Washington D.C. Os seguidores de CHARLES MANSON assassinaram sete pessoas enquanto tentavam despertar a guerra da raça americana que eles denominaram "Helter Skelter". No Japão, os membros de "Aum Shinrikyo" ("Verdade Suprema") soltaram gás asfixiante no metrô cheio de gente em obediência às ordens de seu louco guru.

Como em qualquer outro caso envolvendo ASSASSINOS EM EQUIPE, os assassinos de culto podem emergir por qualquer dos MOTIVOS que movem indivíduos homicidas. O lucro, poder, sexo, vingança — todos esses e outros mais misturam-se com a religião ao longo da história, produzindo feitos que escandalizam as facções gentis.

Poucos cultos violentos foram tão abertamente mercenários como os Assassinos Persas ou duraram tanto quanto os Thugs seguidores de Kali (responsáveis por 40 mil assassinatos rituais apenas no ano de 1812), mas cada um fez sua parte ao manchar o nome da religião em geral e das facções "não ortodoxas" em particular.

D

DAGLIS, Andonis

Designado o "Estripador de Atenas", este assassino serial grego estuprou e estrangulou três prostitutas entre 1993 e 1995, cortando depois seus corpos com uma serra de cadeia e espalhando as partes ensanguentadas ao longo de estradas afastadas. De qualquer forma, um assassino ineficiente, ele também tentou assassinar outras seis mulheres durante o mesmo período, mas elas conseguiram escapar de suas garras. Ann Hamson, de nacionalidade britânica, conseguiu libertar-se do perigo persuadindo Daglis de que ela não era, de fato, uma prostituta. Partes de seu julgamento foram televisionadas em 1996, incluindo a confissão pública do Estripador de diversos crimes de que foi acusado. Em 23 de janeiro de 1997, Daglis foi condenado em múltiplas acusações, incluindo três assassinatos com estupro e seis tentativas de assassinato. Foi sentenciado a 13 penas de prisão perpétua, presumindo-se ser suficiente para mantê-lo fora das ruas pelo resto de sua vida.

DAHMER, Jeffrey Lionel

Nascido em Milwaukee em 1960, Jeffrey Dahmer se mudou para Ohio com sua família aos 6 anos. Em 1968, foi sexualmente molestado por um garoto vizinho na área rural de Bath Township. Não informado no momento, o incidente da infância poderia ter um papel fundamental no entendimento dos crimes subsequentes de Dahmer; da mesma forma, as brigas ferozes entre seus pais (depois divorciados) demonstraram claramente que a casa não era um paraíso seguro para uma criança.

Aos 10 anos, Dahmer fez "experimentos" com animais mortos, decapitando roedores, descorando ossos de galinha com ácido, pregando carcaças de cachorro a uma árvore e montando sua cabeça em uma estaca. Em junho de 1978, dias após sua formatura do ensino médio, Dahmer cruzou a linha de "experimentos" mórbidos para a dos assassinatos. Estava vivendo sozinho naquele tempo, pois seus pais separaram-se e partiram, nenhum deles pensando em levar Jeff. Sua vítima, Steven Hicks, pedia carona e Dahmer levou-a para casa para um drinque e algumas risadas. Quando Hicks tentou sair, Dahmer atingiu sua cabeça com halteres, estrangulou-o até a morte, e então desmembrou e enterrou seu corpo.

Jeffrey Dahmer no tribunal

O primeiro assassinato levou Jeffrey a uma aparência de normalidade. Fez uma breve tentativa na faculdade, e então se inscreveu para um período de seis anos no serviço militar, mas o Exército o recusou após dois anos, por causa da bebida (posteriormente, a especulação sobre a possível ligação com assassinatos não resolvidos na Alemanha, cometidos enquanto Dahmer estava servindo ali, não produziram evidências concretas). Em 1982, mudou-se para a casa de sua avó em West Allis, Wisconsin. Naquele mês de agosto, Dahmer anotou em sua agenda uma prisão por ato obsceno na

Especialistas forenses procuram os restos das vítimas de Dahmer

feira estadual. Acusações idênticas foram registradas em setembro de 1986, quando dois garotos acusaram Dahmer de se masturbar em público. Condenado por conduta licenciosa naquele caso, recebeu uma sentença suspensa de um ano com ordem para aconselhamento.

Em 15 de setembro de 1987, Steven Tuomi desapareceu em Milwaukee, e o mistério não foi resolvido até Dahmer confessar seu assassinato, em 1991. James Doxtator foi o próximo a morrer, em janeiro de 1988, seguido por Richard Guerreiro, em 24 de março. Em setembro de 1988, as horas estranhas de Jeffrey e seus "experimentos" tornaram-se demais para sua avó, que pediu que ele se mudasse. Em 25 de setembro, ele encontrou um apartamento em North 25th Street Milwaukee.

No dia seguinte, Dahmer atraiu um garoto de Laos para seu apartamento, acariciou-o e ofereceu dinheiro para uma sessão como modelo nu. A polícia foi chamada e Dahmer foi acusado de agressão sexual. Condenado em janeiro de 1989, ele permaneceu livre, pendente de uma sentença formal marcada para maio. Enquanto isso, em 25 de março, Dahmer trucidou a vítima Anthony Sears.

Sentenciado a um ano na prisão, Dahmer foi liberado após um período de dez meses. A sessão de mortes foi reassumida com Edward Smith, em junho de 1990. A vítima de julho foi Raymond Smith (nenhuma relação com Edward). Ernest Miller e David Thomas foram cruelmente mortos em setembro. Dahmer ensacou Curtis Straughter em fevereiro de 1991. Errol Lindsey entrou para a lista em abril, seguido por Anthony Hughes em maio.

Nessa época, Dahmer concebeu a bizarra noção de criar "zumbis", que seriam seus brinquedos sexuais vivos, obedientes a cada um de seus caprichos. Em vez de usar vodu, Jeffrey optou por uma abordagem mais direta, fazendo buracos na cabeça de vítimas selecionadas, então pingando líquidos cáusticos nas feridas em um esforço para destruir a vontade consciente do sujeito. Não é necessário dizer que a estranha abordagem de neurocirurgia tenha uma taxa de falha de 100%, e nenhum dos "pacientes" favorecidos de Dahmer sobreviveu.

Entretanto, um quase conseguiu. Konerak Sinthasomphone era irmão de um jovem que Dahmer molestou em 1988. Desaparecido de casa em 16 de maio de 1991, foi visto no dia seguinte — nu, tonto e sangrando com ferimentos na cabeça — quando os vizinhos relataram sua condição para a polícia de Milwaukee. Os policiais questionaram Dahmer, que descreveu Konerak como seu amante homossexual adulto, e como Konerak não falava inglês, eles devolveram o jovem para a custódia de Dahmer... e para sua morte. (Quando as notícias do grave erro apareceram, seguindo-se à prisão de Dahmer em acusações de assassinato, os dois policiais foram brevemente suspensos do cargo, então reinstalados quando fizeram ameaças com ações civis contra a cidade.)

A causa de destruição continuou: Matt Turner, morto em 30 de junho; Jeremiah Weinberg, em 7 de julho, Oliver Lacy, em 15 de julho; Joseph Brandehoft, quatro dias depois. Além do estupro, assassinato e desmembramento das vítimas, Dahmer também experimentou CANIBALISMO com pelo menos um corpo, embora negasse ser isso sua prática comum. Tracy Edwards teve sorte, escapando do apartamento de Dahmer em 22 de julho com algemas ainda pendentes de um pulso. Ele sinalizou a um carro de patrulha e levou a polícia de volta ao apartamento de Dahmer em Oxford, onde os restos dissecados de 11 vítimas foram encontrados em tonéis de ácido e na geladeira. Em um ponto relembrando outro necrófilo de Wisconsin, EDWARD GEIN, Dahmer construiu um altar provisório em seu quarto, decorado com velas e cabeças humanas.

Em 22 de agosto de 1991, Dahmer foi indiciado em 15 acusações de assassinato. Em seu julgamento, iniciado em 30 de janeiro de 1992, Dahmer registrou uma confissão de culpa por insanidade. Duas semanas depois, em 15 de fevereiro, os jurados consideraram-no apto e responsável por suas ações. O tribunal impôs 15 sentenças de prisão perpétua consecutivas, assim requerendo que Dahmer ficasse preso um mínimo de 936 anos. (Subsequentemente, ele foi acusado do assassinato de Hicks, em Ohio, mas nunca foi a julgamento.)

Na prisão, Dahmer recusou as ofertas de custódia protetora, apesar de muitas ameaças contra sua vida. Em 3 de julho de 1994, outro condenado tentou cortar sua garganta na capela da prisão, mas Dahmer saiu do incidente com apenas pequenos arranhões e recusou-se a registrar a acusação. Cinco meses depois, em 28 de novembro, ele estava limpando um banheiro adjacente ao ginásio da prisão quando outro membro do serviço, Christopher Scarver, de 25 anos, apanhou uma barra de ferro de uma máquina de ginástica próxima e atingiu a cabeça de Dahmer, matando-o instantaneamente. Um outro interno, Jesse Anderson, de 37 anos, foi mortalmente ferido no mesmo ataque, morrendo dois dias depois. Suspeitou-se inicialmente de motivo racial no assassinato por Scarver, como as muitas das vítimas de Dahmer, ser negro, mas um olhar mais apurado determinou que o assassino estava perturbado, acreditando ser o "filho de Deus", atuando por ordem de seu "pai".

DEAN, Williamina

Nativa de Edimburg, Escócia, nascida em 1847, Williamina emigrou para a Nova Zelândia em 1865 e logo se casou com Charles Dean. moravam em uma casa modesta — alguns dizem miserável — em East Winton, próximo a Invercargill, e o jardim de flores de Minnie logo se tornou a conversa da vizinhança, famoso por suas dálias e crisântemos. Apesar da pretensão que os levou a chamar sua casa de *The Larches*,*

---
* N.T.:Parque Nacional inglês.

os tempos eram difíceis para Charles e Minnie Dean. Em 1890, para complementar a receita magra de seu marido, Minnie começou a empreender a "CRECHE DE BEBÊS". Duas crianças morreram sob seus cuidados durante o ano seguinte e, enquanto ambas as mortes foram atribuídas a causas naturais, a censura oficial por condições insalubres na casa levou Minnie Dean a divulgar seus serviços sob uma variedade de pseudônimos.

Em abril de 1875, usando o apelido de "Cameron", Minnie colocou um novo anúncio para seu serviço no Timaru Herald. Uma sra. Hornsby respondeu, pagando a Dean quatro libras para cuidar de sua criança com um mês, mas a criança logo desapareceu sem deixar vestígios. As testemunhas lembraram ter visto Minnie com um bebê em seus braços em uma estação de trem local, mas ela negou tudo... até as roupas da criança desaparecida serem encontradas em sua casa. Ambos os Dean foram presos e a procura dos *The Larches* revelou três bebês enterrados no famoso jardim de flores. Um deles era a criança Hornsby a necropsia estabeleceu seu falecimento por uma *overdose* de morfina. As acusações de assassinato foram inevitáveis após os detetives de homicídios encontrarem uma quantidade de morfina na casa.

Inquéritos posteriores revelaram que foi claramente proibido o trabalho de Charles Dean no jardim de sua esposa, impedido até mesmo de retirar ervas daninhas, e ele foi libertado sem acusações no caso. O julgamento de Williamina perante a Suprema Corte de Invercargill começou em 18 de junho de 1895, e ela foi rapidamente condenada por assassinato. Em 12 de agosto, ela entrou para a história como a primeira mulher enforcada na Nova Zelândia. Apesar da natureza de seus crimes, alguns jornalistas pareceram estar enfeitiçados pela dona da creche assassina de bebês, com um artigo no *The Times* de Londres observando que ela foi para o patíbulo "sem vacilação ou hesitação; ela morreu como uma mulher brava e maravilhosa".

DEFESA por Insanidade Usada por *Serial killers*

Em qualquer caso de homicídio, a primeira responsabilidade dos promotores e advogados é a determinação do estado mental do suspeito. O sistema legal americano fornece ajuda de custo para indivíduos cujos comportamentos aberrantes sejam compelido por doença mental, dispensando-os da punição como criminosos comuns. O público em geral ficou indignado nos últimos anos por casos como aquele do que seria o assassino presidencial John Hinckley, em que os veredictos de "não culpado por insanidade" privam réus da execução ou prisão, e em vez disso consigna-os a instituições mentais por um prazo indefinido. As pesquisas de opinião pública revelam um consenso de que muitos ou a maioria dos delinquentes acusados tentam "admitir culpa e pedir clemência", com esquemas de falsificação de insanidade, grande número deles deslizando por brechas e cumprindo um "tempo fácil" antes de serem liberados mais uma vez para a sociedade.

De fato, as estatísticas mostram que apenas 1% dos delinquentes suspeitos americanos pleiteiam insanidade no julgamento, e apenas um em cada três desses é finalmente absolvido. Os assassinos seriais, com seu bizarro ornamento de sadismo, necrofilia e similares, parecem idealmente adequados para pleitos de insanidade, mas mesmo aqui a vantagem contra absolvição é extrema. Desde 1900, nos Estados Unidos, apenas 3,6% dos *serial killers* identificados foram declarados incompetentes para julgamento ou liberados por insanidade.

Infelizmente, não existe uma definição firme de insanidade nos Estados Unidos, além do fato de permanecer um termo estritamente legal, divorciado de qualquer diagnóstico de doença mental específica. Em toda a nação, os 50 Estados são livres para fazer suas próprias orientações peculiares, perseguindo a terminologia abstrata, em círculos ao redor; enquanto isso, os réus individuais — e suas incontáveis vítimas — são ignorados.

Um teste de sanidade aplicado em 16 Estados é o Regulamento de M'Naughten. Designado com o nome de um esquizofrênico paranoico que assassinou o secretário do Primeiro-Ministro britânico em 1843, este regulamento é amplamente favorecido com base em sua simples (alguns diriam simplista) definição de insanidade. Ei-la, de acordo com M'Naughten:

Para estabelecer a defesa com base em insanidade, deve ser provado que no momento de cometer o ato a parte acusada estava operando sob tal defeito de razão por causa de doença da mente que desconhecia a natureza e qualidade do ato que estava praticando; ou, se ele soubesse, que ele não tinha consciência de o ato que estava praticando era errado.

Poucos estados complementaram M'Naughten com o assim chamado teste do impulso irresistível estabelecido pelos tribunais britânicos em 1840 e transplantado para a América em 1886. Como explicado pela Justiça de Somerville do Alabama em um caso anterior: "A doença insanidade pode tanto afetar o poder da mente como subverter a liberdade da vontade, portanto, destrói o poder da vítima de escolher entre o certo e o errado, embora o perceba". Os promotores, frequentemente, contrariam o pleito de impulso irresistível com argumentos hipotéticos de "o policial da esquina", procurando a admissão que um dado réu poderia, de fato, restringir-se em dados momentos. Hoje, a questão é discutível e o estatuto federal de 1984 aboliu os testes para o fictício "impulso irresistível".

Em 1954, um juiz do Distrito de Columbia estabeleceu uma nova regra Durham, algumas vezes chamada de "teste de produtos". Naquela decisão, foi mantido que "um acusado não é criminalmente responsável se seu ato ilegal foi produto de doença ou defeito mentais". Esses termos, por sua vez, foram vagos o suficiente para requerer esclarecimento por meio de um segundo caso na mesma jurisdição, definindo "doença ou defeito mental" como "qualquer condição anormal que substancialmente afeta o processo mental ou emocional e substancialmente afeta os controles do comportamento".

Oficialmente não reconhecida fora da capital da nação, a regra Durham permaneceu em efeito até 1972, quando a nova regra, Brawner — também designada "teste de capacidade substancial" —, foi inaugurada pelo mesmo juiz que escreveu a decisão de Durham. Adotada por diversos Estados como parte de um Código Penal Modelo, a nova regra estabelece que:

1. Uma pessoa não é responsável por conduta criminal se no momento de tal conduta, como resultado de doença ou defeito mental, não possuir capacidade substancial tanto para apreciar a criminalidade (ato errôneo) de sua conduta como adequar a conduta àquela requerida por lei.

2. Conforme usado neste Artigo, os termos "doença ou defeito mental" não incluem qualquer anormalidade manifestada apenas por conduta criminal repetida ou de outra forma antissocial.

Outra orientação moderna para os procedimentos por insanidade foi pioneira em Michigan, em 1975, e depois foi adotada em sete outros Estados: é o veredicto de "culpado, mas mentalmente doente". As especificidades variam, porém em muitas jurisdições um réu condenado sob esta regra é enviado diretamente a uma instituição mental, ali ficando confinado até ele ou ela ser considerado saudável o suficiente para começar a cumprir a condenação em prisão apropriada. Alguns críticos desse sistema denunciaram-no como uma abolição desleal de "insanidade", exaltando a pressão pública sobre direitos humanos, primeiro curando o insano e então punindo-o por ações além de seu controle.

A controvérsia não foi resolvida por quaisquer meios e, enquanto essa permanece, as doutrinas antiquadas como M´Naughten sobreviverão, sem dúvida. Um público amedrontado terá a sua consolação no fato de que, neste século, menos de 2 % de todos os *serial killers* foram considerados incompetentes para julgamento (um deles um surdo-mudo analfabeto, incapaz de se comunicar com seu advogado) e comparativamente um pequeno número foi absolvido com base em insanidade. Ao mesmo tempo, existiram histórias de horror da vida real sobre assassinos insanos "curados" e liberados para matar novamente — EDMUND KEMPER é um caso chocante nesse aspecto. O público teme esses erros e, embora em geral exagerados, não estão na verdade sem base.

Veja também: PENA CAPITAL, ENCARCERAMENTO, "MÁSCARA DE SANIDADE", PARAFILIA, JULGAMENTO

DENKE, Karl

Nativo de Munsterberg, Silesia — atual Ziebice, Polônia —, Denke administrava uma pensão em sua cidade natal entre 1918 e 1924. Seus inquilinos chamavam-no afetuosamente de "papa", e Denke era também querido na comunidade em geral, servindo como soprador do órgão para sua igreja local. Por outro lado, em um período de três anos, ele também assassinou e devorou no mínimo 30 vítimas.

Em 21 de dezembro de 1924, um dos inquilinos de Denke, um cocheiro chamado Gabriel, ouviu os gritos por ajuda que pareciam emanar do apartamento de Denke no andar inferior. Preocupado que o proprietário pudesse estar ferido, Gabriel correu para ajudar... e encontrou um homem jovem cambaleando no corredor, com sangue fluindo de sua cabeça dilacerada. Antes de cair inconsciente no chão, o estranho deixou escapar que "Papa" o havia atacado com um machado.

A polícia foi chamada e prendeu Denke, revistando seu apartamento em busca de evidências. Eles revelaram os papéis de identificação de 12 homens viajantes além de diversas peças de roupas masculinas. Na cozinha, duas grandes barricas tinham carne conservada em salmoura; juntamente com diversos ossos e eles também encontraram potes de gordura; os detetives calcularam que o achado correspondia a cerca de 31 vítimas. No registro de Denke, encontraram relacionados nomes e datas, com os respectivos pesos dos corpos que ele tinha colocado em conserva, datados desde 1921. De acordo com o registro, Denke pareceu especializar-se em assassinato de pedintes, andarilhos e viajantes, cujo desaparecimento provavelmente não seria notado na vizinhança.

Nenhuma evidência de agressão sexual foi publicada no caso de Denke, e os investigadores de homicídio foram incapazes de explicar suas ações. Logo após sua prisão, o assassino canibal enforcou-se com seus suspensórios, na cela, deixando gerações de historiadores especulando em vão sobre seus motivos.

DeSALVO, Albert Henry

Nascido em Chelsea, Massachusetts, em 1931, Albert DeSalvo foi outro produto de um lar violento e abusivo. Frank DeSalvo batia em sua esposa e filhos regularmente e foi colocado na prisão em duas ocasiões antes do divórcio que dividiu a família em 1944. Esquivando-se de um registro de prisão por arrombamento na adolescência, Albert entrou para o Exército aos 17 anos e serviu na Alemanha. Casou-se com uma alemã e a levou para os Estados Unidos, quando foi transferido de volta.

Levado a Fort Dix, Nova Jersey, DeSalvo foi acusado de molestar uma menina de 9 anos em janeiro de 1955, mas a mãe da criança declinou da acusação escrita e assim ele recebeu uma demissão honrada em 1956. Na mesma época, ele experimentou problemas sexuais com sua esposa, exigindo relações cinco ou seis vezes por dia, repreendendo-a como "frígida" quando ela o recusava. As questões ficaram piores com o nascimento de seu primeiro filho em 1958 e uma nova falta de dinheiro, levando DeSalvo de volta à vida de crimes insignificantes. Preso duas vezes por arrombamento, recebeu a suspensão da sentença em cada uma das vezes.

Durante o mesmo período, as mulheres de Massachusetts começaram a ser vítimas do "Homem das Medidas", um impostor de conversa suave que se fazia de "olheiro" de uma agência de modelos, perambulando de casa em casa em uma procura sem fim por "novos talentos". Uma vez dentro do apartamento, o homem retirava uma fita métrica e procedia ao registro de "medidas vitais" da moradora, frequentemente acariciando-a intimamente no processo. Algumas reclamaram para a polícia, mas muitas outras não o fizeram, e os detetives observaram que a ausência de qualquer agressão fez com que o caso não fosse mais uma prioridade.

Em 17 de março de 1960, a polícia de Cambridge prendeu DeSalvo sob suspeita de roubo, e ele rapidamente confessou seu papel como o Homem das Medidas. Indiciado por agressão e lesão corporal, conduta lasciva e tentativa de arrombamento, ele foi acusado e sentenciado a dois anos de prisão. Com liberdade condicional após 11 meses, ele foi levado, por frustração sexual, a adotar um papel mais agressivo e mais violento. Como o "Homem Verde" — assim chamado por suas roupas de trabalho verdes —, DeSalvo lançou uma campanha de agressão sexual de dois anos que fez vítimas em Massachusetts, New Hampshire, Connecticut e Rhode Island. A polícia estimaria, depois, que ele estuprou pelo menos 300 mulheres, enquanto DeSalvo colocava o total próximo a duas mil. Uma vez ele teve meia dúzia de vítimas em um dia, espalhadas em quatro cidades, com dois dos estupros não relatados antes de sua confissão.

Enquanto a polícia em toda Nova Inglaterra procurava o Homem Verde, os detetives de homicídios de Boston estavam à espreita de um assassino ardiloso, acusado pela morte de 11 mulheres entre junho de 1962 e julho de 1964. Em cada caso, as vítimas foram estupradas — algumas vezes com objetos estranhos — e seus corpos deixados nus, como se estivessem posando para uma fotografia pornográfica. A morte acontecia sempre por estrangulamento, embora algumas vezes o assassino também usasse uma faca. A ligadura — uma meia, fronha ou o que quer que fosse — era invariavelmente deixada ao redor do pescoço da vítima, amarrada como um laço ornamental exagerado.

Anna Slessers, 55 anos, foi a primeira a morrer, estrangulada com o cordão de seu roupão em 14 de junho de 1962. Uma meia de náilon foi usada para matar Nina Nichols, 68 anos, em 30 de junho, e Helen Blake, 65 anos, foi encontrada no mesmo dia com uma meia e um sutiã amarrados ao redor de seu pescoço. Em 19 de agosto, Ida Irga, 75 anos,

Albert DeSalvo em custódia

foi manualmente estrangulada em sua casa, decorada com uma fronha amarrada, e Jane Sullivan, 67 anos, estava morta havia uma semana quando foi encontrada em 20 de agosto, estrangulada com suas próprias meias, mergulhada na borda da banheira com seu rosto submerso.

O assassino pareceu quebrar o padrão em 5 de dezembro de 1962, matando uma mulher negra de 20 anos, Sophie Clark. Outra mudança foi vista com Patrícia Bissette, 23 anos, estrangulada em sua cama, coberta até o queixo, em vez da disposição gráfica usual. Com Beverly Samans, 23 anos, morta em 6 de maio, o assassino usou uma faca pela primeira vez, apunhalando sua vítima 22 vezes antes de enrolar a tradicional meia ao redor de seu pescoço. Evelyn Corbin, 58 anos, pareceu restaurar o padrão original em 8 de setembro, estrangulada e violada por uma agressão "não natural", mas o assassino voltou às vítimas jovens em 23 de novembro, estrangulando Joann Graff, 23 anos, deixando marcas de mordida em seu peito. A vítima final, Mary Sullivan, 19 anos, foi encontrada em 4 de janeiro de 1964, estrangulada com um cachecol.

Dez meses depois, em 3 de novembro, DeSalvo foi levado a interrogatório por acusações de estupro, após uma das vítimas do Homem Verde dar uma clara descrição à polícia, lembrando o conhecido Homem das Medidas. A confissão de DeSalvo de uma longa série de estupros levou-o ao Hospital Estadual de Bridgewater, submetido à observação psiquiátrica, e ali foi favorecido por George Nassar, um assassino condenado enfrentando o julgamento por seu segundo roubo-assassinato desde 1948. Suas discussões particulares foram intercaladas com visitas da polícia, levando finalmente à confissão total de DeSalvo dos crimes do "Estrangulador de Boston".

Em sua confissão, Albert até incluiu duas "novas" vítimas, anteriormente nunca relacionadas pelas autoridades. Uma, Mary Mullen, 85 anos, foi encontrada morta em sua casa, em 28 de junho de 1962, seu falecimento atribuído a ataque do coração. DeSalvo disse que Mullen teve um colapso do choque quando ele invadiu seu apartamento, então ele deixou seu corpo no sofá sem continuar a agressão habitual. Mary Brown, 60 anos, foi apunhalada e surrada em sua casa em 9 de março de 1963, novamente sem mostrar o famoso "nó do estrangulador".

Parecia um caso que seria rapidamente solucionado, mas diversos problemas permaneceram. A única vítima sobrevivente do estrangulador, agredida em fevereiro de 1963, não conseguiu identificar Albert em um grupo, nem as testemunhas aquelas que tinham visto um suspeito próximo às cenas de homicídio de Graff e Sullivan puderam fazê-lo. Diversos detetives concentraram seu objetivo em outro suspeito, apontado como o "psíquico" Peter Hurkos, mas o homem submeteu-se voluntariamente a um asilo logo após seu último assassinato. E, se Albert DeSalvo foi levado por uma fixação materna, os psiquiatras dizem, por que ele escolheu mulheres jovens como cinco de suas últimas sete vítimas?

Alguns estudiosos do caso acreditam que a resposta pode ser encontrada em Bridgewater, onde o assassino George Nassar conversou com DeSalvo por muitos dias e noites. É possível, os críticos mantêm, que Nassar possa ter sido o estrangulador, resumindo para Albert os detalhes de seus crimes na esperança de enviar as autoridades para uma procura infrutífera. DeSalvo, já enfrentando numerosos períodos de prisão perpétua por inúmeros estupros, admitiu concluir uma negociação com Nassar, em que este embolsaria parte da recompensa pendente por entregar DeSalvo, depois passando a maior parte do dinheiro para a esposa de DeSalvo. Como um argumento decisivo, a única sobrevivente do estrangulador favoreceu Nassar como suspeito em vez de DeSalvo. Outras teorias postulam a existência de dois estranguladores de Boston, um para as vítimas jovens e outro para as idosas. O jornalista Hank Messick acrescentou uma nova alternativa no início da década de 1970, citando um atirador da Máfia — então falecido — com a finalidade de DeSalvo ter sido pago, presumivelmente pelo crime organizado, para "assumir a inclinação" do real e não identificado Estrangulador de Boston.

Seja como for, DeSalvo nunca foi a julgamento por homicídio em Boston. O advogado F. Lee Bailey conseguiu negociar um acordo em 1967, em que Albert recebeu uma condenação de prisão perpétua pelos crimes cometidos como o Homem Verde. Nunca formalmente acusado dos estrangulamentos de Boston, DeSalvo foi apunhalado até a morte por um recluso da prisão de Walpole em novembro de 1973.

"DESEJOSOS DE SER":
Pretendentes a Serial killers

Na sociedade que frequentemente oferece celebridade — mesmo a posição de "herói do povo" — a infratores violentos, não seria uma surpresa que determinados indivíduos distorcidos admirem e procurem imitar os assassinos famosos. Como os fora da lei do Oeste Selvagem, fabricantes clandestinos de bebidas alcoólicas proibidas, ladrões de banco da era da Depressão e "estupradores de gangue" de guetos modernos, os *serial killers* tão notórios também têm um culto de apoiar-se adicionalmente em rapto de admiradores. Muitos desses "fãs" nunca progridem além do estágio de serem GRUPOS, gastando seu dinheiro recebido com dificuldade (ou roubado) em ILUSTRAÇÕES e LEMBRANÇAS relacionadas ao assassinato serial. Alguns se correspondem diretamente com assassinos presos; um pequeno número visita seus ídolos pessoalmente ou aceita telefonemas a cobrar da prisão; alguns poucos "apaixonam-se" e casam com assassinos sentenciados à morte ou em prisão perpétua atrás das grades.

E outros — felizmente uma porcentagem minúscula — imitam fisicamente os atos de seus "heróis" na vida real.

Contrários aos medos expressos pelo pessoal da execução da lei, os dispositivos projetados em FICÇÃO E FILME, não parece haver nenhum caso registrado em que um indivíduo tenha consciente e precisamente agido a partir das séries de assassinatos "copiados" (embora o réu em Maryland, preso por cortar o pescoço de sua mãe em 1989, inicialmente se identificou aos oficiais de detenção como "Hannibal Lecter", o psicopsiquiatra de Dragão Vermelho e O Silêncio dos Inocentes). A coisa mais próxima de séries de crimes "copiados" foi relatada na Geórgia, no fim da década de 1970, em que um assassino sexual WILLIAM HANCE por pouco tempo mascarou-se como um vigilante racista, suas cartas à polícia, alegando (falsamente) que seus crimes contra mulheres negras foram uma resposta à morte de brancas idosas pelo assassino "Estrangulador da Meia" CARLTON GARY. (Hance era, negro; as notas eram um esforço para desviar a suspeita de si próprio para um "Presidente das Forças do Demônio" inexistente.)

Por outro lado, sabemos que os *serial killers*, incluindo CARROL EDWARD COLE, o britânico assassino de gays COLIN IRELAND e o assassino do "Zodíaco" de Nova York, Heriberto Seda, colecionaram os livros e/ou artigos de jornais sobre outros assassinos seriais antes de embarcarem em suas próprias farras de assassinato. Cole admirava especialmente o "Estrangulador de Boston" ALBERT DESALVO, enquanto Ireland estudou o "manual do FBI" a respeito dos detalhes de como ser bem-sucedido nesse jogo. Quando perguntaram por que ele matou cinco vítimas, Ireland disse à polícia: "Tenho o livro; sei quantas (vítimas se deve fazer)". Outros praticantes — os "desejosos de ser" frustrados examinados aqui — aparentemente estabelecem assassinar uma série de vítimas, mas de alguma forma ficam aquém de seu objetivo, tanto pela falta de jeito quanto por pura falta de sorte. A lista inclui:

— *Robert Vannata*: Vannata, de Mt. Vernon, Illinois, foi sentenciado a 199 anos, em agosto de 1943, pelo assassinato sexual em julho da garçonete local Norma Bradford. Antes do assassinato, Vannata estuprou uma menina de 19 anos e arrombou lojas locais, roubando dinheiro e armas. Em sua prisão, a polícia confiscou o "Diário de Vingança" de Vannata, que incluía uma lista de ataque a oito possíveis vítimas. "Prometi a mim mesmo matar todas essas desprezíveis", Vannata escreveu, "e os pegarei". A lista incluía um juiz e um promotor locais, além de seis membros da família de Vannata, com o nome de sua madrasta fortemente sublinhado. "Eu a pegarei por último", Vannata escreveu, "dessa forma a velha feiticeira sofrerá mais o suspense de esperar pelo que merece".

— *William Hollenbaugh*: Hollenbaugh tentou seus melhores esforços para cometer os assassinatos seriais no Distrito de Franklin, Pensilvânia, entre abril de 1964 e maio de 1966, mas o ex-condenado e algumas vezes paciente mental foi continuamente frustrado pela fraca perícia em seus ataques insignificantes a moradores locais e motoristas. Por dois anos, o ardiloso "Homem da Montanha de Ravina Sombria" aterrorizou seu campo de caça escolhido, mas sua única vítima fatal foi o agente do FBI Terry Anderson, atingido em uma emboscada em 17 de maio de 1966, próximo ao final de uma caçada de oito dias. Nessa época, Hollenbaugh foi identificado, e morto enquanto resistia à prisão no dia seguinte.

— *Rodney Gene Beeler*: arrombador de fetiche e estuprador do Distrito de Orange, Califórnia, Beeler foi — como pelo menos sete *serial killers* antes dele — forçado a vestir roupas de menina na infância. Isto pode (ou não) auxiliar a explicar seu hábito de roubar roupas íntimas femininas de casas e lavanderias e masturbar-se com sutiãs e calcinhas. Depois, seguindo uma condenação de arrombamento, Beeler foi examinado por psiquiatras e um deles escreveu em seu relatório: "Beeler é naturalmente demoníaco, como alguns homens são naturalmente passionais ou belicosos, gentis ou fracos". Um segundo analista foi mais longe, ao chamá-lo de "sem alma" e um "inimigo natural da humanidade". Em julho de 1985, Beeler estuprou e roubou uma mulher de 53 anos; cinco meses depois, ele atirou e matou Anthony Stevenson, de 23 anos, aparentemente durante uma tentativa de roubo mal feita. Condenado por assassinato em julho de 1988, ele foi sentenciado à morte em 4 de maio de 1989.

— *Michael Sams*: um infrator britânico conhecido como "Metal Mickey" por causa de uma perna artificial que usava; Sams raptou a prostituta Julie Dart, de 18 anos, de Leed, em 9 de julho de 1991, requerendo um resgate de 280 mil dólares em uma série de cartas que Dart foi forçada a escrever (uma nota ameaçava com uma bomba incendiária uma loja de departamentos local caso a polícia ignorasse as exigências). O resgate nunca foi pago, mas não fez diferença para Dart, que foi assassinada assim que acabou de escrever as cartas. Seu corpo foi encontrado em 14 de julho. Uma nota final do assassino avisou que "prostitutas são fáceis de se pegar e não gastarei mais tempo na prisão por assassinar duas em vez de uma!" Sua segunda vítima, raptada de Birmingham em 22 de janeiro, não era uma prostituta, aliás: Stephanie Slater, de 25 anos, era uma corretora. Sams exigiu 300 mil dólares para seu retorno seguro, e dessa vez o resgate foi pago e sua vítima liberada sem ferimentos. Os detetives rastrearam Sams até sua casa em Newark, prendendo-o em janeiro de 1992; ele posteriormente confessou o assassinato de Julie Dart, sendo então sentenciado à prisão perpétua.

— *Todd Everett Fluette e David Allen Kring*: os dois podem, na verdade, ter atingido a posição de *serial killers* em San Diego, Califórnia, por terem sido acusados e condenados por somente um assassinato; eles oficialmente se classificam como "desejosos de ser". Entre 4 de novembro e 8 de dezembro de 1991, três homens foram apunhalados até a morte nas proximidades de Balboa Park, com seus corpos golpeados e mutilados em um padrão terrível de destruição. As investigações levaram os detetives aos marinheiros Fluette e Kring, da Marinha dos Estados Unidos, que haviam se vangloriado com colegas marinheiros de "balanço dos ordinários" e "matar homossexual" em Balboa Park. Suas "piadas" incluíam a referência a "retirar a pele dos homossexuais como faria com uma batata", e, enquanto outros marinheiros não levavam a conversa seriamente, eles descreveram Kring e Fluette como "*serial killers* loucos" que admiravam abertamente JOHN GACY, THEODORY BUNDY e o não identificado ZODÍACO; Pronunciado no assassinato de Michael Hamilton, de 48 anos (a terceira vítima), Kring admitiu a culpa em julho de 1992; em 13 de agosto, foi sentenciado à pena de prisão de 15 anos à prisão perpétua; Fluette foi a julgamento cinco dias depois, condenado pelo mesmo assassinato em 31 de agosto, e foi sentenciado à prisão perpétua sem condicional. Os dois réus negam qualquer participação em outros dois homicídios, e aqueles casos permanecem oficialmente não resolvidos.

— *Jason Massey*: outro fã de Ted Bundy e do "Golpeador Noturno" RICHARD RAMIREZ, Massey registrou suas aspirações demoníacas em um diário de 500 páginas que intitulou "Livro da Morte do Assassino". Ele também manteve uma geladeira portátil cheia de cabeças apodrecidas de animais em sua casa em Ennis, Texas, a 95 quilômetros ao sul de Dallas. Na noite de 26 de julho de 1993, Massey começou sua campanha assassinando James King, de 14 anos, e sua meia-irmã Christina Benjamin, de 13 anos, de Garret, Texas. Ambos foram atingidos por tiros e então decapitados, com suas mãos e pés cortados e mutilações posteriores infligidas em seus torsos. A polícia local tinha um registro de reclamações contra Massey desde 1987, quando ele tinha 15 anos. Os investigadores revelaram evidências ligando-o aos assassinatos, e ele foi pronunciado em 11 de agosto de 1993. No julgamento, seu diário ajudou a promotoria, com sua franca admissão de que "me faz feliz pensar em todo o ferimento que posso causar". Massey esperava matar 700 vítimas antes de morrer, assim atingindo a "maior matança e carnificina trazida à Terra por um homem". Condenado em todas as acusações no julgamento, ele foi sentenciado à morte em 22 de outubro de 1994.

— *Todd Rizzo*: um residente de 18 anos de Waterbury, Connecticut, Rizzo era ainda outro ávido fã de *serial killers* famosos, citando JEFFREY DAHMER como seu favorito. Dispensado do Marine Corps menos de um ano após alistar-se, Rizzo começou a imitar seu herói em outubro de 1997. Atraindo o vizinho de 13 anos para o seu quintal para "caçar cobras", Rizzo bateu no menino, "montou nele como em um cavalo e bateu nele muitas vezes na cabeça" com uma marreta. Ligado ao assassinato por uma testemunha que viu seu carro próximo ao local onde o corpo foi jogado, Rizzo disse à polícia que o assassinato foi cometido por "nenhuma boa razão. Foi um tipo de impulso, acho".

DOSS, Nanny Hazel

Filha de Dixie, nascida em 1905, Nanny Doss foi molestada por uma série de homens antes de atingir o meio da adolescência. Aos 16 anos, casou-se com Charles Braggs e teve quatro filhos em rápida sucessão. Braggs ficou confuso quando dois deles, morreram de repente em um pequeno intervalo de tempo mas Nanny não deu nenhuma explicação. Cada uma das crianças pareciam saudáveis quando Charles saiu para trabalhar, mas choraram em sua partida e morreram em convulsões logo após o café da manhã.

Pequenos pagamentos de seguro aliviaram um pouco a dor, mas Braggs começou gradativamente a suspeitar de sua esposa. Uma tarde, ele levou a criança mais velha e andou rapidamente por lugares desconhecidos, deixando Nanny para trás com a outra filha deles, Florine. Embalando seus poucos pertences, Nanny mudou-se para Cedar Town, Geórgia, onde conheceu e depois casou-se com Frank Harrelson. Florine tinha apenas dois anos quando Harrelson e Nanny pegaram a estrada, deixando a criança sozinha em sua casa, abandonada. Os vizinhos conseguiram rastrear Charles Braggs e ele veio buscar a garota, mas Nanny não veria sua filha novamente por nove anos.

O reencontro delas evidentemente suavizou as coisas, e em 1945, Florine, então casada e mãe — sentiu-se segura para deixar seu pequeno filho na casa de Nanny em Jacksonville, Alabama, enquanto foi visitar seu pai. O bebê Lee sobreviveu três dias aos cuidados de Nanny, e sua morte produziu especulações angustiadas sobre ele acidentalmente "pegar algum veneno de rato". Três meses depois, Frank Harrelson ficou doente e morreu em uma semana. Nanny usou o dinheiro do seguro para comprar uma pequena casa e 10 acres de terra para si, fora de Jackson Ville.

O início da década de 1950 foi um período letal para os parentes de Nanny. Seu terceiro marido, Arlie Lanning, morreu em Lexington, Carolina do Norte, em 1952. Poucos meses depois, em janeiro de 1953, sua mãe morreu enquanto Nanny servia de enfermeira para ela durante a recuperação do quadril quebrado. Duas das irmãs de Nanny morreram no mesmo ano, em diferentes cidades; cada uma com colapso enquanto Nanny as estava visitando. Elas tiveram os mesmos sintomas misteriosos de cãibras estomacais e convulsões. Em 1953, o quarto marido — foi Richard Morton — colocado para descansar em Emporia, Kansas.

Nanny casou-se com o quinto e último marido, Samuel Doss, em Tulsa, Oklahoma, em julho de 1954. Ele morreu um mês depois, e a necropsia obrigatória revelou arsênico suficiente para matar 20 homens. Confrontada com a evidência de homicídio, Nanny Doss fez confissões estendendo-se por três décadas e pelo menos dez assassinatos, recebendo uma condenação de prisão perpétua pelo caso de Tulsa, em 1955. Ela cumpriu dez anos antes de sucumbir à leucemia em 1965.

Durante as diversas confissões e os anos na prisão, Nanny — denominada a "Avó Risadinha" em alguns relatórios da imprensa — insistiu que o dinheiro não teve papel significativo em seus crimes. Apesar dos diversos pagamentos de seguro, seus homicídios foram relatados como motivados por enfado marital e um sonho de descobrir o marido ideal, como descrito em suas revistas de "romances verdadeiros". "É isso", Nanny disse a seus interrogadores, "Estava procurando o companheiro perfeito, o verdadeiro romance da vida".

DOUGLAS, John Edward: Analista de Esboços Biográficos do FBI

Nativo do Brooklyn, nascido em 1945, Douglas é o primeiro a admitir não ser "um acadêmico superior" na escola secundária. Tendo sido rejeitado pela Universidade de Cornell, acabou inscrevendo-se no Estado de Montana, em Bozeman, onde lutou para manter uma média "D". Em 1966, com o aquecimento da Guerra do Vietnã, Douglas uniu-se à Força Aérea dos Estados Unidos para evitar um recrutamento do Exército e serviu no Novo México, onde acabou se graduando. Ele se tornou rapidamente amigo do agente local do FBI, que o incentivou a candidatar-se a um emprego naquele orgão após sua dispensa do serviço militar em 1970.

Douglas foi aceito no FBI e esteve em seus primeiros anos como um agente em Detroit, designado para a Unidade de Crimes Reativos, que investigava raptos, roubos a bancos e crimes federais similares. Um ano depois, transferido para Milwaukee, ele preencheu uma posição parecida, combinada com um membro da equipe da SWAT* do FBI. Chamado à Academia do FBI para treinamento em negociação de reféns, em 1975, Douglas encontrou o instrutor e colega agente ROBERT RESSLER, designado para a Behavior Science Unit, BSU (Unidade de Ciências de Comportamento). Eles concordaram e Ressler recomendou Douglas para um cargo com BSU em junho de 1977. Juntos e separadamente conduziram muitas entrevistas de prisão com assassinos sentenciados durante os seis anos seguintes, como parte do Projeto de Pesquisa de Personalidade Criminal do BSU, levando à criação do VICAP, Programa de Apreensão de Criminoso Violento, em 1985. Ressler aposentou-se cinco anos mais tarde e Douglas substituiu-o como chefe de BSU — renomeado Serviço de Apoio Investigativo — e manteve esse posto até sua aposentadoria, em 1995.

Embora envolvido em de muitos casos famosos de homicídio em série, frequentemente descrito como um modelo para o fictício G-Man Jack Crawford, nos romances Dragão Vermelho e O Silêncio dos Inocentes, o próprio Douglas não perseguiu nem prendeu serial killers. Ainda assim, o emprego tinha seus perigos, incluindo um ritmo tão febril e estressante, que levou Douglas a uma hemorragia cerebral quase fatal em dezembro de 1983, enquanto visitava Seattle para aconselhar sobre o caso do "ASSASSINO DE GREEN RIVER".

Embora fosse frequentemente entrevistado e fizesse incontáveis palestras enquanto servia ao FBI, Douglas encontrou a verdadeira fama na aposentadoria, com diversos livros best-sellers, incontáveis aparecimentos em programas de entrevistas na TV e uma linha lateral lucrativa em consultoria privada sobre casos criminais tais como o famoso assassino JonBenét Ramsey em Boulder, Colorado. Os livros de coautoria de Douglas na área em questão de homicídio serial incluem Sexual Homicide (1988); Manual de Classificação de Crime do FBI (1992); Mind Hunter 1995; Unabomber (1996); Journey into Darkness (1997); Obsession (1998) e The Anatomy of Motive (1999).

Ironicamente, a celebridade de Douglas evocou a hostilidade do público a partir de seu então mentor Robert Ressler, criticando Douglas por seu exagero e com acusações que denunciavam que Douglas "ficou face a face com JOHN GACY", quando os registros da prisão mostram que nunca se encontraram (sendo imparcial com Douglas, a acusação foi feita aparentemente por um agente da imprensa e não pelo próprio Douglas; não aparece em qualquer parte dos livros publicados). Quando Douglas contratou a equipe de defesa de Ramsey em Boulder, anunciando seu "forte instinto" que os pais da vítima eram inocentes de seu assassinato, Ressler questionou publicamente seu julgamento, descrevendo Douglas em uma entrevista como um "tipo de garoto de Hollywood". Douglas, por seu lado, declinou até então de participar em briga pública com seu chefe anterior.

DURRANT, William Henry Theodore

À primeira vista, Theodore Durrant parece ser o que as mulheres em boa posiçãobem-sucedidas e suas filhas soltei-

---

*N.T.: SWAT (Special Weapons And Tatics), polícia especializada americana, treinada para executar operações de risco.

ras chamariam de "um bom partido". Ainda em seus 20 anos, cortês, bem-vestido, um doutor em treinamento na Faculdade de Medicina de Cooper em São Francisco, ele era também devotamente religioso, servindo como superintendente assistente na escola regular dominical na Igreja Batista Emmanuel. Era desconhecido daqueles ao seu redor que o jovem possuía um lado sombrio. Sua dupla obsessão era religião e sexo, embora no último campo ele confidenciasse a um companheiro estudante de Medicina: "não tenho nenhum conhecimento de mulher".

Isto não impediu que as jovens fossem atraídas para Durrant como mariposas para a luz; entretanto, uma de suas admiradoras mais fortes era Blanche Lamont, 18 anos, uma paroquiana da batista Emmanuel. Em 3 de abril de 1895, eles foram vistos juntos por diversas testemunhas, andando em direção à igreja, onde Blanche foi vista viva pela última vez na calçada externa. Ela estava desaparecida havia alguns dias, fato curiosamente não relatado por sua família, quando Durrant começou soltar amplos indícios de que ela poderia "estar perdida". Em paralelo, ele estava penhorando suas joias e embolsando o dinheiro.

A polícia não tinha indícios do paradeiro de Blanche, mas outra jovem da batista Emmanuel, Minnie Williams, 21 anos, estava falando demais, dizendo a amigos que ela "sabia muito" sobre o caso, sugerindo obscuramente que Blanche tinha se encontrado no crime. Em 12 de abril, Minnie foi vista discutindo com Theo Durrant na rua do lado de fora da igreja, mas parece que eles se reconciliaram e ela estava segurando seu braço, abraçando-a quando entraram na igreja.

Na manhã seguinte, um sábado, os membros da Sociedade das Senhoras da igreja ficaram estupefatos ao encontrar Minie sem vida, o corpo sujo de sangue entalado dentro de um armário da igreja. Seminua, ela foi apunhalada nos seios, seus pulsos cortados e suas roupas íntimas comprimidas em sua boca. A polícia esperou um dia antes de vascular o restante da igreja, então interrompendo os serviços no Sábado de Páscoa, mas valeu a pena o esforço. Ao forçarem a porta fechada com tábuas no campanário de cerca de 3,5 metros da igreja batista Emmanuel, encontraram o corpo de Blanche Lamont; ela estava nua, estrangulada, estuprada após a morte e sua roupa estava dobrada nas vigas do campanário. Seu corpo foi arrumado tão habilmente, cabeça amparada nos blocos de madeira, que a polícia imediatamente pensou em "alguém que sabe algo sobre Medicina".

Ao se levar em conta todas as coisas, Theo Durrant foi o suspeito natural, sendo rapidamente indiciado pelo assassinato de Blanche Lamont. A condenação do "Monstro do Campanário" foi mesmo mais rápida, e os jurados estabeleceram um novo recorde com a deliberação durante apenas cinco minutos. Durrant foi sentenciado à morte, e embora a apelação atrasasse sua execução por cerca de dois anos, ele foi finalmente enforcado em 3 de abril de 1897, no aniversário do brutal assassinato de Blanche Lamont.

EDWARDS, Mack Ray

Nativo do Arkansas, nascido em 1919, Edwards mudou-se para Los Angeles em 1941, e foi preso por vadiagem naquele mesmo mês de abril, antes de encontrar trabalho como operador de equipamento pesado. Nesse cargo, ele ajudou a construir as rodovias que tornaram Los Angeles famosa e, no início da década de 1970, era um veterano no emprego, casado e pai de dois filhos, o próprio modelo da propriedade de operário de produção. Se as pessoas suspeitaram de seu envolvimento em uma série de brutais assassinatos espalhando-se por dezesseis anos, elas mantiveram o segredo para si.

Em 5 de março de 1970, três garotas, com idades entre 12 e 14 anos, foram raptadas por ladrões de suas casas em Sylmar, um subúrbio de Los Angeles. Duas escaparam de seus raptores, mas uma ainda estava desaparecida no dia seguinte, quando Mack Edwards entrou na estação de polícia de Los Angeles, entregando um revólver carregado, disse ao oficial de serviço: "Tenho um complexo de culpa". Edwards nomeou seu cúmplice adolescente no rapto recente e orientou a polícia para a Floresta Nacional de Angeles, onde a garota desaparecida foi encontrada, sem ferimentos. Antes que as autoridades pudessem tomar seu depoimento, o prisioneiro informou-os que havia "outras questões" a discutir.

Os detetives de homicídio relacionaram, emudecidos, a confissão voluntária de Edwards de meia dúzia de assassinatos datando desde o início da década de 1950. Stella Nolan, 8 anos, foi a primeira a morrer, em junho de 1953. Raptada de sua casa em Compton, ela nunca foi encontrada e seu destino permaneceu um mistério por dezessete anos até a consciência do assassino levá-lo a confessar. O segundo crime de Mack foi duplo, quando matou Don Baker, 13 anos, e Brenda Howell, de 11 anos, em Azusa, em 6 de agosto de 1956. Também neste caso, os corpos estavam desaparecidos, nenhuma solução à vista antes de Edwards entregar-se para a polícia.

De acordo com a declaração do assassino, ele jurou nunca mais matar por 12 anos, retornando com uma vingança no outono de 1968. Gary Rocher, 16 anos, recebeu um tiro fatal em sua casa em Granada Hills, em 26 de novembro, e Roger Madison, 16 anos, desapareceu em Sylmar três semanas depois. A última vítima foi Donald Todd, 13 anos e seu desaparecimento foi informado em Pacoima, em 16 de maio de 1969.

Em 7 de março de 1970, Edwards levou os oficiais às Montanhas San Gabriel, procurando as covas de duas vítimas, mas o terreno alterado frustrou a busca. Ele teve mais sorte quatro dias depois, orientando seus detentores para uma seção da rodovia Santa Ana, onde os restos mortais de Stella Nolan foram desenterrados de uma cova com 24,5 metros de profundidade. Edwards informou que Roger Madison foi enterrado sob a rodovia Ventura, mas as autoridades recusaram-se a cavar a autoestrada à procura de indícios. Os crimes, Mack disse: "foram todos motivados por um impulso por sexo."

Quando Edward estava seguramente preso, a polícia expressou o ceticismo durante o espaço de 12 anos em sua carreira de assassinatos, sugerindo que poderia haver outras vítimas não consideradas — uma contagem de corpos de 22 no total. Respondendo de sua cela, o assassino inflexivelmente manteve-se fiel à sua confissão.

"Existem somente seis", ele disse aos repórteres. "Não há mais. Estes são todos que existem". Antes de seu julgamento, ele tentou duas vezes o suicídio, cortando seu estômago com uma lâmina de barbear em 30 de março e tomando uma *overdose* de tranquilizantes em 7 de maio.

Condenado em três dos seis assassinatos confessados, Edwards foi sentenciado à morte após dizer ao júri: "Quero a cadeira. Isto é o que sempre quis". A execução imediata foi seu objetivo. É como Edwards disse ao tribunal: "Meu advogado disse-me que existe uma centena de homens esperando morrer na cadeira. Estou pedindo ao juiz que eu possa ficar em o primeiro lugar. Agora, ele está sentado ali transpirando. Eu não estou transpirando. Estou pronto para isso".

Pronto ou não, Edwards foi defrontado com a perspectiva de apelações automáticas, consciente do fato de que nenhum interno da Califórnia fora executado nos últimos quatro anos. Em 30 de outubro de 1971, ele encurtou o processo, usando uma corda elétrica para enforcar-se em sua cela no corredor da morte em San Quentin.

Veja também: PESSOAS DESAPARECIDAS

ENCARCERAMENTO de *Serial killers*

A sociedade tende a esquecer os criminosos quando eles são condenados e sentenciados à prisão ou morte. A cada novo dia, há manchetes de novas atrocidades, outro fantasma para conjurar pesadelos. O monstro do ano anterior é uma memória desbotada, exceto pelas suas vítimas sobreviventes; a poeira só é retirada dos horríveis detalhes em aniversários especiais e audiências esporádicas de condicional. Quem, além de um conjunto de detetives idosos e fãs de crimes, lembra-se do nome do "Mordedor Louco" de Wisconsin? "Tom Estuprador Vampiro" de Montreal? O atirador "Espreitador Tom" de Washington, D.C.?

Infelizmente, o alívio gerado pela convicção de se encontrar um predador implacável é sempre prematuro. Em muitos casos, a disposição pela condenação de prisão — mesmo prisão perpétua sem condicional — e definitiva. Os assassinos ocasionais têm uma forma de voltar para assustar a sociedade como um todo, além do escopo dos artigos de retrospectiva e transmissões do tipo tabloide da TV.

Com muita frequência, todos retornam com todas as vantagens para matar novamente.

Os *serial killers*, assim como os companheiros "normais", respondem ao confinamento de diversas formas. Como camaleões naturais, hábeis desde a infância na arte de cobrir seus passos, alguns se tornam prisioneiros modelo, seguindo cada regra ao pé da letra, trabalhando em tempo extra para aconselhar e encorajar os outros internos. Muitos "se tornam religiosos" e são "renascidos", como no caso de Charles ("Texas") Watson, um ex-aluno da FAMÍLIA MANSON que opera seu próprio ministério por trás das paredes da prisão, recebendo doações regulares de seu rebanho.

Pode ser discutido (e persuasivamente) que assassinos ocasionais se dedicam às regras ou "encontram o Senhor" com os seus próprios motivos em mente, empenhando-se para agradar seus captores e influenciar futuros conselhos de condicional. O autor Joel Norris, por outro lado, descreve a aquiescência com a autoridade como um reflexo natural de *serial killers*, induzido pela imposição de um ambiente ordenado e a remoção daqueles estímulos — drogas, álcool, pornografia, mesmo alimentos pouco nutritivos — que contribuem para um comportamento errático e aberrante. Qualquer que seja a teoria vencedora, permanece o fato de muitos assassinos aleatórios nunca se adaptarem à vida em uma gaiola, incluindo 2% que se esquivam da custódia por meio do suicídio. Ao mesmo tempo, outros 2% dos assassinos em série dos Estados Unidos continuam a matar atrás das grades, desafogando sua raiva nos guardas, colegas internos e mesmo visitantes. Outros 5% têm suas fugas em seus registros e 71% daqueles que escapam cometem um ou mais assassinatos antes de serem estendidos no chão.

A condicional é improvável (embora não desconhecida) para *serial killers* notórios, mas um olhar nos registros revela um número alarmante dos que receberam a liberdade condicional após seu primeiro assassinato, algumas vezes tendo negociado nas acusações de homicídio para um delito menor, tais como o homicídio culposo ou agressão com agravantes. HENRY LUCAS recebeu a condicional dez anos após matar sua mãe, livre para se lançar em uma atividade de homicídio em todo o país, e pelo menos 30 outros assassinos seriais foram liberados para matar novamente em circunstâncias similares. O problema é pior com ASSASSINOS JUVENIS, considerando que muitos Estados requerem a liberação de delinquentes juvenis aos 18 e aos 21 anos, frequentemente com seus registros criminais selados por ordem do tribunal, assim mascarando seu potencial já provado de violência. Esses casos são os primeiros citados pelos que apoiam a PENA CAPITAL, lembrando-nos que nenhum assassino até agora retornou do túmulo para repetir seus crimes.

Veja também: DEFESA POR INSANIDADE, JULGAMENTO

ENRIQUETA, Marti

Uma feiticeira de estilo próprio que fez sua vida por meio da venda de encantamentos e poções, Enriqueta foi presa pela polícia de Barcelona, Espanha, em março de 1912, sob as acusações de raptar diversas crianças locais. Sua última vítima, uma pequena menina de nome Angelita, foi resgatada com vida do covil da feiticeira, surpreendendo a polícia com uma narração de assassinato e CANIBALISMO. De acordo com a menina, ela foi forçada por Enriqueta a comer carne humana. Sua "refeição" foram restos deploráveis de outra criança, raptada pela assassina algum tempo antes.

Conforme finalmente reunidos pelas autoridades, os crimes locais de Enriqueta já tinham feito pelo menos seis vítimas. Após o assassinato das crianças, ela fervia seus ossos para usar como ingrediente principal de suas caras "poções do amor". Condenada com base em sua confissão, ligada ao testemunho de sua única vítima sobrevivente, Marti Enriqueta foi condenada e executada por seus crimes.

ERSKINE, Kenneth

Aos 24 anos, Kenneth Erskine foi diagnosticado pelos psiquiatras do tribunal como possuir de uma "idade mental de 11 anos". Um solitário persistente, abandonado por sua mãe inglesa e pai de Antígua, ele vagueou por ambientes de escolas e albergues noturnos especiais, colecionando um registro de prisões por roubos em Londres. Os negócios eram bons o suficiente para Erskine abrir dez contas bancárias separadas para sua pilhagem, mas o dinheiro não era tudo. Em algum lugar ao longo do caminho, o jovem de mente simples pegou o gosto por homicídio.

A primeira a morrer foi Eileen Emms, de 78 anos, estrangulada em sua cama durante a primeira semana de abril de 1987. Um mês depois, Janet Crockett, 67 anos, foi assassinada de forma idêntica. O caçador deu um rebote duplo em 28 de junho, com Valentine Gleime, 84 anos, e Zbignew Stabrawa, 94 anos, em incidentes separados. William Carmen, 84 anos, foi estrangulada no início de junho. Duas semanas depois, William Downes, 74 anos, e Florence

Tisdall, 80 anos, foram encontradas mortas em manhãs consecutivas.

Nessa época, a polícia estava trabalhando em turnos extras para encontrar o "Estrangulador de Stockwell", assim apelidado depois que cinco de suas vítimas foram assassinadas na vizinhança do sudoeste de Londres. Existiram roubos insignificantes em diversos casos, como o roubo de uma televisão do apartamento de Crockett e aproximadamente 900 dólares retirados da casa de Carmen; porém o roubo não parecia ser o motivo principal. Todas as vítimas foram estranguladas manualmente, deixadas em suas camas com os lençóis cobrindo seus rostos. Cinco foram sexualmente molestadas, mas as autoridades não puderam determinar se os atos foram cometidos antes ou depois da morte.

Kenneth Erskine foi preso em 28 de julho em um escritório de previdência social por tentar ocultar uma de suas diversas contas de poupança. Em custódia, as características da palma de sua mão combinavam com outras levantadas de uma cena de homicídio em Stockwell, e ele foi reconhecido em uma fila pela vítima Frederick Prentice, de 74 anos, que sobreviveu a uma tentativa de estrangulamento em 27 de junho. Sob interrogatório, Erskine pareceu pleitear amnésia. "Não me lembro de ter assassinado alguém.", ele disse à polícia. "Poderia tê-lo feito sem saber. Não estou certo se o fiz".

O tribunal teve pouca dificuldade em resolver o problema. Acusado em sete casos de homicídio, Erskine foi condenado no conselho em 29 de janeiro de 1988 (outros dois homicídios adicionais, datando de 1986, foram eliminados da lista com base em evidência insuficiente). O juiz presidente sentenciou Erskine a sentenças de sete prisões perpétuas mais um adicional de 12 anos por tentativa de homicídio, recomendando que o assassino cumprisse um mínimo de 40 anos antes de ser considerado para a condicional.

Perfil Biográfico de Assassinos não Identificados

Os "perfis" psicológicos de sujeitos desconhecidos à solta — UNSUB, na linguagem dos executores da lei — é uma ferramenta investigativa relativamente nova, utilizada pela primeira vez em meados de 1950; é também até agora uma das mais controversas. Em FICÇÃO E FILMES, os analistas biográficos são frequentemente retratados como psíquicos, pegando *flashes* da mente de um assassino desconhecido em cada visita a uma cena de crime, rastreando seu homem (ou mulher) tão inexoravelmente como se eles pudessem ler o nome e o endereço do sujeito em uma bola de cristal.

Infelizmente, nada poderia estar mais longe da verdade.

O Perfil Biográfico, na linha base, nada mais é que um trabalho de adivinhação inteligente. Em sua melhor parte, um trabalho de adivinhação pode ser muito inteligente, originando-se da experiência de dúzias (ou centenas) de casos anteriores, frequentemente assistido por análise de computador, refinando o retrato de um UNSUB em um pequeno detalhe. Em um lado irreverente, então, pode ser pior que inútil, levando os detetives de homicídios a uma pista falsa enquanto o objeto de sua caçada humana observa do lado de fora e diverte-se com o show. Em muitos casos, a realidade de Perfil Biográfico cai em algum lugar entre dois extremos: os especialistas são capazes de preparar uma semelhança justa de seu sujeito sem fornecer os detalhes essenciais — nome, endereço, e assim por diante — que levariam a uma prisão.

Ironicamente, a primeira aplicação do Perfil biográfico psicológico em casos criminais modernos é apenas o único caso até então em que um analista biográfico contribuiu diretamente para a prisão de um sujeito. Em 1956, o psiquiatra forense James

Brussel preparou um Perfil biográfico surpreendentemente acurado do "Colocador de Bombas Louco" de Nova Yorque, deduzindo a impotência do sujeito pelo formato fálico de suas bombas de tubos, gerando um esboço que poderia passar pela fotografia do Colocador de Bombas, predizendo mesmo — corretamente — que o sujeito estaria vestindo um terno transpassado (com o paletó abotoado) no momento de sua prisão. Mas, quanto a este ponto, uma carta aberta do dr. Brussel provocou do Colocador de Bombas George Metesky uma resposta escrita, que por sua vez levou a polícia a sua porta. Nenhum outro analista biográfico já rivalizou com o desempenho de Brussel e mesmo onde os analista de perfil específicos estão se provando exatos na esteira da prisão, a apreensão em si é normalmente efetivada pela investigação policial de rotina.

Dois casos frequentemente citados como histórias de sucesso nos perfis claramente demonstram o espaço entre a publicidade e a realidade. Em Sacramento, Califórnia, os oficiais do xerife e os agentes do FBI prepararam um esboço biográfico de um UNSUB acusado de seis assassinatos terríveis em janeiro de 1978. Em sua prisão, descobriu-se que o réu Richard Chase combinava com os perfis biográficos em cada aspecto, ainda que a análise psicológica não tivesse qualquer papel em sua captura. Em vez disso, Chase foi visto por um antigo colega de classe do ensino médio vagando nas ruas com roupas manchadas de sangue e foi entregue para a polícia, que o pegou para interrogatório e então descobriu a evidência reveladora dentro de seu carro. Seis anos depois, ROBERT LONG, o estuprador-assassino da Flórida, foi o sujeito de outro PERFIL BIOGRÁFICO do FBI, que de novo se provou notavelmente acurado, uma vez que o suspeito estava sob custódia. Os homens G aposentados aclamaram seus resultados como se eles mesmos tivessem pegado Long, mas o fato de o assassino selar seu próprio destino ao liberar sua penúltima vítima viva forneceu às autoridades a descrição de Long e de seu carro.

Quando os analistas biográficos perdem seus objetivos, os resultados algumas vezes são verdadeiramente bizarros. Em 1963, um conjunto de psiquiatras — incluindo o mencionado dr. Brussel — foi convocado para espreitar o "Estrangulador de Boston" de longe. Os especialistas concluíram que Boston estava infestada por dois assassinos, um que fazia vítimas idosas e outro — considerado homossexual — que estrangulava mulheres jovens. Além de qualquer divergência, muitas similaridades foram postuladas, incluindo uma sugestão: ambos os homens eram professores, viviam sozinhos e matavam em seus feriados programados da escola. Ambos UNSUB foram diagnosticados como inibidos sexualmente e produtos de infâncias traumáticas, caracterizando pais fracos e distantes e mães cruéis e sedutoras. De fato, o estrangulador confesso ALBERT DESALVO era um trabalhador de construção que vivia com sua esposa e duas crianças. Era um heterossexual insaciável. Os exames de seu histórico mostraram um pai bruto e dominante e uma mãe que era fraca e não efetiva. Ele estava em seus 30 anos conforme projetado para os dois professores não existentes, mas a semelhança terminava aí.

Uma falha mais dramática veio no início de 1975, quando outro "conjunto de especialistas" foi reunido em Los Angeles para traçar um PERFIL BIOGRÁFICO do "Estrangulador de Skid Row". Em 30 de janeiro, a mídia de L.A. transmitiu as descrições de um "covarde impotente sexualmente, desafogando seus próprios sentimentos de inutilidade em andarilhos infelizes e arruinados". O assassino foi descrito como um solitário sem amigos, provavelmente homossexual e possivelmente deformado, "motivado por um frenesi para cometer esses assassinatos como um substituto para as relações heterossexuais normais". Sua violência era quase provavelmente "estimulada por uma raiva não resolvida que ele sentia de seu pai, que poderia ter sido um alcoólatra bruto". Os perfis feitos para adequar-se ao biográfico mostraram um homem branco com quase 30 anos, cerca de 1,80 metro de altura, 87 quilos, com o comprimento do cabelo louro atingindo o ombro e emoldurando um rosto angular. Em sua prisão, dois dias depois, o *serial killer* VAUGHN GREENWOOD revelou-se um homem negro, sem nenhuma deformidade aparente, cujos homicídios tinham laivos de ritual de ocultismo, completados com a ingestão de sangue e sal espalhado ao redor dos corpos.

Vale a pena notar que mesmo os especialistas participantes discordam do valor dos perfis de criminosos. O dr. Norman Barr, um dos participantes do perfil do "Esfaqueador Skid Row" na Califórnia, posteriormente admitiu: "não acho que minhas declarações teriam mais sentido que aquelas da dona de casa comum". Por todo continente, na Universidade de Boston, o psicólogo Russel Boxley declara: "Acho que as pessoas que fazem Perfil biográfico estão tornando suas profissões bastardas com uma série de asneiras, sem realmente saber o que estão fazendo. Você sabe, é uma coisa mística, e as pessoas ficam muito impressionadas. É também uma coisa da mídia". Boxley conclui que os psicólogos forenses que rastreavam um UNSUB "não podem fazer melhor que um estudante de faculdade poderia com o mesmo material à sua frente".

Os "caçadores de mentes" do FBI, enquanto isso, mantêm-se em seu registro e táticas, embora algumas de suas conclusões sejam vagas, na melhor das hipóteses. Seguindo a entrevistas posteriores com *serial killers* condenados na década de 1980, os membros da Unidade de Ciência Comportamental do FBI dividiram os *serial killers* em grupos de "ORGANIZADOS" e "DESORGANIZADOS". Os assassinos "organizados" são basicamente aqueles que planejam seus crimes com antecipação e tomam cuidado para evitar a captura mais tarde, enquanto os assassinos "desorganizados" atacam em um impulso, deixando as cenas de crime sujas de indícios. As categorias são deliberadamente amplas, e enquanto o fictício dr. Hannibal Lecter foi excessivamente severo ao acusar a concepção do sistema em um "alimentar de base real", os porta-vozes do FBI reconheceram sua deficiência ao criar uma categoria "mista" intermediária para acomodar os casos problemáticos

"ESTRIPADORES de Chicago"

Este foi um caso com todos os melodramas terríveis de uma produção de Hollywood. Um assassino serial, previsivelmente chamado "Jack, o Estripador" pelos jornalistas, estava cortando mulheres jovens em Chicago e cercanias, descartando seus corpos mutilados como refugo inferior. Os detetives de homicídios não tinham indícios dos motivos do assassino nem sua identidade; eles não conseguiam nem mesmo concordar sobre o total de corpos. A especulação publicada diariamente na imprensa de Chicago era ruim o suficiente; a verdade, quando finalmente exposta, era infinitamente pior.

Em 23 de maio de 1981, Linda Sutton, 28 anos, foi raptada por pessoas desconhecidas em Elmhurst, subúrbio de Chicago. Dez dias depois, seu corpo mutilado — faltando o seio esquerdo — foi recuperado em um campo em Villa Park, adjacente ao Motel Rip Van Winikle. A evidência sugeria que Sutton tivesse sido raptada por um sádico, mas a polícia não tinha evidências sólidas de sua identidade.

Um ano se passou antes que a próxima vítima reconhecida na série desaparecesse. Em 15 de maio de 1982, Lorraine

Borowski, 21 anos, estava escalada para abrir o escritório do corretor em Elmhurst, onde trabalhava. Os empregados que chegaram para trabalhar naquela manhã encontraram o escritório trancado, os sapatos de Borowski e o conteúdo de sua bolsa dispersos e esparramados do lado de fora da porta. A polícia foi chamada imediatamente, mas cinco meses mais se passariam até que o corpo de Borowski fosse encontrado, em 10 de outubro, em um cemitério ao sul de Villa Park. A decomposição avançada fez da causa da morte um mistério.

Duas semanas depois, em 29 de maio, o desaparecimento de Shui Mak foi informado, de Hanover Park, no Distrito de Cook; seu corpo mutilado foi recuperado em Barrington em 30 de setembro. Em 13 de junho, a prostituta Angel Yorque foi pega por um certo "John" em um furgão, algemada seu seio foi cortado antes que fosse deixada agressor viva no acostamento da rodovia. A descrição de seu atacante foi tomada pela polícia em algum lugar em 28 de agosto, quando a prostituta adolescente Sandra Delaware foi encontrada apunhalada e estrangulada até a morte em uma margem do rio Chicago, com seu seio esquerdo habilmente amputado. Rose Davis, 30 anos, estava em condição idêntica quando a polícia encontrou seu corpo em um beco em Chicago, em 8 de setembro. Três dias depois, Carole Pappas, 42 anos, esposa de um lançador do Chicago Cubs desapareceu de uma loja de departamentos próxima a Wheaton, Illinois. sem deixar vestígios.

Os detetives obtiveram a revelação que estavam aguardando em 6 de outubro. Naquela manhã, a prostituta Beverly Washington, de 26 anos, foi encontrada nua e brutalmente atacada ao lado de um caminho da ferrovia de Chicago. Seu seio esquerdo foi quase totalmente cortado e o direito profundamente ferido, mas ela estava respirando, e uma cirurgia de emergência salvou sua vida. Horas depois, em um incidente aparentemente não relacionado, o traficante Rafael Torado foi assassinado e um companheiro ferido, quando os ocupantes de um furgão, ao cruzarem a rua, atingiram um telefone público na esquina com uma rajada de balas.

Duas semanas depois, em 20 de outubro, a polícia prendeu o marceneiro desempregado Robin Gecht, de 28 anos, ex-empregado do contratante JOHN GACY e acusou-o de agressão cruel a Beverly Washington. Também suspeito de mutilar a prostituta Cynthia Smith antes de ela escapar de seu furgão, Gecht era uma pessoa ímpar, acusado de molestar sua própria irmã mais jovem. As autoridades imediatamente ligaram-no aos assassinatos do "Estripador", mas não tinham nenhuma prova: ele pagou a fiança em 26 de outubro.

Enquanto isso, os detetives ficaram sabendo que Gecht era um dos quatro homens que alugaram quartos contíguos no Motel Rip Van Winkle em Villa Park diversos meses antes de Linda Sutton ser assassinada nas proximidades. O gerente lembrou-se deles como arrozes-de-festa, trazendo frequentemente mulheres para seus quartos, e ele surpreendeu os investigadores com um pouco de informação adicional. Os homens foram "algum tipo de seguidores do culto", talvez cultuando o demônio.

Dois dos inquilinos de Rip Van Winkle, os irmãos Andrew e Thomas Kokoraleis, haviam deixado um endereço para encaminhar quaisquer correspondências que pudessem receber. A polícia encontrou Thomas, de 23 anos, em casa, quando bateram, e por suas respostas inconsistentes lhe foi conferida uma viagem para o centro da cidade. O suspeito submetido imediatamente ao exame de polígrafo e rachando sob interrogação firme, descreveu a "capela satânica" no quarto do andar superior de Gecht, onde as mulheres cativas eram torturadas com facas e pegadores de gelo, estupradas pela gangue e finalmente sacrificadas a Satã, pelos membros de um culto

Robin Gecht    *Andrew Kokoraleis*    *Edward Spreitzer*

pequeno que incluía Gecht, os irmãos Kokoraleis e Edward Spreitzer, 23 anos. Conforme descrito pelo prisioneiro, os rituais do culto incluíam machucar um ou ambos os seios com um garrote de arame fino, cada celebrante "tomando a comunhão" ao comer um pedaço antes de a relíquia ser consignada à caixa de troféus de Getch. Em um ponto, Kokoraleis disse aos detetives que tinha contado 15 seios dentro da caixa. Algumas outras vítimas foram assassinadas em Rip Van Winkle, fora de Villa Park. Ele pegou uma fotografia de Lorraine Borowski como a mulher que ele havia apanhado, com seu irmão, para uma ida ao motel.

A polícia ouviu o suficiente. Armados com Mandado de Busca e Apreensão e Prisão, eles procuraram Robin Gecht, Ed Spreitzer e Andrew Kokoraleis, 20 anos, em 5 de novembro, colocando-os na cadeia sob uma fiança de 1 milhão de dólares. Uma procura no apartamento de Gecht revelou a capela satânica descrita por Tom Kokoraleis, e os homens da lei voltaram com um rifle que combinava com aquele do tiroteio recente de Torado. A literatura satânica foi também recuperada do apartamento ocupado por Andrew Kokoraleis. Com os suspeitos sob custódia, as autoridades especulavam se a gangue poderia ter assassinado 18 mulheres em tantos meses.

Tom Kokoraleis foi acusado pelo assassinato de Linda Borowski em 12 de novembro e formalmente pronunciado por um grande júri dois dias depois. O irmão Andrew e Edward Spreitzer foram acusados em 14 de novembro por estupro e assassinato da vítima Rose Davis. Quando o corpo mutilado de Susan Baker, 22 anos, foi encontrado em 16 de novembro em um local onde as vítimas anteriores foram descartadas, a polícia preocupou-se quanto a outros membros do culto ainda poderem estar à solta. Nenhuma acusação foi registrada naquele caso; entretanto, as autoridades conectaram então a morte de Baker à sua história de prisão por drogas e prostituição em diversos estados.

Enfrentando múltiplas acusações de estupro, tentativa de assassinato e lesão corporal qualificada, Robin Gecht foi considerado mentalmente apto para julgamento em 2 de março de 1983. Seu julgamento começou em 20 de setembro, e Gecht tomou a posição de testemunha no dia seguinte, confessando o ataque a Beverly Washington. Condenado em todas as acusações, recebeu uma sentença de 120 anos na prisão.

Tom Kokoraleis sofreu uma mudança de posição desde a confissão de assassinato, e os advogados procuram bloquear a leitura de suas declarações em julgamentos vindouros; mas em 4 de dezembro de 1983, as confissões foram admitidas como evidência. Quatro meses depois, em 2 de abril de 1984, Ed Spretzer confessou-se culpado em quatro acusações de assassinato, incluindo as vítimas Davis, Delaware, Mak e Torado. Sentenciado à prisão perpétua em cada acusação, recebeu uma sentença adicional na condenação por acusações de estupro, agressão sexual fora dos padrões e tentativa de assassinato.

Em 6 de fevereiro de 1985, uma declaração de Andrew Kokoraleis foi lida para o júri em seu julgamento pelo assassinato de Rose Davis. Em sua confissão, o réu admitiu que estava vagando com seus amigos de culto Gecht e Spretzer quando raptaram Davis, e Andrew a apunhalou diversas vezes no processo. Condenado em 11 de fevereiro, recebeu a sentença de morte em 18 de março de 1985. Kokoraleis foi executado por injeção letal em 16 de março de 1999.

Em 4 de março de 1986, Edward Spreitzer foi condenado pelo assassinato de Linda Sutton e formalmente sentenciado à morte em 20 de março. As autoridades declararam que Spreitzer concordou em testemunhar contra Gecht naquele caso, mas nenhuma acusação adicional foi registrada até essa data na horrível série de assassinatos canibais.

"ESTUPRADOR do Lado Oeste"

Em um único ano, entre novembro de 1974 e outubro de 1975, um vagabundo depravado aterrorizou o lado oeste de Los Angeles, estuprando 33 mulheres e assassinando pelo menos dez. Enquanto todas as suas vítimas eram idosas, variando em idade de 63 a 92 anos, os incessantes ataques espalharam uma aura de medo em toda a cidade, aumentando a venda de armas e colocando vizinho contra vizinho à medida que as suspeitas obscuras floresciam. No final, ele fugiu sem vestígios e deixou a polícia procurando em vão por indícios de sua identidade.

A primeira a morrer, em 7 de novembro de 1974, foi Mary Scialese, 72 anos, seguida um dia depois por Lucy Grant, de 92 anos. Em 14 de novembro, o assassino matou Lillian Kramer, 67 anos, reaparecendo na noite de 4 de dezembro para matar Ramona Gartner, 74 anos. Um novo ano não trouxe pausa na violência, sendo Sylvia Vogal, 71 anos, assassinada em 22 de março de 1975. Una Cartwright, 78 anos, foi assassinada em 8 de abril; Olga Harper, 75 anos, foi morta duas semanas depois. Assassinada em 22 de maio, Effie Martin, 86 anos, foi a oitava em 23 ataques. Sua morte foi seguida pelo homicídio de Cora Perry, 79 anos, e de Leah Leshefsky, 63 anos, em 28 de outubro.

No dia de Ano Novo, dois meses já se haviam passado sem uma nova agressão, e os residentes do lado Oeste de L.A. começaram a respirar um pouco mais aliviados. No devido tempo, eles esqueceriam, mas os detetives de homicídios continuaram a procurar por seu homem durante uma década, cobrindo o mesmo campo incessantemente sem resultados. Uma possível solução para o caso foi sugerida na pessoa de Brandon Tholmer, confinado por três anos em um hospital estadual para doentes mentais, após o estupro de uma mulher de 79 anos em outubro de 1975. Tholmer vivia na área e cometeu crimes de invasão de residência similares àqueles do Estuprador do Lado Oeste. Onze anos depois, em 1986, Tholmer — então com 37 anos — foi sentenciado à prisão perpétua pelo estupro-assassinato de quatro mulheres idosas, desde 1981. Até agora, nenhuma evidência foi feita conectando Tholmer à série de crimes anteriores, e o Estuprador do Lado Oeste permanece oficialmente não identificado.

ETHERIDGE, Ellen

Um sólido histórico familiar e treinamento religioso não impediram a segunda esposa do rancheiro texano J. D. Etheridge da angústia ciumenta. Quando se casaram na primavera de 1912, ela pensou que o rico viúvo a admirava por si própria. Mas logo ficou aparente que ele estava mais interessado em encontrar alguém que cozinhasse e limpasse sua grande casa no Distrito de Bosque, a noroeste de Waco. Ellen aquecia sua cama solitária e cuidava da casa, mas começou a se sentir negligenciada quando seu marido mostrou sua afeição com as crianças — oito no total — que eram a imagem viva de sua lamentada predecessora.

Com o decorrer do tempo, o ciúme deu espaço à inveja e então cresceu para o ódio. Em junho de 1913, Ellen lançou seu plano para estreitar o rebanho, empregando veneno para eliminar duas das ofensivas crianças. Duas mais morreram em 2 de outubro, mas a coincidência era muito extrema. As autoridades ficaram curiosas e o veneno foi encontrado nos testes de necrópsia. Em custódia, a segunda sra. Etheridge confessou seus crimes e recebeu uma condenação de prisão perpétua.

Veja também: "VIÚVA NEGRA"

EVANS, Wesley Gareth

O canadense Wesley Evans, bronco e hiperativo, perdeu longos meses de escola por causa do comportamento errático que tornou seu o comparecimento impossível. Atingido por um trem aos 9 anos de idade, ele sofreu graves ferimentos na cabeça que o deixaram em coma por oito dias, e com paralisia temporária no lado esquerdo após recuperar a consciência. Liberado do hospital depois de quatro meses de terapia, Evans posteriormente andou com bastante dificuldade, comunicando-se com problemas na fala. Dezoito meses depois, ele queimou 20% de seu corpo enquanto brincava com um isqueiro. Cresceu obcecado com a ideia de que as meninas — e mais tarde as mulheres — estavam rindo de suas cicatrizes. Oportunamente, sua raiva escondida atingiria um ponto de fervura letal.

Em 24 de novembro de 1984, Lavonne Willems, 27 anos, foi encontrada morta em uma casa em Vancouver, que ela estava cuidando para amigos então em férias em outro país. Ela foi assassinada no quarto, apunhalada em um total de 25 vezes, suas calças estavam desabotoadas e abertas na cintura. Os detetives tinham a teoria de motivo sexual, mas não encontraram um suspeito no caso.

Em 31 de março de 1985, a corretora de imóveis Beverly Seto, 39 anos, recebia clientes em perspectiva em uma casa aberta em Matsqui, subúrbio de Vancouver. Quando não voltou para casa para o jantar, seu marido dirigiu-se até a casa vazia e encontrou seu carro do lado de fora a porta entreaberta. Dentro da casa, uma luz estava acesa na cozinha, embora os convidados já tivessem partido havia algum tempo. Movendo-se pelas salas silenciosas, encontrou sua esposa no quarto, com a garganta cortada e a saia comprimida ao redor de sua cintura. O legista relatou que Seto foi estuprada, então apunhalada por pelo menos 20 vezes.

No fim de julho, a polícia recebeu uma pista que designava um jovem homem da vizinhança de Matsqui como o assassino de Seto. Ele foi detido para interrogatório no início de agosto de 1985, mas os oficiais não encontraram nada que o ligasse com o homicídio. Procurando mais informações sobre seu suspeito, detiveram Wesley Evans, 21 anos, sob acusação de uso de maconha, esperando que pudessem pressioná-lo quanto aos detalhes dos movimentos suspeitos. O que eles obtiveram em vez disso foi uma confissão surpresa do crime.

Em custódia, o prisioneiro admitiu ter assassinado Seto e começou a oferecer detalhes do homicídio de Willems. Os investigadores de homicídios verificaram seus mapas das ruas e espantaram-se ao descobrir que Evans vivia a apenas quatro quadras do local do assassinato de Seto e oito quadras da casa onde Willems morreu. As ob-

Larry Eyler

servações de abertura do julgamento de Wesley foram ouvidas em 16 de janeiro de 1986. Condenado duas semanas depois, foi sentenciado à prisão perpétua, recomendado a cumprir um mínimo de 25 anos antes que se tornasse elegível para a condicional.

EYLER, Larry W.

Um nativo de Crawfordsville, Indiana, nascido em 21 de dezembro de 1952, Eyler foi o mais jovem de quatro filhos de pais que se divorciaram quando ele ainda era criança. Abandonando o ensino médio no último ano, fez trabalhos ocasionais por alguns anos antes de ganhar seu GED*. A inscrição esporádica na faculdade entre 1974 e 1978 deixou Eyler sem um diploma, e ele finalmente reuniu suas coisas e mudou-se para Chicago.

N.T.: GED = General Educacional Development *(Desenvolvimento Educacional Geral)*

Não compreendido pelos amigos e parentes, Larry Eyler era um jovem em guerra consigo mesmo, lutando para enfrentar as tendências homossexuais que simultaneamente o fascinavam e repeliam. Como JOHN GACY e muitos outros, ele aprenderia a ter relações sexuais onde fosse possível, à força, eliminando assim a evidência de sua vergonha permanente. Em 22 de março de 1982, Jay Reynolds foi encontrado apunhalado até a morte nas cercanias de Lexington, Kentucky. Nove meses depois, em 3 de outubro, Delvoyd Baker, 14 anos, foi estrangulado e seu corpo foi descartado ao lado da rodovia ao norte de Indianápolis. Steven Crockett, 19 anos, foi a vítima em 23 de outubro, apunhalado 32 vezes, com quatro ferimentos na cabeça, e descartado fora de Lowell, Indiana. O assassino mudou-se para Illinois em 6 de novembro, deixando Robert Foley em um campo a noroeste de Joliet.

A polícia demorou a ver o padrão que se formava, sem saber que já haviam falado com um sobrevivente. Drogado e tendo apanhado perto de Lowell em 4 de novembro, Craig Townsed, 21 anos, escapou do hospital antes que os detetives completassem sua investigação de agressão não provocada.

O assassino transiente celebrou o natal de 1982 descartando o corpo de John Johnson, 25 anos, em um campo fora de Belshaw, Indiana. Três dias depois, houve um duplo assassinato, John Roach, de 21 anos, descoberto próximo a Belleville e o corpo amarrado de Steven Agan, um nativo de Terre Haute, descartado ao norte de Newport, Indiana.

A horripilante taxa continuou a crescer durante a primavera de 1983, com muitas das ações mudando para Illinois. Em 2 de julho, a contagem de corpos estava em 12, com alguns estripadores a última vítima mutilada após a morte. Ralph Calise tornou-se o infeliz número 13, em 31 de agosto, descartado em um campo próximo a Lake Forest, Illinois. Estava morto havia menos de 12 horas quando foi descoberto, preso com linha de costura e fita cirúrgica, apunhalado 17 vezes; suas calças puxadas para baixo na altura dos tornozelos.

Em 30 de setembro de 1983, um patrulheiro rodoviário de Indiana viu uma caminhonete estacionada ao lado da Interestadual 65, com dois homens dirigindo-se a algumas árvores próximas. Um deles parecia estar atado e o oficial foi investigar, identificando Larry Eyler como o proprietário da caminhonete. Seu jovem companheiro acusou Eyler de fazer propostas homossexuais, pedindo então permissão para amarrá-lo. A procura na caminhonete revelou fitas cirúrgicas, linhas de náilon e uma faca de caça manchada de sangue humano. Os peritos forenses observaram que o tipo sanguíneo combinava com o de Ralph Calise, enquanto os rastros do pneu e a impressão das botas de Eyler fizeram uma boa combinação com os vestígios do campo onde Calise foi descoberto. A polícia detêve Eyler, mas liberou-o quando a procura foi considerada ilegal.

Enquanto a investigação continuava, com Eyler ainda em liberdade, os homicídios continuaram. Em 4 de outubro de 1983, Derrick Hansen, 14 anos, foi encontrado estripado próximo a Kenosha, Wisconsin. Onze dias depois, um jovem "John Doe" foi descoberto próximo a Rensselaer, Indiana. O dia 18 de outubro revelou quatro corpos no Distrito de Newton, descartados juntos em uma fazenda abandonada; uma vítima foi decapitada, e todas tiveram suas calças puxadas para baixo, indicando motivo sexual no assassinato. Outro "John Doe" foi recuperado em 5 de dezembro próximo a Effingham, Illinois, e a contagem de corpos aumentou novamente dois dias depois, quando Richard Wayne e um homem não identificado foram encontrados mortos próximo a Indianápolis.

Nessa época, a polícia concentrou sua atenção em Larry Eyler; o sobrevivente Craig Towsend foi seguido em Chicago após deixar o hospital de Indiana, e de má vontade identificou as fotografias de Eyler. Outro sobrevivente fez um testemunho similar, mas os investigadores queriam o assassino, e o caso circunstancial ainda estava incompleto.

Enfrentando vigilância constante em Chicago, Eyler registrou uma ação civil contra o Departamento do xerife do Distrito de Lake, acusando os policiais de montarem uma campanha de "guerra psicológica" para confundir sua mente. Sua reclamação por meio milhão de dólares foi negada e, quando deixou o tribunal, Eyler foi preso pelo assassinato de Ralph Calise por não pagar uma fiança de 1 milhão de dólares. A polícia estava comemorando com júbilo até que uma audiência pré-julgamento em 5 de fevereiro de 1984 levou à exclusão de todas as evidências recuperadas da caminhonete de Eyler. Liberado sob fiança, o assassino voltou para seu negócio enquanto os investigadores lutavam para salvar seu caso deficiente.

Em 7 de maio de 1984, David Block, 22 anos, foi encontrado morto perto de Zion, Illinois, e suas feridas adequavam-se ao padrão de seus predecessores, mas nada da cena ligava claramente Eyler ao homicídio. A polícia teve uma mudança repentina meses depois, em 21 de agosto, quando o cachorro nervoso do síndico levou seu dono a examinar o lixo de Eyler em Chicago. A polícia foi rapidamente convocada para recolher os restos de Danny Bridges, 15 anos, um rapaz homossexual de programa de ruas cujo corpo desmembrado foi habilmente embalado para ser descartado.

A arrogância de Eyler finalmente o arruinou. Os especialistas observaram que as mutilações de Bridges eram uma cópia carbono do caso de Derrick Hansen fora de Kenosha, em outubro de 1983. Condenado no assassinato of Bridges em 9 de julho de 1986, Eyler foi sentenciado à morte. Mas, naquela época a mãe natureza já tinha dado sua própria sentença de morte para Eyler: ele estava infectado com AIDS, e seus dias estavam contados.

Em novembro de 1990, fazendo uma negociação para salvar-se da execução, Eyler concordou em ajudar as autoridades de Indiana a resolver uma série de seus crimes, se eles pudessem interferir para retirá-lo do corredor da morte. Ele confessou a tortura-assassinato de Agan e surpreendeu os investigadores designando um suposto cúmplice, Robert David Little, 53 anos, presidente do Departamento de Ciências da Biblioteca na Universidade Estadual de Indiana, em Terre Haute. De acordo com Eyler, Little tirou fotos e masturbou-se enquanto Larry estripava a vítima. Com base em sua confissão, Eyler recebeu uma sentença de 60 anos de prisão, e Little foi preso sob acusação de assassinato. Esse caso foi a julgamento em Terre Haute e, na ausência de evidência física para apoiar a declaração de Eyler, Little foi absolvido em todas as acusações em 17 de abril de 1991. De volta a Illinois, Eyler ofereceu-se para esclarecer 20 assassinatos em troca da comutação de sua sentença para prisão perpétua, mas as autoridades estaduais recusaram. Ele faleceu de Aids em 6 de março de 1994, após confessar 21 assassinatos a seu advogado (incluindo quatro cometidos com um cúmplice que permanece à solta).

F

FALLING, Christine Laverne Slaughter

Christine Falling nasceu em Perry, Flórida, em 12 de março de 1963, a segunda filha de um pai de 65 anos e de sua esposa de 16 anos. Cresceu na pobreza e, obesa e estúpida, requeria doses regulares de medicação para controlar seus ataques de epilepsia. Quando criança, mostrou seu "amor" pelos gatos, estrangulando-os e jogando-os de alturas mortais a fim de "testar suas sete vidas". Aos 9 anos, Christine e seu irmão foram removidos de casa por um ano para um abrigo para crianças depois que brigas domésticas resultaram na convocação da polícia para sua casa.

Em setembro de 1977, aos 17 anos, Christine casou-se com um homem na casa dos 20 anos. Seu relacionamento caótico durou seis semanas e foi pontuado pela violência, com Christine arremessando um aparelho de som de cerca de 11,5 quilos contra seu marido, no calor da briga. Com o colapso de seu casamento, Falling entrou em uma fase hipocondríaca bizarra, fazendo 50 viagens ao hospital em um período de dois anos. Ela reclamava desde indisposição e de "pontos vermelhos" até sangramento vaginal e de mordida de cobra, mas os médicos raramente encontravam qualquer sintoma tratável.

Tornando-se virtualmente não empregável por sua aparência e mentalidade, Christine cobria seus gastos tomando conta de crianças para vizinhos e parentes. Em 25 de fevereiro de 1980, uma das crianças sob sua responsabilidade — Cassidy Johnson, de 2 anos —, foi levada às pressas ao consultório médico em Bluntstown, com diagnóstico de encefalite. A menina morreu em 28 de fevereiro, e a necropsia relacionou a causa da morte a um trauma direto na cabeça. Christine disse que o bebê "estava saindo" e caiu do berço, mas ela não foi convincente. Um médico escreveu uma nota para a polícia informado-os para verificar a babá, mas esta foi "perdida" na tramitação e o caso foi encerrado.

Christine mudou-se para Lakeland e, dois meses após sua chegada, Jeffrey Davis, de 4 anos, "parou de respirar" do seus cuidados. Uma necropsia revelou os sintomas de miocardite, uma inflamação do coração raramente fatal por si só. Três dias depois, enquanto a família participava do funeral de Jeffrey, Falling foi chamada para cuidar de Joseph Spring, de 2 anos, um primo do falecido. Joseph morreu em seu berço naquela tarde enquanto "tirava uma soneca", e os médicos observaram evidências de uma infecção viral, sugerindo que a mesma poderia ter matado Jeffrey.

Christine voltou a Perry — e também aos negócios — em julho de 1981. Ela recebeu uma nota de saúde "limpa" dos médicos em Lakeland, mas sua má sorte permanecia. Tentou trabalhos domésticos, mas William Swindle, de 77 anos, morreu na cozinha em seu primeiro dia no trabalho. Pouco tempo depois, Falling acompanhou sua cunhada ao consultório médico, onde sua sobrinha Jennifer Daniels, de oito meses, recebeu algumas vacinas de rotina. Ao parar no mercado de volta para casa, a cunhada deixou Christine no carro com a criança, e na volta descobriu que o bebê tinha simplesmente "parado de respirar".

Até aqui os médicos tinham concordado com Christine como uma infeliz "vítima das circunstâncias", mas seu ponto de vista mudaria em 2 de julho de 1982, quando Travis Coleman, de dez semanas, morreu aos cuidados de Falling. Dessa vez, uma necropsia revelou rupturas internas causadas por sufocação e Christine foi detida para interrogatório. Em custódia, ela confessou ter matado três das crianças por meio de "sufocação", pressionando o cobertor em suas faces em resposta a vozes desencarnadas cantarolando "mate o bebê".

"A forma como o fiz, vi em programas da TV", Christine explicou. "Mas tive minha própria forma. Simples e fácil. Ninguém os ouviria gritar." Condenada com base em sua própria confissão, ela foi sentenciada à prisão perpétua, sem qualquer condicional pelos primeiros 25 anos.

Veja também: SÍNDROME DE MORTE SÚBITA DA CRIANÇA

"FAZEDORES de Anjos de Nagyrev"

Conhecia-se pouco sobre Julia Fazekas antes de 1911, quando ela repentinamente apareceu na vila húngara de Nagyrev, a 95 quilômetros ao sul de Budapeste, no rio Tisza. Ela era de meia-idade, uma viúva com vida independente, mas ninguém parecia saber exatamente o que aconteceu a seu marido. Entre 1911 e 1921, a parteira Fazekas foi presa dez vezes por realizar abortos ilegais, mas juízes indulgentes inocentaram-na em cada um dos casos. Enquanto isso, aparentemente sem que a polícia notasse, ela tinha inaugurado uma das atividades mais bizarras e mortais da Europa.

A audácia dos homicídios foi rastreada até a I Guerra Mundial, quando os homens de Nagyrev foram recrutados para lutar pelo império austro-húngaro. Ao mesmo tempo, a Nagyrev rural foi considerada um local ideal para os campos, contendo prisioneiros aliados da guerra — uma circunstância que favoreceu as fantasias mais desvairadas de mulheres repentinamente privadas de homens. Os prisioneiros muito provavelmente tinham uma liberdade limitada dentro da vila e logo se tornou um ponto de orgulho para viúvas solitárias, em Nagyrev, vangloriar-se de um amante estrangeiro, às vezes até três ou quatro. Prevaleceu uma atmosfera de promiscuidade desmedida, e os maridos retornando de forma isolada do combate encontravam suas mulheres estranhamente "liberadas", frequentemente insatisfeitas com o marido em seu leito conjugal.

À medida que as esposas começaram a exprimir reclamações de enfado e abuso, a parteira Fazekas ofereceu-lhes assistência: suprimentos de arsênico obtidos por meio da fervura de papel mosqueiro e a retirada do resíduo letal. Peter Hegedus foi a primeira vítima conhecida, em 1914, e outros maridos seguiram-no durante um certo período antes que o veneno se tornasse uma preferência popular e a lista de óbitos expandisse para incluir pais, crianças, tias, tios e vizinhos.

Na metade da década de 1920, Nagyrev ganhou seu apelido de "Distrito assassino". Durante esse período, estima-se que 50 mulheres tenham usado arsênico para podar sua árvore familiar. Julia Fazekas era o que de mais próximo a vila tinha como médico, e sua prima foi a escriturária que registrou todas as certidões de óbito, por esse meio subvertendo as investigações de homicídio no estágio embrionário. Os números referente às perdas finais de vítimas são ainda desconhecidos, mas muitos relatórios sugerem 300 como uma estimativa razoável em 15 anos de assassinato por atacado.

Os "fazedores de anjos" viram seu mundo desenredar-se em julho de 1929, quando um maestro de coral da vizinha Tiszakurt acusou a sra. Ladislau Szabo de servir-lhe vinho envenenado. Uma lavagem estomacal salvou sua vida e os detetives ainda estavam ponderando acerca da acusação quando uma segunda vítima reclamou de ser envenenada por sua "enfermeira" — a mesma sra. Szabo. Em custódia, procurando indulgência para si, Szabo apontou uma amiga, a sra. Bukenoveski, como a companheira médica. Bukenoveski, por sua vez, foi a primeira a nomear Julia Fazekas. Em 1924, ela disse que Fazekas fornecera o arsênico que foi usado para matar a mãe de 77 anos de Bukenoveski, após o que a senhora idosa foi acomodada em Tisza para simular um afogamento acidental.

Fazekas foi levada a interrogatório e negou tudo firmemente. Sem evidência sólida, a polícia foi forçada a liberá-la, mas montou uma inspeção itinerante, seguindo Fazekas em Nagyrev, à medida que ela prevenindo seus diversos clientes, detendo por sua vez cada mulher. Trinta e oito foram presas sob suspeita de assassinato, e a polícia invadiu a casa de Fazekas para prender a líder. Encontraram-na morta por uma dose de seu próprio medicamento, rodeada por potes de mosqueiro mergulhados em água.

Vinte e seis suspeitas de Nagyrev foram detidas para julgamento em Szolnok, onde oito foram sentenciadas à morte, sete à prisão perpétua, e o restante a prazos menores de prisão. As condenadas incluíam Susannah Olah, uma feiticeira de estilo próprio que alardeava treinar serpentes venenosas para atacar suas vítimas na cama, competindo com Fazekas nas vendas de "pós-herdados de tia Susi"; a irmã de Olah, Lydia, septuagenária, cujas negações manifestas de culpa deixaram de impressionar o júri; Maria Kardos, que assassinou seu marido, um amante e seu filho doente de 23 anos, persuadindo um jovem a cantar-lhe uma música em seu leito de morte; Rosalie Sebestyen e Rose Hoyba, condenadas pelo assassinato de maridos enfadonhos; Lydia Csery, condenada por matar seus pais; Maria Varga, que confessou comprar o veneno de Fazekas para matar seu marido — um herói de guerra cego — quando ele reclamou sobre ela trazer amantes para casa; Juliane Lipke, cujas sete vítimas incluíram sua madrasta, uma tia, um irmão, uma cunhada e o marido que ela envenenou na véspera do Natal; e Maria Szendi, uma verdadeira liberal que disse ao tribunal que matou seu marido pois "ele sempre teve aquele jeito. É terrível a forma como os homens mantêm todo o poder".

"ESFAQUEADOR de Frankford"

O Distrito de Frankford, na Filadélfia, é uma vizinhança de lutas árduas, escolhida por Sylvester Stallone como o cenário para seu primeiro filme *Rocky*. Rocky Balboa foi a maior e melhor coisa no fim da década de 1980. Entretanto, Frankford ganhou uma celebridade nova e não desejada, desta vez pela presença de um *serial killer* depravado que assassinou pelo menos sete mulheres.

O mistério começou em 28 de agosto de 1985, quando dois trabalhadores em trânsito apresentaram-se em seus empregos na área de manutenção de Frankford Avenue, por volta de 8h30. Em instantes, encontraram o corpo de uma mulher esparramado entre duas pilhas de dormente de estrada de ferro. Ela estava nua da cintura para baixo, as pernas deslocadas, sua blusa levantada com os seios à mostra. Um relatório de necropsia enumerou 19 ferimentos de punhal, com a distância de punhalada ao longo de seu abdômen quase a estripando. Foi identificada como Helen Patent, 52 anos, bem conhecida em muitos dos bares da Frankford Avenue.

Apenas quatro meses depois, em 3

Retratos falados do suspeito "Esfaqueador de Frankford" feitos pela polícia

de janeiro de 1986, um segundo corpo mutilado foi encontrado em Ritner Street no sul de Filadélfia, a 16 quilômetros da primeira cena de homicídio. Os vizinhos ficaram surpresos ao ver a porta do apartamento de Anna Carroll, 68 anos, aberta e encontrarem-na morta, no chão de seu quarto. Como Helen Patent, essa vítima também estava nua abaixo da cintura e com a blusa puxada para cima. Ela foi apunhalada seis vezes, seu abdômen aberto, cortado do peito até o púbis.

Nada mais se soube do esfaqueador por cerca de um ano — até, na verdade, a noite de Natal — quando a terceira vítima foi encontrada em Richmond Street na vizinhança de Bridesburg, 5 quilômetros de onde Helen Patent foi assassinada. Mais uma vez, foram os vizinhos preocupados que encontraram o corpo, investigando uma porta de apartamento aberta até acharem Susan Olzef, de 74 anos, morta em seu apartamento. Foi apunhalada seis vezes nas costas. Como Helen Patent, Olzef era uma figura familiar em Frankford Avenue e a polícia especulou que seu assassino poderia tê-la conhecido nas vizinhanças.

Até aqui, a excelente Filadélfia tinha pouco para falar e resistiu à noção de um *serial killer* à solta em sua cidade. O tenente Joe Washlick disse depois aos repórteres em um esforço para explicar o descuido: "Os primeiros três assassinatos aconteceram em diferentes partes da cidade. Quase poderíamos dar a vocês um suspeito diferente para cada caso".

Quase... mas não exatamente. Na verdade, não existiram indícios e não existiram prisões em 8 de janeiro de 1987, quando dois vendedores de frutas da Frankford Avenue encontraram um corpo de mulher escondido sob sua banca, por volta das 7h30. A última vítima, Jeanne Durkin, 28 anos, estava de bruços e nua da cintura para baixo, com as pernas abertas. Ela foi esfaqueada não menos que 74 vezes.

Com quatro corpos e sem um fim à vista, as autoridades oficialmente ligaram os assassinatos de Patent e Durkin, depois conectando todos os quatro e criando uma força-tarefa especial para caçar o homem que os jornalistas de Filadélfia já estavam chamando de "o esfaqueador de Frankford". Por cerca de dois anos, a força-tarefa trabalhou inutilmente, sem progresso aparente até 11 de novembro de 1988. Naquela manhã, Marge Vaughn, 66 anos, foi encontrada morta em Penn Avenue, esfaqueada 29 vezes no vestíbulo de um edifício residencial do qual ela foi despejada no dia anterior. Ela morreu menos de três quadras do local de assassinato de Durkin, cerca de 800 metros do local onde Helen Patent foi encontrada... e, dessa vez, existiu uma testemunha do caso.

Uma atendente de bar da Frankford Avenue lembrou-se de ter visto Vaughn por volta das 18 horas do dia anterior. Vaughn tinha bebido com um homem caucasiano de rosto redondo de meia-idade que usava óculos e tinha dificuldade para andar. Diversos retratos falados do sujeito desconhecido foram elaborados e publicados, mas apesar dos previsíveis falsos indícios e indicações por vizinhos inquietos e maliciosos, a polícia não pareceu mais próxima do assassino do que estivera em 1985.

Dois meses depois, em 19 de janeiro de 1989, Theresa Sciortino, 30 anos, deixou o salão da Frankford Avenue às 18 horas. Ela foi vista viva pela última vez momentos depois, caminhando pela rua com um homem de meia-idade não identificado. Às 18h45, mais ou menos, os vizinhos de Sciortino ouviram sons de uma aparente luta dentro de seu apartamento, imediatamente seguida de passos descendo as escadas às 21horas, mas não chamaram a polícia —, antes de falarem ao síndico do prédio. Ele, por sua vez, esperou até depois da meia-noite para verificar sua inquelina, encontrando então Sciortino estatelada no chão de sua cozinha, nua, exceto pelas meias, esfaqueada 25 vezes. Uma impressão digital ensanguentada na cena do crime forneceu aos detetives de homicídios ainda seu melhor indício e, enquanto eles se concentravam inicialmente no namorado de Sciortino, considerando-o um "bom suspeito", ele foi finalmente liberado quando a polícia verificou seus sapatos e os considerou "similares, mas não idênticos" aos do assassino.

Decorreram outros 15 meses para o assassino agir novamente. O patrulheiro Dan Johnson estava fazendo sua ronda nas primeiras horas da manhã em 28 de abril de 1990, quando encontrou o corpo estripado de uma mulher nua, no beco atrás do mercado de peixe de Frankford Avenue. A última vítima foi apunhalada 36 vezes, cortada do umbigo até a vagina e mutilada de outra maneira. Uma bolsa encontrada por perto identificou a mulher como Carol Dowd, 45 anos, e um exame preliminar da vizinhança revelou uma testemunha que a tinha visto caminhar ao longo da Frankford Avenue com um homem branco de meia-idade várias horas antes de ser encontrada.

Parecia outro beco sem saída até os detetives partirem para interrogação dos empregados do mercado de peixe, alguns dias depois. Um deles, Leonard Christopher, de 39 anos, já havia falado com os repórteres, descrevendo um beco atrás de seu local de trabalho como o "paraíso das prostitutas" e cenas frequentes de comércio de drogas. Interrogado pelas autoridades sobre seus passos na noite em que Carol Dowd foi assassinada, Christopher respondeu que havia passado a noite com a namorada. A senhora em questão, entretanto, negou, insistindo que ela esteve durante a noite em casa, sozinha. Agora desconfiados, os investigadores deram uma olhada mais atenta em Leonard Christopher. Encontraram um carteiro que relatou ter visto Christopher e Dowd juntos em um bar, na noite em que ela morreu. Outra testemunha — esta uma prostituta condenada — supostamente teria visto Christopher e Dowd caminhando juntos rua abaixo. Uma segunda prostituta disse à polícia ter visto Christopher sair do beco da Frankford Avenue à 1 hora, em 28 de abril. De acordo com seu relatório, Christopher estava "transpirando profusamente, tinha sua camiseta em seu braço e uma 'faca Rambo' estava embainhada em seu cinto".

Em vista dessas declarações, Christopher — um homem negro sem nenhuma semelhança com os esboços do "Esfaqueador de Frankford" ou o caucasiano de meia-idade visto com Carol Dowd na noite em que ela morreu — foi preso por homicídio e detido sem fiança, tendo sua data de julgamento marcada para dezembro. Uma procura em seu apartamento deixou de revelar qualquer evidência útil: um par de calças tinha uma pequena mancha de sangue em uma perna, mas era muito pequena para ser tipificada ou submetida a qualquer teste de DNA.

Enquanto Christopher esteve na prisão, o Esfaqueador de Frankford — ou uma cópia habilidosa — atacou novamente no início de setembro. Era 1 hora do dia 8 de setembro quando os inquilinos de apartamentos na Arrot Street reclamaram de odores rançosos emanando do apartamento ocupado por Michelle Martin, 30 anos. O gerente usou sua chave mestra e encontrou Martin morta no chão, nua da cintura para baixo, sua blusa puxada para cima desnudando seus seios. Apunhalada 23 vezes, ela estava morta havia dois dias, mais ou menos, vista pela última vez viva na noite de 6 de setembro, bebendo com um homem branco de meia-idade em um bar na Frankford Avenue.

Ignorando seu dilema aparente, os promotores públicos foram em frente com o julgamento de Leonard Christopher conforme programado, em dezembro de 1990. Seu caso foi admitido como fraco — nenhum motivo ou arma, nenhuma testemunha para o próprio crime, nenhuma evidência de qualquer tipo conectando o réu à cena de homicídio —, mas os jurados foram persuadidos pelo testemunho que descrevia o comportamento "estranho" de Christopher e as mentiras à polícia. Em 12 de dezembro, ele foi condenado por homicídio, depois sentenciado à prisão perpétua. De sua cela Christopher ainda mantém: "Foi uma decisão precipitada".

E o Esfaqueador de Frankford, descrito por anos como um homem branco de meia-idade? E sobre o homicídio quase idêntico cometido enquanto Christopher estava na prisão? O tenente Washick pareceu minimizar o problema, dizendo aos repórteres: "É surpreendente que ainda existem telefonemas. Leonard Christopher é um suspeito em alguns dos homicídios, e temos outros suspeitos também. Nos últimos anos, tivemos 481 homicídios na cidade, e resolvemos 82% deles".

Mas não foi o caso do Esfaqueador de Frankford. O perpetrador desses crimes ainda está à solta.

FAZEKAS, Julia: Veja "Fazedores de Anjos de Nagyrev"

FICÇÃO e Encenação em Filmes de Assassinos em Série

Um volume maior que o deste trabalho seria necessário simplesmente para relacionar os livros e histórias curtas, programas de TV e filmes, peças e óperas que incorporam assassinatos em série como tema principal ou dispositivo de projeto. Alguns desses trabalhos são bem famosos, classificados entre os clássicos duradouros; outros são tão fracamente executados (ou tão francamente explorados) que protelam o leitor/espectador por razões totalmente diferentes. Muitos, infelizmente, são tão cruelmente imitativos de seus pacientes literários /cinematográficos que deixam de satisfazer em qualquer nível e tornam-se simplesmente passíveis de esquecimento.

Não podemos dizer com certeza quando os assassinos aleatórios apareceram em primeiro lugar na ficção, mas suas raízes são profundas. O "conto de fadas" dinamarquês de João e Maria é um dos exemplos básicos: a feiticeira comedora de crianças da floresta não é nada mais que uma diletante sádica em artes negras e CANIBALISMO. Seus crimes são espelhados na vida real do caso de MARTI ENRIQUETA, uma "feiticeira" espanhola executada em 1912 por assassinar pelo menos seis crianças, canibalizando seus corpos, e fervendo os restos para poções do amor que vendia em paralelo. Da mesma forma, o místico Cavaleiro Raoul, mais conhecido como "BARBA AZUL", cuja sétima esposa encontrou os corpos de suas predecessoras (ou, algumas versões dizem, suas cabeças machucadas) enquanto espionava uma sala com acesso proibido. Barba Azul pode ter tomado emprestado seu apelido do assassino infantil GILLES DE RAIS do século XV, mas seu comportamento (e sua queda) prefiguram a contagem de casos em que os assassinos por lucro ou paixão assassinaram uma série de esposas.

Enquanto alguns expressam críticas localizadas no medo de a vida imitar a arte, acusando este ou aquele filme/romance/programa de TV pelo último incidente de mortandade no noticiário, parece que os autores e diretores inclinam-se mais frequentemente na direção oposta, levantando projetos e personagens (ainda que de forma adulterada e distorcida) de eventos anteriores. Portanto, sem nenhuma surpresa, muitos assassinos da vida real encontraram seu caminho na ficção e nos filmes. O "JACK, O ESTRIPADOR" anônimo de Londres é o legado favorito a este respeito, aparecendo (em uma estimativa *muito* conservadora) em não menos que 215 filmes, 11 romances, nove programas de TV e uma ópera. Jack visitou o Oeste americano, viajou através do tempo e perseguiu *Mulheres Amazonas na Lua*, enquanto combinava habilidades em pelo menos oito vezes com o mestre detetive Sherlock Holmes. (Em uma filmagem bizarra, Holmes *era* o Estripador, incomodado por múltiplas personalidades à medida que perseguia a si próprio através da neblina de Londres!)

Nenhum *serial killer* da vida real pode atingir a narração de obras de ficção de Red Jack, embora o rápido atirador Henry McCarthy, conhecido como "Billy the Kid", tenha semeado mais inimigos na tela do que fez no Novo México do século XIX. Mais interessante, em termos de alta esquisitice, é o caso de EDWAD GEIN do Wisconsin, reconhecido como a inspiração para duas séries de filmes (*Psicose* e *The Texas Chainsaw Massacre*, oito filmes no total), mais pelo menos dois outros filmes e quatro romances. Embora diferente do Estripador, o nome de Gein é raramente mencionado nas obras que ecoam sua carreira lendária, deixando a ação para os *doppelgängers** como Norman Bates de *Psicose* e "Lethearface" de *Chainsaw*. (A única exceção, o livro *Outcry* de Harold Schchter [1997], é colocado em época moderna com Gein falecido há muito tempo e seus filhos ilegítimos recomeçando de onde seu velho parou.)

Os psicóticos do cinema operam a gama completa de deprimente a pueril, seu impacto baseado em partes aproximadamente iguais na qualidade do texto e na habilidade dos atores. Os sensacionalistas de baixo orçamento, como *Henry: Portrait of a Serial killer* (1989), podem atingir a posição de "cult clássico", mas raramente oferecem muito em termos de compreensão clara da psique desfigurada de um assassino, e os filmes inspirados em crimes da vida real quase invariavelmente mencionam "licença dramática" para explicar a revisão de atacado — se não a fabricação total — de eventos e personagens. (Em *Henry*, por exemplo, HENRY LUCAS assassina e decapita o parceiro de crimes OTTIS TOOLE. No filme de Charles Pierce, *The Town that Dreaded Sundown* [1976], a polícia fere e quase captura o "ASSASSINO DO LUAR" em uma perseguição feroz que nunca aconteceu.)

As raízes do cinema psíquico são rastreáveis em *Trilby*, de 1915, e enquanto muito do que se seguiu foi celulóide perdida, resultaram também em algumas produções notáveis. Uma dessas, vagamente baseada no caso da vida real PETER KURTEN, foi *M* (1931), combinando a visão sombria de Fritz Lang com um desempenho deprimente de Peter Lorre como o assassino com rosto infantil. Um quarto de século mais tarde, Land teve outro grande sucesso com *While the City Sleeps*, baseado nos crimes do "Assassino de Batom" de Chicago WILLIAM HEIRENS. O desempenho de Robert Mitchum como o pregador que usa canivete distinguiu a estreia como diretor de Charles Laughton em *The Night of the Hunter* (1955). *Psicose* (1960), de Alfred Hitchcock, tornou traumática a hora do banho para milhões de americanos com sua famosa cena do chuveiro, enquanto a última tomada do grande diretor no assassinato em série — *Frenzy* (1972) — ofereceu uma nova visão ao caso de JACK O ESTRIPADOR de Londres. Mais recentemente, *O silêncio dos Inocentes* (1991) tornou-se o filme psicológico mais homenageado na história, levando o Oscar da Academia de melhor filme, melhor ator (Anthony Hopkins) e melhor atriz (Jodie Foster).

No outro lado da escala estão os esforços como *Driller Killer* (1979), *Maniac* (1980), *Woodchipper Massacre* (1989) e *Slashdance* (1990), nos quais a única finalidade dos diretores parece ser a exibição gratuita de sangue falso e entranhas. O resultado é algumas vezes comédia não inten-

---

*N.T.: em alemão no original, um fantasma *companheiro e duplo de uma pessoa.*

cional, como *Blue Steel* (1990), em que um corretor de valores de Nova York (Ron Silver) testemunha um roubo violento, decidindo em um impulso roubar a pistola de um atirador caído e começar, a matar aleatoriamente os estranhos na rua.

O suspense é mais difícil de ser mantido na página impressa que na tela, sem o potencial para os choques visuais, mas determinados romancistas são admiravelmente bem-sucedidos em seus esforços em fazer os leitores contorcerem-se, enquanto simultaneamente exploram as técnicas forenses policiais e o lado escuro da mente humana. Nesse aspecto, Thomas Harris lidera claramente o campo com *Red Dragon* de 1981 (filmado como *Manhunter* em 1986), *O Silêncio dos Inocentes* (filmado sob o mesmo nome em 1991) e *Hannibal*, de 1999, todos estes apresentando a façanha do perturbado psiquiatra Hannibal (*"O Canibal"*) Lecter. Outros romances dignos de nota deste assunto incluem *By Reason of Insanity* (1979), de Shane Stevens, *The Butcher's Theater* (1988), de Jonathan Kellerman, e *The Alienist* (1994), de Caleb Crab. Cada um oferece um olhar pródigo no método e loucura de um *serial killer*, enquanto preserva a humanidade de seus personagens e transcende a abordagem formulada descrita por alguns editores como "filme de horror".

Muitos autores e produtores estabeleceram nichos duráveis para si próprios no gênero de assassinato serial, administrando as "carreiras" de personagens fictícios recorrentes, embora a abordagem difira radicalmente entre a impressão e a celulose. Na tela, os assassinos reagem, retornando frequentemente para caçar novas vítimas: Norman (*Psicose*) Bates, Michael Myers (do famoso *Halloween*), Texas Chainsaw's "Leatherface", Jason Voorhees, *Sexta-feira 13* e a cicatriz no rosto de Freddy Krueger (*Nightmare on Elm Street*) ostentam 24 títulos entre si, um recorde sustentado em partes iguais pelo apetite do público pela sequência e capacidade sobrenatural de cada protagonista de sobreviver a ferimentos fatais, regenerar de membros feridos — fazer qualquer coisa, de fato, para garantir mais um capítulo da série.

O único par literário desses psicopatas imortais é Daniel (*Chaingang*) Bunkowski, a mente infantil "precognitiva" de cerca de 229 quilos do autor Rex Miller. Livre de qualquer sentimento humano por terrível abuso na infância, resgatado da prisão por um programa militar secreto, desatrelando-o de um infeliz inimigo no Vietnã, Chaingang anda sem firmeza durante cinco romances, registrando "uma vítima em cada quilo de seu peso" e de alguma forma evoluindo de um vilão sem consciência para um tipo de anti-herói nos últimos três livros. Ele também demonstra uma semelhança física que tornaria seus pares cinematográficos vermelhos de inveja, retornando para o terceiro capítulo, na parte dois da saga, após ser cortado pela metade com uma espada samurai! Do lado oposto da moeda de vigilante, os agentes embusteiros do FBI (ou ex-agentes) rastreiam os *serial killers* sem nenhum pensamento em levá-los vivos em romances como *Watch* de A. J. Holts (1995), e *Thinning the Predators* (1996), de Daina Graziuna e Jim Starlin. Os homens *G* (ou mulheres *G*) assim tornam-se *serial killers* em atividade, embora embarcados em uma cruzada justa.

Mais tipicamente, as séries de romances examinando o assassinato serial traçam as carreiras de investigadores dinâmicos (e algumas vezes profundamente imperfeitos). A série *Prey*, de John Sandford — *Rules of Prey, Silent Prey* e mais meia dúzia — rastreia Lucas Davenport, um detetive da polícia de Minneapolis que sofre de depressão clínica. O agente John Becker do FBI de David Wiltse (*Prayer for the Dead, Blown Away*, etc.) é em si mesmo um psicopata no limite, liberado por superiores cínicos nos casos mais sujos do FBI, constantemente em guerra com seu próprio impulso de matar. O detetive Alex Cross de James Patterson (*Kiss the Girls, Jack and Jill*, etc.) é tanto um psicólogo como um pai negro solteiro, tentando desesperadamente criar crianças gentis nas ruas pobres de Washington, D.C., enquanto caça monstros na forma humana. A série *Instinct* de Robert Walker (*Killer Instinct, Fatal Instinct*, etc.) tem uma patologista do FBI, dra. Jéssica Coran, atormentada por caçadores letais e sexistas incômodos no clube dos velhos garotos da execução da lei. A ação move-se para o Canadá e outras partes no exterior em uma série de romances de Michael Slade (*Headhunter, Ripper*, etc.) fazendo a utilização do esquadrão "Especial X", designado para rastrear os *serial killers* para a Real Polícia Montada Canadense.

O debate persiste (e sem dúvida sempre persistirá) com respeito ao papel — se houver — de filmes e romances "psicológicos" de promover a violência da vida real. Retornando a 1927, os crimes sádicos de William Hickman em Los Angeles produziram um clamor por censura de filmes, e o debate apenas cresceu em calor com o tempo, os críticos reivindicando "prova" de causa e efeito entre os filmes de "respingo" gráfico e taxas de crime juvenil elevadas. Especificamente, dizem, a exposição a esses acontecimentos violentos insensibiliza os espectadores adolescentes, enquanto a frequente retratação de assassinatos brutais do ponto de vista do assassino (frequentemente perscrutando por meio de uma máscara, acompanhado de resfolegar asmático) supostamente "ensina as crianças a matar". As feministas unem-se ao debate com reivindicações de que a prepotência de mulheres jovens seminuas abatidas nesses filmes é parte e parcela de uma "guerra contra as mulheres" na América.

De fato, enquanto poucos discutiriam que existe um lado crescente em apresentar a crianças jovens e que se impressionam com uma dose diária de sangue e sangue coagulado, não existe (pelo menos até agora) evidência de que assistir a qualquer filme determinado ou ler um romance específico "faça" qualquer pessoa matar. Os críticos obtiveram um impulso momentâneo em 1992, quando um suspeito de Maryland detido pela decapitação de sua mãe identificou-se para a polícia como "Hannibal Lecter", mas esses comportamentos grotescos e bizarros são quase sempre o prelúdio para uma DEFESA POR INSANIDADE pouco convincente. Em raros casos em que os assassinos de natureza humana realmente identificam-se com os caçadores da ficção são invariavelmente dementes, com histórias de doença mental e comportamentos estranhos atribuídos a uma data anterior à sua exposição a qualquer meio de empreendimento específico.

Veja também: ILUSTRAÇÕES E LEMBRANÇAS

FISCHER, Joseph J.

Nativo de Nova Jersey, nascido em 1923, Joe Fischer cresceu em Newark e Belleville, descrevendo depois sua infância como em contínuo conflito e violência. Sua mãe era uma prostituta que trazia "travessuras" para casa enquanto seu marido trabalhava em diversos locais de construção. "Acho que o que realmente me ajudou a odiar as mulheres." Fischer disse posteriormente: "era que ela não se importava se eu ou meus irmãos estávamos em casa quando ela trazia seus clientes". Os estranhos, algumas vezes, passavam pequenos trocos, instigando as crianças a "sair", mas Joe ficava para trás, observando o desempenho de sua mãe com o que parecia uma série interminável de homens. Seu desrespeito por ela cresceu com o tempo, provocando frequentes discussões que levaram a surras, algumas vezes interrompidas quando seu pai atacava para chicotear ambos. "Eu a teria matado dez vezes", Fischer disse, "mas realmente acreditava que isto partiria o coração de meu pai".

Inscrito na escola católica, Fischer era um estudante rebelde que colidiu frequentemente com a polícia em sua adolescência e foi finalmente sentenciado para a escola reformatória por roubo da Igreja St. Peter. Liberado em 1938, aos 15 anos, mentiu sobre sua idade para entrar para a Marinha Mercante, mas logo saiu do navio, retornando a Nova Jersey. As acusações de deserção foram desconsideradas quando as autoridades descobriram que ele era menor de idade e possuía um registro limpo, mais ou menos, quando se uniu a Marine Corps, seguindo-se a incursão japonesa em Pearl Harbor, em dezembro de 1941.

Nessa época, Fischer estava bem no caminho do alcoolismo desenvolvido, servindo 30 dias na prisão temporária por alcoolismo antes de acabar no campo de treino de recrutas. Viu depois o combate em Guadalcanal, Kwajalein e Iwo Jima antes de ser colocado no território da China, guardando trens militares. Seu registro da época de guerra permanece controverso, com diversas reivindicações de Fischer sobre uma Estrela de Bronze, uma Estrela de Prata e dois Corações Púrpuras por diversas batalhas, embora ele nunca pudesse apresentar as medalhas ou certificados para verificar seu suposto heroísmo. Independentemente dos detalhes, é claro que ele viu a ação e amou cada minuto dela, observando anos depois que "sentia-se muito bem em matar para pensar em parar" ao final da guerra. Ele aparentemente assassinou uma série de civis chineses sob a aparência de proteção à frente militar, e embora nunca tenha ido à corte marcial, foi diagnosticado como um esquizofrênico paranoico perigoso antes de sua dispensa do serviço em 1945.

Uma série de prisões e compromissos com instituições mentais seguiu-se ao seu retorno à vida civil, tendo o clímax em 1948 pela condenação por roubo e assalto. Com liberdade condicional em dezembro de 1953, ele estava livre alguns dias antes de atacar um garoto de 16 anos em Nova Jersey, surrando-o até a morte com uma pedra, no dia seguinte ao Natal. Aquele crime o enviou para longe pelos 25 anos seguintes. Recebeu liberdade condicional, em junho de 1978 para se casar com uma correspondente de 78 anos, Claudine Eggers. A atração foi aparentemente financeira, com Claudine pagando a conta por uma excursão sem destino de 13 meses pelo país, que acabou em uma atividade de homicídios sem parada. Uma das últimas a morrer foi a própria Claudine, encontrada apunhalada até a morte na casa em que às vezes compartilhava com Joe em Wassaic, Nova York. Fischer rendeu-se à polícia de Nova York em 2 de julho de 1979, e livremente confessou o assassinato, acabando na prisão do Distrito de Dutchess sob a acusação de homicídio doloso.

Este poderia ter sido o fim de Fischer, mas ele queria falar — mais especificamente, confessar outros 18 homicídios. Ele disse ter estabelecido matar 25 vítimas, mas ainda faltavam seis para a marca, quando ele ficou desgastado e rendeu-se. Em 27 de julho, as autoridades do Arizona e de Oklahoma emitiram ordens para sua prisão pelos homicídios, na primavera de 1979, de um homem em Flagstaff e uma mulher, Betty Jo Gibson, em Moore, Oklahoma. Outras vítimas citadas por Fischer em suas confissões incluíram duas mortes em Bowery, e outras em Los Angeles, São Francisco, Novo México, Cooperstown, Nova York, Hartford, Connecticut e Portland, Maine.

As autoridades em diferentes jurisdições, frequentemente, pareciam trabalhar em finalidade cruzada para rastrear as reivindicações de Fischer. O Departamento de Correções de Nova Jersey recusou-se a liberar seus arquivos psiquiátricos da prisão, embora fosse admitido que a condicional foi concedida em 1978 mediante duas obrigações: que Fischer ingressasse nos Alcoólicos Anônimos e permanecesse sujeito à "supervisão próxima". Uma foto encontrada em sua posse, enquanto isso, foi identificada como semelhante a Pamela Nole, de 26 anos, desaparecida de Ruídos, Novo México, desde 30 de outubro de 1978. (Fischer admitiu apunhalar a mulher até a morte no Novo México; ele simplesmente não sabia seu nome.) A polícia de Flagstaff citou a evidência confirmando a presença de Fischer em um quarto de motel onde uma vítima masculina morreu em 31 de março de 1979, mas agora disseram que a morte fora um acidente; Fischer, por seu lado, insistiu que bateu no homem até a morte. Em meados de fevereiro de 1980, Joe havia feito um total de 32 vítimas, e a polícia de Norwalk, Connecticut, declarou possuir evidências suficientes para acusá-lo de mortes por esfaqueamento de duas garotas de 17 anos, Alaine Hapeman e Verônica Tassielo.

De fato, Joe foi a julgamento em abril de 1980 apenas pelo assassinato de sua mulher. Naquela época, a imprensa relata que suas confissões citaram "dezenas" de vítimas, um artigo reivindicando "até 40", mas Fischer mudou seu tom no momento, negando o assassinato de Claudine quando foi testemunhar em 11 de abril. Os jurados desconsideraram seu testemunho por ser uma mentira automática, condenando-o por assassinato em segundo grau em 23 de abril. Três semanas depois, em 16 de maio, Fischer recebeu uma condenação de prisão por 25 anos e perpétua.

Os mandatos permanecem pendentes em Connecticut e Oklahoma, mas nenhuma jurisdição estava inclinada a extraditar Fischer para julgamento. Confinado em Sing Sing, ele logo reverteu para seu modo presunçoso, concedendo entrevistas para os programas de TV tipo tabloide como *Geraldo* e *A Current Affair* em 1989, alegando uma contagem de corpos "acima de cem" vítimas. Em fevereiro de 1991, quando Fischer teve seu perfil biográfico em *America's Most Wanted* o número tinha pulado para "cerca de 150", incluindo as alegações de um cemitério privado não descoberto pela polícia, com 16 corpos enterrados em um lugar, mas ninguém teve o interesse ou energia para verificar suas histórias. Quando morreu na prisão, sete meses depois, aos 68 anos, Joe Fischer estava completamente esquecido; seu falecimento apenas foi notado pelo jornal de sua cidade natal. Oficialmente, ele foi responsável por dois homicídios, suspeito de pelos menos mais três. Sua verdadeira contagem de corpos — como aquele de DONALD GASKINS, HENRY LUCAS e outros assassinos presunçosos — provavelmente nunca será conhecida.

FISH, Albert Howard

Hamilton Fish, de 1870, o mais famoso canibal americano do século XX antes de JEFFREY DAHMER fnasceu em de uma família respeitada que vivia em Washington, D.C. Um exame mais próximo, entretanto, revela pelo menos sete parentes com graves doenças mentais em duas gerações que precederam o nascimento de Fish, incluindo dois membros da família que morreram em asilos. Fish tinha 5 anos quando seu pai faleceu, e sua mãe colocou-o em um orfanato enquanto trabalhava para sustentar-se. Os registros descrevem o jovem Fish como uma criança problema que "fugia todo sábado", fazendo xixi na cama de forma persistente até os 11 anos. Formado em escola pública aos 15 anos, começou a se chamar de Albert, descartando o odiado primeiro nome que levava os colegas a brincarem chamando-o de "Ham and Eggs".*

Quando adulto, Fish fez serviços ocasionais, percorrendo o país como pintor e decorador de casas itinerante. Em 1898, casou-se com uma mulher nove anos mais nova, e teve seis filhos, antes de sua espo-

---
*N.T.: tradução literal "presunto e ovos"

Albert Fish no julgamento

sa fugir com um aluno interno chamado John Straube, em janeiro de 1917. Ela voltou uma vez, com Straube na rabeira, e Fish aceitou-a com a condição de mandar seu amante embora. Mais tarde, ele descobriu que sua esposa estava mantendo Straube no sótão e ela partiu após uma discussão tempestuosa para nunca mais voltar.

Por conta própria, Fish cometeu seu primeiro assassinato em 1910, matando um homem em Wilmington, Delaware; entretanto seus filhos notaram a primeira mudança óbvia no comportamento de Fish a partir da data da partida inicial de sua esposa. Aparentemente sujeito a alucinações, ele balançava seu punho em direção ao céu e gritava repetidamente: "Sou Cristo!" Obcecado com pecado, sacrifício e reparação pela dor, Fish encorajou seus filhos e seus amigos a espancá-lo até suas nádegas sangrarem. Por conta própria ele inseria diversas agulhas em sua virilha, perdendo o vestígio de algumas conforme saíam de vista. (Um raio-X na prisão revelou pelo menos 29 agulhas, inseridas em sua região pélvica, algumas corroídas pelo tempo, como meros fragmentos.) Em outras ocasiões, Fish embebia bolas de algodão em álcool, inseria-as em seu ânus e colocava fogo. Frustrado pela agonia quando começou a colocar agulhas sob suas próprias unhas, Fish lamentou: "se a dor simplesmente não fosse tão dolorida!".

Embora nunca tivesse divorciado-se de sua primeira esposa, Fish casou-se mais três vezes, usufruindo uma vida sexual que os psiquiatras do tribunal descreveriam como uma das "perversidades sem paralelo". (Na prisão, as autoridades compilaram uma relação de 18 PARAFILIAS praticadas por Fish, incluindo coprofagia — o consumo de excremento humano.) Rastreando seu sadomasoquismo até a idade de 5 ou 6 anos, quando ele começou a participar com prazer do espancamento das nádegas despidas no orfanato, a obsessão de Fish com a dor foi concentrada primeiramente em crianças. Ordenado "por Deus' para castrar garotos, ele molestou imparcialmente crianças de ambos os sexos conforme viajava pelo país. Os promotores confidencialmente ligaram-no com "pelo menos cem" agressões sexuais em 23 Estados, de Nova York ao Wyoming, mas Fish sentiu-se menosprezado por sua estimativa. "Tive crianças em todos os Estados", ele declarou, colocando sua própria narração de vítimas próxima a 400.

Por tudo isso, Fish foi descuidado com seus crimes, frequentemente perdendo empregos "porque surgiam coisas sobre estas crianças". Preso por oito vezes, ele cumpriu pena por furto maior, passando cheques sem fundo e violando a condicional ou *sursis*. As cartas obscenas foram outra de suas paixões, e Fish enviava pelo correio numerosos exemplos para estranhos, seus endereços obtidos de agências matrimoniais em colunas de "corações solitários" de jornais.

Em 1928, colocando-se como "sr. Howard", Fish ajudou a família Budd em White Plains, Nova York, em 3 de junho enquanto escoltava Grace Budd, 12 anos, em uma festa para crianças. Levou a criança

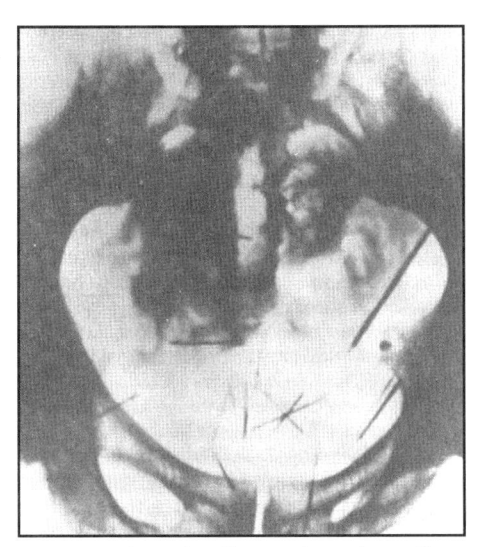

Raio-X pélvico de Albert Fish revela agulhas que ele inseriu em sua virilha

para um chalé isolado e ali desmembrou seu corpo, deixando diversas partes para um ensopado que ele consumiu.

Dois anos depois, com o caso de Budd ainda não resolvido, Fish foi confinado em um hospital psiquiátrico pela primeira vez. Após dois meses de observação, ele foi dispensado com uma nota dizendo: "Não insano; personalidade psicopata; tipo sexual". Em 1931, Fish foi mais uma vez preso sob a acusação de enviar cartas obscenas, e a polícia encontrou chicote de nove pontas bem gasto em seu quarto. Ele foi liberado após mais duas semanas de observação em uma enfermaria psiquiátrica.

Compelido a tripudiar sobre seus crimes, Fish enviou uma carta para a família Budd em 1934, dando a notícia de que Grace estava morta, enfatizando de forma ímpar o fato de que "ela morreu virgem". Rastreado pela polícia por meio do carimbo distinto da carta, Fish prontamente confessou os outros homicídios, incluindo crianças mortas em 1919, 1927 e 1934.

As autoridades discordaram de sua contagem final de corpos; os detetives relacionavam pelo menos três vítimas a mais na cidade de Nova York. Preso para interrogatório em um caso, Fish foi liberado, pois "ele parecia tão inocente". Em outra ocasião, um condutor de bonde identificou Fish como o homem que ele viu com um garoto pequeno chorando no dia do desaparecimento da criança. O psiquiatra do tribunal suspeitou de Albert em pelo menos cinco homicídios e os detetives de Nova York acrescentaram mais três. A justiça da Corte Suprema Nova York foi "informada de forma segura" do envolvimento do assassino em 15 homicídios.

No julgamento, o Estado estava desesperado para ganhar a pena de morte, superando a DEFESA POR INSANIDADE de Fish com o ridículo testemunho psiquiátrico. Falando para o Estado, uma bateria de médicos declarou, de forma impassível, que coprofagia "é uma coisa comum. Não consideramos doentes as pessoas que a praticam. Um homem que a faz está, socialmente, perfeitamente correto. No que se refere à sua posição social, supõe-se que ele seja normal, pois o Departamento de Higiene Mental do Estado de Nova York também aprova isso".

Com Fish murmurando, confissões obscenas à mão, o júri considerou-o apto e culpado de homicídio premeditado no caso de Grace Budd. Sentenciado à morte, Fish foi eletrocutado na prisão de Sing Sing, em 16 de janeiro de 1936. De acordo com uma testemunha presente, ele levou dois choques antes de a cadeira completar seu trabalho, assim gerando uma lenda que o aparelho teve curto-circuito por todas as agulhas que Fish tinha colocado em seu corpo.

FRANKLIN, Joseph Paul

Nascido James Clayton Vaughn Jr. em Mobile, Alabama, Franklin era o filho mais velho de um andarilho alcoólatra que abandonou sua família por meses ou anos a fio. Os irmãos lembram-se de que James Vaughn, pai, celebrava os raros retornos para casa batendo em seus filhos, e James

Jr. absorvia a pior punição. Quando jovem, Franklin entrou para a moda de alimentos e religiões marginais, abandonando a escola secundária após um acidente tê-lo deixado com a vista bem fraca.

O ferimento foi uma faca de dois gumes, pois isentou Franklin do recrutamento militar e ele se casou em 1968 em uma idade que muitos jovens estavam aguentando a loteria de recrutamento militar, temerosos da guerra no Vietnã. Logo após seu casamento, a noiva de Franklin observou uma mudança em sua personalidade "do dia para a noite". Ele começou a espancá-la imitando o pai que detestava, e em outras ocasiões ela o encontrava inexplicavelmente choroso. Nessa mesma época, sua vizinhança toda branca estava racialmente integrada e Franklin começou a girar para o centro, no domínio do fanatismo patológico.

Os poucos anos seguintes foram marcados por deprimentes incidentes raciais e prisões esporádicas por carregar armas escondidas. Franklin foi atraído de forma crescente para o partido nazista americano, passando para os movimentos segregacionistas em tempo integral após o falecimento de sua mãe em 1972. Mudando-se para Atlanta, uniu-se ao neofascista Partido de Direita dos Estados Nacionais, simultaneamente mantendo-se membro da Ku Klux Klan local. Franklin começou a insultar os casais interraciais em público, e no Dia do Trabalho de 1976 seguiu um desses casais até uma rua sem saída em Atlanta, espirrando neles uma mistura química contendo gás lacrimogêneo.

Nessa época, Franklin legalmente mudou seu nome, desprendendo-se dos últimos vínculos como sua vida "normal". Os promotores alegam — e os jurados concordaram — que ele usou os anos de 1977 a 1980 vagueando pelo sul e meio-oeste, empregando 18 pseudônimos, trocando de carros e de armas frequentemente, tingindo seu cabelo com tal frequência, que esse estava quase caindo. Durante o percurso, matou mais de uma dúzia de pessoas em uma guerra frenética de um homem contra as minorias.

De acordo com o FBI, Franklin lançou sua campanha no verão de 1977, com uma bomba na sinagoga de Chattanooga em 29 de julho. Nove dias depois, os investigadores disseram que ele atirou e matou um casal inter-racial, Alphonse Manning e Toni Schwenn, ambos com 23 anos, em Madison, Wisconsin. Em 8 de outubro, Gerard Gordon foi assassinado por um franco-atirador quando deixava um *bar mitzvah* no subúrbio de Richmond Heights de St. Louis.

Harold McIver, gerente negro de um restaurante de *fast-food* em Doraville, Geórgia, estava trabalhando no turno da noite quando o franco-atirador tirou sua vida, em 22 de julho de 1979. Em 8 de agosto, outro homem negro, Raymond Taylor, 28 anos, foi atingido e assassinado pela janela de um restaurante em Falls Church, Virginia. Dez semanas depois, em 21 de outubro, outro casal inter-racial esteve sob ataque de um atirador itinerante na cidade de Oklahoma: Jesse Taylor foi atingido três vezes com um rifle de alto poder antes de morrer; um único tiro no peito matou Marian Bresette quando ela correu para ajudar seu marido.

Franklin agiu duas vezes em Indianápolis, em janeiro de 1980, matando homens negros com rifles de longa distância em dois ataques separados; Lawrence Reese, 22 anos, morreu em outro ataque a restaurante, em 12 de janeiro; dois dias depois, Leo Watkins, de 19 anos, foi assassinado em um shopping local. Em 3 de maio, Franklin supostamente assassinou uma jovem mulher branca, Rebecca Bergstrom, descartando seu corpo perto de Tomah, no centro de Wisconsin. Em 6 de junho, ele surgiu em Cincinnati, matando os primos negros Darrel Lane e Dante Brown de sua posição de franco atirador em lugar elevado, nas proximidades da armação da estrada de ferro. Nove dias depois, em Johnstown, Ohio,

Franklin atirou em um casal de negros — Arthur Smothers e Kathleen Mikula — quando eles cruzavam a ponte para o centro da cidade. Em 20 de agosto, os corredores negros Ted Fields e David Martin foram mortos por Franklin na cidade de Salt Lake, Utah.

Preso no Kentucky em 25 de setembro de 1980 (e recapturado um mês depois de escapar para a Flórida), Franklin enfrentou uma maratona de julgamentos estaduais e federais com resultados misturados. Em 1982, foi absolvido das acusações federais sobre direitos civis em maio de 1980, no tiroteio que deixou o líder de direitos civis Vernon Jordan gravemente ferido em Fort Wayne, Indiana (embora os jurados dissessem estar convencidos de que ele atirou em Jordan, e Franklin o confessou mais tarde). O júri de Utah condenou-o posteriormente em dois assassinatos e violações de direitos civis. Franklin estava cumprindo prisão perpétua nessas acusações em 1983, quando confessou a incisão de 1978 no editor Larry Flynt da revista *Hustler* no Distrito de Gwinnett, Geórgia. (Franklin foi indiciado por esse crime, mas nunca julgado, porque já enfrentava penalidades reforçadas em outros estados.)

Mais condenações seguiram-se: para a bomba de Chattanooga; para o assassinato duplo em Wisconsin, descrito pelos promotores como "a coisa mais próxima de matar por esporte"; o assassinato de Gerald Gordon quando este deixava a sinagoga de Clayton, Missouri, em 1977 (sua primeira sentença de morte); pelo duplo assassinato em junho de 1980 em Cincinnati; pelo assassinato de 1978 de William Tatum, atingido enquanto falava com uma mulher branca fora do restaurante em Chattanooga. Outros crimes confessados por Franklin sem condenação adicional incluem o assassinato em 1980 da adolescente Nancy Santomero em um retiro pela paz em West Virginia; os assassinatos em 1980 de um casal inter-racial em Johnstown, Ohio; e o de um homem negro em Decatur, Geórgia. Todos os investigadores acreditam que Franklin seja responsável por pelo menos 18 homicídios e cinco tiroteios não fatais em 11 Estados, além de duas BOMBAS e 16 roubos a bancos.

"FANTASMA da Rodovia"

Um quebra-cabeça registrado na capital da nação, esta série de homicídios está oficialmente não resolvida, apesar da condenação de dois réus em um dos sete homicídios similares. As autoridades especularam sobre as soluções do caso, declarando que "a justiça foi feita" pela reunião de suspeitos em acusações não relacionadas, mas sua fé foi abalada por uma eclosão de homicídios similares no Distrito de Prince Georges, Maryland, durante 1987. Até agora, alguns estudos do caso acreditam que o "Fantasma" iludiu os detetives de homicídios completamente, mudando seu campo de operações para um campo de caça mais fértil.

A primeira vítima do caçador da capital foi Carole Denise Sparks, de 13 anos, raptada em 25 de abril de 1971, enquanto estava a caminho de uma loja na vizinhança a sudeste de Washington. Seu corpo estrangulado e destruído foi recuperado seis dias depois, a 2,5 quilômetros de sua casa, no acostamento da rodovia Interestadual 295, uma das diversas autoestradas que passam pelo leste de Washington no rio Anacostia.

Dez semanas se passaram antes de Darlenia Denise Johnson desaparecer, em 8 de julho, da mesma rua onde Carole Sparks foi raptada. Estrangulada até a morte, ela foi encontrada em 19 de julho, cerca de 450 metros de distância do local onde Sparks foi descoberta em 1º de maio. Enquanto isso, uma terceira vítima, Ângela Denise Barnes, 14 anos, foi raptada no sudeste de Washington em 13 de julho, atingida fatalmente e deixada no mesmo dia em Waldorf, Maryland. Brenda Crockett, de 10 anos, desapareceu duas semanas depois; seu corpo estrangulado foi recuperado em 28 de julho, próximo a uma passagem da Rodovia 50 dos Estados Unidos.

O assassino fez uma pausa por dois meses, em agosto e setembro, retornando com uma vingança para raptar Nenomoshia Yates, de 12 anos, em 1º de outubro. As marcas conhecidas de estrangulamento estavam aparentes quando seu corpo foi encontrado seis dias depois, descartado na Avenida Pennsylvania, perto da linha estadual de Maryland. Aos 18 anos, Brenda Denise Woodward foi a vítima mais velha, raptada de um ponto de ônibus em Washington em 15 de novembro, apunhalada até a morte e deixada no dia seguinte em um acesso à rodovia que leva ao Hospital do Distrito de Prince Georges. Uma nota zombeteira — seu conteúdo ainda não publicado — foi descoberta com o corpo, assinada pelo "Fantasma da Rodovia", de acordo com o apelido dado por jornalistas. Em um capricho macabro, os especialistas do FBI relataram que Woodward escreveu a nota com a mão firme, não mostrando nenhum indício de tensão ou medo.

Finalmente, a polícia tinha ampla evidência do padrão das raças das vítimas — todas afro-americanas — com o fato peculiar de quatro terem o nome Denise. Parecia haver também uma conexão geográfica tanto no rapto quanto na disposição dos corpos, mas a especulação não deixou as autoridades mais próximas de seu objetivo de uma prisão. A comunidade negra de Washington insurgiu-se, exigindo uma solução para o caso, com a intenção de provar que um homem branco deveria ser acusado, mas a retórica raivosa nada fez para adiantar a investigação de homicídio.

Dez meses decorreram antes que o Fantasma fizesse sua vítima final, raptando Diane Williams, 17 anos, em 5 de setembro de 1972. Seu corpo foi encontrado no dia seguinte junto à I-295, cerca de oito quilômetros do ponto onde Carole Sparks foi descoberta em maio de 1971. Novamente, a polícia observou as similaridades surpreendentes com os outros crimes — e novamente, não foram encontradas evidências que identificasse um suspeito no caso.

No fim de março, a polícia estadual de Maryland prendeu dois suspeitos negros — Edward Leon Sellman, de 30 anos e Tommie Bernard Simmons, de 26 anos — sob a acusação de homicídio de Angela Barnes. Ambos os suspeitos eram ex-policiais de Washington, e demitiram-se no início de 1971 antes de completarem seus períodos obrigatórios de experiência. Os investigadores então separaram o homicídio de Barnes dos outros crimes na série do Fantasma da Rodovia, registrando acusações adicionais contra ambos os suspeitos em fevereiro de 1971, de rapto e estupro de uma garçonete em Maryland. Condenados por homicídio em 1974, ambos os réus foram sentenciados à prisão perpétua.

Enquanto isso, um grande júri federal que investigava os homicídios do Fantasma concentrou sua atenção em um "grupo de pessoas distintas" suspeitas de atrair garotas e jovens mulheres para carros — algumas vezes alugados para este fim — então estuprá-las e/ou assassinar suas vítimas por esporte. Os suspeitos, John N. Davis, 28 anos e Morris Warren, 27 anos, já tinham sentença de prisão perpétua na condenação por estrupros anteriores, quando a nova série de indiciamentos foi feita em dezembro de 1974. Warren recebeu uma concessão de imunidade limitada em troca do retorno por seu testemunho contra Davis e outro réu, Melvyn Sylvester Gray, 27 anos. Como o porta-voz do governo explicou: "os objetivos da justiça podem ser cumpridos também, se a pessoa for condenada e sentenciada à prisão perpétua por rapto como se ele tivesse sido preso pela mesma sentença por homicídio."

Os críticos questionaram a sabedoria deste conselho 13 anos depois, quando uma nova série de homicídios não resolvidos foi relatada na vizinha Maryland. Novamente, as vítimas do sexo feminino eram jovens e negras, raptadas e descartadas de uma forma que relembrava o estilo do Fantasma da Rodovia. As autoridades recusam-se a especular sobre a ligação entre os crimes, e assim ambos os casos são considerados "abertos", oficialmente não resolvidos.

G

GACY, John Wayne Jr.

John Gacy pai era um tirano alcoólatra em sua casa, um grosseiro exagero do famoso personagem da TV Archie Bunker com cada traço de humor eliminado. Ele não fez nenhum esforço para esconder seu desapontamento com o filho que tinha seu nome, infligindo espancamentos brutais pela menor ofensa, ocasionalmente pegando o garoto e arremessando-o pela sala. Em momentos mais pacíficos, ele ficava satisfeito ao censurar John Jr. por ser uma "menininha taciturna e estúpida" e inútil das coisas. Com o decorrer do tempo, suas acusações infundadas pareceriam ser o cumprimento de uma profecia com respeito à parte "menina".

Nascido em Chicago em 1942, Gacy cresceu duvidando de sua própria masculinidade e refugiando-se na hipocondria precoce para não praticar esportes e outras atividades "masculinas". Atingido na cabeça por um balanço aos 11 anos, sofreu de escurecimentos periódicos pelos cinco anos seguintes até sua causa — um coágulo de sangue em seu cérebro — ser finalmente resolvida com medicação. Assim privado de uma aflição, ele desenvolveu (ou imaginou) outra ainda, sedimentando os sintomas de uma doença do coração que parecia ir e vir, dependendo de seu humor.

Após formar-se na faculdade de Administração, Gacy tornou-se vendedor de sapatos, mas seu objetivo estava em coisas melhores. Casou-se com uma colega de trabalho cujos pais possuíam um restaurante de frango frito em Waterloo, Iowa, e Gacy entrou para o papel pouco original de gerente de restaurante. Ele foi um perito no trabalho, negando tudo o que seu pai dizia sobre seu intelecto e direção, ascendendo ao posto de admiração e respeito entre os Jaycees locais*. Sua esposa e amigos estavam absolutamente despreparados para a prisão de John, em maio de 1968, sob a acusação de coação de um jovem empregado a atos homossexuais espalhando-se por um período de meses. Aquelas acusações ainda estavam pendentes quando Gacy contratou um assassino adolescente para espancar a testemunha do promotor, e mais acusações foram registradas. Conseguindo uma negociação, Gacy confessou-se culpado de sodomia e outras acusações foram desconsideradas. Sentenciado a dez anos na prisão, ele provou ser um prisioneiro modelo e foi liberado em 18 meses.

Com a permissão do Estado, Gacy mudou-se de volta para Chicago, onde se estabeleceu como um construtor de edifícios bem-sucedido. Divorciado enquanto estava na prisão, ele logo se casou e passou a viver em uma vizinhança de classe média do subúrbio de Des Plaines, onde era popular com seus vizinhos e oferecia festas temáticas elaboradas para os feriados. Por outro lado, ele foi ativo na política dos democratas — uma vez posando para fotos com a esposa do presidente Jimmy Carter — e como "Pogo, o Palhaço", representando com maquiagem completa em festas de crianças e eventos caritativos. Poucos de seus novos conhecidos sabiam qualquer coisa sobre a prisão de Iowa, e aqueles que ouviram rumores foram assegurados de que John tinha recebido apenas uma pena por "ter negociado com alguma pornografia".

Em 12 de fevereiro de 1971, Gacy foi acusado de conduta desordenada em Chicago, na denúcia de um garoto que tentou

---

*N.T.: membros de uma organização civil nacional e internacional principal.

abusar sexualmente. O acusador, conhecido por ser gay, não compareceu ao tribunal na audiência de Gacy, e as acusações foram canceladas. Os oficiais da condicional em Iowa nunca foram notificados da prisão ou acusações, e Gacy foi formalmente dispensado da condicional em 18 de outubro de 1971.

Por sua própria estimativa, o primeiro homicídio ocorreu menos de três meses depois, em 3 de janeiro de 1971. A vítima, pega em um terminal de ônibus, permanece não identificada, mas sua morte foi típica da abordagem futura de Gacy. Ao procurar sua vítima, Gacy algumas vezes caía em jovens amigos e empregados, mas mais frequentemente confiava em vaguear pelas ruas de Chicago atrás de prostitutas e fugitivos. Assim como o "Estrangulador de Hillside" em Los Angeles, ele algumas vezes mostrava um distintivo e arma, "prendendo" sua futura vítima. Outros eram convidados a ir à casa de Gacy para uns drinques e jogo de sinuca, e John mostraria alguns truques com "algemas mágicas", depois usando brinquedos sexuais e o garrote. Quando acabava, John faria o "truque da corda" — estrangulamento — e sua vítima seria enterrada em um espaço estreito sob a casa. Nos últimos anos, ele ficou sem espaço no andar inferior, e começou a jogar os corpos em um rio próximo.

Dispor os corpos em um espaço reduzido tinha suas desvantagens, principalmente um odor distinto e penetrante que o assassino dizia ser "problemas de esgoto". A segunda esposa de Gacy também estava no caminho: sua presença limitava sua recreação para quando ela deixava a casa ou viajava para fora da cidade. O seu casamento terminou em 1976, e Gacy pôde acelerar seu programa de aniquilação. Entre 6 de abril e 13 de junho de 1976, pelo menos cinco garotos foram assassinados na casa de Gacy, e não parecia haver um fim à vista. Em 25 de outubro daquele ano, ele assassinou duas vítimas de uma vez, jogando seus cor-

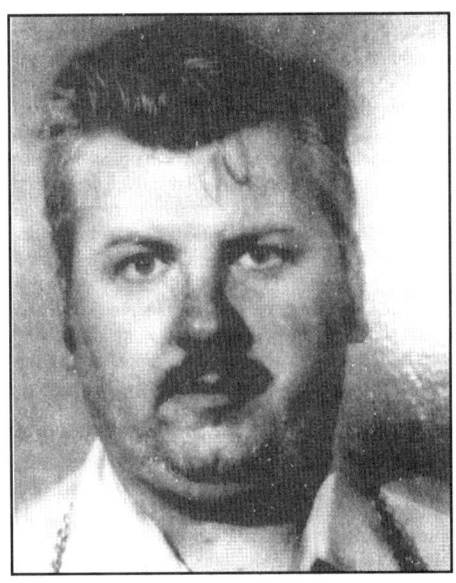

John Wayne Gacy Jr.

pos em uma mesma cova comum. À medida que o tempo passava, seus objetivos variavam da idade de 9 a 20 anos, cobrindo o espectro social desde adolescentes de classe média até presidiários e prostitutos.

Nem todas as vítimas de Gacy morreram. Em dezembro de 1977, Robert Donnelly foi raptado sob a mira de uma arma, torturado e sofreu sodomia na casa de horrores de Gacy, e foi então liberado. Três meses depois, Jeffrey Rignall, de 27 anos, estava tomando um drinque na casa de Gacy quando recebeu clorofórmio e foi preso à armação de um dispositivo de tortura feito em casa, similar àquele usado por DEAN CORLL em Houston. Gacy gastou diversas horas estuprando e açoitando Rignall, aplicando clorofórmio com tal frequência que o fígado de Rignall sofreu danos permanentes. Recuperando a consciência ao lado de um lago em Lincoln Park, Rignall chamou a polícia imediatamente, mas só em meados de julho conseguiram acusar Gacy de contravenção. O caso ainda se arrastaria por mais cinco meses, quando Gacy foi pego nas acusações de duplo homicídio.

Isso finalmente se encerrou, graças

unicamente ao descuido de Gacy. Robert Piest, 15 anos, desapareceu de seu trabalho na farmácia de Chicago, em 12 de outubro de 1978. A empresa de construção de Gacy tinha reformado recentemente a loja e foi oferecido um emprego a Piest junto à equipe, informando os colegas de trabalho de sua intenção de se encontrar com o "empreiteiro" na noite de seu desaparecimento. A polícia parou para interrogar Gacy em casa e reconheceu imediatamente o odor emanando de seu espaço estreito. Antes que terminassem de cavar, o lote de Gacy revelaria 28 corpos, com outros cinco recuperados dos rios próximos. Nove das 33 vítimas permaneceriam para sempre sem identificação.

Em custódia, Gacy tentou responsabilizar "Jack", um alter-ego, por suas atividades assassinas (e, coincidentemente, o apelido que usava ao posar como policial). Os psiquiatras dispensaram o ardil, e Gacy foi condenado em 33 acusações de assassinato culposo em março de 1980. As sentenças de prisão perpétua foram concedidas em 21 casos, cobrindo as mortes que ocorreram antes de 21 de junho de 1977, quando Illinois restabeleceu a PUNIÇÃO CAPITAL. Doze das sentenças de morte foram impostas nos casos de vítimas assassinadas entre julho de 1977 e dezembro de 1978.

Pelos 14 anos seguintes, Gacy permaneceu em um interno controverso no corredor da morte. Abandonando a defesa de personalidade dividida, ele então reclamou que os corpos não desenterrados em sua casa teriam sido colocados durante sua ausência por conspiradores desconhecidos. Ele descreveu-se como "a vítima de número 34" de um projeto de assassinato insidioso, com os verdadeiros assassinos ainda à solta. Em 1993, os apoiadores e curiosos podiam discar o número 900 do telefone pessoal de Gacy pela "refutação" de 12 minutos do caso da promotoria — pelo preço de 1,99 dólar por minuto. Gacy também gerou uma onda de protestos com as pinturas — muitas cabeças com largo sorriso e palhaços de faces tristes — que ele produziu e vendeu já do corredor da morte. À medida que suas apelações se esgotavam e o tempo ficava mais curto, no início de 1994, os retratos do assassino foram saudados como itens de colecionador, alguns deles vendidos por preços de cinco dígitos. Vendas animadas foram também relatadas para os dois volumes publicados da correspondência da prisão de Gacy com amigos externos.

As apelações de última hora falharam em suspender a execução de Gacy por injeção letal, em 10 de maio de 1994. No final, existiam aqueles que acreditavam que Gacy era inocente e outros que suspeitavam que ele teria cúmplices em sua atividade de longo prazo de assassinatos... os quais ainda permaneceriam à solta. O Estado de Illinois, enquanto isso, foi ultrajado pela celebridade do assassino, anunciando planos de acionar seu patrimônio para o reembolso dos custos de habitação e alimentação incorridos por Gacy durante 14 anos até o corredor da morte.

Veja também: ILUSTRAÇÕES E LEMBRANÇAS

GALLEGO, Gerald Armand e Charlene

Gerald Armand Gallego nunca conheceu seu pai, mas ele tinha o temperamento igual ao de seu velho. Gerald pai estava cumprindo pena em San Quentin quando seu filho nasceu em 1946, e nove anos depois tornou-se o primeiro homem a morrer na câmara de gás do Mississipi, condenado pelos assassinatos de dois policiais. Gerald Junior não estava ciente do fato, aceitando história de morte acidental criada pela mãe, mas ele já havia se lançado à sua própria carreira criminosa. Inúmeras de brigas menores com a lei atingiram o clímax aos 13 anos, com o encarceramento de Gerald por estupro de uma vizinha de 6 anos. Seu registro adulto anunciou 27 prisões por crime qualificado e sete condenações com penas notáveis por incesto, estupro e sodomia. Aos 32 anos, ele tinha se casado sete vezes — duas vezes com a mesma mulher — com diversas bigamias durante o período. A acusação de incesto refere-se à sua filha Mary Ellen, à qual ele repetidamente molestou a partir da idade de 6 anos.

Apesar do aspecto negativo predominante, Gallego poderia usar o charme, se assim o escolhesse, e estava a todo vapor em setembro de 1977, quando encontrou a mulher que compartilharia seus últimos anos de liberdade.

A filha única mimada de um executivo de supermercado em Stockton, Califórnia, Charlene Williams, era dez anos mais nova que Gerald; nasceu em outubro de 1956. Um gênio certificado — seu QI atingiu 160 na escola secundária e também possuía uma memória fotográfica. Tocava violino clássico bem o suficiente para receber um convite para o Conservatório de Música de São Francisco. Apesar da promessa inicial, ela caiu no abuso de drogas aos 12, perdeu sua virgindade um ano depois e qualificou-se como uma alcoólatra incerta aos 14 anos. Um ano depois, ela estava vangloriando-se para os colegas de classe de seu caso em andamento com um colega negro — uma das poucas indiscrições que ela conseguiu esconder de seus pais corujas.

Não obstante o QI de gênio, as atividades extracurriculares de Charlene destruíram seus estudos na Escola Secundária de Rio Americano, em Sacramento. Ela conseguiu por pouco a sua formatura, mas desapareceu da faculdade em seu primeiro semestre. Decidida a tornar-se uma "mulher de negócios", Charlene persuadiu seus pais a investirem 15 mil dólares em uma loja de presentes em Folson, habilmente batizada de "The Dingaling Shop"*. Quando este empreendimento fracassou, ela tentou o casamento, com resultados igualmente desastrosos.

O primeiro marido de Charlene, um viciado impotente, foi descartado por deixar de agradá-la na cama. Em retrospecto, ele considerou que o relacionamento poderia ter sido melhor se ele tivesse feito o jogo de Charlene de contratar uma prostituta para um encontro excêntrico a três, mas ele preferiu gastar seu dinheiro com heroína. O marido número dois evitava drogas, mas também evitava sua noiva, descartando Charlene após algumas semanas de casamento para viver com outra mulher. Em 10 de setembro de 1977, Charlene estava fazendo uma compra de entorpecentes em um clube de pôquer de Sacramento quando encontrou Gerald Gallego e apaixonou-se à primeira vista. Uma semana após seu primeiro encontro, os amantes foram morar juntos, alugando uma pequena casa em Bluebird Lane, em Sacramento.

Variedade era o tempero da vida para Gallego, e monogamia estava contra sua natureza. Charlene estava querendo acomodar seu gosto por estranhos se isso o mantivesse em casa à noite, e ela não fez nenhuma reclamação quando ele trouxe uma adolescente fugitiva para seu ninho de amor. Gerald gostava de fazer sexo com duas mulheres de uma vez, mas foi uma história diferente quando ele veio para casa mais cedo uma tarde e encontrou a adolescente ocupada com Charlene. Enraivecido, ele jogou a mais nova por uma janela e Charlene recebeu o primeiro de muitos espancamentos que logo se tornariam foco principal de seu relacionamento turbulento.

A revelação da bissexualidade de Charlene virou o mundo de Gallego de cabeça para baixo. O "homem macho" de estilo próprio ficou subitamente incapaz de desempenhar na cama, exceto quando forçava com Charlene. A violência criada da frustração tornou-se um evento diário em sua

---

N.T.: A loja do tilintar

casa, com Charlene algumas vezes dando tão bem quanto recebia. Em uma situação de liberdade para todos, Gerald quebrou um dedo enquanto espancava Charlene na face; ela respondeu trincando sua cabeça com um cassetete, e Gerald a estava mantendo na mira da arma quando a mãe de Charlene interrompeu a rixa.

Em julho de 1978, Charlene pensou em fazer uma surpresa para o 33º aniversário de Gerald, convidando sua filha Mary Ellen e uma de suas amigas adolescentes para passar a noite em Bluebird Lane. Rapidamente, tornou-se uma orgia, todas as três mulheres servindo Gerald, e sua impotência pareceu estar curada... por um momento. A partida de Mary Ellen trouxe uma rápida recaída, entretanto, e Charlene concebeu a ideia de usar "escravas sexuais descartáveis" para manter seu homem feliz. Eles gastaram dois meses refinando o plano, no qual Charlene — vestida para se fazer parecer uma adolescente — atrairia as presas escolhidas para as mãos de seu "papai".

Em 11 de setembro de 1978, Rhonda Scheffler, 17 anos, e uma amiga, Kippi Vaught, 16 anos, desapareceram de Sacramento em uma caminhada breve a um shopping center local. Dois dias decorreram-se até seus corpos destruídos e quebrados serem recuperados fora de Baxter, distante cerca de 24 quilômetros. Cada uma das garotas sofreu sodomia por Gallego e foi forçada a realizar sexo oral com Charlene, e depois Charlene mordia seus corpos. Depois do estupro, ambas as vítimas foram atadas e espancadas até a morte com um a chave da roda e uma única bala foi disparada em cada cabeça, a um pequena distância.

Satisfeitos com seu experimento, os amantes homicidas celebraram dirigindo até Reno em 30 de setembro, onde se casaram, com os pais de Charlene servindo como testemunhas. De volta a Sacramento, Charles Williams encontrou um emprego para sua filha em uma fábrica de embalagem de carne, portanto satisfazendo a solicitação de Gerald de que ela pagasse sua própria conta.

Em 24 de junho de 1979, Brenda Judd, de 14 anos, e Sandra Colley, 13 anos, desapareceram da área de exposições do Distrito de Washow, em Reno. Ao volante do furgão junto a uma autoestrada do deserto, Charlene ficou tão furiosa por Gerald começar o estupro sem ela, que desviou para fora da estrada e pegou uma arma, pretendendo matá-lo. Trocaram tiros, uma bala esfolou o braço de Gerald antes que o homem pedisse um cessar-fogo, reclamando que a parada abrupta do furgão tinha machucado seus genitais. Temporariamente fora de ação, Gallego observou Charlene molestar ambas as meninas antes de acabar com elas com disparos à queima-roupa.

Judd e Colley ainda eram consideradas desaparecidas em 1982, quando a confissão de Charlene na prisão resolveu o mistério de seu desaparecimento. Enquanto isso, ela sugeriu o rapto de duas garotas negras em sua próxima saída, mas Gerald recusou-se a se "contaminar" com sexo interracial. Descobrindo-se grávida três semanas após o segundo assassinato duplo, Charlene contou a seu marido as boas-novas. Gallego, aborrecido, forçou-a a fazer um aborto — por sua própria conta, naturalmente.

Em 24 de abril de 1980, as adolescentes Karen Chipman e Stacey Redican desapareceram do shopping de Reno. Seus corpos foram descobertos depois próximo a Lovelock, Nevada, em 27 de julho. Ambas as vítimas foram abusadas sexualmente pelos Gallego, separadamente e em sociedade, antes de serem espancadas até a morte com um instrumento sem corte.

Cinco semanas depois, em 1º de junho, os pais de Charlene reuniram-se ao casal assassino em outra ida a Reno, onde Gerald e Charlene repetiram seus votos conjugais. Dessa vez, Gallego usou o nome de Steven Robert Feil, uma identidade falsa que tinha conseguido ao roubar a carteira de identidade de um policial, usando a informação vital para requerer uma "duplicata" da certidão de casamento e carteira de motorista para si próprio. Se os pais de Charlene questionaram o movimento curioso, eles mantiveram suas dúvidas para si próprios. Charlene estava grávida de oito semanas no dia de seu casamento, mas agora Gerald aceitou bem as notícias, decidindo que o bebê seria "um protetor".

Gerald e Charlene celebraram seu segundo casamento com uma viagem de pesca ao Oregon. Linda Aguilar, 21 anos, estava grávida de quatro meses quando desapareceu de Port Oxford em 8 de junho de 1980. Os parentes informaram seu desaparecimento em 20 de junho, e seu corpo foi encontrado dois dias depois, colocado em uma cova rasa ao sul de Gold Beach. Abusada sexualmente por ambos os Gallego, a cabeça da vítima estava despedaçada, seus pulsos e tornozelos presos com uma corda de náilon, mas uma necropsia revelou areia em seu nariz, boca e garganta, indicando que ela foi enterrada viva.

De alguma forma, o último homicídio não satisfez Gerald e Charlene, talvez porque eles apenas tiveram só uma vítima para abusar. A tensão aumentou ao redor do domicílio dos Gallego e os vizinhos chamaram a polícia para dissolver as lutas aos gritos em 12 e 14 de julho. Em ambas as vezes, Charlene convenceu os patrulheiros que os sons de combate emanavam de seu aparelho de TV, negando qualquer conflito com seu esposo.

Em 17 de julho de 1980, Virginia Mochel, 34 anos, foi raptada do estacionamento de uma taverna de West Sacramento, onde trabalhava como atendente de bar. Pela primeira vez, Gerald e Charlene levaram sua vítima de volta para Bluebird Lane, entrando com ela às escondidas na casa, sob o manto da escuridão. Sofrendo repetidamente sodomia por Gerald e por Charlene, a vítima foi também açoitada com uma corda e de outra forma abusada antes de Gerald levá-la de volta ao furgão e estrangulá-la ali. Os restos do esqueleto de Mochel, ainda atados com linha de pesca de náilon, foram encontrados fora de Clarksburg, Califórnia, em 30 de outubro.

Três dias depois, por volta de 1h30, Craig Miller, 22 anos, deixou a dança da fraternidade de Sacramento com sua namorada, Beth Sowers, 21 anos. Momentos depois, amigos observaram o casal sentado em um carro do lado de fora, um estranho de aparência bruta sentado na frente no banco de passageiro. Um dos amigos de Craig estava se esgueirando atrás do volante para ter uma pequena conversa quando Charlene Gallego apareceu, batendo em sua face ao ordenar que saísse do carro; ela pulou atrás do volante e saiu em alta velocidade. Os irmãos de fraternidade de Miller memorizaram a placa, contando a história para a polícia, quando Craig foi encontrado morto no dia seguinte em Bass Lake. Beth Sowers não seria encontrada até 22 de novembro, atingida três vezes e jogada em um fosso no Distrito de Placer.

Os oficiais rastrearam os dados do veículo até os pais de Charlene, registrando uma negação simples de seu envolvimento em qualquer crime da "sra. Steven Feil". Os Gallego imediatamente deixaram a cidade, mas Charlene telefonou para seus pais pedindo dinheiro poucos dias depois. A polícia estava pronta quando a chamada seguinte veio, de Omaha, e os agentes do FBI jogaram a rede em 17 de novembro, quando Gerald e Charlene reclamaram seu dinheiro ao escritório da Western Union.

O time de assassino nos compostos pelo marido e esposa manteve-se firme por oito meses, mas em julho de 1981 Charlene negociava uma forma de se salvar. Em 27 de julho, ela ofereceu uma confissão ligando Gerald aos homicídios de Miller-Sowers, se ela apenas pudesse ser liberada sob fiança.

Os promotores ignoraram-na e Charlene tentou novamente em 2 de março de 1982, anunciando seu desejo de esclarecer dez casos de homicídio em troca de indulgência. A polícia estava cética até ouvir os detalhes, alguns resistindo à confissão de culpa, mas o negócio foi fechado no fim do verão. Em retorno ao testemunho contra seu marido, Charlene receberia uma sentença máxima de 16 anos e oito meses na prisão.

O primeiro julgamento de Gerald Gallego, no caso Miller-Sowers, começou em 15 de novembro de 1982, em Martinez, Califórnia. A seleção do júri levou mais de um mês, com Gallego servindo como seu próprio advogado, e o julgamento durou até maio. O testemunho oferecido de Charlene arrumou a questão e seu marido foi sentenciado à morte em 22 de junho de 1983.

Transferido para Nevada para julgamento nos homicídios de Chipman-Redican, Gerald tornou-se o alvo de uma campanha de subscrição pública sem precedentes, com os residentes da Califórnia doando 23 mil dólares para ajudar a custear as despesas da promotoria. O segundo julgamento de Gallego começou em 23 de maio de 1984, e Charlene prestou depoimento em 24 de maio. Em 7 de junho, os jurados condenaram Gallego em duas acusações de homicídio e duas de rapto, recomendando a execução. Gerald recebeu sua segunda sentença de morte duas semanas depois, e foi enviado para a cidade de Carson para aguardar a execução.

Charlene, por seu lado, foi também presa em Nevada por razões de segurança pública. "Bons comportamentos" fizeram-na elegível para a condicional em 1991, mas ela concordou em cumprir sua sentença total em vez de enfrentar acusações de homicídio e rapto adicionais na Califórnia. Com o prazo cumprido, ela foi devidamente liberada da custódia em julho de 1997. Gerald, enquanto isso, prendeu-se à esperança de uma suspensão temporária da pena em setembro de 1997, após um tribunal de apelação federal ordenar uma nova audiência para a sentença com base no fato de o juiz do julgamento ter emitido instruções imperfeitas do júri. O advogado geral de Nevada perdeu a data limite de fevereiro de 1998 para a apelação da decisão da Suprema Corte dos Estados Unidos, e as manobras legais continuam neste momento na campanha do Estado para executar Gallego.

GARY, Carlton

Um nativo negro de Columbus, Geórgia, nascido em 15 de dezembro de 1952, Gary foi abençoado com um QI próximo a gênio, mas este presente da natureza foi cruelmente equilibrado pelos rigores da infância e da adolescência. Rejeitado por seu pai, Gary foi mal nutrido quando criança, e sofreu um grave trauma na cabeça na escola de primeiro grau, em razão de um acidente no *playground* que o deixou inconsciente. Usuário de drogas pesadas em sua adolescência, foi preso pela primeira vez em 1966 e a lista de condenações relacionava acusações de roubo, incêndio criminoso e assalto antes de atingir seus 18 anos.

Gary surgiu em Albany, Nova York, durante a primavera de 1970, a tempo de praticar uma série de homicídios e estupros em mulheres idosas. Em maio, Marion Brewer foi estrangulada com a fronha do travesseiro em seu quarto de hotel em Albany, seguida dois meses depois por Nellie Farmer, 85 anos, assassinada em um apartamento próximo. Gary foi preso como suspeito na cena e apontou um cúmplice — John Lee Williams — como o assassino. Williams foi condenado e sentenciado à prisão com base no testemunho de Gary, mas o veredicto subsequentemente foi alterado após Gary retratar-se. Escapando da ação penal por homicídio, Gary foi condenado por roubo, recebimento de propriedade roubada e posse de drogas. Recebendo uma sentença no Instituto de Correção do Distrito de Onondaga em Janesville, Nova York, escapou da custódia em 22 de agosto de 1977 e dirigiu-se para casa a fim de lançar um reinado de terror de um só homem.

Em 16 de setembro, Ferne Jackson, de 66 anos, foi estuprada, espancada e estrangulada até a morte em sua casa no Distrito de Wynnton, de Columbus. A vítima tinha uma meia de náilon amarrada de forma apertada ao redor de seu pescoço. O mesmo MO foi demonstrado nove dias depois e a poucas quadras de distância no assassinato de Jean Dimenstein, 71 anos. Florence Scheible, 89 anos, foi assassinada de forma idêntica em 21 de outubro e Martha Thurmond, 69 anos, também morreu da mesma forma, dois dias depois. Em 28 de outubro, Kathleen Woodruff, 74 anos, foi estuprada, espancada e manualmente estrangulada em casa. Seu assassino esqueceu a tradicional meia em sua pressa para escapar. Ruth Schwob sobreviveu ao ataque do "Estrangulador da Meia" em 12 de fevereiro de 1978, acionando um alarme ao lado da cama, mas o assassino estava determinado, andando meras duas quadras antes de estuprar e estrangular Mildred Boron, de 78 anos, na mesma manhã.

No início de março, a polícia sabia que estava procurando um homem negro em uma série de homicídios, e como suas vítimas eram todas brancas, com uma ameaça de violência racial crescente, os investigadores tornaram-se obstinados em sua tarefa. Eles foram pertubados mais tarde durante o mesmo mês por comunicações ameaçadoras de outro assassino — o "Presidente das Forças do Demônio" —, de estilo próprio que ameaçava assassinar mulheres negras selecionadas caso o estrangulador não fosse rapidamente preso. Três mortes seriam rastreadas até o Presidente antes de sua prisão em 4 de abril, mas a ação penal da competição como Estrangulador da Meia não levou a polícia para mais perto de seu homem. Em 20 de abril, o assassino fez sua vítima final em Columbus, estrangulando Janet Cofer, 61 anos, em sua casa, deixando a usual meia amarrada ao redor de seu pescoço.

Uma semana depois, em 27 de abril, Greenville, Carolina do Sul, experimentou a primeira de uma série de roubos armados pelo "Bandido do Açougue", um atirador que invadia restaurantes perto da hora de fechar. Oito meses se passaram antes de Carlton Gary ser preso nas cercanias de Gaffney, seguindo-se a um assalto similar, e ele confessou toda a série, recebendo uma sentença de 21 anos de prisão por roubo armado. Transferido para uma prisão de segurança mínima em Columbia quatro anos depois, ele escapou da custódia em 15 de março de 1983.

Outros 14 meses se passariam antes da prisão final de Gary em 3 de maio de 1984, em um motel de Albany, Geórgia. Preso como fugitivo da Carolina do Sul e ligado ao roubo de outubro de 1977 em Columbus, Gary foi acusado dos assassinatos de Scheible, Thurmond e Woodruff em 4 de maio. Um júri condenou-o em todas as acusações, em agosto de 1986, deliberando por três horas antes de sua pena de morte ser fixada. Ele atualmente aguarda a execução na cadeira elétrica da Geórgia.

GASKINS, Donald Henry Jr.

Poucos observadores concordariam com a alegação de Donald Gaskins de que ele "nasceu especial e afortunado" na Carolina do Sul, em 31 de março de 1933. O baixinho da ninhada, nascido de uma mãe solteira de nome Parrot, Gaskins ficou conhecido na infância como "Pee Wee" ou "Parrot Junior"* ouvindo seu nome verdadeiro pela primeira vez quando adolescente, no tribunal, ao ser condenado por crimes juvenis e sentenciado a um reformatório estadual. Nessa época, sua mãe tinha se casa-

---
*N.T.: "Papagaio Junior".

do com um de seus inúmeros "padrastos" de Donald, um disciplinador brutal que bateu nele e em seus meios-irmãos "apenas para praticar". Pee Wee irritava-se com as meninas desde a época que podia se lembrar, incapaz de explicar coerentemente a raiva que sentia em relação às mulheres. Deixando a escola, ele se uniu a dois adolescentes delinquentes em uma onda de crimes locais, que incluíram numerosos arrombamentos e pelo menos um estupro da gangue (da irmã mais jovem de um cúmplice). O divertimento terminou quando um antigo colega de classe surpreendeu Gaskins durante um arrombamento e sobreviveu a uma pancada de machadinha na cabeça, identificando-o para a polícia.

Sentenciado à escola reformatória até seu 18º aniversário, Gaskins foi primeiro usado pela gangue estupradora na prisão, depois foi "protegido" por um sujeito mais velho que o usava sexualmente e o passava aos amigos. Em sua liberação em 1951, ele encontrou trabalho em uma plantação de tabaco, logo decidindo que ganharia mais dinheiro, roubando a safra e colocando fogo em celeiros para cobrir seus roubos. Preso como INCENDIÁRIO e por tentativa de homicídio em 1952 (após atingir uma mulher com um machado), ele ganhou a absolvição na primeira acusação e barganhou a segunda por uma agressão e lesão corporal. Seu advogado prometeu a Gaskins 18 meses na prisão, mas o juiz determinou uma sentença de cinco anos, mais um, por desacato após Gaskins amaldiçoá-lo. Na prisão, Pee Wee foi logo comandado pelo sexo por um dos "homens poderosos" do bloco de celas, até cortar a garganta do estuprador. As negociações das acusações de homicídio para homicídio culposo renderam-lhe outros nove anos, para serem cumpridos concomitantemente com sua sentença prévia.

Gaskins escapou em 1955, mas foi logo recapturado no Tennessee, então enfrentando as acusações federais por dirigir um carro roubado pelas linhas estaduais. Sua sentença de três anos, nessa acusação, foi estabelecida para ser cumprida simultaneamente com seu tempo de prisão na Carolina, e Gaskins recebeu a condicional em agosto de 1961, com 20 dólares e uma passagem de ônibus de volta para Florence. Acusado do estupro presumido de uma garota de 12 anos em 1962, Gaskins escapou pela janela do tribunal antes do julgamento e uniu-se ao carnaval andante, mas foi logo recapturado e sentenciado a oito anos de prisão. Recebeu a condicional em novembro de 1968 sob a condição de não retornar a Florence por pelo menos dez anos.

Donald Gaskins orienta os policiais até o local em que suas vítimas foram enterradas

Nessa época, Gaskins estava fervendo de raiva, um ódio cego pela sociedade em geral e pelas mulheres em particular que, ele depois disse, afligiam-no como dores físicas, "como chumbo quente" em seu estômago e virilha. O único alívio vinha por meio da violência, e Gaskins cometeu o primeiro de muitos homicídios ocasionais e recreativos em setembro de 1969, torturando e desmembrando uma caronista que ele pegou ao longo da costa da Carolina, jogando seu corpo mutilado no oceano ao sul de Georgetown, Carolina do Sul.

Dali em diante, Gaskins dividiria mentalmente seus assassinatos em "assassinatos costeiros" (cometidos por prazer sádico, vitimando estranhos de ambos os sexos) e "assassinatos sérios" (envolvendo vítimas que eram conhecidas pessoais). No corredor da morte anos depois, ele estimou ter cometido dez "assassinatos costeiros" até outubro de 1970, com seu primeiro "assassinato sério" ocorrendo um mês mais tarde. As vítimas de novembro foram sua própria sobrinha, Janice Kirby, 15 anos, e uma namorada, Patrícia Alsbrook, 17 anos; ambas foram estupradas e assassinadas no parque de *trailers* Sumter onde ele vivia. Gaskins enterrou-as no campo, revelando o túmulo de Alsbrook em uma negociação em 1976 com os promotores para se salvar da cadeira elétrica. (Dois anos depois, em outra negociação no corredor da morte, Gaskins fingiu desistir dos restos de Kirby, mas tinha medo da descoberta de outros corpos enterrados nas proximidades, na verdade orientando os pesquisadores para a cova de uma vítima colocada próximo a Columbia em 1973.)

Após Gaskins ter colocado a mão nisso, seus homicídios proliferaram a passos vertiginosos. Em um homicídio, em dezembro de 1970, de tortura e assassinato de Peggy Cuttino, 13 anos, William Pierce foi acusado e condenado, cumprindo pena de prisão perpétua por um assassinato similar na Geórgia; Gaskins admitiu o crime em 1977, mas os promotores embaraçados até aqui recusaram-se a exonerar Pierce neste caso. Seus "assassinatos costais" continuaram em base mental, mais ou menos, enquanto vítimas de seus "assassinatos sérios" incluíram cúmplices criminais, inimigos pessoais e conhecidos da vizinhança, que sexualmente atraíam Gaskins. Um dos piores casos, em 1973, envolveu o estupro e assassinato de Doreen Dempsey, 23 anos (grávida de oito meses na época), e sua filha Robin de um ano e oito meses (Gaskins descreveu depois o estupro da criança como a melhor experiência sexual de sua vida). Em tudo isso, Gaskins confortou-se no fato de que ele era "um dos poucos que verdadeiramente entendem o que a morte e a dor significam. Tenho um tipo especial de mente que me dá permissão para matar".

Gaskins mais tarde descreveria 1975 como seu ano de "mais mortes", sendo o clímax a sua prisão por traficar carros roubados. Um cúmplice em diversos de seus "assassinatos sérios", Walter Neely "tornou-se religioso" naquele mês de dezembro e tornou-se evidência do Estado, levando os detetives a oito vítimas enterradas. Indiciado em oito acusações de homicídio, Gaskins enfrentou seu julgamento em maio de 1976, em apenas uma acusação: o assassinato em 1975 do ex-cunhado de Neely, Dennis Bellamy. Condenado em 24 de maio e sentenciado à morte, Gaskins ficou irado quando Neeley recebeu prisão perpétua pelo mesmo assassinato uma semana depois ao dizer que foi "controlado" por Pee Wee contra sua vontade.

Com mais sete condenações pendentes contra ele, Gaskins começou a negociar por sua vida, encaminhando a polícia a algumas covas em troca de indulgência. Ele não deveria incomodar-se, pois a Corte Suprema dos Estados Unidos invalidou a lei de pena de morte na Carolina do Sul em novembro de 1976, tendo sua sentença automaticamente comutada para prisão perpétua.

Um mês depois, os detetives estavam atrás de Gaskins mais uma vez, agora pelo assassinato de Silas Yates, 45 anos, da Carolina, que supostamente ofereceu a Gaskins um contrato de assassinato em 1975. Pee Wee matou Yates em vez disso, e Gaskins foi julgado nessa acusação (com três cúmplices marginais) em abril de 1977, recebendo sua segunda condenação de prisão perpétua.

A pena de morte da Carolina do Sul foi reinstalada em 1978, e Gaskins teve outra negociação com os promotores, concordando em revelar mais corpos e submeter-se a três dias de interrogatório sob sódio pentotal ("soro da verdade"), em troca de uma promessa assinada e selada de isenção da cadeira. Aquela primavera encontrou-o com um total de nove sentenças de prisão perpétua; nenhuma acusação foi arquivada nos casos dos cinco outros assassinatos confessados por ele, pois as sentenças existentes removiam toda a esperança de condicional.

Este poderia ter sido o fim de Pee Wee Gaskins, mas ele não se manteve limpo, mesmo na prisão. Em 1982, ele aceitou um contrato para matar o interno no corredor da morte Randolph Tyner, ao ligar uma carga explosiva no rádio de Tyner e detonando-o e matando-o em 12 de setembro. Um parente da vítima original de Tyner que preparou o contrato foi sentenciado a 25 anos na prisão, mas um juiz complacente o fez elegível para a condicional após dois anos e meio. Já Gaskins foi sentenciado à morte e teve sua apelação final rejeitada em junho de 1991. Ele foi eletrocutado três meses depois, em 6 de setembro.

Antes de morrer, Gaskins completou o trabalho com uma autobiografia emocionante (se não gramatical), incluindo uma estimativa da contagem final de corpos. Ignorando seu primeiro e último assassinatos cometidos na prisão, Gaskins tabulou 31 "assassinatos sérios" (incluindo 14 vítimas encontradas pela polícia e 17 ainda enterradas em três condados da Carolina do Sul) e 80 ou 90 "assassinatos costeiros", no total com cerca de 110 vítimas. Como Gaskins nunca soube os nomes de suas vítimas "costeiros", permanecendo deliberadamente vago quanto às datas de seus assassinatos e locais onde seus corpos foram enterrados, a narração final é impossível de se verificar. Pela mesmo motivo, entretanto, não existe uma razão clara para discutir esta reivindicação, e mesmo que a contagem de corpos "costeiros" esteja superestimada em 100%, Gaskins ainda qualifica-se como um dos mais prolíficos *serial killers* da América dos tempos modernos.

Gecht, Robin Veja: "Estripadores de Chicago"

GEIN, Edward Theodore

Ed Gein pode ser o assassino mais famoso, embora seu nome atualmente seja raramente ouvido e escassamente reconhecido. Quatro décadas se passaram desde que ele esteve pela primeira vez nas manchetes, mas Gein ainda está conosco em espírito. Seus crimes inspiraram o filme *Psicose* e suas consequências, contadas anos mais tarde para aterrorizar outra geração, foram mostradas em *The Texas Chainsaw Massacre*. Enquanto outros assassinos excederam a contagem de corpos de Gein, a América nunca viu algo semelhante no campo da aberração mental.

Gein nasceu em 8 de agosto de 1906, em Lousiania Crosse, Wisconsin, mas sua família logo se mudou para uma fazenda fora de Plainfield. Seu pai teve empregos como curtidor e carpinteiro quando não estava trabalhando na fazenda, e sua mãe emergiu como uma pessoa dominante, tomando muitas das decisões da família por si própria. Religiosa devota, ela aconselhou seus dois filhos contra o sexo pré-nupcial, mas Gein lembrou-se de que ela não era "tão firme" em sua oposição à masturbação. O pai de Ed faleceu em 1940, e seu irmão Henry, quatro anos depois, enquanto lutava contra um incêndio no pântano. Sua mãe sofreu um derrame naquele mesmo ano, e segundo matou-a em 1945 após uma discussão com um vizinho. Sozinho, finalmente, Gein lacrou o quarto dela e começou a "redecorá-lo" em seu próprio estilo inimitável.

Desde a infância, Gein tinha sido ambíguo quanto à sua masculinidade, considerando a amputação de seu pênis em diversas ocasiões. A pioneira transexual Christine Jorgenson estava nas manchetes naquela época e Gein cogitou a cirurgia transexual, mas o processo era caro e amedrontador. "Deve haver outras formas", ele pensava, de "tornar-me mulher" à base de meio período.

Entre 1947 e 1954, Gein frequentou três cemitérios locais, abrindo uma estimativa de 40 túmulos em suas incursões noturnas. Ele removia corpos inteiros ou escolheria pedaços por partes; poucos corpos foram depois devolvidos para seu lugar de descanso, e Ed lembra-se de que "muitos" não o foram. Supostamente auxiliado nos dias iniciais por "Gus", um vizinho simplório, Gein continuou as escavações por conta própria, quando seu assistente faleceu. Em casa, ele usava as relíquias demoníacas como decorações domésticas. As cabeças eram montadas em colunas da cama e as tampas do crânio serviam como tigelas para Gein. Ele utilizou móbiles de nariz, boca e lábios e ostentava mamilos ao redor da casa. A pele humana foi diversas vezes utilizada para cúpula, construção de cestas de lixo e revestimento de cadeiras.

Os pedaços mais finos eram especialmente preservados para Gein vestir em casa. Para ocasiões cerimoniais, tais como dançar sob a lua, ele vestia uma cabeleira e face de mulher, uma pele retirada usada como "veste" completa com seios, a genitália feminina amarrada sobre a sua própria. "Colocando" outro sexo e personalidade, Gein parecia encontrar a medida de contentamento, mas suas incursões de ressurreição eventualmente falhavam em satisfazer uma necessidade mais profunda.

Em 8 de dezembro de 1954, Mary Hogan, 51 anos, desapareceu da taverna que administrava em Pine Grove, Wisconsin. As autoridades encontraram uma poça de sangue no chão, uma cadeira caída, e um cartucho usado de uma pistola calibre 32. Traição foi a resposta óbvia, e enquanto os oficiais lembraram Ed Gein como um suspeito no caso, nenhuma acusação foi arquivada na época. (Três anos depois, a cápsula combinaria com uma pistola encontrada na casa de Gein.)

Edward Gein sob custódia

Em 16 de novembro de 1957, Bernice Worden, 58 anos, desapareceu de sua loja de ferragens em Plainfield sob circunstâncias surpreendentemente similares. Havia sangue no chão, uma fina trilha seguia para fora onde o caminhão da vítima foi visto pela última vez. O filho de Worden lembrouse de que Gein convidou sua mãe para um encontro e, no dia anterior ao seu desaparecimento, Ed mencionou que precisava de anticongelante. Um recibo de venda de anticongelante foi encontrado dentro da loja, e os oficiais foram procurar seu suspeito. O que eles encontraram os assombraria pelo resto de suas vidas.

Dentro de um celeiro, atrás da casa de Gein, o corpo sem cabeça de Bernice Worden estava pendurado na viga, estripado como um veado, as partes genitais cortadas. Uma volta pela confusa casa deixou os investigadores atordoados. O coração de Worden foi encontrado em uma frigideira no fogão, enquanto sua cabeça virou um ornamento macabro, com cordas presas e pregos inseridos nos ouvidos. Seus outros órgãos ocupavam uma caixa, afastada para deteriorar-se em um canto. Os oficiais pesquisaram as decorações de Gein e suas "vestes", contando as peles de dez crânios em um tambor de papelão, fazendo um inventário rápido dos implementos confeccionados de ossos humanos.

Em custódia, Gein prontamente confessou os assassinatos de Hogan e Worden, juntamente com uma série de roubos a túmulos não relatados. A confirmação do último foi obtida pela abertura de três túmulos: em um, o corpo estava mutilado, conforme descrito por Gein; o segundo estava vazio; um terceiro caixão mostrou marcas de alavanca, mas o corpo estava intacto, conforme Gein lembrou.

Em 16 de janeiro de 1958, o juiz achou Gein incompetente para julgamento e o enviou para o Hospital Estadual Central em Waupun, Wisconsin. Uma década mais tarde, Ed recebeu uma ordem de julgamento, com os procedimentos realizados em meados de novembro de 1968. O juiz Robert Gollmar considerou Gein inocente por causa da insanidade e o enviou de volta para Waupun, onde morreu de insuficiência respiratória, em 26 de julho de 1984.

Gein voluntariamente confessou dois homicídios e foi julgado por um, mas houve outros? Se sim, quantos?

Seu irmão Henry foi sugerido como uma possível vítima pelo juiz Gollmar, visto que não houve necropsia ou investigação de seu falecimento. Entretanto, pode ser que exista um caso mais forte para homicídio no desaparecimento de um homem chamado Travis e seu companheiro não nomeado, visto pela última vez na época que contrataram Ed Gein como seu guia de caça. A jaqueta de uma vítima foi recuperada nas árvores próximas a Plainfield, enquanto Gein professava saber o paradeiro do corpo de Travis — acusando seu vizinho da morte. A polícia nunca acompanhou o caso.

A pesquisa na casa de Gein também revelou outros órgãos removidos de duas jovens mulheres, que não combinavam com os registros existentes do cemitério. O juiz Gollmar sugere que Evelyn Hartley, uma vítima provável tenha sido raptada de Lousiania Crosse na noite em que Gein estava visitando parentes a duas quadras de sua casa. Uma poça de sangue foi encontrada na garagem da família após ela sumir, com a trilha desaparecendo no meio-fio. Mary Weckler teve o desaparecimento informado pouco tempo depois, em Jefferson, Wisconsin; um Ford branco foi visto na área. Quando os pesquisadores examinaram a propriedade de Gein encontraram um Ford sedan branco nas instalações, embora ninguém em Plainfield pudesse lembrar-se de Ed dirigindo esse carro. Nenhuma outra evidência existe para identificar as vítimas de Gein, mas se ele não dispôs de Hartley e Weckler, pelo menos assassinou duas outras mulheres jovens, com nomes ainda desconhecidos.

GEOGRAFIA: Distribuição dos *Serial killers*

Nenhum dos continentes, exceto as terras desertas da Antártica, foi totalmente dispensado de assassinatos em série, mas algumas regiões são claramente mais seguras que outras. A América do Norte produziu cerca de 80% de todos os *serial killers* conhecidos do século XX, com uma vasta maioria deles ativa nos Estados Unidos. A Europa está em um distante segundo lugar, com cerca de 16% do total da contagem mundial: os líderes europeus são: Grã-Bretanha (com 28% do total do continente), Alemanha (com 27%) e França (com 13%). As nações do Terceiro Mundo apresentam uma geração de 4% dos *serial killers* mundiais conhecidos, mas um aumento recente em relatórios da África do Sul e América Latina ameaça alterar essas estatísticas no novo milênio. (A defasagem do Terceiro Mundo, apesar da grande coligação da população, foi diversas vezes explicada em termos de disparidade cultural, comunicação fraca e censura de notícias imposta por diversos regimes totalitários.)

Uma coisa é evidente em qualquer pesquisa mundial de assassinato em série: os Estados Unidos, com 5% ou menos da população total do mundo, produziu 76 % de todos os *serial killers* conhecidos no século XX (próximo a 85% desde 1980). Confirmado, os americanos tiveram um início tardio no negócio de assassinato serial — LOCUSTA, O ENVENENADOR estava morto havia mais de 1.400 anos quando Colombo encontrou as Índias Ocidentais; ERZSEBET BÁTHORY morreu em custódia três anos antes que a colônia de Jamestown fosse estabelecida na Virginia —, mas o que quer que perderam em tempo os colonizadores do Novo Mundo tiveram em zelo.

O assassino serial é claramente um problema nacional na América — nenhum dos 50 Estados está inteiramente afetado — mas, uma vez mais, alguns Distritos são mais perigosos que outros. A geografia é outra área, como na escolha das ARMAS, na qual os *serial killers* desviam da norma americana. Em uma média de um ano, 43% de todos os homicídios relatados são cometidos nos estados do sul, enquanto o oeste, centro-oeste e nordeste possuem uma média de 20%, 19% e 18%, respectivamente. Os *serial killers* são menos paroquianos: 25% agem no sul, com o oeste ficando em segundo lugar com 24%; o centro oeste e nordeste atrás, com os respectivos números de 17% e 16%. Os cinco estados mais perigosos em termos de casos de assassinato serial relatados desde 1900 são a Califórnia (com 134 casos — quase 10% do total mundial deste século); Flórida (78 casos); Nova York (74); Texas (47) e Illinois (45).

A escritora de crimes Ann Rule, em testemunho no senado dos Estados Unidos datado de julho de 1982, sugeriu que esses Estados (e o noroeste do Pacífico) podem registrar um número desproporcional de casos, pois os *serial killers* "operam pelas bordas" em uma expressão física inconsciente de seu extremo mental. A teoria soa intrigante, mas não parece haver evidência de qualquer tipo sobre isso. De fato, se a noção for exata, Estados como Montana, Dakota do Norte e Maine estariam infestados de *serial killers*, em vez de classificarem-se próximos ao fim da lista nos casos relatados.

De fato, a resposta parece estar na lógica simples. O campo de caça favorecido pelos *serial killers* domésticos inclui cinco dos sete Estados mais populosos da América e sete das dez maiores cidades da nação. Separadas da densidade populacional, as cidades como Nova York, Los Angeles, Chicago, São Francisco e Miami compartilham da reputação das mais "liberais" na América, no que diz respeito a sexo, drogas e álcool; todas as características vicejantes de subcomunidades de prostitutas e homossexuais frequentemente são presas de assassinos ocasionais. Na sociedade móvel da América, aquelas cidades atraem a vasta maioria de transeuntes sem teto, fugitivos e aqueles desejosos de "estrelato"; classificam-se também consistentemente entre as piores em termos de crime violento. Os climas quentes no ano todo e a agricultura em crescimento trazem centenas (se não milhares) de trabalhadores migrantes e estrangeiros ilegais para a Califórnia, Flórida e Texas a cada ano, fornecendo aos predadores humanos ainda outra fonte pronta de caça. É impossível dizer se esses Estados geram assassinos sádicos em maior número ou atraem, como um ímã atrai lascas de ferro, de longe, mas em qualquer sentido a preponderância evidente de *serial killers* nos cinco Estados principais vem sem nenhuma surpresa.

Um caçador vai atrás de caça.

Fora dos Estados Unidos, os últimos dez anos testemunharam o surgimento surpreendente de assassinato em série nos antigos blocos soviéticos e África do Sul; foi sugerido que a África do Sul, com uma população total inferior a um sexto do total da América, possa logo registrar uma taxa de assassinato *per capita* superior aos Estados Unidos. As explicações para o último surgimento variam: ambas as regiões têm, de fato, casos registrados de homicídio em série durante o século XX, mas a alteração de circunstâncias aparentemente aumentou a incidência (ou pelo menos o relatório) de homicídio em série. Antes do advento da *glasnost* em 1987 (e o colapso oficial da União Soviética quatro anos depois), os censores comunistas e a polícia trabalhavam em tandem para suprimir os relatórios de "crimes do tipo ocidental decadente" no que foi suposto ser uma utopia socialista. (O mesmo padrão continua hoje na China, onde pelo menos três *serial killers* desde 1995 foram falsamente descritos em relatórios oficiais como "o primeiro da China".)

O recente problema da África do Sul com homicídio em série é, em vez disso, diferente do caso da Rússia. Embora o governo da nação de somente brancos tenha sido tão brutal quanto o regime soviético (para os não brancos, pelo menos), a censura do estado na África do Sul raramente — se o fez — empregou a supressão de relatórios de crimes civis sensacionais. Com o colapso final do *apartheid* em 1993, alguns analistas sugerem que a raiva dos negros suprimida por gerações tenha encontrado finalmente veículos de manifestação corporal. E, enquanto a maioria de *serial killers* na África do Sul, como em qualquer outro local, espreita os membros de sua própria raça, e diversos fazendeiros brancos foram mortos por assassinos negros perambulando no fim da década de 1990.

Veja também : HISTÓRIAS DE ASSASSINATO EM SÉRIE

GOHL, Billy

Nada substancial é conhecido sobre os primeiros 40 anos de Billy Gohl, e as histórias que ele contou em resposta às questões ocasionais foram cheias de furos, contradições e algumas mentiras diretas. Por seu próprio cálculo, Gohl nasceu mais ou menos em 1860, mantendo-se durante a maior parte das quatro décadas seguintes como trabalhador ou marinheiro. Em 1903, ele surgiu em Aberdeen, Washington, como delegado para o Sindicato de Marinheiros do Pacífico.

O escritório do sindicato, naqueles dias, funcionava como uma combinação de caixa de correio, banco e escritório de emprego em geral para seus membros. Os marinheiros novos no porto poderiam verificar as cartas, procurar a lista de navios que precisavam de tripulação ou depositar valores antes de fazerem perambulações em bares locais. Em muitos casos, os marinheiros retornavam de meses no mar com grandes somas de dinheiro em mãos. Um delegado honesto de sindicato manteria o dinheiro em um cofre até ser reclamado. Em Aberdeen, os saques pertenciam a Billy Gohl.

Seu método era a própria simplicidade. Quando os marinheiros retornavam individualmente, Gohl verificava a rua, quanto a testemunhas; se estivesse limpa, e se alguma coisa de valor substancial estivesse confiada a seus cuidados, ele sacava uma pistola de sua mesa e atirava na vítima na cabeça. Isto feito, ele parava para limpar a arma, desnudava sua presa de qualquer dinheiro extra e todos os documentos de identificação. O edifício de Gohl tinha um alçapão, com uma calha que se entendia até o rio Wishkah logo do lado externo, com as correntes indo para o porto de Gray e o mar mais além.

Alguns anos após a chegada de Gohl, Aberdeen adquiriu a reputação de um "porto de homens desaparecidos". Nenhum registro existe de seus primeiros seis anos de operação, mas as autoridades puxaram 41 "flutuadores" das águas entre 1909 e 1912, sugerindo uma prodigiosa contagem de corpos. Presume-se que muitos dos mortos foram marinheiros mercantes, e Billy Gohl estava entre os críticos mais expressivos da execução da lei em Aberdeen, exigindo a apreensão dos assassinos e mais proteção para seus homens.

A queda de Gohl foi precipitada pelo tempo de paz e por sua tentativa de esperteza. Enquanto revistava os bolsos de sua última vítima, Billy viu um relógio com o nome gravado de August Schleuter, de Hamburgo, Alemanha. Alerta do potencial de incriminação, ele recolocou o relógio e jogou o corpo como sempre fazia. Quando o "flutuador" veio à praia, Gohl estava por perto para identificar Schleuter como um de seus marinheiros, renovando as exigências de uma investigação completa dos homicídios.

Dessa vez, Billy conseguiu seu desejo. Levou algum tempo, mas os investigadores de homicídio souberam que a vítima, de fato, era um marinheiro dinamarquês chamado Fred Nielssen. Ele havia comprado o relógio em Hamburgo de um artesão que identificava cada peça que fazia gravando seu nome. O esforço de Gohl para identificar o corpo como August Schleuter atingiu como conhecimento de culpa, e os detetives finalmente construíram um caso que o trouxe ao tribunal em 1913 em uma acusação de duplo homicídio.

Gohl foi resgatado do patíbulo porque Washington repelia a pena de morte em 1912. Condenado e sentenciado à prisão perpétua por dois homicídios, ele recusou todos os esforços para compilar uma ampla lista de vítimas. Mesmo assim, a publicidade ao redor do caso de Billy foi adequada para motivar a restauração da PENA CAPITAL em 1914. Seguro em sua cela na prisão, sem qualquer evidência para apoiar julgamentos adicionais e possíveis execuções, Gohl contou os anos até sua morte por causas naturais, em 1928.

GOODE III, Arthur Frederick

Nativo de Hyattsville, Maryland, Arthur Goode foi uma vítima do retardamento limite, e ainda usava seu cabelo com franja estilo Pequeno Lorde Fauntlero aos 22 anos. Em sua adolescência, Goode começou a fazer avanços sexuais com meninos mais novos, logo tornando-se notório em sua vizinhança. Preso três vezes por agressão indecente a menores, ele era sempre liberado, pois seus pais pagavam a fiança.

Billy Gohl (com a serra), o "Ghoul do Porto de Gray"

Em março de 1975, Goode foi preso sob cinco acusações de agressão sexual, com base no abuso de um menino de 9 anos. Seus pais conseguiram 25 mil dólares para liberá-lo da cadeia, mas Arthur ainda não havia acabado. Enquanto estava livre sob fiança, ele molestou um menino de 11 anos, escapando com a sursis de cinco anos com a condição de submeter-se voluntariamente a tratamento psiquiátrico no Hospital Estadual de Spring Grove. A palavra-chave era voluntário, e ninguém poderia impedi-lo quando Goode saiu do hospital cerca de três meses depois, pegando um ônibus para a nova casa de seus pais na cidade de St. James, Flórida. Apesar dos avisos e da emissão de um Mandado Judicial de Prisão, ninguém se incomodou em ir atrás de Goode e trazê-lo de volta.

Em 5 de março de 1976, Goode atraiu Jason VerDow, 9 anos, no ponto de ônibus da escola em Fort Myers, pedindo à criança para ajudá-lo a "encontrar algo" nas árvores próximas. Disse-lhe que ele ia morrer, Goode confessou depois, "e descrevi como o mataria. Perguntei se ele tinha quaisquer últimas palavras, e ele disse: 'eu o amo', e então o estrangulei".

A polícia logo recuperou o corpo, nu, exceto pelas meias, e Goode foi interrogado duas vezes como suspeito no caso. O nervoso aumentou e ele tomou o ônibus de volta a Spring Grove e parou no hospital estadual, ficando cinco minutos ali antes de sair, convencido de que a recepcionista estava chamando a polícia. (Na verdade, o pessoal declarou não ter nenhum conhecimento de mandados de prisão pendentes.)

Mais tarde, naquele dia, Goode pegou Billy Arthe, 10 anos, e convenceu o garoto a acompanhá-lo a Washington D.C., onde ficariam dez dias passeando na capital e dormindo em motéis. Arthe ainda estava com Goode, sem ferimentos, quando encontraram Kenny Dawson, 11 anos, e Goode falou ao garoto para se unir a eles para um passeio de ônibus a Tysons Corner, Virginia. Ali, enquanto caminhavam pela floresta próxima à cidade, Goode forçou Dawson a tirar a roupa, depois o estrangulou com um cinto enquanto Billy Arthe olhava, horrorizado.

Dias depois, uma dona de casa da igreja de Falls reconheceu Billy Arthe nas fotografias dos jornais e chamou a polícia. Já devidamente algemado, Goode reclamou: "Você não pode fazer nada comigo. Sou doente". O júri de Maryland discordou, considerando-o apto e culpado de homicídio, e o tribunal impôs uma condenação de prisão perpétua. Enviado à Flórida para o segundo julgamento, Goode foi ali condenado por homicídio doloso e sentenciado à morte na cadeira elétrica.

Enquanto aguardava a execução, Goode atormentou os parentes de suas vítimas com cartas cruéis e insultantes. Ele, por sua vez, foi frequentemente abusado por outros internos, maltratado como "o homem mais odiado no corredor da morte". Alguns condenados atiravam-lhe coisas quando ele passava por suas celas; THEODORE BUNDY, mais astuto que o restante, planejou roubar biscoitos da bandeja do jantar de Goode. O esporte acabou para todos os interessados quando Goode foi executado em 5 de abril de 1984. O Estado negou sua última solicitação: permissão para uma relação sexual com um "garotinho *sexy*".

GORE, David Alan e WATERFIELD, Fred

Nativo da Flórida, nascido em 1951, David Gore lembrava o sulista estereotipado de "pescoço vermelho", pesando cerca de 125 quilos, e era tão fascinado por armas de fogo, que estudou para armeiro em seu tempo livre. Estudou também as mulheres, mas de forma diferente. Perdeu o emprego como atendente de posto de gasolina após o proprietário encontrar um buraco feito por

Gore entre o banheiro dos homens e o das mulheres.

Um ano mais novo, o primo Fred Waterfield era outro produto do Distrito de Rio Indian da Flórida, uma estrela do futebol da escola secundária, cujo temperamento desagradável e gosto por sexo violento combinavam perfeitamente com Gore. Em 1976, eles colocaram suas cabeças juntas e decidiram combinar seus esportes favoritos, espreitando a caça humana.

Seus esforços iniciais foram embaraçosos. Perseguindo uma motorista fora de Yeeshaw Junction, Waterfield esvaziou seus pneus com um tiro de rifle, mas a pretendida vítima escapou a pé. Depois, eles seguiram outra mulher de Vero Beach a Miami, desistindo da perseguição quando ela estacionou em uma rua movimentada. Seu primeiro estupro bem-sucedido aconteceu próximo a Vero Beach, e apesar de a vítima notificar a polícia, posteriormente ela retirou as acusações para evitar embaraços no tribunal.

No início de 1981, Gore estava trabalhando uns dias com seu pai como guarda de um pomar de cítricos e patrulhando as ruas após o escurecer, como auxiliar substituto do xerife. Waterfield tinha se mudado para o norte de Orlando, para administrar uma oficina automotiva, mas fazia visitas frequentes à casa em Vero Beach. Juntos, eles reconheceram o potencial da situação de Gore — carregando um distintivo à noite, matando tempo no pomar — e Fred ofereceu para pagar ao primo Dave mil dólares por garota bonita que ele encontrasse. Era uma proposta que Gore não podia recusar.

Em 19 de fevereiro de 1981, Gore viu Ying Hua Ling, 17 anos, desembarcando de um ônibus escolar e atraiu-a para seu carro com o lampejo de seu distintivo. Levando-a para casa, Gore "prendeu" sua mãe e algemou suas cativas juntas, telefonando a Waterfield em Orlando antes de se dirigir para o pomar. Para matar o tempo de matar enquanto esperava seu primo, Gore estuprou as duas vítimas, mas Waterfield era mais seletivo. Rejeitando a sra. Ling por ser muito velha, Fred amarrou a mulher de tal forma que ela morreu sufocada enquanto lutava contra suas amarras. Ele então estuprou e assassinou a adolescente, dando a Gore 400 dólares e deixando-o dispor dos corpos sozinho em um pomar, a 1,5 quilômetro da residência de Ling.

Cinco meses depois, em 15 de julho, Gore fez um passeio em Round Island Park, procurando uma loura para preencher a última ordem de seu primo. Vendo uma possível candidata em Judith Daley, 35 anos, Gore quebrou seu carro e então posou de bom samaritano, oferecendo uma carona até o telefone mais próximo. Uma vez dentro de sua pickup, Gore mostrou uma pistola, algemou sua vítima e chamou o primo Fred em seu caminho para o pomar. Waterfield estava mais feliz com esta entrega, fazendo um cheque de 1.500 dólares após ambos os homens acabarem com a vítima. Dois anos depois, Gore explicaria com detalhes o destino de Judith Daley, descrevendo como ela "alimentou os crocodilos" em um poço a cerca de 16 quilômetros a oeste da Rodovia Interestadual 95.

Uma semana depois, Gore ficou sob suspeita quando um homem local relatou que um oficial havia parado sua filha adolescente em uma rodovia rural, tentando detê-la para "interrogatório". Seu distintivo foi retirado e Gore foi preso dias depois quando os oficiais o encontraram agachado no banco traseiro do carro de uma mulher fora da clínica de Vero Beach, armado com uma pistola, algemas e um rádio *scanner* da polícia. Um júri deliberou por 30 minutos antes de condená-lo por invasão armada e o sentenciou a cinco anos de prisão. Rejeitando o tratamento psiquiátrico recomendado pelo tribunal, recebeu a condicional em março de 1983.

Pouco tempo depois da liberação de Gore, seu primo mudou-se para casa em Vero

Beach, e eles reassumiram sua caça. Em 20 de maio, tentaram raptar uma prostituta de Orlando com uma arma, mas ela fugiu e os deixou de mãos vazias. No dia seguinte, eles pegaram as caronistas de 14 anos — Angélica Lavalee e Barbara Lyer —, estuprando-as antes de Gore atirar nas garotas para matar. O corpo de Byer foi desmembrado e enterrado em uma cova rasa, enquanto Lavalee foi jogada em um canal próximo.

Em 26 de julho de 1983, as autoridades de Vero Beach receberam um relatório de emergência de um homem nu atirando em uma menina também nua em uma rua residencial. Dirigindo-se para a casa suspeita, de propriedade de parentes de Gore, os oficiais encontraram um veículo na entrada de carros com sangue fresco pingando do porta-malas. Dentro, o corpo de Lynn Elliott, 17 anos, estava curvado na morte, com uma bala na cabeça. Superado em armas pela equipe que chegava, Gore humildemente rendeu-se, orientando os oficiais para o sótão, onde uma garota nua de 14 anos estava amarrada à viga.

Como a vítima sobrevivente disse à polícia, ela estava pedindo carona com Lynn Elliot quando Gore e outro homem pegaram-nas, mostrando uma pistola e levando-as para a casa, onde foram desnudadas e estupradas repetidamente em quartos separados. Elliot tinha conseguido libertar-se, escapando a pé com Gore em sua perseguição, mas ela não foi rápida o suficiente. O companheiro de Gore saiu enquanto isso, e os detetives voltaram para seu suspeito questionando sobre sua identidade.

Gore rapidamente cedeu em custódia, enumerando os crimes cometidos com seu primo. Em 16 de março de 1984, ele foi sentenciado à morte pelo assassinato de Lynn Elliot. Fred Waterfield foi condenado nos homicídios de Byer-Lavalle em 21 de janeiro de 1985, recebendo suas sentenças consecutivas de prisão perpétua com um limite mínimo para condicional de 50 anos. Duas semanas depois, em 4 de fevereiro, o primo Dave recebeu uma sentença idêntica na condenação pelos assassinatos de Ling, Deley, Byer e Lavallee.

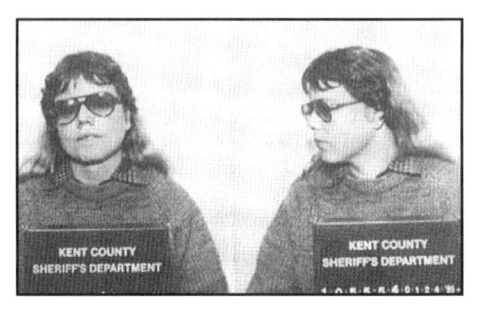

Gwendolyn Graham

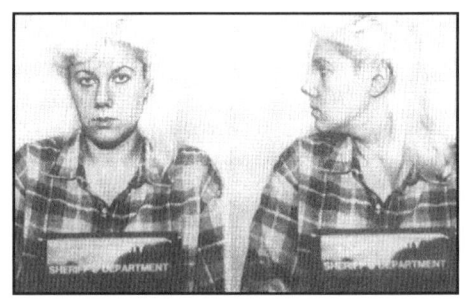

Catherine Wood

GRAHAM, Gewndolyn Gail e WOOD, Catherine May

As mortes em Alpine Manor começaram como um jogo. Primeiro, as assassinas planejaram escolher suas vítimas alfabeticamente, com suas iniciais soletrando MURDER* como um jogo particular com a polícia. As mulheres idosas, tiveram bastante sorte, pois as primeiras selecionadas ainda tinham muita energia para lutar, e as planejadoras precisaram mudar sua estratégia.

Não importa. No final, elas ainda encontraram presa fácil para satisfazer seu gosto pela morte.

Nascida em 1963, Gwen Graham era nativa da Califórnia e cresceu em Tyler, Texas. Ela era "quieta e respeitosa" com seus

---
* N.T.: murder = assassinato

professores, mas "sempre tinha um olhar triste em seu rosto". Nos últimos anos, ela reclamou que a tristeza era ocasionada pelos avanços sexuais de seu pai, mas a acusação — que ele negou — nunca foi provada no tribunal. Mudando-se para Michigan em 1986, Graham encontrou trabalho como auxiliar de enfermagem na Casa de Saúde de Alpine Manor em Walker, um subúrbio de Grand Rapids.

A superior imediata de Graham em Alpine Manor era Cathy Woode, 24 anos. Casada quando adolescente, Wood tinha engordado até aproximadamente 206 quilos quando seu casamento de sete anos acabou, deixando-a sozinha e sem amigos em Grand Rapids. Contratada em Alpine Manor em julho de 1985, ela logo foi promovida a superior das auxiliares de enfermagem, mas sua vida social permaneceu um vácuo até ela encontrar Gwen Graham no trabalho. A amizade delas rapidamente cruzou a linha para um caso de lesbianismo, com Wood fazendo dieta para perder uns quilos e liderando o turbilhão social de bares gays, festas e sexo casual. Sua devoção principal era Graham, e assim, no fim de 1986, as duas mulheres prometeram amor imorredouro entre si, não importa o que acontecesse.

Gwen puxou o assunto de assassinato premeditado naquele mês de outubro, mas sua amante "pensou que estavam apenas brincando". Durante o sexo, Gwen divertiu-se ao amarrar Cathy e sufocá-la até ela tremer e desmaiar. Se Cathy tinha reclamações sobre o jogo, ela manteve para si. Em pequenos passos, ela aprendeu que dor e prazer podem trocar de lado na mesma moeda excitante.

Os homicídios em Alpine Manor duraram um período de três meses, de janeiro até a o início de abril de 1987. O primeiro plano de Gwen no jogo de MURDER, fracassou quando os objetos selecionados lutaram de tal forma que ela foi forçada a deixá-los viver. Apesar de seus esforços malsucedidos, não houve nenhuma reclamação registrada. Tanto Wood como Graham ganharam relatórios de comportamento exemplar de seus superiores e eram "bem queridas pelos pacientes", na enfermaria.

No futuro, Gwen decidiu que pegaria apenas mulheres que fossem menos dadas a autodefesa. Sua amante devia espiar, ficando em um lugar onde ela pudesse observar o homicídio e o local das enfermeiras ao mesmo tempo, desviando quaisquer membros do pessoal que chegasse muito perto enquanto Graham asfixiava sua vítima escolhida com uma toalha pressionada no nariz e boca. Algumas vezes o alegre excitamento de um homicídio era tanto que elas iam imediatamente para uma sala vazia para uma relação sexual enquanto as memórias estavam frescas. Em muitos casos, Gwen manteve *SOUVENIRS* — uma presilha ou lenço, um broche ou dentadura.

O homicídio era um negócio arriscado, mas as amantes devastadoras pareciam florescer no perigo, vangloriando-se de sua contagem de corpos a colegas que desconsideravam os comentários como "jogos doentios". Pelo menos três auxiliares de enfermagem viram as prateleiras de *souvenirs* na casa que Wood dividia com Graham, mas nenhuma levou a sério a narração maligna de homicídios... por enquanto.

Em abril de 1987, a lua-de-mel acabou para Wood e Graham. Cathy recusou-se a matar alguém para "provar seu amor", e ela foi logo resgatada por uma transferência para um turno diferente. Nessa época, Gwen estava passando o tempo com Heather Barager, outra lésbica que finalmente se uniu a ela em uma viagem para casa, no Texas, deixando Cathy desamparada. Veio agosto e Cathy revelou a história para seu ex-marido, mas Ken Wood esperaria outros 14 meses antes de chamar a polícia. Gwen Graham, enquanto isso, foi trabalhar no Hospital de Mother Frances em Tyler, mantendo-se em contato com Cathy por telefone.

A polícia de Grand Rapids foi cética quanto à história de Ken Woods, no princípio. Cerca de 40 pacientes morreram em Alpine Manor no primeiro trimestre de 1987, todos relacionados como mortes naturais, mas, refletindo sobre oito dos casos, esses pareceram ser diferentes. Três deles foram finalmente eliminados pelos detetives, deixando a relação de vítimas que incluía Marguerite Chamber, 60 anos, Edith Cole, 89 anos, Myrtle Luce, 95 anos, Mae Mason, 79 anos, e Belle Burkhard, 74 anos. Em nenhum caso houve alguma evidência científica de homicídio, mas a declaração de Ken Wood e um segundo pensamento para os membros em casa foram fortes o suficiente para constituir um caso.

Ambas as mulheres foram presas em dezembro de 1988 e Wood foi mantida sem fiança em Grand Rapids sob as acusações de assassinar as vítimas Cook e Chamber. No Texas, onde os rumores da investigação de Michigan já haviam custado o emprego de Gwen, uma fiança de 1 milhão de dólares foi suficiente para mantê-la na prisão. Uma breve discussão quanto à extradição tornou-se entendiante e Graham logo renunciou aos procedimentos legais e retornou para enfrentar as acusações por sua própria vontade.

O pessoal de Alpine Manor estava "esmagado" pelas prisões, embora alguns lembrassem de Gwen como "imprevisível", observando casualmente a mudança de temperamento de Graham. As auxiliares de enfermagem anteriores, Deborah Kider, Nancy Harris, Lisa Lynch, Dawn Male e Russel Thatcher reavaliaram os "jogos doentios" e *souvenirs* que tinham ignorado enquanto as vidas estavam em questão. No julgamento, todas as cinco testemunhariam pela promotoria contra Gwen Graham, com Cathy Wood emergindo como a testemunha principal do Estado do dia para a noite.

Em setembro de 1989, uma confissão de culpa quanto às acusações de homicídio culposo livrou Wood de prisão perpétua, que recebeu uma sentença de 20 a 40 anos. Em retorno pela clemência relativa, ela testemunhou contra Graham três meses depois, selando, portanto, o destino de sua ex-amante. Independentemente das cinco vítimas assassinadas, disse Cathy, Gwen tinha tentado sufocar pelo menos outras cinco que sobreviveram. A confissão final de Wood a seu marido foi motivada menos por culpa, mas por medo que Graham continuasse a matar em sua nova posição no hospital do Texas, desta vez escolhendo crianças como sua presa.

"Quando ela estava matando pessoas em Alpine eu não fiz nada", Wood disse ao tribunal, "foi ruim o suficiente. Mas, quando ela me telefonou e disse o quanto desejava golpear uma criança pequena, tinha de pará-la de alguma forma. Sabia que ela estava trabalhando em um hospital ali. Ela disse que desejava pegar um dos bebês e jogá-lo contra a janela. Eu tinha de fazer algo. Não me preocupava mais comigo."

O advogado de Graham tentou retratar Wood como uma mentirosa ciumenta e vingativa, colocando sua cliente para cima como "a vítima do sacrifício", mas os jurados discordaram. Eles deliberaram por sete horas antes de condenar Gwen em cinco acusações de homicídio doloso e uma acusação de conspiração para cometer o homicídio doloso. Em 2 de novembro de 1989, Graham foi sentenciada a seis sentenças de prisão perpétua sem possibilidade de condicional.

GREENWOOD, Vaughn Orrin

O primeiro dos assassinos da "Área de Vagabundos" do sul da Califórnia lançou sua guerra de um único homem em 1964, levando uma década antes de retornar para aterrorizar Los Angeles com mais nove homicídios cometidos no espaço de dois meses. As vítimas foram ritualmente levada à morte pelo cortador, com sal espalhado ao redor de seus corpos e xícaras de sangue colocadas próximas, suas feridas rodeadas por marcas de significado desconhecido. A polícia recrutou "especialistas" psiquiátricos para criar um PERFIL BIOGRÁFICO do assassino, publicando esboços escolhidos de seu suspeito, mas o caso foi finalmente resolvido por acidente, embaraçando as autoridades cujos perfis do assassino estavam, infelizmente, fora das características.

A primeira vítima conhecida do "Cortador da Área de Vagabundos" era um transeunte idoso, David Russel, que foi encontrado nas escadas de uma biblioteca com sua garganta cortada e diversos ferimentos por objeto cortante, em 13 de novembro de 1964. No dia seguinte, Benjamin Hornberg, 67 anos, foi assassinado no banheiro do segundo andar de seu desleixado hotel. Sua garganta foi cortada de orelha a orelha, sua cabeça e torso superior marcados por diversos ferimentos produzidos por objeto cortante.

A polícia viu um padrão baseando-se nos fatos, mas parecia levar a nenhum lugar, e as vítimas iniciais foram esquecidas até dezembro de 1974, quando o assassino retornou com uma vingança. Em 1º de dezembro ele assassinou Charles Jackson, andarilho alcoólatra de 46 anos, no mesmo lugar onde David Russel foi assassinado uma década antes. Moses Yakanac, de 47 anos, nativo do Alasca, foi esfaqueado até a morte em um beco de uma área de vagabundos em 8 de dezembro, e Arthur Dahlstedy, 54 anos, foi assassinado do lado de fora de um edifício abandonado três dias depois. Em 22 de dezembro, David Perez, 42 anos, foi encontrado em uma moita de arbustos nas cercanias da Biblioteca Pública de Los Angeles. Casimir Strawinski, 58 anos, foi encontrado assassinado em seu quarto de hotel, em 9 de janeiro, e Robert Shannahan, 46 anos, encontrou sua morte alguns dias antes que empregada do hotel descobrisse seu corpo — uma baioneta saía de seu peito —, em 17 de janeiro de 1975. A última vítima da Área de Vagabundos, Samuel Suarez, de 49 anos, também foi assassinado dentro do hotel, e seu corpo foi encontrado no quarto sujo e malcuidado.

Inexplicavelmente, o assassino mudou seu campo de caçada para Hollywood em 29 de janeiro, apunhalando George Frias, 45 anos, até a morte em seu próprio apartamento. Dois dias depois, um mecânico de caixa registradora, Clyde Hay, de 43 anos, foi encontrado em sua casa em Hollywood, com seu corpo marcado pelas mutilações características do cortador.

Na época, os detetives de L.A. formaram uma figura mental de seu suspeito, descrito como um homem branco, entre 20 e 30 anos, 1,80 m cerca de 1,8 altura e 87 quilos de, com cabelo louro pegajoso na altura dos ombros. Um perfil psiquiátrico publicado na manhã do assassinato de Clyde Hay descrevia o assassino como "um covarde sexualmente impotente, desabafando seu sentimento de inutilidade em infelizes abandonados e totalmente desprovidos da sorte. Ele se identifica fortemente com os abandonados e andarilhos que assassina. e pensa que está resolvendo seus conflitos internos colocando sua ira e raiva para fora". O assassino foi depois descrito como um sem amigos, um solitário pobremente educado, provavelmente homossexual e com uma deformidade física não especificada.

Em 2 de fevereiro, um vagabundo invadiu a casa de Hollywood de William Graham, agredindo-o com um cassetete antes de o visitante da casa Kenneth Richter intervir e ambos os homens mergulharem em uma janela de vidro. O agressor caiu em pé, parando próximo à casa do ator Burt Reynolds e deixando cair uma carta — endereçada a si mesmo — na entrada de carro. A polícia prendeu Vaughn Greenwood, indiciando-o nas acusações de arrombamento e agressão; seu exame da resi-

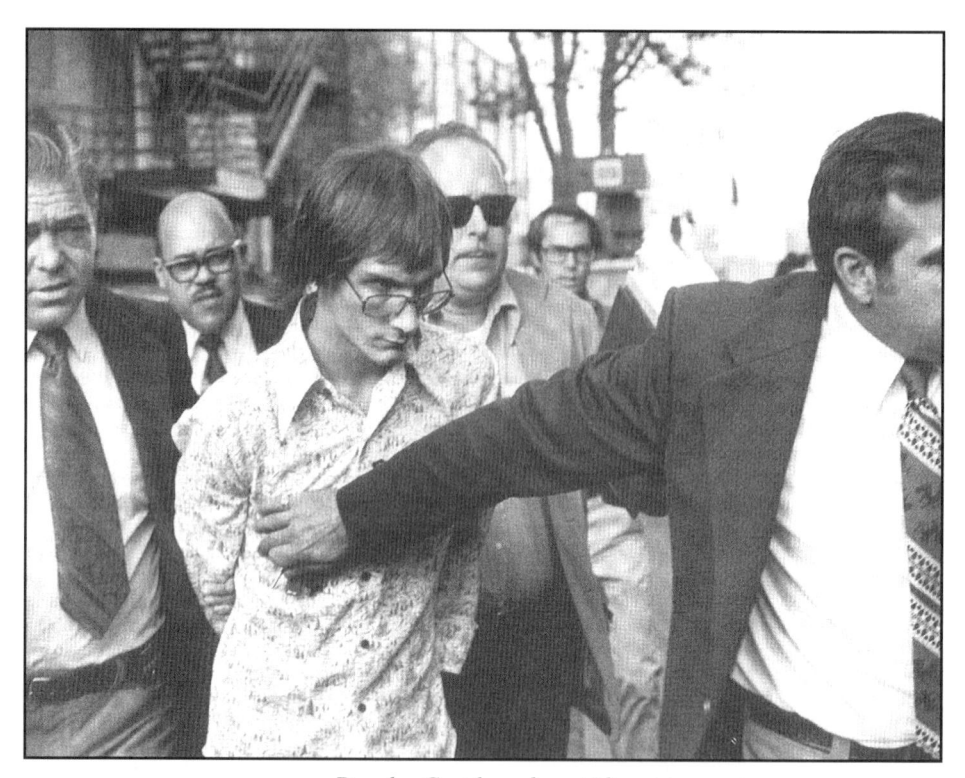

Douglas Gretzler sob custódia

dência revelou um par de abotoaduras roubadas da vítima George Frias. Um ano depois, em 23 de janeiro de 1976, Greenwood foi indiciado em 11 acusações de assassinato pelos crimes do cortador.

Infelizmente para a polícia, o "perfil biográfico do suspeito" era um bloco inadequado para a sua solução do caso. Para os divulgadores, Vaughn Greenwood era um homem negro, 32 anos, sem nenhuma deformidade óbvia e, a partir do testemunho de conhecidos, não era impotente. Era um solitário e homossexual, que terminou a sétima série antes de sair de seu lar de crianças adotivas da Pensilvânia e viajar de carona para a Califórnia. Grande parte de sua vida adulta foi passada mudando-se de Chicago para a costa oeste e de volta, viajando de trem e ganhando a vida como trabalhador migrante em fazendas. Em Chicago, em 1966, ele pediu dinheiro a Mance Porter, de 70 anos, após um encontro sexual na escada do apartamento da área de vagabundos. Quando Porter recusou, Greenwood cortou sua garganta e apunhalou-o repetidamente com duas facas diferentes, ficando cinco anos e meio na prisão por lesão corporal com agravantes.

Enquanto aguardava o julgamento das acusações de homicídio, Greenwood foi indiciado pela agressão de William e Kenneth Richter, recebendo uma condenação de prisão por 32 anos à prisão perpétua. Em 30 de dezembro de 1976, o réu foi condenado em nove acusações de homicídio doloso, e os jurados deixaram de atingir um veredicto no caso das vítimas David Russel e Charles Jackson. Greenwood foi sentenciado à prisão perpétua em 19 de janeiro de 1977, com o juiz recomendando que nunca fosse liberado pois "sua presença em qualquer comunidade constituiria uma ameaça".

William Steelman é preso

GRETZLER, Douglas e STEELMAN, William Luther

Nativo do Bronx, Nova York, nascido em 1951, Doug Gretzler estava andando sem destino pelo país quando encontrou Willie Steelman, de 28 anos, em 11 de outubro de 1973. Uma vez submetido a tratamento em uma instituição mental, Steelman tinha compilado um grande registro de prisões nas cercanias de Lodi, Califórnia, cumprindo pena pela condenação de falsificação. Ele reconheceu uma alma criminosa similar à primeira vista, e logo os homens tornaram-se inseparáveis, vagueando pelo sudoeste à procura de vítimas, roubando para financiar suas viagens e o vício de heroína de Steelman.

Em 28 de outubro de 1973, invadiram *um trailer* próximo a Mesa, Arizona, amarrando Robert Robbins, de 19 anos, e Katherine Mestiter, de 18 anos, e atirando mortalmente nas duas vítimas. Mudando para Tucson, assassinaram Gilbert Sierra, de 19 anos, e jogaram seu corpo no deserto, acrescentado outro tanto ao assassinar Michael e Patrícia Sandberg em seu apartamento em Tucson. No Deserto de Superstition, Gretzler e Steelman encontraram a sexta vítima, deixando seu corpo em um saco de dormir, onde foi atingido por tiros até morrer. Em Fênix, os assassinos raptaram Michael Adshade e Ken Unriein, ambos com 22 anos, jogando seus corpos nus em um riacho próximo a Oakdale, Califórnia, rodando para o norte em seu furgão roubado.

As autoridades do Arizona já tinham emitido mandados de prisão para Gretzler e Steelman no momento em que eles atingiram Victor, Califórnia, cerca de 64 quilômetros ao sul de Sacramento, em 6 de novembro. Walter e Joane Parkin foram jogar boliche naquela noite, deixando os dois filhos

— Lisa, de 11 anos, e Robert, de 9 anos — aos cuidados da vizinha Debra Earl, de 18 anos. Durante a noite, os pais de Debra pararam para fazer uma visita, juntamente com o irmão Richard e o noivo de Debra, Mark Land, de 20 anos. Quando os Parkin chegaram em casa encontraram a casa cheia — incluindo dois estranhos armados.

Carol Jenkins, uma hóspede dos Parkin, retornava de um encontro por volta das 3 horas e foi diretamente para a cama, considerando normal a casa silenciosa àquela hora da madrugada. Quando estava amanhecendo, ela foi acordada por dois amigos de Mark Lang que tinham passado a noite tentando achá-lo. Jenkins começou sua procura, parando logo ao encontrar Walter e Joanne Parkin em seu quarto, atingidos mortalmente por tiros, no estilo de execução.

Os oficiais, respondendo ao chamado, encontraram mais sete corpos jogados dentro do *closet* no quarto. As vítimas foram amordaçadas com gravatas, amarradas com corda de náilon — fixadas no lugar com cerca de seis nós— antes de serem massacradas. No total, os examinadores removeram 25 balas de nove corpos, mais um tiro errante no travesseiro de Bob Parkin.

A polícia publicou fotografias de caricaturas de Steelman e Willie foi reconhecido quando se registrava em um hotel em 8 de novembro. Os oficiais entraram em cena e ambos os atiradores foram rapidamente presos, indiciados em nove acusações de homicídio culposo. Gretzler cedeu sob interrogatório, orientando a polícia para os corpos dispersos de outras vítimas, enquanto Steelman manteve calado, recusando-se a fazer uma confissão sob as acusações. Em junho de 1974, Gretzler confessou-se culpado em nove acusações de homicídio, enquanto Steelman se apresentou seu caso ao juiz e foi imediatamente condenado. Em 8 de julho, ambos os réus foram sentenciados à prisão perpétua sem condicional, retornando então ao Arizona para o julgamento em acusações adicionais de homicídio. Uma nova rodada de julgamentos fez com que ambos os assassinos fossem sentenciados à morte na câmara de gás do Arizona. Willie Steelman morreu na prisão em 1987 com seu caso ainda em apelação. Gretzler foi executado por injeção letal em 3 de junho de 1998.

GRUPOS DE FÃS: Admiradores de *Serial killers*

Apesar da atmosfera sorumbática de violência e perversidade que cerca os *serial killers*, eles algumas vezes têm um efeito quase hipnótico no sexo oposto, atraindo "fãs" em uma tendência bizarra da síndrome por celebridade. O idoso CHARLES MANSON é notório pela devoção prolongada dos membros do sexo feminino de sua "família" (e uma nova geração de fãs que lealmente acredita que ele foi "alvo de uma armação"), mas outros assassinos ao acaso também atuam quase tão bem por seu lado, sem o benefício de discípulos pré-condicionados. Charles Schmid, do Arizona — "O Encanador Multicor de Tucson" — tinha sua própria seção de torcida adolescente no julgamento que o sentenciou à morte. THEODORE BUNDY recebeu numerosas cartas de amor de jovens mulheres atraentes, muitas parecendo com suas vítimas preferidas, com seus longos cabelos castanhos partidos ao meio; finalmente escolhendo, da cadeia, uma para ser sua noiva, Bundy foi mais rápido e teve um filho quando estava no corredor da morte, via inseminação artificial, antes de ser executado em 1989. Em Nevada, CARROLL COLE recebeu a visita e poemas de amor de uma mulher com o coração despedaçado, tendo metade de sua idade. A suposta namorada de JOHN GACY, uma mãe de oito crianças, divorciada duas vezes, obteve aparições em um programa de entrevistas na TV e tanto o "Estrangulador de Hillside", KENNETH BIANCHI, como ANGELO BUONO casaram-se após receberem suas sentenças de prisão perpétua.

Uma das amantes anteriores de Bianchi, Verônica Compton, passou um tempo presa por tentativa de assassinato e enquanto tentava libertá-los imitando, a técnica dos estranguladores com um alvo aleatório, completo com uma amostra do sêmen de Bianchi contradeado para fora da cadeia. Na prisão, já estando muito amargurada com Bianchi e seu modo caprichoso, Compton ligou-se ao "Estrangulador de Sunset" DOUGLAS CLARK. Uma carta de Compton a Clark, no caso clássico de declaração suavizada, dizia: "Nosso humor é incomum. Pergunto-me por que outros não veem os aspectos da existência de necrofilia como vemos."

Ironicamente, considerando sua aparência física e a natureza de seus crimes, nenhum psicopata moderno atraiu fãs do sexo feminino mais ardentes que "o Caçador Noturno" RICHARD RAMIREZ, o seguidor pálido do demônio, sentenciado à morte por 13 homicídios em Los Angeles. Um fã clube regular compareceu a seu julgamento de 14 meses por homicídio em L.A., algumas das mulheres jovens levando cadernos e exprimindo seu interesse por causa de "projetos de classe", enquanto outras admitiam francamente sua atração por Ramirez e seu satanismo expresso. Uma dessas disse a imprensa: "Se realmente o amo? Sim, de minha própria forma infantil. Sinto grande compaixão por ele. Quando olho para ele vejo um rapaz bem vestido que apenas cometeu erros em sua vida, pois nunca teve alguém para orientá-lo". Duas outras fãs, uma delas modelo pornô, circularam suas próprias fotos nuas na prisão do Distrito, e uma mulher jovem ameaçava sua rival — e, por razões não claras, também o presidente dos Estados Unidos — em violentos ataques de ciúmes. Finalmente casado com uma de suas fãs, uma companheira satanista, Ramirez também recebe visitas regulares de uma jurada que o sentenciou à morte, mais tarde convencida de que "Richard não teve um julgamento justo".

E há ainda um caso mais curioso que envolve HENRY LUCAS e Phyllis Wilcox. Atingida pelo psicopata de um olho após uma correspondência de longo tempo e diversas visitas à prisão, Wilcox — uma mulher casada até hoje que ainda reside com seu marido— ficou convencida da inocência de Henry e traçou um plano para libertá-lo do corredor da morte. Obtendo uma carteira de motorista falsa e outra identidade, Wilcox apresentou-se à mídia como Fieda Powell, uma ex-namorada que Lucas confessou anteriormente ter assassinado em 1983, quando ela tinha apenas 15 anos. O reaparecimento súbito de "Powell" após 13 anos teve as manchetes garantidas, e a polícia logo soube a verdade por meio de diversos conhecidos de Wilcox. Phyllis conseguiu evitar a prisão sob as acusações de obstrução da justiça, mas seu esforço simplório para liberar Lucas foi frustrado. Na verdade, mesmo que sua máscara fosse bem-sucedida, Wilcox não teria atingido coisa nenhuma: Lucas foi condenado por dez assassinatos, e o caso de Powell não era o único a enviá-lo para o corredor da morte.

Veja também Artwork e Memorabilia

GUNNESS, Belle Paulsdatter

A primeira "VIÚVA NEGRA" do século XX da América nasceu Brynhild Paulsdatter Storset, em 11 de novembro de 1859, na aldeia de pesca de Selbu na costa oeste da Noruega. Filha de um mercador sem sucesso, Brynhild emigrou para os Estados Unidos em 1881; três anos depois, ela se estabeleceu em Chicago, americanizando seu nome para "Belle" (ou algumas vezes "Bella"). Em 1884, aos 25 anos, casou-se com o imigrante norueguês Mads Sorenson.

O casal abriu uma confeitaria em 1896, mas o negócio foi liquidado por um incêndio no ano seguinte. Belle disse aos agentes de seguro que uma lâmpada de querosene explodiu e a empresa pagou sua apólice, embora nenhuma lâmpada tivesse sido encontrada nos destroços. Os Sorensen usaram esse dinheiro para comprar uma casa, mas o incêndio levou a casa em 1898, trazendo pagamentos adicionais de seguro. A má sorte perseguiu o casal, um uma segunda casa queimou totalmente antes de encontrarem a casa que satisfazia suas necessidades, em Alma Street.

Como tudo o que Belle tocava era logo reduzido a cinzas, assim também sua família começou a morrer, no fim da década de 1890. A filha Caroline, a mais velha, foi a primeira, em 1896. Dois anos depois, Axel, seu primeiro filho, foi colocado para descansar. Em cada caso, as crianças foram diagnosticadas como vítimas de "colite aguda", demonstrando os sintomas que — em percepção tardia — poderiam ter indicado que foram envenenados.

Em 30 de julho de 1900, Mads Sorenson morreu em casa, exibindo os sintomas clássicos de envenenamento por estricnina. Belle admitiu ter dado a seu marido "um pó" em um esforço para "ajudar sua gripe", mas o médico da família não solicitou uma necropsia. Mads estava sob tratamento em decorrência de coração avolumado, e sua morte foi automaticamente creditada a causas naturais.

A viúva Sorenson cobrou seu dinheiro do seguro e partiu de Chicago, estabelecendo-se fora de Lousiania Porte, Indiana, com três crianças. Duas eram filhas naturais: Myrtle, nascida em 1897, e Lucy, nascida em 1899. A outra era, Jennie Olsen, uma filha adotiva, passada para Belle pelos pais que aparentemente estavam cansados de cuidar da criança.

Em abril de 1902, Belle casou-se com um fazendeiro norueguês chamado Peter Gunness. Menos durável que Sorenson o casamento com, Gunness durou apenas oito meses. Em 16 de dezembro de 1902, ele foi assassinado quando um pesado moedor de linguiça "caiu" de seu lugar na prateleira, fraturando sua cabeça. O filho, Phillip, nascido da breve união em 1903, e Jennie Olsen desapareceram da fazenda três anos depois. Quando os vizinhos perguntaram, Belle explicou que sua criança adotiva foi enviada a uma "escola de pesca na Califórnia".

Viúva pela segunda vez, apenas com as crianças para auxiliá-la na fazenda, Belle começou a contratar andarilhos que trabalhavam por um período e então, aparentemente, mudavam-se. Ela também começou a colocar anúncios na seção de "corações solitários" em jornais de idioma norueguês em todo o meio-oeste, entretendo diversos maridos em perspectiva em sua fazenda. De alguma forma, nenhum deles combinava com seu padrão... e nenhum deles foi visto novamente.

Em 28 de abril de 1908, a residência de Gunness foi levada pelo fogo. Os pesqui-

Belle Gunness

sadores, cavando através do entulho, encontraram quatro corpos incinerados no porão; três eram claramente crianças, enquanto o quarto — um corpo de mulher, sem a cabeça como evidência — foi tido como os restos mortais da sra. Gunness. O xerife local prendeu o trabalhador Ray Lamphere, empregado de Belle desde 1906, até seu desaparecimento em fevereiro de 1908, sob a acusação de incendiário e assassino.

O caso tornou-se mais complicado em 5 de maio, quando os pesquisadores começaram a encontrar outros corpos no rancho de Gunness. Desmembrados, embrulhados em sacos de juta e embebidos com detergente, alguns reduzidos a esqueletos, os corpos contaram uma história visual da totalidade dos assassinatos ao longo dos anos. A contagem final de corpos foi um assunto de controvérsia duradoura. Sem citar suas fontes, o *Guinness Book of World Records* creditou a Belle 16 vítimas conhecidas e outras 12 "possíveis". O relatório do legista local foi mais modesto, relacionando, além dos corpos no porão — dez vítimas do sexo masculino, duas do sexo feminino e uma quantidade não especificada de fragmentos de ossos humanos. Os pretendentes de Belle foram enterrados juntos em um cercado de esterco de porco, enquanto as vítimas femininas foram colocadas em um trecho do jardim próximo.

Apenas seis das vítimas foram positivamente identificadas. Jennie Olsen estava ali, há muito removida da mística escola de pesca. Os ajudantes da fazenda, Eric Gurhold e Olaf Lindbom terminaram seus dias no cercado de porcos, além dos fazendeiros John Moo de Elbow Lake, Minnesota, e Ole Budsberg de Iola, Wisconsin. Os dois últimos tinham respondido ao anúncio de jornal de Belle — e assim presume-se que o fizeram seus seis companheiros anônimos na morte. O único "John Doe" enterrado ao lado de Jennie Olsen está inexplicado até agora.

O inquérito do legista foi lançado em 29 de abril e os depoimentos das testemunhas, tomados até 1º de maio, refletem um padrão: ouvir "sobre o corpo morto de Belle Gunness". Após 5 de maio, com a descoberta de novos corpos, os documentos oficiais começam a descrever a mulher sem cabeça como "um adulto do sexo feminino não identificado", presumindo que Belle podira ter falsificado sua própria morte para escapar da cena. Uma pesquisa inútil da cabeça desaparecida foi iniciada em 19 de maio, resultando na descoberta da ponte dentária de Belle, completa com os dentes inferiores ainda presos. Ignorando as diversas questões não respondidas, o legista emitiu seu relatório final em 20 de maio, declarando que Belle Gunness havia morrido "nas mãos de pessoas desconhecidas".

Ray Lamphere, de sua cela, foi inflexível ao alegar que Belle ainda estava viva. Em 28 de abril, ele disse que, assim que Belle colocou fogo na casa, levou-a para a estação da estrada de ferro em Stillwell, Indiana. A Polícia inicialmente considerou sua história pelo valor demonstrado, prendendo uma viúva inocente, Flora Heerin, a caminho de Chicago para visitar os parentes na cidade de Nova York. Retirada do trem em Siracusa e rapidamente detida como Belle Gunness, a sra. Heerin retaliou com uma ação judicial acusando a polícia de Siracusa de prisão falsa.

Com quatro acusações de homicídio e uma acusação de incêndio criminoso, o caso de Ray Lamphere foi a júri em novembro de 1908. Em 26 de novembro, ele foi condenado apenas pela acusação de incêndio criminoso, sugerindo que os jurados acharam que a morte de Belle não havia sido provada "além de dúvida razoável". Sobrevivendo a dois anos na prisão, Lamphere falou continuamente sobre o caso, creditando a Belle 49 homicídios, e recebendo o valor líquido acima de 100 mil dólares de suas vítimas entre 1903 e 1908. A vítima do porão, ele sustentou, foi encontrada em um bar, contratada para uma noite e assassinada para servir como substituta. Belle prometeu que ficaria em contato com Lamphere após estabelecer-se em algum lugar, mas parece que ela mudou seus planos.

A Belle ressucitada foi vista pela primeira vez em 29 de abril, seis dias antes de novos corpos serem encontrados em uma fazenda. O condutor Jesse Hurst estava certo de que a sra. Gunness entrou em seu trem na estação de Decatur, Indiana. Ela estava em uma maca, Hurst lembrou-se, e parecia muito doente.

Talvez, mas o que fazemos da descoberta relatada em Lousiania Porte em 30 de abril? Enquanto visitava uma amiga próxima de Belle, Almetta Hay, um fazendeiro local disse que viu a mulher desaparecida sentada em um café. Quando Almetta morreu em 1916, os vizinhos, ao selecionar o lixo em sua cabana cheia, recuperaram uma cabeça de mulher, presa entre dois acolchoados. Apesar da especulação de que esta pertenceria a uma vítima decapitada no porão, o indício intrigante não foi verificado.

Mais "descobertas" foram registradas com o passar dos anos. Em 1917, um menino vizinho reconheceu Belle Gunness sendo admitida como paciente no hospital de South Bend, onde trabalhava como estudante de enfermagem. Ele chamou a polícia, mas Belle sumiu antes que os detetives chegassem ao local. Em 1931, um promotor de Los Angeles escreveu para o xerife de Lousiania Porte, dizendo que a ré de homicídio Esther Carlson — acusada de envenenar August Lindstrom, 81 anos, por dinheiro — poderia ser Belle Gunness. Carlson levou fotografias de três crianças parecidas com as de Belle, mas Lousiania Porte não podia arcar financeiramente com os custos de envio de seu xerife para o oeste naqueles dias de Depressão e a suspeita morreu de tuberculose antes do julgamento, deixando a questão aberta para sempre.

Mais tarde, em 1935, os leitores de uma revista de investigação supostamente reconheceram a fotografia de Belle, que era parecida com uma senhora de um prostíbulo em Ohio. Confrontando a velha mulher e endereçando-a como "Belle", um detetive amador ficou impressionado pela veemência de sua reação. Continuando a questão por intermédio de amigos, ele foi imediatamente avisado para deixar a questão esquecida... e assim aconteceu.

Se Gunness de fato sobreviveu à sua "morte", ela está com o BEIJO DE BELA nessa sociedade de elite de assassinos que — embora identificados, com ampla evidência para receber a condenação — conseguem escapar da prisão e assim viver suas vidas anonimamente. Seu legado é um rumor, e um pedaço de uma rima espalhafatosa que diz, em parte:

Existe vermelho na lua Hoosier
Pois Belle foi forte e cheia de sorte;
E pense sobre todos aqueles homens noruegueses
Que nunca verão St. Paul novamente.

HAARMANN, Fritz

Nascido em 25 de outubro de 1879 em Hanover, Alemanha, Haarmann foi o sexto filho de um casal singular da vida real. Seu pai, um bombeiro carrancudo de estrada de ferro, foi apelidado de "Olle zangado" por conhecidos; sua mãe, sete anos mais velha que o marido, era inválida. No início de sua infância, Fritz se tornou o preferido da mãe e cresceu odiando seu pai, preferindo as bonecas aos esportes que outros meninos de sua idade gostavam. Enviado para uma escola militar aos 16 anos, Haarmann logo foi liberado quando mostrou sintomas de epilepsia. De volta a Hanover, ele foi acusado de molestar crianças pequenas e foi enviado a um sanatório para observação, mas escapou após seis meses de custódia.

Posteriormente, Haarmann ganhou sua vida com pequenos crimes, enquanto molestava crianças por diversão. Virando uma nova página em 1900, ele ficou noivo de uma garota local, mas trocou-a pelo Exército quando ela ficou grávida. Dispensado com honra em 1903, ele retornou a Hanover e com sucesso evitou os esforços de seu pai para conseguir declará-lo insano. Uma série de prisões seguiu a arrombamentos, jogos ilusórios e bater carteiras, antes que o pai de Haarmann o colocasse como proprietário de uma loja de peixe com batatas fritas. Fritz imediatamente furtou o negócio em segredo e não foi bem-sucedido quando pilhava estranhos. Condenado pelo arrombamento de um armazém em 1914, foi sentenciado a cinco anos de prisão. Sob condicional em 1918, uniu-se a uma rede de contrabando e prosperou, simultaneamente, trabalhando para a polícia como informante. Ocasionalmente, ele se apresentava aos estranhos como "Detetive Haarmann".

O tempo de guerra ficou apinhado de refugiados, e Haarmann teve sua seleção de garotos, seduzindo-os com ofertas de um lugar para passar a noite. Entre os primeiros estava Friedel Rothe, 17anos, cujos pais souberam que ele tinha encontrado o Detetive Haarmann antes de desaparecer. A polícia procurou no apartamento de Haarmann, mas retornou de mãos vazias. Seis anos depois, ele confessou que a cabeça cortada de Friedel, embalada em jornal, estava no chão atrás de seu fogão enquanto os oficiais procuravam em gavetas e armários.

Mais tarde, em 1918, Haarmann foi sentenciado a nove meses na prisão sob as acusações de indecência com um menor. Ao ser liberado, encontrou novas acomodações para si, ficando na companhia de Hans Grans, 24 anos, um cafetão homossexual e ladrão insignificante. Tornaram-se amantes e associados nos negócios, Haarmann acrescentando novas linhas de roupas usadas e carne ao mercado negro dos itens roubados que vendia para viver.

Juntos, Grans e Haarmann lançaram um esquema de homicídio por atacado por divertimento e lucro. Os meninos sem teto eram atraídos da estação de trem, em seguida estuprados e assassinados por Haarmann (que informou a polícia que sua técnica envolvia morder a garganta da vítima). Os corpos eram desmembrados, vendidos como carne de vaca ou porco, e as partes incriminadoras eram jogadas no rio Leine. Grans pegava sua parte das roupas descartadas antes de vender o restante; uma das vítimas foi, segundo informações, descartada após Grans expressar um desejo de possuir suas calças.

A polícia de Hanover estava estranhamente cega quanto às atividades homicidas de Haarmann. Em uma ocasião, um cliente desconfiado entregou parte da carne de Haarmann às autoridades, para teste, e os "especialistas" escreveram que era de porco. O "detetive Haarmann" posteriormente chamou a atenção para si ao visitar os parentes de um garoto chamado Keimes, encontrado estrangulado em um canal de Hanover, e em seguida disse à polícia que Grans era o assassino. O cafetão estava então encarcerado sob outra acusação, e a polícia dispensou a narração e nunca se preocupou em verificar o interesse de Haarmann no caso.

Em 17 de maio de 1924, uma cabeça humana foi encontrada ao lado de Leine, e outra foi desenterrada em 29 de maio, e duas mais em 13 de junho, mas as autoridades de Hanover descartaram a questão como um "jogo prático". Sua atitude mudou em 24 de julho, quando algumas crianças descobriram um saco cheio de ossos humanos, incluindo outra cabeça, nas margens do rio. O pânico surgiu e os jornais relataram cerca de 600 meninos adolescentes desaparecidos somente no último ano. Ao dragar o Leine, a polícia recuperou mais de 500 ossos, calculando uma estimativa de 27 vítimas.

Por coincidência, Fritz Haarmann foi preso durante este período e indiciado em outra acusação de indecência pública. Uma investigação de rotina em seu apartamento revelou numerosas manchas de sangue, inicialmente descartadas como resultado de sua atividade não licenciada de açougueiro. Os detetives de homicídios encontraram sua primeira evidência firme quando os pais de um garoto desaparecido identificaram um casaco, então de posse do filho da estalajadeira de Haarmann.

Em custódia, o suspeito subitamente decidiu confessar seus crimes, em detalhes sangrentos. Ao perguntarem o número de suas vítimas, Haarmann replicou: "30 ou 40, não lembro exatamente". O julgamento de

Fritz Haarmann (centro) a caminho do julgamento

Haarmann começou em 4 de dezembro e durou duas semanas, enquanto o réu de forma imponente fumava seus cigarros, reclamando que havia muitas mulheres no tribunal. Condenado em 24 homicídios e sentenciado à morte, Haarmann foi decapitado em 15 de abril de 1925. Grans, seu cúmplice nos homicídios, recebeu uma sentença de 12 anos na prisão.

HAIGH, John George

Um assassino britânico, Haigh nasceu em 1909 e foi sujeitado por seus pais ao regime severo de Plymouth Brethren, que considerava pecado todas as formas de diversão. Quando criança, Haigh ganhou uma bolsa do coral para a Escola Primária de Wakefield, fazendo sua participação como um menino do coro nos serviços anglicanos que se realizavam na catedral de Wakefield. O contraste entre aqueles serviços e os rituais insípidos de Plymouth Brethren confundiram-no, supostamente motivando visões bizarras de florestas com árvores vertendo sangue. O que quer que fosse a fonte real, Haigh mostrou cedo os sinais de hematomania, a obsessão com sangue, que no fim o assombraria durante sua vida.

Casado por um curto período em 1934, Haigh abandonou sua esposa após cumprir sua primeira sentença na cadeia, por fraude, em novembro daquele ano. Antes do fim da Segunda Guerra Mundial, ele registrou diversas prisões por roubo e fraudes menores, completando sua última condenação de prisão em 1943. Parecendo finalmente "ser correto", Haigh mudou-se para o respeitável Hotel Onslow Court em South Kensington e alugou uma sala em um porão próximo para usar no aperfeiçoamento de suas "invenções". O laboratório provisório foi estocado com ferramentas, um conjunto para solda — e um tonel de 40 galões de ácido sulfúrico.

Em 9 de setembro de 1944, Haigh atraiu um conhecido de longa data, Donald McSwan, para sua oficina no porão, matando sua presa com um martelo, posteriormente cortando sua garganta para beber seu sangue. Os restos desmembrados foram dissolvidos no tonel de ácido de Haigh, com o sedimento resultante depois colocado em um bueiro. Tomando o controle do fliperama próximo de McSwann, Haigh disse aos pais do homem morto que seu filho estava escondido na Escócia para evitar o recrutamento militar. Uma vez por semana ele ia à Escócia, enviando pelo correio cartas falsificadas para um casal ansioso, mas suas suspeitas cresceram com o tempo, à medida que o jogo compulsivo de Haigh devorava a renda roubada.

Em 10 de julho de 1945, Haigh convidou os pais de McSwann a seu laboratório, espancando e matando os dois, e dissolvendo seus restos em ácido. Os documentos falsificados habilitaram-no a usurpar seu patrimônio, incluindo cinco casas e uma pequena fortuna em títulos, mas o jogo, in-

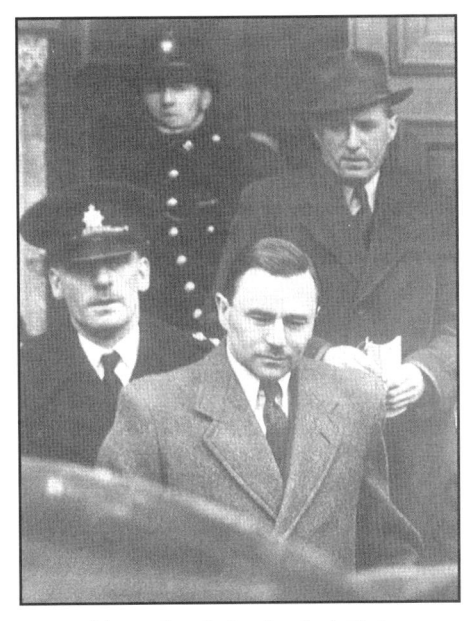

"Assassino do banho de ácido", John Haigh sob custódia

vestimentos fracos e um estilo de vida dissipador deixaram-no sem dinheiro novamente em fevereiro de 1948.

As vítimas seguintes de Haigh foram Archie e Rosalie Henderson, ao visitarem sua nova oficina em Crawley, no sul de Londres. Lá foram assassinados e colocados no banho de ácido, em 12 de fevereiro. Haigh depois disse à polícia que tirou amostras de sangue deles, mas foi racional o suficiente para executar a falsificação que daria um lucro líquido de 12 mil dólares ao patrimônio do casal morto.

Um ano depois, em fevereiro de 1949, Olívia Durand-Dacon, de 69 anos, abordou o "inventor" Haigh com seu esquema para comercializar unhas artificiais. Convidada para o laboratório de Crawley, ela recebeu um tiro. Haigh supostamente cortou sua garganta e bebeu um copo de sangue, antes de enviá-la ao tonel de ácido. Demorou uma semana para finalmente dispor de seus restos, e Haigh tinha pouco a mostrar de seu esforço, vendendo suas joias por 250 dólares para cobrir alguns débitos pendentes.

Ao responder a um relatório de pessoas desaparecidas, a polícia tinha dúvidas sobre as respostas superficiais de Haigh e sua atitude muito útil, e os mandados de busca foram obtidos para entrar em sua oficina do porão. Os investigadores retiraram quase 13 quilos de gordura humana do banho de ácido, juntamente com fragmentos de ossos, dentes, cálculos biliares e uma bolsa pertencente à sra. Durand-Deacon. Em custódia, Haigh confessou tudo, fazendo o ângulo de VAMPIRISMO em sua proposta de DEFESA POR INSANIDADE. Ele confessou mais dois assassinatos — das vítimas "Mary" e "Max" — cometidos unicamente na perseguição de sangue fresco, mas algumas autoridades dispensaram a totalidade da história como um artifício teatral. (Observou-se também Haigh bebendo sua própria urina na prisão.)

O julgamento de Haigh começou em 18 de julho de 1949, com os psiquiatras da defesa o chamando de paranoico e descrevendo seus atos de vampirismo como "quase certos". Os jurados, não impressionados, consideraram-no culpado e apto, e o tribunal impôs uma sentença de morte. Haigh foi enforcado na prisão de Wandsworth em 6 de agosto de 1949.

HANCE, William Henry

Em 6 de setembro de 1977, o corpo nu e sem vida de uma soldado raso da tropa, Karen Hickman, de 24 anos, foi descoberto perto das barracas das mulheres em Fort Benning, próximo a Columbus, Geórgia. Espancada com um instrumento de corte, além de um carro ter passado diversas vezes sobre ela, Hickman foi assassinada em outro local e seu corpo foi transportado para onde foi encontrado. Os investigadores souberam que a vítima — uma mulher branca — teve encontros com soldados negros exclusivamente, pegando-os em bares próximos ao posto. Uma chamada anônima levou as autoridades às suas roupas perdidas um mês depois, mas nenhuma nova evidência foi encontrada. O crime foi tratado como um incidente isolado, quase esquecido na caçada humana do "Estrangulador da Meia" que aterrorizava Columbus entre setembro de 1977 e abril de 1978.

Em meados de fevereiro, o estrangulador, descrito como um homem negro a partir da evidência encontrada nas cenas dos crimes, estuprou e assassinou seis mulheres idosas brancas em Columbus. A Geórgia é a terra da Klan e a tensão racial já estava crescendo quando, em 3 de março de 1978, o chefe de polícia recebeu uma carta assinada pelo "Presidente das Forças do Demônio" de estilo próprio. "Como o legista disse que o S-Estrangulador está de volta", a nota dizia: "decidimos vir aqui e tentar pegá-lo ou colocar mais pressão em vocês. A partir de agora, as mulheres negras em Columbus, Geórgia, desaparecerão se o Estrangulador não for localizado." A primeira vítima, uma mulher negra local chamada Gail Jackson, já tinha sido raptada por "uma organização dentro de uma organização" e estava marcada para morrer se o Estrangulador da Meia não fosse preso até 1º de junho. Duas negras mais seriam assassinadas, o autor prometeu, se o assassino ainda estivesse à solta em 1º de setembro.

A polícia não encontrou nenhum registro de uma Gail Jackson desaparecida de Columbus, mas descobriram que uma prostituta negra, Brenda Gail Faison, desapareceu de uma taverna local em 28 de fevereiro. Uma segunda carta para o chefe, chegando em 13 de março, sugeriu que um resgate de 10 mil dólares poderia garantir a liberação da refém se os detetives de homicídios não pudessem encontrar seu homem antes da data final. A polícia não deu resposta, e uma terceira nota foi entregue duas semanas depois, alegando que uma segunda refém de nome "Irene" havia sido raptada, marcada para morrer em 1º de junho. Os detetives souberam que Irene Thirkield, 32 anos, estava na verdade desaparecida, vista pela última vez em 16 de março na companhia de um soldado negro não designado.

Nas primeiras horas da manhã de 30 de março de 1978, um telefonema anônimo levou os policiais militares a uma cova rasa,

William Hance, o "Presidente das Forças do Demônio"

fora da reserva militar, onde encontraram o corpo de Brenda Faison, com sua face e cabeça esmagadas, até tornar-se uma massa, por um espancamento selvagem. Quatro dias depois, outro telefonema orientou os agentes de CID para Maertens Range em Fort Benning; e o corpo sem cabeça de Irene Thirkield — com os fragmentos da cabeça espalhados — foi encontrado escondido atrás de uma pilha de madeira.

Em 4 de abril, um oficial foi revisar as fitas de telefonemas anônimos e reconheceu uma voz distinta, apontando para um soldado raso negro de 26 anos, William Hance, como aquele que telefonou. Manipulador de munição para a 10ª Artilharia, Hance foi preso naquele dia, acusado de homicídio e tentativa de extorsão, em 5 de abril. Confessou os assassinatos sob custódia, mas depois reconsiderou e alegou inocência. Um júri civil condenou-o pelo assassinato de Brenda Faison em 16 de dezembro de 1978, votando pela pena de morte (mais cinco anos na acusação de extorsão). Condenado pelos assassinatos de Hickman e Thirkield em uma corte marcial subsequente, Hance recebeu uma condenação de prisão perpétua em trabalhos forçados. Ele foi executado na cadeira elétrica da Geórgia em 31 de março de 1994.

HANSEN, Robert C.

Nascido em Pocahontas, Idaho, em 1940, Hansen era filho de um imigrante dinamarquês e seguiu os passos de seu pai como padeiro. Em sua juventude, Hansen era magro e dolorosamente tímido, aflito com uma gagueira e um caso grave de acne que o deixava permanentemente assustado (nos anos posteriores, ele se lembraria de seu rosto como "uma grande espinha"). Marginalizado pelas meninas atraentes da escola, ele cresceu odiando-as e abrigando fantasias de vingança cruel.

Hansen casou-se em 1961 e divorciou-se ainda naquele ano, seguindo-se à sua primeira prisão sob a acusação de incêndio criminoso. Seis anos depois, ele se casou com outra nativa de Pocahontas e ela foi com ela para Anchorage, Alasca, onde ele abriu sua própria padaria e prosperou na nova terra, seguramente sem suas memórias dolorosas da infância e adolescência. Hansen recebeu lições de voo e comprou um avião, ganhando a reputação de um homem de área externa e caçador de carneiros-de-Dahl, lobos e ursos com um rifle ou arco e flecha.

Em 1972, Hansen foi preso duas vezes, acusado de rapto e tentativa de estupro de uma dona de casa (que escapou de suas garras) e do estupro de uma prostituta (que não o quis). Cumprindo menos de seis meses em uma acusação reduzida, ele foi novamente pego por roubar uma serra em uma loja em 1976. Condenado por furto, foi sentenciado a cinco anos na prisão, mas o veredicto foi alterado na apelação porque a Corte Suprema do Alasca considerou sua sentença "muito severa".

Desconhecido pelas autoridades locais, a atividade visível de Hansen era apenas um pedaço do verdadeiro *iceberg* mortal. De acordo com sua confissão, Hansen caçava consistentemente mulheres, no período entre 1973 e 1983, quando matou 17 e estuprou mais 30, que sobreviveram. Como objetivo, ele selecionava prostitutas, dançarinas nuas e similares, transportando-as de avião para a parte mais selvagem fora de Anchorage, onde elas eram forçadas a atuar de acordo com as fantasias particulares de Hansen. "Se elas fizessem o que eu queria", ele explicava, "poderiam voltar à cidade. Eu diria a elas que se me causassem qualquer problema eu tinha ligações e as colocaria na prisão por serem prostitutas". A resistência — ou exigências por pagamento após o ato sexual — resultou em vítimas variadas sendo assassinadas, algumas vezes com toques demoníacos de Hansen, deixando-as nuas e caçando como animais, matando-as com uma faca de caça ou seu rifle favorito de caça de grande porte.

A primeira indicação de um assassino à solta veio em 1980, quando os trabalhadores de construção desenterraram os restos de uma mulher perto da estrada de Eklutna. Apunhalada até a morte em 1979, ela nunca foi identificada e foi apelidada "Annie de Eklutna" pela polícia designada para trabalhar no caso. Mais tarde, naquele ano, o corpo de Joanna Messina foi encontrado em um poço de pedregulho próximo a Seward, e uma força-tarefa especial foi organizada para investigar os assassinatos. A dançarina de *topless* Sherry Morow estava morta havia dez meses quando os caçadores encontraram seu corpo em uma cova rasa ao lado do Rio Knik, mas a descoberta não levou as autoridades mais perto de uma solução para o caso.

Em 1983, Hansen decidiu poupar tempo e energia trazendo suas vítimas para casa. Chamou isto de seu "projeto de verão" e fez o trabalho base enviando sua esposa e duas crianças para umas férias na Europa. Em seguida, ele começou a colocar anúncios em um jornal local para solteiros, procurando mulheres para "unir-se para encontrar o que existe depois da próxima cerca, depois da próxima montanha".

Em 13 de junho de 1983, uma cativa de 17 anos escapou de Hansen a caminho do hangar de seu avião, as algemas ainda pendendo de um pulso, quando ela correu

Robert Hansen posa com um carneiro da montanha que matou com arco e flecha

pedindo ajuda. Suas acusações trouxeram a atenção dos detetives da força-tarefa para Hansen, e ele finalmente confessou uma série de 17 assassinatos, incluindo o de Paula Golding, encontrada pelos caçadores em setembro de 1983. Em um passeio de avião pela parte selvagem, Hansen começou a apontar as covas para as tropas estaduais e eles recuperaram 11 corpos nos oito meses às seguintes. Diversas vítimas permaneceram anônimas, seus nomes desconhecidos mesmo para Hansen, mas outras foram identificadas como Rox Easland, Lisa Futrell, Andréa Altiery, Angela Fetter, Teressa Watson e Delynn Frey — todas com desaparecimento informado na área de Anchorage durante o reino de terror de Hansen.

Em 18 de fevereiro de 1984, Robert Hansen admitiu a culpa em quatro acusações de homicídio doloso nos casos de Annie Eklutna", Joanna Mesina, Sherry Morrow e Paula Golding. As acusações foram desconsideradas em outros casos, mas isso quase não importava, pois Hansen foi sentenciado à prisão perpétua e mais 461 anos.

HARVEY, Donald

Um homossexual e ocultista de estilo próprio, Don Harvey ligou-se à profissão médica aos 18 anos, trabalhando como plantonista no Hospital Marymount em London, Kentucky, de maio de 1970 a março de 1971. Em 1987, Harvey confessaria ter matado pelo menos uma dúzia de pacientes em seus dez meses no emprego, sufocando dois com travesseiros e ligando dez outros a tanques quase vazios de oxigênio, tudo em um esforço para "diminuir seu sofrimento". Preso por arrombamento em 31 de março, ele admitiu a culpa para uma acusação reduzida de roubo menor, escapando no dia seguinte com uma multa de 50 dólares. O juiz recomendou tratamento psiquiátrico para sua "doença problemática", mas Harvey escolheu a Força Aérea dos Estados Unidos em vez disso, servindo por dez meses fardado antes de ser prematuramente dispensado em março de 1972, com alegações não especificadas.

De volta a casa no Kentucky, Harvey foi submetido duas vezes ao Centro Médico de Administração de Veteranos em Lexington, de 16 de julho a 25 de agosto e novamente de 17 de setembro a 17 de outubro. Sua mãe atribuiu os mandatos de prisão a doenças mentais, com Harvey mantido detido. Seus advogados depois refeririam-se a uma tentativa de suicídio malfeita. Após receber 21 tratamentos de terapia com eletrochoque, Harvey saiu do hospital sem nenhuma melhora visível em sua condição mórbida.

Escondendo sua ficha, Harvey encontrou trabalho como um auxiliar de enfermagem de meio período no Hospital Cardinal Hill em Lexington entre fevereiro e agosto de 1973. Em junho, ele acrescentou um segundo emprego de enfermagem, no Hospital Bom Samaritano de Lexington, permanecendo nessa posição até janeiro de 1974. (Um de seus amantes em Lexington, Harvey disse depois, era um assistente do agente funerário local que também gostava de ter sexo com os corpos após o horário de visita na casa funerária.) Entre agosto de 1974 e setembro de 1975, ele trabalhou primeiro como operador de telefonia em Lexington e então mudou para um emprego como escriturário no Hospital St. Luke em Fort Thomas, Kentucky. Manteve seu impulso de matar de alguma forma controlado, mas isso se tornou gradativamente difícil de administrar, finalmente levando-o para longe de casa, pela linha estadual para Cincinnati, Ohio.

De setembro de 1975 até julho de 1985, Harvey manteve uma variedade de empregos no Centro Médico de Cincinnati Virgínia, trabalhando como assistente de enfermagem, auxiliar de empregado doméstico, técnico de cateterização cardíaca e assistente de necropsia. Na última posição, ele algumas vezes roubou amostras de tecidos do necrotério do hospital, levando-as para casa "para estudo". Por outro lado, ele assassinou pelo menos 15 pacientes, suplementando seus métodos prévios com uma dose ocasional de veneno, uma vez brincando com as enfermeiras da enfermaria após a morte do paciente dizendo "livrei-me daquele para você". Nem todas as vítimas de Harvey estavam limitadas a pacientes sofredores. Encolerizado com a vizinha Diane Alexander após uma discussão, ele adicionou à sua bebida o soro de hepatite, quase matando-a antes de a infecção ser diagnosticada e tratada pelos médicos.

Em 18 de julho de 1985, Harvey foi pego deixando o trabalho com uma mochila suspeita: dentro, os guardas de segurança encontraram uma pistola calibre 38, agulhas hipodérmicas, tesouras cirúrgicas e luvas, uma colher de cocaína, dois livros de coletânea ocultista e uma biografia do *serial killer* Charles Sobharaj. Citado pelos agentes federais por levar uma arma para as instalações de Virgínia, Harvey foi multado em 50 dólares e forçado a demitir-se do trabalho.

Sete meses depois, em fevereiro de 1986, Harvey foi contratado como auxiliar de enfermagem de meio período no Hospital Drake Memorial de Cincinnati, depois construindo seu caminho para um emprego de período integral. Em 13 meses, antes de sua última prisão, ele assassinou pelo menos mais 23 pacientes, desconectando o equipamento de suporte de vida ou injetando uma mistura de arsênico, cianida e um limpador à base de petróleo. Algumas das vítimas do hospital, ele depois admitiu, foram escolhidas "por mágica" com Harvey cantando sobre punhados de cabelo roubado ou unhas cortadas, colocados em um altar provisório em sua casa. Fora do trabalho, ele algumas vezes praticava com seu amante com quem vivia, Carl Hoeweler, envenenando-o após uma discussão, então alimentando-o de volta ao estado saudável. Os pais de Carl também foram envenenados; o pai sobreviveu e a mãe morreu.

Em 7 de março de 1987, a morte do paciente John Powell foi considerada homicídio e os resultados da necropsia detecta-ram doses letais de cianida em seu corpo. Donald Harvey foi preso em abril, indiciado em uma acusação de homicídio agravado, e detido com fiança estipulada em 200 mil dólares, quando ele registrou uma admissão de não culpado por insanidade. Em 11 de agosto, ele confessou um total de 33 assassinatos e a fiança foi revogada dois dias depois, com o registro de novas acusações.

Como Harvey fez o jogo dos números com os promotores, acrescentando vítimas até atingir 52, depois mais 80, seu estado mental foi questionado, e os testes psiquiátricos foram realizados e verificados por especialistas. Um porta-voz do escritório da promotoria de Cincinnati disse: "Este homem é apto, competente, mas é um homicida compulsivo. Ele constrói a tensão em seu corpo, assim ele mata as pessoas". Harvey, de seu lado, insistiu em que muitos dos homicídios foram assassinatos "misericordiosos", enquanto admitia que alguns — incluindo os ataques a amigos e conhecidos fora do trabalho — foram "por maldade". Nas entrevistas transmitidas pela televisão, Donald discutiu sua fascinação por magia negra, firmemente recusando-se a discutir seu ponto de vista sobre satanismo, mas as autoridades foram convidadas para um esboço de seu altar provisório.

Em 18 de agosto de 1987, Harvey admitiu a culpa em Cincinnati em 24 acusações de homicídio agravado, quatro acusações de tentativa de homicídio e uma acusação de lesão corporal dolosa. Com o pleito do 25º homicídio acrescido quatro dias depois, ele ganhou um total de quatro sentenças de prisão perpétua consecutivas, requerendo-se que Harvey cumprisse pelo menos 80 anos antes de ser considerado para a condicional. (Em boa medida, o tribunal também taxou 270 mil dólares em multa contra Harvey, sem nenhuma esperança realista de receber um centavo.)

Mudando para o Kentucky, Harvey confessou uma dúzia de assassinatos em Marymount em 7 de setembro de 1987, entrando com uma admissão formal de culpa em nove acusações de assassinato, naquele mês de novembro. Ao quebrar o recorde de JOHN WAYNE GACY no total de vítimas, Harvey ganhou outra sentença de oito prisões perpétuas e mais 20 anos, mas ele ainda não tinha acabado. De volta a Cincinnati em fevereiro de 1988, ele entrou com a admissão de culpa em mais três homicídios e três tentativas de assassinato, recebendo três sentenças de prisão perpétua mais três sentenças de sete a 25 anos nas últimas acusações. Com 37 vítimas de assassinato confirmadas (e as confissões quase triplicaram essa contagem de corpos), Harvey mantém o recorde oficial como o *serial killer* mais prolífico da América.

HEIDNIK, Gary Michael

Gary Heidnik tinha dois anos quando seus pais se divorciaram: sua mãe acusava o marido de "negligência grosseira de suas obrigações". Dois anos depois, seu alcoolismo crônico forçou-a a enviar Gary e um irmão mais novo para viverem com seu pai, e o estilo de vida instável de Heidnik já estava bem estabelecido. Abandonando a escola secundária em outubro de 1961, ele entrou para o exército um mês depois e recebeu treinamento médico em Fort Sam Houston, no Texas. Heidnik foi colocado em um hospital militar na Alemanha Oriental em maio de 1962, mas estava de volta aos Estados Unidos em outubro, submetido a um sanatório, na Pensilvânia, por três meses em terapia psiquiátrica. Foi dispensado com honra do serviço militar com 100% de taxa de incapacidade, e seus registros foram permanentemente selados e classificados, recebendo uma pensão mensal de 1.355 dólares do governo por seus problemas.

Durante os 25 anos seguintes, Hiednik foi frequentemente submetido a instituições mentais em Morristown, Coatesville e Honesdale, Pensilvânia, algumas vezes permanecendo por meses. Parecia lucrar pouco com a terapia, professando ignorância sobre os detalhes de sua própria doença. "Eles não me dão um nome técnico", ele disse ao juiz em 1978, "mas é algum tipo de esquizofrenia".

Em fevereiro de 1964, Heidnik inscreveu-se em um programa de enfermagem prática na Filadélfia, completando com sucesso o treinamento de um ano e seis meses de internato no Hospital Geral de Filadélfia. Em 1967, ele tinha dinheiro suficiente, de seu trabalho e da pensão do governo, para comprar uma casa de três andares, ocupando um piso enquanto alugava os outros. Por outro lado, ele começou a sair com retardadas do Instituto Elwyn, levando internas do sexo feminino — normalmente afro-americanas ou hispânicas — para piqueniques, cinema e saídas para compras. Os "encontros" normalmente acabavam na casa de Heidnik com ato sexual, mas se alguma objetava, suas reclamações caíam ao chão e eram ignoradas.

Em 1971, Heidnik estabeleceu a "Igreja Unida dos Ministros de Deus", tendo sua congregação formada pelas clientes do Instituto Elwyn. Seu jardim da frente tornou-se o repositório de um barco abandonado e quatro carros velhos, mas Gary desconsiderou as reclamações de seus vizinhos com ar de desdém. Ele caçava mulheres negras para o ato sexual, mas, apesar de sua raça diferente, frequentemente falava a amigos sobre a iminência de uma "guerra racial" americana.

No outono de 1976, Heidnik fechou-se no porão de sua casa, armado com um rifle e uma arma manual, desafiando seus desapontados locatários a entregar suas reclamações pessoalmente. Um tentou subir por uma janela e Gary atirou nele no rosto, ferindo-o superficialmente. As acusações de agressão agravada foram depois desconsideradas, e Heidnik logo mudou-se, vendendo sua casa para um professor universitário. O novo proprietário revelou coleções de revistas pornográficas, amontoa-

Gary Heidnek chega para o julgamento

do de lixo apodrecido e muitos cartuchos de calibre 22 usados no sótão. No andar de baixo, no porão, ele encontrou um buraco de 18 polegadas no chão de concreto, com o solo sob ele escavado até uma profundidade de 91 centímetros.

Em 1977, Heidnik investiu 35 mil dólares no mercado de ações, construindo sua fortuna até meio milhão de dólares durante a década seguinte. Ele comprou uma frota de carros luxuosos — incluindo um Rolls Royce, um Cadillac, um Lincoln Continental, e um furgão personalizado —, evitando os impostos devidos sob a aparência de um "bispo" de sua "igreja" não existente. Ele compartilhou sua casa com uma mulher retardada analfabeta, que teve uma filha dele em março de 1978, sendo a criança depois entregue para uma casa de adoção.

Em 7 de maio daquele ano, Heidnik e sua namorada dirigiram-se a uma instituição mental em Harrisburg, pegando a irmã dela para um dia de passeio. Aos 34 anos, sua nova companheira tinha o QI de três anos, e tinha sido colocada no instituto havia 20 anos. As autoridades encontraram-na no porão sujo de Heidnik em 17 de maio, retornando-a à sua casa, e Gary foi preso em 6 de junho, acusado de estupro, rapto, relação sexual fora do padrão, colocação em perigo, restrição ilegal e interferência com a custódia de uma pessoa submetida à internação.

A polícia procura por evidências fora da casa de Gary Heidnik, na Filadélfia

Hospitalizado em agosto de 1978, Heidnik foi condenado em julgamento três meses depois, recebendo uma sentença de três a sete anos na prisão. Ele cumpriu quatro anos e quatro meses do tempo, mandado para instituições mentais em três ocasiões após tentativas de suicídio — por meio de pílulas, monóxido de carbono, e mastigando uma lâmpada — antes de receber a condicional em abril de 1983. Em dezembro de 1984, Heidnik comprou sua última casa, em North Marshall Street, Filadélfia, e colocou um anúncio da nova localização de sua "igreja" de um homem só. Nessa mesma época, ele hospedou Cyril Brown, um homem negro retardado empregado por Heidnik como pessoa de serviços gerais de meio período e tarefas gerais.

Em outubro de 1985, Heidnik casou-se com uma mulher de 22 anos da Filadélfia, com quem ele tinha se correspondido pelos últimos dois anos. Quase ao mesmo tempo, ele começou a levar outras mulheres para casa para atos sexuais, instigando sua esposa a sair de sua casa em janeiro de 1986. Ela acabaria em um abrigo para mulheres com lesão corporal, reclamando que Gary frequentemente a estuprava e agredia. A polícia registrou as acusações contra Heidnik de estupro à esposa, agressão indecente e agressão simples, enquanto o tribunal manuseava uma medida cautelar impedindo qualquer forma de assédio de sua mulher. As acusações criminais foram retiradas em março quando a reclamante não compareceu ao tribunal, mas sua declaração permanece, incluindo as descrições do desempenho de Heidnik com três companheiras femininas de uma vez.

No dia de Ação de Graças de 1985, Josephina Rivera deixou o apartamento de seu namorado após uma festa de aniversário, para fazer algumas compras. Prostituta de meio período, ela prontamente aceitou a oferta de Heidnik de 20 dólares para o ato sexual e o acompanhou até sua casa, onde ele a deixou inconsciente e a algemou à cama. Depois, ela foi transferida para o porão e colocada em um poço, com uma prancha pesada cobrindo o buraco. Na cavidade, Rivera foi estuprada diariamente por Heidnik, sobrevivendo com uma dieta de pão e água, com um ocasional "tratamento" na forma de comida de cachorro e biscoitos.

No início de dezembro, Heidnik capturou sua segunda cativa, Sandra Lindsey, 25 anos, amiga retardada de Cyril Brown. Acorrentada a uma viga no porão, ela foi sujeita a um regime de tortura, estupro e alimentação rançosa. Heidnik dividia seu tempo entre as duas prisioneiras. Lisa Thomas, de 19 anos, foi raptada no Natal, com Jacqueline Askins, de 18 anos, unindo-se ao harém em janeiro de 1986. Heidnik começou a jogar as mulheres umas contra as outras, encorajando-as a informar os atos de desobediência. A punição incluía espancamento e choques elétricos, com um refinamento ocasional de uma chave de fenda colocada no ouvido da vítima. Em seus momentos de reflexão, Heidnik regalava-as com os planos de colecionar dez prisioneiras e ter tantos filhos quanto possível antes de morrer.

Em fevereiro de 1987, Sandra Lindsay morreu após diversos dias pendurada nas correntes da viga. Heidnik e Rivera, que agia sob coerção, levaram o corpo para o andar superior, onde foi colocado em uma banheira e desmembrado com uma serra elétrica. Foi feita a substituição de Lindsay por Deborah Dudley, de 23 anos, raptada em março, mas ela provou ser não cooperativa e Heidnik matou-a em 19 de março, ligando fios elétricos em seu queixo quando ela estava em um poço cheio de água. Dudley passou dois dias no congelador antes de Heidnik e Josephina Rivera dirigirem-se para a floresta estadual de Warton, perto de Camden, Nova Jersey, jogando o corpo no arvoredo, em 22 de março.

Dois dias depois, Rivera escapou da prisão do porão, procurando refúgio na casa de seu namorado. Ele chamou a polícia e os investigadores entraram na casa de Heidnik em 25 de março, encontrando as paredes do quarto cobertas com dinheiro, a cozinha decorada com moedas de 1 centavo, e os restos cortados de Susan Lindsay guardados no *freezer* próximo. O porão foi uma câmara de horrores *bona fide*, com três mulheres malnutridas acorrentadas à tubulação, nuas da cintura para baixo. Poços com odores pútridos no chão serviam como seus quartos de dormir. Os vizinhos tardiamente relembraram um odor persistente de carne queimada emanando do domicílio de Heidnik Os restos humanos foram recuperados dos ralos e os pesquisadores dirigiram-se até Nova Jersey naquela tarde, recuperando o corpo de Deborah Dudley.

Mantido por não pagar uma fiança de 4 milhões de dólares, Heidnik foi hospitalizado em abril após tentar enforcar-se com um suporte do chuveiro da prisão. Os advogados de defesa procuraram provar a insanidade de seu cliente, sugerindo que foi usado para experimentos militares com LSD durante a década de 1960, mas os jurados rejeitaram o argumento, condenando Heidnik por duplo homicídio em 1º de julho de 1988. Outras acusações incluíam seis casos de rapto, cinco casos de estupro, quatro casos de agressão agravada e um caso de ato sexual fora do padrão. Em 3 de julho, o réu foi sentenciado à morte por injeção letal, com o tempo de prisão excedente totalizando 150 a 300 anos.

Seis meses depois, em 31 de dezembro, Heidnik tentou o suicídio mais uma vez, ingerindo uma *overdose* de torazine em sua cela na prisão. Um guarda encontrou-o em coma no dia de Ano Novo, mas Gary logo se recuperou e retornou ao corredor da morte. A Suprema Corte de Filadélfia rejeitou uma apelação automática em 7 de março de 1991, em que o "Louco da Marshall Street" ordenou a seus advogados para se adiantarem em qualquer apelação adicional. A data da execução foi finalmente fixada para 15 de abril de 1997 e Heidnik insistia que desejava morrer conforme programado, mas sua filha interferiu na 11ª hora, ganhando uma interrupção indeterminada da execução enquanto a sanidade de Heidnik era reexaminada. Heidnik foi executado por injeção letal em 6 de julho de 1999, pronunciado morto às 22h29, menos de uma hora após a Suprema Corte dos Estados Unidos rejeitar sua apelação final.

HEIRENS, William George

Aparentemente, William Heirens parecia ter toda vantagem. Nascido em novembro de 1928, ele foi filho único de pais opulentos no subúrbio de Lincolnwood, Chicago. Seu pai, um executivo de empresa de aço, venceu a Grande Depressão sem sérias dificuldades e se Heirens tivesse qualquer problema, isso viria de seu interior. Sua repressão sexual adolescente desenvolveu-se a partir do aconselhamento paternal de que "Todo sexo é sujo. Se tocar qualquer pessoa, terá uma doença". Em vez dos espaços, Heirens encontrou alívio ateando fogo e no fetiche por roubos, atingindo o orgasmo quando invadia casas para roubar roupas íntimas femininas.

Em 1942, aos 13 anos, Heirens foi preso por levar uma pistola carregada para a escola paroquial que frequentava. Seus pais ficaram surpresos quando a polícia veio investigar, revelando um rifle e três pistolas atrás do refrigerador, além de quatro armas escondidas no teto. Sob custódia, ele confessou 11 arrombamentos e atos de incêndio criminoso, mas sua juventude e histórico familiar salvaram-no de punições graves. Enviado para a Escola Gibault para Meninos em Terre Haute, Indiana, ele foi devolvido para seus pais 11 meses depois. De volta à sua casa em Chicago, ele reassumiu seu antigo padrão em roubos de rondas noturnas. De acordo com as transcrições de entrevistas psiquiátricas, Heirens não apenas roubava as peças femininas, mas algumas vezes as vestia, em particular enquanto folheava um álbum de recortes cheio de fotografias de nazistas alemães. Uma segunda prisão por arrombamento levou-o a uma sentença de 1 ano e meio no reformatório, mas ele ainda conseguiu inscrever-se como estudante do segundo ano da Universidade de Chicago, em 1945, após ser aprovado em um exame de admissão especial. Na mesma época, ele continuava a sua carreira com a mania dos roubos.

Em 5 de junho de 1945, Heirens estava vagueando no apartamento de Chicago de Josephine Ross, de 43 anos, quando sua vítima acordou e pegou-o no ato. Atacando-a cruelmente, ele cortou sua garganta e apunhalou-a diversas vezes, abrandando ao ver de sangue e tentando sem esperanças amarrar seu pescoço com bandagens. Isso feito, ele ficou duas horas na cena do crime, vagueando sem objetivo de sala em sala, conforme experimentava orgasmos múltiplos.

Quatro meses depois, em 5 de outubro, ele foi surpreendido uma vez mais enquanto perambulava pelo apartamento de uma enfermeira do Exército, a tenente Evelyn Peterson, de 27 anos. Heirens cobriu-a e saiu, deixando impressões digitais, mas a polícia não conseguiu combiná-las com os registros de suas prisões anteriores.

Em 10 de dezembro de 1945, Frances Brown, 33 anos, saía de seu banheiro e encontrou Heirens mexendo em sua bolsa. Assim que ela começou a gritar, ele atirou duas vezes, então pegou uma faca de cozinha para acabar o trabalho, levando sua vítima para o banheiro. Heirens tentou em vão lavar seu sangue, mas deixou-a disposta na banheira, meio coberta com um roupão. Em uma parede do quarto, com o batom de Brown, Heirens escreveu: "Pelos céus, peguem-me antes que eu mate mais. Não posso controlar-me".

A polícia de Chicago ainda estava procurando o ardiloso "Assassino do Batom" em 7 de janeiro de 1946, quando Heirens invadiu o quarto de Suzanne Degnan, 6 anos, raptando a criança e deixando uma exigência escrita por resgate de 20 mil dólares como um ardil para confundir os detetives. Retirando-se para um porão próximo, Heirens estrangulou a criança e desmembrou seu corpo com uma faca de caça, embrulhando os pedaços em papel e jogando-os nos bueiros enquanto ele vagueava pelas ruas na escuridão do início da manhã.

O caso ainda não estava resolvido em 26 de junho, quando a polícia respondeu ao chamado de um andarilho no lado norte de Chicago. Confrontado com o uniforme, Heirens sacou uma pistola e acionou o gatilho duas vezes, mas sua arma falhou na detonação ambas as vezes. Destemido, ele começou a enfrentar os oficiais, lutando firmemente até ser atingido na cabeça com um vaso de flores.

Na prisão, sob a influência do "soro da verdade", o assassino adolescente acusou o *alter-ego* "George Murman" — abreviatura de "Murder Man" por seus crimes. Em agosto de 1946, seus advogados fizeram um acordo com o Estado para salvar a vida de William, aceitando três sentenças consecutivas de prisão perpétua em troca de uma confissão detalhada. Na data da sentença formal, em 5 de setembro, Heirens tentou enforcar-se com um lençol, mas o trabalho foi malfeito e ele escapou sem nenhum ferimento. Em 1965, Heirens estava colocado em uma condicional institucional pelo assassinato de Degnan, mas ainda devia o tempo pelos assassinatos de Ross e Brown. Um juiz federal ordenou sua liberação em abril de 1983, citando a suposta reabilitação de William, mas a ordem foi revertida na apelação pelo Estado em fevereiro de 1984. Rejeitado para a condicional cerca de 30 vezes, Heirens permanecia sob custódia no momento da publicação deste livro, e cumpriu mais tempo na prisão que qualquer outro interno na história de Illinois. Hoje, apoiado por um pequeno mas expressivo grupo de amigos do lado de fora, ele nega qualquer papel nos assassinatos que o enviaram para a prisão, insistindo que foi uma armação da polícia corrupta, admitindo a culpa para salvar sua própria vida na "atmosfera de execução" da época.

HENLEY, Elmer Wayne: veja Corll, Dean

HISTÓRIA dos Assassinatos em Série

Em novembro de 1983, a revista *Time* descreveu assassinos seriais como "uma nova raça de assassinos", e enquanto tais comentários eram rotina na década de 1980, eles também eram grosseiramente inexatos. Alguns autores, com uma compreensão ligeiramente melhor da história, professam ver o primeiro *serial killer* em JACK, O ESTRIPADOR de Londres do século XIX, mas mesmo eles erraram por cerca de dois milênios.

De fato, o primeiro caso registrado de assassinato em série envolveu uma envenenadora, LOCUSTA, executada por ordem do imperador romano Galba, em 69 d.C. Cerca de 400 anos depois, no século V, no Iêmen, o rico Zu Shenatir atraía garotos para sua casa com ofertas de comida e dinheiro, submetendo-os a sodomia antes de arremessá-los para a morte através da janela do andar superior. Sua contagem de corpos é desconhecida, mas a história registra que Zu Shenatir foi finalmente apunhalado até a morte por uma pretensa vítima em sua casa.

Um exemplo antigo do Culto de assassinos foi visto no século XI na Pérsia (hoje Irã), onde os assassinos, membros de um grupo dissidente de mulçumanos, tiraram seu nome do termo descritivo *hashashin* (usuários de haxixe). Os assassinos viam o assassinato como um encargo sagrado de seu deus e regente da terra — o "Homem Idoso das Montanhas" —, mas seu uso frequente como mercenários, atingindo os homens durante as Cruzadas, obscureceu as linhas entre os assassinatos considerados trabalho santo e aqueles que eram

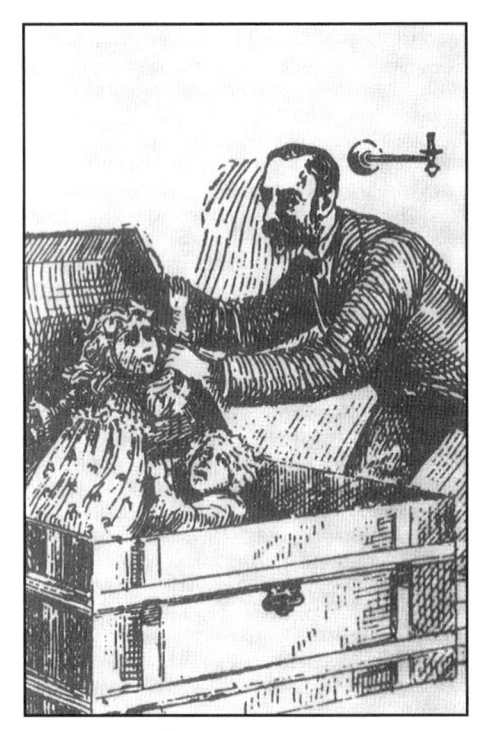

Herman Mudgett prepara-se para matar suas duas últimas vítimas

estritamente negócio. Visto que como assassinos foram despachados para suas designações com rituais elaborados, incluindo o uso de sexo e drogas psicodélicas para gerar "visões" do paraíso que aguardava os servidores fiéis do culto, pode não ter havido distinção real por parte daqueles que faziam o assassinato. A seita foi teoricamente destruída em 1256 pelos invasores mongóis sob Hulaku, neto de Genghis Khan, com cerca de 12 mil membros assassinados; mas constatou-se que franceses observaram os remanescentes do grupo sobrevivendo até o início do século XIX.

Pode ser uma coincidência abrupta que o "legado" dos assassinos coincida com o nascimento de um outro culto homicida, desta vez na Índia. Datando do início do século XIII, a seita chamada *thag* — em hindu "impostor" — viu seus membros denominados *thugs* em uma corruptela do nome que selecionaram para si próprios. Os cultuadores foram também conhecidos como *Phansigars*, a palavra hindu para "laço", uma vez que preferiam estrangular as vítimas com o lenço que cada membro usava na cintura. Os thugs cultuavam Kali, a deusa hindu da destruição e, ao lado do homicídio ao acaso, seus rituais também incorporavam elementos masoquistas nos quais os devotos eram flagelados e mutilados por seus sacerdotes ou pendurados no alto com ganchos em sua carne, enquanto a audiência cantarolava "Vitória da Mãe Kali". É impossível dizer quantas vítimas foram aniquiladas pelos thugs nos 600 anos antes de serem eliminados pela força militar britânica. Os registros coloniais indicam que cerca de 4.500 thugs foram condenados por diversos crimes entre 1830 e 1848, com pelo menos 110 sentenciados à morte por assassinato. Um desses thugs, Buhram, dispôs de 931 vítimas sem ajuda, antes de ser preso em 1840, e as autoridades britânicas estimaram que os cultuadores totalizaram algo em torno de 40 mil homicídios apenas no ano de 1812. Presumindo ser o ano recorde, mesmo dez vezes a contagem normal de corpos, é aparente que os thugs devem ainda ter assassinado diversos milhões de vítimas durante seus seis séculos de caça ativa.

Na Europa, enquanto isso, os *serial killers* emergiram igualmente da classe dos nobres e camponeses. GILLES DE RAIS, o homem mais rico na França e um confidente de Joana D'Arc, foi executado em 1440 por assassinar acima de cem crianças em rituais pervertidos de sexo e magia. Margaret Davey, uma cozinheira inglesa, foi fervida viva em 1542 por envenenar uma série de empregadores sem motivo aparente. Pelo menos cinco assassinos canibais foram indiciados como "lobisomens" na França e na Alemanha entre os anos de 1573 e 1590. Em 1611, a condessa húngara ERZSEBET BATHORY foi condenada pela tortura de mulheres jovens até a morte para divertimento pessoal. A envenenadora francesa Marie de Brinvilliers praticava sua arte em inválidos antes de mudar para amigos e parentes e foi executada por seus crimes em 1676. Quatro anos depois, a França foi balançada pelo escândalo da *"chambre ardente"*, envolvendo a amante do rei, uma feiticeira de estilo próprio, e um velhaco padre católico em homicídios rituais de diversas centenas de crianças pequenas. Em 1719, as autoridades italianas executaram outra assassina do sexo feminino, Lousiania Tofania, sob a acusação de envenenamento de 600 vítimas.

A tradição europeia de assassinato em série continuou até o século XIX, com a ré alemã Gessina Gottfried decapitada em 1828, condenada pelo envenenamento de 20 vítimas ocasionais desde 1815. Na Inglaterra, os "ladrões de cadáveres" Burke e Hare logo cansaram-se de roubar túmulos por espécimes médicos e mataram 11 pessoas antes de serem capturados em 1828. Um pedinte austríaco, Swiatek, alimentou sua família faminta com pelo menos seis crianças assassinadas em 1850, e a cozinheira francesa Helene Jegado foi executada um ano depois, acusada de envenenar 60 pessoas em duas décadas. Joseph Philipe abateu prostitutas francesas na década de 1860, e "Jack, o Estripador" levou o jogo para Londres 20 anos depois, inspirando uma explosão de imitadores em Moscou, Viena e Nicarágua — mesmo Texas — no fim da década. Amélia Dyer, a DONA DE CRECHE inglesa, foi condenada em 1896 pelo assassinato de pelo menos 15 crianças pequenas. No ano seguinte, o necrófilo francês JOSEPH VACHER foi executado por assassinar 14 vítimas durante três anos.

Nos Estados Unidos, os irmãos Harpe, sedentos por sangue, aterrorizaram "Wildlerness Trail" na década de 1790, estripando suas vítimas e jogando os corpos cheios de pedras nos rios e lagos para evitar serem descobertos. John Dahmen, condenado por dois homicídios em Indiana em 1820, confessou diversos outros na Europa e América antes de ser enforcado. O assassino da Nova Inglaterra, Samuel Green, foi creditado com "numerosos" assassinatos quando foi para o patíbulo em 1822. Quatro décadas depois, os irmãos Espinosa procuraram vingar-se pela Guerra Mexicana pelo assassinato de 16 ingleses em todo o sudoeste. Os assassinos do clã Bender despacharam pelo menos uma dúzia de viajantes do Kansas em 1872-1873, deixando o Estado um momento antes da justiça dos membros da corporação civil. Os anos de 1875-1876 trouxeram novidades terríveis para Boston, com o sacristão da igreja Thomas Piper condenado pelo assassinato de três mulheres, e a adolescente Jesse e Pomeroy sentenciada à prisão perpétua pela tortura-assassinato de crianças vizinhas. Stephen Richards, o "Demônio de Nebraska", assassinou pelo menos nove vitimas antes de sua prisão em 1879. Em Chicago, o sadista Herman Mudgett construiu um "castelo de assassinatos" adequado ao cliente para dispor de visitantes do sexo feminino para a Feira Mundial de 1893; condenado por um assassinato, ele confessou outros 26 antes de ser enforcado. A enfermeira da Nova Inglaterra, Jane Toppan começou a envenenar seus pacientes em 1880; em seu julgamento, duas décadas depois, ela recitou os nomes das 31 vítimas que lembrava, enquanto seus promotores colocavam a contagem final próximo a cem.

Ironicamente, considerando o estado atual da angústia pública sobre o crime, a América detém muito de sua fronteira folclórica — e uma parte significativa de seus personagens modernos — a assassinos patológicos que foram transformados em heróis (ou, pelo menos, lendas) por uma volta histórica do destino. O homem das montanhas John Johnston (Jeremiah Johnson na versão de Hollywood) assassinou numerosos índios americanos ao vê-los e comeu seus fígados crus como um gesto de desdém. Henry McCarty, conhecido como William Bonney ou Billy the Kid, matou menos da metade das vítimas alegadas por ele em melodramas baratos do século XIX, mas ele ainda era um assassino de policiais e briguento~s sem remorsos. O alcoólatra Clay Allison assassinou um companheiro de alojamento por roncar. Os verdadeiros assassinos prolíficos, como Bill Longley e John Wesley Hardin (40 vítimas conhecidas, "sem contar as mexicanas"), foram os racistas de gatilho rápido que assassinaram negros, hispânicos e índios em um segundo, por causa de um insulto imaginário, nunca hesitando em atirar em um delegado pelas costas se a oportunidade se apresentasse. Mesmo aqueles que de forma esporádica serviam como delegados, habitualmente mantinham um olho em "roubo fácil" na forma de uma diligência ou banco sem segurancas. Sua deificação posterior através de FICÇÃO E FILME tinha pouca ou nenhuma relação com os fatos de suas vidas cotidianas.

No século XX, os *serial killers* forneceram para a mídia algumas de suas manchetes mais ensanguentadas. LEONARD NELSON, o estrangulador que mencionava a Bíblia, estuprou e assassinou locatárias de costa a costa na década de 1920, antes que a corda de um enforcador canadense cortasse sua carreira. O CARNICEIRO LOUCO de Cleveland foi a sensação da década de 1930, logrando Eliot Ness e dissecando 16 vítimas tão habilmente que dez das cabeças nunca foram encontradas. As unidades da Guarda Nacional foram usadas para rastrear Charles Starkweather, o assassino aleatório de 11 vítimas em 1957-1958, e a "Besta do Sexo" MELVIN REES intimidou a nação com seus horríveis homicídios de oito vítimas em Maryland e Virginia, dois anos depois. Na época em que ALBERT DESALVO confessou uma série de 13 homicídios em Boston, escapando do indiciamento com uma negociação de um pleito hábil em 1967, as autoridades reconheceram os sinais iniciais de aviso do que um porta-voz do FBI chamou de "uma epidemia de mania homicida".

E, de fato, enquanto os assassinatos em série são qualquer coisa menos "novidade", os números de assassinos e vítimas aumentaram dramaticamente nos últimos anos. Entre 1900 e 1959, a polícia americana registrou uma média de dois casos de assassinato em série por ano em todo o país. Em 1969, as autoridades estavam registrando seis casos por ano, um número que quase triplicou na década de 1970. Em 1985, os novos *serial killers* estavam sendo informados em uma taxa média de três ao mês, uma taxa que permaneceu razoavelmente constante ao longo da década de 1990. O que quer que isto possa significar em termos de decadência da sociedade, os assassinatos em série são claramente uma "indústria crescente" e um desafio para a execução da lei neste milênio.

HOCH, Johann Otto

Nascido John Schmidt em 1855, em Horweiler, Alemanha, Hoch imigrou para os Estados Unidos quando jovem e trocou seu sobrenome por um pseudônimo variado, frequentemente usando o nome de sua vítima mais recente. Aos 51 anos, a polícia de Chicago o apelidaria de o "maior assassino em massa da América", mas as estatísticas permanecem vagas neste caso desafiador. Sabemos que Hoch, sendo bígamo, casou-se com pelo menos 55 mulheres entre 1890 e 1905, mas o número final de suas vítimas de assassinato é uma questão de conjetura. Os relatórios sensacionalistas creditam a Hoch de 25 a 50 assassinatos, porém a polícia estava certa sobre 15 apenas, e por fim ele foi a julgamento (e para o patíbulo) por um único homicídio.

A primeira esposa — e única legal — foi Christine Ramb, com quem teve três filhos antes de deixá-la em 1887. Em fevereiro de 1895, como "Jacob Huff", ele surgiu em Wheeling, West Virginia, onde ganhou o coração e a mão de Caroline Hoch, uma viúva de meia-idade. Casaram-se em abril e Caroline ficou gravemente doente três meses depois. Chamado a seu leito, o reverendo Hermann Haas viu "Huff" administrar uma poção do que Hass acreditou ser veneno, mas o ministro não tomou nenhuma atitude e Carolina morreu dias depois em agonia. "Huff" limpou a conta bancária de 900 dólares, vendeu sua casa, recebeu 2.500 dólares do pagamento do seguro de vida — e desapareceu. Suspeitou-se de suicídio porque sua roupa, relógio e uma nota foram encontrados à margem do rio Ohio, mas nenhum corpo foi recuperado.

Hoch manteve o sobrenome de sua última vítima — descrito pelos promotores como "um presente deturpado armazenado na mente demoníaca" — e mudou-se para Chicago, encontrando trabalho em uma fábrica de embalagem de carne, emquanto ele não estava ligado ao negócio de enganar mulheres. Selecionando suas vítimas de colunas de "corações solitários" dos jornais, Hoch ficou alegremente em seu negócio até 1898, quando foi sentenciado a um ano de prisão por defraudar um negociante de mobília usada. O inspetor de polícia, George Shippy, também suspeitou de Hoch quanto à bigamia, sendo o homicídio acrescentado à lista ao receber a carta do reverendo Haas de West Virginia. Shippy começou a cavar o histórico de Hoch, revelando relatórios de dúzias de mulheres desaparecidas e abandonadas de São Francisco até a cidade de Nova York, mas a evidência sólida permaneceu indefinida. Em Wheeling, Caroline Hoch foi exumada para se fazer uma pesquisa quanto a traços de arsênico, mas os médicos encontraram o corpo estripado, todos os órgãos vitais desaparecidos.

Hoch foi liberado quando sua sentença na prisão terminou registrando outras 15 esposas antes de sua última prisão, em 1905. Ciente de que Shippy e outros estavam mapeando seus movimentos, Hoch matou mais frequente e rapidamente, confiando em fluidos de embalsamamento primitivos — com seu alto conteúdo de arsênico — para cobrir quaisquer traços de veneno em suas vítimas. Em 5 de dezembro de 1904, ele se casou com Marie Walcker, em Chicago, matando-a quase imediatamente. Sem perder tempo, Hoch propôs casamento à sua cunhada na noite do falecimento de Marie, e eles se casaram seis dias depois do apressado funeral. Amélia Hoch entregou um presente de 750 dólares ao seu marido, levando-o a desaparecer com o dinheiro, e ela imediatamente chamou a polícia.

A ciência moderna foi a queda de Hoch. Foi usado, pela agência funerária, um novo fluido de embalsamamento em sua última esposa, sem nenhuma quantidade de arsênico. Os investigadores médicos encontraram o veneno no sistema de Marie Walcker e Hoch foi acusado de seu assassinato, com a fotografia enviada aos principais jornais americanos. Na cidade de Nova York, a proprietária de meia-idade reconheceu "Henry Bartels" como o novo inquilino que propôs casamento a ela vinte minutos após alugar um quarto. Em sua prisão, a polícia apreendeu um revólver, diversos anéis de casamento com suas inscrições estragadas e uma caneta-tinteiro cheia de arsênico — que Hoch disse ser para si próprio, uma contrastante tentativa de suicídio.

Os jornalistas de Chicago apelidaram Hoch de o "Barba Azul de estábulo", anunciando os detalhes especulativos de sua carreira criminosa. No julgamento, ele assobiou, murmurou e girou seus polegares durante o caso da promotoria, aparentemente contente com a posição nas manchetes. Na condenação do assassinato de Marie Walcker, ele foi sentenciado à forca, dizendo ao tribunal "Está tudo acabado com Johann. É bem feito para mim". Subindo ao patíbulo em 23 de fevereiro de 1906, Hoch reverteu para uma alegação de inocência, declarando: "Acabei para este mundo. Fiz com todas". Quando o alçapão foi levantado, um jornalista local gracejou: "Sim, sr. Hoch, mas a questão permanece: o que fez com todas?"

Parte da solução foi desenterrada em 1935, quando ossos humanos foram encontrados dentro da parede de uma casa em Chicago uma vez ocupada por Hoch. Foi um pedaço escasso de evidência, a vítima não foi identificada e a contagem de corpos de Johann, os nomes e número de suas esposas assassinadas provavelmente permanecerão um mistério para sempre.

Veja também: BARBA AZUL

"HOMEM do Machado de Nova Orleans"

Na madrugada de 23 de maio de 1918, o merceeiro Joseph Maggio e sua esposa foram mortos na cama por um vagabundo que entrou pela porta dos fundos, usou o machado de Joseph para bater em cada vítima uma vez na cabeça e, então, para acabar o trabalho, abriu suas gargantas com uma lâmina. Os irmãos de Maggio descobriram os corpos e foram por algum tempo mantidos como suspeitos, mas a polícia não pôde encontrar evidências de seu envolvimento no crime e ambos foram liberados.

A algumas quadras da cena do homicídio, os detetives encontraram uma mensagem criptografada anotada na calçada. Dizia: "Sr. Maggio vai sentar-se esta noite como a sra. Toney". A polícia não possuía nenhuma interpretação e assim a imprensa aprofundou-se. O *New Orleans States* relatou uma "genuína epidemia" de homicídios com machado não resolvidos em 1911, relacionando as vítimas com merceeiros italianos com nomes com Cruti, Rosetti (supostamente matou sua esposa) e Tony Schiambra (cuja esposa foi também, segundo notícias, assassinada). Durante oito décadas, meia dúzia de autores aceitaram o relatório como real, confiando em crimes "anteriores" para apoiar esta ou aquela suposta solução do caso. Infelizmente, nenhum deles pareceu capaz de olhar além das manchetes, ou poderia saber a verdade sem embaraços.

O exame de documentos contemporâneos revela que nenhum desses crimes foi mencionado nos obituários dos jornais, registros de médicos-legistas, ou relatórios da polícia, no ano de 1911. De fato, Crutis ou Schiambras faleceram em Nova Orleans naquele ano por qualquer outra causa, enquanto a morte de Mary Rosetti — uma mulher negra — foi considerada causada por diarreia. Ironicamente, houve assassinatos por machado, não resolvidos, em Louisiana, durante 1911, somando um total de 16 vidas, mas as vítimas eram todas negras, e nenhuma foi assassinada em Nova Orleans.

Em 28 de junho de 1918, um padeiro, ao entregar pão na mercearia de Louis Besumer, encontrou um corte na porta traseira. Bateu e Besumer saiu, com sangue saindo de um ferimento na cabeça. Dentro do apartamento, a esposa de Besumer — Anna Lowe, divorciada — estava deitada ferida gravemente. O delírio dela estendeuse por sete semanas, às vezes chamando Besumer de espião alemão e depois se retratando. Faleceu em 5 de agosto, após designar Besumer como seu agressor, com sua prisão imediata sob acusação de homicídio. (Nove meses depois, em 1º de maio de 1919, um júri decidiu, com a totalidade de seus membros, em apenas 10 minutos, declará-lo inocente.)

Ao voltar tarde do trabalho naquela mesma noite — 5 de agosto — Ed Schneider encontrou sua esposa, grávida, inconsciente em sua cama, com a cabeça aberta. Ela sobreviveu e teve uma filha saudável, mas sua memória do ataque era vaga, na melhor das hipóteses. Uma sombra informe ao lado de sua cama, um machado descendo — e esquecimento.

Em 10 de agosto, as irmãs Pauline e Mary Bruno acordaram com sons de luta no quarto adjacente ocupado por seu tio, Joseph Romano. Correram para a porta próxima e o encontraram morrendo em consequência de um ferimento na cabeça, mas tiveram um vislumbre do assaltante, descrito nos relatórios oficiais como: "escuro, alto, gordo, vestindo um terno escuro e um chapéu preto de aba larga".

O restante de agosto de 1918 foi um pesadelo para a polícia, com numerosos relatórios de portas talhadas, machados descartados e estranhos à espreita. Muitos destes últimos foram perseguidos por multidões vingativas, mas sempre conseguiram escapar. Por fim, com o tempo e a distração do armistício na Europa dividida pela guerra, a histeria começou a esmaecer.

Em 10 de março de 1919, a cena mudou para Gretna, do outro lado do rio de Nova Orleans. Um vagabundo invadiu a casa de Charles Cortimiglia, usando o machado do próprio merceeiro antes de ferir Charles filha e sua esposa e matar sua pequena. De sua cama no hospital, Rose Cortimiglia acusou dois vizinhos, Iorlando Jordano e seu filho Frank de cometerem o crime. Apesar das firmes negações de Charles, os suspeitos foram presos e aguardaram o julgamento.

Enquanto isso, em 14 de março, o *Times-Picayune* publicou uma carta assinada pelo "Homem do Machado". Descrevendose como um "demônio caído do inferno mais quente", o autor anunciou sua intenção de excursionar por Nova Orleans em 19 de março — noite de São José — e prometeu evitar qualquer casa onde estivessem tocando jazz no momento. "Uma coisa é certa", ele declarou, "e isto é que algumas dessas pessoas que não tocam jazz (se houver alguma) receberão o machado". Na noite designada, já conhecida pela celebração rouca, Nova Orleans foi mais barulhenta que o normal. O estrondo incluiu numerosas execuções de "The Mysterious Axman's Jazz", uma música composta para a ocasião, e a noite passou sem um novo ataque.

Em 21 de maio, o julgamento de Jordano começou em Gretna. Charles Cortimiglia fez sua melhor defesa, mas o júri acreditou em sua esposa, condenando ambos os réus por homicídio em 26 de maio. Frank Jordano foi sentenciado a enforcamento; seu pai idoso recebeu a condenação de prisão perpétua.

Mesmo assim os ataques continuaram. O merceeiro Steve Boca foi ferido em casa, em 10 de agosto de 1919, sua porta inteiramente talhada, o machado ensanguentado descartado em sua cozinha. Em 3 de setembro, o Homem do Machado entrou no quarto de Sarah Laumann por uma janela aberta, ferindo-a na cama e deixando sua arma no gramado do lado de fora. Oito semanas depois, em 27 de outubro, o merceeiro Mike Pepitone foi assassinado em casa; sua esposa vislumbrou o assassino, mas não deu aos detetives nenhuma ajuda quanto à descrição.

Em 7 de dezembro de 1920, Rose Cortimiglia publicamente confessou o perjúrio no julgamento de Jordano, explicando que acusou seus vizinhos pelo assassinado por rancor e ciúmes. Ambos os prisioneiros foram perdoados e liberados, inconscientes dos eventos que se desdobraram cinco dias antes na Califórnia.

Em 2 de dezembro, Joseph Mumfre, tarde da noite, em Nova Orleans, foi emboscado e morto em uma esquina em Los Angeles. Sua assaltante, coberta com véu e usando roupas pretas, foi identificada como a viúva de Mike Pepitone. Em seu julgamento por assassinato, que resultou em uma condenação de prisão por dez anos, ela apontaria para Mumfre como o assassino de seu marido — e, por implicação, o Homem do Machado de Nova Orleans.

Os investigadores de homicídios exploraram o registro de Mumfre e descobriram que ele foi preso por roubo durante a pausa do Homem do Machado de agosto de 1918 a março de 1919. Diversos autores observaram que Mumfre foi também preso entre 1911 e 1918, assim implicando em uma conexão aos não existentes assassinatos "iniciais"— mas o motivo do suspeito ainda permanece um mistério.

Em 1973, o autor Jay Robert Nash (*Bloodletters and Badmen*) "resolveu" o caso chamando Mumfre o homem de ataque da Máfia, supostamente perseguindo uma "vendeta" de longa data contra os "membros da família Pepitone". A explicação falha quando lembramos que somente uma das 11 vítimas — e finalmente, esta — era Pepitone. Da mesma forma, a especulação sobre uma trama de extorsão da Máfia contra merceeiros italianos negligencia o fato de quatro vítimas não serem italianas, enquanto diversas não tiveram nenhuma conexão com o negócio de mercearia. Neste momento, o caso do Homem do Machado permanece um mistério.

HOMOSSEXUALIDADE e assassinato em série

Desde muito tempo considerado como um pecado ou doença na sociedade judaico-cristã, a homossexualidade e o lesbianismo são hoje amplamente considerados (pelo menos nos círculos liberais) uma sexualidade alternativa, talvez geneticamente enraizada, presumivelmente além da escolha ou controle consciente do indivíduo. As religiões argumentam o contrário, e não existem evidências de taxas de insanidade elevada entre os homossexuais, ou de que eles cometam um número desproporcional de crimes (exceto, talvez, em jurisdições nas quais a atividade homossexual é, em si mesma, um crime).

Isso dito, a homossexualidade tem um papel importante em alguns casos de assassinato em série. Não é verdade, como declarado em um artigo da revista *Penthouse* (março de 1998) que cerca de 45% de *serial killers* americanos, nos últimos quarto de século, foram identificados como homossexuais. O autor desse artigo baseou seus cálculos em "aproximadamente 80 assassinos em série conhecidos dos últimos 25 anos, nos Estados Unidos", concluindo que 36 deles (todos, exceto dez não nomeados) eram gays ou lésbicas. De fato, a América produziu cerca dos 800 *serial killers* durante as décadas em questão, 90% deles ignorados pelo autor em sua procura por estabelecer um ponto. A análise de uma amostragem mais completa indica que os *serial killers* gays direcionados por impulsos sexuais correspondem aproximadamente a 5% de todos os casos conhecidos em que os assassinos (ou seus MOTIVOS) foram identificados.

Ironicamente, enquanto os *serial killers* gays representam uma pequena minoria de um grupo mais amplo, sua classe inclui alguns dos assassinos mais prolíficos nos tempos modernos. DONALD HARVEY, condenado em 37 assassinatos (e culpado por sua própria admissão em cerca de 50 outros), lidera a contagem oficial de corpos, seguido de perto por JOHN GACY (33 condenações), DEAN CORLL (27 mortes), JUAN CORONA (25) e PATRICK KEARNEY (28 confessas, 21 condenações). JEFREY DAHMER aparece sempre um pouco abaixo de seu potencial nesta companhia, com 17 vítimas. As condenações tardam em contagens de corpos conhecidos em outros casos como: William Bonin, executado por dez dos 21 ASSASSINATOS DE RODOVIAS da Califórnia; "o assassino do cartão" RANDY KRAFT, condenado por 16 homicídios e suspeito de outros 51; OTTIS TOOLE, finalmente sentenciado por seis homicídios na Flórida e um em West Virginia, mas a polícia credita a ele mais de cem vítimas em conjunto com o assistente HENRY LUCAS; LARRY EZLER, sentenciado à morte por apenas um de seus 23 homicídios. Na Inglaterra, o ex-policial gay DENNIS NILSEN assassinou 15 homens e manteve seus corpos em sua casa "como companhia".

Os assassinos homossexuais não possuem claramente o monopólio da violência, mas é verdade que seus crimes frequentemente mostram extremos de "destruição" e mutilação. O desmembramento é quase rotina nesses casos, exemplificado pelos assassinatos da "sacola de refugos" de Kearney na Califórnia, e o simultâneo "assassinato da sacola" cometido por Paul Bateson em Nova York (que inspirou o filme *Cruising*, com Al Pacino). Em suma, parece justo dizer que enquanto os homossexuais algumas vezes caem vítimas da violência de "ataques a gays" por causa de "direitos" intolerantes, é mais provável que sejam assassinados por outro homossexual que em um crime de raiva ao acaso.

Um mito espalhado pelo tempo e o peso das evidências são a presunção comum no Ocidente, e mais recentemente a partir da Segunda Guerra Mundial, de que os homossexuais masculinos com maior probabilidade cometerão assassinatos sádicos de mulheres e crianças. De fato, enquanto alguns raros espécimes como Ottis Toole matam indiscriminadamente, sem consideração quanto à idade, raça ou sexo, os assassinos gays predominantemente preferem vítimas do mesmo sexo, enquanto muitas das vítimas femininas de assassinato em série são mortas por homens heterossexuais. Assassinatos múltiplos de crianças, enquanto isso, são principalmente cometidas por pedófilos ou pais (nestes casos as mães são predominantes).

Veja também: PARAFILIA; CRIMES SEXUAIS

HOSPITAL para Crianças Doentes (Toronto)

Entre junho de 1980 e março de 1981, a enfermaria cardíaca do Hospital para Crianças Doentes de Toronto experimentou um traumático aumento de 616 pontos percentuais na mortalidade infantil, com o número real das mortes colocado entre 21 e

43 bebês em diversos relatórios da polícia e da mídia. A primeira morte "suspeita" foi de Laura Woodstock, de 18 dias, perdida em 30 de junho de 1980. Dois meses depois, após 20 mortes, um grupo de enfermeiras na enfermaria expressou sua preocupação com os cardiologistas residentes, e uma investigação, sem resultado, foi lançada em 5 de setembro, com a intenção de resolver os "problemas morais".

Ainda assim, as mortes continuaram e, em 12 de março de 1981, o médico da equipe expressou sua suspeita pessoal em uma conversa com o legista de Toronto. Uma necropsia da última vítima, Kevin Garnett, de 27 dias, encontrou 13 vezes o nível normal de digoxina — uma droga usada para regular o ritmo cardíaco, fatal se tomada em grandes doses. Em 21 de março, seguindo-se a mais mortes e à descoberta de níveis elevados de digoxina em outros dois corpos, o legista encontrou-se com os policiais e administradores do hospital em uma sessão de emergência. Os membros da equipe de enfermagem cardíaca foram colocados em uma licença de três dias enquanto os oficiais começaram a vasculhar seus armários e comparar os plantões com as datas e horários das mortes suspeitas.

Em 22 de março, com as pesquisas de armários em andamento, outro bebê morreu na enfermaria cardíaca de Crianças Doentes. Justin Cook é normalmente designado como a última vítima em uma fila bizarra de assassinatos, com sua morte atribuída a uma *overdose* maciça de digoxina, infligida por pessoas desconhecidas. Três dias depois, a polícia prendeu a enfermeira Susan Nelles em uma acusação de homicídio, acrescentando três acusações idênticas à lista em 27 de março. Como "evidência" de seu envolvimento nos crimes, os oficiais referiram-se a determinadas observações e expressões faciais "estranhas" mencionadas por outras enfermeiras, observando que 24 das mortes suspeitas ocorreram no turno de Nelles, entre 1 e 5 horas.

Com o afastamento de Nelles para o julgamento ainda pendente, os eventos bizarros continuaram no hospital. Em setembro de 1981, a enfermeira Phyllis Trayner encontrou cápsulas de popanolol — outro regulador do coração — em uma salada que estava comendo no almoço, e uma segunda enfermeira retirou mais cápsulas de sua sopa. Os administradores não tinham nenhuma explicação para o incidente e os rumores floresceram desde um "fantasma" até um "maníaco" caçando nos corredores do hospital.

A audiência preliminar no caso de Susan Nelles iniciou-se em 11 de julho de 1982, com os promotores citando outros assassinatos "idênticos" além de quatro já acusados. Quatro meses depois, em 21 de maio, as acusações pendentes foram incondicionalmente desconsideradas e o juiz presidente descreveu Nelles como uma "excelente enfermeira" com "um registro excelente". Na mesma época, ele observou que cinco das mortes do hospital foram, aparentemente, homicídios cometidos por pessoas desconhecidas.

Sem suspeitos, o Estado lançou seu primeiro exame judicial do caso em 25 de maio, requerendo a assistência de um Centro para Controle de Doenças baseado em Atlanta, quatro meses depois. Os relatórios do CCD em 36 casos apresentados consideraram 18 mortes "suspeitas", sendo sete listadas como prováveis homicídios; outros dez casos foram "consistentes" com o envenenamento deliberado por digoxina, mas não existiam evidências suficientes para uma conclusão definitiva.

Um novo inquérito judicial foi ordenado em 21 de abril de 1983, e Gary Murphy, de seis meses, morreu na enfermaria cardíaca dois dias depois, com "elevado nível de digoxina" descoberto no teste pós-morte. A morte de Murphy foi excluída da lista "oficial" quando a audiência começou, em 21 de junho. O testemunho apontava vagamente em direção a um outro suspeito na equipe. Em fevereiro de 1984, as enfermeiras da área cardíaca estavam expressando a suspeita contra Phyllis Trayner, uma delas relatando que viu Trayner injetar no soro IV da criança Allana Miller uma droga desconhecida três horas antes de o bebê morrer, em 21 de março de 1981. Trayner simplesmente negou todas as acusações de impropriedade e a comissão deixou suas negações sem questionamento, recusando-se a nomear um suspeito em seu relatório de janeiro de 1985. O documento descreve oito falecimentos de crianças como homicídio, enquanto outros 13 são relacionados como "altamente suspeitos" ou meramente "suspeitos". Dezoito anos depois quando da publicação deste livro — o caso ainda estava sem solução.

Veja também: HOMICÍDIOS NÃO RESOLVIDOS

ILUSTRAÇÕES e Lembranças Relativas a Assassinatos em Série

Considerando a posição de celebridade conferida a criminosos infames na sociedade moderna, acontece, sem nenhuma surpresa, de alguns deles tornarem-se "colecionáveis" em toda essa mídia, tais como retratos e fotos autografadas, lembrança pessoal, conjuntos de miniaturas, cartões comerciais, livros cômicos e diversos outros itens variando desde espalhafatosas curiosidades, até o bizarro. Essa fascinação com companheiros em geral — e *serial killers* em particular — é vista por alguns críticos como um símbolo da decadência social (até mesmo o apocalipse iminente), enquanto outros desprezam, considerando uma moda passageira. Ao se comparar, pelo aparente declínio de interesses nesses itens desde a metade dos anos de 1990, a última opinião pareceria estar correta.

Uma das pinturas de "Palhaço" de John Wayne Gacy.

A arte de *serial killer*, conforme observado pelos autores Harold Schechter e David Everitt, pode ser convenientemente dividida em duas categorias: arte representando os assassinos em série e a arte criada pelos próprios assassinos. A primeira categoria inclui tudo, desde retratos formais e esculturas de tamanho real até desenhos estranhos e abstratos em cartões comerciais produzidos de forma barata e algumas vezes cenas gráficas representando em diversos livros cômicos as biografias de assassinos notórios. Os diversos conjuntos de cartões comerciais e cômicos despertaram uma calorosa controvérsia no início da década de 1990, pois pais e líderes religiosos conservadores os acusaram de "corromper" a juventude moderna. Os produtores dos cartões e histórias em quadrinhos contavam com lembretes que suas mercadorias eram claramente marcadas "venda proibida para menores" e não eram dirigidas para julgamento juvenil — um argumento que os críticos viram como não sendo sincero. (O Distrito de Nassau, Nova York, baniu legalmente a venda de um conjunto de cartões para menores; mas no momento em que a lei foi anulada em uma apelação, a empresa em questão abriu falência.)

Falando em geral, os colecionadores da arte sobre *serial killers* estão mais interessados no trabalho produzido pelos próprios assassinos, e não houve nenhuma falta de produto desde 1980. Os internos na prisão possuem muito tempo livre e alguns improváveis artistas emergiram da população reclusa de assassinos recreativos da América. JOHN GACY foi de longe o mais famoso, conhecido mundialmente por suas pinturas de palhaço, esqueletos e outros assuntos, vendidos a partir do corredor da morte em um esquema comercial tão controverso que o estado de Illinois posteriormente acionaria o patrimônio de Gacy, procurando recuperar as despesas de quarto e alojamento pelos anos em que ele esteve na prisão. Da mesma forma que acontece com muitos outros artistas, a obra de Gacy teve seu preço aumentado quando da sua morte, em 1994. Um crítico ofendido comprou um conjunto de pinturas e queimou-as publicamente, para impedir que estas atingissem "mãos erradas".

Enquanto Gacy recebeu mais do que o devido nas manchetes na guerra de palavras ao redor de sua arte de matador, outros notórios predadores estavam quietamente trabalhando, incluindo Richard Speck (pintura em aquarela e vida animal), *Night Stalker*, RICHARD RAMIREZ (desenhos com esferográfica), o ex-aluno da "FAMÍLIA" MANSON Bobby Beausoleil (pinturas), e o próprio Charles Manson (croquis e animais de brinquedo modelados em meias). "Quieto" dificilmente descreve o caso do "Estripador de Gainesville" Danny Rolling, cujos desenhos em caneta e tinta foram vendidos por sua publicitária e ex-noiva Sondra London, até o Estado da Flórida entrar com uma ação para parar o negócio. Elmer Wayne Henley, cúmplice e assassino de DEAN CORLL de Houston, emergiu da prisão como outro artista de reputação, e suas pinturas foram mostradas em duas galerias do Texas em 1998. Previsivelmente, as amostras trouxeram mais raiva que aclamação: os piqueteiros chegaram a uma galeria com cartazes onde se lia: "pendurem Henley, não sua arte".

Outros itens colecionáveis em estilo de assassinato em série incluem camisetas ornadas com retratos de diversos assassinos, autógrafos, um modelo em escala de EDWARD GEIN (completo com pá e lanterna, preparando um roubo em um túmulo recente), e itens similares. Um *website* na internet comercializa os pontos de "fontes de matadores", permitindo a pessoas inclinadas imprimir documentos gerados por computador em escrita à mão (simulada) de diversos psicopatas desde "JACK, O ESTRIPADOR" aos espécimes mais recentes. Em 1995, diversos catálogos, com pedidos pelo correio, ofertavam ampla variedade de lembranças e acessórios homicidas — falsos esqueletos e simples membros, etc. — para colecionadores com dinheiro para queimar. Um ganhador fácil na categoria de gosto pobre (e impossível de ser autenticado sem os testes de DNA) foi a oferta de aparas de unha de LAWRENCE BITTAKER ("Alicate"), aguardando a execução em San Quentin.

Com esses tratamentos de FICÇÃO E FILME de matadores em série, a venda e coleção da arte e lembranças do matador convida a protestos pelo fato de os fornecedores e os compradores estarem "glorificando" os monstros humanos, transformando-os em "heróis". E enquanto é inegável que determinados matadores infames — particularmente Manson e Ramirez — apreciam a posição de ícone *cult* literal com alguns caracteres patológicos na facção lunática, muitos colecionadores casuais de lembranças de matadores parecem ligeiramente excêntricos, na pior das hipóteses. Como a maioria dos colecionadores de cartão de *baseball* nunca arremessou em um jogo da grande liga, assim não houve nenhum caso até hoje de qualquer colecionador de "arte de assassinos" competindo com Gacy, Speck ou Manson em uma série de crimes atrozes. A controvérsia ao redor desses itens gera receita para os fornecedores bem como para os críticos (como quando os grupos religiosos fazem *rallys* e vendem panfletos ou coletam doações para se oporem à moda "pecaminosa"), mas, por outro lado, o impacto de colecionáveis de matador em série na sociedade americana não parece mais significativo ou duradouro que a jaqueta Nehru ou o bambolê.

Veja também: GRUPOS

INCÊNDIO CRIMINOSO e Assassinato em Série

Frequentemente, considerado "incendiário" quando cometido por jovens, incêndio criminoso é classificado por todos os especialistas como um dos principais SINAIS DE AVISO infantil de futuro comportamento violento. É também um crime único por si só, e alguns *serial killers* adotam o incêndio criminoso como uma ocupação secundária em toda sua vida adulta. Quanto ao homicídio, o *Manual de Classificação de Crimes do FBI* (de 1992) divide incêndio criminoso em diversas categorias de motivos, muitas das quais se aplicam a conhecidos assassinos em série.

Na primeira categoria, o *incêndio criminoso motivado por vandalismo* é mais provavelmente visto em crianças e adolescentes, embora os adultos não sejam de forma nenhuma imunes ao impulso. A subcategoria mais aplicável ao caçador à espreita em série nesse campo é o dano voluntário e malicioso, objetivando frequentemente escolas, igrejas e instituições similares.

A próxima categoria, *incêndio criminoso motivado por excitamento*, é subdividida, pelo FBI, em grupos chamados de perseguidores de emoção, perseguidores de atenção, reconhecimento (herói) e perversão sexual, todos se aplicando a *serial killers*. DAVID BERKOWITZ manteve um registro detalhado dos incêndios que iniciou e falsos alarmes em telefonemas que fez para os bombeiros da cidade de Nova York. Na Inglaterra, BRUCE LEE somente conseguia atingir o orgasmo ao iniciar e observar incêndios residenciais, uma peculiaridade que levou 22 vidas antes que ele fosse capturado. O incendiário em série John Orr, um capitão e investigador de incêndios criminosos nos Bombeiros de Glendale, Califórnia, foi acusado e sentenciado à prisão em 1992 por iniciar diversos incêndios em matas e casas na área de Los Angeles, durante 1990 e 1991, incluindo um incêndio que destruiu 67 casas na montanha. Seis anos depois, em junho de 1998, Orr foi sentenciado por ter feito uma fogueira em 1994 que matou quatro pessoas na loja de ferragens em Pasadena. Curiosamente, Orr colocou fogo com mais frequência após participar de seminários com colegas investigadores de incêndios criminosos.

O *incêndio criminoso motivado por vingança* pode incluir os incêndios colocados por retaliação pessoal, retaliação social, retaliação institucional, retaliação em grupo (como gangues e "cultos") ou intimidação. David Berkowitz tentou colocar fogo no apartamento de uma pessoa totalmente desconhecida que pensava ter de alguma forma conspirado contra ele. David Wayne Roberts matou três pessoas quando colocou fogo na casa de um vendedor que o denunciou por roubar pneus de veículos.

Incêndio criminoso motivado por ocultação de crime é outro tipo que se adequa a alguns criminosos em série. Em Nova York, o assassino sádico Richard Cottingham colocou fogo em um quarto de hotel onde os corpos sem cabeça de duas mulheres que ele havia matado foram recuperados das ruínas. ANATOLE ONOPRIENKO, russo com 52 acusações de mortes contra ele, famílias inteiras com sua arma de fogo favorita, depois queimou suas casas em uma tentativa de destruir as evidências. Motivos similares são vistos em casos de corpos deixados em carros queimados (embora colocar fogo em um carro não seja legalmente classificado como incêndio criminoso).

O *incêndio criminoso motivado por lucro* é o passatempo favorito de determinadas VIÚVAS NEGRAS movidas pelo desejo de receber os prêmios dos seguros. BELLE GUNNESS e Virginia Rearden receberam os prêmios dos seguros de múltiplos incêndios antes de começarem a matar por vantagens pessoais. (Belle também simulou sua própria morte, deixando outro corpo de mulher sem cabeça nas cinzas de sua casa em Indiana, antes de voar para lugares desconhecidos.)

O *incêndio criminoso motivado por extremista*, no jargão do FBI, está subdividido em incêndio criminoso como uma ferramenta de terrorismo, discriminação ou greves e distúrbio civil. O primeiro caso a nomear é do racista nômade JOSEPH FRANKLIN, que incendiou sinagogas entre seus ataques mortais como franco-atirador contra casais negros e inter-raciais.

Incêndio criminoso em série é classificado como uma categoria própria no manual do FBI, uma vez mais definida (como em ASSASSINO EM SÉRIE) como "três ou mais episódios de início de incêndio com um período característico de pausa entre os incêndios". Previsivelmente, o período de pausa permanece indefinido, mas "pode durar dias, semanas ou mesmo anos". Nenhuma indulgência é feita em taxonomia pelo FBI para os incendiários presos após seu segundo incêndio, mas novamente aqueles considerados em atuação sem um hiato definido são apelidados incendiários por divertimento.

Finalmente, o *incêndio criminoso em massa* está definido pelo FBI como a colocação de incêndios múltiplos em um único local, como por exemplo, em diversos pisos de um hotel localizado em altos andares. Nenhuma explicação é oferecida sobre como este pode diferir de, digamos, o fogo motivado por benefícios (com múltiplos pontos de ignição) de um grande edifício incendiado para fins de seguro.

Veja também: BOMBA; MOTIVOS; PARAFILIA

IONOSYAN, Vladimir M.

No início de 1964, moradores de Moscou sussurravam avisos a seus vizinhos sobre um assassino misterioso de nariz grande e rondando a cidade, batendo nas portas de forma aleatória e que conseguiu entrar nas casas de suas vítimas fazendo-se passar por um leitor de medidor de gás de Moscou. Parecia quase um truque muito simples, considerando que os homens de *Mosgás* faziam suas rondas a cada mês e era improvável levantar suspeitas.

Na ausência de relatórios confiáveis, a paranoia tomou conta a partir das narrações amplamente espalhadas de mulheres assassinadas e crianças mutiladas. Na metade do mês, as autoridades informaram que pelo menos dois trabalhadores da Mosgás haviam sido violentamente agredidos em suas rondas, maltratados por inquilinos que não estavam inclinados a verificar as credenciais. Tornou-se uma longa brincadeira os telefonemas entre amigos, ficando a linha em silêncio por um momento antes de sussurrarem "Mosgas chamando".

Em 16 de janeiro, a polícia de Moscou anunciou a prisão de um suspeito no caso. Vladimir Ionosyan, de 26 anos, era um ator desempregado passando por tempos difíceis. Ele tinha se voltado para arrombamentos como fonte de renda, supostamente matando no processo. Acusado de assassinato com machado a dois garotos e a uma mulher no centro de Moscou, Ionosyan foi também ligado a dois assassinatos similares em um Distrito do subúrbio.

A prisão de Vladimir resultou em um alerta geral da polícia aos taxistas, circulando retratos falados do suspeito com instruções de ficarem alerta para alguém que parecesse suspeito. Os oficiais foram convocados após Ionosyan parar um motorista de caminhão na rua e tentar vender uma televisão — um luxo na sociedade soviética — a preço de banana.

Um julgamento de três dias resultou na condenação de Ionosyan em cinco acusações de homicídio. Sentenciado à morte em 31 de janeiro de 1964, ele morreu ante o esquadrão de fuzilamento no dia seguinte. A cúmplice de Vladimir, antiga bailarina Alevtina Dmitrieva, recebeu uma sentença de 15 anos de prisão.

IRELAND, Colin

Conhecido na imprensa de tabloides como o "Assassino Gay" de Londres, Colin Ireland foi o assassino serial "DESEJOSO DE SER" que trouxe sonhos mórbidos a múltiplos homicídios como uma escolha consciente e deliberada de estilo de vida. Enquanto sua contagem final de corpos ficou muito atrás daquelas dos assassinos britânicos prolíficos como BRUCE LEE, DENNIS NILSEN e PETER SUTCLIFFE, Ireland ainda merece menção aqui pela total determinação que mostrou em perseguir a "carreira" letal escolhida.

Nascido em 1954, filho ilegítimo de um assistente de agente de notícias, Ireland cresceu com sua mãe e avós maternos em Dartford, Kent. Ele relembraria a infância como "baixinho, magro e desengonçado, sempre recebendo o pior por isso" dos briguentos do pátio da escola. Logo cedo, Ireland estava constantemente encrencado pelos seus próprios atos, registrando condenações por roubo, arrombamento e chantagem, ainda em sua adolescência. Cumpriu duas sentenças no reformatório de Borstal, após o que foi rejeitado em uma oferta para unir-se à Legião Estrangeira Francesa. Não mais um baixinho, com cerca de 1,89 m, Ireland desenvolveu um gosto por roupa de paramilitar e treinamento de sobrevivência, frequentemente acampando fora do pântano de Essex. Casado duas vezes e divorciado, ele foi voluntário para administrar um abrigo para sem-teto em Londres, mas um temperamento explosivo custou-lhe o emprego em dezembro de 1992. Um colega do abrigo lembrou-se de que Colin estava "preocupado, frustrado e não sabia o que fazer da vida".

A resposta, como Ireland imaginou, era o assassinato em série.

Ele selecionou sadomasoquistas gays como suas vítimas preferidas, segundo a teoria de que eles seriam alvos fáceis, submetendo-se livremente ao cativeiro nas mãos

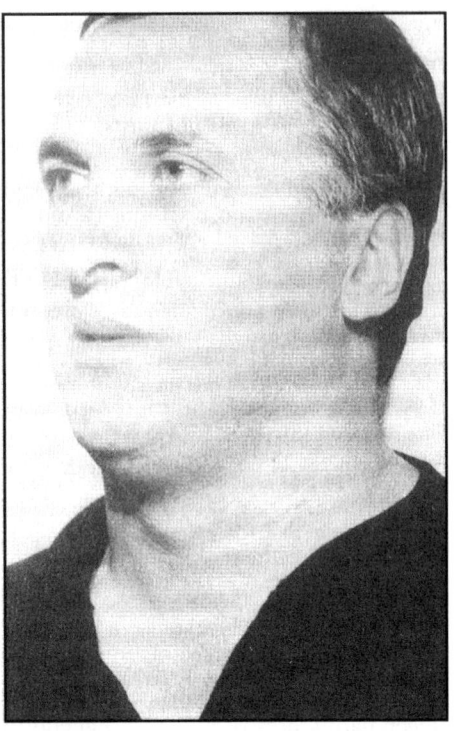

Colin Ireland

de um estranho. (Na visão de Ireland, era também menos provável que eles levantassem a simpatia pública.) Enchendo uma mochila com seus utensílios para matar — corda, luvas, faca, uma troca de roupa (no caso de ficar ensanguentado) —, Ireland encontrou sua primeira vítima no diretor/coreógrafo teatral Peter Walker, 45 anos, no bar gay de Londres chamado *The Coleherne*. Convidado para o apartamento de Walker, Ireland o amarrou em sua cama, espancou-o e o chicoteou, matando-o em seguida. (Os relatórios diferem sobre se Walker foi estrangulado ou sufocado com um saco plástico.) Demorando-se para assistir à TV e limpar a cena do crime, Ireland deixou o corpo com preservativos amarrados comprimidos em sua boca e narinas e dois ursos arrumados na cama em posição de ato sexual.

O corpo de Walker ainda não havia sido descoberto até dois dias depois, em 5 de março de 1993, quando um telefonema de Ireland para o jornal estilo tabloide de Londres, *The Sun*, informou que estava preocupado com os cachorros do homem morto, deixados sem cuidados no apartamento. Ele também disse: "é minha decisão de ano novo assassinar seres humanos".

A polícia não tinha nenhuma evidência substancial e sua caçada humana foi adicionalmente obstruída por um regulamento judicial, de 6 de março, dizendo que atos sexuais sadomasoquistas seriam ilegais mesmo para adultos britânicos de acordo. As vítimas em potencial ficaram assim extremamente relutantes em cooperar com as autoridades, e os resultados da necropsia foram inconclusivos quanto ao falecimento de Walker ter sido deliberado ou acidental. Em resumo, a polícia sabia pouco mais além de o homem morto ser HIV positivo.

No fim de maio, Ireland retornou ao *The Coleherne* e pegou o bibliotecário Christopher Dunn, 37 anos. O corpo de Dunn atado, amordaçado e nu, exceto por uma armadura de sujeição de couro, foi encontrado em sua casa no noroeste de Londres em 30 de maio e a polícia registrou sua morte como um provável acidente. Nenhuma ligação foi feita com a morte de Walker, três meses antes. A teoria de "acidente" recebeu um golpe logo após o falecimento de Dunn, quando o dinheiro foi removido de sua conta bancária: o ladrão usou o cartão de crédito de Dunn. Poucos dias depois, a polícia recebeu um telefonema anônimo do assassino de Dunn, insultando-os por sua falha em ligar os dois crimes.

Em 7 de junho, as autoridades encontraram o corpo de Perry Bradley II, 35 anos, um homem de negócios americano e homossexual não declarado, em seu apartamento de Kensington. Uma vez mais, a vítima estava nua e atada, aparentemente estrangulada e seus cartões de crédito desapareceram. Uma boneca de plástico foi deixada sobre o corpo, colocada para simular um ato sexual. Quando telefonou para a polícia novamente dias depois, o assassino dizia: "Eu fiz o americano. Vocês têm alguns bons indícios de minha identidade em pistas na cena". Os detetives estavam inclinados a discordar, mas mostravam-se mais preocupados com o desejo declarado naquele telefonema anônimo em tornar-se um *serial killer*. Ele tinha estudado o "Manual do FBI" quanto aos detalhes das técnicas e o mínimo requerido na contagem de corpos. "Tenho o livro", ele disse, "sei quantos se deve fazer."

A menção do *"Manual do FBI"* motivou telefonemas transatlânticos ao ex-agente do **FBI ROBERT RESSLER**, coautor do livro de textos *Homicídio Sexual* (1988) e do *FBI Crime Classification Manual* (1992), bem como uma autobiografia recente de sua carreira de ANALISTA BIOGRÁFICO de *serial killers* para a *Unidade de Ciências Comportamentais* do FBI. (Para registro, nenhum dos livros de Ressler foi encontrado em poder de Ireland, embora todos eles estivessem prontamente disponíveis em bibliotecas públicas e livrarias.) Ressler cooperou com a Scotland Yard no perfil biográfico do enganador Assassino Gay, mas como sempre, a polícia necessitaria de uma interrupção de sorte para colocar seu homem sob custódia.

Na época em que o corpo de Perry Bradley foi encontrado, ele percebeu que estava perdendo controle, Ireland depois disse às autoridades. "Estava atingindo um ponto em que estava apenas acelerando", ele disse. "Estava apenas acelerando, ficando muito pior. Era como um efeito de montanha russa". Seu próximo telefonema anônimo para a polícia foi quase um pedido para os detetives o pegarem. "Vocês ainda estão interessados na morte de Peter Walker?", perguntou. "Por que pararam a investigação? A morte de um homossexual significa alguma coisa? Eu farei outra. Sempre sonhei com o assassinato perfeito."

Poucas horas depois, em 7 de junho, Ireland estava de volta a *The Coleherne*, pegando Andrew Collier, 33 anos. No retorno para o apartamento da vítima, Ireland colocou algemas e amarrou-o na cama, depois o estrangulou. Ele também estrangulou o gato de Collier, arrumando sua carcaça sobre o corpo com a ponta do rabo na boca de Collier e a boca do gato colocada no pênis de Collier. Tanto o rabo como o pênis estavam com preservativos de látex. Desta vez, enquanto estava limpando a cena do crime, Ireland não viu uma impressão digital, encontrada pela polícia na estrutura da janela.

Em 15 de junho, Ireland encontrou Emanuel Spiteri, de 41 anos, chefe maltês, e foi para o apartamento dele a sudeste para o ato sexual. Lá, ele atou e estrangulou sua vítima, então passou a noite assistindo à televisão e comendo a comida de Spiteri. Ireland colocou fogo no apartamento antes de sair, mas as chamas apagaram, causando apenas danos menores. A polícia não estava ciente do crime, quando ele telefonou no dia seguinte, perguntando: "Já encontraram o corpo no sudeste de Londres e o incêndio?"

Nessa época, as autoridades estavam finalmente preparadas para admitir que tinham um *serial killer* à solta em Londres. Antes que pudessem fazer o anúncio, sua presa telefonou novamente. "Li muitos livros sobre *serial killers*", ele disse. "Penso que é a partir de quatro pessoas que o FBI classifica como serial, assim posso parar agora que tenho cinco. Apenas queria ver se podia ser feito. Provavelmente nunca farei um delito novamente."

Ireland estava mais ou menos certo: o *"Manual do FBI"* na verdade especificava três vítimas para um *serial killer bona fide*, mas ele havia confirmado sua última vítima. O assassinato de Spiteri motivou a Scotland Yard a lançar uma campanha de publicidade em massa, incluindo pedidos televisionados para o assassino revelar-se. Os detetives souberam que Spiteri tinha viajado de trem com outro homem para Catford na noite em que foi morto, e a câmara de segurança da British Rail revelou fotos borradas da vítima com um homem gordo não identificado. As fotos foram publicadas, e diversos gays de Londres relataram encontros com o homem combinando com a descrição do suspeito.

Em 19 de julho de 1993, Ireland abordou seu advogado admitindo ser o homem da foto, alegando que Spiteri estava vivo em sua casa com outro homem não identificado quando eles se separaram. A polícia logo combinou suas impressões digitais às da cena do crime de Collier, mas Ireland manteve-se firme até 19 de agosto, quando finalmente "sucumbiu", nas palavras de um investigador, e confessou todos os cinco homicídios. Em 20 de dezembro, após admitir a culpa em todas as acusações, ele foi sentenciado a cinco penas de prisão perpétua. O juiz que o sentenciou declarou: "Tirar uma vida humana é ultrajante; tirar cinco é massacre. Em meu ponto de vista, é absolutamente claro que você nunca deverá ser liberado".

Mas Ireland ainda não tinha acabado de matar — pelo menos, se os rumores emanados da prisão de Wakefield, Iorqueshire, fossem exatos. As histórias — oficialmente não confirmadas até agora — alegam que Ireland estrangulou seu colega de cela, um assassino de crianças condenado, mas nenhuma acusação foi registrada contra ele, já que estava cumprindo prisão perpétua sem condicional e nenhuma pena mais severa estava disponível sob a legislação britânica. Duas semanas após o assassinato relatado, Ireland foi transferido para uma Penitenciária de segurança máxima na Penitenciária de Whitemoor, Cambridgeshire, onde ele foi presumivelmente mantido sob observação próxima, em uma cela particular.

"IVAN, o Estripador"

Em 1974, uma década após VLADIMIR IONOSYAN ter espalhado pânico local com os homicídios da Mosgás, os residentes de Moscou circularam rumores de outro maníaco homicida à solta. De acordo com os relatórios, o assassino era um homem jovem, bem-vestido, louro, armado com um furador de sapateiro ou instrumento similar, que seguia suas vítimas do sexo feminino a partir das estações decoradas do metrô da cidade, apunhalando-as até a morte em ruas e becos próximos.

A caçada humana é duplamente difícil em uma sociedade que não admite nenhum problema criminal, mas a polícia de Moscou indiretamente confirmou pelo menos alguns dos relatórios. Em 19 de outubro, as patrulhas extrapoliciais e a milícia estavam em campo, sua atividade oficialmente explicada como preparação para a celebração anual da Revolução Bolchevista em 7 de novembro. Ao mesmo tempo, pôsteres com esboços do suspeito surgiram em 17 garagens de táxi, inscrevendo os taxistas como observadores na pesquisa.

Em 21 de outubro, a polícia confirmou estar procurando o assassino de "uma mulher". Fontes internas colocaram a contagem de corpos em sete, com o último assassinato cinco dias antes. A pretensa oitava vítima sobreviveu aos ferimentos, fornecendo aos investigadores de homicídios a aparência do suspeito reproduzida em retratos falados. Cinco dias depois, em 26 de outubro, as autoridades relataram estar mantendo um suspeito de uma série de agressões que havia matado pelo menos 11 mulheres em Moscou. O prisioneiro não nomeado foi preso na noite de 24 de outubro, após três vítimas terem sido apunhaladas em um período de 24 horas.

A polícia manteve suas notícias escondidas, pois o suspeito foi afastado para avaliação psiquiátrica, e a disposição do caso permanece desconhecida, mas nessa época o silêncio oficial negou fogo. Nas ruas, a população, desejando ardentemente notícias sólidas, cedia aos rumores, duvidando de que o assassino tivesse sido capturado. "Eles pegaram um, mas existe um segundo assassino", uma mulher confidenciou a um jornalista ocidental. "Eles ainda não pegaram o principal."

J

"JACK, o Estripador"

Indiscutivelmente, o *serial killer* mais famoso do mundo, o assassino não identificado de prostitutas da era vitoriana de Londres, permanece um objeto de estudo — alguns dizem obsessão — para milhares de estudantes nos dias de hoje. Se podemos confiar nos especialistas, em temas de risco que são anônimos, mais livros, peças, artigos e roteiros de filmes foram escritos sobre o assassino Jack que sobre qualquer outro na história, exceto Adolf Hitler. Nisso, Der Führer matou algo como 20 milhões de pessoas apenas para quebrar o empate, enquanto Jack, o Estripador assassinou apenas cinco. Ainda assim, sua identidade permanece um tópico ativo de debate, com novas palavras no assunto publicadas a cada ano.

Porque ele se foi.

O mistério de Jack, o Estripador começou em 31 de agosto de 1888, com a descoberta do corpo de uma mulher em Buck's Row, no coração do cortiço de Whitechapel, em Londres. A vítima era Mary Nichols, conhecida como Polly por seus amigos, e ela ganhava sua magra subsistência como prostituta antes de um suposto cliente final mostrar um gosto por sangue. Sua garganta foi cortada, com ferimentos sob o maxilar, sugerindo que ela tivesse sido golpeada ou colocada inconsciente antes de o assassino manipular sua lâmina. Ao desnudar Polly no necrotério, o lojista encontrou punhaladas pós-morte profundas em seu abdômen, com as perfurações até nos genitais.

O assassinato da prostituta de East End não era em nada novo para a *Scotland Yard*. Os detetives já possuíam dois outros casos nos livros de 1888. Emma Smith foi atacada em 2 de abril por uma gangue de quatro ou cinco assaltantes, vivendo o suficiente para descrever seus assassinos. Martha Tabran foi encontrada em Whitechapel em 7 de agosto, apunhalada 39 vezes com uma arma que lembrava uma baioneta. Nenhum dos crimes tinha qualquer coisa em comum com a morte de Mary Nichols. E os detetives tiveram de esperar por golpes posteriores para estabelecer um padrão.

Em 8 de setembro, a polícia encontrou sua ligação com a descoberta do corpo de Annie Chapman, cerca de 800 metros de Buck's Row. A vítima, outra prostituta, foi primeiramente deixada inconsciente após o que sua garganta foi cortada e ela foi estripada. Suas vísceras foram retiradas e colocadas em um ombro; partes da bexiga e vagina além do útero e ovários, desaparecidos da cena. *The Lancet* mencionou o dr. Bagster Phillips, lojista, na proficiência do assassino de Chapman. "Obviamente", o dr. Phillips disse, "o trabalho foi de um especialista — ou um, pelo menos, que tinha esse conhecimento de anatomia ou exames patológicos para ser capaz de segurar os órgãos pélvicos com um movimento da faca".

A primeira de diversas cartas supostamente escritas (em tinta vermelha) pelo assassino foi escrita em 25 de setembro e enviada três dias depois, endereçada à Agência de Notícias Central de Londres. Ela dizia:

"Prezado Chefe,

Continuo ouvindo que a polícia pegou-me, mas eles ainda não me prenderam. Rhode Island quando eles pareciam tão espertos e falaram sobre estarem no caminho certo. Aquela brincadeira sobre [suspeito não designado] Leather Apron deu-me um impulso real. Sou severo com pros-

titutas e não pararei de estripá-las até ser afivelado. O último trabalho foi uma grande obra. Não deu tempo para a senhora gritar. Como eles podem me pegar? Amo meu trabalho e quero começar novamente. Vocês logo ouvirão sobre mim e meus pequenos jogos divertidos. Poupei algumas das coisas vermelhas adequadas, em uma garrafa de cerveja de gengibre, do último trabalho, para escrever, mas ficou grosso como cola e não posso usá-lo. A tinta vermelha é suficientemente adequada, espero, ha, ha. No próximo trabalho, cortarei as orelhas da senhora e enviarei para os oficiais da polícia apenas por diversão. Mantenha esta carta até eu fazer um pouco mais do trabalho, então relate-o imediatamente. Minha faca é boa e afiada, quero começar a trabalhar imediatamente se tiver uma oportunidade. Boa sorte.

Atenciosamente
Jack, o Estripador
Não se preocupe em dar-me um nome comercial. Não é muito bom publicar isto antes de eu tirar toda a tinta vermelha de minhas mãos amaldiçoa-a. Dizem que sou um médico agora, ha, ha.

O Estripador confirmou outras duas vítimas em 30 de setembro. A primeira, Elizabeth Stride, foi encontrada em uma viela estreita da Berner Street à uma hora. Sua garganta estava cortada, mas não existiam outras mutilações, indicando que seu assassino foi atrapalhado antes de poder completar sua terrível tarefa. 45 minutos depois, Catherine Eddowes foi encontrada por um policial em Mitre Square. De acordo com o oficial, ela foi cortada "como um porco no mercado", com suas vísceras "atiradas em volta do seu pescoço". O assassino (ou outra pessoa) escreveu uma mensagem criptografada em uma parede próxima: "Os Juwes não são homens que serão acusados por nada".

O exame médico do corpo de Mitre Square revelou que Eddowes foi apunhalada no rosto, sua garganta foi cortada e ela foi estripada. O assassino removeu um rim, que não foi recuperado na cena. Um pedaço final de evidência, um ferimento superficial sob uma orelha, sugeria que o assassino tinha tentado cumprir sua promessa de um troféu para a polícia.

Naquela manhã, enquanto a polícia estava explorando as ruas de Whitechapel, alguém enviou pelo correio outra mensagem para a Agência de Notícias Central:

Não estava blefando, querido Chefe, quando dei-lhe a pista. Você ouvirá sobre o trabalho do abrevido Jack amanhã. Um evento duplo desta vez. A número um gritou um pouco. Não pude acabar imediatamente. Não tive tempo para pegar as orelhas para a polícia. Agradeço por manter a última carta até eu voltar a trabalhar.

Jack, o Estripador

Uma terceira comunicação foi enviada em 16 de outubro para George Lusk, chefe do recente Comitê de Vigilância de Whitechapel. Essa dizia:

Do inferno
Sr. Lusk

Senhor, enviei metade do rim que tirei de uma mulher preservando-o para você, o outro pedaço cozinhei e comi, foi muito bom, posso enviar a você a faca ensanguentada que o tirou se esperar um pouco mais

(assinado) Pegue-me quando puder, Senhor Lusk

Examinando o rim parcial que acompanhava a carta, o dr. Openshaw, curador patológico do Museu do Hospital de Londres, pronunciou isso como uma "armadilha" do tipo esperado por um alcoólatra. Este mostrava sintomas da doença de Bright, como (supostamente) era o rim deixado pelo assassino de Catherine Eddowes. O dr. Openshaw também observou que a artéria renal tem normalmente três polegadas de comprimento: duas polegadas permanece-

Carta escrita por "Jack, o Estripador" para Notícias Central

ram com Eddowes; uma polegada estava com o troféu repulsivo enviado a Lusk. (Outro patologista, dr. Sedgwick Saunders, relatou que o restante do rim de Eddowes era perfeitamente saudável; ele acreditava que o rim enviado a Lusk era uma brincadeira dos estudantes de Medicina.)

O pânico de Londres começou a enfraquecer no Halloween, mas Jack, o Estripador ainda não tinha acabado. A polícia foi convocada uma manhã, em 9 de novembro, para a viela de Miller em Spitalfields para ver os restos de Mary Kelly, ex-prostituta. Descoberta pelo mensageiro do proprietário ao inquirir sobre aluguéis atrasados, ela foi a única vítima assassinada dentro de casa, e Jack levou total vantagem da oportunidade de esculpir um pedaço terrível da arte de açougueiro.

Como sempre, a vítima foi assassinada com um talho em sua garganta, dessa vez tão profundo que ela foi quase decapitada. Jack tinha esfolado seu nariz e orelhas. Seu braço esquerdo foi quase cortado no ombro, enquanto ambas as pernas foram esfoladas da coxa até os tornozelos. Kelly foi estripada, uma mão inserida no espaço de seu abdômen, seu fígado colocado na coxa. Seus seios cortados estavam no criado-mudo com seus rins, coração e nariz. A polícia encontrou tiras de carne suspensas em pregos de molduras de quadros, e o sangue estava esparramado nas paredes. O exame mostrou que ela estava grávida de três meses, mas seu assassino tomou o útero e o feto para si.

O reino de terror do Estripador está tão próximo quanto no início, em mistério ... ou, esteve? Os papéis particulares do sr. Melville Macnaghten, ex-chefe de CID para a Scotland Yard, denominaram três suspeitos principais, enquanto insistia que o Estripador "fez cinco vítimas e apenas cinco". Entretanto, outros estudiosos do caso não estão tão certos. Alguns deles calculam duas vítimas mais na contagem, assim elevando a contagem de corpos e expandindo a carreira do Estripador de dez semanas para três anos.

A prostituta Alice Mackenzie, encontrada morta em 17 de julho de 1889, é a primeira vítima "extra" registrada para Jack. Com sua garganta cortada e feridas profundas em seu abdômen, Mackenzie parecia uma provável nova adição à lista do Estripador. Um legista, dr. Thomas Bond, creditou abertamente a Jack o crime, enquanto o dr. Bagster Phillips discordava (o dr. Phillips também

---

* N.T.: CID (Criminal Investigation Dision), a Divisão de Investigação Criminal dos EUA.

pensou que dois assassinos separados eram responsáveis pelos crimes do Estripador estabelecidos em 1888). Enquanto hesitava para conectar o assassinato de Mackenzie ao Estripador, Phillips acreditava que este estava relacionado a um segundo crime, descoberto quase dois anos depois.

Em 13 de fevereiro de 1891, uma prostituta de nome Frances Cole foi encontrada em Spitalfields, com a garganta cortada e o abdômen estripado. O marinheiro mercante James Sadler foi preso pelo homicídio e diversas vezes restabelecido antes de sua liberação por falta de evidência. Um alcoólatra propenso a acessos de violência, Sadler foi visto em Whitechapel no dia em que Mackenzie morreu, e embarcou para o Báltico dois dias depois. Satisfeito, não obstante fora do registro de sua culpa em dois homicídios sádicos, alguns investigadores trataram Sadler como um suspeito nos crimes do Estripador, mas ele nunca foi acusado.

Suspeitos aluíram nesse caso intrigante, com jogos justos de todos e qualquer um para uma teoria dramática ou outra. Na ausência de evidências conclusivas (sem impressão digital, sem testemunhas dos crimes, sem DNA), a lista de suspeitos cresce a cada ano que passa. Aqueles registrados até hoje incluem:

Montagne John Druitt (1857-1888), primeiro advogado de Londres na lista de suspeitos, cujo corpo, com pesos de pedras em um suicídio aparente, foi retirado do Tâmisa em 1º de dezembro de 1888. Macnaghten escreveu que "a partir de informação privada tenho pouca dúvida, mas sua própria família suspeitava que o homem fosse o assassino de Whitechapel". Uma teoria alternativa pinta Druitt tanto como o assassino quanto como a vítima, assassinado pelos associados influentes de Oxford para impedir um escândalo em potencial.

PROBLEMAS: Macnaghten errou ao identificar Druitt como um doutor de 41 anos, e nenhuma evidência liga Druitt aos crimes; sua nota do aparente suicídio não menciona os homicídios.

Aaron Kosminski (1864/65-1919), um judeu polonês empregado em Londres como cabeleireiro, o segundo dos três suspeitos de Macnaghten, supostamente tornado insano por masturbação, confinado em um asilo para loucos em 1891.

PROBLEMAS: nenhuma evidência o liga aos homicídios; nenhum crime provado do Estripador ocorreu entre novembro de 1888 e fevereiro de 1891 enquanto estava à solta.

Michael Ostrog (nascido por volta de 1833), o terceiro oficial suspeito, descrito por Macnaghten como "o doutor russo louco e condenado e inquestionavelmente um maníaco homicida". Um ladrão conhecido e homem vigarista, com condicional de seu último período na prisão em 1904, ele posteriormente desapareceu do registro público.

PROBLEMAS: Ostrog não era um médico (embora ele algumas vezes se passasse como um); nenhuma evidência o liga aos homicídios.

"Jill, a Estripadora", apelido para uma suspeita feminina desconhecida, supostamente uma praticante de abortos disfarçando seus crimes com mutilação, proposta em 1888.

PROBLEMA: nenhuma candidata da vida real identificada.

Severin Antoniovitch Klosovksi (1865-1903), conhecido como "George Chapman", um barbeiro cirurgião polonês e residente em Whitechapel em 1888; envenenou três esposas após 1895 e foi enforcado pela terceira violação. Em sua prisão, o inspetor Frederick Abberline supostamente observou: "Então pegamos Jack, o Estripador, finalmente!"

PROBLEMAS: nenhuma evidência de ligação com os crimes; os assassinos sádicos raramente (se o fizerem) mudam para envenenamento.

Dr. Thomas Neil Cream (1850-1892), envenenador de quatro prostitutas de Lambeth em 1891-92; supostamente gritou "Sou Jack" — quando foi enforcado.

PROBLEMA: Cream estava preso em Illinois na época dos homicídios.

Príncipe Albert Victor Christian Edward (1864-1892) o duque de Clarence e herdeiro presumido do trono da Inglaterra, primeiro designado como suspeito de ser o Estripador, em 1962. Muitas teorias de "Estripador Real" descrevem o príncipe como um homossexual que detestava mulheres, tornado louco pela sífilis. Sua experiência na caça ao veado ensinou-o a cortar corpos.

PROBLEMAS: nenhuma ligação evidente dos homicídios; nenhuma prova de sífilis; registros oficiais colocam-no longe de Londres nas datas de todos os cinco homicídios; *serial killers* gays tipicamente procuram vítimas do mesmo sexo.

James Kenneth Stephen (1859-1892), um tutor (alguns dizem amante gay) do príncipe Albert Victor, primeiramente nomeado publicamente como Estripador, suspeito em 1972 supostamente suspeito pelo inspetor Abberline (baseado em um diário, possivelmente forjado, que surgiu em 1988), Stephen odiaria mulheres em geral e prostitutas em particular. Alguns estudantes do caso consideram seu manuscrito bem similar (ou idêntico) às diversas notas do "Estripador".

PROBLEMAS: nenhuma ligação evidente com os crimes (ou para o caso homossexual com o príncipe); muitos "especialistas no caso do Estripador" acreditam que todas as correspondências do assassino eram um embuste, autorizado pelos jornalistas ou excêntricos.

Príncipe Albert Victor e James Stephen, designados como ASSASSINOS EM EQUIPE pelo dr. David Abrahamson em *Assassinato e Loucura*, 1992.

PROBLEMAS:o mesmo para ambos os suspeitos; diversos erros históricos; a Scotland Yard nega a reivindicação de Abrahamson de que ele tivesse baseado sua teoria em informação dos arquivos da polícia.

Dr. Alexander Pedachenko (1857?-1908?), médico russo que emigrou para a Grã-Bretanha, supostamente (em 1928) para cometer os homicídios em conivência com a polícia secreta do Czar "para desacreditar a polícia metropolitana".

PROBLEMAS; fontes duvidosas; nenhuma evidência o liga aos crimes.

Sir William Gull (1816-1890), médico efetivo da rainha Victoria que tratou o príncipe Albert Victor de tifo em 1871, pela primeira vez ligado ao caso do Estripador em 1970. Gull é acusado de liderar uma conspiração para silenciar aqueles com conhecimento do casamento ilegal do príncipe Albert Victor com uma pessoa comum católica, mutilando as vítimas de acordo com o ritual maçom.

PROBLEMAS: nenhuma evidência o liga aos crimes; Gull estava parcialmente paralisado pelo primeiro de diversos derrames em 1887; a legislação, então prevalecendo, teria anulado o suposto casamento; pesquisa subsequente indica que a mulher em questão não era católica.

Walter Richard Sickert (1860-1942), artista britânico principal, descrito em diversas teorias desde 1976 tanto como o Estripador solitário quanto como o participante no plano maçônico do dr. Gull. Um grafologista alegou (em 1993) que a nota "Prezado Chefe" do Estripador foi escrita na letra disfarçada de Sickers.

PROBLEMA: nenhuma prova o liga aos crimes.

Robert Donston Stephenson (nascido em1841), conhecido como "dr. Roslyn D'Onston", primeiro designado como o Estripador suspeito em 1987. Stephenson supostamente cometeu os homicídios como parte de um ritual de magia negra.

PROBLEMA: nenhuma evidência o liga aos crimes.

James Maybrick (1838-1889), um atacadista de algodão de Liverpool, supostamente o autor do "Diário do Estripador", publicado com grande controvérsia em 1993.

PROBLEMAS: nenhuma evidência além do "diário" se conecta aos crimes; diversos analistas brandem o "Diário do Estripador" como uma falsificação datando da década de 1920.

Dr. Francis Tumblety (1833-1903), um "médico de ervas" irlandês-americano preso em Londres em 7 de novembro de 1888, sob múltiplas acusações de agressão (contra quatro homens) datando de julho; liberado sob fiança, ele fugiu para a América antes do julgamento. Os obituários o designam como Estripador suspeito, mas o caso contra ele foi publicado pela primeira vez em 1995.

PROBLEMAS: nenhuma ligação provada com os crimes; difere grandemente na aparência da suposta descrição do Estripador.

Joseph Barnett (1858-1926), um carregador de peixes de Londres que vivia com Mary Kelly até duas semanas antes de sua morte, primeiro designado como suspeito em 1995.

PROBLEMAS: liberado pela polícia em 1888; nenhuma ligação provada com os homicídios.

James Kelly (falecido em1929), um residente de Londres confinado a um asilo após matar sua esposa em 1883; escapou em janeiro de 1888 e permaneceu solto até sua rendição voluntária em fevereiro de 1927. Morto dois anos depois, ele foi designado como suspeito pela primeira vez em 1986.

PROBLEMAS: nenhuma ligação provada com os homicídios; nenhuma explicação para sua breve duração, enquanto Kelly permanecia à solta por outros 39 anos.

"JACK, o Stripper"

Sete anos após as prostitutas assassinadas e estripadas de "JACK, O ESTRIPADOR" no East End de Londres, uma nova geração de prostitutas aprendeu a viver com o medo sempre presente de um assassino à espreita. Este "Jack" não levava qualquer faca e não escrevia cartas vistosas para a imprensa. Mas ele foi igualmente letal (fazendo oito vítimas para as cinco do Estripador) e possuidor da maior longevidade (operando quase seis anos, comparado com as dez semanas do Estripador). Na "conclusão" do caso, ambos os assassinos compartilhavam de um atributo comum: apesar de uma riqueza de teorias e asserções, nenhum

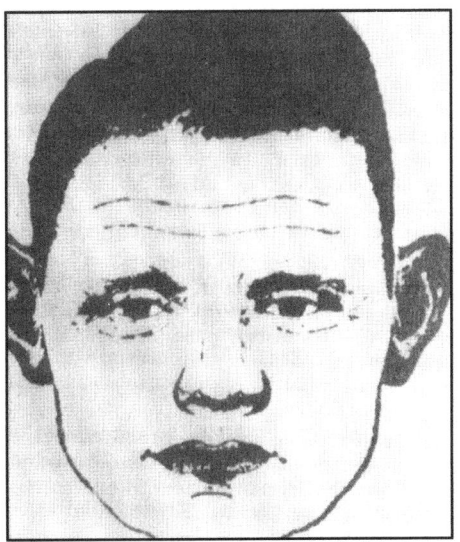

Retrato falado feito pela polícia de "Jack, o Stripper"

"Jack" foi capturado ou identificado.

Em 17 de junho de 1959, a prostituta Elizabeth Figg, de 21 anos, foi encontrada flutuando no Tâmisa, vestida somente com uma combinação, tendo sua morte atribuída a estrangulamento. Quatro anos e meio se passaram antes da descoberta do próximo homicídio, com o esqueleto de Gwynneth Rees, 22 anos, desenterrado durante uma limpeza ao lado do depósito de entulho do

Tâmisa, em 8 de novembro de 1963. A causa da morte foi difícil de determinar, e os investigadores de homicídio depois tentaram desconectar ambos os homicídios da série do "Estripador", mas hoje a melhor evidência sugere que estes foram corridos para a prática, e os crimes anteriores foram cometidos por um assassino que já tinha atingido seu ritmo.

Com 30 anos, Hannah Tailford foi a próxima a morrer; seu corpo nu foi descoberto no Tâmisa por um barqueiro, em 2 de fevereiro de 1964. Suas meias estavam puxadas para baixo ao redor de seus tornozelos, a calcinha comprimida dentro de sua boca, mas ela foi afogada e o inquérito produziu um veredito "aberto", recusando a desconsiderá-lo como suicídio, por mais improvável que parecesse.

Em 9 de abril de 1964, Irene Lockwood, de 20 anos, foi encontrada nua e morta no Tâmisa, flutuando a cerca de 27 metros do local onde Tailford havia sido encontrada. Outra vítima de afogamento, ela estava grávida de quatro meses quando morreu. O suspeito Kenneth Archibald confessou o homicídio mais tarde naquele mês, então recitando sua declaração e acusando a depressão. Ele foi subsequentemente liberado no julgamento.

Helen Barthelimey, 20 anos, foi a primeira vítima encontrada fora do rio. Em 24 de abril, seu corpo nu foi descoberto próximo ao campo de esportes em Brentwood, com quatro dentes frontais desaparecidos, e parte de um em sua garganta. Traços de tinta *spray* multicolorida no corpo sugeriram que ela foi mantida por algum tempo após a morte em uma oficina de pintura antes de ser jogada no campo.

Em 14 de julho, Mary Fleming, 21 anos, foi descartada, nua e sem vida, em uma rua sem saída de Londres. As testemunhas viram de relance um furgão e seu motorista próximo à cena, mas ninguém conseguiu descrever, o homem ou veículo com alguma certeza. Desaparecida desde 11 de julho, Fleming tinha aparentemente sido sufocada ou espancada até a morte — como oposição a estrangulamento — e seus dentes haviam desaparecido da cena.

Margareth McGowan, 21 anos, estava desaparecida havia um mês quando seu corpo nu foi encontrado em Kensington em 25 de novembro de 1964. A polícia observou os traços familiares de pintura na pele, e um de seus dentes foi forçado de sua base, na parte da frente. A última a morrer foi Bridget O'Hara, 27 anos, vista pela última vez com vida em 11 de janeiro de 1965, seu corpo encontrado em 16 de fevereiro escondido em algum arbusto em Heron Trading Estate, em Acton. Seus dentes da frente estavam faltando e os patologistas determinaram que ela morreu ajoelhada. O corpo estava parcialmente mumificado, como por armazenagem prolongada em local seco e frio.

Apesar dos apelos das prostitutas quanto à informação sobre seus clientes "não convencionais", a polícia estava tateando no escuro. O inspetor John Du Rose sugeriu que as últimas seis vítimas foram literalmente sufocadas até a morte com sexo oral, a remoção de seus dentes em quatro casos dando um apoio vago à hipótese. Uma relação de suspeitos foi supostamente reduzida de 20 homens para três quando um desses cometeu suicídio, intoxicando-se em sua cozinha e deixando uma nota enigmática: "Não posso continuar". Pode significar algo — ou nada —, mas os assassinatos acabaram com a morte do suspeito não nomeado e assim a polícia pareceu satisfeita, embora o caso permaneça oficialmente não resolvido.

Quem foi o Stripper? Os suspeitos vão desde um pugilista profissional falecido até um ex-policial não nomeado, mas Du Rose favoreceu um guarda de segurança privada no Heron Trading Estate, seus turnos incluindo a loja de tintas onde pelo menos algumas das vítimas foram aparentemente escondidas após a morte. A única "evidência" de culpa é o término de crimes similares após o suicídio do suspeito, mas diversos *serial killers* — desde o Estripador original ao ZODÍACO e "Babá" — aposentaram-se ao atingir determinada contagem de corpos. O melhor que podemos dizer da solução da Scotland Yard é que é plausível... mas não confirmada.

JESPERSON, Keith Hunter

O caso confuso de Keith Jesperson, apelidado de o "Assassino de Rosto Feliz", começou oficialmente no Oregon em 22 de janeiro de 1990. Uma estudante da Faculdade da Comunidade Mr. Hood estava andando de bicicleta ao longo da Estrada Old Scenic, ao norte de Portland, quando viu o corpo de uma mulher colocado em um lado. A vítima tivesse sido estrangulada com uma corda, que ainda estava amarrada em seu pescoço; seu sutiã estava puxado para cima para expor seus seios, e as calças estavam enroladas ao redor de seus tornozelos. Uma necropsia revelou que a mulher fora agredida sexualmente. A vítima fora identificada, por meio dos retratos falados transmitidos pela mídia, como Taunja Bennet, 23 anos, vista pela última vez viva por seus pais uma semana antes de seu corpo ser encontrado.

Os detetives examinaram os bares e lojas de miudezas onde Bennet era conhecida por passar muito de seu tempo. Em um café, os empregados lembraram-se de um cliente frequente, John Sosnovske, vangloriando-se de ter assassinado uma mulher que encontrou em um bar. "Ele estava rindo", uma garçonete disse à polícia. "Ele acha isto uma grande brincadeira." Já em condicional por dirigir bêbado e com a carteira de motorista suspensa, Sosnovske era um bebedor notório cuja esposa — Laverne Pavlinac — tinha o hábito de reportá-lo para a polícia sob acusações de falsificação a cada vez que discutiam. Oito meses antes do assassinato, na primavera de 1989, ela telefonou ao FBI e acusou falsamente John de roubar bancos. Quando os homens G* liberaram-no, ela repetiu a acusação para a polícia local.

Levada a interrogatório, Pavlinac acusou seu marido do assassinato de Taunja Bennet e a polícia obteve um mandado de busca na casa do casal. Nenhum dos objetos pessoais desaparecidos de Bennet foi encontrado, como os investigadores esperavam, mas eles encontraram um envelope endereçado a Sosnovske, com "T. Bennet — um bom preço" escrito no verso. Sosnovske, de seu lado, negou matar Taunja ou escrever a mensagem.

Laverne Pavlinac, enquanto isso, tinha mudado radicalmente sua história. Na primeira versão, John tinha meramente vangloriado-se do homicídio, fornecendo detalhes suficientes para que ela ficasse convencida de sua culpa. Na nova narração, Pavlinac admitiu observá-lo estuprar e matar Taunja na noite de 21 de janeiro. Era o suficiente para as autoridades; Sosnovske foi imediatamente acusado de homicídio, e Laverne foi indiciada por auxiliá-lo no crime.

Mesmo assim existiam problemas com a história. Muito criticamente, a polícia tinha diversas testemunhas que informaram terem visto Taunja Bennet no bar em Gresham na noite que faleceu, 40 quilômetros de distância do restaurante onde Sosnovske supostamente a encontrou. Taunja tinha jogado sinuca, segundo a testemunha, com dois homens não identificados — nenhum deles era John Sosnovske. Isto não fez nenhuma diferença para os jurados que julgaram Laverne Pavlinac no início de 1991: ela foi condenada e sentenciada a dez anos

---

* N.T.: "Homens G" é como são chamados os agentes do FBI, ou seja os Homens do Governo, pelos gângsteres.

de prisão por seu suposto papel no crime. Sosnovske ainda mantinha sua inocência, mas a condenação de Laverne enfraqueceu-o, e logo ele fez um acordo com o estado, confessando "sem contestação" homicídio qualificado e rapto, aceitando uma condenação de prisão perpétua com elegibilidade para condicional após 15 anos.

Caso fechado... ou não? Quando Sosnovske admitiu culpa e pediu clemência, os investigadores já haviam atingido outra dificuldade. Em janeiro, enquanto Laverne Pavlinac estava em julgamento, uma mensagem foi encontrada escrita em uma parede no banheiro masculino, no depósito de ônibus de Greyhound em Livingston, Montana. Este dizia: "Eu matei Taunja Bennet em 21 de janeiro de 1990, em Portland, Oregon. Espanquei-a até a morte, estuprei-a e amei isso. Estou doente, mas também me divirto. Duas pessoas levaram a culpa e estou livre". Poucos dias depois, em um banheiro masculino em uma loja de miudezas em Umatilla, Oregon, uma segunda mensagem foi encontrada: "Matei Taunja Bennet em Portland. Duas pessoas levaram a culpa, assim posso matar novamente".

Ambas as mensagens foram assinadas com um "rosto feliz" — um círculo com dois pontos como olhos e um sorriso amplo e crescente.

Os detetives em Portland teorizaram que alguns amigos desconhecidos de Sosnovske escreveram o grafite em um esforço para libertar John da prisão, mas não era possível rastrear o autor. Então, em 1994, o *Oregonian* de Portland recebeu uma carta na mesma escrita desajeitada, assinada com o mesmo rosto sorridente. Dessa vez, o autor confirmava um total de seis vítimas, incluindo cinco mais em Oregon e uma na Califórnia. "Sinto-me mal", ele escreveu, "mas não me revelarei. Não sou estúpido". A carta continuava:

Em muitas opiniões, eu deveria ser morto e sinto que o mereço. Minha responçabilidade (sic) *é minha e Deus me julgará quando morrer. Estou dizendo isto a vocês pois serei responçavil*(sic) *por estes crimes e ninguém mais. Tudo começou quando me perguntava como seria matar alguém. E descobri. Que pesadelo tem sido.*

Apesar desta indicação de remorso, a carta encerrava em uma nota agourenta: "Olhe sobre seus ombros. Estou mais perto do que pensa".

O aparente autor das notas do "Rosto Feliz" foi identificado em março de 1995, logo após os restos de Julia Ann Winningham, 41 anos, serem encontrados em um panorama cênico próximo a Washougal, Washington. Uma ex-residente da cidade de Salt Lake, Winningham, tinha ultimamente residido próximo a Camas, Washington, antes de desaparecer de vista; seu corpo foi encontrado em 11 de março. Os investigadores de homicídios souberam que ela deixou Utah na companhia de Keith Jesperson, 39 anos, um motorista de caminhão empregado por Systems Transport de Cheney, Washington. Levado a interrogatório, Jesperson logo confessou seu papel em uma série de assassinatos ao redor do noroeste do Pacífico — incluindo Taunja Bennett. As autoridades estavam céticas até Jesperson levá-los à bolsa desaparecida de Bennett. Em 3 de novembro de 1995, ele admitiu a culpa no homicídio de Bennett e dois outros assassinatos no Oregon e foi em seguida sentenciado à prisão perpétua. Os relatórios da mídia alegam que Jesperson chorou de alegria quando John Sosnovske e Laverne Pavlinac foram liberados da custódia, em 27 de novembro.

Nessa época, entretanto, Jesperson — ou "Rosto" como ele gostava de assinar suas cartas da prisão — tinha questões mais prementes para se preocupar. Sua série de confissões tinha uma etiqueta de preço em apenso, na forma de indiciamentos e condenações subsequentes. Um novo caso também tinha sido aberto, desde sua prisão, com a descoberta em setembro 1995 dos restos muito decompostos de uma mulher junto à Rodovia Interestadual 80 em Nebraska. Uma tatuagem e raio X identificaram a mulher como Angela Subrize, 21 anos, nativa da cidade de Oklahoma, vista pela última vez viva no Wyoming com Jesperson, em janeiro de 1995. O motorista de caminhão, por seu lado, admitiu ter matado Subrize em Wyoming, depois amarrando seu corpo sob seu caminhão e arrastando-o por cerca de "16 a 19 quilômetros" antes de finalmente jogá-lo após cruzar para o Nebraska.

Parte do problema para os investigadores era a sempre alterada lista de confissões de Jesperson. Em um ponto ele supostamente confessou 160 homicídios, descrevendo suas vítimas como "pilhas de lixo" jogadas ao lado da estrada, mas logo recontou muitas das histórias. Um caso que ele traçou novamente foi o de Angela Subrize, sem dúvida influenciado pela intenção expressa de Wyoming de indiciá-lo sob acusação capital. Ele ainda admitiu conhecer Angela, inclusive dividindo a mesma cama com ela em certa ocasião, mas então insistiu que eles haviam se separado enquanto estavam na estrada, e Subrize continuou indo para o leste por conta própria para encontrar seu destino nas mãos de outra pessoa.

Os promotores do Wyoming não aceitaram a versão revisada, registrando os papéis de extradição com o governador do Oregon em 1997. A próxima manobra de Jesperson foi uma nova confissão, agora por ter assassinado a quarta mulher de Oregon, residente de Bend, Bobbi Crescenzi, morta em 1992. Jack Crescenzi já estava cumprindo uma pena pelo assassinato de sua esposa, mas Jesperson pareceu inclinado a libertá-lo da custódia, como havia feito com Sosnovske e Pavlinac no caso Bennet. Ele atingiu um obstáculo desta vez, entretanto, quando a polícia, rastreando seus movimentos, foi capaz de estabelecer algum contato havido entre "Rosto" e a vítima. De fato, eles acusaram, um ex-companheiro de cela tinha organizado a intervenção entre Jesperson e Jack Crescenzi, fornecendo a Keith os detalhes do crime. Crescenzi ofereceu 10 mil dólares (pagáveis aos filhos de Jesperson) por uma confissão que levaria à sua liberação.

A exposição do plano da prisão levou algumas autoridades a questionar a confissão de Jesperson no caso Bennet, mas seu problema real estava em Wyoming. Extraditado em dezembro de 1997, Jesperson inicialmente vangloriou-se de seu plano para demolir o caso da promotoria pela exposição de suas próprias mentiras anteriores, quando mudou para ainda outro ângulo de ataque, confessando uma vez mais o homicídio de Subrize. Uma diferença: ele tinha na verdade assassinado Subrize em Nebraska; Jesperson então alegou, contestando o direito de Wyoming de julgar o caso. Quando tudo o mais falhou, ele admitiu outro pleito em 3 de junho de 1998, enfrentou o homicídio de Subrize em troca de outra condenação de prisão perpétua.

Sempre manipulador, "Rosto" tinha simplesmente registrado esse pleito antes de dizer à imprensa que tinha mentido sobre matar Taunja Bennet. Foi bom para enrolar, mas se Jesperson acreditava que reverteria a sentença no Oregon, ele estava destinado a um grave desapontamento. Formalmente sentenciado em quatro casos, ele é suspeito pelas autoridades de, no mínimo, mais quatro assassinatos, incluindo um de 1994 no Distrito de Okaloosa, Flórida. Próximo dali, os promotores no Distrito de Riverside, Califórnia, anunciaram sua intenção de julgar Jesperson por um homicídio de 1992, próximo a Blythe, se ele de alguma forma conseguisse a condicional.

JOHNSON, Milton

Nativo de Illinois, nascido em 1951, Johnson foi condenado aos 19 anos pelo estupro de uma mulher de Joliet, torturando sua vítima com um isqueiro no processo. A acusação trouxe uma sentença de 25 a 30 anos na prisão, com um período consecutivo de cinco a dez anos acrescido na condenação por arrombamento. Mesmo com um "bom comportamento", Johnson deveria ter ficado confinado até abril de 1986, mas as autoridades consideraram-no adequado para liberação mais de três anos antes, em 10 de março de 1983. Sua generosidade custaria pelo menos dez vidas.

Por dois longos meses, entre junho e agosto de 1983, Joliet e as comunidades vizinhas foram aterrorizadas por uma série de "homicídios de fim de semana" marcados por violência selvagem. Os executores da lei foram mobilizados para esquadrinhar o Distrito de Will à procura de suspeitos, mas o assassino conseguiu enganá-los, assassinando suas vítimas com impunidade, enquanto os residentes se abasteciam de armas e munição para se defender.

A atividade criminosa começou com a morte de duas irmãs do Distrito de Will no sábado, 25 de junho. Uma semana depois, em 2 de julho, Kenneth e Terri Johnson foram mortalmente atingidas por tiros sem motivo aparente, e o corpo da mulher foi descartado no sudoeste do Distrito de Cook. Cinco pessoas — incluindo dois xerifes substitutos — foram assassinadas no sábado, 16 de julho, no que as autoridades denominaram um "assassinato ocasional por atacado". Na noite seguinte, Anthony Hackett, 18 anos, foi mortalmente atingido, e sua noiva foi estuprada e apunhalada por um agressor negro.

A violência aumentou um mês depois. No sábado, 20 de agosto, quatro mulheres foram encontradas atingidas por tiros e apunhaladas mortalmente em uma loja de cerâmica de Joliet, e suas bolsas foram jogadas em lugar próximo, ainda com dinheiro. Uma vez mais, a polícia ficou sem um indício sólido nos homicídios da proprietária Marilyn Baers, 46 anos, e três clientes: Anna Ryan, 75 anos, Pamela Ryan, 29 anos e Bárbara Dunbar, 39 anos. Em 21 de agosto, o assassino mudou para Park Forest no Distrito de Cook, amarrando Ralph Dixon, 40 anos, e Crystal Knight, 25 anos, antes de cortar suas gargantas no apartamento de Dixon e apunhalar a mulher 20 vezes. O assassino de Ana Johnson, 82 anos, quebrou o padrão, sendo uma quinta-feira, e o suspeito foi rapidamente preso naquele caso, deixando 17 homicídios não resolvidos.

Em 9 de março de 1984, Milson Johnson foi preso enquanto visitava seu oficial de condicional, acusado de lesão corporal agravada e agressão sexual não convencional no estupro da noiva de Anthony Hackett. Os oficiais concentraram-se em Johnson após as reclamações repetidas do motorista de caminhonete negro incomodar mulheres de Joliet durante as últimas duas semanas, acabando quando uma vítima memorizou o número da placa de Johnson. As evidências coletadas em diversas cenas de homicídio — incluindo fibras, impressões digitais e recibos de venda o nome do padrasto de Johnson — ligaram Milton a dez dos homicídios do Distrito de Will, incluindo Hackett, o massacre da loja de cerâmica e o massacre de 16 de julho (o recibo foi encontrado por um dos oficiais assassinados). Além disso, naqueles casos, a polícia viu uma "forte possibilidade" da participação de Milton nos assassinatos de 2 de julho de Ken e Terri Johnson.

Concedida uma mudança de jurisdição com base na publicidade pré-julgamento, Johnson renunciou ao seu direito de julgamento por júri no caso Hackett. Condenado em todas as acusações em setembro de 1984, foi sentenciado à morte. Quatro meses depois, em 23 de janeiro de 1986, Johnson foi condenado por homicídio quádruplo no massacre da loja de cerâmica, e uma segunda sentença de morte foi pronunciada cinco dias depois. A promotoria em cinco outros homicídios foi indefinidamente deferida e Johnson permanece no corredor da morte no momento em que este livro é escrito.

JONES, Genene Ann

Em fevereiro de 1983, o grande júri especial foi convocado em San Antonio, Texas, para investigar a "suspeita de morte" de 47 crianças no Hospital Central Médico do Distrito de Bexar durante os quatro anos anteriores. Uma investigação similar no vizinho Distrito de Kerr foi concentrada nos casos de oito crianças que desenvolveram problemas respiratórios durante o tratamento em uma clínica local. Uma dessas crianças também morreu, e as autoridades estavam preocupadas sobre as alegações das mortes em ambos os condados; essas seriam causadas por injeções deliberadas de drogas para relaxamento muscular.

Genene Jones, 32 anos, enfermeira profissional licenciada, foi uma das três ex-empregadas do hospital ordenada a comparecer por ambos os grande júris. Juntamente com a enfermeira Deborah Saltenfuss, Jones demitiu-se do Hospital do Centro Médico, em março de 1982, mudando-se para um emprego na clínica do Distrito de Kerr dirigida pela dra. Kathleen Holland. Na época da convocação do grande júri, Jones e Holland tinham sido designadas como rés em uma ação judicial registrada pelos pais de Chelsea McClellan, de um ano e três meses, perdida a caminho do hospital após o tratamento na clínica de Holland em setembro de 1982.

Em 28 de maio de 1983, Jones foi indiciada em duas acusações de homicídio no Distrito de Kerr, acusada de injetar doses letais de relaxante muscular e outra droga desconhecida para causar o falecimento deliberado de Chelsea McClellan. As acusações adicionais de ferimento foram registradas no caso de seis outras crianças, supostamente injetadas com drogas incluindo succinilcolina durante sua visita à clínica de Holland. Enfrentando uma sentença máxima de 99 anos na prisão, Jones foi detida por uma fiança de 225 mil dólares.

Uma ex-beata, Jones entrou para a Enfermagem em 1977, trabalhando em diversos hospitais ao redor de San Antonio durante os cinco anos seguintes. No início de 1982, ela seguiu a dra. Holland na mudança para uma clínica particular, mas seu desempenho na clínica deixou muito a desejar. Em agosto e setembro de 1982, sete crianças sofreram ataques misteriosos enquanto visitavam o consultório da dra. Holland, e seus casos levantaram a suspeita do Hospital Sip Peterson do Distrito de Kerr, para onde foram transferidas para tratamento. Holland despediu Jones em 26 de setembro, após encontrar uma garrafa de succinilcolina, considerada perdida três semanas antes, faltando sua tampa plástica, com a borracha da parte superior furada e marcas de agulha.

(Em retrospecto, a escolha de enfermeiras por parte da dra. Holland pareceu, no mínimo, peculiar. Suas declarações às autoridades admitem que os administradores do hospital tinham "prevenido indiretamente" contra a contratação de Jones, descrevendo-a como uma suspeita nas mortes do hospital desde outubro de 1981. Três investigações separadas foram conduzidas no hospital do Distrito de Bexar, entre novembro de 1981 e fevereiro de 1983, todas sem solução em uma série de mortes misteriosas.

Em 21 de novembro de 1983, Jones foi indiciada em San Antonio sob acusações de ferir Rolando Santos, quatro semanas antes, pela injeção deliberada de heparina, um anticoagulante, em janeiro de 1982. Santos foi submetido a tratamento para pneumonia quando sofria de hemorragia "espontânea", mas os médicos conseguiram salvar sua vida. Sua investigação continuou, e as autoridades tinham Jones como suspeita em pelo menos dez mortes de crianças na enfermaria pediátrica do Distrito de Bexar.

O julgamento por assassinato de Genene começou em Georgetown, Texas, em 15 de janeiro de 1984, com os promotores introduzindo um motivo de ego. Jones supostamente procurava reconhecimento como uma heroína por "salvar" crianças em situações de risco de morte. As enfermeiras do Distrito de Bexar também lembraram-se do plano de Genene de promover uma unidade de cuidado intensivo pediátrica em San Antonio, ostensivamente elevando o número de crianças gravemente doentes. "Estão todos ali", ela disse uma vez a uma colega. "Tudo o que se tem a fazer é encontrá-los".

Os jurados deliberaram por três horas antes de condenar Jones por homicídio, em 15 de fevereiro, fixando sua pena em 99 anos de prisão. Oito meses depois, em 24 de outubro, ela foi condenada por ferir Rolando Santos em San Antonio e sentenciada a um período concomitante de 60 anos. Suspeita em pelo menos dez outros homicídios, Jones foi dispensada de acusações posteriores quando os administradores do hospital do Distrito de Bexar rasgaram cerca de quatro mil quilos de registros farmacêuticos em março de 1984, assim destruindo diversas partes de evidências, então sob ordem de apresentação ao grande júri local.

Veja também: ASSASSINOS MÉDICOS

JOUBERT, John J.

Em 22 de agosto de 1982, Richard Stetson, de 11 anos, desapareceu enquanto corria perto de sua casa em Portland, Maine. Um motorista encontrou seu corpo na manhã seguinte, colocado ao lado de uma rodovia rural, e enquanto se acreditou inicialmente ser vítima de um atropelamento no qual o agressor fugiu sem prestar socorro, os resultados da necropsia mostraram que Stetson tinha sido estrangulado, e então apunhalado por diversas vezes no peito. Marcas de mordida em seu corpo foram infligidas por um conjunto de dentes humanos.

Os investigadores não tinham nenhuma evidência com que trabalhar, e um ano se passou antes que um suspeito de 24 anos fosse fichado pelo assassinato de Stetson. As acusações foram desconsideradas em fevereiro de 1984, e nessa época havia mais duas vítimas na lista a 2.410 quilômetros de distância.

Danny Joe Eberle, 13 anos, estava entregando jornais em Bellevue, Nebraska, quando desapareceu na manhã de 18 de setembro de 1983. Sua bicicleta e os jornais foram encontrados dentro de um portão na quarta casa em seu caminho, mas Eberle permaneceu desaparecido até 21 de setembro, quando os investigadores retiraram seu corpo de uma vala ao lado da rodovia. Parcialmente desnudado, ele foi apunhalado repetidamente e então jogado onde foi encontrado. Os detetives observaram marcas de mordida no corpo, e seus joelhos foram atados antes de sua morte.

Em 2 de dezembro, Christopher Walden, 12 anos, desapareceu enquanto caminhava para a escola em Papillon, Nebraska, a 4,8 quilômetros da cena do assassinato de Eberle. Apunhalado repetidamente, seu corpo foi encontrado por caçadores de faisão dois dias depois, escondido em um bosque fora da cidade.

Seis semanas mais tarde, em 11 de janeiro de 1984, um homem jovem suspeito foi visto perambulando nas proximidades da pré-escola de Bellevue. Desafiado por uma mulher, funcionária da escola, ele a empurrou e ameaçou-a de morte, depois correu para um carro próximo e saiu em velocidade. A mulher memorizou o número de sua placa e o veículo alugado foi rastreado até John Joubert, 20 anos, um homem inscrito na Base da Força Aérea de Offut próxima. Uma pesquisa no quarto de Joubert revelou uma corda idêntica àquela que amarrava Danny Eberle; mais cordas e uma faca de caça foram encontradas em seu carro quando Joubert foi preso naquela noite.

Sob custódia, o suspeito confessou ambos os assassinatos locais, avisando os detetives que poderia matar novamente se fosse liberado. Indiciado em duas acusações de homicídio, em 12 de janeiro, Joubert foi detido por não pagar a fiança de 10 milhões de dólares, pendente de julgamento. Ele admitiu a culpa em ambas as acusações em 3 de julho de 1984, e três juízes fixaram sua sentença de morte.

Nativo de Portland, Maine — supostamente obcecado desde a infância com fantasias de CANIBALISMO —, Joubert estava também chegando às manchetes em casa. Os detetives observaram similaridades entre os dois homicídios de Nebraska e o caso de Stetson, instantaneamente elevando-o para o topo de sua pequena lista de suspeitos. As amostras de cabelo e impressões dentais foram obtidas de Joubert em fevereiro de 1985, e ele foi indiciado pelo assassinato de Richard Stetson em 10 de janeiro de 1986. Condenado quase cinco anos depois, em outubro de 1990, Joubert foi sentenciado à prisão perpétua sem condicional, e então retornou ao Nebraska para aguardar a execução. As apelações prolongaram sua vida por outros cinco anos e nove meses, antes de ser executado em 17 de julho de 1996.

JULGAMENTO de *Serial killers*

O sistema americano legal garante o direito básico de cada criminoso, não importa quão sádista ou depravado ele seja, a montar uma defesa competente. Na prática, é somente desde a década de 1960, com a legislação liberal da Suprema Corte dos Estados Unidos sob o juiz chefe Earl Warren, que os direitos do suspeito foram executados com alguma uniformidade. Antes dessa era, as táticas de "terceiro grau" eram lugar comum, se não uma rotina, e claramente produziam erros de justiça, como quando o suspeito Frank Dolezal foi espancado para confessar os crimes do "CARNICEIRO LOUCO DE KINGSBURY RUN".

Defender *serial killers* no tribunal é uma ocupação árdua, não popular e algumas vezes perigosa. Enquanto alguns réus renunciam ao seu direito a um advogado e poucos — como THEODORE BUNDY — exercitam seus egos defendendo-se, muitos assassinos aleatórios dão as boas-vindas aos conselhos do advogado. Poucos são suficientemente influentes para surgir com um grande nome de talento, embora advogados famosos, algumas vezes, liguem-se a um caso de grande perfil biográfico pela publicidade. O advogado de Boston F. Lee Bailey inflamou sua reputação na década de 1960 ao defender o assassino serial Charles Schmid e ALBERTO DESALVO enquanto através do continente, Melvin Belli oferecia seus serviços para o ardiloso ZODÍACO, como parte de um esforço em vão para induzir a rendição do assassino. Mais frequentemente, os defensores públicos ou advogados nomeados pelo tribunal herdam esses casos, e um veredicto de perda é algumas vezes o menor de seus problemas. O advogado de Los Angeles Ronald Hughes morreu misteriosamente em novembro de 1970, logo após discutir com o cliente CHARLES MANSON, e algumas autoridades ainda acreditam que ele foi assassinado pelos andarilhos homicidas da "família". Em outros casos, os advogados que defendem um *serial killer* têm mais a temer do público em geral, como quando os advogados de Nova York, Frank Armani e Francis Belge foram ameaçados — e Belge foi atacado na rua — enquanto defendiam o assassino acusado de matar três pessoas Robert Garrow.

Como uma questão prática, poucos *serial killers* são punidos por todos os seus crimes. Alguns, como JOHN GACY e JUAN

CORONA, colocam suas vítimas em locais próximos, facilitando as condenações múltiplas, mas muitos consideram menos as autoridades. Nos casos em que a evidência é fraca ou não existente — como em muitos dos crimes atribuídos a Ted Bundy —, os promotores usam de seu ponto mais forte, frequentemente colocando uma ou duas acusações de assassinato em vez de 15 ou 20. Algumas jurisdições teimosamente negam a culpa de um assassino por razões que apenas elas conhecem, como no caso da cegueira intencional de San Diego aos crimes de CARROL COLE. Em outros casos, os políticos e economistas ignoram a procura da justiça, e os promotores estão sempre preocupados pelo fato de julgamentos custarem dinheiro e os votos dos contribuintes. A opinião pública pode requerer o indiciamento em um caso sensacional, mas se o julgamento correr acima do orçamento — ou resultar em uma absolvição —, cada promotor entende o risco de reação nas urnas.

Os promotores, como os políticos, fazem estranhos aliados. A negociação é parte do jogo, e uma falta de evidência física algumas vezes obriga a negociações insípidas por testemunho. O assassino de crianças CLIFFORD OLSON mantém o recorde de audácia, persuadindo a Real Polícia Montada Canadense a pagar 10 mil dólares por corpo das dez vítimas desaparecidas, mas muitos desses acordos são negociações canceladas, negociando-se, então, por penas de prisão reduzidas — ou total imunidade — por uma confissão de culpa ou testemunho de um cúmplice criminoso. Em São Francisco, Anthony Harris enfrentou a promotoria em duas acusações de assassinato quando retornou a evidência do estado contra seus companheiros "Anjos da Morte" no notório caso ZEBRA em troca de imunidade. CHARLENE GALLEGO teve uma sentença indulgente de 16 anos (e está agora em liberdade) pela ajuda em colocar seu marido na fila de morte, enquanto Linda Kasabian ganhou imunidade total com seu testemunho no julgamento do assassinato de Mason.

Os julgamentos dramáticos fazem as manchetes, mas 90% dos casos de crimes qualificados americanos são terminados com negociação de confissões de culpa, e os assassinatos seriais não são exceção. Poucos cidadãos reclamam quando os assassinos são presos por toda a vida, mas o clamor de indignação é rotina quando um pleito negociado reduz ou elimina uma acusação de assassinato doloso, algumas vezes devolvendo um homícidio compulsivo às ruas. Na Flórida, o primeiro homicídio de James Pough foi registrado como homicídio culposo, e feita a negociação para agressão qualificada, Pough recebeu cinco anos de *sursis*; ao final daquele prazo, seu registro criminal foi apagado, permitindo que Pough comprasse legalmente armas de fogo com as quais matou outras oito vítimas. A enfermeira Mary Robaczynski admitiu o assassinato de quatro pacientes em Maryland, mas os promotores jogaram a toalha após um julgamento encerrado antecipadamente por causa de defeito jurídico insanável, abandonando todas as acusações em troca da entrega da licença de enfermagem de Robaczynski. Em Boston, o advogado F. Lee Baylei realizou um pleito clássico de negociação para o estrangulador Albert DeSalvo, com 13 acusações de assassinato perdidas em um artifício quando DeSalvo aceitou a prisão perpétua nas acusações de estupro e arrombamento.

Os julgamentos de assassinato serial são frequentemente longos e caros, particularmente na Califórnia, onde os advogados se orgulham de cobrar por hora e trabalham em velocidade glacial. O primeiro julgamento de Charles Manson requereu um mês para seleção do júri e oito meses de testemunhos para colocar quatro réus na fila de morte. No caso do "Esfaqueador Noturno" RICHARD RAMIREZ, a seleção do júri demorou mais de três meses, com cerca de três mil entrevistas, enquanto outros nove meses foram consumidos pelo julgamento. O julgamento do assassino do Distrito de Orange RANDY KRAFT durou 13 meses, custando aos contribuintes mais de dez milhões de dólares. Esses casos, embora pálidos em comparação com o julgamento de Los Angeles do "Estrangulador de Hillside", ANGELO BUONO, com seus dez meses de audiências preliminares e dois anos completos de testemunhos, durando de novembro de 1981 a novembro de 1983. O campeão inquestionável de atraso e evasão, o sadista CHARLES NG, foi preso pelas autoridades canadenses em junho de 1985 sob suspeita de matar mais de uma dúzia de vítimas no norte da Califórnia. Ele postergou a extradição até 1991 e conseguiu odiar seu julgamento com uma série de manobras legais. O julgamento começou finalmente em setembro de 1998, concluindo com a condenação de Ng em abril de 1999, e uma sentença de morte em junho de 1999 — mais de 15 anos após a descoberta de seus crimes.

Absolvições diretas em casos de assassinato serial são raras, mas não desconhecidas. Os advogados de Boston tiveram uma vitória surpreendente para a ré Mary Kelliher em 1908, persuadindo os jurados de que seis de seus parentes próximos tinham absorvido doses letais de arsênico de uma "colchão contaminado" durante um período de três anos. Em Nova Jersey, o dr. Mario Jascalevich foi absolvido por usar curare para envenenar seis pacientes, mas a publicidade adversa, cercando a investigação de 12 anos, levou-o de volta à sua Argentina natal, onde ele morreu de hemorragia cerebral em 1984. Os jurados de Los Angeles absolveram VAUGHN GREENWOOD de duas acusações de assassinato em 1976, mas a condenação em nove outros casos enviou-o à prisão perpétua sem condicional. Oito anos depois, em outro caso da "Área de Vagabundos", Bobby Maxwell foi condenado por dois assassinatos e absolvido em mais três, enquanto um júri que não conseguiu chegar ao veredicto deixou cinco acusações não resolvidas. Um veredicto abrangente similar em Indiana condenou o assassino atirador Christopher Peterson em quatro de sete assassinatos "idênticos", enquanto o absolvia em três. Na Geórgia, a enfermeira Terri Rachals confessou três assassinatos e foi acusada de seis, mas seu estado mental precário motivou os jurados a absolverem-na em muitas das acusações, considerando-a culpada, mas mentalmente doente em uma acusação de agressão qualificada.

Com os 50 Estados e incontáveis jurisdições locais julgando casos de assassinato a cada dia, talvez seja esperar muito que haja qualquer similaridade nas sentenças. Desde 1900, 68 % dos *serial killers* americanos condenados foram sentenciados a penas de prisão variáveis; outros 25 % foram sentenciados à morte por seus crimes e 40 % daqueles condenados foram de fato executados.

Veja também: PENA CAPITAL, ENCARCERAMENTO, DEFESA POR INSANIDADE

KALLINGER, Joseph Michael

Nascido em 11 de dezembro de 1936, na Filadélfia, Joseph foi dado para a adoção quando pequeno, encontrando uma casa com imigrantes austríacos, Stephen e Anna Kallinger, em outubro de 1938. Sua infância foi bizarra, para se dizer o mínimo, marcada por abuso dos pais na forma de açoite com chicote de nove tiras, espancado com um martelo e repetidamente ameaçado de castração. No Verão de 1944, Kallinger foi sexualmente abusado com uma faca apontada a ele por uma gangue de meninos mais velhos, motivando subsequentes episódios no qual ele se masturbava enquanto apertava uma faca em sua mão fechada.

Kallinger casou-se com sua primeira esposa aos 17 anos, e o relacionamento tempestuoso produziu dez filhos antes que ele abandonasse sua casa com outro homem, em setembro de 1956. Um ano depois, Joseph foi hospitalizado com suspeita de lesão no cérebro, mas os testes revelaram uma disfunção nervosa psicopatológica. Casado uma segunda vez em abril de 1958, Kallinger logo colocou fogo em sua própria casa por diversão, colhendo benefícios adicionais de 1.600 dólares do seguro contra incêndios. Submetido ao hospital estadual em julho de 1959, seguindo-se a uma tentativa de suicídio, Kallinger colocaria fogo na segunda casa da família em quatro ocasiões diferentes — duas vezes em maio de 1963, uma vez em agosto de 1965 e novamente em outubro de 1967.

Em 1972, os Kallinger tinham seis crianças em casa, incluindo duas de seu primeiro casamento desfeito. Em 23 de janeiro daquele ano, Joseph marcou a coxa de sua filha mais velha com ferro quente como punição por ter fugido de casa. Preso uma semana depois, ele foi considerado incompetente para julgamento, detido para avaliação mental por 60 dias, e finalmente considerado adequado para julgamento em junho. A condenação das acusações de abuso infantil renderam-lhe um *sursis* de quatro anos com uma disposição para tratamento psiquiátrico obrigatório.

Em 1974, Kallinger estava supostamente alucinando constantemente, mantendo discussões animadas com uma cabeça sem corpo (denominada "Charlie") e recebendo "ordens" pessoais de "Deus". As ordens divinas incluíam exigências de que Kallinger assassinasse garotos jovens e cortasse seus genitais, um impulso que ele confiou a seu filho, Michael, de 13 anos, em 26 de junho. Quando Joe pediu a ajuda de Michael, o garoto respondeu com entusiasmo: "Fico feliz em fazê-lo, pai!". Onze dias depois, eles assassinaram Jose Collazo, um jovem porto-riquenho, em Filadélfia, primeiro torturando sua vítima e então cortando seu pênis.

Kallinger em seguida colocou seus olhos em um de seus próprios filhos, Joseph Jr. Em sua primeira tentativa, Joe tentou fazer com que o garoto recuasse de um despenhadeiro, no estilo de desenho animado, enquanto posava para fotografias. Falhando nisso, ele levou os dois meninos com ele para um incêndio criminoso em 25 de julho, executando mal a tentativa de prender Joe Jr. em um trailer em chamas. Finalmente, três dias depois, Kallinger e Michael afogaram sua vítima em um local de demolição; o corpo foi recuperado pelas autoridades em 9 de agosto de 1974. Interrogado como suspeito no homicídio, Kallinger não foi preso por falta de evidências.

Naquele Outono, a equipe pai-filho começou a ir mais longe no campo em sua procura por vítimas. Em 22 de novembro, eles arrombaram uma casa em Lindenwold, Nova Jersey, mas não havia ninguém em casa. Na segunda parada, a vítima Joan Carty foi amarrada em sua cama e sexualmente agredida por Joe Kallinger. Onze dias mais tarde, em Susquehanna Township, Pensilvânia, cinco reféns foram atados e roubados sob ameaça de serem esfaqueadas, e os Kallinger conseguiram 20 mil dólares em dinheiro e joias após golpear o peito de uma mulher. Atacando em seguida Homeland, Maryland — um subúrbio de Baltimore —, pai e filho mantiveram uma mulher cativa em sua casa, forçando-a a satisfazê-los sexualmente, por estimulação oral sob a mira de uma arma. Em 6 de janeiro, o ritual foi repetido em Dumont, Nova Jersey, com outra vítima do sexo feminino.

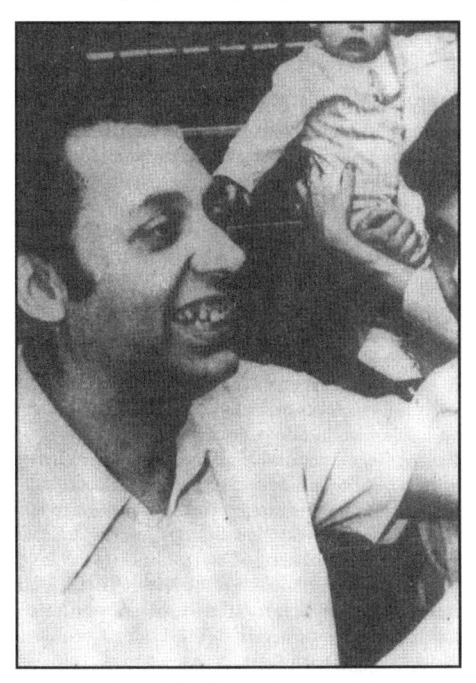

Joseph Kallinger (esquerda)

Dois dias depois, em 8 de janeiro, Kallinger e o filho invadiram outra casa em Leonia, Nova Jersey, mantendo oito cativos na mira de uma arma enquanto eles esquadrinhavam a casa. A enfermeira Maria Fasching foi apunhalada mortalmente por recusar a ordem de Joe de cortar com os dentes o pênis de uma vítima do sexo masculino, mas Kallinger foi descuidado ao sair, descartando uma camisa ensanguentada próximo à cena dos crimes. Os oficiais rastrearam a camisa até seu proprietário e os Kallinger foram presos em 17 de janeiro, por incursão conjunta de uma equipe de autoridades federais e estaduais. Dois meses depois, Michel Kallinger foi considerado delinquente, mas "podendo ser salvo" com acusações de assassinato desconsideradas em troca de sua admissão de culpa em duas acusações de roubo. Ele foi colocado em *sursis* até seu 25º aniversário, em dezembro de 1982.

O primeiro julgamento de Joe Kallinger na Pensilvânia acabou sem que o júri conseguisse chegar a uma decisão, em junho de 1975. Três meses depois, em seu novo julgamento, ele foi condenado em nove acusações de crime qualificado e sentenciado à prisão por 30 a 80 anos por um juiz que o chamou de "homem demoníaco, totalmente vil e depravado". Condenado no homicídio de Nova Jersey, em outubro de 1976, Kallinger recebeu uma condenação de prisão perpétua obrigatória para correr consecutivamente com seu período na Pensilvânia.

Os acessos violentos continuaram na prisão com Kallinger incendiando-se em março de 1977. Um mês depois, ele agrediu um companheiro interno antes de atear fogo em seu bloco de celas. Em março de 1978, ele cortou a garganta de um condenado em um ataque sem provocação, mas sua vítima sobreviveu. Dez anos depois, em entrevistas para a TV, Kallinger expressou seu contínuo desejo de assassinar cada pessoa na Terra, após o que esperava cometer suicídio e "tornar-se Deus".

Nessa época, Kallinger tinha sido julgado e condenado (em janeiro de 1984) pelo homicídio de Jose Collazo e de seu próprio filho Joseph Jr., recebendo duas sentenças mais de prisão perpétua. Brevemente transferido para o Hospital Estadual de Fairview da Pensilvânia, por ser criminalmente insano em 1990, após nova série de tentativas de suicídio e greves de fome "religiosas", Kallinger voltou para a prisão estadual em 26 de março de 1996, quando sufocou até a morte com seu próprio vômito na enfermaria da prisão.

KEARNEY, Patrick Wayne

Em 5 de julho de 1977, as autoridades de Riverside, Califórnia, anunciaram a confissão de dois suspeitos em uma série terrível de homicídios de "saco de lixo", supondo incluir 15 vítimas em cinco diferentes distritos desde 1973. Os suspeitos Patrick Kearney e David Douglas Hill foram acusados em apenas dois casos — ambas as vítimas assassinadas em março de 1977 — mas no mesmo dia, Kearney levou os detetives a seis supostos locais de descarga de corpos no Distrito de Imperial. A evidência recuperada da casa de Kearney, onde Hill residia como um amante em cohabitação, incluía fibras que combinavam com aquelas encontradas em diversos corpos, e uma serra de arco usada no desmembramento de determinadas vítimas.

O caso do "saco de lixo" da Califórnia, oficialmente, começou em 13 de abril de 1975, quando os restos mutilados de Albert Rivera, de 21 anos, foram descobertos perto de San Juan Capistrano. Em novembro, cinco corpos mais foram encontrados nos distritos de Los Angeles, Orange, Riverside e San Diego. A descoberta de outras duas vítimas, em março de 1977, elevou a contagem de corpos para oito, e nessa época a polícia tinha um padrão. Todas as vítimas identificadas eram gays; cada uma delas foi encontrada nua, com tiro na cabeça com uma arma similar; diversas vítimas foram desmembradas ou de alguma forma mutiladas, e seus restos foram embalados em sacos plásticos de lixo idênticos.

A última vítima foi John LaMay, 17 anos, visto pela última vez por seus pais em 13 de março, quando deixava a casa para visitar um amigo chamado "Dave". A polícia entrou no caso cinco dias depois, após os restos desmembrados de LaMay serem encontrados ao lado da rodovia ao sul de Corona. Os amigos da vítima identificaram "Dave" como David Hill, fornecendo o endereço aos detetives de homicídios. Os mandados foram emitidos para Hill e seu colega de quarto, mas os amantes permaneceram à solta até 1º de julho, quando entraram no escritório do xerife do Distrito de Riverside, apontando para seus pôsteres na parede e sorrindo, anunciaram: "Somos nós".

"Assassino do saco de lixo" Patrick Kearney (direita), com David Hill

Tendo abandonado o ensino médio em Lubbock, Texas, David Hill inscreveu-se no Exército em 1960, mas foi logo dispensado sob o diagnóstico de transtorno de personalidade não especificado (possivelmente relativo à sua HOMOSSEXUALIDADE). De volta a Lubbock, ele casou-se com sua amada da escola secundária, mas o romance teve vida curta. Em 1962, ele encontrou Patrick Kearney, que servia na Força Aérea, no Texas, e a atração foi mútua. Hill divorciou-se de sua esposa em 1966 e mudou-se para a Califórnia com Kearney um ano depois. Eles estavam vivendo juntos na cidade de Culver, um subúrbio de Los Angeles, quando a longa série de assassinatos começou. (A primeira vítima, conhecida apenas como "George", foi enterrada atrás do duplex de Kearney, na cidade de Culver, em setembro de 1968; os detetives seguiram a orientação do assassino para desenterrar seu esqueleto em julho de 1977.)

Em 14 de julho de 1977, Patrick Kearney foi formalmente indiciado em duas acusações de homicídio, incluindo aquela de John LaMay. David Hill foi liberado no mesmo dia e suas acusações foram desconsideradas, pois Kearney assumiu total responsabilidade pelos assassinatos, dizendo à polícia que matou porque isso "o excitava e dava um sentimento de domínio". Em 15 de julho, Kearney assinou a confissão de 28 assassinatos, com 12 dos casos confirmados pela polícia. Em 21 de dezembro, ele admitiu a culpa em três acusações de homicídio doloso, recebendo uma condenação de prisão perpétua.

Os promotores inauguraram o ano novo atribuindo a Kearney outras 18 acusações de homicídio em fevereiro de 1978. Nove dessas acusações dispunham sobre as primeiras 12 vítimas na confissão de Kearney; as demais incluíam duas crianças, de 5 e 8 anos, juntamente com quatro vítimas cujos corpos nunca foram recuperados. Em 21 de fevereiro, Kearney admitiu a culpa em todas as acusações, recebendo outra condenação de prisão perpétua. Se suas confissões originais foram verdadeiras, pelo menos sete vítimas permanecem não identificadas até hoje.

KEMPER, Edmund Emil III

Produto de uma casa esfacelada e abusiva, depreciado por uma mãe rabugenta que ocasionalmente o trancava no porão quando não satisfazia seus padrões de comportamento, Edmund Kemper cresceu tímido e ressentido, alimentando uma percepção de sua própria inadequação que deu lugar a fantasias mórbidas de morte e mutilação. Quando criança, ele frequentemente fazia um "jogo" no qual suas irmãs tomavam parte como carrasco, e Kemper era sua vítima, debatendo-se em imaginários espasmos de morte, à medida que elas "giravam o botão". Preocupado com as visões de decapitação e desmembramento, ele cortou as cabeças e mãos da boneca de sua irmã — *MODUS OPERANDI* que ele repetiria quando adulto com as vítimas humanas.

Antes dos de 10 anos, Kemper formou-se nos objetivos de sua vida, enterrando vivo o gato da família e subsequentemente cortando sua cabeça, retornando com o troféu terrível para seu quarto, onde foi colocado em um local de destaque. Apesar de sua tenra idade, ele afagava fantasias de amor e sexo, com a violência tendo um papel inevitável. Incapaz de expressar afeição de forma normal, ele mostrou seus SINAIS DE AVISO da necrofilia latente. Uma tarde, discutindo a infantil paixão de Edmund por uma professora da escola elementar, a irmã de Kemper perguntou por que ele simplesmente não beijou a mulher. Kemper respondeu sem emoção: "Para beijá-la teria de matá-la primeiro". Um segundo gato da família caiu vítima de seus impulsos, golpeado com um cassetete e os pedaços foram escondidos em um armário até serem acidentalmente descobertos por sua mãe.

Chamando seu filho de "um verdadeiro excêntrico", a mãe de Kemper antes enviou-o para viver com seu estranho marido e depois — após fugir — o garoto foi entregue para os avós paternos, que moravam em um rancho remoto da Califórnia. Ali, em agosto de 1963, Kemper, com 14 anos, atirou em sua avó com um rifle calibre 22, após apunhalar seu corpo repetidamente com uma faca de cozinha. Quando seu avô chegou em casa, Kemper atirou no velho homem também, deixando-o morto no quintal.

Interrogado pelas autoridades, Kemper podia apenas dizer que "apenas me perguntava como sentiria se atirasse em vovó". Ele não sentiu remorsos por cortar o corpo dela, e aquela declaração, juntamente com a violência sem motivo mostrada em suas ações, fizeram Kemper ser submetido ao hospital de segurança máxima do Estado em Atascadero. Em 1969, aos 21 anos, a monstruosa criatura havia crescido até cerca de 2,02 metros atingido 135 quilos, e recebeu a condicional sob a custódia de sua mãe, com objeções de psiquiatras do Estado.

Durante a ausência imposta de Ed, sua mãe tinha se estabelecido em Santa Cruz, cidade de faculdades cuja população gabava-se de possuir centenas de atraentes estudantes. Pelos dois anos seguintes, durante 1970 e 1971, Kemper aguardou a sua hora, mantendo empregos ocasionais e cruzando a rodovia nos seus dias de folga, pegando dezenas de jovens caronistas, refinando sua "linha" até saber que as colocaria totalmente à vontade. Algumas noites ele frequentava um salão patrocinado por alguns policiais fora de seu horário de serviço, convivendo com a lei e embebedando-se das narrações de crime, tornando-se amigo de diversos detetives que mais tarde seriam designados para rastreá-lo.

Em 7 de maio de 1972, Kemper pegou duas colegas de quarto de 18 anos, da Faculdade Estadual de Fresno, Mary Ann Pesce e Anita Luchessa. Dirigindo-se para um beco sem saída, ele apunhalou ambas as meninas até a morte, então levou seus corpos para casa e escondeu-os em seu quarto. Satisfeito com seus "troféus", Kemper tirou fotografias com a Polaroid, dissecou os corpos e agrediu sexualmente diversos órgãos antes de cansar do jogo. Embrulhando os restos em sacos plásticos, ele enterrou os corpos truncados nas montanhas de Santa Cruz, jogando as cabeças em uma ravina ao lado da estrada.

Quatro meses depois, em 14 de setembro, Kemper ofereceu uma carona para Aiko Koo, 15 anos. Sufocando-a com suas grandes mãos, Kemper estuprou seu corpo no local e então carregou-a para casa para dissecação. A cabeça cortada de Koo estava colocada no porta-malas do carro de Kemper na manhã seguinte, quando ele encontrou os psiquiatras estaduais que o declararam "seguro", recomendando que seu registro juvenil fosse selado para proteção futura de Kemper. Após a entrevista, ele enterrou os restos de Koo perto de um campo religioso localizado nas montanhas.

Outros quatro meses se passaram

Edmund Kemper, "Assassino de Estudantes"

antes do "Assassino de Estudantes" atacar novamente, em 9 de janeiro de 1973. Pegando a estudante Cindy Schall, Kemper forçou-a no porta-malas de seu carro na mira de uma arma, então atirou para matar. Dirigindo para a casa de sua mãe, ele levou o corpo para seu quarto e ali fez sexo com ela em sua cama. Depois Kemper dissecou o corpo de Schall na banheira, embalando os restos e jogando-os do alto de um desfiladeiro no mar. A cabeça de Schall foi enterrada no quintal da casa de sua mãe, como se olhasse para a casa, e Kemper observaria depois para sua mãe que "as pessoas realmente olham para você por aqui".

Nessa época, diversos restos das vítimas de Kemper foram encontrados e os oficiais já estavam no caso. Aparentemente, nenhum deles tinha a menor suspeita de que seu amigo, Ed Kemper, fosse o homem que procuravam, e alguns se sentiram suficientemente à vontade na companhia de Kemper para contar-lhe sobre o progresso de suas investigações em andamento. Sorrindo, frequentemente, pagando a próxima rodada, Kemper era todo ouvidos.

Em 5 de fevereiro de 1973, Kemper pegou Rosalind Thorpe, 23 anos, e outra caronista Alice Lin. As duas jovens mulheres receberam tiros mortais no carro, então foram amontoadas no porta-malas como bagagem. Dirigindo para casa, Kemper jantou e esperou sua mãe retirar-se antes de sair e decapitar ambos os corpos que estavam no porta-malas. Não satisfeito, ele carregou o corpo de Lin para dentro e estuprou-o no chão. Retornando para o carro, ele cortou as mãos dela com um posterior pensamento casual.

Com a chegada da primavera, o delírio de Kemper aumentou, voltando em círculos totalmente para sua casa e família. Ele brincou com a ideia de matar todos em sua quadra como uma "demonstração para as autoridades", mas finalmente descartou o pensamento. Em vez disso, no fim de semana da Páscoa, Kemper voltou-se para sua mãe, batendo com o martelo em sua cabeça enquanto ela dormia. Decapitando-a ele estuprou o corpo sem cabeça, então comprimiu sua laringe cortada pelo triturador de lixo. ("Parecia adequado", ele disse à polícia, "pelo que ela tinha reclamado, gritado e vociferado comigo durante tantos anos".) Sua cabeça foi presa na parede para ser usada como um painel de atirar dardos.

Ainda não saciado, Kemper telefonou para uma amiga de sua mãe, Sally Hallet, e convidou-a para um jantar de surpresa em honra de sua mãe. Na sua chegada, Kemper atingiu-a na cabeça, estrangulou-a até a morte, então decapitou-a, e seu corpo sem cabeça foi depositado na cama, enquanto ele vagueava para dormir no quarto de sua mãe.

No sábado de Páscoa, Kemper começou a dirigir para leste sem nenhum destino em mente. Chegou ao Colorado e foi para a cabine de telefone ao lado da estrada para chamar a polícia em Santa Cruz. Diversas tentativas foram necessárias antes de seus amigos aceitarem sua confissão e os oficiais locais serem despachados para fazer a prisão enquanto Kemper esperava pacientemente em seu carro.

Em suas confissões detalhadas, Kemper admitiu cortar em tiras a carne das pernas em pelo menos duas vítimas, cozinhá-las em uma panela de macarrão, e devorar isto como uma forma de "possuir" sua presa. Ele também reconheceu a remoção dos dentes, juntamente com mechas de cabelo e pele de suas vítimas, retendo-os como terríveis lembranças, TROFÉUS de caça. Descrito como apto pelos psiquiatras do Estado, Kemper foi condenado em oito acusações de homicídio. Interrogado sobre qual punição ele considerava adequada para seus crimes, o réu replicou: "Morte por tortura". Em vez disso, ele foi sentenciado à prisão perpétua com possibilidade de condicional. Confinado em Vacaville, ele uniu-se a um grupo de internos voluntários para gravar livros para cegos, e em janeiro de 1987 completou mais livros que qualquer outro prisioneiro, com algo como cinco mil horas de gravação feitas por dele. Ele permanecia preso no momento em que este livro foi escrito, com seis propostas de condicional rejeitadas até agora.

KISS, Bela

Homem de família e astrólogo amador, o húngaro Bela Kiss começou sua carreira como assassino serial relativamente tarde. Em fevereiro de 1912, aos 40 anos, Kiss mudou-se para a vila de Czinkota com sua esposa Marie, cerca de 15 anos mais nova. Em questão de semanas, Marie encontrou um amante para si, Paul Bikari, e, em dezembro de 1912, Kiss tristemente disse a seus vizinhos que o casal tinha fugido junto, deixando-o sozinho para se lamentar. No lugar de sua esposa, Kiss contratou uma empregada idosa. Ela, por sua vez, aprendeu a ignorar o desfile de mulheres que vinham passar o tempo com o solteiro recém- elegível de Czinkota.

Mais ou menos na mesma época, Kiss começou a colecionar grandes tonéis de metal, informando o curioso policial da vila que estavam cheios de gasolina, que poderia estar em falta com a chegada da guerra na Europa. As autoridades de Budapeste, enquanto isso, estavam procurando a informação sobre o desaparecimento de duas viúvas, chamadas Schmeidak e Varga, que não haviam feito contato com seus amigos ou parentes por diversas semanas. As duas mulheres tinham sido vistas pela última vez em companhia de um homem chamado Hoffmann, que dizia viver próximo à ponte Margaret em Budapeste, mas ele também desapareceu sem vestígios. O policial de Czinkota estava ciente da investigação, mas ele não viu nenhuma razão para conectar Herr Hoffman com o quieto e despretensioso Bela Kiss.

Em novembro de 1914, Kiss foi recrutado para o serviço militar, partindo para o front assim que prestou juramento nas fileiras e fazer a marcha. Um ano e meio se passaria antes de os oficiais em Czinkota serem informados sobre o falecimento de Kiss em combate, mais uma estatística triste para a lista de falecimentos naquela primavera ensanguentada de 1914. Ele foi esquecido pelo pessoal da cidade até junho, quando os soldados visitaram Czinkota à procura da gasolina armazenada.

O policial da vila lembrou-se de Kiss e sua provisão de tonéis de metal e levou o esquadrão de soldados para a casa do homem morto. Dentro da casa, os investigadores encontraram sete tonéis... mas eles não continham nenhuma gasolina. Em vez disso, cada tonel continha o corpo nu de uma mulher, estrangulado e imerso em álcool. As gavetas da escrivaninha de Kiss estavam cheias de cartões e cartas de mulheres que respondiam aos anúncios de jornais, comprados por Kiss em nome de Hoffmann, um autodescrito "viúvo solitário procurando companhia feminina".

O policial de Czinkota lembrou que existiram mais tonéis — e muitos mais que aqueles. Uma investigação nos campos vizinhos revelou outros 17, cada um com um corpo em salmoura. As autoridades de Budapeste identificaram as viúvas desaparecidas, e Marie Kiss ocupava outro tonel; seu amante, Paul Bikari, foi o único homem entre as 24 vítimas encontradas.

A polícia teorizava que Bela Kiss assassinara sua esposa e seu amante clandestino em um impulso de ciúmes, dispondo de seus corpos de forma que — ele pensava — eliminasse qualquer possibilidade de descoberta subsequente. O crime aparentemente revelou alguma mania escondida, e Kiss usou os dois anos seguintes perseguindo mulheres solitárias como uma paixão, fraudando diversas de suas economias antes de estrangulá-las e selá-las dentro da câmara mortuária provisória. Foi um caso terrível, mas Kiss foi enfrentar o tribunal em um nível mais alto.

Ele foi?

Na primavera de 1919, Kiss foi visto na ponte Margaret em Budapeste, o campo de preparação de guerra de "Herr Hoffmann". A investigação da polícia provou que Kiss tinha trocado seus papéis com uma outra baixa do campo de batalha, assumindo a identidade do homem morto para conseguir uma boa fuga. Este conhecimento não levou os detetives para perto de seu homem, pois Kiss havia escapado da rede novamente.

A procura inútil continuou. Em 1924, um desertor da legião estrangeira francesa falou aos oficiais da Sûreté sobre um companheiro legionário que entretinha as tropas com narrações de proficiência com o garrote. O nome do soldado era Hoffmann, e ele combinava com as descrições de Bela Kiss, mas o indício foi outro beco sem saída. Outra vez a polícia húngara foi informada que o legionário Hoffmann tinha também desertado, desaparecendo sem vestígios.

Em 1932, um detetive de homicídios de Nova York, Henry Oswald, estava convencido de que havia visto Bela Kiss saindo da estação de metrô de Times Square. Apelidado "Olho de Câmera" pelos colegas por sua excepcional memória para rostos, Oswald estava inabalável em sua crença de que Kiss — que estaria com cerca de 70 anos — estava vivendo em algum lugar de Nova York. Infelizmente, a multidão de Times Square impediu Oswald de perseguir Kiss, e ele pôde apenas observar com raiva inútil como sua suposta fonte desaparecia.

Em 1936, um rumor espalhou-se dizendo que Kiss estava trabalhando como zelador em um edifício residencial na Sexta Avenida em Nova York. Novamente, ele conseguiu escapar da polícia — se é que ele estava lá — e ali a trilha ficou fria. O que quer que finalmente tenha acontecido a Bela Kiss permanece um mistério, insolúvel com a passagem de mais de seis décadas. Na Hungria, ele é lembrado como um dos que desapareceram.

KNOWLES, Paul John

Nativo da Flórida, nascido em 1946, Knowles teve sua primeira prisão aos 19 anos, gastando grosseiramente seis meses de cada ano posterior na cadeia, em diversas condenações de arrombamento e roubo de carro. Ele estava cumprindo uma pena em Raiford, quando começou a corresponder-se com a divorciada da Califórnia Angela Covic e ela visitou a prisão por tempo suficiente para aceitar sua proposta de casamento, gastando dinheiro com advogados para ganhar sua liberação. A condicional veio em maio de 1974, e Knowles voou diretamente para São Francisco para suas núpcias, mas Covic tinha mudado de ideia, avisada por um sensitivo que previu a entrada de um novo e perigoso homem em sua vida. Na noite em que ela o descartou, Knowles supostamente saiu e matou três pessoas nas ruas de São Francisco, mas sua afirmação não foi verificada.

De volta para casa em Jacksonville, Knowles foi preso após brigar em um bar, mas ele golpeou a fechadura e escapou em 26 de julho de 1974. Naquela noite, ele invadiu a casa de Alice Curtis, de 65 anos, deixando-a atada e amordaçada, enquanto ele examinava sua casa à procura de dinheiro, finalmente levando seu carro. Ela foi asfixiada até a morte com a mordaça, mas Knowles ficou na cidade por alguns dias, usando seu carro, até a polícia ligá-lo com o crime e sua fotografia começar a aparecer na televisão. Preparando-se para deixar o carro quente em uma rua residencial tranquila, ele espiou Lillian Anderson, 11 anos, e sua irmã Mylette, sete anos mais velha, reconhecendo-as como amigas de sua mãe. Convencido de que as meninas o haviam visto e notificariam a polícia, ele as raptou e jogou seus corpos estrangulados em um pântano fora da cidade.

No dia seguinte, em Atlantic Beach, Flórida, Knowles entrou na casa de Marjorie Howe, estrangulando-a com uma meia de náilon e roubando sua televisão. Sua próxima vítima foi a adolescente "Jane Doe", caronista, estuprada e estrangulada por esporte, à medida que ele vagueava sem destino rumando para o norte. Em 23 de agosto, ele invadiu a casa de Kathie Pierce, em Musella, estrangulou com um fio de telefone enquanto seu filho de três anos olhava, e deixou a criança sem ferimentos.

Em 3 de setembro, Knowles encontrou o homem de negócios William Bates em uma taverna em Lima, Ohio, dividindo algumas bebidas antes de estrangular Bates e jogar seu corpo em algumas árvores próximas, onde seria descoberto em outubro. Roubando dinheiro, cartões de crédito e o carro de Bate, Knowles seguiu seu cami-

Paul Knowles sob custódia

nho para Sacramento, Califórnia, então voltando pela segunda vez a Utah, parando em Ely, Nevada, o suficiente para assassinar Emmett e Lois Johnson, que estavam acampados, em 18 de setembro.

Três dias depois, passando por Sequin, Texas, ele viu uma motorista encalhada ao lado da rodovia e parou para "ajudar", estuprando-a antes de estrangulá-la até a morte e arrastar seu corpo através de uma cerca de arame farpado entrelaçada. Em 23 de setembro, ele encontrou a esteticista Ann Dawson em Birmingham e instantaneamente ganhou sua preferência; eles viajaram juntos, por conta dela, até Knowles cansar do jogo e matá-Lousiania em 29 de setembro. Seu corpo nunca foi encontrado.

Knowles vagueou por Oklahoma, Missouri, Iowa e Minnesota, aparentemente mantendo-se limpo, não levando nenhum corpo. Em 19 de outubro, ele precisava de uma "droga" e encontrou-a em Woodford, Virgínia, irrompendo na casa de Doris Hovey, 53 anos, atirando nela com o rifle de seu próprio marido, então limpando suas impressões da arma e colocando-a ao lado de seu corpo. Posteriormente, a polícia não pôde encontrar nenhum sinal de ato sexual ou roubo para oferecer como motivo do crime.

Ainda dirigindo o carro roubado de Bate, Knowles pegou duas caronistas em Key West, planejando matá-las, mas seu esquema falhou quando um policial parou-os por infração de trânsito. O descuidado oficial deixou Knowles continuar após uma advertência, mas a experiência tinha abalado Paul. Deixando suas passageiras fora de Miami, Knowles telefonou para seu advogado pedindo aconselhamento. Rejeitando a sugestão de se render, ele encontrou o advogado por tempo suficiente para entregar-lhe uma confissão gravada, então saiu da cidade antes de a polícia ser informada de sua presença.

Em 6 de novembro, em Macon, Geórgia, Knowles fez amizade com Carswell Carr e foi convidado a passar a noite na casa. Durante os drinques, ele apunhalou Carr mortalmente e estrangulou sua filha, de 15 anos, falhando em sua tentativa de fazer sexo com seu corpo.

Na esteira de sua partida de Macon, suspeitou-se também que Knowles, em 2 de novembro, assassinara o caronista Edward Hilliard, encontrado no meio de algumas árvores próximas, e sua companheira Debbie Griffin (ainda entre as desaparecidas).

Visitando rapidamente bares em Atlanta em 8 de novembro, Knowles encontrou a jornalista britânica Sandy Fawkes, impressionando-a com sua "boa aparência esquelética". Eles passaram a noite juntos, mas Knowles era incapaz de atuar na cama, e ele falhou repetidamente no ato sexual durante os seguintes dois dias, sugerindo possível impotência com uma companhia desejada. Eles se separaram em 10 de novembro, mas Knowles pegou uma das amigas de Sandy, Susan MacKenzie, no dia seguinte, exigindo o sexo na mira de uma arma. Ela escapou e notificou a polícia, mas quando os patrulheiros tentaram pará-lo, Knowles brandiu uma espingarda serrada e conseguiu fugir.

Pouco tempo depois, em West Palm Beach, ele invadiu a casa de Beverly Mabee, inválida, raptando sua irmã e roubando seu carro, deixando sua refém fora de Fort Pierce, Flórida, na noite seguinte. O oficial da polícia reconheceu o carro roubado na manhã seguinte e fez Knowles encostar, mas ele era mais rápido no saque. Usando o oficial como refém, dirigiu para longe no carro da polícia, usando sua sirene para parar o motorista James Meyer, trocando de carro uma segunda vez. Sobrecarregado agora com dois prisioneiros, Knowles algemou os dois homens a uma árvore no Distrito de Pulaski, Geórgia, e atirou em cada um na cabeça a curta distância.

Mais tarde, Knowles tentou colidir com um bloqueio policial na rodovia, perdendo o controle de seu carro e batendo em uma árvore. Uma caótica caçada a pé foi iniciada, com Knowles perseguido por cachorros e helicópteros; ele finalmente foi acossado por um civil armado em 17 de novembro. Sob custódia, ele confessou 35 assassinatos, mas apenas 18 puderam ser verificados. Em 18 de novembro, enquanto era transferido para a segurança máxima, Knowles apoderou-se do revólver do xerife, e o agente do FBI Ron Angel atirou, matando-o durante a perseguição.

KODAIRA, Yoshio

Discutivelmente o mais prolífico *serial killer,* da época moderna, Kodaira Yoshio, nascido em 1905, filho de um alcoólatra violento, foi descrito por seu professor de primeiro ano como "desatento e indiferente; entrando em brigas diariamente". O padrão continuou durante toda a escola de primeiro grau, com Kodaira em maior desvantagem pela gagueira grave, arranhando nas notas baixas e graduando-se — simplesmente — com a classificação de 21º em uma classe de 23 estudantes. Aprendiz de trabalho em metal de Tóquio, em vez de uma educação superior, ele vagueou em uma série de empregos como operário de produção, não durando mais que poucos meses. Pai solteiro aos 18 anos, ele se uniu à Marinha Imperial japonesa para escapar das obrigações paternais.

Como marinheiro da frota japonesa, Kodaira logo acostumou-se aos bordéis de aluguel de baixo nível em diversos portos de parada. Em 1927, ele estava envolvido nas ações japonesas contra a China continental, participando de diversas atrocidades que incluíram o estupro e assassinato de civis indefesos. Como ele depois descreveu um incidente, "Quatro ou cinco de meus camaradas e eu entramos em uma casa chinesa, amarramos o pai e o fechamos em um armário. Roubamos suas joias e estupramos as mulheres. Nós também matamos com a baioneta uma mulher grávida e retiramos o feto de seu útero. Eu também participei dessas ações depravadas."

E adorou cada minuto disso.

De volta à vida civil em 1932, Kodaira casou-se com a filha de um sacerdote xintoísta, apesar das objeções do pai dela. A união foi tempestuosa e atingiu o clímax quando Kodaira decidiu, em uma discussão, bater mortalmente em seu sogro com uma barra de ferro, ferindo seis outros membros da família no processo. Sentenciado a 15 anos em trabalhos forçados, ele foi liberado na anistia geral de 1940 e encontrou trabalho como empregado civil nas instalações navais de Tóquio. Muitos de seus subordinados eram mulheres, e Kodaira criou o hábito de espiá-las tomando banho após o trabalho. Em 25 de maio de 1945, ele estuprou e estrangulou uma delas, Miyazaki Mitsuko, 19 anos, e escondeu seu corpo atrás de um abrigo de ataque aéreo nas instalações.

O Japão estava sob constante ataque aéreo nessa época, suas fortalezas nas ilhas do Pacífico caindo sob os invasores anfíbios, e o crime de Kodaira não foi descoberto enquanto o caos da guerra distraía a polícia de seus crimes. Encorajado por seu sucesso, ele estuprou e estrangulou Ishikawa Yori, de 30 anos, em 22 de junho. Três semanas depois, em 12 de julho, repetiu o procedimento com Nakamura Mitsuko, de 32 anos. A quarta vítima, Kondo Kazuko, de 22 anos, morreu em 15 de julho. Matsushita Yoshie, de 21 anos, foi morta em 28 de setembro; Shinokawa Tatsue, de 17 anos, seguiu em 31 de outubro, e Baba Hiroko, de 19 anos, em 30 de dezembro.

Kodaira fez uma pausa de seis meses para respirar, e depois fez sua próxima vítima — Abe Yoshiko, de 15 anos —, em 30 de junho de 1946. Duas mais seguiriam até ele ser finalmente preso pela polícia.

Sem mais empregadas para se tornarem vítimas, Kodaira trabalhou uma nova abordagem para si, perambulando em locais públicos, oferecendo ajuda a mulheres jovens, comprando alimentos ou outros itens no florescente mercado negro de Tóquio. Foi assim que Kodaira encontrou Midorikawa Ryuko, de 17 anos, em 10 de julho, iniciando uma amizade que incluía visitas à sua casa, onde ele inocentemente deu seu nome verdadeiro para os pais da jovem mulher. Ryuko desapareceu em 6 de agosto, deixando a casa para encontrar Kodaira para uma suposta entrevista de emprego; seu corpo nu foi encontrado no Templo Zojoji de Tóquio poucos dias depois. Um segundo corpo, encontrado próximo, foi identificado como Shinokawa Tatsue, o desaparecimento informado por seus pais em Shibuya.

A polícia foi procurar Kodaira após obterem seu nome dos pais de Ryuko, e ele livremente confessou seus crimes sem nenhum pleito de clemência, e foi sentenciado à morte em 20 de agosto de 1947. (Além dos homicídios, ele confessou 30 estupros ou mais em que as vítimas sobreviveram.) Dois anos e dois meses depois, na manhã de 5 de outubro de 1949, Kodaira foi enforcado na prisão de Miyagi.

Na esteira de sua execução, o autor japonês Edogawa Rampo tentou dar um sentido ao caso. "O tipo de crime que ele cometeu não era particularmente incomum", Edogawa escreveu, "mas tê-los repetido usando os mesmos métodos foi definitivamente incomum. Este incidente pode ser atribuído ao relaxamento da moral que ocorreu desde o final da guerra. É por isso que todos nós — os criminosos, suas vítimas e a sociedade em geral — temos alguma culpa. Além disso, a atmosfera de negligência social trazida pela derrota do Japão trouxe a besta para esses indivíduos, particularmente aos homens que retornaram da batalha".

Edogawa não pareceu pensar que "a besta" foi deliberadamente evocada pelas táticas da guerra japonesa da época, refletidas nesses incidentes, como o Estupro de Nanking, em que pelo menos 300 mil civis não armados foram assassinados a sangue frio, meninas e mulheres estupradas às centenas de milhares em uma orgia de violência oficialmente perdoada — e compartilhada — pelos oficiais superiores. Foi, talvez, mais confortador compartilhar a acusação entre as vítimas de Kodaira que reconhecer a verdade, dizer que o Japão imperial deliberadamente, conscientemente produziu uma geração de estupradores e assassinos sem compaixão.

KOKORALEIS, Andrew e Thomas Veja "Estripadores de Chicago"

KORDIYEH, Gholomreza Khoshuruy Kuran

Um *serial killer* iraniano nascido em 1969, Gholomreza Kordiyeh teve sua primeira prisão aos 24 anos, acusado de rapto e estupro. Ele escapou da custódia no caminho para o julgamento e permaneceu à solta por outros quatro anos, graduando-se em assassinato em fevereiro de 1997.

Durante os cinco meses seguintes, ele assassinou pelo menos nove mulheres, personificando um motorista de táxi ao cruzar as ruas de Teerã à noite, à procura de vítimas. As mulheres que entravam em seu "táxi" eram estupradas e apunhaladas repetidamente, então eram embebidas em gasolina e lhes era ateado fogo em um esforço para disfarçar os crimes. Alguns dos corpos foram imperfeitamente consumidos pelas chamas, permitindo que os investigadores contassem até 30 ferimentos de punhal em um único corpo.

A polícia denominou sua presa "Vampiro de Teerã" pelos seus hábitos noturnos de perambular, mas foi confundida em sua busca ao assassino até Kordiyeh tornar-se descuidado, permitindo que duas vítimas escapassem de suas mãos. As mulheres ajudaram as autoridades a preparar um retrato falado do suspeito e eles rapidamente identificaram Kordiyeh, após sua prisão em junho, por agir de forma suspeita em um Shopping de Teerã. Confrontado com a evidência — incluindo as manchas de sangue em seu carro —, Kordiyeh confessou os assassinatos. Seu julgamento foi transmitido ao vivo, em uma televisão operada pelo Estado, para uma audiência fascinada, e o vampiro foi sentenciado à forca.

Adequando-se à ocasião, a execução de Kordiyeh em 12 de agosto de 1997 foi um espetáculo público. Vinte mil espectadores viram o evento, cantando *Allahu Akbar* ("Deus é grande"), enquanto Kordiyeh recebia uma chicotada de 214 açoites de parentes de suas vítimas. Naquele ritual completo, o caçador semiconsciente foi enforcado em um guindaste de construção amarelo-claro, erigido próximo à cena de seus crimes. Suas últimas palavras antes do guindaste elevá-lo foram: "Não peguei dinheiro emprestado de ninguém e não devo nada a ninguém. Peço a Deus perdão pelo que fiz".

As autoridades iranianas, enquanto isso, estavam menos satisfeitas com o resultado da amostra pública, temendo que o exemplo de Kordiyeh pudesse inspirar cópias letais. Antes de terminar o ano, outro taxista de Teerã foi preso pela tentativa de molestar uma passageira. De acordo com os relatórios da imprensa, este possível estuprador vangloriou-se para a polícia "Serei o próximo Vampiro de Teerã".

KRAFT, Randy Steven

Logo após a 1 hora de 14 de maio de 1983, os oficiais de patrulha da rodovia no Distrito de Orange, Califórnia, pararam um motorista suspeito de embriaguez. O motorista Randy Kraft imediatamente deixou seu veículo, todo sorrisos à medida que abordava o carro da radiopatrulha para tratar de seus negócios. Tornando-se mais desconfiados a cada momento, os oficiais encaminharam Kraft para trás de seu carro, onde encontraram Terry Grambel, um fuzileiro de 25 anos, inclinado e morto no banco do passageiro. Ele foi estrangulado com um cinto e Kraft foi registrado como suspeito de homicídio e detido em troca de uma fiança de 250 mil dólares.

Uma verificação do histórico de Kraft revelou uma prisão em 1966 por conduta indecente em Huntington Beach, sendo as acusações desconsideradas. Ele se formou na faculdade de economia um ano depois e

Randy Kraft no tribunal (à direita)
"Assassino do Cartão"

passou o ano na Força Aérea antes de ser dispensado com base em relatos de HOMOSSEXUALIDADE. Em 1975, Kraft foi preso em Long Beach por conduta indecente com outro homem: na condenação, ele ficou cinco dias na cadeia e pagou uma multa de 125 dólares.

A busca no carro aprendido de Kraft revelou 47 fotografias coloridas mostrando diversos homens jovens, alguns nus, e alguns aparentemente inconscientes — ou pior. Uma pasta no porta-malas continha um caderno completo com mais de 60 mensagens codificadas em algum tipo de código pessoal. Uma visita à casa de Kraft revelou mais evidências, convencendo as autoridades de que tinham o assassino mais prolífico em suas mãos. As fotografias de Kraft mostravam três homens jovens cujas mortes ainda estavam sem solução no sul da Califórnia. Robert Logins, fuzileiro jovem, encontrado morto em setembro de 1980; agora a polícia tinha fotografias de seu corpo nu espalhado em um sofá na casa de Kraft. Roger De Vaul, 20 anos, foi visto vivo pela última vez enquanto pedia carona com um amigo, Geoffrey Nelson, em 12 de fevereiro de 1983. O corpo de Nelson foi encontrado em Garden Grove na mesma tarde; De Vaul foi encontrado no dia seguinte. Eric Church, outro caronista crônico, foi encontrado morto no Distrito de Orange em 27 de março de 1983.

E a contagem de corpos continuou crescendo. As fibras de um tapete na garagem de Kraft combinavam com as recuperadas do corpo de Scott Hughes, de 18 anos, descartado ao longo da rodovia Riverside em abril de 1978, e os seus itens pessoais recuperados da casa de Kraft incluíam a propriedade roubada de outras três vítimas de assassinato no Oregon, mais dois itens pertencentes a um homem encontrado morto próximo a Grand Rapids, Michigan, em dezembro de 1982. Os investigadores souberam que Kraft tinha trabalhado para uma empresa aeroespacial com base em Santa Mônica, entre junho de 1980 e janeiro de 1983, visitando os escritórios da empresa no Oregon e Michigan nas épocas dos assassinatos não resolvidos em ambos os estados.

Conforme os nomes eram acrescidos à lista de vítimas, os promotores quebraram o código do caderno de Kraft. Assim "2 em 1 Hitch" referia-se ao assassinato duplo de Nelson e de De Vaul. "Marine Carson" era uma referência a Richard Keith, um jovem fuzileiro visto pela última vez em Carson, Califórnia, cujo corpo estrangulado foi encontrado em Laguna Hills em junho de 1978. "Jail Out"(fora da prisão) descrevia o caso de Ronald Young, encontrado apunhalado em Irvine horas após ser liberado de sua prisão no Distrito de Orange, em 11 de junho de 1978. "Parking lot" (estacionamento) trazia memórias de um caso de oito anos no qual Keith Crotwell desapareceu em 26 de março de 1975. O pescador foi encontrado com a cabeça cortada dias depois, longe da costa de Long Beach, e seu esqueleto finalmente recuperado em outubro. Kraft foi brevemente interrogado naquele caso e, embora admitisse encontrar Crotwell em um estacionamento no dia em que ele desapareceu, os oficiais não o consideraram um suspeito no crime. "Euclid" estava se referindo a outro fuzileiro jovem, Scott Hughes, descartado na rampa da rodovia na Euclid Street em Anaheim.

A lista continuava e cada anotação combinava com outro homicídio não resolvido. Um promotor que trabalhava no caso deu a Kraft um apelido, observando aos jornalistas que "o que temos aqui é um verdadeiro cartão de pontos do assassino".

Filnalmente acusado de 16 homicídios — e forte suspeita de outros 51 —, Kraft postergou seu julgamento por cinco anos com diversos artifícios legais. O julgamento em si estabeleceu um novo recorde no Distrito de Orange, arrastando-se por um ano e um mês meses, mas Kraft finalmente foi condenado em todas as acusações em maio de 1989. A fase de penalidade de seu julgamento levou outros quatro meses, e o júri recomendou a morte em 11 de agosto. Kraft foi formalmente condenado em 29 de novembro. Confinado ao corredor da morte em San Quentin, ele passa agradavelmente as horas jogando bridge com os companheiros *serial killers* DOUGLAS CLARK, LAWRENCE BITTAKER e (até sua execução em 1996) WILLIAM BONIN. Outro passatempo ocasional de Kraft é o litígio frívolo: em 1993, ele registrou uma ação de difamação de 60 milhões de dólares contra a editora e o autor de um livro sobre seu caso, reivindicando que o volume o tinha retratado incorretamente como "homem doente, pervertido", portanto afundando com todas as suas "perspectivas de futuro emprego"! A ação foi desconsiderada pela Suprema Corte da Califórnia, em junho de 1994.

KROLL, Joaquim

Assassino sexual alemão nômade, Kroll viveu nas proximidades de Duisburg, enchendo seu apartamento de solteiro com utensílios eletrônicos e bonecas infláveis para o ato sexual, frequentemente estrangulando-as com uma mão enquanto se masturbava com a outra. Muito nervoso e tímido para o sexo com parceiros conscientes, ele se voltou ao estupro e assassinato aos 22 anos, matando com tanta frequência durante as duas décadas, que perdeu a conta de suas vítimas. Nos anos de 1960, Kroll tentou o CANIBALISMO por um impulso, gostando tanto que manteve a prática, caçando vítimas "macias" em um esforço para reduzir suas contas na mercearia.

A primeira vítima lembrada por Kroll foi Irmgard Strehl, de 19 anos, estuprada e assassinada em um celeiro próximo à vila de Walstede, em fevereiro de 1955. Erika Schuletter, 12 anos, foi a próxima a morrer, estuprada e estrangulada em 1956. Três anos depois e a quilômetros de distância,

ele assassinou Klara Jesmer em meio às árvores próximas a Rheinhaousen em 17 de junho de 1959. Manuela Knodt, 16 anos, foi estuprada e assassinada perto de Bredeney, sul de Essen, com fatias cortadas de suas nádegas e coxas no primeiro assassinato publicamente atribuído ao homem que a polícia designaria de "Caçador Ruhr".

Em 23 de abril de 1962, Petra Griese, 13 anos, foi estuprada e assassinada em Rees, próximo a Walsum, e teve as nádegas cortadas junto com seu antebraço e mão esquerdos. O caçador ainda estava atuando em Walsun em 4 de junho, quando Mônica Tafel, 13 anos, desapareceu no caminho para a escola. Os investigadores encontraram seu corpo em um campo de centeio nas proximidades, com fatias cortadas de suas nádegas e da parte traseira de suas coxas.

Kroll algumas vezes parecia mudar seu padrão a fim de confundir a polícia. Nenhuma carne foi tirada quando assassinou Bárbara Bruder, 12 anos, em Bruscheid em 1962. Em agosto de 1965, em Grossenbaum, ele

Joaquim Kroll, o "Caçador Ruhr"

rastejou até dois jovens amantes, furando um pneu de seu carro, e fatalmente apunhalando o motorista Hermann Schmitz, quando ele saiu para investigar o barulho. Em Marl, Kroll estuprou e assassinou Ursula Rolling em 13 de setembro de 1966, recuperando-se três meses depois para matar Ilona Harke, 5 anos, em Wuppertal, fatiando pedaços de suas nádegas e ombros.

A sorte de Kroll quase acabou em 1967, quando se estabeleceu brevemente em Grafenhousen, fazendo amizade com crianças locais que começaram a chamá-lo "tio". Atraindo uma menina de 10 anos para um campo próximo em uma tarde, ele prometeu "mostrar-lhe um coelho", mas em vez disso produziu fotos obscenas, esperando que a criança pudesse tornar-se sexualmente excitada. Mas ela ficou horrorizada, correu para a segurança quando Kroll agarrou sua garganta. Ele fugiu de Grafenshousen no mesmo dia, antes que a polícia pudesse começar a fazer perguntas problemáticas.

Em 12 de julho de 1969, Kroll invadiu a casa de Maria Hettgen, 61 anos, em Hueckeswagen, estrangulando-a até a morte e estuprando seu corpo na entrada da frente. Voltando para crianças em 21 de maio de 1970, ele armou ciladas para Jutta Rahn, 13 anos, em Breischeid, descartando seu corpo estrangulado após satisfazer sua luxúria. Em 1976, Karin Toepfer, 10 anos, foi estuprada e estrangulada no caminho para a escola, em Dinslaken Voerde.

A arrogância de Kroll derrotou-o em julho de 1976, quando fez sua próxima vítima em sua vizinhança em Laar, um subúrbio de Duisburg. Marion Ketter, de 4 anos, teve seu desaparecimento informado de um *playground* próximo e a polícia estava fazendo perguntas de porta em porta, quando ouviu uma curiosa história de um dos vizinhos de Kroll. De acordo com a testemunha, Kroll tinha avisado de que o banheiro no andar superior de seu bloco de apartamentos estava entupido "com vísceras". Um encanador rapidamente verificou a declaração, retirando um pulmão de criança e outros órgãos da tubulação, e os detetives foram chamar Kroll. Em seu apartamento, eles descobriram sacos plásticos de carne humana armazenados no *freezer*. No fogão, uma pequena mão estava sendo cozinhada em uma vasilha com cenouras e batatas.

Convencidos de que tinham encontrado o Caçador, os oficiais ficaram assombrados com a longa ladainha de Kroll de estupros e assassinatos. Ele se lembrou de 14 vítimas, mas na verdade não podia dizer se houve mais, uma circunstância que deixou os detetives livres para especular em sua contagem final de corpos. Com a PENA CAPITAL abolida na Alemanha após a II Guerra Mundial, Kroll recebeu a punição máxima possível com a prisão perpétua.

KURTEN, Peter

Nascido em Koln-Mulheim, Alemanha, em 1883, Peter Kurten teve uma infância violenta e abusiva. Treze pessoas de sua família moravam em um único cômodo, a atmosfera altamente carregada com tensão sexual. O pai de Kurten, um alcoólatra brutal, frequentemente compelia sua esposa para desnudar-se para o sexo na frente das crianças reunidas, sendo depois enviado para a prisão por tentativa de estupro de sua própria filha. Peter, da mesma forma, molestou suas irmãs na ocasião, e foi também influenciado por um apanhador de cachorros que vivia no mesmo edifício. Quando criança, Kurten frequentemente via o homem torturar seus cachorros e foi instruído na arte de masturbar animais por esporte.

Kurten cometeu seus primeiros homicídios aos 9 anos, quando empurrou um colega de brincadeiras de uma balsa nas margens de Rhime. Um segundo garoto pulou para ajudar o primeiro e Kurten conseguiu empurrar os dois sob a balsa, onde eles se afogaram. Como no caso de CARROL EDWARD COLE um século mais tarde, estes homicídios juvenis foram desconsiderados pelas negligentes autoridades como mortes "acidentais".

Com cerca de 13 anos, Kurten mudou-se com sua família para Dusseldorf. Já pervertido em sua visão de sexualidade, ele se masturbava compulsivamente, tentando relações com suas irmãs e diversas meninas da escola. Aos 13 anos, ele também praticava bestialidade com ovelhas, porcas e cabras, retirando satisfação especial quando apunhalava a ovelha mortalmente durante a relação.

Peter Kurten, o "Vampiro de Dusseldorf"

No início de sua adolescência, Kurten fugiu de casa para viver como um ladrão nômade, escolhendo meninas e mulheres como suas presas. De volta a casa em Dusseldorf, aos 16 anos, ele brevemente trabalhou como aprendiz de modelador, mas seu mestre provou-se abusivo, e Kurten fugiu com o dinheiro da gaveta da caixa registradora, estabelecendo-se em Coblenz com uma prostituta que florescia com violência e perversão. Kurten registrou sua primeira prisão em Coblenz, um dos 17 indiciamentos que o colocariam na prisão por um total de 27 anos durante o curso de sua vida. Liberado em 1899, ele soube que seus pais haviam se divorciado e Kurten imediatamente mudou-se com outra prostituta masoquista com o dobro de sua idade.

Kurten teve seu primeiro assassinato registrado quando adulto em novembro de 1899, quando estrangulou uma menina durante o sexo em Grafenberger Wald fora de Dusseldorf, mas nenhum corpo foi encontrado e sua vítima pode ter sobrevivido. Ele esteve na prisão duas vezes por fraude em 1900, então recebeu outros dois anos por tentar atirar em uma menina com um rifle. As acusações de roubo mantiveram-no atrás das grades até 1904, onde ele ocupava seu tempo com fantasias de sexo violento e vingança contra a sociedade.

Recrutado pelos militares na liberação da prisão, Kurten logo desertou. Ele começou a atear fogo naquela época, tirando o excitamento sexual das chamas. Seus alvos normalmente eram celeiros e montes de feno, incendiados na esperança de que vagabundos adormecidos pudessem ser queimados vivos. Sentenciado a sete anos em uma acusação de roubo em 1905, Kurten depois alegou ter envenenado diversos internos no hospital da prisão. Na liberação de 1912, ele estuprou uma menina servente e, logo após, foi encontrado abordando mulheres em um restaurante local. Um garçom tentou intervir e Kurten afastou-o com o fogo da pistola, ganhando outro ano na prisão por seu problema.

Em 25 de maio de 1913, Kurten entrou em um *pub* em Koln-Mulheim enquanto os proprietários estavam fora. Rastejando para seus quartos, ele encontrou sua filha de 13 anos, Christine Klein, dormindo na cama. Cortou sua garganta e estuprou-a com seus dedos, deixando cair um lenço com suas iniciais na cena; mas ele tinha sorte. O pai da vítima, Peter Klein, havia anteriormente discutido com seu irmão Otto, que ameaçara fazer algo que Klein "lembraria por toda sua vida". Otto Klein foi indiciado e julgado por homicídio, finalmente liberado por falta de evidências, enquanto Kurten acompanhava o procedimento com divertimento.

Aproximando-se de sua programação, Kurten encontrou outra vítima adormecida, mas foi ameaçado pelos membros de sua família. Em incidentes separados, ele golpeou um homem e uma mulher com um cassetete, atingindo o clímax ao ver o sangue. Ele também colocou fogo em outra pilha de feno e tentou estrangular duas mulheres, antes de receber oito anos mais na prisão em acusações não relacionadas.

Liberado em 1921, mudou-se para Altenburg, dizendo aos novos conhecidos que havia sido um prisioneiro de guerra na Rússia. Kurten encontrou sua futura esposa em Altenburg, uma mulher que havia cumprido cinco anos na prisão por atirar em seu noivo. Ela, inicialmente, rejeitou suas propostas, mas concordou em casar com Kurten quando ele a ameaçou de assassinato.

Estabelecendo-se em uma versão peculiar de felicidade doméstica, Kurten suportou uma "vida normal" por diversos anos antes de recair e ser acusado de agressão sexual às empregadas em duas ocasiões. Mudando-se novamente para Dusseldorf em 1925, ele ficou encantado com um por de sol vermelho-sangue na noite de sua chegada. Kurten considerou aquilo um sinal. Ele estava se preparando para lançar seu reino de terror final.

Com base em confissões posteriores, Kurten foi responsável, em 1928, por quatro tentativas de estrangulamento (todas em mulheres) e um ato de incêndio que consumiu duas casas e 15 outros objetivos. Ele ainda não tinha entrado no ritmo até as primeiras semanas de 1929. Em 3 de fevereiro, apunhalou uma mulher 24 vezes e deixou-a deitada na rua, mas ela se recuperou após meses de cuidados. Dez dias depois, Kurten marcou sua primeira morte da nova campanha, apunhalando um mecânico 20 vezes em Fligern.

Em 9 de março, Rose Ohliger, 8 anos, foi encontrada em um local de construção em Dusseldorf. Foi estuprada, apunhalada 13 vezes e foram feitos alguns esforços para queimar o corpo com parafina. Comparando as notas, os detetives observaram que suas últimas três vítimas foram marcadas por feridas de lâmina nas têmporas, mas a escolha de vítimas — primeiro uma mulher, depois um homem, e agora uma criança — aparentemente marcava um padrão no caso.

Em abril de 1929, a polícia pegou um transeunte simplório por agredir mulheres locais, mas não encontrou nenhuma evidência ligando-o ao homicídio, e ele foi enviado para um asilo. Kurten descansou de seu trabalho enquanto isso, gracejando com empregadas em casa e "de brincadeira" tentando estrangulá-las após o ato sexual. Retornando com uma vingança em agosto, Kurten depois alegou haver asfixiado uma mulher de nome "Ann" e jogado seu corpo no rio, mas nenhum traço dela foi encontrado. Antes de terminar o mês, três outras vítimas — incluindo um homem — foram apunhaladas em ataques rápidos em Dusseldorf, mas todas sobreviveram. Em 24 de agosto, duas crianças — Gertrude Hamacher, de 5 anos, e Louise Lenzen, 14 anos — foram encontradas mortas perto de suas casas, ambas estranguladas, com suas gargantas cortadas. Um dia depois, Gertrude Schulte foi abordada em seu caminho para ver a festa em Neuss. Confrontada com uma exigência crua por ato sexual, ela disse que preferiria morrer. "Bem, morra, então", Kurten respondeu, apunhalando Gertrude diversas vezes antes de fugir. Ela sobreviveu e deu à polícia uma descrição justa de seu possível estuprador, mas os detetives ainda rejeitaram a sugestão de um único homem por trás da recente onda criminosa.

Kurten tentou estrangular mais três mulheres em setembro, lançando uma vítima no rio por segurança, mas todas sobreviveram. Ida Reuter foi menos afortunada e teve sua cabeça atingida com um martelo no fim do mês. Outra vítima de martelo, Elizabeth Dirries, foi assassinada em Grafenbery em 12 de outubro. No dia 25, mais duas mulheres foram espancadas em ataques separados, mas ambas recuperaram-se de seus ferimentos.

Gertrude Alberman, 5 anos, teve o seu desaparecimento informado em Dusseldorf em 7 de novembro; seu corpo foi recuperado dois dias depois após Kurten enviar a localização a um jornal local. A criança foi estrangulada e depois apunhalada por 36 vezes. Seguindo instruções de Kurten, a polícia também desenterrou os restos de Maria Hahn, apunhalada 20 vezes, estuprada após a morte e enterrada em meados de agosto.

A sorte de Kurten acabou em 14 de maio de 1930, quando ele pegou Maria Budlick e levou-a para casa para uma refeição, posteriormente passeando pelas árvores com o ato sexual e o estrangulamento em mente. Maria lutou com ele e Kurten liberou-a inexplicavelmente após ela assegurar que havia esquecido seu endereço. A polícia foi chamada e, sob custódia, seu suspeito lançou-se em uma maratona de confissões que o enviaram para a morte.

O julgamento de Kurten começou em 13 de abril de 1931 e terminou oito dias depois. Os jurados precisaram de apenas uma hora e meia para condená-lo em nove acusações de assassinato, firmemente rejeitando a DEFESA POR INSANIDADE de Kurten. Sentenciado à morte por decapitação, Kurten informou a um psiquiatra que sua maior emoção seria ouvir o sangue escorrer de seu próprio pescoço cortado. Ele foi para a guilhotina todo sorridente em 2 de julho de 1931.

LAKE, Leonard e NG, Charles Chitat

Nativo de São Francisco, Leonard Lake nasceu em 20 de julho de 1946. Sua mãe procurou ensinar-lhe o orgulho do corpo humano, encorajando-o a fotografar meninas nuas, incluindo suas irmãs e primas, mas o "orgulho" logo se desenvolveu em uma obsessão precoce por pornografia. Na adolescência, Lake extorquiu favores sexuais de suas irmãs, em troca de proteção contra ataques violentos de um irmão mais jovem, Donald. Em sua adolescência, Leonard mostrou uma fascinação com o conceito de colecionar "escravas". Lake entrou para os Fuzileiros em 1966 e serviu em uma viagem como não combatente no Vietnã, como operador de radar. Também fez dois anos de terapia psiquiátrica em Camp Pendleton por problemas mentais não especificados, antes de sua dispensa final em 1971.

De volta à vida civil, Lake mudou-se para San Jose e casou-se, desenvolvendo uma reputação local como entusiasta de armas, "sobrevivente" e excêntrico em sexo. Seu ponto alto favorito era filmar cenas de escravidão, incluindo parceiras, exceto sua esposa, e ele logo se divorciou. Em 1980, Lake foi acusado de um grande roubo, após pilhar materiais de edificação de um local de construção, mas saiu-se facilmente com um ano de *sursis*. Casado pela segunda vez em agosto de 1981, ele se mudou com sua esposa para um rancho comunitário em Ukiah, Califórnia, onde era praticado o estilo de vida da "Renascença" — completo com roupas da época e alteração cirúrgica de bodes para produzirem "unicórnios". Poucos meses depois de sua chegada a Ukiah, Lake encontrou Charlie Ng.

Nascido em Hong Kong em 1961, Charles Chitat Ng era filho de chineses ricos. Sempre com problemas, Ng foi expulso da escola em Hong Kong e então de uma escola particular cara na Inglaterra, onde foi pego roubando colegas de classe. Uma prisão subsequente por roubo de loja levou-o para a Califórnia, onde ele se uniu aos Fuzileiros após um acidente de carro no qual o motorista fugiu sem prestar socorro, informando seu local de nascimento como Bloomington, Indiana. Um especialista em artes marciais e "guerreiro ninja" de estilo próprio, Ng falava incessantemente de violência a seus colegas fuzileiros navais. Em outubro de 1979, ele levou dois cúmplices a roubar um patrimônio de 11 mil dólares em armas automáticas de um arsenal da Marinha no Hawaí e foi preso. Durante a avaliação psiquiátrica, Ng vangloriou-se de "assassinar" alguém na Califórnia, mas nunca nomeou a vítima. Ele escapou da custódia antes do julgamento e foi listado como desertor quando respondeu ao anúncio de Lake em uma revista de jogos de guerra, em 1981.

Os dois homens concordaram imediatamente, apesar do racismo de Lake, que parecia compreender apenas afro-americanos e hispânicos. Começaram a colecionar armas automáticas de fontes ilegais, e uma equipe de agentes federais fez uma incursão ao rancho de Ukiah em abril de 1982, prendendo Lake e Ng por infrações com armas de fogo. Liberados com uma fiança de 6 mil dólares, Lake imediatamente escondeu-se, usando uma variedade de pseudônimos à medida que se dirigia para o norte da Califórnia. Sua segunda esposa divorciou-se após a prisão, mas eles se mantiveram em termos amigáveis. Como fugitivo, a fiança foi negada a Ng, e ele conseguiu uma negociação com os promotores militares em agosto: a admissão de culpa no roubo em troca da promessa de que cumpriria não mais de três anos de uma sentença de 14 anos. Confinado à prisão militar na penitenciária federal de Leavenworth, Ng recebeu a condicional após um ano e meio, evitando a deportação com uma referência ao local de nascimento falso mostrado em seus papéis de recrutamento. Ao ser liberado da prisão, retornou à Califórnia e novamente uniu-se a Leonard Lake.

Nessa época, Lake havia se estabelecido em dois acres e meio de floresta, próximo a Wilseyville, no Distrito de Calaveras, recrutando a ajuda de vizinhos para construir uma casamata fortificada ao lado de sua cabana, onde ele armazenava armas ilegais e equipamento de vídeo roubado. Seu próprio pensamento foi registrado em diversos diários, incluindo os detalhes da "Operação Miranda", requerendo escravas de sexo para servirem suas necessidades após o previsto holocausto nuclear. Na questão das mulheres, Lake escreveu: "Mulheres são feitas para cozinhar, limpar a casa e fazer sexo. E quando não estão em uso, deveriam estar trancadas". Um mote frequentemente repetido nos diários avisava: "se amar alguém, deixe-o ir. Se não voltar, cace-o e mate-o". Em 25 de fevereiro de 1984, imediatamente antes de sua reunião com Ng, Lake descreveu sua vida como "a rotina diária principalmente insípida, ainda com a morte em meu bolso e fantasia como meu objetivo principal". Se as autoridades estão corretas, a primeira morte no bolso de Lake pode ter considerado o irmão Donald — o desaparecimento foi informado por sua mãe, e ele nunca mais foi visto após ir visitar Lake em julho de 1983.

Em 2 de junho de 1985, os empregados de um depósito de madeira no sul de São Francisco chamaram a polícia para relatar um incidente peculiar de roubo de loja. Um homem asiático tinha saído da loja com um torno de bancada de 75 dólares, colocado no porta-malas de um Honda estacionado do lado de fora, e então escapou a pé antes que pudessem detê-lo. O carro ainda estava do lado de fora, entretanto, e os oficiais encontraram um homem branco barbado ao volante. Ele alegremente mostrou uma carteira de motorista em nome de "Robin Stapley", mas não havia nenhuma semelhança com sua fotografia. Um breve exame no porta-malas do Honda revelou o torno roubado, juntamente com uma pistola calibre 22 equipada com silenciador. Autuado sob as acusações de roubo e porte de armas, "Stapley" esquivou-se das perguntas por diversas horas, então pediu um copo de água e colocou uma cápsula de cianeto removida de um compartimento secreto na fivela de seu cinto. Ele estava em coma ao chegar ao hospital, onde ficaria no mantido do vivo com a ajuda de aparelhos pelos quatro dias seguintes sendo finalmente declarado morto em 6 de junho.

Uma comparação da impressão digital identificou "Stapley" como Leonard Lake, mas a carteira de motorista não era uma falsificação. Seu proprietário original foi o fundador da divisão dos Anjos Guardiões de San Diego — e ele não tinha sido visto em casa por diversas semanas. A placa da licença do carro estava registrada no nome de Lake, mas o carro não estava. Seu proprietário de registro, Paul Cosner, de 39 anos, era um negociante de carros de São Francisco que desapareceu em novembro de 1984, após deixar a casa para vender um carro para um "rapaz estranho".

O registro do carro de Lake levou os detetives à propriedade em Wilseyville, onde descobriram armas, dispositivos de tortura e os volumosos diários de Lake. Os números em série no equipamento de vídeo de Lake davam a propriedade a Harvey Dubs, um fotógrafo de São Francisco, com seu desaparecimento de casa informado — juntamente com o de sua esposa Deborah e do filho pequeno Sean — em 25 de julho de

Charles Chitat Ng

1984. Como os detetives logo souberam, o equipamento roubado foi usado para produzir "filmes caseiros" demoníacos de jovens mulheres sendo desnudadas e ameaçadas, estupradas e torturadas, pelo menos uma delas mutilada de forma tão selvagem que deve ter morrido como consequência disso. Lake e Ng eram as estrelas principais das fitas de morte, mas uma de suas "protagonistas" foi rapidamente identificada como a desaparecida Deborah Dubs.

Outra "atriz" relutante foi Brenda O'Connor, que uma vez ocupou a cabana adjacente à de Lake com seu marido, Lonnie Bond, e seu filho pequeno, Lonnie Jr. Eles conheceram Lake como "Charles Gunnar", um apelido tirado do padrinho do segundo casamento de Lake (e outra pessoa desaparecida, vista pela última vez com vida em 1983). O'Connor temia "Gunnar", e disse a amigos que ela o tinha visto colocar o corpo de uma mulher na floresta, mas em vez de informar a polícia, seu marido tinha convidado um amigo — o guarda Angel Robin Stapely — para compartilhar seus aposentos e oferecer proteção pessoal. Todos os quatro desapareceram em maio de 1985.

Outra vítima de filme de morte, Kathleen Allen, tornou-se conhecida de Lake e Ng por meio de seu namorado, Mike Carrol, 23 anos. Carrol tinha cumprido pena com Ng em Leavenworth e depois veio para o oeste para unir-se a ele em diversos empreendimentos obscuros. Allen abandonou seu emprego em um supermercado depois de Lake informá-la que Carrol tinha recebido um tiro e estava ferido "perto de Lake Tahoe", oferecendo-se para mostrar a ela onde ele estava. Seu cheque final de pagamento foi enviado para o endereço de Lake em Wilseyville.

Além de videocassetes, as autoridades recuperaram diversas fotos da casamata de Lake, incluindo as fotografias de Lake em um longo manto de feiticeiro, e as fotos de 21 mulheres jovens capturadas em diversos estágios de nudez. Seis foram finalmente identificadas e encontradas vivas; as outras 15 permaneceram esquivas apesar da publicação de fotografias, e a polícia suspeita que muitas ou todas elas foram assassinadas no rancho de morte.

Gradualmente, a procura mudou-se para fora, da casamata de Lake para a floresta ao redor. Um veículo abandonado próximo à cabana estava registrado por outra pessoa desaparecida, o fotógrafo de Sunnyvale Jeffrey Askern, e a polícia logo teve uma ideia próxima do que aconteceu aos conhecidos desaparecidos de Lake. Em 8 de junho, partes de quatro esqueletos humanos foram desenterrados próximo à casamata, com a quinta vítima — e numerosos fragmentos de ossos carbonizados, incluindo dentes de criança — descobertos em 13 de junho. A sexta vítima foi revelada cinco dias depois e foi a primeira a ser identificada: Randy Jacobson, 34 anos, passageiro visto vivo pela última vez em outubro de 1984 quando deixou sua pensão em São Francisco para visitar Lake e vender seu furgão. Dois dos vizinhos de Jacobson,

Cheryl Okorop, de 26 anos, e Maurice Wok, de 38 anos, também na lista de desaparecidos, estavam ligados aos assassinos de Wilseyville por contatos pessoais e notas codificadas no diário de Lake.

Outros três esqueletos foram retirados de fragmentos espalhados em 26 de junho, e as autoridades declararam que Lake e Ng estavam ligados ao desaparecimento de pelo menos 25 pessoas. Um desses era Mike Carrol, que supostamente concordou em vestir-se com roupas de "afeminado" e atrair garotos para Ng matar, então morreu também quando Charles se cansou do jogo. Donald Giuletti, um disc-jóquei de 36 anos de São Francisco, ofereceu sexo oral por meio de anúncios publicados e um dos que responderam foi um jovem homem asiático que atirou em Giuletti para matar em julho de 1984. Criticamente ferindo seu amigo de quarto ao mesmo tempo, a esposa de Lake lembrou-se de que Ng vangloriava-se de atirar em dois homossexuais, e o sobrevivente prontamente identificou a fotografia do retrato falado de Ng como similar ao atirador.

Dois outros amigos de Ng — os trabalhadores ocasionais no armazém da área de Bay — estavam também desaparecidos. Clifforte Parenteau, 24 anos, desapareceu após ganhar 400 dólares em uma aposta de Superbowl, dizendo aos associados que estava indo para "o interior" gastar o dinheiro com Ng. Pouco tempo depois, Jeffrey Gerald, 25 anos, saiu de vista após aceitar ajudar Ng a mudar algumas mobílias. Nenhum dos homens foi visto novamente, e Ng foi formalmente acusado de suas mortes em duas das 13 acusações de homicídios culposos registradas contra ele. Outras vítimas designadas no indiciamento incluíram Mike Carrol, Kathellen Allen, Lonnie Bond e família, Robin Stapely, Don Giuletti, e três membros da família Dubs. (Os restos de Stapely e Lonnie Bond foram encontrados em uma cova comum em 9 de julho, trazendo a contagem oficial de corpos para 12.) Ng foi também acusado como auxiliar do assassinato, no desaparecimento de Paul Cosner.

Em 6 de julho de 1985, Ng foi preso enquanto roubava alimentos de uma loja no mercado em Calgary, Alberta. Um guarda de segurança recebeu um tiro na mão antes de Ng ser subjugado. As acusações de tentativa de assassinato foram reduzidas para agressão agravada, roubo e uso ilegal de arma e Ng foi sentenciado a quatro anos e meio de prisão na condenação. Em 29 de novembro de 1988, um juiz canadense decretou que Ng fosse extraditado para os Estados Unidos para julgamento em 19 dos 25 casos de crime qualificado registrados contra ele. A apelação de Ng dessa decisão foi rejeitada em 31 de agosto de 1989, mas manobras legais posteriores postergaram sua extradição até 1991.

Entretanto, mesmo isso não foi o fim, pois Charlie Ng utilizou de todas as interrupções, usando cada truque e brecha legal nos livros para adiar seu julgamento por outros sete anos. Ele demitiu advogados, desafiou juízes, moveu-se para desafiar a jurisdição (concedida, para o Distrito de Orange), colocou reclamações sobre as condições da prisão — em resumo, usou o desajeitado sistema legal da Califórnia para paralisar-se. Em outubro de 1997, a recusa obstinada de Ng em cooperar com seu último advogado nomeado ganhou ainda outro atraso em seu julgamento, e a seleção do júri foi empurrada para 1º de setembro de 1998. A polícia de São Francisco, enquanto isso, de má vontade, admitiu a destruição "acidental" de evidência vital em um dos 13 casos de homicídio registrados contra Ng, mas 12 mais ainda permaneciam para seu julgamento. Em maio de 1998, o juiz John Ryan permitiu a Ng despedir seus advogados e representar a si mesmo com um aviso firme de que o julgamento começaria em 1º de setembro, Charlie gostasse ou não. Em 15 de julho, Ng tentou ainda outro adiamento, reclamando que seus óculos estavam com a "receita errada" e seu computador pessoal não estava totalmente programado, assim dificultando sua defesa. O juiz Ryan, inamovível, negou a moção e programou as audiências anteriores ao julgamento para começarem em 21 de agosto. O julgamento de Ng foi o mais longo e mais caro procedimento criminal em um Estado notório por maratonas no tribunal, finalmente terminando em 3 de maio de 1999, quando Ng foi condenado e o júri recomendou a morte. Ele foi formalmente condenado em 30 de junho de 1999.

LANDRU, Henri Désiré

Nascido em Paris em 1869, este futuro BARBA AZUL foi um estudante brilhante, cursando engenharia mecânica aos 16 anos. Ele serviu por quatro anos na Marinha, chegando à posição de sargento antes de sua dispensa em 1894. Durante o mesmo período, Landru seduziu sua prima; ela teve uma filha em 1891, e tornou-se sua esposa dois anos depois. Na dispensa do serviço, ele se inscreveu em uma empresa de Paris que requeria depósitos em dinheiro de seus novos empregados, mas o proprietário logo desapareceu com o dinheiro, deixando Landru amargurado com a sociedade em geral.

Ele registrou a primeira de sete prisões por crime qualificado em 1900 e foi sentenciado a um período de dois anos por fraude. Recebeu outros dois anos em 1904, um ano e um mês em 1906, e três anos em 1908. Enquanto ainda estava prisioneiro no último período, foi enviado a Lille para julgamento sob as acusações de obter 15 mil francos de uma viúva de meia-idade que encontrou por meio de um anúncio de "corações solitários" no jornal. Esta condenação deu-lhe outros três anos, mas Landru aceitou sua punição filosoficamente, sendo pai de mais três crianças durante suas breves férias da prisão.

Com liberdade condicional em 1914, Landru era um suspeito da polícia por diversas violações e condenado à revelia, sentenciado a um período de quatro anos na prisão e deportação com prisão perpétua em Nova Caledonia, para ser imposta em sua apreensão. Ele não tinha nada a perder, exceto sua vida; e no início da guerra na Europa, ele também a estava colocando em risco.

Em 1914, passando-se por "Senhor Diard", ele iniciou um relacionamento com uma viúva, *madame* Cuchet, que tinha um filho de 16 anos. Apesar dos avisos de sua família, a senhora mobilizou um palacete a vila em Vernouillet, onde os três estabeleceram a moradia. Os Cuchet desapareceram em janeiro de 1915, Landru colocou no bolso 5 mil francos no negócio, além de presentear sua esposa com um relógio de ouro da viúva.

No início de junho de 1915, Landru começou a cortejar outra viúva, *madame* Laborde-Line. Ela vendeu seu futuro em 21 de junho, dizendo a amigos que iria viver com seu futuro marido em Vernouillet. Madame Laborde-Line foi vista pela última vez com vida em 26 de junho, após o que Landru trocou seus títulos e outros pertences por dinheiro.

Encontrar suas vítimas por meio de anúncios de corações solitários tornou-se uma rotina, e, na época que dispôs de seu alvo, Landru tinha duas mais esperando na fila. *Madame* Guillin, 51 anos, uniu-se a ele em Vernoullet em 2 de agosto, e Landru vendeu seus títulos poucos dias depois. Em dezembro, com uma série de documentos falsos, retirou 12 mil francos das contas bancárias das mulheres desaparecidas.

Chamando a si mesmo de "Dupont", Landru alugou uma vila em Gambais, sul de Paris, em dezembro de 1915. Sua última amante, *madame* Héon, uniu-se a ele ali em 8 de dezembro e nunca mais foi vista. Suas amigas foram rapidamente pacificadas pelas notas de Landru, cada uma explicando que a mulher nunca mais escreveu pois estava com a saúde decaindo.

A sexta vítima, *madame* Collomb, correspondeu-se com Landru desde maio de 1915, aceitando suas promessas de afeição verdadeira. Ela se mudou para sua vila em Gambais em novembro de 1916, mas seu romance teve vida curta, e a senhora desapareceu no Natal.

Em janeiro de 1917, Landru encontrou uma jovem doméstica, Andrée Babelay, na estação de trem, oferecendo a ela um lugar para ficar enquanto procurava um emprego. Em 11 de março, Andrée disse à sua mãe que estava noiva e mudou-se finalmente para a casa de Landru em 29 de março. Sem dinheiro, ela nada tinha a oferecer em termos de recompensa financeira, mas seus dias também estavam contados. Em 12 de abril, ela desapareceu sem vestígios.

Em julho, após mais de dois anos de trocas de correspondência, Landru começou a cortejar *Madame* Buisson. Eles tomaram o trem para Gambais em 19 de agosto e ela não mais foi vista. Os parentes, desconfiados, lançaram sua própria investigação em face da indiferença da polícia e começaram a comparar as notas com a família da *madame* Collomb.

Landru, enquanto isso, continuou sua corte velozmente. *Madame* Jaume encontrou seu futuro marido por meio de agente matrimonial, mudando-se para Gambais em 25 de novembro de 1917. Cinco dias depois, Landru limpou sua conta bancária. *Madame* Pascal uniu-se à lista em 5 de abril de 1918, e sua mobília foi vendida como um segundo pensamento. *Madame* Marchadier aceitou a proposta de Landru no dia de Ano-Novo de 1919; ela se mudou para Gambais duas semanas depois... e desapareceu.

A pressão das famílias de Buisson e Collomb supostamente forçou a polícia a prender Landru em 12 de abril de 1919. Um caderno foi encontrado, trazendo as anotações codificadas de cada uma de suas vítimas, mas as escavações na vila revelaram apenas os restos de três cachorros. Nenhum vestígio de sua presa humana foi encontrado, e Landru permaneceu sem cooperar, certo de que seria liberado na ausência de corpos.

Os promotores discordaram e seu julgamento em Versailles em novembro de 1919 tornou-se uma sensação. Os vizinhos de Gambais relembraram a fumaça rançosa que a chaminé de Landru às vezes emitira, muito provavelmente o resultado dos corpos queimando em seu incinerador e o tribunal ficou satisfeito. Condenado por homicídio, ele foi sentenciado à morte, apesar da recomendação do júri por clemência. Levando seus segredos para o túmulo, Landru foi guilhotinado em 23 de fevereiro de 1922.

LEE, Bruce

Nascido Peter George Dinsdale em 1960, o *serial killer* mais prolífico da Grã-Bretanha dos tempos modernos era filho de uma prostituta e sofria de epilepsia, paralisia parcial e braço direito deformado de nascença. Até os 3 anos, viveu com sua avó, depois reunindo-se à sua mãe e seu marido legal, até o relacionamento desintegrar-se. Dinsdale frequentou a escola para incapacitados fisicamente até os 16 anos e ali foi introduzido a práticas homossexuais, que nas palavras dos promotores "no final levaram à sua queda e descoberta". Aos 19 anos, Dinsdale legalmente mudou seu nome para Bruce Lee, imitando a estrela de filme de *kung fu* que idolatrava.

Piromaníaco clássico, Lee explicaria em sua confissão que um formigamento em seus dedos sinalizava que era hora de acender fogo. Seu primeiro ato de INCÊNDIO CRIMINOSO, aos 9 anos, causou mais de 30 mil dólares em danos a um Shopping *center*. A técnica normal de Lee envolvia jogar parafina pela abertura da caixa de correio seguido de um fósforo para acender o combustível.

Lee marcou sua primeira morte em junho de 1973. Em 5 de janeiro de 1977, 11 homens idosos foram assassinados e seis, resgatados feridos quando ele ateou fogo em uma casa de repouso. Esbofeteado por um homem velho em uma discussão por Lee perturbar alguns pombos, Bruce ameaçou matar seu agressor. Depois, os pássaros foram encontrados com seus pescoços torcidos e o homem foi queimado até morrer em sua poltrona em casa. A morte foi considerada um acidente até, anos depois, Lee confessar que tinha encontrado o homem adormecido e colocou fogo em suas roupas com parafina.

Em 1980, uma casa incendiada em Selby Street em Hull matou Edith Hastie e seus três filhos. A polícia encontrou papel molhado com parafina, próximo à porta da frente, mas os Hastie eram tão impopulares com seus vizinhos que cada um nas proximidades tornou-se suspeito. Um grupo de suspeitos foi reunido, incluindo Lee, que confessou uma série de incêndios espalhados pelos últimos 11 anos. No total, 26 pessoas morreram por suas mãos, e múltiplas acusações de crime qualificado foram registradas.

Admitindo culpa em todas as acusações, Lee foi sentenciado a uma pena indefinida em um hospital mental. Como seu promotor observou, "o fato triste é que isso é sua única realização real na vida, e algo que ele expressou ter orgulho". Lee descreveu seu motivo mais atraente: "Sou devotado ao fogo", ele disse. "O fogo é meu mestre, e esta é a razão de provocar estes incêndios."

LEWINGDON, Gary James e Thaddeus Charles

Entre fevereiro e dezembro de 1978, os residentes de Collumbus, Ohio, entraram em pânico por uma série aleatória de assassinatos sem sentido, caracterizados por emboscadas noturnas e invasões de casas, nas quais as vítimas eram atingidas por tiros diversas vezes a pequena distância. A polícia estava bloqueada em sua procura por um "Assassino do Calibre 22" e apenas um erro desajeitado do atirador impediu que os crimes continuassem indefinidamente.

Em 12 de fevereiro de 1978, um gatuno invadiu a casa do proprietário de uma residência noturna, Robert McCann, executando-o, à sua mãe Dorothy e à namorada que vivia na casa, Christine Herdman, com tiros duplos na cabeça. O motivo pareceu ser roubo, mas a polícia estava menos certa em 8 de abril, quando atiraram em Jenkin Jones, 77 anos, em sua casa, com seis tiros na cabeça, e seus quatro cachorros foram mortos nas proximidades.

A mesma arma foi usada em ambos os crimes, e os testes de balística combinaram novamente em 30 de abril, quando o reverendo Gerald Fields foi assassinado em Collumbus, enquanto trabalhava meio período como guarda de segurança. Três semanas depois, em 21 de maio, o atirador acuou Jerry Martin, 47 anos, e sua esposa Martha em sua casa, matando as vítimas com tiros a curta distância na cabeça.

A polícia teve um pressentimento, tirando o pó de seus arquivos em um caso de tiroteio não resolvido de dezembro de 1977. Joyce Vermillion e Karen Dodrill foram emboscados em 10 de dezembro, recebendo tiros após o trabalho em um restaurante em Newark, Ohio, e os detetives examinaram as nove balas retiradas de seus corpos. Novamente as balas combinavam e isso completou nove mortes em pouco mais de cinco meses.

A última vítima, Joseph Annick, 56 anos, teve sua carteira roubada e recebeu nove tiros em sua garagem em 4 de dezembro de 1978. Uma arma calibre 22 diferente foi usada, mas os investigadores de homicídios reconheceram o estilo clássico de destruição e nenhum deles tinha qualquer dúvida quando Annick se uniu à lista de vítimas como a número dez.

O caso revelou-se em 9 de dezembro, quando Gary Lewingdon, 38 anos, apresentou o cartão de crédito roubado de Annick ao atendente de uma loja local de departamentos. Preso no ato, ele foi detido sob suspeita de assassinato, enquanto os dete-

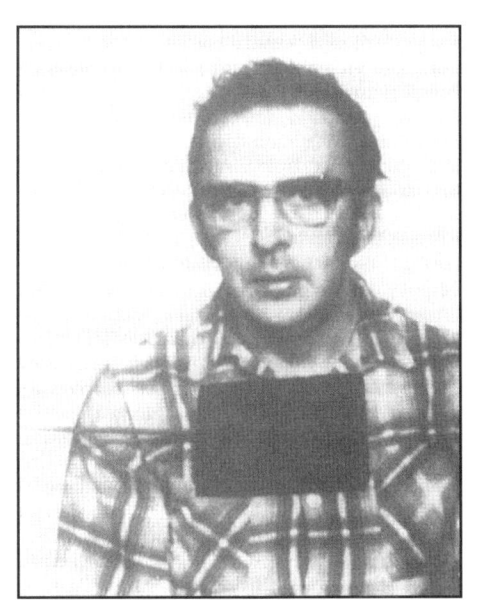

Gary Lewington

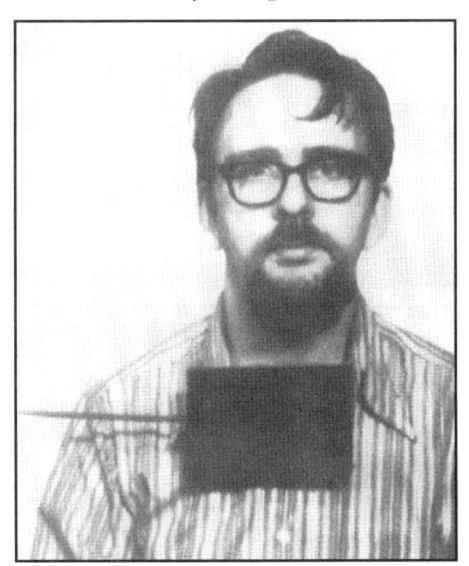

Thaddeus Lewingdon

tives examinavam sua folha corrida. Dispensado da Força Aérea em 1962, Lewingdon viveu com sua mãe até 1977, quando se casou com uma das garçonetes da casa noturna de Robert McCann. Durante esse período, ele teve prisões por pequenos delitos, posse de ferramentas criminosas, exposição indecente e posse de uma arma escondida.

Nenhuma das acusações levou à condenação, mas desta vez os detetives estavam certos de que tinham seu homem.

Sob custódia, Lewingdon rapidamente confessou seu papel nos "assassinatos do calibre 22", apontando seu irmão Thaddeus como o outro atirador. As partes investigadoras recuperaram as armas do homicídio, roubadas de uma loja de armas em novembro de 1977, e os irmãos foram indiciados em 14 de dezembro, com Gary enfrentando 20 acusações de crime qualificado, enquanto Thaddeus teve 17.

Em 19 de fevereiro de 1979, Thaddeus Lewingdon foi condenado pelos homicídios de Vermillion, Dodrill e Jones. Um mês depois, em 26 de março, ele foi condenado pelos homicídios de McCann-Martin e sentenciado a seis períodos de prisão perpétua. O irmão Gary, em 14 de maio, foi a julgamento por todos os dez homicídios; 12 dias depois o júri o condenou em oito acusações, deixando de atingir um veredicto em dois outros. Sua sentença foi fixada em oito períodos consecutivos de prisão perpétua, além de uma multa de 45 mil dólares.

LI Wenxian

As sociedades comunistas de linha dura enfrentaram uma incapacidade embutida de tratar com *serial killers*, considerando que a propaganda do Estado negava a existência de crime em um "paraíso dos trabalhadores". As autoridades russas aprenderam a verdade terrível durante um período de duas décadas de assassinatos como GENNADIY MIKHASEVICH (33 vítimas), ANDREI CHIKATILO (55 mortes), ANATOLY ONOPRIENKO (pelo menos 52 assassinatos) e IVAN, O ESTRIPADOR (nunca identificado publicamente), mas a noção de *serial killer* era ainda nova na China Vermelha em 1991, quando um caçador sem face surgiu em Guangzhou (antigo Cantão).

A primeira vítima do caçador foi encontrada, segundo notícias, em 22 de fevereiro de 1991, descrita vagamente como uma mulher em seus vinte e poucos anos. Seus genitais foram escavados com uma faca, mas a mutilação não impediu a polícia de encontrar "evidência de relação sexual" não especificada. Cinco assassinatos mais seguiram-se nos seguintes seis meses, com cada vítima, segundo relatos, sujeita a uma agressão sexual, depois sufocada, apunhalada ou estrangulada. Depois os corpos eram desmembrados, prenchidos com sacos de arroz e jogados em montes de lixo em desolados subúrbios onde a "população flutuante" de Guangzhou vive em triste miséria. E então, os homicídios pararam.

Até aquele momento, não houve nenhuma cobertura por parte da imprensa dos crimes da China, marcando o caso como um "sucesso" em termos de propaganda, embora o assassino permanecesse à solta. As autoridades chinesas ficaram sem sorte em março de 1992, quando uma sétima vítima surgiu na costa, nas proximidades da colônia britânica de Hong Kong. Conforme descrito no *South China Morning Post*, a número sete foi aberta da garganta até o estômago, e então cruamente fechada novamente com pontos, seus dedos cortados como que em uma segunda ideia. Como não foi informado o desaparecimento de nenhuma mulher em Hong Kong, presumiu-se que o corpo flutuou para longe da China continental, e assim o "Estripador de Guangzhou" estava novamente exposto.

Mesmo assim, foi impossível para os investigadores de homicídio, que cresceram desde a infância no Comunismo, acreditarem que seu sistema poderia gerar tal monstro. Zhu Minjian, chefe do Departamento de Investigação Criminal da província de Guangzhou, disse aos repórteres: "Em todos os meus 30 anos com a força, nunca vi nada como isso. Talvez ele tenha copiado do Ocidente". Zhur disse que houve "progressos" no caso, mas ele não estava preparado para compartilhar os detalhes. "Estamos colocando muito esforço neste caso", ele declarou. "Temos de resolvê-lo."

Ainda assim, os assassinatos continuaram por mais quatro anos, com algumas vítimas atingidas por um martelo, além de serem asfixiadas e apunhaladas repetidamente. Treze mulheres estavam mortas em novembro de 1996, quando o Estripador cometeu seu primeiro erro, deixando sua última vítima viva. A mulher identificou seu agressor como Li Wenxian, outrora fazendeiro de uma província ao sul de Guangdong que imigrou para Guanzhou em 1991 e encontrou trabalho com a equipe de construção. Sob custódia, Li confessou os ataques, dizendo à polícia que ele foi motivado por vingança contra todas as prostitutas, pois uma delas o tinha iludido por algum tempo após sua chegada a Guangzhou. Condenado pelo Tribunal Intermediário do Povo nas acusações de assassinato, estupro e roubo, Li foi sentenciado à morte em 18 de dezembro de 1996.

LOCUSTA, a Envenenadora: Primeira *Serial killer* documentada

Uma assassina profissional em Roma durante o primeiro século d.C., Locusta (ou Lucusta, em alguns relatos) aparentemente recebe a honra de ser a primeira praticante publicamente identificada de assassinato em série. Em 54 d.C. ela foi contratada por Agripina, a Jovem, mãe de Nero, para preparar o prato de cogumelos envenenados que matou seu marido, o imperador Cláudio. Nero então ascendeu ao trono e quando Locusta foi condenada por envenenar outra vítima em 55 d.C., o grato imperador enviou um tribuno da Guarda Pretoriana para resgatá-la da execução. Em devolução por esse favor, Locusta recebeu ordens de envenenar Britanicus — o filho de Cláudio e legítimo herdeiro do trono, que tinha declarado Nero um usurpador. A primeira tentativa de Locusta com Britanicus foi sem sucesso, mas uma segunda dose de veneno arrumou o negócio e Locusta ganhou a imunidade de ação penal enquanto Nero sobreviveu. O suicídio dele em junho de 68 d.C. deixou-a vulnerável aos inimigos, e embora Locusta tenha sobrevivido a Nero por sete meses, seu destino era inevitável. Condenada pelo sucessor de vida curta de Nero, imperador Galba, ela encontrou um temível final em janeiro de 69 d.C. Como descrito por Apuleius um século depois, a execução de Locusta foi cronometrada para coincidir com um dos frequentes festivais romanos — provavelmente Agonalia (de Janus), celebrado em 9 de janeiro. Sob ordens de Galba, Locusta foi publicamente estuprada por uma girafa especialmente treinada após o que foi dividida por animais selvagens. Galba seguiu-a em breve, em 15 de janeiro: guilhotinado pela rebelião de Guardas Pretorianos, sua cabeça desfilou pela *Castra Praetoria* em Roma. Alude-se a cinco outras vítimas não designadas, mas é possível que outras mais tenham caído vítimas desta envenenadora notória.

LONG, Robert Joe

Um primo distante de HENRY LUCAS pelo lado materno, nascido em 14 de outubro de 1953, em Kenova, West Virginia, pode ser um caso clássico de alguém "destinado" a se tornar um *serial killer*. Como outros membros da sua família, ele sofria de um transtorno genético caracterizado por um cromossomo X extra, fazendo suas glândulas produzirem quantidades anormais de estrogênio na puberdade, e como resultado seu peito tornava-se aumentado. A cirurgia removeu mais de 2 quilos de tecido em excesso de seu peito, mas a confusão resultante quanto ao sexo permaneceu, talvez exacerbada por sua mãe, que compartilhava a cama de Long até ele atingir 13 anos. (A mãe de Long, divorciada duas vezes, nega suas alegações de que ele a observava entretendo diversos "visitantes" do sexo masculino em seu apartamento de um quarto.)

Além de problemas genéticos e familiares, Long também sofria de uma série de ferimentos penosos na cabeça, come-

çando com a idade de 5 anos, quando ele ficou inconsciente em uma queda de um balanço e uma pálpebra ficou presa em uma vareta. No ano seguinte, ele foi jogado de sua bicicleta, batendo com a cabeça em um carro estacionado, com ferimentos que incluíam perda de diversos dentes e uma grave concussão. Aos 7 anos, ele caiu de cabeça de um pônei, permanecendo tonto e com náuseas por diversas semanas após o acidente.

Aos 13 anos, Long encontrou a garota que se tornaria sua esposa e simultaneamente desistiu de dormir com sua mãe. Diversos relatos concordam que ele foi dominado por sua namorada praticamente a partir do momento que se encontraram, mas sua mãe manteve seu controle também, e as mulheres em sua vida aparentemente cooperavam mais que competiam.

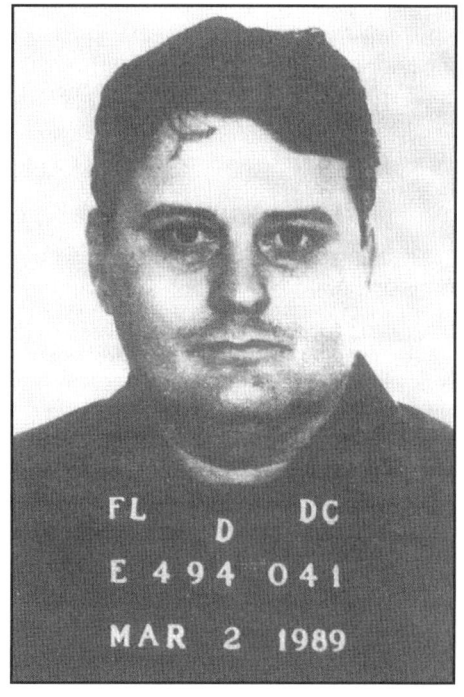

Robert Joe Long

Long inscreveu-se no Exército antes do casamento e ele bateu uma motocicleta seis meses depois, despedaçando seu capacete com o impacto de sua cabeça no asfalto. Convalescendo em um hospital, ele foi alternadamente atingido por dores de cabeça cegantes e acessos violentos imprevisíveis, e descobriu uma nova obsessão no sexo. Enquanto estava com gesso, Long masturbava-se cinco vezes por dia para aliviar-se, continuando a prática em casa apesar de duas relações diárias com sua esposa. Ainda não era suficiente, e logo ele começou a procurar por suas presas.

Entre 1980 e 1983, Long aterrorizou as comunidades de Miami, Ocala e Fort Launderdale como o "Estuprador dos Anúncios Classificados", respondendo a anúncios de "Venda" nos jornais e em ataques do meio do dia roubando as donas de casa que os tinham colocado. Chegando enquanto seus maridos estavam trabalhando, Long tipicamente puxava uma faca, amarrava suas vítimas, estuprava-as violentamente e roubava suas casas antes de fugir. Condenado por estupro, em novembro de 1981, Long foi liberado na apelação pela descoberta de "testemunhas" que alegavam o consentimento da vítima e assim os ataques continuaram, com o assassinato em breve acrescido à sua lista de crimes.

Diferentemente das 50 mulheres estupradas por Long, as vítimas assassinadas eram selecionadas das fileiras de prostitutas, dançarinas nuas ou outras mulheres que ele via como "vagabundas". Entre maio e novembro de 1984, ele estrangulou, apunhalou e atirou em pelo menos nove vítimas, com a décima, suspeita pela polícia, mas nunca confirmada. No início de novembro, ele pegou uma garota de 17 anos das ruas e a estuprou, poupando sua vida por compaixão, quando ela descreveu os atos de incesto realizados por seu pai. Ao liberar a vítima capaz de descrevê-lo e ao seu carro, Long selou seu próprio destino, mas a polícia foi muito lenta para salvar sua vítima Kim Swann, assassinada dois dias depois em um frenesi final.

Preso em 17 de novembro de 1984, Long foi acusado em nove casos de homicídio doloso, além de casos de crime qualificado de rapto, estupro e agressão sexual em sua vítima sobrevivente. Condenado no julgamento no início de 1985, ele foi sentenciado à morte e permanecia no corredor da morte quando este livro foi escrito.

LOTTI, Giancarlo: Veja "Monstro de Florença"

LÓPEZ, Pedro Alonzo

Pedro López foi o sétimo filho de 13 irmãos, nascido na miséria de uma prostituta na vila de Tolima, Colômbia. Exilado da cabana familiar aos 8 anos após sua mãe pegá-lo acariciando uma irmã mais jovem, Pedro foi pego nas ruas por um pedófilo que ofereceu comida e um local para ficar. Em vez disso, o garoto foi levado a um edifício abandonado e abusado sexualmente, um trauma que aparentemente fez danos irreparáveis em sua já torcida psique.

Sem casa, aterrorizado quanto a estranhos, Pedro dormiu em becos e boxes vazios de mercado indo de cidade em cidade e vivendo precariamente nas ruas. Em Bogotá, uma família americana levou López, fornecendo casa e comida e inscrevendo-o em uma escola diária para órfãos. Aos 12 anos, Pedro fugiu após roubar dinheiro da escola, e sua fuga foi supostamente precipitada pelos avanços sexuais do professor.

Seis anos se passaram até o futuro "Monstro dos Andes" deixar outra marca nos registros públicos, desta vez acusado e enviado à prisão por roubo de um automóvel. Em seu segundo dia atrás das grades, Pedro, com 18 anos, foi abusado sexualmente pela gangue composta por quatro internos mais velhos, um risco corrido por homens jovens na prisão em todo o mundo. Em vez de relatar o crime, López fez uma faca grosseira e saiu à procura de vingança, matando três de seus agressores nas duas semanas seguintes. As autoridades descreveram os homicídios como autodefesa e adicionaram dois anos na sentença de Pedro.

Ao ser liberado da prisão, López começou a caçar meninas por vingança. Em 1978, o assassino estimou ter estuprado e assassinado pelo menos cem no Peru. Sua especialidade parecia ser raptar crianças de tribos indígenas, mas a técnica teve resultado contrário quando foi capturado por um grupo de Ayachucos no norte do Peru enquanto tentava raptar uma menina de 9 anos. López foi espancado por seus captores, desnudado e torturado. Os Ayachucos estavam para enterrá-lo vivo, quando uma missionária americana interveio, convencendo os captores de Pedro que eles deveriam entregá-lo para a polícia. Eles, embora de má vontade, concordaram e López foi deportado em alguns dias, com as autoridades peruanas recusando-se a perder tempo valioso em reclamações dos índios.

Uma vez em liberdade, López começou a viajar por toda a Colômbia e Equador, selecionando vítimas com impunidade. Uma súbita onda de garotas desaparecidas em três nações adjacentes foi inscrita na atividade das ligas de escravidão ou prostituição, mas as autoridades não tinham uma evidência firme ou suspeitos. O caso surgiu em abril de 1980, quando uma rápida inundação próximo a Ambato, Equador, revelou corpos de quatro crianças desaparecidas. Dias depois, Carvina Poveda observou López deixando o mercado de Plaza Rosa com sua filha de 12 anos. Pedindo ajuda, ela o perseguiu e López foi capturado pelas pessoas da cidade e detido pela polícia, que começou a suspeitar que podia ter um louco em custódia.

Em vista do silêncio teimoso de Pedro, a polícia tentou um novo plano. Vestindo o padre Córdoba Gudino com roupas da prisão, eles o colocaram em uma cela com López, deixando Gudino ganhar a confiança do suspeito, trocando histórias de crimes imaginários e reais tarde da noite. Após o padre ter ouvido o suficiente, López foi confrontado com a evidência de suas próprias admissões e abriu-se fazendo uma confissão completa. As ligações com autoridades do Peru e Colômbia substanciaram partes da história terrível, quase inacreditável do prisioneiro.

De acordo com a melhor estimativa de Pedro, ele assassinou pelo menos 110 meninas no Equador, talvez cem na Colômbia, e "muito mais que cem" no Peru. "Gosto de meninas do Equador", ele disse à polícia. "Elas são mais gentis e confiáveis. Elas não desconfiam de estranhos como as meninas colombianas."

Durante sua confissão, López fez um esforço para revestir seus crimes de armadilhas filosóficas. "Perdi minha inocência aos 8 anos", ele disse aos interrogadores, "assim decidi fazer o mesmo com tantas meninas quanto pudesse". Andando pelos mercados de vilas à procura de alvos selecionados com um "certo ar de inocência", López primeiro estuprava as vítimas, então olhava em seus olhos conforme as estrangulava, tirando prazer sádico por vê-las morrer. Caçando à luz do dia, assim a escuridão não poderia esconder seus espasmos de morte, López supostamente procurou uma vítima imediatamente após outra, com seu desejo de sangue tornando-se insaciável com o tempo.

A polícia foi cética no início das grandiosas alegações de seu suspeito, mas as dúvidas evaporaram-se após López levar os detetives para 53 covas nas proximidades de Ambato, ficando acorrentado enquanto eles desenterravam os restos de meninas com idades entre 8 e 12 anos. Em 28 outros locais, os investigadores voltaram sem nada, como resultado de incursões de animais predadores, mas a polícia estava então convencida. Originalmente acusado com 53 homicídios, López viu o precedente aumentado para 110 como resultado de suas confissões detalhadas. Como o major Victor Lascano, diretor da prisão de Ambato, explicou: "Se alguém confessar os 53 que encontrar e centenas que não encontrar, você tende a acreditar no que ele diz". Lascano também disse aos repórteres: "Acho sua estimativa de 300 muito baixa, pois no início ele cooperou conosco e levou-nos a cada dia a três ou quatro corpos escondidos. Mas então cansou-se, mudou de ideia e parou de ajudar".

A mudança de intenção ocorreu muito tarde para deixar o "Monstro dos Andes" fora do gancho. Condenado por assassinato no Equador, López foi sentenciado à prisão perpétua — uma penalidade que normalmente atinge 16 anos sob custódia. Com tempo em liberdade por bom comportamento, López tornou-se elegível para a condicional em 1990, mas a Colômbia estava aguardando recebê-lo... e a pena para homicídio ali é a morte por pelotão de fuzilamento.

LUCAS, Henry Lee

O assassino mais controverso da América nasceu em 23 de agosto de 1936, em Blacksburg, Virginia. A casa da família de Lucas era uma cabana de chão sujo de dois quartos nas florestas fora da cidade, onde os pais alcoólatras fermentavam uísque contrabandeado e sua mãe trabalhava ocasionalmente como prostituta na vizinhança. Viola Lucas dirigia sua família com mão de ferro, enquanto o marido Anderson — denominado "Sem Pernas" por causa do seu encontro bêbado com um trem de carga — ficava em casa e tentava afogar sua humilhação pessoal em um fluxo ininterrupto de bebida.

A prole dos Lucas consistia em nove filhos, mas diversos foram entregues para parentes, instituições e casas de adoção durante anos. Henry foi um daqueles suficientemente "felizardos" para permanecer com seus pais, e Viola parece tê-lo odiado desde o momento do nascimento, usando cada oportunidade para tornar sua vida um inferno na terra. Tanto Anderson como Henry foram os alvos de seus impulsos violentos, e o homem e o menino enfrentaram da mesma forma os espancamentos perversos, forçados a testemunhar o desfile de estranhos que compartilhavam a cama de Viola. Enojado com um desses episódios, Anderson Lucas saiu e passou a noite na neve, ali contraindo um caso fatal de pneumonia.

Henry sobreviveu após um período, mas a crueldade de sua mãe não conheceu qualquer limite. Quando Lucas entrou para a escola em 1943, ela fez cachos em seu cabelo ondulado, vestiu-o como menina e enviou-o para a aula dessa forma. Descalço até um professor gentil comprar-lhe sapatos, Henry

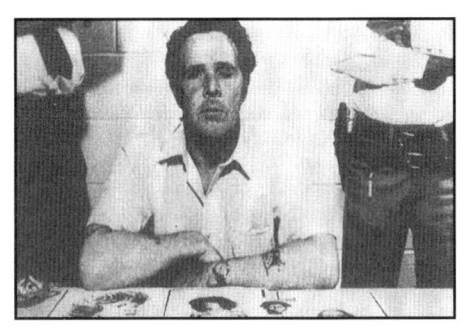

Henry Lee Lucas com retratos de diversas vítimas

foi espancado em casa por ter aceitado o presente. Se Henry encontrasse um animal de estimação, sua mãe o mataria, e ele começou a entender que a vida — como o sexo — era barata. Quando o olho de Henry foi ferido profundamente, segundo informações, enquanto brincava com uma faca, Viola deixou inflamar até os médicos precisarem remover cirurgicamente a órbita doente, substituindo-a por vidro. Em uma ocasião, após ser espancado com um pedaço de madeira, Henry ficou semiconsciente por três dias, até o companheiro de Viola, "Tio Bernie", levá-lo a um hospital para tratamento.

Bernie também introduziu o garoto à bestialidade, ensinando Henry a matar diversos animais após serem abusados sexualmente e torturados. Aos 15 anos, ansioso por experimentar o sexo com um ser humano, Lucas pegou uma garota, perto de Lynchburg, estrangulando-a quando ela resistiu a seus avanços desajeitados, e queimou seu corpo na floresta perto de Harrisburg, Virginia. (O desaparecimento em 15 de março de 1951 de Laura Brunley, de 17 anos, permaneceria sem solução por três décadas até Lucas confessar o assassinato em 1983.)

Em junho de 1954, uma série de arrombamentos ao redor de Richmond deu a Lucas um período de seis anos na prisão. Ele saiu de uma gangue de estrada em 14 de setembro de 1957 e as autoridades rastrearam-no até a casa de sua irmã em Tecumseh, Michigan, três meses depois. Uma segunda tentativa de fuga em dezembro de 1957 teve a captura de Lucas no mesmo dia, e ele foi dispensado da prisão em 2 de setembro de 1959.

De volta a Tecumseh, Henry ficou furioso quando sua mãe, com 74 anos, apareceu em sua porta, importunando-o incessantemente com suas exigências para retornar a Blacksburg. Os dois estavam bebendo na noite de 11 de janeiro de 1960 quando ela o atingiu com uma vassoura e Henry a golpeou com uma faca, deixando-a morta no chão. Preso cinco dias depois em Toledo, Ohio, Lucas confessou o assassinato e vangloriou-se de ter estuprado o corpo de sua mãe, um detalhe que ele depois retratou-se como "algo que criei". Condenado em março de 1960, ele recebeu uma pena de 20 a 40 anos na prisão. Dois meses depois, foi transferido para o hospital estadual Ionia como criminalmente insano, onde permaneceu até abril de 1966. Com condicional em 3 de junho de 1970, Lucas voltou para Tecumseh e mudou-se para a casa de parentes.

Em dezembro de 1971, Henry foi indiciado sob a acusação de molestar duas adolescentes. A acusação foi reduzida para simples rapto em seu julgamento e Lucas voltou para a prisão em Jackson. Com condicional, em agosto de 1975, sob suas próprias objeções, Henry encontrou em breve um emprego em uma fazenda de cogumelos na Pensilvânia; então casou-se com Betty Crawford — a viúva de um primo — em dezembro de 1975. Três meses depois, ele mudou-se para Port Deposit, Maryland, e Betty divorciou-se dele no verão de 1977, acusando Lucas de molestar suas filhas do casamento anterior.

Enquanto isso, de acordo com as confissões de Henry, ele já havia lançado uma carreira em um assassinato aleatório, viajando e matando conforme o humor o guiava, fazendo vítimas em Maryland e outros locais mais distantes. No fim de 1976, ele encontrou OTTIS TOOLE, de 29 anos, em Jacksonville, Flórida, em um *soup kitchen.** O homossexual Toole era um incendiário e *serial killer*, e eles concordaram imediatamente, permutando as narrações terríveis de suas aventuras em homicídio. Durante os seis anos e meio seguintes, Lucas e Toole foram amigos leais, amantes ocasionais e frequentes companheiros de viagem, levando para a estrada seus atos de homicídios.

Solteiro novamente em 1978, Lucas mudou-se para a casa da família de Toole em Jacksonville. Ali ele conheceu a sobrinha e o sobrinho de Toole, Frieda e Frank Powell, lentamente ficando apaixonado pela menina de 10 anos que chamava a si própria de Becky. Em 1979, Lucas e Toole foram contratados por uma empresa de coberturas em Jacksonville, Southeast Color Coat, mas frequentemente faltavam ao trabalho quando respondiam ao chamado da estrada. Dois anos depois, após a mãe e a irmã de Toole falecerem com uma diferença de poucos meses, Becky e Frank foram colocados em

---
*N.T.: rede de restaurantes.

lares para adolescentes. Lucas ajudou a recuperá-los e formaram um quarteto na estrada. Frank Powell testemunhou atos que o levariam a uma instituição mental em 1983.

As autoridades vieram procurar Becky Powell em janeiro de 1982, e ela fugiu para o oeste com Lucas. Em Hemet, Califórnia, eles encontraram Jack e O'Bere Smart, ficando por quatro meses com o casal como hóspedes da casa e auxiliares contratados, dando um novo acabamento à mobília para ganhar seu sustento. Em maio O´Bere Smart teve um distúrbio mental, enviando Lucas e Powell para cuidar de sua mãe com 80 anos, Kate Rich, em Ringgold, Texas.

Henry e Becky chegaram em 14 de maio, ficando quatro dias com Rich e retirando dois cheques de 50 dólares de sua conta antes de parentes os colocarem para fora da casa. Pedindo carona para fora da cidade, conheceram Ruben Moore, que os convidou para se unirem à sua comunidade religiosa — a All People's House of Prayer — próximo a Stoneburg, Texas. Becky sentiu saudades de casa em agosto e eles, então, partiram, pedindo carona, em 23 de agosto. Acampados nessa noite no Distrito de Denton, eles começaram a discutir. Becky cometeu o grave erro de bater em Lucas e ele a apunhalou no mesmo momento, desmembrando seu corpo e espalhando as partes no deserto.

De volta a Stoneburg, na manhã seguinte, Lucas explicou que Becky tinha fugido com um caminhoneiro. Kate Rich desapareceu de vista três semanas depois, em 16 de setembro, e a polícia suspeitou quando Lucas deixou a cidade no dia seguinte. Seu carro foi encontrado depois abandonado em Needles, Califórnia, em 21 de setembro. Um incendiário queimou a casa de Kate Rich em 17 de outubro, e os oficiais estavam aguardando Lucas surgir em Stoneburg no dia seguinte. Detido em um mandado de fuga de Maryland, ele foi liberado quando as autoridades ali descartaram as acusações pendentes de roubo de carro.

Irritado pela vigilância, Lucas uniu-se a Ruben Moore em 4 de junho de 1983 e declarou a intenção de "limpar seu nome" encontrando Powell e Rich, onde quer que pudessem estar. Ele deixou uma pistola com Moore para guardá-la em segurança e saiu da cidade em um ruidoso carro velho. Quatro dias depois, Moore foi convocado para ir buscá-lo em San Juan, Novo México, onde seu carro parou de funcionar. Retornando a Stoneburg, em 11 de junho, Lucas foi preso como um ex-sentenciado com posse de arma. Quatro noites depois, ele chamou o carcereiro, pressionando seu rosto contra as grades de sua cela à medida que sussurrava, "Fiz algumas coisas ruins".

Durante os 18 meses seguintes, Lucas confessou o que parecia ser uma série sem fim de assassinatos, levando sua contagem estimada de corpos de 75 para cem, então de 150 para 360, os amigos e associados levando os homicídios a atingir um total "acima de 500". Ottis Toole, então, cumprindo pena em uma acusação de INCÊNDIO CRIMINOSO na Flórida, foi implicado em muitos dos crimes, e Toole acrescentou mais suas próprias confissões. Alguns dos crimes, disse Lucas, foram cometidos sob as ordens de um culto satânico nacional, o "Hands of Death", a que ele se uniu a pedido de Toole. Algumas vezes, Toole comeu a carne das vítimas que matava, mas Lucas absteve-se. Sua razão: "Não gosto de molho de churrasco".

Os detetives de todo o país reuniram-se em Monroe, Louisiana, em outubro de 1983, comparando as notas e indo para casa convencidos de que Toole e Lucas foram responsáveis por pelo menos 69 homicídios. Uma segunda conferência em Monroe, em janeiro de 1984, elevou o total para 81. Em março de 1985, a polícia em 20 Estados "revelou" 90 homicídios somente para Lucas, além de outros 108 cometidos com Toole como cúmplice. Henri foi condenado em nove mortes, incluindo a sentença de morte pelo assassinato de uma caronista não identificada, e ele foi formalmente acusado de mais 30 em todo o país. Dezenas de oficiais visitaram Lucas na prisão e ele também viajou pela nação sob guarda, visitando as cenas de crimes, fornecendo detalhes de memória. Uma viagem à Califórnia em agosto de 1984 "revelou" 14 casos. Cinco meses depois, em Nova Orleans, Lucas resolveu mais cinco. Na primeira semana de abril de 1985, ele liderou uma caravana pela Geórgia fechando os registros em dez homicídios.

Lucas mal havia chegado em casa dessa viagem quando a tempestade começou em 15 de abril. Escrevendo para o *Times-Herald* de Dallas, o jornalista Hugh Aznesworth preparou uma série de artigos com títulos trombeteando a "fraude maciça" que Lucas tinha perpetrado, enganando os detetives de homicídios e o público, algumas vezes com a conivência dos próprios oficiais. De acordo com Aynesworth, os detetives super-zelosos tinham motivado Lucas com pedaços vitais de informação, coagindo-o em suas confissões, ignorando deliberadamente a evidência que o colocava a quilômetros de distância de diversas cenas de homicídio no momento crucial. Da cadeia, Lucas uniu-se ao recontar suas declarações na mesa. Além de sua mãe, ele disse ter assassinado apenas duas vítimas — Powell e Rich — em sua vida. Em 23 de abril, ele estava negando aqueles crimes, apesar do fato de ter levado a polícia aos restos de Becky, enquanto os ossos de Rich foram recuperados de seu sótão em Stoneburg. A morte de sua mãe, Lucas proclamou, foi um simples ataque do coração.

Desde o início, os oficiais estavam cientes da inclinação de Henry para o exagero. Uma de suas primeiras vítimas alegadas, uma professora da Virginia, foi encontrada viva e bem pela polícia. Algumas de suas declarações foram claramente absurdas, incluindo as confissões de homicídio na Espanha e no Japão, além da entrega de veneno para seguidores dos Templos do Povo na Guiana. Por outro lado, existiram também problemas com a retração de Henry. Logo depois que a história de Aynesworth foi revelada, Lucas contrabandeou uma carta para o autor Jerry Potter, dizendo que tinha sido drogado e forçado a recontar. Um ministro local, próximo a Lucas desde sua "conversão" em 1983, mostrou uma fita com o registro da voz de Henry avisando os ouvintes para não acreditarem nas novas histórias que emergiam da prisão.

A parte mais curiosa da nova narração de Henry era o papel de Hugh Aynesworth. Em sua série no jornal, Aynesworth disse ter sabido da "fraude" — ouvindo os detalhes dos próprios lábios de Henry — desde outubro de 1983. Um mês depois, em 9 de novembro, Aynesworth assinou um contrato para escrever a biografia de Henry. Em setembro de 1984, ele apareceu no programa *Nightwatch* da CBS não oferecendo nenhuma objeção à medida que os videoteipes da confissão de Henry eram transmitidos. Em fevereiro de 1985, Aynesworth publicou uma entrevista de Lucas na revista *Penthouse*, induzindo Henry com respostas sugestivas sobre Lucas "matar furiosamente" e fazer vítimas "em todo o país" na década de 1970. Em tudo isso, o *Times-Herald* manteve o silêncio de pedra, permitindo que a "fraude" continuasse, enquanto dezenas (ou centenas) de assassinos supostamente permaneciam livres com base nas confissões "falsas" de Henry.

Em retrospecto, a série de Aynesworth cheirava fortemente a uvas verdes.* Um indício do possível motivo do autor é encontrado em seu primeiro artigo, com uma ligeira referência ao fato de Lucas ter assinado um contrato de publicidade exclusivo com um varejista de carros usados de Waco após

---

*N.T.: referência à fábula "A raposa e as uvas".

sua prisão de 1983. A existência prévia desse contrato desfez o negócio de Aynesworth, planejado cinco meses depois, e impediu-o de ganhar fama como biógrafo de Lucas. A próxima coisa boa, talvez, seria discordar e impedir os concorrentes de publicar um livro sobre o caso. (Vale a pena notar que Aynesworth omite toda menção de seu contrato com Lucas, enquanto lista diversos outros autores que tentaram "receber dinheiro na fraude".)

Aynesworth fez uma linha do tempo elaborada para apoiar sua história, comparando aos "movimentos conhecidos" de Henry com diversos crimes para desacreditar a polícia, mas o produto final estava permeado de falhas. Aynesworth exclui numerosos assassinatos, colocando a reunião de Lucas-Toole em 1979, enquanto ambos os assassinos e numerosas testemunhas independentes descrevem o encontro mais cedo, no fim de 1976. (De fato, Lucas estava vivendo com a família de Toole em 1978, um ano antes da "primeira reunião' alegada por Aynesworth.) O repórter cita registros de pagamento de Southeast Color Coat para provar que os assassinos raramente deixavam Jacksonville, mas o gerente do escritório Eileen Knight lembra-se de que eles frequentemente "vão e vêm". (Ao mesmo tempo, Aynesworth coloca Lucas em West Virginia enquanto ele estava trabalhando na Flórida, o mesmo erro de que ele acusa a polícia.) De acordo com Aynesworth, Lucas usou "todo o tempo" entre janeiro e março de 1978 com a namorada Rhonda Knuckles, nunca saindo de seu lado, mas essa versão ignora o testemunho de uma sobrevivente, seguindo Lucas por 320 quilômetros do Colorado ao Novo México em fevereiro daquele ano. A mulher lembra-se do rosto de Henry e registrou sua placa na polícia, mas sua história fica perdida na conta de Aynesworth. Em um momento, Aynesworth fica ansioso para limpar o nome de Henry que relaciona uma vítima duas vezes na linha de tempo, assassinada em duas ocasiões, com uma distância de quatro dias em julho de 1981.

As autoridades reagiram de diversas formas à mudança de Henry. Arkansas registrou novas acusações de assassinato contra ele em 23 de abril, oito dias após sua mudança de opinião e outras jurisdições não se impressionaram por sua reivindicação tardia de inocência. Em Marrero, Luisiana, os parentes da vítima Ruth Kaiser observavam que Lucas confessou roubado um estéreo após matar a mulher de 79 anos, um roubo que nunca foi relatado e, portanto, não podia ser "vazado" pela polícia. Como eles se lembram "ele descreveu coisas que tínhamos esquecido, detalhes que nunca apareceram no papel e que nunca colocamos no relatório da polícia".

O investigador Jim Lawson, do escritório do xerife do Distrito de Bluff Scotts em Nebraska, questiona Lucas em setembro de 1984 sobre o homicídio de fevereiro de 1978 da professora Stella McLean. "Intencionalmente tentei enganá-lo diversas vezes durante a entrevista", Lawson disse, "mas sem nenhum resultado. Tentamos mesmo 'alimentá-lo' com outro homicídio de nossa área para ver se ele estava confessando alguma coisa e todas as coisas em um esforço para construir um nome para si, mas ele negou qualquer participação no crime".

O comandante J. T. Duff, chefe da inteligência do Escritório de Investigação da Geórgia, descreve a viagem de Henry em abril de 1985 assim: "Não foi fornecida a Lucas nenhum informação ou orientação de qualquer das cenas de crime, mas foi dada a informação da execução da lei. Quando uma cena de crime foi encontrada, Lucas voluntária e livremente deu detalhes que somente o perpetrador saberia".

Em novembro de 1985, a polícia de 18 Estados reabriu 90 "casos de Lucas", mas e os outros 108? E sobre a conversa telefônica de novembro de 1983 entre Lucas no Texas e Toole na Flórida, monitorada pela polícia? Na mesma época, Henry e Ottis não se viram nem falaram durante pelo menos sete meses, privados de qualquer chance de redigir um roteiro, mas seu diálogo empresta um apoio deprimente às suas confissões posteriores.

LUCAS: Ottis, não quero que pense que estou fazendo isto por vingança.

TOOLE: Não. Não quero que retenha qualquer coisa sobre mim.

LUCAS: Veja, tivemos tantos deles, Ottis. Devemos revelar os corpos. Agora, este menino e menina, não sei nada sobre isso.

TOOLE: Bem, pode ser que os dois eu próprio tenha matado, como aquele mexicano que não me deixava sair da casa. Peguei um machado e o parti inteiro. O Porquê — queria perguntar a você. Aquele tempo quando cozinhava aquelas pessoas. Por que faria aquilo?

LUCAS: Acho que eram apenas as mãos fazendo isso. Sei que muitas coisas que fizemos, aos olhos humanos, são impossíveis de acreditar.

Verdade. E ainda assim, as vítimas foram despachadas, se não por Toole e Lucas, então por alguém mais. A verdade pode nunca ser revelada, mas enquanto isso, Lucas permanece na prisão e as autoridades estão convencidas de seu envolvimento em pelo menos cem homicídios. Sua sentença de morte foi comutada para prisão perpétua em 26 de junho de 1998.

LUPO, Michele

Anteriormente, um menino de coral em sua Itália nativa, Michele (ou Michael) Lupo descobriu suas tendências homossexuais enquanto servia na unidade militar de elite no início da década de 1970. O treinamento de comando ensinou-o como matar com mãos nuas, e ele levou o conhecimento consigo quando se mudou para Londres, em 1975. Começando como cabeleireiro, Lupo trabalhou até conseguir a propriedade de uma boutique elegante, comprando para si uma casa de 300 mil dólares em Roland Gardens, South Kensington. Em sua jornada, ele se vangloriou de ligações com uns quatro mil amantes do sexo masculino, registrando detalhes íntimos em diversos jornais. A consequência de sua promiscuidade foi revelada em março de 1986, quando ele teve resultado positivo para o vírus de Aids. Depois disso, Lupo investiu cegamente possuído por fúria homicida, favorecendo seu gosto por sadomasoquismo, em uma campanha brutal de vingança contra a comunidade gay.

Em 15 de março de 1986, James Burns, 37 anos, estava rondando bares à procura de uma companhia para a noite, sem se amedrontar por seu diagnóstico de Aids duas semanas antes. Os vadios encontraram seu corpo em um porão de Londres, mutilado com uma lâmina. Sofreu sodomia e foi lambuzado com excremento humano, além de sua língua ter sido cortada em um ataque frenético que lhe tirou a vida. Três semanas depois, na tarde de 5 de abril, a vítima de Aids Anthony Connolly foi encontrada por crianças que brincavam em um armazém da estrada de ferro; seu corpo fora golpeado e lambuzado com carne humana deteriorada, um homicídio em cópia carbono.

Lupo estava deixando um bar gay na noite de 18 de abril quando encontrou um vagabundo idoso em Hungerford Bridge e algo dentro dele subitamente "gritou para o mundo". Atacando o estranho, Lupo chutou-o na virilha e estrangulou-no naquele instante, depois jogou seu corpo no Tâmisa. No dia seguinte, Lupo encontrou Mark Leyland em Charing Cross, e os homens seguiram para um banheiro público para o ato sexual. Uma vez ali, Leyland mudou de ideia, e Lupo puxou uma barra de ferro e o atacou. Escapando com vida, Leyland relatou o incidente como um roubo, depois dizendo a verdade para a polícia após a prisão de Lupo. (A partir disse episódio, ele desapareceu). A vítima Damien McCluskly foi vista pela última vez com vida em uma taverna em Kensington em 24 de abril de 1986. Seu corpo — estrangulado, estuprado e mutilado com uma lâmina — foi descoberto algum tempo depois em um apartamento, no porão.

Na noite de 7 de maio, Lupo pegou outro parceiro gay, tentando estrangulá-lo com uma meia de náilon preta, porém uma vez mais sua presa escapou. Dessa vez, a polícia recebeu um relatório completo e acompanhou a vítima em um passeio pelos bares gays para identificar o criminoso, finalmente encontrando Lupo na noite de 15 de maio. Uma procura na casa de Lupo revelou uma sala convertida em uma câmara de tortura moderna, e diz-se que seus diários confiscados contêm os nomes de muitas conexões proeminentes. Condenado em seu julgamento de julho de 1987, Lupo recebeu quatro sentenças de prisão perpétua e dois períodos de sete anos cada (pela tentativa de assassinato), com a garantia do juiz que em seu caso "vida significa vida". A Interpol investigou outras mortes com mutilação em Amsterdã, Berlim Ocidental, Hamburgo, Los Angeles e cidade de Nova York, procurando conexões com Lupo, e suas diversas viagens ao exterior, mas nenhuma acusação adicional foi registrada.

MANSON, Família

Nascido "sem o nome Maddox" em Cincinnatti, Ohio, em 12 de novembro de 1934, Charles Manson foi o filho ilegítimo de Kathleen Maddox, uma prostituta de 16 anos. Seu sobrenome foi derivado de um dos muitos amantes de Kathleen, com quem ela se casou por curto período, mas não significava nenhuma ligação de sangue. Em 1936, Kathleen registrou uma ação de paternidade contra um "coronel Scott" de Ashland, Kentucky, ganhando o valor total de 5 dólares para alimentos de "Charles Milles Manson". Scott instantaneamente descumpriu a sentença do julgamento e morreu, em 1954, sem reconhecer seu filho.

Em 1939, Kathleen e seu irmão foram sentenciados a cinco anos na prisão por roubar um posto de gasolina em West Virginia. Charles foi enviado para viver com uma tia totalmente religiosa e seu sádico marido, que constantemente repreendia com severidade o menino como "efeminado", vestindo-o em roupas de menina em seu primeiro dia na escola em um esforço para ajudar Manson a "agir como homem". Com condicional em 1942, Maddox reclamou seu filho, mas ela era claramente inadequada para a maternidade. Uma vagabunda alcoólatra que trazia amantes de ambos os sexos, para casa Kathleen, frequentemente, deixava Charles com vizinhos "por uma hora", então desaparecia por dias ou semanas, deixando que os parentes rastreassem o menino. Em uma ocasião, ela supostamente deu Charles para um empregado de bar como pagamento por uma jarra de cerveja.

Em 1947, Kathleen procurou uma casa de adoção para seu filho, mas nenhuma estava disponível. Charles acabou na Escola Gibault para Meninos em Terre Haute, Indiana, mas fugiu dez meses depois, para a a casa de sua mãe. Ela ainda não o queria, assim Manson foi viver nas ruas, ganhando a vida por meio de roubo. Preso em Indiana, ele escapou do centro juvenil local após um dia de confinamento. Recapturado e enviado para a cidade dos Meninos do Padre Flannigan, ficou quatro dias antes de sua próxima escapada, fugindo em um carro roubado para visitar parentes em Illinois. Ele fez mais roubos no caminho e na chegada, levando outro golpe aos 13 anos. Confinado por três anos em uma escola reformatória em Plainfield, Indiana, Manson lembra-se do abuso sádico tanto de meninos mais velhos, como também dos guardas. Se pudermos confiar em sua memória, pelo menos um guarda incitou outros garotos a abusar sedualmente e a torturar Manson, enquanto o oficial ficou parado e masturbava-se ao lado.

Charles Manson em sua audiência da condicional

Em fevereiro de 1951, Manson e dois outros internos escaparam da "escola" Plainfield, fugindo para o oeste em uma série de carros roubados. Preso em Beaver, Utah, Manson foi sentenciado em uma pena federal por dirigir carros roubados pelas vias estaduais. Começando em um estabelecimento de segurança mínima, Manson agrediu outro interno em janeiro de 1952, mantendo uma lâmina de barbear na garganta do menino e submetendo-o a sodomia. Reclassificado como "perigoso", Manson foi transferido para uma prisão mais rígida, recebendo oito infrações disciplinares principais — incluindo três agressões homossexuais — em agosto de 1952. Ele foi transferido para o reformatório de Chillicothe, Ohio, e um mês depois ele subitamente virou uma nova página, tornando-se um prisioneiro "modelo" quase da noite para o dia. O ato esperto foi recompensado com a liberdade condicional em maio de 1954.

Preso uma segunda vez por dirigir carros roubados entre os Estados, em setembro de 1955, Manson saiu-se facilmente com uma *sursis* de cinco anos. Ele comemorou perdendo um compromisso no tribunal na Flórida em acusações pendentes de roubo de carro, e sua *sursis* foi imediatamente revogada. Preso em Indianápolis, em 14 de março de 1956, ele foi enviado para uma prisão federal na Ilha Terminal, Califórnia, ganhando a condicional em 30 de setembro de 1958. Sete meses depois, em 1º de maio de 1959, ele foi preso em Los Angeles sob as acusações de fraude e desconto de cheques roubados do Tesouro dos Estados Unidos. Uma vez mais, ele escapou com *sursis*, rapidamente revogado com sua prisão em abril de 1960 por alcovitar e transportar prostitutas entre Estados. Entrando na prisão na ilha McNeil, Manson registrou sua religião como "cientologista"; seu QI foi mantido e era 121. Com condicional de 21 de março de 1967, apesar de suas objeções, Manson foi levado para São Francisco no fervilhante Distrito de Haight-Asbury.

Foi o "Verão do Amor", quando milhares de pessoas jovens se reuniram sob a bandeira de drogas e "flower-power", atendendo ao conselho de Timothy Leary para "sintonizar, ligar e abandonar". As ruas e locais para dormir ficaram superlotados com adolescentes fugitivos e andarilhos, procurando a compreensão de si mesmos e do mundo. Atrás das cenas, um exército menor de manipuladores — gurus, motociclistas fora da lei, vendedores de drogas, alcoviteiros e satanistas — estavam prontos para extorquir um lucro repugnante da "Era de Aquário".

Em São Francisco, Manson mostrou um carisma surpreendente, atraindo fugitivos jovens de ambos os sexos, atraídos de todas as camadas da sociedade branca. Alguns, como Mary Brunner, eram universitários formados. Outros, como Susan Atkins e Robert Beausoleil, estavam envolvidos com cultos satânicos. Muitos estavam confusamente sem esperanças quanto às suas vidas, adotando Manson como uma combinação de mentor e figura paterna, Cristo encarnado e o "Deus de Adulteração" de estilo próprio. Eles vagaram para cima e para baixo no Estado em números flutuantes, com a "família" atingindo 50 membros em seu pico. Desde Mendocino e Haight para Hollywood, Los Angeles e Vale da Morte, os nômades de Manson seguiram seu líder à medida que o Verão do Amor se tornou um pesadelo. No caminho, eles aproximaram-se da Igreja de Satã, a Igreja do Processo do Julgamento Final (cultuando Satã, Lúcifer e Jeová simultaneamente), a ordem Circe do Cachorro Sanguinário, e — alguns dizem — o "Movimento Quatro P" homicida. Manson tornou-se obcecado com a morte e a música dos Beatles *Helter Skelter*, que ele interpretava como predizendo a guerra de raças na América. No ponto de vista de Manson, assim que os "negros" fossem levados ao ponto de violência, os brancos sem esperança seriam aniquilados, deixando Manson e sua família para serem os líderes.

Em 13 de outubro de 1968, duas mulheres foram encontradas espancadas e estranguladas até a morte perto de Ukiah, Califórnia. Uma delas, Nancy Warren, era a mulher grávida de um oficial da patrulha de estradas. A outra vítima, Clida Delaney, era a avó de 64 anos de Warren. Os assassinos eram ritualistas: enrolavam 36 línguas de couro ao redor do pescoço de cada vítima. Diversos membros da "família" de Manson — incluindo dois depois condenados por homicídios não relacionados — estavam visitando Ukiah naquela época.

Dois meses depois, em 30 de dezembro, Marina Habe, de 17 anos, foi raptada fora de sua casa em West Hollywood; seu corpo foi recuperado no dia de Ano-Novo com múltiplos ferimentos de punhal no pescoço e no peito. Os investigadores souberam que Habe era amiga de diversos membros da "família", e a polícia acredita que suas ligações com o grupo de Manson levaram diretamente à sua morte.

Em 27 de maio de 1969, Darwin Scott, de 64 anos, o irmão do suposto pai de Manson, foi golpeado até a morte em seu apartamento em Ashland, Kentucky, preso ao chão por uma grande faca de açougueiro. Manson estava fora de contato, com seu oficial de condicional da Califórnia, entre 22 de maio e 18 de junho de 1969, e um "pregador de LSD da Califórnia" abriu uma loja com diversas mulheres jovens nas proximidades de Huntington, na mesma época.

Em 17 de julho de 1969, Mark Walts, de 16 anos, desapareceu enquanto pedia carona de Chatsworth, Califórnia, para o porto de Santa Mônica para pescar. Seu corpo quebrado foi encontrado na manhã seguinte em Topanga Canyon. Walts era um visitante frequente da comunidade de Manson e do rancho de filmes Spahn, e o irmão do garoto falecido acusou publicamente Manson do homicídio, embora nenhuma acusação fosse registrada.

Na época da morte de Walts, o corpo de uma "Jane Doe" foi descoberto perto de Castaic, a noroeste do rancho Spahn, identificada, por tentativa, por meio das peças de roupas como Susan Scott, um membro da "família" preso em uma ocasião com o grupo das meninas de Manson em Mendocino. Scott estava vivendo no rancho, quando desapareceu de vista, e enquanto o corpo de Castaic permanece tecnicamente não identificado, Susan nunca mais foi vista.

Entre 27 de julho e 26 de agosto de 1969, a tribo de Manson assassinou pelo menos nove pessoas no sul da Califórnia. O músico Gary Hinman foi o primeiro a morrer, golpeado até a morte em retaliação por um negócio de drogas que azedou, e houve um grafite "político" rabiscado na cena com seu sangue, pois Manson tentou colocar a culpa do crime nos "negros". Em 9 de agosto, uma equipe de ataque de Manson invadiu a casa do diretor de cinema Roman Polanski, assassinando a esposa de Polanski — a atriz grávida Sharon Tate — e quatro de seus convidados: Abigail Folger, Jay Sebring, Voytek Frykowski e Steven Parent. Na noite seguinte, os "rastejadores" de Manson mataram e mutilaram outro casal, Leno e Rosemary LaBianca, em sua casa em Los Angeles.

Uma atmosfera geral de pânico dominou a influente L.A., e os crimes terríveis demonstraram que ninguém estava seguro. Em 15 de agosto, dois oficiais do xerife invadiram o rancho Spahn, prendendo Manson e companhia com diversas acusações relacionadas a drogas, mas Charles estava de volta às ruas em 26 de agosto. Naquela noite, ele dirigiu o assassinato e desmembrou o dublê de filmes Donald ("Shorty") Shea, um parasita que "sabia muito" e suspeitava-se que estivesse discutindo os negócios da família com a polícia.

Ironicamente, a queda de Manson veio por meio de um crime relativamente pequeno. Na noite de 18 para 19 de setembro

Susan Atkins, Patrícia Krenwinkel e Leslie Van Houten a caminho do julgamento do assassinato de Sharon Tate

de 1969, membros da família queimaram um pedaço do equipamento de nivelamento de estrada que estava "obstruindo" uma de suas rotas de *buggy* na duna do deserto. Os investigadores de incêndio criminoso rastrearam a evidência até Manson, e ele foi preso novamente em 12 de outubro. Um dia depois, Susan Atkins foi presa em Ontário, Canadá, e ela logo confidenciou os detalhes dos homicídios de Tate-LaBianca para companheiras de cela em Los Angeles. Seguiram-se indiciamentos completos, mas mesmo a remoção de Manson de circulação não poderia parar a violência.

Em 5 de novembro de 1969, um membro da família, John Haught — conhecido como "Zero" — foi atingido por um tiro e morto enquanto jogava roleta russa em Venice, Califórnia. Onze dias depois, outra "Jane Doe" — identificada por tentativa de assassinato associada à família Sherry Cooper — foi encontrada perto do local onde o corpo de Marina Habe foi descoberto em 1968. Em 21 de novembro, o cientologista James Sharp, 15 anos, e Doreen Gault, 19 anos, foram encontrados mortos em um beco em Los Angeles, apunhalados mais de 50 vezes cada um com uma faca de lâmina longa. Os investigadores souberam que Gaul foi namorada de Bruce Davis, um membro da família subsequentemente condenado por homicídio culposo em L.A.

Mas o braço de Manson era mais longo. Joel Pugh, marido de Mansonite Sandra Good, fugiu para Londres no fim de 1968, acompanhado por Bruce Davis. Sua missão incluía a venda de algumas moedas raras e o estabelecimento de conexões com ordens satânicas na Inglaterra. Davis retornou aos Estados Unidos em abril de 1969, mas Pugh demorou e seu corpo foi encontrado em um quarto de hotel de Londres, em 1º de dezembro, com sua garganta cortada com lâminas de barbear, seu sangue usado para inscrever "palavras de forma espelhada" e "desenhos de revista em quadrinhos" em um espelho próximo. (Apesar dos rabiscos impossíveis, sua morte foi registrada como suicídio.)

Acusado dos sete homicídios de Tate-LaBianca, Manson e três de suas discípulas — Susan Atkins, Patrícia Krenwinkel e Leslie Van Houten — foram a julgamento em junho de 1970. A defesa terminou seu caso em 19 de novembro e o advogado Ronald Hughes desapareceu oito dias depois, após ser levado a Sespe Hot Springs por dois associados da família chamados "James" e "Lauren". O corpo decomposto do advogado foi encontrado em Sespe Creek cinco meses depois, na época em que a sentença de morte de Manson foi anunciada, e a identificação positiva foi confirmada por meio dos raios X da arcada dentária.

O promotor Vincent Bubliosi acredita que ele rastreou o destino de "James" e "Lauren", suspeitos de conhecimento culposo na morte de Hughes. Em 8 de novembro de 1972, os andarilhos encontraram o corpo de James Willett, 26 anos, atingido por tiros e decapitado em uma cova rasa perto de Guerneville, Califórnia. Três dias depois, a perua de Willett foi vista fora da casa em Stockton, e a polícia prendeu dois membros da Irmandade Aryan dentro da casa, com três mulheres de Manson. Lauren Willett, esposa de James, estava enterrada no porão e a narração inicial da "roleta russa" foi revelada em abril de 1973, quando quatro suspeitos admitiram culpa nas acusações de homicídio.

Enquanto isso, os julgamentos de Manson continuaram em Los Angeles. O atirador Charles "Texas" Watson foi condenado e sentenciado à morte pelos homicídios de Tate-LaBianca em 1971. Em agosto daquele ano, seis membros da família — incluindo a discípula original Mary Brunner — tentaram roubar 140 armas de uma loja em Hawthorne, planejando libertar Manson da prisão, mas foram capturados em um tiroteio com a polícia. Todos foram subsequentemente condenados, e Brunner foi também sentenciada pela participação no homicídio de Hinman. Robert Beausoleil e Susan Atkins pegaram uma sentença de adicional morte pelo assassinato, enquanto Manson, Bruce Daves e Steve Grogan foram condenados tanto no homicídio de Hinman, como no de Shea. Diversas sentenças de morte foram alteradas pela Suprema Corte dos Estados Unidos em 1972, legislando sobre PENA CAPITAL e todos os *hackers* da família foram então tecnicamente elegíveis para a condicional. Na ausência de Manson, Lynnette "Squeaky" Fromme manteve as rédeas da família, correspondendo-se com Charlie na prisão e espalhando seu evangelho nas ruas, fazendo novas alianças com diversos cultos e grupos racistas. Em setembro de 1975, ela tentou assassinar o presidente Gerald Ford, mas sua pistola falhou e Squeaky foi sentenciada à prisão perpétua.

Quanto ao patriarca da família, a comutação de sua sentença de morte lançou Manson em uma viagem aparentemente sem fim no sistema carcerário — de San Quentin a Vacaville, para Folsom, de volta a San Quentin e assim por diante. Onde quer que fosse, o padrão era idêntico: conflitos com a autoridade e outros internos, diversos espancamentos e tentativas de assassinato (até agora, ele foi envenenado, incendiado e gravemente espancado diversas vezes), greves de fome indiferentes e delirantes entrevistas na televisão. Em março de 1974, Manson foi diagnosticado como um "psicótico agudo"; dois meses depois, ele agrediu um guarda; dois meses após, foi pego passando notas para uma tentativa planejada de fuga. A irmandade Aryan, uma vez guarda-costa de fato na prisão, logo voltou-se contra ele. Um membro agrediu-o sexualmente em San Quentin, outros o espancaram em Folsom, e outra equipe deslizou veneno de rato em sua bebida favorita. Ainda assim, existiram rumores de Charlie orquestrar uma vingança: um de seus atormentadores, AB, foi apunhalado até a morte em Folsom, enquanto outro foi atingido por tiros por pessoas proverbialmente desconhecidas relacionadas ao tráfico de drogas da Irmandade ou contínua contenda com negros, mas Manson estava satisfeito em receber o crédito pelos homicídios com um pestanejar e sorriso malicioso.

Embora elegível para a condicional desde 1972, nenhum assassino condenado da "família" foi liberado. Susan Atkins e Texas Watson dizem ter "encontrado Deus" na prisão. Watson encontrou seu próprio ministério com um pequeno, mas leal, núcleo de discípulos em seu mundo livre. Krenwinkel e Van Houten insistem que estão mudados, maduros, mas nenhum oficial público cuidadoso de seu futuro em promover um escritório está preparado para levá-los ao seu mundo. Quanto ao próprio Manson, suas audiências de condicional anuais — aquelas em que ele concede participar — foram convertidas em um teatro do grotesco, com Manson incoerentemente murmurando, algumas vezes por horas, em tópicos indo desde a floresta tropical brasileira à sua "cilada" em uma sociedade injusta. Algumas vezes ele não aparece: em 1979, por exemplo, ele passou pela audiência e enviou ao conselho de condicional um cartão "saindo livre da cadeia" de seu jogo de "Banco-Imobiliário".

E ainda existem mais problemas esperando por Manson, onde quer que ele vá. Em agosto de 1997, ele foi sentenciado a cumprir sete meses na Prisão Estadual de Baía Pelicana, *"super-max"* da Califórnia, após ser condenado por vender drogas para outros internos. Ele completou aquela sentença em junho de 1998 e foi transferido para outra carceragem, onde antigos arrebatamentos de manchete continuaram, sem dúvida.

Veja também: ILUSTRAÇÕES E LEMBRANÇAS; GRUPOS

"MÁSCARA de Sanidade": Mecanismo de Defesa Psicológica

Muitos *serial killers* — na verdade, muitos psicopatas (ou sociopatas) — são camaleões consumados, capazes, pelos anos de prática, de esconder sua raiva sorumbática atrás de uma fachada civilizada e mesmo charmosa. O psiquiatra Hervey Cleckly chama esse disfarce de "máscara de sanidade" em seu livro do mesmo título (1982) e continua a explicar:

Deve-se lembrar que mesmo muitos psicopatas óbvia e gravemente incapazes apresentam uma aparência técnica de sanidade, frequentemente uma de grande capacidade intelectual, e não é infrequente serem bem-sucedidos em negócios ou atividades profissionais por curtos períodos, alguns por consideráveis períodos... Embora eles apareçam eventualmente em uma inspeção casual como membros bem-sucedidos da comunidade, como advogados capazes, executivos ou médicos, eles não são bem-sucedidos, parece, no sentido de encontrar satisfação em suas próprias realizações. Nem eles parecem encontrar isso em qualquer outra atividade comum, quando a história total é conhecida.

Os registros de assassinatos em série modernos estão repletos de exemplos de assassinos que passaram despercebidos como o menino ou menina na casa ao lado. THEODORE BUNDY era um escoteiro em sua juventude, depois um ativista político bem aceito que apresentava a imagem de um estudante de direito bem-sucedido apesar das notas baixas. Os assassinos reiterados Arthur Bishop, Richard Angelo e JOHN JOUBERT foram todos escoteiros graduados em sua adolescência. JOHN GACY foi famoso por suas festas temáticas dos feriados, apresentando-se como palhaço em hospitais infantis quando ainda não estava imerso na política local. DEAN CORLL era charmoso, atraindo vítimas jovens e cúmplices também com presentes de doces feitos em casa. O estuprador-assassino ALBERT DESALVO frequentemente passava-se por um escoteiro de talento, persuadindo dezenas de mulheres a abrirem suas portas e submeterem-se a carícias íntimas enquanto ele registrava suas medidas para uma carreira de modelo. Apesar de um estilo de vida de CANIBALISMO e "perversidade sem paralelo", ALBERT FISH era gentil o suficiente para ganhar a confiança de pessoas totalmente estranhas, fazendo brincadeiras com suas crianças em "festas de aniversário" das quais elas nunca retornariam. Mesmo o louco EDWARD GEIN era conhecido em sua cidade natal como um homem habilidoso, simplório e um "personagem" local; ninguém suspeitou que ele também matava, roubava túmulos e fazia decorações domésticas com partes do corpo humano.

Não é, entretanto, surpresa o assombro de seus vizinhos, ao ser feita a prisão de um *serial killer*, com a mídia registrando declarações de surpresa sobre como um "colega gentil e quieto" poderia realizar estes feitos terríveis. Em parte, este choque é causado por imagens arraigadas de Hollywood, em que assassinos ocasionais são retratados com cicatrizes no rosto, pessoa de respiração pesada que ronda as ruas em aventais manchados de sangue, armados com ferramentas poderosas. Esses espécimes existem, naturalmente, mas eles são raras exceções à regra. A "máscara de sanidade" do assassino psicopata esconde uma enormidade de pecados e frequentemente faz suas vítimas presas fáceis quando ele — ou ela — usa o charme.

MATHURIN, Jean Thierry: *Veja* **Paulim, Thierry**

MIKHASEVICH, Gennadiy

O primeiro *serial killer* russo reconhecido pela mídia soviética controlado pelo Estado, Gennadiy Mikhasevich nasceu em 1947, no território da Bielorússia (atualmente Belarus). Os detalhes de seus crimes permanecem esparsos: o anúncio da agência *Tass*, de 3 de fevereiro de 1988, de sua execução, simplesmente declara que Mikhasevich "assassinou de forma selvagem" 33 mulheres durante os últimos 15 anos. Alguns relatórios do Ocidente citam uma contagem de corpos de 36, com a primeira morte registrada em 1971, mas a confiabilidade dessa contagem ainda não é clara.

Sabemos que Mikhasevich foi empregado como um trabalhador de fábrica em Saloniki, atuando por um período como chefe da oficina de reparos de veículo a motor do estado, sendo voluntário como auxiliar de policial em seu tempo disponível. Nessa última posição, ele ajudou a "investigar" seus próprios crimes, interrogando diversos suspeitos e algumas vezes parando motoristas de carros que lembravam o veículo do enganador assassino. Nesse meio tempo, ele continuou a matar, com 14 vítimas assassinadas no ano de pico de 1984.

A polícia soviética pode não admitir um assassino à solta, mas eles estavam cientes de seus crimes, o que dá na mesma. Infelizmente, como a *Tass* admitiu anos depois, "as investigações mudaram da direção correta", com dúzias de réus condenados e sentenciados por diversos crimes que não cometeram e os investigadores de homicídios da Bielorússia seguindo "falhas da lei". Quatro suspeitos inocentes foram na verdade presos e condenados sob as acusações de homicídio: um deles foi executado, outro se matou sob custódia e um terceiro réu inocente ficou cego na prisão. Os oficiais responsáveis pelas ciladas foram tardiamente punidos, de acordo com a *Tass*, mas uma vez mais os detalhes não estavam disponíveis.

Não importa quem eles enviaram para a prisão, os assassinatos continuaram; o assassino enganador pegava as mulheres em seu pequeno carro Zaporachet vermelho e estrangulava-as com um lenço. Uma carta foi enviada para a polícia em um momento, assinada "Patriota de Vitebsk", e atribuindo os assassinatos à "vingança contra mulheres adúlteras". Os detetives souberam que a carta era autêntica quando notas similares foram deixadas com as duas últimas vítimas do assassino em 1985. Enquanto isso, o detetive Nikolai Iquatovich estava trabalhando em montanhas de papéis, verificando os proprietários de cerca de 200 mil carros vermelhos e aqueles detentores de 312 mil passaportes interestaduais. Foi informado que a última abordagem levou à prisão de Mikhasevich em 1985. Ele confessou os assassinatos sob custódia e foi sentenciado à morte pelo esquadrão de fuzilamento.

MILAT, Ivan Robert Marko

O pior *serial killer* da Austrália dos tempos modernos, Ivan Milat era filho de imigrantes croatas, nascido em 1945. Era não fumante e também evitava bebidas alcoólicas. Milat trabalhou na construção de uma rodovia e devotou seu tempo de lazer à corrida de motocicleta, viajando *off-road* em um veículo com tração nas quatro rodas e caçando. Os amigos presumiram que sua paixão por espreitar caça estava restrita a seus objetivos de quatro pernas, mas eles estavam enganados. Hoje, Milat está condenado por sete assassinatos cometidos entre 1989 e 1992, e suspeito de mais, datando do fim da década de 1970.

Uma caçada humana de dois anos na Austrália, atrás do depravado "assassino da mochila preta", começou em setembro de 1992, quando os andarilhos encontraram os restos decompostos de duas mulheres na Floresta Estadual de Belanglo, perto de Sidney, em um ponto chamado de Declive do Executor. Os corpos foram identificados como de Caroline Clarke, 21 anos, e Joanne Walters, 22 anos, turistas britânicas vistas pela última vez com vida em Sidney em 18 de abril de 1992, enquanto pediam carona para Adelaide. As autópsias revelaram que as duas jovens mulheres foram agredidas sexualmente; Walters foi amordaçada e apunhalada até a morte, e Clarke recebeu 12 tiros na cabeça.

A descoberta de dois corpos motivou uma pesquisa mais ampla, e a polícia logo encontrou uma cova rasa distante poucas milhas do primeiro local contendo os restos do esqueleto de James Gibson e Deborah Everist, australianos. Os dois de 19 anos desapareceram em algum lugar entre Liverpool e Goulburn enquanto pediam carona para um festival de conservação em 9 de dezembro de 1989. A mochila e a câmera de Gibson foram encontradas ao lado de uma estrada rural dois meses depois, como se tivesse sido jogada de um carro que estivesse passando.

A pesquisa continuou. Em outubro, as autoridades encontraram os restos de Simone Schmidl, 21 anos, uma turista alemã, que desapareceu no mesmo pedaço da estrada entre Liverpool e que pedia carona para Melbourne em 21 de janeiro de 1991. Seus óculos e equipamento de acampar foram encontrados depois em um arbusto próximo a Wangatta, pequena cidade em Victoria. De acordo com o relatório do examinador médico, Simone foi amarrada, amordaçada e apunhalada repetidamente.

Os corpos de dois outros turistas alemães, Gabor Neugebauer, 21 anos, e Anja Habschied, 20 anos, foram encontrados em 4 de novembro de 1992. O casal foi visto pela última vez com vida dez meses antes, em 26 de dezembro de 1991, quando estavam pedindo carona de Kings's Cross para Darwin e desapareceram sem vestígios. Suas mortes tinham todos os sinais de outro ataque sexual: Neugebauer foi aparentemente estrangulado, depois recebeu seis tiros na cabeça; sua namorada estava nua da cintura para baixo e foi decapitada; sua cabeça desapareceu do local.

Nessa época, a polícia australiana sabia que havia um *serial killer* à solta. As fotos publicadas das vítimas trouxeram chamadas vindas de pessoas locais que os viram andando pelo interior e pedindo carona, mas nenhum aparentemente viu o assassino — exceto, talvez, Paul Onions. Um sujeito britânico de Birmingham, Onions ouviu falar sobre os "assassinatos da mochila preta" na televisão e lembrou-se de sua quase-morte fora de Sidney em janeiro de 1990. Onions estava pedindo carona, quando foi pego pelo motorista de um caminhonete Nissan, prata, com tração nas quatro rodas, que se apresentou como "Bill". 800 metros milha ao norte da Floresta Estadual de Belanglo, Bill parou e puxou uma arma, declarando: "Isto é um assalto". Onions correu por sua vida em meio aos arbustos com as balas sibilando por sua cabeça, e conseguiu escapar após uma frenética perseguição. Lembrou-se do atirador o suficiente para ajudar a polícia a preparar um retrato falado, incluindo o suposto farto bigode do assassino.

Os investigadores, enquanto isso, estavam revendo seus arquivos de crimes antigos — incluindo uma alegação de estupro de dezembro de 1974, registrado contra

Ivan Milat, conhecido por usar o apelido de "Bill". Em 22 de maio de 1994, um esquadrão aéreo de 50 oficiais invadiu a propriedade em Eagle Valley, um subúrbio de Sidney, onde Milat vivia com a namorada. As incursões encontraram o homem na cama, e uma pesquisa em sua casa revelou as evidências, incluindo as armas ligadas aos assassinatos e as peças de acampamento roubadas das vítimas. (Uma espada, supostamente usada para decapitar Anja Habschied, foi encontrada em procura posterior na casa da mãe de Milat.) Os detetives sugeriram que Milat, algumas vezes matou suas vítimas e então usou suas cabeças para "prática de alvo", assim revelando os múltiplos ferimentos na cabeça.

Em 31 de maio de 1994, Milat foi formalmente acusado de sete casos de assassinato, além do ataque a Paul Onions e diversas acusações de porte de arma. (Dois de seus rifles, bem como um silenciador feito em casa, encontrados pela polícia em seu poder, estavam banidos pela lei australiana.) Em seu julgamento de quatro meses, em 1996, o advogado de Milat tentou enfraquecer o caso da promotoria, apontando suspeitos alternativos, incluindo dois dos próprios irmãos de Milat, Richard e Walter. Os jurados rejeitaram a manobra, condenando Ivan por todos os sete assassinatos em 27 de julho, mas o juiz presidente, David Hunt, disse ao tribunal: "Em meu ponto de vista, é claro que o prisioneiro não estava sozinho neste empreendimento criminoso". Na ausência de indiciamentos adicionais, entretanto, Milat foi o único a receber seis sentenças de prisão perpétua, mais um período adicional de seis anos pela tentativa de assassinato de Paul Onions.

Milat ecoou o parecer do juiz Hunt em fevereiro de 1997, quando apelou de sua condenação com a base não usual de que ele não agiu sozinho no assassinato. Nenhuma ação foi tomada até então nessa apelação, mas Milat foi colocado sob severa segurança três meses depois após os guardas da prisão frustrarem uma fuga "meticulosamente planejada" por Ivan e três outros internos. Em novembro de 1997, Milat demitiu o advogado que apontou seus irmãos como suspeitos, representando-se em uma nova — e fútil — apelação para a Suprema Corte de New South Wales.

As autoridades em New South Wales acreditam em que eles apenas arranharam a superfície da violência homicida de Milat. Em 22 de março de 1998, os detetives anunciaram uma nova investigação dos movimentos de Milat datando do fim da década de 1970. De acordo com os relatórios da imprensa, ele é suspeito do desaparecimento de seis mulheres de Newcastle e igual número de turistas, incluindo visitantes da Europa e do Japão. Uma rara sobrevivente, uma antiga residente de Newcastle, disse à polícia ter sido raptada e estuprada por Milat em 1978. Uma segunda vítima de estupro, atacada no ano seguinte, foi também entrevistada novamente em um esforço para ligar Milat ao crime. Os desaparecimentos de Newcastle — há muito presumidos como assassinatos — datam de 1979, quando Milat estava empregado em uma equipe, trabalhando na área. Até agora, nenhuma acusação adicional foi registrada.

MODUS Operandi dos Serial killers

Por todos os seus MOTIVOS, amplamente variados, independentemente de raça ou sexo, os *serial killers* geralmente caçam e matam suas presas humanas em uma das três formas, referidas neste livro como nômade, territorial ou métodos estacionários. Em raras ocasiões, mais particularmente quando corre risco de captura, um assassino pode mudar sua técnica, mas esses desvios são raros e nunca parecem durar muito.

Os *assassinos nômades* são os viajantes, mudando-se frequentemente — muitas vezes de forma compulsiva — de um local para outro, matando conforme caminham. Esses caçadores são os primeiros beneficiários da "LIGAÇÃO CEGA", mudando de uma jurisdição para outra antes que a polícia de uma área reconheça o seu padrão de comportamento. Não é incomum os assassinos nômades, como HENRY LUCAS e OTTIS TOOLE, matarem em diversos Estados diferentes — ou mesmo, como "A Serpente", Charles Sobhraj, matar em diversos países diferentes. Uma vítima encontrada pedindo carona no Texas pode ser assassinada no Novo México e descartada na Califórnia, assim confundindo os investigadores de homicídios (se na verdade, o corpo for de todo encontrado).

Os *assassinos territoriais* são de longe os mais comuns dos assassinos em série, delimitando um campo de caça particular que varia grandemente em tamanho de um caso para o próximo. Alguns, como o "Filho de Sam" DAVID BERKOWITZ, delimitam uma cidade ou vizinhança em particular. Outros se estendem mais longe no campo, como quando o "ASSASSINO DE GREEN RIVER" buscou suas vítimas nas estradas entre Seattle e Tacoma, Washington. Outros se localizam em áreas mais restritas, orientados por uma compulsão pessoal para frequentar um local em particular. Lester Harrison, por exemplo, realizou todos os seus assassinatos, exceto um, nas proximidades do Grand Park de Chicago. Em teoria, os assassinos territoriais seriam mais fáceis de se encontrar, pois oferecem aos investigadores de homicídio oportunidades frequentes para ver o produto de seu trabalho; mas alguns ainda conseguem permanecer à solta por anos — ou escapar, totalmente, como JACK, O ESTRIPADOR de Londres.

Os *assassinos estacionários* são os mais raros de todos, fazendo muitas (se não todas) de suas vítimas em um local. Os infratores, nesse grupo, são igualmente divididos entre aqueles que matam em casa e aqueles que assassinam no local de trabalho. Os assassinos de "casa" incluem muitas VIÚVAS NEGRAS que caçam em suas próprias famílias, além de outros, como JOHN GACY, que trazem estranhos para seu lar (e frequentemente escondem seus corpos nas instalações). Os assassinos no local de trabalho incluem a maioria dos médicos e enfermeiras responsáveis pelos ASSASSINATOS MÉDICOS em casas de saúde e hospitais, e os espécimes anômalos como Calvin Jackson, um zelador de Nova York que estuprou e matou nove mulheres em um hotel para o qual ele foi contratado para limpar. Um caso aparentemente único na história é aquele de Jerry Spraggins, que aparentemente retornou três vezes dentro de muitos anos para um apartamento em Montclair, Nova Jersey, matando as inquelinas que não tinham nenhuma conexão entre si ou com ele.

Um assassino estacionário pode ser forçado a mudar periodicamente, por razões não relacionadas a seus crimes, mas ele — ou ela — normalmente manterá os padrões de caça estabelecidos. Da mesma forma, sempre existe a especulação no caso de assassinatos não resolvidos de que o assassino pode ter mudado para outra cidade ou estado — novamente, o GREEN RIVER vem à mente, com a especulação de que o assassino desconhecido pode ter se mudado para San Diego, cidade do Kansas ou algum outro local com um predador sem nome à solta, mas sem evidência convincente (uma impressão digital, combinações balísticas, DNA), nenhuma conclusão do tipo possui algum suporte em casos não resolvidos.

Veja também MOTIVOS; ARMAS; 'VITIMOLOGIA'.

"MONSTRO de Florença"

A área rural ao redor de Florença, Itália, foi muito favorecida como um local de férias, principalmente para os campistas, caronistas e amantes da natureza. Nos meses de verão, brisas frescas, céu estrelado e prados ondulantes fazem da área um local secreto perfeito para amantes, casais em lua-de-mel ou casais procurando reacender a chama romântica em seus relacionamentos. Na última metade do século XX, entretanto, Florença adquiriu um tipo diferente de reputação, como o campo de caça selecionado por um assassino sádico que preferiu caçar casais, selecionando de forma aleatória as vítimas para um sacrifício de sangue anual. Três décadas após o início do terror, muitos dos detalhes ainda permanecem duvidosos.

O primeiro aparecimento do assassino de Florença foi registrado em 21 de agosto de 1968, quando Bárbara Locci e seu amante adúltero Antonio Lo Bianco foram atingidos com tiros mortais quando estavam deitados no banco da frente de um carro, estacionado ao lado de uma via rural. No assento de trás, o filho de seis anos da mulher morta dormiu sem interrupção durante o assassinato, sugerindo que o assassino pode ter usado um silenciador. Apesar da falta de qualquer evidência sólida, o crime pareceu rotina aos investigadores locais e o marido de Locci foi condenado em um julgamento apressado. Seis anos se passaram antes de sua inocência estar provada, quando o assassino agiu novamente.

O segundo casal, assassinado em setembro de 1974, foi atingido com tiro da mesma pistola Beretta automática calibre 22 usada em 1968; uma vez mais, o atirador usou balas de Winchester distintas revestidas de cobre, manufaturadas na Austrália na década de 1950. Diferente do primeiro crime, entretanto, dessa vez a vítima feminina foi sexualmente mutilada após a morte, uma terrível ação que se tornaria a marca registrada do assassino de Florença.

Outro longo hiato nos assassinatos seguiu-se, quebrado em junho e outubro de 1981, quando dois casais mais foram assas-

Retrato falado feito pela polícia do "Monstro de Florença"

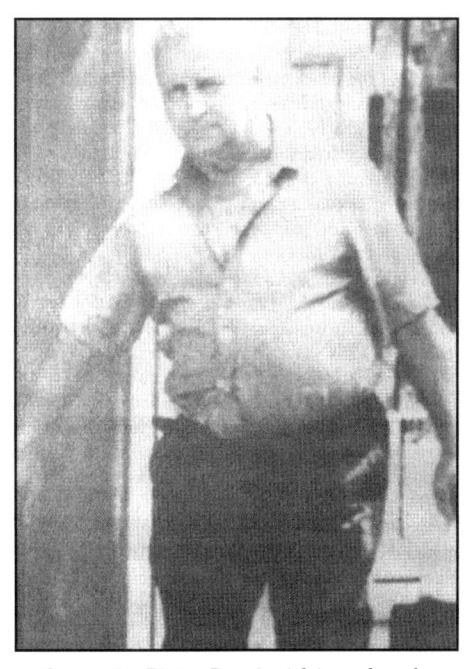

O suspeito Pietro Pacciani foi condenado, depois liberado na apelação e morreu antes de seu segundo julgamento

sinados com a mesma Beretta automática. A mutilação das vítimas femininas permaneceu uma marca registrada do assassino.

Stefani Pettini, assassinado em 6 de junho, foi apunhalado mais de 300 vezes; uma videira foi cortada e colocada em uma de suas feridas. Susana Cambi, assassinada em 23 de outubro, teve seus genitais mutilados como a vítima de 1974, Carmela De Nuccio.

A cada ano, de 1981 a 1985, o caçador sem rosto retornou para matar um casal acampado ou estacionado dentro de um raio de 30,5 quilômetros de Florença, atirando em ambas as vítimas antes de atacar brutalmente as mulheres com uma faca. O padrão foi quebrado apenas uma vez, em 1983, quando dois homens da Alemanha Ocidental foram atingidos por tiros quando dormiam em um acampamento, assassinados pelas já conhecidas balas Winchester disparadas em uma faixa direta. A polícia acredita que o longo cabelo louro de um homem jovem confundiu o assassino, fazendo-o considerar uma das vítimas mulher.

A recreação dos crimes do "Monstro" revelou uma similaridade surpreendente em cada caso. Cada um dos duplos homicídios ocorreu em noites sem lua entre as 22 horas e meia-noite. Em cada caso, a polícia acredita que o homem foi assassinado primeiramente e a mulher foi posteriormente atingida e mutilada como se o assassino exorcizasse seu frenesi particular. Os exames de impressões digitais das cenas do homicídio indicaram que o atirador vestia luvas cirúrgicas de borracha, e os detetives de homicídios livremente admitiram não possuir indício no caso desconcertante. Conforme descrito por Francisco Fleury, procurador estadual encarregado da investigação, "o homem poderia ser o vizinho respeitável da casa ao lado, um homem acima de suspeitas". Como tudo o mais sobre os crimes, o intervalo de seis e sete anos entre as primeiras três séries de assassinatos deixou os detetives desconcertados.

Os investigadores pensaram ter um indício sólido em 1985, quando dois turistas franceses que acampavam em uma tenda foram assassinados em 8 de setembro. O corpo da mulher tinha sido golpeado pelo menos cem vezes e seu seio esquerdo foi cortado. Na manhã em que os corpos foram descobertos, uma bala de Winchester revestida de cobre foi encontrada em uma calçada em frente ao hospital próximo ao local do homicídio. A proximidade do hospital, juntamente com a evidência de luvas cirúrgicas e um bisturi empregado nos crimes, levavam os detetives a questionar os membros do pessoal do hospital, mas nenhum suspeito foi identificado. No dia seguinte, a polícia encontrou um envelope endereçado com letras retiradas de um jornal; dentro, encontraram uma parte da genitália de uma mulher assassinada, um presente zombeteiro de seu assassino enganador.

Três filmes foram feitos até aqui, sobre o "Monstro" e seus crimes retratando-o desde filmes pornográficos até em documentários. Um filme estava em produção em setembro de 1985 e os membros do grupo correram para o último local de assassinato, fazendo novas cenas para atualizar sua história. A polícia, enquanto isso, estava temerosa de que o aumento de publicidade pudesse motivar o assassino a tornar-se mais ativo ou encorajar os "copiadores" a competir com seus crimes. Na verdade, o assassino pareceu aposentar-se do jogo, sem nenhum assassinato confirmado desde 1985.

A polícia italiana interrogou mais de cem mil pessoas e rapidamente acusou seis diferentes suspeitos no caso de Florença antes de identificar seu melhor suspeito ainda em 1993. Preso em 17 de janeiro daquele ano, Pietro Pacciani, de 71 anos, era um fazendeiro semianalfabeto e taxidermista amador, condenado em 1951 por assassinar um vendedor viajante pego "em um abraço afetuoso" com a namorada de Pacciani. (Seguindo-se ao assassinato, Pacciani fez a mulher deitar perto do corpo e estuprou-a ali.) Com condicional após 13 anos de prisão, Pacciani foi depois preso por espancar sua esposa e cumpriu mais quatro anos (1987-91) na prisão por molestar suas duas filhas. Condenado por sete assassinatos duplos em novembro de 1994, Pacciani ainda manteve que era "tão inocente como Cristo na cruz", e nas apelações o tribunal contrariou sua condenação em 13 de fevereiro de 1996.

Ironicamente, a liberação de Pacciani da prisão veio nas horas em que a polícia prendeu seu amigo, Mario Vanni, 70 anos, sob as acusações de assassinato do casal francês em 1985. As autoridades logo ajustaram sua teoria prévia, decidindo que o "Monstro de Florença" era, na verdade, uma gangue liderada por Pacciani, com os membros incluindo: Vanni, Fiovanni Faggi, 77 anos, Giancarlo Lotti, 54 anos. Dez meses após a liberação de Pacciani da prisão, em 12 de dezembro de 1996, a Suprema Corte italiana reverteu a decisão do tribunal de apelação e ordenou um novo julgamento de homicídio para Pacciani. Seus três supostos cúmplices foram a julgamento em Florença, em 21 de maio de 1997, acusados por cinco homicídios duplos, enquanto ao suposto líder do grupo foi ordenado que permanecesse em sua cidade natal, Mercatale, representado pela polícia como um "personagem socialmente perigoso". Pacciani morreu de causas naturais no domingo de 22 de fevereiro de 1998, um dia antes que fosse programado o início dos argumentos de encerramento no julgamento de seus três supostos confederados. O veredicto final, em 26 de março, foi uma mistura: Faggi foi absolvido em todas as acusações, Lotti, sentenciado a 30 anos por seu papel na morte de oito vítimas, e Vanni recebeu uma prisão perpétua pela participação em dez dos assassinatos do "Monstro". Os casos remanescentes estão oficialmente não resolvidos.

MOTIVOS para Assassinatos em Série

Os *serial killers* em FICÇÃO E FILMES são frequentemente retratados como gênios distorcidos, perseguindo alguma agenda gótica que requeria um Sherlock Holmes moderno (ou mesmo poderes psíquicos) para encurtar o reino de terror. Na vida real, naturalmente, os motivos de assassinato em série são tão diversos quanto aqueles para qualquer outro tipo de crime — tão variado, de fato, quanto os próprios assassinos. Alguns "especialistas" ainda insistem que o assassinato em série é "sempre de ordem sexual" por natureza, mas tais generalizações amplas não são mais válidas do que as alegações de que os *serial killers* são "sempre homens" ou "sempre brancos". De fato, não existem normas absolutas.

O *Manual de Classificação de Crimes do FBI* (1992) apresenta quatro categorias de homicídio com 32 subcategorias, quase todas elas aplicáveis a algum caso de assassinato em série nos últimos anos. Três são examinados aqui, enquanto o quarto — homicídio de causa de grupo — é discutida no título ASSASSINATOS EM EQUIPE. O próprio manual fornece diversos exemplos, claramente demonstrando a diversidade de motivos para assassinato em série, e o exame de diversas categorias prontamente, lembra-nos de outros casos.

Homicídio de empresa criminal

A primeira categoria de assassinato, com dez subtítulos, é chamada pelo FBI como *homicídio de empresa criminal* — que é qualquer assassinato cometido para ganho pessoal. Alguns puristas argumentarão que os assassinos seriais "nunca matam por lucro", mas novamente essas reclamações absolutistas não sobrevivem a um exame mais próximo.

A primeira subcategoria de homicídio de empresa criminal *é contrato ou assassinato de terceiros*. Enquanto alguns teóricos automaticamente excluem assassinos contratados ou "homens de ataque" da consideração de assassino serial, seu argumento torna-se insustentável quando casos específicos são examinados. Primeiro, sabemos que alguns assassinos "sem paixão" na verdade desfrutam imensamente de seu trabalho, obtendo tanto uma recompensa psicológica, como financeira de seus crimes. Da mesma forma, muitos assassinos contratados — incluindo os similares do "Iceman" Richard Kuklinski e Elmer "Trigger" Burke — cometeram seus crimes privados pessoalmente motivados, além de seus contratos de "ataque". Está também bem estabelecido que os assassinos patológicos como Thomas Creech e Dennis Webb aceitam contratos de homicídio ocasionalmente, assim misturando negócios com prazer.

Um segundo tipo de assassinato de empresa criminal é aquele *motivado por gangue*. Novamente, alguns puristas reclamarão que nenhum "agressor de gangue" seria sequer contado como um "verdadeiro" *serial killer*, não importando quantos assassinatos ele comete.... e novamente o argumento é fraco: o Thomas Creech mencionado e Denis Web andavam com gangues de motocicleta fora da lei na ocasião, cometendo diversos assassinatos, cada um em nome daqueles grupos. No Canadá, um assassino prolífico, Yves "Apache" Trudeau, matou muitas de suas 42 vítimas conhecidas como um serviço para a gangue de motocicletas "Hell's Angels', mas um igual número foi assassinado por ofensa pessoal.

O homicídio por competição criminal é uma terceira forma de assassinato de empresa criminal, similar em muitas formas — se não indistinguível — dos assassinatos relativos à gangue. Os mesmos argumentos aplicam-se, e alguém precisa somente lembrar o caso do "Homicida Harry" Strauss, ligado a mais de cem assassinatos com o "Murder Incorporated" do Brooklyn, para ver quão prolífico os assassinos podem ser.

O *assassinato por rapto* é o quarto tipo de homicídio de empreendimento criminoso, assumindo algum tipo de exigência em troca pela devolução da vítima. William Hickman era um assassino de repetição que tentou o rapto com resgate em 1927, para levantar o custo da faculdade. Ele devolveu sua vítima de 12 anos conforme o programado, mas ela estava estrangulada, seu corpo cortado na cintura, os braços cortados nos cotovelos os olhos costurados abertos para apresentar uma semelhança com a vida em troca de resgate.

O quinto tipo de assassinato de empreendimento criminoso, *homicídio de produto adulterado*, pode — ou não — incluir uma exigência de extorsão financeira. Nenhum motivo foi determinado para os "ASSASSINATOS DO TYLENOL" não resolvidos de 1982, mas aqueles crimes inspiraram outra médica, Stella Nickell, a envenenar seu marido para receber o seguro de vida. Como um adjunto ao esquema, ela também matou um total estranho com as cápsulas de " Excedrin Extraforte" em um esforço para desviar a atenção da polícia de si própria.

O *assassinato por droga*, o sexto tipo de assassinato de empresa criminosa é tipicamente — mas não necessariamente — relacionado a atividades de gangues organizadas. Uma vez mais, a separação é indistinta, pois muitos *serial killers* abusam extensivamente de drogas, e alguns ocasionalmente vendem drogas para manter-se. O assassino condenado William Mentzer, atualmente cumprindo prisão perpétua na Califórnia, é conhecido por ter participado em contrabando de cocaína e assassinatos relacionados às drogas na Flórida. Aquela atividade comercial não o impediu de cometer outros homicídios por motivos pessoais, incluindo o suposto envolvimento em sacrifício humano satânico.

A forma mais comum de assassinato de empreendimento criminoso ligado a *serial killers "bona fide"* é sem dúvida o *seguro/herança relacionado à morte*. A maioria desses mata sucessivamente os parentes e cônjuges, incluindo tanto o assassino masculino BARBA AZUL, como a assassina feminina VIÚVA NEGRA em antecipação a alguma recompensa financeira. O Manual do FBI subdivide também esse tipo em *assassinato por lucro individual e por lucro comercial.* No primeiro caso, o assassino espera lucrar financeiramente, como por meio do pagamento de seguro de vida; no segundo, seu desejo é atingir a participação controladora em um negócio comercial ativo (e os lucros desse).

A última categoria em empreendimento criminoso, denominada *assassinatos qualificado*, refere-se a assassinato que ocorrem durante a comissão de algum outro crime, tais como roubo ou arrombamento. Novamente, o FBI reconhece dois subtipos. *Assassinato qualificado indiscriminado* refere-se ao homicídio planejado antecipadamente mas sem vítimas específicas em mente, como quando uma loja é roubada e os clientes são assassinados para eliminar testemunhas. Charles Sinclair, um assassino nômade ligado a assassinatos de dez proprietários de lojas de moedas, exemplifica essa ação. O outro lado da moeda, o chamado *qualificado situacional*, envolve o assassinato gerado por pânico, confusão ou impulso. Novamente, William Hickman fornece um caso nesse ponto, com seu assassinato "acidental" de um farmacêutico de Los Angeles após a polícia surpreendê-lo em um ato de assalto.

Homicídio de causa pessoal

A segunda classificação ampla de assassinato é o *homicídio de causa pessoal*, definido como "um ato resultante de agressão interpessoal que implica morte de pessoa(s) que pode(m) não ser conhecida(s) entre si. O homicídio não é motivado por ganho pessoal ou sexo e não é sancionado pelo grupo. É resultado de um conflito emocional obscuro que impele o infrator de matar". Poucos estudiosos de crime negariam que esses motivos se aplicam a muitos casos de assassinato em série.

A primeira subcategoria listada no Manual do *FBI* é o *assassinato motivado por erotomania,* no qual o crime se origina da fixação do assassino por sua vítima. Um caso nesse ponto é o assassinato de cinco estranhos em 1988 por Nathan Trupps, enquanto apunhalava a estrela de TV Michael Landon (que Trupp acreditava estar envolvido em uma conspiração fascista global).

O *homicídio doméstico*, outra forma de assassinato de causa pessoal, pode ser *espontâneo* ou *por estágios.* O assassino nesses casos tem um relacionamento familiar ou devido à legislação com sua vítima. O assassinato doméstico espontâneo é essencialmente um crime de paixão, como quando CARROL EDWARD COLE estrangulou sua segunda esposa em uma violência de bêbado. O *homicídio doméstico por estágio* pode também originar-se do estresse ou raiva, mas um esforço é feito para enganar os investigadores, como no caso de Paula Sims, quando acusou o "intruso mascarado" não existente pelas mortes sucessivas de duas crianças.

Um terceiro tipo de homicídio de causa pessoal é chamado *assassino de discussão*, resultando de disputas verbais no calor do momento, distinguido do assassinato doméstico espontâneo pela insistência do FBI em que as vítimas excluem a família ou membros da casa. Isso soa como minucioso até lembrarmos a inclinação de súbita violência entre muitos *serial killers,* preparados para atacar por um impulso, respondendo a um insulto real ou imaginário. O assassino prolífico David Bullock atirou em uma vítima que riu dele, e em outra por um simples ato de "mexer em uma árvore de natal, dizendo-me o quanto a árvore era bonita".

Os *assassinos por conflito,* em contraste com aqueles surgidos de discussões verbais, originam-se de alguma tensão em andamento entre o assassino e a vítima. As circunstâncias podem incluir qualquer coisa, desde uma rixa entre vizinhos (que motivou DONALD HARVEY a envenenar uma de suas vítimas não assassinada no hospital) até um conflito entre cúmplices criminosos (como quando Elmer Henley atirou e matou DEAN CORLL em Houston, Texas.)

Um quinto tipo de homicídio de causa pessoal, chamado *matança de autoridade* pelo FBI, envolve o assassinato de uma figura em posição de autoridade real ou percebida na vida do assassino. Os principais exemplos podem ser encontrados na obra de *serial killers* que, como HENRY LUCAS e EDMUND KEMPER assassinaram pais abusivos enquanto simultaneamente caçavam estranhos fora de casa.

O *assassinato por vingança* é também outro tipo de homicídio de causa pessoal e representa um ato de retaliação por algum ferimento real ou percebido. O alvo, por sua vez, pode ser tanto simbólico como específico. Rudy Bladel, por exemplo, assassinou uma série de empregados de estrada de ferro após perder seu emprego na Rock Island Line; os lances de homicídios vinham em sua cabeça como retribuição contra uma empresa sem coração.

O sétimo tipo de homicídio de causa pessoal, denominado *assassinato por motivo não específico* parece ser uma categoria de um cesto de bugigangas para crimes sem um motivo aparente (ou racional). Os atos de psicóticos desiludidos caem nessa categoria, e o Manual do FBI cita HERBERT MULLIN como um exemplo, com seus assassinatos tendo a intenção de impedir terremotos na Califórnia.

O *homicídio extremista*, a oitava classe de assassinatos pessoais, é subdividido pelos analistas do FBI em assassinatos políticos, religiosos e socioeconômicos, o último espalhado por ódio entre etnias específicas, grupo social ou religioso. O único exemplo citado pelo FBI é o *serial killer* JOSEPH PAUL FRANKLIN, classificado como um assassino "político", apesar de seu ódio obsessivo aos negros e judeus. Um caso de extremismo religioso levando a assassinato é visto em James e Susan Carson, os "Guerreiros Mulçumanos" de estilo próprio que mataram três suspeitos de "bruxaria" em cumprimento a um verso do Corão. Norman Bernard, que atirou em passageiros sem teto como "um favor", oferece um exemplo de assassino socioeconômico.

Os *homicídios por "compaixão"* originam-se de um desejo deformado do assassino para cessar o sofrimento acabando com a vida. É um motivo, frequentemente, visto em ASSASSINOS MÉDICOS, particularmente no caso de enfermeiras(os) ou auxiliares de enfermeiras(os) homicidas. O Manual do FBI cita Donald Harvey como um caso aqui com sua confissão tendo assassinado mais de 50 pacientes no hospital.

De forma muito próxima relacionada ao homicídio por "compaixão" está outra forma de homicídio pessoal; o *homicídio herói*. Em alguns casos, exemplificado pela enfermeira assassina GENENE JONES e por Richard Angelo, o assassino cria uma situação de vida ou morte enquanto planeja "salvar o dia" e armazenar adulação para si, mas a morte resulta de planejamento descuidado ou falta de técnica.

O tipo final de homicídio de causa pessoal, *o assassinato de refém*, ocorre mais frequentemente com *serial killers* no momento da captura ou quando são interrompidos na execução de outro crime. Fred Klenner e o pedófilo sul-africano Gert Van Rooyen fizeram as namoradas de reféns quando as autoridades os confrontaram; cada um assassinando sua refém antes de cometer suicídio.

Homicídio sexual

Um terceiro tipo de assassinato, o *homicídio sexual* é claramente dominante nos campos do assassinato serial, em que os motivos sexuais são vistos em dois terços de todos os casos. A expressão da sexualidade do assassino pode ser simbólica, mesmo bizarra — como nos casos de VAMPIRISMO e CANIBALISMO —, mas está ali da mesma forma.

O Manual do FBI divide os assassinatos seriais em quatro amplas categorias. Os tipos ORGANIZADO e DESORGANIZADO são discutidos em verbetes separados, enquanto a categoria "mista" fornece um campo conveniente para assassinos lascivos que desafiam a classificação. Os piores casos registrados são aqueles de assassinato sexual *sádico*, tipicamente incluindo tortura prolongada e mutilação bizarra das vítimas. LAWRENCE ("Pliers") BITTAKER é o exemplo principal com sua prática de sessões de tortura gravadas em fita, suas vítimas imitadas e melhoradas por outros como o canadense Paul Bernardo nesta era de minicâmeras.

Finalmente, nunca seria presumido que todos os *serial killers* seriam parasitas de uma dimensão, obcecados com o único motivo para a exclusão de todos os outros pensamentos. O mesmo infrator que estuprou e matou dezenas de mulheres no passado pode esfacelar seu cônjuge amanhã no calor de uma discussão doméstica ou envenenar um dos pais idosos para acelerar uma inesperada sorte financeira. Em todos os casos, matar torna-se mais fácil com a prática, com o tempo. Quando se torna habitual, uma forma de vida, ninguém dentro do alcance do assassino está verdadeiramente seguro.

Veja também MODUS OPERANDI; PARAFILIA; PERFIL BIOGRÁFICO

MULHERES como *Serial killers*

É dito frequentemente — ou o foi, até muito recentemente — que *"serial killers* são sempre homens". Essa crença estava tão arraigada em 1990 que a prisão da assassina de homens AILEEN WUORNOS na Flórida levou os jornalistas a relatarem a descoberta de importância fundamental da "primeira mulher *serial killer".*

De fato, nada poderia ser somado à verdade.

Na realidade, o registro inicial de uma *serial killer* pertence a uma mulher identificada na história da Roma antiga simplesmente como LOCUSTA, A ENVENENADORA. As descrições contemporâneas descrevem-na como "notória" na Roma do primeiro século, mas pouco se sabe de seu trabalho hoje, exceto que ela assassinou tanto o imperador Cláudio, como seu herdeiro antes de sua sorte acabar e ela ser publicamente executada em 69 d.C.

As infratoras representam uma minoria em assassinato serial como em todas as outras formas de homicídio, com mulheres sendo acusadas em cerca de 12% dos casos em que os *serial killers* são identificados (da totalidade, as assassinas respondem por 10% de assassinatos americanos em um determinado ano). Em termos de *MODUS OPERANDI*, as mulheres invertem as tendências dos *serial killers*: enquanto os assassinos estacionários atingem uma média de meros 8% do total americano, significantes 29% de assassinas caem nesta categoria, incluindo o lote de VIÚVAS NEGRAS e enfermeiras ou auxiliares de enfermagem envolvidas em ASSASSINATOS MÉDICOS. Em termos de Motivo, embora apenas 14% dos assassinos seriais americanos matem estritamente por dinheiro, gritantes 41% das praticantes femininas assassinam por dinheiro. O restante divide outros motivos com suas contrapartidas masculinas, incluindo homicídios por "compaixão" ou "heroísmo", assassinatos por vingança e casos esporádios de sadismo sexual.

Quando mulheres emergem como ASSASSINAS EM EQUIPE, muito frequentemente assassinam em conjunto com um cúmplice e são frequentemente presumidas (algumas vezes em claro desafio da evidência) para serem as ferramentas voluntárias de homens dominantes. Essa atitude, flagrante de sexismo, motivou diversas assassinas em equipe a defender-se no tribunal com pleitos da "síndrome da esposa espancada", mas os jurados, desgostosos com as taxas de crime em espiral, estão cada vez mais tendendo a descontar esses argumentos, dando longas sentenças de prisão — ou sentenças capitais — sem considerar o sexo. As assassinas condenadas beneficiam-se, assim parece, de cavalheirismo ou simples delicadeza conforme se aproximam da data da execução. Enquanto 48 mulheres americanas estão sentenciadas à morte nesse momento (incluindo seis *serial killers* entre elas), somente três mulheres foram executadas desde que a PENA CAPITAL americana foi restaurada, em 1976. De forma significativa, duas das três foram condenadas como "viúvas negras", Velma Barfield e Judias Buenoaño.

Veja Também: Armas

MULLIN, Herbert William

Nascido em Salinas, Califórnia, em abril de 1947, Mullin era filho de pais católicos, cresceu aos cuidados de sua devota mãe em uma atmosfera que seu próprio pai considerava opressivamente religiosa. Ainda assim, Herbert parecia suficientemente normal em sua adolescência, participando do atletismo da escola secundária e ganhando o voto de confiança da classe como o "mais provável em ser bem-sucedido". A morte do melhor amigo de Mullin, em junho de 1965 em um acidente de carro pareceu alterar tudo, produzindo uma mudança súbita e surpreendente na personalidade de Herb. Seu quarto foi transformado em um santuário, com mobília arrumada ao redor da fotografia do garoto morto e Mullin avisou sua namorada que poderia "tornar-se gay".

Em fevereiro de 1969, Mullin pareceu obcecado com as religiões do leste e sua família notou que ele se tornou "mais e mais irrealista" no comportamento diário. Um mês

Herbert Mullin matou para impedir terremotos catastróficos

depois, tentaram persuadi-lo a entrar em uma instituição mental, mas ele recusou-se a cooperar com os psiquiatras e foi liberado após seis semanas. Em outubro ele estava nas profundezas de uma esquizofrenia paranoica totalmente desabrochada, exacerbada pelo consumo de LSD e maconha. Mullin ouvia "vozes" que ordenavam raspar sua cabeça ou queimar seu pênis com cigarro, e ele obedecia cada uma das ordens. Retornou ao hospital por pouco tempo e começou a escrever cartas a dezenas de pessoas totalmente estranhas, assinando-as com "um sacrifício humano, Herb Mullin". Uma viagem aconselhada de forma doentia ao Hawaí em junho de 1970 resultou em uma breve submissão de Mullin a uma instituição mental ali. De volta a Santa Cruz, seu estranho comportamento o levou a conflitos com a polícia, e seus problemas não foram apagados por um ano e três meses, escondendo-se em hotéis baratos de São Francisco. No momento em que voltou para casa, em setembro de 1972, as vozes descorporificadas estavam ordenando que ele matasse.

Em 13 de outubro de 1972, enquanto dirigia sem objetivo pelas montanhas em Santa Cruz, Mullin viu um idoso, Lawrence White. Parando seu carro ao lado da rodovia, Mullin pediu a White para ajudá-lo com um "problema do motor", e então espancou o velho homem até a morte com um taco de beisebol e deixou o corpo onde caiu. Onze dias depois, pegou a colega de escola Mary Guilfoyle, apunhalou-a no coração, então estripou-a, espalhando seus órgãos no acostamento de uma rodovia isolada, enquanto os restos do esqueleto foram encontrados em fevereiro de 1973. Em 2 de novembro, Mullin falou muito livremente no confessionário da Igreja St. Mary, depois apunhalou de forma fatal o padre Henry Tomei em uma tentativa de proteger-se da exposição.

Os crimes de Mullin coincidentemente sobrepõem-se àqueles do assassino serial EDMUND KEMPER, ganhando a reputação não desejada em Santa Cruz de "Murderville, Estados Unidos". Em novembro de 1972, Herbert estava ouvindo novas vozes, emanando de vítimas em perspectiva e começou a matá-las. Ele comprou uma pistola em dezembro e reassumiu a caçada.

Em 25 de janeiro de 1973, Mullin estava procurando por Jim Gianera, o homem que "revelou a ele" a maconha em anos anteriores. Herb agora considerava o ato parte de um plano para destruir sua mente, e queria vingar-se. Procurando Gianera no antigo endereço, recebeu o novo endereço de Kathy Francis, 29 anos. Continuando, ele encontrou Gianera em casa, atirou no homem para matar, depois o apunhalou e atirou na esposa de Gianera várias vezes. Dali, Mullin voltou para matar Kathy Francis e seus dois filhos pequenos, atirando nos três enquanto estavam na cama.

Em 6 de fevereiro, Mullin estava vagueando em um parque estadual local quando encontrou quatro adolescentes acampando. Abordando os garotos com uma conversa casual, ele sacou sua arma e matou todos os quatro em uma rápida rajada de fogo antes que eles pudessem reagir ou fugir. Uma semana depois, dirigindo por Santa Cruz, Mullin parou no meio-fio e atirou de forma fatal em Fred Perez enquanto o homem idoso trabalhava em seu jardim. Desta vez, os vizinhos anotaram sua placa e Mullin foi preso pelos patrulheiros logo depois.

Sob custódia, Mullin confessou seus crimes, insistindo que os homicídios eram necessários para impedir que um terremoto catastrófico destruísse a Califórnia. Acusado e condenado em dez dos assassinatos (omitindo White, Guilfoyle e Tomei), Mullin foi sentenciado à prisão perpétua. Ele será elegível para a condicional no ano de 2020.

NASH, "Trigger"

Um oficial no Departamento de Polícia de Atlanta, Geórgia, na década de 1940, o primeiro nome desconhecido, "Trigger" Nash (conhecido como "Itchy Trigger Finger") ganhou seu apelido por atirar fatalmente em mais de uma dúzia de homens negros. Nash foi também um membro em boa posição da Ku Klux Klan de incursão noturna, e seu disfarce foi descoberto em 1948, quando Stentson Kennedy, infiltrado, começou a fornecer a Drew Pearson, colunista de jornal, as atas de reuniões em Nathan Bedford Forest Klaver nº 1. Diversos policiais de Atlanta tiveram acesso à reunião da Klan em 1º de novembro de 1948 e Nash foi aplaudido "por assassinar seu décimo terceiro negro na linha de responsabilidade". De acordo com a ata dessa reunião:

Trigger Nash, também um policial, levantou-se e disse que esperava todas as honras por assassinar os negros no sul, e esperava que as pessoas fizessem algo sobre si próprias.

Hoje, em muitas jurisdições, essa declaração pública sem dúvida resultaria na demissão do patrulheiro que, muito provavelmente, seria processado sob as leis estaduais e federais. Em 1948, entretanto, os oficiais graduados da PD de Atlanta da incursão da Klan nada viram de único ou perturbador no comportamento de Nash (Kennedy também revelou que os "kops" da Klan de Atlanta tinham destruído a evidência vital no caso de um motorista de táxi negro assassinado pelos homens da Klan). O destino final de Nash é desconhecido, impossível de rastrear na ausência de cooperação das autoridades locais, mas não existe nenhum registro de processo por qualquer de seus múltiplos homicídios racistas.

NEELLEY, Alvin Howard e Judith Ann

Nascida em 7 de junho de 1964, em Murfreesboro, Tennessee, Judith Adams era a terceira de cinco filhos. Tinha 9 anos quando seu pai faleceu em um acidente de motocicleta, e aos 15 anos encontrou o homem que mudaria irrevogavelmente sua vida. Alvin Neelley era um nativo da Geórgia, conhecido pelos amigos e familiares como um menino traquinas, "sempre sorrindo". Rejeitado pela Marinha por uma situação cardíaca de menor importância, Alvin tentou o casamento, mas não conseguiu. Deixou três crianças, foi para a estrada e esteve em uma variedade de empregos estranhos, acabando no Tennessee. Onze anos mais velho que Judith, Neelley deslumbrou-a com sua "sofisticação", e eles fugiram para a Geórgia no outono de 1979.

Estabeleceram-se rapidamente em Kennesaw, mas o trabalho de Alvin no mercado ao lado da rodovia não oferecia nenhuma esperança de melhoria. Logo, os amantes começaram a andar novamente, fazendo pequenos roubos e emitindo cheques sem fundo para manter-se na estrada. Judith estava grávida de cinco meses quando finalmente se casaram em Ringgold, Geórgia, em 14 de julho de 1980. Sua lua-de-mel foi uma viagem sem destino pelo Alabama, Flórida, Louisiana e Texas, sempre voltando à Geórgia quando se cansavam de viajar.

Em 31 de outubro de 1980, Judith roubou uma mulher com uma arma, no estacionamento do Shopping *center* Riverbend em Rome, Geórgia. Presa dez dias depois, quanto tentava devolver um cheque sem fundos, ela guiou a polícia ao motel, onde Al aguardava. Juntos, eles enfrentaram uma acusação de roubo e 15 acusações de falsificação. Judith teve gêmeos em 12 de novembro, e cinco dias depois ela foi transferida para uma instalação juvenil o Rome Youth Development Center, YDC o (Centro de Desenvolvimento de Jovens de Rome). Por seu papel na atividade criminosa, Alvin recebeu uma sentença de cinco anos na prisão.

Judith Neelley

Os amantes fora da lei mantiveram-se em contato enquanto estavam presos. Algumas das cartas eram calorosas e amorosas e outras, ciumentas e acusatórias. Alvin pensou que Judith estava dormindo com guardas negros em YDC; ela ameaçou de morte suas namoradas imaginárias das ruas. Liberada da custódia em novembro de 1981, Judith teve de esperar outros cinco meses pela condicional de Alvin. Enquanto isso, ela brincou de sua mãe com seus dois filhos.

O dinheiro sempre pareceu um problema para os amantes transitórios que se viam como tardios fora da lei. Algumas vezes chamavam-se "Boney e Claude", uma brincalhona referência aos bandidos da época da Depressão, Bonnie Parker e Clyde Barrow. Na estrada, dirigindo carros diferentes, eles se mantiveram em contato por meio de rádios amadores. All Neelley chamava-se "Nightrider" enquanto Judith preferia "Lady Sundance". Caso um deles passasse do local, ela ficava satisfeita ao explicar: "você sabe, como Butch Cassidy e Sundance Kid". Os carros foram comprados com 1.800 dólares que Alvin furtou de seu primeiro emprego, obtido ao ser liberado da cadeia.

E quando o suspense de roubar esmaecia, eles voltavam à violência ao acaso pelo simples prazer.

Em 10 de setembro de 1982, quatro tiros foram dados na casa de Ken Dooley, um professor na YDC de Rome. Na noite seguinte, um coquetel molotov danificou a casa ocupada por outra pessoa de YDC, Linda Adair. À 1h41 de 12 de setembro, uma pessoa do sexo feminino, em uma chamada, disse à polícia em Rome que os ataques estavam ligados a "abuso sexual que sofri em YDC". Ela não deixou seu nome, mas os operadores gravaram a chamada por uma questão de rotina.

Duas semanas depois, em 25 de setembro, Lisa Millican, 13 anos, foi raptada no mesmo Shopping *center* Riverbend, onde Judith roubara sua última vítima em outubro de 1980. Residente da casa de Cedartown para crianças abandonadas, Lisa estava desfrutando de um dia de passeio, quando encontrou Judith Neelley e foi atraída para as garras de Alvin. O casal manteve-a prisioneira por três dias, molestando-a repetidamente em quartos de motel desleixados, enquanto suas próprias crianças presenciavam tudo. Finalmente, cansada do jogo, Judith tentou injetar um líquido de limpeza de encanamento em sua vítima, mas ela continuou atingindo o músculo em vez da veia, reduzindo a carne de Lisa para o que o legista chamaria de "consistência de uma pasta de anchova". Ainda assim, Lisa viveu em agonia e foi levada para o Little River Canyon, no Alabama, sendo morta com balas antes de mais injeções falharem em completar o trabalho. De volta a Rome, Judith fez diversas chamadas anônimas para a polícia, orientando-os para o corpo, aparentemente inconsciente de que sua voz estava sendo gravada para a posteridade.

Três dias depois que o corpo de Lisa foi encontrado, em 3 de outubro, John Hancock, 26 anos, e sua noiva, Janice Chatman, 23 anos, estavam caminhando pela Shorter Street de Rome quando um carro cintilante parou no meio-fio. Incrivelmente, quando uma total estranha, Judith Neelley, convidou-os para uma festa, ambos concordaram e entraram no carro para um passeio em algum lugar próximo à ,floresta. No caminho, brincaram com as crianças de Judith e espreitaram a sua conversa com "Nightrider" no rádio amador. Alvin estava aguardando, quando chegaram ao seu destino, mas Hancock apontou depois Judith como aquela que sacou a arma e marchou em meio às árvores, atirando nele uma vez nas costas e deixando-o para morrer. Janice Chatman, com a família assassina, tinha desaparecido sem vestígios, enquanto Hancock reviveu e caminhou à procura de ajuda.

Inicialmente, a polícia não viu nenhuma conexão na série de crimes recentes. Isso mudou em 12 de outubro, com a ajuda de Linda Adair. O tiroteio de Hancock ocorreu perto de sua casa, e as descrições da loura esbelta com duas crianças pequenas fizeram o sino tocar. Adair forneceu aos detetives uma fotografia dos gêmeos de Neelley, e as fotografias de identificação de Al e Judith rapidamente preencheram o álbum de família. Hancock reconheceu seus rostos em uma fotografia em linha; assim fizeram as duas mulheres jovens abordadas anteriormente por Judith na rua, ambas sábias o suficiente para recusar seu convite.

A polícia teve uma pausa em 14 de outubro, quando os Neelley foram presos por cheque fraudado na cidade natal de Judith, Murfreesboro. Alvin, inicialmente, negou ter estuprado Lisa Millican, mas ele finalmente confessou. Mesmo assim, ele insistiu, os crimes foram ideia de Judith. Ela gostava de sexo brutal com mulheres, Alvin disse, mas a verdadeira excitação era o poder — nesse caso, o poder literal de vida e morte. Neelley apontou sua esposa pelo mínimo de oito assassinatos, talvez 15, cometidos em seu papel de "executora" para um anel ardiloso de escravas brancas. Mais a acrescentar, ele esboçou e assinou um mapa do Distrito rural de Chattooga, Geórgia, onde a polícia encontrou o corpo decomposto de Janice Chatman.

O retrato falado selou o destino de Alvin na Geórgia, mas as autoridades no Alabama não tinham nenhuma evidência para colocá-lo na vizinhança de Little River Canyon, onde Lisa Millican foi assassinada. Indiciado por assassinato e agressão qualificada no caso Chatman-Hancock, Alvin admitiu a culpa e foi sentenciado a uma pena dupla de prisão perpétua. Ele não testemunharia no Alabama, quando sua companheira-auxiliar foi a julgamento.

E a roda da justiça já estava se voltando para Judith, do outro lado da fronteira no Distrito de DeKalb. Em 17 de dezembro, foi-lhe negada a posição de infratora juvenil. Ela foi sentenciada a enfrentar o julgamento como adulto nas acusações de homicídio doloso, rapto com intenção de ferir e rapto com a intenção de aterrorizar e violentar sexualmente. Esta é uma combinação letal, "circunstâncias especiais" que poderiam enviá-la para a cadeira elétrica, a menos que fugisse ao castigo. Judith respondeu com uma admissão dupla de não culpada e não culpada devido a insanidade, e seu julgamento foi marcado para 7 de março de 1983. Os psiquiatras consideraram-na competente e legalmente apta, apesar de alguma evidência de "depressão situacional" e um vago transtorno de personalidade — "do tipo passivo-agressivo e do tipo dependente".

A dependência, de fato, seria a chave para a defesa de Judith, pintando-a como uma esposa espancada que seguia cada ordem de Alvin temendo por sua vida. Os detetives de Alabama opuseram-se às descrições de Judith como "uma prostituta maldosa" que "gostava de amedrontar as pessoas, dominando-as".

O julgamento de Judith começou em Fort Payne conforme programado, com a ré passando três dias na posição de testemunha. Previsivelmente, ela acusou seu marido por tudo, descrevendo uma provação de três anos de estupros e espancamentos. Para cada uma e todas as acusações a resposta por suas ações era a mesma: "porque Al pediu".

A primeira esposa de Alvin, Jo Ann Browning, também falou pela ré, descrevendo um padrão similar do abuso conjugal, mas seu testemunho foi confuso e contraditório. Em um ponto, ela disse ao tribunal que nunca tinha se divorciado de Alvin; momento depois, ela se contradisse, explicando que havia casado com Alvin antes de divorciar-se de seu primeiro marido. No total, o desempenho de Browning deixou muito a desejar.

Os jurados retiraram-se brevemente antes de condenarem Judith em todas as acusações, mas foram compreensivos o suficiente para recomendar prisão perpétua em vez de morte. O juiz Randall Cole discordou, pronunciando uma sentença de morte em 18 de abril de 1983. Aos 18 anos, Judith Neelley tornou-se a moradora mais nova do corredor da morte do Alabama.

A polícia ainda estava intrigada pela narração de Alvin de outros homicídios, e embora eles tenham encontrado quatro casos na Geórgia entre dezembro de 1981 e junho de 1982, ainda não resolvidos, nenhuma evidência conectou qualquer um deles aos crimes de Neelley. Em agosto de 1984, uma jovem mulher em Murfreesboro identificou as fotos de Judith no jornal como a mesma "Casey" que a atraiu para um motel em outubro de 1982, ali sacando uma arma e associando-se ao seu marido em uma maratona de agressão sexual durante toda a noite. Entre os estupros, "Casey" tinha se vangloriado de diversos assassinatos, mas novamente, nenhuma evidência adicional foi encontrada.

A moção de Judith Neelley para um novo julgamento foi negada em 6 de setembro de 1983 e sua condenação posteriormente declarada quando ela recorreu sua sentença de morte foi atenuada para prisão perpétua em 8 de janeiro de 1999.

NELSON, Leonard Earle

Nascido na Filadélfia em 12 de maio de 1897, Nelson ficou órfão aos 9 anos de idade, quando sua mãe solteira morreu em estado avançado de doença venérea. Criado por uma tia cujo zelo religioso beirava o fanatismo, ele foi descrito como "quieto e mórbido" durante o início da infância. Aos 10 anos, enquanto brincava na rua, ele foi atingido por um bonde e jogado a cerca de 150 metros de distância; o acidente deixou-o em coma por seis dias, com um buraco na testa, resultando em dores de cabeça e tontura que se tornaram progressivamente piores. Próximo ao fim de sua vida, Nelson sofreu de dor tão intensa que algumas vezes ficava incapaz de andar.

Além das dores de cabeça, houve outros efeitos colaterais em virtude do acidente de Nelson. Seu humor tornou-se mais opressivo, rompendo com períodos maníacos nos quais ele andava apoiado em suas mãos ou levantava cadeiras pesadas com os dentes. Leu a Bíblia compulsivamente, marcando diversas passagens, mas também chocou sua tia ao falar "obscenidades" e espiar suas primas quando se desnudavam para dormir. Quando não estava preocupado com voyerismo ou as escrituras, Nelson passava o tempo no porão, saboreando a solidão e a escuridão.

Em 21 de maio de 1918, Earle foi acusado de levar uma menina da vizinhança a um desses porões e tentar estuprá-la. No tribunal, foi revelado que Nelson tinha chamado para o serviço militar e sido rejeitado como insano pelo conselho do Hospital Naval, mas foi condenado, de qualquer forma, e sentenciado a dois anos em fazenda penal. Sua terceira tentativa de fuga foi bem-sucedida em 4 de dezembro, e Nelson permaneceria à solta até a primavera de 1921.

Em 5 de agosto de 1919, passando-se por "Roger Wilson", Earle casou-se com uma mulher 36 anos mais velha. Seu relacionamento teve vida curta: as perversões sexuais de Nelson e o ciúme obsessivo levaram sua esposa ao ponto de um ataque de nervos após seis meses. Ele a visitou no hospital e ali tentou molestá-la na cama até o pessoal responder a seus gritos e mandá-lo sair. Preso como fugitivo, ele escapou novamente em novembro de 1923.

Os dois anos seguintes da vida de Nelson estavam perdidos, mas em algum momento durante esse período entre sua fuga e reaparecimento, Nelson pulou de estupro para homicídio. Em um ano e quatro meses, de fevereiro de 1926 a junho de 1927, ele fez pelo menos 22 vítimas, caçando principalmente viúvas e solteironas que o levavam para casa acreditando ser ele pensionista gentil e impressionadas por seu charme e pela Bíblia que carregava.

Em 20 de fevereiro de 1926, Earle alugou quartos de Clara Newman, de 60 anos, em São Francisco; ela foi estrangulada e estuprada no mesmo dia. Após o assassinato idêntico de Laura Beale, 65 anos, em San Jose, os repórteres começaram a escrever histórias sobre o "Estrangulador Sombrio", mas seu suspeito permaneceu ardiloso.

Em 10 de junho, Nelson estava de volta a São Francisco, onde estuprou e estrangulou Lillian St. Mary, 65 anos, comprimindo seu corpo sob a cama em sua casa. Ollie Russel foi a próxima a morrer, em Santa Bárbara em 24 de junho. Em 16 de agosto, Mary Nisbit sofreu um destino idêntico em Oakland.

A Califórnia tornou-se muito quente para Nelson e ele procurou uma mudança de cenário, selecionando Portland, Oregon, aleatoriamente. Em 19 de outubro, Beata Withers, de 32 anos, foi estuprada e estrangulada, e seu corpo foi escondido em um porta-malas. No dia seguinte, Nelson matou Virginia Grant e deixou seu corpo atrás de um forno na casa que ela tinha anunciado para alugar. O dia 21 de outubro encontrou Nelson na companhia de Mable Fluke; seu corpo, estrangulado com um lenço, foi depois encontrado no sótão de sua casa.

A polícia em Portland finalmente identificou seu homem, mas encontrá-lo provou ser mais difícil. (As entrevistas com a tia de Nelson lembrando-se de suas façanhas caminhando com as mãos motivaram os repórteres a denominá-lo "O Gorila Assassino".) Nelson atacou novamente em São Francisco em 18 de novembro, estrangulando a esposa de William Edmonds. Seis dias depois, ele estrangulou Blanche Myers na cidade do Oregon, comprimindo seu corpo sob a cama em sua pensão.

Conforme a diligência policial varria a costa oeste, Nelson mudou-se para leste, pedindo carona e indo de trem. Em Council Bluffs, Iowa, em 23 de dezembro, ele assassinou outra proprietária, sra. John Brerard. Estabelecendo-se na cidade de Kansas no Natal, ele estrangulou Bonnie Pace, 23 anos, reaparecendo em 28 de dezembro com o duplo assassinato de Germania Harpin e seu filho de 8 anos.

Em 27 de abril de 1927, Nelson estrangulou Macy McConnell, 53 anos, na Filadélfia. Um mês depois, em Bufalo, Nova York, a vítima foi Jennie Randolph, 53 anos. Mudando-se para Detroit, ele assassinou a arrendadora Fannie Mau e uma de suas inquilinas, Maurene Oswald, em 1º de junho. Dois dias depois, ele estrangulou Cecília Sietsema, 27 anos, em Chicago.

Nelson temia que a polícia estivesse aproximando-se dele; então fez um movimento para salvar-se, que finalmente o levou ao patíbulo. Atravessando a fronteira em Winnipeg, Canadá, ele alugou um quarto em 8 de junho de 1927, e estrangulou Lola Cowan, uma vizinha de 13 anos, no mesmo dia. Em 9 de junho, a dona de casa Emily Patterson foi encontrada espancada e estuprada em sua casa, e seu corpo foi escondido sob a cama.

Esperando levantar algum dinheiro de seu último crime, Nelson roubou algumas roupas e vendeu-as em uma loja de segunda mão em Winnipeg. Gastou o dinheiro cortando o cabelo e levantou suspeitas também quando o barbeiro notou manchas de sangue seco em seu cabelo. Reconhecido pelo cartaz de procurado em um correio local, Nelson foi pego e preso em Killarney; ele escapou após abrir a fechadura de uma cela com uma lixa de unha, mas foi recapturado doze horas depois, tentando sair da cidade.

O julgamento de Nelson pelo assassinato de Emily Patterson começou em Winnipeg, em 1º de novembro de 1927. Apenas duas testemunhas — sua tia e sua ex-esposa — foram chamadas pela defesa para apoiar o pleito de insanidade de Nelson. Condenado e sentenciado à morte, ele foi enforcado em 13 de janeiro de 1928. Antes do alçapão ser acionado, ele disse aos espectadores: "Sou inocente. Permaneço inocente perante Deus e os homens. Perdoo aqueles que me injustiçaram e peço perdão àqueles que feri. Deus tenha misericórdia!"

Além dos 22 homicídios confirmados, Nelson também foi o suspeito principal em um homicídio triplo em 1926 em Newark, Nova Jersey. As vítimas incluíam Rose Valentine e Margaret Stanton, ambas estranguladas juntamente com Laura Tidor, atingida por um tiro quando tentava defender-se de seu assassino.

NESSET, Arnfinn

O primeiro *serial killer* da Noruega foi exposto em 1981 como resultado de curiosidade jornalística. A Casa de Saúde Orkdal Valley começou seu negócio em 1977, e seus pacientes logo experimentaram uma alta taxa de mortalidade. Considerando suas idades, isto não era especialmente incomum; no início de 1981, entretanto, jornalistas locais receberam um aviso de que o gerente do hospital, Arnfinn Nesset, tinha pedido uma grande quantidade de curacite — um derivado de curare, o mesmo veneno

Arnfinn Nesset

usado por índios da América do Sul na ponta de suas flechas de caça. Sob interrogatório, Nesset primeiro alegou que comprou o veneno para uso em um cachorro, então mudou sua história e confessou os assassinatos de 27 pacientes entre maio de 1977 e novembro de 1980.

Aos 46 anos, Nesset já tinha atingido o recorde escandinavo para assassinatos seriais, mas ele ainda não tinha acabado de falar. "Matei tantos que sou incapaz de lembrar de todos eles", ele disse à polícia, levando as autoridades a requerer a lista de pacientes que morreram em três instituições onde Nesset trabalhou desde 1962. No total, os detetives ficaram com uma lista de 62 vítimas possíveis, mas as autópsias foram fúteis, considerando que o curacite torna-se cada vez mais difícil de rastrear com o passar do tempo.

Nesset ofereceu tanta variedade de MOTIVOS para os assassinatos — morte misericordiosa, esquizofrenia, simples prazer mórbido no ato em si — que isso levou os advogados de defesa a sugerir que ele fosse mentalmente desequilibrado. Quatro psiquiatras examinaram o assassino careca, de óculos, cada um pronunciando-o competente e apto para julgamento. Antes de seu dia no tribunal, o suspeito provou sua sanidade recontando inesperadamente suas confissões, deixando os promotores em dúvida. Ele foi finalmente acusado de 25 assassinatos de vítimas colocadas em Orkdal Valley; cinco acusações de falsidade e peculato foram adicionadas, baseadas no roubo, por Nesset, de 1.800 dólares daquelas pessoas que assassinou.

Nesset pleiteou inocência em todas as acusações, quando seu julgamento começou em outubro de 1982. Cinco meses depois, em 11 de março de 1983, os jurados condenaram-no em 22 acusações, uma acusação de tentativa de assassinato, além das cinco acusações de falsidade e peculato. Nesset foi absolvido nas três acusações de assassinato remanescentes, mas isso pouco importava. Os juízes permaneceram inamovíveis ante o pleito da defesa de que Nesset se considerava um "semideus", detendo o poder de vida e morte sobre seus pacientes idosos. Ele recebeu a sentença máxima permitida sob a legislação norueguesa: 21 anos na prisão, com possibilidade de mais dez anos como detenção preventiva.

Veja também: ASSASSINATOS MÉDICOS

NILSEN, Dennis Andrew

Nascido na Escócia, em 23 de novembro de 1945, Nilsen raramente viu seu pai norueguês, que preferia bebidas fortes e viagens à tranquila vida caseira. Os pais de Nilsen divorciaram-se quando ele tinha 4 anos e sua mãe logo se casou novamente. Entrando para o Exército em 1961, Nilsen permaneceu uniformizado por 11 anos. Em sua dispensa, ele se mudou para Londres e tornou-se um policial, mudando-se dali por meio de uma série de empregos no governo. Homossexual em segredo, Nilsen não mataria por sexo como o fizeram DEAN COLL e JOHN GACY nos Estados Unidos. Em vez disso, seus crimes pareciam ser o produto de pura solidão combinada com uma fascinação mórbida pela morte. Mantendo os restos de suas vítimas à mão por meses, Nilsen estava (nas palavras de seu biógrafo Brian Masters) literalmente "matando por companhia".

A solução de Nilsen foi mantida em xeque durante 1976 e início de 1977 pela presença de uma companhia dez anos mais nova vivendo com ele. Enquanto aparentemente nunca tiveram relações sexuais, o homem mais novo forneceu a Nilsen a amizade e alguém com quem falar, compartilhando as tarefas diárias de cozinhar, trabalhos domésticos e assim por diante. Nilson foi atingido pela partida de seu companheiro em maio de 1977, e a pressão de uma vida solitária gradualmente cresceu até o ponto de explosão.

A primeira vítima de Nilsen, em dezembro de 1978, foi um jovem irlandês anônimo que ele trouxe para casa e estrangulou com uma gravata. Dennis depois masturbou-se sobre o corpo, guardando-o sob o piso de tábuas até agosto de 1979, quando foi cremado em uma fogueira no lado de fora.

Em novembro de 1979, Nelson tentou estrangular Andrew Ho, um jovem chinês, mas Ho escapou e chamou a polícia. Confrontado com o colega anterior, os oficiais aceitaram a história de Nilsen de tentativa de roubo por parte de Ho e deixaram a questão esquecida. Poucos dias depois, em 3 de dezembro, Nilsen estrangulou o canadense Kenneth Ockendon com um fio elétrico e dissecou seu corpo, jogando partes no vaso sanitário, enquanto muito dos restos cortados permaneceram comprimidos sob o piso.

Em maio de 1980, Nilsen assassinou Martyn Duffey, de 19 anos, escondendo seu corpo junto aos restos fragmentados de Ockendon. Naquele verão, Billy Sutherland, 26 anos, juntou-se ao grupo crescente, seguido em breve por uma vítima que era mexicana ou filipina. "Não posso lembrar-me dos detalhes", Nilsen depois disse. "É acadêmico. Coloquei-o sob as tábuas do piso."

As memórias eram vagas sobre as cinco vítimas seguintes; seus nomes desconhecidos, identificados somente por algum traço físico ou peculiaridade de comportamento que ficou na mente de Nilsen. Um jovem irlandês e um viajante malnutrido foram levados para casa em rápida sucessão, e ambos foram estrangulados até a morte no apartamento de Nilsen. O oitavo foi cortado em três pedaços, seus restos escondidos sob o piso por dois dias antes de serem queimados em outra fogueira no jardim. A nona vítima foi o jovem Scot, e seu sucessor, um rebelde do "tipo de Billy Sutherland". O número 11 era um *skinhead* de conversa desagradável, notável pela tatuagem de uma linha pontilhada ao redor de seu pescoço, com as instruções "Corte aqui". Nilsen o fez, e o jovem foi incinerado em uma fogueira em maio de 1981.

Em setembro daquele ano, Nilsen encontrou o epiléptico Malcolm Barlow caído contra a parede de seu jardim e telefonou para a ambulância. Barlow voltou a ver Nilsen no dia seguinte em sua liberação do

Dennis Nilsen

hospital, o que foi um erro fatal. Um mês depois, quando Nilsen encontrou nova residência, ele limpou a casa com uma última fogueira, e a chama não deixou nenhuma evidência para a polícia dos 12 homicídios espalhando-se por quase três anos.

Um mês depois, acomodando-se em seu novo apartamento, em 25 de novembro de 1981, Nilsen tentou estrangular Paul Nobbs com uma gravata. Nobbs sobreviveu ao ataque, que aconteceu enquanto ele dormia, mas não fez nenhum relatório para a polícia. A vítima seguinte, John Howlett, lutou desesperadamente por sua vida, forçando Nilsen a afogá-lo na banheira quando o estrangulamento mostrou-se ineficaz. Os restos de Howlett foram cortados na banheira, e então cozidos em um caldeirão antes de serem jogados no esgoto.

Em maio de 1982, Nilsen tentou afogar Carl Stottor em sua banheira, mudando de ideia no meio do caminho, persuadindo Stottor de que a agressão tinha a intenção de "revivê-lo" após ele quase sufocar em seu saco de dormir. No dia seguinte, enquanto caminhava na floresta, Nilsen arrastou-se atrás de Stottor e jogou-o ao chão, mas novamente Stottor sobreviveu, indiferente ao ataque e não registrando nenhuma reclamação até Nilsen ser preso por múltiplos assassinatos.

A vítima número 14 foi o alcoólatra Graham Allen, assassinado e dissecado no apartamento de Nilsen; partes de seu corpo foram colocadas em sacolas e armazenadas no armário, enquanto outras foram cozidas e jogadas no vaso sanitário. Um *punk* local chamado Stephen Sinclair foi o último a morrer, assassinado em 1º de fevereiro de 1983; partes de seu corpo foram jogadas no vaso sanitário uma semana depois.

Finalmente era muito para o encanamento, e Nilsen — como o alemão JOACHIM KROLL antes dele — foi traído pelos tubos. Os inquilinos do apartamento de Nilsen chamaram um encanador para limpar as linhas obstruídas, e sua descoberta de carne humana trouxe a polícia para a cena. Sob custódia, Nilsen livremente confessou seus crimes e foi sentenciado à prisão perpétua. Perguntado sobre os motivos de seus assassinatos, ele replicou: "Bem, desfrutá-los era uma razão tão boa como qualquer outra".

NORTHCOTT, Gordon Stewart

Nascido canadense em 1908, Northcott diria depois que sofreu sodomia por parte seu pai aos 10 anos e que, sua mãe vestia-o como menina até os 16 anos. O velho homem acabou sua vida em um asilo para lunáticos e um dos tios paternos de Northcott morreu na prisão de San Quentin anos depois enquanto cumpria prisão perpétua por assassinato. Homossexual sadista nos moldes de DEAN CORLL e JOHN GACY, aos 21 anos Northcott estava vivendo em um rancho de aves domésticas próximo a Riverside, Califórnia, compartilhando seus aposentos com sua mãe e um sobrinho de 15 anos, Sanford Clark.

Por anos, Northcott misturou negócios com prazer em Riverside, raptando meninos e escondendo-os em seu rancho, alugando vítimas para pedófilos ricos do sul da Califórnia. Quando se cansava dos meninos, atirava neles ou esmagava suas cabeças com um machado, sua carne era dissolvida viva em cal e seus ossos, transportados para um deserto próximo para serem descartados. Somente um esqueleto foi encontrado — um adolescente mexicano sem cabeça descoberto perto de Lousiania Puente em fevereiro de 1928 —, mas os detetives de homicídios identificaram três outras vítimas. Walter Collins desapareceu de casa em 10 de março de 1928, e a mãe de Northcott foi condenada por sua morte, mas a evidência sugere que ela estivesse agindo sob as ordens de seu filho psicótico. Lewis Winslow, de 12 anos, e seu irmão Nelson, de 10 anos, desaparecerem de Pomona em 16 de maio de 1928, e Northcott foi depois condenado por seus assassinatos, apesar da ausência de corpos.

Gordon poderia ter continuado estuprando e matando indefinidamente, mas no verão de 1928, ele visitou o escritório do procurador estadual para reclamar sobre o comportamento profano e violento de um vizinho. Informa-se que essa revelação aborreceu seu sobrinho, que estava "treinando para o sacerdócio", cuidando de galinhas aos 15 anos. Interrogado pelos oficiais do xerife, o vizinho lembrou-se de ver Northcott bater em Clark em uma ocasião e ele instigou os detetives para "descobrirem o que estava acontecendo" no rancho de Gordon.

Os oficiais da imigração chegaram primeiro, levando Clark sob custódia em uma alegação de fugitivo de seus pais canadenses, e o garoto regalou as autoridades com narrações de assassinato, apontando os "locais de covas" recém-escavados no rancho. Os detetives cavaram a terra molhada de sangue em 17 de setembro, revelando-se os ossos de tornozelo humano e dedos. Eles encontraram também um machado coberto de sangue e cassetete nas instalações, os quais Clark disse terem sido usados em caça humana, bem como em galinhas.

Northcott fugiu para o Canadá, mas foi capturado ali e extraditado de volta a Riverside em outubro. Sua mãe reivindicou a responsabilidade pelo assassinato de Walter Collins, mas Clark apontou Gordon como o verdadeiro assassino. Condenado em três acusações de assassinato, incluindo os irmãos Winslow e o mexicano anônimo, Northcott foi sentenciado a enforcamento. Poupada por sua idade e sexo, sua mãe recebeu uma condenação de prisão perpétua no caso de Collins.

Durante seu tempo em San Quentin, Northcott alterou entre protestos de inocência e confissões detalhadas sobre o assassinato de "18 ou 19, talvez 20" vítimas. Um mentiroso patológico que apreciava a publicidade, ele diversas vezes se ofereceu para apontar os restos de mais vítimas, sempre voltando atrás no último momento. (Northcott também nomeou diversos de seus "clientes" ricos do rancho, mas suas identidades nunca foram publicadas e nenhuma acusação foi registrada.) Warden Clinton Duffy lembra-se de suas conversas com Northcott como uma "pálida contagem de assassinato em massa, sodomia, copulação oral e tortura tão vívida que fazem minha pele arrepiar".

Northcott subiu ao patíbulo em 2 de outubro de 1930, finalmente tremendo perante a morte. Antes de o alçapão ser acionado, ele gritou: "Uma prece! Por favor, diga uma prece por mim!" Sua mãe, posteriormente, morreu na prisão de causas naturais.

O

OGORZOV, Paul

Um trabalhador de estrada de ferro alemão e membro leal do partido nazista, Paul Ogorzov ganhou notoriedade como o "Assassino de S Bahn" na Segunda Guerra Mundial. Assassinando vítimas do sexo feminino ao redor de Rummelsberg na linha de Berlim, ele foi um sádico que matava por satisfação sexual, saboreando o terror de sua presa escolhida. Entre 1939 e 1941, ele assassinou pelo menos oito mulheres, estuprando muitas delas antes de espancá-las até a morte com um cabo comprido de chumbo. Com 28 anos quando seu julgamento começou em 24 de julho de 1941, Orgozov não recebeu nenhuma compaixão de seus companheiros nazistas. Ansiosos por deixar o escândalo para trás e continuar com seu negócio de assassinar judeus, os líderes do partido apressaram os procedimentos em uma única tarde, sentenciando Ogorzov à morte. Ele foi morto por um esquadrão de fuzilamento em 26 de julho.

OKUBO Kiyoshi

Vinte e dois anos após a execução de KODAIRA YOSHIO, a polícia japonesa encontrou-se na perseguição de outro ávido *serial killer*. Menos hábil que Kodaira para cobrir seus rastros, o novo praticante ficou ativo por meros dois meses, mas nesse período ele abordou pelo menos 127 mulheres (alguns relatórios dizem 150 ou mais), estuprou mais de uma dúzia e assassinou oito. Sua captura, quando aconteceu, deveu-se mais à negligência pessoal que a um grande trabalho dos detetives.

Nascido em janeiro de 1935, Okubo Kiyoshi foi o terceiro filho e o mais novo em uma família de oito crianças pelas quais os pais esbanjaram afeição e, assim, ficou virtualmente imune à disciplina. Em uma ocasião, quando um vizinho reclamou por Okubo ter atingido os caquis de suas árvores de caqui, a mãe de Kiyoshi replicou: "Você não devia plantar essas árvores aí".

Apesar de mimado em casa, Okubo foi importunado sem compaixão na escola por sua aparência "ocidental" — o resultado de sangue russo na família de sua mãe. Ressentido pela importunação e totalmente sem disciplina, Okubo foi um estudante problema que recebeu notas baixas e avisos frequentes sobre sua atitude medíocre. Uma nota de avaliação do sexto ano dizia que "ele ligou-se a atos impróprios contra seus superiores" e "está mostrando sinais de maturidade muito precoce para sua idade". A última reclamação foi uma referência a seu tratamento de colegas do sexo feminino, incluindo murmúrio incessante de "palavras que não deveriam ser ditas" na companhia de meninas.

No verão de 1946, aos 11 anos, Okubo foi pego tentando molestar a filha de 4 anos do vizinho. Aqueles que conheceram sua família estavam apenas, de certa forma, brincando quando começaram a descrever Okubo como "pequeno Kodaira" ou o "filho de Kodaira", comparando-o ao notório estuprador-assassino de Tóquio. Nove anos depois, em julho de 1955, ele estuprou uma estudante do ensino médio, de 17 anos, em Maebashi, e foi sentenciado a um ano e meio na prisão, mas esse período foi imediatamente mudado para *sursis* de três anos. Preso por um segundo estupro cinco meses depois, ele encontrou um juiz menos condescendente e terminaria cumprindo três anos na prisão de Matsumoto.

Com condicional aos 25 anos, Okubo adotou o pseudônimo de "Watanabe Kyoshi", passando por estudante enquanto espreitava as colegas de escola da faculdade. Casando-se em maio de 1962, ele foi pai de duas crianças antes de sua próxima prisão por estupro, em fevereiro de 1967. Condenado por atacar duas mulheres jovens, ele foi sentenciado a quatro anos e meio na prisão, recebendo a liberação provisória em 2 de março de 1971. Dez dias depois, ele pagou 210 mil ienes por um Mazda Sedan cor creme que finalmente levaria à sua prisão e condenação por assassinatos múltiplos.

A desordem final de Okubo começou em 21 de março e durou 64 dias. A polícia estava interessada em sua trilha todo o tempo, recebendo das vítimas sobreviventes descrições de seu Mazda e o número de sua placa, mas Okubo ainda conseguiu tirar mais oito vidas antes de ser capturado. Uma estudante de escola secundária de 17 anos, Tsuda Miyako, foi a primeira a morrer, em 31 de março. Dez dias depois, Okubo matou Oikawa Mieko, uma garçonete de 17 anos. Ida Chieko, 19 anos, foi assassinada em 17 de abril, enquanto outra estudante, Kawabata Shigeko, 17 anos, morreu no dia seguinte. Mais outra estudante de 17 anos, Sato Akemi, encontrou sua morte nas mãos de Okubo em 27 de abril. Kawabo Kazuyo, uma operadora de telefone de 18 anos, entrou para a lista em 3 de maio. Seis dias depois, Okubo estuprou e assassinou Takemura Reiko, de 21 anos. Sua última vítima assassinada, Takahashi Naoko, empregada doméstica de 21 anos, foi morta no dia seguinte, 10 de maio.

Okubo não mostrou nenhuma ingenuidade em particular ao dispor de suas vítimas: quatro foram enterradas em um lote vazio adjacente a um parque industrial próximo à cidade de Takasaki, e as outras foram simplesmente descartadas em locais de depósito de lixo rurais. A visão repetitiva de seu Mazda na vizinhança de Takasaki inevitavelmente levou à prisão de Okubo na noite de 14 de maio. Uma menina estava junto no carro quando ele foi cercado pela polícia. Okubo deu a ela algum dinheiro e observou "É melhor você tomar um táxi".

Inicialmente, detido sob as acusações de rapto com a intenção de cometer um ato imoral, Okubo logo confessou seus crimes e levou a polícia aos túmulos de diversas vítimas que ainda não haviam sido descobertas. Julgado em oito acusações de rapto, assassinato e abandono de corpos, Okubo disse ao tribunal: "Tornei-me o bruto que sou por causa da polícia. Durante a investigação dos dois casos anteriores nos quais estive envolvido, eles me trataram muito mal. Sua punição foi feita de uma forma que destruiu completamente minha humanidade. Isto me fez rebelar contra a autoridade".

Pediram-lhe para fazer qualquer comentário final sobre sua situação e Okubo começou a dizer: "Se eu pudesse renascer, gostaria de voltar como uma erva daninha. Foi-me dito por uma mulher que conheci que não importa o quanto se pisa nas ervas daninhas, elas respondem rapidamente. Este é o tipo de existência que eu gostaria de ter na próxima vida".

Condenado e sentenciado à morte em 22 de fevereiro de 1973, Okubo passou quase três anos no Centro de Detenção Kosuge em Tóquio, apelando de sua sentença. As apelações foram rejeitadas e ele foi finalmente enforcado em 23 de janeiro de 1976, seis dias após seu 41º aniversário.

OLAH, Susannah: veja "Fazedores de Anjos de Nagyrev"

OLSON, Clifford Robert

Nativo de Vancouver, Colúmbia Britânica, nascido no dia de ano-novo de 1940, Olson passou a maior parte de sua vida com problemas com a polícia. Relembrado como um brigão na escola, ele teve 94 prisões ente 1957 e 1981, cumprindo pena sob as acusações que variaram de fraude a roubo armado e agressão sexual. Na prisão, Olson ficou conhecido como estuprador homossexual e algumas vezes informante, uma vez ensinando um colega interno, Gary Marcoux, a escrever uma confissão detalhada do estupro e mutilação-assassinato de uma menina de 9 anos, então surgindo como uma testemunha da promotoria no julgamento em que as cartas foram usadas para condenar Marcoux. De volta às ruas, Olson manteve seu papel como um pombo-correio da polícia, mudando-se para junto da mãe de seu filho ilegítimo.

Em novembro de 1980, Christine Weller, 12 anos, foi raptada de sua casa em um subúrbio de Surrey, Vancouver, e seu corpo mutilado foi encontrado na floresta ao sul da cidade no dia de Natal. Colleen Daignault, 13 anos, desapareceu de Surrey em 16 de abril; Darrren Johnsrud, de 16 anos, foi raptada de um *shopping center* em Vancouver menos de uma semana depois e encontrou a morte em 2 de maio, com sua cabeça esmagada por pesados golpes.

Olson finalmente conseguiu casar-se com sua namorada em 15 de maio de 1981, e Sandra Wolfsteiner, 16 anos, desapareceu quatro dias depois, enquanto pedia carona na suburbana Langley. Em 21 de junho, Ada Court, 13 anos, teve seu desaparecimento relatado em Coquitlan, quando deixou de voltar para casa de um trabalho de babá. Judy Kozma, 14 anos, desapareceu em 9 de julho; seu corpo mutilado foi recuperado do Lago Weaver, próximo a Agassiz, em Frazer Valley, em 25 de julho.

Nessa época, Olson já era considerado suspeito em várias mortes e desaparecimentos e seu nome foi ,mencionado pela primeira vez na conferência de execução da lei em 15 de julho. Apesar de vigilância esporádica de seu homem, a polícia foi incapaz de impedi-lo de fazer mais quatro vítimas na última semana de julho. Raymond King, de 15 anos, desapareceu de New Westminster em 23 de julho; seu corpo foi recuperado das margens do lago Weaver duas semanas depois. Em 25 de julho, Sigrun Arnd, 18 anos, foi raptada e morta enquanto pedia carona perto de Vancouver. Seus restos finalmente foram identificados pela arcada dentária. Terri Carson desapareceu do mesmo complexo residencial de Surrey onde Christine Weller viveu, e seu corpo entrou para a lista daqueles recuperados do lago Weaver. Em 30 de julho, Louise Chartrand, 17 anos, desapareceu após pedir carona em Maple Ridge.

Os oficiais que espionavam Olson prenderam-no dias depois, após ele pegar duas caronistas na ilha Vancouver. As meninas estavam sem ferimentos, mas uma procura em seu furgão revelou o livro de endereços pertencente a Judy Kozma. Formalmente acusado de seu homicídio seis dias depois, Olson começou a negociar com a promotoria, conseguindo um acordo de que pagaria à sua esposa e ao filho 10 mil dólares por vítima como retorno pela informação em quatro assassinatos conhecidos e a localização de seis corpos desaparecidos. Olson fez bem a sua parte do negócio contraditório, e o dinheiro foi pago conforme programado sob furiosos protestos públicos. Em 11 de janeiro de 1982, o autodescrito "Besta da Colúmbia Britânica" admitiu a culpa em 11 casos de assassinato e foi sentenciado a 11 penas concomitantes de prisão perpétua.

Sob custódia, Olson continua a provocar controvérsia com as investidas da mídia reminiscente da correria de CHARLES MANSON nos Estados Unidos. Em agosto de 1997, em um pedido por condicional antecipada, Olson alegou ter ganhado 1,3 milhão de dólares antecipadamente por três livros não publicados e uma coleção de videoteipes; o dinheiro, ele disse, seria colocado em um fundo fiduciário para benefício das famílias das vítimas, caso fosse liberado (ao mesmo tempo, Olson também reivindicou ser responsável por um total de 143 assassinatos, espalhando nos Estados Unidos e Canadá, uma declaração que provavelmente não ganharia a simpatia do conselho de condicional). O promotor da Coroa, Joe Bellows, denunciou as declarações de Olson como "mentiras fantásticas", previsivelmente opondo-se ao pedido do assassino para uma liberação antecipada. Em 23 de agosto, Olson dirigiu-se ao júri que decidiria sobre sua petição de condicional, perguntando: "Vocês procuram algum tipo de lunático enfurecido?". A galeria de espectadores explodiu com gritos afirmativos e os jurados deliberaram menos de 15 minutos antes de rejeitarem o pedido de condicional de Olson.

ONOPRIENKO, Anatoly

Nativo de Laski, em Zhitomirskaya Oblast, Distrito da Ucrânia, nascido em 1959, Anatoly Onoprienko foi colocado em um orfanato com um ano de idade, após a morte de sua mãe. Um irmão mais velho foi mantido na casa com seu pai e o seu abandono aparentemente abasteceu um ódio patológico contra famílias, explodindo em uma atividade de assassinatos por sete anos, que extinguiria 52 vidas.

Estudante de área florestal e algumas vezes paciente mental, Onoprienko teve um início lento como *serial killer*, matando sua primeira vítima aos 30 anos em 1989. Mais 11 seguiriam-se em 1995, mas ele já havia atingido seu alvo com uma série de invasões ultraviolentas a residências, que levariam os jornais ucranianos a chamá-lo "O Exterminador". Antes de dezembro de 1995, seus assassinatos passaram virtualmente sem ser notados, exceto por parte dos policiais supertrabalhadores e os amados sobreviventes das vítimas, mas Onoprienko estava preparando uma alteração em seu *MODUS OPERANDI*, dirigindo sua raiva a famílias inteiras em vez de alvos solitários. Os massacres seguiram um padrão, com Onoprienko invadindo casas isoladas durante a madrugada juntando os membros familiares e atirando neles com uma arma de calibre 12 antes de pilhar e incendiar suas casas. Frequentemente, a polícia encontrava fotos da família espalhadas nas cenas do crime, rasgadas e arremessadas na fúria do assassino.

O primeiro assassinato "por atacado" ocorreu em 12 de dezembro de 1995, em

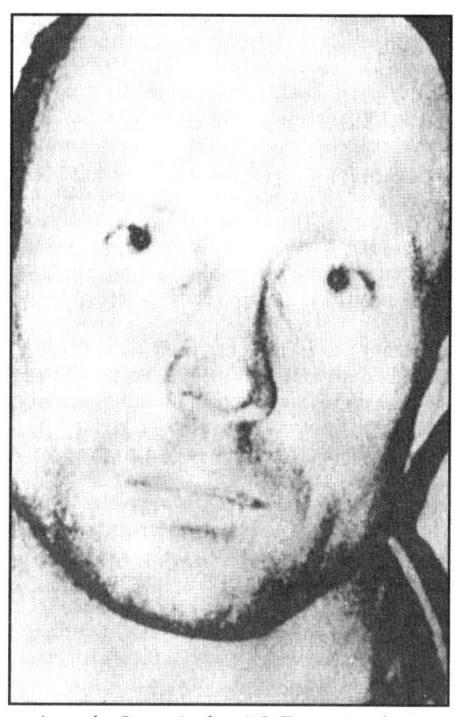

Anatoly Onoprienko, "O Exterminador"

Gamarnya, Zhitomirskaya Oblast, onde um professor da área florestal chamado Zaichenko, sua esposa e dois filhos pequenos foram assassinados em sua casa. Nove dias depois, quatro membros da família Cryuchkov foram assassinados em Bratkovichi e sua casa foi incendiada. Um transeunte chamado Malinsky foi também atingido e morto na rua do lado de fora quando vislumbrou o atirador fugindo. Em 5 de janeiro, dois homens de negócios chamados Odintsov e Dolinin foram atingidos por tiros enquanto estavam sentados em seu carro enguiçado, fora de Energodar, Zaporozhkaya Oblast; e, antes que a noite terminasse, duas vítimas mais foram assassinadas perto de Vasilyevka-Dneiprorudny, incluindo um pedestre chamado Garmasha e um policial chamado Pybalko. No dia seguinte, outros três homens receberam tiros e foram assassinados em um carro estacionado na estrada Berdyansk-Dnieprovskaya.

O Exterminador retornou a Bratkovichi em 17 de janeiro, abatendo cinco membros da família Pilat e incendiando sua casa. Duas aparentes testemunhas do crime receberam também tiros fatais quando o assassino escapava. Em Fastova, Kievskaya Oblast, quatro vítimas foram detonadas em 30 de janeiro, incluindo a enfermeira de 28 anos, seus dois filhos e um visitante do sexo masculino. A família Dubchak foi a seguinte, aniquilada em casa, em Olevsk, Zhitomirskaya Oblast, em 19 de fevereiro. (O pai e o filho atingidos por tiros nesse ataque; a mãe e a filha foram espancadas até a morte com um martelo.) Oito dias depois, em Malina, Lvivskaya Oblast, quatro membros da família Bodnarchuk foram assassinados, os adultos com tiros e suas crianças foram golpeadas até a morte com um machado; dentro de uma hora, um vizinho recebeu também um tiro e ficou mutilado, em sua casa. De volta à vizinhança de Bratkovichi, em 22 de março, o Exterminador atirou e queimou até a morte quatro membros da família Novosad.

Os residentes de Bratkovichi viram o suficiente. Com a maior caçada humana na história da Ucrânia já em andamento, eles requereram e receberam uma "resposta extrema". Uma unidade da Guarda nacional, equipada com lançadores de foguete e veículos armados, foi enviada para proteger a vila, enquanto cerca de dois mil oficiais percorreram o oeste da Ucrânia à procura de sua presa sem nome e sem rosto.

No final, foi aparentemente uma rixa familiar que trouxe o reino do terror ao fim. Anatoly Onoprienko estava com a família de um primo, quando um de seus anfitriões encontrou armas escondidas em seu quarto e uma rixa explodiu, terminando com a retirada de Anatoly da casa. Antes de sair, o caçador prometeu que a família de seu primo "seria punida na Páscoa", uma ameaça que foi confiada às autoridades locais. No domingo de Páscoa, 16 de abril, a polícia rastreou Onoprienko na casa de uma namorada, onde ele foi preso após uma breve luta. Uma pesquisa nas instalações revelou um gravador de fitas roubado da família Novosad, uma pistola tirada de uma cena de assassinato em Odessa e uma segunda arma de fogo ligada a diversos dos massacres familiares.

Sob custódia, Onoprienko pediu para falar com um "general" e assim que o oficial de classe adequada chegou, ele rapidamente confessou um total de 52 assassinatos, assim empatando o registro russo oficial detido por ANDREI CHIKATILO. Os assassinatos foram compelidos por "vozes internas" emanando "de cima", ele disse, embora Anatoly não estivesse certo se suas ordens vieram de Deus ou de alienígenas do espaço externo. De qualquer forma, o assassino disse que estava imbuído de "fortes poderes hipnóticos" e controle telepático de animais. A melhor coisa que Anatoly disse foi para que os cientistas estudassem-no como "um fenômeno da natureza".

Onoprienko foi condenado em todas as acusações e sentenciado à morte em 1º de abril de 1999. Ainda existem vazios significativos na linha de tempo de seus movimentos entre 1989 e 1995, embora esteja confirmado que Anatoly foi expulso tanto da Áustria como da Alemanha durante esse período. Os investigadores estão explorando possíveis ligações entre seu prisioneiro e outros homicídios não resolvidos na Ucrânia e em outros lugares.

OWEN, Duane Eugene

Um ladrão invasor de casas e estuprador do Distrito de Palm Beach, Flórida, nascido em 13 de fevereiro de 1961, Duane Owen assassinou duas vítimas e tentou mais duas entre fevereiro e maio de 1984. Seu primeiro crime conhecido ocorreu em 9 de fevereiro quando ele roubou uma casa local e tentou da melhor forma assassinar os habitantes. Seis semanas depois, em 24 de março, ele estuprou, roubou e assassinou uma mulher do Distrito de Palm Beach em sua casa. Outra invasão, em 28 de maio, foi feita sem violência, mas Owen ressurgiu com seu segundo estupro-assassinato no dia seguinte.

Preso em junho, Owen escapou da prisão do Distrito de Palm Beach, em 4 de julho, mas foi rapidamente recapturado, com uma nova acusação registrada contra ele por fuga da prisão. Com duas acusações de assassinato e diversos outros crimes qualificados debitados a ele, a fiança foi negada e Owen ficou na prisão até seu julgamento no início de 1986. Condenado em duas acusações de assassinato doloso, uma acusação de tentativa de assassinato, três de arrombamento armado, duas de agressão sexual com arma mortal e uma de arrombamento "regular" (isto é, não armado), Owen recebeu duas sentenças de morte, seis penas de prisão perpétua, além de 15 anos quando enfrentou o juiz em 13 de março de 1986. No segundo julgamento, em julho daquele ano, foi condenado por fuga e agressão durante um arrombamento (pelo incidente de 24 de maio de 1984). Em 31 de julho, Owen foi sentenciado a outra pena de prisão perpétua e mais 15 anos.

PACCIANI, Pietro: veja: "Monstro de Florença"

PANDY, Andras

Clérigo húngaro, Andras Pandy fugiu de sua terra natal e emigrou para a Bélgica em 1956, durante a abortada revolta húngara contra o controle russo. Empregado como um pastor e professor de educação religiosa para a Igreja Protestante Unida, ele fez visitas frequentes à Hungria durante anos e conheceu sua segunda esposa — após a primeira supostamente abandoná-lo — por meio de anúncios de "corações solitários" que ele colocava em jornais húngaros. Infelizmente, seu segundo casamento não durou mais que o primeiro. Na época em que Pandy demitiu-se de seus encargos na Igreja, em 1992, sua segunda esposa e quatro das suas oito crianças foram relacionadas como desaparecidas.

Nenhum daqueles que deixaram Pandy foi visto novamente, embora ele dissesse que estavam vivos e bem, morando em algum lugar da Hungria. A filha Agnes Pandy notificou a polícia belga dos desaparecimentos em 1992, acrescentando acusações de que ela e diversas irmãs e meia-irmãs foram sexualmente abusadas por seu pai, mas as autoridades foram lentas em agir. Enquanto a polícia se movia morosamente, o reverendo Pandy estava ocupado tramando um embuste, induzindo três crianças não relacionadas a unir-se a ele nas visitas a conhecidos na Hungria, então pedindo a seus parentes para fornecer em declarações escritas de que suas crianças estavam vivas. Os jovens substitutos de nada suspeitaram, confiando na explicação de Pandy de que suas ações constituíam um "ensaio para uma parte de um filme sobre a sua vida".

Na verdade, Pandy protestou muito, impulsionando a polícia da Bélgica e da Hungria a lançar uma investigação conjunta de seu caso. As autoridades húngaras tinham 60 casos de pessoas desaparecidas em seus livros na última década, incluindo muitas mulheres desaparecidas, e eles se perguntavam agora se alguma poderia ter respondido aos anúncios pessoais do reverendo Pandy. Preso na Bélgica em 20 de outubro de 1997, o clérigo de 71 anos foi formalmente acusado de assassinar duas esposas e quatro de seus filhos. Pandy negou as acusações, mas Agnes estava falando novamente enquanto os pesquisadores em Bruxelas moveram-se para diversas casas uma vez ocupadas pela linhagem de Pandy. Em 26 de outubro, eles relatam ter encontrado ossos humanos e cinzas, as paredes borrifadas de sangue e "grandes pedaços não especificados de carne" no *freezer*. Cinco dias depois, os detetives identificaram três crianças que haviam se passado como prole de Pandy durante sua visita à Hungria.

As autoridades húngaras, enquanto isso, estavam ocupadas procurando os seis porões interconectados da casa anterior de Pandy em Dunakeszi, norte de Budapeste. Eles mantiveram segredo de suas descobertas, mas sugeriram que uma "antiga tragédia familiar" podia ter sido responsável pela atividade de assassinato de Pandy. De fato, eles sugeriram que o prisioneiro na Bélgica não podia ser Andras Pandy, mas um irmão do verdadeiro Andras Pandy, cuja morte foi oficialmente registrada em 1956.

A polícia de Bruxelas não estava certa sobre isso, mas eles apertaram o caso contra seu suspeito — quem quer que fosse —, quando Agnes Pandy foi presa em 21 de novembro de 1997, acusada de ter um papel ativo nos assassinatos de cinco Pandy desaparecidos. Ela confessou quatro dias depois, admitindo que ela e seu pai atiraram e/ou marretaram até a morte sua mãe, dois irmãos, a madrasta e a meia-irmã. Alguns dos corpos foram dissolvidos em ácido, Agnes disse; outros foram cortados em pedaços e jogados com outra carne, fora do açougue de Bruxelas. A polícia também ligou Agnes ao desaparecimento de 1993 de uma menina de 12 anos, cuja mãe estava romanticamente envolvida com o reverendo Pandy.

O caso teve outra volta bizarra em 26 de novembro, quando o jornal húngaro *Nepsava* relatou que Pandy tinha adotado um número desconhecido de crianças romenas — refugiadas órfãs da revolução de 1989 que derrubou o ditador Nicolae Ceaucescu — em sua casa em Bruxelas. As crianças foram recrutadas por uma instituição de caridade chamada YDNAP (Pandy escrito ao contrário) e o *Nepsava* relatou que "ninguém sabe o que aconteceu a eles ou se retornaram para casa",isto é, para a Romênia. Havia mais notícias terríveis em 24 de abril de 1998, quando a polícia belga anunciou que os dentes que pertenciam a oito pessoas diferentes foram encontrados em uma das casas anteriores de Pandy. Os testes forenses indicaram que os dentes eram de sete mulheres com idades entre 35 e 55 anos, e de um homem entre 18 e 23 anos, nenhum dos quais estava relacionado a Pandy. Com 13 vítimas e ainda fazendo a contagem, as autoridades recusam-se a especular quanto à contagem final de corpos do letal pastor.

PANZRAM, Carl

Filho de imigrantes prussianos, nascido em Warren, Minnesota, em 1891, Panzram teve sua primeira prisão aos 8 anos por bebedeira e conduta desordeira. Três anos depois, uma série de roubos o colocou na escola reformatória e ele ateou fogo no local aos 12 anos, causando danos estimados em 100 mil dólares. Libertado condicionalmente, sob a custódia dada por sua mãe em 1906, ele fugiu de casa logo depois. A vida na estrada significava mais conflitos com a lei, e Panzram passou algum tempo em diversas instituições juvenis. Ele se tornou voluntário do Exército mesmo bêbado, mas não podia adaptar-se à disciplina militar. Foi à corte marcial por roubo de propriedade do governo em abril de 1907 e cumpriu 37 meses em Leavenworth antes de ser libertado da prisão — e serviço militar —, em 1910. Na dispensa, Panzram descreveu-se como "o espírito personificado de vileza".

De volta à vida civil, Panzram lançou uma carreira de roubo e assassinato indiscriminado espalhando-se por dois continentes. Após uma grande pontuação, ele alugou um iate e enganou diversos marinheiros com promessas de bebida; já a bordo, os homens foram drogados e abusados sexualmente, então assassinados e seus corpos foram jogados no mar. Na África Ocidental Portuguesa, Panzram contratou oito negros para ajudá-lo a caçar crocodilos, em seguida matou-os, submeteu seus corpos à sodomia e deu-os como alimento aos famintos répteis. De volta a Nova York, ele estrangulou uma mulher de Kingston, em 16 de junho de 1923, "pelo prazer que me dava".

Cinco anos depois, em 16 de agosto de 1928, Panzram foi preso seguindo-se a uma série de arrombamentos em Washington D.C. A condenação foi de 20 anos em Leavenworth, onde ele prometeu matar o primeiro homem que "cruzasse" com ele. Sua vítima, selecionada sem motivo aparente, foi Robert Warnke, um feitor civil da lavanderia. Panzram quebrou sua cabeça em 20 de junho de 1929, e foi imediatamente sentenciado à forca.

Do corredor da morte, o assassino escreveu: "Em minha vida, assassinei 21 seres humanos: cometi dezenas de arrombamentos, roubos, furtos; provoquei incêndios e por último, mas não menos importante, cometi sodomia em mais de mil seres humanos do sexo masculino. Por todas essas coisas, não estou nem um pouco pesaroso". Quando os oponentes da PENA CAPITAL lutavam por sua vida, Panzram respondeu com umas cartas venenosas. "Desejo que todos tenham um pescoço", ele escreveu, "e eu tenha minhas mãos nele". Subindo ao patíbulo em 5 de setembro de 1930, ele pareceu ansioso pela morte. "Corra, seu bastardo ignorante", ele gritou ao executor. "Eu poderia enforcar uma dúzia de homens enquanto você está se distraindo".

PARAFILIA e Assassinato em série

Mais comumente conhecido como perversão ou fetichismo, parafilia (do grego *para*: "além", "impróprio" e *philia*: "anexo a") descreve a má orientação do desejo sexual para objetos incomuns e anormais. Os *serial killers* frequentemente sofrem de disfunção sexual que impede os relacionamentos normais. Algumas da parafilias pertinentes demonstradas nesses casos incluem:

Antropofagia — fixação sexual em comer carne humana em um ato de CANIBALISMO. Quando aplicada especificamente aos corpos, frequentemente em decomposição avançada, o termo adequado é necrofilia. O canibalismo de meninas, como praticado por ALBERT FISH, é chamado *partenofagia*.

Bestialidade (ou zoofilia) — atividade sexual com animais, conforme praticada na infância por HENRY LUCAS e outros. A tortura e mutilação de animais, vista como um SINAL DE AVISO na infância de futura violência, é denominado pelo termo sadismo bestial.

Servidão — o uso de restrições em atividade sexual pode ser sem danos entre adultos, com consentimento, com limites estabelecidos; quando empregado por indivíduos homicidas, tais como Harvey Glatman em Los Angeles, torna-se um prelúdio para a tortura e a morte.

Coprofilia/coprolagnia — excitação despertada por fezes, mostrada nos escritos de GERARD SCHEFER, descrevendo a defecação por suas vítimas do sexo feminino no momento da morte. Quando o consumo de fezes está envolvido, como aconteceu com Albert Fish, o termo adequado *é coprofagia*.

Gerontofilia — atração sexual pelos idosos, visto em casos como ALBERT DESALVO, em que um assassino muito mais novo caça um cidadão idoso para sexo (como oposição a roubo de vítimas que são simplesmente mais fracas e sem defesa). A atração pelo homem idoso é chamada *alfamegamia*; a fixação em mulheres mais velhas é chamada *graofilia* ou *matronoloagnia*.

Hematofilia/hematomania — fixação por sangue, comumente vista em casos de VAMPIRISMO, tais como o de JOHN HAIGH.

Mutilação — frequentemente vista em crimes sádicos ou sexualmente motivados. *Colobose* refere-se especificamente à mutilação da genitália masculina; *mazoperose*, aos seios femininos; *peroginia*, à mutilação de mulheres (basicamente dos genitais), e *necrossadismo*, à mutilação de corpos (algumas vezes realizada dias ou semanas após o assassinato, quando o assassino visita novamente a cena do crime).

Necrofilia — fixação sexual com a morte e os corpos. Quando a obsessão se origina da relação, é adequadamente chamada de *necrocoito*. "*Necrochlesis*" refere-se mais especificamente ao sexo com um corpo feminino.

Pedofilia — a propensão para sexo com crianças, vista em muitos assassinos seriais de crianças, tais como ARTHUR GOODE. A fixação em meninos pequenos é também chamada *pederastia*.

Piromania/pirofilia — a liberação sexual obtida por colocar e/ou observar incêndios, uma condição encontrada em muitos casos de INCENDIÁRIOS.

Sadismo — excitação dependente do sofrimento de outros, denominada no *Manual de Classificação de Crimes do FBI (1992)* como um dos principais motivos para CRIMES SEXUAIS e assassinato serial.

Voyerismo — geralmente o ato passivo de assistir a outros desnudarem-se ou praticarem sexo, tipicamente acompanhado por masturbação; o espiar algumas vezes torna-se mortal em face da crescente frustração. Charles Floyd em Tulsa, Oklahoma e Rickley Brogsdale, em Washington, D.C., apresentam dois exemplos de *voyeurs* cujas atividades escalaram para assassinato daqueles que observavam secretamente.

PARDO, Manuel, Jr.

Manny Pardo tinha 21 anos quando se uniu à Patrulha Rodoviária da Flórida em 1978, mas sua primeira tarefa na execução da lei teve vida curta. Acusado de falsificar mais de cem avisos de tráfego e notificação de correção, foi-lhe permitido demitir-se um ano depois de se unir à força em vez de ser demitido. Pareceu uma concessão pequena na época, mas era tudo o que ele necessitava: dois meses depois, Pardo foi contratado pelo Departamento de Polícia de Sweetwater para patrulhar um subúrbio de Miami. Ainda assim, seu problema continuava e, em 1981, Pardo foi um dos quatro oficiais acusados na série de casos brutais registrados pelo escritório geral do procurador estadual. Estas acusações foram depois descartadas, mas Pardo foi demitido em 21 de janeiro de 1985; após isso, ele voou para as Bahamas para testemunhar em defesa de outro ex-policial detido para julgamento sob acusações de contrabando de drogas.

Mesmo assim, o pior ainda estava por vir. Em 7 de maio de 1986, Pardo e Roland Garcia, 25 anos, foram presos sob acusações de assassinato, pela execução do traficante Ramon Alvero Cruz e sua namorada Daisy Ricard, atingidos com um tiro e assassinados em 23 de abril. Semanas depois, em 11 de junho, os oficiais de Dade, área metropolitana, anunciaram que Pardo e Garcia estavam ligados a um total de nove assassinatos — as vítimas incluindo seis homens e três mulheres —, datando desde janeiro de 1986. O detetive Ted MacArthur disse à imprensa: "Eles eram exploradores de drogas, e as quantidades de cocaína foram retiradas da cena". A atividade de assassinato acabou com Ramon Alvero Cruz, supostamente um empregado do submundo de Pardo desde que foi demitido pelo D.P. Sweetwater. Como evidência contra o policial assassino, os promotores citaram o diário de Pardo, que incluía entradas escritas sobre os assassinatos juntamente com recortes de jornais e fotografias de diversos corpos ensanguentados. As lembranças nazistas recuperadas da casa de Pardo, juntamente com as próprias declarações do prisioneiro, revelaram que ele também era um ardente admirador de Adolf Hitler, acreditando que judeus e negros eram espécies inferiores que mereciam o extermínio.

As manobras legais postergaram o julgamento de Pardo por dois anos, mas o promotor David Waksman manteve-se na teoria original do Estado, de um ex-policial tornando-se ruim, viciado em cocaína e dinheiro fácil, matando traficantes de cocaína para roubar seus esconderijos, eliminando quaisquer testemunhas que cruzassem seu caminho. Pardo negou isso, pintando-se como esquadrão de um só homem da corporação civil de um homem comprometido em eliminar "parasitas" e "sanguessugas" da sociedade cumpridora da lei. Seu advogado nomeado pelo tribunal, Ronald Guralnick, estava tomando um rumo diferente, apresentando a DEFESA POR INSANIDADE. "O homem é louco", Guralnick disse aos repórteres. "Tudo o que vocês devem fazer é ouvi-lo para saber que está totalmente fora de si."

E, na verdade, Pardo parecia pretender provar esse ponto quando tomou o lugar de testemunha em sua própria defesa em 13 de abril de 1988. Testemunhando contra o conselho de Guralnick, Manny não se preocupou em negar os assassinatos; em vez disso, lastimou que sua contagem de final de corpos fosse tão baixa. "Em vez de nove", ele disse ao tribunal, "queria ter atingido 99". Adicionalmente, ele declarou: "Fiquei satisfeito com o que fiz. Fiquei satisfeito em atirar neles. Eles são parasitas e sanguessugas, e não têm o direito de estarem vivos. Alguém tinha de matar essas pessoas". Ele atirou em suas vítimas múltiplas vezes após a morte, segundo ele próprio, para "puni-los" ainda mais por seus crimes, e tirou fotografias dos corpos com a Polaroid, posteriormente queimando algumas em um cinzeiro de alabastro. "Enviei suas almas para o fogo eterno da danação no inferno", ele testemunhou, "pela miséria que causaram".

Pardo negou firmemente a reivindicação do Estado de que ele era um traficante mercenário. A própria ideia era "jocosa" e "ridícula", ele disse. O promotor Waksman perguntou sobre os 50 mil dólares que Pardo ganhou ao vender dois quilos de cocaína roubada. A soma foi registrada em seu diário, mas Manny insistiu que tinha mantido somente 2 mil dólares para si — o mínimo requerido para comprar armas e munição. Após Pardo observar que as balas custaram dez centavos cada, Waksman perguntou se custou somente 1,30 dólar para matar duas vítimas que foram atingidas por tiros em um total de 13 vezes. Pardo sorriu ironicamente ao replicar: "Isto é um bom investimento, não é?"

Com a sanidade de Pardo em questão, ambos os lados chamaram psiquiatras para testemunhar sobre seu estado mental. Syvil Marquit compareceu pela defesa, relatando que Pardo era insano e o era no momento dos nove assassinatos. Manny era competente para julgamento, Marquit disse, e entendia a consequência física de suas ações, "mas não conhece o certo e errado". O tribunal nomeou o psicólogo Leonard Haber, por outro lado, testemunhando pelo Estado que Pardo era "apto, mas demoníaco". Manny, por sua vez, concordou com o Estado, pelo menos com relação à sua sanidade. Quanto aos psicólogos, ele disse ao tribunal: "Eles são pervertidos. Pague-os o suficiente em dinheiro e eles dirão qualquer coisa".

Os pontos de vista extremamente racistas de Pardo podem tê-lo machucado tanto quanto a evidência física de sua culpa, quando ele apareceu perante o júri, que incluía cinco negros e dois judeus. Os detetives da área metropolitana de Dade relacionaram a parafernália nazista encontrada em sua casa e descreveram a tatuagem da suástica usada por um de seus cachorros, um doberman pinscher. Manny informou em seu testemunho que Adolf Hitler era um "grande homem", cujas atividades inspiraram Pardo a ler mais de 500 livros sobre o nazismo. O júri deliberou por seis horas em 15 de abril antes de condenar Pardo em nove assassinatos e nove outros casos de crimes qualificados, incluindo roubo e uso de arma de fogo na perpetração de um crime.

O tribunal reuniu-se novamente cinco dias depois para considerar a sentença de Pardo. O advogado Guralnick e os pais de Manny pleitearam clemência, citando seu estado mental desorganizado, enquanto o promotor Waksman argumentava o inverso. "Ele foi esquisito, esquisito, esquisito", Walksman disse, "mas ele não foi insano". Pardo, enquanto isso, estava determinado a permanecer em posição de estrela em seu drama. "Sou um soldado", ele disse ao tribunal. "Completei minha missão, e humildemente peço a vocês para dar-me a glória de terminar minha vida e não me enviar para passar o resto dos meus dias em uma prisão estadual. Estou pedindo que me permitam ter um fim glorioso." O júri obedeceu e o juiz Philip Knight aceitou sua recomendação, escrevendo uma sentença de morte para cada um dos nove assassinatos de Pardo, além de uma pena de 15 anos na prisão por acusações não capitais.

Não obstante seu compromisso com a morte, Pardo não fez nenhuma objeção quando sua condenação e sentença tiveram apelação automática para a Corte Suprema da Flórida. Ali, em 6 de março de 1990, o defensor público Calianne Lantz disse aos juízes reunidos que Pardo estava insano quando cometeu seus nove assassinatos. O advogado geral assistente Ralph Barreira discordou, descrevendo Manny como um bruto que simplesmente gostava de matar. O tribunal concordou com Barreira, confirmando a condenação de Pardo e as "circunstâncias especiais" que permitiram sua execução segundo a lei estadual da Flórida. Um ano depois, em 13 de maio de 1991, a Corte Suprema dos Estados Unidos efetivamente sustentou aquela decisão, negando o pleito de Pardo para um recurso à mesma contra uma decisão da qual não cabe mais recurso, alegando que ela feria a Constituição ou a Lei Federal.

Pardo, enquanto isso, conseguiu atrair pelo menos um punhado de admiradores enquanto seu caso estava em andamento nos tribunais. Um desses, um autodesignado amigo do *serial killer* condenado, expressou seu apoio em uma carta para *Orlando Sentinel Tribune*, publicada em 22 de abril de 1990. Esta dizia, em parte:

Manny nunca foi acusado de corrupção. Ele foi levado por seu superzelo em perseguir criminosos — não importa quem ele conhecesse ou que parentes tivesse. E para que ninguém tenha a ideia de que ele apenas andava atirando em pessoas, deixe-me apontar que cada uma de suas vítimas era um traficante completamente investigado, julgado, condenado e executado (por ele) que Pardo não conseguiu tirar das ruas por meio do sistema de justiça normal. Manny Pardo não merece a condenação; ele merece uma comenda.

De fato, mesmo como uma pesquisa superficial teria mostrado, Manny foi demitido em Sweetwater por "mostrar falta de bom julgamento e um hábito de mentir" — especificamente em defesa de um traficante acusado —, mas os detalhes dificilmente importavam. Ele estava aguardando a execução em Starke, a prisão de segurança máxima do Estado... mas ele não estava ainda totalmente fora de ação.

Em março de 1996, o *Miami Herald* revelou que Pardo, então batizado como o "Romeu do Corredor da Morte", tinha colocado anúncios pessoais em jornais do tipo tabloide, atraindo correspondentes solitárias, as quais enviaram pelo correio para ele centenas de dólares em devolução por promessas vazias de amor. O *Herald* relatou que Manny tinha acumulado uma vez algo como 3.530 dólares em sua conta na cantina da prisão, muito disso enviado a ele pelas mulheres, mas os oficiais da prisão declararam que ele não tinha quebrado nenhuma regra, "embora pudesse ter quebrado diversos corações". O chamariz foi um anúncio que pintava Manny com uma luz quase heroica. Este dizia:

FLÓRIDA 116-156. INTERNO DO INSTITUTO CORRECIONAL. Veterano do Vietnã, ex-policial. Tomou a lei em suas próprias mãos e terminou no corredor de morte. Ele necessita de cartas de mulheres sensíveis, compreensivas, para um relacionamento real e honesto.

Uma das que responderam foi Bárbara Ford, 46 anos, uma diarista de Findlay, Ohio; três semanas depois de responder ao anúncio de Pardo, Ford recebeu uma carta dele, juntamente com diversos recortes de notícias descrevendo sua carreira policial sob uma luz favorável: "Não faço jogos emocionais porque detesto jogos emocionais. Eu também detesto mentirosos e jogadores". Desde o início, a correspondência de Pardo — sempre endereçada para "o amor de minha vida" — rapidamente degenerava para uma lista de pedidos, invariavelmente fechando com a menção de sua necessidade por "poucos dólares por semana para comprar itens pessoais como selos, papel, xampu, etc.". Uma nota descreveu uma visita chorosa à prisão de sua filha, a qual teria dito: "Papai, quando for mais velha e capaz de trabalhar, comprarei para você um rádio, assim você poderá ouvir música, e enviarei dinheiro de meu pagamento semanal, assim você poderá comprar café, xampu e suas outras necessidades".

Enquanto isso, Bárbara Ford estava feliz em tomar medidas para enviar a Pardo 430 dólares de sua receita anual de 7.500 dólares. Outro "amor de sua vida", que enviou dinheiro na mesma época foi Betty Ihem, 54 anos, de Oklahoma, que começou a se corresponder com Pardo dez meses antes que ele fisgasse Bárbara Ford. Nessa época em que Ford entrou em cena, Pardo e Ihem estavam correspondendo-se como marido e mulher, e Betty colecionava 275 cartas de seu amante encarcerado e enviava a ele 1.200 dólares durante esse período do salário que ganhava como empregada em tempo parcial no Wal-Mart.

A correspondência era finalmente muito para Pardo, que se enganou com um erro canhestro. Em 12 de outubro de 1995, Betty Ihem recebeu uma carta dirigida a Bárbara Ford. Esta dizia:

Minha querida Barb
Oi. Espero que esta carta a encontre em excelente saúde. Você é tudo o que quero e preciso. Não sou um sonhador e se meu amor interessa a você, bem, ele é seu.
Te amo.
Manny

Previsivelmente furiosa, Ihem enviou a carta para Ford, com suas próprias notas explicativas escritas no verso. Oito dias depois, Ford escreveu a Pardo, endereçando-o como "Ladrão de Corações" e anexando as fotocópias das ordens de pagamento que tinha previamente enviado a ele.

Você recebeu o dinheiro sob um pretexto falso [ela escreveu] *que o torna um falso e não um "Homem de Honra" que você professou ser. Não é necessário dizer, você é um mentiroso e hipócrita — as mesmas coisas que você diz que odeia nas pessoas. Se decidir não devolver o dinheiro, seria seu pior pesadelo e o exporei como o hipócrita que realmente é. Não sou uma pessoa muito paciente, assim, espero que responda a minha solicitação imediatamente. A escolha é sua.*

Pardo respondeu em 2 de novembro de 1995, com toda a arrogância de um prisioneiro condenado, que sabe que é efetivamente intocável.

Barb,
Espero que esteja em boa saúde. Estou lendo sua carta e estou surpreso que você pense que suas ameaças me afetariam de qualquer forma! Você e sua vida problemática serão também expostas. Além disso, meu advogado terá um dia com você e este será seu pesadelo, o processo por difamação, etc. Você é uma mulher amarga e vingativa.
Deus a abençoe
Manny.

Ford levou seu caso para o governador da Flórida, Lawton Chiles, em 18 de novembro, perguntando: "Que tipo de pessoas vocês são na Flórida? Vocês têm um rapaz no Corredor de Morte, e ele ainda machuca as pessoas". Sua resposta veio de Judy Belcher do Departamento de Correções da Flórida em 29 de novembro, avisando Ford que nenhuma lei proíbe os prisioneiros de colocarem anúncios pessoais ou solicitarem presentes de correspondentes ingênuas. "Ao contrário", Belcher escreveu: "as leis da Flórida consideram ilegal negar aos internos o privilégio, pois agindo assim negaria aos internos o acesso ao mundo exterior. Muitos internos, tanto homens como mulheres, acumularam uma quantidade considerável de dinheiro dessa forma. Eles são condenados e alguns são especialistas em retirar de pessoas honestas seus dólares duramente ganhos. Frequentemente quando avisamos a pessoa que um interno não está sendo honesto, a pessoa escolherá acreditar no interno".

Com este selo relutante de aprovação, Manny Pardo estava livre para perseguir sua carreira como um caloteiro do corredor da morte. Somente a data final e inevitável com o "Velho Sparky" restringirá sua correspondência com mulheres inocentes, e nenhuma data de execução final foi estabelecida até agora. Com outros que assassinaram repetidamente no Estado Ensolarado, Pardo diverte-se com a caneta na mão e faz o jogo da espera.

PAULIN, Thierry e MATHURIN, Jean-Thierry

Entre outubro de 1984 e novembro de 1987, as mulheres parisienses idosas viviam aterrorizadas por um assassino selvagem ao qual denominaram o "Monstro de Montmartre", conforme a vizinhança que era seu campo de caça favorito. A primeira vítima, Anna Barbier-Ponthus, 83 anos, foi encontrada amordaçada, amarrada e espancada até a morte em seu apartamento em 5 de outubro de 1984. Quatro dias depois, os bombeiros encontraram Suzanne Foucault, 89 anos, dentro de seu apartamento em chamas, as mãos e pés atados com um saco plástico colocado em sua cabeça. Uma terceira vítima, Iona Seigaresco, 71 anos, foi descoberta em 5 de novembro, amarrada com um fio elétrico e espancada até a morte em seu pequeno apartamento em Boulevard de Clichy. Se a polícia parisiense tinha qualquer dúvida que um *serial killer* estava à solta em sua cidade, aquelas dúvidas foram dissipadas dois dias depois, com a descoberta de duas mulheres assassinadas. Alice Benain, 84 anos, e Marie Choy, 80 anos, em residências vizinhas, foram encontradas assassinadas em suas casas. (Choy foi amarrada com fio de aço e forçada a beber alvejante antes de ser espancada até a morte.) Em 8 de novembro, Maria Mico-Diaz, 75 anos, foi encontrada em seu apartamento, amarrada, amordaçada e quase partida em duas, com 60 ferimentos de punhal.

Os detetives ainda não sabiam, mas sua presa dificilmente poderia ter sido mais extravagante. Um viciado em drogas negro e travestido que tingia seu cabelo de louro platinado, Thierry Paulin era um nativo da Martinica nascido em 1963. Homossexual sádico, Paulin rompeu o molde usual de *serial killers* gay ao caçar membros do sexo oposto, algumas vezes acompanhado em suas incursões pelo amante Jean-Thierry Mathurin, de 19 anos, garçom da Martinica. Entre eles, operaram um sistema de seguir senhoras idosas do mercado para casa, movendo-se para agarrar a presa quando a vítima destrancava a porta da frente. As vítimas variavam em idade entre 60 e 95 anos, e a brutal violência que sofriam mostrou às autoridades que o "Monstro de Montmartre" tinha mais em mente que um simples agarrar e pegar para roubar.

Sentindo o calor da indignação pública, as autoridades parisienses varreram a cidade entre viciados e desviados sexuais, interrogando todos os que puderam encontrar, esperando achar um indício. Paulin e Mathurin saíram para Toulouse, matando o tempo em bares gays e tocas de drogas até terem uma briga de amantes e separarem-se. De volta a Paris, Paulin espancou o traficante de drogas que tentou fraudá-lo, e o negociante surpreendeu-o registrando acusações de agressão. Condenado no julgamento e sentenciado a um ano e quatro meses na prisão, Paulin recebeu a condicional em 1987 e reassumiu seu reino de terror como se a atividade de crimes nunca tivesse sido interrompida. A violência atingiu o auge em novembro, com três vítimas assassinadas no fim de semana do 24º aniversário de Paulin, mas o tempo do Monstro estava acabando. Uma de suas vítimas sobreviveu e ofereceu uma descrição à polícia. Os policiais não tiveram nenhum problema em localizar o homem negro tornado louro, prendendo Paulin em 1º de dezembro, mas eles ficaram embaraçados ao descobrir que suas impressões digitais — nos arquivos de prisões anteriores — combinavam com aquelas de diversas cenas de assassinato.

Em custódia, Paulin prontamente confessou os 21 assassinatos, nomeando Mathurin como um cúmplice em muitos casos. Preso sob nove acusações de assassinato, Mathurin recusou-se a falar o nome de Paulin, referindo-se habitualmente a ele como "o outro". A abolição francesa da PENA CAPITAL pouparia ambos os assassinos da guilhotina, mas os dias de Paulin já estavam contados. Diagnosticado como portador de Aids em 1985, ele ainda estava aguardando julgamento quando entrou em coma em 10 de março de 1989, e morreu de complicações relacionadas à doença em 16 de abril.

PEETE, Louise

Nascida Lofie Louise Preslar em Bienville, Louisiana, um das VIÚVAS NEGRAS líderes da América era filha de um editor de jornal socialmente proeminente. Ela frequentou as melhores escolas particulares de Nova Orleans, onde se tornou notória por suas escapadas sexuais. Expulsa por uma escola de encerramento nobre, Louise foi para casa em Bienville e estabeleceu-se nos negócios de prazeres.

Em 1903, casou-se com Henry Bosley, um vendedor viajante, unindo-se a ele na estrada. Trabalhando em Dallas, Texas, no verão de 1906, Henry pegou sua esposa na cama com um negociante de petróleo local e, atingido pela dor, matou-se dois dias depois. Louise vendeu os pertences de Henry e mudou-se para Shreveport, onde trabalhou como prostituta até poder fazer uma viagem a Boston.

A mudança dramática de cenário significou pouco para Louise. Seu negócio era ainda o mesmo e, como prostituta atendendo a chamadas em casa, ela tornou-se a favorita da nobreza local. De seu lado, ela também surrupiou joias das esposas ausentes dos clientes ricos, vendendo as peças que não escolhia para si. Como contou muito com a sorte, foi descoberta. Ameaçada de exposição, ela se retirou para Waco, Texas, onde cortejou e ganhou Joe Appel, um negociante especulador de petróleo, conhecido pelos diamantes que enfeitavam seu anel, fivela do cinto e mesmo os botões de sua roupa.

Uma semana depois de Joe encontrar Louise, ele foi achado morto, com uma bala em sua cabeça, e seus diamantes haviam desaparecido. Convocada perante um grande júri, Louise admitiu ter atirado em Appel — em "defesa própria". O negociante de petróleo tentou estuprá-la, segundo ela, e assim foi forçada a agir em consequência disso. As joias desaparecidas foram esquecidas e os membros do júri abertamente aplaudiram quando a colocaram em liberdade.

Em 1913, ficando sem sorte e dinheiro pronto em Dallas, Louise casou-se com um funcionário de hotel local, Harry Faurote. Foi principalmente um casamento de conveniência — dela — e o flagrante de adultério por parte da noiva logo levou Faurote a enforcar-se no porão do hotel.

Mudando-se para Denver em 1915, Louise casou-se com Richard Peete, um vendedor de porta em porta. Ela teve uma filha dele em 1916, mas a magra receita de Peete não atingiu seus padrões e ela partiu sozinha para Los Angeles em 1920. Ali, ela procurou uma casa para alugar, e depois encontrou o executivo de minas Jacob Denton. Denton tinha uma casa para alugar, mas ele logo foi persuadido a reter a propriedade para si, adquirindo Louise como uma companheira e morando ali. Após diversas semanas de sexo tórrido, Louise pediu a Denton para se casar com ela, mas ele recusou. Foi um erro fatal.

Sorrindo da rejeição, Louise ordenou ao zelador de Denton para jogar uma tonelada de terra no porão, onde ela planejava "criar cogumelos" — o prato favorito de Denton — como um prazer para seu amante. Nenhum cogumelo germinara na época do desaparecimento de Denton, em 30 de maio de 1920, mas Louise tinha numerosas explicações para os visitantes curiosos. Primeiro, ela disse a todos que chegavam que seu homem tinha discutido como uma "mulher de aparência espanhola", que ficou enraivecida e atingiu seu braço com uma espada. Embora ele conseguisse sobreviver, ela disse, o pobre Jacob ficou embaraçado por sua incapacidade e assim entrou em reclusão! Pressionada pelo advogado de Denton, ela revisou a história para incorporar uma perna amputada; o homem de negócios desaparecido estava programando voltar assim que ficasse confortável com um membro artificial.

Incrivelmente, estas narrações mantiveram todos em suspense por diversos meses, enquanto a "sra. Denton" fazia uma série de festas liberais na ausência de seu amante da casa. Era setembro, época um que o advogado de Denton suspeitou, chamando a polícia para vasculhar a casa. Uma hora de trabalho preparatório no porão revelou o corpo de Denton, com uma bala em sua cabeça. Os detetives começaram a caçar Louise e rastrearam-na em Denver, onde ela tinha reassumido uma vida de felicidade conjugal com Richard Peete.

Condenada por assassinato em janeiro de 1921, Louise foi sentenciada a uma pena de prisão perpétua. No início, o marido Richard correspondeu fielmente, mas a ausência fez o coração de Louise diminuir em carinho pelo homem que deixou para trás. Em 1924, quando diversas de suas cartas ficaram sem resposta, Richard Peete cometeu suicídio.

Na enfermaria de San Quentin, Clinton Duffy descreveu Louise Peete como projetando um "ar de doçura inocente que mascarava um coração de gelo". Foi informado que ela gostava de vangloriar-se dos amantes que levou à morte, e ela estimava especialmente o suicídio de Richard, uma prova que mesmo as paredes da prisão não podiam conter seu charme letal. Em 1933, Louise foi transferida de San Quentin para a prisão de Tehachapi, e seis anos depois, em sua 10ª tentativa para ganhar a condicional, ela foi liberada da custódia.

Ela ganhou sua liberdade, não em pequena parte, pela intercessão da trabalhadora social, Margaret Logan, e seu marido Arthur. Com condicional aos cuidados da sra. Latham em Los Angeles, foi permitido a Louise ter o nome de "Anna Lee" como sua

Louise Peete na prisão

estrela de cinema favorita. Ela encontrou emprego como serviçal da cantina na Segunda Guerra Mundial; em 1942, uma companheira de trabalho idosa desapareceu inexplicavelmente, e sua casa foi encontrada em um estado de desarranjo. Os detetives chamaram "Anna Lee", uma amiga próxima da mulher desaparecida, e foram informados que a mulher tinha morrido dos ferimentos sofridos por uma queda. No que pode somente ser descrito como uma monumental negligência, eles compraram a história, nunca se importando em verificar o passado de "Anna" ou em obter uma certidão de óbito.

A gentil sra. Lathan morreu em 1943, e a condicional de Louise foi para os Logan. Ela se casou com o idoso gerente de banco Lee Judson em maio de 1944, e em 30 de maio, Margaret Logan desapareceu sem vestígios, com Louise dizendo ao idoso marido de Margaret que sua esposa estava no hospital, impossibilitada de receber visitantes. No fim de junho, Louise persuadiu as autoridades de que Arthur Logan estava insano; ele foi submetido a um hospital estadual, onde morreu seis meses depois. Para poupar-se de uma nota de agente funerário, Louise doou seu corpo para uma escola médica para dissecação.

Louise mudou-se para a casa de Logan com Judson, mas nem tudo estava bem na casa. Em resumo, seu marido descobriu um buraco de bala em uma parede, um monte de terra suspeito no jardim, e uma apólice de seguro nomeando Louise como a única beneficiária de Margaret Logan. Ainda assim, ele nada disse, e ficou para a própria Louise desvendar a rede de mortes.

Em dezembro de 1944, o oficial de condicional de Louise teve suspeitas dos relatórios regulares submetidos pela assinatura trêmula de Margaret Logan, que continha esse prêmio tão elogiado a seu encargo. A polícia invadiu a casa de Logan logo após o Natal, levando Lee Judson a expressar suas suspeitas. O corpo de Margaret Logan foi desenterrado no jardim, onde Louise ofereceu outra de suas fábulas patenteadas. Em sua história, o decrépito Arthur Logan tornou-se subitamente insano, espancando sua mulher até a morte em um impulso maníaco. Aterrorizada em atrair suspeitas pelo seu passado, Louise enterrou o corpo e protelou por um mês antes de internar Arthur.

Isto não funcionou e Louise foi acusada do assassinato de Margaret e seu marido foi indiciado um auxiliar. Absolvido em 12 de janeiro de 1945, Judson matou-se no dia seguinte, pulando do 13º andar de um edifício de escritórios em Los Angeles. Louise, foi observado, parecia satisfeita com sua reação à separação. Condenada por homicídio doloso por um júri que incluía 11 mulheres, Louise foi dessa vez sentenciada à morte. Suas apelações foram rejeitadas, e ela foi executada na câmara de gás de San Quentin, em 11 de abril de 1947.

PENA Capital e *serial killers*

Sempre controversa na América, a imposição de pena de morte para assassinato (ou outros crimes graves) permanece um ponto constante do quente debate. Os *serial killers*, cujos múltiplos assassinatos frequentemente incorporam tortura brutal e violência sexual, são frequentemente descritos como "crianças colocadas" para a pena capital, mas os abolicionistas dispensariam todos os delinquentes, sem consideração quanto à natureza ou número de seus crimes. Os argumentos variam desde o moral ("toda morte é errada"; "todas as vidas são preciosas") ao econômico ("a prisão perpétua é mais barata que as longas apelações de sentença de morte"), mas os resultados de cada pesquisa publicada até hoje sugerem que a maioria daqueles pesquisados apoia a execução nos casos de homicídio doloso (premeditado).

Os anos de 1960 viram um forte declínio nas execuções americanas, com sete reclusos executados em 1965 (menos que os

152 de 1947), e apenas um em 1967. Ninguém mais foi despachado em 1972, quando a Suprema Corte dos Estados Unidos decidiu que todos os regulamentos de pena de morte americana, como atualmente escritos, eram inconstitucionais sob a proclamação da Oitava Emenda sobre punição cruel e incomum em todo o país, e 648 condenados reclusos — incluindo os notórios *serial killers* tais como Richard Speck e seis membros da FAMÍLIA MANSON — viram suas sentenças comutadas de um dia para o outro para prisão perpétua sem possibilidade de condicional (embora poucos dos ofensores repetidos fossem liberados até então). Em 1976, um movimento de opinião pública induziu a alta corte a revisar sua opinião, permitindo a execução no caso de determinadas delinquências especificamente definidas por lei. Assassinatos múltiplos (ou assassinato acompanhado por tortura e/ou violência sexual) estão entre aqueles crimes autorizados para a pena capital em todos os Estados com pena de morte. O Texas foi o primeiro Estado a especificamente relacionar o assassinato em série como ofensa capital.

O primeiro recluso condenado à morte na América, após um hiato de nove anos em execuções, foi o assassino em série Gary Gilmore, atingido por um esquadrão de fuzilamento de Utah em janeiro de 1977. Desde aquela época (até este livro ser escrito), pelo menos 51 *serial killers* foram executados nos 19 Estados americanos. Outros 125 estão atualmente condenados à morte, incluindo 47 na Flórida e 27 na Califórnia. Em retrospecto, não parece haver validade estatística para o argumento abolicionista de que os assassinos suicidas migrariam para os estados com pena de morte procurando por uma morte "fácil". Nova York, como um primeiro exemplo, classificou-se consistentemente entre os principais cinco Estados a banir a pena capital por mais de 20 anos, de 1972 a 1991.

Veja também: GEOGRAFIA

PETIOT, Marcel

Um francês nascido em 1897, Petiot demonstrou pela primeira vez tendências criminosas em uma escola pública pois roubava seus colegas de classe. Ele depois mudou-se para furtar caixas de correio e, durante o serviço militar, em 1917, ele roubou drogas de um dispensário do Exército para vender a viciados das ruas. Dispensado com uma pensão e um tratamento grátis para psiconeurose, Petiot continuou para obter um diploma médico, apesar de passar parte de seus dias de estudante no asilo. Em 1928, ele foi escolhido prefeito de Villaneuve, enquanto praticava Medicina ali, mas seu mandato foi cortado pela condenação por roubo, em 1930. Qualquer que fosse sua sentença, esta não o impediu de continuar atividades criminosas.

Naquele mesmo ano, uma paciente do Dr. Petiot — uma senhora Debauve — foi roubada e assassinada em sua casa. Os boatos acusaram o médico, mas seu principal acusador — outro paciente — foi logo silenciado por morte súbita. Uma mulher que acusou Petiot de ativamente encorajar o vício de drogas de sua filha, desapareceu sem vestígios, mas as coisas estavam tornando-se quentes para Villaneuve e o bom doutor decidiu partir à procura de clima mais amigável.

Em Paris, ele foi condenado por roubo a lojas, mas foi dispensado com a condição de que procurasse terapia psiquiátrica. Como começou a Segunda Guerra Mundial, Petiot foi condenado por tráfico de drogas e ele era supostamente um viciado, mas o tribunal liberou-o após o pagamento de uma pequena multa. No início de 1941, com as tropas de ocupação nazistas controlando grande parte da França, ele divisou um esquema para ficar rico que espelhava os elementos da "solução final da questão judaica" de Adolf Hitler.

Petiot comprou uma casa na rua Lesueur em Paris, contratando modificações especiais que foram completadas em setem-

Dr. Marcel Petiot no julgamento

bro de 1941. A reforma incluiu levantar paredes nos jardins para bloquear a visão de seus vizinhos, e a construção de uma câmara de morte triangular sem janelas dentro da casa. À medida que a guerra continuava, Petiot fez uma fortuna colocando-se como membro do movimento de resistência francesa, oferecendo ajuda a judeus e outros fugitivos para deixar o país. Os clientes chegavam à sua casa após o escurecer, recebendo uma injeção para guardá-los de "doenças estrangeiras", e Petiot, então, levava-os para a câmara, assistindo seus espasmos de morte por meio de uma escotilha em uma parede. Preso pelos agentes da Gestapo*, em maio de 1943 sob a suspeita de ajudar os fugitivos, Petiot foi liberado sete meses depois, quando os nazistas reconheceram um espírito análogo.

Em 11 de março de 1944, os vizinhos da rua Lesueur reclamaram da fumaça rançosa que saía da casa de Petiot, e a polícia encontrou a chaminé em fogo sem ninguém em casa. Os bombeiros entraram e encontraram 27 corpos no porão, muitos em diversos estágios de desmembramento. Detido sob suspeita de assassinato, Petiot foi liberado após dizer à polícia que os homens mortos eram nazistas, executados pela resistência francesa.

O doutor sumiu de vista em agosto de 1944 quando Paris foi liberada, mas dois meses depois ele enviou uma carta à imprensa, dizendo que a Gestapo tinha tentado enquadrá-lo por assassinato ao jogar os corpos em sua casa. As revisões de investigação atingiram o clímax com a prisão de Petiot em 2 de novembro de 1944 e, enquanto sua ficha criminal tinha misteriosamente desaparecido em Villanueve, as autoridades possuíam ampla evidência em mãos. Formalmente, acusado de 27 assassinatos, Petiot admitiu 63 assassinatos em seu julgamento em março de 1946, descrevendo diversos homicídios como atos patrióticos de um lutador da resistência. O total pode ter sido bem superior. Uma das declarações de Petiot referiu-se a 150 "liquidações" e 86 corpos dissecados foram retirados do Sena entre 1941 e 1943. Finalmente condenado em 26 acusações, Petiot foi guilhotinado em 26 de maio de 1946.

PESSOAS Desaparecidas como Vítimas em Potencial

Qualquer discussão de assassinato em série, e particularmente ASSASSINATOS NÃO RESOLVIDOS, toca finalmente no assunto de pessoas desaparecidas na América. Uma razão disso é a impossibilidade de se estimar o número de *serial killers* desconhecidos à solta — muito menos calcular o número de suas vítimas —, isto porque a polícia em toda a nação não possui um método padrão para registrar os relatórios de

---

* N.T.: Gestapo: sigla em alemão de *Geheime Staatspolizei* = polícia secreta do Estado.

pessoas desaparecidas. Com muita frequência, parece que esses relatórios são simplesmente arquivados e instantaneamente esquecidos pelas autoridades que têm suas mãos ocupadas tratando de criminosos e de vítimas que podem ver.

DEAN CORLL e seus cúmplices levaram três anos para assassinar 27 meninos em Houston, Texas, mas os crimes não foram revelados até a morte de Corll, em agosto de 1973. JOHN GACY gastou a maior parte de sete anos plantando corpos em um espaço lotado sob sua casa em um subúrbio de Chicago, antes de uma simples negligência levar a polícia para sua porta. JUAN CORONA, da Califórnia, foi mais enérgico, confirmando 26 vidas em três meses; mas nenhuma de suas vítimas transitórias teve seu desaparecimento relatado, até o fazendeiro da cidade de Yuba tropeçar na primeira das muitas covas rasas.

É alarmante descobrir que frequentemente não sabemos quem está morto ou desaparecido na América de hoje. Em 1984, o Departamento de Saúde e Recursos Humanos dos Estados Unidos estimou que 1,8 milhão de crianças desaparecem de casa a cada ano; 95% são listadas como fugitivas e 90% dessas retornam para casa dentro de duas semanas, deixando "apenas" 171 mil crianças à solta nas ruas. Cinco por cento das desaparecidas — algo como 90 mil — são identificadas como raptadas, com 72 mil supostamente raptadas por pais envolvidos em disputas acirradas de custódia. As outras 18 mil crianças simplesmente desapareceram.

Uma camada do FBI duvidou dessas estatísticas três anos depois, relatando que o FBI teria investigado apenas 150 "raptos estranhos" de crianças entre 1984 e 1986. Mas, o que essa negativa realmente prova? Os agentes federais normalmente permanecem indiferentes a casos de rapto na ausência de exigências de resgate ou evidência concreta de fuga interestadual, e eles não têm nenhuma notificação de fugitivos. Na verdade, as próprias estatísticas são suspeitas, considerando que o porta-voz do FBI radicalmente mudou seu tom em 1995, admitindo os relatórios de cerca de 300 raptos estranhos ao ano — uma média de um a cada 29 horas em toda a América.

O caso de adultos desaparecidos é ainda mais obscuro, sem nenhuma estatística prontamente disponível de qualquer fonte. Uma estimativa publicada em 1970, sem dúvida conservadora, sugere que pelo menos cem mil adultos desaparecem nos Estados Unidos a cada ano. Novamente, a vasta maioria é considerada fugitiva — de dívidas ou casamentos acabados, aumentando o número de sem-teto viajando à procura de trabalho e climas mais quentes — mas o fato permanece que alguns, sem dúvida, caem presas de predadores humanos. Cinco vítimas de Juan Corona dos violentos assassinatos de 1971 permanecem não identificadas até agora. Fora de Chillicothe, Misaouri, Ray e Faye Copeland pagavam seus auxiliares transitórios na fazenda com balas na cabeça, e ninguém deu pela falta dos homens desaparecidos.

Um corolário do problema de pessoas desaparecidas é a abundância de restos não identificados anualmente descobertos na América. Raramente, um dia se passa sem anúncio de que um corpo ou esqueleto foi recuperado em algum lugar, desde os becos sujos de Nova York, Chicago ou Los Angeles, até os desertos do sudoeste ou pântano ao sul, nas florestas de pinho da Nova Inglaterra ou dos declives ásperos das montanhas de Washington e Oregon. A decomposição frequentemente impede o diagnóstico de qualquer causa de morte, e grande números (talvez centenas) de pessoas são colocadas em túmulos pobres sem nome a cada ano, inseridas nos registros policiais como "John" ou "Jane Doe".

Não se deveria supor, naturalmente, que cada pessoa desaparecida na América e

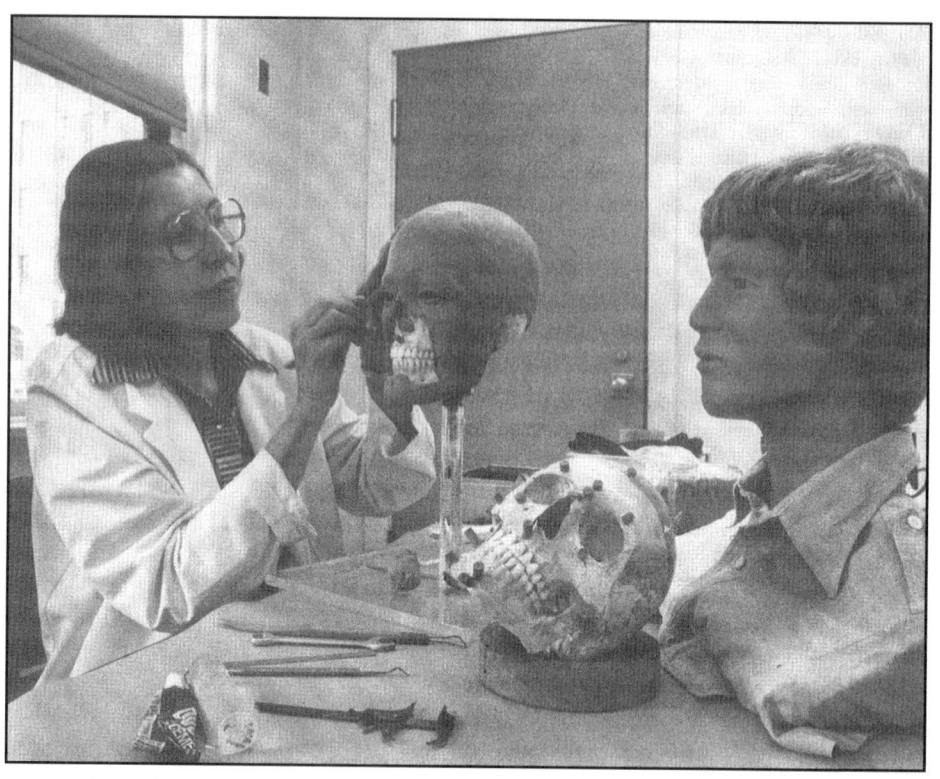

Ossos das vítimas de John Gacy reconstruídos em uma tentativa de identificá-los

cada conjunto de restos não identificados denotem algum superpredador à solta e assassinatos com impunidade. Ao mesmo tempo, é inocente pensar que cada criança desaparecida (ou adulto) no país simplesmente "foge" à procura de pastos mais verdes, ou que cada esqueleto descorado pelo sol descoberto fora de cada caminho pisado é simplesmente mais um andarilho descuidado que foi presa de famintos ou do ambiente. A verdade, sem dúvida, está em algum lugar entre estes, e pode nunca ser revelada sem os esforços conjuntos por parte dos oficiais de execução da lei de costa a costa.

Veja também: VITIMOLOGIA.*

PISTORIUS, Dra. Mick: Perfil Biográfico Forense

Nativa da África do Sul, nascida em 1971, Micki Pistorius trabalhou como jornalista por oito anos enquanto completava seu doutorado em Psicologia na Universidade de Pretoria. Mesmo assim, ela disse à imprensa em 1996, "em meus mais selvagens sonhos nunca me vi na força policial, mas meu interesse em Psicologia freudiana me levou a ver uma conexão entre a teoria e *serial killers*. Uma coisa leva à outra, e aqui estou".

"Aqui", para a dra. Pistorius, é um local não intencional nas manchetes. Ela é

---

*N.T.: o estudo de como o comportamento da vítima de um crime pode levar ou contribuir para que ela se torne uma vítima.

aclamada como uma das praticantes líderes de PERFIL Biográfico forense fora dos Estados Unidos. De fato, após uma série de casos atingirem as manchetes em sua terra natal, ela é considerada por alguns observadores a "analista biográfico"* mais bem-sucedida na história, eclipsando alguns colegas americanos como ROBERT RESSLER e JOHN DOUGLAS. Os críticos de biográficos respondem que enquanto Pistorius descreveu na verdade diversos *serial killers* fugitivos com uma precisão fantástica, o perfil biográfico por si ainda não produziu diretamente uma prisão.

A dra. Pistorius recebeu sua primeira designação para assassinato serial horas depois de se unir à polícia da África do Sul, analisando os crimes brutais do "Estrangulador da Estação" de Cape Town, assassino de 22 meninos entre 1986 e 1994. O caso foi fechado com a prisão e condenação de Norman Simons, 28 anos, um predador educado que falava sete idiomas e que reivindicou ser possuído pelo espírito de seu irmão falecido (a reivindicação não o protegeu de uma sentença de 25 anos de prisão). Pistorius foi exata em cada particularidade de seu PERFIL BIOGRÁFICO de Simons — raça, idade, educação, nível de emprego —, mas a prisão, como sempre, veio de outra fonte: diversos conhecidos telefonaram para a polícia para dizer que Simons lembrava os esboços publicados do suspeito do Estrangulador da Estação.

Ainda assim, considera-se uma vitória para os analistas biográficos inexperientes da África do Sul, e houve pouco descanso para Pistorius nesses anos desde 1994, com o pós *apartheid* da África do Sul assolado pela verdadeira praga de *serial killers*. Pistorius rapidamente encontrou-se presa no meio de caçadas humanas simultâneas para esses assassinos prolíficos como "Assassino ABC" MOSES SITHOLE (38 mortes), o "Estrangulador de Fênix" Sipho Thwala (18 assassinatos), "Bootiee Boer" Stewart Wilken (acusado de dez assassinatos, incluindo o de sua própria filha), o "Estrangulador de Cleveland" David Selepe (assassinado sob a custódia da polícia) e o "Assassino de Donnybrook" CHRISTOPHER ZIKIODE. Enquanto isso, mais assassinos aleatórios permanecem ainda à solta: o "Estrangulador de Nasrfec" de Johannesburg (15 mortes e ainda contando outras), o "Estripador de Cape Town" (18 prostitutas cortadas), o "Estrangulador do Rio Pine Town" em KwaZulu, Natal (recebeu o PERFIL BIOGRÁFICO de um negro estuprador-assassino caçando mulheres brancas) e outros.

A viagem incessante requerida pelo seu trabalho logo levou Pistorius aos tribunais de divórcio, e limitou suas perspectivas de uma vida social. "Se eu encontrar um namorado", ela disse à imprensa, "é mais provável que ele esteja no mesmo trabalho que eu". Esse trabalho na África do Sul, e em qualquer outro lugar, tem tradicionalmente sido uma área masculina, mas Pistorius relata bons progressos com os detetives veteranos. "Houve muito ceticismo quando cheguei", ela diz, "mas uma vez que provei que posso fazer o trabalho, fui aceita quase rapidamente. Agora, se existir algo, meus colegas homens são muito protetores." Frequentemente, comparada com a atriz Jodie Foster em *O Silêncio dos Inocentes*, Pistorius acha que seus amigos civis "tendem a perguntar-me sobre os detalhes de [um] caso. Quando digo a eles, ficam chocados, mas fascinados. As pessoas estão geralmente interessadas em horror". Ao mesmo tempo, ela diz, "algumas pessoas imaginam que devo ser masculinizada para estar nesta linha de trabalho, mas posso assegurar que sou muito feminina. Sou apenas uma mulher normal no coração".

---

*N.T. aquela que faz um perfil biográfico.

"PSICÓPATA, El"

Em 1997, as autoridades da Costa Rica anunciaram que cerca de 31 vítimas podem ter sido assassinadas durante o curso de uma década por um ardiloso assassino habilmente denominado Psicopata. As estimativas prévias foram mais modestas, restringindo a contagem de corpos do assassino a 19 (incluindo diversas vítimas que não foram encontradas), mas os caçadores de homens frustrados acrescentaram dezenas de nomes à lista, todos homens e mulheres jovens que desapareceram sem vestígios em 1996. A despeito de um pleito recente feito para assistência do FBI em rastrear o assassino, a polícia dessa república da América Central não está mais próxima de seu homem hoje do que esteve quando a série de crimes terríveis começou.

El Psicópata faz sua caça, na maioria das vezes, na área rural ultimamente denominada "Triângulo da Morte", espalhando-se desde o quadrante sudoeste de Alajuela até a parte leste de Cartago, a umas poucas milhas a leste da capital da nação, em San José. Tomando como exemplo o "MONSTRO DE FLORENÇA" da Itália, o assassino caça amantes jovens, agarrando casais quando fazem sexo e atirando neles até a morte, com uma arma de calibre longo, depois mutila os seios e os genitais da mulher. A diversão ocasional do padrão envolve mulheres jovens assassinadas em seu poder, com as cenas de crime incluindo evidência de agressão sexual pós-morte.

As autoridades locais fizeram diversos "perfis" de seu sujeito desconhecido, todos em vão. Uma teoria coloca os homicídios em ex-soldados ou policiais desorganizados, enquanto outros consideram o assassino uma criança de origem rica — talvez o filho de um político ou descendência de um poderoso senhor. A duração da atividade dos crimes indica um assassino em seus 30 anos, possivelmente nos 40, e a polícia acredita que ele "poderia ser" inteligente (presumidamente por não tê-lo capturado ainda). Alguns investigadores accreditam que El Psicópata segue e observa suas presas escolhidas por diversos dias antes de matar; ainda um fato brilha sobre todos os outros no caso: seja quem for ou o que ele pareça ser, neste momento, o Psicopata ainda está à solta.

QUICK, Thomas

O *serial killer* mais prolífico da Suécia até agora foi um necrófilo sádico que preferia crianças como vítimas, mas que não se negou a matar adultos — ou liquidar famílias inteiras — quando a oportunidade se apresentava. Como GERALD SCHEFFER, Quick originalmente desejava tornar-se um padre, mas ele se inclinou, em vez disso, para o homicídio aleatório. Segundo informações, a primeira vítima foi assassinada aos 14 anos. Preso em 1996, ele descreveu uma infância cheia de abuso físico e sexual, e então confessou 15 homicídios, incluindo seis na Noruega.

A confissão de Quick resolveu o mistério de três turistas holandeses, assassinados enquanto estavam de férias no norte da Suécia, e ele foi sentenciado à prisão perpétua por tais crimes. Em 28 de maio de 1997, Quick foi também condenado por assassinar um turista de Israel, Yinon Levy, em 1988. Quatro meses depois, conforme as orientações de Quick, a polícia desenterrou o que "poderia ser um osso de dedo humano", de um celeiro em uma fazenda abandonada, perto de Falun, mas a vítima não foi identificada, e nenhuma outra acusação foi registrada. Em novembro de 1997, os detetives noruegueses encontraram fragmentos de ossos humanos em um buraco raso próximo a Drammen, onde Therese Johannessen, 9 anos, desapareceu em julho de 1988. Quick confessou o assassinato dela e descreveu o relógio da criança com detalhes meticulosos.

A investigação dos crimes de Quick e as confissões continuam agora, enquanto Quick permanece confinado em Säters Sjukhus, a instituição de segurança máxima da Suécia para criminosos insanos. As autoridades especulam que a contagem de corpos pode finalmente exceder as 15 vítimas confessas, mas qualquer que seja o número final, Quick permanecerá provavelmente em um hospício pelo resto de sua vida.

QUINN, Jane

Acordado por tiros na madrugada de 2 de novembro de 1991, John Miller saiu com dificuldade da cama e apressou-se para o apartamento de seu locador, de onde o som tinha emanado. Ao chegar à cena, ele encontrou JOHN Quinn, o senhorio, deitado em sua cama, com o sangue fluindo de um fatal ferimento à bala. De acordo com a esposa do homem morto, um andarilho foi responsável, embora Miller não visse nenhuma evidência de roubo ou luta. Jane Quinn não testemunhou no inquérito resultante e um júri do legista de Chicago deliberou por uma hora, em 10 de novembro antes de ordenar sua prisão sob a acusação de assassinato.

Nessa época, a polícia ficou sabendo algumas coisas sobre a letal sra. Quinn. Eles tomaram conhecimento de seu casamento com o canadense John McDonald em outubro de 1883 e sua posterior morte por "envenenamento alcoólico" em 28 de setembro de 1901. Um mês depois, em Bass Lake, Michigan, a melancólica viúva, casou-se com Warren Thorpe — e ele recebeu depois um tiro mortal em circunstâncias similares àquelas ao redor do caso de Chicago. Outra morte na cama, desta vez envolvendo a própria mãe de Jane, ocorreu logo após, em uma casa antes ocupada por Warren Thorpe.

A evidência era esmagadora e Jane Quinn foi rapidamente condenada em seu julgamento nas acusações de assassinato e sentenciada a uma pena de prisão perpétua. Se nada mais acontecer, o veredicto pode poupar algumas vítimas futuras das garras da VIÚVA NEGRA *bona fide*.

QUINTILIANO, Matthew

Um veterano de 14 anos de Stratford, Connecticut, do Departamento de Polícia, Matt Quintiliano explodiu em uma tarde em maio de 1975 e abordou sua esposa fora do hospital de Bridgeport onde ela trabalhava, atirando nela oito vezes com uma pistola. Preso por assassinato (e sendo demitido de seu emprego de executor da lei), Quintiliano passou três anos sob custódia antes de um grupo de juízes considerá-lo inocente por insanidade. Após três meses de tratamento, os psiquiatras do pessoal do hospital estadual ordenaram sua liberação, descrevendo Quintiliano como "não mais um perigo para si e para os outros".

Casando-se novamente em 1983, Quintiliano não teve mais sorte com sua segunda tentativa no matrimônio que teve no primeiro. Notificado pelos papéis de divórcio em 11 de fevereiro daquele ano, ele assassinou sua esposa no dia seguinte e foi preso em 16 de fevereiro, enfrentando outra acusação de assassinato em primeiro grau. Detido por não pagar uma fiança de 750 mil dólares, ele foi indiciado, condenado na acusação e confinado à prisão quando os psiquiatras concordaram, dessa vez, que ele era são.

R

RAGHAV, Raman

Em 13 de agosto de 1969, em Bombaim, Índia, os oficiais anunciaram que Raman Raghav, de 40 anos, foi sentenciado à forca seguindo-se a sua condenação por homicídios múltiplos. De acordo com os relatórios de notícias delineados, o réu abertamente confessou ter matado 41 homens, mulheres e crianças, e suas vítimas foram selecionadas aleatoriamente e assassinadas pelo seu simples prazer de matar.

RAIS, Gilles de

Nascido na nobreza francesa em 1404, Gilles de Rais casou-se com uma herdeira rica aos 16 anos, assim tornando-se o homem mais rico na França — alguns dizem de toda a Europa. Ele foi conhecido como BARBA AZUL pela cor preto-azulada brilhante de seus bigodes e movia-se entre os círculos mais altos da terra. Como marechal da França, ele lutou ao lado de Joana D'Arc em Orleans, colocando em campo uma armada pessoal de 200 cavaleiros contra os invasores ingleses. Seguindo a coroação de Carlos VII, na qual ele pessoalmente colocou a coroa no novo rei, Gilles retirou-se de sua vida pública, dividindo seu tempo entre as cinco generosas propriedades campestres em Machecoul, Malemort, Lousiania Suze, Camptoce e Trifauges.

Na aposentadoria, Gilles desperdiçou sua fortuna em estilo extravagante, vendendo algumas de suas terras para cobrir as despesas antes de seus herdeiros obterem uma medida cautelar real barrando suas vendas posteriores. Por seu lado, ele cedia a uma paixão por pedofilia sádica, molestando e assassinando crianças camponesas de ambos os sexos para se divertir. Gilles admitiu padronizar sua vida pela do imperador romano Calígula, conhecido por sua libertinagem e sede de sangue em tempos antigos.

Ainda gastando o dinheiro por carroçada, Gilles de Rais voltou-se à alquimia e magia negra na esperança de produzir ouro a partir de metais básicos. Um auxiliar, Gilles de Sille, conduzia os experimentos "científicos" sem sucesso, e seu mestre logo caiu presa dos charlatães, prometendo recompensas generosas por um modesto investimento. Raptar crianças, um mero brinquedo no jogo de vida e morte, então, tornou-se objeto de sacrifício em perseguição de riqueza sem limite. Em 1439, Gilles de Rais estava ligado a Francisco Prelati, um padre italiano exonerado que o guiou em rituais demoníacos, empregando sangue de crianças em tentativas vãs para conjurar o ouro do ferro e chumbo comuns.

Um ano depois, Gilles ficou embaraçado com a lei em um ponto trivial, quando vendeu sua propriedade em Malemort para o tesoureiro da Bretanha, Geoffroi le Ferron, em violação à medida cautelar real. Além disso, Gilles barrou o irmão do novo proprietário — um padre, Jean le Ferron — das instalações, espancando-o e enjaulando-o quando ele exigiu a admissão. Agredir o padre deixou Gilles aberto para julgamento pela Igreja Católica, que também registrou acusações de feitiçaria e perversão sexual com crianças. A tortura foi aplicada a Gilles de Rais, a seus serventes e quatro supostos cúmplices em outubro de 1440, produzindo uma variedade de confissões. Em 26 de outubro, Gilles e dois de seus associados foram estrangulados até a morte, e o corpo do nobre foi parcialmente queimado.

Em retrospecto, alguns historiadores consideram o destino de Gilles de Rais como uma cilada eclesiástica, observando que algumas de suas terras foram confiscadas e vendidas pela Igreja antes de seu julgamento começar. Os críticos desse ponto de vista dizem que Gilles recusou-se a confessar sob tortura, admitindo a culpa nas acusações de assassinato somente quando ameaçado de excomunhão pela Igreja. A evidência conclusiva, entretanto, está com os restos desmembrados de umas 50 crianças encontradas em uma torre de Machecoul, e descobertas similares foram relatadas de outras propriedades do réu. A contagem publicada do caso "credita" a Gilles de Rais pelo menos 200 assassinatos; alguns relatos quadruplicam esses números, e ele certamente qualifica-se como um grande *serial killer*.

RAMIREZ, Richard Leyva

Los Angeles é a capital de assassinato serial do mundo. Requer uma "idiossincrasia" especial capturar as manchetes em uma cidade onde, no outono de 1983, cinco assassinos estavam à solta matando independentemente um do outro. Nos meses de verão de 1985, os repórteres encontraram sua idiossincrasia e encheram as primeiras páginas com casos do sinistro "Golpeador Noturno", um sádico invasor de casas com preferência por janelas destrancadas e um gosto por mutilação selvagem. Conforme a história se revela, o Golpeador teve três semanas de liberdade, mas ele estava inclinado a fazer cada momento valer a pena, e ceifaria um mínimo de 16 vidas antes do amargo final.

Não reconhecido, o terror começou um ano inteiro mais cedo, com o assassinato de uma mulher de 79 anos em sua casa no subúrbio de Glassel Park, em junho de 1984. A polícia levantou as impressões digitais de uma tela de janela no local, mas sem um suspeito com que comparar, o indício não levou a lugar nenhum.

Em fevereiro de 1985, a polícia tinha mais dois assassinatos em suas mãos, mas eles estavam mantendo os detalhes para si próprios. Eles não viram ligação, primeiramente, com os raptos de uma menina de Montebello de 6 anos, agarrada em um ponto de ônibus perto de sua escola e levada em um saco de lavanderia, abusada sexualmente, antes de ser jogada em Silver Lake em 25 de fevereiro. Duas semanas depois, em 11 de março, uma menina de 9 anos foi raptada de seu quarto em Monterey Park, estuprada pelo seu raptor e jogada no Elysian Park.

O "Golpeador Noturno" Richard Ramirez no tribunal

O Golpeador Noturno deixou de molestar crianças para assassinar em 17 de março, atirando para matar em Dayle Okazaki, 34 anos, em seu condomínio Rosemead, e ferindo a colega de quarto Maria Hernandez antes de fugir. Hernandez forneceu à polícia sua primeira descrição de um invasor de rosto longo, notável por seus cabelos encaracolados, olhos salientes e dentes espaçados e estragados.

Outra vítima em 17 de março foi Tsa Lian Yu, 30 anos, emboscada próximo a sua casa em Monterey Park, puxada de seu carro e atingida por diversos tiros de seu agressor. Ela morreu no dia seguinte e seu assassino celebrou seu novo placar raptando uma menina de Eagle Rock de sua casa na noite de 20 de março, abusando sexualmente dela antes de deixá-lair.

A ação moveu-se para Whittier em 27 de março: Vincent Zazzara, 64 anos, espancado até a morte em sua casa, e a esposa de Zazzara, Maxine, 44 anos, fatalmente apunhalada no mesmo ataque, seus olhos escavados e levados da cena por seu agressor. Os Zazzarras estavam mortos havia dois dias quando seus corpos foram descobertos em 29 de março, e os detetives de homicídios lançaram uma busca fútil por indícios.

Em 14 de maio, William Doi, 65 anos, recebeu tiros na cabeça disparados por um homem que invadiu sua casa em Monterey Park. Doi alcançou o telefone e discou um número de emergência antes de ter um colapso e morrer, assim salvando sua esposa de uma agressão letal pelo Golpeador. Duas semanas depois, em 29 de maio, Mabel Bell, 84 anos, e sua irmã inválida, Florence Lang, 81 anos, foram espancadas de forma selvagem em sua casa em Monrovia. O agressor parou para escrever com tinta os pentagramas satânicos no corpo de Bell, desenhando mais nas paredes antes de partir. Encontrado por um jardineiro em 2 de junho, Lang sobreviveu a seus ferimentos, mas Mabel Bell morreu em 15 de julho.

Enquanto isso, o Golpeador Noturno parecia pretender elevar seu placar. Em 27 de junho, Patty Higgins, 32 anos, foi assassinada em sua casa em Arcádia, tendo sua garganta cortada, e Mary Cannon, 77 anos, foi assassinada em estilo idêntico a cerca de nove quilômetros de distância, em 2 de julho. Cinco dias depois, Joyce Nelson, 61 anos, foi espancada até a morte em sua casa em Monterey Park. O assassino agiu duas vezes em 20 de julho, primeiro invadindo uma casa em Sun Valley, onde ele assassinou Chainarong Khovanath, 32 anos, espancando e estuprando a esposa do homem morto e agredindo seu filho de 8 anos antes de escapar com dinheiro e joias no valor de 30 mil dólares. Pouco tempo depois, Max Kneiding, 69 anos, e sua esposa Lela, de 66 anos, foram atingidos com tiros mortais em sua casa em Glendale.

A polícia ainda estava mantendo silêncio sobre o assunto de seu último maníaco à solta, mas eles começaram a sentir o calor em 6 de agosto após Christopher Peterson, de 38 anos, e sua esposa Virginia, 27 anos, serem feridos por armas de fogo em sua casa em Northridge. As descrições combinavam com a do Golpeador, e ele agiu novamente em 8 de agosto, atirando em Elyas Abowath, 35 anos, morto em sua casa do Bar Diamond, e brutalmente espancando a esposa da vítima. Naquela noite, as autoridades anunciaram sua caçada humana pelo assassino ligado a meia dúzia de homicídios recentes, um número que quase triplicou nas três semanas seguintes com agressões recentes e uma nova avaliação de casos pendentes.

Em 17 de agosto, o Golpeador Noturno desertou de seu campo de caça normal, atirando em Peter Pan, 66 anos, em sua casa em São Francisco. A esposa de Pan foi atingida por tiros e espancada, mas conseguiu sobreviver aos ferimentos, identificando os retratos falados do suspeito do gatuno homicida.

Até 22 de agosto, a polícia creditou ao Golpeador Noturno um total de 14 homicídios na Califórnia. Três semanas depois, em Mission Viejo, ele feriu Bill Carns, 29 anos, com um tiro na cabeça, então estuprou a noiva de Carns antes de escapar em um carro roubado. O veículo foi recuperado em 28 de agosto, com um conjunto claro de impressões digitais pertencentes a Richard Ramirez, um antigo andarilho do Texas cuja folha corrida de Los Angeles incluía numerosas prisões por tráfico e infrações de drogas. Os conhecidos descreveram Ramirez como um satanista ardente e um usuário de drogas de longo tempo, obcecado com a banda de rock de inspiração satânica AC/DISTRITO DE COLUMBIA. De acordo com relatórios, Ramirez adotou uma das músicas do grupo — *"Night Prowler"* (Ladrão da Noite) — como seu hino pessoal, tocando-a repetidamente, algumas vezes por horas sem fim.

Em todos os pontos, o boletim foi emitido para Ramirez em 30 de agosto. Suas fotografias de identificação foram transmitidas na TV, e ele foi capturado por civis a leste de Los Angeles no dia seguinte, cercado e espancado quando tentava roubar um carro. A polícia chegou a tempo de salvar sua vida e, em 29 de setembro, Ramirez estava enfrentando um total de 68 acusações por crimes qualificados, incluindo 44 acusações de assassinato e 22 acusações de agressão sexual. Uma das acusações de assassinato foi retirada antes do julgamento, mas oito novos crimes qualificados — incluindo mais dois estupros e uma tentativa de assassinato — foram acrescentados à lista em dezembro de 1985.

Uma irmã de Ramirez disse à imprensa que ele desejava admitir a culpa, um desejo frustrado por seus advogados, mas o suspeito não fez demonstração pública de arrependimento. Mostrando um pentagrama na palma de uma das mãos, Ramirez acenou para os fotógrafos e gritou: "Hei Satã!". Durante um aparecimento preliminar no tribunal na volta à cadeia, ele disse a um companheiro interno: "Matei 20 pessoas, cara. Adoro todo esse sangue".

O julgamento do Golpeador Noturno foi outra maratona em Los Angeles. A seleção do júri começou em 22 de julho de 1988, mas em 20 de setembro de 1989 os jurados condenaram-no em 13 acusações de assassinato e 30 crimes qualificados relacionados. Duas semanas depois, em 4 de outubro, o grupo recomendou a execução para Ramirez, e ele foi formalmente sentenciado à morte em 7 de novembro de 1989. "Vocês vermes me deixam doente", ele disse ao tribunal. "Vocês não me entendem. Estou além do bem e do mal. Serei vingado. Lúcifer habita em todos nós". Fora do tribunal, ele disse aos repórteres: "Grande coisa. A morte sempre veio com o território. Vejo vocês na Disneylândia."

Posteriormente enviado a São Francisco para julgamento no assassinato de Peter Pan, Ramirez foi cercado por GRUPOS femininos que se alinhavam para visitá-lo na prisão. A competição dessa vez, incluindo disputas entre suas jovens admiradoras, interrompeu tanto a rotina na cadeia que Ramirez foi mudado para San Quentin em setembro de 1993, aguardando seu julgamento no corredor da morte. Em sua admissão ao "Q", descobriu-se que Ramirez tinha um tubo de metal escondido em seu reto contendo uma chave e uma agulha e seringa. Em junho de 1995, a demanda de São Francisco foi adiada indefinidamente, pendente de uma legislação de apelação em sua condenação anterior, esperada para qualquer momento.

RANES, Danny A. e Larry Lee

As equipes de irmãos, primos e mesmo pais e filhos homicidas são encontradas repetidamente nos anais de assassinato serial, mas os irmãos Ranes de Kalamazoo, Michigan, apresentam um caso aparentemente único de irmãos assassinos seriais que cometeram seus crimes separadamente e independentemente um do outro, sem contato ou consulta enquanto os assassinatos estavam em andamento. Um dos irmãos roubou e atirou em cinco homens em 1964; o outro estuprou e matou quatro mulheres oito anos depois. Finalmente, tudo o que pareciam ter em comum era o TRAUMA DE INFÂNCIA de violência abusiva, rivalidade encarniçada entre irmãos (incluindo casamentos separados com a mesma mulher) e um gosto por assassinato aleatório.

Nascido com diferença de um ano no lado leste de Kalamazoo, Danny e Larry Ranes foram o segundo e terceiro de quatro filhos, espancados incessantemente por um pai alcoólatra que abandonou a família quanto eles estavam com 10 e 9 anos, respectivamente. Antes de finalmente partir, seu pai nunca perdeu uma oportunidade de colocar os meninos em desacordo entre si. Em uma ocasião, Larry lembra-se, "ele pegou um vasilhame de medida e jogou-o no meio da sala. Ele nos disse para lutar, o que ganhasse levaria o vasilhame. Nós literalmente tentamos nos matar, sabe, por causa daquele maldito vasilhame. Naturalmente Danny ganhou e eu o detestei por isso, ainda mais que o velho o agarrou e puxou para si, dando a ele o vasilhame e fiquei ali chorando". Mesmo com a partida de seu pai, as batalhas continuaram. "Eu costumava bater [em Danny] com as tábuas, jogar facas nele, atirar nele com arco e flecha, e coisas desse tipo", Larry disse na entrevista na prisão.

À medida que cresciam, a brutal competição estendeu-se para as meninas. Finalmente, ambos casaram com a mesma mulher, primeiro Danny e depois Larry, pegando-a na recuperação emocional após ela e Danny divorciarem-se. Isto não fez nenhuma diferença para o mais novo dos Ranes, pois ele já estava na cadeia cumprindo prisão perpétua quando se amarraram. Era ainda uma vitória de sorte sobre o irmão que ele tinha simultaneamente amado e odiado por toda sua vida. Danny, por sua vez, lembra-se de Larry, "a única companhia que tive na maior parte de minha vida. Ele é o único adversário verdadeiro que tive na vida. Ele é o único concorrente que tive em minha vida".

Essa competição pervertida finalmente consumiu pelo menos nove vidas. Larry, o mais novo dos irmãos, foi o primeiro a tornar-se homicida. Dispensado do Exército no outono de 1963 após passar seus últimos 90 dias de serviço militar em prisão militar, Larry vagueou pelo país em abril e maio de 1964, pedindo carona, roubando pelo menos cinco homens e matando-os com tiros diretos na cabeça. Três de suas vítimas eram atendentes de posto de gasolina assassinados durante assalto à mão armada: Vernon LaBenne em Battle Creek, Michigan Charlie Sizemore em Lexington, Kentucky; e Charles Snider em Elkhart, Indiana. Os outros dois eram motoristas que pegaram Ranes enquanto ele estava pedindo carona: uma vítima anônima em Nevada cujo corpo nunca foi encontrado, e o professor Gary Smock de Plymouth, Michigan, que ofereceu a Ranes uma carona no Memorial Day.* Larry foi preso na casa de sua namorada usando os sapatos de Smock, e tendo confessado cinco assassinatos, ele foi somente acusado do último caso. No julgamento, apoiando a DEFESA POR INSANIDADE, os psicólogos testemunharam que os crimes de Ranes eram atos de vingança simbólica contra seu pai (um trabalhador de posto de gasolina como as três vítimas de Larry), mas o júri foi indiferente a isso e sentenciou-o à prisão perpétua.

Nessa época, Danny Ranes tinha seus próprios problemas legais, confinado à prisão estadual por assalto e outras acusações. Ele recebeu a condicional em 17 de fevereiro de 1972 — cinco dias antes do novo julgamento de seu irmão, ordenado na apelação, que estava programado para começar em Kalamazoo. As manobras legais atrasaram os procedimentos em nove meses, e Larry admitiu a culpa em 2 de novembro, recebendo uma nova condenação de prisão perpétua no dia seguinte. Enquanto isso, Danny roubou as manchetes locais com uma série de estupros-assassinatos brutais que o marcaram como o segundo *serial killer* da família Ranes.

Danny atocaiou sua primeira vítima, Patrícia Howk, 28 anos, em 18 de março, quando ela deixava uma loja de artigos de descontos local com seu filho de um ano e cinco meses. Ele raptou-a e levou-a para fora da cidade, onde a estuprou e apunhalou até a morte. Seu filho foi encontrado naquela

---

*N.T.: geralmente comemorado em 30 de maio.

noite, andando no lado sul de Kalamazoo e chorando pela falta mãe; o corpo de Howk foi recuperado no dia seguinte, e a comunidade ficou pasma com sua morte. Quase quatro meses depois, em 4 de julho — Linda Clark e Claudia Bidstrup — ambas com 19 anos, de Chicago, pararam para abastecer em um posto de gasolina onde Danny Ranes, 28 anos, trabalhava com Brent Koster, 15 anos. Ranes e Koster raptaram as jovens, levaram-nas para um lago próximo na van de Danny, e os dois as estupraram repetidamente antes de as estrangularem até a morte. A última vítima, Patrícia Fearnow, 18 anos, de Kalamazoo, foi raptada por Ranes e Koster em 5 de agosto, estuprada pelos dois homens e sufocada com um saco plástico. Um mês depois, Brent Koster desmoronou e confessou seu papel nos assassinatos, levando a polícia ao corpo de Fearnow e nomeando Danny Ranes como seu cúmplice.

Preso no Dia do Trabalho,* Danny insistiu que era inocente em qualquer delito. Dois júris separados discordaram, condenando-o pelo assassinato de Patrícia Howk em março de 1973 e de Patrícia Fearnow quatro meses depois. Sentenciado à prisão perpétua em cada acusação, depois Ranes não pleiteou nenhuma contestação nos assassinatos Clark-Bidstrup e ainda recebeu outra condenação de prisão perpétua. Brent Koster, por toda sua assistência ao Estado, ainda recebeu uma pena de prisão perpétua no caso Fearnow.

Como se a saga desses dois irmãos pervertidos não fosse suficientemente estranha, a ex-esposa de Danny (divorciada dele em julho de 1970) casou-se com o irmão Larry na prisão. Larry Ranes, enquanto isso, tinha legalmente mudado seu nome para "Monk Steppenwolf" (O Lobo da Estepe), tomando algum "significado" não específico do livro de Herman Hess do mesmo nome. Em 1987, o autor de Michigan, Conrad Hilberry, apresentou os irmãos como "Ralph e Tommy Searl" em seu livro *Luke Karamazov* (pseudônimo de Hilberry do "Monk Steppenwolf"), um estudo do caso que motivou determinados escritores descuidados a recontar a saga sanguinária dos irmãos "Searl", completada com os nomes falsos de suas vítimas.

Veja também: SOTO, ERNO

REES, Melvin David

Nativo de Maryland, nascido em 1933, Rees frequentava a universidade estadual aos 20 anos, abandonando-a antes da formatura para seguir carreira em música. Em 12 de março de 1955, ele foi preso por agredir uma mulher de 36 anos e colocá-la em seu carro por ela ter se recusado a entrar voluntariamente, mas o caso foi abandonado porque sua vítima não quis fazer a acusação. Os amigos de Melvin ignoraram o incidente, se é que ficaram cientes disso, vendo Rees como um artista educado, inteligente e talentoso que tocava piano, guitarra, clarinete e saxofone com igual habilidade. Ele tinha um gosto por jazz moderno e seu emprego frequentemente o levava a viajar.

A "Besta Sexual", Melvin Rees é levado algemado ao tribunal.

N.T.: nos Estados Unidos, geralmente é comemorado em 5 de setembro.

Em 26 de junho de 1957, Margaret Harold estava estacionada com seu companheiro, um jovem sargento do Exército, em uma rua isolada próximo a Anapolis, Maryland, quando um Chrysler verde parou em frente ao seu carro. Um homem alto, de rosto fino, abordou-os, identificando-se como um zelador da propriedade, em seguida mostrando uma arma e entrando no banco de trás. Ele exigiu dinheiro do casal, atirando em Margaret na cabeça quando ela, indignada, recusou-se. Seu companheiro escapou a pé e chamou a polícia, retornando com uma escolta para descobrir que o corpo dela foi estuprado depois de morta.

Perto, a equipe de busca encontrou uma construção feita de blocos de escória com a janela do porão quebrada, e eles entraram. As paredes internas estavam cobertas com fotos pornográficas mistas e fotos de necrotério de mulheres mortas; a única foto "normal" era um livro anual de fotos da faculdade que mostrava Wanda Tipton, graduada em 1955 na Universidade de Maryland. Sob interrogatório, ela negou conhecer qualquer um que se ajustasse à descrição do assassino.

Em 11 de janeiro de 1959, uma família composta por quatro pessoas desapareceu enquanto dirigia próximo a Apple Grove, Virginia. Um parente encontrou o carro deles abandonado mais tarde naquele dia, mas nenhum indício restou de Carrol Jackson, sua esposa Mildred e suas duas filhas, Susan, 5 anos, e Janet, um ano e meio. Enquanto a polícia estava sondando em vão, um jovem casal relatou ter sido forçado a ir para fora da estrada por um velho Chevy azul naquela manhã. O estranho motorista saiu e abordou seu carro, e eles escaparam rapidamente.

Dois meses depois, em 4 de março, o corpo de Carrol Jackson foi descoberto por dois homens cujo carro tinha atolado na lama próximo a Fredericksburg, Virginia. Os detetives de homicídio encontraram as mãos da vítima amarradas com uma gravata, e uma única bala em sua cabeça. Quando removeram seu corpo de um poço na lateral da estrada, outro corpo foi encontrado sob este. Janet Jackson foi jogada viva no poço e sufocada pelo peso de seu pai.

Em 21 de março, os caçadores tropeçaram em uma cova rasa em Maryland, não muito distante do local onde Margaret Harold foi assassinada em 1957. Os corpos de Mildred e Susan Jackson foram desenterrados pelos investigadores, ambos tendo sinais de agressão sexual e espancamento selvagem com um instrumento sem corte. Uma meia estava amarrada ao redor do pescoço de Mildred, mas ela não foi estrangulada; a polícia supõe que o torniquete foi aplicado para coagir sua participação em sexo oral. Um quarto de milha distante, os caçadores encontraram uma cabana precária com vestígios "frescos" do lado de fora, um botão do vestido de Mildred Jackson no chão.

O caso ainda não estava resolvido em maio, quando os detetives de homicídios receberam uma carta anônima de Norfolk, nomeando Melvin Rees como o assassino. Uma pesquisa no histórico revelou sua ligação com a Universidade de Maryland — e um relacionamento anterior próximo com Wanda Tipton —, mas a evidência sólida era escassa, e ninguém parecia saber das andanças do músico viajante. No início de 1960, um informante anônimo apareceu com uma carta recente de Rees, descrevendo seu último emprego em uma loja de música, em West Memphis, Arkansas. Os agentes do FBI fizeram a captura, e uma pesquisa na casa de Rees em Hyattsville revelou uma caixa de instrumento com uma pistola dentro, além de diversas notas descrevendo atos sádicos. Uma dessas estava presa a uma foto do jornal de Mildred Jackson. Esta dizia, em parte: "Pega em uma rodovia solitária... levada a uma área selecionada e assassinados o marido e o bebê. Agora a mãe e a filha são todas minhas..."

Os oficiais de Maryland finalmente ligaram Rees a quatro outros assassinatos sexuais. As estudantes Mary Shomette, 16 anos, e Ann Ryan, 14 anos, cada uma sendo estuprada e assassinada em College Park, perto de Universidade de Maryland; Mary Fellers, 18 anos, e Shelby Venable, de 16 anos, retiradas dos rios próximos. Rees não foi indiciado por suas mortes, mas a promotoria possuía o suficiente para mantê-lo fora das ruas. Condenado pelo assassinato de Margaret Harold em Baltimore, Rees foi sentenciado à prisão perpétua, depois entregue às autoridades da Virginia para julgamento. Ele foi condenado na acusação de assassinato múltiplo ali, mas a sentença foi comutada para prisão perpétua em 1972. Duas décadas depois, ainda encarcerado, a "Besta Sexual" morreu de causas naturais.

RENCZI, Vera

Nascida em Bucareste, de pais influentes no início dos anos de 1900, de Vera Renczi mostrou um interesse precoce por sexo aos 10 anos, quando sua família se mudou para Berkerekul. Aos 15 anos, ela foi encontrada no dormitório de um menino da escola à meia-noite, e depois fugiu com diversos amantes, voltando para casa cada vez que ficava cansada de sua atenção. Era bom para desertar de um amante, mas ninguém podia tentar virar a mesa quando ela começou a mostrar posse patológica.

O primeiro marido de Vera era um homem de negócios rico, muitos anos mais velho, e ela teve seu filho antes que ele desaparecesse, sem deixar vestígios. Declarando que seu homem a tinha deixado sem uma palavra de explicação, Vera passou um ano em lamentação, finalmente relatando as "notícias" da recente morte de seu marido em um acidente de carro.

Ela casou logo depois com um homem mais jovem, mas ele foi flagrantemente infiel, desaparecendo poucos meses depois no que Vera descreveu como uma "longa jornada". Outro ano se passou até ela anunciar o recebimento de uma carta escrita por seu cônjuge, declarando sua intenção de deixá-la para sempre.

Vera Renczi não poderia casar-se novamente, mas teve muitos amantes — 32 no total — à medida que os anos se passavam. Eles nunca pareciam ficar por muito tempo, e nenhum jamais foi visto novamente após "abandonar" Vera, mas ela sempre tinha uma explicação para dar a seus vizinhos... e outro amante esperava na fila. A polícia tornou-se envolvida quando o desaparecimento do último amante de Vera foi informado pela esposa que deixou em casa; uma pesquisa no porão de Renczi revelou 35 caixões de zinco com os corpos dos maridos, filhos e amantes desaparecidos comprimidos dentro deles.

Detida sob acusações de assassinato, Vera fez uma confissão completa, declarando que matou seus maridos e seus amantes com arsênico quando eles começavam a se desgarrar, algumas vezes preparando uma "última sopa" para o encontro culminante. O falecimento de seu filho foi uma história diferente, ocorrida pelas ameaças de chantagem quando ele tropeçou na cripta do porão por acidente. Algumas noites, Vera gostava de sentar entre os caixões em uma poltrona e desfrutar da companhia de seus adorados galanteadores. Condenada com base em sua própria confissão, Vera recebeu uma pena de prisão perpétua e posteriormente morreu sob custódia.

RESSLER, Robert K: Analista Biográfico do FBI

Filho de um empregado do *Chicago Tribune* e nascido em 1937, Robert Ressler descobriu sua fascinação inicial pelo assassinato serial aos 9 anos, quando o caso local de WILLIAM HEIRENS recebeu a cobertura sensacionalista do jornal. Um autodescrito "estudante médio" da escola secundária, Ressler entrou para o Exército após a formatura e serviu em Okinawa. Dispensado após dois anos de serviços, ele recebeu a formação em Criminologia e Administração Policial na Universidade Estadual de Michigan. Rejeitado com base no fato de que recrutas com "muita escolaridade" são mais suscetíveis a "causar problemas" no departamento de trabalho duro, Ressler completou um semestre do estudo de graduação antes de retornar ao Exército, dessa vez como tenente.

Em seu segundo turno de encargos, Ressler escolheu a nomeação para a polícia militar e acabou comandando um pelotão na Alemanha. Depois, transferido de Estado, ele serviu como comandante na unidade da Divisão Investigativa Criminal (CID) em Fort Sheridan, perto de Chicago. Ressler ainda estava na ativa quando retornou ao Estado de Michigan para uma pós-graduação. Além do trabalho de classe, ele também foi designado para se infiltrar no capítulo do *campus* de Estudantes para uma Sociedade Democrática e reportar a campanha antiguerra do grupo. Após o trabalho para o Estado de Michigan, ele passou dois anos mais como um marechal do Exército, incluindo um ano no cargo na Tailândia.

A inscrição de Ressler no FBI foi aceita em 1970. Quatro anos depois, ele foi ligado ao cargo como conselheiro para o treinamento dos oficiais da polícia na Academia Nacional do FBI em Quantico, Virginia. De seu lado, ele se tornou conhecido dos fundadores da Unidade de Ciência de Comportamento do FBI, aprendendo tanto quanto podia sobre psicologia anormal e comportamento criminoso. Logo, ele fazia parte da equipe BSU, dando conferências para a polícia em todo o país e no Exterior. Ressler estava visitando a academia da polícia britânica em Barnshill em 1974, quando disse (incorretamente) ter cunhado o termo ASSASSINO SERIAL.

O campo básico da especialidade de Ressler, na época, era a negociação de refém, um assunto que ele ensinou em diversos Estados e agências de polícia local durante a metade de 1978. Mais viagens estavam envolvidas, e ele decidiu usar seu tempo livre entrevistando assassinos notórios encarcerados nos Estados que visitava, esperando obter informação que ajudasse o BSU a resolver crimes e a identificar infratores desconhecidos. Uma visita à Califórnia deu a Ressler a chance de falar com EDMUND KEMPER, HERBERT MULLIN, JUAN CORONA, membros da FAMÍLIA MANSON, e outros assassinos famosos. Poucos meses depois, viajando com o novo membro da BSU, JOHN DOUGLAS, para West Virginia, Ressler entrevistou membros da família Manson, Lynnete ("Squeaky") Fromme e Sandra Good, ambas cumprindo pena em acusações federais.

Até aqui, os superiores do FBI de Ressler estavam relutantes em permitir suas entrevistas na prisão, mas eles mudaram de opinião em 1979, inaugurando o Projeto de Pesquisa de Personalidade Criminosa. Idealmente, esperava-se que o entendimento dos assassinos e estupradores em custódia promoveriam um PERFIL Biográfico acurado daqueles ainda à solta. Em 1983, as entrevistas foram completadas com 36 assassinos, coletivamente responsáveis por 109 assassinatos. A escolha dos sujeitos foi distorcida — todos eram homens, mas somente três deles eram brancos — e aqueles entrevistados não eram todos *serial killers*. Além disso, a lista não incluiu nomes notórios como THEODORE BUNDY, DAVID BERKOWITZ, JOHN GACY, Richard Speck, JEROME BRUDOS, Charles Davis e Monte Rissel. Aquelas entrevistas formaram o centro de um banco de dados sempre em expansão, utilizado hoje para fazer o perfil biográfico de infratores desconhecidos por meio do VICAP do FIB.

Aposentado do FBI em 1990, Ressler manteve um programa cheio de conferências e artigos, seminários de treinamento policial, consultoria privada em casos criminais e aparecições frequentes em programas de entrevistas na TV. Embora ele de fato não tenha cunhado o termo assassino serial, ele permanece hoje um especialista, líder no campo, e foi coautor de quatro livros relevantes sobre o assunto. Eles incluem *Sexual Homicide* (1988); o *Manual de Classificação de Crimes do FBI* (1992); *Whoever Fights Monsters* (1992) e *I have lived in the Monster* (1997).

RIJKE, Sjef

Sjef Rijke parecia não ter sorte com mulheres. Em janeiro de 1981, sua noiva de 18 anos, Willy Maas, experimentou uma semana de dores estomacais torturantes que culminaram em sua morte. Os sintomas pareciam indicar alimento envenenado, embora os amigos e parentes nunca pudessem ser precisos sobre o prato suspeito. No funeral de Willy, em Utrecht, Holanda, Sjef estava visivelmente perturbado.

Seu período de lamentação foi abreviado pelo noivado com uma amiga de muitos anos, a jovem Mientje Manders. Perto do fim de março, a segunda noiva de Sjef reclamou de dores estomacais contínuas, que rapidamente se provaram debilitantes. Rijke sentou-se ao seu lado na cama e segurou sua mão, as lágrimas correndo em sua face, quando Manders morreu em 2 de abril.

As autoridades de Utrecht ficaram preocupadas sobre a estranha "coincidência", mas Rijke parecia não ter motivos para eliminar suas noivas. Insultando a morte, Sjef casou-se três semanas após a morte de Mientje. Foi outra união sem sorte, frustrada pelo ciúme patológico de Rijke; ele discutiu amargamente com Maria, de 18 anos, fazendo-a deixá-lo. Os detetives, curiosos, perguntaram por sua saúde e descobriram que Maria sentiu dores de estômago repetidas durante seu curto casamento, e a troca de domicílio curou-a do problema do dia para a noite.

Pouco tempo depois, Sjef conseguiu uma amante para viver com ele que, também, começou a sofrer de problemas estomacais. Esses foram totalmente relatados à sua mãe, que inquiriu sobre sua dieta. Sjef, segundo o que a mãe soube, comia tudo o que sua filha comia, e parecia não sentir qualquer sinal de doença. Soube-se que sua última amante gostava de comer pasta de amendoim como lanches entre suas refeições normais, e descobriu-se que as amostras da vasilha tinham um estranho sabor metálico. Entregues a um químico para análise, as amostras revelaram haver veneno de rato na pasta de amendoim.

Ainda faltando um motivo, os investigadores de homicídios procuraram por outros suspeitos, interrogando a faxineira de Rijke. A investigação logo concentrou-se em Sjef, entretanto, após um mercador local lembrar-se de ter vendido a ele diversas caixas de veneno nos últimos meses. Sob investigação mais estreita, Rijke desmoronou e confessou seus crimes, descrevendo o prazer sádico que obtinha em ver as mulheres sofrerem. Ele disse que nunca teve a intenção de matar suas noivas, mas simplesmente amava vê-las contorcer-se.

Considerado legalmente apto pelos psiquiatras do tribunal, Rijke foi julgado pelo assassinato de Willy Maas em janeiro de 1972. Na condenação, ele foi sentenciado a pena dupla de prisão perpétua.

RODRIGUEZ VEGA, Jose Antonio

O *serial killer* espanhol mais prolífico dos tempos modernos, o pedreiro Jose Rodriguez assassinou pelo menos 16 mulheres idosas entre 1986 e 1988 nos arredores da costa norte da cidade de Santander. Um estuprador em condicional, Rodriguez aparentemente sofria de impotência após deixar a prisão. Em sua nova atividade de crimes, ele tipicamente cativava suas vítimas para contratá-lo para um reparo pequeno na casa, então achava-se "dominado pela excitação" ao entrar em suas casas. Nesse ponto, ele rapidamente estrangulava as mulheres, removia suas calças, estuprava-as e molestava-as.

Rodriguez era meticuloso ao limpar as cenas dos crimes — tão cuidadoso, de fato, que os primeiros assassinatos não foram reconhecidos como homicídios até ele confessar. As vítimas eram normalmente colocadas em suas camas quando ele acabava de se divertir com seus corpos. A idade avançada e os quartos pequenos encorajavam as autoridades a registrar muitas das mortes como "naturais". Ao mesmo tempo, Rodriguez habitualmente mantinha TROFÉUS para comemorar seus crimes, construindo um santuário elaborado para suas lembranças em uma sala, no apartamento revestido de cor de vinho que ele compartilhava com uma companheira de quarto. A extensão total de suas atividades criminosas somente foi percebida após a polícia espanhola transmitir um videoteipe do apartamento de Jose motivando chamadas telefônicas dos expectadores que reconhecessem as possessões roubadas de seus parentes assassinados.

Em seu julgamento em 1991, Rodriguez pareceu divertir-se com a tristeza óbvia de alguns observadores, então liberando ameaças contra sua vida. Na condenação, ele foi sentenciado a 440 anos de prisão, mas a sentença pouco significou, apesar de sua aparente severidade. Na prática, poucos réus espanhóis cumprem mais de 20 anos na prisão, não importa quão abomináveis sejam seus crimes. A polícia e a promotoria predisseram que Rodriguez, se viver, quase certamente estará livre para matar novamente aos 51 anos, no ano de 2008.

ROSS, Michael B.

Nascido no Brooklyn, Connecticut, onde seus pais dirigiam uma granja, Ross

Michael Ross, algemado, levado em um caminhão da polícia

concentrou-se na ciência animal na escola secundária, mudando-se para a Universidade de Cornell em 1977 e ganhando sua graduação em 1981. Após a formatura, trabalhou livremente em uma granja perto de Columbus, Ohio, mas teve problemas para manter seus pensamentos nas galinhas. Andando de bicicleta pela cidade de LaSalle, Illinois, em 28 de setembro de 1981, ele raptou uma menina de 16 anos e levou-a para a floresta, amordaçando-a com um lenço e cinto até a polícia chegar. Acusado de restrição ilegal, Ross admitiu a culpa no dia seguinte e pagou uma multa de 500 dólares, recebendo uma *sursis* de dois anos antes de retornar a Connecticut.

Em 5 de janeiro de 1982, Tammy Williams, 17 anos, desapareceu no Brooklyn enquanto caminhava para a casa de seu namorado, à luz do dia. Ross não foi suspeito nesse caso, mas tinha razões para temer, da mesma forma. Em fevereiro, ele encontrou trabalho em uma granja em Ohio, vivendo de forma pacífica por cerca de três meses antes de seu próximo choque com a lei.

Em 2 de abril, Ross voltou-se para uma casa rural no Distrito de Licking, Ohio, pedindo emprestada uma lanterna. Ele disse que seu carro tinha quebrado, e quando voltou para devolver a lanterna pediu também para usar o telefone. Dentro da casa, ele tentou atingir sua benfeitora — uma policial fora do horário de trabalho —, mas ela o colocou para fora e deu uma nítida descrição às autoridades, resultando em sua rápida prisão. Com a fiança paga por seus pais em 11 de maio, Ross foi para casa em Connecticut por 16 dias para estudo psiquiátrico.

Em 15 de junho de 1982, Debra Taylor estava passeando de carro com seu marido quando ficaram sem gasolina perto de Danielson, Connecticut. Eles se dividiram para achar um posto de gasolina e Debra desapareceu; seus restos mortais foram encontrados por um corredor em 30 de outubro. Enquanto isso, Michael Ross admitiu a culpa nas acusações de agressão em Ohio em 4 de agosto, pagando uma multa de mil dólares e cumprindo quatro meses na prisão antes de sua liberação em 22 de dezembro.

Em maio de 1983, Ross foi contratado por uma empresa de seguro, de Connecticut, e sua inscrição negava falsamente qualquer condenação criminal. Seu registro de trabalho foi satisfatório até um fracasso no início de novembro. Em 16 de novembro, Robin Stravinski, 19 anos, teve o seu desaparecimento informado em Norwick; seu corpo foi encontrado por corredores uma semana depois perto de um hospital local. O empregador de Ross estava satisfeito em observar uma melhora no seu trabalho durante dezembro e janeiro, mas em março de 1984, o jovem parecia ter entrado em outro fracasso não explicado.

Em 22 de abril — domingo de Páscoa — as vizinhas Leslei Shelley e April Brunais, de 14 anos, desaparecerem de Friswold, Connecticut, a caminho da casa de uma amiga. Dois meses depois, em 13 de junho, Wendy Baribeault desapareceu em Lisbon em uma rápida caminhada para uma loja, na vizinhança. Seu corpo estuprado e estrangulado foi encontrado em 15 de junho e as testemunhas lembraram-se de ter visto um carro de dois volumes azul próximo à cena.

A polícia começou a trabalhar em seu rastro por meio de uma relação de dois mil carros subcompactos, pegaram Ross em 28 de junho. Ele rapidamente confessou o assassinato de Baribeault, então orientando as autoridades para um local de lixo rural, onde os corpos de Leslei Shelley e April Brunais foram encontrados. Em 30 de junho, os oficiais seguiram as orientações de Ross para a cova rasa de Tammy Williams, e em 5 de julho ele foi acusado em um total de seis homicídios. A admissão de culpa nos assassinatos de Williams e Debra Taylor deu a Ross uma sentença de 120 anos de prisão. Condenado por mais quatro homicídios em

26 de junho de 1987, ele foi sentenciado à morte dez dias depois.

Em 1994, a suprema corte estadual manteve a condenação por assassinato para Ross, mas mudou sua sentença de morte porque o juiz do julgamento erroneamente excluiu as partes do relatório psiquiátrico que poderiam tê-lo auxiliado a escapar da pena de morte. Uma nova audiência penal foi ordenada, mas Ross imediatamente demitiu seus advogados públicos, colaborando com o escritório da promotoria para acelerar sua própria morte. Em março de 1998, Ross assinou um contrato com a promotoria, reconhecendo que seus crimes foram cruéis e abomináveis, pedindo ao tribunal para ordenar sua execução imediata. Surpreso por essa volta dos acontecimentos em um Estado em que nenhum interno condenado foi executado desde 1960, o tribunal invalidou o "pacto de morte" de Ross em 2 de abril, declarando que essa negociação entre a promotoria e o réu era uma usurpação ilegal do poder judicial. Neste momento, Ross permanece no corredor da morte, não sendo provável satisfazer seu desejo de morte por injeção letal em um futuro previsível.

SCHAEFER, Gerard John

Gerard Schaefer nasceu em Wisconsin em 26 de março de 1946; era o mais velho de três filhos em uma família depois descrita como "turbulenta e "conflitante". Anos depois, entrevistado pelos psiquiatras nomeados pelo tribunal, ele se referiria a si próprio como "filho ilegítimo", o produto de um casamento rápido. Ele descreveu seu pai como um alcoólatra abusivo verbalmente, adúltero flagrante e frequentemente ausente de casa em viagens de negócios ou outras. Em 1960, a família de Schaefer estava estabelecida em Fort Lauderdale, Flórida. Lá, ele se formou na escola secundária em 1964, e estava trabalhando no primeiro dos muitos anos de faculdade quando seus pais se divorciaram três anos depois.

Nessa época, se aceitarmos as declarações de Schaefer aos psiquiatras, ele estava bem a caminho de seus próprios problemas. "Desde uma tenra idade", o dr. R.C. Eaton registrou, em 1973: "[Schaefer] teve numerosos problemas sexuais". Os experimentos com escravidão e sadomasoquismo começaram por volta dos 12 anos. "Amarrei-me a uma árvore", ele disse ao dr. Mordecai Haber, "e fiquei excitado sexualmente e fiz algo para me machucar". Na mesma época, ele começou a se masturbar e fantasiar sobre machucar outras pessoas, "particularmente mulheres". Como se isto não fosse suficiente, Schaefer lembrou, "descobri as roupas íntimas femininas — calcinhas. Algumas vezes usava-as. Queria me machucar".

A autoaversão violenta começava nos jogos de tenra infância. Naqueles jogos, ele disse ao dr. Haber, "eu sempre era morto. Queria morrer. Meu pai favorecia minha irmã, assim eu queria ser uma menina. Eu queria morrer. Eu era um desapontamento para minha família como menino, para meu pai — ele amava minha irmã. Não podia agradar ao meu pai, assim, ao jogar, eu queria ser morto".

Schaefer disse ter visitado um psiquiatra em 1966, procurando alívio para seu desvio sexual e fantasias homicidas, mas a terapia não ajudou. Se suas declarações posteriores são verdadeiras, ele continuou ouvindo vozes "dizendo para matar". No mesmo ano, ele viajava pelo sul com Moral Rearmament, o alegre pessoal de "Up With People" que cantava que a liberdade não era livre. Schaefer pensou sobre o sacerdócio como um chamado, mas ele foi dispensado do Seminário de St. John onde, ele se lembrou, "disseram que não tinha fé suficiente". A rejeição enfureceu Shaefer tanto que ele abandonou a Igreja Católica.

O objetivo seguinte era um trabalho de ensino, pelo qual ele esperava instilar "valores americanos" como "honestidade, pureza, altruísmo e amor", mas Schaefer foi duas vezes retirado dos programas de ensino estudantil por "tentar impor sua própria moral e valores políticos a seus estudantes". Na segunda vez, o supervisor Richard Goodhart lembra-se: "disse a ele quando saiu que seria melhor nunca me deixar ouvir sobre suas tentativas de obter um emprego com qualquer autoridade sobre outras pessoas, ou eu faria qualquer coisa que pudesse impedi-lo".

Em 1968, Schaefer casou-se com Martha Fogg, mas não deu certo. Martha requereu o divórcio em maio de 1970, reclamando sobre "crueldade extrema". Schaefer levou algumas semanas para se recuperar na Europa e na África do Norte naquele verão, voltando para casa com um novo objetivo na vida. Se ele não pudesse ser um padre ou um professor, seria um policial. Ele se inscreveu em diversos departamentos e foi rejeitado pelo escritório do xerife do Distrito de Broward após falhar em um teste psicológico, mas o pequeno Departamento de Polícia de Wilton Manors contratou-o mesmo assim. Em março de 1972, Schaefer ganhou uma comenda por seu papel em uma apreensão de drogas; um mês depois, em 20 de abril, ele foi demitido. A explicação varia: o Chefe Bernard Scott depois disse que Schaefer não tinha "um grama de bom senso", enquanto o ex-agente do FBI ROBERT KESSLER relata que Schaefer estava disciplinado para administrar infratores do tráfico feminino por meio do computador do departamento, obtendo informação pessoal e depois chamando-as para encontros.

Qualquer que tenha sido a causa da demissão, Schaefer necessitava de um emprego. Perto de fim de junho, ele assinou com o Departamento do Xerife do Distrito de Martin, juntando suas coisas e mudando-se para Stuart, Flórida. Ele estava no emprego fazia menos de um mês, quando cometeu um "erro estúpido" que custaria sua carreira e sua liberdade.

Em 21 de julho de 1972, Schaefer pegou duas caronistas, Pamela Wells, 17 anos, e Nancy Trotter, 18 anos, na estrada próxima a uma praia local. Ele disse a elas (falsamente) que pedir carona era ilegal no Distrito de Martin, então levou-as de volta para uma casa a meio caminho de onde eles estavam. Schaefer ofereceu-se para encontrá-las na manhã seguinte, fora do horário de trabalho, e levá-las, ele próprio, para a praia. As meninas concordaram, mas, em vez de levá-las à praia em 22 de julho, Schaefer levou-as para a pantanosa ilha Hutchinson fora da estrada estadual A1A. Ali, ele começou a fazer observações sexuais, então, sacou uma arma e disse às meninas que planejava vendê-las como "escravas brancas" para o sindicato de prostituição estrangeiro. Forçando-as para fora do carro, ele amarrou as duas meninas e deixou-as ba-

Gerard Schaefer, o "Assassino Blind Creek", posa para sua foto de identificação da polícia

lançando sobre as raízes da árvore com os nós ao redor de seus pescoços, com o risco de enforcarem-se se escorregassem e caíssem. Schaefer deixou-as então, prometendo retornar em breve, mas as meninas escaparam em sua ausência e alcançaram a estrada, onde acenaram para um carro da polícia que passava. Elas não tiveram dificuldade em identificar seu agressor, pois Schaefer disse-lhes seu nome.

A essa altura, Schaefer tinha descoberto a fuga delas e telefonou para o xerife Richard Crowder, dizendo: "Fiz uma coisa boba", "Você vai ficar bravo comigo". Havia excedido sua posição, Schaefer disse, tentando "assustar" as meninas para não pedirem carona no futuro para o bem delas. Despedido no ato, acusado de prisão falsa mais duas acusações de agressão qualificada, Schaefer foi liberado com fiança de 15 mil dólares. No julgamento de novembro de 1972, ele admitiu a culpa em uma acusação de agressão e outras acusações foram abandonadas. O juiz D. C. Smith chamou Schaefer de "idiota imprudente" e sentenciou-o a um ano na prisão do Distrito a ser seguida por uma condicional de três anos. O ex-oficial começou a cumprir sua sentença em 15 de janeiro de 1973.

Entretanto, as revelações mais chocantes ainda estavam por vir. Duas outras meninas estavam desaparecidas da vizinhança, e elas não tiveram tanta sorte como Trotter e Wells. Em 27 de setembro de 1972, enquanto Schaefer estava livre sob fiança aguardando julgamento, Susan Place, de 17 anos e Geórgia Jessup, de 16 anos, desapareceram de Fort Lauderdale. Os pais de Susan disseram que as meninas foram vistas pela última vez em sua casa, saindo com um homem mais velho chamado "Gerry Shepherd" para "tocar violão" em uma praia próxima. Elas nunca mais voltaram, mas Lucille Place tinha anotado a placa de Schaefer, juntamente com a descrição de sua Datsun azul-esverdeada. Em 25 de março de 1973, investigadores morosos rastrearam a placa até Schaefer, quando ele já estava na prisão pela agressão das meninas adolescentes.

Schaefer negou qualquer contato com Place e Jessup, mas o caso começou a deslindar-se quando os restos mortais foram encontrados na ilha Hutchinson por três homens que coletavam latas de alumínio. Quatro dias depois, as vítimas foram identificadas pelos registros dentais. Susan Place foi atingida por tiro no maxilar, e os detetives observaram que a evidência da cena do crime indicava que as duas meninas foram "amarradas à árvore e assassinadas". Em 7 de abril, a polícia pesquisou a casa da mãe de Schaefer, onde ele mantinha itens pessoais armazenados em um quarto extra. A evidência encontrada na busca incluiu um esconderijo de joias femininas, mais de cem páginas de escritos e retratos mostrando assassinatos com mutilação de mulheres jovens, recortes de jornais sobre duas mulheres desaparecidas desde 1969, e pedaços de carteira de identidade pertencentes às caronistas desaparecidas Collette Goodenough e Barbara Wilcox, ambas de 19 anos. As duas meninas foram vistas pela última vez em 8 de janeiro, uma semana antes de Schaefer ser enviado para a cadeia no Distrito de Martin e, quando seus restos mortais foram encontrados no início de 1977, nenhuma causa de morte pôde ser determinada; assim, nenhuma acusação foi registrada.

Quanto aos recortes de jornais, um referia-se ao desaparecimento em fevereiro de 1969 de uma garçonete, Carmen Hallock, aparentemente raptada de sua casa. Os itens de suas joias foram encontrados no esconderijo de Schaefer, juntamente com o dente de ouro identificado pelo dentista de Hallock, mas uma vez mais nenhuma acusação foi registrada. A segunda mulher desaparecida, Leigh Bonadies, era uma vizinha de Schaefer na ocasião, em setembro de 1969. Ele tinha reclamado de ela escarnecer dele ao desnudar-se com as cortinas abertas, e um pedaço de sua joia foi encontrado entre seus pertences, mas nenhuma acusação foi registrada quando os restos mortais foram finalmente encontrados em 1978. Mais joias ligaram Schaefer ao desaparecimento de Mary Briscolina, de 14 anos, que desapareceu do Distrito de Broward com Elsie Farmer, de 13 anos, em outubro de 1972. Seus restos foram encontrados no início de 1973, porém uma vez mais nenhuma causa da morte pôde ser determinada, e nenhuma acusação foi registrada.

A relação de vítimas suspeitas cresceria com o tempo, mas Schaefer enfrentou as acusações de somente dois assassinatos. Ele foi indiciado, em 18 de maio de 1973, pelo assassinato de Jessup e Place. Detido sem fiança aguardando o julgamento, ele foi condenado em duas acusações de homicídio doloso em outubro de 1973, recebendo as penas concomitantes de prisão perpétua. Numerosas apelações, algo em torno de 20, foram uniformemente rejeitadas por diversos tribunais estaduais e federais.

Schaefer estava quase esquecido em 1990, quando a antiga namorada da escola secundária, Sondra London, publicou uma coletânea de suas histórias sob título *Killer Fiction*. Mais volumes seguiram-se com Schaefer insistindo que suas histórias eram arte. A polícia e promotores descreveram-nas como descrições que escassamente encobrem os crimes reais. Em cartas particulares a advogados e conhecidos, o próprio Schaefer admitiu todos esses. Atesta sua referência à história intitulada "Murder Demons", em uma carta datada de 9 de abril de 1991: "Que crimes estou supostamente confessando: Farmer? Briscolina? O que acha que [Murder Demons] é? Você quer confissões mas não as reconhece quando são ungidas em você e nós apenas começamos".

Outra correspondência rapidamente eleva a contagem de corpos. "Como sabe", ele escreveu em 20 de janeiro de 1991, "sempre repeti a lista de Stone [Robert, advogado distrital] de 34. Em 1973, sentei-me e escrevi minha própria lista. Como me lembro, minha lista estava acima de 80". No dia seguinte, tendo mais tempo para refletir, Schaefer continuou: "Não estou reivindicando um grande número... diria que está entre 80 e cem. Mas acima de oito anos e três continentes... uma prostituta afogada em seu próprio vômito enquanto me observava a desmembrar sua namorada. Não estou certo sobre o que se conta como morte válida. Uma grávida conta como dois assassinatos? Pode ser confuso".

Anos depois, as cartas de Schaefer voltaram para assombrá-lo, quando foi descrito em diversos livros de crime verdadeiro como um *serial killer* prolífico. Sua resposta, uma série de ações legais registradas contra diversos autores por difamação, foram uniformemente desconsideradas pelos tribunais. Em um desses casos, o juiz William Steckler oficialmente denominou Schaefer como um *serial killer*, considerando-o "inegavelmente ligado" a diversos assassinatos além dos dois pelos quais ele foi condenado. "Ele se vangloria das associações particulares e públicas que, com base nos relatórios, consideram-no um *serial killer* de proporções mundiais". Steckler escreveu, "e é somente a perversidade arrogante que o impele para isto e as ações legais similarmente nos méritos nos quais ele alega de outra forma".

A sorte de Schaefer acabou em 3 de dezembro de 1995, quando outro interno entrou em sua cela, cortou sua garganta e apunhalou seus olhos. Os oficiais da prisão identificaram o assassino como o interno Vincent Rivera, cumprindo prisão perpétua, mais 20 anos por dois assassinatos em Tampa, mas nenhum motivo específico foi oferecido. Parece que a reputação de Schaefer como um "rato" e problemático no conjunto pegou-o finalmente.

E com a ameaça de litígio sem sentido enterrada, os tímidos oficiais de execução da lei sentiram-se livres para expressar seus pontos de vista sobre Schaefer. Bill Hagerty, um ex-agente do FBI que estudou Schaefer para VICAP no início da década de 1980, chamou-o "um dos mais doentes. Se eu tivesse uma lista dos cinco mais, que incluiria todos os *serial killer* que entrevistei em todo o país, ele definitivamente estaria entre os cinco". Para Shirley Jessup, ainda lamentando sua filha, o assassinato de Schaefer foi simplesmente um caso de justiça atrasada. "Gostaria de enviar um presente ao rapaz que o assassinou", ela disse aos repórteres. "Sempre acreditei que ele estaria recebendo isso. Apenas desejava que antes fosse cedo que tarde".

"SEMENTES Ruins": Matadores Inatos

A noção de traços criminais inerentes não é nova. Na verdade, o primeiro sistema científico de identificação criminal foi criado pelo antropólogo francês Alphonse Bertillion em 1879, baseado em um sistema complexo de medidas corporais, incluindo aquelas da cabeça e características faciais. Enquanto o sistema de Bertillion era afinal desacreditado, a crença em "tipos criminosos" hereditários persistia em alguns quadrantes — e posteriormente armazenou apoio, embora condicional, de profissionais médicos e psiquiátricos.

O rótulo de "semente ruim" deriva do romance de março de 1954 de William, de mesmo nome, que contava a história de uma homicida de 8 anos, cujas tendências violentas foram herdadas de uma mãe assassina que ela nunca conheceu. Em 1954, naturalmente, era bem conhecido que muitos — se não a maioria — dos criminosos violentos emergiram de casas em que o TRAUMA INFANTIL e o abuso eram rotina. Ao mesmo tempo, entretanto, casos de aberração ocasional (ou aqueles com histórias incompletas de ofensa) desafiavam os patrocinadores de causas ambientais no argumento "natureza *versus* natureza".

Nos anos de 1960, alguns pesquisadores perseguiram ardentemente a "síndrome XYY", recebendo este nome os indivíduos nascidos com um cromossomo Y excedente — ou masculino. Estima-se que cem mil homens surgem assim providos nos Estados Unidos, anualmente, e foi sugerido que o traço extra de "masculinidade" torna-os mais agressivos, mesmo violentos, com uma tendência maior em direção a atividades criminosas. A teoria teve um impulso em 1966, quando um assassino aleatório, Richard Speck, foi diagnosticado — por engano, como se soube — como tal "supermacho". Pesquisadores ansiosos citaram sua estatura e acne facial como sintomas seguros de síndrome XYY, mas os testes genéticos falharam em corroborar sua suspeita. Enquanto isso, foi observado que os homens XYY compreendem uma porcentagem maior da população encarcerada da nação que a população masculina em geral, mas esses números são facilmente distorcidos. Conforme os autores Jack Levin e James Fox apontaram em *Massachusetts Murder* (1985), os homens XYY que terminam na prisão ou instituições legais acusados de crimes violentos constituem um segmento minúsculo do grupo total.

Outro proponente da teoria de "semente ruim", o falecido Joel Norris, cita 23 sintomas de danos genéticos encontrados em uma seleta relação de *serial killers* modernos. Os SINAIS DE AVISO variam de pontas dos dedos bulbosas e quinto dedo curvado a dentes tortos e "cabelos elétricos que não assentam". Infelizmente, a lista de "sintomas de matador" é tão ampla e finalmente vaga que foi considerada quase inútil.

Com diversos *serial killers* relatando convulsões ou ataques repentinos na infância, é lógico perguntar se a epilepsia tem um papel — embora menor — nos casos de violência episódica. Sem culpar epilépticos como uma classe, vale notar que os testes de eletroencefalograma (EEG) revelam padrões "pontudos" de descargas elétricas aleatórias e incontroláveis durante a atividade do ataque. Sua fonte, a mente límbica, controla as emoções primitivas como medo e ódio, ativando a resposta "lutar ou fugir" quando estamos amedrontados ou somos surpreendidos. Alguns analistas então especulam se as doenças similares podem produzir resultados violentos imprevisíveis em indivíduos específicos.

Outro objetivo da pesquisa moderna em violência episódica é o hipotálamo, algumas vezes descrito como o "regulador da voltagem emocional" do cérebro. A médica Helen Morrison, psiquiatra de Chicago cujos assuntos de entrevista incluem JOHN GACY, PETER SUTCLIFFE e "Mad Biter" Richard Macek, cita os danos à região do hipotálamo do cérebro como uma causa em potencial de crime violento. O hipotálamo regula a produção de hormônio, incluindo as glândulas adrenal e tireoide com a correspondente influência na resposta do indivíduo às ameaças reais ou percebidas. Em essência, a dra. Morrison argumenta que os danos ao hipotálamo podem impedir um indivíduo de crescer em direção à maturidade emocional. Quando ameaçado ou insultado, mesmo se a ameaça for uma mera ilusão, os indivíduos com danos no hipotálamo podem responder com mau humor infantil... e armas de adultos crescidos.

O desequilíbrio químico pode também afetar a atitude e os comportamentos humanos, não importa se resultar de danos cerebrais, disfunção glandular, contaminantes ambientais ou ingestão deliberada de drogas e álcool. A maníaco-depressão, a esquizofrenia e algumas formas de psicose são tratáveis com medicação em graus variados, se tiverem origem dentro do corpo, em lugar da mente. Hoje, sabemos que essas doenças podem também ser hereditárias, transmitidas ao longo de muitas gerações de uma única família — em cujo caso determinados assassinos esquizofrênicos ou psicóticos podem na verdade ser os proverbiais "sementes ruins".

Existem, naturalmente, riscos substanciais envolvidos ao tentar predizer o comportamento adulto de um indivíduo a partir de sintomas infantis específicos, e deve ser concedido à vasta maioria das crianças de famílias "corrompidas" — ou de lares abusivos —não continuarem a matar por esporte. Teorias de previsão são baseadas em pequenas amostras, algumas vezes um único caso e o sujeito escolhido para a revisão atraiu tipicamente muita atenção a si mesmo por seu comportamento bizarro. Na prática, alguns dos piores *serial killers* — incluindo os feitos de CHARLES MANSON e HENRY LUCAS — apresentam histórias tanto de abuso grave e genético, como disfunção herdada. Frequentemente, a descendência de pais alcoólatras, com abuso de drogas e histórias criminais, sendo torturados e molestados na infância podem, de fato, fazer tais monstros humanos nascerem.

Veja também: TRAVESTISMO; MOTIVOS; PARAFILIA

Serial killers Juvenis

Diferentemente de assassinos "normais", que cometem seu primeiro e único homicídio como adultos em um conflito com parentes ou amigos, os *serial killers* frequentemente começam quando jovens, graduando-se para o assassinato a partir de padrões de violência da infância direcionada para animais, irmãos, companheiros — mesmo adultos. Cerca de 1% dos assassinos seriais idênticos — incluindo CARROL COLE, PETER KURTEN e Herman Mudget — é conhecido por ter feito sua primeira vítima antes dos 10 anos de idade. Outros 26% matam pela primeira vez enquanto ainda estão na adolescência. De modo inverso, quanto mais velho um assassino em potencial se torna, menos provável que ele ou ela atuem a partir de fantasias homicidas: 44% dos assassinos seriais conhecidos começam a matar aos 20 anos; 24% aos 30; meros 4% mataram pela primeira vez aos 40 anos e apenas dois indivíduos cometeram seu primeiro assassinato depois dos 50 anos. (A idade do primeiro assassinato é discutida ou desconhecida para o restante dos assassinos seriais identificados.)

Os assassinos juvenis apresentam um problema especial para a sociedade, uma vez que quase todas as jurisdições americanas limitam a extensão do período que um delinquente juvenil pode ficar detido por qualquer crime, independentemente da acusação. Em geral, os regulamentos ordenam liberação incondicional aos 18 ou 21 anos, e os registros juvenis são frequentemente selados (mesmo ao escrutínio da polícia) quando o delinquente se torna um adulto, assim efetivamente apagando os registros criminais que incluem as condenações por assassinatos múltiplos, estupros e outros crimes qualificados. O dramático aumento em crimes violentos juvenis — incluindo a erupção de um sensacional tiroteio no pátio da escola em 1997-98 — motivou alguns Estados a diminuir a idade legal daqueles delinquentes, que podem ser julgados e sentenciados como adultos. Dos 38 Estados com regulamento de PENA CAPITAL em vigor, oito não especificam idade mínima para a execução, mas a Suprema Corte dos Estados Unidos efetivamente impediu a pena de morte para réus menores de 16 anos. Doze Estados permitem a execução nessa idade, quatro mais aos 17, enquanto 13 (e o governo federal) impedem a acusação capital a menores de 18 anos (Nova York requer que os candidatos no corredor da morte tenham pelo menos 19 anos).

A severa punição para delinquentes juvenis, mesmo assassinos múltiplos, permanece um assunto de debate acalorado na sociedade americana. Em resumo, parece que a maioria dos cidadãos acredita que réus que cometem "crimes adultos" — assassinato, estupro, etc. — deveriam enfrentar penalidades de pessoas adultas. Mesmo alguns de linha dura rebelam-se ao pensamento de execução de assassinos com menos de 16 anos, mas *serial killers* são reincidentes por definição, e um pequeno número de condicionais bem-sucedidas em cada caso — quatro dos mais de 1.500 delinquentes liberados até então sem (aparentemente) matar novamente — é o argumento dito contra o ponto de vista que "qualquer um pode ser reformado".

Veja também: ENCARCERAMENTO; JULGAMENTO

SHANKARIYA, Kampatimar

Um nativo de Jaipur, Índia, Kampatimar Shankariya, de 27 anos, foi condenado no início de 1979 pelo uso de um martelo para matar pelo menos 70 pessoas durante os dois anos anteriores. Em sua confissão detalhada, Shankariya disse à polícia que tinha assassinado suas vítimas pelo prazer que isto proporcionava. Enforcado em 16 de maio de 1979, as últimas palavras do assassino foram um lamento no patíbulo. "Matei em vão," ele declarou. "Ninguém deveria se tornar como eu".

Veja também: RAGHAV, RAMAN

SINAIS de Aviso de Tendências Violentas

Embora as generalizações sejam admitidas como perigosas, os psicólogos há muito reconheceram determinados comportamentos infantis ou adolescentes como sintomas de violência a surgirem na fase adulta. A "tríade" frequentemente citada de sinais de aviso, incluindo INCÊNDIO CRIMINOSO, crueldade com animais e enurese adolescente persistente (molhar a cama) foi originalmente identificada em um único caso anônimo na década de 1940, mas o tempo provou, pelo menos, a validade geral de todos os três sintomas como indicadores de uma criança com sérios problemas mentais/emocionais.

O FBI trabalhou nessas mesmas orientações básicas com seu estudo de 36 assassinos sexualmente motivados, conduzido entre 1979 e 1983. As questões da validade do estudo de assassinos seriais em geral originam-se do fato de que todos aqueles questionados eram homens, e todos, exceto três deles, eram brancos, e nenhum assassino com outros MOTIVOS além de sexuais foram incluídos no estudo, mas os resultados ainda são instrutivos. De acordo com os resultados publicados pelo FBI, 43% dos assassinos foram sexualmente abusados na infância; 73% relataram "eventos estressantes sexualmente"; 72% admitiram fetichismo na infância; 68% sofreram de enurese quando criança (60% durando até a adolescência); 56% colocaram fogo durante a infância (52% em sua adolescência); 36% torturaram animais quando criança (46% na adolescência); 54% foram cruéis com colegas de infância (64% quando adolescentes); 71% foram mentirosos crônicos e 38% agrediram adultos (até um gritante 84% na adolescência).

Além dos traços comportamentais, os analistas também compilaram listas de sintomas médicos ou genéticos mostrados pelos assim chamados SEMENTES RUINS, supostamente predestinados à violência. Enquanto esses diagnósticos datando no momento após o nascimento (ou mesmo testes pré-natais) são perigosos, bradando crianças especialmente inócuas com "inclinações violentas", é igualmente claro que os indicadores comportamentais, especialmente aqueles envolvendo atividade violenta ou destrutiva na infância, sejam vistos como preocupação grave pelos pais, conselheiros e professores.

Veja também: ASSASSINOS JUVENIS, PARAFILIA

SÍNDROME de Morte Infantil Súbita como Cobertura para Assassinato serial

Uma denominação de saco de bugigangas para as mortes de outra forma inexplicáveis de bebês (também conhecida como "morte de berço" na Grã-Bretanha) a síndrome de morte súbita infantil (SMSI) aparentemente fornece uma cobertura conveniente para aqueles pais *serial killers* que assassinam suas próprias crianças, tanto por lucro (como seguro de vida) quanto por alguma compulsão mórbida por matar. Uma média de sete a oito mil bebês morrem de SMSI nos Estados Unidos a cada ano sem sintoma de qualquer doença reconhecível e, enquanto essas mortes foram rotineiramente ignoradas durante décadas, as autoridades agora acreditam que cerca de 20% das supostas vítimas de SMSI podem na verdade ter sido assassinadas por pais ou por outros responsáveis.

Ironicamente, foi um artigo de 1972 sobre SMSI, publicado no jornal médico *Pediatrics*, que motivou a reversão de opinião entre os médicos e os oficiais de execução da lei. O autor do artigo, dr. Alfred Steinschneider — depois presidente do Instituto da Síndrome de Morte Súbita Infantil em Atlanta — deu o perfil biográfico de uma família anônima com cinco filhos perdidos por SMSI, usando o caso para apoiar sua teoria de que um defeito genético pode produzir apneia prolongada (interrupção da respiração infantil durante o sono) e assim causar a morte. O procurador do estado William Fitzpatrick de Onondaga, Nova York, leu o artigo em 1986 como material de apoio para um caso de infanticídio não relacionado e instantaneamente suspeitou do crime na família identificada somente como "H.". Anos de trabalho de detetive nos registros públicos finalmente identificaram Waneta Hoyt, de Berkshire, Nova York, a dona de casa condenada em 1995 por assassinar cinco bebês e sentenciada a pena de prisão de 75 anos até prisão perpétua.

O caso de Hoyt, infelizmente, está longe de ser único. Outra nova-iorquina, MARUBETH TINNING, é suspeita de assassinar oito crianças, mas foi condenada em um caso de assassinato. Diana Lumbrera perdeu sete filhos até as autoridades intervirem; ela agora está condenada pelos assassinatos de dois, no Texas e Kansas. MARTHA WOODS também perdeu sete filhos antes de ser sentenciada à prisão perpétua em uma acusação de assassinato doloso em Maryland. DEBRA SUE TUGGLE fez pelo menos cinco pequenas vítimas antes de ser condenada por assassinato em 1984; mesmo assim, um júri compadecido recomendou a sentença mínima de dez anos. Em 1994, a residente de Illinois, Fail Savage, admitiu a culpa por sufocar três de suas crianças, enquanto Debra Gedzius — suspeita de matar seis crianças e seu marido — escapou do processo graças à confusão da opinião de "especialistas" sobre SMSI.

Hoje, muitos pediatras descartam a noção de SMSI "hereditária", concordando com o examinador de San Antonio, Vincent Di Maio, que "duas mortes por SMSI [em uma família] são improváveis, mas três é impossível". Mesmo assim, neste momento apenas dez Estados rotineiramente fazem a necropsia das supostas vítimas de SIDS. Muitos hospitais e promotores ainda aplicam o que Di Maio chama de Regra dos Três Bebês. "Você espera até eles matarem a terceira criança", ele explica, antes das exumações e autópsias ordenadas pelo tribunal começarem. Mesmo assim, podem não existir evidências conclusivas de homicídio, com sufocação "suave", o método de escolha entre os *serial killers* de bebês. Ainda outro problema com alguns médicos é a aplicação do diagnóstico de SMSI para explicar mortes de crianças com idade de 2 anos e mais velhas. A opinião majoritária então concorre que SMSI nunca deveria ser relacionada como uma causa de morte para crianças acima de um ano de idade.

Veja também: "VIÚVA NEGRA"; SÍNDROME DE MUNCHAUNSEN POR PROCURAÇÃO

SÍNDROME de Munchausen por Procuração

Designado em 1951 pelo nome do legendário fornecedor de narrações exageradas do século XVIII, o barão Von Munchausen, a síndrome de Munchausen é a etiqueta psiquiátrica para hipocondria excessiva, uma tentativa compulsiva por atenção solidária que inclui as falsas reclamações de doença e autoferimento ocasional. Uma condição curiosa em paralelo com a relevância a assassinato serial, o primeiro descrito em 1977, é a síndrome de Munchausen por procuração, em que os responsáveis pelos cuidados de crianças, inválidos e similares procuram a atenção ferindo-as esses aos seus cuidados. Uma possível extensão do motivo do "herói" designado a alguns ASSASSINOS MÉDICOS no *Manual de Classificação de Crimes do FBI* (1992), a Síndrome de Munchausen por Procuração é também considerada responsável por determinados casos em que os

pais — sempre mães, nos casos registrados até agora — matam suas próprias crianças. MARYBETH TINNING é um exemplo principal, descrito por psicanalistas como praticamente uma viciada solidária que assassinou oito de seus filhos entre 1972 e 1985, todos pela atenção que recebia no velório. Estes assassinos são frequentemente adeptos em cobrir seus rastros, e casos como os de Tinning e de MARTHA WOODS (sete filhos assassinatos entre 1946 e 1969) levaram a uma urgente reavaliação de famílias relatando casos múltiplos de SÍNDROME DE MORTE SÚBITA INFANTIL.

Veja também: MOTIVOS

SITHOLE, Moses

O *serial killer* mais prolífico da África do Sul até agora, Moses Sithole, está condenado por 38 mortes em uma série de "Assassinatos ABC" cometidos entre janeiro e outubro de 1995. Os crimes receberam seu apelido da mídia pelo fato de começarem em *A*tteridgeville (espalhando os pretextos para tantos assassinos sul-africanos), continuarem em *B*oksburgarem e levarem mais vidas em *C*leveland. As vítimas, todas mulheres, foram aparentemente atraídas e transportadas para campos remotos, onde foram espancadas, desnudadas, estupradas e estranguladas com peças de suas próprias roupas. Diversas vítimas foram encontradas com as mãos amarradas nas costas, e uma ainda usava uma viseira. Muitas foram deixadas com pedaços de roupa enrolados em volta de seus rostos como para impedi-las de olhar para seu assassino.

As autoridades da África do Sul, praticamente ultrapassadas pelos *serial killers* na esteira do colapso do *apartheid*, consultaram o ex-agente do FBI ROBERT RESSLER em sua busca pelo assassino "ABC". Trabalhando em conjunto com o DR. MICKI PISTORIUS, Ressler concluiu que os assassinatos em todas as três comunidades estavam relacionados. O presidente Nelson Mandela estava preocupado o suficiente com a onda de crimes para cancelar uma viagem programada ao exterior, aparecendo em Broksburg com os oficiais de justiça de alta patente, e apelando para a ajuda do público para rastrear o estrangulador.

A polícia teve uma pausa no início de outubro de 1995, quando um jornal de Capetwon, *The Star*, recebeu um telefonema anônimo supostamente do assassino. Ele se identificou como "o homem que é tão altamente procurado", descrevendo seus assassinatos como um ato de vingança contra um erro judicial anterior. Conforme descrito pela pessoa ao telefone, ele foi preso em 1978 por "um crime que não cometi" — especificamente o estupro — e passou 14 anos na prisão, onde foi "abusado" e "torturado" por companheiros internos. Para tornar tudo pior, ele disse: "seus pais e irmã morreram enquanto ele estava na prisão". Em retaliação por esses atos errados, ele explicou, "forço a mulher a ir aonde quero, e quando chego lá digo a elas: o que quer? Fui ferido, por isso estou fazendo isto agora. Então mato-as". Quando perguntaram sobre quantas vítimas ele assassinou, a pessoa disse 76 — duas vezes mais do que a polícia havia encontrado até ali. Para verificar sua alegação, ele informou a localização do corpo de "uma senhora que acho que a polícia não descobriu".

Com tantos indícios em mãos, a polícia logo concentrou sua busca em Moses Sithole, um ex-condenado de 31 anos e um conselheiro de jovens que subitamente desapareceu de vista. Conhecido por usar seis pseudônimos, ele se provou uma presa ardilosa, mas um indício orientou-os ao seu esconderijo em Johannesburgo, na pobre Benoni, em 18 de outubro. Armado com um machadinho quando os policiais o abordaram, Sithole feriu um policial antes de ser atingido por um tiro e desarmado. Ele sobreviveu aos ferimentos e foi logo transferido sob cuidados intensivos para um hospital militar, onde os médicos o diagnosticaram como HIV positivo. Sob custódia, ele se vangloriou de dar às suas vítimas "uma lição muito boa" ao matá-las.

O perfil biográfico do assassino "ABC" de Robert Ressler sugeria a possibilidade de dois ASSASSINOS EM EQUIPE trabalhando juntos, e a polícia inicialmente suspeitou que Sithole podia ser um cúmplice de David Selepe, ligado a meia dúzia de assassinatos de mulheres em Cleveland, mas Sithole negou ter encontrado Selepe, e nenhuma evidência foi conhecido para ligar os dois homens (Selepe, de seu lado, nada tinha a dizer sobre o assunto. Ele foi mortalmente atingido em dezembro de 1994, após atacar um policial na visita à cena de um de seus crimes conforme noticiado. O oficial que o matou sob a reivindicação de autodefesa foi exonerado).

Um ano inteiro se passou antes de Moses Sithole fazer seu primeiro aparecimento no tribunal em 22 de outubro de 1996, formalmente acusado de 38 assassinatos, 40 estupros e seis roubos. Seu julgamento, programado para começar em 14 de novembro, foi adiado quando Sithole chegou ao tribunal naquela manhã, com suas calças encharcadas de sangue. Ele foi levado rapidamente ao hospital, tratado de um ferimento aberto no joelho aparentemente suportado na Prisão Central de Pretoria. Quando seu julgamento finalmente foi convocado, em fevereiro de 1997, um especialista de voz americano identificou Sithole como a pessoa que telefonou a repórteres do *The Star* vangloriando-se de seus assassinatos. Sithole também confessou seus crimes em detalhes para outros internos, alguns dos quais estavam curiosamente equipados com gravadores e câmeras de vídeo, captando suas declarações para a posteridade. Os procedimentos cansativos foram mais uma vez postergados por uma úlcera estomacal, mas não houve fuga da justiça. Em 5 de dezembro de 1997, os jurados condenaram Sithole por todas as acusações; no dia seguinte, ele foi sentenciado a uma pena de prisão de 2.410 anos.

SOTO, Erno

Oficialmente não resolvido, o caso dos assassinatos de "Charlie Chopoff" na cidade de Nova York ocupou a polícia durante mais de dois anos, de março de 1972 até maio de 1974. Os arquivos estão tecnicamente abertos atualmente, apesar da prisão de um suspeito promissor e de sua submissão à uma instituição mental para criminosos insanos. Enquanto ele permanece preso, considerado incompetente para julgamento, os crimes não podem ser esclarecidos, e os investigadores-chave do caso são rápidos em observar que as depredações aleatórias de "Charlie" acabaram quando seu homem foi retirado das ruas.

O casamento de Erno Soto parecia ser a raiz de todos os seus problemas. Separado de sua esposa por muitos anos, ele a atacou na reconciliação, surpreendido ao descobrir que ela havia concebido uma criança negra em sua ausência (Soto e sua esposa são porto-riquenhos). Ele fingiu não se importar, mas à medida que o aniversário de 8 anos do menino se aproximava, o comportamento de Soto tornava crescentemente errático, resultando em sua apresentação ao Hospital Estadual de Manhattam em 1969 e 1970. Ele retornaria para tratamento posterior com intervalos esporádicos em seguida, mas a evidência sugere que Soto encontrou seu alívio primário ao apunhalar meninos pequenos de pele escura nas ruas de Nova York.

O primeiro a morrer foi David Owens, negro de 8 anos, encontrado assassinado a duas quadras de seu cortiço no Harlem em 9 de março de 1972. Descartado em um telhado, Owens foi apunhalado 38 vezes no pescoço, peito e costas e seu pênis foi quase cortado de seu corpo. Uma dica por um telefonema anônimo, recebido pela polícia em 23 de março, apontou Erno Soto como um suspeito no caso, mas a pista não foi verificada.

Outro menino negro de 10 anos foi atacado em Upper West Side na cidade em 20 de abril. Apunhalado no pescoço e costas, ele também foi sexualmente mutilado, seu pênis foi cortado e levado pelo homem que o deixou para morrer. O menino sobreviveu a seus ferimentos e ofereceu aos detetives de homicídios a descrição do suspeito, mas o trauma que sofreu limitou seu valor como uma testemunha.

Em 23 de outubro, outro menino negro — Weldell Hubbarde, 9 anos — foi assassinado em East Harlem, a seis quadras do local do assassinato de Owens. Hubbard foi apunhalado 17 vezes no pescoço, peito e abdômen, seu pênis removido pelo assassino e retirado da cena. Cinco meses depois, em 7 de março, Luis Ortiz, 7 anos, um porto-riquenho de pele escura, desapareceu em um passeio até a loja da esquina. Seu corpo — apunhalado 38 vezes no pescoço, peito e costas, o pênis cortado e desaparecido — foi encontrado no porão de um edifício de apartamento ao longo de sua rota.

A morte de Steven Cropper em 17 de agosto de 1973 pareceu quebrar o padrão do assassino. Cropper adequava-se perfeitamente ao perfil biográfico de vítima — um menino negro, 8 anos — e, embora fosse assassinado no telhado, ele não foi apunhalado. Em vez disso, os ferimentos fatais foram os cortes de lâmina, e seus genitais ainda estavam intactos. A polícia inicialmente suspeitou que um segundo assassino fosse responsável, mas depois decidiu que seria muita coincidência dois golpeadores estarem atingindo meninos negros simultaneamente em Nova York.

Em 15 de maio de 1974, Erno Soto foi preso após praticar de forma inábil o rapto de um menino porto-riquenho de 9 anos, sendo cercado pelos vizinhos e entregue para a polícia após a criança escapar de suas garras. Sob custódia, ele confessou o assassinato de Cropper, mas a única vítima sobrevivente de "Charlie Chopoff" recusou-se a apontar Soto na formação em linha, dizendo somente que a aparência do suspeito era "similar". Os oficiais do Hospital Estadual de Manhattam inicialmente forneceram um álibi, declarando que Soto estava confinado na data do assassinato de Cropper, mas eles depois admitiram que algumas vezes ele fugia da instalação, sem ser notado. Declarado insano, o suspeito foi devolvido ao hospital sob forte vigilância, e os assassinatos "não resolvidos" terminaram após ele ser preso. Recebendo o pseudônimo de "Miguel Rivera" quando a autora Bárbara Gelb descreveu seu caso em *On the Track of Murder* (1975), Soto continua a desconcertar alguns autores que relatam seus crimes sob o nome falso, em lugar de seu próprio.

Veja também: RANES, DANNY E LARRY

SPREITZER, Edward: *veja* "Estripadores de Chicago"

STANIAK, Lucian

Quando era um jovem em Varsóvia, Staniak perdeu seus pais e irmã em um trágico acidente de carro. A motorista responsável — a esposa de um jovem capitão da Força Aérea polonesa — foi liberada da responsabilidade criminal, mas Staniak permaneceu obcecado com a "justiça" no caso, e durante um período ele planejou um esquema para punir mulheres louras jovens em qualquer lugar na Polônia. Ele lançou sua campanha em 1964 com uma carta para o jornal estadual polonês. Escrevendo com tinta vermelha com um estilo peculiar, ele ganhou o apelido de "Aranha Vermelha". Staniak avisou: "Não existe felicidade sem lágrimas, nenhuma vida sem morte. Tome cuidado! Vou fazer você chorar".

Empregado como tradutor da editora estatal oficial, Staniak viajava constantemente em sua profissão, registrando uma estimativa de 20 vítimas femininas nos dois anos seguintes. A primeira, uma estudante de 17 anos, foi estuprada e mutilada em Orsztyn no aniversário da libertação polonesa da ocupação nazista. No dia seguinte, uma das cartas de marca registrada de Staniak declarou: "Peguei uma flor suculenta em Orsztyn e farei novamente em algum outro lugar, pois não existe um feriado sem um funeral".

Sua próxima vítima de feriado foi uma loura de 16 anos que marchava no início da parada estudantil no dia em que morreu. Uma carta anônima orientou a polícia para o corpo — destruído, com um cravo em seus genitais — em um porão fabril não muito distante de sua casa.

No dia de Todos os Santos, Staniak assassinou a recepcionista loura de um hotel, mutilando seu corpo com uma furadeira. No dia seguinte, ele escreveu para a imprensa que "somente lágrimas de lamentação podem lavar a mancha de vergonha; somente a angústia do sofrimento pode destruir o fogo da concupiscência". No 1º de maio de 1966, ele estuprou e estripou uma garota de 17 anos, jogando seu corpo em um depósito de ferramentas atrás de sua casa. A polícia estava verificando outros 14 casos, quando o assassino deixou outra vítima estuprada e mutilada em um trem na véspera de Natal. Sua carta para a imprensa foi simples e direta: "Eu fiz novamente".

Um artista de estilo, Staniak foi finalmente rastreado pela polícia em 1967, após ter matado uma companheira, membro do Clube de Amantes de Arte. A polícia suspeitou quando viu suas pinturas — principalmente carmesim, pintadas grosseiramente com uma faca e concentradas em cenas de mutilação — e descobriu que o itinerário de Satniak pelos últimos dois anos coincidia precisamente com a série de crimes não resolvidos. Preso a caminho de casa após seu último assassinato, compromissado com uma oferta obstinada de mais publicidade, Staniak prontamente confessou 20 assassinatos e foi enviado para um hospício em Katowice pelo resto de sua vida.

STANO, Gerald Eugene

Nativo de Daytona Beach, Flórida, nascido em 1951 e adotado ainda pequeno, Stano sofreu de problemas persistentes de aprendizagem e "ajustes" em seus primeiros anos escolares, complicados pela falta de coordenação que resultou em quedas frequentes. Após diversos anos em uma academia militar da Virginia, ele se formou na escola secundária em Daytona Beach e foi trabalhar com seu pai adotivo em um posto de gasolina, mantendo também empregos como cozinheiro e garçom. Ele encontrou muitas mulheres, mas todas elas o rejeitaram, aumentando o profundo ressentimento de Stano contra um mundo de "prostitutas". Algumas vezes elas riam dele, mas Stano também lembrou-se de que algumas "puxavam meu cabelo" ou "jogavam garrafas de cerveja em mim". Anos depois, após matar 41 mulheres, Stano confidenciaria aos detetives de homicídio: "detesto putas".

De acordo com sua própria confissão, Stano fez suas primeiras duas vítimas em Nova Jersey durante 1969. Ele se mudou para a Pensilvânia no início da década de 1970 e assassinou meia dúzia de mulheres ali antes de retornar à sua Flórida nativa. Lançando uma onda de crimes de um único homem, ele acabaria com outras 33 vidas entre 1973 e 1980. Devotado à caça, Stano caçava basicamente prostitutas e caronistas, embora uma de suas vítimas fosse a líder de torcida da escola secundária. Elas variavam em idade entre 13 e trinta e poucos anos, despachadas por tiros, facadas e estrangulamento. Aparentemente, nenhuma delas foi estuprada, e os psiquiatras do Estado concluíram que Stano retirava sua satisfação básica do simples ato de matar. Como um detetive resumiu o assassino, "ele pensa em três coisas: aparelhos de som, carros e matar mulheres".

Preso em abril de 1980, após uma pretensa vítima conseguir escapar de suas garras em Daytona Beach, Stano lançou uma maratona de confissões, orientando a polícia da Flórida para os restos enterrados de 24 vítimas identificáveis e dois restos de "Jane Does". Em dezembro de 1983, Stano forneceu os detalhes de 41 assassinatos, embora nenhum dos casos da Pensilvânia ou Nova Jersey não fossem sequer processados. Mesmo na Flórida, com 27 corpos recuperados, Stano enfrentou o julgamento somente em um punhado de casos. As sentenças de prisão perpétua foram repartidas pelos assassinatos de Bárbara Bauer, 17 anos, raptada de Smyrna Beach e assassinada em 6 de setembro de 1973; Nancy Heard, 24 anos, encontrada morta perto de Ormond Beach em 3 de janeiro de 1975; Mary Maher, de 20 anos, uma estudante em instituição coeducacional apunhalada mortalmente em Daytona Beach em 10 de janeiro de 1980; e Toni Van Haddocks, 26 anos, encontrada em Holly Hill em 15 de fevereiro de 1980, com 51 ferimentos de punhal. As sentenças de morte em separado foram impostas a Stano pelos assassinatos de Cathy Scharf, de 17 anos, raptada de Port Orange e assassinada em 17 de dezembro de 1973; Susan Bickrest, 24 anos, estrangulada e afogada em Spruce Creek em 29 de dezembro de 1975 e Mary Muldoon, 23 anos, atingida por tiro e afogada em New Smyrna Beach em 12 de novembro de 1977.

Stano compareceu poucos momentos antes da execução, em 2 de julho de 1986, perante um tribunal de apelação que concedeu a ele uma estada indefinida. Ele continuou a jogar com o sistema legal como um

Gerald Stano

mestre até sua sorte acabar 12 anos depois, finalmente mantendo seu compromisso com "Old Sparky" em 23 de março de 1998. Um dos investigadores ativos em seu caso, o detetive John Carlton, testemunhou a execução de Stano e depois disse à imprensa: "Não foi traumático para mim ver alguém que matou 41 pessoas morrer. O que foi traumático para mim foi que tivemos de esperar desde o tempo de sua prisão em 1980 até 1998 por sua execução".

SURADJI, Ahmad

Criador de gado da Indonésia e feiticeiro de estilo próprio, Ahmad Suradji tinha 36 anos em 1986 quando seu pai falecido apareceu para ele em um sonho, ordenando-o a aumentar seus poderes ocultos matando 70 mulheres em rituais de magia negra. De acordo com suas confissões posteriores, Suradji — conhecido como Nasib Kelawang ou Datuk Mariniggi — não perdeu tempo em seguir as ordens de seu pai.

Foi fácil encontrar vítimas, pois as mulheres locais frequentemente visitam sua casa fora de Medan, a capital de Sumatra do Norte, para comprar poções do amor e itens similares. Cada sacrifício seguiu o mesmo padrão: após cobrar de sua vítima uma taxa que variava de 200 a 400 dólares, Sudadji levava a confiante mulher a uma plantação de açúcar próxima, onde ele fazia um buraco e a enterrava até a cintura, supostamente como parte do ritual designado para assegurar a fidelidade do amante. Uma vez que a vítima estava imobilizada, Suradji então a estrangulava com um fio elétrico, bebia a saliva da vítima, desnudava o corpo e enterrava-o com a cabeça apontada para sua casa para canalizar os poderes místicos do espírito. Se algo saísse errado e as clientes interessadas fossem poucas, Suradji contrataria prostitutas e as assassinaria em seus lugarres.

Suradji ainda estava longe de seu objetivo de 70 vítimas em 28 de abril de 1997, quando três corpos foram encontrados na plantação e a polícia prendeu-o para interrogatório. Sob custódia, ele inicialmente confessou o assassinato de 16 pessoas durante os últimos cinco anos, mas uma pesquisa em sua casa revelou as roupas e itens pessoais ligados a 25 mulheres desaparecidas, e Suradji finalmente confessou um total de 42 assassinatos, no decorrer de 11 anos. Suas três esposas, todas irmãs, foram presas como cúmplices, mas duas foram depois liberadas, sendo apenas a mais velha — Tumini, de 38 anos — acusada após confessar seu papel nos crimes.

A polícia desenterrou 40 corpos na plantação, e as vítimas variavam de 12 a 30 anos de idade, e enquanto algumas 80 famílias locais relataram o desaparecimento de mulheres durante o período de violência de

Suradji, Ahmad e Tumini foram acusados de somente 42 casos de assassinato quando seu julgamento começou em 21 de dezembro de 1997. Nessa época, ambos os réus recontaram suas confissões, reclamando que foram torturados pela polícia, mas nenhuma negativa poderia explicar os corpos desenterrados próximo à casa de Suradji. Em 27 de abril de 1998, Suradji foi condenado e sentenciado à morte por pelotão de fuzilamento. Tumini foi também condenada e sentenciada à prisão perpétua. Os advogados de Suradji anunciaram que irão apelar de sua condenação.

SUTCLIFFE, Peter William

Um caminhoneiro de carga pesada e "assassino de prostitutas" que se mostrou, bastante, indiscriminado ao escolher suas vítimas, foi o "Estripador de Yorkshire" da Grã-Bretanha, Peter Sutcliffe. Enquanto residia em aparente harmonia com sua amada esposa — diagnosticada como esquizofrênica que passava o tempo em instituições —, Sutcliffe promoveu uma guerra de cinco anos contra a população feminina dos Distritos do norte da Inglaterra. Com seu martelo com um lado achatado e outro redondo, cinzel e outros tipos de implementos de matança, Sutcliffe confirmou um mínimo de 13 vítimas assassinadas e sete feridas. Além da contagem documentada de corpos, acredita-se que ele seja responsável por alguns dos outros assassinatos não resolvidos no continente europeu.

As raízes da raiva homicida de Sutcliffe são difíceis de se traçar. Sua família parece ter sido separada pela sombria suspeita, por parte de seu pai, de infidelidade pela mãe de Peter, e a opinião do menino sobre todas as mulheres pode ter sofrido na atmosfera de crescente dúvida. Quando jovem, ele encontrou trabalho em uma agência funerária local e estava inclinado a "pegar emprestadas" as joias dos corpos; em seus comentários, facilmente descartados como "brincadeiras" pelos companheiros de trabalho na época, existe um indício de desenvolvimento de necrofilia, mais perturbadora que a mancha de furto. Uma saída favorita para quem pretendia ser Estripador era um museu de cera local, onde se vagueava por horas sobre os torsos que retratavam os resultados de doença venérea grave. Antes de seu casamento, Sutcliffe frequentemente expressava seu temor de pegar uma "dose" de doenças venéreas em contato com as prostitutas de Leeds e Birmingham.

Os primeiros ataques de Sutcliffe a mulheres, em julho e agosto de 1975, foram sem sucesso. Ambas as vítimas conseguiram sobreviver aos golpes esmagadores do martelo em suas cabeças e aos golpes que ele infligiu em seus torsos após terem caído. Outubro foi um mês melhor para Peter: no dia 29, ele matou a prostituta Wilma McCann em Leeds e assim oficialmente começou o reino de terror do Estripador.

Pareceu não ter havido alguma programação para seus crimes. Em 20 de janeiro de 1976, a dona de casa e prostituta Emily Jackson foi atingida mortalmente em Leeds, e seu corpo prostrado apresentava 50 ferimentos de punhal. Sutcliffe não agiu novamente por um ano e um mês, atacando Irene Richardson, outra prostituta novamente em Leeds. Ele mudou-se para Bradford para o assassinato de Tina Atkinson, outra prostituta, encontrada morta em seu apartamento, mutilada após a morte.

Em 16 de junho, o Estripador atacou novamente, mas sua seleção de vítima fez o assassinato diferente, mais amedrontador para a população em geral. Aos 16 anos, Jane MacDonald era uma "inocente", perfeita menina da casa ao lado; abatida enquanto se dirigia à casa de parentes, quase à vista de casa. Seu assassinato colocou o Estripador em um plano diferente, imediatamente dando a notificação de que nenhuma menina ou mulher nos Distritos do norte estava segura.

Maureen Long foi agredida nas ruas de Bradfod em julho, mas sobreviveu aos golpes que Sutcliffe desferiu em sua cabeça. Em outubro, ele cruzou o Penines para assassinar Jean Jordan em Manchester, atingindo sua cabeça com 11 golpes de martelo, apunhalando-a 24 vezes após a morte. Enquanto ela não havia sido encontrada, depois de em uma semana, ele retornou para mudar o corpo e cortá-lo mais, tornando sua localização mais aparente para a polícia.

Em janeiro dc 1978, Sutcliffc assassinou uma prostituta chamada Helen Rytka na cidade de Huddersfield. Em abril de 1979, outra "inocente", Josephine Whittaker, de 19 anos, foi morta em Halifax. Uma servidora civil, Marguerite Walls, foi assassinada em Pudsley em agosto, e doze dias depois Sutcliffe assassinou a estudante de instituição coeducacional Bárbara Leach em Bradford.

Em meio à caçada, os investigadores de homicídios foram atrapalhados por uma fita escarnecedora e diversas cartas do "Estripador". Depois, com seu homem em custódia, eles souberam que todas eram brincadeiras, perpetradas por outra mente distorcida que achou liberação em lugar de ouro ao brincar com os detetives. Inúmeras horas foram perdidas pela polícia e por pesquisadores independentes, procurando um homem cuja caligrafia e o sotaque não tinham a menor similaridade com a de Sutcliffe. O charlatão responsável — suspeito de dois homicídios não relacionados — permanece à solta.

O Estripador teve duas vítimas quase perdidas em outubro e novembro, ferindo-as nas cidades de Leeds e Hudersfield. Ambas sobreviveriam aos ferimentos e Sutcliffe tirou um ano de férias antes de matar a estudante de instituição coeducacional Jacqueline Hill em Leeds em novembro de 1980. As últimas mutilações da vítima eram familiares à polícia, mas Sutcliffe também a apunhalou no olho, inseguro pelo "olhar reprovador" do corpo.

Em 2 de janeiro de 1981, a polícia prendeu Sutcliffe com uma prostituta em uma das diversas áreas que estavam sujeitas à vigilância por meio de buscas. Mesmo assim, os policiais quase o deixaram escorregar da rede ao sair de vista para urinar atrás de algum arbusto e ali jogando as armas incriminadoras que carregava sob sua jaqueta. Na delegacia, Sutcliffe finalmente rompeu, confessando tudo. Os detetives observaram que o sujeito parecia aliviado em ter todos atrás dele. Assim ele parecia, também, aos espectadores no tribunal, quando ele recebeu a condenação de prisão perpétua por 13 homicídios e diversas agressões. (O autor David Yallop, em *Deliver us from Evil* 1982, liga o Estripador a quatro assassinatos adicionais e sete agressões não fatais, incluindo os crimes na França e Suécia.) Da cabine do caminhão de Sutcliffe, os detetives recuperaram uma declaração escrita que parecia resumir o ponto de vista distorcido da vida:

Neste caminhão está um homem cujo gênio latente, se não liberado, abalaria a nação, cuja energia dinâmica excederia aqueles ao redor dele. Melhor deixá-lo dormir?

Logo após sua condenação, Sutcliffe foi examinado pelos psiquiatras da prisão e pronunciado insano, sendo transferido para o Hospital Broadmoor. Em 10 de março de 1997, ele foi atacado por outro interno homicida e apunhalado nos olhos. A cirurgia de emergência salvou a visão do olho direito, mas Sutcliffe ficou permanentemente cego do esquerdo.

TERRELL, Bobbie Sue

Nativa da pequena Woodlawn, Illinois, a futura "Anjo da morte" da Flórida cresceu acima do peso, míope e dolorosamente tímida. Quatro de seus sete irmãos sofriam de distrofia muscular, dois dos quais morreriam da doença antes de Bobbie Sue atingir seus trinta e poucos anos. As notas acima da média na escola foram a oposição pelo fervor religioso sincero que divertia ou embaraçava as colegas de classe de Bobbie. Somente na igreja ela brilhava, tocando órgão nos serviços de domingo e mostrando uma voz aguda ao cantar.

Formando-se na escola secundária em 1973, Bobbie Sue foi sem dúvida influenciada pela doença da família em sua escolha pela carreira de enfermeira. Em 1976, ela era uma enfermeira diplomada, pronta para tomar seu lugar na comunidade médica. Casada com Danny Dudley, pouco tempo depois Bobbie ficou desesperada ao saber que não poderia ter filhos. O casal adotou uma criança, mas seu casamento entrou em colapso quando o menino foi hospitalizado por uma *overdose* de drogas. Dudley acusou sua esposa de ter dado tranquilizantes ao menino, prescritos para sua própria esquizofrenia, uma acusação que levou Bobbie a ter retirada a custódia no divórcio.

Sozinha novamente, a saúde e o estado mental de Bobbie Sue declinaram rapidamente. Ela foi hospitalizada cinco vezes em pouco tempo — por tumores fibroides, no estômago, por histerectomia e remoção dos ovários, para cirurgia em um braço quebrado que deixou de se curar adequadamente, por problemas de bexiga irritada, úlceras e pneumonia. Bobbie voluntariamente submeteu-se ao hospital mental estadual, passando mais de um ano sob tratamento psiquiátrico. Na liberação, ela manteve diversos empregos de curto prazo em enfermagem antes de ser contratada para trabalhar em Hillview Manor, uma casa de saúde de Greenville, Illinois.

Não demorou muito tempo até que o pessoal em Hillview Manor começou a registrar eventos bizarros acerca de Bobbie Sue. Ela desmaiava frequentemente no trabalho sem causa aparente, e duas vezes ela intencionalmente cortou sua vagina com uma tesoura. O segundo ferimento requereu cirurgia de emergência no Hospital Barnes em St. Louis, onde Bobbie disse a um conselheiro que se apunhalou por raiva e frustração em virtude de sua infertilidade.

Dispensada de seu trabalho na casa de saúde, Bobbie Sue mudou-se para St. Petersburg em julho de 1984, obtendo uma licença de enfermagem na Flórida no mês de agosto. Mudando de um emprego para outro na área de Tampa Bay, ela ainda estava obstinada por misteriosas indisposições, incluindo um surto de sangramento retal que a levou a uma colostomia de emergência. Apesar de tudo, em outubro ela estava empregada como supervisora de turno no Centro de Saúde North Horizon em St. Petersburg, designada para trabalhar das 23 às 7 horas.

Com Bobbie Sue encarregada do "turno de cemitério" de altas horas, isso logo correspondeu às expectativas de seu sinistro apelido. Aggie Marsh, 97 anos, foi a primeira a morrer, em 13 de novembro de 1984. A idade avançada fez sua morte parecer comum, mas as questões foram levantadas alguns dias depois, quando Anna Larson, 94 anos, quase morreu de uma *overdose* de insulina. O enigma: a Sra. Larson não era diabética, a insulina era mantida em um gabinete trancado e a enfermeira Dudley era quem tinha a única chave. Apesar disso, a questão não foi seriamente investigada.

O terrível tributo continuou. Em 23 de novembro, Leathy McKnight, 85 anos, morreu de uma *overdose* de insulina no turno de Dudley; na mesma noite, um fogo inexplicado começou em um armário de roupas de cama, com suspeita de incêndio criminoso. Outras duas pacientes, Mary Cartwright, 79 anos, e Stella Bradham, 85 anos, morreram na noite de 25 de novembro. No dia seguinte, a segunda-feira denominada o Holocausto, pelos funcionários preocupados, cinco pacientes mais morreram em rápida sucessão.

O assunto continuou de mal a pior, surgindo um telefonema anônimo para a casa de saúde, com uma voz de mulher murmurando que cinco pacientes haviam sido assassinados em suas camas. A polícia foi chamada para North Horizon que na madrugada de 27 de novembro, encontrando a enfermeira Dudley com um ferimento de punhal em seu lado. Bobbie Sue acusou um vagabundo pela agressão, e os detetives ficaram também preocupados pelos relatórios de 12 pacientes mortos nos últimos 13 dias.

Uma investigação total foi lançada, levando à demissão de Bobbie Sue em dezembro, de "pelo bem do setor". Quando ela registrou uma reclamação de 22 mil dólares para a remuneração do trabalhador baseada em seu ferimento de punhal, o hospital opôs com relatórios do psiquiatra mostrando Dudley como uma "esquizofrênica na linha limite", que sofria da síndrome de Munchausen (uma doença mental caracterizada por falsas reclamações de doença e ferimentos autoinfligidos). Os relatórios de automutilação de Bobbie em Illinois foram obtidos, e sua reclamação foi rejeitada.

Em 31 de janeiro de 1985, Dudley entrou no hospital do Distrito de Pinellas para tratamento médico e psiquiátrico. Nessa época, ela já era a suspeita principal em diversas mortes em North Horizon, e os detetives obtiveram ordens para a exumação de nove pacientes — incluindo os corpos enterrados no Wisconsin, Pensilvânia e Texas. Bobbie Sue ainda estava hospitalizada em 12 de fevereiro, quando o Departamento de Regulamentação Profissional da Flórida emitiu uma ordem de emergência suspendendo sua licença como enfermeira. O porta-voz do DPR pediu depois ao Conselho de Enfermagem do Estado a ordem de revogação permanente, chamando Dudley de "um perigo imediato e sério para a saúde, segurança e bem-estar públicos".

Bobbie Sue exigiu uma audiência formal e, enquanto aguardava seu dia no tribunal, casou-se com Ron Terrel, 38 anos, um encanador de Tampa. O casamento deixou de arrumar o assunto no que se referia aos problemas mentais de Bobbie, e ela logo se encontrou em outra enfermaria psiquiátrica, dessa vez submetida contra sua vontade. Ela ainda estava ali, quando o Conselho de Enfermagem anunciou uma suspensão de cinco anos de sua licença, com a reinclusão condicional após o tratamento psiquiátrico bem-sucedido.

A licença tornou-se um dos menores problemas de Bobbie em 17 de março, quando ela foi formalmente acusada de tentativa de assassinato de Ann Larson em novembro de 1984. Os oficiais de detenção encontraram os Terrell vivendo em uma tenda ao lado da estrada, recentemente despejados de seu pequeno apartamento, mas uma busca na residência anterior revelou evidência suficiente para apoiar os indiciamentos em quatro casos de assassinato doloso. Bobbie Sue foi detida sem fiança para aguardar o julgamento nas mortes de Aggie Marsh, Leathy McKnight, Stella Bradham e Mary Cartwright.

Esse julgamento foi programado para começar em 20 de outubro de 1985, mas as manobras legais e os testes psiquiátricos repetidamente postergaram a data de início. Por fim, em fevereiro de 1988, Bobbie Sue admitiu a culpa para reduzir as acusações de assassinato doloso simples e foi sentenciada a uma pena de 60 anos de prisão.

Veja também: ASSASSINATOS MÉDICOS

TINNING, Marybeth Roe

Para uma mãe devotada, Marybeth Tinning parecia não ter sorte na criação dos filhos: em 13 anos, de 1972 a 1985, ela perdeu nove bebês em Schenectady, Nova York. A polícia depois acusaria que oito desses foram deliberadamente mortos por MOTIVOS tão bizarros que eles desafiam a credibilidade.

O primeiro a partir foi a filha Jennifer, com apenas oito dias, quando morreu em 3 de janeiro de 1972. Uma necropsia relatou a causa da morte como uma meningite aguda, e o bebê nunca deixou o Hospital de St. Clare após seu nascimento. As autoridades consideraram sua morte o único caso acima de qualquer suspeita. Podemos nunca saber se as ondas de choque emocional foram acionadas na mente de Marybeth Tinning pela morte de sua filha recém-nascida, mas uma de suas crianças logo se uniu à lista de óbitos.

Menos de três semanas depois, em 20 de janeiro, Joseph Tinning, de dois anos, foi declarado morto na chegada ao Hospital Ellis em Schnectady. Os médicos atribuíram sua morte uma infecção viral e "transtornos por ataque", mas nenhuma necropsia foi realizada para verificar tais descobertas. Bárbara Tinning, 4 anos, morreu seis semanas depois, em 20 de março, e os médicos da necropsia, na falta de uma causa óbvia da morte, atribuíram seu falecimento a "ataque cardíaco". A morte de Bárbara foi a primeira relatada à polícia, mas os oficiais fecharam seu registro no caso após uma breve conversa com os médicos do hospital.

E as mortes continuaram.

Quando Timothy, de duas semanas, morreu, no Hospital Ellis, os médicos uma vez mais incapazes de determinar a causa, listaram o caso sob o genérico SÍNDROME DE MORTE SÚBITA INFANTIL (SMS). Em 2 de setembro de 1975, Nathan Tinning morreu aos cinco meses; uma necropsia diagnosticou seu caso como "edema pulmonar". Novamente a, SMSI foi apontada em 2 de fevereiro de 1979, quando Mary Tinning morreu, seis meses após seu terceiro aniversário, mas nenhuma causa jamais foi determinada na morte de Jonathan, com três meses, em 24 de março de 1980. Michael Tinning, 3 anos, ainda estava no processo de ser adotado, quando foi levado às pressas para o Hospital St. Clare, em 2 de agosto de 1981. Os médicos não puderam salvar sua vida, e enquanto observaram sua morte com "algum nível de suspeita", a causa foi relacionada à pneumonia brônquica.

As questões reais começaram em 20 de dezembro de 1985, quando Tammi Lynne Tinning, de três meses, foi encontrada inconsciente na cama, o sangue manchando seu travesseiro. Levada às pressas ao Hospital St. Clare, ela estava além de qualquer ajuda, e embora os médicos atribuíssem sua morte à SMSI, eles também telefonaram para a delegacia de polícia. Uma investigação levou à prisão de Marybeth Tinning em 4 de fevereiro de 1986, após ela confessar ter pressionado o travesseiro no rosto de Tammi Lynne quando fez manha, "exasperou-se e chorou". Sob custódia, ela também confessou o assassinato de Timothy e Nathan, mas negou firmemente ter matado quaisquer dos outros. "Eu os sufoquei com um travesseiro", ela disse aos detetives, "pois não sou uma boa mãe".

De fato, os psiquiatras decidiram que o problema era mais profundo do que aparentava. Marybeth Tinning foi diagnosticada com uma doença chamada SÍNDROME DE MUNCHAUSEN POR PROCURAÇÃO, na qual pessoas responsáveis pelo cuidado de crianças, inválidos e assim por diante, algumas vezes procuram a atenção ferindo aqueles sob seus cuidados. Os amigos e parentes relembraram Marybeth envaidecida nos funerais, aquecendo-se sob o holofote da compaixão, desempenhando completamente seu papel de mãe lamuriosa. Sugeriu-se que a expansão de condolências seguindo-se à morte de seu primeiro bebê em 1972 tornou-se um vício, levando Marybeth a matar uma criança após a outra, perseguindo a "dose" de compaixão que almejava.

Em 17 de julho de 1987, Tinning foi condenada por homicídio doloso simples na morte de Tammi Lynne, mas os jurados absolveram-na de assassinato "deliberado" da criança, acusando-a em grau menor de homicídio pela sua "depravada indiferença pela vida humana". Foi um veredicto de acomodação — mais de compaixão para Marybeth —, mas ela recebeu uma condenação de prisão de 20 anos à prisão perpétua. O marido, Joseph Tinning, pareceu desconcertado pelo caso todo. Nas entrevistas aos jornais, ele admitiu uma suspeita ocasional de sua esposa, mas conseguiu colocá-la de lado. "Você deve confiar em sua esposa", ele disse. "Ela tem suas coisas para fazer; considerando que ela o faça, você não deve fazer perguntas."

TOOLE, Ottis Elwood

Nativo de Jacksonville, Flórida, Toole nasceu em 5 de março de 1947. Seu pai alcoólatra logo partiu para lugares desconhecidos, deixando Toole aos cuidados de uma fanática mãe religiosa e de uma irmã que o vestia com roupas de menina para "brincar". A confusão de Toole foi exacerbada por sua avó, uma suposta satanista, que acusava Ottis de "a criança do demônio" e algumas vezes o levava para percorrer cemitérios que rendiam partes de corpos humanos para uso em suas poções "mágicas". Toole fugiu de casa repetidas vezes, mas sempre voltava. Ele sofreu de ataques e satisfação distorcida em colocar

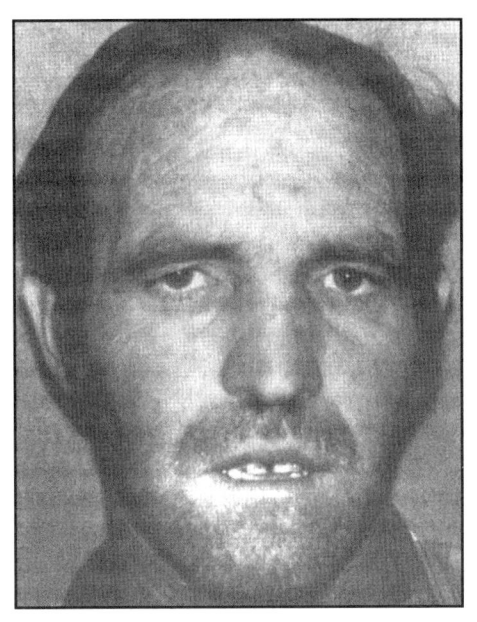

Ottis Toole

fogo em casas vazias nas vizinhanças. Interrogado depois sobre sua escolha de alvos, Toole replicou: "Apenas odiava vê-las ali".

Por sua própria admissão, Toole cometeu seu primeiro assassinato aos 14 anos. A vítima, um vendedor viajante, pegou-o fora da cidade e levou-o até a floresta para sexo. Posteriormente, Toole "ficou nervoso" e atropelou-o com seu próprio carro.

Classificado como retardado, com um QI de 75, Toole abandonou a escola no oitavo ano. Sua primeira prisão, por roubo, foi feita em agosto de 1964, e outras se seguiram, construindo uma ficha corrida cheia de acusações de pequenos roubos e comportamento lascivo. Ele se casou por pouco tempo, mas sua esposa partiu após três dias, repelida pela homossexualidade evidente de Toole. Em 1974, Toole estava vagueando e passeando pelos Estados do oeste em uma velha caminhonete. Conhecidos nada imaginaram, mas a evidência posterior sugeriu que ele pudesse ter feito pelo menos quatro vítimas em um período de seis meses.

A polícia suspeita de Toole na morte de Patrícia Webb, 24 anos, atingida por um tiro em Lincoln, Nebraska, em 18 de abril de 1974. Cinco meses depois, em 19 de setembro, um atirador solitário invadiu uma sala de massagem em Colorado Springs; a empregada Yon Lee foi apunhalada, sua garganta foi cortada, depois o agressor moveu-se para estuprar, atirar e apunhalar a auxiliar Sun Ok Cousin. Ambas as mulheres foram queimadas, mas Lee sobreviveu para descrever seu assaltante como bem barbeado, cerca de 1,98 metro e 88,5 quilos, dirigindo uma caminhonete branca. A polícia, por razões ainda não esclarecidas, prendeu — e finalmente condenou — Park Estep, um soldado com bigode, que tinha 1,77 metro e pesava cerca de 68 quilos apenas, e possuía uma caminhonete vermelha. Enquanto isso, em 10 de outubro, Ellen Holman, 31 anos, foi raptada em Pueblo, Colorado, atingida por três tiros na cabeça, e jogada próximo à fronteira de Oklahoma. Os investigadores de homicídios então acreditam que Toole também tenha puxado o gatilho nesse crime.

Dois anos depois, Toole conheceu o assassino HENRY LUCAS em uma rede de restaurantes que servia canja de galinha em Jacksonville, levando-o para casa para uma bebida à noite, conversas e sexo. Os homens tinham muito em comum, compartilhando memórias de assassinatos, aguardando um tempo para que pudessem caçar juntos. Em 1983, de acordo com a polícia, eles tinham atravessado o continente diversas vezes, aniquilando vítimas aleatoriamente em um passo vertiginoso.

Em 14 de janeiro de 1977, Toole surpreendeu os parentes ao se casar com uma mulher 24 anos mais velha. O relacionamento foi curioso desde o primeiro dia, e Novella Toole logo achou-se compartilhando Ottis com Henry Lucas e outros estranhos. Poucos dias depois do casamento, ela disse: "ele me disse que ficava muito nervoso, especialmente se não pudesse ter um homem. Ele ficava furioso, ele disse, e assim não podia ficar excitado com uma mulher". Eles separaram-se em 1978. Lucas e Toole mudaram-se para a casa da mãe de Toole, dividindo o quarto com a irmã Drusila Powell e seus filhos, Frank e Frieda.

Os amigos e confidentes homicidas encontraram trabalho em Jacksonville em uma empresa de telhado, Southeast Color Coat, mas a gerente do escritório, Eileen Knight, lembra-se de que eles desapareciam frequentemente, algumas vezes por semanas a fio. "Ottis vinha e partia", ela disse aos jornalistas de Jacksonville. "Podíamos contratá-lo sempre que retornasse pois era um bom trabalhador". A inquilina de Toole, Betty Goodyear, disse sobre Ottis e Henry: "Eles saíam da cidade, sempre desaparecendo. Tudo com que [Toole] se preocupava era um carro velho. Acho que o estavam usando para roubar as pessoas, pois sempre pareciam ter muito dinheiro". Durante o caminho, Toole supostamente introduziu Lucas no culto satânico "Mãos da Morte", que raptava crianças, praticava sacrifício humano e rodava filmes de morte em um rancho secreto no México.

A mãe de Toole morreu em maio de 1981, após uma cirurgia e a perda o atingiu intensamente. Ottis vagueava pelo cemitério algumas vezes à noite, deitando-se no chão ao lado de seu túmulo, supostamente sentindo a terra mover-se sob ele. Pouco tempo depois, a irmã Drusila morreu de uma *overdose* de drogas, o que foi considerado um provável suicídio, e seus filhos foram enviados para casas juvenis. Sozinho finalmente, com Lucas longe ou na cadeia, Toole deprimiu-se, bebendo muito e começando o consumo de pílulas. Foi nessa época — em 27 de julho — que Adam Walsh, de 6 anos, desapareceu de um Shopping *center* em Hollywood, Flórida, e sua cabeça cortada foi depois encontrada em um canal de Vero Beach, em 10 de agosto.

Lucas retornou em outubro, dispensado da cadeia em Maryland, e juntos, os homens planejaram a fuga de Frieda Powell de uma casa juvenil no Distrito de Polk. Em janeiro de 1982, as autoridades estavam procurando a menina em Jacksonville, e ela fugiu para o oeste com Lucas. Eles tinham saído dois dias antes de Toole saber da partida, e ele entrou em "seu próprio mundo", andando e murmurando sobre a traição de Henry. Ele perambulou para esquecer e assassinou pelo caminho, segundo informações, fazendo nove vítimas em seis Estados entre janeiro de 1982 e fevereiro de 1983.

Nos dias 23 e 31 de maio de 1983, duas casas foram queimadas na vizinhança de Toole, em Jacksonville. Os cúmplices adolescentes apontaram Toole em 6 de junho, e ele livremente confessou ter causado cerca de 40 incêndios durante as últimas duas décadas. Condenado em INCÊNDIO CRIMINOSO doloso simples em 5 de agosto. Ele recebeu uma pena de 20 anos na prisão.

Nessa época, Lucas estava cantando no Texas, e Toole apoiou seu sócio com mais confissões. As declarações de Toole "liberaram" 25 assassinatos em 11 Estados, e ele admitiu ter participado com Lucas em outros 108 homicídios. Um canibal praticante, Toole também mostrou indícios de seu interesse em satanismo, mas parou pouco antes de nomear os supostos companheiros de culto.

Em 21 de outubro de 1983, Toole confessou o assassinato de Adam Walsh, surpreendendo o chefe assistente de Polícia Leroy Hessler, com detalhes que eram "terrivelmente difíceis de acreditar". Como Hessler disse à mídia: "Existem certos detalhes que somente ele pode saber. Ele o fez. Tenho os detalhes que ninguém mais teria. Ele me convenceu". Apesar desse endosso, os oficiais reverteram sua posição algumas semanas depois, emitindo declarações que Toole não era "mais suspeito" no crime.

Outro caso problemático referia-se a 1974 e à mortandade em Colorado Springs. Toole confessou sobre o ataque na sala de massagem em setembro de 1984, novamente fornecendo detalhes do crime, mas os promotores embaraçados rapidamente montaram seu contra-ataque. Após horas de interrogatório hostil, Toole jogou a toalha. "*Okay*", ele disse às autoridades, "se vocês dizem que não a matei, pode ser que não o tenha feito". (Em um compromisso estranho e não satisfatório, Park Estep foi depois liberado — em sua oferta de condicional —, embora seu nome não o fosse formalmente liberado. A mostra curiosa de misericórdia pela comissão de condicional do Colorado convenceu alguns observadores de que o Estado aceitou a culpa de Toole, mas se recusou a publicamente reconhecer um erro.)

Em 28 de abril de 1984, Toole foi condenado em Jacksonville por atear o fogo que matou George Sonnenberg, de 64 anos, em janeiro de 1982. Sentenciado à morte por esse crime, ele foi indiciado um mês depois pelo assassinato de Ada Johnson, de 19 anos, em Tallahassee, em fevereiro de 1983. A condenação nessa acusação trouxe uma segunda sentença de morte, mas ambas foram comutadas para prisão perpétua na apelação. Em 1991, Toole admitiu a culpa em quatro outros assassinatos na Flórida, recebendo supérfluas quatro novas sentenças de prisão perpétua. A polícia em Hollywood, Flórida, estava revendo o caso de Adam Walsh, quando Toole morreu de cirrose em setembro de 1996, e as autoridades ficaram embaraçadas ao saber que todos os indícios de evidência crítica de DNA tinham desaparecido de seus arquivos. O caso permanece oficialmente sem solução, embora os pais de Adams (e um número de investigadores da polícia) estejam convencidos da culpa de Toole.

Ironicamente, o nome de Toole é raramente mencionado na confissão controversa de Henry Lucas e sua mudança de ideia posterior em abril de 1985. Nenhum esforço foi feito para desafiar o envolvimento de

Toole em pelo menos uma série de homicídios de costa a costa, também tido como certo, considerando seu diálogo com Lucas, gravado pelos Rangers do Texas em novembro de 1983.

TOOLE: *Lembra aquela época em que eu disse que queria algumas costelas? Fazer isto me torna um canibal?*

LUCAS: *Você não era um canibal. É a força do demônio; algo nos forçou tanto a isso que não podemos mudar. Não existe razão para negar no que nos tornamos. Sabemos o que somos.*

TOOLE: *Lembra como gostei de tirar sangue deles?*

LUCAS: *Ottis, você e eu nos tornamos algo que as pessoas olham como um animal. Não existe uma forma de mudar o que fizemos, mas podemos parar isto e não permitir que outras pessoas se tornem o que nos tornamos. E a única forma de fazê-lo é por meio da honestidade.*

TRAUMA da Infância como Precursor de Assassinato em Série

Antes que os médicos possam erradicar uma praga, as fontes de contágio devem ser reconhecidas e entendidas. O mesmo acontece com o comportamento aberrante de uma parte dos seres humanos. Pode não haver cura sem um reconhecimento da causa. O que motiva um homem ou uma mulher a adotar um estilo de vida predatório, apunhalando presas humanas por motivos que podem ser incompreensíveis a outros? Estes monstros nascem com seus instintos assassinos totais, SEMENTES RUINS com um insaciável gosto genético por sangue, ou são formados e educados durante um período? Se determinarmos como esses predadores são formados, é possível romper o processo tão cedo a ponto de consiguirmos salvar suas vidas e daqueles que irão consequentemente destruir?

É incomum para os "especialistas" psiquiátricos concordarem em algo além das generalidades vagas, mas uma revisão da literatura atual sugere a proclamação da unanimidade no significado da saúde mental e física de um adulto desde a tenra infância. O elemento crucial é diferentemente denominado "vinculativo" e "anexo" e refere-se à conexão emocional formada entre a criança e seus pais, iniciada praticamente a partir do momento de seu nascimento. Esse vínculo é atingido por estágios e, enquanto os especialistas discordam sobre quanto tempo é necessário para completar o processo — estimativas publicadas variam de duas semanas a seis anos —, todos concordam que a ruptura do vínculo pode produzir uma criança (ou adulto) incapaz de sentimentos de compaixão, afeição ou remorso. Como escreve a pediatra Selma Fraiberg em *Every Child's Birthright* (1977), "se tomarmos a evidência seriamente, devemos olhar para o bebê privado de companheiros humanos como um bebê em perigo mortal. Estes são bebês roubados de sua humanidade".

O pior cenário, a separação, pode produzir um indivíduo que sofre de transtornos de personalidade anti-social (TRA). Tendo sido comumente descritos como "psicopatas", esses indivíduos são então mais frequentemente denominados "sociopatas" para distinguirem sua aflição da condição separada — e mais grave — de psicose. Em essência, enquanto houver graus de gravidade relativa de TRA, suas vítimas são essencialmente destituídas de consciência: elas são mentirosas crônicas, trapaceiras e ladras, autocentradas, frequentemente incapazes de empatia com outros seres humanos. Algumas "se ajustam" e conseguem viver suas vidas com o que um psiquiatra chama de "MÁSCARA DE SANTIDADE" — como homens de negócios astutos, políticos "espertos" e similares. Mas para outros indivíduos, as mentiras e roubos insignificantes da infância levam à carreira criminosa vitalícia, e alguns desses são pouco mais que predadores brutais na forma humana.

Em alguns casos, o trauma começa na gestação, com os danos críticos incorridos pelo feto a partir do momento da concepção. A má nutrição durante a gravidez, por exemplo, pode resultar em desenvolvimento anormal do cérebro, especialmente com as mães na adolescência e gravidez de risco. Da mesma forma, o alcoolismo ou abuso de drogas pelas mães é outro perigo para o desenvolvimento fetal; estudos recentes sugerem que o uso habitual de cocaína pode também danificar o código genético do esperma. Afora os defeitos físicos de nascimento, é mais provável que os filhos de alcoólatras e viciados entrem no mundo com danos cerebrais ou do sistema nervoso, limitando a capacidade da criança — e do futuro adulto — de controlar o comportamento violento e impulsivo. Na verdade, parece, a partir dos estudos modernos, que mesmo uma gravidez não desejada ou infeliz, sem danos físicos, pode colocar em perigo o futuro de uma criança em gestação, à medida que a ansiedade materna resulta em secreção de hormônios prejudiciais ao feto.

O ambiente entra no momento do parto e nada quebra o ciclo vinculativo da infância quanto ao abandono dos pais. Conforme observado pelo autor John Bowlby (*The Making and Breaking of Affectional Bonds*[1979]), "Em psicopatas, a incidência de ilegitimidade e a mudança de uma criança de um 'lar' para outro é alta. Não é por acaso que [Ian] Brady, dos assassinos 'Moors', seja um deles".

Nesse sentido, as crianças entregues aos cuidados de tutela ou sistema de adoção podem ter mais sorte que alguns que ficam em casa. As famílias em disfunção são os cadinhos em potencial do crime, conforme indicado pelo estudo de três anos do FBI sobre 36 assassinos de motivação sexual, incluindo 29 com vítimas múltiplas. Quanto à amostragem do FBI questionando as histórias das famílias dos assassinos, 69% dessas relataram histórias de abuso por álcool; 53% relacionaram parentes com problemas psiquiátricos; 50% observaram histórias criminais de abuso familiar de drogas. O estudo do FBI apontou determinados fatores comuns na vida inicial dos assassinos, incluindo: (1) trauma, frequentemente na forma de abuso físico ou sexual; (2) desenvolvimento de falta de apoio a partir do trauma e (3) falha interpessoal por parte dos adultos responsáveis para servirem como modelos com papel positivo para a criança.

Alguns traumas da infância podem ser acidentais e vários *serial killers* relatam histórias de infância de ferimentos graves na cabeça. Mais frequentemente, entretanto, os danos sofridos por futuros criminosos são deliberadamente infligidos durante seus anos de formação que o contrário. Quando o FBI questionou sua amostragem de assassinos reclusos, 42% relataram incidentes de abuso físico na infância, enquanto 74% possuíam memórias de abuso psicológico; 43% daqueles pesquisados relataram incidentes de abuso sexual; e 28% tinham histórias médicas de ferimento ou doença sexual. Esmagadores 73% relataram o envolvimento na infância em "eventos" não especificados "estressantes sexualmente". Nesse contexto, é curioso — talvez instrutivo — observar que é sabido que pelo menos sete *serial killers* masculinos foram vestidos como meninas durante a infância por seus pais ou adultos responsáveis. Dois desses HENRY LUCAS e CHARLES MANSON — foram, na verdade, enviados para a escola em roupas femininas como uma forma bizarra de "lição" ou punição.

O abuso na infância frequentemente resulta em isolamento social, incapacidade de aprendizado (47% dos assassinos pesquisados pelo FBI abandonaram o ensino médio) sintomas de impedimento neurológico (29% sofriam de dores de cabeça constantes; 19% estavam sujeitos a convulsões); problemas com autoridade ou autocontrole;

atividade sexual precoce ou bizarra; abuso de substâncias; mesmo comportamento autodestrutivo. Em todos, o tema recorrente de abuso e trauma na infância entre os criminosos — e "assassinos por recreação" em particular — serve como evidência persuasiva de que os assassinos em série são feitos, não nascidos.

TROFÉUS e *Souvenirs* mantidos por Serial killers

Há muito foi reconhecido que alguns assassinos, especialmente aqueles dirigidos por MOTIVOS sexuais e sádicos, retêm objetos pessoais de suas vítimas como lembranças do evento. Nesses casos, os analistas do FBI fazem distinção entre *troféus* (colecionados por ASSASSINOS ORGANIZADOS para comemorar uma caçada bem-sucedida) e *souvenirs* (mantidos por ASSASSINOS DESORGANIZADOS como combustível de suas fantasias); mas como os itens e seus métodos de coleção são idênticos, a distinção é amplamente semântica.

Os itens coletados por assassinos seriais variam de comuns — fotografias, carteira de motorista, joias ou alguma peça de roupa — a estranhos e bizarros, incluindo partes amputadas do corpo. O autor Joel Norris denomina esse comportamento como uma "fase de totem" de assassinato serial, em que os assassinos se prendem a símbolos de seus triunfos momentâneos, esperando prolongar a satisfação que os livra da realidade. Outros assassinos atingem o mesmo resultado seguindo seus casos na mídia, guardando artigos da imprensa ou colocando seus pensamentos em um diário, até mesmos revisitando as cenas do crime, apesar de correrem risco.

Por desvio excessivo, nenhum caso até hoje atingiu a casa de horrores de Wisconsin de ED GEIN — com as cabeças montadas em pilares, faces esfoladas pendendo das paredes e móbiles oscilantes feitos de partes de corpo feminino —, mas os

serial killers não mostram finalidade na variedade de sua seleção. JEROME BRUDOS fotografava suas vítimas e preservava um dos seios como um peso de papel. O canibal Stanley Baker levou os ossos de articulações de uma vítima em um bolso de seu cinto, enquanto Alex Mengel escalpelou uma mulher e usava seu cabelo como um disfarce em sua nova tentativa de rapto. Os sádicos LAURENCE BITTAKER e Ian Brady recordavam os gritos de suas vítimas atormentadas enquanto LEONARD LAKE e outros preservaram seus crimes em videoteipe. No Egito, um BARBA AZUL prolífico pego em abril de 1920 mantinha as cabeças de 20 mulheres em sua casa.

Um aspecto interessante (se não inconclusivo) da pesquisa do FBI sugere que os atiradores aleatórios são mais inclinados a determinados tipos de comportamento de acompanhamento que os assassinos diretos. Os analistas do FBI dividem seus sujeitos cativos em dois grupos, um para assassinos que usam exclusivamente armas de fogo, e outro limitado aos assassinos com preferência por instrumentos afiados ou de corte. Oitenta e dois por cento dos atiradores admitiram seguir seus casos na imprensa, enquanto somente 50% dos assassinos diretos estavam interessados. Dos atiradores, 64% guardavam artigos sobre si mesmos e 56% mantinham diários, contra 26% de principiantes e *"shacker"* em ambas as questões. Vinte e dois por cento dos atiradores fotografaram suas vítimas, enquanto somente 11% dos assassinos manuais portavam máquinas fotográficas. Os atiradores foram também marginalmente mais suscetíveis de revistar as cenas dos crimes, 44% a 34%, mas nenhuma diferença significativa foi vista para colecionar os troféus físicos. Os porta-vozes do FBI pararam logo de tirar conclusões de seus dados, mas a lógica dita que os atiradores buscam reafirmação de seus crimes, pois atirar é um ato mais remoto, no qual o contato físico —

e assim, satisfação — do espancamento, do ato de apunhalar e estrangular suas vítimas mortalmente.

Veja também: MODUS OPERANDI; ARMAS

TRAVESTIS e Assassinato em série

Enquanto frequentemente usado como um dispositivo do enredo de FILMES E FICÇÃO da retratação de homicídio em série (*Psycho, Dressed to Kill, Silêncio dos Inocentes, etc.*), o ato de o adulto tranvestir-se é raro entre os *serial killers*. OTTIS TOOLE algumas vezes vestia-se com roupas femininas enquanto cantarolava em bares gays para encontros de uma noite, mas quando matava — frequentemente sem consideração quanto ao sexo —, ele não adotava disfarce, provavelmente tanto para decapitar uma criança, depreciar alguém pedindo carona, como para apunhalar algum amante casual.

Talvez, ironicamente, o momento em que travestir-se afeta a vida de alguns *serial killers* do sexo masculino é na infância, quando eles não têm nenhuma escolha. De fato, vale a pena notar que sete assassinos sexuais sem relação foram submetidos a trauma idêntico de se travestirem compulsoriamente durante seus anos de formação. Em cada caso, exceto um, a fantasia foi orquestrada pelo parente do sexo feminino ou guardiã, e, enquanto seus motivos declarados variavam, os resultados foram consistentes de forma impressionante.

Uma exceção à regra de tormento por uma figura materna brutal foi CHARLES MANSON, enviado para a escola de 1º grau usando uma roupa de sua tia, com o aviso sábio que o ensinaria "como lutar e ser um homem". HENRY LUCAS também foi enviado à escola de saias e belos cachos até os administradores registrarem medidas cautelares para impedir sua mãe de abusar dele em público. É curioso (e possivelmente irrelevante) que tanto Manson como Lucas sofreram seus tormentos peculiares na Virgínia no início da década de 1940. Mais ao sul e dez anos depois, Ottis Toole foi vestido com saia e laços por uma irmã mais velha, que o tratava como uma "boneca" viva (quando adulto, ironicamente, ele se juntou a Lucas para assassinato ativo que se estendeu pelo continente). Na Califórnia, CAROL COLE foi forçado a se vestir como "a menininha da mamãe" enquanto servia café para as amigas de sua mãe. Ainda outro californiano GORDON NORTHCOTT foi vestido habitualmente como uma menina por sua mãe mentalmente desequilibrada até os 16 anos. Uma perversa madrasta foi a culpada no caso de Rodney Beeler: sua "punição" favorita, vesti-lo como menina, produzindo um estuprador em série então sentenciado à morte por um homicídio que as autoridades da Califórnia podem provar. E longe dali, no Equador, o assassino de crianças Daniel Barbosa amargamente relembra a forma com que sua mãe o vestia, como uma menina, para "mantê-lo longe de problemas" no bairro desleixado onde viviam.

As crianças sujeitas a traumas desse tipo são candidatas básicas para a confusão quanto ao sexo e rompimento do "mapa cognitivo" que determina padrões de pensamentos futuros, idealmente fornecendo o controle de emoções e ligando o indivíduo a seu ambiente social. Nesses casos mencionados, cada sujeito atingiu a maioridade com diferentes idiossincrasias de personalidade, mas todos foram propensos à violência súbita e imprevisível. Toole e Northcott eram abertamente gays, o primeiro matando indiscriminadamente enquanto o último caçava exclusivamente meninos. Lucas foi outro assassino indiscriminado, embora favorecesse vítimas femininas. Manson foi um criminoso de carreira de linha dura; especializou-se em roubo de carro, e a prisão perpétua antes de uma condicional indesejável o impulsionou para a cultura de drogas na década de 1960, com um jovem fugitivo pronto para a colheita. Após um assassinato impulsivo na infância, Cole restringiu seus homicídios a mulheres que faziam lembrar de sua mãe bêbada e adúltera. Barbosa, por seu lado, matou crianças — mais de 70 no total —, preferindo uma faca para cortar cana como sua arma preferida.

Veja também: TRAUMA NA INFÂNCIA; SINAIS DE AVISO

TUGGLE, Debra Sue

O caso de Debra Tuggle exemplifica perfeitamente como os buracos no "sistema" podem permitir que determinados assassinos perambulem à solta por anos. Como um dos predadores mais raros — uma mulher negra *serial killer* de crianças —, ela caiu nas fendas de uma rede governamental projetada para proteger aqueles que ela matava, confirmando pelo menos cinco vítimas antes de ser levada à face da justiça. Infelizmente, mesmo quando seus crimes foram revelados, as próprias agências que poderiam parar sua atividade de assassinatos uma década mais cedo estavam mais preocupadas com a má publicidade que com as vidas humanas.

Voltando a fita é fácil declarar que nunca teria sido permitido a Debra Tuggle ter uma criança, muito menos cinco, que ela finalmente teve de diferentes pais em 11 anos. Ela claramente não tinha aptidão para a maternidade, mas existiu algo mais trabalhando na mente de Tuggle, além da mera raiva ou aborrecimento com o enfadonho papel maternal: um "algo" obscuro e mortal que a compelia a eliminar as vidas que trouxe ao mundo.

A primeira criança de Debra, William Henry nasceu em 1972. um ano e meio depois, ele teve um meio-irmão, Thomas Bates, e a pressão de criá-los estava crescendo em Debra, empurrando-a para o limite. Ambas as crianças morreram subitamente em 1974, Thomas com apenas dois meses, William, três meses antes de seu segundo aniversário. Os médicos em Little Rock, Arkansas, cidade natal de Debra, tiveram compaixão da situação lamentosa da mãe. Na ausência de sintomas, eles colocaram a morte de William como pneumonia, listando Thomas como vítima de SÍNDROME DE MORTE SÚBITA INFANTIL (SIDS).

O terceiro filho, Ronald Johnson, tinha 9 meses quando subitamente parou de respirar em 1976. Novamente, a face pública lamentosa de Debra foi convincente; uma vez mais, a SIDS foi responsável pela morte. Dois anos depois, Tuggle deu um tiro em seu abdômen, em uma tentativa aparente de suicídio, e foi rapidamente submetida a um hospital estadual para tratamento. Os médicos consideraram-na "curada" e ela estava nas ruas a tempo de ter e matar seu quarto filho — Terranz Tuggle — em Malvern, Arkansas, em 1979. Até onde os médicos em Malvern puderam determinar, era simplesmente mais uma morte relacionada à SMSI.

Por toda a sua aversão a crianças, Debra parecia gostar de homens e sexo. Gravitando de volta a Little Rock, ela conheceu George Paxton, dez anos mais velho, em um encontro às escuras. Eles se relacionaram imediatamente e no início de 1982 Paxton pediu a Tuggle para dividir sua casa. Se alguém perguntasse, ela estava ali para cuidar dos três filhos de Paxton, mas os encargos de Debra não estavam limitados à manutenção da casa. Na primavera de 1983, ela estava carregando uma criança de Paxton.

Mas primeiramente, ela tinha urgência em diminuir a prole.

Em 23 de junho de 1982, Paxton estava fora nas filmagens quando Debra mandou chamá-lo, soluçando ante a notícia de que sua filha Tomekia, de dois anos, estava morta. Ela não tinha nenhuma explicação, e o hospital também não exigiu nenhuma. Era esticar a credibilidade para acusar a SMSI pela morte de uma criança da idade de Tomekia, mas coisas estranhas acontecem no mundo da Medicina pediátrica. Caso encerrado.

Quase.

As notícias de que ela estava grávida na primavera de 1983 derrotaram Debra. Naquele mês de maio, tentou fazer um aborto usando um cabide, mas não deu certo. O médico da família de George Paxton tentou encaminhá-la ao tratamento psiquiátrico pelo Estado, mas sua petição foi negada. Uma garota saudável, G'Joy Paxton, nasceu em outubro de 1983... mas o tempo de Debra estava acabando rapidamente.

Aconteceu de um funcionário do departamento de saúde mental estadual, dr. Alexander Merril, verificar finalmente os anos de "má sorte" de Tuggle em novembro de 1983. Merril foi o primeiro a analisar a lista de sobrenomes de vítimas não relacionadas, reconhecendo que uma única mulher estava ligada a cinco mortes de crianças em uma década. O legista do Distrito de Pulaski, Steve Nawajoczyk, ficou interessado, e também a polícia. Em 20 de março de 1984, Debra foi presa em quatro acusações de assassinato doloso; o caso de Terranz Tuggle em Malvern permaneceu "aberto". Dois dias depois, o tribunal colocou sua fiança em proibitivos 750 mil dólares.

Os médicos de Little Rock e os oficiais de saúde pública de Arkansas foram rápidos em se absterem de qualquer negligência no caso de Tuggle. As crianças de Debra tinham cada uma um pai diferente, finalmente — e, além disso, suas explicações de mortes súbitas eram "críveis". Em retrospecto, sabemos que a "SMSI normal" não persegue qualquer mãe determinada, ceifando as vidas de criança após criança, mas os médicos de Arkansas pareceram estar aprendendo seu ofício por meio de tentativa e erro.

Sob custódia, Tuggle admitiu pressionado o travesseiro sobre a face de Tomekia para "parar a criança de chorar" enquanto Debra assistia à televisão. Ela manteve o travesseiro pressionado por cerca de dois minutos com o resultado desejado, mas disse que ainda "não pensava que Tomekia estivesse morta". Somente depois — presumidamente quando seu programa acabou — a assassina percebeu seu "erro".

Os jurados céticos condenaram Tuggle em assassinato doloso em 18 de setembro de 1984, mas eles polvilharam compaixão o suficiente para recomendar em uma sentença mínima legal de dez anos na prisão. Sentenciada em consequência disso, Debra ainda enfrentaria mais um julgamento, sob as acusações de ter assassinado seus primeiros três filhos. A condenação naquelas acusações traria a sentença de morte, mas a sorte de Tuggle tinha finalmente começado a mudar.

Em 7 de dezembro de 1984, o juiz da comarca Floyd Lofton dispensou todas as três acusações de assassinato pendentes. Não havia evidências científicas suficientes para indicar um homicídio na morte de Ronald Johnson, de acordo com o juiz, e a lei estadual impede a promotoria de usar uma condenação anterior de Tuggle em um crime idêntico para apoiar seu caso. No que se referia a Thomas Bates e William Henry, o juiz Lofton legislou que o estatuto de limitações tinha acabado sobre suas mortes dez anos após a inação oficial. Os promotores prometeram apelar do regulamento, mas seus esforços foram inúteis, deixando Tuggle com a perspectiva de liberação obrigatória aos 36 anos, em 1994.

O dr. Merril, enquanto isso, estabeleceu um sistema para rastrear as mortes suspeitas de SMSI no Arkansas. Ele estava bem a caminho de outro caso sinistro — quatro mortes em uma família —, quando seus superiores o demitiram em janeiro de 1985. Oficialmente, Merril foi demitido por ventilar "críticas não fundamentadas" a oficiais de saúde estadual. Em seu ponto de vista, foi punido por "fazer ondas" e expor o defeito de uma burocracia negligente.

Nenhum motivo foi adiantado pelos procuradores no caso de Tuggle, mas seu comportamento — incluindo a tentativa malfeita de suicídio — aponta para outro caso de SÍNDROME DE MUNCHAUSEN POR PROCURAÇÃO, no qual mães instáveis ou outros responsáveis deliberadamente ferem aqueles ao seu encargo, florescendo na compaixão e atenção resultantes. Então novamente, talvez, ela simplesmente odiasse crianças.

UNTERWEGER, Jack

Nativo de Styria, no sudeste da Áustria, Unterweger era filho ilegítimo de um soldado americano e de uma prostituta austríaca. Nascido em 1951, ele foi criado entre prostitutas e cafetões, crescendo violento, com um temperamento imprevisível. Ele foi um preguiçoso crônico aos 9 anos e teve sua primeira prisão aos 16 por ter agredido um ano uma prostituta. Durante os nove anos seguintes, ele acumulou 16 condenações — basicamente por ataque sexual a mulheres — e passou todo o tempo, exceto um ano, atrás das grades. Livre por pouco tempo em 1976, ele foi acusado de assassinato após outro ataque com uma barra de ferro a outra prostituta, então estrangulando-a com seu próprio sutiã. No tribunal, ele admitiu seu crime, dizendo ao juiz: "Eu vi minha mãe na minha frente e a matei".

Sentenciado à prisão perpétua, Unterweger seguiu a liderança de certos condenados americanos, reinventando-se como autor de literatura "importante". Durante os 14 anos seguintes, ele produziu diversos poemas, peças, contos e uma autobiografia que o fez dominar o café *society* vienense. Austríacos influentes fizeram petições ao governo por sua liberação, e o assassino "reabilitado" recebeu a condicional em 23 de maio de 1990. "Aquela vida acabou agora", ele disse à imprensa, "vamos continuar com a nova".

E assim ele fez. Da noite para o dia, Jack tornou-se uma figura fixa em programas de entrevistas, posando como um modelo de reabilitação na prisão, desfrutando do estado de convidado mais favorecido nos coquetéis da alta sociedade. O dinheiro seguiu a celebridade, e Unterweger usava roupas de marca, dirigia um Ford Mustang com uma placa de licença onde se lia "Jack 1", e arranjou uma namorada loura da mesma idade de sua última vítima. Infelizmente, a "nova vida" de Jack era uma charada. A polícia austríaca relata que Unterweger assassinou pelo menos seis prostitutas dentro do primeiro ano de liberdade.

Em junho de 1991, Jack teve a chance de colocar seu show a caminho. Uma revista austríaca fez um contrato por comissionamento com ele para escrever sobre o crime em Los Angeles. Voando para L.A. com sua amante, Unterweger arranjou diversas saídas com a polícia local. Ele escreveu alguns artigos, concentrando-se basicamente em prostitutas de Hollywood, mas também tinha um interesse mais pessoal nesse assunto. A primeira vítima, Shannon Exley, 35 anos, foi encontrada em Boyle Heights, em 20 de junho. A segunda, Irene Rodriguez, 33 anos, foi encontrada na mesma vizinhança dez dias depois. Peggy Booth, de 26 anos, foi encontrada morta no cânion de Malibu em 10 de julho. todas as três mulheres eram prostitutas, e foram espancadas de forma selvagem antes de serem estranguladas com seus sutiãs, e todos os três corpos foram sexualmente lentados com galhos de árvore (algumas descrições referem-se vagamente a uma quarta vítima sem nome em San Diego, mas nenhuma acusação foi sequer registrada naquele caso).

Unterweger estava seguro de volta à Áustria na época em que os oficiais da Interpol reconheceram as descrições do *MODUS OPERANDI* do assassino de L.A. em fevereiro de 1992. Uma equipe da Swat austríaca invadiu o apartamento de Unterweger em Viena, mas o suspeito já havia fugido: embarcou com sua amante adolescente em uma excursão que os levaria pela Suíça, França e Canadá e de volta uma vez mais aos Estados Unidos. Durante o percurso, ele parou para dar telefonemas para a mídia austríaca, alternativamente escarnecendo da polícia e proclamando sua inocência. Uma trilha de recibos de cartão de crédito levou os caçadores a Miami, Flórida, onde Unterweger foi capturado sem resistência (sua namorada disse à polícia que escolheram Miami como seu refúgio porque ela "gostava de Don Johnson", estrela da série de TV Miami Vice).

Jack Unterweger posa com um nó para enforcamento

Sob custódia uma vez mais, Unterweger foi acusado de assassinar 11 prostitutas desde sua liberação da prisão — seis na Áustria, três em Los Angeles e duas mais na Tchecoslováquia. Os tchecos não o queriam, a Áustria e Estados Unidos disputaram a jurisdição, e a terra natal de Jack ganhou quando os oficiais austríacos concordaram em julgar Unterweger por cinco assassinatos no exterior, bem como seis cometidos em seu próprio solo. A extradição foi, portanto, aprovada, e as autoridades de Los Angeles enviaram as evidências forenses para o embarque pelo Atlântico.

De volta a Graz, Unterweger foi indiciado em 11 acusações de assassinato em agosto de 1992, mas as manobras legais atrasaram seu julgamento por cerca de dois anos. Os procedimentos finalmente começaram em 20 de abril de 1994, e duraram por dois meses, incluindo o testemunho por especialistas do FBI importados de Quântico, Virginia. Unterweger pareceu confiante durante o julgamento, nunca deixando de sorrir para as câmeras, mas a evidência estava crescendo contra ele. Uma bomba detonada no tribunal não interrompeu as deliberações do júri em 28 de junho, e Unterweger foi condenado naquela tarde em nove acusações de assassinato e absolvido em duas outras. O juiz imediatamente sentenciou-o à prisão perpétua em segurança máxima, mas Unterweger tinha a última palavra. Às 3h40 de 29 de junho, os carcereiros encontraram-no enforcado em uma barra de cortina de sua cela, com o cordão de seu agasalho enrolado ao redor de seu pescoço. Diversas fitas cassetes foram encontradas em sua cela, mas seu conteúdo nunca foi divulgado.

URSINUS, Sophie Charlotte Elizabeth

Filha de um diplomata austríaco, Sophie Weingarten nasceu em 1760. Aos 19 anos casou-se com o conselheiro privado Ursinus, de Berlim, em uma união sem amor arranjada por seus pais. Ursinus ignorou o caso excitante de sua esposa com o jovem oficial holandês de nome Rogay, e isso teve um triste fim com a morte prematura de Rogay de "definhamento". O marido de Sophie foi o próximo a partir, em 11 de setembro de 1800, e a tia solteira Christina Witte seguiu-os em 23 de janeiro de 1801.

Na realidade, enquanto os médicos de nada suspeitaram, todos os três foram envenenados por Sophie. Rogay tinha planejado deixá-la por outra mulher, enquanto os assassinatos de Ursinus e de sua tia foram estritamente comerciais, realizados pela herança que receberia. A fenda na armadura de Sophie foi um servente chamado Klein, que conhecia os detalhes de seus crimes. Quando ela suspeitou que ele planejava abandoná-lo, Sophie começou a dar veneno a Klein, mas ele reconheceu os sintomas e foi rápido o suficiente para salvar-se, retribuindo sua traição com uma declaração completa à polícia.

Os detetives convocaram Sophie na vila próxima a Berlim, interrompendo um jogo de cartas quando apresentaram o mandado para sua prisão. Em custódia, ela admitiu ter envenenado Klein, permitindo uma generosa pensão a seu servente prejudicado. Um júri depois a condenou por assassinar Christina Witte, e Sophie foi sentenciada à prisão perpétua.

Não que ENCARCERAMENTO significasse necessariamente privação. Transportada para a prisão em Glatz, na fronteira salesiana, Sophie foi colocada em uma suíte de luxo de quartos normalmente reservados para o administrador. Mobília confortável foi fornecida, juntamente com empregados que aguardavam os hóspedes nos jantares frequentes de Sophie. O dinheiro não era um problema, se o tribunal permitisse a Sophie manter tanto a propriedade do marido quanto a herança da tia Christina. Dado o andamento da prisão, ela entreteve-se lascivamente até sua morte, em 4 de abril de 1836. Sophie foi colocada para descansar com grande pompa no cemitério de Glatz, com músicas entoadas por um coro de crianças enquanto os clérigos alinhavam-se para honrar sua generosidade. Se alguém lembrava-se de suas vítimas, eles reprimiam a menção dessas questões deselegantes no serviço de funeral.

VACHER, Joseph

Conhecido na história como o "Estripador Francês", Vacher foi um dos poucos *serial killers* registrado, que procurava e atuava em parte da vida diária. Nascido em 1869, o último de 15 filhos, em uma família fazendeira pobre no sudeste da França, Vacher era conhecido em toda sua vida pelos acessos erráticos de temperamento. Ele uniu-se ao Exército francês em 1890, mas as narrações publicadas discordam se ele foi recrutado ou voluntariamente se alistou. Em qualquer caso, Vacher pareceu gostar do serviço militar no início, lutando muito para ganhar a classe de cabo. Quando sua promoção foi atrasada — injustamente, em seu ponto de vista —, Vacher tentou o suicídio cortando a garganta com uma lâmina. A ferida não foi fatal, e seus superiores ficaram tão impressionados com a dedicação de Vacher ao serviço, que o promoveram.

Logo se tornou evidente que o cabo Vacher tinha sérios problemas. Ele intimidava seus companheiros soldados, olhando suas gargantas e murmurando comentários sobre "sangue correndo" a ponto de alguns deles reclamarem, e Vacher foi enviado à enfermaria para observação. Dispensado por licença de doença, ele encontrou uma mulher jovem em Baumes-des-Dames e apaixonou-se à primeira vista. A dama não o rejeitou diretamente, mas sua resposta foi fria o suficiente para provocar um dos acessos de raiva de Vacher. Sacando uma pistola no meio de uma discussão, ele atirou na mulher três vezes (ela sobreviveu) e então voltou a arma contra si. Não sendo um grande atirador mesmo a uma distância curta, Vacher sobreviveu a sua segunda tentativa de suicídio com um olho direito danificado e a face parcialmente paralisada. Submetido ao Asilo de Saint-Ylle, Vacher comportou-se em tal estilo ultrajante que mesmo o mais violento de seus companheiros internos evitava-o. Transferido para o Asilo de Saint-Robert em 1893, ele pareceu melhorar sensivelmente — tanto que, na verdade, os médicos liberaram-no como se estivesse "curado", em 1º de abril de 1894.

Vacher começou a vaguear, adotando um estilo de vida de vagabundo, pedindo carona de uma cidade para a próxima sem qualquer destino claro em mente. O que ele tinha em mente era o estupro sádico e o assassinato de qualquer um que caísse em seu gosto pessoal, uma compulsão homicida que acabou com pelo menos 11 vidas (algumas contas dizem 14; outras 26) antes de sua prisão seguinte em agosto de 1897. O sexo parecia irrelevante para Vacher, embora ele aparentemente assassinasse mais mulheres que homens. Sua primeira vítima conhecida foi Eugénie Delhomme, 21 anos, empregada de uma e fábrica que Vacher apunhalou, desmembrou e estuprou após a morte, perto de Vienne, em junho de 1894. Muitas das vítimas que se seguiram eram trabalhadoras de fazendas, cada uma por sua vez apunhalada mortalmente, alguns corpos tendo marcas de mordida humana. As autoridades discerniram um padrão nas descrições de um vagabundo imundo, com cicatriz no rosto, visto próximo a diversos homicídios, mas ninguém pareceu saber o nome do vagabundo, e rastreá-lo levou algum tempo.

Em 4 de agosto de 1897, Vacher espiava uma mulher que colhia cones de pinha em Bois des Pelleries e a atacou, mas ela lutou com força surpreendente, gritando por ajuda. Seu marido, filhos e diversos vizinhos correram para a cena, dominaram Vacher, e o levaram ao hotel local, onde ele entreteve seus captores com música de acordeão, enquanto aguardava a chegada da polícia. Acusado de crime relativamente pequeno de ofensa à decência pública, Vacher foi sentenciado a três meses na prisão. Por razões ainda desconhecidas, ele então escreveu uma confissão de 11 homicídios e enviou-a ao tribunal, explicando que seus crimes foram cometidos "em um momento de frenesi". Vacher acusava seu desejo de sangue por causa da mordida de um cachorro raivoso, supostamente sofrida quando ele tinha 8 anos. O exame prolongado por psiquiatras determinou que ele era mentalmente são para ir a julgamento por assassinato.

Apesar da confissão escrita de Vacher, ele foi acusado de apenas um assassinato — o de Victor Portalier, um jovem pastor assassinado em Tournon em 1895. O julgamento de Vacher foi celebrado em Ain Assizes em outubro de 1898, destacado por seus acessos e postura no tribunal. Em certo momento, ele ficou ereto em sua cadeira, gritando: "Glória a Jesus! Longa vida a Joana D'Arc! Glória à grande mártir de todos os tempos! Glória ao grande Salvador!". Apesar de seu desempenho, os jurados consideraram-no são e culpado conforme acusado. Vacher foi sentenciado à morte e levado à força, dando chutes e gritando, para a guilhotina em 31 de dezembro de 1898.

VAKRINOS, Dimitris

Um grego facilmente irritável que parou de crescer com 1,53 m, o motorista de táxi Dimitris Vakrinos foi preso em 9 de abril de 1997, no auge da sua farra criminosa que se espalhou pela maior parte de uma década. Sob custódia, ele confessou cinco assassinatos, uma tentativa de estupro, quatro roubos armados e uma tentativa de roubo. Suas vítimas deviam ser responsabilizadas, Vakrinos disse a polícia, por terem zombado de sua estatura pequena. Detido sem fiança, aguardando o julgamento, Vakrinos suicidou-se em 12 de maio, usando seus cordões de sapato para pendurar-se em um chuveiro na enfermaria de isolamento da prisão — um truque que, ironicamente, poderia não ter sucesso para um homem mais alto.

VAMPIRISMO e Assassinato em Série

Os "esportes sangrentos" são uma forma razoavelmente comum de atividade sexual na sociedade moderna, com determinados clubes noturnos e jogos de representação devotados a vampiros fictícios. Os sábios praticantes desses passatempos são moderados no consumo e tomam cuidado com a higiene nesta era de Aids, mas os *serial killers* com uma concupiscência literal por sangue (hematomania) previsivelmente levam o jogo aos extremos fatais.

Deve ter sempre, provavelmente, existido vampiros de natureza humana entre nós ao longo da história. Se os famosos banhos de sangue da condessa ERZSEBET BATHORY pertencem mais à fábula que aos fatos, ainda é sabido que ela e seu predecessor aristocrata GILLES DE RAIS usaram sangue derramado por suas vítimas como o ingrediente principal em rituais pagãos e em alquimia. Mais recentemente, FRITZ HAARMANN assassinou mais de duas dúzias de jovens alemães mordendo suas gargantas, e o britânico JOHN HAIGH disse ter bebido o sangue das vítimas que roubava e assassinava, antes de mergulhá-las em banhos de ácido. Wayne Boden, o "Estuprador Vampiro" canadense, também sangrava suas vítimas femininas como fonte de sangue, e seus crimes foram imitados por Marcelo de Andrade no Brasil e John Crutchley na Flórida.

Alguns sujeitos desiludidos com relação a si próprios como vampiros literais, requerem infusões de sangue periódicas para sobreviverem. Um desses foi Richard

Trenton Chase, da Califórnia. Convencido de que alguma doença não específica estava "secando" seu sangue, ele assassinou repetidamente para reabastecer seu suprimento. Entretanto, mais frequente, a sede de sangue é sexual por natureza, aparentada do CANIBALISMO no que permite ao vampiro "possuir" — na verdade, consumir — sua vítima em termos possivelmente mais íntimos.

Curiosamente, pode existir um motivo de lucro ocasional do vampirismo, conforme sugerido no caso relatado da Colômbia. Ali, na cidade de Cali, dez meninos adolescentes foram encontrados mortos entre outubro de 1963 e fevereiro de 1964. Seus corpos foram drenados de sangue e jogados em lotes vazios. Os patologistas responsabilizaram as mortes por drenagem de sangue, sugerindo que o mercado negro da "cadeia de sangue" estava matando crianças e vendendo seu sangue por 25 dólares a dose. Duas vítimas sobreviventes, um par de gêmeos de 12 anos, estavam desaparecidas havia quatro dias em dezembro de 1963; encontrados em péssimas condições de fraqueza, eles descreveram uma casa onde eles e outros meninos foram mantidos contra suas vontades e receberam injeções com drogas para fazê-los dormir. O que aconteceu depois ninguém adivinhou, pois a casa nunca foi encontrada e os assassinatos do "vampiro" de Cali permanecem não resolvidos.

VANNI, Mario: *veja* "Monstro de Florença"

VICAP: Ferramenta de Execução da Lei

Enquanto FICÇÃO E FILMES exageraram muito o papel dos agentes do FBI na perseguição e captura de *serial killers*, o FBI, tem de fato uma parte da função em rastrear esses predadores. A "caça" é tipicamente um exercício mental de PERFIL BIOGRÁFICO de sujeitos desconhecidos, com muito do trabalho feito nos porões da Academia do FBI em Quântico, Virginia, pelos membros da Unidade de Apoio Investigativo do FBI (anteriormente Ciência do Comportamento). O perfil biográfico acurado requer informação dos detetives trabalhando no caso, sempre que a tiverem, e esta informação é coletada por meio do VICAP — o Programa de Apreensão de Criminosos Violentos do FBI.

VICAP foi criação do comandante de polícia de Los Angeles aposentado, Pierce Brooks, um veterano em investigações de assassinato serial da década de 1950, que reconheceu a evidente falta de qualquer rede de informações acionada para rastrear assassinos nômades em ação. Na época de Brooks, o único antídoto para "CEGUEIRA DE LIGAÇÃO" nesses casos foi o estudo exaustivo de relatos de notícias de longa distância ou constante correspondência com outras (algumas vezes hostis) agências executoras da lei. Os computadores ofereceram uma solução óbvia, e Brooks disse a qualquer um que quisesse ouvir seus planos para uma rede nacional projetada para coletar e comparar detalhes de crimes não resolvidos, assim mapeando os padrões que poderiam de outra forma ser perdidos.

Retido pelo FBI em 1981, Brooks e o ex-detetive de Seattle Robert Keppel começaram a forjar a estrutura da VICAP, esboçando um questionário investigativo para oficiais locais, mas eles ainda tinham muito a fazer, em termos de ganhar a burocracia de Washington. A autora de *best-sellers* Ann Rule falou demais pela VICAP com uma série de editoriais em 1982, unindo-se a Brooks e outros para pleitear o caso do FBI na audiência do Senado em julho de 1983. Um ano depois, em junho de 1984, o presidente Ronald Reagan anunciou a criação de um Centro Nacional para Análise de Crime Violento, responsável pelo objetivo básico de rastrear assassinos seriais. A rede de computadores da VICAP, baseada na Academia do FBI, entrou *on-line* em maio de 1985, aceitando os relatórios de assassinatos, de PESSOAS DESAPARECIDAS e de corpos descartados de toda a nação.

Distinto dos homens e mulheres G* da ficção, os membros da equipe da VICAP e ISU** são pagos para analisar crimes em vez de conduzir investigações de campo ativas. Com pouco mais que uma dúzia de agentes em tempo integral, a ISU não está equipada para encenar caçadas humanas, caindo em esconderijos de suspeitos, ou atirando em assassinos desesperados. Em raras ocasiões, quando os agentes da VICAP fazem uma visita a uma cena do crime, sua função é puramente conselheira, revendo as operações da força-tarefa local e sugerindo meios mais eficientes de manusear a informação. O sucesso ou falha do programa nacional basicamente depende da cooperação de agências locais, em que ciúmes, ressentimento ou simples fadiga algumas vezes conspiram para frustrarem a VICAP.

Seis meses de operação foram suficientes para destacar os problemas da VICAP no campo. Os policiais com trabalho excessivo consideraram o questionário federal de 44 páginas muito enfadonho e demorado. Como um assassino podia pegar dez ou 15 vítimas e o FBI requeria um questionário para cada uma, alguns locais optaram por ignorar a equipe federal e ficarem livres de cãibra de tanto escrever. Os formulários atuais da VICAP são dois terços menores que seus o de predecessores, mas os documentos reduzidos não resolveram todos os problemas do FBI em coordenar as caçadas humanas. Para muitos oficiais locais, o FBI ainda é J. Edgar Hoover, que

---

* N.T.: Gíria usada para designar os agentes do FBI.
** N.T.: ISU (Investigative Suport Unit), agência americana que faz parte do Centro Nacional para Análise do Crime Violento, em inglês National Center for the Analysis of Violent Crime (NCAUC).

foi removido, uma agência apoderando-se de manchetes, mais interessada em reclamar o crédito pela recuperação de carros roubados e a prisão dos fugitivos "Dez Mais", que ajudar o trabalho médio de policiais. Alguns porta-vozes do FBI ainda são muito rápidos para falar sem considerar as consequências — como quando um agente em Atlanta acusou pais negros anônimos do assassinato diversas crianças — e muitos departamentos de polícia ainda veem os federais como uma classe de intrusos. Sua própria presença é uma acusação tácita de métodos locais.

Um caso da VICAP, em que tudo aparentemente funcionou como planejado, ocorreu em Wilmington, Delaware. Na ocasião, cinco prostitutas jovens foram torturadas até a morte entre novembro de 1987 e outubro de 1988. Os "analistas bigráficos" do FBI reviram a evidência do caso, esboçando o retrato de um suspeito que era branco, um residente local empregado no negócio de construção, com idade entre 25 e 35 anos, fascinado com o trabalho da polícia, e usando um furgão para transportar e dispor de suas vítimas. As amostras de fibra retiradas dos corpos estreitaram a faixa de carpete dentro do furgão, e os agentes da VICAP recomendaram uma operação chamarizes para atrair o assassino: as policiais disfarçadas de prostitutas. Um desses chamarizes conseguiu obter algumas fibras de carpete e um número de placa por meio de um truque "medonho", cujos maneirismos acionaram os alarmes em sua mente, e a vigilância foi estabelecida sobre o suspeito Steven Pennel. Um homem branco, de 31 anos, Pennel era um eletricista profissional, com dois semestres na faculdade de criminologia. Suas inscrições para os departamentos de polícia local foram rejeitadas, mas ele claramente adequava-se ao esboço biográficos da VICAP como um "entusiasta da polícia". As análises científicas de pelos, fibras e manchas de sangue de seu furgão convenceram um júri da culpa de Pannel em dois assassinatos, e ele foi executado por injeção letal em 14 de março de 1992.

Os porta-vozes da VICAP frequentemente citam o caso de Pennel como prova positiva de seu sucesso em fazer o perfil biográfico de assassinos, mas as autoridades de Delaware — embora gratas pelo auxílio do FBI — são mais reservadas. A evidência da fibra foi crítica, eles concordam, mas não havia conexão com o esboço biográficos do suspeito, que os investigadores locais agora descrevem como "principalmente entusiasta". A operação de chamariz foi um trabalho padrão da polícia, eles dizem, e teria detido Pennel independentemente de sua ocupação, raça ou idade.

Uvas verdes?* Um toque de ciúmes, talvez? De qualquer forma, enquanto muitos investigadores de homicídios da linha de frente prontamente reconhecem o valor da VICAP em conectar os crimes extensos, alguns ainda insistem que o programa (em sua opinião) ainda deve provar-se capaz de identificar um predador específico e levá-lo para a justiça.

VITIMOLOGIA de Assassinato em Série

Enquanto os *serial killers* na FICÇÃO E FILMES são frequentemente retratados como gênios distorcidos ou bestas mudas e sem sentimentos, selecionando suas presas por meios tão torcidos que é preciso um sensitivo ou perito em computador para desvendar seu projeto, a verdade é um tanto diferente. De fato, as vítimas da vida real de assassinos aleatórios são tão comuns como seus assassinos primeiramente parecem ser. Sua classe inclui homem e mulher, jovem e velho, todas as raças, influentes ou destituídos da sorte, bem-educados e analfabetos. Eles são andarilhos e debutantes; donas de casa e prostitutas, aposentados e fugitivos, com a celebridade ocasional incluída. Algumas estão cientes dos riscos quando saem às ruas; outras são desesperadamente cegas quanto ao perigo quando o assassino vem buscá-las em casa. Na verdade, o único traço em comum é seu momento no foco de uma fantasia distorcida de um assassino.

As vítimas masculinas assassinadas na América normalmente superam as femininas em três a um, mas os *serial killers* quase revertem essa tendência, com 65% de vítimas femininas e 35% de masculinas. As vítimas de ambos os sexos variam de bebês a idosos, dependendo da idiossincrasia pessoal do assassino. Em termos de desdobramento étnico, as vítimas de assassinato serial são 89% caucasianas e 10% negras; asiáticos e nativos americanos dividem 1% restante. Quarenta e dois por cento das vítimas alvo dos assassinos em série são exclusivamente de sexo oposto, enquanto 16% matam apenas vítimas do mesmo sexo; 39% matam pelo menos uma vítima de cada sexo, e o sexo dos infratores permanece desconhecido em 3% de todos os casos dos assassinos ainda à solta, não vistos por testemunhas vivas. Entre os assassinatos "normais" da América, 94% envolvem assassinos e vítimas da mesma raça, mas os assassinos seriais ficam abaixo da norma, com 65% de seus assassinatos registrados na mesma categoria de raça; outros 10 % matam somente membros de raças diferentes, enquanto 11% cruzam imparcialmente a linha de cor, de um crime para outro (uma falta de evidência deixa a raça do assassino desconhecida em 14% dos casos americanos).

Em termos de seleção, algo como 40% dos assassinos seriais da América escolhem sua presa com base no sexo, e as vítimas femininas superam as masculinas em uma

---
*N.T.: referência à fábula "A raposa e as uvas".

taxa de 10 para 1. (As vítimas masculinas selecionadas apenas por sexo normalmente são presas de assassinos homossexuais, um grupo excedendo em 6 por 1 por assassinos seriais "diretos".) O lucro potencial varia segundo uma lista de critério por seleção de vítima, totalizando 7% dos casos americanos. Os assassinos "BARBA AZUL" e "VIÚVAS NEGRAS" são especialmente propensos a matar por dinheiro, mas o *Manual de Classificação de Crime do FBI* (1992) apresenta ampla variedade de MOTIVOS de "empresas criminosas", todos encontrados em avareza, que podem aplicar-se a *serial killers*.

A idade é o próximo fator mais comum em seleção de vítimas seriais, com 6% dos assassinos aleatórios da América caçando crianças ou idosos. A saúde da vítima ou condição física é a primeira consideração do assassino em 3% dos assassinatos seriais americanos, geralmente envolvendo ASSASSINATOS MÉDICOS. A raça é um fator dominante na seleção da vítima em 2% dos predadores americanos, enquanto outros 2% aparentemente escolhem vítimas com base em sua residência (ou falta dessa, em que os assassinos como VAUGH GREENWOOD perseguem os alvos sem teto).

A aparência específica da vítima — em oposição a características gerais de sexo, raça ou idade — parece ser o critério básico para a seleção em 1% dos assassinatos seriais americanos (William Hanson, o "Assassino do Saco de Papel" de São Francisco, atirou somente em homens de meia-idade que caminhavam com dificuldade, confundindo cada um, por sua vez, com o homem que estuprou sua irmã). A ocupação atinge outro 1% de vítimas seriais americanas. A prostituição por ambos os sexos dominando a lista de assassinatos relacionados a trabalho (estudantes de instituição coeducacional de faculdade e dançarinos exóticos também classificam-se de forma significativa entre as vítimas escolhidas). Finalmente, 13% dos *serial killers* americanos parecem mudar seu critério quanto à seleção da vítima no decorrer do período — como Robert Shawcross mudando de assassinato de crianças no início da década de 1970 para prostitutas em 1989 —, enquanto a base para a seleção é desconhecida em 12% de todos os casos relatados.

Exceto em assassinos contratados, em que a vítima é selecionada para o assassinato por terceiros, *serial killers* geralmente procuram "alvos de oportunidade", pegando as vítimas conforme elas venham a minimizar os riscos pessoais. Este traço, pelo menos em algum grau, colocar prostitutas e caronistas como vítimas frequentes; as duas classes (embora por razões diferentes) especializam-se em pegar caronas com estranhos. Outras "marcas fáceis" incluem os sem-teto, casais estacionados em vias de amantes distantes, pacientes em hospitais ou casas de saúde e vítimas surpreendidas em sua própria cama por letais invasores de residência. Sempre que atacam — os psicólogos e os oficiais de execução da lei concordam —, os *serial killers* comportam-se mais como predadores no reino selvagem, caçando o fraco e incauto, ficando à espera pela presa quando a prole raleia.

Veja também: MODUS OPERANDI

"VIÚVAS Negras": Tipo de *Serial killer* Feminino

Tomando emprestado o nome das aranhas venenosas que devoram seus companheiros após o ato sexual, esse rótulo é aplicado em criminologia às assassinas que vitimam seus próprios maridos, parentes ou amantes. O ganho monetário, por intermédio do seguro de vida ou herança, é frequentemente o motivo desses crimes, embora possa não ser o único. NANNY DOSS, conforme sua própria confissão, assassinou sucessivos maridos ao procurar por um verdadeiro romance, de acordo com o estado de felicidade que ela tinha visto retratado em revistas femininas. Quando mães matam seus filhos — mais particularmente quando as vítimas vivas não possuem seguro —, existe claramente algum motivo psicológico para os crimes. A sul-africana Daisy de Melker assassinou seus enteados em um esforço mal orientado para ganhar mais atenção de seu marido. Outras assassinas maternais de crianças, como MARY BETH TINNIN, aparentemente sofrem de SÍNDROME DE MUNCHAUSEN POR PROCURAÇÃO — uma busca patológica essencial por atenção e simpatia que recebem durante momentos trágicos.

Como sua homônima da teia, as viúvas negras frequentemente usam veneno para despachar seus companheiros e pais, irmãos e outros tipos de parentes. No que se refere a crianças, asfixia é o método favorito de matar do sexo "frágil". Naturalmente, existem exceções à regra. Ferimentos por arma de fogo desafiam a classificação como morte por causas naturais, mas um tiro pode ser colocado para parecer suicídio ou morte acidental, uma tática favorita de Bárbara Stager na Carolina do Norte. A corpulenta BELA ATIRADORA não apenas surrou, mas algumas vezes desmembrou suas vítimas, enquanto Vilma Barfield colocou fogo em um de seus maridos enquanto ele dormia. No Texas, Betty Beets preferia fazer seus maridos desaparecerem totalmente, aguardando por uma declaração legal de morte para liberar os benefícios do seguro de vida.

Viúvas negras, finalmente, por toda a tinta e papel gasto para descrever suas assassinas como "quietas" e "gentis", classificam-se entre os assassinos de sangue mais frio registrados. O próprio cálculo de seus crimes pode ajudar a explicar por que duas das três mulheres executadas na América desde 1976 — Velma Barfield e Judias Buenoaño — são classificadas nesta categoria. Outras estão atualmente sentenciadas à morte na Carolina do Norte e Texas.

Veja também: ASSASSINO "BARBA AZUL"; *MODUS OPERANDI*; MOTIVOS; ARMAS

W

WATERFIELD, Fred: veja, Gore David Alan

WATTS, Coral Eugene

Nascido em Fort Hood, Texas, em 1953, Coral Watts cresceu mudando-se, frequentou escolas públicas no Texas, West Virginia e Michigan antes de terminar a escola secundária — após uma época — em Inkster, um subúrbio de Detroit. Apesar do teste de QI de 75, ele foi admitido na Universidade do Oeste de Michigan em Kalamazoo, e foi inscrito ali quando começou a realizar suas fantasias violentas contra as mulheres em 1974.

Suas primeiras duas vítimas conseguiram sobreviver quando Watts veio bater às portas de seus apartamentos, começando em 25 de outubro. Watts atingiu-as e deixou-as inconscientes, deixando-as para morrer sem tentativa de estupro ou roubo, mas ficou desapontado quando a imprensa relatou que ambas ainda estavam vivas. Ele achou as facas mais eficientes, fazendo sua primeira vítima fatal em 30 de outubro, quando Gloria Steele, de 19 anos, foi apunhalada 33 vezes e descartada perto do *campus*.

Identificado como um suspeito em agressões não fatais, Watts submeteu-se a um hospital estadual por aconselhamento de seu advogado, recusando-se a responder quaisquer perguntas sobre o caso do assassinato de Steele. Um ano e dois meses depois do fato, ele conseguiu uma negociação com os promotores de Kalamazoo, admitindo a culpa em uma agressão em troca da dispensa de outra acusação similar, aceitando a sentença de um ano na prisão do Distrito. Ao ser liberado, ele se mudou para Ann Arbor, casando-se por tempo suficiente para ser pai, mas sua raiva profunda de mulheres

Coral Watts

tornou seu relacionamento insustentável, e ele se divorciou em maio de 1980.

Enquanto isso, Watts estava caçando. Quando seu casamento começou a mostrar sinais de pressão, ele passou algum tempo com parentes no subúrbio de Detroit de Grosse Pointe Farms, correndo à noite para manter-se em forma. Em 31 de outubro de 1979, ele invadiu a casa de Jeanne Clyne, 35 anos, golpeando-a até a morte — novamente sem tentativa de estupro ou roubo — antes de fugir. As testemunhas oculares descreveram um homem afro-americano correndo próximo à cena, mas os detetives de homicídios não tinham como ligar seu caso com a série de crimes contra mulheres de cinco anos antes em Kalamazoo.

De volta a Ann Harbor, Watts entrou para a história criminal como o "Golpeador de Domingo de Manhã", confirmando pelo menos três vítimas em ataque sem motivo, aleatórios, cometidos às 3 e às 5 horas em pacíficas manhãs de domingo. Em abril de 1980, Shirley Small, 18 anos, foi golpeada até a morte em seu apartamento, seguida por Glenda Richmond, de 20 anos, em julho, e Rebecca Huff, de 29 anos, em setembro. As autoridades canadenses acreditam que Watts pode ter cruzado a fronteira para Windsor naquele mês de outubro, assaltando Sandra Dalpe, de 20 anos fora do apartamento dela, e deixando-a quase morta com múltiplos ferimentos de punhal no rosto e garganta.

Nessa época, Watts caiu sob investigação do pessoal de homicídios local. Uma força-tarefa foi organizada em julho de 1980 para sondar os assassinatos de domingo, e Watts foi colocado sob vigilância esporádica. Uma ordem do tribunal de novembro permitiu que os oficiais colocassem um dispositivo de localização em seu carro. Apesar de ser perseguido por carros do pelotão e um helicóptero, ainda assim Watts conseguiu cometer pelo menos um assassinato enquanto a polícia estava em seu rastro. Despedido de seu emprego como mecânico de diesel, em março de 1981, ele se mudou para o sul de Houston, deixando os investigadores de homicídios sem ter o que fazer. As autoridades de Michigan alertaram suas contrapartes no Texas, mas Watts estava acostumado a viver sob vigilância. Ele encontrou um novo emprego de mecânico e começou a visitar igrejas locais, algumas vezes vivendo com parentes, outras vezes em seu carro.

E os assassinatos continuaram.

Em 27 de março de 1981, Edith Ledet, uma estudante de medicina de 34 anos, foi apunhalada até a morte enquanto corria em Houston. Seis meses depois, em 12 de setembro, Elizabeth Montgomery, 25 anos, foi atacada enquanto caminhava com seu cachorro à meia-noite, e cambaleou até próximo a seu apartamento antes de falecer. Duas horas depois, Susan Wolf, 21 anos, foi esfaqueada até a morte fora de seu apartamento, nas proximidades, presumindo-se ter sido uma vítima do mesmo agressor.

O ano novo não trouxe nenhum repouso aos horrores em Houston. Em janeiro, Phyllis Tamm, 27 anos, foi encontrada no *campus* da Universidade Rice, enforcada com uma peça de sua própria roupa; outra estudante de Rice, Margaret Fossi, 25 anos, foi assassinada no mesmo mês, encontrada no porta-malas de seu carro, com a laringe esmagada por um golpe forte que causou morte por asfixia. Em 7 de fevereiro, Elena Semander, uma estudante de instituição coeducacional foi encontrada estrangulada e parcialmente nua em um caçamba de lixo não muito longe da taverna onde passava a noite.

Em março de 1982, Emily LaQua teve o desaparecimento informado de Brookshire, Texas, 40 milhas ao norte de Houston, mas as autoridades não fizeram uma conexão imediata com o grande número de assassinatos não resolvidos. Em 31 de março, Mary Castillo, 20 anos, foi encontrada estrangulada e seminua, em um fosso em Houston. Três noites depois, Christine McDonald, 19 anos, desapareceu enquanto pedia carona para casa de uma festa no *campus* de Rice. Suzanne Searles, 25 anos, uniu-se à lista de desaparecidas em 5 de abril, seus sapatos e óculos quebrados foram recuperados de seu carro no estacionamento de seu complexo de apartamentos. Carrie Mae Jefferson, 32 anos, desapareceu após trabalhar no turno da noite em 15 de abril e Yolanda Degracia, de 26 anos, foi assassinada na noite seguinte, apunhalada seis vezes em sua casa. A estudante de escola secundária Sheri Strait desapareceu do carro de sua mãe em 1º de maio, e o carro e seu corpo foram recuperados em 4 de maio. Duas semanas depois, Gloria Cavallis, de 32 anos, uma dançarina exótica, foi encontrada morta em uma caçamba, e seu corpo estava embrulhado em cortinas descartadas.

Na manhã de 23 de maio de 1982 — um domingo —, Watts foi pego enquanto fugia do apartamento de Houston, onde tinha agredido os locatários Lori Lister e Melinda Aguilar. Lister estava quase afogado na banheira, enquanto Aguilar escapou pulando da sacada e pedindo ajuda. Detido com uma fiança de 50 mil dólares, Watts foi acusado de dois casos de tentativa de assassinato, além de arrombamento e agressão qualificada. No dia de sua prisão, outra vítima, Michelle Maday, 20 anos, foi encontrada estrangulada na banheira do apartamento em Houston.

Os psiquiatras declararam a sanidade de Watts, mas observaram seu ódio patológico por mulheres, que ele considerava o demônio encarnado. Os sentimentos vinham da infância, Watts disse, quando o tio favorito foi supostamente assassinato por parentes do sexo feminino. Diagnosticado como esquizofrênico paranoico, foi dito que Watts via o mundo ao seu redor "como pura fantasia que gira em uma grande extensão ao redor da luta contra o demônio que ele vê em todo lugar".

Em 9 de agosto de 1982, com a seleção do júri em andamento para seu julgamento, Watts conseguiu uma negociação controversa com o escritório do promotor. Em troca por sua admissão de culpa nas acusações de arrombamento e a aceitação de uma condenação de prisão de 60 anos — o equivalente à prisão perpétua no Texas —, Watts liberaria os livros de diversos assassinatos não resolvidos de Houston, enquanto escapava do julgamento por homicídio.

Com uma negociação completa e Watts compelido a cumprir um mínimo de 20 anos antes de ser considerado para a condicional, ele confessou os dez homicídios de Houston, os das vítimas Wolfe, Jefferson, Montgomery, Fossi, Semander, Searles, Garcia, Tamm, Ledect e Maday. Ele também mostrou algumas surpresas, incluindo o espancamento não fatal de Galveston, 19 anos, atacada em 30 de janeiro de 1982, e a morte "acidental" de Linda Tilley, 22 anos,

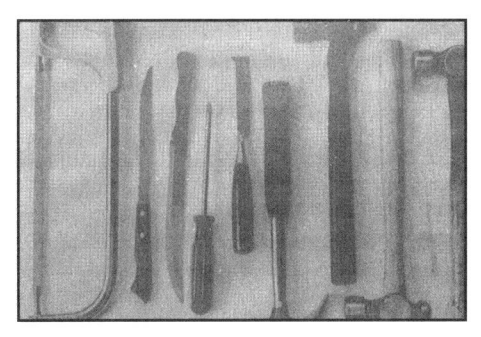

Ferramentas de assassinato do "Estripador de Yorkshire", da Grã-Bretanha

encontrada flutuando na piscina em Austin, Texas, em 5 de setembro de 1981. Outras agressões não fatais foram também esclarecidas em Austin, Galveston e Seabrook, Texas.

Watts levou as autoridades aos restos das vítimas Searles e Jefferson em Houston, orientando seus investigadores para o corpo de Emily LaQua, próximo a Brookshire, e ele ainda estava relatando os fatos, quando Michigan considerou atentamente a acusação do assassinato de Janne Clyne. Trocando o testemunho por imunidade, Watts atingiu sua contagem de 13 assassinatos confessados com o caso de Clyne, mas os detetives sugerem que sua contagem atual de corpos inclui no mínimo 22 vítimas. Em 3 de setembro de 1982, Watts recebeu sua sentença de 60 anos, e o juiz declarou, "espero que coloquem você tão fundo na penitenciária que terão de levar o sol para você pelos canos".

WEBER, Jeanne

Nascida no ano de 1875 em uma pequena vila de pescadores ao norte da França, Weber deixou sua casa, indo a Paris aos 14 anos, trabalhando em diversos empregos servis até seu casamento em 1893. Seu marido era um bêbado e em 1905 com duas de suas três crianças recentemente falecidas, Jeanne também estava bebendo muito e residindo em um cortiço decaído com seu esposo e seu filho de 7 anos.

Em 2 de março de 1905, Weber estava cuidando das crianças de sua cunhada, quando uma das duas filhas da mulher — Georgette, 18 anos — subitamente "ficou doente" e morreu. As estranhas contusões em seu pescoço foram ignoradas pelos médicos examinadores e Jeanne foi bem-vinda como babá em 11 de março. Suzanne, 2 anos, não sobreviveu à visita, mas um médico considerou a segunda morte uma "convulsão" não explicada.

Weber estava cuidando das crianças de seu irmão, em 25 de março, quando a filha dele, de 7 anos, Germaine, sofreu um súbito ataque de "choque", completado com marcas vermelhas na garganta. A criança sobreviveu a esse episódio, mas foi menos afortunada no dia seguinte quanto tia Jeanne retornou. A difteria foi responsabilizada por sua morte — e pela do filho de Weber, Marcel, apenas quatro dias depois. Uma vez mais, as marcas indicadoras de estrangulamento foram ignoradas.

Em 5 de abril de 1905, Weber convidou duas cunhadas para jantar, permanecendo em casa com o sobrinho Maurice, 10 anos, enquanto as outras mulheres saíram para fazer compras. Ao retornarem prematuramente, encontraram Maurice ofegante na cama, sua garganta com manchas de contusões, Jeanne sobre ele com uma expressão louca em seu rosto. As acusações foram registradas e o julgamento de Weber começou em 29 de janeiro de 1906. A promotoria alegou oito assassinatos (incluindo todas as três crianças da própria Weber e duas outras — Lucie Aleandre e Marcel Poyatos — que morreram aos seus cuidados). Weber foi acusada de matar seu filho em março para livrar-se de suspeita, mas os jurados ficaram relutantes em acreditar no pior sobre uma mãe lamuriosa, e Weber foi absolvida em 6 de fevereiro.

Um ano e dois meses depois, em 7 de abril de 1907, um médico da cidade de Villedieu foi convocado para a casa de um camponês chamado Bavouzet. Ele foi saudado na porta pela babá, "Madame Moulinet", que o levou para o berço onde August Bavouzet, de nove anos, estava morto, sua garganta com muitas escoriações. A causa da morte foi registrada como "convulsões", mas o médico mudou seu diagnóstico em 4 de maio quando "Madame Moulinet" foi identificada como Jeanne Weber. Detida para julgamento, Weber foi liberada em dezembro, após uma segunda necropsia responsabilizar a tifoide pela morte do menino.

Weber, rapidamente, sumiu de vista, ressurgindo como uma assistente em um hospital infantil em Faucombault, Orgeville, dirigido por amigos que procuravam "compensar os erros que a justiça infligiu a uma mulher inocente". Trabalhando como "Marie Lemoine", Weber estava no emprego havia menos de uma semana quando foi pega estrangulando uma criança na casa. Embaraçados por sua própria ingenuidade, os proprietários discretamente dispensaram-na e o incidente foi escondido.

De volta a Paris, Weber foi presa por vadiagem e confinada por pouco tempo em um asilo em Nantere, mas os médicos a pronunciaram sã e a colocaram em liberdade. Ela entrou para a prostituição, pegando um marido pela lei comum durante o caminho, e em 8 de maio de 1908, o casal estabeleceu-se em uma estalagem em Commercy. Pouco tempo depois, Jeanne foi surpreendida estrangulando o filho do estalajadeiro, 10 anos, Marcel Poirot, com um lenço ensanguentado. O pai da vítima teve de atingi-la três vezes no rosto com toda sua força antes que ela liberasse o corpo sem vida.

Detida para julgamento sob as novas acusações de assassinato, Weber foi declarada insana em 25 de outubro de 1908, e submetida a um asilo em Mareville. Creditada com pelo menos dez assassinatos, "L'Ogresse de Lousiania Goutte d'Or" sobreviveu dois anos em cativeiro antes de manualmente estrangular-se em 1910.

WILDER, Christopher Bernard

Nascido em 13 de março de 1945, Christopher Wilder foi fruto de um casamento internacional entre um oficial naval americano e uma nativa australiana. Uma criança doentia desde o início, Wilder recebeu a extrema-unção quando bebê. Dois anos depois, ele quase afogou-se em uma piscina; aos três anos, sofreu convulsões enquanto passeava com seus pais no carro da família e foi ressuscitado.

Na adolescência, o menino teve problemas diferentes. Aos 17 anos, em Sidney, Wilder e um grupo de amigos foram acusados de estupro por gangue em uma menina na praia. Ele admitiu a culpa no conhecimento físico e recebeu *sursis* de um ano com uma disposição para aconselhamento obrigatório. O programa incluiu a terapia de grupo e tratamento por eletrochoque, mas este pareceu fazer pouco efeito.

Wilder casou-se aos 23 anos, mas a união durou somente poucos dias. Sua noiva reclamou de abuso sexual e finalmente deixou-o após encontrar calcinhas (não suas) e fotografias de mulheres nuas em uma pasta que Wilder carregava em seu carro. Em novembro de 1969, ele usou as fotografias de mulheres nuas para extorquir sexo de uma enfermeira australiana estudante; ela reclamou para a polícia, mas as acusações foram finalmente retiradas quando ela se recusou a testemunhar no tribunal.

A Austrália estava ficando muito quente para Wilder, assim ele se mudou para os Estados Unidos. Estabelecendo-se no sul da Flórida, ele prosperou nos campos de construção e contratação elétrica, ganhando (ou pegando emprestado) dinheiro suficiente para financiar carros velozes e um luxuoso apartamento de solteiro, completo com piscina e um estúdio fotográfico particular. A boa vida visivelmente combinou com Wilder, mas não preencheu suas outras necessidades escondidas.

Em março de 1971, em Pompano Beach, Wilder foi detido em uma acusação de requerer mulheres para posar para fotos nuas; pleiteou uma diminuição por meio de negociação para perturbação da paz e pagou uma pequena fiança. Seis anos depois, em outubro de 1977, ele coagiu uma estudante de escola secundária a fazer sexo oral, ameaçando-a de espancamento se recusasse, e ele foi preso uma segunda vez. Wilder admitiu o crime ao seu terapeuta, mas as entrevistas confidenciais são inadmissíveis no tribunal, e ele foi depois absolvido. Em 21 de junho de 1980, ele atraiu uma adolescente para seu carro com promessas de emprego como modelo e então levou-a para uma área rural, onde a estuprou. Outra confissão de culpa para as acusações de lesão corporal por tentativa sexual recebeu uma *sursis* de cinco anos, com terapia adicional ordenada pelo tribunal. Seguindo-se a sua última prisão na Flórida, o homem que se fez por esforço próprio reclamou de sofrer de cegueira temporária.

Visitando seus pais na Austrália, Wilder foi acusado de raptar duas meninas de 15 anos de uma praia em New South Wales em 28 de dezembro de 1982, e de forçá-las a posar para fotografias pornográficas. Rastreado por meio da placa de seu carro alugado, Wilder foi preso em 29 de dezembro, acusado de rapto e agressão indecente. Sua família remeteu pelo correio 350 mil dólares para a fiança e foi permitido que Wilder retornasse aos Estados Unidos, com seu julgamento programado para 7 de maio de 1983. Os atrasos legais postergaram o caso, mas estava programado que Wilder comparecesse ao tribunal para uma audiência em 3 de abril de 1984.

Ele nunca o fez.

Em 6 de fevereiro, Rosário Gonzalez, de 20 anos, desapareceu de seu trabalho no Grande Prêmio de Miami. Chris Wilder estava dirigindo como um concorrente naquele dia e testemunhas lembraram-se de vê-la sair com um homem que se adequava à descrição de Wilder. Seu corpo nunca foi encontrado.

Em 4 de março, Elizabeth Kenyon, 23 anos, desapareceu após o trabalho em uma escola em Coral Gables onde lecionava. Foi vista naquela tarde com Wilder em um posto de gasolina local, e seu nome foi encontrado no caderno de endereços dela. Os pais de Kenyon lembraram-se de que ela falava de Wilder como "um verdadeiro cavalheiro", diferente de diversos fotógrafos que pediram se ela poderia ser modelo de nu. Como no caso de fevereiro, nenhum vestígio de Kenyon foi encontrado.

Wilder celebrou seu 39º aniversário em 13 de março, dando-se um presente peculiar, um Chrysler 1973. Três dias depois, o *Miami Herald* relatou que um corredor de Boynton Beach estava sendo procurado para interrogatório no desaparecimento de duas mulheres locais. Wilder não foi designado na história, mas ele entendeu o ponto. Perdendo sua sessão programada de terapia em 17 de março, ele encontrou com seu sócio comercial na noite seguinte. "Não vou à prisão", ele prometeu, em prantos. "Não vou fazer isso". Colocando as malas em seu carro, Wilder deixou seus cachorros em um canil e dirigiu-se para fora da cidade, em direção norte.

Indian Harbour fica a duas horas ao norte de Boynton Beach. Em 19 de março, Terry Ferguson, de 21 anos, desapareceu de um Shopping *center* local onde testemunhas lembraram-se de ver Wilder. Seu corpo foi recuperado quatro dias depois de um canal do Distrito de Polk.

Em 20 de março, Wilder raptou a estudante universitária de instituição coeducacional de um Shopping *center* em Tallahassee, dirigindo pela fronteira estadual para Bainbridge, Geórgia. Ali, em um motel barato, ele estuprou-a repetidamente e torturou-a com choques elétricos, passando uma 'super cola' nas suas pálpebras.

Wilder fugiu após sua cativa conseguir trancar-se no banheiro, gritando e batendo nas paredes para chamar a atenção de outros hóspedes do motel.

O assassino parou, a seguir, em Beaumont, Texas. Terry Walden, de 24 anos, informou seu marido em 21 de março que um homem barbado a tinha abordado entre as aulas em uma universidade local, convidando-a para um trabalho de modelo. Ela agradeceu e declinou a oferta, mas a conversa acionou um sino na memória quando Terry desapareceu dois dias depois. Seu corpo, rasgado por múltiplos ferimentos de punhal, foi retirado de um canal em 26 de março.

Um dia depois, Suzanne Logan, 21 anos, desapareceu de um Shopping *center* na cidade de Oklahoma; seu corpo foi encontrado em 26 de março, flutuando em um reservatório em Milford próximo a Manhattan, Kansas. Estuprada e apunhalada, ela aparentemente foi torturada antes da morte.

Sheryl Bonaventura foi a próxima a morrer, raptada de um Shopping em Grand Junction, Colorado, em 29 de março. Outra compradora colocou Wilder no Shopping, convidando mulheres para empregos de modelo, e ele foi visto com Sheryl em um restaurante próximo naquela tarde. Ela entrou para a lista de desaparecidas quando Wilder fez seu caminho pelo país, matando quando parava para descansar.

Em 1º de abril, Michelle Korfman, 17 anos, desapareceu de um show de moda em Meadows Mall, em Las Vegas, Nevada. Fotografias tiradas na época mostraram Wilder sorrindo da plateia, observando as meninas adolescentes desfilarem para ele em minissaias.

Por fim, foi suficiente. Ligado a três assassinatos, um rapto e quatro desaparecimentos, Wilder foi descrito pelos porta-vozes do FBI como "perigo significativo" para o público em geral. Seu nome foi acrescentado à lista dos "dez mais procurados" do FBI em 3 de abril de 1984.

No dia seguinte, ele raptou Tina Marie Risico, 16 anos, em Torrance, Califórnia, estuprando-a naquela noite e em noites sucessivas, enquanto ficavam em diversos motéis, em seu caminho para o leste. Sujeita a ameaças e a abusos, vivendo constantemente na sombra da morte, Risico concordou em ajudar Wilder a encontrar outras vítimas à medida que ele continuava seu longo voo para lugar nenhum.

Em 10 de abril, Dawnette Wilt foi atraída de um shopping center em Merrilville, Indiana, estuprada e torturada no curso daquele dia e no seguinte. Wilder tentou assassiná-la em 12 de abril, apunhalando Dawnette e deixando-a morrer fora de Rochester, Nova York, mas ela conseguiu sobreviver e atingir a próxima estrada, onde um motorista que passava a descobriu e levou-a a um hospital.

A última vítima de Wilder foi Beth Dodge, raptada próximo a Victor, Nova York, em 12 de abril, e atingida mortalmente em uma cova rasa próxima. Seguindo-se ao assassinato, Wilder levou sua cativa adolescente ao aeroporto Logan de Boston, comprando para ela uma passagem de ida a Los Angeles e vendo-a sair pelo portão de embarque.

O súbito ataque de compaixão de Wilder permanece inexplicado, mas ele não perdeu tempo procurando outra vítima. Em 13 de abril, ele sacou sua arma contra uma mulher próximo a Beverly, Massachusetts, mas ela fugiu a pé, sem ferimentos. Continuando sua caça sem objetivo, o assassino parou para abastecer naquela tarde em Colebrook, New Hampshire, inconsciente de que ele tinha atingido o fim de sua corrida.

Passando pelo posto de gasolina, os policiais montados estaduais Wayne Fortier e Leo Jellison reconheceram o carro de Wilder das descrições do FBI. Abordando o veículo, eles chamaram Wilder e o viram correndo para o carro, escorregando para dentro conforme pegava sua arma. Jellison pulou nas costas do fugitivo, lutando pela *magnun 357*, e dois tiros foram ouvidos. O primeiro passou através de Wilder e perfurou o peito de Jellison, localizando-se em seu fígado; o segundo tirou a vida de Wilder, resultando no que um patologista chamou de "obliteração cardíaca".

A morte de Wilder, ironicamente, não resolveu o embaralhado caso. O corpo de Sheryl Bonaventura foi descoberto em Utah em 3 de maio, vítima de um ferimento a bala direto. Michelle Korfman foi encontrada na Floresta Nacional de Angeles em 11 de maio, mas outro mês passaria antes de ser identificada, e os piores temores de sua família confirmados. Nenhum traço ainda foi encontrado das vítimas iniciais de Wilder em Miami e cercanias.

Com sua morte, Chris Wilder estava inevitavelmente ligado a outros crimes não resolvidos. Duas meninas, com idades entre 10 e 12 anos, apontaram para sua fotografia de identificação como parecendo o homem que as agarrou no parque em Boynton Beach em junho de 1983, e as forçou a sexo oral na floresta próxima. Seu nome foi da mesma forma ligado a outras mortes e desaparecimentos durante duas décadas na Austrália e na América.

Em 1965, Marianne Schmidt e Christine Sharrock acompanharam um homem jovem combinando com a descrição de Wilder às dunas na praia próximo a Sidney; estranguladas, estupradas e apunhaladas, seus corpos foram descobertos em uma cova rasa, mas ninguém foi acusado até agora. Em 1981, as adolescentes Mary Hare e Mary Optiz foram raptadas de um Shopping no Distrito de Lee, Flórida; Hare foi depois encontrada apunhalada mortalmente, enquanto Optiz permanece entre as desaparecidas. Em 1982, os restos mortais de mulheres não identificadas foram desenterrados em duas ocasiões diferentes próximo à propriedade pertencente a Wilder em Loxahatchee; uma vítima foi morta havia diversos anos, a outra em um período de meses.

E a lista continua: Tammi Leppert, modelo adolescente, raptada de seu trabalho em uma loja de conveniência em Merritt Island, em 6 de julho de 1983; Melody Gay, 19 anos, raptada no turno da noite em uma loja 24 horas no Distrito de Collier, Flórida em 7 de março de 1984, seu corpo retirado de um canal rural três dias depois; Colleen Osborne, 15 anos, desaparecida de seu quarto em Daytona Beach, em 15 de março de 1984. Chris Wilder foi visto em Daytona naquele dia, convidando "modelos".

Houve uma virada demoníaca na história de Wilder. Seguindo-se à necropsia em 13 de abril de 1984, o patologista de New Hampshire, dr. Robert Christie, recebeu um telefonema de um homem dizendo representar a Universidade de Harvard. Desejava-se o cérebro de Wilder para estudo, a pessoa explicava, a fim de determinar o defeito ou doença que espalhou sua atividade de assassinato. O dr. Christie concordou em entregar o cérebro mediante o recebimento de uma solicitação por escrito. Duas semanas depois ele ainda estava aguardando, e o porta-voz da escola de Medicina de Harvard negou ter feito essa solicitação.

WILLIAMS, Wayne Bertram: veja "Assassinos de crianças " de Atlanta

WOOD, Catherine: veja Graham, Gwendolyn

WOODS, Martha

Uma esposa do Exército que seguiu seu marido ao redor do país de uma base militar para a outra, Marta Woods também sofreu de doença mental bizarra denominada "SÍNDROME DE MUNCHAUSEN POR PROCURAÇÃO". As vítimas dessa rara doença são levadas a procurar atenção ou compaixão ao fabricar poções para seus amados, algumas vezes infligindo danos deliberados, para apoiar suas reclamações de doenças misteriosas. Neste caso, a idiossincrasia custou a vida de sete crianças.

As vítimas de Martha incluíram três de seus próprios filhos, um sobrinho, uma sobrinha e uma criança vizinha, e o filho que adotou quando os objetivos ficaram escassos. A atividade de assassinatos em todo o país durou a maior parte do quarto de século de 1946 a 1969. A geografia era amiga de Martha, impedindo que os examinadores médicos em diversos locais conectassem seus diversos crimes, até sua sorte acabar, finalmente, em Baltimore.

O padrão de Martha era sempre o mesmo, envolvendo uma corrida para o hospital mais próximo com o bebê inconsciente em seus braços. A cada vez, o bebê estava sozinho aos cuidados de Martha quando este, abrupta e inexplicavelmente, "parava de respirar". As crianças eram revividas e enviadas para casa com Woods, mas eles inevitavelmente sofriam mais ataques com um espaço de horas ou dias. Na totalidade, a polícia calculou, percebendo tardiamente, que nove crianças sofreram um total de 27 ataques respiratórios ameaçando a vida, com sete resultando em morte. As primeiras seis mortes foram relatadas como "naturais", embora os sintomas fossem consistentes com a sufocação deliberada.

À parte de sua inclinação para sufocar bebês, Woods também mostrava o traço típico de Munchausen de mentira patológica. Seguindo-se a adoção da filha Judy, ela reclamou de ameaças dos verdadeiros pais da menina. Eles foram à sua porta, Martha disse, solicitando sua filha de volta, ameaçando sua vida quando ela recusou. Os estranhos sem rosto estavam circulando sua casa em um carro a altas horas, e alguém tentou queimar sua casa. De fato, os investigadores do Exército encontraram líquido inflamável jogado em uma parede da casa de Martha, mas eles suspeitaram que ela própria preparava a cena. Os pais biológicos de Judy estavam muito longe, em outro Estado, e os oficiais finalmente descartaram a totalidade da história como brincadeira.

O tempo esgotava-se para Woods em Baltimore, quando as autoridades finalmente revelaram a evidência de assassinato na morte de seu filho adotado, Paul, de 7 meses. Os testes psiquiátricos intensivos consideraram-na competente e apta para julgamento. O juiz admitiu a evidência de outras mortes para provar o caso de Paul, e Martha foi condenada após cinco meses de testemunho e sentenciada à prisão perpétua em uma acusação de assassinato doloso.

WUORNOS, Aileen Carol

Ela foi anunciada nas manchetes dos jornais e programas de entrevistas da TV como a "primeira *serial killer*" da América. De fato, Aileen Wuornos não foi nem a primeira nem a pior, embora ela mostrasse uma abordagem curiosamente "masculina" dos homicídios. Suspeita de pelo menos sete assassinatos, sentenciada à morte em quatro dos seis casos que confessou à polícia, Wuornos ainda mantém que alguns ou todos os seus assassinatos admitidos foram realizados em autodefesa, resistindo a agressões violentas por homens que ela solicitou ao trabalhar como prostituta. Ironicamente, a informação revelada pelos jornalistas em novembro de 1992 sugere que em um caso, pelo menos, sua história pode bem ser verdadeira.

O futuro monstro da mídia da América nasceu Aileen Pittman em Rochester, Michigan, em 29 de fevereiro de 1956. Seus pais adolescentes separaram-se meses antes que ela nascesse; o pai, Leo Pittman, mudou para cumprir um período em hospitais mentais de Kansas e Michigan como um demente molestador de crianças. A mãe, Diane Prat, lembra-se de Aileen e seu irmão mais velho Keith como "bebês chorosos e infelizes", e seu barulho motivou-a a deixá-

Aileen Wuornos diante do juiz em seu julgamento

los com seus pais no início de 1960. Em 18 de março daquele ano, os avós maternos Lauri e Britta Wuornos adotaram legalmente as crianças como suas.

A infância de Aileen mostrou pouca melhora. Aos 16 anos, ela teve cicatrizes de queimaduras faciais enquanto, juntamente com Keith, estavam ateando fogo com o fluído do isqueiro. Aileen depois disse à polícia que ela fazia sexo com Keith com pouca idade, mas conhecidos duvidaram da história e Keith é incapaz de falar por si, já que morreu de câncer na garganta em 1976. De qualquer forma, Aileen estava claramente tendo sexo com alguém, pois ficou grávida aos 14 anos, tendo seu filho no hospital da maternidade de Detroit em 23 de março de 1971. A avó Britta morreu em 7 de julho e, embora sua morte tenha sido atribuía a uma falha do fígado, Diane Pratt suspeita de seu pai quanto ao assassinato, reclamando que ele ameaçou matar Aileen e Keith se eles não fossem retirados de sua casa.

De fato, eles se tornaram tutelados do tribunal, Aileen logo abandonando a escola para trabalhar nas ruas em tempo integral, ganhando seu sustento como uma prostituta adolescente, vagando pelo país de acordo com seu humor. Em maio de 1974, usando o pseudônimo de "Sandra Kretsch", ela foi presa no Distrito de Jefferson, Colorado, por conduta desordeira, dirigir embriagada e atirar com uma pistola calibre 22 de um veículo em movimento. Acusações adicionais de falha em comparecer foram registradas quando ela saiu da cidade antes de seu julgamento. De volta a Michigan, em 13 de julho de 1976, Aileen foi presa no Distrito de Antrim por agressão simples e distúrbio da paz após ela arremessar uma bola de bilhar na cabeça do atendente de um bar. Os mandados pendentes de Troy, Michigan, foram também secundados pelas acusações de dirigir sem licença e consumir álcool em um veículo. Em 4 de agosto, Aileen liquidou seu débito com a sociedade com uma multa de 105 dólares.

O dinheiro veio, pelo menos indiretamente, de seu irmão. A morte de Keith em 17 de julho surpreendeu-a com um pagamento de seguro de vida de 10 mil dólares, dissipado em dois meses em luxos incluindo um carro novo, que Aileen imediatamente quebrou em um acidente. No fim de setembro, partiu novamente. Ela pediu carona para a Flórida, ansiosa para experimentar um clima mais quente, esperando praticar seu negócio ao sol. Foi uma mudança de cenário, mas a atitude de Aileen ainda era a mesma, e ela inevitavelmente enfrentou mais problemas com a lei.

Em 20 de maio de 1981, Wuornos foi presa em Edgewater, Flórida, por roubo armado de uma loja de conveniência. Sentenciada à prisão em 4 de maio de 1982, ela foi liberada um ano e um mês depois, em 13 de junho de 1983. Sua próxima prisão, em 1º de maio de 1984, foi por tentar passar cheques falsos em um banco em Key West. Em 30 de novembro de 1985, nomeada como suspeita no roubo de uma pistola e munição no Distrito de Pasco, Aileen emprestou o codinome "Lori Grody" de sua tia em Michigan. Onze dias depois, a polícia rodoviária da Flórida citou "Grody" por dirigir sem carteira de motorista válida. Em 4 de janeiro de 1986, Aileen foi presa em Miami, com seu próprio nome, acusada de roubo de carro, resistência à prisão e obstrução com informação falsa; a polícia encontrou um revólver calibre 38 e uma caixa de munição no carro roubado. Em 2 de junho de 1986, os oficiais do Distrito de Volusia detiveram "Lori Grody" para interrogatório após um companheiro acusá-la de sacar uma arma em seu carro e exigir 200 dólares. Apesar de suas negativas, Aileen estava carregando munição sobressalente consigo, e uma pistola 22 foi encontrada sob o banco do passageiro que ela ocupava. Uma semana depois, usando o novo codinome de "Susan Blahovec", ela foi multada por excesso de velocidade no Distrito de Jefferson, Flórida. A citação incluía uma observação dita: "Pobre atitude. Pensa que está acima da lei".

Poucos dias depois daquele incidente, Aileen encontrou a lésbica Tyria Moore em um bar gay de Daytona. Elas logo se tornaram amantes e quando a paixão esmaeceu após cerca de um ano, elas permaneceram amigas próximas e companheiras de viagem, quase inseparáveis pelos quatro anos seguintes. Em 4 de julho de 1987, a polícia de Daytona Beach deteve "Tina Moore" e "Susan Blahovec" para interrogatório, sob suspeita de terem golpeado em um homem com uma garrafa de cerveja. "Blahovec" estava sozinha em 18 de dezembro quando os patrulheiros da rodovia citaram-na por andar na estrada interestadual com a carteira de motorista suspensa. Uma vez mais, a citação observou "atitude pobre" e Susan provou isso nos dois meses seguintes, com cartas ameaçadoras enviadas ao escriturário do tribunal da comarca, em 11 de janeiro e em 9 de fevereiro de 1988.

Um mês depois, Wuornos estava tentando uma nova abordagem e um novo pseudônimo. Em 12 de março de 1988, "Cammie Marsh Greene" acusou um motorista de ônibus de Daytona Beach de agressão e disse que ele a empurrou para fora do ônibus depois de uma discussão; Tyria Moore foi registrada como testemunha do incidente. Em 23 de julho, um senhorio acusou Moore e "Susan Blahovec" de atos de vandalismo em seu apartamento, pois elas removeram o carpete e pintaram as paredes de marrom escuro sem sua aprovação. Em novembro de 1988, "Susan Blahovec" lançou uma campanha de seis dias de telefonemas ameaçadores contra o supermercado de Zephyrhills, seguindo uma discussão sobre bilhetes de loteria.

Em 1989, o comportamento de Aileen estava se tornando cada vez mais errático e beligerante. Nunca aceitou insultos inconsequentemente e agora provocava confrontos, raramente viajando sem uma pistola carregada em sua bolsa. Ela trabalhava nos bares e pontos de ônibus, pedindo carona para aplicar golpes quando tudo o mais falhasse, complementando sua renda de prostituta com roubo quando podia. Várias vezes, ela falou com Moore sobre muitos problemas de sua vida e um anseio por vingança.

Richard Mallory, 51 anos, eletricista de Palm Harbor, foi visto pela última vez vivo por companheiros de trabalho em 30 de novembro de 1999. Seu carro foi encontrado abandonado em Ormond Beach no dia seguinte, e sua carteira e papéis pessoais estavam espalhados nas proximidades, juntamente com diversos preservativos e meia garrafa de vodca. Em 13 de dezembro, seu corpo totalmente vestido foi encontrado na floresta a noroeste de Daytona Beach, atingido três vezes por tiros no peito com uma pistola 22. A polícia, ao procurar um motivo no assassinato, soube que Mallory tinha se divorciado cinco vezes, ganhando a reputação de um "grande bebedor", que era "muito paranoico" e "muito fixado em pornografia e cenas de bar de *topless*". Um empregado anterior descreveu-o como "débil", mas a polícia voltou sem nada em sua pesquisa para o registro criminal. Eles não encontrariam "nenhuma coisa suja" na vítima, finalmente concluindo que ele foi apenas um mulherengo paranoico.

A investigação foi paralisada nesse ponto em 1º de junho de 1990, quando uma vítima nua "John Doe" foi encontrada, atingida por tiros seis vezes com uma arma calibre 22 e jogada na floresta 40 milhas ao norte de Tampa. Em 7 de junho, o corpo foi identificado pelos registros dentários como David Spears, 43 anos, visto pela última vez deixando seu local de trabalho em Sarasota em 19 de maio. Spears tinha planejado visitar sua ex-esposa em Orlando naquela tarde, mas nunca chegou. Ironicamente, seu chefe tinha visto a caminhonete desaparecida do homem morto em 25 de maio, estacionada ao longo da I-75 ao sul de Gainesville, mas ali os indícios perderam-se.

Na época em que Spears foi identificado, uma terceira vítima foi encontrada. Charles Carskaddon, 40 anos, era um trabalhador de rodeio em período parcial em Booneville, Missouri, desaparecido desde 31 de maio. Ele desapareceu em algum lugar na I-75, a caminho do encontro com sua noiva em Tampa, seu corpo nu encontrado a cerca de 48 quilômetros ao sul do local do assassinato de Spears em 6 de junho. Carskaddon foi atingido nove vezes com uma arma calibre 22, sugerindo um padrão aos oficiais que ainda resistiam à noção de um *serial killer* à solta. Em 7 de junho, o carro de Carskaddon foi encontrado no Distrito de Marion, com uma pistola 45 automática e diversos itens pessoais relacionados como roubados no veículo.

Peter Siems, 65 anos, marinheiro mercante que se tornou missionário, foi visto pela última vez em 7 de junho de 1990, quando deixou sua casa em Júpiter, Flórida, para visitar parentes no Arkansas. Siems nunca chegou, e o boletim de pessoa desaparecida foi registrado na polícia em 22 de junho. Nenhum sinal do homem foi encontrado em 4 de julho, quando seu carro foi acidentado e abandonado em Orange Springs, Flórida. As testemunhas descreveram os ocupantes do veículo como duas mulheres, uma loura e a outra morena, fornecendo à polícia fotos de artistas similares a cada uma. A loura foi ferida e sangrava. A polícia levantou uma impressão digital da mão ensanguentada do porta-malas do veículo.

Eugene Burress, 50 anos, deixou a fábrica de salsichas de Ocala onde trabalhava para fazer seu turno normal de entrega em 30 de julho de 1990. O boletim de pessoa desaparecida foi registrado quando ele não retornou às 2 horas do dia seguinte e seu furgão de entrega foi encontrado duas horas depois. Em 4 de agosto, seu corpo totalmente vestido foi encontrado por uma família que fazia piquenique na Floresta Nacional de Ocala. Burress foi atingido duas vezes com uma pistola calibre 22 nas costas e peito. Nas proximidades, a polícia encontrou seus cartões de crédito, recibos comerciais e uma sacola de dinheiro de um banco local vazia.

Dick Humphreys era um chefe de polícia aposentado de 56 anos, depois empregado pelo Departamento de Saúde e Serviços de Reabilitação da Flórida para investigar reclamações de abuso infantil em Ocala. Sua esposa relatou seu desaparecimento quando não voltou do trabalho para casa na noite de 11 de setembro de 1990, e Humphreys foi encontrado no dia seguinte em uma subdivisão não desenvolvida, atingido sete vezes com uma pistola calibre 22, com os bolsos de suas calças virados do avesso. Em 19 de setembro, seu carro foi encontrado abandonado e sem as placas atrás de uma agência funerária em Live Oak. Apreendido em 25 de setembro, o carro não foi reconhecido como de Humphreys até 13 de outubro, o mesmo dia que seu distintivo e outros pertences pessoais foram encontrados no Distrito de Lake, 112,6 quilômetros a sudoeste da cena do assassinato.

A sétima vítima foi Walter Antonio, de 60 anos, um caminhoneiro da ilha Merrit que também trabalhava como oficial da reserva da polícia no Distrito de Brevard. Encontrado na floresta a noroeste da cidade de Cross em 19 de novembro de 1990, ele foi atingido três vezes nas costas e uma vez na cabeça por tiros. Antonio estava nu, exceto pelas meias, e suas roupas foram encontradas depois em uma área remota do Distrito vizinho de Taylor. Seu carro, enquanto isso, foi encontrado de volta no Distrito de Brevard em 24 de novembro. A polícia determinou que o assassino de Antonio roubou um anel de outro distinto juntamente com seu distintivo, cassetete, algemas e lanterna.

Na época, os jornalistas observaram o padrão óbvio que os detetives estavam relutantes em aceitar, e a exposição da mídia forçou as autoridades a irem a público com os retratos falados das suspeitas em 30 de novembro de 1990. Durante as três semanas seguintes, a polícia recebeu quatro telefonemas identificando as suspeitas como Tyria Moore e "Lee Blahovec". Seus movimentos foram rastreados por meio de recibos de motel e os detetives souberam que "Blahovec" também gostava de chamar-se "Lori Grody" e "Cammie Marsh Greene". As comparações das impressões digitais fizeram o restante, designando "Blahovec/Grody/Greene" como Aileen Wuornos, colocando-a na cena em que o carro de Peter Siems foi acidentado em julho, mas ainda faltava aos oficiais rastrearem as mulheres.

Enquanto isso, "Cammie Greene" estava ocupada penhorando os itens roubados de suas vítimas e embolsando algum dinheiro extra. Em 6 de dezembro, ela penhorou a câmera e o detector de radar de Richard Mallory em Daytona, movendo-se para Ormond Beach com uma caixa de ferramentas roubada de David Spears. (Ela também deixou uma impressão do polegar em Ormond Beach, idêntica àquela de "Lori Grody".) No dia seguinte, no Distrito de Volusia, "Greene" penhorou a aliança de Walter Antonio, depois identificada pela sua noiva e pelo joalheiro que a ajustou.

Com fotografias de identificação e uma lista de nomes em mãos, foi uma questão relativamente simples rastrear Aileen Wuornos, embora seu estilo de vida sem raízes atrasasse a prisão por outro mês. Em 9 de janeiro de 1991, ela foi presa em Last Resort, um bar de ciclistas em Harbor Oaks, detida pelos mandados pendentes para "Lori Grody" enquanto a polícia acabava de construir o caso de assassinato. Um dia depois, Tyria Moore foi localizada na casa de sua irmã na Pensilvânia, onde concordou em auxiliar a polícia. De volta à Flórida, os detetives grampearam uma série de conversas telefônicas entre Moore e Wuornos, Tyria pedindo a Aileen para confessar pelo bem de Moore e poupá-la da ação penal como cúmplice. Uma conversa levou a polícia a um armazém que Aileen tinha alugado, e a busca revelou as ferramentas roubadas de David Spears, o cassetete tomado de Walter Antonio, outra câmera e um barbeador elétrico pertencente a Richard Mallory.

Em 16 de janeiro de 1991, Wuornos convocou os detetives e confessou seis assassinatos, todos supostamente realizados em autodefesa. Ela negou matar Peter Siems, cujo corpo ainda estava desaparecido, e da mesma forma desmentiu qualquer ligação ao assassinato de uma vítima "John Doe" atingido mortalmente com uma arma calibre 22 no Distrito de Brooks, Geórgia, e encontrado em estado avançado de decomposição em 5 de maio de 1990 (nenhuma acusação foi registrada nesse caso). "Atirei neles porque era como uma coisa de autodefesa", ela disse à polícia, "porque senti que se não atirasse neles e não os matasse, primeiro... se eles sobrevivessem, poderia estar com problemas por tentativa de assassinato, assim estaria na pior nesse sentido, e se não os matasse, você sabe, claro, quero dizer tinha de matá-los... ou é como retaliação, também. É como 'idiota, você está me machucando'".

Nas duas primeiras semanas de sua prisão, Aileen e seu advogado tinham vendido os direitos de filmagem de sua história. Ao mesmo tempo, três investigadores principais em seu caso contrataram seu próprio advogado para receber ofertas de Hollywood, encolhendo-se embaraçados quando sua pressa imprópria foi publicamente revelada. Em autodefesa, os oficiais sustentaram que estavam querendo vender sua versão do caso com "intenções puras", planejando colocar o dinheiro em um "fundo para as vítimas". A um homem eles denunciaram a exposição de seu esquema como trabalho malicioso dos companheiros oficiais, motivados pelo ciúme por terem sido cortados do negócio.

Um show bizarro e paralelo ao julgamento de assassinato pendente começou no fim de janeiro de 1991 com o aparecimento de Arlene Pralle como advogada chefe de Aileen. Uma esposa de rancheiro de 44 anos e "renascida" como Christian, Pralle informou Wuornos em sua primeira carta à prisão que "Jesus me disse para escrever a você". Logo, elas estavam tendo conversas diárias ao telefone às custas de Pralle, com Arlene conseguindo entrevistas para Wuornos e para si própria e tornando-se um ponto fixo em programas ao vivo na televisão de costa a costa. Nas palavras de Pralle, seu relacionamento era "um vínculo da alma. Somos como Jonas e Davi na Bíblia. É como se parte de mim estivesse presa na cadeia com ela. Nós sempre sabemos o que a outra está sentindo e pensando. Eu apenas queria ser Houdini. Poderia tirá-la de lá. Se houvesse um jeito eu o faria, e poderíamos ir e ser vagabundas para sempre". Em vez disso, Pralle fez a melhor coisa, legalmente adotando Wuornos como sua "filha".

O julgamento de Aileen pelo assassinato de Richard Mallory começou em 13 de janeiro de 1992. Onze dias depois, Wuornos tomou o banco de testemunhas como a única testemunha da defesa, repetindo sua narração de estupro violento e espancamento nas mãos de Mallory, insistindo que atirou nele mortalmente em autodefesa, usando sua pistola somente após ele ter ameaçado sua vida. Sem nenhuma evidência firme para apoiar sua reivindicação, os jurados rejeitaram a história, deliberando meros 90 minutos antes de condenaram Aileen por homicídio doloso em 27 de janeiro. "Sou inocente!", ela gritou quando o veredicto foi anunciado. "Fui estuprada! Espero que você seja estuprado! Seus sujos da América!" O júri a recomendou à morte em 29 de janeiro, e no dia seguinte Aileen foi formalmente sentenciada à morte. Em abril, ela admitiu a culpa nos assassinatos das vítimas Burress, Humphreys e Spears, com uma segunda sentença de morte imposta em 7 de maio de 1992.

Na mesma época, Aileen ofereceu-se para mostrar à polícia onde o corpo de Peter Siems estava escondido, perto de Beaufort, Carolina do Sul. As autoridades levaram-na para o Piemont estadual, mas nada foi encontrado no local designado. A polícia de Daytona, acredita que Wuornos criou o artifício para tirar umas férias grátis da cadeia. Eles especularam que Siems estaria jogado em um depósito de lixo I-95, ao norte de Jacksonville, mas seu corpo nunca foi encontrado.

O caso Wuornos teve uma mudança irônica em 10 de novembro de 1992, com as revelações dos repórteres Michele Gillen no Dateline da NBC. Até aqui, os defensores de Aileen e os promotores da Flórida tinham falhado em desenterrar qualquer registro criminal de Richard Mallory que substanciaria a reclamação de Aileen de estupro e agressão. Na visão oficial, Mallory era "limpo", mesmo de alguma forma paranoico e exageradamente sexual. Gillen, ainda assim, não teve dificuldade aparente em descobrir que Mallory tinha cumprido dez anos por estupro violento em outro Estado, fatos facilmente obtidos ao colocar seu nome na rede de computadores do FBI.

"A parte fascinante sobre isso", Gillen disse, "é: aqui está uma mulher que no último ano gritou que não teve um julgamento justo e todos estavam correndo para fazer um filme de TV sobre ela — e de fato isto se tornou verdade" (o primeiro filme da TV que retratou Aileen foi ao ar em uma rede rival uma semana após o dia do relatório de Gillen). Mesmo assim, Gillen parou pouco antes de pedir a liberação de Aileen. "Ela é uma mulher doente, que terminou com os homens", Gillen disse, "mas não é uma razão para o Estado dizer 'ela confessou o assassinato de homens; não temos de fazer nosso trabalho de casa'". Neste momento, Wuornos permanece no corredor da morte.

XITAVHUDZI, Elias

Um entre meia dúzia de *serial killers* gerados pela cidade sul-africana de Atteridgeville nos tempos atuais, Elias Xitavhudzi foi apelidado de o "Pangaman*" antes de sua captura, por causa de uma faca longa e de lâmina grande que usou para matar e mutilar suas 16 vítimas femininas. Ocorridos na década de 1960, os crimes de Xitavhudzi foram duplamente traumáticos pela fortemente segregada Atteridgeville, considerando que as vítimas eram brancas e seu assassino revelou-se ser negro. Na captura, Xitavhudizi foi rapidamente julgado e sentenciado à morte, mas seu espírito vive em Atteridgeville, que continua a produzir golpeadores depravados em base regular — mais recentemente, o ainda não identificado "Mutilador de Atteridgeville".

---

* N.T.: Panga é um objeto metálico com cabo que era usado por nativos africanos para abrir caminho em uma selva densa.

Y

YERSHOV, Vadim

Um desertor do exército siberiano, Vadim Yershov, de 24 anos, foi a julgamento em outubro de 1997 sob as acusações de estupro, roubo e por ter esfaqueado fatalmente 19 vítimas nos meses após sua partida não programada do serviço militar. Como soldado de classe, ele pleiteou que seu caso fosse julgado perante um tribunal militar na cidade siberiana de Krasnoyarsk, onde foi condenado e sentenciado à morte em 9 de junho de 1998. Yershov, segundo informações, desmaiou quando a sentença foi pronunciada, mas o gesto dramático pode ter sido em vão. A Rússia suspendeu a execução de sentenças de morte em anos recentes, embora a PENA CAPITAL permaneça parte do código legal da nação. O conselho da Europa pressionou a Rússia a abolir a pena de morte como condição de sua associação ao grupo, e parece provável que interesses econômicos dispensem Vadim Yershov do pelotão de fuzilamento. Porém, considerando o estado das prisões na Sibéria, ele pode até mesmo desejar ter sido morto.

YORK George R. e LATHAM, James D.

George York, 18 anos e James Latham, 19 anos, eram soldados rasos no Exército dos Estados Unidos quando se encontraram em Fort Hood, Texas, no início de 1959. Alguma coisa estalou entre eles como aconteceu com outras almas companheiras letais, e eles em particular decidiram-se pelo curso de roubo e assassinato que os levaria — quase — de costa a costa.

Naquele mês de maio, os amigos foram a AWOL de Fort Hood, fazendo da cidade natal de York em Jacksonville, Flórida, a primeira parada em seu itinerário. Em 29 de maio, em Jacksonville, eles encontraram Althea Ottavio e Patrícia Hewitt, que eram visitantes da Geórgia e estrangularam as duas mulheres, roubando seu dinheiro e o carro. Seu bônus foi uma pistola carregada dentro do porta-luvas.

Em 7 de junho, os dois pararam brevemente em Tulahoma, Tennessee, onde assassinaram o idoso John Whittaker, roubando o carro da nova vítima para novo conjunto de rodas. O veículo de Whittaker levou-os a Edwarsville, Illinois, onde assassinaram Albert Reed, 35 anos, por simples prazer. Sete milhas depois, eles assaltaram um posto de gasolina e assassinaram o atendente Martin Drenovac, 69 anos.

Em 9 de junho, os nômades letais estavam cruzando o Kansas, parando em Wallace por tempo suficiente para assassinar Otto Ziegler, de 62 anos, um mestre de estradas da estrada de ferro Union Pacific. Em Craig, Colorado, eles ofereceram a Rachel Moyer, 18 anos, uma carona para a Califórnia, jogando seu corpo no curso de um rio fora da cidade, onde seria encontrado em 11 de junho.

Nessa época, York e Latham estavam sob custódia. O FBI começou a rastreá-los por violação da Lei de Dyer, proibindo o transporte de carro roubado pelas fronteiras estaduais, e os boletins federais mantiveram as agências locais de execução de leis informadas do caminho em direção oeste da dupla. Em 10 de junho, eles foram capturados pelo xerife de Utah e colocados na cadeia na cidade de Salt Lake para interrogatório.

Em 12 de junho, após 24 horas de silêncio de pedra, os prisioneiros falaram, relatando os detalhes de sua violência com uma ponta de orgulho distorcido. Eles vangloriaram-se de oito ou nove assassinatos, e oito marcas foram cravadas no cabo de sua arma roubada, mas na verdade foram somente sete mortes (o FBI depois relatou que duas vítimas não nomeadas sobreviveram aos ferimentos). Condenados em Kansas pelo assassinato de Ziegler, York e Latham foram sentenciados à morte em 19 de dezembro de 1962. Dirigindo-se ao tribunal, eles declararam: "Nós matamos juntos, assim esperamos morrer juntos". Eles conseguiram o seu desejo número dois, meio ano depois, subindo ao patíbulo em 22 de junho de 1965. Suas mortes determinam o fim de uma era, pois Kansas — embora mantendo a PENA CAPITAL — não mais executou nenhum interno até agora.

YOUNG, Lila Gladys

Lila Coolen, a filha de devotos pais Adventistas do Sétimo Dia, nasceu em Fox Point, Nova Escócia, em 1899. Aos 26 anos, ela conheceu e casou-se com William Peach Young, um nativo do Oregon tranferido para New Brunswick, onde aspirava ao papel de "missionário médico" adventista sem o benefício de ordenação ou treinamento médico. Logo após seu casamento, Lila esperava a primeira de cinco crianças. Os Young mudaram-se para Chicago, onde William foi licenciado como um quiroprático em dezembro de 1927. Dois meses depois, eles retornaram a Nova Escócia, abrindo um Sanatório de Vida e Saúde em East Chester, 64 quilômetros a sudoeste de Halifax. Lila entrou para o serviço como uma parteira profissional, e seu estabelecimento foi logo rebatizado de Casa da Maternidade Ideal e Sanatório. William atuava como superintendente e Lila como diretora gerente. Os clientes acorreram à "casa" em resposta aos anúncios do jornal que dizia:

CASA DA MATERNIDADE IDEAL: "Refúgio das mães", com uma seção para meninas também PUBLICIDADE para casa usando a crianças. Escreva para solicitar o material. East Chester, N.S.

Os folhetos da casa prometiam abrigar desde "mães esperando bebês dos mexericos", mas cada serviço tinha seu preço. Mulheres casadas procuravam refúgio com os Young e pagavam uma média de 75 dólares pelo parto e duas semanas de convalescença nos dias iniciais da operação, mas mães não casadas, ameaçadas de escândalo, enfrentavam um preço mais alto. Os Young requeriam uma média de 100 ou 200 dólares, antecipadamente, pela pensão completa, parto e arranjavam a adoção subsequente, e mais outros 12 dólares por fraldas e suprimentos, com uma média de 2 dólares semanais como taxa de manutenção pelo abrigo da criança entre o parto e a adoção. Se o bebê morresse na casa, cobrava-se da mãe mais 20 dólares para o funeral — realizado pelo homem faz tudo dos Young a uma taxa fixa de 50 centavos por corpo, com caixas de manteiga de pinho claro como caixões.

Em resumo, era a clássica conversa de "CRECHE DE BEBÊS", elevada à forma de arte. As meninas, sem o dinheiro disponível em mãos, algumas vezes tinham permissão para trabalhar por seus débitos na casa, assim forneciam aos Young a onda constante de ajuda doméstica não paga. Os cuidados médicos eram outro campo aberto a atalhos: Lila e William individualmente cobravam como "médicos" em suas folhas timbradas. De fato, Lila fazia o parto, enquanto William se ajoelhava ao lado da cama rezando, mas algumas clientes viram um lado mais rude dos Young, reclamando da rudeza de Lila — mesmo brutal — no manuseio. "Ela era fisicamente imensa", uma cliente lembrou-se. "Ela possuía uma presença dominadora e um grande senso de poder. Ela podia aterrorizar as pessoas. Ninguém ousava desafiá-la."

Em ordem resumida, a Casa de Maternidade Ideal tornou-se uma fábrica virtual de bebês, hospedando inúmeras mães não casadas com idade média de 17 anos. Entre

1928 e 1935, Lila relatou 148 nascimentos e 12 crianças mortas na casa — uma taxa de mortalidade de 8,1% que quase triplicava a percentagem média de Nova Scotia, de 3,1%. Em 4 de março de 1936, Lila e William foram acusados em dois casos de homicídio culposo nas mortes em janeiro de Eva Nieforth e sua criança recém-nascida. Ambos foram absolvidos no julgamento de três dias em maio de 1936, mas a Real Polícia Montada Canadense adotou a política de investigar cada morte relatada na casa nos anos vindouros.

Um problema, naturalmente, foi a questão de mortes de bebês não relatadas. O empregado Glen Shatford admitiria, depois, haver enterrado entre 100 e 120 bebês em um campo de propriedade dos pais de Lila próximo a Fox Point, anexo ao cemitério adventista. "Nós os enterramos em fileiras", ele disse "assim era fácil ver quantos eram". Em um caso típico, relembrado por Shatford, de abril de 1938, um bebê não identificado ficou no depósito de ferramentas dos Young por cinco dias, coberto por uma caixa, antes de ser levado a Fox Point para o funeral. Um motivo para a disposição sub-reptícia pode ser encontrado na cobrança padrão de Lila, de 300 dólares, para manter um bebê "pelo resto de sua vida natural". Alguns foram enviados para uma vizinha que cuidava de suas necessidades por um custo de três dólares por semana, enquanto outros atingiram o fim de suas "vidas naturais" em tempo recorde. Algumas adoções "rejeitadas" — incluindo as crianças de mistura de raças ou aquelas com defeitos físicos — morreram de fome, segundo informações, em uma dieta de água e melado.

Por todo o dinheiro pago a Lila e seu marido pelas clientes grávidas, os Young fizeram seu maior lucro de pais adotivos, cobrando uma média de 800 a mil dólares por bebê na década de 1930, escalando para uma média de 5 mil dólares por cabeça durante a Segunda Guerra Mundial. Na década de 1940, a Maternidade Ideal ganhou 60 mil dólares ao ano de suas clientes internas, incluindo uma taxa especial de 50 dólares de qualquer mãe que especificasse os pais adotivos de uma religião em particular. O outro lado da questão é que Lila e William receberam pelo menos 3,5 milhões de dólares de "adoção" — isto é, venda — de bebês entre 1937 e 1947. A uma cliente que mudou de ideia em 1946 e procurou ter seu bebê de volta foi dito que o menino já havia sido colocado para adoção, mas podia ser recuperado... se a mãe pudesse pagar 10 mil dólares em dinheiro.

Em 1943, os Young estavam hospedando 70 bebês em qualquer dia determinado. Sua cabana inicial cresceu para um complexo compreendendo 54 quartos, 14 banheiros e múltiplas enfermarias, avaliado em 40 mil dólares sem nenhuma hipoteca pendente. As clientes podiam reservar quartos particulares ou semiparticulares, se fossem dissuadidas do pensamento de dormir em uma enfermaria comum. Os negócios eram tão bons, de fato, que Lila começou a vangloriar-se... e por meio disso causou a si própria sofrimentos infindáveis.

Os oficiais de saúde pública estiveram observando os Young por uma década, mas eles encontraram sua primeira evidência concreta de negligência em 1945. Os inspetores relataram condições miseráveis, enxames de moscas e camas imundas, com alguns bebês pesando 50% do normal para sua idade. Lila atirou de volta com acusações de perturbação da tranquilidade alheia, mas seu tempo estava acabando. Uma nova emenda para a Lei de Pensão de Maternidade de 1940 ampliou os requisitos para licença da empresa constituída, a solicitação de licença dos Young foi rapidamente rejeitada, e o fechamento da Maternidade Ideal foi ordenado em novembro de 1945.

Não foi simples fechar um negócio multimilionário, naturalmente, e os Young continuaram a operar sem a licença enquanto seu caso teve a apelação. Os oficiais de emigração dos Estados Unidos uniram-se ao coro de reclamações no início de 1946, citando a evidência de que Lila tinha contrabandeado bebês aos Estados Unidos. Em março, os Young foram denunciados em oito acusações, incluindo a violação da Lei Pensão de Maternidade e prática de Medicina sem licença, mas sua condenação nas três acusações em 27 de março resultou em uma multa insignificante de 150 dólares. Em 4 de junho de 1946, eles foram condenados por venda ilegal de bebês a quatro casais americanos e multados em um total de 428,90 dólares. William, bebendo muito então, foi depois condenado por perjúrio em seu testemunho no julgamento de junho, mas os bebês ainda estavam nascendo na Maternidade Ideal no início de 1947.

O fim, quando chegou, veio mais como resultado da arrogância de Lila do que como a qualquer ação oficial. Encolerizando-se pela cobertura da mídia de seu caso, ela registrou uma ação por difamação de 25 mil dólares contra um jornal local, assim abrindo as comportas de testemunhos condenatórios vindos de todos os lados. Os jurados dispensaram sua ação após uma breve deliberação, e o julgamento expôs sua operação quanto à brutal e mercenária fraude que era. A Maternidade Ideal foi fechada antes do fim do ano e os Young faliram. Preocupados com os débitos, venderam finalmente sua propriedade e mudaram-se para o Quebec. A "casa", planejada para se tornar um resort, incendiou totalmente em 23 de setembro de 1962. O câncer levou a vida de William no fim do ano, e Lila morreu de leucemia em 1967 após mudar-se novamente para Nova Scotia. Sua lápide tem a legenda: "Até que nos encontremos".

YUKL, Charles William

Filho de pais divorciados, Charles Yukl tinha 31 anos e estava casado, era um professor de piano autônomo na cidade de Nova York, quando fez sua primeira vítima em 1966. Em 24 de outubro daquele ano, a polícia respondeu a um relatório de homicídio no edifício do apartamento de Yukl, onde foi descoberto o corpo de Suzanne Reynolds, de 25 anos. Aluna de Yukl, ela foi espancada, desnudada e apunhalada mortalmente até o professor "encontrá-la" em um apartamento vazio, investigando após "perceber" a porta aberta em seu próprio apartamento enquanto subia as escadas.

Preso e acusado de assassinato na manhã seguinte, Yukl confessou sob interrogatório, antes de seu advogado chegar à prisão. Os meses de disputa em questões constitucionais levaram a uma negociação sobre a pena em fevereiro de 1968, com a acusação reduzida para homicídio culposo, dando a Yukl uma sentença de sete a 15 anos na prisão. Considerado um interno modelo, Yukl foi liberado sob liberdade condicional em junho de 1973, dois anos antes do vencimento de sua sentença "mínima garantida". As objeções do Estado foram rejeitadas, e Yukl foi citado como um "bom risco para a condicional". Ele esperou um total de um ano e dois meses antes de matar novamente.

Em 20 de agosto de 1974, o corpo nu e estrangulado de Karen Schlegel, uma aspirante a atriz, foi descoberto no telhado de um edifício de apartamentos em Greenwich Village. Ela estava morta havia 12 horas quando o zelador descobriu seus restos, mas as autoridades não tiveram dificuldade em selecionar um suspeito. Charles Yukl foi um locatário do edifício onde Schlegel morreu, e confessou ter atraído sua vítima com um anúncio colocado em uma revista teatral. Ao chegar, Karen Schlegel foi estrangulada com uma gravata, desnudada e carregada para o telhado, onde foi encontrada.

Os psiquiatras consideraram Yukl competente para julgamento e ele foi formalmente indiciado em 6 de setembro. Em 3 de junho de 1976, ele conseguiu fazer uma nova negociação com o Estado, aceitando uma sentença de 15 anos à prisão perpétua em troca de sua admissão de culpa. Dessa vez, entretanto, ele não teria uma liberdade condicional prematura. Em 22 de agosto de 1982, o assassino enforcou-se na prisão com o retalho de uma colcha, e sua morte foi registrada como suicídio.

Z

ZARINSKY, Robert

Nascido em Nova Jersey em 1941, Robert Zarinsky exibiu sinais de instabilidade mental na adolescência. No início da década de 1960, ele estava chamando-se "Tenente Schaefer, líder do Exército Republicano Americano". Condenado por INCÊNDIO CRIMINOSO e profanação grave após colocar fogo em cinco depósitos de madeira e praticar atos de vandalismo em cemitérios judeus nos Distritos de Monmouth e Union, o "exército de um só homem" passou um ano e um mês no Hospital Psiquiátrico Estadual de Treton. Apesar de seu contato diário com os psiquiatras, Zarinsky ainda escorregou pela rede, e suas idiossincrasias não foram reconhecidas por profissionais treinados. Estabelecendo-se em Linden em sua liberação, Zarinsky abriu um negócio atacadista de produtos, mas suas sombrias fantasias clamavam por satisfação.

Em abril de 1969, Linda Balbanow, 17 anos, foi raptada em uma caminhada até sua casa ao sair de seu trabalho em uma farmácia no Distrito de Union, Nova Jersey. Seu corpo foi recuperado logo depois, boiando no rio Raritan, próximo a Woolbridge. Quando Rosemary Calandriello, 16 anos, desapareceu de Atlantic Highlands mais tarde no mesmo ano, Zarinsky foi acusado por seu rapto. As autoridades postergaram o litígio enquanto uma procura inútil por seu corpo continuava, e o advogado de Zarinsky ganhou a dispensa da acusação com base no fato de ser negado ao seu cliente um julgamento rápido.

Em dezembro de 1974, a polícia estava observando Zarinsky novamente, dessa vez investigando os homicídios de Doreen Carlucci, 14 anos, e Joanne Delardo, 15 anos, no Distrito de Middlesex. As vítimas foram raptadas juntas, e seus corpos foram descartados em Manalapan Township, meio desnudos, e cada uma foi estrangulada com um fio elétrico. Os detetives ainda estavam procurando ligações positivas nos dois crimes recentes quando houve uma nova interrupção nos raptos de Calandriello. De acordo com conhecidos, Zarinsky estava vangloriando-se de assassinato, confiante de que não seria processado na ausência de um corpo.

As autoridades pensavam de forma diferente. Em 25 de fevereiro de 1975, Zarinsky foi acusado do assassinato de Rosemary Calandriello e detido em troca de uma fiança de 125 mil dólares. Seu julgamento em abril acabou com a condenação de Zarinsky por homicídio doloso, e ele foi sentenciado à prisão perpétua. O veredicto foi confirmado na apelação em julho de 1976, e o tribunal decidiu que a falha em apresentar o corpo da vítima não era impedimento para ação judicial em um caso de homicídio — particularmente quando o suspeito se vangloria sobre o assassinato perante seus amigos.

ZIKODE, Christopher Mhlengwa

Um predador sul-africano conhecido como o "*Serial killer* de Donnybrook", conforme o nome da cidade do interior de Natal, onde seus crimes foram cometidos, Zikode assassinou 18 vítimas e tentou matar outras 11 entre 1993 e 1995. Lançando seu ataque violento aos 19 anos, Zikode seguiu o mesmo *MODUS OPERANDI* em muitos de seus ataques: escolhia uma provável casa, da qual arrombava a porta, atirava em qualquer homem ou menino que encontrasse, então arrastava as mulheres para fora, para plantações próximas, onde eram repetidamente estupradas — por até cinco horas a fio — antes de serem também assassinadas. Se as mulheres resistissem a seu ataque ele não hesitava em atirar primeiro e então estuprar seus corpos. Uma técnica alternativa empregada com diversas vítimas envolvia emboscar mulheres ou meninas em caminhos isolados, levando-as para serem estupradas e assassinadas.

Zikode foi preso pela primeira vez em julho de 1995 por tentativa de assassinato de uma vítima chamada Beauty Zulu. Concedida a fiança nessa acusação, ele cometeu pelo menos mais cinco infrações — incluindo um assassinato, um estupro, duas tentativas de assassinato e uma invasão de residência com a intenção de estuprar — antes de ser preso novamente em setembro. Detido dessa vez sem fiança, Zikode foi a julgamento no fim de 1996, com os procedimentos destacados pelo reconhecido analista forense da África do Sul, DR. MICKI PISTORIUS. Finalmente, condenado em 21 acusações, incluindo oito assassinatos, cinco estupros, cinco tentativas de assassinato e uma agressão indecente — todas cometidas entre abril e setembro de 1995 —, Zikode foi sentenciado em 7 de janeiro de 1997, a uma pena de prisão de 140 anos. O juiz do Supremo Tribunal que o sentenciou evitou comentários sobre os "detalhes manchados de sangue" do caso, mas fez observações especificamente quanto às atitudes "desprezíveis" de Zikode em relação às mulheres.

"ZODÍACO"

O *serial killer* mais ardiloso da Califórnia produziu sua primeira vítima confirmada em 30 de outubro de 1966, em Riverside. Naquela noite, Cheri Jo Bates, uma caloura da Faculdade da cidade de Riverside, saiu da biblioteca do *campus* para encontrar seu carro quebrado e a bobina do distribuidor desligada. A polícia teoriza que seu assassino abordou-a com um oferecimento de ajuda, senão a arrastou para trás de um arbusto próximo, onde uma luta furiosa acabou com Cheri sendo apunhalada no peito e nas costas, sua gar-

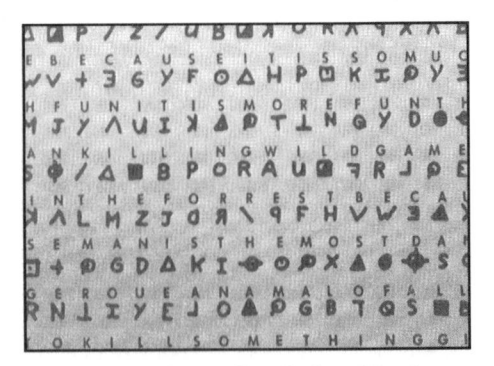

Criptograma do "Zodíaco", decodificado por um professor de escola secundária da Califórnia

Carta ameaçadora do "Zodíaco" endereçada a um jornal de São Francisco

ganta cortada tão profundamente que ela foi quase decapitada.

Em novembro de 1966, uma carta para a imprensa local declarou que Cheri "não é a primeira e não será a última". Após a publicação de um artigo sobre o caso, em 30 de abril de 1967, cartas idênticas foram colocadas no correio endereçadas ao jornal, à polícia e ao pai da vítima. Elas diziam: "Bates tinha que morrer. Haverá mais".

Em 20 de dezembro de 1968, David Farady, 17 anos, tinha estacionado com sua companheira, Betty Lou Jensen, 16 anos, em uma rodovia rural a leste dos limites da cidade de Vallejo, no norte da Califórnia. Um atirador e caçador noturno encontrou-os e assassinou os dois adolescentes, atirando em Faraday na cabeça enquanto estava sentado na direção de seu carro. Betty Lou correu 100 metros antes de ser derrubada por uma rajada de cinco tiros nas costas, atingida por uma pistola automática calibre 22.

Em 4 de julho de 1969, Michael Mageau, 19 anos, foi buscar sua companheira Darlene Ferrin, 22 anos, para uma noite na cidade. Em um determinado momento, Mageau acreditou estar sendo seguido, mas Darlene pareceu reconhecer o outro motorista, dizendo a Mageau: "Não se preocupe". Por volta da meia-noite eles estacionaram em Blue Rock Springs Park, quando um veículo familiar parou ao lado e o motorista reluziu uma luz brilhante em seus olhos, abrindo fogo com uma pistola 9. Atingido quatro vezes, Mageau sobreviveu; Darlene, com nove ferimentos, estava morta na chegada ao hospital local.

Quarenta minutos depois do tiroteio, a polícia de Vallejo recebeu uma chamada anônima, orientando os oficiais para a cena do assassinato. Antes de desligar, o homem declarou: "Também matei aquelas crianças no ano passado".

Em retrospecto, os amigos e parentes lembraram que Darlene Ferrin tinha recebido assédios por meio de telefonemas anônimos e visitas intimidadoras por um estranho forte e atarracado nas semanas que antecederam a sua morte. Ela chamava o estranho homem de Paul e disse a uma amiga que ele queria silenciá-la porque ela o tinha visto cometer um assassinato. A polícia procurou por "Paul" no velório de Darlene, mas ele nunca foi localizado ou identificado.

Em 31 de julho de 1969, o assassino enviou cartas pelo correio a três jornais da área da baía, cada uma contendo um terço de uma escrita criptografada. Finalmente decodificada por um professor de escola secundária local, a mensagem começava: "Eu gosto de matar pessoas, pois é muito divertido". O autor dizia estar matando em um esforço para "coletar escravas", que o serviriam na vida após a morte. Outra correspondência, enviada em 7 de agosto, introduzia o nome "Zodíaco" e fornecia detalhes do último assassinato, não deixando, à polícia, nenhuma dúvida de que seu autor era o assassino.

Em 27 de setembro, Bryan Hartnell ambos de, e Cecília Shepherd, ambos de 20 anos, estavam desfrutando de um piquenique no lago Barryessa próximo a Vallejo, quando foram cercados por um atirador encapuzado. Colocando-os ao alcance de sua pistola, o estranho descreveu-se como um condenado em fuga que precisava de seu carro "para ir para o México". Fabricando uma tira de roupa, ele amarrou suas vítimas antes de sacar uma grande faca, apunhalando Hartnell por cinco vezes nas costas. Cecília Shepherd foi apunhalada 14 vezes, incluindo quatro vezes no peito à medida que tentava escapar da lâmina pungente.

Ao partir do local, o agressor parou no carro de Hartnell para escrever na porta com uma caneta hidrográfica. Ele escreveu:

Vallejo
20-12-68
4-7-69
17-set.69-6:30
por faca

Um telefonema para a polícia relatou o crime, mas nesse momento um pescador já havia descoberto as vítimas; Brian Hartnell sobreviveu a seus ferimentos, mas Cecília Shpeherd estava condenada, outra vítima do homem que chamava a si próprio de Zodíaco.

Em 11 de outubro, o taxista Paul Stine de São Francisco foi atingido na cabeça e assassinado com uma pistola automática de 9 milímetros. As testemunhas viram o atirador escapar a pé em direção a Presidio*, e a polícia surgiu na vizinhança com vigor. Em um momento da procura, dois patrulheiros pararam um pedestre de compleição robusta e foram orientados na perseguição de sua presa ardilosa, não percebendo que a "dica" fora fornecida pelo próprio homem que procuravam.

Durante o velório de Stine, o Zodíaco lançou uma nova bateria de cartas; algumas continham amostras da camisa manchada de sangue do taxista. Mensagens sucessivas alegavam sete vítimas em vez das cinco estabelecidas, e o assassino ameaçou "liquidar um ônibus escolar em uma manhã". Ele também prometeu mudar seu método de "coletar almas": "elas parecerão como roubos de rotina, assassinatos por raiva e alguns poucos suicídios falsos, etc.". Cinco dias antes do Natal, ele escreveu ao advogado proeminente Melvin Belli, pedindo ajuda, com a observação deprimente de que "não posso permanecer em controle por muito mais tempo".

Em 22 de março de 1970, Kathleen Johns estava dirigindo com sua filha pequena perto de Modesto, Califórnia, quando outro motorista parou o seu lado, piscando a lanterna e buzinando. O homem informou que um pneu traseiro de seu carro parecia perigosamente solto; ele mexeu rapidamente no carro com uma chave, mas quando ela tentou sair, a roda caiu. Seu benfeitor ofereceu uma carona para a oficina mais próxima, então levou Kathleen em um passeio sem objetivo pelo campo, ameaçando sua vida e de sua filha até ela conseguir escapar do carro, escondendo-se em um poço de irrigação ao lado da rodovia. Relatando o rapto na delegacia da polícia local, Johns observou um pôster de procurado tendo os retratos falados do Zodíaco, e ela identificou o homem como seu agressor.

Mais nove cartas do Zodíaco foram recebidas entre abril de 1970 e março de 1971, porém a polícia foi incapaz de rastrear outros crimes na série. Em 30 de janeiro de 1974, um jornal de São Francisco recebeu a primeira carta autêntica do Zodíaco em quase três anos, assinada com a nota: "Me-37; SFPD-0".

Um oficial que levou a contagem de corpos a sério foi o xerife Don Striepke, do Distrito de Sonoma. Em um relatório de 1975, Stripke referiu-se à série de 40 homicídios não resolvidos nos quatro Estados do oeste, o que parecia formar um gigante Z, quando esboçado no mapa. Embora torturante, a teoria de Striepke parecia desfazer-se com a identificação de THEODORE BUNDY como o suspeito principal em diversos dos homicídios.

Em 24 de abril de 1978, o Zodíaco enviou sua 21ª carta, deprimindo os moradores da área da baía com as notícias "Estou de volta". Entretanto, nenhum crime identificável foi cometido, e o inspetor de homicídios Dave Toschi foi depois removido do Zodíaco, com base na suspeita de ele próprio escrever as cartas. De fato, enquanto Toschi confessou ter escrito diversas cartas anônimas à imprensa, elogiando seu próprio desempenho no caso, os especialistas concordam que a nota de abril foi, de fato, escrita pelo assassino.

As teorias abundam no caso do Zodíaco. Uma foi expressa pelo autor "George Oakes" (um pseudônimo) em novembro de 1981, emitida na revista *California*, baseada na presunção da obsessão do assassino por água, relógios, matemática binária e os escritos de Lewis Carrol. Oakes conhece a identidade do Zodíaco e diz que o assassino telefonou diversas vezes para sua casa. Ele responsabiliza o Zodíaco pelo INCÊNDIO CRIMINOSO de 25 mil acres, devasta-

---

* N.T.: Parque nacional que foi no passado, o local da primeira instalação do exército na costa oeste americana.

dos próximo ao lago Berryessa em junho de 1981, mas os editores de *California* reconhecem que os agentes do FBI "não ficaram muito impressionados" com a teoria. Os porta-vozes do escritório do procurador-geral do Estado foram além, descrevendo a narração como "muito absurda".

O autor Robert Graysmith também diz saber o nome do Zodíaco, chamando seu suspeito de "Robert Hall Starr", no livro publicado em 1986. Um morador de Vallejo, "Starr" é descrito como matador de búfalos e suspeito de molestar crianças, confirmado como o principal suspeito de ser Zodíaco por diversos detetives (e simplesmente rejeitado por outros). Graysmith credita ao Zodíaco um total de 49 "possíveis" vítimas entre outubro de 1966 e maio de 1981, três das quais sobreviveram a seu ataque. Além das seis mortes conhecidas e três sobreviventes confirmados, Graysmith incluiu 15 assassinatos "ocultos" ligados a um assassino não identificado no norte da Califórnia e 15 outras vítimas de eliminadas "astrológicas" assassinadas em proximidade imediata de um solstício ou equinócio — nove confirmadas pela polícia como o trabalho de um único homem. Das 40 "possíveis" vítimas relacionadas por Graysmith, 30 eram mulheres, diversas atingidas por tiros, apunhaladas, espancadas, além de serem estranguladas, afogadas e envenenadas... talvez de acordo com a promessa do Zodíaco de alterar seu método de "coletar escravos". Neste momento, o caso permanece em aberto.

ZWANZIGER, Anna Maria

Nativa de Nuremburg, Alemanha, Anna Schonleben nasceu em 1760, e era filha de um estalajadeiro bem-sucedido. Ela casou-se jovem com um advogado de estilo próprio chamado Zwanziger, mas seu brilhante cavaleiro tornou-se um companheiro bêbado, deixando-a presa a dívidas depois que ele bebeu até morrer. Descrita em um relatório como "feia, mirrada, sem atrações no rosto, figura e fala... essa mulher disforme que algumas pessoas comparavam a um sapo", Anna tentou recuperar suas perdas vendendo doces e brinquedos, mas sua incursão nos negócios falhou repetidamente. No fim, desesperada, ela se ofereceu como empregada doméstica, na Alemanha e na Áustria, evitando por pouco a captura por roubar a aliança de diamantes de um empregador.

Em 1806, Anna estava preocupada com o casamento, faltando apenas um noivo em perspectiva. Ela planejou encontrar um chefe rico e solteiro e construir seu caminho para seu coração, tornando-se indispensável na casa e finalmente persuadindo o Sr. Certinho para casar-se com ela.

O primeiro alvo de Zwanziger foi um juiz chamado Glaser, que vivia na cidade de Pegnitz perto de Bayreuth. Anna erroneamente considerou o juiz Glaserum viúvo, quando na verdade ele estava apenas separado de sua esposa e esperando ansiosamente por uma reconciliação. Anna entrou para o jogo casamenteiro, escrevendo à Senhora Glaser em nome do juiz, insistindo que ela voltasse para casa. A senhora Glaser tinha acabado de retornar para a casa quando ficou gravemente doente, atingida por dores de estômago e vômitos que tiraram sua vida após três dias. Anna estava esperando uma proposta na recuperação emocional, mas o juiz Glaser demitiu-a em vez disso, deixando-a mas amarga e desempregada.

Ela se mudou para a casa do juiz Grohmann, como enfermeira do solteiro de 38 anos durante um ataque doloroso de gota, mas Anna ferveu de raiva ao anúncio de seus planos de se casar com uma jovem e atraente mulher. Uma dose de arsênico para Grohmann cancelou o casamento; Zwanziger envenenou duas de suas companheiras empregadas como uma tentativa inicial, mas elas conseguiram sobreviver.

Outro juiz, chamado Gebhard, foi o próximo da fila, contratando Anna para cozinhar para ele, para sua esposa grávida e seus diversos filhos. Estando Anna na cozinha, a sra. Gebhard logo reclamou de dores no estômago e de refeições com sabor amargo, mas o juiz ignorou as suspeitas da esposa, parecendo surpreso quando ela faleceu. Anna continuou a envenenar duas empregadas de Gebhard, ambas sobrevivendo, mas o juiz deu-lhe uma notificação para partir após "um erro com os ingredientes" quase eliminando uma lista de convidados em um jantar. No último dia de trabalho, Anna polvilhou a refeição do almoço com arsênico; um dos empregados que ficou enjoado instou-o a analisar a comida. Gebhard o fez e o laboratório encontrou veneno, mas ele absteve-se de chamar a polícia com medo de escândalo. Anna partiria quando ele chegasse a casa à noite, tornando-se o problema de outro.

Livrar-se dela não era tão simples: antes de deixar a casa, Zwanziger alimentou a criança mais nova de Gebhard com um biscoito mergulhado em leite envenenado. O bebê morreu, e Gebhard finalmente chamou a polícia. Os detetives inspecionaram a casa e descobriram que Anna esteve ocupada em suas horas finais sob o teto de Gebhard: cada vasilhame de sal, açúcar e café na casa foi deliberadamente envenenado com arsênico antes que ela partisse. Em sua ausência, as autópsias encontraram arsênico nos restos da sra. Glaser e também da esposa do sr. Gebhard e seu filho.

Nessa época, Anna voltou a Nuremburg com a ilusão de que o juiz Gebhard poderia dar-lhe uma segunda chance. Ela escreveu-lhe diversas cartas, alternadamente ameaçando e suplicando, até a polícia rastreá-la e prendê-la em 18 de outubro de 1809. Pacotes de arsênico foram encontrados em seus bolsos, mas ela negou firmemente qualquer crime. Seu julgamento arrastou-se por cerca de um ano, prolongado por uma curiosa legislação da Baviera requerendo a confissão para apoiar qualquer condenação de assassinato. Finalmente, sem aviso, Anna confessou no tribunal, soluçando: "Sim, eu os matei, a todos, e mataria mais se tivesse a oportunidade".

Sentenciada à morte, Zwanziger foi decapitada com um machado em julho de 1811. Uma declaração final a seus carcereiros dizia: "talvez seja melhor para a comunidade que eu morra, pois seria impossível para mim desistir de praticar o envenenamento de pessoas".

Apêndice

O apêndice a seguir, de casos não detalhados no texto principal, está dividido em três partes, tratando respectivamente de assassinos isolados, assassinos em equipe e casos não resolvidos. A informação fornecida em cada um inclui nome, sexo, raça e idade do(s) perpetrador(es), quando conhecido(s); a(s) data(s) aproximada(s) e jurisdição da atividade homicida, o tipo de assassino e motivação, além de uma breve descrição do caso e disposição (se disponível). As abreviações usadas em todos eles incluem as seguintes: TCC = também conhecido como; DDN = data de nascimento; f. = falecido (seguido da data); MO = *modus operandi*. Abreviações de sexo são padrões: M = masculino; F = feminino (nos casos de assassinos em equipe, ambos os sexos podem aparecer — por exemplo, uma equipe de assassinos consistindo de dois homens e uma mulher constaria como "2 M/1 F"). As raças estão abreviadas como: B = branca; N = negra; H = hispânico; A = asiático; AN = americano nativo (incluindo os nativos do Alasca). Tipos de assassino em série estão abreviados como: N = nômade; T = territorial; F = fixo. Os motivos estão abreviados como: EC = empreendimento criminal; CP = causa pessoal; Sex. = sexual; Sad. = sádico; CG = causa do grupo. (Considerando que os motivos frequentemente variam, mais de um pode estar relacionado — por exemplo, CP/EC descreve um assassino que atua na ocasião a partir de motivos pessoais, e outras vezes por ganho criminoso.) Os casos não resolvidos no Apêndice C estão relacionados cronologicamente.

Apêndice A : Assassinos Isolados

Abbandando, Frank (1910-42) AKA: Dasher
Sexo: M
Raça: B
Tipo: T
Motivo: EC
Data(s): 1931-40
Jurisdição: N.Y./N.J.
Vítimas: 40+
MO: Assassino contratado por "MURDER, INC."
SITUAÇÃO: Executado em Sing Sing, 19 fev/1942

Adams, Jeff (?—) AKA: Incubus
Sexo: M
Raça: B
Tipo: T
Motivo: Sex./Sad.
Data(s): 1988
Jurisdição: San Gabriel, Califórnia
Vítimas: Três
MO: Torturou esposas saudáveis até a morte em suas casas
SITUAÇÃO: Prisão perpétua

Adorno, George (1959-)
Sexo: M
Raça: H
Tipo: T
Motivo: EC
Data(s): 1974/-77
Jurisdição: Nova York
Vítimas: Quatro
MO: Cometeu assassinato triplo durante um roubo; matou novamente após 19 dias em condicional.
SITUAÇÃO: 15 anos à perpétua, 1977

Akin, Joe Dewey (1956-)
Sexo: M
Raça: B
Tipo: N
Motivo: CP
Data(s): 1990-91
Jurisdição: Alabama./Geórgia.
Vítimas: 18 suspeitos
MO: Enfermeiro de hospital que matou pacientes.
SITUAÇÃO: Condenado em uma acusação em Alabama.,1992

Albanese, Charles (1946-95)
Sexo: M
Raça: B
Tipo: T
Motivo: EC
Data(s): 1980-81
Jurisdição: Illinois.
Vítimas: Três
MO: Envenenou pai, madrasta e avó para herdar os negócios da família
SITUAÇÃO: Condenado, 1982; executado 20 set/1995

Albright, Charles (1934-) AKA: Demolidor de Dallas
Sexo: M
Raça: B
Tipo: T
Motivo: Sex/Sad.
Data(s): 1990-91
Jurisdição: Dallas, Texas
Vítimas: Três
MO: Atirou em prostitutas e retirou seus olhos
SITUAÇÃO: Condenação à prisão perpétua em um tribunal, 1991

Alderisio, Felix Anthony (1912-71)
Sexo: M
Raça: B
Tipo: T
Motivo: EC/CP
Data(s): anos de 1930 - 65
Jurisdição: Chicago, Illinois.
Vítimas: 13 +
MO: Executor do sindicato e espancador
SITUAÇÃO: Condenado por extorsão, 1966; morreu na prisão, 1971

Al-Hubal, Abdallah (f. 1998)
Sexo: M
Raça: A
Tipo: T
Motivo: CP-não específico
Data(s): 1989-98
Jurisdição: Ymen
Vítimas: 13
MO: Motivo obscuro em uma série de nove anos de assassinato
SITUAÇÃO: Morte em tiroteio com a polícia, 15 ago/1998

Allam, Ibrahim Hamza DDN: desconhecida
Sexo: M
Raça: A
Tipo: N
Motivo: CP/EC
Data(s): 1977-83
Jurisdição: Alemanha/Áustria/França
Vítimas: De quatro a seis
MO: Assassinou duas vezes por raiva/ciúmes; outras, em troca de transporte
SITUAÇÃO: 20 anos na Áustria, 1986

Allen, Bill (f. 1882)
Sexo: M
Raça: N
Tipo: T
Motivo: CP
Data(s): 1882
Jurisdição: Chicago, Illinois.
Vítimas: Quatro
MO: Atirou em dois homens em discussão e em dois policiais durante a caçada.

SITUAÇÃO: Morto enquanto resistia à prisão, dez/1882

Allen, Billy (?-?)
Sexo: M
Raça: B
Tipo: N
Motivo: CP
Data(s): Anos 1880
Jurisdição: Dakota do Sul/Novo México
Vítimas: "Diversas"
MO: Atirador do velho oeste
SITUAÇÃO: Desconhecida

Allen, David Michael [Veja: MU'MIN, DAWUD MAJID]

Allen, Shirley Goude (1941-)
Sexo: F
Raça: B
Tipo: T
Motivo: EC
Data(s): 1978/-82
Jurisdiçao: St. Louis, Missouri.
Vítimas: Duas
MO: "Viúva Negra" envenenou os maridos por seguro de vida
SITUAÇÃO: Prisão perpétua com um mínimo de 50 anos, 1984

Allison, Robert A. (1840-87) TCC: Clay
Sexo: M
Raça: B
Tipo: N
Motivo: CP
Data(s): 1870-87
Jurisdição: Texas/N. México
Vítimas: De 15 a 21
MO: "atirador" alcoólatra e diagnosticado "maníaco"; matou uma vítima por ela roncar
SITUAÇÃO: Morto em um estranho acidente com trem, 1887

Allit, Beverly (1968 -) AKA: Anjo da Morte
Sexo: F
Raça: B
Tipo: F
Motivo: CP
Data(s): 1991
Jurisdição: Grantham, Inglaterra

Vítimas: Três
MO: Síndrome de Munchausen por substituição; matou pacientes em hospital
SITUAÇÃO: 13 sentenças de prisão perpétua em diversas acusações, 1992

Alterie, Louis — [Veja: VERAIN, LELAND]

Alton(?-?)
Sexo: M
Raça: B
Tipo: T
Motivo: Sex.
Data(s): Anos de 1880
Jurisdição: Londres, Inglaterra
Vítimas: "Diversas"
MO: "Estripador" de mulheres jovens
SITUAÇÃO: Enforcado, data desconhecida

Amberg, Louis (1898-1935) TCC: Pretty
Sexo: M
Raça: B
Tipo: T
Motivo: EC/CP
Data(s): 1918-35
Jurisdição: Cidade de Nova York
Vítimas: "Pelo menos cem"
MO: Malfeitor psicopata do Brooklin
SITUAÇÃO: Assassinado por gangue rival, out/1935

Amos, Lowell (1944 -)
Sexo: M
Raça: B
Tipo: T
Motivo: EC
Data(s): 1979-87
Jurisdição: Detroit, Michigan.
Vítimas: Quatro suspeitas
MO: Assassino de esposas e mães "Barba Azul" por seguro
SITUAÇÃO: Prisão perpétua sem condicional em uma acusação, 1996

Anastasio, Umberto (1903-57) TCC: Albert Anastasia; Mad Hatter; Alto Executor do Senhor
Sexo: M
Raça: B
Tipo: T
Motivo: CP/EC
Data(s): 1920-57
Jurisdição: Cidade de Nova York
Vítimas: 20 + pessoalmente
MO: Mafioso psicopata e líder da "MURDER, INC."; além de assassinatos pessoais, suposto de ordenar "contratos" variando de 100 a mais 440 +
SITUAÇÃO: Condenado por assassinato de um estivador, 1920; absolvido no segundo julgamento em 1922 após a testemunha desaparecer; assassinado por membro de bando rival, 25out/1957

Anderson, Allen Leroy (1942-)
Sexo: M
Raça: B
Tipo: N
Motivo: EC
Data(s): 1976
Jurisdição: Todo o território dos Estados Unidos
Vítimas: Oito definidas
MO: Roubo-assassinato ao transitar cruzando o país
SITUAÇÃO: 40 anos em Minnesota. Flórida Sentença de morte comutada para prisão perpétua

Anderson, Richard Harold (1948-)
Sexo: M
Raça: B
Tipo: N
Motivo: CP
Data(s): 1972/-87
Jurisdição: Flórida
Vítimas: Duas
MO: Assassinatos nos Distritos de Hillsborough e Pinellas; uma vítima foi um homem que fez uma proposta para a namorada de Anderson.
SITUAÇÃO: Prazo de 20 anos, 1974; condenado, 1988

Anderson, Russel (? -)
Sexo: M
Raça: B

Tipo: T
Motivo: CP-não específico
Data(s): 1987
Jurisdição: Cidade de Salt Lake, Utah
Vítimas: Três
MO: Atirava no estilo de execução de adultos retardados mentais
SITUAÇÃO: Considerou-se culpado; três condenações consecutivas de cinco anos à perpétua

Anderson, William L. (f. 1864) AKA: Bloody Bill
Sexo: M
Raça: B
Tipo: N
Motivo: CP/EC
Data(s): Anos de 1850-64
Jurisdição: Kansas./Missouri.
Vítimas: 54 admitidas
MO: Carreira criminal e membro de "INVASORES DE QUANTRILL"
SITUAÇÃO: Morto em emboscada da Union, 26 out/1864

Andrade, Marcelo de (1966-)
Sexo: M
Raça: H
Tipo: T
Motivo: Sex./Sad.
Data(s): 1991
Jurisdição: Rio de Janeiro, Brasil
Vítimas: 14
MO: Estuprou/assassinou garotos com idades de 6 a 13 anos, e bebeu seu sangue
SITUAÇÃO: Confinado em uma instituição para lunáticos; escapou; recapturado em 1977

Andrews, Ralph (1945-)
Sexo: M
Raça: B
Tipo: T
Motivo: Sex./Sad.
Data(s): 1971-91
Jurisdição: Chicago, Illinois.
Vítimas: Seis
MO: "Estripador" de cinco garotas adolescentes e uma mulher de 44 anos
SITUAÇÃO: Perpétua mais 30 anos em uma condenação, 1993

Angelo, Richard (1962-)
Sexo: M
Raça: H
Tipo: F
Motivo: CP-herói
Data(s): 1987
Jurisdição: West Ilsip, N.Y.
Vítimas: 10 + estimadas
MO: "Herói", assassinato de pacientes do hospital por enfermeiro
SITUAÇÃO: 50 anos à perpétua em quatro acusações.

Ankers, Winifred (? -)
Sexo: F
Raça: B
Tipo: F
Motivo: CP-vingança
Data(s): 1911-12
Jurisdição: Brooklin, N.Y.
Vítimas: Oito confessas
MO: Empregada do hospital; matou crianças na enfermaria da maternidade por rancor das enfermeiras
SITUAÇÃO: Confessou, fev. 1912; disposição não relatada

Archambault, Serge (1956 -)
Sexo: M
Raça: B
Tipo: T
Motivo: Sex.
Data(s): 1989-92
Jurisdição: Montreal, Quebec
Vítimas: Três
MO: Vendedor viajante e cobiça/assassinato de mulheres
SITUAÇÃO: 25 anos em três acusações de assassinato em primeiro grau, 1993

Archerd, William Dale (1912 -)
Sexo: M
Raça: B
Tipo: N
Motivo: CP

Data(s): 1947-66
Jurisdição: Califórnia./Nevada.
Vítimas: Seis suspeitas
MO: Assassino "Barba Azul" de esposa/ outras, via injeções de insulina
SITUAÇÃO: Condenado em três acusações, 1968; comutado para perpétua, 1972

Ardison, Victor (? - ?)
Sexo: M
Raça: B
Tipo: T
Motivo: Sex.
Data(s): Século XIX
Jurisdição: França
Vítimas: "Diversas"
MO: Necrófilo que dormia com diversas cabeças de suas vítimas
SITUAÇÃO: Guilhotinado, data desconhecida

Arguelles, Robert (1962 -)
Sexo: M
Raça: B
Tipo: T
Motivo: Sex.
Data(s): 1992
Jurisdição: Cidade de Salt Lake, Utah
Vítimas: Quatro confessas
MO: Assassino por concupiscência de três garotas adolescentes e mulher de 42 anos
SITUAÇÃO: Confessou-se culpado e requereu a execução, 1997

Arnold, Herbert (1944-)
Sexo: M
Raça: B
Tipo: T
Motivo: CP/sex.
Data(S): 1965/70
Jurisdição: Cidade de Nova York
Vítimas: Três
MO: Estuprador/assassino de duas vizinhas; assassinou vítima de sequestro
SITUAÇÃO: Considerado insano, 1965 (posteriormente liberado); incompetente para julgamento, 1970; condenado em uma acusação, 1973 (condicional, 1983); de volta ao asilo sob acusação de estupro, 1991

Arrington, Marie Dean (1933 -)
Sexo: F
Raça: N
Tipo: T
Motivo: CP/EC
Data(s): 1964-68
Jurisdição: Flórida
Vítimas: Duas
MO: Atirou no marido, assassinou vítima do sexo feminino raptada para forçar a liberação do filho da prisão
SITUAÇÃO: 20 anos por homicídio culposo, 1965; condenada, 1969; sentença comutada para perpétua, 1972

Artieda, Ramiro (f. 1939)
Sexo: M
Raça: H
Tipo: T
Motivo: EC/CP
Data(s): Anos 1930
Jurisdição: Lousiania Paz, Bolívia
Vítimas: Oito
MO: Assassinou o irmão por herança, então estrangulou sete garotas de 18 anos lembrando a amante que o abandonou
SITUAÇÃO: Morto por pelotão de fuzilamento, 3 de julho de 1939

Askeborn, Glenn (1944 -)
Sexo: M
Raça: B
Tipo: N
Motivo: Sex.
Data(s): 1975/84
Jurisdição: Connecticut./Maine
Vítimas: Duas suspeitas
MO: Mulheres amarradas/assassinadas em circunstâncias idênticas
SITUAÇÃO: Prisão em uma acusação, no Maine

Atkins Benjamin (1968 -) TCC: Assassino do corredor de Woodward
Sexo: M
Raça: N
Tipo: T
Motivo: Sex.

Data(s): 1991-92
Jurisdição: Detroit, Michigan.
Vítimas: 11
MO: Estrangulador de prostitutas
SITUAÇÃO: Prisão perpétua, 1994

Avinain, Charles (1799-1867)
Sexo: M
Raça: B
Tipo: T
Motivo: EC
Data(s): 1867
Jurisdição: Paris, França
Vítimas: "Diversas"
MO: Açougueiro que roubava/desmembrava clientes do sexo masculino
SITUAÇÃO: Guilhotinado, 1867

Bailey, Leslie (1950-93) TCC: Catweazle
Sexo: M
Raça: B
Tipo: T
Motivo: Sex.
Data(s): Década de 1980
Jurisdição: Inglaterra
Vítimas: Três +
MO: Pedófilo, assassino de garotos com idade de seis a 14 anos; a polícia sugere 25 possíveis vítimas; supostos cúmplices no segundo e terceiro assassinatos nunca foram acusados
SITUAÇÃO: 15 anos por homicídio culposo (com três cúmplices), 1989; prisão perpétua na segunda acusação, 1991; prisão perpétua na terceira acusação, 1992; encontrado morto na cela "sob circunstâncias suspeitas", out. 1993.
CÚMPLICES: Stephen Barrel (?-), 15 anos em 1989; Sidney Cooke (1928-), 19 anos em 1989; Robert Oliver (1955-), 15 anos em 1989

Baker, Cullen Montgomery (1836-68/69)
Sexo: M
Raça: B
Tipo: N
Motivo: CP/EC
Data(s): 1861-68

Jurisdição: Arkansas. Texas
Vítimas: 12 +
MO: Fora da Lei e assassino do velho oeste
SITUAÇÃO: Morto por destacamento policial em dez/1868 ou jan/1869

Baker, Stanley Dean (1948-)
Sexo: M
Raça: B
Tipo: N
Motivo: CP-extremista
Data(s): 1970
Jurisdição: Montana./Califórnia.
Vítimas: Duas confessas
MO: Assassinatos com mutilação/canibalismo influenciado por satanismo
SITUAÇÃO: Montana prisão perpétua (condicional, 1985)

Baldi, Joseph (1941-)
Sexo: M
Raça: B
Tipo: T
Motivo: Sex.
Data(s): 1970-72
Jurisdição: Queens, N.Y.
Vítimas: Quatro
MO: Invasor de residências, golpeava mulheres jovens na cama
SITUAÇÃO: 25 anos a prisão perpétua, 1975; condicional recusada em 1997

Bankston, Clinton Jr. (1971 -)
Sexo: M
Raça: N
Tipo: T
Motivo: Sex.
Data(s): 1987
Jurisdição: Athens, Geórgia.
Vítimas: Cinco
MO: Assassinou/mutilou cinco vítimas em invasão de duas casas
SITUAÇÃO: Cinco sentenças de prisão perpétua, maio de 1988

Barbeault, Marcel (1941 -) TCC: Assassino das Trevas
Sexo: M

Raça: B
Tipo: T
Motivo: CP não específico
Data(s): 1969-76
Jurisdição: Nogent, França
Vítimas: Oito
MO: Atirador aleatório em vítimas com idades de 20 a 49 anos, a maioria mulheres
SITUAÇÃO: Prisão perpétua, 1982, reduzida para 20 anos na apelação

Barbosa, Daniel Camargo (1941 -)
Sexo: M
Raça: H
Tipo: N
Motivo: Sex/Sad.
Data(s): 1974-88
Jurisdição: Colômbia/Equador
Vítimas: 72
MO: Pedófilo estuprador de meninas
SITUAÇÃO: Sentença de 16 anos no Equador, 1989 (o máximo legal)

Barfield, Margie Velma (1932-84)
Sexo: F
Raça: B
Tipo: T
Motivo: EC
Data(s): 1969-78
Jurisdição: N.C.
Vítimas: Cinco
MO: "Viúva Negra" assassinou maridos/outros principalmente com veneno
SITUAÇÃO: Executada em 2 de novembro de 1984

Barker, Glenn (1959 -)
Sexo: M
Raça: ?
Tipo: N
Motivo: Sex.
Data(s): 1982-96
Jurisdição: Virgínia.
Vítimas: Três suspeitas
MO: Assassinou uma garota de 12 anos; nomeado pela polícia como primeiro suspeito nos assassinatos de sua namorada e da filha dela.(a criança, estuprada)

SITUAÇÃO: 18 anos em uma acusação, 1982 (condicional 1991); nenhuma acusação arquivada por crimes posteriores, apesar do anúncio da polícia

Barone, Cesar Francesco (1960-) NASCIDO: Rode, Adolph James
Sexo: M
Raça: B
Tipo: N
Motivo: Sex./Sad.
Data(s): 1979-80/91-92
Jurisdição: Flórida/Washington/Oregon.
Vítimas: Sete + suspeitas
MO: Estupro — assassinato de mulheres
SITUAÇÃO: Condenado em duas acusações em Oregon. Mais 45 anos na terceira acusação, 1995

Barton, "Kid" (? - ?)
Sexo: M
Raça: B
Tipo: T
Motivo: EC
Data(s): Década de 1860
Jurisdição: Novo México.
Vítimas: Diversas
MO: Líder fora da lei do velho oeste
SITUAÇÃO: Enforcado no fim da década de 1860

Bartsch, Juergen (1950-76)
Sexo: M
Raça: B
Tipo: T
Motivo: Sex/Sad.
Data(s): 1967
Jurisdição: Bonn, Alemanha
Vítimas: Quatro
MO: Pedófilo que torturava meninos até a morte
SITUAÇÃO: Prisão perpétua, 1967; morreu em 28 de abril de 1976, durante uma castração cirúrgica voluntária.

Bashor, Donal (1929-57)
Sexo: M
Raça: B

Tipo: T
Motivo: Sex.
Data(s): 1955-56
Jurisdição: Los Angeles, Califórnia.
Vítimas: Duas
MO: Invasor de casas; mulheres atingidas com clava
SITUAÇÃO: Executado em 11 de outubro de 1957

Bateson, Paul (1939 -)
Sexo: M
Raça: B
Tipo: T
Motivo: Sex./Sad.
Data(s): 1977-78
Jurisdição: Cidade de Nova York
Vítimas: Sete confessas
MO: Desmembrava homens gays "por divertimento"
SITUAÇÃO: 20 anos para prisão perpétua em uma acusação, 1979

Baughman, John Earl (1942 -)
Sexo: M
Raça: B
Tipo: N
Motivo: CP- doméstico
Data(s): 1970-95
Jurisdição: Illinois./Antigua
Vítimas: Três
MO: Ex-policial; assassinou esposas e o amante de uma esposa
SITUAÇÃO: Condenado em Antigua, 1996

Baumeister, Herbert Richard (1947-95)
Sexo: M
Raça: B
Tipo: N
Motivo: Sex.
Data(s): 1980-95
Jurisdição: Indiana/Ohio
Vítimas: 16 suspeitas
MO: Assassino por desejo de homens homossexuais; alguns enterrados próximo a sua casa. Outros descartados em áreas rurais, espalhando-se em 12 Estados.
SITUAÇÃO: Suicídio enquanto era fugitivo, 2 de julho de 1995

Beagle, Billy Ray (1947-98)
Sexo: M
Raça: B
Tipo: T
Motivo: CP não específico
Data(s): 1993
Jurisdição: Distrito de Baker, Flórida
Vítimas: Duas
MO: Atirava em homens esportistas em ataques aleatórios
SITUAÇÃO: Suicídio durante tiroteio com a polícia, 25 de março de 1998.

Beck, Dieter (? -)
Sexo: M
Raça: B
Tipo: ?
Motivo: Sex./Sad.
Data(s): 1961-68
Jurisdição: Rehme, Alemanha
Vítimas: Três
MO: Estupro/assassinato de mulheres
SITUAÇÃO: Prisão perpétua, 1969

Becher, Marie Alexandrine (1877-194?)
Sexo: F
Raça: B
Tipo: T
Motivo: CP/EC
Data(s): 1932-36
Jurisdição: Liége, Bélgica
Vítimas : 12 + estimado
MO: Envenenou o marido, amante masculino e clientes femininas (a quem também roubou)
SITUAÇÃO: Prisão perpétua, 1936; morreu na prisão durante a Segunda Guerra Mundial

Beets, Betty Lou (1937-)
Sexo: F
Raça: B
Tipo: T
Motivo: EC
Data: 1981-83
Jurisdição: Distrito de Dallas, Texas
Vítimas: Duas
MO: "Viúva Negra", assassinava por seguro de vida

SITUAÇÃO: Condenada em uma acusação, 1985

Belcastro, James (?-?) TCC: Rei dos Bombardeiros
Sexo: M
Raça: B
Tipo: T
Motivo: EC
Data(s): 1918-29
Jurisdição: Chicago, Illinois.
Vítimas: 100 + suspeitas
MO: "Mão Negra", praticava extorsão, posteriormente o bombardeiro chefe da gangue de ALPHONSE CAPONE
SITUAÇÃO: Absolvido em uma acusação, 1927; morreu de causas naturais

Bell, Larry Eugene (f. 1996)
Sexo: M
Raça: B
Tipo: T
Motivo: Sex.
Data(s): 1985
Jurisdição: Distrito de Lexington, S.C.
Vítimas: Três
MO: Assassino concupiscente de meninas com idades de 9 a 17 anos
SITUAÇÃO: Condenado em duas acusações, 1986; executado em 4 de outubro de 1996

Bell, Mary Flora (1957 -)
Sexo: F
Raça: B
Tipo: T
Motivo: Sad.
Data(s): 1968
Jurisdição: Newcastle, Inglaterra
Vítimas: Duas
MO: Assassinou/mutilou meninos com idades de 3 e 4 anos
SITUAÇÃO: Presa como juvenil sob as acusações de dois homicídios culposos

Bell, Michael Bernard (1970 -)
Sexo: M
Raça: B
Tipo: T

Motivo: CP
Data(S): 1989-93
Jurisdição: Distrito de Duval, Flórida
Vítimas: Cinco suspeitas
MO: Assassinou em disputas pessoais; vítimas incluíam namorado da mãe, seu próprio amante e seus filhos.
SITUAÇÃO: Condenado em duas acusações + 25 anos na terceira acusação, 1995

Bellen, Michel (1946 -)
Sexo: M
Raça: B
Tipo: N
Motivo: Sex.
Data(s): 1964/82
Jurisdição: Bélgica
Vítimas: Três
MO: Estuprador-estrangulador de enfermeiras atacadas em suas casas
SITUAÇÃO: Condenado, 1965 (comutado para prisão perpétua); condicional: 1982; condenado, 1983 (comutado para prisão perpétua, 1984)

Beniquez, Jorge Adam (1969-)
Sexo: M
Raça: H
Tipo: N
Motivo: EC
Data(s): 1990-91
Jurisdição: Porto Rico/ N.Y.
Vítimas: Nove suspeitas
MO: Carreira criminal; "mais procurado em Porto Rico"
SITUAÇÃO: Condenado em uma acusação de assassinato doloso em N.Y., 1992

Bennet, Robert Eugene (1938-)
Sexo: M
Raça: B
Tipo: N
Motivo: CP
Data(s): 1978-89
Jurisdição: Oregon./Utah
Vítimas: Duas
MO: Esposa assassinada em Oregon.; vítima masculina desmembrada em Utah

SITUAÇÃO: Confessou a culpa em homicídio doloso em Utah; cinco anos a prisão perpétua

Berdella, Robert A (1949-1992)
Sexo: M
Raça: B
Tipo: T
Motivo: Sex./Sad.
Data(s): 1984-87
Jurisdição: Cidade de Kansas, Missouri.
Vítimas: Sete Suspeitas
MO: *Gay* torturador-assassino de homens com idades entre 19 e 23 anos
SITUAÇÃO: Pena de prisão perpétua em cinco acusações, 1988; morreu em 8 out/1992

Bergamo, Marco (? -) TCC: Monstro de Bolzano
Sexo: M
Raça: B
Tipo: T
Motivo: Sex.
Data(S): 1985-92
Jurisdição: Bergamo, Itália
Vítimas: Cinco
MO: Apunhalou mulheres jovens em ataques aleatórios
SITUAÇÃO: Prisão perpétua

Bernard, Norman (1951 -)
Sexo: M
Raça: N
Tipo: N
Motivo: Cp
Data(s): 1983
Jurisdição: N.C./Califórnia.
Vítimas: Três
MO: Tiros de "misericórdia" em homens sem teto
SITUAÇÃO: Prisão perpétua sem condicional na Califórnia., 1984

Besnard, Marie (1896- ?) TCC: Rainha dos Envenenadores
Sexo: F
Raça: B
Tipo: T

Motivo: EC/CP
Data(s): 1927-49
Jurisdição: Loudon, França
Vítimas: 13
MO: Envenenou maridos e parentes pela herança
SITUAÇÃO: Absolvida apesar das confissões, dez. 1961

Bessarabo, Marie-Louise Victorine (1868-?) TCC: Hera Myrtle
Sexo: F
Raça: B
Tipo: N
Motivo: CP
Data: 1892/1914-20
Jurisdição: México/França
Vítimas: Três
MO: "Viúva Negra", assassinou o marido e amantes
SITUAÇÃO: Pena de prisão perpétua em uma acusação, 1920

Bey, Marko (1965-)
Sexo: M
Raça: B
Tipo: T
Motivo: Sex.
Data: 1983-84
Jurisdição: Distrito de Monmouth, N.J.
Vítimas: Duas
MO: Estuprador-assassino juvenil de mulheres
SITUAÇÃO: Condenado, 1989

Bichel, Andreas (1770/1808) TCC: Estuprador da Bavária
Sexo: M
Raça: B
Tipo: T
Motivo: EC/Sex.
Data: Década de 1790-1808
Jurisdição: Bavária
Vítimas: 50 + suspeitas
MO: Cartomante que apunhalava/roubava as clientes
SITUAÇÃO: Decapitado por dois assassinatos, 1808

Biegenwald, Richard (1940-)
Sexo: M
Raça: B
Tipo: N
Motivo: EC/CP/Sex.
Data(s): 1958-82
Jurisdição: N.J./N.Y.
Vítimas: Sete
MO: Atirou nas vítimas durante roubos e após estupro
SITUAÇÃO: Preso em 1958-75; 1983, pena de morte comutada para prisão perpétua

Billik, Herman [Veja: VAJICEK, HERMAN]

Bird, Jake (1901-49)
Sexo: M
Raça: N
Tipo: N
Motivo: Sex.
Data(s): Década de 1930 até 1947
Jurisdição: Todo os Estados Unidos
Vítimas: 44 confessas
MO: Estuprador-assassino de mulheres durante a invasão da residência, frequentemente usando um machado
SITUAÇÃO: Enforcado em Washington, 15 de julho de 1949

Bischoff, Charles (1886-1947)
Sexo: M
Raça: B
Tipo: T
Motivo: Sex.
Data(s): 1915-31
Jurisdição: Cincinnati, Ohio
Vítimas: Quatro
MO: Pedófilo e assassino de crianças
SITUAÇÃO: Considerado insano; morreu no asilo em 10 de abril de 1947

Bishop, Arthur Gary (f.1988)
Sexo: M
Raça: B
Tipo: T
Motivo: Sex.
Data(s): 1979-83
Jurisdição: Cidade de Salt Lake, Utah
Vítimas: Cinco
MO: Pedófilo assassino de crianças
SITUAÇÃO: Executado em 9 de junho de 1988

Bishop, Jesse Walter (f. 1979)
Sexo: M
Raça: B
Tipo: N
Motivo: EC
Data(s): Década de 1970
Jurisdição: Oeste dos Estados Unidos
Vítimas: 19 confessas
MO: Assalto à mão armada e confessou bater em um homem
SITUAÇÃO: Executado em uma acusação em Nevada., 22 de outubro de 1979

Black, Robert (1947-) TCC: Smelly Bob
Sexo: M
Raça: B
Tipo: N
Motivo: Sex.
Data(s): 1969-90
Jurisdição: Inglaterra
Vítimas: Cinco a oito +
MO: Pedófilo assassino de meninas com idades de 9 a 16 anos
SITUAÇÃO: Mínimo de 105 anos de prisão em três acusações, 1994

Bladel, Rudy (1971-)
Sexo: M
Raça: B
Tipo: N
Motivo: CP-vingança
Data(s): 1963-78
Jurisdição: Indiana/Michigan
Vítimas: Sete
MO: Atirou em empregados da estrada de ferro para vingar a perda do trabalho
SITUAÇÃO: Três penas de prisão perpétua consecutivas

Bland, Warren James (1936-)
Sexo: M
Raça: B
Tipo: T

Motivo: Sex./Sad.
Data(s): 1986
Jurisdição: Sul da Califórnia
Vítimas: Três + suspeitas
MO: Infrator sexual de carreira, assassino torturador de meninas com idades de 7 a 14 anos
SITUAÇÃO: Condenado em uma acusação, 1993

Blaunsteiner, Ilfriede (1932-) TCC: Viúva Negra
Sexo: F
Raça: B
Tipo: T
Motivo: EC
Data(s): 1981-95
Jurisdição: Áustria
Vítimas: Cinco confessas
MO: Envenenadora de maridos e outros motivada por benefícios
SITUAÇÃO: Pena de prisão perpétua em uma acusação, 1997

Bobbitt, Jerry Dale (1962-) TCC: Homem da Tesoura
Sexo: M
Raça: B
Tipo: T
Motivo: EC/Sad.
Data(s): 1994
Jurisdição: Orlando, Flórida
Vítimas: Duas
MO: Mulheres com idades de 34 e 53 anos, apunhaladas em seus locais de trabalho
SITUAÇÃO: Prisão perpétua mais 25 anos em duas acusações, 1996

Boczkowski, Timothy (1955-)
Sexo: M
Raça: B
Tipo: N
Motivo: EC
Data(s): 1990-94
Jurisdição: N.C./Pennsylvania
Vítimas: Duas
MO: "Barba Azul" assassino de esposas pelo seguro

SITUAÇÃO: Pena de prisão perpétua em N.C., 1996

Boden, Wayne Clifford (? -) TCC: Estuprador Vampiro
Sexo: M
Raça: N
Tipo: N
Motivo: Sex./Sad.
Data(s): 1968-71
Jurisdição: Montreal/Calgary, Canadá
Vítimas: Cinco +
MO: Estupro/assassinato de mulheres com substância corrosiva nos corpos
SITUAÇÃO: 1972, pena de prisão perpétua

Bolder, Martsay L. (1957-93)
Sexo: M
Raça: B
Tipo: N
Motivo: EC/CP
Data(s): 1973/79
Jurisdição: Missouri.
Vítimas: Duas
MO: Assassinou vítima de arrombamento; apunhalou o companheiro de cela da prisão
SITUAÇÃO: Prisão perpétua em uma acusação, 1973; condenado, 1980; executado em 27 de janeiro de 1993

Bolin, Oscar Ray (1962 -)
Sexo: M
Raça: B
Tipo: N
Motivo: Sex.
Data(s): 1986-90
Jurisdição: Todo os Estados Unidos
Vítimas: 30 + suspeitas
MO: Caminhoneiro de longa distância; estuprador-assassino de mulheres
SITUAÇÃO: Condenado em três casos na Flórida, 1991-92; indiciado em uma acusação no Texas (improvável julgamento)

Bolton, Darren Lee (1967-96)
Sexo: M
Raça: B
Tipo: T

Motivo: Sex.
Data(s): 1982-86
Jurisdição: Tucson, Arizona.
Vítimas: Duas
MO: Pedófilo assassino de meninas com idade de 2 a 7 anos
SITUAÇÃO: Condenado em uma acusação, 1993; executado em 19 de junho de 1996

SUSPEITO: **Bomar, Arthur** (1959-)
Sexo: M
Raça: B
Tipo: T
Motivo: Sex.
Data(s): 1993-97
Jurisdição: Filadélfia, Pennsylvania.
Vítimas: Três+
MO: Estuprador-assassino de mulhers jovens
SITUAÇÃO: Condenado, 1998

Bombeek, Cecile (1933-) TCC: Irmã Godfrida
Sexo: F
Raça: B
Tipo: F
Motivo: CP/Sad.
Data(s): 1976-77
Jurisdição: Wetteren, Bélgica
Vítimas: Três a 21
MO: Injetou insulina em pacientes de casa de saúde
SITUAÇÃO: Confessou três assassinatos; pena de prisão perpétua, 1978

Bonny, Anne (1700-?)
Sexo: F
Raça: B
Tipo: N
Motivo: EC
Data(s): 1714-20
Jurisdição: Caribe
Vítimas: "Numerosas"
MO: Apunhalou mortalmente a empregada da família; depois uniu-se à tripulação pirata e "nunca hesitou em matar" durante as incursões
SITUAÇÃO: Escapou da prisão, 1721; nunca foi recapturada

Boost, Werner (1928-) TCC: Assassino Duplo
Sexo: M
Raça: B
Tipo: T
Motivo: Sad.
Data(s): 1945-56
Jurisdição: Dusseldorf, Alemanha
Vítimas: Cinco+
MO: Assassina de casais no caminho dos amantes
SITUAÇÃO: Pena de prisão perpétua, 1959

Borgia, Cesare (1476-1507)
Sexo: M
Raça: B
Tipo: T
Motivo: EC/CP
Data(s): c.1495-1507
Jurisdição: Itália
Vítimas: "Dezenas"
MO: Envenenador aristocrático de parentes e inimigos; ordenou também muitos assassinatos a seu seguidor fiel.
SITUAÇÃO: Assassinado na Espanha após fugir de uma prisão italiana

Bosket, Willie James, Jr. (1962-)
Sexo: M
Raça: N
Tipo: T
Motivo: CP/EC
Data(s): 1978
Jurisdição: Cidade de Nova York
Vítimas: Três
MO: Assassinou meninos adolescentes em brigas; atirou em homens em pequenos roubos
SITUAÇÃO: Confessou a culpa em duas acusações como juvenil, 1978 (liberado em 1983); três a sete anos por tentativa de roubo, 1984; 25 anos a prisão perpétua em incêndio criminoso e agressão na prisão, 1987; 25 anos a prisão perpétua por apunhalar companheiro na prisão, 1989

Bottaro, Angelo (1939-88)
Sexo: M

Raça: B
Tipo: T
Motivo: EC
Data(s): Décadas de 1970-80
Jurisdição: Siracusa, Sicília
Vítimas: 20+
MO: Executor da Máfia
SITUAÇÃO: Apunhalado mortalmente em hospital, 3 de dezembro de 1988

Bourassa, Richard A. (1973-)
Sexo: M
Raça: B
Tipo: F
Motivo: CP-não específico
Data(s): 1986-90
Jurisdição: Anaheim Hills, Califórnia.
Vítimas: Duas
MO: Atirou "acidentalmente" em dois amigos em sua casa
SITUAÇÃO: 18 anos à prisão perpétua, 1991, em confissão de culpa em uma acusação

Bowles, Gary Ray (1962-)
Sexo: M
Raça: B
Tipo: N
Motivo: EC
Data(s): 1994
Jurisdição: Maryland/Geórgia/Flórida
Vítimas: Seis suspeitas
MO: Roubou/assassinou homens gays
SITUAÇÃO: Condenado em uma acusação e sentenciado em duas mais à prisão perpétua, 1997; duas penas de prisão perpétua por roubo/arrombamento; cinco anos por grande roubo

Bowlind, Ronnie Lee (? -)
Sexo: M
Raça: B
Tipo: T
Motivo: EC
Data(s): 1989
Jurisdição: London, Kentuky.
Vítimas: Duas
MO: Atirou em atendentes de posto de gasolina em roubos
SITUAÇÃO: Condenado, 1992

Boykin, Clover (1975-)
Sexo: F
Raça: B
Tipo: F
Motivo: CP- não específico
Data(s): 1993-95
Jurisdição: West Palm Beach, Flórida
Vítimas: Duas confessas
MO: Assassinou seus filhos pequenos, supostamente inspirada por sonhos
SITUAÇÃO: Pena de prisão perpétua % 40 anos em duas acusações, 1996

Boyle, Benjamin Herbert (1943-97)
Sexo: M
Raça: B
Tipo: N
Motivo: Sex./sad.
Data(s): 1979-85
Jurisdição: Califórnia/Texas
Vítimas: Duas confirmadas
MO: Caminhoneiro que espancava/estrangulava mulheres após estupro
SITUAÇÃO: Executado no Texas em 29 de abril de 1997

Brady, Roger Hoan (1966-)
Sexo: M
Raça: B
Tipo: N
Motivo: EC - crime qualificado
Data(s): 1994-95
Jurisdição: Califórnia/Oregon
Vítimas: Duas
MO: Assalto à mão armada; assassinou policiais e vítima feminina de assalto à mão armada
SITUAÇÃO: Pena de prisão perpétua em Oregon.; condenado na Califórnia, 1998

Branch, Eric Scott (1972-)
Sexo: M
Raça: B
Tipo: T
Motivo: Sex.

Data (s): 1993
Jurisdição: Pensacola, Flórida
Vítimas: ?
MO: "DESEJA SER" Ted Bundy; designado pelas autoridades como suspeito de assassinatos em série
SITUAÇÃO: Condenado na acusação de assassinato, 1994

Braun, Gregg Francis (1961-)
Sexo: M
Raça: N
Tipo: N
Motivo: EC-crime qualificado
Data(s): 1989
Jurisdição: Oklahoma/Kansas/Texas/N.Mex.
Vítimas: Cinco
MO: Empregadas executadas durante assalto à mão armada
SITUAÇÃO: Condenado em Oklahoma., 1993

Breedlove, McArthur (1947-)
Sexo: M
Raça: B
Tipo: N
Motivo: EC
Data(s): 1974-78
Jurisdição: Flórida
Vítimas: Duas
MO: Assassinatos nos Distritos de Broward e Dade
SITUAÇÃO: Condenado, 1979; 25 anos na segunda acusação, 1982

Breslin, Joseph Franklin (1943-82)
Sexo: M
Raça: B
Tipo: N
Motivo: CP-não específico
Data(s): 1968-82
Jurisdição: Califórnia.
Vítimas: Três
MO: Paciente mental que assassinou o companheiro recluso e duas vítimas fora do asilo
SITUAÇÃO: Atingido mortalmente durante assalto à mão armada, julho de 1982

Breton, Robert, Sr. (1946-)
Sexo: M
Raça: B
Tipo: T
Motivo: CP-doméstico
Data(s): 1966-86
Jurisdição: Waterbury, Connecticut.
Vítimas: Três
MO: Apunhalou o pai (1966), o filho e a ex-esposa
SITUAÇÃO: Sentença suspensa por homicídio culposo, 1966; condenado, 1989

Brewer, James D. (1955-)
Sexo: M
Raça: B
Tipo: T
Motivo: CP/EC
Data(s): 1977-78
Jurisdição: Indianápolis, Indiana.
Vítimas: Duas
MO: Atingiu vítima feminina de assalto à mão armada; assassinou homem por raiva em um encontro gay
SITUAÇÃO: Sentença de 60 anos em uma acusação, 1993; reduzida a 50 anos, 1995

Bridges, Tyearone (1958-87)
Sexo: M
Raça: N
Tipo: T
Motivo: EC-crime qualificado
Data(s): 1987
Jurisdição: New Orleans, Lousiania.
Vítimas : Duas
MO: Mulheres de meia-idade atingidas por tiros em tentativa de roubo
SITUAÇÃO: Assassinado ao resistir à prisão, 7 de dezembro de 1987

Briggen, Joseph (1850-1903)
Sexo: M
Raça: B
Tipo: F
Motivo: EC
Data: Década de 1880 até 1902
Jurisdição: Norte da Califórnia
Vítimas : 12 +

MO: Rancheiro que alimentava seus porcos premiados com empregados da fazenda
SITUAÇÃO: Condenação de prisão perpétua, 1902; morreu na prisão

Brinvilliers, Marie de (1630-1676)
Sexo: F
Raça: B
Tipo: T
Motivo: EC
Data(s): 1665-73
Jurisdição: Paris, França
Vítimas: 54 confessas
MO: Envenenou 50 pacientes do hospital como "prática" para os assassinatos de seu pai, irmãos e amante, motivados por benefícios
SITUAÇÃO: Decaptada em 17 de julho de 1676

Brisbon, Henry (1956-)
Sexo: M
Raça: N
Tipo: T
Motivo: EC/CP
Data(s): 1973-82
Jurisdição: Chicago/Menard, Illinois.
Vítimas: Três
MO: Assassinou dois em roubo, um na prisão
SITUAÇÃO: De mil a três mil anos, 1973; condenado, 1982

Britt, Eugene (1957-)
Sexo: M
Raça: N
Tipo: T
Motivo: Sex./sad.
Data(s): 1995
Jurisdição: Distritos de Lake/Porter, Indiana.
Vítimas: 11 confessas
MO: Assassino ao acaso de vítimas com idades de 8 a 51 anos, todas mulheres, exceto uma
SITUAÇÃO: Prisão perpétua sem condicional por confissão de culpa em uma acusação, 1996

Brogsdale, Rickey Henry (1963-) TCC: Assassino Peeping Tom
Sexo: M
Raça: B
Tipo: T
Motivo: Sex.
Data(s): 1987
Jurisdição: Washington, D.C.
Vítimas: Quatro
MO: *Voyeur*; atingiu 11 mulheres, assassinou quatro
SITUAÇÃO: 63 anos à prisão perpétua em quatro acusações, 1989

Bronshtein, Antuan (1972-)
Sexo: M
Raça: B
Tipo: T
Motivo: EC-crime qualificado
Data(s): 1991
Jurisdição: Filadélfia, Pennsylvania.
Vítimas: Duas
MO: Atingiu a tiros joalheiros durante assalto à mão armada
SITUAÇÃO: Pena de prisão perpétua em uma acusação, 1992; condenado na segunda acusação, 1993

Brooks, John(1966-)
Sexo: M
Raça: N
Tipo: T
Motivo: EC-crime qualificado
Data(s): 1986
Jurisdição: New Orleans, Lousiania.
Vítimas : Nove
MO: Vítimas atingidas em roubos nas ruas
SITUAÇÃO: Indiciado/condenado por seis assassinatos

Bropst, Tony (1953-)
Sexo: M
Raça: B
Tipo: N
Motivo: EC-crime qualificado
Data(s): 1986
Jurisdição: Arizona/Colorado
Vítimas : Duas

MO: Vítimas atingidas por carros
SITUAÇÃO: 40 anos no Arizona.; 40 anos a prisão perpétua no Colorado.

Brown, Barry Austin (?-)
Sexo: M
Raça: B
Tipo: T
Motivo: EC-crime qualificado
Data(s): 1974
Jurisdição: Santa Cruz/San Mateo, Califórnia.
Vítimas : Três
MO: Assassinatos em roubo de dois homens e uma mulher
SITUAÇÃO: Confissão de culpa em três acusações, penas de prisão perpétua consecutivas, 1974

Brown, Charles Noel (1933-)
Sexo: M
Raça: B
Tipo: N
Motivo: EC-crime qualificado
Data(s): 1961
Jurisdição: Minnesota/Iowa
Vítimas : Três
MO: Homens atingidos em roubos/raptos
SITUAÇÃO: Condenado em Iowa, set 1961

Brown, Henry Newton (1857-84)
Sexo: M
Raça: B
Tipo: N
Motivo: EC/CP
Data(s): Década de 1870-84
Jurisdição: Texas./N.Mex./Kansas
Vítimas : Seis
MO: Fora da lei do Velho Oeste e ocasional homem da lei
SITUAÇÃO: Atingido por bala enquanto tentava roubar um banco, em 1º de maio de 1884

Brown, Raymond Eugene (1946-)
Sexo: M
Raça: B
Tipo: T
Motivo: EC/Sex.
Data(s): 1960-87
Jurisdição: Distritos de Clay/Russel, Alabama.
Vítimas : Cinco
MO: Apunhalou três parentes; estuprou/apunhalou mãe e filha
SITUAÇÃO: Período, 1960 (condicional, 1973); retornou à prisão como infrator da condicional (por estupro), 1973 (liberado novamente em 1986); condenado em 1987

Brown, Vernon (?-)
Sexo: M
Raça: N
Tipo: N
Motivo: Sex.
Data(s): 1980-86
Jurisdição: Indiana-Missouri
Vítimas: Cinco +
MO: Pedófilo assassino; responsabilizado pelos crimes em vício de drogas
SITUAÇÃO: Condenado em Missouri.

Broyles, James (1968-)
Sexo: M
Raça: B
Tipo: T
Motivo: CP- doméstico
Data(s): 1984-96
Jurisdição: Edmonton, Alberta
Vítimas: Duas
MO: Estrangulou a avó e a namorada porque elas o importunavam
SITUAÇÃO: Confinado como menor, 1984; 20 anos por assassinato doloso, 1998

Bryan, Joseph Francis, Jr. (1939-)
Sexo: M
Raça: B
Tipo: N
Motivo: Sex./Sad.
Data: 1964
Jurisdição: S.C./Flórida N.J.
Vítimas: Três
MO: Pedófilo sádico, raptou/torturou meninos

SITUAÇÃO: Pena de prisão perpétua federal por rapto, 1965

Brydges, Ralph Lionel (f.1927) TCC: Monstro de Roma
Sexo: M
Raça: B
Tipo: T
Motivo: Sex.
Data(s): 1924-27
Jurisdição: Roma-Itália
Vítimas: Seis +
MO: Pedófilo estrangulador de crianças
SITUAÇÃO: Condenado, sentença desconhecida

Buccieri, Fiore (1904-73) TCC: Fifi
Sexo: M
Raça: B
Tipo: T
Motivo: CP- vingança
Data(s): 1924-72
Jurisdição: Chicago-Illinois
Vítimas: "Numerosas"
MO: Executor da Máfia; denominado Alto Senhor Executor do Sindicato de Chicago pelos agentes do FBI, 1966
SITUAÇÃO: Morreu de câncer em 1973

Buenoaño, Judias (1943-98) TCC: Viúva Negra
Sexo: F
Raça: B
Tipo: N
Motivo: EC-herança
Data(s): 1971-80
Jurisdição: Flórida/Colorado.
Vítimas: Três
MO: "Viúva Negra", assassina do marido, filho e amante
SITUAÇÃO: Executada na Flórida em 30 de março de 1998

Bullock, David (1960-)
Sexo: M
Raça: B
Tipo: T
Motivo: EC/CP
Data(s): 1981-82
Jurisdição: Cidade de Nova York
Vítimas: Seis confirmadas
MO: Confessou atirar em dez vítimas "para se divertir"
SITUAÇÃO: Seis penas de 25 anos à prisão perpétua

Burke, Elmer (1917-58) TCC Trigger
Sexo: M
Raça: B
Tipo: N
Motivo: EC/CP
Data(s): 1946-54
Jurisdição: Leste dos Estados Unidos
Vítimas: "Numerosas"
MO: Carreira criminal e assassino contratado
SITUAÇÃO: Executado em Sing Sing em 9 de janeiro de 1958

Burke, Frederick R. (1893-1940) TCC: Matador
Sexo: M
Raça: B
Tipo: N
Motivo: EC
Data(s): 1920-31
Jurisdição: Illinois/N.Y./Michigan
Vítimas: "Numerosas"
MO: Carreira criminal e assassino contratado; suspeito principal em 1929 do massacre do dia de São Valentin
SITUAÇÃO: Pena de prisão perpétua em Michigan. em uma acusação, 1931; morreu na prisão de ataque do coração em 10 de julho de 1940

Burke, James (1931-) TCC: Jimmy, o Gentil
Sexo: M
Raça: B
Tipo: T
Motivo: EC/CP
Data(s): 1949-80
Jurisdição: N.Y./N.J.
Vítimas: "Numerosas"
MO: Membro do sindicato e espancador
SITUAÇÃO: Pena de prisão perpétua em uma acusação em N.Y., 1985

Burrows, Albert Edward (1861-1923)
Sexo: M
Raça: B
Tipo: T
Motivo: CP/Sex.
Data(s): 1920-23
Jurisdição: Cheshire-Inglaterra
Vítimas: Quatro
MO: "Barba Azul" assassino da esposa e de dois filhos (1920); molestou e assassinou um menino de quatro anos (1923); os corpos foram jogados em poço de mina
SITUAÇÃO: Enforcado em agosto de 1923.

Buse, William H. (f. 1858)
Sexo: M
Raça: B
Tipo: T
Motivo: Sex.
Data(s): 1857-58
Jurisdição: Mississipi.
Vítimas: "Diversas"
MO: Assassino concupiscente de mulheres
SITUAÇÃO: Enforcado em uma acusação, novembro de 1858

Buss, Timothy (1969-)
Sexo: M
Raça: ?
Tipo: T
Motivo: Sex.
Data(s): 1981-95
Jurisdição: Distrito de Kankakee, Illinois.
Vítimas: Duas
MO: Assassinou uma menina de cinco anos e um menino de 10 anos
SITUAÇÃO: Pena de 25 anos, 1981 (condicional em 1993); condenado, 1996

Butler, Eugene (f. 1913)
Sexo: M
Raça: B
Tipo: F
Motivo: Desc.
Data(s): Década de 1900
Jurisdição: Niagara, N.Dak.
Vítimas: Seis
MO: Esqueletos masculinos encontrados enterrados embaixo de sua casa
SITUAÇÃO: Morreu no asilo antes que os crimes fossem descobertos

Caifano, John Michael (1911-) TCC: Delegado Caifano
Sexo: M
Raça: B
Tipo: N
Motivo: EC
Data: 1929-64
Jurisdição: Illinois-Nevada.
Vítimas: 10+
MO: Executor do sindicato e espancador
SITUAÇÃO: Diversas penas federais de prisão desde 1964

Calo, Giuseppe (1955-)
Sexo: M
Raça: B
Tipo: N
Motivo: EC
Data(s): 1988-89
Jurisdição: Arizona.
Vítimas: Sete confessas
MO: Assassinou associados comerciais em negócios de drogas e ataques contratados
SITUAÇÃO: Pena de dez anos de prisão perpétua mais 140 anos, 1993

Camacho, Genaro Ruiz (1955-)
Sexo: M
Raça: H
Tipo: N
Motivo: EC/CP
Data(s): 1987-89
Jurisdição: Dallas, Texas.
Vítimas: Cinco
MO: Negociante de drogas cujas vítimas incluíam suas próprias namoradas
SITUAÇÃO: Condenado

Campagna, Louis (1900-55) TCC: Pequeno Nova York
Sexo: M
Raça: B
Tipo: N

Motivo: EC
Data(s): Por volta de 1917-41
Jurisdição: N.Y./Illinois
Vítimas: "Numerosas"
MO: Executor do sindicato e espancados
SITUAÇÃO: Dez anos por extorsão, 1943 (condicional em 1946); morreu de ataque do coração em 1955

Campanella, Vincenzo (1973-) TCC: Monstro de Palermo
Sexo: M
Raça: B
Tipo: T
Motivo: CP- não específico
Data(s): 1990
Jurisdição: Palermo, Itália
Vítimas: Duas
MO: Assassino em ataques ao acaso
SITUAÇÃO: Confinado como infrator juvenil

Campbell, Henry Colin (1896-1930)
Sexo: M
Raça: B
Tipo: T
Motivo: EC- herança
Data(s): 1928-29
Jurisdição: N.J.
Vítimas: Duas
MO: "Barba Azul" bígamo, atirou em duas esposas
SITUAÇÃO: Executado em 17 de abril de 1930

Campbell, James (1969-)
Sexo: M
Raça: B
Tipo: T
Motivo: Sex.
Data(s): 1987-88
Jurisdição: Beenham, Inglaterra
Vítimas: Duas
MO: Estupro-assassinato de duas mulheres jovens
SITUAÇÃO: Pena de prisão perpétua em uma acusação em 1988

Candle, Arigo (? -) TCC: Monstro da Cunha
Sexo: M
Raça: B
Tipo: T
Motivo: Sex.
Data(s): 1991-93
Jurisdição: Itália
Vítimas: "Diversas"
MO: Atirou em prostitutas com uma Magnun 357
SITUAÇÃO: Condenado, sentença desconhecida

Cannan, John (1953-)
Sexo: M
Raça: B
Tipo: N
Motivo: Sex.
Data(s): 1978-87
Jurisdição: Inglaterra
Vítimas: Três suspeitas
MO: Estupro-assassinato de mulheres jovens
SITUAÇÃO: Pena de prisão perpétua em uma acusação em 1988

Cannon, Lucretia Patrícia (1783-1829)
Sexo: F
Raça: B
Tipo: F
Motivo: Sex./Sad.
Data: 1802-29
Jurisdição: Reliance, Delaware.
Vítimas: 24 confessas
MO: Assassinou o marido e uma criança antes de entrar para o negócio de escravos e operar uma taverna onde os donos foram roubados e assassinados; os escravos e serventes torturados/assassinados por divertimento
SITUAÇÃO: Condenada em abril de 1829; suicídio por veneno na prisão

Canonico, Frank Anthony (1938 -)
Sexo: M
Raça: B

Tipo: N
Motivo: Sex.
Data(s): Décadas de 1970-80
Jurisdição: Leste dos Estados Unidos
Vítimas: 25 confessas
MO: Atirou em "mulheres perdidas" encontradas em bares enquanto viajava
SITUAÇÃO: Duas penas de prisão perpétua na Flórida, maio de 1982

Capone, Alphonse (1899-1947) TCC: Scarface
Sexo: M
Raça: B
Tipo: N
Motivo: EC
Data(s): 1919-29
Jurisdição: N.Y./Illinois
Vítimas: Cinco + pessoalmente
MO: Membro da "Proibição"; ordenou centenas de assassinatos além daqueles cometidos pessoalmente
SITUAÇÃO: 11 anos por evasão de impostos em 1932; morreu de sífilis terciária em 25 jan/1947

Caputo, Ricardo (1950-)
Sexo: M
Raça: H
Tipo: N
Motivo: CP
Data(s): 1971-83
Jurisdição: Estados Unidos/México
Vítimas: Cinco
MO: "Barba Azul" assassino de amantes
SITUAÇÃO: 25 anos à prisão perpétua em N.Y. em 1995

Carawan, George Washington (f. 1852)
Sexo: M
Raça: B
Tipo: T
Motivo: CP
Data(s): Década de 1840 até 52
Jurisdição: Goose Creek, N.C.
Vítimas: Três
MO: Assassinou a primeira mulher, o amante suspeito da segunda mulher e um vizinho
SITUAÇÃO: Suicídio com arma de fogo durante o julgamento de assassinato em 1852

Cardinella, Salvatore (1880-1921) TCC: O Demônio
Sexo: M
Raça: B
Tipo: T
Motivo: EC
Data(s): *c.* 1910-21
Jurisdição: Chicago, Illinois.
Vítimas: 20+
MO: "Mão Negra", extorquia e assassinava
SITUAÇÃO: Enforcado em uma acusação, 1921

Carpenter, David Joseph (1930-) TCC: Assassino do lado do Trem
Sexo: M
Raça: B
Tipo: T
Motivo: Sex./Sad.
Data(s): 1979-80
Jurisdição: San Francisco, Califórnia.
Vítimas: Dez
MO: Alvejou e apunhalou caroneiros em parques locais
SITUAÇÃO: Condenado

Carpenter, Joseph (1933-)
Sexo: M
Raça: N
Tipo: T
Motivo: CP/Sex.
Data(s): 1963-86
Jurisdição: França
Vítimas: Duas
MO: Assassinou a esposa, 1965; estuprou/assassinou uma mulher em 1986
SITUAÇÃO: Pena de prisão perpétua em 1965 (condicional, 1980); pena de prisão perpétua em 1987

Carr, Hank Earl (f. 1998)
Sexo: M
Raça: B
Tipo: N

Motivo: CP/Sad.
Data(s): 1997-98
Jurisdição: Flórida
Vítimas: Quatro + suspeitas
MO: Atirou em três homens da lei em maio de 1998; anteriormente vangloriou-se de ter espancado um homem desconhecido mortalmente
SITUAÇÃO: Suicídio por arma de fogo em 19 de maio de 1998

Carr, John Dell (1962-)
Sexo: M
Raça: B
Tipo: T
Motivo: CP
Data(s): 1990-91
Jurisdição: Distritos de Shelby/Hamilton, Indiana.
Vítimas: Duas
MO: Assassinou a sogra e uma conhecida
SITUAÇÃO: 80 anos em uma acusação, 1992; 60 anos concomitante na segunda acusação, 1997

Carr, Robert Frederick, III (1943-)
Sexo: M
Raça: B
Tipo: N
Motivo: Sex./Sad.
Data(s): 1972-76
Jurisdição: FlóridaConn.
Vítimas: Quatro
MO: Estuprador que assassinou uma mulher e três crianças
SITUAÇÃO: Três penas de prisão perpétua mais 360 anos na Flórida, set/1976

Carr, Thomas (f. 1870)
Sexo: M
Raça: B
Tipo: T
Motivo: Sex.
Data(s): 1869-70
Jurisdição: Ohio
Vítimas: 14 suspeitas
MO: Assassino concupiscente de mulheres
SITUAÇÃO: Enforcado em uma acusação, 1870

Carraher, Patrick (f. 1946)
Sexo: M
Raça: B
Tipo: T
Motivo: CP-discussão
Data(s): 1934/45
Jurisdição: Glasgow, Escócia
Vítimas: Duas
MO: Assassinou soldados em briga de bêbados
SITUAÇÃO: Três anos por homicídio culposo (1934); enforcado em 4 de abril de 1946

Carroll, Robert Lee (? -)
Sexo: M
Raça: B
Tipo: N
Motivo: CP
Data(s): 197-89
Jurisdição: Ohio/Alabama.
Vítimas: Duas
MO: Assassinato relacionado a droga em Ohio; apunhalou companheiro de prisão no Alabama.
SITUAÇÃO: Condenado em Ohio (sentença desconhecida); condenado em Alabama.

Carter, Dean Phillip (1957-)
Sexo: M
Raça: B
Tipo: N
Motivo: Sex.
Data(s): 1984
Jurisdição: Califórnia.
Vítimas: Cinco
MO: Estrangulou mulheres em três cidades
SITUAÇÃO: Condenado

Carter, Frank (1881-1926) TCC: Franco Atirador Fantasma
Sexo: M
Raça: B
Tipo: T
Motivo: CP-não específico
Data(s): 1926
Jurisdição: Omaha, Nebraska/Council Bluffs, Iowa
Vítimas: Três

MO: Tiros ao acaso em três homens e uma menina
SITUAÇÃO: Enforcado

Carter, Horace (1918-)
Sexo: M
Raça: B
Tipo: N
Motivo: CP- não específico
Data(s): 1951
Jurisdição: Inglaterra
Vítimas: Três
MO: Estrangulador de meninas pequenas; sem agressão sexual
SITUAÇÃO: Declarado legalmente insano; confinado a um asilo

Carter, Robert Anthony (1964-98)
Sexo: M
Raça: N
Tipo: T
Motivo: EC
Data(s): 1981
Jurisdição: Houston, Texas.
Vítimas: Duas
MO: Assassinou vítimas de roubo
SITUAÇÃO: Executado em 18 de maio de 1998

Casablanca, John (1943-)
Sexo: M
Raça: B
Tipo: T
Motivo: EC/CP
Data(s): 1965-81
Jurisdição: Cidade de Nova York
Vítimas: Cinco
MO: Três assassinatos contratados; dois assassinatos em litígios pessoais
SITUAÇÃO: Negociação sobre pena em três acusações de homicídio culposo em 1965 (condicional em 1982); sentenciado insano em duas acusações, 1981

Cassandra, Simone (?-) TCC: Monstro de Norma
Sexo: F
Raça: B
Tipo: T
Motivo: Sex.
Data: 1992-95
Jurisdição: Norma, Itália
Vítimas: "Diversas"
MO: Confessou 11 estupros, com "diversas" vítimas estranguladas
SITUAÇÃO: Confissão de culpa; sentença desconhecida

Cassimiro, André Luiz (1965-)
Sexo: M
Raça: H
Tipo: T
Motivo: Sex./Sad./EC
Data: 1995-96
Jurisdição: Juiz de Fora, Brasil
Vítimas: Cinco
MO: Arrombamento com estupro/tortura/estrangulamento de mulheres com idades de 58 a 77 anos
SITUAÇÃO: Confessou em 1996; sentença desconhecida

Castro, Edward (1950-)
Sexo: M
Raça: H
Tipo: N
Motivo: EC
Data(s): 1987
Jurisdição: Flórida
Vítimas: Duas
MO: Roubou/apunhalou homens encontrados em bares nos distritos de Pinellas e Marion
SITUAÇÃO: Condenado em 1988 mais cinco anos por roubo; prisão perpétua na segunda acusação, 1991

Catlin, Steven David (1944-)
Sexo: M
Raça: B
Tipo: N
Motivo: EC-herança
Data: 1976-84
Jurisdição: Califórnia./Nevada.
Vítimas: Quatro
MO: Envenenou os pais e duas esposas

com herbicida
SITUAÇÃO: Condenado

Cavaness, Dr. John Dale (1925-86)
Sexo: M
Raça: B
Tipo: N
Motivo: EC
Data(s): 1977/84
Jurisdição: Illinois/Missouri.
Vítimas: Duas
MO: Atirou em seus próprios filhos pelo seguro de vida
SITUAÇÃO: Condenado em 1985; suicídio na prisão em 17 nov/1986

Chacon, Augustin (d. 1902) TCC: O Perigoso
Sexo: M
Raça: H
Tipo: N
Motivo: EC/Sad.
Data(s): 1895-1901
Jurisdição: Território do Arizona
Vítimas: Oito +
MO: Fora da lei sádico; assassino de vítimas de assalto à mão armada e homens da lei
SITUAÇÃO: Enforcado, novembro de 1902

Chadd, Billy (1954-)
Sexo: M
Raça: B
Tipo: N
Motivo: Sex.
Data(s): 1974-78
Jurisdição: Califórnia./Nevada.
Vítimas: Três confessas
MO: Apunhalou duas mulheres e um homem em agressão sexual
SITUAÇÃO: Pena de prisão perpétua em Nevada; 13 anos por estupro na Califórnia.

Chapman, George [*Veja*: KLOSOWSKI, SEVERIN]

Chapman, Glenn Edward (1967-)
Sexo: M
Raça: N
Tipo: T
Motivo: Sex.
Data(s): 1992
Jurisdição: Hickory, N.C.
Vítimas: Duas
MO: Estuprador-assassino de viciadas
SITUAÇÃO: Condenado em uma acusação em 1994

Chase, Richard Trenton (1950-) TCC: Vampiro de Sacramento
Sexo: M
Raça: B
Tipo: T
Motivo: CP-não específico
Data(s): 1977-78
Jurisdição: Sacramento, Califórnia.
Vítimas: Seis
MO: Assassinou vítimas ao acaso para beber o sangue delas
SITUAÇÃO: Condenado em 1979; suicídio na prisão em 26 de dezembro de 1980

Chavez, Juan Rodrigo (1975-)
Sexo: M
Raça: H
Tipo: T
Motivo: EC/Sad.
Data(s): 1986-95
Jurisdição: Dallas, Texas.
Vítimas: 13
MO: "Assassinato por excitação" das vítimas em pequenos roubos
SITUAÇÃO: Condenado em 1996

Chiatti, Luigi (? -) TCC: Monstro de Foligno
Sexo: M
Raça: B
Tipo: T
Motivo: Sex.
Data: 1992-93
Jurisdição: Foligno, Itália
Vítimas: Duas
MO: Pedófilo e assassino de crianças
SITUAÇÃO: Pena de prisão perpétua

Choate, Pearl (1907-)
Sexo: F

Raça: B
Tipo: N
Motivo: EC- herança
Data(s): Década de 1930-65
Jurisdição: Inglaterra
Vítimas: Sete suspeitas
MO: "Viúva Negra" assassina de maridos idosos e milionários
SITUAÇÃO: Cumpriu 12 anos em uma acusação de assassinato

Christenson, William Dean (1945-)
Sexo: M
Raça: B
Tipo: N
Motivo: Sex./CP- discussão
Data(s): 1981-82
Jurisdição: Canadá/ Leste dos Estados Unidos
Vítimas: Cinco a 30
MO: Pelo menos quatro mulheres apunhaladas/ desmembradas; um homem atingido por tiro
SITUAÇÃO: Prisão perpétua mais 20 anos por dois assassinatos em Pennsylvania.

Christian, James Edward (1944-) TCC: Assassino de Cetim Negro
Sexo: M
Raça: B
Tipo: N
Motivo: Sex./Sad.
Data(s): 1970
Jurisdição: Canadá/Leste dos Estados Unidos
Vítimas: Três
MO: Mutilação-assassinato de mulheres jovens
SITUAÇÃO: Negociação da sentença por duas penas de prisão perpétua

Christiansen, Thor Nis (1945-)
Sexo: M
Raça: B
Tipo: T
Motivo: Sex.
Data: 1976-77
Jurisdição: Santa Barbara, Califórnia.

Vítimas: Quatro
MO: Tiros no estilo de execução em mulheres jovens
SITUAÇÃO: Prisão perpétua em 1980; assassinado na prisão em 30 de março de 1981

Christofi, Styllou (1900-54)
Sexo: F
Raça: B
Tipo: N
Motivo: CP-conflito
Data(s): 1925-53
Jurisdição: Chipre/Inglaterra
Vítimas: Duas
MO: Assassinou a mãe e a enteada
SITUAÇÃO: Enforcada na Inglaterra

Christopher, Joseph G. (1955-)
Sexo: M
Raça: B
Tipo: N
Motivo: CP- extremista
Data(s): 1980
Jurisdição: N.Y.
Vítimas: 13 admitidas
MO: Racista que alvejou e apunhalou homens negros e hispânicos
SITUAÇÃO: Pena de prisão perpétua em 1985

Cianculli, Leonarda (falec.1970) TCC: Feiticeira de Corregio
Sexo: F
Raça: B
Tipo: F
Motivo: CP- não específico
Data(s): 1939-40
Jurisdição: Corregio, Itália
Vítimas: Três
MO: Assassinou conhecidas, cozinhando seus corpos para produzir poções "mágicas" e velas para anular uma "maldição familiar"
SITUAÇÃO: Ordem de internação em asilo por 30 anos em 1946; faleceu por derrame em custódia em 15 de outubro de 1970

Clarey, Richard N., Jr. (1961-)
Sexo: M

Raça: B
Tipo: N
Motivo: CP-não específico
Data(s): Década de 1970 até 1984
Jurisdição: Alemanha/Michigan
Vítimas: Três confirmadas
MO: Confessou assassinatos ao acaso de "mais de cem, menos de 150"
SITUAÇÃO: Duas penas em Michigan de prisão perpétua sem condicional

Clark, Dr. Roland E. (f. 1972)
Sexo: M
Raça: B
Tipo: F
Motivo: CP- não específico
Data(s): 1954-67
Jurisdição: Detroit, Michigan.
Vítimas: Cinco
MO: Médico ligado a mortes de três pacientes e dois empregados
SITUAÇÃO: Três a 15 anos por homicídio culposo; morreu na prisão em 1972

Clark, Ronald Wayne, Jr. (1968-)
Sexo: M
Raça: B
Tipo: N
Motivo: EC
Data(s): 1989-90
Jurisdição: Flórida
Vítimas: Duas
MO: Assalto à mão armada-assassinatos no Distrito de Nassau e Duval
SITUAÇÃO: Pena de prisão perpétua por assassinato e roubo em 1990; condenado na segunda acusação em 1991

Clements, Archie (1843-66)
Sexo: M
Raça: B
Tipo: N
Motivo: EC/CP
Data(s): 1861-66
Jurisdição: Kansas/Missouri
Vítimas: "Numerosas"
MO: Membro notório dos "INVASORES DE QUANTRILL"
SITUAÇÃO: Assassinado por tropas da União em 13 de dezembro de 1866

Clements, Dr. Robert George (1890-1947)
Sexo: M
Raça: B
Tipo: T
Motivo: EC- herança
Data(s): 1920-47
Jurisdição: Inglaterra
Vítimas: Quatro
MO: "Barba Azul" médico, assassinou esposas com injeções de morfina
SITUAÇÃO: Suicídio para evitar a prisão

Click, Franklin (1919-50)
Sexo: M
Raça: B
Tipo: T
Motivo: Sex./Sad./ CP- extremista
Data(s): 1944
Jurisdição: Fort Wayne, Indiana.
Vítimas: Três
MO: Estuprador-assassino de mulheres com idades de 17 a 38 anos
SITUAÇÃO: Executado em dezembro de 1950

Cline Alfred, L. (1888-1948)
Sexo: M
Raça: B
Tipo: T
Motivo: EC- herança
Data(s): 1930-45
Jurisdição: Oeste dos Estados Unidos
Vítimas: Nove
MO: "Barba Azul" assassino de oito esposas e um amigo
SITUAÇÃO: Pena de 126 anos na Califórnia.; faleceu na prisão em ago/1948

Cloutier, Robert (1964-)
Sexo: M
Raça: B
Tipo: T
Motivo: Sex.
Data(s): 1990
Jurisdição: Chicago-Illinois
Vítimas: Duas

MO: Estuprador-assassino de mulheres
SITUAÇÃO: Condenado em uma acusação em 1991; prisão perpétua mais 146 anos na segunda acusação em 1991

Cobb, Hoyt Budd (1931-)
Sexo: M
Raça: B
Tipo: N
Motivo: EC- crime qualificado
Data(s): Década de 1960
Jurisdição: Geórgia/Flórida
Vítimas: Duas
MO: Atingiu com clava duas vítimas durante roubo
SITUAÇÃO: Penas concomitantes de prisão perpétua em Geórgia. e Flórida (condicional em 1989)

Coddington, Herbert James (1959-)
Sexo: M
Raça: B
Tipo: N
Motivo: Sex./Sad.
Data(s): 1981-87
Jurisdição: Nevada./Califórnia.
Vítimas: Três
MO: Estuprador/assassino de vítimas femininas
SITUAÇÃO: Condenado na Califórnia. em 1987

Code, Nathaniel Robert, Jr. (1956-)
Sexo: M
Raça: N
Tipo: T
Motivo: Sex./Sad./CP- doméstico
Data(s): 1984-86
Jurisdição: Shreveport-Lousiania
Vítimas: 13
MO: Invasor de residências bissexual; apunhalou/roubou homens gays
SITUAÇÃO: Condenado

Cohen, Charles Mark (1954-)
Sexo: M
Raça: B
Tipo: N
Motivo: CP/EC

Data(s): 1988-89
Jurisdição: Delaware/ Califórnia.
VITIMAS: Três
MO: Apunhalou, bateu nos pais, apunhalou e roubou homens gays.
SITUAÇÃO: Pena de prisão perpétua por assassinar os pais em Delaware., 1992

Coit, Jill (c. 1943-)
Sexo: F
Raça: B
Tipo: N
Motivo: EC
Data: 1969-76
Jurisdição: Texas./Colorado.
Vítimas: Duas
MO: "Viúva Negra" assassina de maridos para ter benefícios
SITUAÇÃO: Prisão perpétua sem condicional mais 48 anos em uma acusação no Colorado; 1996

Coleman, Charles Troy (1947-90)
Sexo: M
Raça: B
Tipo: N
Motivo: CP/EC
Data: 1976-79
Jurisdição: Califórnia/Oklahoma.
Vítimas: Quatro
MO: Atingiu com clava um conhecido; atirou em três vítimas de roubo
SITUAÇÃO: Executado em Oklahoma. em 10 de setembro de 1990

Coll, Vincent (1909-32) TCC: Mick Louco; Cachorro Louco
Sexo: M
Raça: B
Tipo: T
Motivo: EC/CP
Data: Década de 1920 até 1932
Jurisdição: Cidade de Nova York
Vítimas: Sete +
MO: Membro de quadrilha psicótico envolvido na guerra de gangues da Proibição
SITUAÇÃO: Assassinado por gangues rivais em 9 fev 1932

Collins, Darnell (f. 1995)
Sexo: M
Raça: ?
Tipo: N
Motivo: EC- crime qualificado
Data(s): 1995
Jurisdição: N.Y./N.J.
Vítimas: Cinco
MO: Atirou em vítimas durante uma farra criminosa em dois estados
SITUAÇÃO: Assassinado ao resistir à prisão em 21 jun 1995

Collins, John Norman (1947-) TCC Estripador de Ypsilanti
Sexo: M
Raça: B
Tipo: N
Motivo: Sex./Sad.
Data(s): 1967-69
Jurisdição: Michigan/Califórnia
Vítimas: Oito
MO: Mutilação-assassinato de mulheres jovens
SITUAÇÃO: Pena de prisão perpétua em Michigan. em uma acusação de assassinato

Colwell, Lawrence (1969-)
Sexo: M
Raça: B
Tipo: N
Motivo: Sex./Sad./EC
Data(s): 1994
Jurisdição: Nevada/Califórnia
Vítimas: Três
MO: Espancou/estrangulou uma mulher e dois homens "por divertimento"; uma vítima roubada
SITUAÇÃO: Condenado em Nevada.

Comer, Chester (f. 1935)
Sexo: M
Raça: B
Tipo: N
Motivo: CP-não específico
Data: 1934-35
Jurisdição: Kansas/ Oklahoma
Vítimas: Cinco
MO: Atirou na mulher, na ex-mulher e em três estranhos em violência inexplicada
SITUAÇÃO: Morreu em 27 de novembro de 1935, após tiroteio com a polícia

Commander, Charles J., IV (1968-)
Sexo: M
Raça: B
Tipo: N
Motivo: CP-não específico
Data(s): 1989-90
Jurisdição: Flórida/N.J.
Vítimas: Duas suspeitas
MO: Atirou/desmembrou mulheres, uma delas sua companheira de quarto
SITUAÇÃO: 22 anos em uma acusação, culposo mais cinco anos por posse de arma escondida na Flórida

Conz, Gianni (? -) TCC: Estrangulador das Montanhas
Sexo: M
Raça: B
Tipo: T
Motivo: Sex.
Data(s): 1975
Jurisdição: Montanhas Veronisi, Itália
Vítimas: Três
MO: Assassino concupiscente de mulheres
SITUAÇÃO: Morreu por causas naturais em 1980

Cook, William (1929-52)
Sexo: M
Raça: B
Tipo: N
Motivo: CP- não específico
Data(s): 1950-51
Jurisdição: Missouri/Califórnia
Vítimas: Seis
MO: Atirou em dois homens e uma mulher e três crianças raptadas enquanto viajavam
SITUAÇÃO: Executado na Califórnia em 12 de dez 1952

Cooke, Eric Edgar (1929-64)
Sexo: M
Raça: B
Tipo: T

Motivo: CP-não específico
Data(s): 1959-61
Jurisdição: Perth, Austrália
Vítimas: Seis
MO: Apunhalou-atirou em dois homens e três mulheres em ataque ao acaso
SITUAÇÃO: Enforcado em 24 out/1964

Cooke, Sidney (1928-)
Sexo: M
Raça: B
Tipo: N
Motivo: Sex.
Data(s): Décadas de 1970-80
Jurisdição: Inglaterra
Vítimas: "Diversas" suspeitas
MO: Trabalhador em parque de diversões e pedófilo assassino de criança
SITUAÇÃO: 16 anos em uma acusação, 1988 (condicional, 1998)

Coppola, Michael (1904-66)
Sexo: M
Raça: B
Tipo: N
Motivo: EC/Sad.
Data(s): Décadas de 1920-60
Jurisdição: N.Y./Kentuky.
Vítimas: "Numerosas"
MO: "Executor" da Máfia sádico, assassinava por prazer e lucro; realizou aborto na mesa da cozinha na própria esposa.
SITUAÇÃO: Condenado por extorsão, 1960 (condicional, 1963)

Corbett, Tammy (1965-)
Sexo: F
Raça: B
Tipo: F
Motivo: CP- não específico
Data(s): 1987-89
Jurisdição: Carlinsville, Illinois.
Vítimas: Quatro
MO: Assassinou suas próprias crianças pequenas
SITUAÇÃO: Pena de prisão perpétua em quatro acusações, 1993

Corio, Pier Luigi (?-) TCC: Monstro de Leffe
Sexo: M
Raça: B
Tipo: T
Motivo: CP
Data(s): 1987-89
Jurisdição: Leffe, Itália
Vítimas: Três + suspeitas
MO: Atirou nas vítimas, algumas enterradas em seu jardim
SITUAÇÃO: Pena de prisão perpétua

Corliss, Charles (1940 -)
Sexo: M
Raça: B
Tipo: N
Motivo: Sex.
Data(s): 1960-90
Jurisdição: Montana/Washington
Vítimas: Duas
MO: Assassino de mulheres, uma vítima atingida por tiro
SITUAÇÃO: Preso em Montana., 1965-85; 74 anos em Washington, em uma acusação de assassinato e duas acusações de tentativa de assassinato, 1991

Cortez, Gregório (1875-1916)
Sexo: M
Raça: H
Tipo: N
Motivo: CP
Data(s): 1901
Jurisdição: Texas
Vítimas: Três
MO: Ladrão de gado suspeito; assassinou homens da lei enquanto fugia
SITUAÇÃO: 50 anos em duas acusações, 1901 (perdão, 1913)

Cortez, Manuel Trinidad (1955-)
Sexo: M
Raça: H
Tipo: N
Motivo: Sex.
Data(s): 1978-79
Jurisdição: Oregon

Vítimas: Três
MO: Mutilação-assassinato de meninas com idades entre 11 e 16 anos
SITUAÇÃO: Pena de prisão perpétua em duas acusações, 1980

Corvin, Mendum Paul (1934-)
Sexo: M
Raça: B
Tipo: N
Motivo: EC- crime qualificado
Data(s): 1968-70
Jurisdição: Flórida/Pennsylvania
Vítimas: Duas
MO: Duas vezes engravidou sua filha adolescente matando vizinhos para evitar a ação judicial por incesto
SITUAÇÃO: Confessou a culpa; duas sentenças de prisão perpétua concomitante

Corwin, Daniel Lee (1959-98)
Sexo: M
Raça: B
Tipo: N
Motivo: Sex.
Data(s): 1987
Jurisdição: Texas.
Vítimas: Três
MO: Estuprador-assassino de mulheres com idades entre 26 e 72 anos
SITUAÇÃO: Executado em 7 de dezembro de 1998

Costa, Antone Charles (1945-74)
Sexo: M
Raça: B
Tipo: N
Motivo: Sex./Sad.
Data(s): 1966-69
Jurisdição: Califórnia/N.Y./Massachusetts
Vítimas: Oito
MO: Necrófilo/canibal sádico, assassino de mulheres jovens
SITUAÇÃO: Pena de prisão perpétua em Massachusetts., 1970; suicídio na prisão em 12 de maio de 1974.

Costa, Fernando Velazco (1946-84)
Sexo: M
Raça: H
Tipo: T
Motivo: Sex.
Data(s): 1966-69
Jurisdição: San Jose-Califórnia
Vítimas: Sete
MO: Estuprador condenado, caçou mulheres com idades entre 20 e 57 anos
SITUAÇÃO: Suicídio para evitar a prisão, 14 de outubro de 1984

Cottingham, Richard Francis (1946-)
Sexo: M
Raça: B
Tipo: T
Motivo: Sex./Sad.
Data(s): 1977-80
Jurisdição: N.Y./N.J.
Vítimas: Cinco
MO: "Estuprador" de prostitutas
SITUAÇÃO: Penas múltiplas de prisão perpétua, 1981-84

Cotton, Mary Ann (1832-73)
Sexo: F
Raça: B
Tipo: N
Motivo: EC./Sad.
Data(s): 1857-72
Jurisdição: Inglaterra
Vítimas: 21+
MO: "Viúva Negra", envenenou membros da família
SITUAÇÃO: Enforcada em 24 de março de 1873

Courtwright, Timothy Isaiah (1848-87)
TCC: Jim Cabelo Comprido
Sexo: M
Raça: B
Tipo: N
Motivo: CP
Data(s): 1883-87
Jurisdição: Texas/N.Mex./Kansas
Vítimas: Quatro +
MO: Atirador contratado, "regulador" e algumas vezes homem da lei
SITUAÇÃO: Assassinado em tiroteio com LUKE SHORT em 8 fev-1887

Cowans, Jesse James (1960-)
Sexo: M
Raça: B
Tipo: T
Motivo: EC/Sad.
Data(s): 1977-96
Jurisdição: Distrito de Monroe, Ohio
Vítimas: Duas
MO: Estrangulou homem paraplégico (1977) e mulher idosa (1996)
SITUAÇÃO: Condenado, 1997

Cox, Scott William (1962-)
Sexo: M
Raça: B
Tipo: N
Motivo: Sex.
Data(s): Década de 1980 até 1992
Jurisdição: Estados Unidos/ Canadá
Vítimas: 20 + suspeitas
MO: Caminhoneiro de longa distância; assassino de prostitutas no oeste dos Estados Unidos e Canadá
SITUAÇÃO: Penas consecutivas de 125 anos e meio em duas acusações, 1993

Coyner, James [Veja: ROBINSON, ALONZO]

Craig, Donnie Gene (1965-)
Sexo: M
Raça: B
Tipo: N
Motivo: EC
Data(s): 1987-88
Jurisdição: Flórida
Vítimas: Dois
MO: Homens gays roubados/assassinados em casa
SITUAÇÃO: Sentença de 25 anos em uma acusação de assassinato

Craig, Eric Roland (1932 -)
Sexo: M
Raça: B
Tipo: T
Motivo: Sex./Sad.
Data: 1932

Jurisdição: Sidney/Austrália
Vítimas: Três
MO: Atingiu com clava mulheres com idades entre 14 e 30 anos
SITUAÇÃO: Condenado, 1933 (comutado para prisão perpétua na apelação)

Craine, Louis (1957-)
Sexo: M
Raça: N
Tipo: T
Motivo: Sex.
Data(s): 1985-87
Jurisdição: Los Angeles-Califórnia
Vítimas: Cinco
MO: Estuprador-assassino de prostitutas negras
SITUAÇÃO: Condenado

Crawford, Charles L. (1939-)
Sexo: M
Raça: B
Tipo: N
Motivo: CP
Data: 1964
Jurisdição: Missouri/Indiana
Vítimas: Três confessas
MO: Atirou/golpeou vítimas masculinas mortalmente
SITUAÇÃO: Pena de prisão perpétua em Missouri, 1965 (condicional 1990); condenado em uma acusação em Indiana; 1994

Cream, Dr. Thomas Neill (1850-92)
Sexo: M
Raça: B
Tipo: N
Motivo: EC/Sad.
Data(s): 1880-92
Jurisdição: Canadá/ Estados Unidos/ Inglaterra
Vítimas: Sete
MO: "Barba Azul" médico e envenenador sádico de prostitutas
SITUAÇÃO: Enforcado, 15 nov 1982

Creech, Thomas Eugene (1950-)
Sexo: M

Raça: B
Tipo: N
Motivo: EC/CP
Data(s): 1967-75
Jurisdição: Oeste dos Estados Unidos
Vítimas: 42 confessas
MO: Reivindicações de mortes relacionadas à gangue, "ataques" contratados, sacrifício humano
SITUAÇÃO: Condenado por dois assassinatos em Idaho

Creighton, Mary Frances (f. 1936)
Sexo: F
Raça: B
Tipo: N
Motivo: EC
Data(s): 1923-35
Jurisdição: N.J./N.Y.
Vítimas: Três
MO: "Viúva Negra", envenenou irmão, sogra e esposa do amante
SITUAÇÃO: Executada em 19 de julho de 1936
CÚMPLICE: Earl Applegate (1898-1936), executado em 19 de julho de 1936 pela participação no assassinato da esposa

Crump, Michael Wayne (1960-)
Sexo: M
Raça: N
Tipo: T
Motivo: CP
Data(s): 1985-86
Jurisdição: Hillsborough-Flórida
Vítimas: Duas
MO: Vítimas assassinadas em altercações pessoais
SITUAÇÃO: Pena de prisão perpétua em uma acusação, 1987; condenado na segunda acusação, 1989

Crump, Thomas Wayne (1940-)
Sexo: M
Raça: B
Tipo: T
Motivo: EC/CP
Data(s): Décadas de 1970-80

Jurisdição: N.Mex/Nevada
Vítimas: 11 confessas
MO: Assassinou sua esposa, uma prostituta e diversos estranhos
SITUAÇÃO: Condenação de prisão perpétua em Novo México; condenado em Nevada.

Crutchley, John Brennan (1946-)
Sexo: M
Raça: B
Tipo: N
Motivo: Sex/Sad.
Data(s): 1977-85
Jurisdição: Virgínia./Flórida
Vítimas: Sete suspeitas
MO: Estuprador "vampiro" ligado a mortes e desaparecimentos de mulheres
SITUAÇÃO: Sentença de 25 anos por agressão sexual na Flórida, 1986 (condicional em ago/1996); retornou à prisão três dias depois por usar drogas ilegais

Cruz, James Robert, Jr. (1957-)
Sexo: M
Raça: B
Tipo: N
Motivo: Sex.
Data: Década de 1980 até 1993
Jurisdição: Meio oeste dos Estados Unidos
Vítimas: "Diversas"
MO: Caminhoneiro; estuprador-estrangulador de mulheres, basicamente prostitutas
SITUAÇÃO: Pena de prisão perpétua em uma acusação na Pennsylvania., 1994

Cummins, Gordon Frederick (1914-42)
TCC: Estripador do Escurecer
Sexo: M
Raça: B
Tipo: T
Motivo: Sex./Sad.
Data(s): 1941-42
Jurisdição: Londres, Inglaterra
Vítimas: Quatro a seis
MO: Mutilação-assassinato de mulheres
SITUAÇÃO: Enforcado por quatro assassinatos, 25 jun 1942

Cunanan, Andrew Philip (1970-97)
Sexo: M
Raça: A
Tipo: N
Motivo: CP- não específico
Data(s): 1997
Jurisdição: Minnesota/Illinois. N.J./Flórida
Vítimas: Cinco
MO: Assassinatos ao acaso de homens por "assassino por excitação" gay
SITUAÇÃO: Suicídio na Flórida para evitar a captura

Cunninghanm Anna (1873- ?)
Sexo: F
Raça: B
Tipo: F
Motivo: CP-não específico
Data(s): 1918-25
Jurisdição: Gary, Indiana.
Vítimas: Cinco
MO: "Viúva Negra" envenenadora de maridos e crianças
SITUAÇÃO: Pena de prisão perpétua em uma acusação, 1925

Curreli, Sergio (? -) TCC: Monstro de Arbus
Sexo: M
Raça: B
Tipo: T
Motivo: CP-não específico
Data(s): 1982-90
Jurisdição: Arbus, Itália
Vítimas: Cinco
MO: Vítimas ao acaso atingidas por tiro/enforcadas/queimadas
SITUAÇÃO: Condenação de prisão perpétua

Cutter, Larry M. (1966-)
Sexo: M
Raça: B
Tipo: T
Motivo: Sex.
Data(s): 1991-92
Jurisdição: Indianápolis, Indiana.
Vítimas: Quatro suspeitas
MO: Estupro-assassinato de mulheres com idades entre 18 e 37 anos
SITUAÇÃO: 110 anos em uma acusação, 1995

Daddano, William, Sr. (1912-75) TCC: Willie Batata
Sexo: M
Raça: B
Tipo: T
Motivo: EC/Sad.
Data(s): Décadas de 1930-60
Jurisdição: Chicago, Illinois
Vítimas: "Numerosas"
MO: Tortura-assassinato
SITUAÇÃO: Condenado por conspiração, 1969; morreu na prisão, 1975

Damren, Floyd William (1951-)
Sexo: M
Raça: B
Tipo: N
Motivo: EC
Data(s): 1994
Jurisdição: Flórida
Vítimas: Duas
MO: Assassinou vítima de arrombamento e cúmplice criminoso nos distritos de Clay e Putnan
SITUAÇÃO: Condenado em uma acusação mais prisão perpétua por arrombamento, 1995; pena de prisão perpétua na segunda acusação, 1996

Daniels, Robert Wayne, Jr. (?-)
Sexo: M
Raça: B
Tipo: N
Motivo: EC - crime qualificado
Data: 1977-78
Jurisdição: Oregon/Arizona/Califórnia.
Vítimas: Seis
MO: Vítimas atingidas por tiro/roubadas, frequentemente enquanto acampavam
SITUAÇÃO: Pena de prisão perpétua em Oregon.

Danks, Joseph (1961-) TCC: Golpeador de Koreatown
Sexo: M
Raça: B
Tipo: T
Motivo: CP- não específico
Data(s): 1987-90
Jurisdição: Los Angeles/ Tehachapi, Califórnia.
Vítimas: Seis
MO: Apunhalou transeuntes sem teto (1987); assassinou companheiro de cela (1990)
SITUAÇÃO: Pena de prisão perpétua, 1988; condenado, 1991

Danos, Abel (f. 1952)
Sexo: M
Raça: B
Tipo: N
Motivo: Sad./EC/CP- extremista
Data(s): 1940-48
Jurisdição: França/ Itália
Vítimas: 110+
MO: Carreira criminal; executor da Gestapo na Segunda Guerra Mundial, atirou na polícia durante roubos no pós-guerra
SITUAÇÃO: Executado na França, mar 1952

Daugherty, Jeffrey Joseph (1955-88)
Sexo: M
Raça: B
Tipo: N
Motivo: EC - crime qualificado
Data(s): 1976
Jurisdição: Leste dos Estados Unidos
Vítimas: Quatro
MO: Roubo/tiros em quatro mulheres em viagem de Michigan para Flórida
SITUAÇÃO: Executado na Flórida em 7 de nov de 1988

Daughtrey, Earl Llewellyn, Jr. (1949-)
Sexo: M
Raça: B
Tipo: N
Motivo: Sex.
Data: 1971-85
Jurisdição: Alabama/Geórgia
Vítimas: Três alegadas pelo FBI
MO: Ex-condenado/paciente publicamente designado como provável assassino
SITUAÇÃO: Cumpriu pena na Flórida e Geórgia. por ataques a mulheres

Davis, Bruce A. (1948-)
Sexo: M
Raça: B
Tipo: N
Motivo: EC/CP
Data(s): 1969-82
Jurisdição: Todo os Estados Unidos
Vítimas: 33 confessas
MO: Assassinou 32 homens gays e um guarda da prisão
SITUAÇÃO: Cinco a 15 anos em D.C.; prisão perpétua + 45 anos em Illinois.

Davis, Cecil Emile (1960-)
Sexo: M
Raça: ?
Tipo: T
Motivo: Sex.
Data(s): 1997
Jurisdição: Tacoma, Washington.
Vítimas: Três suspeitas
MO: Estuprador-assassino de mulheres idosas em suas casas
SITUAÇÃO: Condenado em uma acusação, 1998

Davis, Charles (? -)
Sexo: M
Raça: B
Tipo: T
Motivo: Sex.
Data(s): Década de 1970
Jurisdição: Maryland
Vítimas: Cinco
MO: Motorista de ambulância e estuprador-assassino de mulheres; jogou as vítimas em seu caminho e telefonou para relatar; depois recuperou os corpos
SITUAÇÃO: Prisão perpétua

Davis, Frank (1953-)
Sexo: M
Raça: B
Tipo: T
Motivo: Sex./Sad.
Data(s): 1971-83
Jurisdição: Distrito de Lousiania Porte, Indiana.
Vítimas: Três
MO: Pedófilo assassino de meninos adolescentes
SITUAÇÃO: Sentença de morte de 1984 comutada em prisão perpétua, julho de 1997

Davis, Gregory (1966-)
Sexo: M
Raça: N
Tipo: N
Motivo: Sex./Sad.
Data(s): 1986-87
Jurisdição: Geórgia./Mississipi.
Vítimas: Quatro
MO: Invasor de casa que caçava mulheres idosas
SITUAÇÃO: Condenado em Mississipi

Davis, Richard Allen (1954-)
Sexo: M
Raça: B
Tipo: N
Motivo: Sex.
Data(s): 1973-93
Jurisdição: Califórnia.
Vítimas: Duas suspeitas
MO: Suspeito de atirar no "suicídio" da namorada; estuprador-assassino de menina de 12 anos
SITUAÇÃO: Condenado em uma acusação

DeBardeleben, James Mitchell, II (1940-)
Sexo: M
Raça: B
Tipo: N
Motivo: EC/Sex./Sad.
Data: 1965-83
Jurisdição: Todo os Estados Unidos
Vítimas: Oito + suspeitas
MO: Carreira criminosa e sádico sexual ativo em 44 estados americanos, com vítimas de ambos os sexos
SITUAÇÃO: 375 anos de pena acumulativa de seis julgamentos em separado

Deeming, Frederick Bailey (1853-92)
Sexo: M
Raça: B
Tipo: N
Motivo: EC
Data(s): 1891-92
Jurisdição: Inglaterra/Austrália
Vítimas: Seis
MO: "Barba Azul" assassino de esposas e crianças por benefícios
SITUAÇÃO: Enforcado na Austrália em 23 de maio de 1892

DeJesus, Carmello (1934-73)
Sexo: M
Raça: H
Tipo: N
Motivo: Sex.
Data(s): 1971-73
Jurisdição: N.Y./N.J./Flórida
Vítimas: Quatro confessas
MO: Apunhalou/atirou em mulheres em três Estados
SITUAÇÃO: Suicídio em N.Y. em 8 set/1973, deixou confissão escrita

Delage, Richard Tobias (1945-)
Sexo: M
Raça: B
Tipo: N
Motivo: CP- não específico
Data(s): 1960-75
Jurisdição: N.Y./Pennsylvania/Connecticut
Vítimas: Duas a quatro +
MO: Mulheres aleatoriamente, ataques sem motivo
SITUAÇÃO: Negociação de pena para máximo de 20 anos, set/1976

De Melker, Daisy Louisa (1886-1932)
Sexo: M
Raça: B

Tipo: T
Motivo: EC- seguro
Data(s): 1909-31
Jurisdição: África do Sul
Vítimas: Seis
MO: "Viúva negra" envenenadora do marido e crianças
SITUAÇÃO: Enforcada em 30 dez 1932

Demps, Bennei E. (1950-)
Sexo: M
Raça: N
Tipo: T
Motivo: EC/CP
Data(s): 1971-76
Jurisdição: Flórida
Vítimas: Três
MO: Apunhalou duas vítimas de roubo no Distrito de St. Johns; e um recluso na prisão
SITUAÇÃO: Prisão perpétua + 20 anos em duas acusações, 1971; condenado, 1978

Dennis, Jerome (1967-)
Sexo: M
Raça: N
Tipo: T
Motivo: Sex.
Data(s): 1991-92
Jurisdição: East Orange, N.J.
Vítimas: Cinco
MO: Assassino de mulheres com idade entre 16 e 41 anos
SITUAÇÃO: Condenação de prisão perpétua com mínimo de 60 anos, 1993

Desconhecido (f. 1598) TCC: Lobisomem de Châlons
Sexo: M
Raça: B
Tipo: T
Motivo: Sex./Sad.
Data: Década de 1590
Jurisdição: Châlons, França
Vítimas: "Dezenas"
MO: "Alfaiate demônio" que matou/canibalizou patronos de sua loja e vítimas rurais emboscadas nas proximidades da floresta
SITUAÇÃO: Queimado na fogueira em dezembro de 1598

Desconhecido (?-?) TCC: Pete Calvo
Sexo: M
Raça: B
Tipo: N
Motivo: CP
Data: Décadas de 1840-70
Jurisdição: Montanhas Rochosas
Vítimas: Cem +
MO: "Homem da Montanha" e caçador de escalpo, assassino prolífico de índios
SITUAÇÃO: Desconhecida

Desconhecido (?-?) TCC: Bill de Arkansas
Sexo: M
Raça: B
Tipo: T
Motivo: CP
Data: Década de 1870
Jurisdição: Cidade de Dodge/Kansas.
Vítimas: 22 reivindicadas
MO: Matador profissional do Velho Oeste
SITUAÇÃO: Desconhecida

Desconhecido (f.1931) TCC: Demolidor de Chicago
Sexo: M
Raça: B
Tipo: N
Motivo: EC
Data: 1920-31
Jurisdição: Illinois/N.Y.
Vítimas: "Numerosas"
MO: "O espancador mais prolífico em todo submundo (década de 1920)"
SITUAÇÃO: Assassinato na sala de apostas da cidade de Nova York, em setembro de 1931

Deshayes, Catherine (f. 1680) TCC: Lousiania Voisin
Sexo: F
Raça: B
Tipo: T
Motivo: EC
Data(s): década de 1660 até 1678

Jurisdição: Paris, França
Vítimas: 2.500 confessas
MO: "Feiticeira" e "vidente" que sacrificou crianças pequenas em rituais para clientes ricos
SITUAÇÃO: Queimada na fogueira em 22 fev/1680 cúmplice Ablé Guibourg (1622-82), padre renegado que presidiu missas negras; morreu na prisão.

De Simone, Thomas (d. 1979)
Sexo: M
Raça: B
Tipo: T
Motivo: EC/CP
Data: Décadas de 1960-70
Jurisdição: N.Y./N.J.
Vítimas: Seis %
MO: Membro do sindicado e espancador
SITUAÇÃO: Assassinado em retaliação em território de gangue em janeiro de 1979

DeStefano, Sam (1909-73) TCC: Sam Louco
Sexo: M
Raça: B
Tipo: T
Motivo: EC./Sad.
Data(s): 1927-71
Jurisdição: Chicago, Illinois.
Vítimas: "Diversas"
MO: Espancador do sindicato, estuprador, psicopata sexual, assassinou as vítimas, até mesmo seu próprio irmão
SITUAÇÃO: Condenado por intimidar testemunhas, 1972; assassinado em casa quando o caso estava sendo apelado, 1973

Dial, Randolph Franklin (1944-)
Sexo: M
Raça: B
Tipo: N
Motivo: EC
Data(s): 1979-83
Jurisdição: Ikla/Nevada
Vítimas: "Numerosas" confessas
MO: Escultor alcoólatra e assassino contratado confesso; também reivindicou assassinato de membros da comissão de vigilância antidrogas
SITUAÇÃO: Pena de prisão perpétua em uma acusação em Oklahoma., 1986; escapou da prisão com a esposa do administrador substituto (presume-se que tenha raptado a vítima), 1989; ainda à solta

Diamond, John, Jr. (1896-1931) TCC: Pernas
Sexo: M
Raça: B
Tipo: T
Motivo: EC/CP
Data: 1920-31
Jurisdição: Cidade de Nova York
Vítimas: 12+
MO: Extorquia de forma independente; ligado às guerras de gangue da Proibição
SITUAÇÃO: Assassinado por gângsteres rivais, 17 dez/1931

Diaz, Robert Rubane (1938-)
Sexo: M
Raça: H
Tipo: T
Motivo: CP
Data: 1981
Jurisdição: Sul da Califórnia
Vítimas: 12 a 50
MO: Enfermeiro; assassinou pacientes com idades entre 52 e 89 anos por meio de injeção
SITUAÇÃO: Condenado em 12 acusações, 1984

Diederich, Klaus (1946-)
Sexo: M
Raça: B
Tipo: T
Motivo: Sex.
Data: 1984
Jurisdição: Kassel, Alemanha
Vítimas: Três
MO: Estuprador-assassino de mulheres com idades entre 22 e 27 anos
SITUAÇÃO: Condenação de prisão perpétua

Dillbeck, Donald David (1963-)
Sexo: M
Raça: B
Tipo: N
Motivo: EC-crime qualificado
Data(s): 1979-90
Jurisdição: Flórida
Vítimas: Duas
MO: Assassinou policial (1979); raptou e apunhalou uma motorista após escapar da prisão
SITUAÇÃO: Pena de prisão perpétua, 1979 (escapou em 1990); condenado em 1991

Dillon, Thomas (1951-)
Sexo: M
Raça: B
Tipo: N
Motivo: CP-não específico
Data(s): 1989-90
Jurisdição: Ohio/Indiana/Michigan
Vítimas: Cinco a 11
MO: Atirou ao acaso em homens fora de casa; ataques sem motivo
SITUAÇÃO: 165 anos em cinco assassinatos em Ohio, 1993

Dobbert, Ernest John, Jr. (f. 1984)
Sexo: M
Raça: B
Tipo: F
Motivo: CP- doméstico
Data(s): 1972
Jurisdição: Flórida
Vítimas: Duas
MO: Pai abusivo; espancou/estrangulou crianças com idades entre 7 e 11 anos
SITUAÇÃO: Executado em 7 de setembro de 1984

Dodd, Westley Allan (1961-93)
Sexo: M
Raça: B
Tipo: T
Motivo: Sex./Sad.
Data(s): 1989
Jurisdição: Vancouver, Washington.
Vítimas: Três
MO: Pedófilo e satanista; tortura-assassinato de meninos
SITUAÇÃO: Enforcado em 5 de janeiro de 1993

Dowler, David A (1967 -)
Sexo: M
Raça: B
Tipo: T
Motivo: CP-não específico
Data: 1983-87
Jurisdição: Odessa, Texas
Vítimas: Três
MO: Assassinou três conhecidos com cianida/clorofórmio após ter "premonições" de suas mortes
SITUAÇÃO: Condenação de prisão perpétua, 1998

Downing, William (f. 1900-08)
Sexo: M
Raça: B
Tipo: T
Motivo: EC
Data: Década de 1890
Jurisdição: Território do Arizona
Vítimas: 30 +
MO: Homem da lei/fora da lei do Velho Oeste
SITUAÇÃO: Morto ao resistir à prisão, 1900 ou 1908 (os relatórios variam)

Doyle, Daniel Lee (1959-)
Sexo: M
Raça: B
Tipo: T
Motivo: EC-crime qualificado
Data: 1981
Jurisdição: Distrito de Broward, Flórida
Vítimas: Duas
MO: Assassinou vítimas de rapto/roubo
SITUAÇÃO: Condenado em uma acusação, 1982; prisão perpétua na segunda acusação + cinco anos por rapto, 1982

Drew, Carl H. (?-)
Sexo: M
Raça: B
Tipo: T

Motivo: CP./Sad./EC-extremista
Data: 1979-80
Jurisdição: Fall River-Massachusetts
Vítimas: Três suspeitas
MO: Ocultista e cafetão que organizava seu "grupo" como uma quadrilha satânica; "sacrificava" mulheres jovens que o desagradavam
SITUAÇÃO: Prisão perpétua sem condicional em uma acusação, 1981

Drinkwater, Dr. Peter (?-)
Sexo: M
Raça: B
Tipo: T
Motivo: CP
Data: 1966-72
Jurisdição: Inglaterra
Vítimas: Duas
MO: Atropelou idoso com seu carro; assassinou sua esposa
SITUAÇÃO: Suspensão da carteira de motorista por três anos no primeiro caso; 12 anos por homicídio culposo, 1972

Duffy, John Francis, (1956-) TCC: Assassino da Estrada de Ferro
Sexo: M
Raça: B
Tipo: N
Motivo: Sex.
Data: 1985
Jurisdição: Inglaterra
Vítimas: Três suspeitas
MO: Estuprador serial que algumas vezes estrangulava as vítimas
SITUAÇÃO: Sete condenações de prisão perpétua por dois assassinatos e diversos estupros, 1988

Dufour, Donald William (1956-)
Sexo: M
Raça: B
Tipo: N
Motivo: EC/Sex.
Data: 1982
Jurisdição: Mississipi/Flórida
Vítimas: Cinco a 12
MO: Roubou e assassinou homens gays em suas casas
SITUAÇÃO: Condenado em Mississipi., 1983; condenado em Flórida, 1984

Dugan, Brian (1957-)
Sexo: M
Raça: B
Tipo: N
Motivo: Sex.
Data: 1983-84
Jurisdição: Illinois.
Vítimas: Três confessas
MO: Estuprador-assassino de vítimas femininas com idades entre sete e 27 anos
SITUAÇÃO: Pena de prisão perpétua em duas acusações, 1985

Dumollard, Martin (f. 1862) TCC: Monstro de Montluel
Sexo: M
Raça: B
Tipo: T
Motivo: EC/Sad.
Data: 1855-61
Jurisdição: Lion, França
Vítimas: 30 a 40 estimadas
MO: Assassinou/roubou mulheres jovens; uma vítima queimada viva; relatórios posteriores não confirmados de canibalismo/vampirismo
SITUAÇÃO: Guilhotinado em 1862; a esposa Marie condenada a 20 anos como cúmplice

Dunbar, Jerry Lee (1961-)
Sexo: M
Raça: N
Tipo: T
Motivo: Sex.
Data: 1989
Jurisdição: Fairfax/Alexandria, Virgínia.
Vítimas: Duas
MO: Estrangulou mulheres após relação sexual; manteve corpos em decomposição em seus quartos de hotel.
SITUAÇÃO: Condenado em duas acusações, 1990

Dunkle, Jon Scott (1961-)
Sexo: M
Raça: B
Tipo: N
Motivo: CP-não específico
Data: 1981-85
Jurisdição: Califórnia.
Vítimas: Três
MO: "Assassinato por excitação" de meninos adolescentes
SITUAÇÃO: Condenado, 1990

Dunlap, Timothy (1969)
Sexo: M
Raça: B
Tipo: N
Motivo: CP/EC
Data: 1991
Jurisdição: Ohio/Idaho
Vítimas: Duas
MO: Assassinou a namorada com besta;* atirou em caixa de banco durante assalto
SITUAÇÃO: Condenado em Idaho (1992) e Ohio (1993)

Duquette, James (1959-)
Sexo: M
Raça: B
Tipo: N
Motivo: Sex.
Data: 1978-87
Jurisdição: Wisconsin/Illinois
Vítimas: Quatro + suspeitas
MO: Estuprador-assassino de meninas adolescentes
SITUAÇÃO: Múltiplas penas de prisão perpétua em Wisconsin (estupro)

Durand, Earl (1931-39)
Sexo: M
Raça: B
Tipo: T
Motivo: EC
Data: 1939
Jurisdição: Distrito de Park, Wyoming.
Vítimas: Cinco

*N.T.: arma medieval.

MO: Caçador ilegal assassinou dois oficiais em fuga de presos, dois mais em emboscada a destacamento policial, e um caixa de banco em roubo abortado
SITUAÇÃO: Morto em tiroteio durante roubo a banco

Durkin, Martin James (1900-?)
Sexo: M
Raça: B
Tipo: T
Motivo: EC
Data: 1925
Jurisdição: Chicago, Illinois
Vítimas: Duas
MO: Carreira criminosa; assassinou dois advogados em incidentes separados
SITUAÇÃO: 35 anos por assassinato mais 15 anos por crime federal, 1926 (condicional em 1954)

Durocher, Michael A. (1960-93)
Sexo: M
Raça: B
Tipo: T
Motivo: CP- não específico
Data: 1983-88
Jurisdição: Jacksonville, Flórida
Vítimas: Cinco
MO: Assassinou sua amante, seus dois filhos e dois homens
SITUAÇÃO: Executado em 25 de agosto de 1993

Dyer, Albert (f. 1938)
Sexo: M
Raça: B
Tipo: T
Motivo: Sex.
Data: 1937
Jurisdição: Los Angeles, Califórnia.
Vítimas: Três
MO: Pedófilo assassino que rezava sobre os corpos de suas vítimas
SITUAÇÃO: Enforcado em San Quentin, 1938

Dyer, Amélia (1839-96)
Sexo: F
Raça: B
Tipo: N
Motivo: EC
Data: 1880-96
Jurisdição: Inglaterra
Vítimas: Seis, apenas em 1896
MO: "Fazendeira de bebês" que matou bebês de mães solteiras
SITUAÇÃO: Enforcada em 10 jun-1896

Dzhumagliev, Nikolai (?-) TCC: Presa de Metal
Sexo: M
Raça: B
Tipo: N
Motivo: CP/Sex.
Data: Década de 1970 até 1991
Jurisdição: Rússia
Vítimas: Sete a cem (os relatórios variam)
MO: Estuprador canibal de mulheres; alimentou-se com amigos em jantares com carne humana
SITUAÇÃO: Cumpriu pena por homicídio culposo na década de 1970; considerado insano em 1980; escapou do asilo em 1989; recapturado em 1991

E., M. van der (1946 -)
Sexo: F
Raça: B
Tipo: F
Motivo: CP- não específico
Data: 1997
Jurisdição: Leeuwarden, Holanda
Vítimas: Duas
MO: Atingiu locatários de pensão com martelo
SITUAÇÃO: Oito anos por homicídio culposo

Earp, Wyatt Berry Stapp (1848-1929)
Sexo: M
Raça: B
Tipo: N
Motivo: CP
Data: 1878-82
Jurisdição: Kansas./Arizona.
Vítimas: Sete+
MO: Jogador/cafetão do Velho Oeste e ocasional homem da lei; matou inimigos pessoais por diversas razões, incluindo vingança
SITUAÇÃO: Morreu de causas naturais em 13 jan/1929

Eastman, Edward (1873-1920) TCC: Monge
Sexo: M
Raça: B
Tipo: T
Motivo: EC
Data: Década de 1890 até 1920
Jurisdição: Cidade de Nova York
Vítimas: 50+
MO: Carreira criminosa e líder de gangue de rua
SITUAÇÃO: Assassinado em 26 de dezembro de 1920

Eaton, Dennis Wayne (1957-)
Sexo: M
Raça: B
Tipo: T
Motivo: CP
Data: 1989
Jurisdição: Distrito de Shenandoah, Virgínia.
Vítimas: Quatro
MO: Atirou nas vítimas, incluindo namorada e policial
SITUAÇÃO: Prisão perpétua sem condicional em três acusações; condenado em uma acusação; executado em 18 de junho de 1998

Eberling, Richard George (1930-98)
Sexo: M
Raça: B
Tipo: N
Motivo: Sex./CP
Data: 1956-83
Jurisdição: Ohio/Michigan.
Vítimas: Cinco suspeitas
MO: Vítimas femininas atingidas com clava; algumas estupradas
SITUAÇÃO: Pena de prisão perpétua em uma acusação em Ohio, 1989; morreu na prisão em 25 de julho de 1998

Edel, Frederick W. (?-)
Sexo: M
Raça: B
Tipo: N
Motivo: EC
Data: 1926-27
Jurisdição: Connecticut/N.Y.
Vítimas: Três supostas
MO: Pequeno criminoso; atirou em um estalajadeiro e um conhecido; atingiu com clava/roubou uma divorciada rica
SITUAÇÃO: Absolvido em uma acusação, 1926; condenado, 1930 (comutado para prisão perpétua, 1931); deportado para a Alemanha em condicional; morrendo ali aos 72 anos

Edwards, Delroy (1959-) TTC: Uzi
Sexo: M
Raça: B
Tipo: N
Motivo: EC
Data: 1985-88
Jurisdição: N.Y./D.C./Maryland./Pennsylvania.
Vítimas: Seis
MO: Traficante de drogas jamaicano sádico; supõe-se ser o primeiro traficante de 'crack' nos Estados Unidos
SITUAÇÃO: Sete penas de prisão perpétua consecutivas mais 15 anos, 1989, em 42 acusações, incluindo seis assassinatos

Edwards, Robert Mark (1952-)
Sexo: M
Raça: B
Tipo: N
Motivo: Sex./Sad.
Data: 1986-93
Jurisdição: Califórnia./Havaí
Vítimas: Duas
MO: Tortura-assassinato de mulheres com idade entre 55 e 67 anos
SITUAÇÃO: Pena de prisão perpétua no Havaí, 1995; condenado na Califórnia., 1998

Edward, Vernon David, Jr. (1938-)
Sexo: M
Raça: B
Tipo: T
Motivo: Sex./Sad.
Data: 1954-59
Jurisdição: Miami-Flórida
Vítimas: Duas
MO: Estuprador-assassino de menina de 7 anos e mulher de 55 anos
SITUAÇÃO: Condenação à prisão perpétua, 1972

Elledge, William Duane (1950-)
Sexo: M
Raça: B
Tipo: N
Motivo: Sex./EC
Data: 1974
Jurisdição: Distritos de Broward, Duval, Flórida
Vítimas: Três
MO: Estuprou/estrangulou mulher; atirou em duas vítimas de roubo
SITUAÇÃO: Pena de prisão perpétua em uma acusação, 1974; condenado na segunda acusação, 1977; pena de prisão perpétua na terceira acusação mais 50 anos por agressão sexual, 1977

Engelenhoven, Kelly Van (1963-)
Sexo: M
Raça: B
Tipo: T
Motivo: Sex.
Data: 1990-91
Jurisdição: Sioux Falls, S. Dak.
Vítimas: Duas suspeitas
MO: Pedófilo assassino de meninas com idades entre 9 e 11 anos
SITUAÇÃO: Pena de prisão perpétua, 1991

Engelman, dr. Glennon E. (1927-) TCC: Dentista Assassino
Sexo: M
Raça: B
Tipo: T
Motivo: EC/CP- vingança
Data: 1954-80
Jurisdição: St. Louis, Missouri.

Vítimas: Sete
MO: Seduziu as pacientes, em seguida assassinou seus maridos pelo seguro; assassinou a querelante em uma ação judicial civil registrada contra ele com um carro-bomba
SITUAÇÃO: Pena de cinco períodos de prisão perpétua mais 60 anos

Entratta, Charles (f.1931)
Sexo: M
Raça: B
Tipo: T
Motivo: EC
Data: Década de 1920 até 1931
Jurisdição: Cidade de Nova York
Vítimas: Cinco +
MO: Assassino contratado por JOHN DIAMOND em diversas guerras de gangue
SITUAÇÃO: Assassinado por gângsteres rivais, 1931

Estrada, Enrique (1941-)
Sexo: M
Raça: H
Tipo: T
Motivo: EC/Sad.
Data: 1976
Jurisdição: Los Angeles/Califórnia
Vítimas: Duas
MO: Arrombador de residências; amarrou, depois atingiu com clava mulheres idosas
SITUAÇÃO: Pena de prisão perpétua, 1978

Etheridge, Elles (1938-)
Sexo: F
Raça: B
Tipo: F
Motivo: CP-doméstico
Data: 1913
Jurisdição: Distrito de Bosque, Texas
Vítimas: Quatro
MO: "Viúva Negra" envenenadora de enteados
SITUAÇÃO: Pena de prisão perpétua após confissão de culpa

Evans, David (1957-)
Sexo: M
Raça: B
Tipo: N
Motivo: Sex./Sad.
Data: 1977-88
Jurisdição: Inglaterra
Vítimas: Duas suspeitas
MO: Estupro-assassino de meninas adolescentes
SITUAÇÃO: 30 anos em negociação sobre pena para homicídio culposo, 1989

Evans, Donald Leroy (1957-)
Sexo: M
Raça: B
Tipo: N
Motivo: Sex.
Data: 1975-91
Jurisdição: Estados Unidos
Vítimas: 60 + confessados
MO: Estupro-assassinato de mulheres, idade de 10 e acima
SITUAÇÃO: Condenado em Mississipi. em uma acusação, 1993

Evans, Gary (1955-98)
Sexo: M
Raça: B
Tipo: N
Motivo: EC
Data: 1985-97
Jurisdição: N.Y.
Vítimas: Cinco
MO: Ladrão de joias; matou três cúmplices e duas vítimas de roubo
SITUAÇÃO: Morreu ao saltar do furgão da polícia, tentando escapar a caminho do julgamento, 14 ago/1998

Fain, Roger Eugene (1954-)
Sexo: M
Raça: B
Tipo: T
Motivo: Sex.
Data: 1994
Jurisdição: Austin, Texas
Vítimas: Duas
MO: Estupro-assassinato de mulheres

SITUAÇÃO: Pena de prisão perpétua em uma acusação, 1995

Fauntenberry, John Joseph (1965-)
Sexo: M
Raça: B
Tipo: N
Motivo: EC
Data: 1982-91
Jurisdição: Todo os Estados Unidos
Vítimas: Seis +
MO: Caminhoneiro de uma ponta a outra do país; matou vítimas de roubo
SITUAÇÃO: Pena de 99 anos em uma acusação no Arkansas., 1991; condenado em uma acusação em Ohio, 1992; registradas quatro acusações em N.J. e Oregon

Fayne, Lorenzo (1965-)
Sexo: M
Raça: N
Tipo: T
Motivo: Sex.
Data: 1989-93
Jurisdição: St. Louis Missouri
Vítimas: Seis suspeitas
MO: Estuprador-estrangulador de crianças negras com idades entre 6 e 17 anos
SITUAÇÃO: Pena de prisão perpétua em uma acusação, 1994

Feltner, Jeffrey Lynn (1962-93)
Sexo: M
Raça: B
Tipo: F
Motivo: CP- "misericórdia"
Data: 1988-89
Jurisdição: Melrose, Flórida
Vítimas: Oito confessas
MO: Enfermeiro do hospital que asfixiava os pacientes
SITUAÇÃO: Confessou a culpa em duas acusações, recebendo pena de prisão perpétua + 17 anos, 1991; morreu de Aids na prisão, 17 mar/1993

Ferguson, Jonh Errol (1948-)
Sexo: M
Raça: N

Tipo: T
Motivo: EC/CP
Data: 1977
Jurisdição: Distrito de Dade, Flórida
Vítimas: Oito
MO: Massacrou seis vítimas (com dois cúmplices) em invasão de casa; raptou/matou dois adolescentes
SITUAÇÃO: Condenado em oito acusações, 1978
CÚMPLICES: Marvin François, executado em 29 mai/1995; Beauford J. White executado em 28 ago/1987

Ferrel, Jack Dempsey (1940-)
Sexo: M
Raça: N
Tipo: T
Motivo: CP-discussão
Data: 1981-82
Jurisdição: Distrito de Orange, Flórida
Vítimas: Duas
MO: Atirou em mulheres durante discussões
SITUAÇÃO: 15 anos a prisão perpétua, 1982 (condicional, 1987); condenado, 1993

Field, Frederick Herbert Charles (1905-36)
Sexo: M
Raça: B
Tipo: T
Motivo: CP- não específico
Data: 1931-36
Jurisdição: Londres, Inglaterra
Vítimas: Duas
MO: Estrangulou mulheres em suas casas "pois queria matar alguém"
SITUAÇÃO: Enforcado em 11 de maio de 1936

Figueroa, Danny (1960-)
Sexo: M
Raça: H
Tipo: T
Motivo: CP-não específico
Data: 1986
Jurisdição: Distrito de Riverside, Califórnia.
Vítimas: Quatro

MO: "Matador por excitação" retardado de vítimas atingidas ao acaso por tiros no estilo de franco-atirador
SITUAÇÃO: 66 anos a prisão perpétua, 1987

Fisher, John King (1854-84)
Sexo: M
Raça: B
Tipo: T
Motivo: EC/CP
Data: 1871-84
Jurisdição: Texas
Vítimas: Quatro+
MO: Fora da lei mudado para homem da lei na fronteira do Texas-Mex.
SITUAÇÃO: Morto em emboscada em bar, março de 1884

Fitzsimmons, George Kearon Joseph (1937-) TCC: Estripador de Búfalo; Matador por Golpe de Caratê
Sexo: M
Raça: B
Tipo: N
Motivo: CP-não específico
Data: 1969-73
Jurisdição: N.Y./Pennsylvania
Vítimas: Quatro
MO: Matou os pais (1969) e responsáveis idosos (1973)
SITUAÇÃO: Considerado insano, 1969; liberado do asilo em 1973; duas penas de prisão perpétua concomitantes, 1976

Flanagan, Sean (1961-89)
Sexo: M
Raça: B
Tipo: T
Motivo: CP-não específico
Data: 1987
Jurisdição: Las Vegas, Nevada.
Vítimas: Duas
MO: Rapaz de programa gay; matou outros homens gays para "ajudar a sociedade"
SITUAÇÃO: Executado em 23 de junho de 1989

Flegenheimer, Arthur (1902-35) TCC: Schultz Holandês
Sexo: M
Raça: B
Tipo: T
Motivo: EC/CP
Data: 1921-35
Jurisdição: N.Y./N.J.
Vítimas: "Numerosas"
MO: Psicopata; extorquia; matou com freqüência por raiva; ordenou mais homicídios durante a guerra das gangues e campanhas de extorsão
SITUAÇÃO: Assassinado por membros de gangues rivais, 29 de outubro de 1935

Floyd, Cecil Henry (?-)
Sexo: M
Raça: ?
Tipo: N
Motivo: EC
Data: 1973-74
Jurisdição: Kansas/Nevada/Indiana/Flórida
Vítimas: Seis
MO: Atirou em vítimas de roubo
SITUAÇÃO: Penas de prisão perpétua em Indiana e Nevada. (uma acusação em cada um); confissão de culpa na terceira acusação em Kansas.

Floyd, Charles (?-)
Sexo: M
Raça: B
Tipo: T
Motivo: Sex.
Data: 1942-48
Jurisdição: Tulsa, Oklahoma.
Vítimas: Cinco a seis
MO: *Voyeur* estuprador-assassino de mulheres com cabelo vermelho atacadas em casa; as autoridades contaram a morte de uma vítima grávida de seis meses como duplo homicídio
SITUAÇÃO: Declarado insano; ordem de internação em asilo, 1949

Floyd, Charles Arthur (1904-34) TCC: Menino Bonito
Sexo: M
Raça: B
Tipo: N
Motivo: EC/CP
Data: 1926-34
Jurisdição: Oklahoma/Missouri/Ohio
Vítimas: Sete +
MO: Carreira criminosa; atirou em homens da lei para evitar a prisão; supostamente matou pelo menos três homens por ofensa pessoal
SITUAÇÃO: Morto pelos agentes do FBI em Ohio, em 22 de outubro de 1934

Floyd, John (1949-) TCC: Louco Johnny
Sexo: M
Raça: B
Tipo: T
Motivo: CP
Data: 1980
Jurisdição: New Orleans, Lousiania.
Vítimas: Duas
MO: Alcoólatra/viciado violento; apunhalou homens em acessos de raiva
SITUAÇÃO: Pena de prisão perpétua com o mínimo de 40 anos em uma acusação, 1982

Fortmeyer, Julia (?- ?)
Sexo: F
Raça: B
Tipo: T
Motivo: EC
Data: Década de 1870
Jurisdição: St. Louis, Missouri.
Vítimas: Quatro+
MO: Realizava abortos e era assassina; três corpos e "dezenas" de ossos encontrados em sua casa'
SITUAÇÃO: Cinco anos por homicídio culposo, 1875

Fotopolous, Konstantino X. (1959-)
Sexo: M
Raça: B
Tipo: T
Motivo: EC
Data: 1989
Jurisdição: Distrito de Volusia/Flórida
Vítimas: Duas
MO: Nacionalista grego, matou vítimas de arrombamento
SITUAÇÃO: Condenado em duas acusações mais pena de prisão perpétua em cinco crimes qualificados relacionados

Fox, Richard E. (1956-)
Sexo: M
Raça: B
Tipo: T
Motivo: CP/Sex.
Data: 1983-89
Jurisdição: Bowling Green, Ohio
Vítimas: Duas suspeitas
MO: Esposa asfixiada; menina adolescente raptada/assassinada
SITUAÇÃO: Condenado em uma acusação, 1990

Franqui, Leonardo (1970-)
Sexo: M
Raça: B
Tipo: T
Motivo: EC
Data: 1991-92
Jurisdição: Dade Compnay/Flórida
Vítimas: Duas
MO: Cidadão italiano; matou vítimas de roubo
SITUAÇÃO: Condenado em uma acusação, 1993; condenado na segunda acusação com três penas de prisão perpétua mais 80 anos em acusações menores, 1994

Frasson, Renato (?-) TCC: Guarda de Vicenza
Sexo: M
Raça: B
Tipo: T
Motivo: Sex.
Data: 1991-92
Jurisdição: Vicenza, Itália.
Vítimas: Duas
MO: Estuprador de mulheres, vítimas sexualmente mutiladas
SITUAÇÃO: Condenado, sentença desconhecida

Fratiano, Aladena (1913-) TCC: Jimmy a Doninha
Sexo: M
Raça: B
Tipo: N
Motivo: EC
Data: 1930-50
Jurisdição: Ohio/Califórnia/ Nevada
VITIMAS: 11 + suspeitas
MO: Matador contratado pela Máfia
SITUAÇÃO: Admitiu nove assassinatos dentro do programa federal de testemunhas, 1970.

Freeman, John Dwayne (1962-)
Sexo: M
Raça: B
Tipo: T
Motivo: EC
Data: 1986
Jurisdição: Distrito de Duval/Flórida
Vítimas: Duas
MO: Espancou/apunhalou vítimas de arrombamento
SITUAÇÃO: Pena de prisão perpétua mais 34 anos em uma acusação em 1987; condenado em 1988

Frost, Samuel (f. 1793)
Sexo: M
Raça: B
Tipo: T
Motivo: CP-não específico
Data: 1783/93
Jurisdição: Princeton, Massachusetts.
Vítimas: Duas
MO: Cravou uma estaca na cabeça do pai; matou o senhorio com uma enxada
SITUAÇÃO: Enforcado em outubro de 1793

Gallego, Gerald Albert (f.1955)
Sexo: M
Raça: B
Tipo: T
Motivo: CP
Data: 1954
Jurisdição: Distrito de Jackson/Mississipi.
Vítimas: Duas
MO: Ódio de policiais, pai de GERALD ARMAND GALLEGO; assassinou homens da lei em razão de um espancamento anterior efetuado pela polícia
SITUAÇÃO: Executado em 3 mar/1955

Gamper, Ferdinand (f. 1996) TCC: Monstro de Merano
Sexo: M
Raça: B
Tipo: T
Motivo: CP-não específico
Data: 1996
Jurisdição: Merano, Itália
Vítimas: Seis
MO: Pastor que atirou em cinco vítimas em ataques ao acaso e assassinou policiais ao resistir à prisão
SITUAÇÃO: Suicídio durante o tiroteio com a polícia, 1 mar/1996

Garcia, Guinevere Falakassa (1959-)
Sexo: F
Raça: H
Tipo: T
Motivo: CP-doméstico
Data: 1977-91
Jurisdição: Chicago, Illinois.
Vítimas: Duas
MO: Matou sua filha (1977) e marido idoso (1991)
SITUAÇÃO: 20 anos em confissão de culpa na morte da filha em 1982 (condicional em 1991); condenada em 1992 (comutada para prisão perpétua)

Garnier, Gilles (f. 1573)
Sexo: M
Raça: B
Tipo: T
Motivo: CP-não específico
Data: 1572
Jurisdição: Dôle, França
Vítimas: Quatro confessas
MO: "Lobisomem" assassino canibal de crianças
SITUAÇÃO: Queimado na fogueira em janeiro de 1573

Garrow, Robert F. (1937-78)
Sexo: M
Raça: B
Tipo: N
Motivo: Sex./Sad.
Data: 1973
Jurisdição: N.Y.
Vítimas: Quatro
MO: Apunhalou/atingiu com clava dois homens e duas mulheres
SITUAÇÃO: 25 anos à prisão perpétua em uma acusação em 1974; morto a tiros na fuga da prisão em 11 set/1978

Gaskin, Louis Bernard (1967-)
Sexo: M
Raça: N
Tipo: N
Motivo: EC
Data: 1986-89
Jurisdição: Flórida
Vítimas: Sete
MO: Matou vítimas de roubo/arrombamento nos Distritos de Flagler e Volusia Counties.
SITUAÇÃO: Julgamentos múltiplos em 1990; condenado em quatro acusações; pena de prisão perpétua em três acusações; seis penas de prisão perpétua por roubo/arrombamento

Gates, Anne (1949-)
Sexo: F
Raça: B
Tipo: N
Motivo: EC
Data: 1978-87
Jurisdição: Indiana/Lousiania.
Vítimas: Duas suspeitas
MO: "Viúva Negra" assassina de maridos para se beneficiar
SITUAÇÃO: Defesa "sem contestação" em uma acusação em Lousiania em 1989; recebeu 25 mil dólares do patrimônio da vítima em 1992

Geary, Melvin (1931-)
Sexo: M
Raça: B
Tipo: N
Motivo: Sex./PC
Data: 1973-92
Jurisdição: Nevada.
Vítimas: Duas
MO: Apunhalou mulher de 38 anos e um homem de 71 anos
SITUAÇÃO: Pena de prisão perpétua em uma acusação em 1973 (condicional em 1986); condenado na segunda acusação

Geist, Joseph (1956-)
Sexo: M
Raça: B
Tipo: T
Motivo: CP-extremista
Data: 1986
Jurisdição: Chicago/Illinois
Vítimas: Duas
MO: Taxista neo-nazista; atirou em vítimas masculinas adultas aleatoriamente
SITUAÇÃO: 65 anos em uma acusação em 1989; 18 anos por tentativa de assassinato da vítima que sobreviveu em 1990; condenado na segunda acusação em 1991 (comutado para prisão perpétua na apelação em 1992)

Genrich, Jimmy (1961-) TCC: Bombardeiro louco
Sexo: M
Raça: B
Tipo: T
Motivo: CP-não específico
Data: 1991
Jurisdição: Grand Junction, Colorado.
Vítimas: Duas
MO: Bombardeiro serial em alvos ao acaso
SITUAÇÃO: Pena de prisão perpétua em 1992

Geralds, Hubert, Jr. (1964-)
Sexo: M
Raça: N
Tipo: T
Motivo: Sex.
Data: 1995
Jurisdição: Chicago, Illinois.
Vítimas: Seis

MO: Assassino de prostitutas viciadas em drogas
SITUAÇÃO: Condenado em 13 de novembro de 1997

Giancana, Sam (1908-75) TCC: Momo
Sexo: M
Raça: B
Tipo: T
Motivo: EC/Sad.
Data: 1925-57
Jurisdição: Chicago, Illinois.
Vítimas: "Numerosas"
MO: Espancador da Máfia, assumiu a liderança da "família" de Chicago, três vítimas conhecidas antes dos 20 anos; ordenou pelo menos 79 assassinatos, 1957-66
SITUAÇÃO: Assassinado em casa em 19 jun/1975

Gibaldi, Vincenzo (1903-36) TCC: "Metralhadora"; Jack McGurn
Sexo: M
Raça: B
Tipo: N
Motivo: CP/EC
Data: 1933-51
Jurisdição: Illinois/N.Y.
Vítimas: 22 +
MO: Assassino contratado pela gangue de ALPHONSE CAPONE; suspeito principal em 1929 no massacre do Dia de São Valentin
SITUAÇÃO: Assassinado em 14 fev/1936

Gibbs, Charles (1800-31)
Sexo: M
Raça: B
Tipo: N
Motivo: EC
Data: c. 1820-30
Jurisdição: No mar
Vítimas: 400 alegadas
MO: Pirata do mar; aceitou o emprego como membro da tripulação de pequenos navios, então assassinou outros homens da tripulação e roubou as cargas
SITUAÇÃO: Enforcado em N.Y. em 22 abr/1831

Gibbs, Janie Lou (1932-)
Sexo: F
Raça: B
Tipo: T
Motivo: EC
Data: 1966-67
Jurisdição: Cordele/Geórgia
Vítimas: Cinco
MO: "Viúva Negra" envenenadora de marido, filhos e netos, matou pelo seguro de vida
SITUAÇÃO: Ordem de internação em asilo em 1968; considerada apta para julgamento em 1974; cinco penas de prisão perpétua consecutivas em 1976

Gibson, Gregory (1978-)
Sexo: M
Raça: ?
Tipo: T
Motivo: EC
Data: 1992-98
Jurisdição: Durham, N.C.
Vítimas: Duas
MO: Matou vítimas de roubo, uma delas um homem de 90 anos
SITUAÇÃO: Condenado em uma acusação em tribunal de menores em 1992; confinado até os 18 anos (1996); suicídio na prisão por enforcamento em 13 de novembro de 1998

Giles, Bernard E. (1953-)
Sexo: M
Raça: B
Tipo: T
Motivo: Sex.
Data: 1973
Jurisdição: Distrito de Brevard/Flórida
Vítimas: Quatro
MO: Assassino necrófilo de vítimas femininas
SITUAÇÃO: Penas de prisão perpétua em três acusações em 1974; pena de prisão perpétua na quarta acusação mais 15 anos em crimes qualificados menores em 1977

Gillis, Lester M. (1908-34) TCC: George ("Baby Face") Nelson

Sexo: M
Raça: B
Tipo: N
Motivo: EC
Data: 1926-34
Jurisdição: Illinois/Minnesota/Califórnia?/Washington?
Vítimas: Quatro+
MO: Carreira criminosa e espancador em meio período; morte de vítimas confirmadas durante roubos ou tiroteios com homens da lei
SITUAÇÃO: Morto em tiroteio com agentes do FBI em 27 nov/1934

Gilmore, Gary Mark (1940-77)
Sexo: M
Raça: B
Tipo: T
Motivo: EC
Data: 1976
Jurisdição: Cidade de Salt Lake, Utah
Vítimas: Duas
MO: Executou vítimas masculinas em pequenos roubos
SITUAÇÃO: Executado por pelotão de fuzilamento em 17 jan-1977

Girard, Henri (1875-1921)
Sexo: M
Raça: B
Tipo: T
Motivo: EC
Data: 1912-1918
Jurisdição: Paris, França
Vítimas: Duas
MO: Envenenou conhecidos para receber o seguro de vida
SITUAÇÃO: Suicídio na prisão ao aguardar julgamento, em maio de 1921

Giri, Laxman (1911-80)
Sexo: M
Raça: A
Tipo: T
Motivo: CP-não específico
Data: Década de 1970
Jurisdição: Índia
Vítimas: "Diversas"
MO: Líder de culto; sacrificou crianças para fazer seguidores imortais
SITUAÇÃO: Morreu na prisão em 5 de março de 1980

Girts, Robert (1953-)
Sexo: M
Raça: B
Tipo: N
Motivo: CP-doméstico
Data: 1977-92
Jurisdição: Ohio
Vítimas: Duas suspeitas
MO: "Barba Azul" assassino de esposas
SITUAÇÃO: 20 anos a prisão perpétua em uma acusação, 1993

Giudice, Giancarlo (1953-) TCC: Demônio de Turim
Sexo: M
Raça: B
Tipo: T
Motivo: Sex./Sad.
Data: 1984-87
Jurisdição: Turim, Itália
Vítimas: Sete
MO: Tortura/assassinato de prostitutas
SITUAÇÃO: Pena de prisão perpétua em 1987

Giugliano, Maurizio (?-) TCC: Monstro de Roma
Sexo: M
Raça: B
Tipo: T
Motivo: Sex./CP
Data: 1983-84/92
Jurisdição: Roma, Itália
Vítimas: Oito
MO: Estrangulou/apunhalou/atirou em mulheres; asfixiou companheiro de cela com travesseiro após a captura
SITUAÇÃO: Confinado em asilo para loucos em 1984

Glanton, John Joel (1815-50)
Sexo: M
Raça: B
Tipo: N
Motivo: EC
Data: 1841-50
Jurisdição: Texas/Mex.
Vítimas: Cem +
MO: Ex-condenado e atirador de aluguel; depois liderou gangue de caça e escalpos que assassinou com frequência mexicanos e vendeu seus cabelos como escalpos "apaches"
SITUAÇÃO: Assassinado pelos índios com a maior parte de sua gangue em abril de 1850

Glatman, Harvey Murray (1928-59)
Sexo: M
Raça: B
Tipo: T
Motivo: Sex.
Data: 1957-58
Jurisdição: Sul da Califórnia.
Vítimas: Três
MO: Estupro-assassinato de mulheres jovens
SITUAÇÃO: Executado em 18 set/1959

Glaze, Billy Richard (1953-)
Sexo: M
Raça: B
Tipo: T
Motivo: Sex./Sad.
Data: 1986-87
Jurisdição: Minneapolis/Minnesota
Vítimas: Três
MO: Assassinato de mulheres nativas americanas com clava
SITUAÇÃO: Pena de prisão perpétua com o mínimo de 50 anos, 1989

Glover, John Wayne (1932-) TCC: Matador Granny
Sexo: M
Raça: B
Tipo: T
Motivo: Sex.
Data: 1989
Jurisdição: Sidney, Austrália
Vítimas: Seis
MO: Estuprador/estrangulador de mulheres com idades entre 81 e 85 anos
SITUAÇÃO: Prisão perpétua sem condicional, 1991

Goble, Sean Patrick (1967-)
Sexo: M
Raça: B
Tipo: N
Motivo: Sex.
Data: Década de 1980 até 1995
Jurisdição: Sul dos Estados Unidos
Vítimas: "Dezenas" de suspeitas
MO: Caminhoneiro de longa distância; estuprador-assassino de mulheres
SITUAÇÃO: Duas penas de prisão perpétua consecutivas no Tenessee. em 1995

Goebbels, Peter (1961-)
Sexo: M
Raça: B
Tipo: T
Motivo: Sex.
Data: 1984-85
Jurisdição: Berlim, Alemanha
Vítimas: Quatro
MO: Estuprador-assassino de mulheres com idades entre 17 e 22 anos
SITUAÇÃO: Pena de prisão perpétua em 1985

Goetz, Fred (1897-1934)
Sexo: M
Raça: B
Tipo: N
Motivo: EC
Data: Década de 1920 até 1934
Jurisdição: Meio-oeste dos Estados Unidos
Vítimas: 12 +
MO: Carreira criminosa e assassino contratado; possível participante do massacre do Dia de São Valentin em 1929
SITUAÇÃO: Assassinado pela GANGUE DE BARKER-KARPIS em 22 mar/1934

Goldstein, Martin (?- 1941) TCC: Buggsy
Sexo: M
Raça: B
Tipo: T
Motivo: EC
Data: Décadas de 1930-40
Jurisdição: N.Y./N.J.
Vítimas: 30+
MO: Assassino contratado pela "MURDER, INC."
SITUAÇÃO: Executado em Sing Sing em 12 jun/1941

Golovkin, Anatoly (?-)
Sexo: M
Raça: B
Tipo: T
Motivo: Sex./Sad.
Data: 1986-94
Jurisdição: Moscou, Rússia
Vítimas: 11
MO: "Simplesmente maníaco" que matou meninos
SITUAÇÃO: Condenado em 1994

Gomez, Lloyd (f. 1953)
Sexo: M
Raça: H
Tipo: N
Motivo: EC
Data: 1949-51
Jurisdição: Califórnia.
Vítimas: Nove
MO: Matou/roubou pessoas sem teto
SITUAÇÃO: Executado em 17 out/1953

Goodin, Anthony J. (1965-)
Sexo: M
Raça: B
Tipo: N
Motivo: EC
Data: 1982-87
Jurisdição: Oklahoma/Alabama/Geórgia/Flórida
Vítimas: Sete suspeitas
MO: Vagabundo ligado a mortes aleatórias; três vítimas identificadas eram homens, incluindo dois gays.

SITUAÇÃO: Pena de prisão perpétua em uma acusação em Geórgia. em 1988

Gore, Marshall Lee (1963-)
Sexo: M
Raça: B
Tipo: N
Motivo: EC/Sex.
Data: 1988
Jurisdição: Flórida
Vítimas: Duas
MO: Matou vítimas de roubo/rapto nos Distritos de Columbia e Dade; estuprou criança
SITUAÇÃO: Condenado em duas acusações em 1990 e 1995; sete penas de prisão perpétua mais 110 anos em outras acusações de crime qualificado

Goss, Dean Neel (1936-92)
Sexo: M
Raça: B
Tipo: T
Motivo: EC/CP- doméstico
Data: 1982-85
Jurisdição: Houston, Texas.
Vítimas: Três suspeitas
MO: Suposto "Barba Azul" assassino de duas esposas e um empregado
SITUAÇÃO: Atingido mortalmente por tiros em circunstâncias de disputa em nov. de 1992

Gossman, Klaus (1941-)
Sexo: M
Raça: B
Tipo: T
Motivo: EC/Sad.
Data: 1960-64
Jurisdição: Nuremburg, Alemanha
Vítimas: Seis
MO: Autoproclamado "Agente da morte"; atirou em vítimas em assalto à mão armada e ataques ao acaso em ruas
SITUAÇÃO: Pena de prisão perpétua em 1965

Gottfried, Gessina Margaretha (1798-1828)
Sexo: F

Raça: B
Tipo: T
Motivo: EC-doméstico/CP
Data: 1822-25
Jurisdição: Bremen, Alemanha
Vítimas: 16 confessas
MO: "Viúva Negra" envenenadora de parentes e conhecidos
SITUAÇÃO: Decapitada em 1828

Graham, Harrison (1959-)
Sexo: M
Raça: N
Tipo: F
Motivo: Sex.
Data: 1983-87
Jurisdição: Filadélfia/Pennsylvania
Vítimas: Sete
MO: Viciado retardado; estrangulou prostitutas e manteve os restos em seu apartamento
SITUAÇÃO: Condenado em todas as acusações em 1988; pena de prisão perpétua seguida por seis penalidades de morte (para impedir a condicional)

Graham, William Brocius (1857-82) TCC: Bill Encaracolado
Sexo: M
Raça: B
Tipo: N
Motivo: EC/CP
Data: Década de 1870 até 1882
Jurisdição: México/Arizona
Vítimas: "Numerosas"
MO: Fora da lei do Velho Oeste e encrenqueiro
SITUAÇÃO: Morto por WYATT EARP em 24 mar/1882

Grant, Sam (f.1876)
Sexo: M
Raça: B
Tipo: N
Motivo: EC
Data: Década de 1870
Jurisdição: Oeste dos Estados Unidos
Vítimas: "Numerosas"
MO: Assassino contratado e caçador de escalpos
SITUAÇÃO: Morto por JOHN JOHNSTON em 1876

Granviel, Kenneth (1950-)
Sexo: M
Raça: B
Tipo: N
Motivo: Sex./Sad.
Data: 1976
Jurisdição: Texas.
Vítimas: Quatro
MO: Apunhalou duas mulheres e duas crianças em ataques ao acaso
SITUAÇÃO: Executado em 27 fev/1996

Grasso, Thomas Joseph (1962-95)
Sexo: M
Raça: B
Tipo: N
Motivo: CP-não específico
Data: 1990-91
Jurisdição: Okl./N.Y.
Vítimas: Duas
MO: "Assassinato por excitação" de mulher de 87 anos (Oklahoma.) e de homem de 85 anos (N.Y.)
SITUAÇÃO: Executado em Oklahoma. em 20 de março de 1995

Gravano, Salvatore (1945-) TCC: Sammy the Bull
Sexo: M
Raça: B
Tipo: T
Motivo: EC/CP
Data: 1970-90
Jurisdição: N.Y./N.J.
Vítimas: 19 a 36 admitidas
MO: "Executor" da Máfia e espancador
SITUAÇÃO: Concedida imunidade em troca de testemunho em 1990

Gray, Ronald Adrian (1966-)
Sexo: M
Raça: N
Tipo: T
Motivo: Sex.
Data: 1986-87
Jurisdição: Fayetteville, N.C.

Vítimas: Quatro
MO: Soldado em Fort Bragg; estuprador-assassino de mulheres com idades entre 18 e 24 anos
SITUAÇÃO: Três penas de prisão perpétua consecutivas após confissão de culpa em 1987; condenado por corte marcial militar em 1988

Green, Cleo Joel, III (1958-) TCC: Demônio Vermelho
Sexo: M
Raça: ?
Tipo: T
Motivo: Sex.
Data: 1983
Jurisdição: Louisville/Kentuky
Vítimas: Três
MO: Invasor de residências "possuído"; estuprador-assassino de mulheres idosas
SITUAÇÃO: Determinado como incapaz para julgamento em 1984

Green, Malcolm (1946-)
Sexo: M
Raça: B
Tipo: N
Motivo: CP-não específico
Data: 1971-90
Jurisdição: País de Gales
Vítimas: Duas
MO: Matou uma prostituta (1971) e um estranho (1990)
SITUAÇÃO: Pena de prisão perpétua em 1971 (condicional em 1989); pena de prisão perpétua em 1991

Green, Ricky Lee (1960-97)
Sexo: M
Raça: B
Tipo: T
Motivo: Sex./Sad.
Data: 1985-86
Jurisdição: Forth Worth, Texas
Vítimas: Quatro
MO: Bissexual, torturador-assassino de dois homens e duas mulheres

SITUAÇÃO: Executado em 9 de outubro de 1997

Green, Samuel (f. 1822)
Sexo: M
Raça: B
Tipo: N
Motivo: EC/Sex.
Data: Século XIX
Jurisdição: Nova Inglaterra
Vítimas: "Numerosas"
MO: Carreira criminosa; matou, estuprou e roubou as vítimas
SITUAÇÃO: Enforcado em Massachusetts, abril de 1822

Greenawalt, Randy (1949-97)
Sexo: M
Raça: B
Tipo: N
Motivo: CP/EC
Data: 1973-74/78
Jurisdição: Arizona/Colorado
Vítimas: Nove suspeitos
MO: Atirou por divertimento em caminhoneiros que dormiam; ajudou a família TISON a matar cinco vítimas após fuga da prisão
SITUAÇÃO: Pena de prisão perpétua pela morte de um caminhoneiro em 1974 (escapou em 1978); condenado em 1979; executado no Arizona. em 23 de janeiro de 1997

Greenberg, Bertram (d. 1971)
Sexo: M
Raça: B
Tipo: N
Motivo: Sex./EC-crime qualificado
Data: 1971
Jurisdição: Califórnia/Arizona
Vítimas: Três
MO: Estuprou/estrangulou uma mulher; atirou em policiais durante uma perseguição.
SITUAÇÃO: Morto fugindo do bloqueio da polícia no N. Méx.

Greeson, Lloyd Donald, Jr. (1924-)
Sexo: M
Raça: B

Tipo: N
Motivo: EC
Data: 1964
Jurisdição: Flórida/Pennsylvania
Vítimas: Duas
MO: Roubou/matou mulheres com idades entre 37 e 44 anos
SITUAÇÃO: 20 anos em uma acusação de homicídio culposo em 1964, Flórida

Grenier, Jean (?-?)
Sexo: M
Raça: B
Tipo: T
Motivo: CP-não específico
Data: 1603
Jurisdição: Landes/França
Vítimas: "Diversas"
MO: "Lobisomem" assassino desorganizado de crianças
SITUAÇÃO: Confinado a um monastério até o fim da vida em 1603

Grills, Caroline (1885-?) TCC: Tia Thally
Sexo: F
Raça: B
Tipo: T
Motivo: CP/EC
Data: 1947-48
Jurisdição: Sidney/Austrália
Vítimas: Quatro
MO: "Viúva negra" envenenadora de parentes (com tálio)
SITUAÇÃO: Pena de prisão perpétua em 1949

Grissom, Richard (1960-)
Sexo: M
Raça: N
Tipo: T
Motivo: Sex.
Data: 1989
Jurisdição: Cidade do Kansas, Missouri.
Vítimas: Três
MO: Estupro-assassinato de mulheres jovens raptadas de casa
SITUAÇÃO: Três penas de prisão perpétua consecutivas

Grossman, George Karl (1863-1921)
Sexo: M
Raça: B
Tipo: S
Motivo: Sex./EC
Data: 1910-21
Jurisdição: Berlim/Alemanha
Vítimas: 50 + suspeitas
MO: Pedófilo e matador de crianças; assassinou prostitutas após relação sexual e vendeu a carne delas em seu açougue
SITUAÇÃO: Suicídio na prisão por enforcamento

Groves, Vincent Darrrel (1953-)
Sexo: M
Raça: N
Tipo: T
Motivo: Sex./Sad.
Data: 1973-81/88
Jurisdição: Denver, Colorado.
Vítimas: 14 suspeitas
MO: Estupro-assassinato de prostitutas de rua
SITUAÇÃO: 12 anos em uma acusação em 1982 (condicional em 1987); pena de prisão perpétua em 1989; 20 anos em confissão de terceira acusação em 1990; morreu na prisão em 31 de outubro de 1996

Guatney, William (1922-) TCC: Trem de Frete
Sexo: M
Raça: B
Tipo: N
Motivo: CP-não específico
Data: 1975-79
Jurisdição: Nebraska/Kansas./Illinois.
Vítimas: Cinco suspeitos
MO: Transitório ligado a mortes de meninos com idades entre nove a 13 anos
SITUAÇÃO: Considerado incapaz para julgamento em 1980; confissões de assassinato suprimidas; ordem de internação em instituição mental

Glufler, Max (1910-)
Sexo: M

Raça: B
Tipo: N
Motivo: CP
Data: 1946-58
Jurisdição: Áustria
Vítimas: 18 suspeitas
MO: "Barba Azul" assassino de esposas e noivas
SITUAÇÃO: Confessou quatro assassinatos; pena de prisão perpétua em maio de 1961

Gurino, Vito (1907-?) TCC: Socko; Cabeça de Galinha
Sexo: M
Raça: B
Tipo: T
Motivo: EC
Data: 1931-40
Jurisdição: N.Y./N.J.
Vítimas: Oito +
MO: Assassino contratado pela "MURDER, INC."
SITUAÇÃO: 80 anos à prisão perpétua em três acusações em 1940; morreu na prisão

Gurule, Raymond Anthony (1958)
Sexo: M
Raça: AN
Tipo: T
Motivo: CP
Data: 1982-84
Jurisdição: Cidade de Redwood/Califórnia
Vítimas: Duas
MO: Matou menino de 15 anos e mulher de 81 anos
SITUAÇÃO: Condenado em uma acusação em 1990

Guzman, James (1964-)
Sexo: M
Raça: B
Tipo: N
Motivo: EC
Data: 1982-91
Jurisdição: Flórida
Vítimas: Duas
MO: Matou vítimas de roubo/rapto nos Distritos de Dade e Volusia
SITUAÇÃO: 30 anos em uma acusação em 1982 (condicional em 1991); condenado + pena de prisão perpétua por assalto à mão armada em 1996

Hadley, Paul (f. 1923) TCC: Garra
Sexo: M
Raça: B
Tipo: N
Motivo: EC/Sex.
Data: 1916-21
Jurisdição: Oklahoma/Arizona
Vítimas: Três
MO: Matou o xerife (Oklahoma.) e casal (Arizona.); diversos estupros
SITUAÇÃO: 99 anos (Oklahoma.) em 1916; escapou em 1921; enforcado em 13 abr/1923

Hahn, Anna Marie (1906-38)
Sexo: F
Raça: B
Tipo: N
Motivo: EC- herança
Data: 1932-37
Jurisdição: Ohio/Colorado.
Vítimas: Cinco
MO: Enfermeira de estilo próprio e "viúva Negra" envenenadora de homens idosos
SITUAÇÃO: Executada em Ohio em 20 jun/ 1938

Halabi, Mohammed (1957-) TCC: Estrangulador de Tel Aviv
Sexo: M
Raça: A
Tipo: T
Motivo: CP- extremista
Data: 1989
Jurisdição: Tel Aviv/Jaffa, Israel
Vítimas: Sete
MO: Estrangulador palestino de quatro judeus e três árabes israelitas
SITUAÇÃO: Confessou todas as acusações; sentença desconhecida

Hall, Archibald Thompson (1924-) TCC: Mordomo Monstro

Sexo: M
Raça: B
Tipo: N
Motivo: EC
Data: 1978
Jurisdição: Escócia/Inglaterra
Vítimas: Cinco
MO: Roubou/assassinou empregadores e um cúmplice de crimes
SITUAÇÃO: Duas penas de prisão perpétua em 1978

Hall, Dewain (1964-90)
Sexo: M
Raça: N
Tipo: T
Motivo: Sex.
Data: 1989
Jurisdição: Oakland/Califórnia
Vítimas: Duas
MO: Atirou em prostitutas
SITUAÇÃO: Suicídio na prisão por afogamento em 23 nov/1990

Hall, James Waybern (1904-46) TCC: Grande Jim
Sexo: M
Raça: B
Tipo: T
Motivo: CP/EC
Data: 1944-45
Jurisdição: Arkansas.
Vítimas: Quatro
MO: Assassinou sua esposa, seguida por três homens em aparentes roubos
SITUAÇÃO: Executado em 4 jan/1946

Hanson, William P. (1949-) TCC: Assassino do Saco de papel
Sexo: M
Raça: B
Tipo: T
Motivo: CP-vingança
Data: 1973
Jurisdição: São Francisco/Califórnia
Vítimas: Duas
MO: Atirou/apunhalou homens de meia-idade lembrando o estuprador de sua irmã

SITUAÇÃO: Declarado insano em 1974; confinado a hospital estadual

Hardin, John Wesley (1853-95)
Sexo: M
Raça: B
Tipo: N
Motivo: CP
Data: 1868-78
Jurisdição: Texas./Kansas.
Vítimas: 40+
MO: Brigador com arma de fogo, racista; matou negros, mexicanos, índios, soldados da União e inimigos pessoais
SITUAÇÃO: 25 anos por homicídio em 1878 (condicional 1894); assassinado por JOHN SELMAN em 19 ago/1895

Harding, Donald Eugene (1949-92)
Sexo: M
Raça: B
Tipo: N
Motivo: EC
Data: 1882
Jurisdição: Arkansas/Texas/Califórnia/Arizona
Vítimas: Sete
MO: Roubou/matou vítimas espalhando violência de um lado a outro do país
SITUAÇÃO: Condenado em três acusações no Arkansas.; executado em 6 abr/1992

Harper, Robert (?-)
Sexo: M
Raça: ?
Tipo: N
Motivo: CP
Data: 1931
Jurisdição: Michigan.
Vítimas: Cinco
MO: Condenado fugitivo (homicídio); matou duas vítimas enquanto à solta; assassinou administrador e administrador substituto após a recaptura
SITUAÇÃO: condenado

Harris, Richard Eugene (?-)
Sexo: M

Raça: B
Tipo: T
Motivo: Sex.
Data: Décadas de 1970-80
Jurisdição: Tulsa, Oklahoma.
Vítimas: Três suspeitas
MO: Assassino gay de homens; vítimas atingidas por tiros/apunhaladas
SITUAÇÃO: Cumpriu cinco anos por homicídio culposo no primeiro assassinato; dez anos à prisão perpétua por assassinato cometido dois anos após a condicional

Harris, Robert Alton (1953-)
Sexo: M
Raça: B
Tipo: T
Motivo: EC
Data: 1975-78
Jurisdição: Distrito de San Diego, Califórnia.
Vítimas: Três
MO: Matou o companheiro de quarto adolescente do irmão; roubou/atirou em dois adolescentes
SITUAÇÃO: Cinco anos por homicídio culposo em 1973 (condicional em 1978); executado em duas acusações em 21 abr/1992

Harrison, Lester (1933-)
Sexo: M
Raça: N
Tipo: T
Motivo: Sex./Sad.
Data: 1951/1970-73
Jurisdição: Menard/ Chicago, Illinois.
Vítimas: Sete
MO: Matou recluso da prisão em 1951; matou mulheres na região do Grant Park; mutilação incluiu canibalismo
SITUAÇÃO: Incapaz para julgamento em 1951; absolvido como insano em 1978, mas confinado indefinidamente como predador sexual

Hatcher, Charles Ray (1929-84)
Sexo: M
Raça: B
Tipo: N
Motivo: Sex./Sad.
Data: 1978-82
Jurisdição: Missouri/Illinois/Califórnia.
Vítimas: 16 confessas
MO: Transitório pedófilo; matou crianças de ambos os sexos
SITUAÇÃO: Pena de prisão perpétua em Missouri em 1984; suicídio na prisão em 7 dez/1984

Hawkins, Samuel (1943-95) TCC: Estuprador Viajante
Sexo: M
Raça: N
Tipo: N
Motivo: Sex.
Data: 1976-77
Jurisdição: Texas
Vítimas: Duas
MO: Estuprou/matou menina de 12 anos; apunhalou dona de casa grávida
SITUAÇÃO: Condenado em duas acusações; executado em 21 fev/1995

Hawkins, Thomas W., Jr. (1964-)
Sexo: M
Raça: N
Tipo: T
Motivo: CP-não específico
Data: 1980-89
Jurisdição: Distrito de Berks, Pennsylvania.
Vítimas: Três suspeitas
MO: Estupro-assassinato de namorada (1980) e outras mulheres (1989)
SITUAÇÃO: Seis a 15 anos como menor em 1980; condenado em 1990

Hayes, Daryl (1960-)
Sexo: M
Raça: B
Tipo: T
Motivo: Sex.
Data: 1975-76
Jurisdição: Distrito de Bergen, N.J.
Vítimas: Duas
MO: Estupro-assassinato de mulheres com idades entre 36 e 62 anos em suas casas

SITUAÇÃO: Prisão perpétua em uma acusação de assassinato mais 37 anos por estupro em 1978

Hayes, Jonathan Preston (1953-)
Sexo: M
Raça: B
Tipo: N
Motivo: CP-extremista
Data: 1987-93
Jurisdição: Califórnia/Illinois
Vítimas: Duas
MO: Atirou em esteticista e cirurgião por "ajudarem negros a parecem brancos"
SITUAÇÃO: Condenado em Illinois em 1994

Heath, Neville George Clevely (1917-46)
Sexo: M
Raça: B
Tipo: T
Motivo: Sex./Sad.
Data: 1946
Jurisdição: Londres/Bournemouth, Inglaterra
Vítimas: Duas
MO: Tortura-assassinato de mulheres com idades entre 21 e 32 anos
SITUAÇÃO: Enforcado em 16 out1946

Heath, Ronald Palmer (1961-)
Sexo: M
Raça: B
Tipo: N
Motivo: CP
Data: 1977-89
Jurisdição: Flórida
Vítimas: Duas
MO: Matou as pessoas nos distritos de Duval e Alachua
SITUAÇÃO: 30 anos em 1977 (condicional em 1988); condenado em 1990

Hein, Juergen (1939-)
Sexo: M
Raça: B
Tipo: N
Motivo: Sex./Sad.
Data: 1967-1985
Jurisdição: Alemanha
Vítimas: Três
MO: Estrangulou a esposa em 1967; matou/mutilou duas mulheres com idades entre 50 e 55 anos em 1985
SITUAÇÃO: Oito anos por homicídio culposo em 1976 (condicional em 1972); dez anos por estupro de menina de 6 anos em 1973 (condicional em 1985); duas penas de prisão perpétua consecutivas em 1986

Henderson, Robert Dale (1946-93)
Sexo: M
Raça: B
Tipo: N
Motivo: CP-não específico
Data: 1980-82
Jurisdição: Ohio/ Lousiania/ Mississipi/Flórida
Vítimas: 12 confessas
MO: Assassino transitório por impulso; vítimas incluíam três parentes por afinidade, nove estranhos selecionados de forma aleatória
SITUAÇÃO: Executado na Flórida em 23 abr/1993

Henriquez, Alejandro (1961-)
Sexo: M
Raça: H
Tipo: T
Motivo: Sex.
Data: 1989-90
Jurisdição: Cidade de Nova York
Vítimas: Quatro suspeitos
MO: Assassino sexual de três mulheres com idades entre 10 e 21 anos e de um menino de 15 anos
SITUAÇÃO: 25 anos à prisão perpétua em um homicídio em 1992

Henry, John Ruthell (1951-)
Sexo: M
Raça: N
Tipo: N
Motivo: CP
Data: 1975/85
Jurisdição: Flórida
Vítimas: Três
MO: Matou vítimas nos distritos de Hillsborough e Pasco

SITUAÇÃO: 15 anos em 1976 (condicional em 1983); condenado em duas acusações em 1992

Hernandez, Francis G. (1963-)
Sexo: M
Raça: H
Tipo: T
Motivo: Sex./Sad.
Data: 1981
Jurisdição: Long Beach, Califórnia.
Vítimas: Duas
MO: Estupro-assassinato de mulheres com idades entre 18 e 21 anos
SITUAÇÃO: Condenado em 1983

Herrington, Michael Lee (1943-)
Sexo: M
Raça: B
Tipo: T
Motivo: Sex./Sad.
Data: 1966
Jurisdição: Milwaukee, Wisconsin.
Vítimas: Três
MO: Estuprou/roubou mulhers com idades entre 10 e 19 anos
SITUAÇÃO: Duas penas de prisão perpétua consecutiva + 32 anos

Hey, Susam (1959-)
Sexo: F
Raça: B
Tipo: F
Motivo: CP-Compaixão
Data: 1996
Jurisdição: Austin, Texas
Vítimas: Duas
MO: Enfermeira de casa de saúde; injetou potássio em homens idosos
SITUAÇÃO: Confessou a culpa em 1998; pena de 50 anos com mínimo de 25 anos

Hickock, James Butler (1837-76)
TCC: Violento Bill
Sexo: M
Raça: B
Tipo: N
Motivo: CP
Data: 1861-75
Jurisdição: Nebraska/Kansas./Missouri.
Vítimas: 11 +
MO: Lutador com arma de fogo e ocasional homem da lei; atirou em inimigos pessoais
SITUAÇÃO: Assassinado enquanto jogava pôquer em 2 ago/1876

Hickman, William Edward (1908-28)
Sexo: M
Raça: B
Tipo: N
Motivo: EC/CP
Data: 1926-27
Jurisdição: Los Angeles/Califórnia
Vítimas: Duas a cinco
MO: Atirou em farmacêutico em assalto à mão armada; desmembrou vítima de rapto de 12 anos; suspeito de outras mortes da Califórnia a Pennsylvania.
SITUAÇÃO: Enforcado em uma acusação em 16 out/1928

Hickson, Monroe (1909-67) TCC. Menino Azul
Sexo: M
Raça: N
Tipo: T
Motivo: EC
Data: 1946
Jurisdição: Aiken/S.C.
Vítimas: Quatro
MO: Matou três comerciantes e uma dona-de-casa durante os roubos
SITUAÇÃO: Prisão perpétua mais 20 anos em 1957; fugiu da prisão em 1966; morreu de causas naturais como fugitivo em 29 de dezembro de 1967

Hill, Clarence (1929-84)
Sexo: M
Raça: N
Tipo: T
Motivo: CP-não específico
Data: 1938-40
Jurisdição: Hamilton Township, N.J.
Vítimas: Seis

MO: Atirou em casais estacionados em uma via pouco movimentada local
SITUAÇÃO: Pena de prisão perpétua em uma acusação em 1944

Hill, Dr. John (1931-72)
Sexo: M
Raça: B
Tipo: T
Motivo: CP
Data: Década de 1950 até 1969
Jurisdição: Houston, Texas
Vítimas: Cinco admitidas
MO: Vangloriou-se à segunda esposa de ter matado cinco vítimas, incluindo a primeira esposa, seu pai, irmão e um companheiro médico
SITUAÇÃO: Julgamento encerrado antecipadamente em razão de defeito jurídico insanável na morte da esposa em 1971; atingido por tiro em aparente assassinato contratado, estando o segundo julgamento pendente em 24 set/1972.

Hill, Walter (1935-97)
Sexo: M
Raça: N
Tipo: N
Motivo: CP
Data: 1951-77
Jurisdição: Geórgia/ Alabama
Vítimas: Cinco
MO: Primeiro homicídio em 1951; no seguinte, matou um recluso na Penitenciária Federal de Atlanta; atirou em três membros da família de sua namorada adolescente quando recusaram a deixá-lo casar-se com a garota em 1977
SITUAÇÃO: Dez anos no primeiro homicídio (condicional em 1961); condicional na segunda acusação em 1975; condenado em 1980 em Alabama., executado em maio de 1997

Hilley, Audrey Marie (1933-87)
Sexo: F
Raça: B
Tipo: T
Motivo: CP-não específico
Data: 1975-79
Jurisdição: Anniston/Alabama
Vítimas: Quatro
MO: "Viúva Negra" envenenadora de parentes e outros
SITUAÇÃO: Pena de prisão perpétua em 1983 por homicídio de seu marido mais 20 anos por tentativa de assassinato da filha; escapou da prisão em 1987 e morreu de causas naturais enquanto estava à solta

Hines, Douglas (1948-)
Sexo: M
Raça: N
Tipo: N
Motivo: EC
Data: 1973-91
Jurisdição: Texas/Califórnia
Vítimas: Duas
MO: Arrombamento objetivando mulheres idosas; apunhalou duas que o surpreenderam
SITUAÇÃO: 15 anos à prisão perpétua no Texas em 1973; pena de prisão perpétua na Califórnia. em 1993

Hittle, Daniel Joe (1966-)
Sexo: M
Raça: B
Tipo: N
Motivo: CP
Data: 1979-89
Jurisdição: Minnesota/Texas
Vítimas: Sete
MO: Atirou em pais adotivos; matou cinco, incluindo um policial e uma menina de quatro anos logo após a condicional
SITUAÇÃO: 30 anos em Minnesota. em 1979 (condicional em 1988); condenado no Texas

Hofmann, Kuno (1931-)
Sexo: M
Raça: B
Tipo: N
Motivo: Sex.
Data: 1971
Jurisdição: Alemanha
Vítimas: Três

MO: Satonista e necrófilo; atirou em três vítimas e bebeu o sangue dela
SITUAÇÃO: Pena de prisão perpétua em 1972

Hohenberger, Robert Carl (f. 1978)
Sexo: M
Raça: B
Tipo: N
Motivo: Sex.
Data: 1978
Jurisdição: Flórida/Lousiania.
Vítimas: Sete suspeitas
MO: Ex-condenado, estupro-assassinato de meninas adolescentes
SITUAÇÃO: Suicídio por arma de fogo para evitar a prisão em junho de 1978

Holliday, Dr. John Henry (1852-87) TCC: Doc
Sexo: M
Raça: B
Tipo: N
Motivo: CP
Data: 1866-85
Jurisdição: Geórgia/Texas/Colorado/Wyoming/N.Mex/Arizona
Vítimas: 16 a 35
MO: Dentista tornou-se jogador/lutador com arma de fogo do Velho Oeste
SITUAÇÃO: Morreu de tuberculose em 8 nov/1887

Holman, George (?-)
Sexo: M
Raça: B
Tipo: T
Motivo: CP-não específico
Data: 1944
Jurisdição: Oakland/São Francisco
Vítimas: 22
MO: Incendiário criminoso serial; 11 incêndios tiraram 22 vidas
SITUAÇÃO: 22 penas de prisão perpétua consecutivas

Holmes, Henry Howard [Veja: MUDGETT, HERMAN]

Honka, Fritz (?-)
Sexo: M
Raça: B
Tipo: F
Motivo: Sex.
Data: 1971-74
Jurisdição: Hamburgo/Alemanha
Vítimas: Quatro
MO: Estrangulou prostitutas e manteve os corpos em seu apartamento
SITUAÇÃO: Pena de prisão perpétua em 1975

Hooijaijers, Frans (?-)
Sexo: M
Raça: B
Tipo: F
Motivo: CP
Data: Década de 1960 até 1971
Jurisdição: Países Baixos
Vítimas: 264 suspeitas
MO: Atendente de casa de saúde; matou pacientes com insulina
SITUAÇÃO: 13 anos em cinco acusações em 1971

Hopper, Vernon Lynn (1960-)
Sexo: M
Raça: B
Tipo: N
Motivo: Sex.
Data: 1992
Jurisdição: Texas
Vítimas: Duas
MO: Estuprador nômade; matou duas meninas de 11 anos
SITUAÇÃO: Duas penas de prisão perpétua mais 198 anos

Horton, Wayne Donald (1956-)
Sexo: M
Raça: B
Tipo: N
Motivo: CP/EC
Data: 1972-76
Jurisdição: Las Vegas, Nevada.
Vítimas: Quatro

MO: Assassino impulsivo de vítimas em discussões e assalto à mão armada
SITUAÇÃO: Quatro penas de prisão perpétua sem condicional em 1976

Housel, Tracey Lee (1960-)
Sexo: M
Raça: B
Tipo: N
Motivo: EC/Sex.
Data: 1984-85
Jurisdição: Texas/Geórgia
Vítimas: Duas
MO: Matou dois motoristas por seus carros, estuprando a do sexo feminino
SITUAÇÃO: Condenado em Geórgia. em 1986

Howard, Ronnie (?-)
Sexo: M
Raça: N
Tipo: T
Motivo: Sex./Sad.
Data: 1985
Jurisdição: S.C.
Vítimas: Duas
MO: Sufocou mulheres com sacos plásticos em suas cabeças
SITUAÇÃO: Pena de prisão perpétua em uma acusação; condenado na segunda acusação
CÚMPLICE: Dois outros homens sentenciados a penas de prisão perpétua, cada um por uma morte

Hoyt, Waneta Ethel (1943-)
Sexo: F
Raça: B
Tipo: F
Motivo: CP-não específico
Data: 1965-71
Jurisdição: Oswego, N.Y.
Vítimas: Cinco
MO: Matou seus próprios filhos, disfarçando a morte como SMSI
SITUAÇÃO: 75 anos à prisão perpétua em cinco acusações em 1995; morreu na prisão em 13 ago/1998

Hubbard, Randall L. (1960-)
Sexo: M
Raça: ?
Tipo: T
Motivo: EC
Data: 1995-96
Jurisdição: Distrito de Morgan, Indiana.
Vítimas: Três suspeitas
MO: Durante roubo, atirou em vítimas masculinas
SITUAÇÃO: 120 anos em duas acusações em 1998

Hume, Brian Donald (1919-) TCC: Contrabandista Voador
Sexo: M
Raça: B
Tipo: N
Motivo: CP/EC
Data: 1949/59
Jurisdição: Inglaterra/Suíça
Vítimas: Duas
MO: Matou inimigo pessoal (1949) e vítima de roubo (1959)
SITUAÇÃO: 12 anos como "partícipe" em 1950 (condicional em 1958). Pena de prisão perpétua em 1959; considerado insano em 1976

Husereau, Philip (f. 1988)
Sexo: M
Raça: B
Tipo: N
Motivo: Sex./Sad.
Data: 1983-84
Jurisdição: Nevada/N.Y.
Vítimas: Cinco
MO: Estrangulou namoradas durante ato sexual; confessou à irmã
SITUAÇÃO: Morte acidental durante asfixia autoerótica em 18 fev/1988

Ingle, Phillip Lee (1961-)
Sexo: M
Raça: B
Tipo: T
Motivo: CP-não específico
Data: 1991

Jurisdição: N.C.
Vítimas: Quatro
MO: Invasor de residência que atingiu com clava casais idosos
SITUAÇÃO: Quatro penas de morte e uma pena de prisão perpétua em 1994

Ireland, Jack (?-?) TCC: Jack Machadinho
Sexo: M
Raça: B
Tipo: N
Motivo: CP
Data: Décadas de 1840-70
Jurisdição: Rocky Mountains
Vítimas: 100+
MO: "Homem da Montanha" que matou diversos índios; também matou brancos que negociavam com índios
SITUAÇÃO: Desconhecida

Irtyshov, Igor (?-)
Sexo: M
Raça: B
Tipo: T
Motivo: Sex.
Data: 1994-96
Jurisdição: São Petersburgo/Rússia
Vítimas: "Diversas"
MO: Pedófilo assassino de meninos; alguns estripados
SITUAÇÃO: Condenado em 1996

Irvin, Marvin Lee (1950-)
Sexo: M
Raça: B
Tipo: T
Motivo: CP
Data: 1979-90
Jurisdição: St. Joseph/Missouri.
Vítimas: Cinco suspeitas
MO: Atirou/atingiu com clava mulheres durante discussões
SITUAÇÃO: Mínimo de cem anos na confissão de três acusações em 1991

Ivery, Samuel (1957-)
Sexo: M
Raça: N
Tipo: N
Motivo: CP-não específico
Data: 1992
Jurisdição: Califórnia/Arizona/Illinois/Alabama
Vítimas: Quatro +
MO: "O Ninja de Deus"; decapitou mulheres com idades entre 17 e 27 anos
SITUAÇÃO: Condenado no Alabama, em 1994

Jablonski, Philip Carl (1946-)
Sexo: M
Raça: B
Tipo: N
Motivo: Sex./Sad.
Data: 1979-91
Jurisdição: Califórnia./Utah
Vítimas: Cinco
MO: Estuprador-assassino sádico e necrófilo; vítimas incluíram duas esposas e sogra
SITUAÇÃO: 13 anos e oito meses em 1979 (condicional em 1990); condenado na Califórnia em 1994

Jackson, Calvin (1948-)
Sexo: M
Raça: N
Tipo: F
Motivo: Sex./EC
Data: 1973-74
Jurisdição: Cidade de Nova York
Vítimas: Nove
MO: Viciado estuprador-assassino de mulheres com idades entre 39 e 79 anos, mas todas mortas no hotel onde ele trabalhava como zelador
SITUAÇÃO: 18 penas de prisão perpétua em 1975

Jackson, Elton Manning (1956-) TCC: Assassino das Estradas de Hampton
Sexo: M
Raça: ?
Tipo: T
Motivo: Sex.
Data: Década de 1990
Jurisdição: Chesapeake, Virgínia.
Vítimas: 12 suspeitas
MO: Estrangulador concupiscente de homens gays

SITUAÇÃO: Pena de prisão perpétua em uma acusação em 1998

Jackson, Mary Jane (1836-) TCC: Brick Top
Sexo: F
Raça: B
Tipo: T
Motivo: CP-discussão
Data: 1856-61
Jurisdição: New Orleans, Lousiania.
Vítimas: Quatro
MO: Prostituta com temperamento violento; apunhalou conhecidos
SITUAÇÃO: Dez anos em uma acusação em 1861; suspensa temporariamente a execução da sentença pelo novo governador quando as tropas da União ocuparam New Orleans nove meses depois

Jackson, Michael Wayne (1945-86)
Sexo: M
Raça: B
Tipo: N
Motivo: CP-não específico
Data: 1986
Jurisdição: Indiana/Kentuky
Vítimas: Três
MO: Atirou em seu oficial de *sursis* e dois outros homens
SITUAÇÃO: Suicídio por arma de fogo para evitar a prisão em 2 de outubro de 1986

Jackson, Patrícia (1949-)
Sexo: F
Raça: N
Tipo: T
Motivo: CP-discussão
Data: 1966-81
Jurisdição: Tuscaloosa, Alabama.
Vítimas: Duas
MO: Golpeou o namorado com uma lâmina; apunhalou uma atendente de bar
SITUAÇÃO: 12 anos por homicídio doloso em 1966 (condicional em 1970); condenado em 1981 (comutado para prisão perpétua na apelação)

Jackson, Ray Shawn (1968-) TCC: Estrangulador do Parque Gilham
Sexo: M
Raça: N
Tipo: T
Motivo: Sex.
Data: 1989-90
Jurisdição: Cidade do Kansas
Vítimas: Seis
MO: Estuprador-assassino de prostitutas de rua
SITUAÇÃO: Seis penas de prisão perpétua consecutivas sem condicional em 1991

Jacobs, Clawvern (1947-)
Sexo: M
Raça: B
Tipo: T
Motivo: EC/Sex.
Data: 1974-86
Jurisdição: Distrito de Knott, Kentucky.
Vítimas: Duas
MO: Roubou/matou uma mulher (1974); matou/mutilou uma segunda mulher
SITUAÇÃO: Condenado em 1989

James, Eugene H. (?-)
Sexo: M
Raça: B
Tipo: T
Motivo: CP-não específico
Data: 1948
Jurisdição: Baltimore/Washington, D.C.
Vítimas: Duas
MO: Apunhalou duas meninas, ambas com 11 anos, em parques municipais
SITUAÇÃO: Pena de prisão perpétua em 1948

Jameswhite, Richard (1974-) TCC: Babyface
Sexo: M
Raça: ?
Tipo: N
Motivo: EC
Data: 1993-94
Jurisdição: Nova York/ Connecticut/ Pennsylvania/Geórgia
Vítimas: 15 suspeitas

MO: Vítimas mortas em roubos à mão armada
SITUAÇÃO: Pena de prisão perpétua em uma acusação em Geórgia. em 1994

Jeaneret, Marie (1836-84)
Sexo: F
Raça: B
Tipo: T
Motivo: CP-não específico
Data: 1866-67
Jurisdição: Lausanne/Suíça
Vítimas: Oito
MO: "Enfermeira" de estilo próprio que envenenou pacientes e empregador
SITUAÇÃO: Pena de prisão perpétua em suas acusações, morreu na prisão em 1884

Jeffries (?-?) TCC: Jeffries o Monstro
Sexo: M
Raça: B
Tipo: N
Motivo: CP/EC
Data: Século XIX
Jurisdição: Austrália
Vítimas: "Diversas"
MO: Condenado fugitivo, estuprador e canibal
SITUAÇÃO: Morto por destacamento policial

Jegado, Helene (1803-51)
Sexo: F
Raça: B
Tipo: N
Motivo: EC
Data: 1833-51
Jurisdição: França
Vítimas: 23 +
MO: Empregada ladra; envenenou empregadores e companheiros de trabalho
SITUAÇÃO: Decapitada em dez/1851

Jelisic, Goran (1968-)
Sexo: M
Raça: B
Tipo: S
Motivo: CP-extremista
Data: 1992
Jurisdição: Brcko, Bósnia

VITIMAS: 100 + suspeitas
MO: Assassino de mulçumanos em Luka em um campo de concentração.
SITUAÇÃO: Confessou a culpa em 12 homicídios

Jenkins, James Gilbert (1834-64)
Sexo: M
Raça: B
Tipo: N
Motivo: EC
Data: Década de 1840 até 1864
Jurisdição: Missouri/Te/Iowa/Califórnia
Vítimas: 18
MO: Matou vítimas de roubo (oito brancos e dez índios)
SITUAÇÃO: Enforcado em uma acusação na Califórnia. em 1864

Jennings, Wilbur Lee (1941-) TCC: Assassino da Margem da Vala
Sexo: M
Raça: N
Tipo: T
Motivo: Sex.
Data: 1984-86
Jurisdição: Fresno/Califórnia
Vítimas: Quatro
MO: Assassinou prostitutas; corpos jogados em canais
SITUAÇÃO: Condenado com sentença adicional de prisão perpétua mais 64 anos em acusações menores em 1986

Jensen, Richard Allen (1947-)
Sexo: M
Raça: B
Tipo: T
Motivo: Sex./Sad.
Data: 1990-91
Jurisdição: Grand Rapids/Michigan
Vítimas: Três
MO: Estuprador de prostitutas de rua
SITUAÇÃO: Pena de prisão perpétua em uma acusação em 1991

Johns, Ronnie (?-)
Sexo: M

Raça: B
Tipo: T
Motivo: EC
Data: 1991
Jurisdição: Flint, Michigan.
Vítimas: Quatro
MO: Vítimas atingidas por tiros em tentantiva de roubo
SITUAÇÃO: 15 anos à prisão perpétua em uma acusação em 1991; prisão perpétua sem condicional na segunda acusação em 1992

Johnson, Emanuel (1963-)
Sexo: M
Raça: N
Tipo: T
Motivo: EC
Data: 1988
Jurisdição: Distrito de Sarasota/Flórida
Vítimas: Duas
MO: Matou vítimas de arrombamento/roubo à mão armada
SITUAÇÃO: Condenado em duas acusações em 1992; cinco penas de prisão perpétua mais 30 anos em acusações menores

Johnson, James Rodney (? -)
Sexo: M
Raça: B
Tipo: T
Motivo: CP-não específico
Data: 1990
Jurisdição: Distritos de Cooper/ Moniteau, Missouri.
Vítimas: Quatro
MO: Atirou em três oficiais da polícia e na esposa do xerife em ataques separados
SITUAÇÃO: Condenado em 1991

Johnson, Martha (1955-)
Sexo: F
Raça: B
Tipo: T
Motivo: CP -não específico
Data: 1977-82
Jurisdição: Geórgia.
Vítimas: Quatro suspeitas; duas confessas

MO: Asfixiou seus próprios filho; mortes confundidas com SMSI
SITUAÇÃO: Condenada em 1990 (comutado na apelação)

Johnson, Paul David (1945-)
Sexo: M
Raça: B
Tipo: N
Motivo: CP-doméstico
Data: 1984-89
Jurisdição: Tenessee/Flórida
Vítimas: Duas
MO: "Barba Azul" assassino de esposas
SITUAÇÃO: Condenado em uma acusação no Tenessee em 1984; pena de prisão perpétua na Flórida em 1990

Johnson, Tivian (1970-)
Sexo: M
Raça: N
Tipo: T
Motivo: EC
Data: 1991
Jurisdição: Distrito de Dade/Flórida
Vítimas: Duas
MO: Matou vítimas de roubo
SITUAÇÃO: Sentença de prisão perpétua tripla em 1993; pena de morte mais duas de prisão perpétua em 1995

Johnston, John (1820-1900) TCC: Assassino de Crow; Johnson Comedor de fígado
Sexo: M
Raça: B
Tipo: N
Motivo: CP
Data: 1843-78
Jurisdição: Montanhas Rochosas
Vítimas: Centenas
MO: "Homem da Montanha" e assassino prolífico de índios por vingança e racismo; matou 300 Crows mais diversos Utes, Blackfeet, Cheyenne, Sioux, Nez Perce, etc.; demitido do cargo na Guerra Civil por matar índios aliados a seu lado (União).
SITUAÇÃO: Morreu de causas naturais em 21 jan/1900

Jones, Bryan (1957-) TCC: Assassino de Caçambas
Sexo: M
Raça: N
Tipo: T
Motivo: Sex.
Data: 1985-86
Jurisdição: San Diego/Califórnia
Vítimas: Quatro
MO: Estupro-assassinato de prostitutas; corpos deixados em caçambas
SITUAÇÃO: Condenado em duas acusações em 1994

Jones, Daniel Steven (1961-)
Sexo: M
Raça: B
Tipo: N
Motivo: EC
Data: Década de 1980
Jurisdição: Nevada/Flórida
Vítimas: Três suspeitas
MO: Matou um homem em Nevada. por causa do *trailer*; outros suspeitos na Flórida
SITUAÇÃO: Condenado em uma acusação em Nevada.

Jones , Harold (1906-)
Sexo: M
Raça: B
Tipo: T
Motivo: Sex.
Data: 1921
Jurisdição: Abertillery/País de Gales
Vítimas: Duas
MO: Estupro-assassinato de meninas com idades entre 8 e 11 anos
SITUAÇÃO: Sentença de prisão indeterminada em 1921

Jones, Jeffrey Gerard (1960-)
Sexo: M
Raça: N
Tipo: T
Motivo: CP-não específico
Data: 1985-86
Jurisdição: Sacramento/Califórnia
Vítimas: Quatro

MO: Atingiu com martelo vítimas masculinas em banheiros públicos
SITUAÇÃO: Condenado em 1987

Jones, Sydney (f. 1915)
Sexo: M
Raça: N
Tipo: N
Motivo: CP-não específico
Data: Década de 1900
Jurisdição: Todo os Estados Unidos
Vítimas: 13 confessas
MO: Assassino de homens ao acaso (11 negros, dois brancos)
SITUAÇÃO: Enforcado no Alabama em 25 jun/1915

Jordan, Keydrich Deon (1972-)
Sexo: M
Raça: N
Tipo: T
Motivo: EC/Sex.
Data: 1991-92
Jurisdição: Distrito de Orange, Flórida
Vítimas: Duas
MO: Atirou em mulher durante roubo; estuprou/matou outra e queimou sua casa
SITUAÇÃO: Sentença de prisão perpétua em 1993, e uma segunda condenação em 1994.

Joyner, Anthony (1961-)
Sexo: M
Raça: N
Tipo: F
Motivo Sex.
Data: 1983
Jurisdição: Filadélfia/Pennsylvania.
Vitimas: Seis
MO: Estupro-assassinato de senhoras idosas descansando na casa em que ele trabalhava
SITUAÇÃO: Sentença de morte em 1984.

Judge, Giancarlo (?-) TCC: Monstro de Torino
Sexo: M
Raça: B
Tipo: T
Motivo: Sex.

Data: 1983-86
Jurisdição: Torino, Itália
Vítimas: Nove
MO: Atirou/estrangulou prostitutas
SITUAÇÃO: 30 anos em asilo para loucos

Judy, Steven Timothy (1956-81)
Sexo: M
Raça: B
Tipo: N
Motivo: Sex./Sad.
Data: Década de 1970
Jurisdição: Indiana/Texas/Lousiania/Califórnia.
Vítimas: 11 confessas
MO: Estupro-assassinato de mulheres; também afogou três crianças de uma vítima
SITUAÇÃO: Executado em Indiana. em 9 mar/1981

Junco, Francisco Delaware (1958-)
Sexo: M
Raça: H
Tipo: T
Motivo: CP
Data: 1995-96
Jurisdição: Miami, Flórida
Vítimas: Quatro confessas
MO: Imigrante cubano; matou e colocou fogo em viciadas com idades entre 37 e 44 anos
SITUAÇÃO: Confessou em junho de 1996; sentença desconhecida

Jurkiewicz, Thomas [Veja: York THOMAS]

Justus, Buddy Earl (1953-90)
Sexo: M
Raça: B
Tipo: N
Motivo: Sex.
Data: 1978
Jurisdição: Geórgia/Flórida/Virgínia.
Vítimas: Três
MO: Estrupro-assassinato de passagem de mulheres.
SITUAÇÃO: Executado em Virgínia em 13 dez/1990

Kaczynski, Theodore John (1942-)
TCC: Unabomber
Sexo: M
Raça: B
Tipo: N
Motivo: CP-não específico
Data: 1978-93
Jurisdição: Em todo os Estados Unidos
Vítimas: Três
MO: "Serial bomber"; 17 explosões em sete Estados
SITUAÇÃO: Prisão perpétua sem condicional em confissão de culpa em 1998

Kahl, Gordon (f. 1984)
Sexo: M
Raça: N
Tipo: N
Motivo: CP-extremista
Data: 1983-84
Jurisdição: N.Dak/Arkansas
Vítimas: Três
MO: Evasor de impostos neo-nazista; matou homens da lei enquanto era fugitivo
SITUAÇÃO: Morto em tiroteio com a polícia em 3 de junho de 1984

Kaprat, Edwin Bernard III (1964-95) TCC: Assassino Granny
Sexo: M
Raça: B
Tipo: T
Motivo: Sex./Sad.
Data: 1991/93
Jurisdição: Distrito de Hernando, Flórida
Vítimas: Cinco
MO: Espancou homem mortalmente em 1991; estupro-assassinato de mulheres com idades entre 72 e 87 anos, matou/queimou em suas casas em 1993
SITUAÇÃO: Dois anos de prisão domiciliar por usar cartões de crédito de homem falecido em 1991; condenado em 1995; assassinado na prisão em 20 de abril de 1995

Keene, John (f. 1865)
Sexo: M
Raça: B

Tipo: N
Motivo: EC
Data: 1861-65
Jurisdição: Tenessee/Utah
Vítimas: Cinco +
MO: Desertor da Marinha confederada e fora da lei durante a Guerra Civil
SITUAÇÃO: Enforcado em uma acusação na cidade de Salt Lake, 1865

Kelley, Doyle (?-)
Sexo: M
Raça: B
Tipo: T
Motivo: EC
Data: 1981-93
Jurisdição: Joplin, Missouri.
Vítimas: Três suspeitas
MO: Suspeito como cúmplice em roubo-assassinato de mulher jovem em 1981; "Barba Azul" assassino de esposas em "acidentes" encenados em 1990-93
SITUAÇÃO: Pena de prisão perpétua em duas acusações em 1994

Kelliher, Mary (?-?)
Sexo: F
Raça: B
Tipo: F
Motivo: CP-doméstico
Data: 1905-08
Jurisdição: Boston/Ma.
Vítimas: Seis
MO: "Viúva Negra" envenenadora do marido e parentes
SITUAÇÃO: Escapou da condenação ao culpar um colchão contaminado com arsênico pelas mortes

Kelly, Horace Edward (1959-)
Sexo: M
Raça: N
Tipo: T
Motivo: Sex.
Data: 1984
Jurisdição: San Bernardino/Califórnia
Vítimas: Três
MO: Necrófilo estuprador-assassino de duas mulheres; também atirou em menino de 11 anos ao tentar raptar a prima da vítima
SITUAÇÃO: Condenado em 1986

Kelly, Kieron (1928-)
Sexo: M
Raça: B
Tipo: T
Motivo: CP-extremista
Data: 1975-83
Jurisdição: Londres/Inglaterra
Vítimas: Cinco confessas
MO: Assassino homofóbico de homossexuais do sexo masculino
SITUAÇÃO: Pena de prisão perpétua em uma acusação em 1984

Kennedy, Edward Dean (f. 1992)
Sexo: M
Raça: N
Tipo: N
Motivo: EC
Data: 1978-81
Jurisdição: Flórida
Vítimas: Três
MO: Matou atendente de motel em 1978; atirou em policial e civil após fuga da prisão
SITUAÇÃO: Pena de prisão perpétua em 1978 (escapou em 1981); condenado em 1981; executado em 21 de julho de 1992

Kennedy, Julian (1943-)
Sexo: M
Raça: B
Tipo: N
Motivo: CP/EC
Data: 1958-73
Jurisdição: Flórida/Arkansas/Geórgia/N.Mex/Texas
Vítimas: Nove + confessas
MO: Motociclista fora da lei e carreira criminosa; confessou homicídios durante roubo com arma, fuga da prisão, negócio de drogas e discussões pessoais
SITUAÇÃO: Pena de prisão perpétua em uma acusação na Geórgia em 1973

Ketchum, Tom (1862-1901) TCC: Jack Negro
Sexo: M
Raça: N
Tipo: T
Motivo: Sex.
Data: Década de 1880 até 1901
Jurisdição: Texas/Novo México/Colorado/Arizona
Vítimas: "Diversas"
MO: Fora da lei de "Grupo Violento" e assassino
SITUAÇÃO: Enforcado no Arizona em 26 de abril de 1901

Keyes, Russell (1957-98)
Sexo: M
Raça: B
Tipo: N
Motivo: CP/EC
Data: Década de 1990
Jurisdição: Portugal/França/Marrocos
Vítimas: Cinco
MO: Cidadão britânico; matou mulheres que rejeitaram suas propostas de casamento em sua busca para alterar a cidadania
SITUAÇÃO: Atingido por tiros por sua noiva americana no Arizona. após confessar cinco assassinatos em 21 de julho de 1998

Khan, Dr. Sohrab Aslam (1944-)
Sexo: M
Raça: A
Tipo: T
Motivo: CP-não específico
Data: 1986
Jurisdição: Lahore, Paquistão
Vítimas: 13
MO: Assassinato por excitação de vítimas masculinas em tiroteio ao acaso
SITUAÇÃO: Não informado pelas autoridades paquistanesas

Kibbe, Roger Reece (1941-) TCC: Assassino I-5
Sexo: M
Raça: B
Tipo: N
Motivo: Sex.
Data: 1986-88
Jurisdição: Califórnia/Nevada
Vítimas: Sete + suspeitas
MO: Estupro-assassinato de mulheres com idades entre 17 e 26 anos
SITUAÇÃO: Pena de prisão perpétua com um mínimo de 18 anos em uma acusação em 1991

Kilgore, Dean (1950-)
Sexo: M
Raça: N
Tipo: T
Motivo: EC/CP
Data: 1978-89
Jurisdição: Distrito de Polk/Flórida
Vítimas: Duas
MO: Matou vítima de rapto; assassinou interno na prisão
SITUAÇÃO: Duas penas de prisão perpétua em 1978; condenado em 1990

Kimbrough, Petrie [LOCKETT, WILL] Veja:

Kinne, Sharon (1940-)
Sexo: F
Raça: B
Tipo: N
Motivo: CP/EC
Data: 1960-62
Jurisdição: Missouri./México
Vítimas: Três
MO: "Viúva Negra" assassina do marido, esposa do amante e namorado
SITUAÇÃO: 13 anos em uma acusação no México em 1963

Kipp, Martin James (1952-85) TCC: Dr. Louco
Sexo: M
Raça: AN
Tipo: N
Motivo: CP
Data: 1983-84
Jurisdição: Distrito de Los Angeles/Orange, Califórnia.
Vítimas: Duas

MO: Estupro-estrangulamento de meninas adolescentes
SITUAÇÃO: Condenado em 1987

Kiyotaka Kasuta (1949-)
Sexo: M
Raça: A
Tipo: T
Motivo: CP-não especifico
Data: 1972-83
Jurisdição: Nagoia/Japão
Vítimas: Oito
MO: Atirou em dois motoristas e seis atendentes de bar
SITUAÇÃO: Condenado; sentença desconhecida

Klenner, Frederick Robert, Jr. (1956-)
Sexo: M
Raça: B
Tipo: N
Motivo: CP
Data: 1984-85
Jurisdição: Kentuky./N.C.
Vítimas: Oito
MO: Apunhalou/atirou em cinco parentes de sua namorada; depois matou- a e também seus dois filhos
SITUAÇÃO: Suicídio por bomba para evitar a prisão em 3 jun/1985

Klimek, Tillie (1865- ?)
Sexo: F
Raça: B
Tipo: T
Motivo: EC
Data: 1914-20
Jurisdição: Chicago, Illinois.
Vítimas: Seis
MO: "Viúva negra" envenenadora de maridos e vizinha
SITUAÇÃO: Sentença de prisão perpétua em 1921

Klosowski, Severin Antoniovitch (1865-1903)   TCC: George Chapman
Sexo: M
Raça: B
Tipo: N
Motivo: EC
Data: 1897-1902
Jurisdição: Inglaterra
Vítimas: Três
MO: Envenenador de esposas legais motivado pela obtenção de lucros, suspeito em 1888 no caso " JACK THE RIPPER".
SITUAÇÃO: Enforcado em 7 abr/1903

Kock, Eugene de (1949-) TCC: Primeiro Demônio
Sexo: M
Raça: B
Tipo: T
Motivo: CP-extremista
Data: Décadas de 1970-80
Jurisdição: África do Sul
Vítimas: "Numerosas"
MO: Policial que matou ativistas negros do anti-*apartheid*
SITUAÇÃO: 212 anos em seis homicídios e 83 acusações menores em 1996

Koedatich, James J. (1948-)
Sexo: M
Raça: B
Tipo: N
Motivo: CP/Sex.
Data: 1971/82-83
Jurisdição: Flórida/N.J.
Vítimas: Três +
MO: Matou companheiro de quarto (1971) e pelo menos duas outras mulheres
SITUAÇÃO: Condenado em uma acusação em 1984 (comutada para prisão perpétua na apelação); pena de prisão perpétua na segunda acusação em 1985

Koltun, Julian (1950-)
Sexo: M
Raça: B
Tipo: T
Motivo: Sex.
Data: 1980-81
Jurisdição: Leste da Polônia
Vítimas: Duas

MO: "Vampiro" estuprador-assassino de mulheres
SITUAÇÃO: Sentença de prisão perpétua em 1981

Komar, Janusz (1963-)
Sexo: M
Raça: B
Tipo: N
Motivo: Sad./EC
Data: 1983
Jurisdição: Alemanha
Vítimas: Duas
MO: Imigrante tcheco; espancou/agrediu mulheres com idades de 26 e 68 anos roubando também a segunda vítima
SITUAÇÃO: Sentença máxima de dez anos em razão da idade

Komaroff, Vasili (1871-1923) TCC: Lobo de Moscou
Sexo: M
Raça: B
Tipo: T
Motivo: EC
Data: 1921-23
Jurisdição: Moscou, Rússia
Vítimas: 33 confessas
MO: Negociante de cavalos que roubou/matou clientes em seu estábulo
SITUAÇÃO: Executado com a esposa (condenada como cúmplice) em 18 de junho de 1923

Komin, Alexander (1953-)
Sexo: M
Raça: B
Tipo: N
Motivo: EC/Sex.
Data: 1971-82
Jurisdição: Flórida/N.J.
Vítimas: Três confirmadas
MO: Matou companheiro de quarto (1971); estuprou/apunhalou vítimas masculinas
SITUAÇÃO: Condenado por homicídio/roubo na Flórida em 1971 (condicional em 1982); condenado em uma acusação em N.J. em 1984 (reduzida na apelação); pena de prisão perpétua pela segunda acusação em 1985

Koudri, Mohammed (?-)
Sexo: M
Raça: A
Tipo: T
Motivo: Sex.
Data: 1994
Jurisdição: Milão/Itália
Vítimas: Duas
MO: Assassinato de homens gays
SITUAÇÃO: Condenado, sentença desconhecida

Krist, Gary Steven (1945-)
Sexo: M
Raça: B
Tipo: N
Motivo: CP-não específico
Data: 1959-64
Jurisdição: Alaska/Calid.Utah
Vítimas: Quatro confessas
MO: Confessou assassinato de dois homens gays, uma menina e uma vítima não identificada
SITUAÇÃO: Pena de prisão perpétua na Geórgia. em 1969; nunca respondeu acusação de homicídio

Krueger, David Michael (1918-)
Sexo: M
Raça: B
Tipo: T
Motivo: Sex.
Data: 1956-57-91
Jurisdição: Ontário, Canadá
Vítimas: Quatro confessas
MO: Pedóifilo assassino de crianças; matou/sodomizou homem de 27 anos
SITUAÇÃO: Sentenciado insano em 1957; cometeu o quarto homicídio em permissão de um dia fora do asilo; sentenciado insano novamente em 1992

Kuklinski, Richard (1935-)
Sexo: M
Raça: B

Tipo: N
Motivo: CP/EC
Data: 1949-86
Jurisdição: N.J./N.Y.
Vítimas: 100+
MO: Espancou mortalmente inimigo pessoal em luta com a idade de 14 anos, carreira adulta criminosa e de espancador; matou também por prazer e vingança
SITUAÇÃO: Penas de prisão perpétua consecutivas com mínimo de 60 anos em cada uma das quatro acusações em 1988

Kulaxides, Peter (?- ?)
Sexo: M
Raça: B
Tipo: T
Motivo: CP-doméstico
Data: Década de 1920
Jurisdição: Grécia
Vítimas: Seis suspeitas
MO: "Barba Azul" assassino de esposas
SITUAÇÃO: Confessou uma acusação em setembro de 1930; sentença desconhecida

Kuzikov, Ilshat (?-)
Sexo: M
Raça: B
Tipo: T
Motivo: CP-não específico
Data: 1992-97
Jurisdição: São Petersburgo/Rússia
Vítimas: Três
MO: Matou/canibalizou conhecidos
SITUAÇÃO: Sentenciado insano em 1997

Kuznetsof (f. 1929)
Sexo: M
Raça: B
Tipo: T
Motivo: EC-crime qualificado
Data: Década de 1920
Jurisdição: Rússia
Vítimas: Seis+
MO: Suposto líder de "Piratas do Volga"; matou dois parentes e pelo menos quatro outros em diversos roubos
SITUAÇÃO: Executado por pelotão de fuzilamento em 1929

L., Thomas (1969-)
Sexo: M
Raça: B
Tipo: T
Motivo: CP-extremista
Data: 1995-96
Jurisdição: Alemanha
Vítimas: Cinco confessas
MO: *Skinhead* nazista; atirou em oponentes políticos e em um desertor da gangue
SITUAÇÃO: Confessou em março de 1996

Lacenaire, Pierre François (f. 1835)
Sexo: M
Raça: B
Tipo: T
Motivo: EC
Data: 1834
Jurisdição: Paris, França
Vítimas: Três confessas
MO: Matou vítimas de roubo
SITUAÇÃO: Guilhotinado em 1835

LaFerte, Georges (1952-)
Sexo: M
Raça: B
Tipo: T
Motivo: Sex.
Data: 1983-84
Jurisdição: Nantes, França
Vítimas: Duas
MO: Assassino concupiscente alcoólatra de mulheres jovens
SITUAÇÃO: Sentença de prisão perpétua em 1987

Landau, Abraham (f. 1935) TCC: Misfit
Sexo: M
Raça: B
Tipo: T
Motivo: EC
Data: Década de 1920-35
Jurisdição: N.Y./N.J.
Vítimas: "Numerosas"
MO: Assassino contratado da gangue de ARTHUR FLEGENHEIMER

SITUAÇÃO: Assassinado com Flegenheimer em 23 out/1935

Landzo, Esad (?-)
Sexo: M
Raça: B
Tipo: F
Motivo: CP-extremista
Data: 1992
Jurisdição: Celibici/Bósnia
Vítimas: Três
MO: Estuprou/matou sérvios em campo de concentração
SITUAÇÃO: 15 anos em três acusações de homicídio em 1998

Lane, Doyle Edward (1961-)
Sexo: M
Raça: B
Tipo: N
Motivo: Sex.
Data: 1980-90
Jurisdição: Texas/Kansas
Vítimas: Duas suspeitas
MO: Pedófilo assassino de meninas com idades de 8 e 9 anos
SITUAÇÃO: Condenado em uma acusação no Texas em 1992

Lang, Donald (1945-) TCC: Dummy
Sexo: M
Raça: B
Tipo: T
Motivo: CP-não específico
Data: 1965/72
Jurisdição: Chicago, Illinois.
Vítimas: Duas
MO: Assassino analfabeto e surdo-mudo de mulheres
SITUAÇÃO: Sentenciado inapto para julgamento em 1965; liberado do asilo em 1971; sentença de prisão perpétua em 1972 (derrubado na apelação; reenviado ao asilo)

Langley, Robert P., Jr. (1959 -)
Sexo: M
Raça: B
Tipo: T

Motivo: CP-não específico
Data: 1987-89
Jurisdição: North Salem, Oregon.
Vítimas: Duas
MO: Em condicional matou mulher (1987) e companheiro ex-condenado (1989), colocando os corpos na passagem de sua residência
SITUAÇÃO: Condenado em dois julgamentos separados em 1989

LaPage, Joseph (f.1878)
Sexo: M
Raça: B
Tipo: N
Motivo: Sex./Sad.
Data: c.1870-73
Jurisdição: Massachusetts/Canadá
Vítimas: Duas
MO: Caçador franco-canadense, vestiu pele de urso e máscara para estuprar e mutilar mulheres jovens na época de Halloween
SITUAÇÃO: Enforcado em 15 de março de 1878

Lara, Mario (1955-)
Sexo: M
Raça: H
Tipo: T
Motivo: EC/Sex.
Data: 1981
Jurisdição: Distrito de Dade, Flórida
Vítimas: Duas
MO: Estuprador serial; matou testemunha feminina de litígio em julgamento vindouro; apunhalou vítima de estupro adolescente
SITUAÇÃO: Condenado em uma acusação mais prisão perpétua com mínimo de 25 anos na segunda acusação em 1982

LaRette, Anthony Joe, Jr. (1962-95)
Sexo: M
Raça: B
Tipo: N
Motivo: Sex./Sad.
Data: 1977-80
Jurisdição: Kansas./Missouri.
Vítimas: Três confessas
MO: Matou mulheres jovens com fe-

rimentos múltiplos de punhal
SITUAÇÃO: Executado em Missouri. em 29 de novembro de 1995

Laskey, Posteal (1937-) TCC: Estrangulador de Cincinnati
Sexo: M
Raça: N
Tipo: T
Motivo: Sex.
Data: 1965-66
Jurisdição: Cincinnati/Ohio
Vítimas: Sete
MO: Estupro-assassinato de mulheres com idade entre 51e 81 anos
SITUAÇÃO: Condenado em uma acusação em 1967

Lawrence, Michael Alan (1955-)
Sexo: M
Raça: B
Tipo: N
Motivo: EC
Data: 1976-90
Jurisdição: Flórida
Vítimas: Duas
MO: Matou vítimas de roubos nos Distritos de Santa Rosa e Escambia
SITUAÇÃO: Pena de prisão perpétua em 1976 (condicional em 1985); condenado em 1990

Laws, Keith Richard (?-)
Sexo: M
Raça: B
Tipo: N
Motivo: EC
Data: 1970-89
Jurisdição: Virgínia./Países Baixos
Vítimas: Duas
MO: Assassinato da esposa e de conhecido idoso (1989) motivado por obtenção de lucro (1970)
SITUAÇÃO: Preso no homicídio da esposa, 1970-87; pena de prisão perpétua em Amsterdã em 1991

Lawson, Bennie L. (f. 1994)
Sexo: M
Raça: ?
Tipo: T
Motivo: CP
Data: 1994
Jurisdição: Washington, D.C.
Vítimas: Seis suspeitas
MO: Suspeito de homicídio triplo; abriu fogo na delegacia de polícia, matando três homens da lei e ferindo mais dois
SITUAÇÃO: Morto em tiroteio com a polícia em 22 de novembro de 1994

Lear, Tuhran (?-)
Sexo: M
Raça: N
Tipo: T
Motivo: EC
Data: Década de 1980
Jurisdição: Chicago, Illinois.
Vítimas: Duas
MO: Matou adolescente quando menor; atirou em vítima de roubo
SITUAÇÃO: Condenado

Leasure, William Ernest (1946-) TCC: Meigo Bill
Sexo: M
Raça: B
Tipo: T
Motivo: EC
Data: 1977-81
Jurisdição: Distrito de Los Angeles, Califórnia.
Vítimas: Três
MO: Policial corrupto e assassino contratado
SITUAÇÃO: 15 anos a prisão perpétua em duas acusações em 1991

Leger, Antoine (f. 1824)
Sexo: M
Raça: B
Tipo: T
Motivo: Sex./Sad.
Data: Década de 1820
Jurisdição: França
Vítimas: "Diversas"
MO: "Estuprador" canibal de mulheres jovens que também bebia sangue de suas ví-

timas, algumas vezes removendo e devorando os corações
SITUAÇÃO: Guilhotinado em 1824

Legere, Allan Joseph (1948-) TCC: Homem Louco de Miramichi
Sexo: M
Raça: B
Tipo: N
Motivo: Sad.
Data: 1986-89
Jurisdição: New Brunswick/Canadá
Vítimas: Cinco +
MO: Torturou a primeira vítima até a morte; outras, apunhaladas, atingidas com clava, estranguladas, asfixiadas
SITUAÇÃO: Pena de prisão perpétua em 1986 (escapou em 1989); segunda pena de prisão perpétua em 1991

Lehman, Christa (1922)
Sexo: F
Raça: B
Tipo: F
Motivo: CP
Data: 1952-54
Jurisdição: Worms/Alemanha.
Vítimas: Três
MO: "Viúva Negra" assassina, envenenou marido, padrasto e a mulher do vizinho.
SITUAÇÃO: Sentença de prisão perpétua, 1954.

Lemieux, Joseph A. (1908-50)
Sexo: M
Raça: B
Tipo: T
Motivo: CP-não específico
Data: 1943/50
Jurisdição: Lawrence/Massachusetts
Vítimas: Duas
MO: Esntrangulador de mulheres; uma vítima mutilada
SITUAÇÃO: Condenado de homicídio culposo em 1943 (condicional em 1948); suicídio após o segundo assassinato em 17 de novembro de 1950

Lent, Lewis, Jr. (1950-)
Sexo: M
Raça: B
Tipo: N
Motivo: Sex.
Data: 1983-90
Jurisdição: Leste dos Estados Unidos
Vítimas: Oito suspeitas
MO: Assassino concupiscente de cinco mulheres (idades entre 10 e 21 anos) e três homens (idades entre 12 e 15 anos)
SITUAÇÃO: Prisão perpétua sem condicional em Massachusetts em 1995; 25 anos à prisão perpétua em Nova York em 1997

Leonard, Eric Royce (1969-) TCC: Assassino por excitação
Sexo: M
Raça: B
Tipo: T
Motivo: CP-não específico
Data: 1991
Jurisdição: Sacramento/Califórnia
Vítimas: Seis
MO: Atirou em vítimas/testemunhas em pequenos roubos
SITUAÇÃO: Condenado

Leonski, Edward Joseph (1917-42) TCC: Estrangulador Cantor
Sexo: M
Raça: B
Tipo: T
Motivo: CP-não específico
Data: 1919-42
Jurisdição: Melbourne, Austrália
Vítimas: Três
MO: Soldado americano alcoólatra matou mulheres "pelas suas vozes"
SITUAÇÃO: Enforcado em 9 de novembro de 1942

Leroy, Francis (1943-) TCC: o Lobisomem
Sexo: M
Raça: B
Tipo: T
Motivo: CP- não específico
Data: 1961-83

Jurisdição: Bergerac, França
Vítimas: Duas
MO: Vestia fantasias para atacar vítimas durante a lua cheia
SITUAÇÃO: 20 anos em 1963 (condicional em 1972); prisão perpétua sem condicional em 1989

Leslie, Nashville Franklin (1842-1925)
Sexo: M
Raça: B
Tipo: T
Motivo: CP
Data: Década de 1880
Jurisdição: Território do Arizona.
Vítimas: 13
MO: Matador profissional do Velho Oeste; as vítimas incluíram amante com quem vivia
SITUAÇÃO: 25 anos por assassinato de sua namorada em 1889; condicional e liberação em 1897

Libmann, Achin (1946-)
Sexo: M
Raça: B
Tipo: T
Motivo: CP-vingança
Data: 1986
Jurisdição: Frankfurt/Alemanha
Vítimas: Duas
MO: Estrangulou prostitutas após sua esposa tornar-se uma delas
SITUAÇÃO: Confessou a culpa; sentença de prisão perpétua em 1987

Lightbourne, Wendell (1940-)
Sexo: M
Raça: N
Tipo: T
Motivo: Sex.
Data: 1959
Jurisdição: Bermuda
Vítimas: Duas
MO: Estupro-assassinato de turistas do sexo feminino; marcas de mordida nos corpos
SITUAÇÃO: Sentença de morte comutada por prisão perpétua

Lineveldt, Gamal Salie (1919-42)
Sexo: M
Raça: B
Tipo: T
Motivo: Sex.
Data: 1940-41
Jurisdição: Cape Town/África do Sul
Vítimas: Quatro
MO: Mulheres estupradas-atingidas com clava
SITUAÇÃO: Confessou todas as acusações; enforcado em 1942

Lin Lai-Fu (1960-91)
Sexo: M
Raça: A
Tipo: T
Motivo: EC
Data: 1986-91
Jurisdição: Taiwan
Vítimas: 24
MO: Carreira criminosa; matou as vitimas em guerra de gangue, rapto e roubos
SITUAÇÃO: Executado em 25 de julho de 1991

Lisemba, Raymond (f. 1942)
Sexo: M
Raça: B
Tipo: N
Motivo: EC
Data: Décadas de 1930-40
Jurisdição: Colorado/Califórnia
Vítimas: Três
MO: "Barba Azul" assassino de esposas e amigos pelo seguro
SITUAÇÃO: Enforcado na Califórnia em maio de 1942

Little, Dwain Lee (1947-)
Sexo: M
Raça: B
Tipo: N
Motivo: Sex.
Data: 1964/75
Jurisdição: Oregon
Vítimas: Cinco

MO: Estuprou/apunhalou menina de 16 anos; atirou em família de quatro pessoas
SITUAÇÃO: Pena de prisão perpétua em 1966 (condicional em 1974); retornou como infrator de condicional em 1975 (liberado em 1977); três penas de prisão perpétua consecutivas por estupro mais tentativa de assassinato em 1980

Lockett, Will (f. 1920) TCC: Petrie Kimbrough
Sexo: M
Raça: N
Tipo: N
Motivo: Sex.
Data: 1912-15
Jurisdição: Illinois/Indiana/Kentucky
Vítimas: Quatro confessas
MO: Estupro-assassinato de mulheres e uma menina de 10 anos
SITUAÇÃO: Executado em Kentuky. em uma acusação em 11 de março de 1920

Lockhart, Michael Lee (1945-97)
Sexo: M
Raça: B
Tipo: N
Motivo: Sex./EC
Data: 1987
Jurisdição: Indiana/Texas/Flórida/Tenessee.
Vítimas: Seis + suspeitas
MO: Estupro-assassinato de meninas; matou oficial da polícia ao resistir à prisão
SITUAÇÃO: Condenado em duas acusações em Indiana e uma no Texas; executado no Texas em 9 de dezembro de 1997

Long, Neal Bradley (1927-)
Sexo: M
Raça: B
Tipo: T
Motivo: CP-extremista
Data: 1972-75
Jurisdição: Dayton, Ohio
Vítimas: Sete
MO: Atirava aleatoriamente motivado por racismo
SITUAÇÃO: Penas de prisão perpétua consecutiva em duas acusações em 1975

Long, Steven (f. 1868)
Sexo: M
Raça: B
Tipo: N
Motivo: CP
Data: Década de 1860
Jurisdição: Wyoming.
Vítimas: Oito +
MO: Matador profissional, fora da lei e homem da lei ocasional
SITUAÇÃO: Linchado por membros do comitê de vigilância em outubro de 1868

Longley, William P. (1851-78)
Sexo: M
Raça: B
Tipo: N
Motivo: CP
Data: 1867-77
Jurisdição: Texas/Kansas.
Vítimas: 32 admitidas
MO: Lutador com arma de fogo racista, atirou em negros, mexicanos, soldados da União e inimigos pessoais
SITUAÇÃO: Enforcado em 11 out/1878

Lopes, Edmund (1935-)
Sexo: M
Raça: B
Tipo: T
Motivo: CP-doméstico
Data: 1966-70
Jurisdição: Bloomingdale/Illinois
Vítimas: Duas
MO: Ministro batista; "Barba Azul" assassinou a esposa e a namorada
SITUAÇÃO: 20 anos por tentativa de assassinato em 1971; 50 a 99 anos por assassinato em 1972 (condicional em 1983); preso como infrator da condicional em janeiro de 1992 (liberado novamente em maio de 1992)

Lovett, William (1892-1923) TCC: Violento Bill
Sexo: M

Raça: B
Tipo: T
Motivo: EC
Data: *c.* 1916-23
Jurisdição: Nova York
Vítimas: "Diversas"
MO: Violento líder do grupo de extorsão "Mão Branca"
SITUAÇÃO: Assassinado por bandidos rivais em 31 out/1923

Lowe, Joseph, (1846-99) TCC: Rowdy Joe
Sexo: M
Raça: B
Tipo: N
Motivo: EC
Data: Década 1860 até 1899
Jurisdição: Kansas/Texas/Arizona/Col.
VITIMAS: "Numerosas"
MO: Suposto membro dos "INVASORES DE QUANTRILL" durante a Guerra Civil; posteriormente cafetão/jogador/matador profissional
SITUAÇÃO: Assassinato em tiroteio em Denver, Colorado. em 1899

Lucas, David Allen (1956-)
Sexo: M
Raça: B
Tipo: T
Motivo: Sex.
Data: 1979-84
Jurisdição: San Diego/Califórnia
Vítimas: Seis suspeitas
MO: Estupro-assassinato de mulheres e crianças
SITUAÇÃO: Condenado em três acusações em 1989

Ludke, Bruno (1909-44)
Sexo: M
Raça: B
Tipo: N
Motivo: Sex.
Data: 1928-43
Jurisdição: Alemanha
Vítimas: 85 confessados
MO: Estupro-assassinato de mulheres
SITUAÇÃO: Morreu em experimentos nazistas em 8 de abril de 1944

Luft, Lothar (1941-)
Sexo: M
Raça: B
Tipo: T
Motivo: CP
Data: 1986
Jurisdição: Alemanha
Vítimas: Três
MO: Matou sua esposa, sogra e namorada
SITUAÇÃO: Pena de prisão perpétua em 1986 (escapou em 1993)

Lumbrera, Diana (1957-)
Sexo: F
Raça: H
Tipo: N
Motivo: CP não específico
Data: 1976-90
Jurisdição: Texas/Kansas.
Vítimas: Sete
MO: Mãe que assassinou seus próprios filhos
SITUAÇÃO: Condenada à prisão perpétua.

Lusk, Bobby E. (1951-)
Sexo: M
Raça: B
Tipo: N
Motivo: EC
Data: 1976-78
Jurisdição: Flórida
Vítimas: Duas
MO: Sufocou vítima de roubo armado; matou recluso da prisão
SITUAÇÃO: Duas penas de prisão perpétua em 1977; pena de prisão perpétua na segunda acusação em 1980

Luther, Thomas Edward (1957-)
Sexo: M
Raça: B
Tipo: N
Motivo: Sex.
Data: Década de 1970-94
Jurisdição: Vermont/Colorado/W.Virgínia/

Pennsylvania
Vítimas: 9 + suspeitas
MO: Estupro-assassinato de mulheres
SITUAÇÃO: 15-35 anos por estupro em W.Virgínia, 1995; 48 anos em uma acusação de assassinato no Colorado. em 1996; duas penas de 50 anos por assalto e tentativa de assassinato no Colorado em 1996

Lyles, Anjette Donovan (1917-77)
Sexo: F
Raça: B
Tipo: T
Motivo: CP-não específico
Data: 1952-57
Jurisdição: Macon, Geórgia.
Vítimas: Quatro
MO: Praticante de Vodu e "viúva negra" envenenou dois maridos, sogra e uma filha
SITUAÇÃO: Condenada em uma acusação em 1958; sentenciada insana e enviada ao hospital estadual em 1960; morreu ali em dezembro de 1977

M. Henryk (1943- ?)
Sexo: M
Raça: B
Tipo: T
Motivo: EC
Data: 1986-92
Jurisdição: Piotrko Trybunalski/Polônia
Vítimas: Sete
MO: Atirou em vítimas de roubo a sangue frio
SITUAÇÃO: Condenado em 1993

McDonald, William (1926-) TCC: Mutilador de Sydney
Sexo: M
Raça: B
Tipo: T
Motivo: Sad./CP-vingança
Data: 1961-62
Jurisdição: Sidney/Austrália
Vítimas: Quatro
MO: "Estripador" de oito homens gays; supostamente procurou vingança pelo abuso sexual homossexual que sofreu na adolescência
SITUAÇÃO: Pena de prisão perpétua em 1962; depois sentenciado insano e enviado para asilo

Macek, Richard O. (1948-) TCC: Mordedor Louco
Sexo: M
Raça: B
Tipo: N
Motivo: Sex./Sad.
Data: 1974-75
Jurisdição: Wisconsin/Illinois
Vítimas: Três
MO: Estupro-assassinato e mutilação de mulheres com idades entre três e 26 anos
SITUAÇÃO: Sentença indefinida para o asilo de Wisconsin como infrator sexual desorganizado em 1976; 50 a 75 anos em Illinois em uma acusação em 1976; pena de prisão perpétua no Wisconsin em confissão de culpa em uma acusação em 1977; 30 anos por estupro no Wisconsin. e 200 a 400 anos por duas acusações de assassinato em Illinois em 1980

MacGregor, Dr. Robert (1879-1928)
Sexo: M
Raça: B
Tipo: F
Motivo: EC
Data: 1909-11
Jurisdição: Ubly/Michigan
Vítimas: Três
MO: Matou o marido da amante e dois filhos pelo seguro
SITUAÇÃO: Sentença de prisão perpétua em 1912 (condicional dada pelo governador em 1916); permaneceu na prisão como médico até sua morte

Mackay, Patric David (1952-)
Sexo: M
Raça: B
Tipo: T
Motivo: CP-não específico
Data: 1974-75
Jurisdição: Middlesex, Inglaterra

Vítimas: 11 suspeitas
MO: Psicopata obcecado pelo nazismo; apunhalou e atingiu com machado vítimas de ambos os sexos com idades entre 17 e 89 anos
SITUAÇÃO: Sentença de prisão perpétua seguida de confissão de culpa em três acusações de homicídio culposo; duas outras acusações abandonadas na negociação de sentença

Madden, Owen (1892-1965) TCC: Owney o Assassino
Sexo: M
Raça: B
Tipo: T
Motivo: EC
Data: 1909-32
Jurisdição: Cidade de Nova York
Vítimas: "Numerosas"
MO: Gângester inglês da era da Proibição
SITUAÇÃO: Oito anos em uma acusação em N.Y. de 1915-23; aposentou-se na organização na década de 1940; morreu no Arkansas em 1965

Magliolo, Michael Scott (1960-)
Sexo: M
Raça: B
Tipo: N
Motivo: Sex.
Data: 1977-91
Jurisdição: Tenessee/Ohio/Texas/Pennsylvania/Lousiania/Arkansas
Vítimas: 10+ suspeitas
MO: Estuprador-assassino de passagem de mulheres jovens; também suspeito de matar seu meio-irmão
SITUAÇÃO: Prisão perpétua + 50 anos no Tenessee. em 1993; 15 anos à prisão perpétua em Ohio em 1993

Maggon, Seymour (?-?) TCC: Blue Jaw
Sexo: M
Raça: B
Tipo: T
Motivo: EC
Data: 1931-40
Jurisdição: N.Y./N.J.
Vítimas: "Numerosas"
MO: Assassino por contrato de "MURDER, INC."
SITUAÇÃO: Imunidade concedida em troca de testemunho

Maione, Harry (f. 1942) TCC: Happy
Sexo: M
Raça: B
Tipo: N
Motivo: EC
Data: 1931-40
Jurisdição: Norte dos Estados Unidos
Vítimas: 12 +
MO: Matador por contrato de "MURDER, INC"
SITUAÇÃO: Executado em Sing Sing em 19 fev/1942

Mansfield, William, Jr. (1956-)
Sexo: M
Raça: B
Tipo: N
Motivo: Sex.
Data: 1980-81
Jurisdição: Flórida/Califl.
Vítimas: Cinco +
MO: Filho de molestador condenado; estupros-assassinatos de mulheres com idades entre 15 e 30 anos
SITUAÇÃO: Penas de prisão perpétua concomitantes na Califórnia. e Flórida

Manso, Gerardo Marten, (1957-)
Sexo: M
Raça: H
Tipo: T
Motivo: CP
Data: 1991-93
Jurisdição: Distrito de Dade/Flórida
VITIMAS: Duas
MO: Atirou na esposa suspeitando da amante, atirou nos empregados no trabalho.
SITUAÇÃO: 22 anos em uma condenação, 1994; condenado na 2ª acusação mais quatro penas perpétuas por atentado de morte, 1995

Manuel, Peter Thomas Anthony (1927-58)
Sexo: M
Raça: B
Tipo: N
Motivo: EC/Sad.
Data: 1956-58
Jurisdição: Escócia/Inglaterra
Vítimas: 9 a 12
MO: Carreira criminosa; assassinato de vítimas durante roubos
SITUAÇÃO: Enforcado em Glasgow em 11 jul/1958

Marbley, Odell (1955-)
Sexo: M
Raça: N
Tipo: T
Motivo: CP
Data: 1977-80
Jurisdição: Indianápolis/Indiana
Vítimas: Duas
MO: Atingiu com clava o filho de quatro anos da namorada; atirou em conhecido
SITUAÇÃO: Cumpriu 15 anos em condenações de assassinato

Marcus, Jerry (1951-)
Sexo: M
Raça: B
Tipo: N
Motivo: Sex.
Data: 1971-87
Jurisdição: Alabama/Mississipi/Tenessee/Geórgia
Vítimas: 15 suspeitos
MO: Transeunte estuprador-assassino de mulheres
SITUAÇÃO: Confessou sete assassinatos, pena de prisão perpétua em uma acusação em Alabama em 1988

Marek, Marthe (1904-38)
Sexo: F
Raça: B
Tipo: T
Motivo: EC
Data: 1920-37
Jurisdição: Viena/Áustria
Vítimas: Quatro
MO: "Viúva Negra" envenenadora de maridos e outros pelo seguro
SITUAÇÃO: Decapitada em 6 dez/1938

Marjek, Ali (1958-77)
Sexo: M
Raça: A
Tipo: T
Motivo: Sex.
Data: 1976-77
Jurisdição: Síria
Vítimas: Três
MO: Pedófilo estuprador-assassino de meninos pequenos
SITUAÇÃO: Enforcado em 27 mar/1977

Marquette, Richard Lawrence (1935-)
Sexo: M
Raça: B
Tipo: N
Motivo: Sex./Sad.
Data: 1961-75
Jurisdição: Portland/Salem, Oregon.
Vítimas: Três
MO: Mutilou vítimas adultas do sexo feminino
SITUAÇÃO: Sentença de prisão perpétua na primeira acusação (condicional em 1975); pena de prisão perpétua na segunda acusação em 1975

Marshall, Robert Wayne (1955- 92)
Sexo: M
Raça: B
Tipo: T
Motivo: Sex.
Data: 1988-92
Jurisdição: Pittsburg, Pennsylvania.
Vítimas: Duas
MO: Alcoólatra gay; mutilou vítimas do sexo masculino
SITUAÇÃO: Suicídio para evitar a prisão, em 15 de maio de 1992

Martin, James Lindsay (1955-)
Sexo: M

Raça: B
Tipo: N
Motivo: EC-crime qualificado
Data: 1991-92
Jurisdição: Nevada./Califórnia.
Vítimas: Duas
MO: Carreira criminosa; atingiu mulher de 68 anos e homem de 91 anos em roubo armado
SITUAÇÃO: Pena de prisão perpétua na Califórnia em 1993

Martin, Lee Roy (1937-72)
Sexo: M
Raça: B
Tipo: T
Motivo: Sex.
Data: 1967-68
Jurisdição: Gaffney/S.C.
Vítimas: Quatro
MO: Estrangulou mulheres entre 14 e 32 anos
SITUAÇÃO: Condenação de quatro períodos de prisão perpétua, assassinado na prisão, maio de 1972.

Martin, Rhonda Belle 1907-57)
Sexo: F
Raça: B
Tipo: T
Motivo: CP-doméstico
Data: 1934-55
Jurisdição: Ubly/Michigan
Vítimas: Sete confessas
MO: "Viúva Negra" envenenadora de pais, mães e filhos.
SITUAÇÃO: Executada em 11 de outubro de 1957

Martino, Alfonso de (? -)
Sexo: M
Raça: B
Tipo: F
Motivo: CP-não específico
Data: 1993-94
Jurisdição: Frosinone/Itália
Vítimas: Quatro
MO: Enfermeiro que matou os pacientes do hospital com curare
SITUAÇÃO: Condenado; sentença desconhecida

Mashiane, Johannes (f. 1989) TCC: Besta de Atteridgeville
Sexo: M
Raça: N
Tipo: T
Motivo: CP/Sex.
Data: 1982/88-89
Jurisdição: Atteridgeville, África do Sul
Vítimas: 13
MO: Matou a namorada (1982); sodomizou e apedrejou/estrangulou meninos pequenos
SITUAÇÃO: Cinco anos no primeiro assassinato; atropelado por ônibus ao fugir da cena de ataque da 13ª criança (possível suicídio)

Maslich, Andrei (?-)
Sexo: M
Raça: B
Tipo: T
Motivo: CP
Data: Década de 1990
Jurisdição: Sibéria/Rússia
Vítimas: Quatro
MO: Encarcerado por dois assassinatos; matou/canibalizou companheiros de cela em dois incidentes separados
SITUAÇÃO: Condenado em 1995 por assassinar um companheiro de cela; condenado na segunda acusação em 1996

Mason, David Edwin (1957-93)
Sexo: M
Raça: B
Tipo: N
Motivo: EC/Sad.
Data: 1980-82
Jurisdição: Califórnia.
Vítimas: Cinco
MO: Roubou/atingiu com clava mulheres idosas (1980); matou companheiro de cela ao aguardar julgamento

SITUAÇÃO: Executado em 24 de agosto de 1993

Matajke, Dorothy (?-)
Sexo: F
Raça: B
Tipo: N
Motivo: EC
Data: 1972-86
Jurisdição: Iowa/Arkansas
Vítimas: Três +
MO: "Enfermeira" vivendo no emprego, roubou e envenenou clientes idosos
SITUAÇÃO: Prisão perpétua + 60 anos em duas acusações no Arkansas em 1987

Mather, David (1945-?) TCC: Dave Misterioso
Sexo: M
Raça: B
Tipo: N
Motivo: CP/EC
Data: Décadas de 1970-80
Jurisdição: Kansas/N.Mex/Texas
Vítimas: 14 +
MO: Fora da lei, lutador com arma de fogo e homem da lei ocasional
SITUAÇÃO: Supostamente retornou ao Canadá nativo no fim da década de 1880

Matta, Chander (1969-)
Sexo: M
Raça: ?
Tipo: T
Motivo: Sex.
Data: 1989-90
Jurisdição: D.C./Virgínia
Vítimas: Três confessas
MO: Atirou/atingiu com clava/estrangulou prostitutas louras
SITUAÇÃO: Pena de prisão perpétua sem condicional em 1991

Matteucci, Andréa (?-) TCC: Monstro de Aosta
Sexo: M
Raça: B
Tipo: T
Motivo: Sex.

Data: 1980-95
Jurisdição: Aosta/Puglia, Itália
Vítimas: Seis +
MO: Assassino concupiscente de prostitutas e um homem gay; corpos queimados
SITUAÇÃO: Confessou a culpa em quatro acusações; sentença desconhecida

Mattson, Michael Dee (1953-)
Sexo: M
Raça: B
Tipo: T
Motivo: Sex.
Data: 1978
Jurisdição: Área de Los Angeles
Vítimas: Duas
MO: Estrangulou meninas com idades entre 9 e 16 anos
SITUAÇÃO: Condenado

Maury, Robert Edward (1956-)
Sexo: M
Raça: B
Tipo: N
Motivo: Sex./EC
Data: 1985-87
Jurisdição: Redding, Califórnia.
Vítimas: Três
MO: Estrangulou mulheres e colecionou prêmios de "testemunha secreta" por orientar a polícia a seus corpos
SITUAÇÃO: Condenado em 1989

Maxwell, Bobby Joe (1945-) TCC: Apunhalador da Área de Vagabundos
Sexo: M
Raça: B
Tipo: T
Motivo: CP-não específico
Data: 1978
Jurisdição: Los Angeles, Califórnia.
Vítimas: Dez
MO: Ocultista e assassino de ritual de homens sem teto
SITUAÇÃO: Pena de prisão perpétua em duas acusações em 1984

Mazurkiewicz, Wladislaw (1911-57)
TCC: Cavalheiro Assassino
Sexo: M

Raça: B
Tipo: T
Motivo: EC
Data: Década de 1950
Jurisdição: Cracóvia, Polônia
Vítimas: 30 confessas
MO: Ladrão invasor de residências que assassinou vítimas de ambos os sexos
SITUAÇÃO: Enforcado em 31 de janeiro de 1957

McCafferty, Archie (1948-) TCC: Cachorro Louco
Sexo: M
Raça: B
Tipo: T
Motivo: CP-Não específico
Data: 1974-82
Jurisdição: Austrália
Vítimas: Quatro
MO: Matou quatro homens, supostamente sob ordens de seu filho falecido; matou reclusos na prisão
SITUAÇÃO: Três penas de prisão perpétua em 1974; liberado e deportado em 1997

McCarty, Henry (1859-81) TCC: William H. Bonney
Sexo: M
Raça: B
Tipo: N
Motivo: EC/CP
Data: 1877-81
Jurisdição: Arizona/Novo México
Vítimas: Quatro a Dez
MO: Lutador com arma de fogo do Velho Oeste, fora da lei e partidario nos movimentos de tomada de terras
SITUAÇÃO: Atingido por tiros em 10 de julho de 1881

McDuff, Kenneth Allen (1946-98)
Sexo: M
Raça: B
Tipo: N
Motivo: Sex./Sad.
Data: 1966/1991-92
Jurisdição: Texas.
Vítimas: Nove suspeitas
MO: Matou três adolescentes em 1966; estupro-assassinato de mulheres em 1991-92
SITUAÇÃO: Condenado em 1966 (comutado para prisão perpétua em 1972; condicional em 1990); condenado em uma acusação em 1993; executado em 17 de novembro de 1998
CÚMPLICES: Roy Dale Green (1948-), cumpriu 13 anos de uma sentença de 31 anos em sua participação em assassinato triplo em 1966; Alva Hank Worley (1958-), confessou a participação em um rapto em 1992, concedida imunidade por entregar a evidência ao Estado

McErlane, Frank (f. 1932)
Sexo: M
Raça: B
Tipo: T
Motivo: EC/CP
Data: 1920-32
Jurisdição: Chicago/Illinois
Vítimas: 15 +
MO: Psicótico que extorquia; introduziu fuzil-metralhadora em guerra de gangues em 1925
SITUAÇÃO: Morreu de pneumonia em 1932

McGinlay, Joseph (1955-)
Sexo: M
Raça: B
Tipo: N
Motivo: Sex.
Data: 1973-96
Jurisdição: Escócia
Vítimas: Duas
MO: Assassino concupiscente de mulheres com idades de 16 e 23 anos
SITUAÇÃO: Pena de prisão perpétua em 1973 (condicional em 1996); pena de prisão perpétua em 1997

McGinnis, Virginia [Veja: REARDEN, VIRGINIA]

McGown, Dr. Richard (1937-)
Sexo: M

Raça: B
Tipo: F
Motivo: CP
Data: 1986-92
Jurisdição: Harare, Zimbabwe
Vítimas: Cinco supostas
MO: *Overdose* em pacientes do hospital com morfina em "experimentos"
SITUAÇÃO: Sentença de seis meses por duas mortes por "negligência" em 1995

McGurn, Jack [Veja: GIBALDI, VINCENZO]

McKinney, James (1861-1902)
Sexo: M
Raça: B
Tipo: N
Motivo: EC/Sad.
Data: Década de 1880 até 1902
Jurisdição: Colorado/Califórnia.
Vítimas: "Diversas"
MO: Psicopata fora da lei/matador profissional
SITUAÇÃO: Morreu em tiroteio com autoridades em 18 abr/1902

McKnight, Anthony (1954-)
Sexo: M
Raça: N
Tipo: T
Motivo: Sex.
Data: 1984-86
Jurisdição: Oakland, Califórnia.
Vítimas: Sete suspeitas
MO: Estupro-assassinato de mulheres, incluindo diversas prostitutas
SITUAÇÃO: Nunca foi acusado de assassinato; 63 anos por estupro e tentativa de assassinato de seis mulheres que sobreviveram aos ataques em 1987

McLen, Ralph (1966-95)
Sexo: M
Raça: ?
Tipo: N
Motivo: CP
Data: 1995
Jurisdição: Maryland/D.C.

Vítimas: Duas
MO: "Odiava policiais" e atirou em homens da lei em emboscada
SITUAÇÃO: Morto ao resistir à prisão em 29 de maio de 1995

McManus, Fred (1935-)
Sexo: M
Raça: B
Tipo: N
Motivo: EC/CP
Data: 1953
Jurisdição: N.Y./Illinois/Iowa/Minnesota
Vítimas: Cinco
MO: Assassinato por excitação de vítimas de assalto à mão armada em quatro Estados
SITUAÇÃO: Sentença de prisão perpétua em N.Y. em uma acusação em 1953

McRae, John Rodney (1935-)
Sexo: M
Raça: ?
Tipo: N
Motivo: Sex.
Data: 1950-87
Jurisdição: Michigan/Flórida
Vítimas: Quatro suspeitas
MO: Pedófilo-estuprador de dois casos semelhantes de meninos; suspeito de mais dois
SITUAÇÃO: Cumpriu 21 anos em Michigan, pelo assassinato de menino de 8 anos (condicional em 1971); condenado na segunda acusação em Michigan. em 1998; pendentes duas acusações na Flórida

McSparen, Mildred (f. 1988)
Sexo: F
Raça: B
Tipo: F
Motivo: CP-não específico
Data: 1981
Jurisdição: Lomax, Illinois.
Vítimas: Duas
MO: "Viúva Negra" envenenou duas crianças pequenas
SITUAÇÃO: Tentativa de suicídio na cadeia por enforcamento em 4 de dezembro de

1981; em coma pelo enforcamento até a morte em hospital por penumonia em 4 de novembro de 1988

Meach, Charles L., III (?-)
Sexo: M
Raça: B
Tipo: T
Motivo: CP/EC
Data: 1973-82
Jurisdição: Anchorage/Alaska
Vítimas: Cinco
MO: Atacou um homem no parque com um bastão; atirou em quatro adolescentes que acampavam e que o pegaram roubando de sua tenda
SITUAÇÃO: Absolvido com base em insanidade em 1973; 396 anos sem condicional em quatro acusações em 1983

Meadows, Johnny (1937-)
Sexo: M
Raça: B
Tipo: T
Motivo: Sex.
Data: 1968-71
Jurisdição: Texas
Vítimas: Quatro confessas
MO: Assassino concupiscente de mulheres adultas
SITUAÇÃO: 99 anos em confissão de culpa em uma acusação em 1972

Medina, Teófilo, Jr. (1943-)
Sexo: M
Raça: H
Tipo: T
Motivo: EC
Data: 1984
Jurisdição: Distrito de Orange/Califórnia
Vítimas: Três
MO: Estuprador em condicional; atirou em três homens jovens em assalto à mão armada
SITUAÇÃO: Condenado em 1987

Medley, Joseph D. (1903-48)
Sexo: M
Raça: B
Tipo: N
Motivo: EC
Data: Década de 1940
Jurisdição: D.C./Meio Oeste
Vítimas: Três + suspeitas
MO: Roubo/assassinato de mulheres
SITUAÇÃO: Executado em Washington D.C. em uma acusação em 20 de dezembro de 1948

Meeks, Douglas Ray (1953-)
Sexo: M
Raça: B
Tipo: T
Motivo: CP
Data: 1974
Jurisdição: Distrito de Taylor/Flórida
Vítimas: Duas
MO: Matou duas vítimas em disputa pessoal
SITUAÇÃO: Condenado em duas acusações em 1975

Melton, Antonio Lebaron (1972-)
Sexo: M
Raça: N
Tipo: T
Motivo: EC
Data: 1990-91
Jurisdição: Distrito de Escambia/Flórida
Vítimas: Duas
MO: Matou vítimas em assalto à mão armada
SITUAÇÃO: Pena de prisão perpétua em uma acusação em 1991; condenado na segunda em 1992

Menarik, Carls (1889-?)
Sexo: M
Raça: B
Tipo: F
Motivo: CP-não específico
Data: 1914
Jurisdição: Yonkers, N.Y.
Vítimas: Oito confessas
MO: Imigrante austríaco, envenenou pacientes em casa de saúde onde trabalhava
SITUAÇÃO: Confinado a asilo em 1915; escapou em 1916; nunca foi encontrado

Mendoza, Ivan (1966-)
Sexo: M
Raça: H
Tipo: T
Motivo: Sex.
Data: 1981-82
Jurisdição: Cidade de Nova York
Vítimas: Duas
MO: Apunhalou mulheres durante roubo
SITUAÇÃO: Condenado em ambas as acusações em 1983

Mengel, Alex J. (1955-85)
Sexo: M
Raça: B
Tipo: F
Motivo: Sex./EC
Data: 1985
Jurisdição: N.Y.
Vítimas: Duas
MO: Matou/escalpelou mulher; atirou em policial que parou seu carro
SITUAÇÃO: Morto enquanto tentava escapar da custódia em 26 abr/1985

Mengele, Dr. Josef (1911-79)
Sexo: M
Raça: B
Tipo: F
Motivo: Sad./CP-extremista
Data: 1943-45
Jurisdição: Auschwitz, Polônia
Vítimas: Dezenas
MO: Médico nazista que matou os reclusos em campo de concentração em ataques de violência pessoal; matou outros no curso de seus experimentos médicos estranhos; ordenou pessoalmente a execução de centenas, além de 300 crianças queimadas vivas em um incidente.
SITUAÇÃO: Fugiu para a América do Sul após a Segunda Guerra Mundial; supostamente sofreu ataque do coração enquanto nadava e afogou-se em 1979

Mentzer, William (?-)
Sexo: M
Raça: B
Tipo: T
Motivo: EC
Data: 1974-88
Jurisdição: Califórnia./N.Y./Flórida
Vítimas: Cinco + suspeitas
MO: Matador por contrato liga-se ao sindicato de drogas; também designado por DAVID BERKOWITZ como participante em assassinatos de culto satânico
SITUAÇÃO: Prisão perpétua sem condicional em duas acusações na Califórnia. em 1991

Menzi, Kurt (1962-)
Sexo: M
Raça: B
Tipo: T
Motivo: Sex.
Data: 1983-84
Jurisdição: St. Gallen/Suíça
Vítimas: Duas
MO: Estupro-assassinato de meninas com idades de 10 e 18 anos
SITUAÇÃO: Sentença de prisão perpétua em uma acusação em 1985

Merrett, John Donald (1908-54)
Sexo: M
Raça: B
Tipo: N
Motivo: EC/CP
Data: 1926-54
Jurisdição: Escócia/Inglaterra
Vítimas: Três confessas
MO: Contrabandista que matou sua mãe (1926); depois matou sua esposa marginalizada e sogra (1954)
SITUAÇÃO: Absolvido em 1926; suicídio por arma de fogo em 17 de fevereiro de 1954

Metheny, Joe (1955-)
Sexo: M
Raça: B
Tipo: T
Motivo: Sex. Sad.
Data: 1976-95
Jurisdição: Baltimore/Maryland
Vítimas: Dez confessas

MO: Admitiu a mutilação-assassinato de homens e mulheres
SITUAÇÃO: Pena de prisão perpétua em uma acusação em 1977; condenado na segunda acusação em 1998

Meyer, Thomas (1961-)
Sexo: M
Raça: B
Tipo: T
Motivo: Sex.
Data: 1986-87
Jurisdição: Bonn/Alemanha
Vítimas: Três
MO: Invasor de residência; matou mulheres com idades entre 13 e 37 anos e colocou fogo
SITUAÇÃO: Sentença de prisão perpétua em três acusações em 1988

Mfeka, Samuel Bongani (? -)
Sexo: M
Raça: N
Tipo: T
Motivo: Sex.
Data: 1993-96
Jurisdição: Kwazulu Natal, África do Sul
Vítimas: Seis
MO: Estupro-assassinato de mulheres; também suspeito no caso "ESTRANGULADOR DE NASREC"
SITUAÇÃO: Confessou seis casos na prisão em setembro de 1996

Middleton, David (1961-)
Sexo: M
Raça: N
Tipo: N
Motivo: Sex./Sad.
Data: 1993-95
Jurisdição: Colorado/Nevada.
Vítimas: Três
MO: Ex-policial e estuprador em condicional; assassino sexual de mulheres com idades entre 18 e 45 anos; dispositivos de tortura encontrados em sua casa
SITUAÇÃO: Condenado em duas acusações em Nevada. em 1997

Miller, Donald Gene (1955-)
Sexo: M
Raça: B
Tipo: T
Motivo: Sex.
Data: 1978
Jurisdição: Lansing/Michigan
Vítimas: Quatro confessas
MO: Estuprador que matou sua noiva e três outras mulheres
SITUAÇÃO: 30 a 50 anos por estupro e tentativa de assassinato de vítimas sobreviventes em 1978; 15 anos na negociação de pena em crime qualificado voluntário em 1979

Miller, George Thaxton (1900-)
Sexo: M
Raça: B
Tipo: T
Motivo: CP-extremista
Data: 1926
Jurisdição: Distrito de Crenshaw/Alabama
Vítimas: Duas admitidas
MO: Homem da Ku Klux Klan; atirou em homens negros em "autodefesa"
SITUAÇÃO: Reivindicou absolvição por todos os jurados brancos (registros perdidos)

Miller, Gerald Wesley (1936-)
Sexo: M
Raça: B
Tipo: T
Motivo: CP-doméstico
Data: 1984/89
Jurisdição: Salem, Oregon.
Vítimas: Duas
MO: "Barba Azul" assassino de esposas
SITUAÇÃO: Pena de prisão perpétua em duas acusações em 1993

Miller, Hugh (1969-)
Sexo: M
Raça: B
Tipo: T
Motivo: CP

Data: 1995
Jurisdição: Cidade de Burlington/N.J.
Vítimas: Três
MO: Atirou em sua mãe, na ex-namorada e em um conhecido
SITUAÇÃO: Três penas consecutivas de prisão perpétua em 1998

Miller, James B. (1861-1909) TCC: Killin'Jim
Sexo: M
Raça: B
Tipo: N
Motivo: CP/EC
Data: 1883-1909
Jurisdição: Arkansas/Texas/N.Mex/Oklahoma
Vítimas: 40 a 50 alegadas
MO: Lutador com arma de fogo e matador contratado; ocasional homem da lei
SITUAÇÃO: Linchado em Oklahoma. em 19 abr/1909

Miller, John Lawrence (1942-)
Sexo: M
Raça: B
Tipo: T
Motivo: CP-não específico
Data: 1957-75
Jurisdição: Distrito de Los Angeles/Califórnia
Vítimas: Três
MO: Atingiu com clava um bebê em 1957; atirou em seus pais em 1975
SITUAÇÃO: Condenado por homicídio em 1958 (condicional em 1975); pena de prisão perpétua em 1975

Miller, Joseph Robert (1954-)
Sexo: M
Raça: B
Tipo: T
Motivo: Sex.
Datas: 1976-77/1993
Jurisdição: Illinois.
Vítimas: Quatro
MO: Estrangulador de prostitutas em Chicago e Peoria (década de 1970)
SITUAÇÃO: Cumpriu 15 anos pelos primeiros dois homicídios; condenado em 1994

Miller, Vernon C. (f. 1933)
Sexo: M
Raça: B
Tipo: N
Motivo: EC
Data: 1925-33
Jurisdição: Meio Oeste dos Estados Unidos
Vítimas: "Diversas"
MO: Homem da lei e herói de guerra tornou-se matador por contrato
SITUAÇÃO: Assassinado por membros de gangue em 28 nov/1933

Miller, Walter (f. 1870)
Sexo: M
Raça: B
Tipo: T
Motivo: EC
Data: 1870
Jurisdição: Chelsea/Inglaterra
Vítimas: Duas
MO: Roubou/matou vítimas idosas em suas casas
SITUAÇÃO: Confessou duas acusações e foi enforcado

Minghella, Maurizio (?-) TCC: Estrangulador de Valpocevera
Sexo: M
Raça: B
Tipo: T
Motivo: Sex.
Data: 1978
Jurisdição: Valpocevera/Itália
Vítimas: Quatro
MO: Estupro-assassinato de mulheres jovens
SITUAÇÃO: Sentença de prisão perpétua

Minow, Paul (?-?)
Sexo: M
Raça: B
Tipo: F
Motivo: CP-não específico
Data: 1907
Jurisdição: Berlim, Alemanha
Vítimas: Três

MO: "Estripador" epilético de meninas, todas com idade inferior a 5 anos
SITUAÇÃO: Confessou em novembro de 1907; sentença desconhecida

Mirabella, John (1905-55)
Sexo: M
Raça: B
Tipo: N
Motivo: EC
Data: Décadas de 1920-40
Jurisdição: Michigan/Ohio
Vítimas: "Numerosas"
MO: Espancador alcoólatra da Máfia
SITUAÇÃO: Morreu de cirrose em 1955

Mitchell, Roy (1892-1923)
Sexo: M
Raça: N
Tipo: T
Motivo: EC/Sex.
Data: 1909-11
Jurisdição: Waco/Texas
Vítimas: Cinco confessas
MO: Matou um agente com um machado; atacou casais em via isolada; pelo menos um estupro
SITUAÇÃO: Enforcado em 30 de julho de 1923

Modeno, Mariano (f. 1878)
Sexo: M
Raça: B
Tipo: N
Motivo: CP
Data: Década de 1830 até 1878
Jurisdição: Montanhas Rochosas
Vítimas: Cem +
MO: "Homem da montanha" e "Assassino incessante" de índios
SITUAÇÃO: Morreu de causas naturais em 1878

Modzieliewski, Stanislav (?-)
Sexo: M
Raça: B
Tipo: T
Motivo: Sex.

Data: Década de 1960
Jurisdição: Lodz/Polônia
Vítimas: Sete
MO: "Vampiro" assassino de mulheres; seis outras vítimas sobreviveram
SITUAÇÃO: Condenado em sete assassinatos e seis tentativas de homicídio em 1969

Moffett, Jessie Ray (1959-98)
Sexo: M
Raça: N
Tipo: T
Motivo: Sex./EC
Data: 1979/87
Jurisdição: San Diego/Califórnia
Vítimas: Duas
MO: Atingiu com clava mulheres jovens (1979); atirou em guarda de segurança em assalto à mão armada
SITUAÇÃO: Condenado em 1992; morreu na prisão em 2 de maio de 1998

Mofokeng, Sylvester (1972-)
Sexo: M
Raça: B
Tipo: T
Motivo: EC
Data: Década de 1990
Jurisdição: Joanesburgo, África do Sul
Vítimas: 13
MO: Escapou da reclusão por condenação de homicídio anterior; matou 12 vítimas mais durante invasões de casas enquanto estava à solta
SITUAÇÃO: Prisão perpétua mais 70 anos pelo primeiro homicídio; dez penas de prisão perpétua mais 145 anos em 1997

Monaham, Annie (?-?)
Sexo: F
Raça: B
Tipo: T
Motivo: EC
Data: 1906-17
Jurisdição: New Haven, Connecticut.
Vítimas: Quatro
MO: "Viúva Negra" envenenou maridos e sobrinha pelo seguro

SITUAÇÃO: Sentença de prisão perpétua em 1919

Montgomery, William David (1963-)
Sexo: M
Raça: B
Tipo: T
Motivo: Sex.
Data: 1992-93
Jurisdição: Bensalem Township, Pennsylvania.
Vítimas: Duas
MO: Atingiu com clava uma *'stripper'* e uma prostituta com martelo de pontas
SITUAÇÃO: Confessou culpa e recebeu pena de prisão perpétua em 1994

Moody, Walter Leroy, Jr. (1945-)
Sexo: M
Raça: B
Tipo: N
Motivo: CP-extremista
Data: 1989
Jurisdição: Alabama/Geórgia.
Vítimas: Duas
MO: Racista, enviava bombas pelo correio; matou um juiz e um advogado
SITUAÇÃO: Prisão perpétua sem condicional em prisão federal; condenado em Alabama. em 1997

Moore, Blanche Taylor (1933-)
Sexo: M
Raça: H
Tipo: T
Motivo: CP/EC
Data: 1966
Jurisdição: Burlington, N.C.
Vítimas: Quatro
MO: "Viúva Negra" envenenou pai, marido, sogra e namorado
SITUAÇÃO: Condenada em 1991

Moore, Ernest (1973-98)
Sexo: M
Raça: ?
Tipo: T
Motivo: CP/EC

Data: 1998
Jurisdição: Distrito de Cameron, Texas
Vítimas: Quatro
MO: Atirou em duas mulheres na casa da namorada; depois matou dois policiais
SITUAÇÃO: Morto ao resistir à prisão em 7 jul/1998

Moore, Henry Lee (?-?)
Sexo: M
Raça: B
Tipo: N
Motivo: CP-não específico
Data: 1911-12
Jurisdição: Kansas/Illinois/Iowa/Colorado/Missouri.
Vítimas: 26 suspeitas
MO: Invasor de residências transeunte, matou a família inteira com machados
SITUAÇÃO: Sentença de prisão perpétua em Missouri. por assassinato com machado de sua mãe e avó em 1912

Moore, Peter (1940-)
Sexo: M
Raça: B
Tipo: T
Motivo: CP-não específico
Data: 1995
Jurisdição: North Wales, Reino Unido
Vítimas: Quatro
MO: Proprietário de teatro e mutilador-assassino de homens adultos; responsabilizou "Jason" da série *Sexta-Feira 13* por seus crimes
SITUAÇÃO: Pena de prisão perpétua sem condicional em 1996

Moran, Richard Allen (1954-)
Sexo: M
Raça: ?
Tipo: T
Motivo: EC
Data: 1984
Jurisdição: Las Vegas, Nevada.
Vítimas: Três confessas
MO: Viciado em drogas; matou a ex-esposa

e dois empregados do bar
SITUAÇÃO: Executado em 30 mar/1996

Morandini, Vitaline (?-) TCC: Monstro de Portoglio
Sexo: F
Raça: B
Tipo: T
Motivo: CP-não específico
Data: 1955-56
Jurisdição: Portoglio/itália
Vítimas: Dez
MO: "Acidentes" encenados para vítimas selecionadas
SITUAÇÃO: Condenada; sentença desconhecida

Morello, Peter (1880-1930) TCC: Mão de Garra
Sexo: M
Raça: B
Tipo: T
Motivo: EC
Data: Década de 1920
Jurisdição: Cidade de Nova York
Vítimas: "Numerosas"
MO: "Executor" e espancador da Máfia
SITUAÇÃO: Morto por homem conhecido somente como "DEMOLIDOR DE CHICAGO" em 1930

Morgan, John (f.1869) TCC: Louco Mose
Sexo: M
Raça: B
Tipo: N
Motivo: CP/Sad.
Data: Década de 1840 até 1869
Jurisdição: Montanhas Rochosas
Vítimas: Cem +
MO: Assassinato de índios motivado por vingança; divertia-se em desmembrar suas vítimas enquanto estavam vivas
SITUAÇÃO: Morto em batalha com os índios em 1869

Morris, Major, Jr. (1954-)
Sexo: M
Raça: B
Tipo: N
Motivo: Sex.
Data: 1972-76
Jurisdição: Illinois.
Vítimas: Seis suspeitas
MO: Assassino concupiscente de meninas com idades entre 15 e 18 anos
SITUAÇÃO: Confessou um assassinato; 100 a 200 anos em 1996

Morris, Raymond Leslie (1929-) TCC: Monstro de Cannock Chase
Sexo: M
Raça: B
Tipo: T
Motivo: Sex.
Data: 1965-67
Jurisdição: Inglaterrra
Vítimas: Quatro suspeitas
MO: Pedófilo que estrangulou meninas com idades entre 5 e 10 anos
SITUAÇÃO: Sentença de prisão perpétua em uma acusação em 1969

Mors, Frederick [Veja: MENARIK, CARL]

Morse, Hugh Bion (1930-)
Sexo: M
Raça: B
Tipo: N
Motivo: Sex.
Data: 1959-61
Jurisdição: Washington/Alabama/Minnesota
Vítimas: Quatro
MO: Estupro-assassinato de mulheres com idades entre 28 e 69 anos/ também molestou crianças
SITUAÇÃO: Pena dupla de prisão perpétua em Minnesota. em 1961

Morse, Joseph (? -)
Sexo: M
Raça: ?
Tipo: T
Motivo: CP-não específico
Data: Década de 1960
Jurisdição: Califórnia.
Vítimas: Três

MO: Matou a mãe, irmã e estrangulador selecionando ao acaso
SITUAÇÃO: Condenado (comutado para prisão perpétua em 1972)

Moseley, Carl Stephen (1966-)
Sexo: M
Raça: B
Tipo: T
Motivo: Sex.
Data: 1991
Jurisdição: Distritos de Stokes/Forsyth, N.C.
Vítimas: Duas
MO: Estuprou/apunhalou mulheres com idades de 35 e 38 anos
SITUAÇÃO: Condenado em 1993

Moseley, Wiston (1935-)
Sexo: M
Raça: N
Tipo: T
Motivo: CP-não específico
Data: 1963-64
Jurisdição: Queens, N.Y.
Vítimas: Três confessas
MO: Assassinato por excitação de mulheres com idades entre 15 e 29 anos
SITUAÇÃO: Condenado em uma acusação em 1964 (comutado para prisão perpétua em 1972)

Motto, Alberto (?-) TCC: Monstro de Vimercate
Sexo: M
Raça: B
Tipo: T
Motivo: Sex.
Data: 1992-95
Jurisdição: Vimercate, Itália
Vítimas: "Diversas"
MO: Confessou 11 agressões sexuais; "diversas" vítimas estranguladas
SITUAÇÃO: Confessou a culpa; sentença desconhecida

Mount, Kenneth Eugene (?-)
Sexo: M
Raça: B
Tipo: T
Motivo: EC
Data: 1985/88
Jurisdição: Bakersfield, Califórnia.
Vítimas: Três acusadas
MO: Atirou/apunhalou/atingiu com clava homens com idades de 29 a 73 anos, em suas casas
SITUAÇÃO: Prisão perpétua sem condicional em uma acusação em 1989

Msomi, Elifase (f.1956) TCC: Assassino do machado
Sexo: M
Raça: N
Tipo: T
Motivo: Sad/CP-não específico
Data: Década de 1950
Jurisdição: Natal, África do Sul
Vítimas: 15
MO: Golpeou vítimas até a morte, supostamente sob as ordens do espírito *tokoloshe*, que o possuía
SITUAÇÃO: Enforcado em janeiro de 1956

Msundwana, Mtimane (f. 1937) TCC: Assassino de Loskop
Sexo: M
Raça: N
Tipo: T
Motivo: CP/EC
Data: 1929-36
Jurisdição: Natal, África do Sul
Vítimas: Oito confessas
MO: Atirador assassino de mercadores, a maior parte indianos
SITUAÇÃO: Enforcado em 1937

Mudgett, Herman Webster (1860-96)
TCC: Henry Howard Holmes
Sexo: M
Raça: B
Tipo: N
Motivo: EC/Sex./Sad.
Data: 1869-95
Jurisdição: N.H./Illinois
Vítimas: 27 confessas

MO: Suspeito de matar companheiro de brincadeiras na infância; mais tarde estudante médico e carreira criminosa especializando-se em prática fraudulenta de seguro; construiu pensão em Chicago; roubo/assassinato de diversos locatários (principalmente mulheres), venda de alguns corpos para as escolas médicas para dissecação; estimativa da contagem final de corpos varia de 50 a 200+
SITUAÇÃO: Enforcado em Illinois. em 7 mai/1896

Mukhankin, Vladimir (1960-)
Sexo: M
Raça: B
Tipo: T
Motivo: Sex.
Data: 1995-96
Jurisdição: Rostov-on Don, Rússia
Vítimas: Oito
MO: Assassino concupiscente de mulheres
SITUAÇÃO: Condenado após confissão de culpa em 1997

Mum'Min, Dawud Majid (1952-97)
Sexo: M
Raça: N
Tipo: N
Motivo: EC/Sex.
Data: 1973-88
Jurisdição: Virgínia.
Vítimas: Duas
MO: Matou taxista em assalto à mão armada; estuprou/apunhalou mulher
SITUAÇÃO: Sentença de 48 anos em 1973 (escapou em 1988); condenado em 1989; executado em 13 de novembro de 1997

Murdock, Kenneth (1963)
Sexo: M
Raça: B
Tipo: T
Motivo: EC
Data: 1985-97
Jurisdição: Ontário, Canadá
Vítimas: Três +
MO: Assassino por contrato de família canadense da Máfia
SITUAÇÃO: Pena de prisão perpétua com mínimo de 13 anos em três acusações em 1998

Murphy, Charles (1887- ?)
Sexo: M
Raça: B
Tipo: N
Motivo: EC
Data: 1921-30
Jurisdição: Washington.
Vítimas: Duas
MO: Atingiu com clava/roubou empregador (1921);/ assassinou a esposa (1930)
SITUAÇÃO: Confessou o assassinato da esposa; 60 a 75 anos em 1931

Murphy, Donald (1944-)
Sexo: M
Raça: B
Tipo: T
Motivo: Sex.
Data: 1980
Jurisdição: Detroit/Michigan
Vítimas: Cinco confessas
MO: Assassino concupiscente de prostitutas negras
SITUAÇÃO: Confessou a culpa em duas acusações em 1982; duas penas de 30 anos concomitantes

Murrell, John A. (1794-?)
Sexo: M
Raça: B
Tipo: T
Motivo: EC
Data: c. 1815-35
Jurisdição: Sul dos Estados Unidos
Vítimas: 500+
MO: Plantador do sul que roubou/revendeu escravos, matou centenas no processo; as vítimas frequentemente estripadas e recebendo pedras como peso então afundadas em rios; também planejou revolta de escravos como desvio para saquear cidades principais

SITUAÇÃO: Cumpriu dez anos no Tenessee. por fomentar a revolta de escravos, *c.* 1835-45

Myers, Karl Lee (1957-)
Sexo: M
Raça: B
Tipo: N
Motivo: Sex./EC
Data: 1976-96
Jurisdição: Kansas./Oklahoma
Vítimas: Cinco suspeitas
MO: Estupro-assassinato de mulheres; autodescrito assassino por contrato
SITUAÇÃO: Condenado em uma acusação em 1998

Myrtel, Hera
Veja: BESSARABO, MARIELOUISE]

Nance, Wazne Nathan (1955-85)
Sexo: M
Raça: B
Tipo: T
Motivo: Sex./Sad.
Data: 1974-86
Jurisdição: Montana.
Vítimas: Seis suspeitas
MO: Atirou/apunhalou mulheres com idades entre 15 e 39 anos
SITUAÇÃO: Atingido mortalmente por tiros durante uma invasão de residência em 4 de setembro de 1986

Não revelado (?-)
Sexo: M
Raça: ?
Tipo: F
Motivo: EC
Data: 1920
Jurisdição: Tanta/Egito
Vítimas: 20
MO: "Barba Azul" assassino de mulheres por lucros; manteve diversas cabeças em sua casa
SITUAÇÃO: Não relatado

Não revelado (?-)
Sexo: M
Raça: H
Tipo: T
Motivo: Desconhecido
Data: 1920-21
Jurisdição: Cidade do México/México
Vítimas: Quatro
MO: "Barba Azul" assassino de amantes do sexo feminino
SITUAÇÃO: Condenado em 18 de fevereiro de 1922; sentença desconhecida

Não revelado (?-)
Sexo: M
Raça: A
Tipo: F
Motivo: Desconhecido
Data: 1952
Jurisdição: Cidade de Quezon/Filipinas
Vítimas: Quatro +
MO: Restos mortais encontrados pela polícia na casa de homem não identificado
SITUAÇÃO: Desconhecida

Não revelado (1950-)
Sexo: M
Raça: A
Tipo: T
Motivo: Sex./CP-extremista
Data: 1966-67
Jurisdição: Tóquio/Japão
Vítimas: Três
MO: Estuprou-assassinou mulheres jovens que escarneceram de sua origem birracial
SITUAÇÃO: Sentença de prisão perpétua em 1967

Não revelado (1944-)
Sexo: M
Raça: A
Tipo: F
Motivo: Não revelado
Data: 1985-86
Jurisdição: Xidan/China
Vítimas: Três
MO: Dono de restaurante; matou três adolescentes e serviu a carne deles como se fosse de porco
SITUAÇÃO: Não revelada

Não revelado (1983) TCC: Assassino da Escola
Sexo: M
Raça: A
Tipo: T
Motivo: CP-não específico
Data: 1997
Jurisdição: Kobe/Japão
Vítimas: Duas
MO: Aos 14 anos atacou cinco crianças mais novas matando duas; uma vítima decapitada
SITUAÇÃO: Sentença indefinida em prisão para menores em 1997

Napoletano, Eric (1965-)
Sexo: M
Raça: B
Tipo: N
Motivo: CP/Sex./Sad.
Data: 1984-90
Jurisdição: Virgínia./N.Y./N.J.
Vítimas: Três suspeitas
MO: Mutilação-assassinato da namorada, sogra e segunda esposa
SITUAÇÃO: Prisão perpétua com mínimo de 32 anos pelo assassinato da esposa em N.J. em 1993

Nash, Stephen A. (?-)
Sexo: M
Raça: B
Tipo: N
Motivo: Sex./Sad.
Data: Década de 1950
Jurisdição: Los Angeles, Califórnia.
Vítimas: 11 confessas
MO: Apunhalou vítimas, crianças e adultos, ao acaso
SITUAÇÃO: Condenado em duas acusações em 1957

Nash, Viva Leroy (1916-)
Sexo: M
Raça: B
Tipo: N
Motivo: EC
Data: 1977-82
Jurisdição: Utah/Arizona.
Vítimas: Duas
MO: Matou vítimas de assalto à mão armada
SITUAÇÃO: Duas penas de cinco anos à prisão perpétua por assassinato/roubo em Utah em 1978 (escapou em 1982); condenado no Arizona em 1983

Neilson, Donald (1937-) TCC: Pantera Negra
Sexo: M
Raça: B
Tipo: N
Motivo: EC
Data: 1974-75
Jurisdição: Inglaterra
Vítimas: Quatro
MO: Roubo armado e rapto; atirou em três empregados do correio e "acidentalmente" matou vítima adolescente de rapto
SITUAÇÃO: Cinco penas de prisão em 1976

Nelson, George [Veja: GILLIS, LESTER]

Nemechek, Francis (1951-)
Sexo: M
Raça: B
Tipo: T
Motivo: Sex.
Data: 1974-76
Jurisdição: Distritos de Graham/Trego, Kansas.
Vítimas: Cinco
MO: Estupro-assassinato de mulheres com idades entre 16 e 21 anos; também matou menino de três anos
SITUAÇÃO: Cinco penas de prisão perpétua consecutivas em 1977

Neu, Kenneth (1910-35)
Sexo: M
Raça: B
Tipo: N
Motivo: EC
Data: 1933
Jurisdição: N.Y./Lousiania.
Vítimas: Duas
MO: Andarilho gay; roubou/matou dois parceiros sexuais
SITUAÇÃO: Enforcado em N.Y. em 1º de

fevereiro de 1935

Neumann, Alwin (?-)
Sexo: M
Raça: B
Tipo: T
Motivo: Sex./CP-discussão
Data: 1983-87
Jurisdição: Kiel/Alemanha
Vítimas: Quatro
MO: Estrangulou mulheres com idades entre 19 e 40 anos, incluindo três prostitutas no mesmo bordéu (1983-86), após o "insultarem"
SITUAÇÃO: Sentença de prisão perpétua em 1998

Neuschafer, Jimmy (?-)
Sexo: M
Raça: B
Tipo: T
Motivo: Sex./CP
Data: 1976-?
Jurisdição: Cidade de Carson/Nevada
Vítimas: Três
MO: Estupro-assassinato de meninas adolescentes; estrangulou interno na prisão
SITUAÇÃO: Duas penas de prisão perpétua consecutivas por estupro-assassinato; condenado por assassinato na prisão

Newman, Sarah Jane (1813-?) TCC: Sally Skull
Sexo: F
Raça: B
Tipo: T
Motivo: CP-doméstico
Data: c. 1830-64
Jurisdição: Texas
Vítimas: Cinco
MO: "Viúva Negra" assassina de maridos
SITUAÇÃO: Desapareceu com o último marido em 1867

Nickell, Stella Maudine (1944-)
Sexo: F
Raça: B
Tipo: T
Motivo: EC
Data: 1986
Jurisdição: Distrito de King/Washington
Vítimas: Duas
MO: Inspirada no "ASSASSINATOS DE TYLENOL" em Illinois envenenou o marido para obter o seguro; matou também um completo estranho para desviar a suspeita da polícia
SITUAÇÃO: Pena de 90 anos em cada uma das duas acusações de asssassinato; concomitante com pena de dez anos em três acusações de adulteração de produto

Nicolaus, Robert Henry (1933-)
Sexo: M
Raça: B
Tipo: T
Motivo: CP-doméstico
Data: 1964-85
Jurisdição: Sacramento/Califórnia.
Vítimas: Quatro
MO: Atirou em seus filhos, com idades entre 2 e 7 anos (1964) e ex-esposa (1985)
SITUAÇÃO: Condenado em três acusações em 1964 (reduzida à prisão perpétua na apelação em 1967; condicional em 1977); condenado em 1987

Nicoletti, Charles (1916-77)
Sexo: M
Raça: B
Tipo: T
Motivo: EC/CP
Data: Décadas de 1940-77
Jurisdição: Chicago, Illinois.
Vítimas: "Pelo menos 40"
MO: Executor e espancador da Máfia
SITUAÇÃO: Ferido mortalmente por atiradores desconhecidos em 30 de março de 1977

Nisby, Marcus [Veja: PLAYER, MICHAEL]

Nixon, Robert (1920-39) TCC: Retardado do Tijolo
Sexo: M
Raça: B
Tipo: N
Motivo: CP-não específico
Data: 1936-38

Jurisdição: Chicago/Los Angeles
Vítimas: Cinco
MO: Vítimas atingidas com tijolos em suas casas ou quartos de hotel
SITUAÇÃO: Executado em Illinois em junho de 1939

Nobles, Jonathan Wayne (1962-)
Sexo: M
Raça: B
Tipo: T
Motivo: Sex.
Data: 1986
Jurisdição: Texas
Vítimas: Duas
MO: Apunhalou mulheres
SITUAÇÃO: Condenado

Nolan, Dempsey, Jr. (1967-)
Sexo: M
Raça: N
Tipo: N
Motivo: EC
Data: 1996-97
Jurisdição: Indiana/Califórnia
Vítimas : Cinco suspeitas
MO: Assassinos de vítimas do sexo masculino de roubo
SITUAÇÃO: Pena de prisão perpétua com mínimo de 25 anos em uma acusação na Califórnia em 1997

Norio Nagayama (1949-97)
Sexo: M
Raça: A
Tipo: N
Motivo: EC
Data: 1968
Jurisdição: Japão
Vítimas: Quatro
MO: Matou vítimas de roubo
SITUAÇÃO: Executado em agosto de 1997

Norris, Melissa (? -)
Sexo: F
Raça: B
Tipo: T
Motivo: CP-não específico

Data: 197?-86
Jurisdição: Gaithersburg, Maryland.
Vítimas: Três confessas
MO: Colocou fogo na casa, matando a mãe e irmão; atingiu com clava o filho pequeno em ritual de "exorcismo"
SITUAÇÃO: Escapou da punição com base em insanidade temporária

Nuss, Ralph (?-)
Sexo: M
Raça: B
Tipo: N
Motivo: Sex.
Data: 1966
Jurisdição: Michigan/Ohio
Vítimas: Duas confessas; três suspeitas
MO: Trabalhador social psiquiatra e assassino necrófilo gay de parceiros sexuais
SITUAÇÃO: Sentença de prisão perpétua em duas acusações em Michigan.

Oates, Reginald Vernon (1950 -)
Sexo: M
Raça: B
Tipo: T
Motivo: Sex./Sad.
Data: 1968
Jurisdição: Baltimore/Maryland
Vítimas: Quatro
MO: Pedófilo canibal, atingiu com clava quatro meninos com idades entre 5 e 10 anos, mutilando corpos e bebendo seu sangue
SITUAÇÃO: Declarado insano; confinado a hospital estadual

O'Bannion, Charles Dion (1892-1924)
Sexo: M
Raça: B
Tipo: T
Motivo: EC/Sad.
Data: 1920-24
Jurisdição: Chicago/Illinois.
Vítimas: 25 a 60
MO: Contrabandista sádico que praticava extorsão
SITUAÇÃO: Morto por membros de gangues rivais em 10 nov/1924

Oken, Steven Howard (1962-)
Sexo: M
Raça: B
Tipo: N
Motivo: Sex.
Data: 1987
Jurisdição: Maryland./Maine
Vítimas: Três
MO: Assassino concupiscente de mulheres com idades entre 20 e 43 anos
SITUAÇÃO: Prisão perpétua sem condicional no Maine, 1988; condenado em Maryland.

Olson, Clifford Robert (1940-)
Sexo: M
Raça: B
Tipo: T
Motivo: Sex./Sad.
Data: 1980-81
Jurisdição: British Columbia, Canadá
Vítimas: 11
MO: Apunhalou/atingiu com clava vítimas de ambos os sexos, idades entre 9 e 18 anos
SITUAÇÃO: 11 penas de prisão perpétua em 1982

O'Neal, Robert Earl, Jr. (1961-95)
Sexo: M
Raça: B
Tipo: T
Motivo: EC/CP-extremista
Data: 1978-84
Jurisdição: Missouri.
Vítimas: Duas
MO: Neonazista; matou homem idoso em arrombamento; apunhalou recluso negro da prisão
SITUAÇÃO: Pena de prisão perpétua na primeira acusação; condenado em 1983; executado em 6 de dezembro de 1995

O' Neall, Darren Dee (1960-)
Sexo: M
Raça: B
Tipo: N
Motivo: Sex.
Data: 1987
Jurisdição: Washington/Idaho/Utah
Vítimas: Seis + suspeitos
MO: Estuprador-assassino transeunte de mulheres jovens
SITUAÇÃO: 27 anos com mínimo de 18 anos e meio em uma acusação em Washington. em 1989

Outlaw, Bass (f. 1894)
Sexo: M
Raça: B
Tipo: N
Motivo: CP
Data: Década de 1880 até 1894
Jurisdição: Geórgia./Texas
Vítimas: "Diversos"
MO: Homem da lei alcoólatra que se tornou "maníaco homicida" quando bebia
SITUAÇÃO: Morto em tiroteio com JOHN SELMAN em 5 abr/1894

Palmer, Dr. William (1824-56)
Sexo: M
Raça: B
Tipo: T
Motivo: EC/CP
Data: Década de 1890 até 1908
Jurisdição: Staffordshire, Inglaterra
Vítimas: 13+
MO: Envenenador de parentes e conhecidos
SITUAÇÃO: Enforcado em 14 de junho de 1856

Panchenko, Dr. Dimitri (?-?)
Sexo: M
Raça: B
Tipo: T
Motivo: EC
Data: Década de 1890 até 1911
Jurisdição: Rússia
Vítimas: "Diversas"
MO: Médico que dispôs de parentes não desejados por um preço
SITUAÇÃO: 15 anos em uma acusação em 1911

Parker, Gerald (1955-) TCC: Esmagador do Quarto

Sexo: M
Raça: B
Tipo: T
Motivo: Sex.
Data: 1978-79
Jurisdição: Distrito de Orange, Califórnia.
Vítimas: Seis
MO: Estuprador invasor de residências; atingiu com bastão mulheres com idades entre 17 e 31 anos, matou também o feto totalmente desenvolvido de uma sexta vítima grávida
SITUAÇÃO: Confessou o estupro em 1996; condenado nas acusações de assassinato em outubro de 1988; condenado em 1999

Parker, Norman, Jr. (1944-)
Sexo: M
Raça: N
Tipo: N
Motivo: CP/EC
Data: 1966-78
Jurisdição: Flórida/D.C.
Vítimas: Três
MO: Apunhalou menino adolescente; atirou em um homem em roubo de drogas e em outro em discussão em bar
SITUAÇÃO: Pena de prisão perpétua na Flórida em 1966 (escapou em 1978); prisão perpétua na segunda acusação em D.C. em 1979; condenado na terceira acusação na Flórida mais penas de prisão perpétua múltiplas por roubo e estupro em 1981

Paul, James Allen (?-)
Sexo: M
Raça: B
Tipo: N
Motivo: CP/EC
Data: 1984
Jurisdição: N.J./Connecticut/Vermont.
Vítimas: Três
MO: Atirou em duas mulheres e homem de 45 anos em incidentes separados; pelo menos uma vítima roubada
SITUAÇÃO: Prisão perpétua com mínimo de 30 anos em confissão de culpa em uma acusação em N.J. em 1984

Pavlovich, Milka (f.1935)
Sexo: F
Raça: B
Tipo: T
Motivo: CP-doméstico
Data: 1935
Jurisdição: Belovar/Iugoslávia
Vítimas: Seis
MO: "Viúva Negra" envenenou o marido e outros parentes
SITUAÇÃO: Enforcada em maio de 1935

Payne, Eric Christopher (1973-)
Sexo: M
Raça: B
Tipo: T
Motivo: Sex./EC
Data: 1997
Jurisdição: Distrito de Henrico, Virgínia.
Vítimas: Duas
MO: Mulheres com idades de 51 e 63 anos estupradas/atingidas com clava/roubadas em suas casas
SITUAÇÃO: Condenado duas vezes em 1997-98

Peiry, Michel (1959-)
Sexo: M
Raça: B
Tipo: N
Motivo: Sex./Sad.
Data: 1981-1987
Jurisdição: Flórida/Suíça
Vítimas: Três
MO: Assassino gay concupiscente de meninos adolescentes; corpos queimados
SITUAÇÃO: Declarado insano e confinado a asilo em 1988

Pekalski, Leszek (?-)
Sexo: M
Raça: B
Tipo: T
Motivo: Sex.
Data: 1984-92
Jurisdição: Polônia

Vítimas: 70 confessas
MO: Assassino ao acaso; atacou vítimas de ambos os sexos
SITUAÇÃO: Condenado em uma acusação em 1996; sentenciado a 25 anos em instituição psiquiátrica

Pennell, Steven Brian (1957-92) TCC: Assassino de Corredor
Sexo: M
Raça: B
Tipo: T
Motivo: Sex./Sad.
Data: 1987-88
Jurisdição: New Castle/Delaware
Vítimas: Cinco
MO: Tortura-assassinato de prostitutas
SITUAÇÃO: Executado em 14 mar/1992

Peterson, Christopher Dwayne (1968-)
Sexo: M
Raça: N
Tipo: T
Motivo: CP
Data: 1990
Jurisdição: Distritos de Porter/Lake, Indiana.
Vítimas: Sete confessas
MO: Assassinato por espingarda de vítimas brancas em ataques ao acaso
SITUAÇÃO: Condenado em quatro acusações em 1991-92
CÚMPLICES: Ronald J. Harris (1969) condenado em 1991 como atirador de um dos sete assassinatos e cúmplice em um segundo

Perry, Calvin, III (1965-84)
Sexo: M
Raça: N
Tipo: T
Motivo: Sex./Sad.
Data: 1983
Jurisdição: Ft. Wayne, Indiana.
Vítimas: Cinco suspeitas
MO: Invasor estuprador de casas; atingiu vítimas com clava com idades entre 11 e 78 anos
SITUAÇÃO: Confessou antes de suicidar-se na prisão em janeiro de 1984

Perry, George W.E. (1892-1950)
Sexo: M
Raça: B
Tipo: N
Motivo: EC
Data: 1929-30
Jurisdição: Wisconsin/Califórnia/Lousiania/Maine
Vítimas: Quatro
MO: "Barba Azul" assassino de esposas para beneficiar-se
SITUAÇÃO: Pena de prisão perpétua em Wisconsin em 1931; morreu na prisão em março de 1950

Pesquet, Bernard (1922-)
Sexo: M
Raça: B
Tipo: F
Motivo: EC
Data: 1941/74-76
Jurisdição: Rouen/Paris, França.
Vítimas: Seis
MO: Atingiu com clava homem em roubo em 1941; matou vítimas para se beneficiar em 1974-76, cimentando os corpos dentro de escadaria em sua casa
SITUAÇÃO: Pena de prisão perpétua em 1956 (condicional em 1961); pena de prisão perpétua em 1984

Philipe, Joseph (f.1866) TCC: Terror de Paris
Sexo: M
Raça: B
Tipo: T
Motivo: Sex./Sad.
Data: 1861-66
Jurisdição: Paris, França
Vítimas: Oito
MO: "Estripador" de prostitutas e criança de 10 anos
SITUAÇÃO: Guilhotinado em julho de 1866

Phillips, John Paul (?-)
Sexo: M
Raça: B
Tipo: T
Motivo: Sex.
Data: 1975-81
Jurisdição: Carbondalle, Illinois.
Vítimas: Quatro suspeitas
MO: Estupro-assassinato de mulheres com idades entre 21 e 30 anos
SITUAÇÃO: Condenado em uma acusação

Picchioni, Ernesto (?-) TCC: Monstro de Nerola
Sexo: M
Raça: B
Tipo: T
Motivo: Sex.
Data: 1946-47
Jurisdição: Nerola/Itália
Vítimas: 16
MO: Assassino concupiscente de mulheres; enterrou vítimas em seu jardim
SITUAÇÃO: Condenado; sentença desconhecida

Pierce, Alexander (?-?)
Sexo: M
Raça: B
Tipo: N
Motivo: CP-não específico
Data: Século XIX
Jurisdição: Austrália
Vítimas: Cinco
MO: Condenado fugitivo; matou/canibalizou companheiros fugitivos
SITUAÇÃO: Enforcado

Pinkerton, Jay Kelly (1969-86)
Sexo: M
Raça: B
Tipo: T
Motivo: Sex./Sad.
Data: 1969-80
Jurisdição: Amarillo/Texas
Vítimas: Duas
SITUAÇÃO: Executado em 15 de maio de 1986

Piper, Thomas W. (1849-76) TCC: Assassino de Campanário de Boston
Sexo: M
Raça: B
Tipo: T
Motivo: Sex.
Data: 1873-76
Jurisdição: Boston/Massachusetts
Vítimas: Quatro confessas
MO: Estupro-assassinato de meninas, uma delas na igreja onde ele trabalhava como sacristão
SITUAÇÃO: Enforcado em 1876

Pitchfork, Colin (1960-)
Sexo: M
Raça: B
Tipo: T
Motivo: Sex.
Data: 1983-86
Jurisdição: Leicester/Inglaterra
Vítimas: Duas
MO: Estupro-assassinato de meninas de 15 anos
SITUAÇÃO: Pena dupla de prisão perpétua em confissão de culpa em 1988

Pizzuto, Gerard Ross (1973-)
Sexo: M
Raça: B
Tipo: N
Motivo: EC
Data: 1985
Jurisdição: Idaho/Washington
Vítimas: Quatro
MO: Vítimas de ambos os sexos atingidas por tiros/clava em roubo
SITUAÇÃO: Condenado em duas acusações em 1986; também condenado em grande roubo e furto

Player, Michael (1960-86) TCC: Assassino de Área de Vagabundos
Sexo: M
Raça: N
Tipo: T
Motivo: CP-não específico
Data: 1986

Jurisdição: Los Angeles/Califórnia
Vítimas: Dez
MO: Atirou em homens sem teto com idades entre 23 e 66 anos
SITUAÇÃO: Suicídio por arma em 10 de outubro de 1986

Pleil, Rudolf (f.1958)
Sexo: M
Raça: B
Tipo: T
Motivo: Sex./Sad.
Data: 1946-50
Jurisdição: Alemanha
Vítimas: 25 confessas
MO: Mutilação-assassinato de vítimas ao acaso, principalmente mulheres
SITUAÇÃO: 12 anos por homicídio culposo em assassinato a machado de um vendedor em 1947; prisão perpétua em nove estupros-assassinatos em 1950; suicídio por enforcamento na prisão em fevereiro de 1958
CÚMPLICES: Karl Hoffman (1914-) sentenciado a prisão perpétua em seis acusações em 1950; Konrad Schuessler (1928-) sentenciado à prisão perpétua em dois assassinatos e uma tentativa de assassinato

Poehlke, Norbert Hans (f.1985)
Sexo: M
Raça: B
Tipo: N
Motivo: EC/CP
Data: 1984-85
Jurisdição: Alemanha/Itália
Vítimas: Seis
MO: Inspetor da polícia que atirou em homens com idades entre 36 e 47 anos usando seus carros roubados em assaltos; atirou também em sua esposa e dois filhos
SITUAÇÃO: Suicídio por arma em 23 de outubro de 1985

Pomeroy, Jesse Hardin (1860-1932)
Sexo: M
Raça: B
Tipo: T
Motivo: CP/Sad.
Data: Décadas de 1870-80
Jurisdição: Boston, Massachusetts.
Vítimas: 20 + alegadas
MO: Assassino sádico de crianças de rua; colocou fogo na prisão e matou três reclusos
SITUAÇÃO: Condenado em duas acusações em 1876 (comutado para prisão perpétua em 1878); passou 41 anos na solitária; morreu na prisão em 1932

Pommerais, Dr. Edmund de Lousiania (1836-63)
Sexo: M
Raça: B
Tipo: T
Motivo: EC
Data: 1862-63
Jurisdição: França
Vítimas: Duas
MO: Jogador compulsivo; envenenou vítimas do sexo feminino pelo seguro
SITUAÇÃO: Guilhotinado em 1863

Pommerenke, Heinrich (1937-) TCC: Besta da Floresta Negra
Sexo: M
Raça: B
Tipo: T
Motivo: Sex.
Data: 1959-60
Jurisdição: Alemanha
Vítimas: Dez confessas
MO: Fanático religioso estuprou-assassinou mulheres
SITUAÇÃO: Penas de seis períodos de prisão perpétua com mínimo de 140 anos em 1960

Pool, Dave (?-?)
Sexo: M
Raça: B
Tipo: N
Motivo: EC/CP
Data: 1861-65
Jurisdição: Kansas/Missouri.
Vítimas: "Numerosas"
MO: Membro notório dos "INVASORES DE

QUANTRILL"
SITUAÇÃO: Rendeu-se em 22 de maio de 1865/ sem ação penal

Popova, Madame (f.1909)
Sexo: F
Raça: B
Tipo: T
Motivo: CP/EC
Data: Décadas de 1880/1900
Jurisdição: Samara, Rússia
Vítimas: 300 confessas
MO: Envenenadora por contrato, especializada em maridos abusivos
SITUAÇÃO: Executada em março de 1909

Porter, Ronald Elliot (1947-)
Sexo: M
Raça: B
Tipo: T
Motivo: Sex.
Data: 1984-85
Jurisdição: San Diego/Califórnia
Vítimas: 14 alegadas
MO: Estupro-assassinato de mulheres
SITUAÇÃO: 15 anos em uma acusação com oito anos consecutivos por seis infrações em 1993

Potts, Frank (1944-)
Sexo: M
Raça: B
Tipo: N
Motivo: Sex.
Data: 1977-89
Jurisdição: Alabama.
Vítimas: 15 alegadas; uma confessa
MO: Pedófilo em condicional; ligado à morte/desaparecimento de três adolescentes designados e 12 vítimas não específicas; um esqueleto encontrato em sua propriedade em Alabama.
SITUAÇÃO: Pena de prisão com mínimo de 25 anos por crimes sexuais na Flórida em 1994; indiciado em uma acusação de assassinato em Alabama.

Pough, James Edward (1948-90) TCC: Pops
Sexo: M
Raça: N
Tipo: T
Motivo: CP-não específico
Data: 1971/90
Jurisdição: Jacksonville, Flórida
Vítimas: 11
MO: Atirou em amigo (1971); atirou em estranhos ao acaso (1990)
SITUAÇÃO: Acusação de assassinato em 1971 reduzida para roubo qualificado (cinco anos de *sursis*); suicídio por arma de fogo em 18 de junho de 1990

Powers, Harry F. (1889-1932) TCC: Barba Azul de pedido pelo correio
Sexo: M
Raça: B
Tipo: F
Motivo: EC
Data: Década de 1920 até 1931
Jurisdição: Quiet Dell, W. Virgínia.
Vítimas: 50 alegadas
MO: "Barba Azul" motivado por lucro, assassino de noivas em perspectiva atraídas por anúncios de coração solitário
SITUAÇÃO: Confessou cinco assassinatos; enforcado por causa de um em 19 de março de 1932

Poyner, Syvasky L. (f.1993)
Sexo: M
Raça: N
Tipo: T
Motivo: EC/Sex.
Data: 1984
Jurisdição: Hampton/Newport News, Virgínia.
Vítimas: Cinco
MO: Atirou em vítimas de roubo do sexo feminino, desnudando o corpo
SITUAÇÃO: Executado em 18 mar/1993

Prejean, Dalton (f.1990)
Sexo: M
Raça: N
Tipo: T

Motivo: EC
Data: 1974/77
Jurisdição: Lousiania
Vítimas: Duas
MO: Roubo/assassinato de taxista; atirou em policial
SITUAÇÃO: Encarcerado em 1974 (condicional em 1978); executado em 18 de maio de 1990

Presenti, Valentino (?-) TCC: Monstro de Gênova
Sexo: M
Raça: B
Tipo: T
Motivo: Sex.
Data: 1976-91
Jurisdição: Gênova, Itália
Vítimas: Quatro +
MO: Assassino concupiscente de mulheres
SITUAÇÃO: Sentença de prisão perpétua

Presnell, Virgil Delano, Jr. (1954-)
Sexo: M
Raça: B
Tipo: T
Motivo: Sex.
Data: 1976
Jurisdição: Atlanta/Geórgia
Vítimas: Duas suspeitas
MO: Assassino pedófilo de meninas pré-adolescentes
SITUAÇÃO: Condenado em 1976

Price, Craig Chandler (1974-) TCC: Homem de Ferro
Sexo: M
Raça: N
Tipo: T
Motivo: CP/Sad.
Data: 1987-89
Jurisdição: Warwick, Rhode Island
Vítimas: Quatro
MO: Invasor de residência; espancou/apunhalou mulheres com idades entre 8 e 39 anos
SITUAÇÃO: Confessou a culpa em tribunal para menores; confinado até a idade de 21 anos

Price, Ricky Lee (?-)
Sexo: M
Raça: B
Tipo: N
Motivo: Sex.
Data: Década de 1980
Jurisdição: Virgínia/N.C.
Vítimas: Duas
MO: Estrangulador de mulheres
SITUAÇÃO: Pena de prisão perpétua + 58 anos em Virgínia. em 1985; condenado em N.C. em 1987; morreu na prisão em 23 de novembro de 1998

Pries, Dieter (1956-)
Sexo: M
Raça: B
Tipo: T
Motivo: EC/Sex.
Data: 1974/84-97
Jurisdição: Alemanha
Vítimas: Duas +
MO: Roubou/matou avó (1974); estupro-assassinato de mulheres
SITUAÇÃO: Oito anos por assassinato como menor (confinado a asilo); julgado insano e com ordem de internação, 1978

Prince, Cleophus, Jr. (1967) TCC: Assassino de Clairemont
Sexo: M
Raça: B
Tipo: T
Motivo: Sex./Sad.
Data: 1990
Jurisdição: San Diego/Califórnia.
Vítimas: Seis
MO: "Estripador" invasor de residência de mulheres com idades entre 18 e 42 anos
SITUAÇÃO: Condenado em 1993

Prince, Walter (1902-34)
Sexo: M
Raça: B
Tipo: N
Motivo: CP
Data: 1928-34
Jurisdição: Manchester/Retford, Inglaterra.

Vítimas: Duas
MO: Assassinou um homem e uma mulher em litígio pessoal
SITUAÇÃO: Enforcado em 1934

Pritchard, Dr. Edward William (f. 1865)
Sexo: M
Raça: B
Tipo: T
Motivo: CP-doméstico
Data: 1863-65
Jurisdição: Glasgow, Escócia
Vítimas: Quatro
MO: "Barba Azul" envenenou esposa, sogra e filhos
SITUAÇÃO: Enforcado em 28 de julho de 1865

Profit, Mark Antonio (1964-)
Sexo: M
Raça: B
Tipo: T
Motivo: Sex.
Data: 1996
Jurisdição: Minneapolis, Minnesota.
Vítimas: Quatro suspeitas
MO: Assassino de prostitutas dentro e nas imediações de Wirth Park
SITUAÇÃO: Duas penas consecutivas de prisão perpétua em 1997, em uma acusação de assassinato e duas acusações de estupro

Protopappas, Dr. Tony (1945-)
Sexo: M
Raça: B
Tipo: F
Motivo: CP-não específico
Data: 1982-83
Jurisdição: Costa Mesa/Califórnia
Vítimas: Três
MO: Dentista que deliberadamente deu overdoses de anestésico em três pacientes do sexo feminino com idades entre 13 e 31 anos
SITUAÇÃO: Três penas concomitantes de 15 anos a prisão perpétua em 1984

Prudom, Barry Peter (1944-82) TCC: Assassino de Policial
Sexo: M
Raça: B
Tipo: N
Motivo: EC-crime qualificado
Data: 1982-83
Jurisdição: Inglaterra
Vítimas: Três
MO: Atirou mortalmente em dois policiais e uma vítima do sexo masculino em roubo
SITUAÇÃO: Suicídio durante tiroteio com a polícia em 4 de julho de 1982

Pruett, Marion Albert (?-)
Sexo: M
Raça: B
Tipo: N
Motivo: CP
Data: 197?-81
Jurisdição: Massachusetts/Arkansas/Colorado/N.Mex./Flórida
Vítimas: Seis + confessas
MO: Autodescrito "cachorro louco" assassino de vítimas ao acaso
SITUAÇÃO: Condenado na Flórida e Mississipi. em cinco acusações

Pruett, Mark David (1949-93)
Sexo: M
Raça: B
Tipo: T
Motivo: Sex.
Data: 1975-85
Jurisdição: Virgínia.
Vítimas: Cinco +
MO: Estupro-assassinato de mulheres
SITUAÇÃO: Executado em duas acusações em 16 de dezembro de 1993

Puente, Dorothea Helen (1929-)
Sexo: F
Raça: B
Tipo: F
Motivo: EC
Data: 1982-88
Jurisdição: Sacramento, Califórnia.
Vítimas: Nove
MO: "Viúva Negra" proprietária; envenenou os inquilinos pelos cheques da pensão

SITUAÇÃO: Prisão perpétua sem condicional em três acusações em 1993

Putt, George Howard (1946-)
Sexo: M
Raça: B
Tipo: N
Motivo: Sex./Sad.
Data: 1969
Jurisdição: Mississipi/Tenessee.
Vítimas: Cinco
MO: Mutilador-assassino em invasão de residência de homens e mulheres
SITUAÇÃO: Condenado em 1970 (sentença comutada para 99 anos em 1972)

Quantrill, William Clarke (1837-65)
Sexo: M
Raça: B
Tipo: N
Motivo: CP/EC
Data: 1855-65
Jurisdição: Illinois/Missouri/Kansas/Texas/Kentuky.
Vítimas: "Numerosas"
MO: Psicopata de carreira criminosa; líder dos fora da lei "INVASORES DE QUANTRILL" durante a guerra civil; ordenou centenas de assassinatos além daqueles cometidos pessoalmente
SITUAÇÃO: Atingido por tiros por soldados da União em 10 de maio de 1865; morreu em 6 de junho

Raby, Clarence Leon(1933- 60)
Sexo: M
Raça: ?
Tipo: T
Motivo: EC
Data: 1960.
Jurisdição: Tenessee
Vítimas: Duas
MO: Carreira criminosa; atirou em vítima de assalto à mão armada e policial
SITUAÇÃO: Morto em tentativa de fuga em 24 out/1960

Rachals, Terri Éden Maples (1962-)
Sexo: F
Raça: B
Tipo: F
Motivo: CP-não específico
Data: 1985
Jurisdição: Albany, Geórgia.
Vítimas: Seis confessas
MO: Enfermeira de hospital que envenenou pacientes de terapia intensiva
SITUAÇÃO: Considerada culpada, mas doente mental em uma acusação de agressão qualificada; pena de 17 anos na prisão mais três anos de *sursis*

Rahman, Yusef Abdullah (1968-)
Sexo: M
Raça: N
Tipo: N
Motivo: CP-não específico
Data: 1987-88
Jurisdição: Kansas./N.Y.
Vítimas: Quatro confessas
MO: Atirou em homens em ataques de tocaia ao acaso
SITUAÇÃO: 42 anos à prisão perpétua em uma acusação em 1990; pena de prisão perpétua concomitante na segunda acusação em 1992

Raies, Jean (?-?)
Sexo: F
Raça: B
Tipo: T
Motivo: EC
Data: 1880
Jurisdição: Genebra, Suíça
Vítimas: 12
MO: Enfermeira que matou pacientes para cobrar "doação" oferecida por agentes funerários locais para novos clientes
SITUAÇÃO: Sentença de prisão perpétua; morreu na prisão

Ramirez, Sánchez, Illich (1949) TCC: Carlos, o Chacal
Sexo: M

Raça: H
Tipo: N
Motivo: EC/CP-extremista
Data: 1974-82
Jurisdição: França/Áustria
Vítimas: 12+
MO: Terrorista de esquerda de aluguel; vítimas assassinadas por tiros e bombas
SITUAÇÃO: Sentença de prisão perpétua em três acusações em Paris/1997

Rand, Andre (1943-) TCC: Encanador Malhado da Ilha Staten
Sexo: M
Raça: B
Tipo: T
Motivo: Sex.
Data: 1972-87
Jurisdição: Cidade de Nova York
Vítimas: Quatro suspeitas
MO: Pedófilo assassino de meninas
SITUAÇÃO: Condenado por sequestro em 1989

Rardon, Gary Duane (1944-)
Sexo: M
Raça: B
Tipo: N
Motivo: CP-EC
Data: 1962-74
Jurisdição: Indianápolis/Chicago
Vítimas: Quatro
MO: Preso por homicídio culposo aos 18 anos; posteriormente atirou em três homens em assaltos à mão armada
SITUAÇÃO: Quatro anos por assassinato qualificado em 1962; 40-100 anos em fevereiro de 1977

Rath, Thomas (1959-)
Sexo: M
Raça: B
Tipo: T
Motivo: Sex.
Data: 1981-83
Jurisdição: Bremen/Alemanha
Vítimas: Quatro suspeitas
MO: Estuprador e "estripador" de mulheres com idades entre 17 e 20 anos
SITUAÇÃO: Sentença de prisão perpétua por agressão sexual em 1985

Rathbun, Charles Edgar (1957-)
Sexo: M
Raça: B
Tipo: N
Motivo: Sex.
Data: 1989-95
Jurisdição: Michigan/Ohio/Califórnia
Vítimas: Seis suspeitas
MO: Estuprador condenado; fotógrafo e assassino concupiscente de mulheres
SITUAÇÃO: Prisão perpétua sem condicional em uma acusação na Califórnia em 1996

Read, Mark Brandon (1955-) TCC: Talhador
Sexo: M
Raça: B
Tipo: T
Motivo: CP
Data: 1979-91
Jurisdição: Melbourne/Austrália
Vítimas: 19 confessas
MO: Autodescrito assassino de criminosos membro da corporação civil para manutenção da ordem
SITUAÇÃO: Cumpriu mais de 20 anos por assalto e outras acusações de crime qualificado; liberado da prisão em julho de 1997

Read, Mary (f. 1721)
Sexo: F
Raça: B
Tipo: N
Motivo: EC
Data: 1719-20
Jurisdição: Caribe
Vítimas: "Diversas"
MO: Raptada por piratas; associou-se à tripulação em diversas incursões
SITUAÇÃO: Morreu na prisão em abril de 1721

Rearden, Virgina (1932) TCC: Virginia McGinnis
Sexo: F

Raça: B
Tipo: N
Motivo: EC
Data: 1972-87
Jurisdição: Kentuky/Califórnia
Vítimas: Três
MO: "Viúva Negra" assassinou maridos, filha e amiga pelo seguro
SITUAÇÃO: Prisão perpétua sem condicional na Califórnia. em 1992

Red Dog, James Allen (1954-93)
Sexo: M
Raça: AN
Tipo: T
Motivo: CP
Data: 1990-91
Jurisdição: Delaware
Vítimas: Cinco suspeitas
MO: Matou conhecidos em litígios pessoais
SITUAÇÃO: Condenado em uma acusação em 1992; executado em 3 de março de 1993

Reeves, Jack Wayne (1940-)
Sexo: M
Raça: B
Tipo: N
Motivo: CP-doméstico
Data: 1967/78/94
Jurisdição: Itália/Texas
Vítimas: Três
MO: Atirou em vítima do sexo masculino na Itália; "Barba Azul" assassino de esposas nos Estados Unidos
SITUAÇÃO: Condenação por homicídio culposo em 1967 (liberado depois de quatro meses); 35 anos em uma acusação em 1995; 99 anos com mínimo de 40 anos em 1996

Reldan, Robert R. (1940-)
Sexo: M
Raça: B
Tipo: T
Motivo: Sex.
Data: 1974-75
Jurisdição: Norte de N.J.
Vítimas: Oito suspeitas
MO: Assassino de mulheres com idades entre 14 e 26 anos
SITUAÇÃO: Sentença de prisão perpétua em duas acusações em 1979

Reles, Abraham (1907-41) TCC: Kid Twist
Sexo: M
Raça: B
Tipo: T
Motivo: EC/CP
Data: 1930-40
Jurisdição: N.Y./N.J.
Vítimas: 30+
MO: Assassino por contrato de "MURDER. INC."
SITUAÇÃO: Morto em custódia da polícia após revelar a evidência ao estado em 12 de novembro de 1941

Remeta, Daniel Eugene (1958-98)
Sexo: M
Raça: B
Tipo: N
Motivo: EC
Data: 1985
Jurisdição: Flórida/Arkansas/Kansas
Vítimas: Cinco
MO: Roubou/atirou em vítimas em violência por todo o país; esposa chamava-o "guerreiro que defendia suas crenças"
SITUAÇÃO: Executado na Flórida em 30 de março de 1998

Rendall, Martha (f.1909)
Sexo: F
Raça: B
Tipo: F
Motivo: Sad.
Data: 1907-8
Jurisdição: Austrália
Vítimas: Três
MO: Matou três enteados alimentando-os com ácido hidroclorídrico
SITUAÇÃO: Enforcada em 6 out/1909

Rhoades, Paul Ezra (1957-)
Sexo: M
Raça: B

Tipo: N
Motivo: Sex./EC
Data: 1985-87
Jurisdição: Utah/Idaho
Vítimas: Seis suspeitas
MO: Atirou em mulheres com idades entre 16 e 34 anos, algumas roubadas e estupradas
SITUAÇÃO: Condenado em Idaho em 1988

Richards, Robert McKinley (f. 1879)
Sexo: M
Raça: B
Tipo: N
Motivo: Sex.
Data: 1986-87
Jurisdição: Tenessee
Vítimas: Duas confessas
MO: Autodeclarado estuprador-assassino de meninas adolescentes
SITUAÇÃO: Estrangulado por companheiro de cela na prisão a seu pedido, em 1989

Richards, Stephen Lee (f.1879) TCC: Demônio de Nebraska
Sexo: M
Raça: B
Tipo: N
Motivo: CP/EC
Data: 1879
Jurisdição: Lincoln/Minden/Nebraska
Vítimas: Nove +
MO: Assassinatos por "excitação" ao acaso; vítimas incluíram uma família de cinco pessoas
SITUAÇÃO: Enforcado em abril de 1879

Richmond, Earl, Jr. (1961-)
Sexo: M
Raça: N
Tipo: N
Motivo: EC/Sex.
Data: 1990-91
Jurisdição: N.J./N.C.
Vítimas: Cinco
MO: Invasor de residência, matou vítimas com idades entre 11 e 68 anos
SITUAÇÃO: Prisão perpétua + seis anos em N.J. em uma acusação em 1993; condenado em N.C. em três acusações em 1995

Rifkin, Joel (1959-)
Sexo: M
Raça: B
Tipo: T
Motivo: Sex./Sad.
Data: 1991-92
Jurisdição: Área da cidade de Nova York
Vítimas: 18
MO: Assassino de prostitutas
SITUAÇÃO: Penas múltiplas de prisão perpétua em 1994-95

Ringgold, John Peter (1844-82) TCC: Johnny Ringo
Sexo: M
Raça: B
Tipo: N
Motivo: EC/CP
Data: Década de 1870-82
Jurisdição: Texas/México/Arizona
Vítimas: "Numerosas"
MO: Fora da lei do Velho Oeste, lutador com arma de fogo e encrenqueiro
SITUAÇÃO: Encontrado morto no Arizona em 14 de julho de 1882

Rissell, Montana Ralph (1959-)
Sexo: M
Raça: B
Tipo: T
Motivo: Sex.
Data: 1976-77
Jurisdição: Alexandria/Virgínia
Vítimas: Cinco
MO: Estupro-assassinato de mulheres com idades entre 22 e 34 anos
SITUAÇÃO: Penas de prisão perpétua em cinco acusações

Rivera, Vincet Faustino (1963-)
Sexo: M
Raça: H
Tipo: T
Motivo: CP
Data: 1990-95

Jurisdição: Flórida
Vítimas: Três
MO: Matou duas vítimas no Distrito de Hillsborough; nomeado como o assassino de GERARD SCHAEFER na prisão em Starke, Gainesville, Flórida
SITUAÇÃO: Prisão perpétua mais 20 anos em duas acusações em 1990

Robaczynski, Mary Rose (?-)
Sexo: F
Raça: B
Tipo: F
Motivo: CP-compaixão
Data: 1977-78
Jurisdição: Baltimore/Maryland
Vítimas: Quatro confessas
MO: Enfermeira que desligava os dispositivos de suporte de vida dos pacientes de terapia intensiva
SITUAÇÃO: Julgamento encerrado antecipadamente por motivo de defeito jurídico insanável e júri não conseguindo chegar ao veredicto em razão de opiniões distintas de seus membros em 1979; acusações abandonadas em negociação de pena para a revogação permanente de licença de enfermagem

Robbins, Gary A. (1935-88)
Sexo: M
Raça: B
Tipo: N
Motivo: Sex./Sad.
Data: 1981-88
Jurisdição: Michigan./Ohio/Maryland./Pennsylvania
Vítimas: Quatro +
MO: Vendedor viajante; estupro-assassinato de mulheres em casas anunciadas para venda; tortura de algumas vítimas
SITUAÇÃO: Suicídio após tiroteio com a polícia de Pennsylvania em 14 abr/1988

Roberts, Andrew L. (f.1878) TCC: Buckshot
Sexo: M
Raça: B
Tipo: F
Motivo: CP/Sad.
Data: Década de 1870
Jurisdição: Novo México.
Vítimas: "Numerosas"
MO: Matador profissional prolífico do Velho Oeste e assassino contratado
SITUAÇÃO: Morto em tiroteio com "regulamentadores" em 4 abr/1878

Roberts, David James (1944-)
Sexo: M
Raça: B
Tipo: T
Motivo: Sex./CP-vingança
Data: 1974
Jurisdição: Indianápolis, Indiana.
Vítimas: Quatro
MO: Estuprador serial que matou uma vítima de tenra idade; também queimou a casa de um homem que o denunciou por roubo, matando três
SITUAÇÃO: Condenado em 1975

Robinson, Alonzo (?-?)
Sexo: M
Raça: B
Tipo: N
Motivo: Sex.
Data: 1926-34
Jurisdição: Michigan/Mississipi
Vítimas: Seis suspeitas
MO: Necrófilo assassino com mutilação de um homem e cinco mulheres; manteve as cabeças e outras partes do corpo como *souvenirs*
SITUAÇÃO: Confessou em Mississipi. em 1934; sentença não relatada

Robinson, Harvey (1974-)
Sexo: M
Raça: B
Tipo: T
Motivo: Sex.
Data: 1992-93
Jurisdição: Allentown/Pennsylvania
Vítimas: Três
MO: Estupro-assassinato de mulheres com idades entre 13 e 47 anos

SITUAÇÃO: Três sentenças de morte mais 157 anos por estupro

Robinson, Sarah Jane (f. 1905)
Sexo: F
Raça: B
Tipo: F
Motivo: EC
Data: Década de 1880
Jurisdição: Boston/Massachusetts
Vítimas: Seis
MO: "Viúva Negra" envenenou parentes/amigos pelo seguro
SITUAÇÃO: Condenada (comutada para pena de prisão perpétua na apelação); morreu na prisão em 1905

Roche, Charles, Jr. (1964-)
Sexo: M
Raça: ?
Tipo: T
Motivo: CP
Data: Década de 1980
Jurisdição: Indiana.
Vítimas: Oito confessas
MO: Matou dois homens em Hammond; outros assassinatos confessados
SITUAÇÃO: Condenado em duas acusações em 1990; confessou mais seis em 1998

Roche, John Francis (1927-54)
Sexo: M
Raça: B
Tipo: T
Motivo: Sex./EC
Data: 1953-54
Jurisdição: Queens/Nova York
Vítimas: Seis confessas
MO: Atingiu com clava/roubou/apunhalou dois homens e quatro mulheres com idades entre 13 e 85 anos; pelo menos uma vítima do sexo feminino também foi estuprada
SITUAÇÃO: Executado em 27 jan/1956

Rode, Adolph James [Veja: BARONE, CÉSAR]

Rodriguez, Robert Neal (1950-92)
Sexo: M
Raça: H
Tipo: T
Motivo: Sex.
Data: 1984/92
Jurisdição: Tallahassee/Flórida
Vítimas: Três
MO: Atirou em mulheres com idades entre 16 e 22 anos quando os planos de estupro deram errado
SITUAÇÃO: Suicídio com cianida para evitar a prisão em 15 mai/1992

Roeder, Michaela (1950-) TCC: Anjo da Morte
Sexo: F
Raça: B
Tipo: F
Motivo: CP-compaixão
Data: Década de 1980
Jurisdição: Wuppertal-Barmen/Alemanha
Vítimas: 10 a 17
MO: Enfermeira hospitalar que matou pacientes em terapia intensiva
SITUAÇÃO: Confessou dez assassinatos; sentença de prisão perpétua em 1989

Rogers, Bob (1873-95)
Sexo: M
Raça: B
Tipo: N
Motivo: EC
Data: 1892-95
Jurisdição: Território de Oklahoma.
Vítimas: Duas
MO: "Desejo" de ser fora da lei; apunhalou/atirou em oficiais de paz
SITUAÇÃO: Morto ao resistir a prisão em 13 mar/1895

Rogers, David Keith (1947-)
Sexo: M
Raça: B
Tipo: T
Motivo: Sex.
Data: 1986

Jurisdição: Distrito de Kern/Califórnia
Vítimas: Três suspeitas
MO: Substituto do xerife que atirou em prostitutas com idades entre 15 e 21 anos
SITUAÇÃO: Condenado em 1987

Rogers, Dayton Leroy (1953-) TCC: Assassino da Floresta Molalla
Sexo: M
Raça: B
Tipo: T
Motivo: Sex./Sad.
Data: 1987
Jurisdição: Portland, Oregon.
Vítimas: Oito
MO: Tortura-assassinato e "estripador" de prostitutas
SITUAÇÃO: Prisão perpétua com mínimo de 20 anos em uma acusação em 1988; condenado em sete acusações em 1989

Rogers, Glen Edward (1963-) TCC: Assassino Casanova
Sexo: M
Raça: B
Tipo: N
Motivo: Sex./Sad.
Data: 1994-95
Jurisdição: Califórnia/Kentuky/Mississipi/Lousiania/Flórida
Vítimas: Cinco + (70 reivindicadas)
MO: Assassino ao acaso de um homem idoso e mulheres com idade entre 33 e 37 anos
SITUAÇÃO: Condenado em uma acusação na Flórida em 1997

Rogers, Kenneth Paul (1943-)
Sexo: M
Raça: ?
Tipo: T
Motivo: Sex.
Data: 1969
Jurisdição: Illinois
Vítimas: Três
MO: Estupro-assassinato de mulheres, incluindo sua esposa
SITUAÇÃO: Duas penas de 75 a 100 anos concomitantes em 1969; terceira pena concomitante de 75 a 100 anos em 1970

Rogers, Ramon Jay (1959-)
Sexo: M
Raça: B
Tipo: N
Motivo: CP
Data: 1977/1993-94
Jurisdição: Idaho/Califórnia
Vítimas: Quatro suspeitas
MO: Suspeito do assassinato da esposa (1977); desmembrou um amigo e duas mulheres
SITUAÇÃO: Condenado em uma acusação na Califórnia em 1996

Rolle, Randal (1918-49)
Sexo: M
Raça: B
Tipo: F
Motivo: CP-não específico
Data: Década de 1940
Jurisdição: Mississipi
Vítimas: "Pelo menos nove"
MO: Restos mortais encontrados na casa após o suicídio
SITUAÇÃO: Suicídio por espingarda em 14 de outubro de 1949

Rolling, Danny Harold (1954-) TCC: Estripador de Gainesville
Sexo: M
Raça: B
Tipo: N
Motivo: Sex./Sad.
Data: 1989-90
Jurisdição: Lousiania/Flórida
Vítimas: Oito confessas
MO: Assassinato e mutilação de vítimas em invasões de residências ao acaso
SITUAÇÃO: Condenado na Flórida em 1994

Rooyen, Gert van (f. 1990)
Sexo: M
Raça: B
Tipo: T
Motivo: Sex.
Data: 1988/89
Jurisdição: África do Sul
Vítimas: Sete

MO: Assassino pedófilo de meninas; também atirou em sua amante adulta
SITUAÇÃO: Suicídio por espingarda para evitar a prisão em 1990

Rosenfeld, Brian Kevin (1958-)
Sexo: M
Raça: B
Tipo: F
Motivo: CP-misericórdia
Data: 1990
Jurisdição: Distrito de Pinellas/Flórida
Vítimas: 23 confessas
MO: Enfermeiro que assassinou pacientes idosos em casa de saúde
SITUAÇÃO: Três penas de prisão perpétua com um mínimo de 25 anos em 1992

Rosenkrantz, Bernard (f.1935) TCC: Lulu
Sexo: M
Raça: B
Tipo: T
Motivo: EC
Data: Década de 1920 até 1935
Jurisdição: N.Y./N.J.
Vítimas: "Numerosas"
MO: Assassino por contrato da gangue de ARTHUR FLEGENHEIMER
SITUAÇÃO: Assassinado com Flegenheimer em 23 out/1935

Roth, Randolph Gordon (1954-)
Sexo: M
Raça: B
Tipo: T
Motivo: EC
Data: 1981-90
Jurisdição: Área de Seattle/Washington
Vítimas: Duas
MO: "Barba Azul" assassinou as esposas pelo seguro
SITUAÇÃO: 50 anos em uma acusação em 1992

Roulet, Jacques (?-?)
Sexo: M
Raça: B
Tipo: N
Motivo: Sex./Sad.
Data: Década de 1590
Jurisdição: França
Vítimas: "Muitas" confessas
MO: "Lobisomem" assassino canibal de vítimas mortas ao acaso
SITUAÇÃO: Condenado em 1598; posteriormente com ordem de internação em asilo como insano

Rowland, Walter Graham (f. 1947)
Sexo: M
Raça: B
Tipo: T
Motivo: CP
Data: Década de 1930 até 1946
Jurisdição: Manchester/Inglaterra
Vítimas: Duas
MO: Matou uma criança e uma mulher de 40 anos
SITUAÇÃO: Encarcerado na primeira acusação; enforcado na segunda acusação em 27 fev/1947

Rowles, "Snowy" (f. 1932) TCC:John Thomas Smith
Sexo: M
Raça: B
Tipo: N
Motivo: EC
Data: 1929-30
Jurisdição: Austrália
Vítimas: Duas +
MO: Roubou/assassinou conhecidos no deserto da Austrália
SITUAÇÃO: Enforcado em 13 de junho de 1932

Rowntree, Mark (1957-)
Sexo: M
Raça: B
Tipo: T
Motivo: CP-não específico
Data: 1976
Jurisdição: Leeds/Inglaterra
Vítimas: Quatro
MO: Apunhalou estranhos com idades entre três e 85 anos em ataques ao acaso, orientado por "vozes'
SITUAÇÃO: Declarado insano; ordem

indeterminada de internação em asilo em 1976

Rozier, Robert (?-) TCC: Neriah Israel
Sexo: M
Raça: N
Tipo: N
Motivo: CP/culto
Data: 1981-86
Jurisdição: Flórida/N.Y./Missouri.
Vítimas: Sete + suspeitas
MO: Executor do culto "Hebreu Israelita"; matou os dissidentes do culto e oponentes; pelo menos uma vítima morta por rancor pessoal
SITUAÇÃO: Sentença de 22 anos na Flórida em 1987

Rudabaugh, Dave (1841-86)
Sexo: M
Raça: B
Tipo: N
Motivo: CP/EC
Data: 1876-86
Jurisdição: Texas/N.Mex./México
Vítimas: "Diversas"
MO: Fora da lei do Velho Oeste e matador profissional; vítimas incluíram um homem da lei
SITUAÇÃO: Decapitado por amigos de suas últimas duas vítimas no México, em fevereiro de 1886

Rudloff, Fritz (1904-54)
Sexo: M
Raça: B
Tipo: F
Motivo: CP-vingança
Data: 1954
Jurisdição: Walterhausen/Alemanha Ocidental
Vítimas: Três
MO: Enfermeiro hospitalar que matou três pacientes para se vingar do médico deles, um inimigo pessoal
SITUAÇÃO: Executado em 1954

Rulloffson, Edward Howard (f.1871)
TCC: Edward Ruloff
Sexo: M
Raça: B
Tipo: N
Motivo: CP/EC
Data: 1870-71
Jurisdição: N.Y.
Vítimas: Quatro +
MO: "Curador por ervas" que matou pacientes (incluindo sua esposa e filha) vendendo corpos para dissecação; também matou vítima de roubo do sexo masculino
SITUAÇÃO: Enforcado em uma acusação em maio de 1871

Russel, George W. (1958-)
Sexo: M
Raça: N
Tipo: T
Motivo: Sex.
Data: 1990
Jurisdição: Seattle/Washington
Vítimas: Três
MO: Estuprou/atingiu com clava/estrangulou mulheres com idades entre 24 e 36 anos
SITUAÇÃO: Duas penas de prisão perpétua consecutivas + 38 anos, em 1991

Ruzicka, James (1950 -)
Sexo: M
Raça: B
Tipo: T
Motivo: Sex.
Data: 1973
Jurisdição: Seattle/Washington
Vítimas: Duas
MO: Estuprador serial que matou meninas com idades de 14 e 16 anos
SITUAÇÃO: Duas penas de prisão perpétua consecutivas em 1974

Ryakhovsky, Sergei (1963-) TCC: Hipopótamo
Sexo: M
Raça: B
Tipo: T

Motivo: Sex./Sad.
Data: 1991-93
Jurisdição: Moscou/Rússia
Vítimas: 19
MO: Necrófilo obeso; vítimas estupradas/mutiladas após a morte
SITUAÇÃO: Condenado em 1995

Saietta, Ignazio (1877-1944) TCC: Lupo, o Lobo
Sexo: M
Raça: B
Tipo: T
Motivo: EC
Data: 1899/1920
Jurisdição: Cidade de Nova York
Vítimas: 60 +
MO: "Mão Negra" que praticava extorsão e assassinatos; vítimas mortas em "estábulo de assassinato" no Harlem italiano
SITUAÇÃO: Cumpriu penas de prisão por extorsão e falsificação

Sanchez, Ted Brian (1964-)
Sexo: M
Raça: H
Tipo: T
Motivo: EC
Data: 1987
Jurisdição: Bakersfield, Califórnia.
Vítimas: Três
MO: Espancou/apunhalou vítimas de roubo
SITUAÇÃO: Condenado

Santo, Anthony (1894-?)
Sexo: M
Raça: H
Tipo: N
Motivo: CP-não específico
Data: 1908
Jurisdição: N.Y./Massachusetts.
Vítimas: Três
MO: Assassinato de crianças pequenas durante "encantamento louco"
SITUAÇÃO: Considerado insano; ordenada a internação em asilo por toda a vida

Santonastaso, Peter (?-) TCC: Monstro de Caserta
Sexo: M
Raça: B
Tipo: T
Motivo: Sex.
Data: 1994-95
Jurisdição: Caserta, Itália
Vítimas: Quatro suspeitas
MO: Assassino de prostitutas
SITUAÇÃO: Confissão de culpa em uma acusação; sentença desconhecida

Sapp, John (1949-)
Sexo: M
Raça: B
Tipo: N
Motivo: CP
Data: 1975-86
Jurisdição: Califórnia.
Vítimas: Quatro + suspeitas
MO: Andarilho ligado às mortes de sua mãe, namorada e duas vítimas do sexo masculino
SITUAÇÃO: Condenado em 1987

Sarmento, William (1966-)
Sexo: M
Raça: B
Tipo: T
Motivo: CP-não específico
Data: 1987
Jurisdição: Providence/Rhode Island
Vítimas: Duas
MO: Matou dois meninos, culpando as ordens de Satã
SITUAÇÃO: Considerado incompetente; ordenada a internação em asilo em 1989

Savage, Gail (1963-)
Sexo: F
Raça: B
Tipo: F
Motivo: CP-não específico
Data: 1991-93
Jurisdição: Waukegan/Illinois
Vítimas: Três
MO: Matou seus próprios filhos; SMSI culpada pelas mortes
SITUAÇÃO: 20 anos em confissão de culpa de três acusações de homicídio culposo em 1994

Savini, Paul (?-) TCC: Monstro de S. Remo
Sexo: M
Raça: B
Tipo: T
Motivo: Sex.
Data: 1991-92
Jurisdição: San Remo/Itália
Vítimas: Quatro suspeitas
MO: Asfixiou prostitutas de meia-idade
SITUAÇÃO: Suicídio para evitar a prisão em 1992

Schaefer, Gary Lee (1951-)
Sexo: M
Raça: B
Tipo: T
Motivo: Sex.
Data: 1979-83
Jurisdição: Springfield/Vermont
Vítimas: Três
MO: Estupro-assassinato de meninas
SITUAÇÃO: 30 anos a prisão perpétua em negociação sobre pena em uma acusação

Schlatter, Darrel (1952-)
Sexo: M
Raça: B
Tipo: T
Motivo: EC
Data: 1985-92
Jurisdição: Tulsa/Oklahoma
Vítimas: Três
MO: Trapaceiro que matou suas vítimas
SITUAÇÃO: Suicídio por enforcamento na prisão em 30 jun/1993

Schmid, Charles Howard, Jr. (1942-75)
TCC: Encanador Malhado de Tucson
Sexo: M
Raça: B
Tipo: T
Motivo: CP-não específico
Data: 1964-65
Jurisdição: Tucson/Arizona
Vítimas: Três
MO: Assassino por excitação de meninas com idades entre 15 e 19 anos

SITUAÇÃO: Condenado em 1966 (comutado em 1972); assassinado na prisão em março de 1975

Schmidt, Helmuth (f.1918) TCC: Barba Azul Americano
Sexo: M
Raça: B
Tipo: N
Motivo EC
Data: 19??-18). Michigan/N.Y./N.J./Missouri
Vítimas: "Dezenas" suspeitas
MO: "Barba Azul" motivado por lucro; assassino de mulheres imigrantes, atraídas por anúncios em jornais na coluna de "coração solitário"
SITUAÇÃO: Suicídio na prisão em Michigan antes do julgamento de uma acusação em 1918

Schmidt, William Cecil, Jr. (1933-89)
Sexo: M
Raça: B
Tipo: N
Motivo: CP-não específico
Data: 1987-89
Jurisdição: Geórgia/Arizona
Vítimas: Três suspeitas
MO: Contrabandista de armas e ocultista sobrevivente; ligado a espancamento de três mulheres; incluindo sua esposa
SITUAÇÃO: Suicídio no Arizona. para evitar a captura, em janeiro de 1990

Schrott, Ernest (?-) TCC: Monstro de Bolzano
Sexo: M
Raça: B
Tipo: T
Motivo: Sex.
Data: 1993-95
Jurisdição: Bolzano/Itália
Vítimas: Duas confessas
MO: Estupro-assassinato de mulheres
SITUAÇÃO: Confissão de culpa; sentença desconhecida

Schultz (1870-21)
Sexo: M
Raça: B
Tipo: T
Motivo: CP
Data: 1894-1920
Jurisdição: Spandau/Alemanha
Vítimas: 11
MO: Assassino de homens, mulheres e crianças ao acaso, incluindo dois cunhados
SITUAÇÃO: Executado em 1921

Scieri, Antoinette (?-?)
Sexo: F
Raça: B
Tipo: T
Motivo: EC
Data: 1924-26
Jurisdição: St. Gilles/França
Vítimas: 12
MO: "Enfermeira" que roubou/matou pacientes idosos
SITUAÇÃO: Condenada em 1926 (sentença comutada para prisão perpétua na apelação)

Scott, Kody (1963-)TCC: Monstro
Sexo: M
Raça: B
Tipo: T
Motivo: EC/CP
Data: 1975-85
Jurisdição: Los Angeles/Califórnia
Vítimas: 12+ admitidas
MO: Membro violento da gangue de rua Crips
SITUAÇÃO: Sete anos por tentativa de homicídio em 1985 (condicional em 1988); sete anos por agressão e roubo de carros em 1991

Scripps, John Martin (f.1996)
Sexo: M
Raça: B
Tipo: N
Motivo: EC
Data: 1994-95
Jurisdição: América Central/Sudeste da Ásia
Vítimas: Quatro +
MO: Assassino treinado e condenado fugitivo britânico; vítimas roubadas e desmembradas durante fuga global da justiça
SITUAÇÃO: Enforcado em Cingapura em 19 de abril de 1996

Scully, Anthony (1944-)
Sexo: M
Raça: B
Tipo: T
Motivo: EC/Sex.
Data: 1983
Jurisdição: Oakland/São Francisco, Califórnia.
Vítimas: Sete
MO: Ex-policial que matou prostitutas e um traficante de drogas, selando alguns corpos em tambores de óleo, deixados no parque da Golden Gate
SITUAÇÃO: Prisão perpétua sem condicional em 1986

Sears, Charles (1949-)
Sexo: M
Raça: B
Tipo: T
Motivo: CP-não específico
Data: 1981
Jurisdição: Cidade de Nova York
Vítimas: Duas
MO: Cortou vagabundos com lâminas e agressor de rua ao acaso
SITUAÇÃO: Considerado incompetente e ordenada a internação em asilo em 1982

Seda, Heriberto (1970-) TCC: Zodíaco
Sexo: M
Raça: H
Tipo: T
Motivo: CP-não específico
Data: 1990-94
Jurisdição: Cidade de Nova York
Vítimas: Três
MO: Disparos na rua ao acaso em nove vítimas; três morreram
SITUAÇÃO: 83 anos em três acusações em 1998

Seefeld, Adolf (1871-1936)
Sexo: M
Raça: B
Tipo: N
Motivo: Sex.
Data: 1908-35
Jurisdição: Alemanha
Vítimas: 12 confessas
MO: Pedófilo envenenador de meninos na pré-puberdade
SITUAÇÃO: Executado em 23 de maio de 1936

Segee, Robert Dale (1930-)
Sexo: M
Raça: B
Tipo: N
Motivo: Sad./ piromania
Data: 1938-50
Jurisdição: Nova Inglaterra/Japão
Vítimas: 173 confessas
MO: Assassinou crianças em agressão individual; provocou muitos incêndios incluindo um que matou 169 vítimas
SITUAÇÃO: Confessou em 1950; nunca foi acusado de assassinato; quatro a 40 anos por incêndio criminoso em Connecticut.; liberado da supervisão em maio de 1959

Selepe, David (f. 1944) TCC: Estrangulador de Cleveland
Sexo: M
Raça: N
Tipo: T
Motivo: Sex.
Data: Década de 1990
Jurisdição: Cleveland/África do Sul
Vítimas: 11 alegadas
MO: Estupro-estrangulamento de mulheres
SITUAÇÃO: Atingido por tiros por policial ao qual atacou durante uma visita aos locais de homicídio em 17 dez/1994

Sellers, Sean Richard (1969-)
Sexo: M
Raça: B
Tipo: T
Motivo: CP-extremista
Data: 1985-86
Jurisdição: Cidade de Oklahoma
Vítimas: Três
MO: Atirou em seus pais e em um atendente de loja como sacrifício satânico
SITUAÇÃO: Condenado em 1986; executado em 4 de fevereiro de 1999

Selman, John (1839-96)
Sexo: M
Raça: B
Tipo: N
Motivo: CP/EC
Data: 1880-96
Jurisdição: Texas.
Vítimas: 20
MO: Homem da lei renegado e fora da lei; vítimas incluíram FORA DA LEI BASS e JOHN WESLEY HARDIN
SITUAÇÃO: Morto em tiroteio com homem da lei em 1º de abril de 1896

Serviatti, César (?-) TCC: Monstro da Linha de Estrada de Ferro
Sexo: M
Raça: B
Tipo: N
Motivo: CP-não específico
Data: 1988
Jurisdição: Itália
Vítimas: Sete
MO: Matou vítimas na linha de estrada de ferro entre Roma e Lousiania Spezia
SITUAÇÃO: Condenado; sentença desconhecida

Sexton, Eddie Lee (1942-)
Sexo: M
Raça: B
Tipo: T
Motivo: CP-doméstico
Data: 1993
Jurisdição: Distrito de Hillsborough, Flórida
Vítimas: Duas
MO: Pai abusivo/incestuoso que ordenava suas crianças a matar; a filha asfixiou seu bebê conforme suas ordens; o filho estrangulou o filho do pai (genro de Sexton)
SITUAÇÃO: Condenado a mais 15 anos

por conspiração em 1995; sentença de morte mudada com o novo julgamento ordenado em 1997

Shapiro, Jacob (1899-1947) TCC: Gurrah
Sexo: M
Raça: B
Tipo: T
Motivo: EC
Data: Década de 1920 até 1936
Jurisdição: N.Y./N.J.
Vítimas: "Numerosas"
MO: Praticava extorsão no trabalho e sádico matador de área de gangue
SITUAÇÃO: Pena de prisão perpétua em N.Y. em 1936; morreu na prisão em 1947

Sharafudin (?-?)TCC: Matador de Hooshiarpore
Sexo: M
Raça: A
Tipo: N
Motivo: EC
Data: Décadas de 1850-60
Jurisdição: Índia
Vítimas: 14+
MO: "Envenenador famoso" de vítimas de roubo pretendidas; um relatório do oficial britânico alude a "centenas" envenenadas, embora a maioria daquelas citadas vítimas aparentemente sobreviveu
SITUAÇÃO: "Frustrou a perseguição"; nunca capturado

Shawcross, Arthur John (1945-)
Sexo: M
Raça: B
Tipo: T
Motivo: Sex.
Data: 1972/1988-89
Jurisdição: Rochester/N.Y.
Vítimas: 13
MO: Assassino sexual de duas crianças (1972) e 11 prostitutas
SITUAÇÃO: 25 anos em uma acusação em 1972 (condicional em 1987); 250 anos em dez acusações em 1991

Shepherd, Joseph (?-)
Sexo: M
Raça: ?
Tipo: T
Motivo: CP
Data: 1992-94
Jurisdição: Tenessee
Vítimas: Duas
MO: Matou a primeira vítima em 1992; menina adolescente morta em 1994
SITUAÇÃO: Condenado na primeira acusação (mudada na apelação); condenado em 1994 (comutada em 1995)

Sherman, Lydia (1825-79) TCC: Rainha Envenenadora
Sexo: F
Raça: B
Tipo: N
Motivo: EC
Data: 1864-71
Jurisdição: N.Y./Connecticut
Vítimas: Dez
MO: "Viúva Negra" envenenou os maridos e crianças pelo seguro de vida
SITUAÇÃO: Sentença de prisão perpétua; morreu na prisão em 16 de maio de 1879

Shobek, Michiah (1954-76)
Sexo: M
Raça: N
Tipo: T
Motivo: CP-não específico
Data: 1976
Jurisdição: Nassau/Bahamas
Vítimas: Três
MO: Apunhalou turistas americanos do sexo masculino, descrevendo-os como "anjos de Lúcifer"
SITUAÇÃO: Enforcado em 19 de outubro de 1976

Short, Luke (1854-93) TCC: Amigo Empresário
Sexo: M
Raça: B
Tipo: N

Motivo: CP
Data: 1876-90
Jurisdição: Kansas/Colorado/Texas.
Vítimas: 10+
MO: Contrabandista, jogador e lutador com arma de fogo
SITUAÇÃO: Morreu de hidropisia aos 39 anos

Shreeves, Bruce Henderson (1951-)
Sexo: M
Raça: B
Tipo: T
Motivo: CP-não específico
Data: 1973
Jurisdição: Distrito de Montgomery, Maryland.
Vítimas: Duas
MO: Marinheiro não dispensado; atirou em adultos do sexo masculino em ataques não provocados
SITUAÇÃO: Sentença de prisão perpétua em 1973

Sides, Mervin (?-)
Sexo: M
Raça: B
Tipo: N
Motivo: EC
Data: 1989
Jurisdição: Nevada/Oklahoma
Vítimas: Oito confessados; três confirmadas
MO: Executou vítimas de rapto-roubos
SITUAÇÃO: Prisão perpétua sem condicional em duas acusações em Oklahoma em 1990; prisão perpétua com o mínimo de 15 anos em Nevada em 1993; cúmplice Bill Harris sentenciado à prisão perpétua sem condicional em Oklahoma

Siebert, Daniel Lee (1955-)
Sexo: M
Raça: B
Tipo: N
Motivo: Sex./Sad.
Data: 1979/85-86
Jurisdição: Nevada/N.J./Califórnia/Alabama
Vítimas: 11+

MO: Apunhalou homem gay (1979); estrangulou mulheres e crianças
SITUAÇÃO: Condenado por homicídio culposo em 1979 (condicional em 1985); condenado no Alabama em 1987

Siegel, Benjamin (1905-47) TCC: Bugsy
Sexo: M
Raça: B
Tipo: N
Motivo: EC/CP
Data: Décadas de 1920-40
Jurisdição: N.Y./N.J./Califórnia.
Vítimas: "Numerosas"
MO: Psicopata que extorquia; insistiu em envolvimentos pessoais nos assassinatos mesmo após a elevação à posição de "chefe"
SITUAÇÃO: Assassinado por apropriar-se de dinheiro da organização em 20 de junho de 1947

Silva, Mauricio Rodriguez (1960-)
Sexo: M
Raça: H
Tipo: T
Motivo: CP
Data: 1978-84
Jurisdição: Los Angeles/Califórnia
Vítimas: Quatro
MO: Atirou em três adolescentes e estrangulou sua meia-irmã
SITUAÇÃO: Condenado em homicídio culposo em 1978 (condicional em 1984); prisão perpétua sem condicional em três acusações em 1985

Silveria, Robert Joseph (1958-) TCC: Assassino do Vagão
Sexo: M
Raça: B
Tipo: N
Motivo: CP/EC
Data: Década de 1980-96
Jurisdição: Oregon/Montana/Utah/Washington/Califórnia/Kansas/Flórida/Arizona
Vítimas: 14+

MO: Transeunte que assassinou outros vagabundos
SITUAÇÃO: Duas penas de prisão perpétua consecutivas no Oregon. em 1998

Simmons, Beoria Abraham, III (1954-)
Sexo: M
Raça: N
Tipo: T
Motivo: Sex.
Data: 1981-83
Jurisdição: Louisville, Kentucky.
Vítimas: Três
MO: Estupro-assassinato de mulheres brancas raptadas e atingidas por tiros
SITUAÇÃO: Condenado

Simmons, Willie (1964-)
Sexo: M
Raça: N
Tipo: T
Motivo: CP-não específico
Data: 1987
Jurisdição: St. Louis, Missouri.
Vítimas: Duas
MO: Atingiu com clava/estrangulou mulheres durante invasão a residências
SITUAÇÃO: Condenado em 1989

Simon, Robert R. (1950-) TCC: Mudman
Sexo: M
Raça: B
Tipo: N
Motivo: EC/Sex.
Data: 1971-95
Jurisdição: Pennsylvania/N.J/Virgínia
Vítimas: Sete + suspeitas
MO: Motociclista fora da lei e carreira criminosa; atirou em mulher que resistiu ao ato sexual (1974); matou oficial da polícia após roubo (1995)
SITUAÇÃO: Dez a 20 anos em Pennsylvania em 1982 (condicional em 1995); condenado em N.J. em 1997

Simons, Norman Afzal (1974-) TCC: Estrangulador da Estação
Sexo: M
Raça: B
Tipo: T
Motivo: Sex.
Data: 1986-94
Jurisdição: Cape Town/África do Sul
Vítimas: 22
MO: *Gay* assassino de meninos; escolheu vítimas de raça mista
SITUAÇÃO: 25 anos em uma acusação; aumentados para pena de prisão perpétua na apelação

Sims, Paula Marie (1959-)
Sexo: F
Raça: B
Tipo: T
Motivo: CP-não específico
Data: 1986/89
Jurisdição: Illinois
Vítimas: Duas
MO: Matou seus próprios filhos pequenos, acusando "invasores mascarados"
SITUAÇÃO: Prisão perpétua sem condicional em 1990

Sinclair, Charles T. (f. 1990)
Sexo: M
Raça: B
Tipo: N
Motivo: EC-crime qualificado
Data: 1980-90
Jurisdição: Estados Unidos/Canadá
Vítimas: 12
MO: Executou proprietários de lojas de moeda em roubos em vários estados nos Estados Unidos e British Columbia
SITUAÇÃO: Morto de ataque do coração na prisão antes do julgamento em agosto de 1990

Siswanto (?) TCC: Robot Gedek
Sexo: M
Raça: A
Tipo: N
Motivo: Sex./Sad.
Data: 1994-96
Jurisdição: Indonésia
Vítimas: 12 confessas

MO: Pedófilo mutilador de meninos com idade entre 9 e 15 anos
SITUAÇÃO: Condenado em 1997

Smallwood, Frederick Baker, Sr. (1944)
Sexo: M
Raça: B
Tipo: N
Motivo: EC
Data: 1991-95
Jurisdição: Geórgia/Virgínia.
Vítimas: Duas
MO: Ministro batista e "Barba Azul", assassinou esposas por lucro
SITUAÇÃO: Sentença de prisão perpétua em Virgínia. em 1995

Smith, Charles (?-)
Sexo: M
Raça: B
Tipo: T
Motivo: CP-não específico
Data: 1958
Jurisdição: Miami/Flórida
Vítimas: Duas
MO: Atirou em vítimas do sexo masculino sem motivo aparente
SITUAÇÃO: Sentença de prisão perpétua em 1958

Smith, Frank Lee (1947-)
Sexo: M
Raça: B
Tipo: T
Motivo: CP/EC/Sex.
Data: 1960/65/85
Jurisdição: Distrito de Broward/Flórida
Vítimas: Três
MO: Apunhalou menino em discussão; atirou em vítima de assalto à mão armada; estuprou/matou menina de oito anos
SITUAÇÃO: 11 meses em detenção para menores em 1960-61; pena de prisão em 1966; condenado em 1985

Smith, George Joseph (1872-1915) TCC: Assassino de Noivas no Banho
Sexo: M
Raça: B
Tipo: T
Motivo: EC
Data: 1912-14
Jurisdição: Inglaterra
Vítimas: Três
MO: "Barba Azul" assassinou esposas por lucro, afogando-as na banheira como "acidentes" encenados
SITUAÇÃO: Enforcado em 13 ago/1915

Smith, Gerald (f.1990)
Sexo: M
Raça: B
Tipo: T
Motivo: CP
Data: Década de 1980
Jurisdição: Missouri.
Vítimas: Duas
MO: Espancou ex-namorada até a morte em 1980; apunhalou recluso na prisão
SITUAÇÃO: Condenado em ambas as acusações, executado em 18 jan/1990

Smith, Joseph Clarence, Jr. (1949-)
Sexo: M
Raça: B
Tipo: T
Motivo: Sex.
Data: 1975-76
Jurisdição: Fênix/Arizona
Vítimas: Duas
MO: Apunhalou/sufocou caronistas adolescentes do sexo feminino
SITUAÇÃO: Condenado em uma acusação, confessou a culpa na segunda em 1977

Smith, Lemuel Warren (?-)
Sexo: M
Raça: ?
Tipo: N
Motivo: EC- crime qualificado
Data: 1976/81
Jurisdição: N.Y.
Vítimas: Três
MO: Atirou em duas vítimas de assalto à mão armada; espancou/estrangulou guarda feminina da prisão

SITUAÇÃO: Três penas de prisão em 1977; condenado em 1983; sentença comutada

Smith, Mark Alan (1949-)
Sexo: M
Raça: B
Tipo: N
Motivo: Sex.
Data: 1966-70
Jurisdição: Coreia do Sul/Alemanha/ Estados Unidos
Vítimas: 15 a 20
MO: Estupro-assassinato de mulheres jovens em três continentes
SITUAÇÃO: 500 anos por três acusações em Illinois em 1971

Smith, Stephen Richard (?-86)
Sexo: M
Raça: B
Tipo: T
Motivo: CP
Data: 1982-86
Jurisdição: San Antonio/Texas
Vítimas: Três + suspeitas
MO: Policial membro de comissão de corporação civil ligado a tiros em criminosos suspeitos
SITUAÇÃO: Morto por companheiro policial em 17 de agosto de 1986

Smith, William Scott (? -)
Sexo: M
Raça: B
Tipo: N
Motivo: Sex.
Data: 1981-84
Jurisdição: Idaho/Oregon
Vítimas: Três suspeitas
MO: Assassino concupiscente de mulheres com idades entre 14 e 21 anos
SITUAÇÃO: Pena de prisão perpétua com mínimo de 40 anos em duas acusações no Oregon em 1984

Snell, Richard Wayne (1930-95)
Sexo: M
Raça: B
Tipo: N
Motivo: CP-extremista
Data: 1994
Jurisdição: Arkansas.
Vítimas: Duas
MO: Neonazista; atirou em policial negro e em penhorista julgando-o judeu
SITUAÇÃO: Executado em 19 abr/1995

Snow, David Alexander (1955-)
Sexo: M
Raça: B
Tipo: T
Motivo: Sex.
Data: 1991-92
Jurisdição: Ontário/Canadá
Vítimas: Quatro suspeitas
MO: Matou um casal (casados) e duas mulheres; vítimas femininas estupradas
SITUAÇÃO: Pena de prisão perpétua em duas acusações em 1997

Snyder, David E., Jr. (1963-)
Sexo: M
Raça: B
Tipo: T
Motivo: Sex.
Data: 1982-84
Jurisdição: Flórida/Maryland
Vítimas: Quatro suspeitas
MO: Estupro-assassinato de meninas com idades entre 14 e 17 anos
SITUAÇÃO: Sentença de prisão perpétua em uma acusação em Maryland. em 1985

Snyder, Leroy (1931-)
Sexo: M
Raça: ?
Tipo: T
Motivo: EC/sex.
Data: 1969
Jurisdição: Camden/N.J.
Vítimas: Sete confessas
MO: Roubou/espancou/apunhalou sete conhecidos, estuprando duas das mulheres
SITUAÇÃO: Três penas de prisão perpétua consecutivas em 1970

Sobhraj, Charles (1944-) TCC: Serpente
Sexo: M
Raça: B
Tipo: T
Motivo: Sex./Sad.
Data: 1972-76
Jurisdição: Índia/Nepal/Tailândia
Vítimas: 10 a 16+
MO: Carreira criminosa; matou vítimas de roubos e estelionato
SITUAÇÃO: Pena de prisão perpétua na Índia em 1982 (liberado em condicional para a França em 1997)

Sobig, Klaus Peter (1957-)
Sexo: M
Raça: B
Tipo: T
Motivo: Sex./Sad./ EC
Data: 1976-84
Jurisdição: Bielfeld/Alemanha
Vítimas: Duas
MO: Apunhalou vítima masculina de roubo (1976); estuprou/estrangulou mulher idosa durante arrombamento em residência (1984)
SITUAÇÃO: Nove anos e meio em uma acusação em 1977 (condicional em 1983); pena de prisão perpétua em 1985

Sodeman, Arnold Karl (1900-36)
Sexo: M
Raça: B
Tipo: T
Motivo: Sex.
Data: 1930-35
Jurisdição: Vitória/Austrália
Vítimas: Quatro
MO: Estrangulador alcoólatra de meninas com idades entre 6 e 16 anos
SITUAÇÃO: Enforcado em junho de 1936

Sokichi, Furuya (1914-85)
Sexo: M
Raça: A
Tipo: N
Motivo: EC
Data: 1965
Jurisdição: Japão
Vítimas: Dez
MO: Roubo/assassinato de vítimas idosas em suas casas
SITUAÇÃO: Enforcado em 31 mai/1985

Sokolowski, David Allen (1957-)
Sexo: M
Raça: B
Tipo: F
Motivo: CP- conflito
Data: 1992
Jurisdição: Schley/N.C.
Vítimas: Duas
MO: Desmembrou a amante e um amigo em sua casa
SITUAÇÃO: Pena de prisão perpétua com mínimo de 20 anos em 1994

Solomon, Morris, Jr. (1994-)
Sexo: M
Raça: N
Tipo: T
Motivo: Sex.
Data: 1986-87
Jurisdição: Sacramento, Califórnia.
Vítimas: Sete
MO: Estupro-assassinato de mulheres em sua vizinhança
SITUAÇÃO: Condenado em 1988

Sommer, Fred, Jr. (?-)
Sexo: M
Raça: B
Tipo: T
Motivo: EC
Data: 1957
Jurisdição: Cameron Mills/N.Y.
Vítimas: Duas
MO: Matou motoristas para usar os carros em roubos armados
SITUAÇÃO: Pena de prisão perpétua em 1958

Sonner, Michael H. (1968-)
Sexo: M
Raça: B
Tipo: N
Motivo: EC- crime qualificado
Data: 1993
Jurisdição: Texas/Nevada

Vítimas: Três
MO: Atirou em duas vítimas de roubo (Texas) e oficial da polícia (Nevada.)
SITUAÇÃO: Condenado em Nevada. em 1994

Sorenson, Della (1897- ?)
Sexo: F
Raça: B
Tipo: N
Motivo: CP- doméstico
Data: 1918-25
Jurisdição: Nebraska
Vítimas: Sete
MO: "Viúva Negra" envenenou membros da família "para ficar quite"
SITUAÇÃO: Considerada insana e ordenada a internação em asilo em 1925

Soulakiotis, Marian (1900-)
Sexo: F
Raça: B
Tipo: F
Motivo: CP-extremista
Data: 1940-50
Jurisdição: Keratea/Grécia
Vítimas: 177
MO: Líder de culto de estudo do calendário cujos seguidores morreram por espancamento, tortura e fome
SITUAÇÃO: Dois anos por deter ilegalmente uma criança em 1951; 14 anos por crimes qualificados adicionais em 1953; nenhuma acusação de assassinato

Spanbauer, David F. (1940-)
Sexo: M
Raça: B
Tipo: T
Motivo: Sex.
Data: 1994
Jurisdição: Wisconsin.
Vítimas: Três
MO: Estupro-assassinato de mulheres com idades entre 10 e 21 anos
SITUAÇÃO: 403 anos em três acusações em 1994

Spara, Hieronyma (f. 1659)
Sexo: F
Raça: B
Tipo: T
Motivo: EC
Data: Década de 1650
Jurisdição: Itália
Vítimas: "Numerosas"
MO: "Feiticeira" e envenenadora por aluguel de maridos
SITUAÇÃO: Enforcada com um cúmplice e três clientes em 1659

Spaziano, Joseph Robert (1944 -) TCC: Louco Joe
Sexo: M
Raça: B
Tipo: T
Motivo: Sex./Sad.
Data: 1973
Jurisdição: Altamonte Springs, Flórida
Vítimas: Duas suspeitas
MO: Motociclista fora da lei; alegou estupro-assassinato de mulheres jovens deixadas em caçambas de lixo
SITUAÇÃO: Prisão perpétua mais cinco anos por estupro/agressão em 1975 (vítima cegada com uma faca); condenado em uma acusação em 1976 (sentença de morte mudada na apelação, novo julgamento pendente)

Speck, Richard Franklin (1941-91)
Sexo: M
Raça: B
Tipo: N
Motivo: Sex.
Data: 1966
Jurisdição: Indiana/Illinois
Vítimas: 12 suspeitas
MO: Ligado a quatro assassinatos ao acaso de mulheres antes de massacrar quatro estudantes de enfermagem em sua pensão em Chicago
SITUAÇÃO: Condenado em 1966 (comutado em 1972); morreu na prisão em 5 de dezembro de 1991

Spencer, Anthony (1947-)
Sexo: M
Raça: N
Tipo: T
Motivo: Sex.
Data: 1964
Jurisdição: Cidade de Nova York
Vítimas: Duas
MO: Estuprador serial; matou duas das 14 vítimas conhecidas
SITUAÇÃO: Sentença de prisão perpétua em 1965

Spencer, Diane (1968-)
Sexo: F
Raça: B
Tipo: N
Motivo: CP- não específico
Data: 1983-90
Jurisdição: Michigan/Pennsylvania
Vítimas: Três suspeitas
MO: Sufocou suas crianças pequenas, acusando a síndrome de morte súbita infantil
SITUAÇÃO: Pena de prisão perpétua em uma acusação em Michigan em 1992

Spencer, Timothy Wilson (1962-94)
Sexo: M
Raça: N
Tipo: T
Motivo: Sex./Sad.
Data: 1987
Jurisdição: Distrito de Arlington/Virgínia
Vítimas: Quatro
MO: Estuprador serial que torturou suas vítimas, matando algumas
SITUAÇÃO: Executado em 27 de abril de 1994

Spilotro, Anthony (1938-86) TCC: Tony, a formiga
Sexo: M
Raça: B
Tipo: N
Motivo: EC/CP
Data: Década de 1960 até 1986
Jurisdição: Illinois/Nevada/Califórnia
Vítimas: 16 a 18 pessoas
MO: "Executor" da máfia e espancador; ordenou diversos assassinatos além daqueles cometidos pessoalmente
SITUAÇÃO: Morto por rivais de gangue em Indiana em junho de 1986

Spisak, Frank G., Jr. (1950-)
Sexo: M
Raça: B
Tipo: T
Motivo: CP-extremista
Data: 1982
Jurisdição: Cleveland, Ohio
Vítimas: Quatro
MO: Nazista travestido; atirou em negros e em considerados judeus
SITUAÇÃO: Condenado em 1983

Spotz, Mark Newton (1972-)
Sexo: M
Raça: B
Tipo: N
Motivo: CP-não específico
Data: 1995
Jurisdição: Pennsylvania
Vítimas: Quatro
MO: Atirou no irmão e em três mulheres com idades entre 41 e 71 anos, em violência em quatro distritos
SITUAÇÃO: 17 a 30 anos por homicídio culposo em uma acusação; condenado em três outras

Spraggins, Jerry Jerome (1955-)
Sexo: M
Raça: B
Tipo: F
Motivo: EC/Sex.
Data: 1981-83
Jurisdição: Montclair/N.J.
Vítimas: Três suspeitas
MO: Arrombador-estuprador ligado às mortes de três mulheres no mesmo apartamento em um período de dois anos
SITUAÇÃO: Sentença de 30 anos em uma acusação em 1985

Stafford, Roger Dale (1951-95)
Sexo: M

Raça: B
Tipo: N
Motivo: EC
Data: 1978
Jurisdição: Oklahoma.
Vítimas: Nove suspeitas
MO: Assassinou uma família de três pessoas em junho de 1978; atirou em seis vítimas em um assalto à mão armada a restaurante três semanas depois
SITUAÇÃO: Executado em 1º de julho de 1995

Stager, Bárbara (1948-)
Sexo: F
Raça: B
Tipo: T
Motivo: EC
Data: 1977-96
Jurisdição: Distrito de Monroe/Ohio
Vítimas: Duas
MO: "Viúva Negra" assassina de maridos pelo seguro, em "acidentes" encenados com arma de fogo
SITUAÇÃO: Condenada em uma acusação em 1989 (comutada na apelação)

Stapleburg, Marthinus Jakobus (1974-)
Sexo: M
Raça: B
Tipo: T
Motivo: CP- extremista / EC
Data: 1995-96
Jurisdição: África do Sul
Vítimas: Cinco
MO: Matador profissional racista; atirou em negros, roubando diversas vítimas
SITUAÇÃO: Pena de prisão perpétua em 1997

Starret, Richard Daniel (1960-)
Sexo: M
Raça: B
Tipo: N
Motivo: Sex.
Data: 1988-89
Jurisdição: S.C./Geórgia.
Vítimas: Duas
MO: Estuprador/assassino de meninas e mulheres jovens encontradas por meio de anúncios classificados de jornais
SITUAÇÃO: Cinco penas de prisão perpétua em S.C. em 1991; cinco penas de prisão perpétua em Geórgia em 1993

Stefano, Raffaelle de (?-) TCC Vampiro de Aversa
Sexo: M
Raça: B
Tipo: T
Motivo: Sex.
Data: 1992
Jurisdição: Aversa/Itália
Vítimas: Duas
MO: Vítimas intoxicadas e apunhaladas mortalmente
SITUAÇÃO: Sentença de prisão perpétua

Stephani, Paul Michael (1944-) TCC: Assassino de Voz Chorosa
Sexo: M
Raça: B
Tipo: T
Motivo: CP-não específico
Data: 1981-82
Jurisdição: Minneapolis /St. Paul
Vítimas: Três
MO: Apunhalou mulheres com idades entre 18 e 33 anos em ataques ao acaso
SITUAÇÃO: 40 anos em uma acusação em 1982; confessou duas mais na prisão em 1997

Stevanin, Gianfranco (?-)
Sexo: M
Raça: B
Tipo: T
Motivo: Sex./Sad.
Data: Década de 1990
Jurisdição: Verona/Itália
Vítimas: Seis
MO: Trabalhador em fazenda; estuprou/mutilou mulheres
SITUAÇÃO: Sentença de prisão perpétua em 1998

Stevens, Alan Michael (1942 -) TCC Buzzard
Sexo: M

Raça: B
Tipo: T
Motivo: Sex.
Data: 1985-90
Jurisdição: San Diego/Cal.
Vítimas: Três a quatro suspeitas
MO: Vagabundo e estuprador-assassino de mulheres jovens
SITUAÇÃO: 25 anos à prisão perpétua em uma acusação em 1991

Stevens, Charles Arnett (1960-)
Sexo: M
Raça: N
Tipo: T
Motivo: CP-não específico
Data: 1969-76
Jurisdição: Oakland/Califórnia
Vítimas: Três
MO: Atirou em motoristas na rodovia em ataques ao mover-se ao lado do carro da vítima de forma aleatória
SITUAÇÃO: Condenado

Stevens, Walter (1867-1939) TCC: Decano de Matadores Profissionais de Chicago
Sexo: M
Raça: B
Tipo: T
Motivo: EC
Data: *c*. 1900-29
Jurisdição: Chicago/Illinois
Vítimas: 60+
MO: Espancador do sindicato
SITUAÇÃO: Aposentou-se do envolvimento na organização; morreu por causas naturais

Stewart, Kenneth Allen (1963-)
Sexo: M
Raça: N
Tipo: T
Motivo: EC
Data: 1984-85
Jurisdição: Distrito de Hillsborough/Flórida
Vítimas: Duas
MO: Matou vítimas de roubo e colocou fogo em suas casas

SITUAÇÃO: Condenado em duas acusações mais 141 anos em 1986

Stiles, Billie (f. 1908)
Sexo: M
Raça: B
Tipo: N
Motivo: CP/EC
Data: Décadas de 1880/1908
Jurisdição: Arizona/Nevada
Vítimas: "Diversas"
MO: Fora da lei e homem da lei ocasional; matou seu próprio pai aos 12 anos
SITUAÇÃO: Atingido por tiro em emboscada por filho de 12 anos da última vítima em janeiro de 1908

Stokes, Winford Lavern (1951-90)
Sexo: M
Raça: N
Tipo: N
Motivo: CP-não específico
Data: 1969-78
Jurisdição: Missouri.
Vítimas: Três
MO: Assassino psicótico de mulheres
SITUAÇÃO: Considerado insano em duas acusações; escapou do asilo em 1978; executado na terceira acusação em 12 mai/1990

Stone, Michael Anthony (1955-)
Sexo: M
Raça: B
Tipo: T
Motivo: CP- extremista
Data: 1984-88
Jurisdição: Belfast/Irlanda do Norte
Vítimas: Seis
MO: Assassino sectário de católicos e republicanos
SITUAÇÃO: Pena de prisão perpétua por seus assassinatos e por mais cinco tentativas de assassinato em 1989

Stoudenmire, Dallas (1845-82) TCC: Açougueiro de Stoudenmire
Sexo: M
Raça: B
Tipo: T

Motivo: CP
Data: 1881
Jurisdição: El Paso, Texas.
Vítimas: Quatro +
MO: Homem da lei renegado de gatilho rápido
SITUAÇÃO: Matou em disputa pessoal em 18 de setembro de 1882

Straffen, John Thomas (1930-)
Sexo: M
Raça: B
Tipo: T
Motivo: CP-não específico
Data: 1951-52
Jurisdição: Barth/Farley Hill/Inglaterra
Vítimas: Três
MO: Assassino infantil desorganizado; atingiu com clava/apunhalou meninas com idades entre 5 e 9 anos
SITUAÇÃO: Condenado em 1952; comutado para prisão perpétua no mesmo ano

Strauss, Harry (1908-41) TCC: Pittsburgh Phil; Pep
Sexo: M
Raça: B
Tipo: N
Motivo: EC
Data: 1932-40
Jurisdição: Em todo os Estados Unidos
Vítimas: Cem + suspeitas
MO: Primeiro matador de "MURDER, INC."
SITUAÇÃO: Executado em Sing Sing em 12 jun/1941

Stuard, James William (1937-) TCC: Assassino de Cidadãos Seniores
Sexo: M
Raça: N
Tipo: T
Motivo: Sex.
Data: 1989
Jurisdição: Fênix/Arizona.
Vítimas: Três
MO: Invasão de residência, estupro-assassinato de mulheres com idades entre 74 e 81 anos

SITUAÇÃO: Condenado em três acusações em 1990

Stuchberry, David (1948-97)
Sexo: M
Raça: B
Tipo: N
Motivo: Sex.
Data: 1979-97
Jurisdição: Inglaterra
Vítimas: Quatro suspeitas
MO: Ex-condenado ligado a espancamento mortal de mulheres
SITUAÇÃO: Apunhalado mortalmente por mulher atacada em sua casa

Stuller, Nicklaus (f. 1577)
Sexo: M
Raça: B
Tipo: T
Motivo: Sex./Sad.
Data: Década de 1570
Jurisdição: Alemanha
Vítimas: Quatro
MO: "Estripador" que estripou mulheres grávidas e um soldado
SITUAÇÃO: Torturado publicamente até a morte em 1577

Stumpe (ou Stubbe), Peter (f. 1589)
Sexo: M
Raça: B
Tipo: T
Motivo: Sex./Sad.
Data: 1564-89
Jurisdição: Bedburg, Alemanha
Vítimas: 15 +
MO: "Lobisomem" canibal-assassino de numerosas vítimas, incluindo seu próprio filho incestuoso
SITUAÇÃO: Decapitado e queimado em 28 de outubro de 1589; filha Beel e amante Katherine Trompin queimadas como cúmplices

Stutzman, Eli E., Jr. (1950-)
Sexo: M
Raça: B
Tipo: N

Motivo: Sex.
Data: 1977-85
Jurisdição: Ohio/Texas./ Neb.
Vítimas: Cinco suspeitas
MO: Vagabundo gay; matou sua esposa, filho pequeno e três homens
SITUAÇÃO: 40 anos em confissão de culpa em uma acusação no Texas; HIV positivo

Succo, Robert (f. 1988)
Sexo: M
Raça: B
Tipo: N
Motivo: CP-não específico
Data: 1988
Jurisdição: França
Vítimas: Seis
MO: Esquizofrênico paranoico, assassinou três policiais e três civis
SITUAÇÃO: Suicídio em prisão italiana em 23 mai1/988

Suff, William Lester (1950-)
Sexo: M
Raça: B
Tipo: N
Motivo: CP/Sex./Sad.
Data: 1973/85-92
Jurisdição: Texas./Califórnia.
Vítimas: 13 a 35
MO: Matou filha pequena; "estripador" de prostitutas
SITUAÇÃO: 70 anos no Texas em 1973 (condicional em 1983); condenado em 1995

Sullivan, John Joseph (1939-) TTC: Cachorro Louco
Sexo: M
Raça: B
Tipo: N
Motivo: EC
Data: 197?- 81
Jurisdição: N.Y.
Vítimas: 23 suspeitas
MO: Carreira criminosa; roubo armado e assassino de aluguel
SITUAÇÃO: Penas de prisão perpétua com mínimo de cem anos em três acusações em 1982

Swango, Dr. Michael (1954)
Sexo: M
Raça: B
Tipo: N
Motivo: CP-não específico
Data: 1978-97
Jurisdição: Estados Unidos/África
Vítimas: "Dezenas" suspeitas
MO: Nomeado pelo FBI como provável *serial killer* de pacientes em hospital em Illinois/Ohio/Virgínia/Namíbia/Zâmbia e Zimbábue
SITUAÇÃO: Pena de cinco anos por envenenar paramédicos em Illinois. em 1985 (condicional em 1987); confissão-negociação para pena de três anos e meio meses em N.Y. nas acusações de prescrever ilegalmente drogas em 1998

Swann, James Edward, Jr. (1964-) TCC: Caçador com Espingarda
Sexo: M
Raça: N
Tipo: T
Motivo: CP-não específico
Data: 1993
Jurisdição: Washington/D.C.
Vítimas: Três
MO: Assassino "possuído" de vítimas de passagem atingidas ao acaso
SITUAÇÃO: Não culpado em razão de insanidade em 1994

Swann, Lucas (1960-)
Sexo: M
Raça: B
Tipo: T
Motivo: CP-não específico
Data: 1987-88
Jurisdição: Stockport/Inglaterra
Vítimas: Duas
MO: Apunhalou homem e mulher em ataque ao acaso
SITUAÇÃO: 20 anos a prisão perpétua em

confissão de culpa, em ambas as acusações em 1988

Sweet, William Earl (1967-)
Sexo: M
Raça: N
Tipo: T
Motivo: EC
Data: 1990
Jurisdição: Distrito de Duval, Flórida
Vítimas: Duas
MO: Invasor de residência; matou vítimas de assalto à mão armada
SITUAÇÃO: Condenado em uma acusação em 1991; 35 anos na segunda acusação em 1994

Swiatek (f.1850)
Sexo: M
Raça: B
Tipo: N
Motivo: CP-não específico
Data: Década de 1840
Jurisdição: Áustria
Vítimas: Seis + confessas
MO: Transeunte canibal-assassino cuja família compartilhou a carne
SITUAÇÃO: Suicídio na prisão por enforcamento antes do julgamento

Swindler, John E. (1944-90)
Sexo: M
Raça: B
Tipo: N
Motivo: EC
Data: ?
Jurisdição: Arkansas./S.C./Flórida
Vítimas: Quatro
MO: Matou vítimas em três estados, incluindo um policial em Arkansas.
SITUAÇÃO: Condenado em três acusações em dois estados; executado no Arkansas. em 18 de junho de 1990

Tadik, Dusko (1956-)
Sexo: M
Raça: B
Tipo: T
Motivo: CP-extremista
Data: 1992
Jurisdição: Bósnia
Vítimas: 123 alegadas
MO: Proprietário de bar sérvio na Bósnia; torturou/matou vizinhos croatas e mulçumanos durante "limpeza étnica"
SITUAÇÃO: Condenado em 11 acusações por crimes de guerra em 1997

Tannenbaum, Albert (1906-) TCC: Allie; Tick-Tock
Sexo: M
Raça: B
Tipo: T
Motivo: EC
Data: 1925/40
Jurisdição: N.Y.N.J.
Vítimas: Seis +
MO: Assassino por contrato de "MURDER, INC."
SITUAÇÃO: Imunidade concedida em troca de testemunho

Tannenbaum, Gloria (f.1971)
Sexo: F
Raça: B
Tipo: T
Motivo: CP-não específico
Data: 1969
Jurisdição: Boulder/Colorado
Vítimas: Três suspeitas
MO: Envenenou dois vizinhos; ligada ao desaparecimento de seu amante
SITUAÇÃO: Ordenada a internação em hospital mental em 1969; suicídio por veneno enquanto estava confinada em 9 de março de 1971

Taylor, Blake Raymond (1966-)
Sexo: M
Raça: B
Tipo: T
Motivo: Sex.
Data: 1985-88
Jurisdição: San Diego/Califórnia
Vítimas: Três alegadas

MO: Nomeado pela polícia como estuprador-assassino de prostitutas
SITUAÇÃO: Nove anos por tentativa de assassinato de uma prostituta

Taylor, Gary Addison (1936-)
Sexo: M
Raça: B
Tipo: N
Motivo: Sex./Sad.
Data: 1972-76
Jurisdição: Michigan/Texas/Washington.
Vítimas: 20 suspeitas
MO: Estupro-assassinato de mulheres em pelo menos três Estados
SITUAÇÃO: Pena de prisão perpétua em uma acusação em Washington em abril de 1976

Taylor, Kenneth Gordon (1941-)
Sexo: M
Raça: B
Tipo: N
Motivo: CP-não específico
Data: 1977-78
Jurisdição: Tenessee/Ohio/Pennsylvania
Vítimas: 17 confessas
MO: Assassino por excitação, vítimas selecionadas ao acaso
SITUAÇÃO: 30 anos em uma acusação de segundo grau em Ohio em 1979

Tcaiuc (1917-?)
Sexo: M
Raça: B
Tipo: T
Motivo: CP-não específico
Data: 1935
Jurisdição: Jasi, Romênia
Vítimas: 21 confessas
MO: Assassino por excitação, matou homens atraídos para as florestas pela namorada, supostamente por insistência dela
SITUAÇÃO: Desconhecida; provavelmente executado

Tenneson, Michael (1960-)
Sexo: M
Raça: B
Tipo: N
Motivo: EC

Data: 1987
Jurisdição: Wisconsin/Colorado
Vítimas: Cinco
MO: Condenado fugitivo que matou/roubou vítimas de ambos os sexos
SITUAÇÃO: Duas penas de prisão perpétua mais 48 anos no Colorado em 1988; três penas de prisão perpétua em Wisconsin em 1988

Tenney, Edward L. (1959-)
Sexo: M
Raça: B
Tipo: T
Motivo: CP-não específico
Data: 1993
Jurisdição: Aurora/Illinois
Vítimas: Três
MO: Homem e duas mulheres atingidas por tiros próximo a suas casas
SITUAÇÃO: Condenado em duas acusações em 1998

Terry, Charles E. (f. 1981)
Sexo: M
Raça: ?
Tipo: N
Motivo: Sex.
Data: 1962-63
Jurisdição: N.Y./Lousiania
Vítimas: Duas + suspeitas
MO: Estupro-estrangulamento de mulheres
SITUAÇÃO: Confessou uma acusação em N.Y. em 1963; morreu na prisão em 1981

Terry, Michael (?-)
Sexo: M
Raça: N
Tipo: T
Motivo: Sex.
Data: 1985-86
Jurisdição: Atlanta, Geórgia.
Vítimas: Seis
MO: Atirou/apunhalou homens gays após ato sexual
SITUAÇÃO: Prisão perpétua sem condicional em duas acusações em 1987

Thanos, John Frederick (1949-94)
Sexo: M

Raça: B
Tipo: T
Motivo: EC-crime qualificado
Data: 1990
Jurisdição: Maryland
Vítimas: Três
MO: Atirou em vítimas de roubo com idades entre 14 e 18 anos
SITUAÇÃO: Condenado em três acusações; executado em 17 de maio de 1994

Tholmer, Brandon (1949-)
Sexo: M
Raça: B
Tipo: T
Motivo: Sex./EC
Data: 1981-84
Jurisdição: Los Angeles/Califórnia
Vítimas: 34 suspeitas
MO: Estupro-assassinato de mulheres idosas; vítimas também foram roubadas
SITUAÇÃO: Quatro penas consecutivas de prisão perpétua em 1986

Thomas, Ed Clifford (1960-)
Sexo: M
Raça: B
Tipo: T
Motivo: CP
Data: 1980
Jurisdição: Distrito de Dade/Flórida
Vítimas: Duas
MO: Matou vítimas em litígios pessoais
SITUAÇÃO: Duas penas de prisão perpétua em 1981

Thomas, William Gregory (1960-)
Sexo: M
Raça: B
Tipo: T
Motivo: EC
Data: 1991-93
Jurisdição: Distrito de Duval/Flórida
Vítimas: Duas
MO: "Barba Azul" assassino de ex-esposa e mãe
SITUAÇÃO: Condenado em uma acusação

mais penas de prisão perpétua pela segunda acusação, arrombamento e rapto em 1994

Thompson, Ben (1843-84)
Sexo: M
Raça: B
Tipo: N
Motivo: CP
Data: 1863-84
Jurisdição: Lousiania/Texas
Vítimas: Oito +
MO: "Atirador" e homem da lei ocasional; atirou em diversos inimigos pessoais, incluindo um soldado da União
SITUAÇÃO: Morto em briga com arma de fogo em San Antonio, em 18 de março de 1884

Thompson, Jerry K. (1961-)
Sexo: M
Raça: B
Tipo: T
Motivo: EC
Data: 1991
Jurisdição: Indianápolis/Indiana
Vítimas: Três
MO: Carreira criminosa; atirou em dois homens e uma mulher em assalto à mão armada
SITUAÇÃO: Condenado

Thompson, Kelly Ray (1968-)
Sexo: M
Raça: B
Tipo: N
Motivo: Sex.
Data: Década de 1990
Jurisdição: Washington/Colorado
Vítimas: Oito confessados
MO: Apunhalou mulheres em ataques ao acaso
SITUAÇÃO: 31 anos em uma acusação em Washington em 1998

Thompson, Raymond Michael (1930-)
Sexo: M
Raça: B
Tipo: T
Motivo: EC-crime qualificado

Data: 1980-82
Jurisdição: Distrito de Broward/Flórida
Vítimas: Duas
MO: Matou vítimas de roubo/rapto
SITUAÇÃO: Condenado em uma acusação mais prisão perpétua por rapto em 1986; 17 anos e seis meses na segunda acusação em 1987

Thompson, Robert J. (1909-)
Sexo: M
Raça: B
Tipo: T
Motivo: Sex./EC
Data: 1958
Jurisdição: México
Vítimas: Duas
MO: Expatriado americano; estuprou/roubou/atingiu com clava turistas do sexo feminino
SITUAÇÃO: Sentença de prisão perpétua em novembro de 1958

Thompson, William (1845-88?) TCC: Billy do Texas
Sexo: M
Raça: B
Tipo: N
Motivo: CP
Data: 1873
Jurisdição: Kansas./Colorado./Texas.
Vítimas: "Diversas"
MO: Irmão psicótico de BEN THOMPSON; vítimas incluíram pelo menos um homem da lei
SITUAÇÃO: Segundo noticiado, morto em Laredo, Texas

Thompson, William Paul (1937-89)
Sexo: M
Raça: B
Tipo: N
Motivo: EC/CP
Data: Década de 1980
Jurisdição: N.Y./Kansas/Califórnia/Nevada
Vítimas: Seis confessas
MO: Atirou em homens em conflitos pessoais e assassinatos contratados
SITUAÇÃO: Condenado em duas acusações na Califórnia.; executado em Nevada. em uma acusação em 19 de junho de 1989

Tilley, Joe Vance (1974-)
Sexo: M
Raça: B
Tipo: T
Motivo: Sad.
Data: 1990
Jurisdição: Distritos de Johnson/Marshall, Oklahoma.
Vítimas: Três
MO: Assassino por excitação de homem idoso e duas meninas de 15 anos
SITUAÇÃO: Prisão perpétua sem condicional em uma acusação em 1993, condenado na segunda acusação

Tingler, Richard Lee, Jr. (1940-)
Sexo: M
Raça: B
Tipo: N
Motivo: EC- crime qualificado
Data: 1968
Jurisdição: Cleveland/Columbus, Ohio
Vítimas: Seis
MO: Executou vítimas de ambos os sexos durante roubo
SITUAÇÃO: Condenado em 1969 (sentença comutada para prisão perpétua em 1972)

Tipton, John Calvin (1936-58)
Sexo: M
Raça: B
Tipo: T
Motivo: Sex.
Data: 1956
Jurisdição: Distrito de Orange/Califórnia
Vítimas: Duas
MO: Invasor de residências, apunhalou meninas de 18 anos no peito
SITUAÇÃO: Executado por uma acusação em 27 de setembro de 1958

Tipton, Richard (1971-)
Sexo: M
Raça: B
Tipo: T

Motivo: EC-drogas
Data: 1992
Jurisdição: Richmond/Virgínia
Vítimas: 11
MO: Liderou gangue de drogas em séries de homicídios
SITUAÇÃO: Condenado sob a legislação federal

Todd, George (1841-64)
Sexo: M
Raça: B
Tipo: N
Motivo: CP/EC
Data: 1861-64
Jurisdição: Kansas./Missouri.
Vítimas: "Numerosas"
MO: Membro dos "INVASORES DE QUANTRILL"
SITUAÇÃO: Morto por franco-atirador da União em 22 de outubro de 1864

Todd, Sweeney (1756-1801) TCC: Demônio Humano
Sexo: M
Raça: B
Tipo: F
Motivo: EC
Data: 1784-1801
Jurisdição: Londres/Inglaterra
Vítimas: 160 alegadas
MO: "Barbeiro demônio de Fleet Street" da vida real que roubou/matou patronos de ambos os sexos; a carne das vítimas processada e vendida como "torta de vitela" pela amante/cúmplice Margery Lovett
SITUAÇÃO: Enforcado por uma acusação em 25 de janeiro de 1802; Lovett suicidou-se na prisão após confissão em dezembro de 1801

Toffania (1653-1723)
Sexo: F
Raça: B
Tipo: T
Motivo: EC/Sad.
Data: 1670-1719
Jurisdição: Nápoles/Itália
Vítimas: 600 estimadas
MO: Extremista feminista; envenenadora por aluguel de maridos indesejados
SITUAÇÃO: Executada por garrote em 1723

Tolerton, Kenyon Battles (1956-)
Sexo: M
Raça: B
Tipo: N
Motivo: Sex.
Data: 1980-93
Jurisdição: Colorado.
Vítimas: Três suspeitas
MO: Estupro-assassinato de mulheres com idades entre 14 e 22 anos; todas as vítimas foram apunhaladas
SITUAÇÃO: Confissão de culpa em uma acusação em 1981; (condicional em 1991); prisão perpétua mais 48 anos em uma acusação em 1994

Toppan, Jane (1854-1938)
Sexo: M
Raça: B
Tipo: T
Motivo: CP-não específico
Data: 1880-1901
Jurisdição: Nova Inglaterra
Vítimas: 70 a cem suspeitas
MO: "Enfermeira" morando no emprego que envenenou pacientes e seus parentes
SITUAÇÃO: Confessou 31 acusações em 1901; confinada a asilo de insanos, onde morreu em agosto de 1938

Torres, Leslie (1971-)
Sexo: M
Raça: H
Tipo: T
Motivo: EC
Data: 1988
Jurisdição: Cidade de Nova York
Vítimas: Cinco
MO: Atirou em vítimas em roubos encenados para apoiar vício de drogas
SITUAÇÃO: Pena de prisão perpétua com mínimo de 60 anos em abril de 1989

Townser, Anthony (1975-)
Sexo: M

Raça: N
Tipo: N
Motivo: EC
Data: 1993
Jurisdição: Illinois/Missouri.
Vítimas: Três suspeitas
MO: Invasor residencial; matou/roubou brancos idosos
SITUAÇÃO: Pena de 75 anos em uma acusação em 1995

Tracy, Harry (1876-1902)
Sexo: M
Raça: B
Tipo: N
Motivo: EC
Data: 1897-1902
Jurisdição: Colorado/Wyoming/Utah
Vítimas: "Diversas"
MO: Fora da lei "Wild Bunch" conhecido por seu temperamento homicida
SITUAÇÃO: Suicídio por tiro para evitar a prisão em 6 de agosto de 1902

Trapishkin, Nicholas (f. 1926)
Sexo: M
Raça: B
Tipo: N
Motivo: EC
Data: 1920-26
Jurisdição: Rússia
Vítimas: Cem alegadas
MO: Aparente fora da lei; incluídas também diversas acusações de roubos
SITUAÇÃO: Executado em 1926

Trawick, Jack Harrison (1946-)
Sexo: M
Raça: B
Tipo: N
Motivo: Sex./Sad.
Data: 1972-92
Jurisdição: Alabama/Oregon/no mar
Vítimas: Cinco confessas
MO: Estuprou-estrangulou mulheres, incluindo uma jogada ao mar em navio cruzeiro navegando de Seattle ao Alasca
SITUAÇÃO: Condenado no Alabama. em 1994

Trillo, Martin (?-)
Sexo: M
Raça: ?
Tipo: T
Motivo: Sex.
Data: 1981
Jurisdição: Sacramento/Califórnia
Vítimas: Duas
MO: Estrangulador concupiscente de mulheres
SITUAÇÃO: Duas penas de prisão perpétua sem condicional em 1984

Troppmann, Jean-Baptiste (1848-70)
TCC: Tigre Humano
Sexo: M
Raça: B
Tipo: T
Motivo: EC
Data: 1869
Jurisdição: França
Vítimas: Oito
MO: Assassinou família inteira durante fraude prolongada
SITUAÇÃO: Guilhotinado em 19 de janeiro de 1870

Trueblood, Lydia (?-?)
Sexo: F
Raça: B
Tipo: N
Motivo: EC-herança
Data: 1915-19
Jurisdição: Missouri/Montana/Idaho
Vítimas: Cinco
MO: "Viúva Negra" envenenou maridos e um cunhado pelo seguro de vida
SITUAÇÃO: Pena de prisão perpétua em Idaho em 1921

Trupp, Nathan (1947-)
Sexo: M
Raça: B
Tipo: N
Motivo: CP- não específico
Data: 1988
Jurisdição: N.Mex./Califórnia.
Vítimas: Cinco

MO: Atirou em vítimas ao acaso enquanto caçava o ator Michael Landon
SITUAÇÃO: Declarado insano; confinado a hospital estadual

Tsutomu Miyazaki (1963-)
Sexo: M
Raça: A
Tipo: N
Motivo: Sex.
Data: 1988-89
Jurisdição: Japão
Vítimas: Quatro confessas
MO: Raptou/matou meninas com idades entre quatro e sete anos; necrófilo
SITUAÇÃO: Condenado em 1997

Tucker, James Neil (?-)
Sexo: M
Raça: B
Tipo: T
Motivo: Sex.
Data: 1956
Jurisdição: Distrito de Orange/Califórnia.
Vítimas: Duas confessas
MO: Estuprou-assassinou mulheres com idades entre 21 e 54 anos
SITUAÇÃO: Condenado em uma acusação em 1993 (sentença mudada na apelação em 1995); condenado na segunda acusação em 1995

Tuggle, Lem Davis, Jr. (f. 1996)
Sexo: M
Raça: B
Tipo: T
Motivo: Sex.
Data: 1971/83
Jurisdição: Distrito de Smyth, Virgínia.
Vítimas: Duas
MO: Estuprou-assassinou mulheres
SITUAÇÃO: Pena de prisão perpétua em 1971 (condicional em 1983); executado em 12 de dezembro de 1996

Tullis, Patrick (1959-)
Sexo: M
Raça: B

Tipo: T
Motivo: CP
Data: 1987
Jurisdição: Chicago/Illinois
Vítimas: Duas
MO: Assassino sofrendo de homofobia; vítimas apunhaladas/estranguladas
SITUAÇÃO: 60 anos em duas acusações em 1989

Turner, Lise Jane (1956-)
Sexo: F
Raça: B
Tipo: T
Motivo: CP-não específico
Data: 1980-82
Jurisdição: Christchurch/Nova Zelândia
Vítimas: Quatro
MO: Matou crianças pequenas, duas delas seus filhos
SITUAÇÃO: Pena de prisão perpétua mais dez anos por tentativa de assassinato em 1984 (condicional em 1997)

Underwood, L.C. (1948-)
Sexo: M
Raça: B
Tipo: T
Motivo: CP
Data: 1993
Jurisdição: Salisbury/N.C.
Vítimas: Duas suspeitas
MO: Ex-policial e caçador obsessivo; matou a mãe idosa da ex-namorada e sua nova amante em ataques separados
SITUAÇÃO: Prisão perpétua mais 40 anos em uma acusação em 1997

Ursinus, Sophie Charlotte Elizabeth (1760-1836)
Sexo: F
Raça: B
Tipo: T
Motivo: EC/CP
Data: 1798-1801
Jurisdição: Berlim/Alemanha
Vítimas: Três

MO: Envenenou marido, tia e amante infiel
SITUAÇÃO: Pena de prisão perpétua; morreu na prisão em 4 abr/1836

Vajicek, Herman (?-?) TCC: Herman Billik
Sexo: M
Raça: B
Tipo: T
Motivo: EC-herança
Data: 1905
Jurisdição: Chicago/Illinois
Vítimas: Seis
MO: Envenenou seis pessoas de uma família durante seis meses
SITUAÇÃO: Sentença de morte de 1907 comutada; liberado em janeiro de 1917

Valenti, Richard Raymond (1943-)
Sexo: M
Raça: B
Tipo: T
Motivo: Sex.
Data: 1973-74
Jurisdição: Distrito de Charleston /S.C.
Vítimas: Três
MO: Estupro-assassinato de meninas adolescentes
SITUAÇÃO: Penas consecutivas de prisão perpétua em duas acusações em 1974

Valenti, Rocco (f. 1922)
Sexo: M
Raça: B
Tipo: T
Motivo: EC
Data: Década de 1920
Jurisdição: N.Y./N.J.
Vítimas: 20
MO: Assassino por contrato do submundo
SITUAÇÃO: Morto em tiroteio em território de gangue na cidade de Nova York em 9 de agosto de 1922

Valkenburgh, Elizabeth Van (f. 1846)
Sexo: F
Raça: B
Tipo: T
Motivo: CP-doméstico
Data: Década de 1840
Jurisdição: Fulton, N.Y.
Vítimas: Duas
MO: "Viúva Negra" envenenou maridos
SITUAÇÃO: Enforcada em 24 de janeiro de 1846

Velten, Maria(1916-)
Sexo: F
Raça: B
Tipo: T
Motivo: CP/EC
Data: 1963-80
Jurisdição: Kempten/Alemanha
Vítimas: Cinco confirmadas
MO: "Viúva Negra" envenenou pai, tia, maridos/amantes; motivada por "compaixão" alegada nas primeiras duas mortes; outras matou por dinheiro
SITUAÇÃO: Sentença de prisão perpétua em 1983

Verain, Leland (1892-1935) TCC: Louis "Duas Armas" Alterie
Sexo: M
Raça: B
Tipo: T
Motivo: EC/CP
Data: 1922-25
Jurisdição: Chicago/Illinois
Vítimas: "Numerosas"
MO: Gângster psicopata da era da Proibição; alegou ser o "criador" de assassinatos em emboscada por metralhadora
SITUAÇÃO: Atingido por tiros por organização rival em 18 de julho de 1935

Vermilyea, Louise (f. 1910)
Sexo: F
Raça: B
Tipo: N
Motivo: EC/CP-não específico
Data: 1893-1910
Jurisdição: Illinois
Vítimas: Nove
MO: "Viúva Negra" envenenou maridos e filhos pelo seguro de vida; também envenenou inquilinos em sua pensão sem motivo aparente

SITUAÇÃO: Suicídio por veneno após a prisão

Vernage, Nicholas (1965-)
Sexo: M
Raça: N
Tipo: T
Motivo: EC/CP
Data: 1991
Jurisdição: East London/Ontário
Vítimas: Três
MO: Apunhalou mortalmente duas vítimas de arrombamento e um policial
SITUAÇÃO: Cinco penas de prisão perpétua em três assassinatos e duas tentativas em 1992

Verzeni, Vincenzo (1849- ?)
Sexo: M
Raça: B
Tipo: T
Motivo: Sex.
Data: 1869-72
Jurisdição: Bottamuco/Itália
Vítimas: "Provavelmente 12"
MO: Estrangulou/estripou mulheres; bebia o sangue delas
SITUAÇÃO: Sentença de prisão perpétua em 1873

Viana, Nicholas (1903-21)
Sexo: M
Raça: B
Tipo: T
Motivo: EC
Data: 1920-21
Jurisdição: Chicago/Illinois
Vítimas: "Diversas"
MO: "Mão Negra", extorquia e assassinava
SITUAÇÃO: Enforcado em uma acusação em 1921

Vick, Tony (?-)
Sexo: M
Raça: B
Tipo: N
Motivo: EC
Data: 1993-96

Jurisdição: Tenessee.
Vítimas: Quatro suspeitas
MO: "Barba Azul", assassinou esposa, noiva e outros pelo seguro
SITUAÇÃO: Pena de prisão perpétua em uma acusação em 1997; segunda pena de prisão perpétua em 1998

Vickers, Robert Wayne (1958-) TCC: Bonzai Bob
Sexo: M
Raça: B
Tipo: F
Motivo: CP-discussão
Data: 1978/82
Jurisdição: Florence/Arizona
Vítimas: Duas
MO: Assassino de reclusos da prisão em incidentes separados
SITUAÇÃO: Condenado em 1978; condenado em 1982

Vizzardelli, George William (?-) TCC: Monstro de Sarzana
Sexo: M
Raça: B
Tipo: T
Motivo: CP/EC
Data: 1937-39
Jurisdição: Sarzana/Itália
Vítimas: Cinco
MO: Assassinatos por *vendetta* e assalto à mão armada como infrator menor
SITUAÇÃO: Sentença de prisão perpétua em 1940 (condicional em 1968)

Voirbo, Pierre (f. 1869)
Sexo: M
Raça: B
Tipo: T
Motivo: EC
Data: Década de 1860
Jurisdição: Paris/França
Vítimas: Dez + suspeitas
MO: Matou credores e vítimas de roubo
SITUAÇÃO: Confessou uma acusação; suicídio antes do julgamento em 1869

Wable, John Wesley (1929-54)
Sexo: M
Raça: B
Tipo: N
Motivo: CP-não específico
Data: 1953
Jurisdição: Pennsylvania/Ohio
Vítimas: Duas
MO: Atirou ao acaso em caminhoneiros que estavam dormindo, ataques sem motivo
SITUAÇÃO: Executado por uma acusação na Pennsylvania. em 26 de setembro de 1954

Waddingham, Dorothea Nancy (1899-1936)
Sexo: F
Raça: B
Tipo: F
Motivo: EC
Data: 1935-36
Jurisdição: Notingham Inglaterra
Vítimas: Duas
MO: Matou pela herança pacientes de casa de saúde com morfina
SITUAÇÃO: Enforcada em abril de 1936

Wainewright, Thomas Griffiths (?-?)
Sexo: M
Raça: B
Tipo: T
Motivo: EC/CP
Data: 1828-37
Jurisdição: Inglaterra
Vítimas: Quatro
MO: Envenenou parentes (por lucro) e um conhecido
SITUAÇÃO: Transportado para a colônia penal da Austrália

Waite, Dr. Arthur Warren (1889-1917)
Sexo: M
Raça: B
Tipo: T
Motivo: EC
Data: 1916
Jurisdição: Michigan
Vítimas: Duas
MO: Dentista que matou seus parentes pela herança
SITUAÇÃO: Executado em maio de 1917

Walden, Robert Lee, Jr. (?-)
Sexo: M
Raça: B
Tipo: T
Motivo: Sex./EC
Data: 1990-92
Jurisdição: Tucson/Arizona
Vítimas: Duas
MO: Estuprador-assassino invasor de residências; vítimas também foram roubadas
SITUAÇÃO: Condenado em uma acusação em 1992; 28 anos cada uma em seis acusações de outros crimes qualificados

Waldon, Billy Ray (1952-)
Sexo: M
Raça: B
Tipo: N
Motivo: EC-não específico/CP
Data: 1985
Jurisdição: Oklahoma/Califórnia.
Vítimas: Quatro
MO: Aparente assassino por excitação em violência sem motivo; algumas vítimas consequentemente roubadas
SITUAÇÃO: Condenado em 1987

Walker, Clarence (1929-)
Sexo: M
Raça: N
Tipo: N
Motivo: CP/Sex./Sad.
Data: 1945-66
Jurisdição: Tenessee/Ohio/Michigan/Illinois/Indiana
Vítimas: 14 suspeitas
MO: Atirou em menino de 14 anos; "estripador" de mulheres com idades entre sete e 60 anos
SITUAÇÃO: Sete anos por homicídio culposo no Tenessee em 1945; 320 anos em Illinois. por tentativa de assassinato, estupro e roubo em 1968

Walker, Gary Alan (?-)
Sexo: M
Raça: B

Tipo: T
Motivo: Sex./EC
Data: 1984
Jurisdição: Área de Tulsa/Okala
Vítimas: Cinco
MO: Estupro-assassinato de mulheres; também roubou/matou homem de 63 anos
SITUAÇÃO: Condenado em 1985 (mudado na apelação); prisão perpétua sem condicional mais 500 anos no segundo julgamento

Wallace, George Kent (1941-) TCC: Remador Louco
Sexo: M
Raça: B
Tipo: N
Motivo: Sex./Sad.
Data: 1976/87-90
Jurisdição: N.C./Arkansas/Oklahoma.
Vítimas: Cinco suspeitas
MO: Tortura-assassinato de meninos adolescentes
SITUAÇÃO: Três penas de prisão perpétua mais 60 anos em confissão de culpa em 1991 no Arkansas

Wallace, Henry Louis (1941-)
Sexo: M
Raça: N
Tipo: T
Motivo: Sex.
Data: 1993-94
Jurisdição: Charlotte/N.C.
Vítimas: 11
MO: Estupro-assassinato de conhecidas com idades entre 18 e 35 anos
SITUAÇÃO: Condenado em 1995

Walls, Frank Athen (1967-)
Sexo: M
Raça: B
Tipo: T
Motivo: EC
Data: 1987
Jurisdição: Distrito de Okaloosa/Flórida
Vítimas: Três
MO: Matou vítimas de arrombamento/rapto

SITUAÇÃO: Condenado em uma acusação com pena de prisão perpétua mais 40 anos na segunda acusação em 1922; pena de prisão perpétua na terceira acusação em 1994

Walls, Samuel Cornelius (1939-)
Sexo: M
Raça: B
Tipo: T
Motivo: CP/Sex.
Data: 1959-88
Jurisdição: N.J.
Vítimas: Duas
MO: Espancou homem até a morte (1959); estupro-assassinato de mulheres (1988)
SITUAÇÃO: Sentença de 20 anos em 1959 (condicional em 1974); pena de 25 anos em 1989

Walton, Edward (f. 1908)
Sexo: M
Raça: N
Tipo: N
Motivo: CP-não específico
Data: 1896-1908
Jurisdição: Alabama/Illinois/Pennsylvania/Ohio/W.Virgínia
Vítimas: Cinco
MO: Confessou assassinato de dois homens e três mulheres, incluindo sua concubina; nenhum motivo citado
SITUAÇÃO: Enforcado em W.Virgínia. em uma acusação em 17 de julho de 1908

Walton, Vernon (1950-)
Sexo: M
Raça: B
Tipo: T
Motivo: CP-não específico
Data: 1972-91
Jurisdição: Lousiania Jolla/San Diego, Califórnia.
Vítimas: Duas
MO: Acusado assassino de mulheres com idades de 22 e 50 anos
SITUAÇÃO: Absolvido em uma acusação (a polícia mantém a culpa) em 1972; 20 anos por homicídio culposo em 1992

Wardell, Gordon (1952-)
Sexo: M
Raça: B
Tipo: T
Motivo: CP-doméstico/Sex.
Data: 1991-94
Jurisdição: West Midlands/Inglaterra
Vítimas: Três + suspeitas
MO: Matou a esposa; suspeito principal nas mortes de diversas prostitutas
SITUAÇÃO: Pena de prisão perpétua pelo assassinato da esposa em 1995

Warder, Dr. Alfred (?-?)
Sexo: M
Raça: B
Tipo: T
Motivo: CP-doméstico
Data: Século XIX
Jurisdição: Inglaterra
Vítimas: Três
MO: "Barba Azul" envenenou esposas
SITUAÇÃO: Suicídio por envenenamento para evitar a prisão

Warner, Karl F. (1950 -)
Sexo: M
Raça: B
Tipo: T
Motivo: Sex./Sad.
Data: 1969-70
Jurisdição: San Jose/Califórnia.
Vítimas: Três
MO: Mutilação-assassinato de meninas com idades entre 14 e 18 anos
SITUAÇÃO: Sentença de prisão perpétua em setembro de 1971

Warren, Leslie Eugene (?-)
Sexo: M
Raça: B
Tipo: N
Motivo: Sex.
Data: 1986-90
Jurisdição: N.Y./N.C./S.C.
Vítimas: Seis + suspeitas
MO: Estupro-assassinato de mulheres
SITUAÇÃO: Pena de prisão perpétua em uma acusação em S.C. em 1993; condenado em N.C.

Washington, Allen (1948-)
Sexo: M
Raça: B
Tipo: T
Motivo: Sad.
Data: 1969-78
Jurisdição: Chicago/Illinois
Vítimas: Três suspeitas
MO: Atingiu com clava três de suas próprias crianças em incidentes separados
SITUAÇÃO: Dez anos por homicídio culposo involuntário em 1971 (condicional em 1974); 40 anos por assassinato em julho de 1980

Washington, Annette (1958-)
Sexo: F
Raça: N
Tipo: T
Motivo: EC
Data: 1986
Jurisdição: Cidade de Nova York
Vítimas: Duas
MO: Trabalhadora de centro de saúde; roubou/apunhalou mulheres idosas em casa
SITUAÇÃO: 50 anos a prisão perpétua em 1987

Waters, Margaret (1835-70)
Sexo: F
Raça: B
Tipo: T
Motivo: EC
Data: 1866-70
Jurisdição: Brixton/Inglaterra
Vítimas: 19 +
MO: "Dona de Creche"; bebês drogados morreram de fome
SITUAÇÃO: Enforcada em 11 de outubro de 1870

Watson, James B. (1870-1939)
Sexo: M
Raça: B
Tipo: N
Motivo: CP-doméstico

Data: 1918-20
Jurisdição: Idaho/Washington/Califórnia.
Vítimas: 25 + alegadas
MO: "Barba Azul" hermafrodita assassino de esposas
SITUAÇÃO: Pena de prisão perpétua na confissão de sete acusações em 1920; morreu na prisão em 15 de outubro de 1939

Weaver, Steven (1955-) TCC: Erva Daninha
Sexo: M
Raça: B
Tipo: T
Motivo: EC/CP
Data: 1987
Jurisdição: Indianápolis/Indiana
Vítimas: Quatro confessas
MO: Motociclista fora da lei, matou companheiros da gangue
SITUAÇÃO: Sentença de 135 anos em dois assassinatos e uma tentativa

Webb, Dennis Duane (1952-)
Sexo: M
Raça: B
Tipo: N
Motivo: CP/Sex./EC
Data: 1973-1987
Jurisdição: Texas/Califórnia
Vítimas: Oito + confessas
MO: Motociclista fora da lei; matou vítimas de roubo e também negros e gays por rancor pessoal; assassino contratado; estuprou as vítimas de ambos os *sexos*
SITUAÇÃO: Condenado na Califórnia em 1988

Weber, Jeanne (1875-1910)
Sexo: F
Raça: B
Tipo: N
Motivo: CP-não específico
Data: 1905- 8
Jurisdição: França
Vítimas: Dez
MO: Babá transeunte que estrangulou crianças aos seus cuidados
SITUAÇÃO: Ordenada a internação em asilo em 1908; suicídio por estrangulamento manual em 1910

Webster, Robert (1922-)
Sexo: M
Raça: B
Tipo: T
Motivo: Sex.
Data: 1946-63
Jurisdição: Norte da Califórnia
Vítimas: Duas
MO: Estupro-assassinato de mulheres com idades de 19 anos (1946) e 38 anos (1963)
SITUAÇÃO: Pena de prisão perpétua em 1946 (condicional em 1954); segunda pena de prisão perpétua em 1963

Weeks, Robert (1929-)
Sexo: M
Raça: B
Tipo: N
Motivo: CP-doméstico
Data: 1968/80-81
Jurisdição: Nevada/Califórnia
Vítimas: Três
MO: "Barba Azul" assassino da esposa e noiva que o deixaram
SITUAÇÃO: Prisão perpétua sem condicional em duas acusações em Nevada. em 1988

Weidenbroeker, Helmut (1965-)
Sexo: M
Raça: B
Tipo: T
Motivo: Sex.
Data: 1982-86
Jurisdição: Aachen/Alemanha
Vítimas: Três a cinco
MO: Assassino concupiscente de mulheres
SITUAÇÃO: Sentença de prisão perpétua em uma acusação de assassinato em 1987

Weidmann, Eugen (1915-39)
Sexo: M
Raça: B
Tipo: N
Motivo: EC
Data: 1935-37

Jurisdição: França
Vítimas: Seis confessas
MO: Imigrante alemão; matou vítimas em roubos e raptos ao acaso
SITUAÇÃO: Guilhotinado em 18 mai/1939

Weinberg, Abraham (f.1935) TCC: Bo
Sexo: M
Raça: B
Tipo: T
Motivo: EC
Data: Década de 1920 até 1935
Jurisdição: N.Y./N.J.
Vítimas: "Diversas"
MO: Assassino chefe contratado da gangue de ARTHUR FLEGENHEIMER
SITUAÇÃO: Assassinado por Flegenheimer em agosto de 1935

Weiss, Emmanuel (f. 1944)
Sexo: M
Raça: B
Tipo: T
Motivo: EC
Data: 1931-40
Jurisdição: N.Y./N.J.
Vítimas: "Diversos"
MO: Assassino por contrato de "MURDER, INC."
SITUAÇÃO: Executado em Sing Sing em 2 mar/1944

Wenzinger, Gerd (1944-97)
Sexo: M
Raça: B
Tipo: N
Motivo: Sad.
Data: Década de 1990
Jurisdição: Alemanha/Brasil
Vítimas: 17
MO: "Médico de tortura" que dissecou mulheres em dois continentes; pelo menos um assassinato gravado em videoteipe
SITUAÇÃO: Suicídio por enforcamento no Brasil em 16 jun/1997

Wheat, Clarence (f. 1980)
Sexo: M
Raça: B
Tipo: F
Motivo: CP
Data: 1979-80
Jurisdição: Mississipi
Vítimas: Três
MO: Matou policial em disputa doméstica; perdoado oito meses depois em razão de câncer terminal; matou esposa, filho e a si próprio
SITUAÇÃO: Suicídio por tiro em junho de 1980

Whisenhant, Thomas (? -)
Sexo: M
Raça: B
Tipo: T
Motivo: Sex./EC
Data: 1963-76
Jurisdição: Móbile/Alabama.
Vítimas: Quatro
MO: Atirou em mulheres em roubos; uma estuprada, duas mutiladas após a morte
SITUAÇÃO: Condenado em uma acusação em 1997; penas de prisão perpétua em duas acusações

White, Nathaniel (1960-)
Sexo: M
Raça: N
Tipo: T
Motivo: Sex./Sad.
Data: 1991-92
Jurisdição: Distrito de Orange, N.Y.
Vítimas: Seis
MO: Mulheres estupradas/apunhaladas por estuprador em condicional
SITUAÇÃO: 150 anos na prisão em seis acusações

White, Shirley (1932-)
Sexo: F
Raça: B
Tipo: T
Motivo: EC
Data: 1971-92
Jurisdição: Kinston/N.C.
Vítimas: Três suspeitos

MO: "Viúva Negra" assassina de maridos e enteado
SITUAÇÃO: Pena de prisão perpétua em uma acusação em 1992

Whiteway, Alfred C. (1931-54)
Sexo: M
Raça: B
Tipo: T
Motivo: Sex.
Data: 1953
Jurisdição: Londres/Inglaterra
Vítimas: Duas
MO: Assassino concupiscente de meninas adolescentes atingidas com clava em parques
SITUAÇÃO: Enforcado em 1954

Whitney, Dennis (1943-)
Sexo: M
Raça: B
Tipo: N
Motivo: EC-crime qualificado
Data: 1960
Jurisdição: Califórnia/Arizona Flórida
Vítimas: Sete
MO: Atirou em vítimas de roubo; raptou e atingiu com clava uma mulher
SITUAÇÃO: Condenado em duas acusações na Flórida em 1960; comutadas em 1972

Whitt, Jimmy Earl (1971-94)
Sexo: M
Raça: ?
Tipo: N
Motivo: EC-crime qualificado
Data: 1994
Jurisdição: Alabama/Mississipi
Vítimas: Quatro
MO: Matou uma vítima de assalto à mão armada e três policiais em desordens durante três semanas
SITUAÇÃO: Suicídio para evitar a prisão em 28 de junho de 1994

Wilken, Stewart (1964-) TCC: Bootie Boer
Sexo: M
Raça: B
Tipo: T
Motivo: Sex.
Data: 1990-97
Jurisdição: Porto Elizabeth/África do Sul
Vítimas: 11 +
MO: Assassino sexual e canibal; vítimas incluíram prostitutas, meninos e sua própria filha
SITUAÇÃO: Sete penas de prisão perpétua em 1998

Willie, John Francis (1964-)
Sexo: M
Raça: B
Tipo: N
Motivo: CP/Sex./Sad.
Data: 1980-85
Jurisdição: Lousiania/Flórida/Texas/Alabama
Vítimas: Seis suspeitas
MO: Vagabundo ligado a assassinatos de quatro homens (incluindo um mutilado sexualmente) e duas mulheres (uma mulher idosa queimada em sua casa; uma menina de 8 anos estuprada/estrangulada)
SITUAÇÃO: Pena de prisão perpétua com mínimo de 25 anos na Flórida em 1985; depois condenado em Lousiania

Williams, George E. (1943-)
Sexo: M
Raça: B
Tipo: T
Motivo: Sex.
Data: 1983-84
Jurisdição: Chicago/Illinois
Vítimas: Sete suspeitas
MO: Invasor de residências que estuprou/estrangulou mulheres idosas
SITUAÇÃO: Pena de prisão perpétua sem condicional em duas acusações

Williams, Henry Robert (?-)
Sexo: M
Raça: B
Tipo: T
Motivo: Sex.
Data: 1972-73
Jurisdição: Mississauga/Ontário
Vítimas: Duas

MO: Estupro-assassinato de meninas com idades de 16 e 19 anos
SITUAÇÃO: Pena de prisão perpétua em uma acusação; escolheu a castração voluntária em vez de período adicional na prisão na segunda condenação

Williams, John (f. 1811) TCC: Demônio da Rodovia de Ratcliff
Sexo: M
Raça: B
Tipo: T
Motivo: EC
Data: 1811
Jurisdição: Londres/Inglaterra
Vítimas: Cinco
MO: Invasor de residências que cortou/atingiu com clava vítimas de roubo
SITUAÇÃO: Suicídio por enforcamento antes do julgamento em 1811

Williams, John (? -)
Sexo: M
Raça: N
Tipo: T
Motivo: Sex.
Data: 1997
Jurisdição: Raleigh/N.C.
Vítimas: Cinco suspeitas
MO: Estupro-assassinato de prostitutas negras
SITUAÇÃO: Condenado em duas acusações em 1998

Williams, John, Jr. (1961-)
Sexo: M
Raça: B
Tipo: T
Motivo: Sex.
Data: 1995-97
Jurisdição: Raleigh/N.C.
Vítimas: Quatro
MO: Vagabundo e estuprador-assassino de mulheres
SITUAÇÃO: Condenado em duas acusações em 1998

Williams, John S. (1863-1932)
Sexo: M
Raça: B
Tipo: T
Motivo: EC
Data: c. 1910-21
Jurisdição: Distrito de Jasper/Geórgia
Vítimas: 18 suspeitas
MO: Escravizava negros, matando aqueles que fugiam ou "causavam problemas"
SITUAÇÃO: Pena de prisão perpétua em uma acusação em 1921; pena de prisão perpétua na segunda acusação em 1922; morto na prisão em 26 jan/1932

Williams, Laron Ronald (1949-85)
Sexo: M
Raça: N
Tipo: N
Motivo: Sex./EC
Data: 197?/81
Jurisdição: Tennessee
Vítimas: Três
MO: Matou uma prostituta; assassinou padre e policial enquanto era fugitivo da prisão naquela acusação
SITUAÇÃO: Dez anos na primeira acusação (escapou em abril de 1981); condenado em duas acusações em 1981; espancado mortalmente por outros reclusos em 7 jul/1985

Williams, Leslie Allen (1953-)
Sexo: M
Raça: B
Tipo: T
Motivo: Sex.
Data: 1991-92
Jurisdição: Distritos de Oakland/ Tennessee, Michigan.
Vítimas: Quatro
MO: Estupro-assassinato de meninas adolescentes
SITUAÇÃO: Prisão perpétua sem condicional em uma acusação em 1992

Williams, Robert (1936-97)
Sexo: M
Raça: B
Tipo: N

Motivo: CP/Sex.
Data: 1977
Jurisdição: Nebraska/Iowa
Vítimas: Três confessas
MO: Matou a irmã e duas outras mulheres; estuprou/atirou em uma que sobreviveu
SITUAÇÃO: Executado em Nebraska em 2 de dezembro de 1997

Williams, Ronald Turney (f.1981)
Sexo: M
Raça: B
Tipo: N
Motivo: EC
Data: 1975/79
Jurisdição: W.Virgínia/Arizona
Vítimas: Três
MO: Carreira criminal; vítimas incluíram dois policiais
SITUAÇÃO: Pena de prisão perpétua em uma acusação em 1975 (escapou em 1979); morto pelo FBI em N.Y. ao resistir à prisão em 8 jun/1981

Williams, Ronnie Keith (1962-)
Sexo: M
Raça: N
Tipo: T
Motivo: Sex.
Data: 1984-93
Jurisdição: Distrito de Broward/Flórida
Vítimas: Duas
MO: Assassino pedófilo concupiscente
SITUAÇÃO: 17 anos por crime doloso mais sete anos por molestar criança em 1984 (condicional em 1992); condenado em 1996

Williams, Sidney (1972-89)
Sexo: M
Raça: N
Tipo: T
Motivo: CP
Data: 1989
Jurisdição: Nova Orleans/Lousiania
Vítimas: Três
MO: Atirou em vítimas do sexo masculino em confronto pessoal
SITUAÇÃO: Atingido mortalmente por um conhecido em 3 out/1989

Williamson, Stella (1904-80)
Sexo: F
Raça: B
Tipo: F
Motivo: CP
Data: 1923-33
Jurisdição: Gallitzin/Pennsylvania
Vítimas: Cinco
MO: Mãe solteira que matou cinco crianças, armazenando os corpos em uma mala no sótão de sua casa
SITUAÇÃO: Morreu de causas naturais em agosto de 1980, deixando orientações quanto aos restos mortais em uma carta explicativa

Willis, Fred (1951-)
Sexo: M
Raça: B
Tipo: T
Motivo: Sex.
Data: 1984-97
Jurisdição: Las Vegas/Nevada
Vítimas: Duas
MO: Estupro-assassinato de prostituas com idades de 24 e 25 anos
SITUAÇÃO: Encarcerado em 1985 (condicional em 1995); pena de prisão perpétua em 1998

Willoughby, John R. (?-)
Sexo: M
Raça: ?
Tipo: T
Motivo: CP
Data: 1975-83
Jurisdição: Indianápolis/Indiana
Vítimas: Duas
MO: Matou menina adolescente e policial feminina fora do horário de trabalho
SITUAÇÃO: 130 anos em uma acusação

Wilson, Catherine (1822-62)
Sexo: F
Raça: B
Tipo: N
Motivo: EC
Data: 1854-62
Jurisdição: Inglaterra

Vítimas: Cinco
MO: Envenenadora transitória de conhecidos por lucro
SITUAÇÃO: Enforcada em 20 de outubro de 1862

Wilson, Mary Elizabeth (1891-1961)
Sexo: F
Raça: B
Tipo: T
Motivo: EC
Data: 1956-57
Jurisdição: Windy Hook/Inglaterra
Vítimas: Quatro
MO: "Viúva Negra" envenenou marido/amantes por lucro
SITUAÇÃO: Condenada em 1958 (comutada na apelação); morreu na prisão em 1961

Wilson, Otto (1911-46)
Sexo: M
Raça: B
Tipo: T
Motivo: Sex./Sad.
Data: 1944
Jurisdição: Los Angeles/Califórnia
Vítimas: Duas
MO: Mulheres esquartejadas em quartos de hotel
SITUAÇÃO: Executado em 20 de setembro de 1946

Wimberly, Anthony (1961-)
Sexo: M
Raça: N
Tipo: T
Motivo: EC/Sex.
Data: 1984-85
Jurisdição: Oakland/Califórnia
Vítimas: Três
MO: Arrombador que estuprou/matou vítimas do sexo feminino em residências/lojas
SITUAÇÃO: Três penas de prisão perpétua sem condicional em 1994

Wirth, Robert (1960-)
Sexo: M
Raça: B
Tipo: T
Motivo: EC/Sad.
Data: 1987-88
Jurisdição: Milwaukee/Wisconsin
Vítimas: Seis a oito
MO: Vítimas idosas espancadas/apunhaladas em suas casas
SITUAÇÃO: Quatro penas consecutivas de prisão perpétua mais 20 anos em 1991

Wise, Martha Hasel (1883-?) TCC: Bórgia da América
Sexo: F
Raça: B
Tipo: T
Motivo: CP-não específico
Data: 1924-25
Jurisdição: Distrito de Medina/Ohio
Vítimas: Três
MO: "Viúva Negra" envenenou parentes; também incendiária prolífica
SITUAÇÃO: Pena de prisão perpétua em 1925; morreu na prisão

Wittman, Manfred, (1945-) TCC: Besta de Oberfranken
Sexo: M
Raça: B
Tipo: T
Motivo: Sex.
Data: 1959-60
Jurisdição: Alemanha
Vítimas: Três confessas
MO: "Estripador" impotente de mulheres jovens
SITUAÇÃO: Pena de prisão perpétua em confissão de culpa

Wolter, Michael (1927-89)
Sexo: M
Raça: B
Tipo: N
Motivo: Sex.
Data: 1980-83
Jurisdição: Alemanha
Vítimas: Oito suspeitas
MO: Estupro-assassinato de mulheres com idades de 25 anos; vítimas apunhaladas/estranguladas

SITUAÇÃO: Pena de prisão perpétua na confissão de cinco casos

Wongsin, Sila (f. 1959)
Sexo: M
Raça: A
Tipo: T
Motivo: CP- extremista
Data: 1958-59
Jurisdição: Korat/Tailândia
Vítimas: Cinco +
MO: Líder do culto de "adoração ao Diabo" ligado a sacrifícios humanos
SITUAÇÃO: Executado em 26 jun/1959

Wood, David Leonard (1951-) TCC: Assassino do Deserto
Sexo: M
Raça: B
Tipo: T
Motivo: Sex./Sad.
Data: 1987-88
Jurisdição: El Paso, Texas.
Vítimas: 15 confessas
MO: Estupro-assassinato de mulheres jovens
SITUAÇÃO: Condenado em seis acusações de homicídio

Wood, Frederick G. (1912-)
Sexo: M
Raça: B
Tipo: T
Motivo: CP
Data: 1926-60
Jurisdição: N.Y.
Vítimas: Cinco confessas
MO: Espancou vítimas do sexo masculino até a morte em confrontos pessoais
SITUAÇÃO: Pena de prisão perpétua em uma acusação em 1942 (condicional em 1960); condenado em duas acusações em 1962 (comutadas para prisão perpétua em 1972)

Wood, Isaac (f. 1858)
Sexo: M
Raça: B
Tipo: N
Motivo: EC
Data: 1858
Jurisdição: N.Y./N.J.
Vítimas: Sete
MO: Envenenou esposa/filho e outros parentes pela herança
SITUAÇÃO: Enforcado em julho de 1858

Wood, James Edward (1947-)
Sexo: M
Raça: B
Tipo: N
Motivo: Sex.
Data: 1967-92
Jurisdição: Lousiania/Arkansas/Idaho
Vítimas: Sete + suspeitas
MO: Estupro-assassinato de meninas e mulheres
SITUAÇÃO: Condenado em Idaho em uma acusação em 1994

Woodfield, Randall Brent (1950-) TCC: Assassino da I-5
Sexo: M
Raça: B
Tipo: N
Motivo: Sex./EC
Data: 1961
Jurisdição: Oregon/Washington/Califórnia.
Vítimas: 12 + suspeitas
MO: Estuprou/roubou/atirou em mulheres com idades entre 14 e 37 anos em ataques ao acaso
SITUAÇÃO: Prisão perpétua mais 90 anos no Oregon. em 1981; 35 anos mais no segundo julgamento por crimes sexuais no Oregon.

Workman, Charles (1908-) TCC: O Inseto
Sexo: M
Raça: B
Tipo: T
Motivo: EC
Data: 1926-41
Jurisdição: N.Y./N.J.
Vítimas: "Numerosas"
MO: Assassino por contrato de "MURDER, INC."

SITUAÇÃO: Pena de prisão perpétua em N.J. pelo assassinato de ARTHUR FLEGENHEIMER em 1941 (condicional em 1964)

Wright, Douglas Franklin (1940-96)
Sexo: M
Raça: N
Tipo: T
Motivo: CP
Data: 1991
Jurisdição: Oregon
Vítimas: Seis +
MO: Atraiu homens sem teto de Portland; atirou neles no Distrito de Wasco
SITUAÇÃO: Executado em 6 set/1996

Wright, Dwayne Allen (1972-)
Sexo: M
Raça: B
Tipo: N
Motivo: CP
Data: 1989
Jurisdição: Maryland/Virgínia/D.C.
Vítimas: Três
MO: Viciado em drogas; atirou em vítimas do sexo masculino em disputas pessoais
SITUAÇÃO: Condenado em uma acusação em Virgínia. em 1992

Wyatt, "Señor" (f.1864)
Sexo: M
Raça: B
Tipo: N
Motivo: CP
Data: Década de 1840-64
Jurisdição: Montanhas Rochosas
Vítimas: Cem +
MO: "Homem da Montanha" e assassino racista prolífico de índios; também raptou meninas mexicanas para servir como concubinas, matando parentes do sexo masculino que o perseguiam.
SITUAÇÃO: Morto por mexicanos por vingança pelo rapto/estupro

Yeo, Jonathan (1959-91)
Sexo: M
Raça: B

Tipo: T
Motivo: Sex.
Data: 1991
Jurisdição: Hamilton/Ontário
Vítimas: Duas
MO: Assassino concupiscente de mulheres com idades de 19 e 28 anos
SITUAÇÃO: Suicídio por tiro para evitar a prisão em agosto de 1991

Yershov, Vadim (1973-)
Sexo: M
Raça: B
Tipo: T
Motivo: Sex./EC
Data: 1997
Jurisdição: Sibéria/Rússia
Vítimas: 19
MO: Estuprou/roubou/apunhalou vítimas em ataques ao acaso
SITUAÇÃO: Condenado em 1998

York, Thomas (?) TCC: Thomas Jurkiewicz
Sexo: M
Raça: B
Tipo: T
Motivo: EC
Data: 1978/81
Jurisdição: Chicago/Illinois
Vítimas: Duas
MO: Assassino da esposa e sócia comercial pelo seguro
SITUAÇÃO: 40 anos em acusação de conspiração federal em 1989

Young, David Franklin (1960-)
Sexo: M
Raça: B
Tipo: N
Motivo: Sex.
Data: 1987
Jurisdição: Utah/Indiana
Vítimas: Duas
MO: Estupro-assassinato de mulheres; vítimas apunhaladas/atacadas com clava
SITUAÇÃO: 35 anos a prisão perpétua em Indiana. em 1987; condenado em Utah em 1988

Young, Graham Frederick (1947-90)
Sexo: M
Raça: B
Tipo: F
Motivo: CP/Sad.
Data: 1962-71
Jurisdição: Londres/Bovington, Inglaterra
Vítimas: Três
MO: Envenenou madrasta (1962) e outras (1971)
SITUAÇÃO: Sentença de prisão perpétua em 1962; morreu na prisão em 1 ago/1990

Youngblood, Herbert (1899-1934)
Sexo: M
Raça: N
Tipo: N
Motivo: EC
Data: 1933-34
Jurisdição: Indiana/Michigan
Vítimas: Duas
MO: Matou mercadores em roubo; atirou em xerife substituto
SITUAÇÃO: Morto ao resistir à prisão em 16 de março de 1934

Zani, Robert Joseph (1944-)
Sexo: M
Raça: B
Tipo: N
Motivo: CP/EC
Data: 1969-79
Jurisdição: Oklahoma/Texas/Arkansas
Vítimas: Seis + suspeitas
MO: Matou sua mãe e outras vítimas de roubo, com preferência por corretores de imóveis
SITUAÇÃO: 99 anos em uma acusação no Texas em 1981; 99 anos pelo assassinato da mãe em Oklahoma. em 1982; (pena mudada na apelação em 1986)

Zayas, Carlos (1948 -)
Sexo: M
Raça: H
Tipo: N
Motivo: Sex.
Data: 1980-87
Jurisdição: Pennsylvania/N.J.
Vítimas: Duas
MO: Estrangulou namoradas após ato sexual
SITUAÇÃO: Pena de prisão perpétua em uma acusação em 1989; segunda pena de prisão perpétua (consecutiva) em 1990

Zeck, Michael Duane, III (1969-)
Sexo: M
Raça: B
Tipo: T
Motivo: EC/Sex.
Data: 1996
Jurisdição: Flórida
Vítimas: Duas
MO: Estuprou/roubou/matou mulheres nos Distritos de Okaloosa e Santa Rosa
SITUAÇÃO: Dois julgamentos em 1997; condenado em uma acusação; pena de prisão perpétua sem condicional na segunda acusação

Zeid, Aida Nourredin Mohammed Abu (1973)
Sexo: F
Raça: A
Tipo: F
Motivo: CP
Data: 1996-97
Jurisdição: Alexandria/Egito
Vítimas: 18 confessas
MO: Enfermeira que matou pacientes em hospital, pois assim poderia dormir
SITUAÇÃO: Condenada em uma acusação em 1998; sentença derrubada na apelação

Zhang Lisong (1968-98) TCC: Monstro Assassino
Sexo: M
Raça: A
Tipo: T
Motivo: Sex.
Data: 1997-98
Jurisdição: Província de Hubei/China
Vítimas: Nove
MO: Estupro-assassinato de mulheres
SITUAÇÃO: Atingido por tiro em 24 de setembro de 1998

Zon, Hans Von (1942-)
Sexo: M
Raça: B
Tipo: T
Motivo: Sex./EC
Data: 1964-67
Jurisdição: Amsterdã/Países Baixos
Vítimas: Cinco
MO: Assassino bissexual; matou duas amantes, um homem gay e duas vítimas de roubo do sexo masculino
SITUAÇÃO: Pena de prisão perpétua em 1967; cúmplice de roubo Oude Nol recebeu uma pena de sete anos

Zu Shenatir (?-?)
Sexo: M
Raça: A
Tipo: F
Motivo: Sex.
Data: Quinto século
Jurisdição: Iêmen
Vítimas: "Diversas"
MO: Assassino pedófilo de meninos em sua casa
SITUAÇÃO: Apunhalado mortalmente pela última suposta vítima

Zwerbach, Maxwell (1882-1908) TCC: Kid Twist
Sexo: M
Raça: B
Tipo: T
Motivo: EC/CP
Data: Década de 1890 até 1908
Jurisdição: Cidade de Nova York
Vítimas: 20 +
MO: "Executor" de gangue de rua e assassino por contrato
SITUAÇÃO: Morto em emboscada em território de gangue no dia 14 de maio de 1908

Apêndice B: Assassinos em Equipe

Abel, Wolfgang (1959-); **Furlan, Mario** (1960-)
Sexo: 2M
Raça: B
Tipo: N
Motivo: CG- extremista
Data: 1977-84
Jurisdição: Itália
Vítimas: 14
MO: Métodos variaram de mortes individuais a assassinato em massa em incêndios
SITUAÇÃO: 30 anos cada um em 1987; liberados para "custódia aberta" na apelação, com base no tempo cumprido antes do julgamento

Allen, Michael (1972-) TCC: Rato Gordo; **Johnson, Cleamon** (1969-) TCC: Grande Demônio
Sexo: 2M
Raça: N
Tipo: T
Motivo: CG-gangue
Data: Década de 1990
Jurisdição: Los Angeles/Califórnia.
Vítimas: 60 + suspeitas
MO: Membros homicidas da gangue de rua *Bloods* (Sangue)
SITUAÇÃO: Ambos condenados em duas acusações em 1997

Anselmi, Albert (1884-1929); **Scalise, John** (1900-29)
Sexo: 2M
Raça: B
Tipo: N
Motivo: EC
Data: Década de 1920
Jurisdição: Sicília/Estados Unidos
Vítimas: "Numerosas"
MO: Assassinos prolíficos da Máfia durante a era de Proibição, suspeitos de participar do massacre do Dia de São Valentin em Chicago e muitos outros assassinatos em área de gangues
SITUAÇÃO: Espancados até a morte por ALPHONSE CAPONE em 7 mai/1929

Asahara, Shoko (1955-) e outros TCC: Aum Shinrikyo (Verdade Suprema)
Sexo: *c*.5.000 M/F
Raça: A
Tipo: N
Motivo: CG-culto
Data: 1989-96
Jurisdição: Japão
Vítimas: 20 +
MO: Culto do juízo final cujo líder ordenou assassinatos de membros desertores, associados do culto e inimigos percebidos; os seguidores também cometeram assassinato em massa por meio de liberação de gás asfixiante em trens lotados do metrô.
SITUAÇÃO: Oito membros sentenciados a pagar 100 milhões de ienes às famílias de quatro vítimas assassinadas no metrô no ataque do gás em 1996; um membro do culto sentenciado a 15 anos em duas acusações de assassinato e intoxicação por gás de vítimas que sobreviveram em 1997; um membro condenado em quatro acusações,

três sentenciados a penas de 6 anos e meio à prisão perpétua em acusações de assassinato e rapto em 1998; julgamentos adicionais em andamento.

Assassinos, Ordem dos TCC: *Hashishin*
Sexo: M
Raça: A
Tipo: N
Motivo: CG- culto / EC
Data: 1092-1260
Jurisdição: Oriente Médio / Europa
Vítimas: Centenas
MO: Seita mulçumana dissidente cujos membros foram contratados como assassinos profissionais durante as Cruzadas; o interesse próprio prevaleceu e os assassinos frequentemente serviram aos chefes cristãos
SITUAÇÃO: Membros dispersos ou exterminados quando os invasores mongóis aniquilaram a fortaleza do culto na Pérsia

Barker, Arthur (1899-1939); **Fred** (1901-35) **e Herman** (1893-1927); **Karpis, Alvin** (1908-79) e outros
Sexo: 4 + M
Raça: B
Tipo: N
Motivo: EC/CP
Data: 1920-34
Jurisdição: Oklahoma/Kansas/Missouri./Arkansas/Minnesota/Illinois
Vítimas: 11 +
MO: Carreira criminosa supostamente liderada pela mãe dos irmãos Barker; mataram policiais, vítimas de assalto à mão armada e associados em território da gangue
SITUAÇÃO: Herman morto em Kansas em tiroteio com a polícia em 29 de agosto de 1927; Fred e "Ma" Barker mortos pelo FBI na Flórida em 20 de janeiro de 1935; Arthur sentenciado à prisão perpétua por rapto em 1935 (morto na tentativa de fuga da prisão em 13 de janeiro de 1939); Karpis sentenciado à prisão perpétua em 1936 (condicional e deportação para o Canadá em 1969); diversos membros periféricos da gangue mortos ou encarcerados

Barrow, Clyde Chestnut (1909-34); **Parker, Bonnie** (1910-34); **Barrow, Ivan** (c.1901-33); **Hamilton, Raymond** (f.1935); **Jones, William Daniel** (1915-?)
Sexo: 4M/1F
Raça: B
Tipo: N
Motivo: EC-crime qualificado
Data: 1930-34
Jurisdição: Texas/Oklahoma/Missouri
Vítimas: 12
MO: Bandidos nômades; atiraram em vítimas de assalto à mão armada e policiais
SITUAÇÃO: Ivan Barrow ferido mortalmente por destacamento policial em julho de 1933; Bonnie e Clyde mortos em emboscada da polícia, em maio de 1934; Hamilton executado em maio de 1935; Jones sentenciado à prisão perpétua

Batalhão de Reserva 101 da Polícia
Sexo: 550M
Raça: B
Tipo: T
Motivo: CG-extremista
Data: 1942-43
Jurisdição: Polônia
Vítimas: 38 mil +
MO: Esquadrão homicida nazista móvel operando como "polícia"; números de falecimentos representam o mínimo oficialmente reconhecido
SITUAÇÃO: Dois executados e dois encarcerados por três a oito anos em 1958; cinco mais encarcerados de cinco a oito anos em 1968; seis outros condenados sem ser sentenciados; casos adicionais desconsiderados

Beane, Sawney (f. 1435) **e outros.**
Sexo: 27M/21F
Raça: B
Tipo: T
Motivo: EC/CP
Data: c.1410-35
Jurisdição: Distrito de Galway/Escócia

Vítimas: Mil estimadas
MO: Família incestuosa que habitava em caverna; emboscava, roubava e canibalizava os viajantes ao longo da costa escocesa
SITUAÇÃO: Capturados em 1435 e executados sem julgamento; os participantes masculinos do clã tiveram cada membro do corpo atado a um cavalo diferente e conduzidos para direções diferentes; as mulheres foram queimadas vivas

Bemore, Terry Douglas (1956-) **Cosby, Keith** (1959-)
Sexo: 2M
Raça: N
Tipo: T
Motivo: EC/Sad.
Data: 1985
Jurisdição: San Diego/Califórnia.
Vítimas: Duas
MO: Espancaram/apunhalaram vítimas em roubos de lojas de bebidas
SITUAÇÃO: Bemore condenado em 1989; prisão perpétua sem condicional para Cosby em 1989

Bender, William, "Ma", John, Kate DDN desconhecidas
Sexo: 2M/2F
Raça: B
Tipo: T
Motivo: EC
Data: 1872-73
Jurisdição: Cherryvale/Kansas
Vítimas: 11 confirmadas
MO: Família homicida; roubaram/mataram pensionistas em suas tavernas ao longo da estrada
SITUAÇÃO: Desconhecida; rumores de linchamento não confirmado por membros da corporação civil

Bernardo, Paul (1964-); **Homolka, Karla** (1970-)
Sexo: M/F
Raça: B
Tipo: T
Motivo: Sex./Sad.
Data: 1990-92
Jurisdição: Ontário/Canadá
Vítimas: Três
MO: Assassinos concupiscentes de três mulheres jovens, incluindo a irmã de Karla
SITUAÇÃO: Homolka revelou a evidência ao Estado, recebendo dez a 12 anos em negociação por seu testemunho em 1994; Bernardo sentenciado à prisão perpétua com mínimo de 25 anos em 1995

Birney, David e Catherine (ambos 1951)
Sexo: M/F
Raça: B
Tipo: T
Motivo: Sex./Sad.
Data: 1986
Jurisdição: Freemantle/Austrália
Vítimas: Cinco
MO: Estupro-assassinato de mulheres jovens
SITUAÇÃO: Sentenças de prisão perpétua para os dois em 1987

Brady, Al (f.1937); **Dalhover, James** (f.1938) **Shaffer, Clarence** (f.1937)
Sexo: 3 M
Raça: B
Tipo: N
Motivo: EC
Data: Década de 1930
Jurisdição: Meio-oeste dos Estados Unidos
Vítimas: Cinco
MO: Roubos armados; ataram em policiais e caixas de banco
SITUAÇÃO: Brady e Shaffer mortos pelo FBI em Maine em 12 out/1937; Dalhover posteriormente executado

Brady, Ian Duncan (1938-); **Hindley, Mara** (1942-)
Sexo: M/F
Raça: B
Tipo: N
Motivo: Sex./Sad.
Data: 1963-65
Jurisdição: Escócia/Inglaterra
Vítimas: Dez suspeitas

MO: "Assassinos por excitação" de vítimas do sexo masculino e feminino, diversas idades
SITUAÇÃO: Sentenças de prisão perpétua de ambos nas três acusações em 1966

Braun, Thomas Eugene; Maine, Leonard (ambos 1951-)
Sexo: 2M
Raça: B
Tipo: N
Motivo: EC/Sex.
Data: 1967
Jurisdição: Washington/Oregon
Vítimas: Três
MO: Vítimas atingidas por tiros pelos seus veículos; uma mulher estuprada
SITUAÇÃO: Penas de prisão perpétua para ambos

Brooks, Benjamin H. (1967-)**; Treesh, Frederick J.** (1964-)
Sexo: 2 M
Raça: B
Tipo: N
Motivo: EC
Data: 1994
Jurisdição: Michigan/Ohio
Vítimas: Duas
MO: Assassinato de vítimas de assalto à mão armada
SITUAÇÃO: Treesh condenado em Ohio; 56 anos a prisão perpétua para Brooks em 1996

Brown, John (1800-59)**; Frederick** (1827-56)**; Jason** (1823-?)**; Oliver** (c.1838-59) **e outros**
Sexo: 15M
Raça: B/N
Tipo: N
Motivo: CG-extremista
Data: 1855-59
Jurisdição: Kansas/Virgínia
Vítimas: 12 +
MO: Abolicionistas religiosos fanáticos, seus filhos e outros companheiros selecionados; assassinados advogados de escravidão no Kansas. E em incursões posteriores ao arsenal dos Estados Unidos no embarcadouro em Harper, Virgínia.; diversas vítimas esquartejadas
SITUAÇÃO: Frederick morto em batalha em 18 de agosto de 1856; Oliver e outros 11 mortos no embarcadouro em Harper; John Brown enforcado em 2 de dezembro de 1859

Brown, John Frank (1963-)**; Coetzee, Samuel Jacques** (1969-97)
Sexo: 2M
Raça: B
Tipo: T
Motivo: Sex./Sad./EC
Data: 1993-95
Jurisdição: África do Sul
Vítimas: Cinco
MO: Amantes gays que roubaram/mataram e mutilaram homens encontrados em bares gays
SITUAÇÃO: Coetzee suicidou-se durante o julgamento em maio de 1997; pena de prisão perpétua para Brown em confissão de culpa em 1997

Buck, Rufus (f.1896)**; Davis, Lewis** (f.1896)**; Davis, Lucky** (f.1896)**; July, Maomi** (f.1896) **Sampson, Sam** (f.1896)
Sexo: 5M
Raça: AN
Tipo: T
Motivo: CG
Data: 1895
Jurisdição: Território de Oklahoma
Vítimas: Duas
MO: Mataram duas vítimas brancas; roubaram/estupraram outras em "guerra" de duas semanas
SITUAÇÃO: Todos os cinco enforcados juntos em 1º de julho de 1896

Burke, Peter (1959-)**; Crawford, Cody Vernon** (1958-)**; Thacker, Oren** (1958-)
Sexo: 3M
Raça: B
Tipo: T
Motivo: Sad./CG-extremista

Data: 1974
Jurisdição: Farmington/N.Mex.
Vítimas: Três
MO: Racistas adolescentes que espancaram/queimaram homens Navajo até a morte
SITUAÇÃO: Cada um sentenciado a confinamento juvenil por prazo indefinido em 1974; liberados obrigatoriamente aos 21 anos

Burke, William (1792-1829) **Hare, William** (?-?)
Sexo: 2M
Raça: B
Tipo: T
Motivo: EC
Data: 1827-28
Jurisdição: Edinburgo/Escócia
Vítimas: Mínimo 12
MO: Venderam corpos de vítimas para dissecação médica
SITUAÇÃO: Burke enforcado em 1829; Hare com imunidade em razão de testemunho

Burse, Nathaniel (1955-79); **Clark, Michael** (1957-); **Jackson, Garland** (1956-); **Moran, Edward, Jr.** (1955-79); **Patry, Darrell** (1958-);**Taylor, Donald** (1957-); **Taylor Reuben** (1956-); **Wilson, Robert** (1960-); TCC: De Mau Mau
Sexo: 8M
Raça: B
Tipo: N
Motivo: CG- extremista
Data: 1978
Jurisdição: Illinois/Nebraska
Vítimas: 12
MO: Racistas negros; atiraram em brancos em invasões de residência
SITUAÇÃO: Burse e Moran assassinados na prisão em junho de 1979; penas de prisão perpétua para seus cúmplices

Burrows, Erskine Durrant (f.1973); **Tacklyn, Larry Winfield** (f.1973)
Sexo: 2M
Raça: N
Tipo: T
Motivo: CG-extremista
Data: 1972-73
Jurisdição: Bermuda
Vítimas: Cinco
MO: Ativistas do poder negro; atiraram em cinco homens brancos (incluindo o governador)
SITUAÇÃO: Os dois enforcados em 1973

Bux, Jose Miculax (f.1946); **Macu, Mariano** (?)
Sexo: 2M
Raça: H
Tipo: T
Motivo: Sex.?
Data: 1946
Jurisdição: Colômbia
Vítimas: 12
MO: Mataram meninos com idades entre 10 e 16 anos; detalhes retidos pela polícia
SITUAÇÃO: Bux executado em 18 jul/1946; pena de prisão perpétua para Macu

Carrion, Christopher Alan (1971-); **Zaepfel, Leigh Ann** (1973-)
Sexo: M/F
Raça: B
Tipo: N
Motivo: EC
Data: 1990
Jurisdição: Indiana/Oklahoma
Vítimas: Três
MO: Vítimas de assalto à mão armada atingidas por tiros no estilo de execução
SITUAÇÃO: Penas duplas de prisão perpétua para os dois em Oklahoma em 1991

Carson, James Michael (1950-); **Susan** (1941-) TCC: Michael e Susan Bear
Sexo: M/F
Raça: B
Tipo: N
Motivo: CP-extremista
Data: 1981-83
Jurisdição: Califórnia
Vítimas: Três
MO: "Guerreiros mulçumanos" de estilo próprio; mataram três suspeitos de "feitiçaria"

SITUAÇÃO: 125 anos à prisão perpétua para os dois em cada uma das três acusações em 1984

Chaney, Ben, Jr. (1953-); **Rutrell, Martin** (1955-); **Thompson, L.L** (1950-70)
Sexo: 3M
Raça: N
Tipo: N
Motivo: CG-extremista
Data: 1970
Jurisdição: Flórida/S.C.
Vítimas: Quatro
MO: Jovens negros que roubaram/atiraram em brancos para "ficarem quites" quanto ao racismo no sul
SITUAÇÃO: Thompson morto em tiroteio com as vítimas em S.C. em 20 de maio de 1970; Chaney e Rutrell encarcerados em S.C.

"Chijon, Família"
Sexo: 7M
Raça: A
Tipo: N
Motivo: CG-extremista
Data: 1993-94
Jurisdição: Coreia do Sul
Vítimas: Cinco
MO: Ex-condenados canibais motivados por rancor de ricos
SITUAÇÃO: Todos condenados em 1994

Childs, Bruce (1936-); **McKenny, Henry** (?-)
Sexo: 2M
Raça: B
Tipo: T
Motivo: EC/CP
Data: 1965-79
Jurisdição: Inglaterra
Vítimas: 11 +
MO: Assassinos por contrato ligados a seis assassinatos; só Childs confessou mais de cinco cometidos por razões pessoais
SITUAÇÃO: Penas de prisão perpétua para os dois para as seis acusações em 1980; Childs fez confissões adicionais em 1998

Clanton, Newman Haynes (f.1881); **Joseph Isaac** (1847-87); **Phineas Fay** (1845-?); **William Harrison** (1862-81)
Sexo: 4+M
Raça: B
Tipo: N
Motivo: EC/CP
Data: 1873-87
Jurisdição: Arizona/México
Vítimas: 60 +
MO: Família fora da lei do Velho Oeste cuja gangue também incluiu WILLIAM BROCIUS GRAHAM, JOHN RINGGOLD e outros; incursões homicidas encenadas no México para roubo de gado; ligados à rixa sanguinária com WYATT EARP, seus irmãos e JOHN HOLLIDAY nos arredores do Arizona.
SITUAÇÃO: Newman morto com cinco associados no México, seguindo-se ao massacre de 19 mexicanos em julho de 1991; William morto em luta com arma de fogo em O.K. Corral com dois associados em 26 de outubro de 1881; Joseph morto por destacamento policial em junho de 1887; Phineas enviado à prisão de Yuma em 1887 (condicional em 1897)

Clark, Henry Lovell William (1868-1913); **Fullam, Augusta Fairfield** (1875-1914)
Sexo: M/F
Raça: B
Tipo: T
Motivo: CP- doméstico
Data: 1911-12
Jurisdição: Agra/Índia
Vítimas: Duas
MO: Amantes adúlteros; mataram a esposa de Clark e o marido de Fullam
SITUAÇÃO: Ambos condenados; Clarke enforcado em 26 de março de 1913; Fullam morreu de ataque do coração na prisão em 28 mai/1914.

Clopton, Phillip (1951-90); **Cable, James Ray** (1949-)
Sexo: 2M
Raça: B
Tipo: T
Motivo: Sex.
Data: 1989-90
Jurisdição: Kentucky

Vítimas: Três suspeitas
MO: Raptores e estupradores-assassinos de vítimas do sexo feminino
SITUAÇÃO: Clopton atingido mortalmente por tiro por vítima adolescente em abril de 1990; três penas consecutivas de cem anos (com mínimo de 150 anos) para Cable pelas acusações de rapto, estupro e sodomia em 1991

Coleman, Alton (1955-); **Brown, Debra Denise** (1959-)
Sexo: M/F
Raça: N
Tipo: N
Motivo: Sex./EC
Data: 1984
Jurisdição: Illinois/Indiana/Ohio
Vítimas: Oito
MO: "Assassinos por excitação" de vítimas com idades entre 7 e 77 anos
SITUAÇÃO: Ambos condenados (Coleman nos três Estados)

Colpeand, Ray (1913-93); **Faye** (1920-)
Sexo: M/F
Raça: B
Tipo: F
Motivo: EC
Data: 1986-89
Jurisdição: Mooresville, Missouri.
Vítimas: Cinco
MO: Marido e mulher fazendeiros; mataram mão-de-obra contratada em seu rancho
SITUAÇÃO: Ambos condenados em 1991; Ray morreu na prisão em outubro de 1993.

Dalton, Emmett (1871-?); **Grattan** (1865-92); **Robert** (1868-92); **William** (1866-93)
Sexo: 4M
Raça: B
Tipo: N
Motivo: EC
Data: 1891-92
Jurisdição: Califórnia/Oklahoma/Kansas
Vítimas: Oito +
MO: Irmãos fora da lei do Velho Oeste, mataram delegados e vítimas de roubo

SITUAÇÃO: Grattan e Robert mortos durante roubo no Kansas em 5 de outubro de 1892; Emmett sentenciado à prisão perpétua pelo mesmo assalto à mão armada (condicional em 1907); William morto por destacamento policial em 25 de setembro de 1893.

Daniels, Murl (1924-49); **West, John Coulter** (f. 1948)
Sexo: 2M
Raça: B
Tipo: N
Motivo: CP/EC
Data: 1948
Jurisdição: Ohio
Vítimas: Seis
MO: Condenados fugitivos, mataram diversas vítimas enquanto à solta
SITUAÇÃO: West morto por destacamento policial em julho de 1948; Daniels executado em 3 de janeiro de 1949

DeMeo, Roy Albert (1941-83); **Borelli, Henry** (1948-); **Gaggi, Anthony Frank** (1926-); **Testa, Joseph, Jr.** (1955-); TCC: A Máquina Assassina
Sexo: 4M
Raça: B
Tipo: T
Motivo: EC/CP
Data: 1975-82
Jurisdição: N.Y.
Vítimas: 75 a cem
MO: Assassinos contratados pela "família" Gambino mafiosa
SITUAÇÃO: DeMeo assassinado em 10 de janeiro de 1983; pena de prisão perpétua mais 160 anos para Borelli em 1986; penas de prisão perpétua múltipla para Gaggi e Testa em 1989

Dingum (?-?); **Cornerford** (f.1873)
Sexo: 2M
Raça: B
Tipo: N
Motivo: CP
Data: 1837
Jurisdição: Port Phillip/Austrália

Vítimas: Sete +
MO: "Bandoleiros" que canibalizaram companheiros fora da lei
SITUAÇÃO: Cornerford linchado; pena de prisão perpétua para Dingum

Dirlewanger, Oskar-Paul (1895-1945) **e outros** TCC: *Sonderkommando Dirlewanger*
Sexo: 854M
Raça: B
Tipo: N
Motivo: CG- extremista
Data: 1940-45
Jurisdição: Leste da Europa/Rússia
Vítimas: Centenas
MO: Esquadrão de morte móvel nazista liderado por infrator sexual condenado, composto inteiramente por ex-condenados; mataram judeus e outros civis, incluindo a participação na supressão da revolta do gueto de Varsóvia
SITUAÇÃO: Dirlewanger morreu em campo de detenção aliado em 7 de junho de 1945; nenhuma acusação pós-guerra foi registrada na assunção de que todos os membros ativos morreram em ação

Dohmeyer, Juergen (1948-)**; Leuking, Kurt** (1953-)**;** TCC: Cachorros Loucos
Sexo: 2M
Raça: B
Tipo: T
Motivo: EC
Data: 1983
Jurisdição: Hanover/Alemanha
Vítimas: Três
MO: Atiraram em vítimas de roubo, um homem e duas mulheres
SITUAÇÃO: Penas de prisão perpétua para ambos em 1988

Dudley, Kenneth Edwin (?)**; Irene Gwyn** (?)
Sexo: M/F
Raça: B
Tipo: N
Motivo: CP/Sad.
Data: 1946/1958-61
Jurisdição: N.Y./Flórida/Arizona/Kentuky/Virgínia
Vítimas: Seis
MO: Pais cruéis cujos filhos morreram de abuso e fome em um trajeto errante pelo país
SITUAÇÃO: Kenneth cumpriu um ano em N.Y. por "enterro inadequado" do primeiro filho

Dvoracek, Sra. e cúmplices do sexo masculino não designados
Sexo: 1F/7M
Raça: B
Tipo: F
Motivo: EC
Data: 1918-25
Jurisdição: Iglau/Tchecoslováquia
Vítimas: Quatro +
MO: Roubo/assassinato de refugiados poloneses na casa da Sra. Dvoracek.
SITUAÇÃO: Todos condenados em 1925

Einsatzgruppen
Sexo: Aproximadamente três mil
Raça: B
Tipo: N
Motivo: CG-extremista
Data: 1941-45
Jurisdição: Antiga URSS
Vítimas: Estimativas em dois milhões
MO: Esquadrão homicida nazista móvel na Rússia ocupada; mataram cerca de 1,5 milhão de judeus e 500 mil civis russos
SITUAÇÃO: 24 oficiais seniores julgados em Nuremberg, de julho de 1947 a abril de 1948; um suicídio; 14 condenados (quatro executados, 10 comutados); oito encarcerados; um condenado, mas não sentenciado em razão de problemas de saúde.

Ellebracht, Walter Wesley, Sr. (?)**; Walter Wesley, Jr.** (?)**; Caldwell, Robert Carlton** (?)
Sexo: 3M
Raça: B
Tipo: S
Motivo: EC/Sad.
Data: Década de 1980
Jurisdição: Distrito de Kerr, Texas

Vítimas: "diversas" suspeitas
MO: Rancheiros pai e filho e seu capataz; escravizaram/torturaram vagabundos do sexo masculino; registraram em fita sessões de tortura e vangloriaram-se a cativos de homicídios múltiplos
SITUAÇÃO: Todos os três condenados em uma acusação em 1986; 15 anos para William Jr.; 14 anos para Caldwell; sete anos em *sursis* para William Sr.

Elliot, Eric (1978-); **Gilbert, Lewis Eugene, III** (1972-)
Sexo: 2M
Raça: B
Tipo: N
Motivo: EC
Data: 1994
Jurisdição: Ohio/Missouri./Oklahoma
Vítimas: Quatro
MO: Atirou em vítimas de roubo, um homem e três mulheres
SITUAÇÃO: Gilbert condenado em Oklahoma.; Elliott confessou a culpa em uma acusação e recebeu pena de prisão perpétua em 1996

Emmons, Mark S. (1961-); **Hasset, Edward** (1960-)
Sexo: 2M
Raça: B
Tipo: N
Motivo: EC
Data: 1985
Jurisdição: Nevada.
Vítimas: Duas
MO: Matou vítimas do sexo masculino em assalto à mão armada
SITUAÇÃO: Emmons condenado em uma acusação mais prisão perpétua sem condicional na segunda acusação; Hassett obteve duas penas concomitantes de 15 anos

Espinosa, Felip (f.1863); **Julian** (f.1863), **Victorio** (f.1863)
Sexo: 3M
Raça: H
Tipo: N
Motivo: CP- extremista
Data: 1861-63
Jurisdição: Colorado.
Vítimas: 26
MO: Irmãos mexicanos; queriam matar cem ingleses por vingança à guerra anterior dos Estados Unidos e México
SITUAÇÃO: Victorio linchado pelos membros da corporação civil; Julian e Victorio mortos pelo batedor Tom Tobin do Exército dos Estados Unidos

Esposito, John (1971-); **Woodward, Alicia** (1978-)
Sexo: M/F
Raça: B
Tipo: N
Motivo: EC
Data: 1996
Jurisdição: Geórgia/Oklahoma
Vítimas: Três confessas
MO: "Assassinos por excitação" de vítimas de roubo
SITUAÇÃO: Esposito condenado em uma acusação em Geórgia. em 1988; julgamento pendente para Woodward

Fernandez, Raymond Martinez (1914-51); **Beck, Martha Julie** (1920-51) TCC: Assassinos de corações solitários
Sexo: M/F
Raça: B
Tipo: N
Motivo: EC
Data: 1948-49
Jurisdição: Illinois/N.Y/Michigan.
Vítimas: Cinco +
MO: Fraudadores homicidas de mulheres seduzidas por Fernandez
SITUAÇÃO: Ambos executados em N.Y. em 8 mar/1951

French, Anne (?-?); TCC: Shoebox Annie Mayer **William Donald** (?-?)
Sexo: F/M
Raça: B
Tipo: N
Motivo: EC
Data: Década de 1920
Jurisdição: Montana/Washington.

Vítimas: Sete suspeitas
MO: Mãe-filho de carreiras criminosas; mataram vítimas de roubo
SITUAÇÃO: Prisão perpétua para Mayer em Washington. como criminosa habitual em 1928; cinco a dez anos para French em Washington. Em 1928; ambos morreram na prisão

Genna, Angelo (f.1925); **James** (f.1925) **Michael** (f. 1925); **Peter** (?-?); **Sam** (?-?); **Tony** (?-?) TCC: Os terríveis Gennas
Sexo: 6M
Raça: B
Tipo: T
Motivo: EC
Data: *c*.1910-25
Jurisdição: Chicago/Illinois
Vítimas: Dezenas
MO: Imigrantes sicilianos; grupo "Mão Negra" que extorquia; contrabandistas; mataram vítimas de extorsão, gângsteres rivais e delegados
SITUAÇÃO: Angelo assassinado por matadores rivais em 25 mai/1925; Mike morto em tiroteio com a polícia em 13 jun/1925; James assassinado por rivais em 8 de julho de 1925; os irmãos sobreviventes fugiram para a Sicília em 1925; retornaram a Chicago após revogação da Proibição como comerciantes "legítimos"

Ghira, Andrea (?-?); **Guido, Giovanni** (?-); **Izzo, Ângelo** (?-) TCC: Monstro do Circeo
Sexo: 3M
Raça: B
Tipo: T
Motivo: Sex.
Data: 1975
Jurisdição: Circeo/Itália
Vítimas: Duas + suspeitas
MO: Gangue de/estupradores que assassinou suas vítimas do sexo feminino
SITUAÇÃO: Condenados; sentença desconhecida

Gonzales, Delfina (?-); **Maria de Jesus** (?-)
Sexo: 2F
Raça: H
Tipo: F
Motivo: EC
Data: Década de 1950 até 1963
Jurisdição: Guanajuato, México
Vítimas: Cem +
MO: Irmãs e traficantes de escravas brancas, mataram prostitutas, seus bebês e clientes do sexo masculino (aos quais também roubaram)
SITUAÇÃO: 40 anos cada uma em 1964

Goodman, Keith Eugene (1959-); **Holland, Tracy Lynn** (1968-); **Mead, Jon Christopher** (1967-)
Sexo: 2M/1F
Raça: B
Tipo: N
Motivo: EC
Data: 1989-90
Jurisdição: N.Y./Mississipi
Vítimas: Quatro
MO: Assassinos de vítimas de assalto à mão armada ao acaso
SITUAÇÃO: Goodman, prisão perpétua mais 20 anos em N.Y. em 1990; Mead, prisão perpétua mais 20 anos em N.Y. em 1991; Holland revelou a evidência ao Estado; Goodman e Mead condenados em uma acusação de homicídio em Massachusetts em 1992

Gusenberg, Frank (1892-1929); **Peter** (1888-1929)
Sexo: 2 M
Raça: B
Tipo: T
Motivo: EC
Data: 1920-29
Jurisdição: Chicago/Illinois
Vítimas: "Numerosas"
MO: Irmãos e assassinos por contrato para o sindicato de contrabando
SITUAÇÃO: Assassinados juntos no massacre de São Valentin

Haerm, dr. Teet (1953-); **Allgen, dr. Thomas Lars** (1949-)
Sexo: 2M
Raça: B
Tipo: T

Motivo: Sex./Sad.
Data: 1982-87
Jurisdição: Estocolmo/Suécia
Vítimas: Dez +
MO: Tortura-assassinato de mulheres, principalmente prostitutas; canibalizaram as vítimas e beberam seu sangue; Haerm, como examinador médico de Estocolmo, orientou equivocadamente as investigações por cinco anos; Haerm é também suspeito do "suicídio" de sua esposa em 1982
SITUAÇÃO: Ambos sentenciados à prisão perpétua em uma acusação em 1988, após Allgen confessar; Allgen também condenado por incesto com sua filha de cinco anos; condenações derrubadas em tecnicalidade legal, onde Allgen recontou as confissões; ambos absolvidos no segundo julgamento em 1989, embora o tribunal tenha citado "causa razoável" para acreditá-los culpados

Haley, Kevin Bernard (1964-); **Reginald** (1960-)
Sexo: 2M
Raça: B
Tipo: T
Motivo: EC/Sex./Sad.
Data: 1983-84
Jurisdição: Los Angeles/Califórnia
Vítimas: Sete
MO: Carreiras criminosas, estupradores seriais e assassinos ao acaso de mulheres com idades entre 15 e 89 anos
SITUAÇÃO: Prisão perpétua mais 60 anos para Reginald em 1987; Kevin condenado em 1988

Halstead, Dennis (1955-); **Kogut, John** (1964-); **Restivo, John** (1959-)
Sexo: 3M
Raça: B
Tipo: T
Motivo: Sex./EC
Data: 1984-85
Jurisdição: Long Island/N.Y.
Vítimas: Quatro suspeitas
MO: Estupro-assassinato de meninas adolescentes; também suspeitos no "suicídio" bizarro de testemunhas em potencial do Estado
SITUAÇÃO: Penas de prisão perpétua para todos os três em uma acusação em 1986

Harpe, Micajah (1768-99) TCC: Grande Harpe; **Harpe, Wiley** (1770-1804); TCC: Pequeno Harpe
Sexo: 2M
Raça: B
Tipo: N
Motivo: CP/EC
Data: 1798-1804
Jurisdição: Tenessee/Illinois/Kentuky/Mississipi
Vítimas: 40 +
MO: Carreira criminosa e mutilação-assassinato de vítimas variando de totalmente estranhos a seus próprios filhos
SITUAÇÃO: Micajah morto por destacamento policial em Kentuky em agosto de 1799; Wiley enforcado em Mississipi em 8 fev/1804

Harrelson, Sharon Lynn (1945-); **Adams, Gary Starr** (1943-)
Sexo: F/M
Raça: B
Tipo: T
Motivo: EC
Data: 1976/88
Jurisdição: Colorado.
Vítimas: Duas
MO: Amantes que mataram os maridos de Sharon pelo seguro de vida
SITUAÇÃO: Penas de prisão perpétua para os dois em confissão de culpa em duas acusações

Hernandez, Cayetano (?-); **Santos** (f.1963); **Solis, Magdalena** (?-)
Sexo: 2M/1F
Raça: H
Tipo: T
Motivo: CG-culto
Data: 1963
Jurisdição: Tamaulipas/México
Vítimas: 12
MO: Líderes de culto rural e artistas trapaceiros; sacrificaram dez discípulos; também

mataram um policial e testemunha civil
SITUAÇÃO: Santos morto em tiroteio com grupo policial invasor; Cayetano, Solis e 12 discípulos encarcerados

Herrera, Tony (1969-) e outros.
Sexo: 5M
Raça: H
Tipo: T
Motivo: CP-não específico
Data: 1984-85
Jurisdição: Dallas/Texas
Vítimas: Sete suspeitas
MO: "Assassinos por excitação" de vítimas adolescentes ao acaso; alguns também roubaram
SITUAÇÃO: 30 anos para Herrera em uma acusação em 1986; outros suspeitos menores de idade permanecem não identificados, disposições desconhecidas

Hobbs, James (1819-79); **Kirker, James** (1810-1852)
Sexo: 2M
Raça: B
Tipo: N
Motivo: EC
Data: Década de 1830 até 1870
Jurisdição: México
Vítimas: Mil +
MO: Caçadores de escalpo profissionais; Kirker matou pelo menos 300 índios antes de formar uma equipe com Hobbs, e eles mataram muitos mais juntos, incluindo 300 homicídios em uma única vila.
SITUAÇÃO: Kirker morreu por alcoolismo na Califórnia em 1852; Hobbs manteve caças esporádicas por escalpo (e ironicamente uniu-se a algumas invasões índias contra os brancos, incluindo a destruição da gangue de JOHN GLANTON) até sua morte natural em 1879.

Howell, Michael Wayne (1959-); **Watson, Mona Lisa** (1960-)
Sexo: M/F
Raça: B
Tipo: N
Motivo: EC

Data: 1987
Jurisdição: Alabama/Tenessee/Oklahoma
Vítimas: Quatro suspeitas
MO: Assassinou vítimas de assalto à mão armada em carros
SITUAÇÃO: Howell condenado em Oklahoma (1988) e Tenessee(1989); Watson revelou a evidência da polícia em troca de pena de prisão perpétua.

Hubbard, Vincen (1965-); **Huber, Eileen** (1971-); **Lewis, John Irvin** (1970-); **Machuca, Robin** (1965-)
Sexo: 3M/F
Raça: N
Tipo: T
Motivo: EC
Data: 1991
Jurisdição: Distrito de Los Angeles/Califórnia.
Vítimas: Três
MO: Raptaram/atiraram em vítimas de roubo
SITUAÇÃO: Penas de prisão perpétua para Hubbard, Huber e Machuca em 1993; Irvin condenado em 1993

Hurd, Steven Craig (1950-); **Giboney, Christopher** (1953-); **Hulse, Arthur** (1964); **Taylor, Herman** (1963-)
Sexo: 4M
Raça: B
Tipo: T
Motivo: CG-culto
Data: 1970
Jurisdição: Distritos de Los Angeles e Orange/Califórnia.
Vítimas: Duas
MO: Satanistas que mutilaram/canibalizaram um homem e uma mulher
SITUAÇÃO: Hurd considerado insano, confinado a hospital estadual, cúmplices processados como infratores juvenis

Infante Jimenez, Rudolfo (1963-); **Villeda, Anna Maria Ruiz** (1971-)
Sexo: M/F
Raça: H
Tipo: T
Motivo: Sex./Sad.

Data: 1991
Jurisdição: Matamoros/México
Vítimas: Oito
MO: Assassinos concupiscentes de mulheres jovens atraídas com ofertas de emprego
SITUAÇÃO: 40 anos cada um em 1993

Isaac, Tommy Lee (1976-); **Johnson, Roderick** (1975-); **Jones, Aubrey** (1976-); **Whaley, Michael** (1974-); **Whaley, Terrel** (1975-)
Sexo: 5M
Raça: N
Tipo: T
Motivo: Grupo de ação de excitamento
Data: 1992
Jurisdição: Richardson/Texas
Vítimas: Três
MO: "Assassinos por excitação" de adolescentes brancos
SITUAÇÃO: Penas de prisão perpétua para Jones e T. Whaley em 1993; 40 anos para M. Whaley em 1993; 20 anos para Johnson em 1993; Dez anos para Isaac em 1993

Invasores do Trem de Carga da América
Sexo: ?M
Raça: B
Tipo: N
Motivo: EC/CP
Data: Décadas de 1970-90
Jurisdição: Oeste dos Estados Unidos
Vítimas: "Centenas"
MO: Fraternidade "sem teto" responsabilizada pelos executores da lei por vários assassinatos ao acaso espalhando-se por duas décadas
SITUAÇÃO: Diversos membros declarados condenados em homicídios individuais; ROBERT SILVERIA condenado em múltiplas acusações

Jackson, Peyton; Jackson, O'Delle; Jackson, Pearl; Reed, John; Glover, Fred
(DDNs: desconhecidas)
Sexo: 4M/1F
Raça: B
Tipo: T
Motivo: EC
Data: 1919-23
Jurisdição: Birmingham/Alabama.
Vítimas: 15+
MO: Mercadores brancos, mataram com machados durante roubos
SITUAÇÃO: Relatadas confissões em janeiro de 1924; sentenças desconhecidas

James, Alexander Franklin(1843-1915); **Jesse Woodson** (1847-82); **Younger, Coleman** (1844-1916); **James** (1848-1903) **John** (1851-74); **Robert** (1853-89)
Sexo: 6M
Raça: B
Tipo: N
Motivo: EC/CP
Data: 1862-76
Jurisdição: Kansas/Missouri./Kentuky/Iowa/Minnesota
Vítimas: 14+ após a guerra
MO: Membros dos "INVASORES DE QUANTRILL" durante a Guerra Civil; mataram depois delegados e vítimas de assalto à mão armada em roubos a bancos e trens
SITUAÇÃO: John Younger morto pelo detetive Pinkerton em 16 mar/1874; Jesse James assassinado em 3 de abril de 1882; outros três irmãos Younger sentenciados a penas de prisão perpétua em Minnesota. em 1876

Janin (f. 1919); **Moujot** (f. 1919)
Sexo: 2M
Raça: B
Tipo: T
Motivo: EC- crime qualificado
Data: 1919
Jurisdição: França
Vítimas: Duas
MO: Soldados franceses; mataram mulheres proprietárias de restaurante durante roubos
SITUAÇÃO: Atingidos por tiros por esquadrão de fuzilamento em agosto de 1919

Johnson, Steven J. (1970-); **Hunter, Earnest** (1970-); **Jones, Robert** (1971-)

Sexo: 3M
Raça: 1B/2N
Tipo: T
Motivo: EC
Data: 1993
Jurisdição: Jacksonville, N.C.
Vítimas: Duas
MO: "Executores" do círculo de prostituição; mataram prostitutas
SITUAÇÃO: Duas penas de prisão perpétua para Johnson em 1994; 13 anos para Jones em 1994; dez anos para Hunter em 1994

Johnston, Bruce, Sr. (1939-); **David** (?-); **Norman** (?-); **Hamm, Ancell Eugene (1946);** e outros.
Sexo: 4+M
Raça: B
Tipo: T
Motivo: EC
Data: 1970-78/85
Jurisdição: Distrito Chester/Pennsylvania
Vítimas: Nove +
MO: Irmãos com carreira criminosa, com cúmplices; especializados em roubo de equipamento agrícola em área de três Estados; mataram policial e informantes suspeitos; Bruce matou recluso na prisão em 1985
SITUAÇÃO: Hamm sentenciado à prisão perpétua por matar dois policiais em 1974; seis penas consecutivas de prisão perpétua para Bruce em 1980; quatro penas de prisão perpétua consecutivas para David e Norman em 1980

Jones, John Ray (1971-); **Rose, Jason Wayne** (1968-)
Sexo: 2M
Raça: B
Tipo: T
Motivo: CG-culto
Data: 1988
Jurisdição: Springfield/Oregon
Vítimas: Duas suspeitas
MO: Satanistas que gravaram em vídeo o sacrifício de uma menina adolescente; suspeitos principais no segundo caso com "certas similaridades"
SITUAÇÃO: Rose condenada em 1989; pena de prisão perpétua com mínimo de 25 anos para Jones em 1989

Jones, Milton (1970-); **Simmons, Theodore** (1969-)
Sexo: 2M
Raça: B
Tipo: T
Motivo: EC
Data: 1987
Jurisdição: Búfalo/N.Y.
Vítimas: Duas
MO: Roubaram/mataram padres católicos em suas reitorias
SITUAÇÃO: Duas penas consecutivas de 25 anos a prisão perpétua para cada réu em 1988

Kauffman, Christopher (1979-); **McMahan, Jamie** (1975-)
Sexo: 2M
Raça: B
Tipo: T
Motivo: EC
Data: 1997
Jurisdição: Iowa
Vítimas: Duas
MO: Atiraram em vítimas idosas de assalto à mão armada nos distritos de Mahaska e Poweshiek
SITUAÇÃO: Prisão perpétua sem condicional para os dois em 1998

Keene, Marvallous (1993-); **Smith, Demarcus** (1975-); **Matthews, Heather** (1972-) **Taylor, Laura** (1976-)
Sexo: 2M/2F
Raça: 2N/2B
Tipo: T
Motivo: EC
Data: 1992
Jurisdição: Dayton/Ohio
Vítimas: Cinco
MO: "Assassinos por excitação" de vítimas em pequenos roubos

SITUAÇÃO: Keene condenado; pena de prisão perpétua para Matthews em negociação de sentença; Smith e Taylor confinados como menores até a idade de 21 anos

Kelbach, Walter (1938-); **Lance, Myearon** (1941-)
Sexo: 2M
Raça: B
Tipo: T
Motivo: EC/Sex./Sad.
Data: 1966
Jurisdição: Cidade de Salt Lake, Utah
Vítima: Cinco
MO: Assassinos homossexuais de cinco homens e uma mulher durante roubos; duas vítimas do sexo masculino também estupradas
SITUAÇÃO: Ambos condenados em 1967; comutação para penas de prisão perpétua em 1972

Knighton, Robert Wesley (1942-); **Brittain, Lawrence Lingle** (1973-); **Williams, Ruth Renee** (?-)
Sexo: 2M/1F
Raça: B
Tipo: N
Motivo: EC
Data: 1990
Jurisdição: Missouri./Okl.
Vítimas: Quatro
MO: Mataram vítimas de roubo em suas casas
SITUAÇÃO: Knighton condenado em Okl em 1990; pena de prisão perpétua para Brittain em Missouri em 1990; 15 anos para Williams em Missouri em 1990

Knoppa, Antony Michael (1948-); **Lanham, Harry** (?-)
Sexo: 2M
Raça: B
Tipo: N
Motivo: Sex./Sad.
Data: 1971
Jurisdição: Texas.
Vítimas: Quatro

MO: Assassinos concupiscentes de meninas e mulheres jovens
SITUAÇÃO: Penas de prisão perpétua para ambos em 1972

LeBaron, Ervil Morrell (1925-81) e outros
TCC: **Igreja do Cordeiro de Deus**
Sexo: ?M/?F
Raça: B
Tipo: N
Motivo: CG-culto
Data: 1966-88
Jurisdição: México/Utah/Califórnia/Texas
Vítimas: 22 +
MO: Culto polígamo de Mórmons excomungados; assassinaram desertores do culto e polígamos rivais em atos de "compensação sanguinária"; vítimas incluíram os irmãos de Ervil e filha grávida; os seguidores do culto apoiavam-se por meio de serviços ocasionais, roubos a banco e roubo organizado de carro.
SITUAÇÃO: Ervil sentenciado a 12 anos no México pela morte do irmão em 1973 (revertido na apelação em 1974); pena de prisão perpétua em Utah em 1980 (morreu na prisão em julho de 1981); filho Aaron LeBaron (1968-) sentenciado a 45 anos em três acusações no Texas em 1997; três outros seguidores cumprindo pena por assassinato no Texas; cinco confessaram culpa em roubo de carro no Arizona.

Lee, James (?-?); **Pink** (f. 1885); **Tom**, (f.1885)
Sexo: 3M
Raça: B
Tipo: T
Motivo: EC
Data: Década de 1880
Jurisdição: Distrito de Cooke/Texas
Vítimas: 40 + alegadas
MO: Irmãos fora da lei responsabilizados por diversos assaltos à mão armada e assassinatos
SITUAÇÃO: Pink e Tom mortos por destacamento policial em dezembro de 1885;

James desapareceu após surpreendente absolvição em acusações de assassinato de quatro delegados

Le Grand (1925-); **Steven** (1950-)
Sexo: 2M
Raça: N
Tipo: N
Motivo: CP/EC
Data: 1963-75
Jurisdição: N.Y.
Vítimas: Seis +
MO: Líder de culto e seu filho; mataram duas esposas de Devernon, duas irmãs adolescentes e dois cúmplices em círculo de prostituição
SITUAÇÃO: 25 anos à prisão perpétua para ambos em 1977

Lelièvre, André (?-); **Yvette** (?-)
Sexo: M/F
Raça: B
Tipo: F
Motivo: CP- doméstico
Data: Décadas de 1950-60
Jurisdição: França
Vítimas: Sete
MO: Caçados; em vez de praticar o controle de natalidade, afogavam os recém-nascidos e queimavam-nos em casa
SITUAÇÃO: Sentença de prisão perpétua para ambos em 1969

Liao Chang-Shin (f.1945); **Hsui Chang-Shan** (f.1945)
Sexo: 2M
Raça: A
Tipo: F
Motivo: EC
Data: 1945
Jurisdição: Changzhou/China
Vítimas: 79 confessas
MO: Roubo/assassinato de hóspedes em uma hospedaria
SITUAÇÃO: Ambos executados

Lovett, Michael (1959-); **Wyatt, Thomas Anthony** (1964-)
Sexo: 2M
Raça: B
Tipo: N
Motivo: EC/Sex.
Data: 1988
Jurisdição: Distrito de Indian River/Flórida
Vítimas: Duas
MO: Condenados fugitivos de N.C., mataram na fuga; vítimas raptadas/roubadas/estupradas
SITUAÇÃO: Ambos condenados em 1991

Marlow, James Gregory (1956-); **Coffman, Cynthia Lynn** (1962-)
Sexo: M/F
Raça: B
Tipo: N
Motivo: EC/Sex.
Data: 1986
Jurisdição: Califórnia/Arizona
Vítimas: Três
MO: Roubo/assassinato de mulheres com idades entre 18 e 35 anos; pelo menos uma vítima estuprada
SITUAÇÃO: Ambos condenados na Califórnia. em 1989

Martin, Bradley A. (1972-); **King, Carolyn A.** (1966)
Sexo: M/F
Raça: B/N
Tipo: N
Motivo: EC
Data: 1993
Jurisdição: Pennsylvania/N.Dak/Nevada
Vítimas: Três
MO: Mataram vítimas de roubo/rapto
SITUAÇÃO: Martin condenado de 31 a 61 anos em Pennsylvania. em 1994; King condenada a mais 34 a 68 anos em Pennsylvania. em 1994

McCrary, Sherman Ramon (1925-88); **Carolyn Elizabeth** (1928-?); **Danny**

Sherman (1952-); **Taylor, Carl Robert** (1938-); **Ginger McCrary** (1949-)
Sexo: 3M/2F
Raça: B
Tipo: N
Motivo: EC/Sex.
Data: 1971-72
Jurisdição: Todo os Estados Unidos
Vítimas: 22 suspeitas
MO: Família criminosa nômade que vivia de roubo armado; também raptou/estuprou/assassinou vítimas femininas de roubo à mão armada
SITUAÇÃO: Sherman sentenciado a penas de prisão perpétua no Colorado e Texas (suicídio por enforcamento na prisão no Colorado em 9 out/1988); penas consecutivas de prisão perpétua para Carl no Colorado Texas e Flórida; Carolyn cumpriu dois anos no Colorado como auxiliar de homicídio (morreu de causas naturais após a condicional); Ginger revelou a evidência do Estado para escapar da ação judicial por assassinato, cumprindo oito anos no Colorado. por fraude com cheque; Danny sentenciado à prisão perpétua em duas acusações no Texas em 1973 (comutada em 1983); sentença de 12 anos no Texas por violação da condicional e por molestar crianças em 1986

Millardo, José (f.1864) TCC: Apache Joe
Sepulveda, Anton (f.1869)
Sexo: 2 M
Raça: H
Tipo: N
Motivo: CP
Data: Décadas de 1840-60
Jurisdição: Montanhas Rochosas
Vítimas: Cem +
MO: "Homens da montanha" e assassinos prolíficos de índios; cálculo desconhecido, mas Sepulveda vangloriava-se de matar 26 para vingar a morte de Millardo em 1864-69
SITUAÇÃO: Ambos mortos por índios em batalhas separadas

Miller, James William (1938-); **Worrel, Christopher Robin** (1954-77)
Sexo: 2M
Raça: B
Tipo: T
Motivo: Sex
Data: 1976-77
Jurisdição: Adelaide/Austrália
Vítimas: Sete
MO: Amantes bissexuais que apunhalavam mulheres jovens após o ato sexual
SITUAÇÃO: Worrell morto em acidente de carro em 19 fev/1977; Miller sentenciado à prisão perpétua em seis acusações em 1980

Munoz, Jose (1970-); **Romero, Orlando Gene** (1968-); **Self, Christopher** (1971-)
Sexo: 3M
Raça: H
Tipo: T
Motivo: EC
Data: 1992
Jurisdição: Distritivo de Riverside/Califórnia
Vítimas: Três
MO: Atiraram em vítimas do sexo masculino em roubos
SITUAÇÃO: Romero e Self condenados em três acusações em 1995; pena de prisão perpétua para Munoz em negociação de sentença

"Murder, Inc"
Sexo: M
Raça: B
Tipo: N
Motivo: EC
Data: 1931-40
Jurisdição: Todo os Estados Unidos
Vítimas: Estimadas mil
MO: Braço "executor" de sindicado criminoso nacional; despachou assassinos por contrato por todo o país a partir da cidade de Nova York
SITUAÇÃO: Expostos pelo matador profissional ABRAHAM RELES em 1940; sete

assassinos executados em N.Y. em 1941-42; diversos outros sentenciados a penas de prisão longas; sem prejuízos ao sindicato grande do crime

Murphy, Hugh Leonard Thompson (1952-82) **e outros** TCC: Shankill Butchers
Sexo: 12M
Raça: B
Tipo: T
Motivo: GC-extremista
Data: 1972-82
Jurisdição: Belfast/Irlanda do Norte
Vítimas: 34
MO: Tortura-assassinatos sectários de vítimas católicas escolhidas ao acaso; outras assassinadas por bombas e tiros de carros em movimento
SITUAÇÃO: Murphy executado em 16 de novembro de 1982, como resultado de colaboração irônica entre guerrilhas católicas e protestantes; 11 outros membros da gangue receberam 42 penas de prisão perpétua em uma série de julgamentos de 1977-79

Nicklasson, Allen L. (1972-); **Skillicorn, Dennis J.** (1960-)
Sexo: 2M
Raça: B
Tipo: N
Motivo: EC
Data: 1994
Jurisdição: Missouri./Arizona
Vítimas: Três
MO: Atirou em vítimas de roubo
SITUAÇÃO: Ambos condenados em uma acusação em Missouri.

Penn, Thomas Lee (1948-); **William** (1941-)
Sexo: 2 M
Raça: N
Tipo: T
Motivo: EC-crime qualificado
Data: 1966
Jurisdição: Richmond/Virgínia
Vítimas: Seis confessas
MO: Atirou em vítimas de roubo de ambos os sexos com idade entre 16 e 78 anos
SITUAÇÃO: Sentença de prisão perpétua para ambos em uma acusação

"Quantrill, Invasores de"
Sexo: M
Raça: B
Tipo: N
Motivo: CP/EC
Data: 1861-65
Jurisdição: Kansas./Missouri./Texas/Kentuky
Vítimas: 700+
MO: Grupo de tropas lideradas por WILLIAM QUANTRILL durante a Guerra Civil; roubaram/estupraram/assassinaram cidadãos de ambos os lados
SITUAÇÃO: 70+ membros mortos em batalha ou executados; muitos sobreviventes no pós-guerra seguiram carreiras de roubo e assassinato

Ruiz, Paul (1948-97); **Denton, Earl Van** (1950-97)
Sexo: 2M
Raça: B
Tipo: N
Motivo: EC
Data: 1977
Jurisdição: Arkansas
Vítimas: Seis
MO: Condenados fugitivos; atiraram em vítimas do sexo masculino enquanto à solta
SITUAÇÃO: Ambos condenados em 1980; ambos executados em 8 jan/1997

Sach, Amelia (1873-1902); **Walters, Annie** (f. 1902)
Sexo: 2F
Raça: B
Tipo: T
Motivo: EC
Data: 189?-1902
Jurisdição: Londres/Inglaterra
Vítimas: "Numerosas"
MO: "Donas de creche" que mataram crianças de mães não casadas
SITUAÇÃO: Enforcadas juntas em 1902

Shcaeffer, Gerrit C. (?-) **Esposa** (?-)
Sexo: M/F
Raça: B
Tipo: F
Motivo: CP- doméstico
Data: 1951-58
Jurisdição: Rotterdan/Países Baixos
Vítimas: Quatro
MO: Casados; mataram bebês recém-nascidos em casa
SITUAÇÃO: Sentença de prisão perpétua para ambos em 1959

Sims, Mitchell Carlton (1960-); **Padgett, Ruby Carolyn** (1965-) TCC: Equipe Homicida
Sexo: M/F
Raça: B
Tipo: N
Motivo: Sad./EC
Data: 1985
Jurisdição: S.C./Califórnia
Vítimas: Três
MO: Tortura-assassinato de empregados da Domino's Pizza em roubos
SITUAÇÃO: Sims condenado tanto na Califórnia como na S.C.; Padgett encarcerado

Smith, Harold Glenn (1966-); **Cravey, Michael Gene** (1967-); **Rivera, Shannon** (1969-); **Tosh, Martin Wayne** (1969-); **Trimmer, John-Michael Alexandre** (?-)
Sexo: 4M/1F
Raça: B
Tipo: T
Motivo: CG-culto
Data: 1985
Jurisdição: Houston/Texas
Vítimas: Quatro suspeitas
MO: Satanistas que cometeram sacrifício humano sádico
SITUAÇÃO: Pena de prisão perpétua para Smith em uma acusação em 1986; 60 anos para Trimmer em 1986; pena de prisão perpétua para Cravey em 1987; 25 anos para Tosh em 1987; 15 anos para Rivera em 1987

Spesivtsev, Sasha (1970-); **Lyudmilla** (?-)
Sexo: M/F
Raça: B
Tipo: T
Motivo: CP não específico
Data: 1991-97
Jurisdição: Novokuznetsk/Sibéria
Vítimas: 19+
MO: Equipe de mãe-filho canibais; Sasha matou crianças sem teto para "limpar" a sociedade; mãe ajudou-o a cozinhar/comer as vítimas
SITUAÇÃO: Não relatado pelas autoridades russas

Starkweather, Charles Raymond (1938-59); **Fugate, Caril Ann** (1943-)
Sexo: M/F
Raça: B
Tipo: N
Motivo: CP- não específico
Data: 1957/58
Jurisdição: Nebraska/Wyoming
Vítimas: 11
MO: Assassinos adolescentes por excitação em desordens no meio-oeste
SITUAÇÃO: Starkweather executado em Nebraska em 25 jun/1959; Fugate sentenciada à prisão perpétua em 1958 (condicional em 1976)

Taborsky, Joseph L. (1924-); **Culombe, Arthur** (1923-)
Sexo: 2M
Raça: B
Tipo: N
Motivo: EC- crime qualificado
Data: 1951-55
Jurisdição: Connecticut
Vítimas: Sete
MO: Taborsky matou sua primeira vítima de assalto à mão armada em 1951; uniu-se a Culombe quatro anos depois para uma série de roubos-assassinatos
SITUAÇÃO: Taborsky condenado em 1951; absolvido em novo julgamento após testemunha principal revelar-se insana; penas de prisão perpétua para ambos em 1956

Thugs TCC: Filhos da Morte
Sexo: M
Raça: A
Tipo: N
Motivo: CG-culto
Data: *c*.1250-1852
Jurisdição: Índia
Vítimas: Dois a quatro milhões
MO: Seguidores de Kali; roubaram/assassinaram vítimas do sexo masculino em toda a Índia, tipicamente estrangulando e mutilando as presas escolhidas; as autoridades britânicas reclamaram 40 mil vítimas apenas em 1812; um Thug, Buhram, confessou 931 assassinatos em sua prisão em 1840.
SITUAÇÃO: 4.500 seguidores do culto condenados em diversos crimes em 1830-48, com 110 condenados por homicídio; o culto supostamente extinguiu-se em 1852, embora relatórios ocasionais de "thugee" localizem-se até 1867.

Tison, Gary Gene (1936-78); **Donald** (1958-78); **Raymond** (1959-) **Ricky** (1958-)
Sexo: 4M
Raça: B
Tipo: N
Motivo: EC
Data: 1967-78
Jurisdição: Arizona/Colorado
Vítimas: Sete
MO: Carreira criminosa e assassinos de policial condenados que escaparam da prisão com a ajuda de três filhos e do recluso RANDY GREENAWALT, matando sete reféns enquanto à solta
SITUAÇÃO: Donald morto em tiroteio com a polícia em 7 de agosto de 1978; Gary encontrado morto no deserto do Arizona. em 22 de agosto de 1978; Raymond e Ricky condenados em 1979 (comutado para penas múltiplas de prisão perpétua na apelação em 1992)

Wardlaw, Virginia (?-?); **Martin, Caroline Wardlaw** (f. 1913); **Sneyd, Mary Wardlaw** (?-?)
Sexo: 3F
Raça: B
Tipo: N
Motivo: EC
Data: Década de 1900
Jurisdição: Sul dos Estados Unidos
Vítimas: Três
MO: Irmãs que mataram membros da família pelo seguro
SITUAÇÃO: Mary absolvida no julgamento; Virginia morreu em greve de fome na prisão; Catherine, considerada insana, morreu no asilo em 1913

Weest, Frederick (1942-95); **Rosemary** (1953-)
Sexo: M/F
Raça: B
Tipo: F
Motivo: Sex.Sad.
Data: 1967-87
Jurisdição: Gloucester/Inglaterra
Vítimas: 12 +
MO: Fred matou três vítimas do sexo feminino, incluindo uma amante grávida e sua primeira esposa, antes de encontrar Rosemary; juntos assassinaram sadicamente nove mulheres, incluindo sua própria filha, e queimaram os restos em sua casa em 1973-87; sob custódia, Fred vangloriou-se de ter matado mais 20 vítimas nunca encontradas pela polícia
SITUAÇÃO: Fred enforcou-se na prisão em 1º jan/1995; Rosemary sentenciada à prisão perpétua em dez acusações (incluindo uma criança assassinada em 1971) em 1995.

Yahweh Ben Yahweh (1935-); **e outros** TCC: Hebreus Israelitas
Sexo: ?M/?F
Raça: N
Tipo: N
Motivo: CG-culto
Data: 1981-90
Jurisdição: Flórida/Illinois/Michigan/N.J.
Vítimas: 25 + suspeitas

MO: Culto racista negro; supostas vítimas incluem desertores do culto e oponentes, "demônios brancos" mortos ao acaso, e pelo menos duas crianças mortas por abuso/negligência dentro do culto
SITUAÇÃO: Membro ROBERT ROZIER confessou assassinatos múltiplos na Flórida; Yahmweh e seis discípulos condenados em acusações federais de conspiração em 1992

Young, Robert (f.1980); **Wright, Blanche** (1959-);
Sexo: M/F
Raça: N
Tipo: T
Motivo: Sex./EC
Data: 1974-80
Jurisdição: Cidade de Nova York
Vítimas: Quatro
MO: Young estuprou/matou vítima de roubo do sexo feminino; em condicional, uniu-se a Wright como assassinos contratados
SITUAÇÃO: Young morreu em tiroteio com pretensa vítima em fevereiro de 1980; Wright recebeu de 18 anos à prisão perpétua em uma acusação mais 15 anos à prisão perpétua por dois assassinatos adicionais

Apêndice C: Casos não Resolvidos

Desconhecido
Sexo: Desc.
Raça: Desc.
Tipo: T
Motivo: Sex./Sad.
Data: 1885
Jurisdição: Moscou/Rússia
Vítimas: "Diversas"
MO: "Estripador" de prostitutas
SITUAÇÃO: Não resolvido

Desconhecido
Sexo: Desc.
Raça: Desc
Tipo: T
Motivo: Sex./Sad.
Data: 1887
Jurisdição: Texas
Vítimas: "Diversas"
MO: "Estripador de prostitutas negras
SITUAÇÃO: Não resolvido

Desconhecido
Sexo: Desc.
Raça: Desc.
Tipo: T
Motivo: Sex./Sad.
Data: 1889
Jurisdição: Nicarágua
Vítimas: "Diversas"
MO: "Estripador de prostitutas
SITUAÇÃO: Não resolvido

Desconhecido TCC: Jack, o Estrangulador
Sexo: Desc.
Raça: Desc.
Tipo: T
Motivo: Sex./Sad.
Data: 1894/1903
Jurisdição: Denver/Colorado
Vítimas: Quatro
MO: Estrangulou/ atingiu com clava prostitutas
SITUAÇÃO: Não resolvido

Desconhecido
Sexo: Desc.
Raça: Desc.
Tipo: T
Motivo: Desc.
Data: 1904-10
Jurisdição: Cumminsville/Ohio
Vítimas: Cinco
MO: Mulheres atingidas com clava mortalmente
SITUAÇÃO: Não resolvido

Desconhecido TCC: Homem da Espingarda
Sexo: M
Raça: B
Tipo: T
Motivo: EC
Data: 1910-11
Jurisdição: Chicago/Illinois
Vítimas: 15
MO: Assassino "Mão Negra" não identificado
SITUAÇÃO: Não resolvido

Desconhecido
Sexo: Desc.
Raça: Desc.

Raça: Desc.
Tipo: T
Motivo: Desc.
Data: 1910-46
Jurisdição: Territórios do Nordeste/Canadá
Vítimas: Dez +
MO: Caçadores/exploradores decapitados no vale Nahanni
SITUAÇÃO: Não resolvido

Desconhecido
Sexo: Desc.
Raça: B
Tipo: F
Motivo: Desc.
Data: 1911
Jurisdição: Lancaster/Inglaterra
Vítimas: Três
MO: Membros da família Bingham envenenados em casa
SITUAÇÃO: Membro da família absolvido; não resolvido

Desconhecido
Sexo: M
Raça: B
Tipo: N
Motivo: CP-extremista?
Data: 1911-12
Jurisdição: Texas/Lousiania
Vítimas: 49
MO: Invasor de residência matou famílias negras com machado
SITUAÇÃO: Não resolvido

Desconhecido TCC: Jack, o Estripador
Sexo: M
Raça: N
Tipo: T
Motivo: Sex./Sad.
Data: 1911-12
Jurisdição: Atlanta/Geórgia.
Vítimas: 20
MO: Mutilação-assassinato de mulheres negras, algumas prostitutas
SITUAÇÃO: Não resolvido

Desconhecido
Sexo: Desc.

Raça: Desc.
Tipo: N
Motivo: Sad.?
Data: 1911-12
Jurisdição: Colorado.
Vítimas: Quatro a sete
MO: Mulheres atingidas com clava em Denver e Colorado Springs
SITUAÇÃO: Não resolvido

Desconhecido TCC: Jack, o Estripador
Sexo: Desc.
Raça: Desc.
Tipo: T
Motivo: Desc.
Data: 1915
Jurisdição: Cidade de Nova York
Vítimas: Duas
MO: Mutilação-assassinato de menina de cinco anos e menino de quatro anos
SITUAÇÃO: Não resolvido

Desconhecido
Sexo: Desc.
Raça: Desc.
Tipo: T
Motivo: Possível "DONA DE CRECHE"
Data: 1915
Jurisdição: Cidade de Nova York
Vítimas: 14
MO: Recém-nascidos afogados no rio Hudson
SITUAÇÃO: Não resolvido

Desconhecido
Sexo: Desc.
Raça: Desc.
Tipo: T
Motivo: Desc.
Data: 1921
Jurisdição: Áustria
Vítimas: Seis
MO: Caronistas desaparecidos, presume-se assassinados em incidentes separados
SITUAÇÃO: Não resolvido

Desconhecido
Sexo: F
Raça: B

Tipo: F
Motivo: CP-doméstico
Data: 1921-22
Jurisdição: Cleveland/Ohio
Vítimas: Cinco
MO: Suposta "Viúva Negra" assassinou os maridos/ filhos
SITUAÇÃO: Desconhecida; arquivos "perdidos"; nenhum acompanhamento na mídia

Desconhecido
Sexo: Desc.
Raça: Desc.
Tipo: T
Motivo: Desc.
Data: 1922
Jurisdição: Varsóvia/Polônia
Vítimas: 11
MO: Mutilação-assassinato de mulheres encontradas em florestas próximas
SITUAÇÃO: Não resolvido

Desconhecido TCC: Assassinatos sem cabeça
Sexo: Desc.
Raça: Desc.
Tipo: T
Motivo: Desc.
Data: 1924-39
Jurisdição: Distrito de Lawrence/Pennsylvania.
Vítimas: Cinco +
MO: Vítimas decapitadas, jogadas em "pântano de homicídios" local
SITUAÇÃO: Não resolvido; possível ligação com AÇOUGUEIRO LOUCO de Cleveland

Desconhecido TCC: Clubista de Toledo
Sexo: M
Raça: B
Tipo: T
Motivo: Sex./Sad.
Data: 1925-26
Jurisdição: Toledo/Ohio
Vítimas: Cinco ou seis
MO: Mulheres atingidas com clava e estupradas
SITUAÇÃO: Não resolvido

Desconhecido
Sexo: Desc.
Raça: Desc.
Tipo: F
Motivo: Desc.
Data: 1928-29
Jurisdição: South Croydon/Inglaterra
Vítimas: Três
MO: Membros de uma família envenenados durante um período
SITUAÇÃO: Não resolvido

Desconhecido TCC: 3X
Sexo: M
Raça: B
Tipo: T
Motivo: Desc.
Data: 1930
Jurisdição: Queens/N.Y.
Vítimas: Duas
MO: Homens atingidos por tiros em ataques a rua de amantes; uma mulher estuprada; cartas à imprensa aludem à intriga política internacional
SITUAÇÃO: Não resolvido

Desconhecido
Sexo: Desc.
Raça: Desc.
Tipo: T
Motivo: Desc.
Data: 1930
Jurisdição: Cidade do México
Vítimas: Cinco
MO: Vítimas do sexo masculino aparentemente enforcadas, então enterradas na estrada Pachuca
SITUAÇÃO: Não resolvido

Desconhecido TCC: Caçador Louco
Sexo: Desc.
Raça: Desc.
Tipo: T
Motivo: Desc.
Data: 1930-31

Jurisdição: Arkansas.
Vítimas: 15
MO: Homens praticantes de esportes mortos ao acaso
SITUAÇÃO: Não resolvido

Desconhecido
Sexo: M
Raça: Desc.
Tipo: T
Motivo: Sex./Sad.
Data: 1931-36
Jurisdição: San Diego/Califórnia.
Vítimas: Sete
MO: Estupro/tortura, assassinato de mulheres com idades entre 10 e 22 anos
SITUAÇÃO: Não resolvido

Desconhecido
Sexo: Desc.
Raça: Desc.
Tipo: T
Motivo: Desc.
Data: 1935
Jurisdição: Berlim/Alemanha
Vítimas: "Diversas"
MO: Cabos de aço estirados em rodovias, causando acidentes fatais.
SITUAÇÃO: Não resolvido

Desconhecido
Sexo: Desc.
Raça: Desc.
Tipo: T
Motivo: Desc.
Data: 1942
Jurisdição: Cidade de Hamamatsu/Japão
Vítimas: Nove
MO: Surdos-mudos mortos entre out. e dez.
SITUAÇÃO: Não resolvido

Desconhecido (Hospital da Cidade)
Sexo: Desc.
Raça: Desc.
Tipo: F
Motivo: Desc.
Data: 1944-47
Jurisdição: Macon/França
Vítimas: 17
MO: Pacientes do sexo feminino mortas com injeções letais
SITUAÇÃO: Não resolvido

Desconhecido
Sexo: Desc.
Raça: Desc.
Tipo: N
Motivo: Desc.
Data: 1948
Jurisdição: Suécia
Vítimas: Quatro
MO: Passageiros de fim-de-semana empurrados de trem em movimento
SITUAÇÃO: Não resolvido

Desconhecido
Sexo: F
Raça: B
Tipo: T
Motivo: Desc.
Data: 1949-52
Jurisdição: Somersworth/N.H.
Vítimas: Quatro
MO: Recém-nascidos mumificados encontrados em mala em 1982
SITUAÇÃO: Falecimento suspeito de mulher não identificada

Desconhecido TCC: Mutilador de Atteridgeville
Sexo: Desc.
Raça: Desc.
Tipo: T
Motivo: Desc.
Data: 1956
Jurisdição: Atteridgeville/África do Sul
Vítimas: Seis
MO: Meninos pequenos castrados, línguas removidas
SITUAÇÃO: Não resolvido

Desconhecido
Sexo: Desc.
Raça: Desc.
Tipo: T
Motivo: Sex./Sad.

Data: 1956-57
Jurisdição: Chicago/Illinois
Vítimas: Três
MO: Assassino de meninas adolescentes; uma vítima desmembrada
SITUAÇÃO: Não resolvido

Desconhecido
Sexo: Desc.
Raça: Desc.
Tipo: T
Motivo: Desc.
Data: 1963-64
Jurisdição: Cali/Colômbia
Vítimas: Dez
MO: Meninos com idades entre 10 e 18 anos encontrados drenados do sangue
SITUAÇÃO: Não resolvido

Desconhecido
Sexo: Desc.
Raça: Desc.
Tipo: T
Motivo: EC?
Data: 1965-66
Jurisdição: Columbus/Ohio
Vítimas: Três
MO: Três homens atingidos por tiros, dois em roubos aparentes
SITUAÇÃO: Não resolvido

Desconhecido (Hospital Riverdell)
Sexo: Desc
Raça: Desc.
Tipo: T
Motivo: Desc.
Data: 1965-66
Jurisdição: Oradell/N.J.
Vítimas: Nove
MO: Pacientes mortos com injeções de curare
SITUAÇÃO: Não resolvido; Dr. Mario Jascalevich absolvido em 1978

Desconhecido
Sexo: M.
Raça: Desc.
Tipo: T

Motivo: Sex./Sad.
Data: 1965-66
Jurisdição: Distritos de Monmouth/Ocean, N.J.
Vítimas: Seis
MO: Assassinatos concupiscentes de vítimas com idades entre 5 e 44 anos, ambos os sexos
SITUAÇÃO: Não resolvido

Desconhecido
Sexo: Desc.
Raça: Desc.
Tipo: T
Motivo: Desc.
Data: 1967-69
Jurisdição: London/Ontário
Vítimas: Três a cinco
MO: Assassinatos de mulheres não nomeadas ligadas a relatórios oficiais
SITUAÇÃO: Não resolvido

Desconhecido TCC: Movimento Quatro P ou Quatro Pi
Sexo: M/F
Raça: B
Tipo: N
Motivo: Culto
Data: 1967-?
Jurisdição: Em todo os Estados Unidos
Vítimas: "Numerosas"
MO: Praticantes de culto satânico de sacrifício humano; supostamente negociando com narcóticos e filmes de "morte"; aceitam contratos de homicídio
SITUAÇÃO: Membro confesso STANLEY BAKER condenado por homicídio em Montana. em 1970; ligações com "FAMÍLIA" MASON; membro confesso DAVID BERKOWITZ condenado em seis homicídios em N.Y. em 1978; membro alegado WILLIAM MENTZER condenado em um homicídio na Califórnia. em 1991; outros seguidores ainda à solta

Desconhecido TCC: John da Bíblia
Sexo: M
Raça: B

Tipo: T
Motivo: Sex./Sad.
Data: 1968-69
Jurisdição: Glasgow/Escócia
Vítimas: Três
MO: Mulheres encontradas em salões de dança e estranguladas
SITUAÇÃO: Não resolvido

Desconhecido
Sexo: M
Raça: Desc.
Tipo: N
Motivo: Sex.
Data: 1969
Jurisdição: Connecticut/N.Y.
Vítimas: Três
MO: Meninas jovens atingidas com clava; pelo menos uma estuprada
SITUAÇÃO: Não resolvido

Desconhecido
Sexo: Desc.
Raça: Desc.
Tipo: N
Motivo: CP
Data: 1969-73
Jurisdição: Califórnia
Vítimas: 15
MO: Vítimas mortas em/próximo a datas de significado astrológico
SITUAÇÃO: Não resolvido

Desconhecido TCC: Anjos da Morte
Sexo: M
Raça: N
Tipo: N
Motivo: Culto/CP- extremista
Data: 1969-??
Jurisdição: Califórnia (e mais além?)
Vítimas: 64 + em 1974
MO: Culto negro racista, matou brancos ao acaso para ganhar "asas"
SITUAÇÃO: Quatros condenados em perspectiva dos homicídios de "ZEBRA"

Desconhecido TCC: Assassino da Parada de Caminhão
Sexo: M
Raça: Desc.
Tipo: N
Motivo: Sex./Sad.
Data: 1969-92
Jurisdição: Leste dos Estados Unidos
Vítimas: 27+
MO: Caçador de prostitutas de parada de caminhão e motoristas do sexo feminino desamparadas
SITUAÇÃO: Não resolvido; provavelmente envolve diversos assassinos

Desconhecido (Centro Médico de Veteranos em Salem)
Sexo: Desc.
Raça: Desc.
Tipo: F
Motivo: Desc.
Data: Década de 1970
Jurisdição: Roanoke/Virgínia
Vítimas: Três relatadas
MO: Restos mortais de pacientes desaparecidos encontrados nos campos do hospital em 1992
SITUAÇÃO: Resultados de investigação não relatados

Desconhecido TCC: Martelo de Prata de Maxwell
Sexo: Desc.
Raça: Desc
Tipo: T
Motivo: Culto
Data: 1970-??
Jurisdição: Santa Bárbara/Califórnia
Vítimas: Cinco
MO: Campistas apunhalados/atingidos mortalmente na praia por atacantes paramentados
SITUAÇÃO: Não resolvido; nome do culto revelado pela FAMÍLIA MANSON

Desconhecido
Sexo: M
Raça: B
Tipo: T
Motivo: Desc.
Data: 1971
Jurisdição: Washington/D.C.

Vítimas: Dez
MO: Homens gays apunhalados/cortados em suas casas
SITUAÇÃO: Não resolvido; foto de suspeito não identificado

Desconhecido
Sexo: M
Raça: N
Tipo: T
Motivo: CG/EC
Data: 1971-72
Jurisdição: Chicago/Illinois
Vítimas: Seis
MO: Homens negros roubados/ atingidos por tiros, aparentemente por diversos infratores
SITUAÇÃO: Não resolvido

Desconhecido
Sexo: Desc.
Raça: Desc.
Tipo: T
Motivo: Desc.
Data: 1971-76
Jurisdição: Costa do golfo do Texas
Vítimas: 21
MO: Mulheres com idades entre 12 e 21 anos mortas em três condados por diversos meios
SITUAÇÃO: Não resolvido

Desconhecido TCC: Assassinatos por ordem Alfabética
Sexo: Desc.
Raça: Desc.
Tipo: T
Motivo: Desc.
Data: 1971-73
Jurisdição: Rochester/N.Y.
Vítimas: Três
MO: Meninas católicas jovens assassinadas tendo as iniciais combinando
SITUAÇÃO: Não resolvido; suspeito KENNETH BIANCHI, não acusado

Desconhecido
Sexo: Desc.
Raça: Desc.
Tipo: N

Motivo: Desc.
Data: 1972-75
Jurisdição: Norte da Califórnia
Vítimas: 14
MO: Assassino de mulheres com idades entre 12 e 22 anos, principalmente estranguladas/asfixiadas
SITUAÇÃO: Não resolvido

Desconhecido
Sexo: M
Raça: Desc.
Tipo: T
Motivo: Sex.
Data: 1973
Jurisdição: Distrito de Prince Georges/ Maryland
Vítimas: Cinco
MO: Mulheres negras de Washington, D.C., sodomizadas e assassinadas
SITUAÇÃO: Não resolvido

Desconhecido
Sexo: Desc.
Raça: Desc.
Tipo: T
Motivo: Desc.
Data: 1973
Jurisdição: Michigan
Vítimas: "Pelo menos 20"
MO: Prostitutas assassinadas; detalhes ocultados pela polícia
DISPOSIÇÃO: Não resolvido

Desconhecido
Sexo: Desc.
Raça: Desc.
Tipo: T
Motivo: EC
Data: 1973
Jurisdição: Distritos de Mobile/Baldwin, Alabama.
Vítimas: Três
MO: Assassinatos com espingarda em atendentes de posto de gasolina em assalto à mão armada
SITUAÇÃO: Suspeito Michael Pardue, condenado com base em confissão sob coação

em 1973; acusações de assassinato subsequentemente abandonadas, embora Pardue continue a cumprir pena de prisão perpétua por fuga em 1987. Assassinatos não resolvidos

Desconhecido
Sexo: Desc.
Raça: Desc.
Tipo: T
Motivo: Desc.
Data: 1973
Jurisdição: Cidade de Nova York
Vítimas: Sete
MO: "Estripador" de gays
SITUAÇÃO: Não resolvido

Desconhecido
Sexo: Desc.
Raça: Desc.
Tipo: T
Motivo: Desc.
Data: 1973-74
Jurisdição: Gallup/Novo México
Vítimas: Três
MO: Homens navajos espancados/cortados mortalmente em ataques separados
SITUAÇÃO: Não resolvido

Desconhecido
Sexo: Desc.
Raça: Desc.
Tipo: T
Motivo: Desc.
Data: 1973-77
Jurisdição: Zephyrhills/Flórida
Vítimas: Oito
MO: Prostitutas e *strippers* mortas; detalhes retidos pela polícia
SITUAÇÃO: Não resolvido

Desconhecido TCC: Assassinatos de autoestrada
Sexo: M
Raça: Desc.
Tipo: N
Motivo: Sex./Sad.
Data: 1973-81
Jurisdição: Oeste do Canadá

Vítimas: 28 suspeitas
MO: Mulheres (e um travesti) mortos ao longo da Rodovia Trans-Canadá
SITUAÇÃO: Não resolvido

Desconhecido
Sexo: Desc.
Raça: Desc.
Tipo: T
Motivo: Desc.
Data: 1974
Jurisdição: Rawlins/Wyoming
Vítimas: Quatro
MO: Meninas com idades entre dez e 19 anos desapareceram de rodeio local; uma encontrada atingida por clava
SITUAÇÃO: Não resolvido

Desconhecido
Sexo: Desc.
Raça: Desc.
Tipo: T
Motivo: EC
Data: 1974
Jurisdição: St. Louis/Missouri.
Vítimas: Quatro
MO: Vítimas raptadas/atingidas por tiros após roubo em lojas
SITUAÇÃO: Não resolvido

Desconhecido TCC: O Doodler
Sexo: M
Raça: B
Tipo: T
Motivo: Sex./Sad.
Data: 1974-75
Jurisdição: São Francisco/Califórnia
Vítimas: 14
MO: "Estripador" de homens gays
SITUAÇÃO: Supostamente identificado, mas nunca acusado

Desconhecido TCC: Estrangulador BTK
Sexo: M
Raça: B
Tipo: T
Motivo: Sex./Sad.
Data: 1974-77

Jurisdição: Wichita, Kansas.
Vítimas: Sete
MO: Invasor de residência; escarneceu da imprensa e polícia com cartas
SITUAÇÃO: Não resolvido

Desconhecido
Sexo: Desc.
Raça: Desc.
Tipo: F
Motivo: CP-misericórdia?
Data: 1975
Jurisdição: Ann Arbor/Michigan
Vítimas: 11
MO: Pacientes mortos em hospital Virgínia.
SITUAÇÃO: Não resolvido (dois enfermeiros condenados, liberados na apelação)

Desconhecido
Sexo: Desc.
Raça: Desc.
Tipo: T
Motivo: Sex.
Data: 1975
Jurisdição: Sul da Flórida
Vítimas: Cinco
MO: Mulheres raptadas após assassino enguiçar seus carros em estacionamentos de Shopping center
SITUAÇÃO: Não resolvido

Desconhecido TCC: Cortador de San Mateo
Sexo: M
Raça: Desc.
Tipo: T
Motivo: Sex./Sad.
Data: 1976
Jurisdição: Distrito de San Mateo/Califórnia
Vítimas: Cinco
MO: "Estripador" de mulheres louras jovens
SITUAÇÃO: Não resolvido; suspeito preso por estupro, condicional em 1981

Desconhecido TCC: Babá
Sexo: M
Raça: B
Tipo: T
Motivo: Sex.

Data: 1976-77
Jurisdição: Distrito de Oakland, Michigan.;
Vítimas: Quatro a sete
MO: Matou crianças de ambos os sexos; molestou vítimas do sexo masculino
SITUAÇÃO: Não resolvido

Desconhecido
Sexo: M
Raça: B
Tipo: T
Motivo: Sex.
Data: 1976-77
Jurisdição: Distrito de Washington/Pennsylvania.
Vítimas: Cinco
MO: Mulheres jovens estranguladas/espancadas após estupro
SITUAÇÃO: Não resolvido

Desconhecido
Sexo: Desc.
Raça: Desc.
Tipo: T
Motivo: Desc.
Data: 1976-78
Jurisdição: New Have/Connecticut
Vítimas: Quatro +
MO: Alvo eram mulheres negras, incluindo pelo menos três prostitutas
SITUAÇÃO: Não resolvido

Desconhecido TCC: Assassino da I-35
Sexo: M
Raça: Desc
Tipo: N
Motivo: Sex./Sad.
Data: 1976-81
Jurisdição: Texas
Vítimas: 22
MO: Vítimas de ambos os sexos mortas ao longo da Rodovia Interestadual 35
SITUAÇÃO: Não resolvido; diversos casos responsabilizados a HENRY LUCAS

Desconhecido TCC: Ironman
Sexo: Desc.
Raça: Desc.
Tipo: T

Motivo: Desc.
Data: Fim da década de 1970
Jurisdição: Atteridgeville, África do Sul
Vítimas: Sete
MO: Andarilhos noturnos atingidos com barra de ferro
SITUAÇÃO: Não resolvido

Desconhecido
Sexo: Desc.
Raça: Desc.
Tipo: T
Motivo: Desc.
Data: 1976-95
Jurisdição: Cidade de Oklahoma
Vítimas: Quatro a cinco
MO: Mulheres desmembradas
SITUAÇÃO: Não resolvido

Desconhecido
Sexo: M
Raça: N
Tipo: T
Motivo: Desc.
Data: 1977
Jurisdição: Atlanta/Geórgia.
Vítimas: Três
MO: Casais atingidos por tiros em ataques a beco de amantes
SITUAÇÃO: Não resolvido

Desconhecido
Sexo: Desc.
Raça: Desc.
Tipo: T
Motivo: Desc.
Data: 1977-93
Jurisdição: Área de Dallas/Texas
Vítimas: Oito
MO: Sete meninas com idades entre doi e 14 anos e um menino de oito anos assassinados
SITUAÇÃO: Não resolvido

Desconhecido
Sexo: Desc.
Raça: Desc.
Tipo: N
Motivo: Sex.?

Data: 1978-84
Jurisdição: Inglaterra
Vítimas: Sete a 13
MO: Crianças de ambos os sexos assassinadas; "pelo menos sete" casos ligados
SITUAÇÃO: Não resolvido

Desconhecido
Sexo: Desc.
Raça: Desc.
Tipo: T
Motivo: Desc.
Data: 1979
Jurisdição: Houston/Texas
Vítimas: Quatro
MO: Três mulheres decapitadas; namorado de uma vítima atingido por tiro
SITUAÇÃO: Não resolvido

Desconhecido (Hospital o Bom Samaritano)
Sexo: Desc.
Raça: Desc.
Tipo: F
Motivo: Desc.
Data: 1979-80
Jurisdição: Downer's Grove/Illinois.
Vítimas: Duas
MO: Mulheres idosas assassinadas com injeção de insulina
SITUAÇÃO: Enfermeira suspensa sem acusação, não resolvido

Desconhecido
Sexo: Desc.
Raça: Desc.
Tipo: N
Motivo: Desc.
Data: 1979-82
Jurisdição: Ohio
Vítimas: Oito
MO: Quatro casais jovens mortos ao saírem em encontros
SITUAÇÃO: Não resolvido

Desconhecido
Sexo: Desc.
Raça: Desc.
Tipo: T
Motivo: Desc.

Data: 1979-94
Jurisdição: Newcastle, Austrália
Vítimas: 12
MO: Caronistas jovens de ambos os sexos mortos ao acaso
SITUAÇÃO: Não resolvido; IVAN MILAT suspeito, mas não acusado

Desconhecido
Sexo: Desc.
Raça: Desc.
Tipo: T
Motivo: CG - Culto.
Data: Década de 1980
Jurisdição: Yunguyo, Peru
Vítimas: "Numerosas"
MO: Sacrifícios humanos sazonais; vítimas pintadas/mutiladas
SITUAÇÃO: Não resolvido

Desconhecido
Sexo: Desc.
Raça: Desc.
Tipo: T
Motivo: Sex./Sad.
Data: 1980
Jurisdição: Detroit/Michigan
Vítimas: 18
MO: Assassinatos na rua de mulheres negras, incluindo algumas prostitutas
SITUAÇÃO: Confissões conflitantes de dois suspeitos deixaram pelo menos 13 casos não resolvidos

Desconhecido
Sexo: Desc.
Raça: Desc.
Tipo: T
Motivo: EC- crime qualificado
Data: 1980
Jurisdição: Distrito de Dorchester/S.C.
Vítimas: Três
MO: Empregados de posto de gasolina raptados/atingidos por tiros após assalto à mão armada
SITUAÇÃO: Não resolvido

Desconhecido
Sexo: 3M
Raça: H
Tipo: T
Motivo: EC/Sad.
Data: 1980
Jurisdição: Los Angeles/Califórnia.
Vítimas: Três relatados
MO: Vítimas apunhaladas após entregarem dinheiro em assalto à mão armada
SITUAÇÃO: Não resolvido

Desconhecido
Sexo: Desc.
Raça: Desc.
Tipo: T
Motivo: Desc.
Data: 1980
Jurisdição: Búfalo/N.Y.
Vítimas: Duas
MO: Taxistas negros encontrados com corações estirpados
SITUAÇÃO: Não resolvido; JOSEPH CHRISTOPHER suspeito

Desconhecido
Sexo: Desc.
Raça: Desc.
Tipo: T
Motivo: Desc.
Data: 1980-81
Jurisdição: Jesup/Geórgia
Vítimas: Quatro
MO: Mortes não explicadas de meios-irmãos com o mesmo pai
SITUAÇÃO: Não resolvido

Desconhecido
Sexo: Desc.
Raça: Desc.
Tipo: T
Motivo: Sex./Sad.
Data: 1980-82
Jurisdição: Atlanta/Geórgia
Vítimas: Sete +
MO: Mulheres negras apunhaladas repetidamente após ato sexual
SITUAÇÃO: Não resolvido

Desconhecido
Sexo: Desc.
Raça: Desc.
Tipo: T
Motivo: Desc.
Data: 1981
Jurisdição: Ft. Lauderdale/Flórida
Vítimas: Três
MO: Assassinato de mulheres negras com idades entre 13 e 30 anos. Pelo menos uma atingida por clava.
SITUAÇÃO: Não resolvido

Desconhecido
Sexo: M
Raça: B
Tipo: T
Motivo: Desc.
Data: 1981
Jurisdição: Cidade de Oklahoma/Ok.
Vítimas: Quatro
MO: Meninas com idades entre 13 e 16 anos desapareceram da Feira Estadual de Oklahoma
SITUAÇÃO: Não resolvido

Desconhecido
Sexo: Desc.
Raça: Desc.
Tipo: T
Motivo: Desc.
Data: 1981-82
Jurisdição: Richland/Geórgia
Vítimas: Três
MO: Meninas adolescentes raptadas/mortas por invasor de residências noturno
SITUAÇÃO: Não resolvido

Desconhecido
Sexo: Desc.
Raça: Desc.
Tipo: T
Motivo: Desc.
Data: 1981-83
Jurisdição: Salem/Oregon
Vítimas: Seis
MO: Assassinatos ao acaso de mulheres com idades entre nove e 32 anos; pelo menos três atingidas com tiros
SITUAÇÃO: Não resolvido

Desconhecido
Sexo: Desc.
Raça: Desc.
Tipo: N
Motivo: Desc.
Data: 1981-86
Jurisdição: Utah/Pennsylvania/Connecticut
Vítimas: Três
MO: Homens jovens atingidos por tiros; genitais cortados e desaparecidos
SITUAÇÃO: Não resolvido

Desconhecido
Sexo: Desc.
Raça: Desc.
Tipo: T
Motivo: Desc.
Data: 1982
Jurisdição: Hollywood/Califórnia
Vítimas: Duas
MO: Meninos adolescentes estrangulados, jogados na Rodovia de Hollywood
SITUAÇÃO: Não resolvido

Desconhecido
Sexo: M
Raça: Desc.
Tipo: T
Motivo: Sex.
Data:1982
Jurisdição: Toronto/Canadá
Vítimas: Quatro
MO: Estupro-assassinato de mulheres com idades entre 19 e 38 anos
SITUAÇÃO: Não resolvido

Desconhecido
Sexo: M
Raça: Desc
Tipo: T
Motivo: Sex.
Data: 1982
Jurisdição: Cidade de Nova York
Vítimas: Cinco
MO: Mulheres estranguladas com idades

entre 21 e 41 anos; pelo menos uma estuprada
SITUAÇÃO: Não resolvido

Desconhecido
Sexo: M
Raça: Não revelada
Tipo: T
Motivo: Desc.
Data: 1982
Jurisdição: Los Angeles, Califórnia.
Vítimas: Duas assassinadas
MO: Tiroteio nas ruas ao acaso
SITUAÇÃO: Não resolvido

Desconhecido
Sexo: M
Raça: Desc.
Tipo: T
Motivo: Desc.
Data: 1982-83
Jurisdição: Battle Creek/Michigan
Vítimas: Três
MO: Mulheres jovens assassinadas; polícia suspeita de satanistas
SITUAÇÃO: Não resolvido

Desconhecido TCC: Caçador de Prostitutas
Sexo: Desc.
Raça: Desc.
Tipo: T
Motivo: Sex./Sad.
Data: 1982-83
Jurisdição: Lisboa/Portugal
Vítimas: Duas
MO: Tortura-assassinato de prostitutas jovens
SITUAÇÃO: Não resolvido

Desconhecido TCC: Assassinos Loucos de Brabant
Sexo: M
Raça: Desc.
Tipo: T
Motivo: EC- crime qualificado
Data: 1982-85
Jurisdição: Brabant/Bélgica
Vítimas: 28

MO: Gangue de assalto à mão armada; vítimas mortas em roubos a supermercado
SITUAÇÃO: Não resolvido

Desconhecido
Sexo: Desc.
Raça: Desc.
Tipo: N
Motivo: Desc.
Data: 1982-89
Jurisdição: N.Mex./Mnt./Oklahoma/Alabama
Vítimas: Quatro
MO: Padres católicos romanos raptados e assassinados
SITUAÇÃO: Não resolvido

Desconhecido
Sexo: Desc.
Raça: Desc.
Tipo: T
Motivo: Desc.
Data: 1982-92
Jurisdição: Ontário/Canadá
Vítimas: Seis
MO: Mulheres assassinadas, jogadas em vias rurais de amantes
SITUAÇÃO: Não resolvido

Desconhecido
Sexo: Desc.
Raça: Desc.
Tipo: T
Motivo: Sex.?
Data: 1983-84
Jurisdição: Distrito de Alameda/Califórnia
Vítimas: Quatro
MO: Meninas adolescentes assassinadas
SITUAÇÃO: Não resolvido

Desconhecido TCC: Assassino de Calibre 25; Franco-Atirador da Estação Penn
Sexo: Desc.
Raça: Desc.
Tipo: T
Motivo: Desc.
Data: 1983-84
Jurisdição: Cidade de Nova York
Vítimas: Sete
MO: Atirou em adultos do sexo masculino

com a mesma arma, nas proximidades da Estação de Trem Pensilvânia em ataques aparentemente ao acaso
SITUAÇÃO: Não resolvido

Desconhecido
Sexo: Desc.
Raça: Desc.
Tipo: T
Motivo: Desc.
Data: 1983-84
Jurisdição: Portland/Oregon
Vítimas: Quatro
MO: Caçador de prostitutas negras
SITUAÇÃO: Não resolvido

Desconhecido
Sexo: M
Raça: B
Tipo: T
Motivo: Sex.?
Data: 1983-91
Jurisdição: Área de São Francisco
Vítimas: Cinco
MO: Meninas com idades entre quatro e 13 anos raptadas e assassinadas
SITUAÇÃO: Não resolvido (suspeito designado, mas não acusado)

Desconhecido
Sexo: Desc.
Raça: Desc
Tipo: T
Motivo: Desc.
Data: 1984-85
Jurisdição: Ft. Worth/Texas
Vítimas: Cinco
MO: Mulheres com idades entre 15 e 23 anos raptadas/assassinadas; pelo menos uma atingida por tiros
SITUAÇÃO: Não resolvido

Desconhecido (Hospital Prince Georges)
Sexo: Desc.
Raça: Desc.
Tipo: F
Motivo: Desc.
Data: 1984-85
Jurisdição: Distrito de Prince Georges, Maryland.
Vítimas: 22 a 50+
MO: Pacientes assassinados com injeção de potássio
SITUAÇÃO: Não resolvido; enfermeira Jane Bolding confessou um assassinato, então retratou-se; acusações dispensadas

Desconhecido
Sexo: Desc.
Raça: Desc.
Tipo: T
Motivo: Desc.
Data: 1984-85
Jurisdição: El Paso, Texas
Vítimas: Três
MO: Taxistas assassinados (um) ou desaparecidos (dois)
SITUAÇÃO: Não resolvido

Desconhecido
Sexo: M
Raça: Desc.
Tipo: T
Motivo: Sex.
Data: 1984-85
Jurisdição: Montreal/Canadá
Vítimas: Quatro
MO: Meninos com idades entre quatro e 12 anos molestados, então apunhalados, espancados ou afogados
SITUAÇÃO: Não resolvido

Desconhecido (Hospital de Convalescência Gilmore Lane)
Sexo: Desc.
Raça: Desc.
Tipo: F
Motivo: Desc.
Data: 1984-85
Jurisdição: Oroville, Califórnia.
Vítimas: 49 suspeitas
MO: Mortes "suspeitas" de pacientes idosos
SITUAÇÃO: Resultados da investigação não publicados, nenhuma acusação

Desconhecido
Sexo: M

Raça: Desc.
Tipo: N
Motivo: Sex.
Data: 1984-92
Jurisdição: Arkansas/Pennsylvania/Tenessee/Mississipi/Kentuky
Vítimas: Seis a 12
MO: Mulheres de cabelo vermelho estranguladas/sufocadas, jogadas ao longo de rodovias
SITUAÇÃO: Não resolvido

Desconhecido
Sexo: Desc.
Raça: Desc.
Tipo: T
Motivo: Desc.
Data: 1984-97
Jurisdição: Spokane, Washington.
Vítimas: Quatro a 18
MO: Mulheres assassinadas por diversos meios; incluindo quatro prostitutas atingidas por tiros
SITUAÇÃO: Não resolvido

Desconhecido TCC: Assassinatos Bergie
Sexo: Desc.
Raça: Desc.
Tipo: T
Motivo: Desc.
Data: Meados da década de 1980
Jurisdição: Cape Town/África do sul
Vítimas: Três +
MO: Nômades do sexo masculino atingidos por tiros em becos com a mesma pistola
SITUAÇÃO: Não resolvido

Desconhecido
Sexo: Desc.
Raça: Desc.
Tipo: T
Motivo: Desc.
Data: 1985
Jurisdição: Cidade de Nova York
Vítimas: Duas
MO: Mulheres idosas assassinadas com um machado em quartos de hotel
SITUAÇÃO: Não resolvido

Desconhecido
Sexo: Desc.
Raça: Desc.
Tipo: T
Motivo: Desc.
Data: 1985-86
Jurisdição: Queens, N.Y.
Vítimas: Três
MO: Homens hispânicos gays roubados/espancados/estrangulados em suas casas
SITUAÇÃO: Não resolvido

Desconhecido
Sexo: M
Raça: Desc.
Tipo: T
Motivo: Sex.
Data: 1985-86
Jurisdição: Honolulu/Havaí
Vítimas: Cinco
MO: Estrupro-assassinato de mulheres
SITUAÇÃO: Não resolvido

Desconhecido
Sexo: Desc.
Raça: Desc.
Tipo: T
Motivo: Desc.
Data: 1985-87
Jurisdição: British Columbia/Alberta/Canadá
Vítimas: Cinco
MO: Assassinados de prostitutas e *strippers*
SITUAÇÃO: Não resolvido

Desconhecido
Sexo: M
Raça: Desc
Tipo: T
Motivo: Desc.
Data: 1985-88
Jurisdição: San Diego/Califórnia
Vítimas: Dez +
MO: Assassinato de mulheres com idades entre 19 e 36 anos, a maioria estrangulada
SITUAÇÃO: Não resolvido; ligação especulativa a "ASSASSINO DE GREEN RIVER"

Desconhecido
Sexo: Desc.
Raça: Desc.
Tipo: T
Motivo: Sex.?
Data: 1985-90
Jurisdição: Inskter/Michigan.
Vítimas: Seis
MO: Prostitutas negras assassinadas
SITUAÇÃO: Não resolvido

Desconhecido TCC: Assassino do Vale Snohomish
Sexo: Desc.
Raça: Desc.
Tipo: T
Motivo: Desc.
Data: 1985-93
Jurisdição: Distrito de Snohomish, Washington.
Vítimas: 41 suspeitas
MO: Mulheres jovens mortas e desaparecidas, incluindo muitas prostitutas
SITUAÇÃO: Não resolvido; possível ligação ao caso de "GREEN RIVER"

Desconhecido
Sexo: M
Raça: Desc.
Tipo: T
Motivo: Desc.
Data: 1985-96
Jurisdição: Atlanta/Geórgia
Vítimas: Dez
MO: Prostitutas do sexo feminino assassinadas
SITUAÇÃO: Não resolvido

Desconhecido TCC: Psicopata do Deserto Negev
Sexo: M
Raça: Desc.
Tipo: T
Motivo: Desc.
Data: 1985-97
Jurisdição: Deserto de Negev/Israel
Vítimas: Nove +
MO: Transeuntes atingidos aparentemente ao acaso
SITUAÇÃO: Não resolvido

Desconhecido
Sexo: M
Raça: Desc.
Tipo: T
Motivo: Sex.
Data: 1986
Jurisdição: Wilshire/Portsmouth/Inglaterra
Vítimas: Três
MO: Estrangulador de mulheres com idades entre 17 e 36 anos; pelo menos uma estuprada
SITUAÇÃO: Não resolvido

Desconhecido
Sexo: M
Raça: Desc.
Tipo: T
Motivo: Sex.
Data: 1986
Jurisdição: Wiltshire/Inglaterra
Vítimas: Três
MO: Estupro-assassinato de mulheres com idades entre 24 e 45 anos
SITUAÇÃO: Não resolvido

Desconhecido
Sexo: M
Raça: Desc.
Tipo: T
Motivo: Sex.
Data: 1986-87
Jurisdição: Suitland/Maryland
Vítimas: Cinco
MO: Estuprou/apunhalou mulheres negras
SITUAÇÃO: Não resolvido

Desconhecido TCC: Assassino da Avenida Colonial
Sexo: Desc.
Raça: Desc.
Tipo: T
Motivo: Desc.
Data: 1986-88
Jurisdição: Virginia

Vítimas: Oito
MO: Casais abduzidos/mortos nas vias de amantes
SITUAÇÃO: Não resolvido

Desconhecido TCC: Assassino das Cidades Gêmeas
Sexo: M
Raça: Desc.
Tipo: T
Motivo: Sex./Sad.
Data: 1986-94
Jurisdição: Minneapolis/St. Paul, Minnesota
Vítimas: 34
MO: Assassinatos de mulheres, principalmente prostitutas; algumas mutiladas
SITUAÇÃO: Não resolvido

Desconhecido
Sexo: M
Raça: Desc.
Tipo: N
Motivo: Sex.
Data: 1987
Jurisdição: Londres/Colchester/Inglaterra
Vítimas: Duas
MO: Estupro-assassinato de mulheres com idades entre 20 e 25 anos
SITUAÇÃO: Não resolvido

Desconhecido
Sexo: Desc.
Raça: Desc.
Tipo: T
Motivo: Desc.
Data: 1987-88
Jurisdição: Bell/Califórnia
Vítimas: Cinco
MO: Tiros ao acaso em homens sem teto com idades entre 52 e 66 anos
SITUAÇÃO: Não resolvido

Desconhecido
Sexo: Desc.
Raça: Desc.
Tipo: T
Motivo: Desc.
Data: 1987-88

Jurisdição: New Orleans/Lousiania
Vítimas: Cinco
MO: Mulheres em seus 20 anos estranguladas ou asfixiadas
SITUAÇÃO: Não resolvido

Desconhecido
Sexo: Desc.
Raça: Desc.
Tipo: T
Motivo: Culto
Data: 1987-89
Jurisdição: México
Vítimas: 70+
MO: Assassinatos para sacrifícios na cidade do México e Veracruz
SITUAÇÃO: Não resolvido

Desconhecido
Sexo: M
Raça: Desc.
Tipo: T
Motivo: Sex.
Data: 1987-91
Jurisdição: Hartford/Connecticut
Vítimas: 11
MO: Assassino concupiscente de mulheres
SITUAÇÃO: Não resolvido

Desconhecido
Sexo: Desc.
Raça: Desc.
Tipo: T
Motivo: Desc.
Data: 1987-92
Jurisdição: Atlanta/Geórgia
Vítimas: Seis
MO: Assassinato de *drag queens*
SITUAÇÃO: Não resolvido

Desconhecido
Sexo: Desc.
Raça: Desc.
Tipo: T
Motivo: Desc.
Data: 1987-96
Jurisdição: Londres, Inglaterra
Vítimas: Nove

MO: Prostitutas espancadas/estranguladas
SITUAÇÃO: Não resolvido

Desconhecido
Sexo: Desc.
Raça: Desc.
Tipo: T
Motivo: Desc.
Data: 1988
Jurisdição: San Diego/Califórnia
Vítimas: Três
MO: *Gays* assassinados por tiros múltiplos na cabeça
SITUAÇÃO: Não resolvido

Desconhecido
Sexo: M
Raça: Desc.
Tipo: T
Motivo: Desc.
Data: 1988
Jurisdição: Washington/D.C.
Vítimas: Três
MO: Mulheres espancadas/estranguladas em intervalos de três semanas
SITUAÇÃO: Não resolvido

Desconhecido TCC: Assassino da Rodovia
Sexo: M
Raça: Desc.
Tipo: T
Motivo: Sex./Sad.
Data: 1988
Jurisdição: New Bedford, Massachusetts.
Vítimas: Nove a 11
MO: Assassino concupiscente de mulheres, principalmente prostitutas e viciadas em drogas
SITUAÇÃO: Não resolvido

Desconhecido
Sexo: M
Raça: Desc.
Tipo: T
Motivo: Desc.
Data: 1988-89
Jurisdição: Newcastle/Austrália
Vítimas: Duas
MO: Prostitutas estranguladas
SITUAÇÃO: Não resolvido

Desconhecido
Sexo: M
Raça: Desc.
Tipo: T
Motivo: Sex.
Data: 1988-90
Jurisdição: Ft. Wayne/Indiana.
Vítimas: Duas
MO: Estupros-assassinatos "idênticos" de meninas com idades de sete e oito anos
SITUAÇÃO: Não resolvido

Desconhecido
Sexo: Desc.
Raça: Desc.
Tipo: T
Motivo: Sex.?
Data: 1988-92
Jurisdição: Distrito de Union/N.J.
Vítimas: Quatro
MO: Prostitutas negras assassinadas
SITUAÇÃO: Não resolvido

Desconhecido
Sexo: Desc.
Raça: Desc.
Tipo: N
Motivo: Sex.?
Data: 1988-92
Jurisdição: Flórida/Illinois/Kentuky/Minnesota./Ohio
Vítimas: Nove +
MO: Mulheres desmembradas em pelo menos cinco Estados
SITUAÇÃO: Não resolvido

Desconhecido TCC: Estrangulador de Milão
Sexo: M
Raça: Desc.
Tipo: T
Motivo: Sex.
Data: 1988-92
Jurisdição: Milão, Itália
Vítimas: Quatro +
MO: Prostitutas apunhaladas/estranguladas
SITUAÇÃO: Não resolvido

Desconhecido
Sexo: Desc.
Raça: Desc.
Tipo: T
Motivo: Desc.
Data: 1988-93
Jurisdição: Montreal/Canadá
Vítimas: 11
MO: "Estripador" de homens gays assassinados em suas casas
SITUAÇÃO: Não resolvido

Desconhecido
Sexo: Desc.
Raça: Desc.
Tipo: T
Motivo: Desc.
Data: 1988-95
Jurisdição: Sudeste de Virgínia.
Vítimas: Dez
MO: "Estripador" de homens gays
SITUAÇÃO: Não resolvido

Desconhecido
Sexo: M
Raça: N
Tipo: T
Motivo: EC
Data: 1989
Jurisdição: Brooklyn/N.Y.
Vítimas: Duas
MO: Mulheres idosas assassinadas em roubos à luz do dia
SITUAÇÃO: Não resolvido

Desconhecido
Sexo: Desc.
Raça: Desc.
Tipo: T
Motivo: Desc.
Data: 1989
Jurisdição: Washington/D.C.
Vítimas: Duas
MO: Prostitutas jovens atingidas por tiros
SITUAÇÃO: Não resolvido

Desconhecido
Sexo: Desc.
Raça: Desc.
Tipo: T
Motivo: Desc.
Data: 1989
Jurisdição: Princeton/N.J.
Vítimas: Duas
MO: Mulheres apunhaladas em ataques aparentemente ao acaso
SITUAÇÃO: Não resolvido

Desconhecido
Sexo: Desc.
Raça: Desc.
Tipo: T
Motivo: Desc.
Data: 1989
Jurisdição: Cidade de Nova York
Vítimas: Quatro
MO: Homens hispânicos atingidos por clava, deixados em sacos de lixo
SITUAÇÃO: Não resolvido

Desconhecido
Sexo: Desc.
Raça: Desc.
Tipo: T
Motivo: Culto?
Data: 1989
Jurisdição: Keys de Flórida
Vítimas: Duas
MO: Mulheres encontradas com os corações extirpados; aparente ritual assassino
SITUAÇÃO: Não resolvido

Desconhecido
Sexo: Desc.
Raça: Desc.
Tipo: T
Motivo: EC?
Data: 1989
Jurisdição: Indiana
Vítimas: Duas
MO: Funcionários do motel *Days Inn* atingidos por tiros da mesma pistola
SITUAÇÃO: Não resolvido

Desconhecido
Sexo: Desc.

Raça: Desc.
Tipo: T
Motivo: Sex.
Data: 1989-90
Jurisdição: Alabama/Fal.
Vítimas: Quatro
MO: Casais atingidos por tiros por invasor de residência com a mesma arma
SITUAÇÃO: Não resolvido

Desconhecido
Sexo: M
Raça: Desc.
Tipo: T
Motivo: Sex
Data: 1989-90
Jurisdição: Cidade de Kansas/Missouri.
Vítimas: Seis
MO: Assassino de prostitutas
SITUAÇÃO: Não resolvido

Desconhecido
Sexo: Desc.
Raça: Desc.
Tipo: T
Motivo: CP- extremista?
Data: 1989-90
Jurisdição: Lawrence/Kansas
Vítimas: Quatro
MO: Vítimas americanas nativas; detalhes adicionais retidos
SITUAÇÃO: Não resolvido

Desconhecido
Sexo: M
Raça: Desc.
Tipo: T
Motivo: Sex.
Data: 1989-90
Jurisdição: Washington/D.C.
Vítimas: Cinco
MO: Assassino de prostitutas
SITUAÇÃO: Não resolvido

Desconhecido
Sexo: Desc.
Raça: Desc.
Tipo: T
Motivo: Desc.
Data: 1989-92
Jurisdição: Distrito de Monroe/N.Y.
Vítimas: Quatro
MO: Assassino de prostitutas e viciadas
SITUAÇÃO: Não resolvido

Desconhecido
Sexo: M
Raça: Desc.
Tipo: T
Motivo: Desc.
Data: 1989-92
Jurisdição: Rochester/N.Y.
Vítimas: 14 a 16
MO: Prostitutas assassinadas e desaparecidas
SITUAÇÃO: Não resolvido

Desconhecido
Sexo: Desc.
Raça: Desc.
Tipo: T
Motivo: Desc.
Data: 1990
Jurisdição: Cidade de Nova York
Vítimas: Quatro a sete
MO: Taxistas atingidos por tiros em aparente "assassinato por excitação"
SITUAÇÃO: Não resolvido

Desconhecido
Sexo: Desc.
Raça: Desc.
Tipo: T
Motivo: Desc.
Data: 1990
Jurisdição: Richmond/Virgínia
Vítimas: "Diversas"
MO: Mulheres negras apunhaladas
SITUAÇÃO: Não resolvido

Desconhecido
Sexo: Desc.
Raça: Desc.
Tipo: T
Motivo: Desc.
Data: 1990-91

Jurisdição: Oakland/Califórnia
Vítimas: Duas
MO: Vítimas "Jane Doe" desmembradas, jogadas no Estuário de Oakland
SITUAÇÃO: Não resolvido

Desconhecido
Sexo: Desc.
Raça: Desc.
Tipo: T
Motivo: Desc.
Data: 1990-91
Jurisdição: Woonsocket/R. I.
Vítimas: Três
MO: Prostitutas estranguladas
SITUAÇÃO: Não resolvido

Desconhecido
Sexo: Desc.
Raça: Desc.
Tipo: F
Motivo: Sex./Sad.
Data: 1990-92
Jurisdição: Houston/Texas
Vítimas: Duas
MO: Homens amarrados e assassinados no estilo S/M na mesma casa vazia
SITUAÇÃO: Não resolvido

Desconhecido
Sexo: Desc.
Raça: Desc.
Tipo: T
Motivo: Sex.?
Data: 1990-93
Jurisdição: Estocolmo/Suécia
Vítimas: Sete
MO: Homens gays assassinados; detalhes retidos pela polícia
SITUAÇÃO: Não resolvido

Desconhecido
Sexo: Desc.
Raça: Desc.
Tipo: T
Motivo: Desc.
Data: 1990-94
Jurisdição: Região da Lombardia/Itália
Vítimas: Três
MO: Assassinato de crianças de três anos entre Como e a fronteira suíça
SITUAÇÃO: Não resolvido

Desconhecido TCC: Assassino dos Anos Dourados
Sexo: Desc.
Raça: Desc.
Tipo: T
Motivo: Sex./Sad.
Data: 1990-97
Jurisdição: Richmond/Virgínia.
Vítimas: 24
MO: Invasor de residências; espancou/apunhalou mulheres com idade entre 55 e 90 anos
SITUAÇÃO: Não resolvido

Desconhecido
Sexo: Desc.
Raça: Desc.
Tipo: T
Motivo: Sex.
Data: 1990-97
Jurisdição: Roma, Itália
Vítimas: 19
MO: Assassinos de homens gays em suas casas
SITUAÇÃO: Não resolvido

Desconhecido
Sexo: Desc.
Raça: Desc.
Tipo: N
Motivo: Sex.
Data: 1990-97
Jurisdição: Michigan
Vítimas: 20%
MO: Assassinato de prostitutas
SITUAÇÃO: Não resolvido

Desconhecido TCC: Assassino da Eighth Street
Sexo: M
Raça: N
Tipo: T
Motivo: Sex.

Data: Década de 1990
Jurisdição: Miami/Flórida
Vítimas: 31
MO: Assassinato de prostitutas negras
SITUAÇÃO: Não resolvido

Desconhecido TCC: Monstro da SS 10
Sexo: M
Raça: Desc.
Tipo: T
Motivo: Sex.
Data: Década de 1990
Jurisdição: Região de Piedmont/Itália
Vítimas: Sete
MO: Mulheres apunhaladas/estranguladas ao longo da rodovia
SITUAÇÃO: Não resolvido

Desconhecido TCC: Estuprador do Lado Sul
Sexo: M
Raça: Desc.
Tipo: T
Motivo: Sex.
Data: Década de 1990
Jurisdição: St. Louis/Missouri.
Vítimas: Cinco a Dez (relatórios variam)
MO: Estupro-assassinato de mulheres
SITUAÇÃO: Não resolvido

Desconhecido
Sexo: M
Raça: Desc.
Tipo: N
Motivo: Sex.
Data: Década de 1990
Jurisdição: Idaho/Utah/Nevada./Wyoming.
Vítimas: Oito
MO: Assassinatos "similares" ou "idênticos" de mulheres
SITUAÇÃO: Não resolvido

Desconhecido
Sexo: M
Raça: Desc.
Tipo: T
Motivo: Sex.
Data: Década de 1990
Jurisdição: Aosta/Itália
Vítimas: 'Diversas"
MO: Assassinato de prostitutas
SITUAÇÃO: Não resolvido

Desconhecido
Sexo: M
Raça: Desc.
Tipo: T
Motivo: Sex.
Data: Década de 1990
Jurisdição: Turim/Itália
Vítimas: "Numerosas"
MO: Assassinato de homens gays
SITUAÇÃO: Não resolvido

Desconhecido
Sexo: M
Raça: Desc
Tipo: T
Motivo: Sex.
Data: Década de 1990
Jurisdição: Turim/Itália
Vítimas: "Diversas"
MO: Vítimas idosas apunhaladas, uma enquanto estava no ônibus da cidade
SITUAÇÃO: Não resolvido

Desconhecido
Sexo: Desc.
Raça: Desc.
Tipo: T
Motivo: CP-extremista?
Data: Década de 1990
Jurisdição: Turim/Itália
Vítimas: Sete
MO: Negros apunhalados por aparente assassino racista
SITUAÇÃO: Não resolvido

Desconhecido
Sexo: 2M
Raça: Desc.
Tipo: T
Motivo: Desc.
Data: 1991
Jurisdição: Porterville/Califórnia
Vítimas: Três
MO: Ataques deliberados de atropelamen-

tos a corredores e ciclistas sem prestar socorro
SITUAÇÃO: Não resolvido

Desconhecido
Sexo: Desc.
Raça: Desc.
Tipo: T
Motivo: Desc.
Data: 1991
Jurisdição: Cleveland/Ohio
Vítimas: Quatro
MO: Merceeiros árabes-americanos assassinados em suas lojas
SITUAÇÃO: Não resolvido

Desconhecido
Sexo: Desc.
Raça: Desc.
Tipo: N
Motivo: Sad.
Data: 1991
Jurisdição: Ohio/Califórnia/Virgínia/Maryland/Pennsylvania/Canadá
Vítimas: "Pelo menos nove"
MO: Vítimas queimadas vivas em carros; detalhes retidos pela polícia
SITUAÇÃO: Não resolvido

Desconhecido
Sexo: M
Raça: N
Tipo: T
Motivo: Sex.
Data: 1991-92
Jurisdição: Distrito de Union/N.J.
Vítimas: Oito
MO: Mulheres negras estranguladas
SITUAÇÃO: Não resolvido

Desconhecido
Sexo: Desc.
Raça: Desc.
Tipo: T
Motivo: Sex.?
Data: 1991-92
Jurisdição: Detroit/Michigan
Vítimas: Nove
MO: Prostitutas negras, viciadas em drogas, assassinadas
SITUAÇÃO: Não resolvido

Desconhecido
Sexo: Desc.
Raça: Desc.
Tipo: T
Motivo: Sex.
Data: 1991-92
Jurisdição: Macon/Geórgia
Vítimas: Cinco
MO: Assassino concupiscente de mulheres
SITUAÇÃO: Não resolvido

Desconhecido
Sexo: Desc.
Raça: Desc.
Tipo: T
Motivo: Desc.
Data: 1991-93
Jurisdição: Distrito de Marion/Flórida
Vítimas: 18
MO: Mulheres assassinadas, jogadas em áreas remotas
SITUAÇÃO: Não resolvido

Desconhecido
Sexo: M
Raça: B
Tipo: T
Motivo: Desc.
Data: 1991-94
Jurisdição: Cidade do Kansas/Missouri.
Vítimas: Dez
MO: Vítimas do sexo feminino jogadas no rio Missouri, "muitas" com as pernas cortadas
SITUAÇÃO: Não resolvido

Desconhecido
Sexo: Desc.
Raça: Desc.
Tipo: T
Motivo: Desc.
Data: 1991-94
Jurisdição: Bridgeport/Connecticut
Vítimas: Quatro
MO: Adultos do sexo masculino desmembrados

SITUAÇÃO: Não resolvido

Desconhecido (Hospital de Veteranos "Truman Memorial")
Sexo: Desc.
Raça: Desc.
Tipo: B
Motivo: Desc.
Data: 1992
Jurisdição: Columbia/MO
Vítimas: 48
MO: Mortes suspeitas de pacientes do sexo masculino
SITUAÇÃO: Não resolvido; resultados da investigação do FBI retidos

Desconhecido
Sexo: M
Raça: B
Tipo: T
Motivo: Sex.
Data: 1992
Jurisdição: Rostov-on-Don/Rússia
Vítimas: Oito
MO: Assassino concupiscente de mulheres; detalhes retidos pela polícia
SITUAÇÃO: Não resolvido

Desconhecido
Sexo: Desc.
Raça: Desc.
Tipo: T
Motivo: Desc.
Data: 1992
Jurisdição: Portland/Oregon
Vítimas: Duas
MO: Tiros ao acaso feriram três, matando dois
SITUAÇÃO: Não resolvido

Desconhecido
Sexo: Desc.
Raça: Desc.
Tipo: T
Motivo: Desc.
Data: 1992
Jurisdição: Denver/Colorado
Vítimas: Quatro
MO: "Estripador" de homens gays
SITUAÇÃO: Não resolvido

Desconhecido
Sexo: M
Raça: N
Tipo: T
Motivo: EC
Data: 1992
Jurisdição: Chicago/Illinois
Vítimas: Quatro
MO: Homens negros atingidos por tiros em assaltos à mão armada à luz do dia em suas casas
SITUAÇÃO: Não resolvido

Desconhecido TCC: Assassino do último telefonema
Sexo: M
Raça: Desc.
Tipo: T
Motivo: Sex./Sad.
Data: 1992-93
Jurisdição: Cidade de Nova York
Vítimas: Quatro a cinco
MO: Homens gays desmembrados
SITUAÇÃO: Não resolvido

Desconhecido TCC: Assassino da I-70
Sexo: M
Raça: B
Tipo: N
Motivo: EC/CP
Data: !992-94
Jurisdição: /Indiana/Kansas/Missouri./Texas
Vítimas: Seis a dez
MO: Todas as vítimas atingidas por tiros em pequenos roubos, exceto uma mulher
SITUAÇÃO: Não resolvido

Desconhecido
Sexo: Desc.
Raça: Desc.
Tipo: T
Motivo: Desc.
Data: 1992-94
Jurisdição: Milão, Itália

Vítimas: Duas
MO: Idosas esfaqueadas deixadas em campos abertos
SITUAÇÃO: Não resolvido

Desconhecido
Sexo: Desc.
Raça: Desc.
Tipo: T
Motivo: Desc.
Data: 1992/94
Jurisdição: Região da Lombardia/Itália
Vítimas: Duas
MO: Homens desmembrados e deixados em sacos de lixo em Milão e Novara; ambas as vítimas foram encontradas em 17 de fevereiro
SITUAÇÃO: Não resolvido

Desconhecido
Sexo: Desc.
Raça: Desc.
Tipo: T
Motivo: Desc.
Data: 1992-96
Jurisdição: Charlotte/Mecklenburg/Virgínia.
Vítimas: Quatro
MO: Mulheres negras mortas ou desaparecidas; força-tarefa organizada
SITUAÇÃO: Não resolvido

Desconhecido TCC: Estripador de Lisboa
Sexo: M
Raça: Desc.
Tipo: N
Motivo: Sex./Sad.
Data: 1992-97
Jurisdição: Europa
Vítimas: 18 alegadas
MO: Assassinatos "quase idênticos" de prostitutas em cinco nações
SITUAÇÃO: Não resolvido

Desconhecido
Sexo: Desc.
Raça: Desc.
Tipo: N
Motivo: Desc.
Data: 1992-98

Jurisdição: Irlanda
Vítimas: 12
MO: Desaparecimento sem vestígios de 12 mulheres com idades entre 18 e 26 anos
SITUAÇÃO: Não resolvido

Desconhecido
Sexo: M
Raça: B
Tipo: T
Motivo: CP- extremista?
Data: 1993
Jurisdição: Los Angeles/Califórnia.
Vítimas: Três
MO: Tiros na rua de homens negros/hispânicos por estranho branco
SITUAÇÃO: Não resolvido

Desconhecido
Sexo: Desc.
Raça: Desc.
Tipo: T
Motivo: Desc.
Data: 1993
Jurisdição: Varsóvia/Polônia
Vítimas: Três+
MO: Mulheres atingidas por clava em ataques ao acaso
SITUAÇÃO: Não resolvido

Desconhecido
Sexo: Desc.
Raça: Desc.
Tipo: T
Motivo: Desc.
Data: 1993
Jurisdição: Chino/Califórnia
Vítimas: Cinco
MO: Mulheres negras estranguladas
SITUAÇÃO: Não resolvido

Desconhecido
Sexo: Desc.
Raça: Desc.
Tipo: T
Motivo: EC
Data: 1993
Jurisdição: Cairo/Geórgia.
Vítimas: Duas

MO: Funcionários de lojas apunhalados em roubos
SITUAÇÃO: Não resolvido

Desconhecido
Sexo: M
Raça: Desc.
Tipo: T
Motivo: Sex.
Data: 1993
Jurisdição: Distrito de St.Louis/Missouri.
Vítimas: Duas
MO: Meninas com idades entre nove e dez anos espancadas mortalmente
SITUAÇÃO: Não resolvido

Desconhecido
Sexo: Desc.
Raça: Desc.
Tipo: T
Motivo: EC
Data: 1993
Jurisdição: Indianápolis/Indiana
Vítimas: Duas
MO: Taxistas atingidos por tiros em aparente tentativa de roubo
SITUAÇÃO: Não resolvido

Desconhecido
Sexo: Desc.
Raça: Desc.
Tipo: T
Motivo: Desc.
Data: 1993
Jurisdição: Waycross/Geórgia
Vítimas: Três
MO: Casal adolescente e mulher de 40 anos atingidos por tiros com arma calibre 22
SITUAÇÃO: Não resolvido

Desconhecido
Sexo: Desc.
Raça: Desc.
Tipo: T
Motivo: Desc.
Data: 1993-94
Jurisdição: Turim/Itália
Vítimas: Três +

MO: Meninas adolescentes assassinadas ou desaparecidas
SITUAÇÃO: Não resolvido

Desconhecido
Sexo: Desc.
Raça: Desc.
Tipo: T
Motivo: EC
Data: 1993-94
Jurisdição: Washington/D.C.
Vítimas: 13
MO: A mesma pistola usada em tiros múltiplos
SITUAÇÃO: Não resolvido

Desconhecido
Sexo: M
Raça: B
Tipo: T
Motivo: EC-drogas
Data: 1993-94
Jurisdição: Indianápolis/Indiana
Vítimas: Três
MO: Polícia publicamente ligou os tiros múltiplos
SITUAÇÃO: Não resolvido

Desconhecido TCC: Estrangulador de Pomona
Sexo: M
Raça: Desc.
Tipo: T
Motivo: Sex.
Data: 1993-95
Jurisdição: Distrito de Los Angeles/Califórnia.
Vítimas: Seis
MO: Estrangulador de prostitutas
SITUAÇÃO: Não resolvido

Desconhecido
Sexo: M
Raça: Desc.
Tipo: T
Motivo: Sex.
Data: 1993-95
Jurisdição: Distrito de Somerset/N.J.
Vítimas: Cinco

MO: Prostitutas assassinadas
SITUAÇÃO: Não resolvido

Desconhecido TCC: El Depredador Psicopata
Sexo: M
Raça: Desc.
Tipo: T
Motivo: Sex./Sad.
Data: 1993-98
Jurisdição: Cidade Juarez/México
Vítimas: 130 a 150
MO: Estupro-assassinato de meninas e mulheres jovens
SITUAÇÃO: Não resolvido

Desconhecido
Sexo: Desc.
Raça: Desc.
Tipo: T
Motivo: Desc.
Data: 1994
Jurisdição: Irving/Texas.
Vítimas: Três
MO: Homens gays apunhalados
SITUAÇÃO: Não resolvido

Desconhecido
Sexo: Desc.
Raça: Desc.
Tipo: T
Motivo: Desc.
Data: 1994
Jurisdição: Gary/Indiana
Vítimas: Cinco
MO: A polícia informa que as vítimas foram assassinadas e depois queimados
SITUAÇÃO: Não resolvido

Desconhecido TCC: Estripador de Midlands
Sexo: M
Raça: Desc.
Tipo: T
Motivo: Sex.
Data: 1994
Jurisdição: Sul de Yorkshire/Inglaterra
Vítimas: Cinco

MO: Mulheres (incluindo quatro supostas prostitutas) estranguladas, jogadas em áreas rurais
SITUAÇÃO: Não resolvido

Desconhecido
Sexo: M
Raça: Desc.
Tipo: T
Motivo: Sex.
Data: 1994-95
Jurisdição: Jackson/Mississipi
Vítimas: Quatro
MO: Prostitutas estranguladas após ato sexual
SITUAÇÃO: Não resolvido

Desconhecido
Sexo: M
Raça: Desc.
Tipo: T
Motivo: Sex.?
Data: 1994-96
Jurisdição: Grand Rapids/Michigan
Vítimas: 11
MO: Assassinato de nove prostitutas e duas "Jane Doe"
SITUAÇÃO: Não resolvido

Desconhecido
Sexo: M
Raça: Desc.
Tipo: T
Motivo: Sex.
Data: 1994-97
Jurisdição: Distrito de Kent/Michigan
Vítimas: 11
MO: Assassinatos concupiscentes de mulheres, incluindo oito prostitutas
SITUAÇÃO: Não resolvido

Desconhecido
Sexo: Desc.
Raça: Desc.
Tipo: T
Motivo: Sex./Sad.
Data: 1994-97
Jurisdição: Maranhão/Brasil

Vítimas: Sete
MO: Meninos pequenos assassinados, com mutilação genital
SITUAÇÃO: Não resolvido

Desconhecido
Sexo: Desc.
Raça: Desc.
Tipo: T
Motivo: Sex.?
Data: 1994-98
Jurisdição: Distrito de Essex/N.J.
Vítimas: 16
MO: Assassinatos de mulheres negras com idades entre 19 e 37 anos, principalmente prostitutas
SITUAÇÃO: Não resolvido

Desconhecido
Sexo: Desc.
Raça: Desc.
Tipo: T
Motivo: Desc.
Data: 1995
Jurisdição: Shoreline/Washington
Vítimas: Duas
MO: Trabalhadoras de casa de saúde amarradas, apunhaladas e as casas incendiadas
SITUAÇÃO: Não resolvido

Desconhecido TCC: Estrangulador de Nasrec
Sexo: M
Raça: Desc.
Tipo: T
Motivo: Desc.
Data: 1995-96
Jurisdição: África do Sul
Vítimas: 15
MO: Estupro-assassinato de mulheres entre Joanesburgo e Soweto
SITUAÇÃO: SAMUEL MFEKA suspeito; não acusado

Desconhecido
Sexo: Desc.
Raça: Desc.
Tipo: T
Motivo: Desc.
Data: 1995-96
Jurisdição: Las Vegas/Nevada
Vítimas: Três
MO: Mulheres asiáticas seladas em sacos plásticos; queimadas no deserto
SITUAÇÃO: Não resolvido

Desconhecido
Sexo: Desc.
Raça: Desc.
Tipo: T
Motivo: Desc.
Data: 1995-96
Jurisdição: Distrito de Greene/Indiana.
Vítimas: Cinco
MO: Mulheres com idades entre 32 e 88 anos assassinadas ou desaparecidas
SITUAÇÃO: Não resolvido

Desconhecido
Sexo: Desc.
Raça: Desc.
Tipo: T
Motivo: Desc.
Data: 1995-97
Jurisdição: Bothell/Washington
Vítimas: Duas +
MO: Restos mortais humanos não identificados encontrados próximo à cidade
SITUAÇÃO: Não resolvido

Desconhecido
Sexo: M
Raça: N
Tipo: T
Motivo: Desc.
Data: 1996
Jurisdição: Minneapolis/Minnesota
Vítimas: Três
MO: Duas prostitutas e um travesti espancados/apunhalados, depois queimados
SITUAÇÃO: Não resolvido

Desconhecido
Sexo: Desc.
Raça: Desc.
Tipo: T
Motivo: Desc.
Data: 1996

Jurisdição: Estônia
Vítimas: Desc.
MO: Polícia diz que *serial killer* "aterrorizou" a seção norte do país; nenhum detalhe liberado
SITUAÇÃO: Não resolvido

Desconhecido
Sexo: Desc.
Raça: Desc.
Tipo: T
Motivo: Sex.?
Data: 1996
Jurisdição: Joanesburgo/África do Sul
Vítimas: Duas
MO: Professores de escola de primeiro grau assassinados, colocados de "forma idêntica"
SITUAÇÃO: Não resolvido

Desconhecido TCC: Assassino Lobisomem
Sexo: Desc.
Raça: Desc.
Tipo: T
Motivo: Desc.
Data: 1996
Jurisdição: Índia
Vítimas: 16
MO: Assassinou/mutilou crianças
SITUAÇÃO: Não resolvido

Desconhecido
Sexo: Desc.
Raça: Desc.
Tipo: T
Motivo: Desc.
Data: 1996
Jurisdição: Toronto/Ontário
Vítimas: Três
MO: Prostitutas atingidas por tiros na cabeça com a mesma arma
SITUAÇÃO: Não resolvido

Desconhecido
Sexo: M
Raça: Desc.
Tipo: T
Motivo: Desc.
Data: 1996

Jurisdição: Perm/Rússia
Vítimas: Sete
MO: Estupro-assassinato de mulheres, pelo menos uma apunhalada
SITUAÇÃO: Não resolvido

Desconhecido
Sexo: Desc.
Raça: Desc.
Tipo: T
Motivo: Desc.
Data: 1996
Jurisdição: Toronto/Canadá
Vítimas: Três
MO: Prostitutas atingidas por tiros nas ruas da cidade
SITUAÇÃO: Não resolvido

Desconhecido TCC: Assassino de Prostitutas
Sexo: Desc.
Raça: Desc.
Tipo: T
Motivo: Desc.
Data: 1996
Jurisdição: Cape Town, África do Sul
Vítimas: "Cerca de 20"
MO: Assassinato de prostitutas
SITUAÇÃO: Não resolvido

Desconhecido
Sexo: Desc.
Raça: Desc.
Tipo: T
Motivo: Desc.
Data: 1996
Jurisdição: Malden/Missouri.
Vítimas: Quatro
MO: Dois homicídios duplos por invasor de residência desconhecido
SITUAÇÃO: Não resolvido

Desconhecido
Sexo: Desc.
Raça: Desc.
Tipo: T
Motivo: Desc.
Data: 1996

Jurisdição: Hammond/Indiana
Vítimas: Quatro
MO: Prostitutas atingidas por tiros da mesma arma
SITUAÇÃO: Não resolvido

Desconhecido
Sexo: Desc.
Raça: Desc.
Tipo: T
Motivo: Desc.
Data: 1996-97
Jurisdição: Maryland.
Vítimas: Cinco
MO: Homens gays negros apunhalados/atingidos por tiros em suas casas
SITUAÇÃO: Não resolvido

Desconhecido
Sexo: Desc.
Raça: Desc.
Tipo: T
Motivo: Desc.
Data: 1996-97
Jurisdição: Claremont/Austrália
Vítimas: Três
MO: Mulheres assassinadas; detalhes retidos pela polícia
SITUAÇÃO: Não resolvido

Desconhecido
Sexo: Desc.
Raça: Desc.
Tipo: T
Motivo: CG- culto
Data: 1996-97
Jurisdição: Sibéria/Rússia
Vítimas: Cinco
MO: Autoridades responsabilizam culto satânico por sufocamento/enforcamento de homens adolescentes, descrito como assassinatos de ritual
SITUAÇÃO: Não resolvido

Desconhecido
Sexo: Desc.
Raça: Desc.
Tipo: T
Motivo: Desc.
Data: 1996-97
Jurisdição: Perth/Austrália
Vítimas: Três
MO: Mulheres abduzidas do (ou próximo ao) Hotel Continental
SITUAÇÃO: Não resolvido

Desconhecido
Sexo: Desc.
Raça: Desc.
Tipo: T
Motivo: Desc.
Data: 1996-97
Jurisdição: Distrito de Spotsylvania/VIRGÍNIA
Vítimas: Três
MO: Meninas adolescentes jogadas em/perto de rios locais
SITUAÇÃO: Não resolvido

Desconhecido
Sexo: Desc.
Raça: Desc
Tipo: T
Motivo: Desc.
Data: 1996-97
Jurisdição: Brest/Belarus
Vítimas: Quatro
MO: Taxistas e atendentes de posto de gasolina atingidos por tiros
SITUAÇÃO: Não resolvido

Desconhecido
Sexo: Desc.
Raça: Desc.
Tipo: N
Motivo: Desc.
Data: 1996-98
Jurisdição: Ohio/Kentuky/Indiana
Vítimas: 12
MO: Mulheres assassinadas com "aparência e idade similares" em área de três Estados ao redor de Cincinnati; dez distritos envolvidos
SITUAÇÃO: Não resolvido

Desconhecido
Sexo: Desc.
Raça: Desc.

Tipo: T
Motivo: Sex./Sad.
Data: 1997
Jurisdição: Apulia/Itália
Vítimas: Sete
MO: Mulheres idosas apunhaladas em suas casas
SITUAÇÃO: Não resolvido

Desconhecido
Sexo: M
Raça: B
Tipo: N
Motivo: CG- extremista
Data: 1997
Jurisdição: África do Sul
Vítimas: 13 +
MO: Assassinato de fazendeiros brancos por gangue negra errante
SITUAÇÃO: Não resolvido

Desconhecido
Sexo: Desc.
Raça: Desc.
Tipo: T
Motivo: Desc.
Data: 1997
Jurisdição: Dunbar, África do Sul
Vítimas: "Diversas"
MO: Polícia relata assassinato em série; todos os detalhes retidos
SITUAÇÃO: Não resolvido

Desconhecido
Sexo: Desc.
Raça: Desc.
Tipo: T
Motivo: Sex./Sad.
Data: 1997
Jurisdição: Cape Town/África do Sul
Vítimas: Duas
MO: Atendente de bar e prostituta assassinados/mutilados em Devil's Peak
SITUAÇÃO: Não resolvido

Desconhecido
Sexo: Desc.
Raça: Desc.

Tipo: T
Motivo: Desc.
Data: 1997
Jurisdição: Cape Town/África do Sul
Vítimas: Duas
MO: Homens nômades atingidos por pedras enquanto dormiam
SITUAÇÃO: Não resolvido

Desconhecido
Sexo: M
Raça: Desc.
Tipo: T
Motivo: Sex.
Data: 1997
Jurisdição: Distrito de Mpumalanga/África do Sul
Vítimas: Duas
MO: Estupro-estrangulamento "idêntico" de mulheres
SITUAÇÃO: Não resolvido

Desconhecido
Sexo: Desc.
Raça: Desc.
Tipo: N
Motivo: Desc.
Data: 1997
Jurisdição: Roma/Florença/Itália
Vítimas: Duas
MO: Homens gays mais velhos e influentes atingidos por clava em suas casas
SITUAÇÃO: Não resolvido

Desconhecido TCC: Açougueiro de Mons
Sexo: M
Raça: Desc.
Tipo: T
Motivo: Sex./Sad.
Data: 1997
Jurisdição: Mons, Bélgica
Vítimas: Quatro
MO: Mulheres desmembradas, jogadas ao longo de rodovias
SITUAÇÃO: Não resolvido

Desconhecido
Sexo: Desc.

Raça: Desc.
Tipo: T
Motivo: Desc.
Data: 1997-98
Jurisdição: Toronto/Canadá
Vítimas: Relatórios variam
MO: Mais de seis vítimas empurradas em trilhos do metrô; pelo menos uma sobreviveu
SITUAÇÃO: Não resolvido

Desconhecido
Sexo: Desc.
Raça: Desc.
Tipo: T
Motivo: Desc.
Data: 1997-98
Jurisdição: Humberside/Inglaterra
Vítimas: Três
MO: Prostitutas assassinadas; uma desmembrada
SITUAÇÃO: Não resolvido

Desconhecido
Sexo: M
Raça: Desc.
Tipo: T
Motivo: Sex.
Data: 1997-99
Jurisdição: Pittsburg/Califórnia.
Vítimas: Quatro
MO: Prostitutas assassinadas, jogadas em rodovias principais
SITUAÇÃO: Não resolvido

Desconhecido
Sexo: M
Raça: Desc.
Tipo: T
Motivo: CP- extremista
Data: 1997-98
Jurisdição: Jerusalém/Israel
Vítimas: Duas
MO: Sete árabes apunhalados, dois fatalmente; suspeita-se de judeus nacionalistas
SITUAÇÃO: Não resolvido

Desconhecido

Sexo: Desc.
Raça: Desc.
Tipo: T
Motivo: Desc.
Data: 1997-98
Jurisdição: Cidade de Nova York
Vítimas: Quatro
MO: Estudantes de faculdade do sexo masculino com idades entre 19 e 22 anos encontrados em rios, dois no mesmo embarcadouro; causa da morte não determinada
SITUAÇÃO: Não resolvido

Desconhecido
Sexo: Desc.
Raça: Desc.
Tipo: T
Motivo: Sex.?
Data: 1997-98
Jurisdição: Irving/East Orange/N.J.
Vítimas: Cinco
MO: Assassinato de mulheres negras, principalmente prostitutas; oficialmente relacionado a assassinatos similares em Newark
SITUAÇÃO: Não resolvido

Desconhecido
Sexo: Desc.
Raça: Desc.
Tipo: T
Motivo: Desc.
Data: 1997-98
Jurisdição: Glasgow/Escócia
Vítimas: Sete
MO: Assassinato de prostitutas; pelo menos uma atingida por porrete
SITUAÇÃO: Não resolvido

Desconhecido TCC: Monstro do Rio
Sexo: Desc.
Raça: Desc.
Tipo: T
Motivo: Desc.
Data: 1997-98
Jurisdição: Transkei/África do Sul
Vítimas: Sete
MO: Mutilação-assassinato; vítimas encontradas no (perto do) rio Mzintlava

SITUAÇÃO: Não resolvido

Desconhecido
Sexo: Desc.
Raça: Desc.
Tipo: T
Motivo: Culto?
Data: 1997-98
Jurisdição: Joanesburgo/África do Sul
Vítimas: 16
MO: Crianças mortas/desaparecidas em aparente assassinato ritual
SITUAÇÃO: Não resolvido

Desconhecido
Sexo: Desc.
Raça: Desc
Tipo: T
Motivo: Desc.
Data: 1998
Jurisdição: Distrito de Los Angeles/Califórnia.
Vítimas: Três
MO: Motoristas de rodovia atingidos por tiros em ataques ao acaso, dois deles com a mesma arma
SITUAÇÃO: Não resolvido

Desconhecido
Sexo: Desc.
Raça: Desc.
Tipo: T
Motivo: Desc.
Data: 1998
Jurisdição: Indianápolis/Indiana.
Vítimas: Quatro
MO: Mulheres com idades entre 29 e 40 anos encontradas mortas na mesma vizinhança
SITUAÇÃO: Não resolvido

Desconhecido
Sexo: Desc.
Raça: Desc.
Tipo: T
Motivo: Desc.
Data: 1998
Jurisdição: Albuquerque/Novo México.
Vítimas: Cinco

MO: Homens gays assassinados; ligação especulativa ao sexto caso em Santa Fé
SITUAÇÃO: Não resolvido

Desconhecido
Sexo: Desc.
Raça: Desc.
Tipo: T
Motivo: Desc.
Data: 1998
Jurisdição: Anchorage/Arkansas.
Vítimas: Seis
MO: Assassinato de mulheres; uma morta e cinco desaparecidas
SITUAÇÃO: Não resolvido

Desconhecido
Sexo: Desc.
Raça: Desc.
Tipo: T
Motivo: Desc.
Data: 1998
Jurisdição: Woolongong/Austrália
Vítimas: Duas
MO: Assassino de corporação civil de pedófilos condenados; vítimas mutiladas
SITUAÇÃO: Não resolvido

Desconhecido
Sexo: M
Raça: B
Tipo: T
Motivo: Desc.
Data: 1998
Jurisdição: Budapeste/Hungria
Vítimas: Três
MO: Homens atingidos por tiros diretamente em ataques nas ruas ao acaso
SITUAÇÃO: Não resolvido

Desconhecido
Sexo: Desc.
Raça: Desc.
Tipo: T
Motivo: Desc.
Data: 1998
Jurisdição: Londres/Inglaterra
Vítimas: Duas

MO: Mulheres com idades de 30 e 35 anos, amarradas, atingidas por tiros na forma de execução
SITUAÇÃO: Não resolvido

Desconhecido
Sexo: Desc.
Raça: Desc.
Tipo: T
Motivo: Desc.
Data: 1998
Jurisdição: Dallas/Texas
Vítimas: Duas
MO: Caminhoneiros atingidos por tiros; ataques ligados à polícia
SITUAÇÃO: Não resolvido

Desconhecido
Sexo: M
Raça: Desc.
Tipo: T
Motivo: EC
Data: 1998
Jurisdição: Moscou/Rússia
Vítimas: Dez
MO: Vítimas assassinadas em roubo de carro; corpos encontrados enterrados em garagem comercial
SITUAÇÃO: Não resolvido

Desconhecido TCC: Cortador de Devon
Sexo: Desc.
Raça: Desc
Tipo: T
Motivo: Desc.
Data: 1998
Jurisdição: Devon/Inglaterra
Vítimas: Duas
MO: "Estripador" de vítimas do sexo feminino, assassinadas enquanto caminhavam com cachorros
SITUAÇÃO: Não resolvido

Desconhecido
Sexo: Desc.
Raça: Desc.
Tipo: T
Motivo: Desc.
Data: 1998
Jurisdição: Miami/Flórida
Vítimas: Duas
MO: Homens gays atingidos por tiros em suas casas
SITUAÇÃO: Não resolvido

Desconhecido
Sexo: Desc.
Raça: Desc.
Tipo: T
Motivo: Sad.
Data: 1998
Jurisdição: Pereira/Colômbia
Vítimas: 26
MO: Crianças amarradas/torturadas, encontradas enterradas em área rural; idades estimadas entre oito e 13 anos
SITUAÇÃO: Não resolvido

Desconhecido
Sexo: Desc.
Raça: Desc.
Tipo: T
Motivo: Desc.
Data: 1998
Jurisdição: Columbus/Mississipi
Vítimas: Três
MO: Vítimas idosas (duas mulheres, um homem) estranguladas em suas casas
SITUAÇÃO: Não resolvido

Os números em negrito indicam entradas principais; os números em *itálico* indicam ilustrações.

Índice Remissivo

A

Abel, Robert – 38-39, 425, 547
Abrahamson, David – 59, 210, 212
África do Sul – 11, 159-160, 309-310, 334-335, 386, 427, 466, 471, 477, 483, 486, 489, 509, 514, 517, 523, 545, 555, 582, 588, 618-619
Agron, Salvatore – 44
Aids – 94, 128, 257, 302, 359, 435
Alabama – 106, 115, 143, 283-286, 400, 408, 424, 429, 440, 458, 469, 472-473, 476, 491, 498, 500, 502, 513-514, 531, 547, 552, 554-555, 575-576, 593, 599, 614
Alasca – 167, 179-180, 391, 530
Aldrete, Sara – 92-95
Alemanha – 102, 107, 158, 161, 175, 183, 189, 191, 236, 270, 292, 321, 400, 404, 410, 415, 428, 439, 444, 453-455, 457, 461, 464, 475-476, 479-480, 482, 492, 494, 500, 506-507, 509, 512, 516, 519, 521-522, 528-529, 534, 542-543, 549, 553, 563, 583
Allen, Howard – 13, 112, 242-243, 286, 393-394, 426, 457, 471, 477, 484, 493, 502, 518, 522, 536, 540, 544, 547, 564, 613, 615
Allison, Clay – 190, 393, 614
Anchorage, Alabama – 179-181, 479, 600
Andrade, Marcelo de – 359, 395
Angelo, Richard – 23, 61-63, 73, 271, 281, 419, 428, 579
Anjo da Morte – 393, 505
Ann Arbor, Michigan – 46
Archerd, William – 16-17, 395
Archibald, Kenneth – 212, 447
Arizona – 11, 44, 138, 169-170, 404, 407-408, 410, 415, 424, 429, 436, 448-452, 457, 460, 466, 473, 475, 481, 493, 499, 513, 519-520, 524, 530, 536-537, 548, 552, 555, 565, 567, 577-578, 580, 583
Arkansas – 41-42, 116, 256, 319, 352-353, 376, 397, 432, 439, 452, 465-466, 477, 480, 486, 503, 507, 521, 529, 539, 548-549, 552, 569, 575, 587, 613
Armas – 276, 532
Assassinato em Massa – 22, 49, 54-55, 289, 550
Aassassinato em Série – 22, 46, 49, 54-55, 74, 136, 159-160, 189, 199, 201, 205-207, 210, 213, 259, 281-282, 284, 289, 306, 329-330, 374, 550, 617
Assassinato Médico – 22
Assassino da Costa de Orange – 29-30
Assassino da I-45 – 39, 48
Assassino de Green River – 47-49, 73, 114, 279, 612
Assassino desorganizado – 34-35, 446
Assassino do Luar – 23, 40, 42, 135
Assassinos em Equipe – 9, 42, 101, 210, 335, 394-395
Assassinos estacionários – 268, 275
Assassinos juvenis – 118, 331, 333
Assassinos nômades – 82, 267-268, 360
Assassinos organizados – 34, 350
Assassinos territoriais – 268
Atenas, Grécia – 102

Atividade de assassinato – 22, 50-52, 294, 297, 372
Atkins, Susan – 260, 262-263, 396, 617
Atlanta, Geórgia – 30, 32-34, 142-143, 199, 232, 279, 334, 361, 372, 452, 498, 526, 569, 577-578, 583-584, 613
Austrália – 11, 85, 266, 270, 369, 372, 420, 422, 427, 442, 446, 457, 469, 472, 477, 495, 502-503, 508, 518, 534, 550, 554, 563, 578, 585, 597, 601
Áustria – 13, 15, 292, 355-356, 389, 393, 403, 447, 474, 518, 542, 619

B

Babá – 213, 537, 576
Bai Baoshan – 53
Baker, Stannley – 61, 73, 122, 130, 133, 358, 408-409, 411, 527, 619
Ball, Joe – 53-54, 70
Baltimore, Maryland – 223, 325, 377, 465, 489, 500, 513
Barbosa, Daniel – 351-352, 398
Barcelona, Espanha – 118
Barfield, Velma – 276, 364, 398
Barker – 19, 44, 398, 548, 615, 619
Barnett, Joseph – 211
Bateson, Paul – 195, 399
Báthory, Erzsebet – 54-56, 57
Beausoleil, Robert – 199, 260, 263
Beeler, Rodney – 111, 351
Beets, Betty – 364, 399
Bélgica – 294, 399-400, 404, 580, 598
Berkowitz, David – 57, 59-61, 200
Berlim, Alemanha – 258, 288, 356-357, 442, 463, 506, 555, 611
Bernard, Norman – 144, 278, 330, 372, 408-409, 447, 449, 468, 502, 515, 564, 619
Bernardo, Paul – 275, 550
Bertillion, Alphonse – 329-330
Bianchi, Kenneth – 61-63, 73, 171
Birmingham, Alabama – 111, 230, 266, 340, 571
Bishop, Arthur – 264, 402

Bittaker, Lawrence – 64-65
Bladel, Rudy – 274, 402
Boden, Wayne – 359, 403
Bolber, Morris – 65-66
Bonin, William – 18-20, 195
Bonney, William – 190, 494
Boston, Massachusetts – 108-110, 120-121, 190, 219-221, 302, 379, 475, 509-510, 518, 619
Brady, Ian – 349-350, 405, 549, 614
Brasil – 359, 395, 414, 538, 594
Brinvilliers, Marie de – 189, 407, 618
Brogsdale, Rickey – 297, 407
Brooks, David – 95-96, 360, 377, 407, 550, 611
Brophy, John – 49
Brudos, Jerome – 67-70, 324
Brunner, James – 260, 263
Bucareste, Romênia – 320
Budapeste, Hungria – 130, 228-229, 295, 611
Buenoaño, Judias – 276, 367, 413
Bullock, David – 274, 410
Bundy, Carol – 69-73, 85-87, 112, 171, 220, 407, 617, 618
Buono, Angelo – 62-64
Burke e Hare – 189, 272, 410, 552
Butler, Eugene – 24, 411, 452, 617
Butts, Vernon – 19-20, 34

C

Caçador Noturno – 171, 387
Canadá – 23, 25, 76, 98, 137, 262, 272, 283, 296, 301, 367, 420, 433, 440, 446, 488, 490, 492, 500, 511, 516, 540, 559, 600-601
Canibalismo – 73
Cape Town – 309-310, 470, 529, 598, 619
Carignan, Harvey – 75-76
Carolina do Sul – 153, 166, 173-175, 405
Carpenter, David – 46, 413
Carr, John – 59, 73, 79-80, 249, 445
Carson, James – 19, 152, 234, 274, 290, 491, 553

Casper, Wyoming – 89
Catoe, Jarvis – 80-82
Chase, Richard – 35, 126, 367, 426, 497
Chattanooga, Tenessee – 142-143
Chicago, Illinois – 393, 396, 401, 413, 425, 429, 432, 439, 441, 450, 464, 467-468, 492
Chikatilo, Andrei – 82-84, 616
China – 53, 74, 138, 160, 231, 248, 259, 261, 511, 567, 587
Christie, John – 84-85, 373
Christopher, Leonard – 31, 104, 133-134, 203, 219, 222, 316, 372, 389, 422, 499, 557, 561, 564, 566, 569-570
Cincinnati, Ohio – 78, 142-143, 181, 183-185, 406, 471, 612, 619
Clarence, Duque de – 81, 210, 453, 501, 518, 539, 551
Clark, Douglas – 11, 27, 69, 71, 85-87, 109, 171, 286-288, 318-319, 418, 552, 554, 616, 618
Cleckly, Hervey – 264
Cleveland, Ohio – 77, 521
Colômbia – 250-252, 360, 399, 553, 573, 591
Colorado – 26, 72, 74, 114, 227, 256, 347-348, 372, 375, 385, 414-416, 425, 446, 473, 488-489, 495, 508, 516-518, 524, 531, 534, 550, 562, 575-577, 579-580, 617
Columbus, Geórgia – 152, 178
Columbus, Ohio – 324, 530
Compton, Verônica – 63, 116, 171, 182, 184
Connecticut – 15, 23, 35, 43, 114, 118, 144, 146, 319, 331, 408, 418, 438, 444, 468, 495, 504, 515, 568, 574, 578, 581, 586, 592, 615-616
Constanzo, Adolfo – 90-95
Cooks, Jessie – 26-27
Copeland, Faye – 308
Corll, Dean – 95-96, 188, 307
Corona, Juan – 29, 96-98, 224, 308
Costa Rica – 310
Craine, Louis – 40, 423
Cream, Thomas – 210, 423

Creech, Thomas – 272, 423
Crutchley, John – 360, 436
Culto de assassinos – 188

D

Daglis, Adonis – 102
Dahmen, John – 190
Dahmer, Jeffrey – 102-104, 617
Dallas, Texas – 12, 88, 302, 393, 400, 419, 423
Davey, Margaret – 189
Davis, Bruce – 262
Davis, Charles – 322
Daytona Beach, Flórida – 338
Dean, William – 417
De Melker, Disy – 427
Delaware – 29, 122, 124, 140, 362-363, 413, 420, 462, 496, 504
Denke, Karl – 107
DeSalvo, Albert – 107-110, 221
Detroit, Michigan – 114, 283, 366, 374, 398, 401, 421, 492, 586, 598
Dial, Randolph – 429
Dinsdale, Peter – 99, 245-246
Distrito de Columbia – 81, 106
Dolezal, Frank – 79-80, 219
Doss, nanny – 112, 113
Douglas, John – 69, 85, 113-114, 168-169, 224, 453, 480, 545, 550, 617-618
Druitt, Montague – 209, 219
Du Rose, John – 212-213
Durrant, William – 114-115, 552
Dusseldorf, Alemanha – 237-240, 405
Dyer, Amelia – 189, 381, 432-433

E

Edwards, Mack – 104, 116, 128, 134-135, 465
Egger, Steven – 82
Egito – 351, 489, 547
Enriqueta, marti – 118
Equador – 251-252, 352, 399

Erskine, Kenneth – 118-119, 552
Espanha – 118, 255, 405
Estrangulador de Boston – 109-110, 120
Estrangulador de Hillside – 29, 147, 177, 227
Estripador de Chicago – 44
Estupro – 232, 399-400, 404, 412, 425, 435, 444-445, 452, 456, 460, 462-463, 471-472, 474-475, 479, 481-484, 490, 493, 495, 498, 500, 502, 507-509, 512, 516-517, 519, 522, 524, 526, 529, 531-533, 540-541, 543, 546, 549-550, 551, 554-559, 562, 572, 587, 599, 613, 617
Etheridge, Ellen – 125, 435
Evans, Timothy – 30, 84-85, 125-126, 435
Eyler, Larry – 126-128

F

Faggi, Giovanni – 271
Falling, Christine – 129, 130
Favato, Carino – 66
Fazekas, Julia – 130-131
FBI – 17, 21-24, 32, 35, 37, 41-42, 45-46, 52, 58-61, 90, 108, 112-114, 123-124, 127-128, 134-135, 142, 144, 151, 160, 191, 200-202, 204-205, 213-214, 232, 273-275, 287, 297, 299, 305, 307, 311, 320, 327-328, 330, 332-333, 335-336, 350-352, 358, 361-363, 365, 372-373, 381-382, 391, 411, 445, 457, 461, 549, 563, 583, 585, 597
Fênix, Arizona – 169, 309, 518, 524
Filho de Sam – 59-60, 268
Fischer, Joseph – 137-139
Fish, Albert – 140-141, 297
Florença, Itália – 269
Flórida – 11-12, 26, 29, 43, 52, 72-73, 91, 99, 120, 129, 143, 159, 162-163, 195, 199, 216, 220, 229, 231, 254-257, 261, 273, 276, 279, 294, 297, 299, 301
Floyd, Charles – 46, 297, 355, 425, 437, 449
Fluette, Todd – 112

França – 23, 159, 189, 306, 313, 342, 357, 368, 394, 397-398, 402, 408, 413, 426, 428-429, 431, 439, 442, 447, 458, 463, 467, 469-470, 496, 502, 504, 508, 515, 518, 525, 536, 543, 546, 550, 572, 598
Franklin, Joseph – 111, 141-143, 407, 418, 429, 470, 521, 545-546, 561
French, Anne – 45, 557
Fromme, Lynette – 263, 322

G

Gacy, John – 24, 146-148, 198-199, 308
Gallego, Charlene – 43, 148-152, 439
Garcia, Roland – 91-94, 297, 368, 439
Gary, Carlton – 36, 43, 122, 159-160, 184, 190-193, 204, 247, 254, 268, 310, 327, 349, 456, 459, 479, 489, 496, 519, 556, 558, 563, 580, 591, 599
Gaskins, Donald – 153-156
Gecht, Debra – 122-124, 156
Gein, Edward – 135, 156-158, 615
Geórgia – 12, 30, 34, 110, 119, 149, 150, 159-161, 185-186, 228, 237-238, 262, 264, 285, 296, 298, 300-301, 346, 391, 404, 418, 435, 450, 457, 470, 477, 478, 492, 495, 504-505, 508, 510, 512-513, 516, 523, 528, 538, 547, 552, 554, 564, 570, 576, 582, 598
Gilmore, Gary – 305, 442, 583
Glatman, Harvey – 34, 296, 443
Gohl, Billy – 160-161
Good, Sandra – 262, 322
Goode, Arthur III – 161-162
Gore, David – 21, 162-164, 366, 444
Gottfried, Gessina – 189, 445
Graham, Gwendolyn – 164-167, 286, 373, 446, 492, 510, 548
Grand Rapids, Michigan – 165-166, 234, 459, 596
Grans, Hans – 175-176
Graysmith, Robert – 389-390
Grécia – 466, 520
Green, Larry – 27, 30, 47-49, 73, 190, 438, 446, 478, 619

Greenwood, Vaughn – 167-168
Gretzler, Dorglas – 168-170
Grogan, Steve – 263
Guangzhou, China – 248, 259, 262
Gull, William – 210
Gunness, Belle – 172-174, 614, 616

H

Haigh, John – 176-178, 613, 616
Hance, William – 110, 179
Hanover, Alemanha – 37, 122, 175-176, 555
Hansen, Robert – 127, 179-181
Hanson, William – 364, 451
Hardin, John – 190, 451, 499
Harpe, irmãos – 190, 558
Harris, Anthony – 27, 136, 166, 220, 450, 495, 515, 619
Harrison, Lester – 268, 445, 450, 531, 562
Hartford, Connecticut – 37, 138, 586
Harvey, Donald – 30, 36, 75-77, 182-184, 243, 276, 299, 447, 510
Hebreu Israelita – 509
Heirens, William – 186-188, 616
Henley, Elmer – 95, 107, 109-110, 213, 288
Hickey, Eric – 44-45
Hickman, William – 137, 178-179, 272-273, 452
Hill, David – 32, 81, 181, 224-225, 339, 342, 453, 524, 613, 616-617
HIV – 203, 340, 532
Hoch, Johann – 191-192
Hollenbaugh, William – 111
Holmes – 45, 135, 271, 454, 488
Homem do Machado de Nova Orleans – 194
Hospital para Crianças Doentes (Toronto) – 196
Houston, Texas – 46, 274, 307, 415, 444, 471
Howard, Clark – 13, 15, 27, 51, 144, 150, 288, 469-470, 502, 507, 516, 524

Hoyt, Waneta – 334, 419, 455
Hungria – 54-55, 99, 229, 294-295, 611

I

Idaho – 73, 179, 423, 432, 438, 499, 502, 509, 513, 524, 541, 547, 553-554, 611
Iêmen – 188, 559
Igreja do Processo do Julgamento Final – 261
Illinois – 25-26, 44, 111, 122, 126-129, 148-149, 159, 188, 199, 210, 216, 260, 324, 334, 343-344, 382, 395-397, 399, 403, 411, 413-414, 416, 418, 421, 424, 427-429, 431-432, 434-435, 442-444, 450, 453, 459, 468, 471-472, 475, 477, 482-483, 487, 489-490, 492, 495-497, 500, 505, 511, 515, 520, 522, 524-525, 527, 529, 531, 535-538, 540-541, 545, 550, 553, 556-557, 560-562, 573-574, 577, 579, 583, 591, 613
Incêndio criminoso – 200-201
Índia – 188, 313, 332, 442, 514, 519, 553, 567, 597
Indiana – 11, 13, 95, 126-128, 143, 174, 190-191, 203, 206, 217, 238, 256, 276, 278-279, 337, 393, 433, 436, 440-442, 447, 451, 456-457, 459, 462, 470, 473, 487, 489, 493, 503, 507, 524, 527, 538, 553, 560, 566, 569, 574, 577, 585, 587
Indianápolis – 13, 126-127, 142, 260, 407, 425, 475, 502, 505, 528, 538, 542, 594, 601
Indonésia – 339, 516
Inglaterra – 15, 49, 98-99, 108, 193-194, 200, 206, 216, 246, 268, 315, 346, 398, 401, 403-404, 410, 412, 414, 416-418, 421-424, 427, 432, 434, 436, 438, 447, 450, 457, 463, 471, 481-482, 489, 491, 499
Insanidade – 105
Ionosyan, Vladimir – 201
Iowa – 146-147, 230, 283, 409, 414, 458, 477, 479, 485, 546, 564, 580
Irã – 188

Ireland, Colin – 110, 113, 202, 204-207, 460
Itália – 25, 257, 269, 311, 402, 405, 409, 412, 415-417, 420-421, 425-426, 439, 443, 461, 465, 476-477, 484, 487, 496-497, 499, 503, 511-512, 514, 520, 523, 530, 534-535, 548, 557, 587, 593-595, 597-598, 613
Ivan, o Estripador – 266-267, 480, 549, 614

J

Jack, o Estripador – 43, 96, 114, 122, 137, 139, 150, 201, 208, 211, 217, 227, 235-239, 241, 245, 284, 356, 388-389, 487, 499, 513-514, 521, 537, 562, 599, 617-618
Jackson, Calvin – 31, 113, 166, 190, 192, 201, 276, 292, 342-343, 364, 477, 494-495, 590, 614
Jacksonville, Flórida – 11, 72, 113, 229, 253-254, 256, 346-348, 380, 390, 446, 515, 578
Japão – 101, 232, 255, 267, 464, 490, 492, 513, 519, 532, 548, 572
Jegado, Helene – 458
Jesperson, Keith – 213-216
Johnson, Milton – 21, 62, 74, 80, 126, 129, 133, 143, 190, 216-217, 230, 348, 353, 356, 358, 461, 531, 549, 561-562
Johnston, John – 74, 190, 459, 561
Joliet, Illinois – 44, 126, 216
Jones, Genene – 11, 17, 31, 33, 35, 42, 88, 221-222, 251-252, 467, 469-470, 557-558, 568-570
Joo, Ilona – 56, 66
Joubert, John – 219

K

Kaczynski, Theodore – 66-67, 461
Kalamazoo, Michigan – 11, 317-318, 366
Kallinger, Joseph – 222-224

Kansas – 11-12, 27-28, 49, 113, 190, 269, 283, 342, 380, 391, 402, 411, 430, 441, 446, 448, 457, 459, 463, 469, 474, 478, 487-488, 490, 493, 498, 508, 512-513, 518, 526, 535, 537, 544, 548, 550, 560, 569, 584-586, 616-618
Kardos, Maria – 131
Kasabian, Linda – 220
Kearney, Patrick – 195, 224-225
Kelawang, Nasib – 340
Kelliher, Mary – 221, 462
Kelly, James – 48, 208, 217, 219, 221, 452, 480, 513, 547
Kemper, Edmund – 225-227
Kenosha, Wisconsin – 127
Kentucky – 126, 143, 183, 185, 261, 263, 320
Keppel, Robert – 361
Kiss, Bela – 137, 228-229
Knowles, Paul – 229-231
Kodaira, Yoshio – 231-232, 288-289
Kokoraleis, Andrew – 122-124
Kordiyeh, Gholomreza – 233
Kosminski, Asron – 209
Koster, Bret – 318

L

Lake, Leonard – 41, 71-72, 96, 126-127, 143, 153, 175, 216, 242-245, 315-316, 380, 383, 399, 412, 417, 451, 471, 517, 585, 593
Lamphere, Ray – 173, 186, 193
Landru, Henri – 244-245, 619
Las Vegas, Nevada – 371, 437, 466, 497
Latham, James – 304, 380-381
LeBaron, Ervil – 101, 562
Lecter, Hannibal – 110, 128, 142-143
Lee, Bruce – 26, 47, 110, 113, 153, 219, 223, 248, 252, 254, 306, 319, 348, 374, 382, 412, 414, 422, 429, 438-439, 452, 454, 459, 462-464, 466, 478, 483, 493, 496, 507, 512, 518, 521, 523, 525, 538, 543, 567, 571, 574
Leeds, Inglaterra – 340-341, 508

Lexington, Kentuky – 113, 126, 185-186, 321, 408
Li Wenxian – 248
Lincoln, neb. – 11, 147, 184, 346, 504
Lipke, Juliane – 131
Little, Robert – 85-87, 90, 129, 280-281, 353, 355-356, 473, 616, 619
Locusta, a envenenadora – 248-249
Londres, Inglaterra – 23, 43, 51, 84-85, 105, 118-119, 134-135, 177, 188-189, 202, 205-215, 261, 266, 270, 276, 295, 411, 441, 453, 467, 478, 547, 555, 560, 564, 588, 616-617

M

Macek, Richard – 331, 473
Maine – 138, 159, 218-219, 397, 493, 496, 499, 553-554
Manson, Charles – 42, 70, 199-200, 221, 259, 263-267, 326, 356-357
Maryland – 110, 137, 143, 147-148, 164, 171, 199, 228, 231, 261-262, 327-328, 341, 363, 433, 453, 460, 508, 511, 521-522, 534-535, 544, 549, 557, 573, 617
Massey, Jason – 112
Mathurin, Jean Thierry – 301-302
Matushke, Sylvestre – 99
Maxwell, Bobby – 477
Maybrick, James – 211
Mayer, Stephania – 14-15, 45, 556
McCarty, Henry – 190, 495
Meadows, Johnny – 46, 371, 480
Menarik, Carl – 23, 480
Mentzer, William – 61, 287, 505
Miami, Flórida – 90, 159, 163, 230, 250, 300, 309, 367, 380, 389, 391, 396, 466, 492, 549
Michigan – 19, 23, 46, 106, 167, 169, 237, 255, 315, 320-322, 325-326, 369-371, 377-378, 400, 403, 409, 416, 423-424, 426, 432, 436, 439, 455, 465, 479, 482, 485-486, 490, 494, 498, 508, 511-512, 517, 527, 533, 541, 548, 552, 556, 562, 574, 581, 585, 587, 590, 596-597, 612

Mikhasevich, Gennadiy – 265
Milat, Ivan – 266-267
Minnesota – 44, 76, 173, 230, 295, 395, 408, 424, 441, 459, 471, 497, 512, 525, 577, 592, 612
Mississipi – 67, 148, 410, 426, 431, 435, 439, 451, 475, 500, 505-507, 539-540, 557, 563, 589, 601, 617

N

Nasch, Jay – 44-45
Nash – 44-46, 194, 278, 490, 612
Nebraska – 11, 190, 215, 218-219, 257, 415, 448, 453, 504, 520, 542, 567, 586
Necrofilia – 297
Neeley, Walter – 155
Neely, Alvin – 155
Nelles, Susan – 196
Nelson, Leonard – 27, 85, 234, 281-283, 285-286, 315, 335, 443, 508
Nevada – 89, 92-93, 154-156, 174, 248, 346, 408, 444, 451, 459, 465-466, 468-470, 473, 478, 486-488, 490, 504-505, 509, 512, 525, 531, 535, 540, 562, 566, 568, 570, 577, 587, 592, 616
New Hampshire – 35, 41-43, 114, 377-378
Nova Jersey – 51, 86, 112, 142-143, 190, 226, 228, 273, 289, 343, 390-391
Nova Orleans – 192-194, 255, 302, 542
Novo México – 113, 135, 138-139, 254, 256, 268, 395, 402, 427, 466, 481, 508, 578, 613
Nicarágua – 189, 586
Nickell, Stella – 272, 491
Nilsen, Dennis – 7, 284-286, 616
Norris, Joel – 44-46, 64-65, 117, 330, 367, 517
Norte, Carolina do – 113, 365
Norte, Dakota do – 24, 60, 76, 159
North, Gordon – 103, 185, 343, 352, 483, 501
Noruega – 25, 171, 283, 311

Nova York – 23, 29, 44, 60, 75, 81, 84-85, 95, 107, 110-113, 118, 132, 142, 144, 162, 177, 203, 207, 209-210, 220, 223, 230, 240, 246, 264, 273, 277, 281, 283-284, 303, 314, 343, 353, 370, 382, 412, 416, 454, 457, 462-463, 475, 519, 540, 569, 592, 612-613, 616
Nova Zelândia – 104-105, 532

O

Ocala, Flórida – 250, 376
Ohio – 77, 79, 102, 104, 143, 174, 181, 193, 232, 248, 260, 271, 276, 279, 321, 343-344, 433, 436, 447-448, 456, 463, 469, 471-472, 474, 477, 481, 487, 490, 507, 511, 514, 523, 535, 545, 549, 563, 576, 579-580, 582, 585, 593-595, 613, 619
Oklahoma – 89, 117, 142-143, 147, 218, 234, 300, 311, 357, 387, 433, 445-446, 455, 463, 469, 471, 473, 508, 514, 532, 536, 538, 540, 548, 554, 559-560, 569, 572, 575-578, 580-581, 585, 615-617
Okubo Kiyoshi – 288
Olah, Susannah – 131, 139
Olson, Clifford – 290-291, 492, 614
Omaha, Neb. – 151, 612
Onoprienko, Anatoly – 291-292
Orgozov – 288
Orr, John – 200-201
Owen, Duane – 95, 293-294, 473

P

Pacciani, Pietro – 269-271
Países Baixos – 454, 468, 556, 576
Paisnal, Edward – 45
Pandy, Agnes – 294-295
Panzram, Carl – 295-296
Pardo, Manuel – 297-301
Paris, França – 244-245, 302, 306, 368-369, 397, 407, 428, 445, 469, 498, 507, 513, 547

Paulin, Thierry – 301-302
Pedofilia – 297
Peete, Louise – 303
Pennell, Steven – 494
Pensilvânia – 25-26, 65, 79, 92, 131, 190, 204, 210, 249-250, 279, 370, 375, 430, 618
Pequim, China – 53, 59
Peru – 251, 578
Peterson, Christopher – 187, 217, 221, 319
Petiot, Marcel – 305-307, 616
Petrillo, Herman – 65-66
Pierce, William – 135, 155, 229, 231, 361, 495
Piper, Thomas – 190, 496, 617
Pistorius, Micki – 309, 310
Player, Michael – 44, 496
Polônia – 54, 107, 340, 469, 478, 486, 489, 499, 553, 578, 601
Pomeroy, Jesse – 190, 497
Portland, Maine – 138, 218-219
Portland, Oregon – 214, 282, 506
Pough, James – 220, 498
Powers, Harry – 29, 498, 612
Protopappas – 23, 500
Psicopata, el – – 310-311, 437, 473, 478, 500, 515, 583, 594
Pugh, Joel – 19, 262, 268

Q

Quick, Thomas – 311
Quinn, Jane – 311
Quintiliano, Mathew – 312-313

R

Rachals, Terri – 221, 500
Raghav, Taman – 313
Rais, Gilles de – 28, 313-314
Ramirez, Richard – 171, 199, 314, 316-317, 503
Ranes, Danny – 317-318
Ranes, Larry – 317-318

Rees, Melvin – 212, 235, 318-320
Reinhardt, James – 49
Renczi – 320
Reno, Nevada – 89
Ressler, Robert – 52, 114, 203, 321-322, 335, 337, 615
Richards, Stephen – 503
Rijke, Sjef – 322
Rissel, Monte – 322
Rivera, Vincent – 45, 185, 224, 329, 337, 572-573
Riverside, Califórnia – 216, 224, 292, 446
Rizzo, Rodd – 112
Robaczynski, Mary – 504
Roberts, David – 44, 46, 200, 507
Rolling, Danny – 507
Roma, Itália – 442, 588
Ross, Michael – 323-324
Romênia – 295, 527
Ross, Michael – 40, 187, 323-326, 496
Rule – 159, 361
Rússia – 11, 74, 160, 238, 383, 437, 448, 460, 472-473, 483, 495, 506, 511, 523, 544, 557, 574, 591

S

Sacramento, Califórnia – 120, 230, 416, 500
Sadismo – 297
Salt Lake, Cidade, Utah – 71-72, 214, 381, 395, 405, 444, 482, 582
Sams, Michael – 60, 111
San Antonio, Texas – 217
San Diego, Califórnia – 89, 115, 455, 542
San José, Costa Rica – 310
Santa Cruz, Califórnia – 226, 234-235, 285-286, 422
Schaefer, Gary – 37
Schaefer, Gerard – 326-327
São Francisco, Califórnia – 512
Savage, Gail – 510
Schmid, Charles – 170, 219, 510
Schnectady, N. Y. – 344
Sears, Charles – 512

Seattle – 21-22, 47-49, 70, 75-76, 78-80, 119, 366, 515-516, 538, 600
Seda, Heriberto – 512
Selepe, David – 512
Sellman, Edward – 144
Shankariya, Kampatimar – 332
Shawcross, Roger – 363, 532
Sickert, Walter – 210
Sifakis, Carl – 24
Simmons, Tommie – 144, 515, 560
Simons, Norman – 309, 515
Sims, Paula – 516
Síndrome de Munchausen – 334, 396
Sithole, Moses – 334-336
Sobhraj, Charles – 518
Soda Pop – 45
Soto, Erno – 336-337
Speck, Richard – 520
Spraggins, Jerry – 521
Spreitzer, Edward – 123-125
Stager, Barbara – 365, 521
Staniak, Lucian – 337-338
Stano, Gerald – 338-339
Starkweather, Charles – 190, 566, 601, 617
Steelman, William – 169-170
Stephen, James – 19, 45, 190, 220, 232, 297, 415, 503, 506, 520, 534, 619
Stephenson, Robert – 210-211
Strauss, Harry – 523
Suécia – 311, 342, 557, 571, 588
Suradji, Ahmad – 340
Sutcliffe, Peter – 340-342
Swiatek – 189, 525
Szentes, Doratta – 56

T

Tacoma, Washington – 47, 69, 268, 425
Tchecoslováquia – 356, 554
Teerã, Irã – 233
Terre Haute, Indiana – 186, 259
Terrel, Bobbie – 31, 33, 343, 558
Terry, Maury – 27, 32-33, 60, 74-75, 124, 247, 398-399, 564, 588, 619
Texarkana – 41-42

Texas – 19, 29, 38-39, 41-42, 46, 53-54, 87, 91-92, 94, 96-97, 114, 125, 131, 149, 157, 178, 182, 184, 189-191, 207, 221, 233, 251-252, 259, 265, 289, 292, 297, 301, 306, 314, 318, 345-346, 348, 350, 358, 376, 394, 402-403, 430-431, 433, 435, 440, 456, 474, 492, 499, 501, 505, 507, 510, 512, 515, 517, 519, 522-523, 530, 535-537, 543-545, 547, 549-550, 552, 554-555, 560-568, 570-573, 576, 578, 580, 583-584, 586-587, 591, 593-595, 598, 600, 612-613, 615-616, 619
Tholmer, Brandon – 527
Thug, culto – 565
Thwala, Sipho – 309
Tinning, Marybeth – 334, 345-346
Tofania – 189
Toole, Ottis – 195, 253-254, 256-257, 345-348, 351-352
Toppan, Jane – 190, 529
Tóquio, Japão – 231-232, 288-289, 488
Toronto, Canadá – 195-196, 578, 595, 617-618
Trayner, Phyllis – 196-197
Trenton, N. J. – 35, 360, 415
Trudeau, Yves – 272
Trupp, Nathan – 530
Tuggle, Debra – 352-354, 531
Tulsa, Oklahoma – 113, 297, 437

U

Unterweger, Sophie – 355-356
Ursinus, Sophie – 531
Utah – 71-73, 143, 214, 230, 271, 319, 383, 396, 419, 421, 426-428, 466, 480, 486, 490, 516, 519, 529, 564, 580, 601, 618
Utrecht, Holanda – 322

V

Vacher, Joseph – 358-359
Vakrinos, Dimitris – 359
Van Houten, Leslie – 262-263
Vaughn, James – 132, 141-142, 167, 169
Vermont – 35, 41-43, 76, 482, 503, 535
VICAP – 35, 51, 82, 86, 120, 328, 335, 368-370
Viena, Áustria – 13
Virgínia – 181, 183, 353, 401, 426, 436-437, 461, 469-470, 476, 481, 496, 498, 502, 506-507, 509, 513, 524, 530, 534, 538, 543, 545, 550, 554, 560, 566, 571, 583, 595, 598, 616-618
Viúvas negras – 364

W

Walsh, Adam – 346, 347
Washington – 20, 25, 47-48, 50, 63-65, 71, 76-77, 79-82, 86, 88, 101, 117, 123, 131, 137, 139, 143, 147-148, 164, 170, 222, 275, 303-304, 317, 371, 417, 420, 426, 431, 439, 445, 448, 460, 479, 502, 522, 526, 529, 531, 534, 546, 548, 553, 564-567, 576-577, 584, 594, 612
Waterfield, Fred – 162-164
Watson, James – 29, 117, 181, 263-264, 538, 559
Watts, Coral – 40, 365, 376-378
Webb, Denis – 40, 272, 346, 537
Weber, Jeanne – 367-368, 537
West Virginia – 143, 191, 195, 249, 256, 260, 322, 365
White Plains, Nova York – 46, 140
Wijnaendts, Marten – 20
Wilcox, Phyllis – 47, 71, 171, 328
Wilder, Christopher – 52, 63, 369-372
Wilken, Stewart – 309, 539
Winnipeg, Manit – 283
Wisconsin – 11, 35, 79, 102, 104, 117, 140, 149, 156-157, 171, 183, 187, 201, 374, 382, 482, 502, 537, 558, 566, 594
Wood, Catherine – 164
Wuornos, Aileen – 373-378
Wyoming – 89, 144, 218-219, 439, 461, 482, 541, 578, 588, 601

X

Xitavhudzi, – Elias 379

Y

Yallop, David – 341
Yershov, Vadim – 380, 544
Young, William – 381-383, 544, 567, 587, 594
Yukl, Charles – 383

Z

Zarinsky, Robert – 385
Zikode, Christopher – 385-386
Zodíaco (Califórnia) – 46, 110, 386-389, 511
Zu Shenatir – 188, 546
Zwanziger, Anna – 389-390

Bibliografia

ABRAHAMSEN, David. *Confessions of Son of Sam*. New York: Imprensa da Universidade de Columbia, 1985.

_____. *The Murdering Mind*. New York, Harper & Row, 1973.

ADAM, H. L. *Trial of George Chapman*. London: William Hodge, 1930.

ADLEMAN, Robert. *The Bloody Benders*. New York: Stein & Day, 1970.

ADAMS, Terry, Mary Brooks-Mueller e Scott Shaw. *Eye of the Beast*. Omaha: Addicus Books, 1998.

ALIBRANDI, Tom e Frank Armani. *Privileged Information*. New York: Harper Collins, 1984.

ALLEN, William. *Starkweather*. Boston: Houghton Mifflin, 1967.

ALTMAN, Jack e Martin Ziporyn, *Born to Raise Hell*. New York: Grove, 1967

ANDERSON, Chris e Sharon Mc Gehee. *Bodies of the Evidence*. New York: Lyle Stuart, 1991.

ANDERSON, Frank. *The Dark Strangler*. Calgary: Frontier, 1974.

ANGELELLA, Michael. *Trail of Blood*. New York: New American Library, 1979.

APPLETON, Arthur. *Mary Ann Cotton*. London: Michael Joseph, 1973.

APSCHE, Jack. *Probing the Mind of a Serial killer*. Morisville, Penn.: Internatinal Information Associates, 1993.

BADEN, Michael. *Unnatural Death*. New York: Ivy Books, 1989.

BAKOS, Susan. *Appointment for Murder*. New York: Putnam, 1989.

BANK, Harold. *The Strangler!* New York: Avon, 1967.

BARDENS, Dennis. *The Ladykiller*. London: P. Davies, 1972.

BARTLETT, Evan. *Love Murders of Harry F. Powers*. New York: Sheftel Press, 1931.

BAUMANN, Ed. *Step into My Parlor*. Chicago: Bonus Books, 1991.

BEATTIE, John. *The Yorkshire Ripper*. London: Quartet/Daily Star, 1981

BEGG, Paul, Martin Fido e Keith Skinner. *The Jack the Ripper* A-Z. London: Headline, 1996.

BERG, Karl. *The Sadist*. London: Heinemann, 1932.

BINGHAN, John e William Muncie. *The Hunting Down of Peter Manuel, Glasgow Multiple Murderer*. London: Macmillan, 1971.

BIONDI, Ray e Walt Hecox. *All His Father's Sins*. New York: Pocket Books, 1988.

_____. *The Dracula Killer*. New York:

Pocket Books, 1992.

BISHOP, George. *Witness to Evil*. Los Angeles: Nash Publishing, 1971.

BLACKBURN, Daniel. *Human Harvest*. Los Angeles: Knightsbridge, 1990.

BLEDSOE, Jerry. *Bitter Blood*. New York. E. P. Dutton, 1988.

BRDLEE, Ben, Jr. e Dale van Atta. *Prophet of Blood*. New York: Putnam, 1981.

BREO, Dennis e William Martin. *The Crime of the Century*. New York: Bantam, 1993.

BROWN, Wenzell. *Introduction to Murder*. New York: Greenberg, 1952.

BRUSSEL, James. *Casebook of a Crime Psychiatrist*. New York: Bernard Geis, 1968.

BUCK, Pearl. *The Honeymoon Killers*. London: Sphere Books, 1970.

BUGLIOSI, Vincent e Curt Gentry. *Helter Skelter*. New York: Norton, 1974.

BURN, Gordon. *Somebody's Husband, Somebody's Son*. New York: Viking, 1984.

BUSCH, Alva. *Roadside Prey*. New York: Pinnacle, 1996.

BYRNE, Gerald. *Borstal Boy*. London: J. Hill, 1954.

_____. *John George Haigh, Acid Killer*. London: J. Hill, 1954.

CAHILL, Bette. *Butterbox Babies*. Toronto: McClelland-Bantam, 1992.

CAHILL, Tim. *Buried Dreams*. New York: Bantam, 1985.

CARPOZI, George. *Son of Sam*. New York: Manor Books, 1977.

CARTEL, Michael, *Disguise of Sanity: Serial Massachusetts Murder*. Toluca Lake, Califórnia.: Pepperbox Books, 1985

CHANEY, Margaret. *The co-Ed Killer*.

New York: Walker, 1976.

CHAPMAN, Ivan. *Private Eddie Leonski*. Sydney, N. S. W.: Hale & Ironmonger, 1982.

CHRISTIE, Trevor: *Etched in Arsenic*. Philadelphia: J.B. Lippincott, 1968.

CHYNOWETH, Rena e Dean Shapiro. *The Blood Covenant*. Austin, Texas: Diamond Books, 1990.

CLARK, Tim e John Penycate. *Psychopath*. London: Routledge & Kegan Paul, 1976.

CLARKE, James. *Last Rampage*. New York: Houghton Mifflin, 1988.

U.S. Senate Judiciary Committeo. *Serial Murders*. Washington, D.C.: Departamento de Impressão do Governo dos Estados Unidos, 1984.

CONRADI, Peter. *The Red Ripper*. New York: Dell, 1992.

COOK, Thomas. *Early Graves*. New York: Dutton, 1990.

COPELAND, James. *The Butler*. London: Granada, 1981.

COSTON, John. *To Kill and Kill Again*. New York: Onyx, 1992.

COX, Mike. *The Confessions of Henry Lee Lucas*. New York: Ivy Books, 1991.

COX, Robert. *Deadly Pursuit*. New York: Ballantine, 1997.

CRAY, Ed. Burder of Proof. Macmillan, 1973

CROSS, Roger. *The Iorqueshire Ripper*. London: Granada, 1981.

CULLEN, Robert. *The Killer Department*. New York: Pantheon Books, 1993.

DAHMER, Lionel. *A Father's Story*. New York: Morrow, 1994.

DAMIO, Ward. *Urge to Kill*. New York:

Pinnacle, 1974.

DAMORE, Leo. *In His Garden*. New York: Arbor House, 1981.

DAVIS, Don. *The Milwaukee Murders*. New York: St. Martin's, 1991.

DAWKINS, Vickie and Nina Higgins. *Devil's Child*. New York: St. Martin's, 1989.

DE LOUSIANIA TORRE, Lillian. *The Truth About Belle Gunness*. New York: Gold Medal, 1955.

DETTLINGER, Chet e Jeff Pugh. *The List*. Atlanta: Philmay, 1983.

DEVLIN, Patrick. *Easing the Passing*. London: Bodley Head, 1985.

DICKSON, Grierson. *Murder by Numbers*. London: Robert Hale, 1958.

DILLMAN, John. *Blood Warning*. New York: G. P. Putnam's Sons, 1990.

DOUGLAS, John: Ann Burgess; Allen Burgess e Robert Ressler. *Crime Classification Manual*. San Francisco: Jossey-Bass, 1972.

DOUGLAS, John e Mark Olshaker. *Journey into Darkness*. New York. Pocket Boods, 1997.

_____. *Mind Hunter*, New York: Scribner, 1995.

DOWNS, Thomas. *Murder Man*. New York: Dell, 1984.

DU CLOS, Bernard. *Fair Game*. New York: St. Martin's, 1993.

DVORCHAK, Robert e Lisa Holewa. *Milwaukee Murders*. New York: Dell, 1991.

EDDOWES, John. *The Man on Your Conscience*. London: Cassel, 1955.

_____. *The Two Killers of Rillington Place*. London: Little, Brown, 1994.

EGGER, Steven. *The Killers Among Us*. Upper Saddle River, N. J.: Prentice Hall, 1998.

_____. *Serial Murder: An Elusive Phenomenon*. New York: Praeger, 1990.

EGGINTON, Joyce. *From Cradle to Grave*. New York: William Morrow, 1989.

ELKIND, Peter. *The Death Shift*. New York: Viking, 1989.

EMMONS, Nuel e Charles Manson. *Manson in His Own Words*. New York: Grove, 1986.

ENGLADE, Ken. *Cellar of Horror*. New York: St. Martin's, 1988.

EVERITT, David. *Human Monsters*. Chicago: Contemporaray Books, 1993.

EWING, Charles. *Kids Who Kill*. Lexington, Massachusetts.: Lexington Books, 1990.

FARR, Louise. *The Sunset Murders*. New York: Pocket Books, 1992.

FAWKES, Sandy. *Killing Time*. London: Hamlyn, 1978.

FERO, Kelly. *The Zani Murders*. Austin, Texas: Texas Monthly Press, 1990.

FERRY, Jon e Damian Inwood. *The Olson Murders*. Langley, B. C.: Cameo Books, 1982.

FISCHER, Joseph. *Killer Among Us*. Westport, Connecticut.: Praeger, 1997.

FRANK, Gerald. *The Boston Strangler*. New York: New American Library, 1967.

FRASIER, David. *Murder Cases of The Twentieth Century*. Jefferson, N.C.: Mc Farland, 1996.

FREEMAN, Lucy. *"Before I Kill More..."* New York: Crown, 1955.

FURNEAU, Rupert. *The Two Stranglers of Rillington Place*. London: Panther, 1961.

GADDIS, Thomas e James Long. *Killer*. New York: Macmillan, 1970.

GANEY, Terry. *St. Joseph's Children*. New York: Lyle Stuart, 1989.

GILMOUR, Walter e Leland Hale. *Butcher, Baker*. New York: Onyx, 1991.

GINSBURG, Philip. *Poisoned Blood*. New York: Warner, 1987

_____. *The Shadow of Death*. New York: Jove Books, 1993.

GIBNEY, Bruce. *The Beauty Queen Killer*. New York: Pinnacle, 1984.

GODWIN, George. *Peter Kurten*. London: Acorn, 1938.

GODWIN, John. *Murder USA*. New York: Ballantine, 1978.

GOLLMAR, Robert. *Edward* Gein. New York: Charles Hallberg, 1981.

GRAYSMITH, Robert. *The Sleeping Lady*. New York: Dutton, 1990.

_____. *Unabomber*. Washington, D. C.: Regnery, 1997

_____. *Zodiac*. New York: St. Martin's, 1986.

GROMBACH, John. *The Great Liquidator*. New York: Doubleday, 1980.

GURWELL, John. *Massachusetts Murder in Houston*. Houston: Cordovan Press, 1974.

HALLWORTH, Rodney e Mark Williams. *Where There's a Will* —. Jersey, England: Capstans Press, 1983.

HANNA, David. *Harvest of Horror*. New York: Belmont Tower, 1975.

HARDY, Allison. *Kate Bender*. Girard, Kansas.: Halderman-Julius, 1944.

HARRISON, Fred. *Brady & Hindley*. London: Ashgrove Press, 1986.

HAWKES, Harry. *The Capture of the Black Panther*. London: Harrap, 1978.

_____. *Murder on the A34*. London: John Long, 1970.

HEIMER, Mel. *The Cannibal*. New York: Lyle Stuart, 1971.

HOLDEN, Anthony. *The St. Albans Poisoner*. London: Hodder & Stoughton, 1974.

HOWARD, Clark. *Zebra*. New York: Berkley, 1980.

HUMES, Edward. *Buried Secrets*. New York: Dutton, 1991.

JAEGER, Richard e M. William Balousek. *Massacre in Milwaukee*. Oregon, Wisconsin.: Waubesa Press, 1991.

JAMES, John. *The Benders of Kansas*. Wichita: Kan-Oklahoma Publishing, 1913.

JEFFERS, H. Paul. *Who Killed Precious?* New York: Pharos Books, 1991.

JONES, Ann. *Women Who Kill*. New York: Holt, Rinehart & Winston, 1980.

JONES, Frank. *Trail of Blood*. Toronto: McGraw-Hill Ryerson, 1981.

JONES, Janie e Carol Clerk. T*he Devil and Mississipi Jones*. London: Smith Gryphon, 1993.

JOUVE, Nicole: *The Street Cleaner*. London: Marion Boyers, 1986.

KELLEHER, Michael e C.L. Kelleher. *Murder Most Rare*. Westport, Connecticut.: Praeger, 1998.

KENDALL, Elizabeth. *The Phantom Prince*. Seattle: Madrona, 1981.

KENNEDY, Dolores. *William Heirens: His Day in Court*. Chicago: Bonus Books, 1991.

KENNEDY, Dolores e Robert Nolin. *On a Killing Day*. Chicago: Bonus Books, 1992.

KENNEDY, Ludovic. *10 Rillington Place*. London: Gollancz, 1961.

KEPPEL, Robert. *The Riverman*. New York: Pocket Books, 1995.

_____. *Serial Murder*. Cincinnati: Anderson Publishing, 1989.

KEYS, Daniel. *Unveiling Claudia*. New York: Bantan, 1986.

KEYES, Edward. *The Michigan Murders*. New York: Pocket Books, 1976.

KIDDER, Tracy. *The Road to Yuba City*. New York: Doubleday, 1974.

Kilroy, Jim e Bob Stewart. *Sacrifice*. Dallas: Word Publishing, 1990.

KING, Gary. *Blood Lust*. New York: Onyx, 1992.

KLAUSNER, Lawrence. *Son of Sam*. New York: McGraw-Hill, 1981.

KOLARIK, Gera-Lind e Wayne Klatt. *Freed to Kill*. Chicago: Chicago Review Press, 1990.

KRIVICH, Mikhail e Olgert Olgin. *Comrade Chikatilo*. Fort Lee, N. J.: Barricade Books, 1993.

LOUSIANIA BERN, Arthur. Haigh: *The Mind of a Murderer*. London: W. H. Allen, 1973.

LANGLOIS, Janet. *Belle Gunness*. Bloomington: Indiana University Press, 1985.

LARSEN, Richard. *Bundy: The Deliberate Stranger*. Englewood Cliffs, N. J.: Prentice-Hall, 1980.

LEITH, Rod. *The Prostitute Murders*. New York: Lyle Stuart, 1983.

LESTER, David. *Serial killers*. Philadelphia: The Charles Press, 1995.

LINEDECKER, Clifford. *Hell Ranch*. Austin, Texas: Diamond Books, 1989

_____. *The Man Who Killed Boys*. New York: St. Martin's, 1980.

_____. *Night Stalker*, New York: St. Martin's, 1991.

_____. *Serial Thrill Killers*. New York: Knightsbridge, 1990.

_____. *Thrill Killers*. New York: Paperjacks, 1987.

LINEDECKER, Clifford e William Burt. *Nurses Who Kill*. New York: Pinnacle, 1990.

LIVSEY, Clara. *The Manson Women*. New York: Marek, 1980.

LOUDERBACK, Lew. *The Bad Ones*. New York: Fawcett, 1968.

LOURIE, Richard. *Hunting the Devil*. New York: HarperCollins, 1993.

LUCAS, Norman. *The Sex Killers*. London: W.H.Allen, 1974.

LUCAS, Norman e Phil Davies. *The Monster Butler*. London: Arthur Barker, 1979.

LUNDE, Donald. *Murder and Madness*. San Francisco: San Francisco Book Company, 1976.

_____. *The Die Song*. New York: W. W. Norton, 1980.

MACLEAN, Rick e André Veniot. *Terror*. Toronto: McClelland & Stewart, 1990.

_____. *Terror's End*. Toronto: McClelland & Stewart, 1992.

MAEDER, Thomas. *The Unspeakable Crimes of Dr. Petiot*. Boston: Little, Brown, 1980.

MARCHBANKS, David. *The Moors Murders*. London: Frewin, 1966.

MARTIN, John. *Butcher's Dozen*. New York: Harper & Brothers, 1950.

MARTINGALE, Moira. *Cannibal Killers.* New York: St. Martin's, 1993.

MASTER, R. E. L. e Eduard Lea. *Perverse Crimes in History.* New York: Julian, 1963.

MASTERS, Brian. *Killing for Company.* London: Jonathan Cape, 1985.

_____. *The Shrine of Jeffrey Dahmer.* London: Hodder & Stoughton, 1993.

MCCONNELL, Brian. *Found Naked and Dead.* London: New English Library, 1974.

MCCONNEL, Brian e Douglas Bence. *The Nilsen File.* London: Futura, 1983.

MACDONALD, R. Robin. *Black Widow.* New York: St. Martin's, 1986.

MCDOUGAL, Dennis. *Angel of Darkness.* New York: Warner, 1991.

MCINTYRE, Tommy. *Wolf in Sheep's Clothing.* Detroit: Wayne State University Press, 1988.

MCNALLY, Raymond. *Dracula Was a Woman.* New York: McGraw-Hill, 1983.

MEYER, Gerald. *The Memphis Murders.* New York: Seabury, 1974.

MICHAUD, Stephen e Hugh Aynesworth. *Murderers Among Us.* New York: Signet, 1991.

_____. *The Only Living Witness.* New York: Simon & Schuster, 1983.

_____. *Ted Bundy: Conversations with a Killer.* New York: New American Library, 1989.

MITCHELL, Sandra. *The Miramichi Axe Murder.* Halifax, N.S.: Nimbus, 1992.

MOORE, Kelly e Dan Reed. *Deadly Medicine.* New York: St. Martin's, 1988.

MOSER, Don e Jerry Cohen. *The Pied Piper of Tucson.* New York: New American Library, 1967.

MULGREW, Ian. *Final Payoff.* Toronto: McClelland-Bantam, 1990.

NEVILLE, Richard e Julie Clark. *The Life and Crimes of Charles Sobhraj.* London: Jonathan Cape, 1979.

NEWTON, Michael. *Hunting Humans.* Port Townsend. Washington.: Loompanics Unlimited, 1990.

_____. *Raising Hell.* New York: Avon, 1993.

_____. *Rope,* New York: Pocket Books, 1998.

_____. *Serial Slaughter.* Port Townsend, Washington.: Loompanics Unlimited, 1992.

_____. *Silent Rage.* New York, Dell, 1994.

_____. *Still at Large.* Port Townsend, Washington.: Loompanics Unlimited, 1998.

_____. *Waste Land.* New York: Pocket Books, 1998.

NEWTON, Michael e Judy Ann Newton. *The FBI Most Wanted.* New York: Garland, 1989.

NICKEL, Steven. *Torso.* Winston-Salem. N. C.: J. F. Blair, 1989.

NORTON, Carla. *Disturbed Ground.* New York: Morrow, 1994.

O'BRIEN, Darcy. *Murder in Little Egypt.* New York: Morow, 1989.

_____. *Two of a Kind: The Hillside Stranglers.* New York: New American Library, 1985.

OLSEN, Gregg. *Abandoned Prayers.* New York: Warner, 1990.

OLSEN, Jack. *The Man with the Candy.* New York: Simon & Schuster, 1974.

_____. *The Misbegotten Son*. New York: Delacorte Press, 1993.

PENROSE, Valentine. *The Bloody Countess*. London: Calder & Boyars, 1970.

PETIT, Mark. *A Need to Kill*. New York: Ivy Books, 1990.

PHILPIN, John. *Stalemate*. New York: Bantam, 1997.

POTTER, J. D. *The Monster of the Moors*. New York: Ballantine, 1966.

PROVOST, Garyer. *Across the Bordr*. New York: Pocket Books, 1989.

QUIMBY, Myron. *The Devil's Emissaries*. New York: Curtis Books, 1969.

RAE, George. *Confessions of the Boston Strangler*. New York: Pyramid, 1967.

REINHARDT, James. *The Murderous Trail of Charles Starkweather*. Springfield, Illinois. : C. C. Thomas, 1960.

_____. *The Psychology of Strange Killers*. Springfield, Illinois.: C. C. Thomas, 1962.

RESSLER, Robert; Ann Burgess e John Douglas. *Sexual Homicide*. Lexington, Massachusetts.: Lexington Books, 1988.

RESSLER, Robert e Tom Schachtman. *I Have Lived in the Monster*. New York: St. Martin's, 1997.

_____. *Whoever Firoghts Monsters*. New York: St. Martin's, 1994.

REYNOLDS, Michael. *Dead Ends*. New York: Warner, 1992.

REYNOLDS, Richard. *Cry for War*. San Francisco: Squibob Press, 1987.

RIGNALL, Jeff. *29 Below*. Chicago: Welliington Press, 1979.

RITCHIE, Jean. *Myra Hindley*. London: Angus & Robertson, 1988.

RULE, Ann. *The I-5 Killer*. New York: New American Library, 1984.

_____. *Lust Killer*. New York: New American Library, 1983.

_____. *The Stranger Beside Me*. New York: New American Library, 1980.

_____. *The Want-Ad Killer*. New York: New American Library, 1983.

RUMBELOW, Donald. *The Complete Jack the Ripper*. London: Penguin, 1975.

_____. *Jack the Ripper: the Complete Casebook*. New Iorque: Berkley, 1988.

RUSSELL, Sue. *Damsel of Death*. London: True Crime, 1992.

SANDERS, Ed. *The Family*. New York: Dutton, 1971.

SCHECHTER, Harold. *Bestial*. New York: Pocket Books, 1998.

_____. *Deranged*. New York: Pocket Books, 1990.

_____. *Deviant*. New York: Pocket Books, 1989.

SCHECHTER, Harold e David Everitt. *The A to Z Encyclopedia Serial killers*. New York: Pocket Books, 1996.

SCHILLER, Lawrence e Susan Atkins. *The Killing of Sharon Tate*. New York: New American Library, 1970.

SCHREIBER, Flora. *The Shoemaker*. New York: Simon & Schuster, 1983.

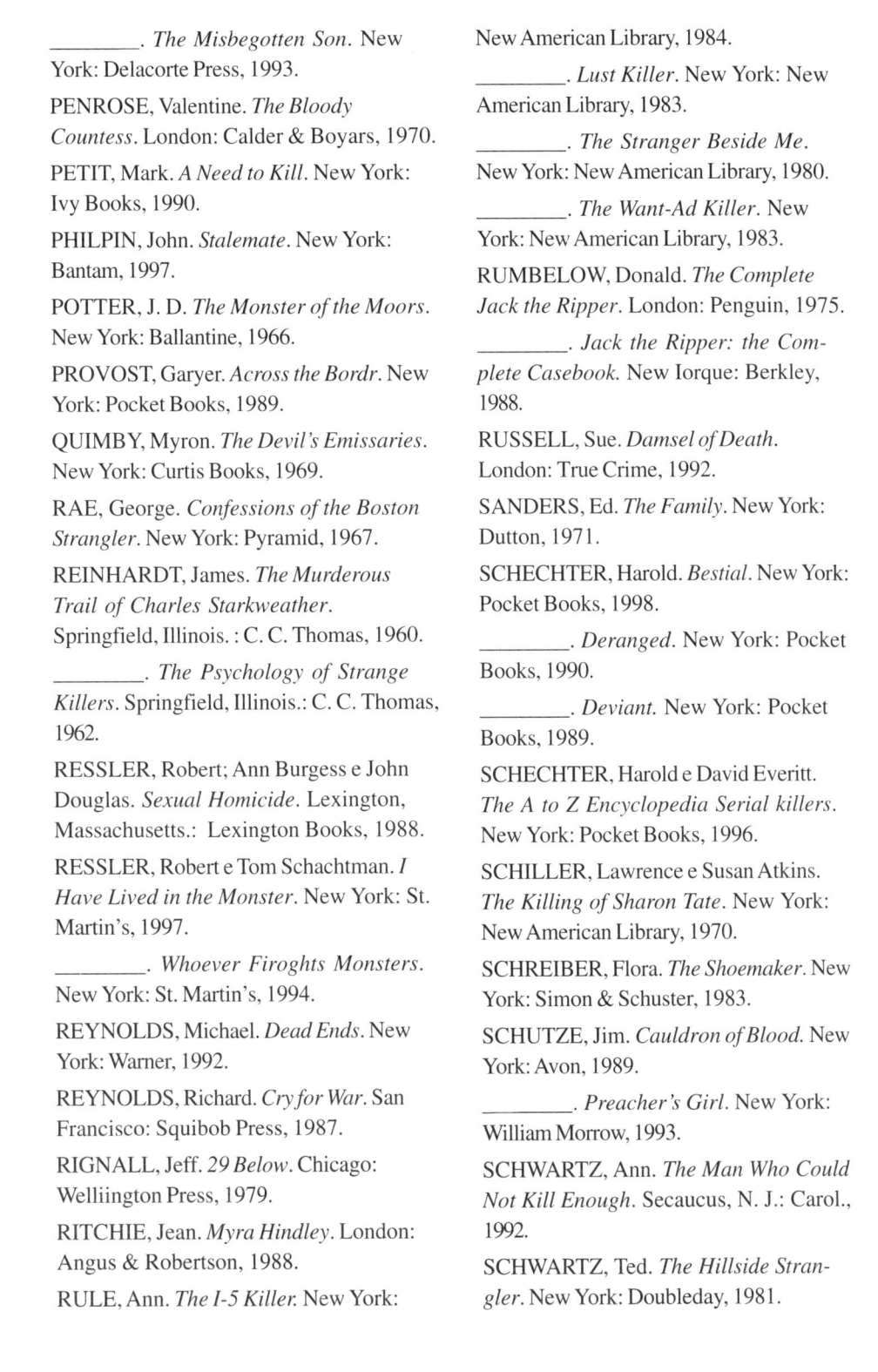

SCHUTZE, Jim. *Cauldron of Blood*. New York: Avon, 1989.

_____. *Preacher's Girl*. New York: William Morrow, 1993.

SCHWARTZ, Ann. *The Man Who Could Not Kill Enough*. Secaucus, N. J.: Carol., 1992.

SCHWARTZ, Ted. *The Hillside Strangler*. New York: Doubleday, 1981.

SEARS, Donald. *To Kill Again*. Wilmington, Delaware.: Scholarly Resources, 1991.

SEGRAVE, Kerry. *Women Serial and Massachusetts Murderers*. Jefferson, N.C.: McGarland, 1992.

SELWYN, Francis. *Rotten to the Core?* London: Routledge, 1988.

SERENY, Gitta. *The Case of Mary Bell*. London: Methuen, 1972.

SMITH, Carlton. *Killing Season*. New York: Onyx, 1994.

SMITH, Carlton e Thomas Guillen. *The Search for the Green River Killer*. New York: Onyx, 1991.

SPARROW, Gerald. *Satan's Children*. London: Odhams, 1966.

SPINKS, Sarah. *Cardiac Arrest*. Toronto: Doubleday, 1985.

STODDART, Charles. *Bible John*. Edinmburgo: Paul Harris, 1980.

STOKES, Hugh. *Madame de Brinvilliers*. London: Thomas Nelson, 1912.

SUGDEN, Phillip. The Complete History of Jack the Ripper. New York: Carroll & Graf, 1995.

SULLIVAN, Terry e Peter Maiken. *Killer Clown*. New York: Grosset & Dunlap, 1983.

TAILBITZER, Bill. *Too Much Blood*. New York: Vantage Press, 1978.

TANNENBAU, Robert e Peter Greenberg. *The Piano Teacher*. New York: New American Library, 1987.

TATAR. *Lustmord*. Princeton, N. J.: Princeton University Press, 1995.

TERRY, Maury. *The Ultimate Evil*. New York: Double-day, 1987.

THOMPSON, Thomas. *Serpentine*. New York: Dell, 1979.

TROTTER, William e Robert Newsom III. *Deadly Kin*. New York: St. Martin's, 1988.

TULLETT, Tom. *Portrait of Bad Man*. London: Evans Brothers, 1956.

VALENTINE, Steven. *The Black Panther Story*. London. New English Library, 1976.

VAN HOFFMAN, Eric. *A Venon in the Blood*. New York: Donald I. Fine, 1990.

VILLASENOR, Victor. *Jury*. Boston: Little, Brown, 1977.

WAGNER, Margaret. *The Monster of Düsseldorf*. London: Faber, 1932.

WAKEFIELD, H. Russel. *Landru*. London: Duckworth, 1936.

WATKINS, Paul e Guillermo Soledad. *My Life with Charles Manson*. New York: Bantam, 1979.

WAUMBAUGH, Joseph. *The Blooding*. New York: Perigord Press, 1989.

WEBER, Don e Charles Bosworth. *Precious Victims*. New York: Signet, 1991.

WEST, Donald. *Sacrifice Unto Me*. New York: Pyramid, 1974.

WILCOX, Robert. *The Mysterious Deaths at Ann Arbor*. New York: Popular Library, 1977.

WILLIAMS, Emlyn. *Beyond Belief*. New York.

WILSON, Colin. *A Casebook of Murder*. London: Leslie Frewin, 1969.

_____. *Order of Assassins*. London: Hart-Davis, 1972.

_____. *Written in Blood*. 3 vols. New York: Warner, 1989.

WILSON, Colin e Patricia Pitman. *The Encyclopedia of Murder*. London: Barker, 1961.

WILSON, Colin e Donald Seaman. *The

Encyclopedia of Modern Murder. New York: Barker, 1983.

_____. *The Serial killers.* New York: Carol, 1990.

WILSON, Colin e Damon Wilson. *The Killers Among Us.* 2 vols. New York: Warner, 1995.

WILSON, John. *The Trial of Peter Manuel.* London: Secker e Warburg, 1959.

WILSON, Robert. *Devil's Disciples.* Poole, England: Javelin Books, 1986.

_____. *Return to Hell.* London: Javelin Books, 1988.

WINN, Steven e David Merrill. *Ted Bundy: the Killer Next Door.* New York: Bantam, 1979.

WOOD, William. *The Bone Garden.* New York: Pocket Books, 1994.

WOODS, Paul. *Ed Gein-Psycho!* London: Annihilation Press, 1992.

YALLOP, David. *Deliver Us From Evil.* New York: Coward, McCann, 1982.

YERRINGTON, J. M. W. *The Official Report of the Rial of Sarah Jane Robinson.* Boston: Wright & Potter, 1888.

YORK, Mary. *The Bender Tragedy.* Mankato, Kansas.: George W. Neff, 1875

YOUNG, Winifred. *Obsessive Poisoner.* London: Hale, 1973.

ZIEROLD, Norman. *Three Sisters in Black.* Boston: Little, Brown, 1968.

Leitura Recomendada

Arquivos Criminais
Demonstrações Assustadoras da Depravação Humana
John Marlone

"O estudante de criminalística Stephen Griffiths pintou com spray as palavras "Minha Escrava Sexual" nas costas de sua vítima, antes de filmar seu assassinato em seu telefone celular.
O suinocultor assassino Robert Pickton administrava a Piggy Palace Good Times Society, um local sórdido que assegurava um fluxo constante de vítimas."

Os Crimes de Jack, o Estripador
The Crimes of Jack the Ripper
Paul Roland

Mais de um século depois de suas emboscadas nas ruas do East End de Londres, o assassino em série *Jack, o Estripador*, continua exercendo um fascínio macabro na imaginação popular.

O Estrangulador
William Landay

Para os três irmãos Daley, filhos de um policial de Boston, crime era parte do negócio da família. Eles estão, simplesmente, em lados diferentes da moeda. Joe é o mais velho, um policial de fala dura cujos hábitos de jogatina – mulheres rápidas, cavalos lentos – o arrastaram à parte obscura da cidade.

Predadores Humanos
O Obscuro Universo dos Assassinos em Série
Janire Rámila

Esta obra faz uma análise detalhada dos assassinos em série. Todas as chaves para reconhecê-los: onde, quando e como agem, como pensam, quem são suas possíveis vítimas, como as escolhem, por quê... Descubra como procedem antes, durante e depois de cometer um assassinato.

www.madras.com.br

MADRAS Editora ® CADASTRO/MALA DIRETA

Envie este cadastro preenchido e passará a receber informações dos nossos lançamentos, nas áreas que determinar.

Nome _____
RG _____ CPF _____
Endereço Residencial _____
Bairro _____ Cidade _____ Estado ____
CEP _____ Fone _____
E-mail _____
Sexo ❏ Fem. ❏ Masc.   Nascimento _____
Profissão _____ Escolaridade (Nível/Curso) _____

Você compra livros:
❏ livrarias   ❏ feiras   ❏ telefone   ❏ Sedex livro (reembolso postal mais rápido)
❏ outros: _____

Quais os tipos de literatura que você lê:
❏ Jurídicos   ❏ Pedagogia   ❏ Business   ❏ Romances/espíritas
❏ Esoterismo ❏ Psicologia ❏ Saúde   ❏ Espíritas/doutrinas
❏ Bruxaria   ❏ Autoajuda   ❏ Maçonaria ❏ Outros:

Qual a sua opinião a respeito dessa obra? _____
_____

Indique amigos que gostariam de receber MALA DIRETA:
Nome _____
Endereço Residencial _____
Bairro _____ Cidade _____ CEP _____

Nome do livro adquirido: ***A Enciclopédia de Serial Killers***

Para receber catálogos, lista de preços e outras informações, escreva para:

MADRAS EDITORA LTDA.
Rua Paulo Gonçalves, 88 — Santana
CEP 02403-020 — São Paulo — SP
Caixa Postal 12299 — CEP 02013-970 — SP
Tel.: (11) 2281-5555 — Fax: (11) 2959-3090
www.madras.com.br

Este livro foi composto em Times New Roman, corpo10/12.
Papel Offset 75g
Impressão e Acabamento

Orgrafic Gráfica e Editora – Rua Freguesia de Poiares, 133
Vila Carmozina – São Paulo/SP
CEP 08290-440 – Tel.: (011) 2522-6368 – email: orcamento@orgrafic.com.br